W9-BDB-769

COLLECTION LANGUE ET CULTURE
DIRIGÉE PAR JEAN-CLAUDE CORBEIL

LA NOUVELLE GRAMMAIRE EN TABLEAUX

MARIE-ÉVA DE VILLERS
avec la collaboration d'ANNIE DESNOYERS

LA NOUVELLE GRAMMAIRE EN TABLEAUX

Par l'auteure du

MULTI
DICTIONNAIRE
DE LA LANGUE FRANÇAISE

QUATRIÈME
ÉDITION

—— ET ——

UN RECUEIL DE CONJUGAISON

LES MODÈLES POUR CONJUGUER
TOUS LES VERBES D'USAGE COURANT

QUÉBEC AMÉRIQUE

DONNÉES DE CATALOGAGE AVANT PUBLICATION (CANADA)

de Villers, Marie-Éva

La nouvelle grammaire en tableaux

4e éd.

Publ. à l'origine dans la coll. : Collection Langue et culture.

Comprend un index.

ISBN : 2-7644-0306-2

1. Français (Langue) – Grammaire. 2. Français (Langue) – Grammaire – Tableaux. I. Titre.

PC2105.V54 2004   448.2   C2003–941217–2

IMPRIMÉ AU CANADA

ÉDITIONS QUÉBEC AMÉRIQUE INC.
329, RUE DE LA COMMUNE OUEST, 3e ÉTAGE
MONTRÉAL (QUÉBEC) H2Y 2E1
TÉLÉPHONE : (514) 499-3000, TÉLÉCOPIEUR : (514) 499-3010

DÉPÔT LÉGAL : 4e TRIMESTRE 2003
BIBLIOTHÈQUE NATIONALE DU QUÉBEC
ISBN : 2-7644-0306-2
BIBLIOTHÈQUE NATIONALE DU CANADA

DIRECTION
Jacques Fortin – éditeur
Jean-Claude Corbeil – directeur linguistique
François Fortin – directeur infographique

CONCEPTION ET RÉDACTION
Marie-Éva de Villers
avec la collaboration d'Annie Desnoyers

COORDINATION ET RECHERCHE
Liliane Michaud

CORRECTION RÉDACTIONNELLE
Odette Dubois-Comeau
Agnès Guitard

RÉVISION
Ghislaine Archambault
Yvon Delisle
Roger Magini

DESIGN GRAPHIQUE
Anne Tremblay

CONCEPTION GRAPHIQUE DE LA COUVERTURE
Isabelle Lépine

MONTAGE
Karine Raymond — responsable
Luc Boileau
Janou-Ève LeGuerrier
Léonie Moquin
Sophie Pellerin

TABLE DES MATIÈRES

Mettre à la portée de tous l'essentiel de la grammaire : voilà l'objet principal de *La Nouvelle Grammaire en tableaux*. De consultation facile, ce guide thématique présente les notions fondamentales de la grammaire, de la syntaxe et de l'orthographe. Grâce à des synthèses présentées à l'ordre alphabétique du mot clé, l'usager peut accéder très facilement aux renseignements recherchés.

La quatrième édition comprend de nombreux ajouts : citons à cet égard le tableau établissant la correspondance entre la terminologie de la grammaire classique et celle de la nouvelle grammaire ; les tableaux portant sur la grammaire de la phrase (analyse grammaticale de la phrase, fonctions de la phrase, types et formes de la phrase), sur les compléments et sur les groupes conçus par Annie Desnoyers ; les tableaux sur l'adjectif, sur les déterminants, sur la féminisation des titres. Il est à noter que la terminologie des tableaux grammaticaux est conforme aux nouveaux programmes de français du ministère de l'Éducation du Québec.

Autres innovations, le tableau sur les québécismes fait état des québécismes originaires du fonds français, des québécismes de création et des québécismes d'emprunt, tandis que le tableau enrichi sur les anglicismes distingue les anglicismes lexicaux qui sont utiles ou nécessaires de ceux qui sont inutiles, les anglicismes sémantiques (faux amis) et les anglicismes syntaxiques (calques).

L'ouvrage traite aussi de la typographie, notamment de l'emploi des majuscules et des minuscules, de l'écriture des nombres, des abréviations, sigles et acronymes, des symboles d'unités de mesure, des espacements typographiques, de la présentation des références bibliographiques imprimées et électroniques. Des modèles de correspondance, de curriculum vitæ, etc., sont également proposés.

UN RECUEIL DE CONJUGAISON ET UN DICTIONNAIRE DE VERBES

La Nouvelle Grammaire en tableaux comporte également un recueil de conjugaison comportant 76 modèles complets à l'ordre alphabétique du verbe type ainsi qu'un dictionnaire de verbes dans lequel sont précisés les modèles à imiter pour chacun des verbes.

UN REPÉRAGE FACILE DE L'INFORMATION

Pour trouver le renseignement recherché, l'usager, l'usagère peut consulter :

1. La liste alphabétique des tableaux. La liste répertorie les titres des 186 pages de tableaux de l'ouvrage.

2. Le dictionnaire des verbes. Le dictionnaire des verbes recense les verbes dans l'ordre alphabétique et renvoie aux modèles complets de conjugaison qui composent la seconde partie de cet ouvrage.

3. L'index des mots clés. L'index détaillé donne par ordre alphabétique tous les mots clés qui apparaissent dans les tableaux, avec l'indication des pages où l'on peut les retrouver.

Grâce à ces trois accès faciles, *La Nouvelle Grammaire en tableaux* permet d'acquérir ou de retrouver les notions essentielles à la maîtrise du français.

Destinée particulièrement aux élèves, aux étudiants et aux enseignants, *La Nouvelle Grammaire en tableaux* s'adresse aussi aux rédacteurs, traducteurs, terminologues, à l'ensemble du personnel administratif, à tous ceux qui recherchent prioritairement la qualité de la langue et de la communication.

Marie-Éva de Villers

LISTE DES MODÈLES DE CONJUGAISON

Cette liste renvoie aux modèles de conjugaison classés par ordre alphabétique (p. 187 à 263).

accroître	congeler	faillir	naître	sortir
acquérir	coudre	faire		sourire
aimer	courir	falloir	ouvrir	soustraire
aller	craindre	fendre		suffire
aller (s'en)	créer	finir	paître	suivre
apercevoir	croire	fuir	paraître	surseoir
appeler	cueillir		payer	
apprendre		haïr	plaire	
asseoir	devoir		pleuvoir	tressaillir
avancer	dire	inclure	posséder	
avoir	dormir		pourvoir	
			pouvoir	vaincre
boire	écrire	joindre	protéger	valoir
bouillir	émouvoir			venir
	employer	lever	remettre	vêtir
changer	envoyer	lire	résoudre	vivre
clore	éteindre			voir
combattre	être	moudre	savoir	vouloir
conduire	étudier	mourir	servir	

ABRÉVIATIONS ET SYMBOLES UTILISÉS DANS L'OUVRAGE

abrév. . . . . abréviation
adv. . . . . adverbe
CD . . . . complément direct
CI . . . . complément indirect
ex. . . . . exemple
f. . . . . féminin
fam. . . . . familier
fém. . . . . féminin
fig. . . . . figuré
intr. . . . . intransitif
litt. . . . . littéraire
m. . . . . masculin
masc. . . . . masculin
n. . . . . nom
symb. . . . . . . symbole
tr. . . . . transitif
v. . . . . verbe

⬛ La bouche précède une note sur la prononciation.

⚙ L'engrenage précède une note syntaxique.

⚜ La fleur de lis précède un québécisme.

🪲 La punaise précède une note linguistique, sémantique ou technique.

📏 La règle précède une note grammaticale.

T La lettre T précède une note typographique.

✏ Le crayon précède une note orthographique.

* L'astérisque précède une forme ou une expression fautive, une impropriété.
L'astérisque, lorsqu'il suit un mot, indique un appel de note dans les tableaux de l'ouvrage.

[ ] Les crochets encadrent les transcriptions phonétiques.

( ) Les parenthèses indiquent une possibilité de double lecture ou l'inversion d'un mot.

ALPHABET PHONÉTIQUE

ASSOCIATION PHONÉTIQUE INTERNATIONALE

VOYELLES	CONSONNES	SEMI-CONSONNES

VOYELLES

[i] lyre, riz

[e] jouer, clé

[ɛ] laid, mère

[a] natte, la

[ɑ] lâche, las

[ɔ] donner, port

[o] dôme, eau

[u] genou, rouler

[y] nu, plutôt

[ø] peu, meute

[œ] peur, fleur

[ə] regard, ce

[ɛ̃] matin, feinte

[ɑ̃] dans, moment

[ɔ̃] pompe, long

[œ̃] parfum, un

CONSONNES

[p] poivre, loupe

[t] vite, trop

[k] cri, quitter

[b] bonbon

[d] aide, drap

[g] bague, gant

[f] photo, enfant

[s] sel, descendre

[ʃ] chat, manche

[v] voler, fauve

[z] zéro, maison

[ʒ] je, tige

[l] soleil, lumière

[r] route, avenir

[m] maison, femme

[n] nœud, tonnerre

[ɲ] vigne, campagne

['] haricot (pas de liaison)

[ŋ] (emprunts à l'anglais) camping

SEMI-CONSONNES

[j] yeux, travail

[w] jouer, oie

[ɥ] huit, bruit

TABLEAUX

RÈGLES DE L'**ABRÉVIATION**

L'abréviation est la suppression de lettres dans un mot à des fins d'économie d'espace ou de temps.

ABRÉVIATION

Mot dont on a supprimé des lettres.

Mme est l'abréviation de *madame*; *M.*, de *monsieur*; *app.*, de *appartement*; *p.*, de *page*.

☞ Lors d'une première mention dans un texte, il importe d'écrire au long la signification de toute abréviation non usuelle, tout sigle, acronyme ou symbole non courant.

SIGLE

Abréviation constituée par les initiales de plusieurs mots et qui s'épelle lettre par lettre.

PME est le sigle de *petite et moyenne entreprise*; **SVP**, de *s'il vous plaît*; **BD**, de *bande dessinée*.

ACRONYME

Sigle composé des initiales ou des premières lettres d'une désignation et qui se prononce comme un seul mot.

Cégep est l'acronyme de *collège d'enseignement général et professionnel*;
OACI, de *Organisation de l'aviation civile internationale*.

SYMBOLE

Signe conventionnel constitué par une lettre, un groupe de lettres, etc.
Par exemple, les symboles des unités de mesure, les symboles chimiques et mathématiques.

Le symbole de *mètre* est **m**, celui de *kilogramme*, **kg**, celui de *dollar*, **$**.

☞ Les symboles appartiennent au système de notation des sciences et des techniques et s'écrivent sans point abréviatif.

▸ **Pluriel des abréviations**

Les abréviations, les sigles et les symboles ne prennent pas la marque du pluriel, à l'exception de certaines abréviations consacrées par l'usage.

Mme Mmes n^o n^{os} M.   **MM.**

▸ **Accents et traits d'union**

Les accents et les traits d'union du mot abrégé sont conservés dans l'abréviation.

c'est-à-dire **c.-à-d.**   *États-Unis* **É.-U.**

▸ **Point abréviatif en fin de phrase**

En fin de phrase, le point abréviatif se confond avec le point final.

Ces étudiantes sont titulaires d'un M.B.A.

A

▸ **Absence de point abréviatif pour les symboles**

Les symboles ne comportent pas de point abréviatif.

année **a**   *centimètre* **cm**   *mercure* **Hg**   *cent* (monnaie) **¢**   *heure* **h**   *watt* **W**

▸ **Espacement des symboles**

Les symboles des unités de mesure et les symboles des unités monétaires sont séparés par un espace simple du nombre entier ou fractionnaire obligatoirement exprimé en chiffres.

15 ¢   *10,5 cm*

En l'absence d'une abréviation consacrée par l'usage, on abrégera selon les modes suivants :

• SUPPRESSION DES LETTRES FINALES
(après une consonne et avant une voyelle)

La dernière lettre de l'abréviation est suivie du point abréviatif. On abrège généralement devant la voyelle de l'avant-dernière syllabe.

environ **env.**   *introduction* **introd.**   *traduction* **trad.**   *exemple* **ex.**

T S'il n'y a pas de risque de confusion, il est possible de supprimer un plus grand nombre de lettres.

quelque chose **qqch.**   *téléphone* **tél.**

• SUPPRESSION DES LETTRES MÉDIANES

La lettre finale n'est pas suivie du point abréviatif, puisque la lettre finale de l'abréviation correspond à la dernière lettre du mot.

compagnie **Cie**   *maître* **M^e**   *madame* **Mme**   *vieux* **vx**

T L'abréviation des adjectifs ordinaux obéit à cette règle.

premier **1er**   *deuxième* **2e**

• SUPPRESSION DE TOUTES LES LETTRES, À L'EXCEPTION DE L'INITIALE

L'initiale est suivie du point abréviatif.

monsieur **M.**   *page* **p.**   *siècle* **s.**   *verbe* **v.**

• SUPPRESSION DES LETTRES DE PLUSIEURS MOTS, À L'EXCEPTION DES INITIALES

Les sigles et les acronymes sont constitués par les lettres initiales de plusieurs mots. Par souci de simplification, on observe une tendance à omettre les points abréviatifs dans les sigles et les acronymes.

Organisation des Nations Unies **ONU**   *Société de transport de Montréal* **STM**
Produit national brut **PNB**   *Train à grande vitesse* **TGV**

VOIR TABLEAUX ▸ **ABRÉVIATIONS COURANTES.** ▸ **ACRONYME.** ▸ **SIGLE.** ▸ **SYMBOLE.**

ABRÉVIATIONS COURANTES

@ .... a commercial
a .... année
AC .... atmosphère contrôlée
adr. .... adresse
Alb. .... Alberta
AM .... modulation
        d'amplitude
app. .... appartement
apr. J.-C. .... après Jésus-Christ
art. .... article
a/s de .... aux soins de
av. .... avenue
av. J.-C. .... avant Jésus-Christ

BD .... bande dessinée
bdc .... bas-de-casse
bibl. .... bibliothèque
bibliogr. .... bibliographie
boul. .... boulevard
bur. .... bureau

c. .... contre
CA ou c. a. .. comptable agréé
CA ou c. a. .. comptable agréée
c. a. .... courant alternatif
c.-à-d. .... c'est-à-dire
C.-B. .... Colombie-Britannique
c. c. .... copie conforme
c. c. .... courant continu
C/c .... compte courant
c. élec. ...... courrier électronique
cf., conf. ..... confer
ch. .... chacun, chacune
ch. .... chemin
chap. .... chapitre
ch. de f. ..... chemin de fer
Cie .... compagnie
coll. .... collection
C. P. .... case postale
C. R. .... contre
        remboursement
c^{té}, cté .... comté
CV .... curriculum vitæ

dom. .... domicile
D^r, Dr .... docteur
D^{re}, Dre ..... docteure

E. .... est
éd. .... édition
édit. .... éditeur
édit. .... éditrice
enr. .... enregistrée
env. .... environ
et al. .... et alii
etc. .... et cetera
É.-U., USA .. États-Unis
ex. .... exemple
excl. .... exclusivement
exp. .... expéditeur, expéditrice

FAB .... franco à bord
féd. .... fédéral
fig. .... figure
FM .... modulation de
        fréquence

gouv. .... gouvernement

H., haut. .... hauteur
HT .... hors taxes

ibid. .... ibidem
id. .... idem
inc. .... incorporée
incl. .... inclusivement
Î.-P.-É. .... Île-du-Prince-Édouard

l., larg. ...... largeur
l., long. ...... longueur
ltée .... limitée

M. .... monsieur
Man. .... Manitoba
max. .... maximum
MD .... marque déposée
M^e .... maître
M^{es} .... maîtres
min. .... minimum
Mlle .... mademoiselle
Mlles .... mesdemoiselles
MM. .... messieurs
Mme .... madame
Mmes .... mesdames

N. .... nord
N. B. .... nota bene
N.-B. .... Nouveau-Brunswick
n^{bre} .... nombre
NDLR .... note de la rédaction
NDT .... note du traducteur
N.-É. .... Nouvelle-Écosse
N^o, n^o .... numéro
N^{os}, n^{os} .... numéros
Nt .... Nunavut

O. .... ouest
o .... octet
Ont. .... Ontario

p. .... page(s)
%, p. c.,
p. cent ...... pour cent
p. c. q. ...... parce que
p.-d. g.,
pdg .... président-directeur
        général
p.-d. g.,
pdg .... présidente-
        directrice générale
p. ex. .... par exemple

pH .... potentiel hydrogène
p. j. .... pièce jointe
P^r, Pr .... professeur
P^{re}, Pre .... professeure
prov. .... province
prov. .... provincial
P.-S. .... post-scriptum
p.-v. .... procès-verbal

QC .... Québec
qq. .... quelque
qqch. .... quelque chose
qqn .... quelqu'un
quest., Q. ..... question

RC, r.-de-ch. ... rez-de-chaussée
réf. .... référence
rép., R. .... réponse
r^o .... recto
RR .... route rurale
RSVP .... répondez, s'il
        vous plaît
r^{te}, rte .... route
r.-v. .... rendez-vous

s. .... siècle
S. .... sud
Sask. .... Saskatchewan
sc. .... science(s)
s. d. .... sans date
SI .... Système international
        d'unités
s. l. .... sans lieu
s. l. n. d. ...... sans lieu ni date
s. o. .... sans objet
S^t, S^{ts} .... Saint, Saints
S^{te}, S^{tes} .... Sainte, Saintes
S^{té} .... société
suppl. .... supplément
SVP, svp .... s'il vous plaît

t. .... tome
tél. .... téléphone
tél. cell. .... téléphone cellulaire
téléc. .... télécopie
T.-N.-L. .... Terre-Neuve-
        et-Labrador
T. N.-O. ..... Territoires du
        Nord-Ouest
TSVP .... tournez, s'il vous plaît
TTC, t. t. c. ... toutes taxes comprises
TU .... temps universel

V., v. .... voir
v^o .... verso
vol. .... volume(s)
v.-p. .... vice-président
v.-p. .... vice-présidente
Yn .... Territoire du Yukon

VOIR TABLEAUX ▸ ABRÉVIATION (RÈGLES DE L'). ▸ GRADES ET DIPLÔMES UNIVERSITAIRES. ▸ SIGLE.

ACCENTS

Les accents sont des signes qui se placent sur certaines voyelles afin d'en préciser la prononciation.

▸ **Accent aigu** ☑
   Éléphant, école, accéléré, cinéma, télévision, féminiser, malgré, nuitée, péril.

▸ **Accent grave** ☑
   Règle, grève, lèvre, complètement, baromètre, lèche-vitrines, nèfle, parallèle.

▸ **Accent circonflexe** ☑
   Pâle, tâche, forêt, prêt, quête, abîmer, croître, dîme, plutôt, rôder, bûche, jeûner.

▸ **Tréma** ☑
   Signe orthographique que l'on met sur les voyelles *e, i, u* pour indiquer que la voyelle qui précède ou qui suit doit être prononcée séparément.
   Noël, héroïsme, capharnaüm, barzoï, laïque, maïs, haïr, inouï, mosaïque.

ACCENTS ET SENS

En plus d'indiquer la prononciation, les accents permettent de distinguer certains mots dont la signification varie en fonction de leur accentuation :

acre	« surface »	et	**âcre**	« irritant »
chasse	« poursuite du gibier »	et	**châsse**	« coffret »
colon	« membre d'une colonie »	et	**côlon**	« intestin »
cote	« mesure »	et	**côte**	« pente »
haler	« tirer »	et	**hâler**	« bronzer »
mat	« non brillant »	et	**mât**	« pièce dressée d'un voilier »
mur	« paroi »	et	**mûr**	« parvenu à maturité »
roder	« mettre au point »	et	**rôder**	« aller et venir »
sur	« aigre »	et	**sûr**	« certain »
tache	« marque »	et	**tâche**	« travail »

ACCENTS ET MAJUSCULES

Parce que les accents permettent de préciser la prononciation et le sens des mots, il importe d'accentuer les majuscules aussi bien que les minuscules. En effet, l'absence d'accents peut modifier complètement le sens d'une phrase. Ainsi, les mots *SALE* et *SALÉ*, *MEUBLE* et *MEUBLÉ* ne se distinguent que par l'accent. Autre exemple : seul l'accent permet de différencier les phrases *UN ASSASSIN TUÉ* et *UN ASSASSIN TUE*.

T Les abréviations, les sigles et les acronymes n'échappent pas à cette règle. *É.-U.* (abréviation de *États-Unis*).

ACCENTS ET PRONONCIATION

Pour harmoniser l'orthographe et la prononciation de certains mots, l'Académie française a admis l'emploi d'un accent grave en remplacement de l'accent aigu.

abrègement	(traditionnellement orthographié *abrégement*)
allègement	(traditionnellement orthographié *allégement*)
allègrement	(traditionnellement orthographié *allégrement*)
évènement	(traditionnellement orthographié *événement*)

☞ L'emploi de l'accent aigu selon l'orthographe traditionnelle demeure le plus courant.

VOIR TABLEAU ▸ ACCENTS PIÈGES.

ACCENTS PIÈGES

La langue française comporte plusieurs illogismes, de nombreuses anomalies qui peuvent être la cause d'erreurs. Voici, à titre d'exemples, une liste de mots pour lesquels les fautes d'accent sont fréquentes.

MOTS DE MÊME ORIGINE AVEC OU SANS ACCENT ?

âcre	et	acrimonie	infâme	et	infamie
arôme	et	aromatique	jeûner	et	déjeuner
binôme	et	binomial	pôle	et	polaire
côte	et	coteau	râteau	et	ratisser
diplôme	et	diplomatique	sûr	et	assurer
grâce	et	gracieux	symptôme	et	symptomatique
impôt	et	imposer	trône	et	introniser

MOTS AVEC OU SANS ACCENT CIRCONFLEXE ?

Les participes passés des verbes *croître, devoir* et *mouvoir* :
crû, mais *crue, crus, crues* – *dû*, mais *due, dus, dues* – *mû*, mais *mue, mus, mues*.

Avec un accent circonflexe		**Sans** accent circonflexe	
abîme	fraîche	barème	cyclone
aîné	gîte	bateau	égout
bâbord	huître	boiter	flèche
blême	maître	chalet	guépard
câble	mât	chapitre	pédiatre
chaîne	piqûre	cime	racler
dégât	voûte	crèche	toit

Avec un accent circonflexe	**Sans** accent circonflexe
assidûment	éperdument
crûment	ingénument
dûment	prétendument

MOTS AVEC UN ACCENT AIGU OU UN ACCENT GRAVE ?

Avec un accent **aigu**		Avec un accent **grave**	Avec un accent **aigu**		Avec un accent **grave**
assécher	et	assèchement	réglementer	et	règlement
bohémien	et	bohème	régler	et	règle
crémerie	et	crème	régner	et	règne
hypothéquer	et	hypothèque	repérer	et	repère
poésie	et	poète	zébrer	et	zèbre

MOTS AVEC OU SANS TRÉMA ?

Avec un tréma		**Sans** tréma
aïeul	haïr	coefficient
archaïque	héroïsme	goéland
caïd	inouï	goélette
caïman	maïs	homogénéiser
canoë	mosaïque	israélien
coïncidence	naïf	kaléidoscope
égoïste	ouïe	moelle
faïence	païen	poème
glaïeul	troïka	protéine

VOIR TABLEAU ▶ ACCENTS.

L'acronyme est un sigle composé des initiales ou des premières lettres d'une désignation et qui se prononce comme un seul mot, à la différence du sigle qui s'épelle lettre par lettre (SRC, PME, CLSC).

Benelux	**Be**lgique-**Ne**derland-**Lux**embourg
Cégep	**C**ollège d'**e**nseignement **g**énéral et **p**rofessionnel
CILF	**C**onseil **i**nternational de la **l**angue **f**rançaise
Laser	**L**ight **A**mplification by **S**timulated **E**mission of **R**adiation
Modem	**Mo**dulateur **dé**modulateur
OACI	**O**rganisation de l'**a**viation **c**ivile **i**nternationale
Radar	**Ra**dio **D**etecting **a**nd **R**anging

☞ À son premier emploi dans un texte, l'acronyme est généralement précédé de sa désignation au long.

▶ **Points abréviatifs**

La tendance actuelle est d'omettre les points abréviatifs. Dans cet ouvrage, les acronymes sont notés sans points ; cependant, la forme avec points est généralement correcte.

▶ **Genre et nombre des acronymes**

Les acronymes sont du genre et du nombre du mot principal de la désignation abrégée.

La ZEC (zone [féminin singulier] d'exploitation contrôlée).

Le SIDA (syndrome [masculin singulier] immuno-déficitaire acquis).

ACDI	Agence canadienne de développement international
AFNOR	Association française de normalisation
ALÉNA	Accord de libre-échange nord-américain
ASCII	American Standard Code for Information Interchange
CHU	Centre hospitalier universitaire
CNUCED	Conférence des Nations Unies sur le commerce et le développement
CROP	Centre de recherches sur l'opinion publique
DOM	Département (français) d'outre-mer
ÉNA	École nationale d'administration (France)
ÉNAP	École nationale d'administration publique
MIDEM	Marché international du disque et de l'édition musicale
NASA	National Aeronautics and Space Administration
ONU	Organisation des Nations Unies
OPEP	Organisation des pays exportateurs de pétrole
OTAN	Organisation du traité de l'Atlantique Nord
OVNI	Objet volant non identifié
RADAR	Répertoire analytique d'articles de revues
RAIF	Réseau d'action et d'information pour les femmes
REÉR	Régime enregistré d'épargne-retraite
RREGOP	Régime de retraite des employés du gouvernement et des organismes publics
SACO	Service administratif canadien outre-mer
SALT	Strategic Arms Limitation Talks
SIDA	Syndrome immuno-déficitaire acquis
UNICEF	United Nations International Children's Emergency Fund
UQAM	Université du Québec à Montréal
ZAC	Zone d'aménagement et de conservation
ZEC	Zone d'exploitation contrôlée
ZLÉA	Zone de libre-échange des Amériques

VOIR TABLEAUX ▶ ABRÉVIATION (RÈGLES DE L'). ▶ ABRÉVIATIONS COURANTES. ▶ SIGLE. ▶ SYMBOLE.

ADJECTIF

On distingue deux catégories d'adjectifs :

▶ L'**adjectif qualifiant** qui exprime une qualité de l'être ou de l'objet désigné par le nom qu'il accompagne et avec lequel il s'accorde.

Un *beau* citron, des roses *odorantes*, des avis *discutables*, une analyse *minutieuse*.

▭ La qualité exprimée par l'adjectif qualifiant peut être objective ou subjective, positive ou négative.

▶ L'**adjectif classifiant** qui attribue une catégorie à l'être ou à l'objet désigné par le nom qu'il accompagne et avec lequel il s'accorde.

Un animal *invertébré*, des cours *obligatoires*, des plantes *aquatiques*, un dictionnaire *encyclopédique*.

▭ L'adjectif classifiant exprime une caractéristique objective.

ACCORD DE L'ADJECTIF

D'une façon générale, l'adjectif s'accorde en **genre** et en **nombre** avec le nom qu'il accompagne.

CAS PARTICULIERS

• Avec **plusieurs noms au singulier** auxquels il se rapporte, l'adjectif se met au pluriel.

Un fruit et un légume *mûrs*. Une pomme et une orange *juteuses*.

• Avec **plusieurs noms de genre différent**, l'adjectif se met au masculin pluriel.

Une mère et un fils *avisés*.

• Avec des **mots séparés par ou**, si l'un des mots exclut l'autre, l'adjectif s'accorde avec le dernier.

Il est d'une générosité ou d'une bêtise *extraordinaire* : il donne sans compter.

• Avec un **nom complément d'un autre nom**, l'adjectif s'accorde selon le sens.

Une coupe d'or *ciselée* ou *ciselé*.

• Avec un **nom collectif**, l'adjectif s'accorde avec le collectif ou son complément, selon le sens.

Ce groupe de touristes *est américain*. Une majorité des élèves *ont réussi*.

VOIR TABLEAU ▶ COLLECTIF.

• Les adjectifs de couleur de forme simple s'accordent en genre et en nombre, alors que les adjectifs composés et les noms employés pour exprimer la couleur restent invariables.

Des robes *bleues*, des costumes *noirs*. Une jupe *vert forêt*, des cheveux *poivre et sel*.
Des écharpes *tangerine*, des foulards *turquoise* ou *kaki*.

VOIR TABLEAU ▶ COULEUR (ADJECTIFS DE).

▭ Certains adjectifs peuvent être employés comme adverbes pour modifier le sens d'un verbe; dans ce cas, ils sont invariables.

Ces produits coûtent *cher*. Cette soupe sent *bon*. Ils vont *vite*. Elles s'habillent *jeune*.

ADJECTIF | SUITE >

A

DEGRÉS DE SIGNIFICATION

Les adjectifs **qualifiants** peuvent s'employer :

• au **positif**	qualité attribuée	*La rose est belle.*
• au **comparatif**	supériorité	*La rose est **plus** belle **que** l'iris.*
	égalité	*La rose est **aussi** belle **que** l'iris.*
	infériorité	*La rose est **moins** belle **que** l'iris.*
• au **superlatif** relatif	supériorité	*La rose est **la plus** belle de toutes.*
	infériorité	*La rose est **la moins** belle de toutes.*
• au **superlatif** absolu	supériorité	*La rose est **très** belle.*
	infériorité	*La rose est **très peu** belle.*

Les adjectifs **classifiants** ne peuvent être accompagnés d'un adverbe modificateur pour exprimer divers degrés. *Un animal invertébré (*et non un animal **très** invertébré*), des plantes aquatiques (*et non des plantes **très** aquatiques*).*

📖 Le langage de la publicité crée volontiers des superlatifs à l'aide des préfixes latins **super, extra, ultra**. *C'était une fête super.* Les adolescents font aussi largement usage de ces superlatifs. *Ma copine est extra.* Ces emplois doivent être réservés à la langue familière. *Elle est **hyper-chouette**. Il est **archi-fou**.* Les mots formés pour la circonstance à l'aide de ces préfixes s'écrivent avec un trait d'union.

PLACE DE L'ADJECTIF

L'adjectif se place généralement à la suite du nom qu'il accompagne.

▸ Les **adjectifs qualifiants** obéissent généralement à cette règle et suivent le plus souvent le nom. *Une histoire fantaisiste. Des outils maniables. Un véhicule rapide. Des images originales.*

Cependant, les adjectifs qualifiants précèdent parfois le nom qu'ils accompagnent :

• s'ils sont courts (souvent monosyllabiques) et d'emploi très courant tels que *beau, bon, grand, gros, jeune, joli, long, meilleur, nouveau, petit, vieux…* (ex. : *un bon garçon, un beau voilier, un grand jardin, une grosse somme, un vieux château*);

• si l'usage a consacré cet ordre (ex. : *un faible taux d'abandon, en piètre état, une excellente maîtrise de la langue*) ;

• s'ils ont une signification différente selon qu'ils sont placés avant ou après le nom qu'ils accompagnent, par exemple :
une église ancienne = « qui existe depuis longtemps », *une ancienne église* = « désaffectée »
une personne curieuse = « indiscrète », *une curieuse personne* = « étrange »
un homme jeune = « qui n'est pas âgé », *un jeune homme* = « célibataire »
une voiture propre = « nette », *sa propre voiture* = « qui lui appartient »
un patron seul = « solitaire », *un seul patron* = « unique » ;

• s'il s'agit d'un choix stylistique, notamment dans le style littéraire ou poétique (ex. : *le blanc manteau, un lourd chagrin, un élégant badinage*).

✍ Les adjectifs de couleur, les adjectifs exprimant la forme et les adjectifs participes (issus d'un participe présent ou d'un participe passé) suivent le nom qu'ils accompagnent. *Des pantalons verts, une table rectangulaire, un chapeau pointu, des écharpes tricotées, des couleurs flamboyantes.*

▸ Les adjectifs **classifiants** suivent le nom qu'ils déterminent, sauf s'ils marquent le rang (adjectifs ordinaux).

> *Un parti fédéral, des cours facultatifs, une direction régionale, une recherche scientifique, un bâtiment municipal,* mais *la Première Avenue, la dernière semaine, le cinquième prix.*

Les adjectifs qui déterminent les êtres ou les choses par leur ordre indiquent le rang dans une série. Ils sont formés du déterminant numéral auquel on ajoute la terminaison **ième** (à l'exception de **premier** et de **dernier**).

> *Les troisièmes (3es) pages, les huitièmes (8es) pages,* mais *les premières (1res) pages.*

☞ Pour la formation de l'adjectif ordinal, les déterminants numéraux qui se terminent par un *e* muet perdent cette lettre finale (*quatrième, onzième, trentième*) ; on ajoute un *u* à la fin de **cinq** (*cinquième*) et le *f* de **neuf** est remplacé par un *v* (*neuvième*).

Abréviations courantes : premier **1er**, première **1re**, deuxième **2e**, troisième **3e**, quatrième **4e** et ainsi de suite **100e**, **500e**, **1 000e**. Philippe **Ier**, **1re** année, **6e** étage. Les autres manières d'abréger ne doivent pas être retenues (1ère, 2ème, 2ième, 2^è...).

ADJECTIF PARTICIPE

Certains adjectifs proviennent d'un verbe au participe passé ou au participe présent.

> *De la crème fouettée. Un regard fuyant. Une élève déterminée. Des carottes cuites.*

Ces adjectifs, nommés adjectifs participes, s'accordent en genre et en nombre avec le nom qu'ils accompagnent.

☞ Il ne faut pas confondre l'adjectif participe se terminant par *-ant* ou *-ent* et le participe présent. Alors que le participe présent, toujours invariable, exprime une action qui a lieu en même temps que l'action du verbe qu'il accompagne, l'adjectif participe traduit un état, une qualité ; il prend la marque du genre et du nombre et ne peut être suivi d'un complément de verbe ni d'un complément de phrase.

L'orthographe du participe présent d'un verbe diffère parfois de celle de l'adjectif participe qui en est issu :

PARTICIPE PRÉSENT	ADJECTIF PARTICIPE
adhérant	adhérent
communiquant	communicant
convainquant	convaincant
différant	différent
équivalant	équivalent
excellant	excellent
fatiguant	fatigant
intriguant	intrigant
naviguant	navigant
négligeant	négligent
précédant	précédent
provoquant	provocant
suffoquant	suffocant
zigzaguant	zigzagant

Négligeant leur rôle d'arbitres, ils ont pris parti pour nos adversaires. Ces arbitres négligents seront congédiés. Les articles vendus équivalant à plusieurs milliers, le chiffre d'affaires est excellent. Il faut acheter des quantités équivalentes à celles de l'an dernier.

VOIR TABLEAU ▸ **PARTICIPE PRÉSENT.**

RÈGLES D'ÉCRITURE	EXEMPLES

1. DESTINATAIRE

- **Titre de civilité** au long, prénom et nom

  Ⓣ Le titre de civilité (le plus souvent *Monsieur* ou
  Madame) s'écrit au long et le prénom est abrégé
  ou non.

- **Fonction,** s'il y a lieu

- **Nom de l'entreprise, de l'organisme,** s'il y a lieu

Madame Laurence Dubois
Directrice des communications
Dubuffet et Lavigne

Monsieur Philippe Larue
Chef de produit
Groupe Gamma

2. DESTINATION

- **Numéro et nom de la voie publique**

  Ⓣ L'indication du numéro est suivie d'une virgule, du nom
  générique (*avenue, boulevard, chemin, côte, place, rue,*
  etc.) écrit en minuscules et enfin du nom spécifique de la
  voie publique. Si ce nom comporte plusieurs éléments, ils
  sont joints par des traits d'union.

37, avenue Claude-Champagne
55, place Cambray

NOMS GÉNÉRIQUES USUELS	ABRÉVIATIONS
avenue	**av.**
boulevard	**boul.**
chemin	**ch.**
route	**rte ou rᵗᵉ**

- **Point cardinal,** s'il y a lieu

  Ⓣ Le point cardinal (abrégé ou non) s'écrit avec une
  majuscule à la suite du nom spécifique de la
  voie publique.

  VOIR TABLEAU ► ODONYMES.

630, boul. Laurentien Ouest ou O.

ABRÉVIATIONS DES POINTS CARDINAUX	
Est . . . . . **E.**	Ouest . . . **O.**
Nord . . . **N.**	Sud . . . . **S.**

- **Appartement, bureau,** s'il y a lieu

  Ⓣ Le nom *appartement* s'abrège en *app.* (et non *apt.) et le
  nom *bureau* en *bur.* L'emploi du nom *suite en ce sens est
  un anglicisme.

234, rue Lajoie, app. 102
630, boul. Lebeau, bureau 500

- **Bureau de poste,** s'il y a lieu

  🕮 Pour des raisons d'uniformisation, la nouvelle *Norme
  canadienne d'adressage* recommande d'utiliser le terme
  case postale (abrégé *C. P.*) de préférence à l'expression
  boîte postale (abrégée *B. P.*).

Case postale 6204, succursale
Centre-ville
ou
C. P. 6204, succ. Centre-ville

ADRESSE | SUITE >

• **Nom de la ville** et **de la province,** s'il y a lieu

Il est recommandé d'écrire le nom de la province au long entre parenthèses. S'il est nécessaire d'abréger, on utilisera l'abréviation normalisée.

☞ L'Office de la langue française a normalisé le symbole *QC* (pour *Québec*) qui doit être réservé à certains usages techniques (tableaux, formulaires, envois massifs, etc.). Le symbole *QC* s'écrit sans parenthèses.

Montréal (Québec)
Ottawa (Ontario)

ABRÉVIATIONS NORMALISÉES DES PROVINCES
ET TERRITOIRES DU CANADA

Alberta	Alb.
Colombie-Britannique	C.-B.
Île-du-Prince-Édouard	Î.-P.-É.
Manitoba	Man.
Nouveau-Brunswick	N.-B.
Nouvelle-Écosse	N.-É.
Nunavut	Nt
Ontario	Ont.
Québec	–
Saskatchewan	Sask.
Terre-Neuve-et-Labrador	T.-N.-L.
Territoire du Yukon	Yn
Territoires du Nord-Ouest	T. N.-O.

• **Code postal**

Mention obligatoire, le code postal doit figurer en majuscules après l'indication de la ville et de la province, s'il y a lieu. Dans la mesure du possible, le code postal suit la mention de la ville et de la province après un espacement équivalant à deux caractères. Sinon, il figure à la ligne suivante.

Montréal (Québec) H3T 1A3

Hudson (Québec) J0P 1J0

Sainte-Agathe-des-Monts (Québec)
J2D 4G8

• **Nom du pays**

Pour les lettres destinées à l'étranger, on écrit le nom du pays en majuscules à la dernière ligne de l'adresse. Au Québec, il est préférable d'écrire le nom du pays en français puisque cette indication sert au tri postal du pays de départ. Dans la mesure du possible, il importe de se conformer aux usages du pays de destination.

19, rue Bonaparte
75006 Paris
FRANCE

Time Magazine
541 North Fairbanks Court
Chicago
Illinois
ÉTATS-UNIS 60611

3. NATURE ET MODE D'ACHEMINEMENT

Les mentions relatives à la nature de l'envoi ainsi qu'au mode d'acheminement s'écrivent au **masculin singulier en majuscules.**

VOIR TABLEAU ► ENVELOPPE.

RECOMMANDÉ
PERSONNEL
CONFIDENTIEL

REMARQUE GÉNÉRALE : Ces règles d'écriture sont conformes au *Guide canadien d'adressage* de la Société canadienne des postes. Il importe de respecter l'usage français en ce qui a trait à l'emploi des majuscules et des minuscules, à l'emploi de la virgule et des abréviations ; c'est pourquoi il est déconseillé de noter l'adresse en majuscules non accentuées et sans ponctuation ainsi que le propose la Société canadienne des postes dans l'adresse qu'elle qualifie d'optimale.

ADVERBE

L'adverbe est un mot invariable qui se joint à un autre mot pour en modifier ou en préciser le sens.

L'adverbe peut ainsi modifier ou préciser :
- un verbe — *Il dessine **bien**.*
- un adjectif — *Une maison **trop** petite.*
- un autre adverbe — *Elle chante **tellement** mal !*
- un nom — *Un roi **vraiment** roi.*
- un pronom — *C'est **bien** lui, mon ami.*
- une phrase — ***Généralement**, il arrive à l'heure.*
- une préposition — *Il est arrivé **peu** après huit heures.*

Les adverbes peuvent exprimer :
- la manière — *tendrement, férocement*
- le lieu — *derrière, devant*
- le temps — *demain, hier*
- la quantité — *beaucoup, peu*
- l'affirmation — *certainement, assurément*
- la négation — *nullement, aucunement*
- le doute — *peut-être, probablement*
- l'interrogation — *où ? combien ? quand ? comment ?*

📏 L'adverbe composé ou locution adverbiale est formé de plusieurs mots et joue le même rôle que l'adverbe.

LES ADVERBES DE **MANIÈRE**

COMMENT ?

ainsi	comment	calmement
à loisir	d'aplomb	doucement
à part	exprès	gentiment
à tort	faux	gravement
à volonté	fort	méchamment
beau	gratis	prudemment
bien	juste	rapidement
bon	mal	sagement
cher	pêle-mêle…	la plupart des adverbes en -**ment**.

📏 Certains adjectifs comme ***bon, cher, faux, fort, jeune, juste**…* peuvent être employés adverbialement pour modifier le sens d'un verbe ; ils sont alors invariables. *Ces fleurs sentent bon, des vêtements qui coûtent cher et font jeune, elles chantent juste, ils courent vite.*

DANS QUEL ORDRE ?

après	premièrement	primo
auparavant	deuxièmement	secundo
avant	troisièmement	tertio
d'abord	quatrièmement	quarto
dernièrement	cinquièmement	quinto
de suite	sixièmement	sexto
ensuite	septièmement	septimo
successivement…	huitièmement…	octavo…

LES ADVERBES DE **LIEU**

OÙ ?

à droite	au-dessous	dessous	en dehors	loin
à gauche	au-dessus	dessus	en dessous	par-derrière
ailleurs	au-devant	devant	en dessus	par-devant
alentour	autour	en arrière	en haut	partout
au-dedans	dedans	en avant	ici	près
au-dehors	dehors	en bas	là	quelque part…
au-delà	derrière	en dedans	là-bas	

📏 Certains mots comme *autour, devant, derrière, dessous, dessus, près, au-devant...* ne sont des adverbes de lieu simples ou composés que s'ils modifient le sens du mot auquel ils se rapportent. *Elle joue derrière. Ils sont assis devant. Tourne à gauche.* S'ils sont suivis d'un complément, ils sont des **prépositions.** *Il y a un arbre derrière la maison. Ils jouent devant l'école. Prends le sentier à gauche de la maison.*

LES ADVERBES DE **TEMPS**

QUAND?				
antérieurement	bientôt	ensuite	postérieurement	tard
après	demain	hier	puis	tôt
aujourd'hui	dernièrement	jadis	soudain	toujours
auparavant	désormais	jamais	sous peu	tout à coup
autrefois	dorénavant	naguère	souvent	tout à l'heure
avant-hier	encore	parfois	tantôt	tout de suite...

PENDANT COMBIEN DE TEMPS? brièvement, longtemps...

DEPUIS COMBIEN DE TEMPS? depuis longtemps, depuis peu...

LES ADVERBES DE **QUANTITÉ** ET D'**INTENSITÉ**

COMBIEN?				
à demi	aussi... que	entièrement	peu	tant
à moitié	autant	le moins	plus	tellement
à peine	beaucoup	le plus	plus ou moins	tout
à peu près	bien	moins	plus... que	tout à fait
assez	comme	moins... que	presque	très
aussi	davantage	pas du tout	quasi	trop...

📏 1° Certains mots comme *aussi, comme...* peuvent être également des conjonctions. *J'arrivais comme* (conjonction) *il partait. Comme* (adverbe) *il est grand! Ces produits ne sont pas biodégradables, aussi* (conjonction) *vaut-il mieux ne pas les utiliser. Il est aussi* (adverbe) *gentil qu'elle.*
2° Les mots *autant, bien, tant, tellement...* immédiatement suivis de la conjonction *que* forment des **locutions conjonctives de subordination.** *Je ne le changerai pas tant qu'il fonctionnera.*

LES ADVERBES D'**AFFIRMATION**

absolument	certes	justement	si
à la vérité	d'accord	oui	sûr
après tout	effectivement	parfaitement	volontiers...
assurément	en vérité	pour sûr	
bien sûr	évidemment	précisément	
certainement	exactement	sans doute	

LES ADVERBES DE **NÉGATION**

aucunement	ne... guère	ne... plus	non
jamais	ne... jamais	ne... point	nullement
ne	ne... pas	ne... rien	pas du tout...

LES ADVERBES DE **DOUTE**

à peu près	environ	par hasard	probablement
apparemment	éventuellement	peut-être	sans doute...

LES ADVERBES D'**INTERROGATION**

combien?	est-ce que?	n'est-ce pas?	pourquoi?
comment?	et alors?	où?	quand?...

Bon nombre de mots anglais – empruntés principalement au cours du XIXᵉ siècle – sont passés dans l'usage français tout en conservant leur forme originale. Ces emprunts, qui appartiennent surtout à la langue des sports, des techniques et des transports, sont nécessaires parce que le français ne dispose pas d'équivalents pour ces mots.

En voici quelques exemples :

aluminium	cottage	lock-out	sketch
auburn	cow-boy	lunch	slogan
autocar	crash	music-hall	smoking
bacon	crawl	nylon	snob
badminton	curling	palace	soda
bar	drain	ping-pong	square
barman	ferry	plaid	stand
barracuda	film	poker	standard
baseball	folklore	punch	steak
basket-ball	football	quota	stock
bifteck	gang	radar	studio
blazer	geyser	rade	tank
bluff	gin	raglan	tartan
bobsleigh	golf	raid	test
bridge	hall	rail	tract
camping	handicap	rallye	tramway
cardigan	harmonica	record	transistor
cheddar	hockey	reporter	volley-ball
clone	jazz	revolver	wagon
clown	jockey	rhum	water-polo
club	jogging	sandwich	western
cocktail	joker	scotch	whisky...
coroner	kilt	scout	
cortisone	laser	short	

▶ **Orthographe**

Ces emprunts conservent le plus souvent leur graphie d'origine et s'écrivent sans accents ; la plupart prennent un s au pluriel (*des crawls, des cocktails*), certains sont invariables (*des ping-pong, des manches raglan*), d'autres gardent ou non leur pluriel anglais (*des sandwiches, des whiskies*).

▶ **Un juste retour des choses**

Certains emprunts à l'anglais réintègrent leur langue d'origine puisqu'ils proviennent eux-mêmes du français.

Exemples :	antilope	de ***antelope*** « animal fabuleux »
	budget	de ***bougette*** au sens de « petit sac »
	flirt	de ***fleureter*** au sens de « conter fleurette »
	gentleman	de ***gentilhomme*** au sens de « homme noble »
	hockey	de ***hoquet*** au sens de « bâton crochu »
	palace	de ***palais*** au sens de « résidence des rois »
	stencil	de ***estinceler*** « parer de couleurs éclatantes »
	tennis	de ***tenez***, exclamation du joueur lançant la balle au jeu de paume
	ticket	de ***estiquette*** « marque fixée à un pieu »
	toast	de ***tosté*** au sens de « grillé »

VOIR TABLEAU ▶ **ANGLICISMES.**

ANGLICISMES

Les anglicismes sont des mots, des expressions, des sens, des constructions propres à la langue anglaise et qui sont empruntés par une autre langue.

On distingue principalement :

- l'**anglicisme lexical** ou **anglicisme formel** (emprunt d'un mot anglais ou d'une expression anglaise) ;
- l'**anglicisme sémantique** (emploi d'un mot français dans un sens anglais) ;
- l'**anglicisme syntaxique** (emploi d'une construction calquée sur celle de l'anglais).

ANGLICISME LEXICAL OU ANGLICISME FORMEL (EMPRUNT À L'ANGLAIS)

Emploi d'une unité lexicale originaire de l'anglais avec ou sans adaptation phonétique, graphique ou morphologique.

EMPRUNT UTILE

Emploi d'un mot, d'un terme anglais parce que le français ne dispose pas de mot pour désigner une notion.

Ex. : *baseball, coroner, golf, rail, scout, soccer, steak, stock, tennis.*

☞ Ces emprunts – souvent anciens – sont passés dans l'usage français. La langue des sports notamment comprend plusieurs de ces emprunts. Les linguistes Ferdinand Brunot et Charles Bruneau qualifient ces emplois d'**emprunts nécessaires.**

EMPRUNT INUTILE

Emploi d'un mot, d'un terme ou d'une expression emprunté directement à l'anglais, alors que le français dispose déjà de mots pour désigner ces notions.

☞ Les linguistes Ferdinand Brunot et Charles Bruneau qualifient ces emplois d'**emprunts de luxe.**

Ex. : *bumper pour **pare-chocs**, *opener pour **ouvre-bouteille**,
*computer pour **ordinateur**, *refill pour **recharge**,
*discount pour **rabais**, *software pour **logiciel**.

ANGLICISME SÉMANTIQUE (FAUX AMI)

Emploi d'un mot français dans un sens qu'il ne possède pas, sous l'influence d'un mot anglais qui a une forme semblable.

Ex. : *agressif au sens de **dynamique**, *juridiction au sens de **compétence**,
*balance au sens de **solde**, *quitter au sens de **démissionner**,
*batterie au sens de **pile**, *sanctuaire au sens de **réserve (naturelle)**,
*breuvage au sens de **boisson**, *voûte au sens de **chambre forte**.

ANGLICISME SYNTAXIQUE (CALQUE)

Traduction littérale d'une expression anglaise, transposition d'une construction de l'anglais.

Ex. : *à date, calque de « *up-to-date* » au lieu de **jusqu'à maintenant, à ce jour**,
*aller en grève, calque de « *to go on strike* » au lieu de **faire la grève**,
*hors d'ordre, calque de « *out of order* » au lieu de **en panne**,
*passé dû, calque de « *past due* » au lieu de **échu**,
*prendre pour acquis, calque de « *to take for granted* » au lieu de **tenir pour acquis**,
*prime de séparation, calque de « *severance pay* » au lieu de **indemnité de départ**,
*siéger sur un comité, calque de « *to sit on a board* » pour **siéger à un comité**,
*retourner un appel, calque de « *to return a call* » au lieu de **rappeler**,
*temps supplémentaire, calque de « *overtime* » au lieu de **heures supplémentaires**.

VOIR TABLEAU ► ANGLAIS (EMPRUNTS À L').

Les animaux **domestiques** vivent à la maison, servent aux besoins de l'homme ou à son agrément, et sont nourris, logés et protégés par lui, tandis que les animaux **sauvages** vivent dans les forêts, les déserts, en liberté.

Les animaux **terrestres** vivent sur terre, les animaux **aquatiques**, dans l'eau et les **amphibies**, aussi bien sur terre que dans l'eau.

Les animaux **carnivores** se nourrissent de chair, les **herbivores**, d'herbe, les **frugivores**, de fruits ou de graines, les **granivores**, exclusivement de graines, les **insectivores**, d'insectes et les **omnivores**, à la fois de végétaux et d'animaux.

Les **ovipares** se reproduisent par des œufs, les **vivipares** mettent au monde des petits vivants.

LES NOMS ET LES BRUITS D'ANIMAUX

Le nom de l'animal désigne généralement et le mâle et la femelle.

Ainsi, on dira une *autruche mâle* pour la différencier de la femelle, *une couleuvre mâle*, ou *un gorille femelle* pour le distinguer du mâle, *une grenouille mâle* ou *femelle*.

Cependant, le vocabulaire des animaux qui nous sont plus familiers comporte parfois des désignations spécifiques du mâle, de la femelle, du petit, des cris ou des bruits, de l'accouplement ou de la mise bas.

MÂLE	FEMELLE	PETIT	BRUIT
abeille, faux bourdon	reine (mère), ouvrière	larve, nymphe	bourdonne
aigle (un)	aigle (une)	aiglon, aiglonne	glapit, trompette
alouette mâle	alouette femelle		turlute
âne	ânesse	ânon	brait
bouc	chèvre	chevreau, chevrette	bêle, chevrote
bœuf, taureau	vache, taure	veau, génisse	meugle, beugle
buffle	bufflonne	buffletin, bufflette	mugit, souffle
canard	cane	caneton	nasille
carpe mâle	carpe femelle	carpeau	elle est muette!
cerf	biche	faon, hère	brame
chameau	chamelle	chamelon	blatère
chat, matou	chatte	chaton	miaule, ronronne
cheval, étalon	jument	poulain, pouliche	hennit
chevreuil	chevrette	faon, chevrotin	brame
chien	chienne	chiot	aboie, jappe, hurle, grogne
chouette mâle	chouette femelle		(h)ulule
cigale mâle	cigale femelle		chante, stridule
cigogne mâle	cigogne femelle	cigogneau	craquette
cochon, porc, verrat	truie	goret, porcelet	grogne, grouine
coq	poule	poussin	chante (coq), glousse (poule)
corbeau mâle	corbeau femelle	corbillat	croasse
crocodile mâle	crocodile femelle		pleure, vagit
daim	daine	faon	brame
dindon	dinde	dindonneau	glougloute
éléphant	éléphante	éléphanteau	barrit
faisan	faisane	faisandeau	criaille
geai mâle	geai femelle		cajole
grenouille mâle	grenouille femelle	grenouillette, têtard	coasse

hibou mâle	hibou femelle		(h)ulule
hirondelle mâle	hirondelle femelle	hirondeau	gazouille, tridule, trisse
jars	oie	oison	criaille, jargonne
lapin	lapine	lapereau	clapit, glapit
lièvre	hase	levraut	vagit
lion	lionne	lionceau	rugit
loup	louve	louveteau	hurle
marmotte mâle	marmotte femelle		siffle
merle	merlette	merleau	flûte, siffle
moineau mâle	moineau femelle		pépie
mouton, bélier	brebis	agneau, agnelle, agnelet	bêle
ours	ourse	ourson	gronde, grogne
paon	paonne	paonneau	braille
perdrix mâle	perdrix femelle	perdreau	cacabe, glousse
perroquet mâle	perroquet femelle		parle, cause
perruche mâle	perruche femelle		jacasse, siffle
pie mâle	pie femelle		jacasse, jase
pigeon	pigeonne	pigeonneau	roucoule
pintade mâle	pintade femelle	pintadeau	cacabe, criaille
rat	rate	raton	chicote, couine
renard	renarde	renardeau	glapit
rhinocéros mâle	rhinocéros femelle		barète, barrit
rossignol mâle	rossignol femelle	rossignolet	chante, trille
sanglier	laie	marcassin	grumelle, grommelle
serpent mâle	serpent femelle	serpenteau	siffle
singe	guenon		crie, hurle
souris mâle	souris femelle	souriceau	chicote
tigre	tigresse		râle, feule
tourterelle mâle	tourterelle femelle	tourtereau	roucoule
zèbre mâle	zèbre femelle		hennit

▸ **Les animaux hybrides**

Certains animaux proviennent du croisement de deux races, de deux espèces différentes. *Le mulet, la mule proviennent d'une jument et d'un âne.*

▸ **Reproduction des animaux**

Pour se reproduire, *l'âne* **saillit**, *le bélier* **lutte**, *l'étalon et le taureau* **montent** *ou* **saillissent**, *le lapin, le lièvre* **bouquinent**, *l'oiseau mâle* **côche**, *les oiseaux* **s'apparient**, *le poisson* **fraye**...

La mise bas se nomme différemment selon les animaux : *la brebis* **agnelle**, *la biche et la chevrette* **faonnent**, *la chatte* **chatte**, *la chèvre* **chevrote**, *la chienne* **chienne**, *la jument* **pouline**, *la lapine* **lapine**, *la louve* **louvette**, *la truie* **cochonne**, *la vache* **vêle**...

ANOMALIES ORTHOGRAPHIQUES

Certains mots d'une même origine, d'une même famille ont des orthographes différentes.

Orthographes différentes

À titre d'exemples, voici quelques mots dont il faut se méfier :

affoler	et	folle
asepsie	et	aseptique
assonance	et	sonner
battu	et	courbatu
bonhomme	et	bonhomie
boursoufler	et	souffler
chariot	et	charrette
combattant	et	combatif
concourir	et	concurrence
consonne	et	consonance
donner	et	donation
exclu	et	inclus
hypothèse	et	hypoténuse
imbécile	et	imbécillité
interpeller	et	appeler
mamelle	et	mammifère
nommer	et	nomination
persifler	et	siffler
pomme	et	pomiculteur
psychose	et	métempsycose
relais	et	délai
résonance	et	résonner
spacieux	et	spatial
tonnerre	et	détonation...

Variantes orthographiques

Plusieurs mots ont des **orthographes multiples**, appelées **variantes orthographiques**. Ces mots qui sont souvent empruntés à d'autres langues peuvent s'écrire de deux façons, parfois davantage. En voici quelques exemples :

acupuncture	ou	acuponcture
cacher	ou	kascher, casher, cascher
cari	ou	carry, curry
clé	ou	clef
cleptomane	ou	kleptomane
cuiller	ou	cuillère
gaieté	ou	(vx) gaîté
haschisch	ou	haschich, hachisch
hululement	ou	ululement
igloo	ou	iglou
kola	ou	cola
lis	ou	lys
paie	ou	paye
tsar	ou	tzar
tsigane	ou	tzigane
yack	ou	yak
yaourt	ou	yogourt, yoghourt

PIÈGES DE L'ORTHOGRAPHE

▸ Certains mots d'une même famille ont une orthographe distincte.

Avec	et	sans accent	Avec un accent aigu	et	avec un accent grave
arôme	et	aromatique	bohémien	et	bohème
jeûner	et	déjeuner	crémerie	et	crème
sûr	et	assurer	poésie	et	poète

▸ Certains adjectifs participes et certains participes présents s'orthographient différemment.

Adjectif participe	et	participe présent	Adjectif participe	et	participe présent
différent	et	différant	convaincant	et	convainquant
équivalent	et	équivalant	intrigant	et	intriguant
précédent	et	précédant	provocant	et	provoquant

ANTONYMES

Les antonymes ou contraires sont des mots de même catégorie qui ont une signification opposée.

beauté	et	laideur	(noms)
chaud	et	froid	(adjectifs)
allumer	et	éteindre	(verbes)
rapidement	et	lentement	(adverbes)

Voici quelques exemples d'antonymes :

ancien ... et .. moderne	force ... et .. faiblesse	mou ... et .. dur
antipathique... et .. sympathique	fort ... et .. faible	plein ... et .. vide
avare ... et .. généreux	grand ... et .. petit	premier ... et .. dernier
baisser ... et .. monter	haut ... et .. bas	public ... et .. privé
bon ... et .. méchant	jeune ... et .. vieux	rapide ... et .. lent
calmer ... et .. exciter	malheur ... et .. bonheur	riche ... et .. pauvre
clair ... et .. sombre	masculin ... et .. féminin	rigide ... et .. flexible
court ... et .. long	minimal ... et .. maximal	sec ... et .. humide
difficilement ... et .. facilement	monter ... et .. descendre	visibilité ... et .. invisibilité

🖘 Ne pas confondre avec les mots suivants :

▸ **homonymes**, mots qui s'écrivent ou se prononcent de façon identique sans avoir la même signification :

air (expression)
air (mélange gazeux)
air (mélodie)
aire (surface)
ère (époque)
erre (vitesse acquise d'un navire)
hère (malheureux)
hère (jeune cerf)

▸ **paronymes**, mots qui présentent une ressemblance d'orthographe ou de prononciation sans avoir la même signification :

acception (sens d'un mot)
acceptation (accord)

▸ **synonymes**, mots qui ont la même signification ou une signification très voisine :

gravement, grièvement

VOIR TABLEAUX ▸ HOMONYMES. ▸ PARONYMES. ▸ SYNONYMES.

▸ **NOMS ANTONYMES**

APOGÉE n. m. .... **PÉRIGÉE** n. m.
Point où un astre est à sa plus grande distance de la Terre. | Point de l'orbite d'un astre le plus proche de la Terre.

▸ **ADJECTIFS ANTONYMES**

CAMPAGNARD, ARDE adj. et n. m. et f. .... **CITADIN, INE** adj. et n. m. et f.
Qui est de la campagne. | Qui habite la ville.

▸ **VERBES ANTONYMES**

ACCLAMER v. tr. .... **HUER** v. tr.
Saluer par des cris d'enthousiasme. | Siffler, manifester son désaccord.

▸ **ADVERBES ANTONYMES**

ANTÉRIEUREMENT adv. .... **POSTÉRIEUREMENT** adv.
Avant, précédemment. | Plus tard, ultérieurement.

▸ **LOCUTIONS ANTONYMES**

A PRIORI loc. adv. .... **A POSTERIORI** loc. adv.
Locution latine signifiant «en partant de ce qui vient avant». En ne se fondant pas sur les faits, avant tout examen. | Locution latine signifiant «en partant de ce qui vient après». En se fondant sur des faits.

APOSTROPHE

Signe orthographique en forme de virgule qui se place en haut et à droite d'une lettre, l'apostrophe remplace la voyelle finale (*a, e, i*) qu'un mot perd devant un mot qui commence par une voyelle ou un *h* muet. Cette suppression de la voyelle finale, appelée *élision*, n'a pas lieu devant un mot commençant par un *h* aspiré.

> *D'abord, je prendrai l'orange, s'il vous plaît, puis le homard.*

> ▭ Certains mots qui comportaient une apostrophe s'écrivent maintenant en un seul mot.
> *Entracte, entraide,* mais *entr'apercevoir...*

Les mots qui peuvent s'élider sont :

le	se	
la	ne	
je	de	— devant une voyelle ou un *h* muet. *J'aurai ce qui convient.*
me	que	
te	ce	
jusque		— devant une voyelle. *Jusqu'au matin.*
lorsque		— devant *il, elle, en, on, un, une, ainsi* seulement. *Lorsqu'elle est contente.*
puisque		*Puisqu'il est arrivé. Quoiqu'on ait prétendu certaines choses...*
quoique		
presque		— devant *île* seulement. *Une presqu'île,* mais *un bâtiment presque achevé.*
quelque		— devant *un, une* seulement. *Quelqu'un, quelqu'une.*
si		— devant *il* seulement. *S'il fait beau.*

VOIR TABLEAU ► ÉLISION.

APPEL DE NOTE

Signe noté dans un texte pour signaler qu'une note, un éclaircissement ou une référence bibliographique figure au bas de la page, à la fin du chapitre ou à la fin de l'ouvrage.

L'appel de note est indiqué par un chiffre, une lettre, un astérisque inscrit entre parenthèses ou non, généralement en exposant, après la mention faisant l'objet du renvoi.

> Ex. : Boucane n. f. (Amérindianisme) Fumée. *Il y a de la boucane quand il y a un incendie*[1].
> Épinglette n. f. Bijou (général. porté par les femmes) muni d'une épingle, qui peut être orné d'une pierre précieuse. Vieilli *Épinglette de dame.* SYN. broche (auj. plus usuel)[2]. [...]

On s'en tiendra à une présentation uniforme des appels de note tout au long du texte. Si l'on a recours à l'astérisque, il est recommandé de ne pas effectuer plus de trois appels de note par page (*), (**), (***).

---

1. Gaston Dulong, *Dictionnaire des canadianismes*, Montréal, Larousse, 1989, p. 57.
2. *Dictionnaire historique du français québécois,* sous la direction de Claude Poirier, par l'équipe du *Trésor de la langue française au Québec,* Sainte-Foy, Presses de l'Université Laval, 1998, p. 257-258.

> ⌨ Dans la note, le prénom précède le nom de famille, contrairement à la bibliographie où le nom de famille est inscrit avant le prénom pour faciliter le classement alphabétique.

VOIR TABLEAU ► RÉFÉRENCES BIBLIOGRAPHIQUES.

EMPRUNTS À L'**ARABE**

La langue arabe a donné au français quelques centaines de mots :

- par emprunt direct (*couscous, fakir, haschisch, khôl, sofa*),
- par l'espagnol (*alcôve, guitare, sarabande*),
- par le portugais (*marabout, pastèque*),
- par l'italien (*artichaut, assassin, mosquée, nacre, sorbet*),
- par le provençal (*lime, luth, orange*),
- par le latin (*laque, nuque, raquette*),
- par le grec (*élixir*).

De nombreux emprunts à la langue arabe commencent par les lettres **al** (déterminant arabe signifiant « le, la »).

Emprunt	Signification du mot arabe d'origine
alcôve	« la grotte, la petite chambre »
alezan	« le cheval »
algarade	« l'attaque de nuit »
algèbre	« la réduction des calculs »
algorithme	d'après Al-Khawarizmi, grand mathématicien arabe

▶ **Orthographe**

Les mots empruntés à l'arabe sont généralement francisés ; ils s'écrivent avec des accents, s'il y a lieu, et prennent la marque du pluriel. *Des camaïeux, des émirs, des razzias.*

Voici quelques exemples de mots provenant de l'arabe :

abricot	cafard	girafe	mousson
alambic	caïd	goudron	musulman
alcalin	calife	guitare	nacre
alchimie	camaïeu	harem	nadir
alcool	camphre	hasard	nénuphar
alcôve	câpre	haschisch	nuque
alezan	caroube	henné	orange
algarade	carrousel	jarre	pastèque
algèbre	carvi	jasmin	raquette
algorithme	cheik	jujube	razzia
alkékenge	chiffre	khôl	récif
almanach	chimie	kif-kif	safran
ambre	coran	laque	salamalecs
amiral	coton	lilas	salsepareille
arak	couscous	lime	sarabande
arsenal	djellaba	luth	sirop
artichaut	douane	magasin	sofa
assassin	échec	marabout	sorbet
avanie	élixir	massepain	sucre
avarie	émir	matelas	sultan
azimut	épinard	matraque	taboulé
azur	estragon	méchoui	talisman
babouche	fakir	mesquin	tambour
baobab	fanfaron	minaret	tasse
bédouin	fez	moka	timbale
bled	gandoura	momie	zénith
burnous	gazelle	mosquée	zéro...

L'attribut est un mot ou un groupe de mots exprimant une qualité, une manière d'être attribuée à un être ou à un objet par l'intermédiaire d'un verbe, le plus souvent, le verbe *être*.

☞ L'attribut fait partie du groupe verbal dans la phrase de base.

Cependant, plusieurs verbes – nommés **verbes attributifs** – peuvent jouer le même rôle :

appeler	demeurer	faire	savoir
choisir	devenir	juger	sembler
connaître	dire	paraître	trouver
croire	élire	proclamer	vivre
déclarer	estimer	rester	vouloir...

▶ **Attribut du sujet**

La maison paraîtra **grande** lorsque les enfants seront **partis**. Étienne est devenu **médecin** en l'an 2000. Ces chiens semblent **attachés** à Françoise : ce sont **les siens**. Elle restera **présidente**.

📏 L'attribut dont la forme est variable **s'accorde avec le sujet du verbe**.

▶ **Attribut du complément du verbe**

Je le crois **fou de toi**. Le directeur la trouve **compétente**. On la nomma **trésorière**.

📏 L'attribut dont la forme est variable **s'accorde avec le complément direct**.

▶ **L'attribut peut être**

Un adjectif ou **un groupe adjectival (groupe de l'adjectif).**
Cette maison est **accueillante**. Ces mères semblent **bien fières de leur enfant**.

Un nom ou **un groupe nominal (groupe du nom).**
Les membres l'élurent **président**. Les framboises sont **des fruits succulents**.

Un pronom.
Cette bicyclette est **la tienne**. **Qui** es-tu ?

Un adverbe ou **un groupe adverbial (groupe de l'adverbe).**
Elle est **chic**. Ce texte est **très bien**.

Un groupe prépositionnel (groupe de la préposition).
Mes amis sont **d'accord**. Les lilas sont **en fleurs**.

Une phrase à verbe conjugué.
Notre objectif est **que tous les étudiants maîtrisent bien cette matière**.

Un participe ou **une phrase participiale.**
Le jardin est **ombragé**. Ces personnes semblent **touchées**. Il est **décidé à partir**.

Un infinitif ou **une phrase infinitive.**
Partir, c'est **mourir un peu**.

▶ **Place de l'attribut**

L'attribut se place généralement **après** le verbe qui le relie au mot qu'il qualifie. *La fleur est rouge.*

Il est parfois **avant** le verbe, notamment dans les interrogations, dans les phrases où le verbe est sous-entendu, lorsque l'auteur veut mettre l'accent sur l'attribut. *Quel est ton âge ? Heureux les insouciants ! Grande était sa joie.*

AUXILIAIRE

LES AUXILIAIRES DE CONJUGAISON

Verbes servant à la **formation des temps composés** pour la conjugaison des verbes.

🗝 Les auxiliaires de conjugaison sont *avoir* et *être* ; ils n'ont pas de signification propre et marquent la personne, le nombre, le temps et le mode du verbe aux divers temps composés.

Auxiliaire *avoir*			Auxiliaire *être*		
j'	*ai*	aimé	je	*suis*	venu, ue
tu	*as*	aimé	tu	*es*	venu, ue
elle	*a*	aimé	elle	*est*	venue
il	*a*	aimé	il	*est*	venu
nous	*avons*	aimé	nous	*sommes*	venus, ues
vous	*avez*	aimé	vous	*êtes*	venus, ues
elles	*ont*	aimé	elles	*sont*	venues
ils	*ont*	aimé	ils	*sont*	venus

🗝 Le mot *auxiliaire* signifie « aide ».

👄 Les lettres *au* se prononcent *o* ouvert ou fermé.

FORMATION DES TEMPS COMPOSÉS AVEC L'AUXILIAIRE *AVOIR* ET LE PARTICIPE PASSÉ

Les verbes *avoir* et *être*. *J'ai eu froid, j'ai été malade.*

Tous les **verbes transitifs.** *Tu as lu des livres.*

↪ Les verbes transitifs directs ont un complément direct du verbe ; les verbes transitifs indirects ont un complément indirect du verbe.

La plupart des **verbes intransitifs.** *Elle a voyagé.*

↪ Les verbes intransitifs s'emploient sans complément du verbe.

Les verbes essentiellement **impersonnels non pronominaux.** *Il a neigé.*

▭ Les verbes impersonnels ne s'emploient qu'à la troisième personne du singulier avec le sujet impersonnel *il.*

FORMATION DES TEMPS COMPOSÉS AVEC L'AUXILIAIRE *ÊTRE* ET LE PARTICIPE PASSÉ

Certains verbes **intransitifs** et certains verbes **transitifs indirects.** *Il est arrivé depuis hier. Elles sont revenues.*

advenir	décéder	intervenir	partir	revenir
aller	devenir	mourir	redevenir	survenir
arriver	échoir	naître	rester	venir...

↪ Les verbes intransitifs sont employés sans complément du verbe.

Tous les verbes à la **forme pronominale.** *Elle s'est regardée. Nous nous sommes vues.*

↪ Les verbes pronominaux sont accompagnés d'un pronom personnel qui représente le sujet.

Tous les verbes à la **forme passive.** *Tu seras apprécié par tes amis.*

🗝 La forme passive exprime l'action à partir de l'objet qui la subit *(la pomme est mangée)*, alors que la forme active exprime l'action à partir du sujet qui la fait *(je mange la pomme).*

FORMATION DES TEMPS COMPOSÉS AVEC L'AUXILIAIRE *AVOIR* OU *ÊTRE* ET LE PARTICIPE PASSÉ

Certains verbes se conjuguent avec l'auxiliaire *avoir* pour exprimer une action et avec l'auxiliaire *être* pour exprimer l'état qui résulte de l'action. *Il **a** passé ses vacances ici. L'hiver **est** enfin passé.*

accoucher	crever	diminuer	enlaidir	pourrir
accourir	déborder	disparaître	entrer	rajeunir
apparaître	décamper	divorcer	expirer	rentrer
atterrir	décroître	échapper	grandir	retourner
augmenter	dégeler	échouer	grossir	sonner
baisser	dégénérer	éclater	maigrir	stationner
camper	déménager	éclore	monter	tourner
changer	demeurer	embellir	paraître	trépasser
chavirer	descendre	empirer	passer	vieillir...

LES SEMI-AUXILIAIRES

▶ **Les auxiliaires de temps (ou auxiliaires d'aspect)**

Les auxiliaires de temps (ou d'aspect) sont des verbes construits avec un infinitif et jouant le rôle d'un auxiliaire pour situer **le moment de l'action** exprimée par le verbe à l'infinitif.

Certains auxiliaires de temps (ou d'aspect) marquent l'étape du déroulement de l'action :

- **avant le déroulement** *(aller, être sur le point de, être en passe de…)*
  Le réveil va sonner. Tu étais sur le point de t'endormir. Elles sont en passe de réussir.
  ☞ La forme verbale traduit un futur proche.

- **au début du déroulement** *(commencer à, se mettre à…)*
  Il commence à pleuvoir. Il s'est mis à neiger.

- **en cours de déroulement** *(être en train de, être à…)*
  Les enfants sont en train de jouer. Ils sont à dessiner.

- **en fin de déroulement** *(achever de, finir de…)*
  Elle achève de manger. Ils finissent de dormir.

- **après le déroulement** *(avoir fini de, venir de…)*
  Les orateurs viennent de terminer leur discours. Vous avez fini de repeindre le salon.
  ☞ La forme verbale traduit un passé proche.

▶ **Les auxiliaires de modalité (ou auxiliaires modaux)**

Les auxiliaires de modalité sont des verbes construits avec l'infinitif et jouant le rôle d'un auxiliaire pour marquer **la possibilité** ou **l'obligation** *(pouvoir, devoir)*.
   Ces adolescents peuvent fêter : ils ont réussi leurs examens. Ils doivent rentrer avant minuit.
   ☞ Ces verbes peuvent aussi exprimer **la probabilité.**
      Selon nos calculs, le chiffre d'affaires peut atteindre un million. Il doit neiger ce soir.

▶ **Les auxiliaires factitifs**

Les auxiliaires factitifs sont des verbes construits avec un infinitif et jouant le rôle d'un auxiliaire pour indiquer **que le sujet fait faire l'action par autrui** *(faire et laisser)*.
   Nos voisins ont fait construire une maison. Ils ont laissé les enfants dormir.

AVIS LINGUISTIQUES ET TERMINOLOGIQUES

C'est la Charte de la langue française – sanctionnée le 26 août 1977 – qui a confié à l'Office de la langue française (OLF) la mission de recommander ou de normaliser certains termes par leur publication à la *Gazette officielle.*

Les avis de l'OLF portent principalement sur des terminologies présentant un phénomène massif d'emprunt, sur des terminologies traditionnelles régionales qui entrent en conflit avec des terminologies françaises, sur des terminologies en voie d'élaboration.

En France, le gouvernement a également constitué des commissions de terminologie qui ont pour objet d'étudier le vocabulaire de certains domaines menacés par l'anglicisation et de formuler des recommandations officielles.

VOICI QUELQUES EXEMPLES D'AVIS :

▸ **Accentuation des majuscules**

Les majuscules sont notées avec accents, tréma et cédille lorsque les minuscules équivalentes en comportent.

▸ **Signalisation des issues de secours**

– *sortie,* équivalent français de « *exit* »

▸ **Signalisation routière**

– *halte routière,* équivalent français de « *rest area* »

▸ **Commerce**

– *dépanneur,* équivalent français de « *convenience store* »

– *centre commercial* (et non *centre d'achats), équivalent français de « *shopping center* »

▸ **Règles d'écriture**

Indication de l'heure selon la période de 24 heures. Ex. : *20 h 30 min* ou *20 h 30*

Symbole du dollar à la suite de la partie numérique. Ex. : *75 $, 50,25 $*

▸ **Informatique**

– *éditique,* équivalent français de « *desktop publishing* »

– *courriel,* équivalent français de « *electronic mail* », « *e-mail* »

▸ **Publicité**

– *commanditaire,* équivalent français de « *sponsor* »

– *commandite,* équivalent français de « *sponsorship* »

▸ **Espèces marines québécoises**

– *saumon de l'Atlantique,* équivalent français de « *Atlantic salmon* » (appellation non retenue : saumon de Gaspé)

– *pétoncle,* équivalent français de « *scallop* » (appellation non retenue : coquille Saint-Jacques)

– *crevette nordique,* équivalent français de « *pink shrimp* » (appellations non retenues : crevette de Matane, crevette rose, crevette de Sept-Îles)

▸ **Mentions**

– *breveté,* équivalent français de « *patented* »

– *imprimé à, au, en,* équivalent français de « *printed in* »

– *fabriqué à, au, en,* équivalent français de « *made in* »

▸ **Éducation**

– *sanction des études* (et non *certification)

– *délivrance des diplômes* (et non *émission des diplômes)

– *droits de scolarité* (et non *frais de scolarité)

CHIFFRES ARABES

Les chiffres sont des caractères servant à écrire les nombres. *Nous employons généralement les* **chiffres arabes,** *mais nous recourons parfois aux* **chiffres romains.**

La numération arabe est composée de dix chiffres : **0, 1, 2, 3, 4, 5, 6, 7, 8, 9.**

T Les nombres s'écrivent par **tranches de trois chiffres** séparées entre elles par un espace (de droite à gauche pour les entiers, de gauche à droite pour les décimales). *1 865 234,626 125*
Si le nombre ne comprend que quatre chiffres, il peut s'écrire avec ou sans espace. *1 865* ou *1865*
Le **signe décimal** du système métrique est la **virgule.** *45,14* (et non plus **45.14*)

On recourt généralement aux chiffres arabes pour noter les nombres dans la langue courante ainsi que dans les textes techniques, scientifiques, financiers ou administratifs.

T Cependant, tout nombre qui commence une phrase doit être noté en toutes lettres. *Trente élèves ont réussi.* En fin de ligne, on veillera à ne pas séparer un nombre en chiffres du nom qu'il accompagne.

PRINCIPAUX EMPLOIS DES CHIFFRES ARABES

1. Quantité complexe.
Il y a 9335 étudiants qui fréquentent l'École des HEC cette année.

T Dans un texte de style soutenu, on écrit généralement en toutes lettres les nombres de **0** à **9.**

2. Date, heure et **âge.**
Le 31 juillet 1996 à 11 h 30, Marie-Ève a eu 20 ans.

3. Numéros d'ordre.
Adresse. *Ils habitent 35, rue des Bouleaux.*
Numéro de loi, d'article, de règlement. *Projet de loi 40, article 2.*
Numéro de page, de paragraphe. *Voir p. 354, paragr. 4.*

4. Pourcentage et taux (%).
La note de passage est de 60 %. Un taux d'intérêt de 8,5 %.

T Le symbole % est séparé par un espace du nombre qu'il suit.

5. Nombre suivi d'un symbole d'unité de mesure.
Un poids de 15 kg, une longueur de 35 cm, une température de 25 °C.

T Le symbole de l'unité de mesure est séparé par un espace du nombre qu'il suit et il s'écrit sans point abréviatif.

6. Nombre suivi d'un symbole d'unité monétaire.
Le prix est de 100 $, 500 €, 250 £.

7. Fraction, échelle de carte.
Les 2/3 des élèves ou 66,66 % ont réussi. Une carte à l'échelle de 1/50 000.

T Les fractions décimales sont toujours composées en chiffres. Les unités ne se séparent pas des dixièmes. *Une distance de 15,5 km* (et non **15 km 5*). Si le nombre est inférieur à **1,** la fraction décimale est précédée d'un **0;** on ne laisse pas d'espace avant ni après la virgule décimale. *Un écart de 0,38 cm a été constaté.*

VOIR TABLEAUX ► **CHIFFRES ROMAINS.** ► **NOMBRES.** ► **SYMBOLE.**

CHIFFRES ROMAINS

Les chiffres romains sont notés à l'aide de sept lettres majuscules auxquelles correspondent des valeurs numériques.

I	V	X	L	C	D	M
1	5	10	50	100	500	1 000

☞ Comme les chiffres arabes, les chiffres romains s'écrivent de gauche à droite en commençant par les milliers, puis les centaines, les dizaines et les unités.

Les nombres sont constitués :

▸ **par addition** : en inscrivant les chiffres plus petits ou égaux à droite des chiffres plus grands.

XIII	CXX	MCL
10 + 3 = 13	100 + 10 + 10 = 120	1 000 + 100 + 50 = 1 150

▸ **par soustraction** : en inscrivant les chiffres plus petits à gauche des chiffres plus grands.

IV	XL	CMXCIX
-1 + 5 = 4	- 10 + 50 = 40	(-100 + 1000) + (-10 + 100) + (-1 + 10) = 999

▸ **par multiplication** : un trait horizontal au-dessus d'un chiffre romain le multiplie par 1 000.

$$\overline{V} = 5\ 000 \qquad \overline{X} = 10\ 000 \qquad \overline{M} = 1\ 000\ 000$$

☞ Le chiffre **I** ne peut être soustrait que de **V** ou de **X**;
le chiffre **X** ne peut être soustrait que de **L** ou de **C**;
le chiffre **C** ne peut être soustrait que de **D** ou de **M**.

On ne peut additionner plus de trois unités du même nombre, on recourt ensuite à la soustraction.

III, IV	XXX, XL
3, 4	30, 40

PRINCIPAUX EMPLOIS DES CHIFFRES ROMAINS

1. Noms de **siècles** et de **millénaires**. *Le XVIᵉ siècle, le IIᵉ millénaire.*

2. Noms de **souverains** et ordre des **dynasties**. *Louis XIV, IIIᵉ dynastie.*

3. Noms d'**olympiades**, de **manifestations**. *Les XXIIᵉˢ Jeux olympiques.*

4. Divisions d'un texte. *Tome IV, volume III, fascicule IX, avant-propos p. IV.*

5. Inscription de la **date sur un monument**, au **générique d'un film**. *MCMLXXXIX.*

☞ Contrairement aux chiffres arabes, les chiffres romains d'une colonne s'alignent verticalement à gauche.

VOIR TABLEAU ▸ **CHIFFRES ARABES.**

CHIFFRES ARABES	CHIFFRES ROMAINS	CHIFFRES ARABES	CHIFFRES ROMAINS	CHIFFRES ARABES	CHIFFRES ROMAINS
1	I	40	XL	700	DCC
2	II	50	L	800	DCCC
3	III	60	LX	900	CM
4	IV	70	LXX	1000	M
5	V	80	LXXX	1534	MDXXXIV
6	VI	90	XC	1642	MDCXLII
7	VII	100	C	1965	MCMLXV
8	VIII	200	CC	1987	MCMLXXXVII
9	IX	300	CCC	1990	MCMXC
10	X	400	CD	1998	MCMXCVIII
20	XX	500	D	1999	MCMXCIX
30	XXX	600	DC	2000	MM

COLLECTIF

Nom singulier ou locution désignant une réunion d'êtres ou de choses.

COLLECTIFS COURANTS

amas	classe	équipe	minorité	tas
armée	comité	foule	multitude	totalité
assemblée	cortège	groupe	nuée	tribu
bande	dizaine	lot	poignée	troupe
brassée	douzaine	majorité	quantité	troupeau...
centaine	ensemble	masse	série	

▸ **1.** Nom collectif **employé seul**

Si le sujet est un collectif employé sans complément, le verbe se met **au singulier.**
L'équipe gagna la partie.

▸ **2.** Nom collectif **suivi d'un complément au singulier**

Si le sujet est un collectif suivi d'un complément au singulier, le verbe se met **au singulier.**
La plupart du temps se passe à jouer dehors.

▸ **3.** Nom collectif **précédé d'un déterminant indéfini suivi d'un complément au pluriel**

Si le sujet est un collectif précédé d'un déterminant indéfini *(un, une)* et suivi d'un complément au pluriel, le verbe se met **au singulier** lorsque l'auteur veut insister sur l'ensemble, **au pluriel,** s'il veut insister sur le complément au pluriel (la pluralité).
Une majorité d'élèves a réussi ou *ont réussi l'examen.*

▸ **4.** Nom collectif **précédé d'un déterminant qui sert à la reprise de l'information, c'est-à-dire un déterminant défini, un déterminant possessif ou un déterminant démonstratif et suivi d'un complément au pluriel**

Si le sujet est un collectif précédé d'un déterminant défini *(le, la),* d'un déterminant possessif *(mon, ma)* ou d'un déterminant démonstratif *(ce, cette)* et suivi d'un complément au pluriel, le verbe se met généralement **au singulier.**
La bande de copains est en excursion. Mon groupe d'amis raffole de cette musique.

▸ **5.** Locutions *un des, une moitié des, un grand nombre de, un certain nombre de, un petit nombre de... suivies d'un complément au pluriel*

Si le sujet est l'une de ces expressions, le verbe se met **au singulier** lorsque l'auteur veut insister sur l'ensemble, **au pluriel,** lorsqu'il veut insister sur le complément au pluriel (la pluralité).
Une moitié des pommes est tombée ou *sont tombées.*

▸ **6.** Locutions *assez (de), beaucoup (de), bien des, combien (de), la plupart (des), la totalité des, nombre (de), peu (de), quantité (de), tant (de), trop (de), infinité de... suivies d'un complément au pluriel*

Si le sujet est une expression qui exprime la quantité, l'accord du verbe se fait avec le complément **au pluriel** du nom ou du pronom.
La plupart des amis étaient là. Une infinité de roses sont cultivées dans ce jardin.

▭ Malgré la logique,
– le verbe s'accorde **au singulier** après *plus d'un (plus d'un élève était absent)* ;
– le verbe s'accorde **au pluriel** après *moins de deux (moins de deux heures se sont écoulées avant son arrivée).*

▸ **7.** Termes *espèce, sorte, type*

Si le sujet est l'un de ces termes désignant l'espèce et qu'il est précédé de *un, une* et suivi d'un complément au pluriel, c'est avec celui-ci que se fait généralement l'accord. *Un nouveau type d'enquêtes ont été effectuées.* Si l'un de ces termes est précédé d'un déterminant défini *(le, la),* d'un déterminant possessif *(mon, ma)* ou d'un déterminant démonstratif *(ce, cette)* et suivi d'un complément au pluriel, le verbe se met généralement au singulier. *Ce type de recherches est peu commun.*

COMPLÉMENT[1]

Le **complément** est un groupe de mots ou une phrase qui complète le sens d'un mot ou d'une phrase, en le précisant ou en ajoutant de l'information à son sujet.

COMPLÉMENT DE LA PHRASE

La **phrase** de base est constituée de son sujet et de son prédicat (ce qui est dit à propos du sujet), ces deux constituants étant obligatoires et fixes, et de son **complément de phrase**, ce constituant étant facultatif et mobile.

Cinq catégories grammaticales peuvent occuper la fonction de complément de phrase :

- **groupe de la préposition**
  *Je vais te le dire **à ce moment-là**. Il aime Julie **depuis ce jour**.*

- **groupe de l'adverbe**
  *Un accident est arrivé **hier**. Elle mangeait de la viande **autrefois**.*

- **groupe du nom**
  *Cet enfant rit **toute la journée**. Il a perdu son emploi **le mois dernier**.*

- **phrase à verbe conjugué**
  *Vous commencerez **quand vous serez prêt**.* (SUBORDONNÉE CIRCONSTANCIELLE)

- **phrase participiale**
  ***Le temps s'étant refroidi**, il apporte ses gants.* (SUBORDONNÉE CIRCONSTANCIELLE)

COMPLÉMENT DU VERBE

Un **groupe du verbe** est formé d'un verbe et, selon ce que commande l'emploi de ce verbe, d'aucun, d'un ou de plusieurs **compléments du verbe**.

Six catégories grammaticales peuvent faire partie du complément du verbe :

- **groupe du nom**
  *Il plantait **des arbres**.* (COMPLÉMENT DIRECT DU VERBE)
  *Le chat est **un mammifère**.* (ATTRIBUT DU SUJET)

- **groupe de la préposition**
  *Elle parle **à son père**.* (COMPLÉMENT INDIRECT DU VERBE)
  *Il semble **de la bonne sorte**.* (ATTRIBUT DU SUJET)

- **groupe de l'adverbe**
  *Elles iront **ailleurs**.* (COMPLÉMENT INDIRECT DU VERBE)
  *Ils paraissent **très bien**.* (ATTRIBUT DU SUJET)

- **groupe de l'adjectif**
  *Elle est **heureuse**.* (ATTRIBUT DU SUJET)
  *Il rend ses parents **heureux**.* (ATTRIBUT DU COMPLÉMENT DIRECT DU VERBE)

- **phrase infinitive**
  *Ils aiment **raconter des histoires drôles**.* (SUBORDONNÉE COMPLÉTIVE, COMPLÉMENT DIRECT DU VERBE)

- **phrase à verbe conjugué**
  *Il pense **que l'été est fini**.* (SUBORDONNÉE COMPLÉTIVE, COMPLÉMENT DIRECT DU VERBE)
  *Elle sait **quel est ton tarif pour les corrections**.* (SUBORDONNÉE COMPLÉTIVE, COMPLÉMENT DIRECT DU VERBE)

COMPLÉMENT | SUITE >

1. Conception du tableau : Annie Desnoyers.   30

La différence entre un **complément de phrase** et un **complément de verbe** est que le premier est facultatif et mobile, alors que le second est obligatoire selon le verbe utilisé et se place normalement après ce verbe.

Sujet de la phrase	Prédicat de la phrase	Complément de la phrase
		(facultatif et mobile)
Le verglas	*a endommagé l'érablière*	*en 1998.*
Des agents secrets	*ont attenté à la vie du roi*	*dans ce pays.*

Le verglas a endommagé l'érablière. / En 1998, le verglas a endommagé l'érablière. / *Le verglas a endommagé en 1998. / *L'érablière, le verglas a endommagé en 1998.

Des agents secrets ont attenté à la vie du roi. / Dans ce pays, des agents secrets ont attenté à la vie du roi. / *Des agents secrets ont attenté dans ce pays. / *À la vie du roi, des agents secrets ont attenté dans ce pays .

☞ Les phrases précédées d'un astérisque sont agrammaticales.

COMPLÉMENT DU NOM (ET DU PRONOM)

Un **groupe du nom** est formé d'un nom commun et son déterminant ou d'un nom propre, puis facultativement, d'un ou de plusieurs **compléments du nom**. Les compléments du nom peuvent prendre deux sens : ils peuvent servir à déterminer de quelle réalité il est question (ils sont alors nécessaires à la phrase et ne sont pas encadrés par des virgules) ou ils peuvent servir seulement à donner une explication de plus sur la réalité dont on parle (ils sont alors facultatifs dans la phrase et sont encadrés par des virgules).

Cinq catégories grammaticales peuvent jouer le rôle de complément du nom :

▸ **groupe de l'adjectif**
*ma grand-mère **paternelle***   *ma mère, **toujours généreuse,***

▸ **groupe de la préposition**
*les promenades **à vélo***   *ces promenades, **au clair de lune,***

▸ **groupe du nom**
*des tables **style bistro***   *la table, **un meuble indispensable,***

▸ **phrase participiale**
*la dame **portant un chapeau*** (SUBORDONNÉE RELATIVE)
*une dame, **portant un chapeau,*** (SUBORDONNÉE RELATIVE)

▸ **phrase à verbe conjugué**
*la dame **qui porte un chapeau*** (SUBORDONNÉE RELATIVE)
*cette dame, **qui porte un chapeau,*** (SUBORDONNÉE RELATIVE)
*le désir **qu'elle revienne vite*** (SUBORDONNÉE COMPLÉTIVE)

Dans le groupe du nom, un **pronom** peut aussi remplacer le nom puis, facultativement, être suivi d'un **complément du pronom**.

Deux catégories grammaticales peuvent jouer le rôle de complément du pronom :

- ► **groupe de la préposition**
  celle de ma sœur   *aucun des deux*   *ceux de jadis*
- ► **phrase à verbe conjugué**
  celle qui porte un grand chapeau blanc (SUBORDONNÉE RELATIVE)

COMPLÉMENT DE L'ADJECTIF

Un **groupe de l'adjectif** contient un adjectif et, facultativement, un **complément de l'adjectif**.

Deux catégories grammaticales peuvent remplir la fonction de complément de l'adjectif :

- ► **groupe de la préposition**
  bonne en physique

- ► **phrase à verbe conjugué**
  certains qu'elle réussira l'examen final (SUBORDONNÉE COMPLÉTIVE)

COMPLÉMENT DE LA PRÉPOSITION

Un **groupe de la préposition** est composé d'une préposition et, obligatoirement, d'un **complément de la préposition**.

Cinq catégories grammaticales peuvent jouer le rôle de complément de la préposition :

- ► **groupe du nom**.................*dans sa chambre*

- ► **groupe de la préposition** .....*de derrière la maison*

- ► **groupe de l'adverbe** ....*d'hier*

- ► **phrase infinitive**................*pour te voir arriver le matin*

- ► **phrase participiale**..............*en te regardant le matin*

COMPLÉMENT DE L'ADVERBE

Un **groupe de l'adverbe** contient un adverbe et, facultativement, un **complément de l'adverbe**.
Seul le groupe de la préposition peut jouer le rôle de complément de l'adverbe.
conformément à vos dispositions

VOIR TABLEAUX ► ADJECTIF. ► ADVERBE. ► GROUPE. ► NOM. ► PHRASE (ANALYSE GRAMMATICALE DE LA).
     ► PHRASE (FONCTIONS DE LA). ► PRÉPOSITION. ► PRONOM. ► VERBE.

CONCORDANCE DES TEMPS

Le temps du verbe principal ou verbe de la phrase autonome définit le mode et le temps du verbe subordonné selon que l'action de celui-ci a eu lieu AVANT (antériorité), a lieu PENDANT (simultanéité) ou aura lieu APRÈS (postériorité) celle du verbe principal.

TEMPS DU VERBE PRINCIPAL (PHRASE AUTONOME)	MOMENT DE L'ACTION DU VERBE SUBORDONNÉ	MODE ET TEMPS DU VERBE SUBORDONNÉ (PHRASE SUBORDONNÉE)	

▶ PRÉSENT

INDICATIF

Il pense

AVANT	*qu'il était là*	(imparfait)
	qu'il a été là	(passé composé)
	qu'il fut malade	(passé simple)
	qu'il avait été malade	(plus-que-parfait)
PENDANT	*qu'il est là*	(présent)
APRÈS	*qu'il sera là*	(futur)

SUBJONCTIF

Elle redoute

AVANT	*qu'elle ait été malade*	(passé)
PENDANT	*qu'elle soit malade maintenant*	(présent)
APRÈS	*qu'elle vienne en retard*	(présent)

▶ PASSÉ

INDICATIF

Elle pensait
Elle a pensé
Elle pensa
Elle avait pensé

AVANT	*qu'il avait été là*	(plus-que-parfait)
PENDANT	*qu'il était là*	(imparfait)
APRÈS	*qu'il serait là*	(conditionnel présent)

SUBJONCTIF

Elle redoutait

AVANT	*qu'elle eût été malade*	(plus-que-parfait)
PENDANT	*qu'elle fût malade*	(imparfait)
APRÈS	*qu'elle fût malade désormais*	(imparfait)

▶ FUTUR

INDICATIF

Ils diront
Elles auront dit

AVANT	*qu'il a été là*	(passé composé)
	qu'il était là	(imparfait)
	qu'il fut là	(passé simple)
PENDANT	*qu'il est là*	(présent)
APRÈS	*qu'il viendra*	(futur)

SUBJONCTIF

Il doutera

AVANT	*qu'il ait été là*	(passé)
PENDANT	*qu'elle vienne*	(présent)
APRÈS	*qu'elle soit là à temps*	(présent)

C

TEMPS DU VERBE PRINCIPAL (PHRASE AUTONOME)	MOMENT DE L'ACTION DU VERBE SUBORDONNÉ	MODE ET TEMPS DU VERBE SUBORDONNÉ (PHRASE SUBORDONNÉE)
▶ CONDITIONNEL PRÉSENT		SUBJONCTIF
Elle douterait	AVANT	*qu'il eût été là* ....(plus-que-parfait)
	PENDANT	*qu'il soit là* ....(présent)
	APRÈS	*qu'il soit malade* ....(présent)
▶ CONDITIONNEL PASSÉ		SUBJONCTIF
Il aurait douté	AVANT	*qu'elle eût été malade*......................(plus-que-parfait)
	PENDANT	*qu'elle fût là*................................(imparfait)
	APRÈS	*qu'elle fût présente désormais*.............(imparfait)

▭ L'emploi du subjonctif imparfait ou plus-que-parfait relève aujourd'hui de la langue écrite ou littéraire. Dans la langue orale, le subjonctif imparfait est généralement remplacé par le présent du subjonctif (*elle douterait que tu sois malade*); le subjonctif plus-que-parfait, par le subjonctif passé (*elle douterait que tu sois parti*).

VOIR TABLEAUX ▶ CONDITIONNEL. ▶ FUTUR. ▶ INDICATIF. ▶ PASSÉ (TEMPS DU). ▶ PRÉSENT. ▶ SUBJONCTIF.

CONDITIONNEL

Dans une phrase autonome (ou matrice), le conditionnel peut marquer :

– **un vœu, un désir** (conditionnel présent). *J'aimerais revenir un jour.*
– **un regret** (conditionnel passé). *Qu'elle aurait aimé rester là-bas !*
– **une demande** (conditionnel présent). *Pourrais-je avoir un verre d'eau, s'il vous plaît ?*
– **un ordre poli** (conditionnel présent). *Vous devriez ranger vos documents.*
– **un fait soumis à une condition** : (conditionnel présent) *Si j'étudiais, je réussirais mieux.*
  (conditionnel passé) *Si tu avais su, tu ne serais pas venu.*

▭ Une phrase subordonnée à l'imparfait introduite par *si* indique à quelle condition peut se réaliser l'action exprimée par le verbe de la phrase autonome (ou matrice) au conditionnel.

Dans une phrase subordonnée, le conditionnel marque :

– **le futur dans le passé.** *Je croyais qu'ils seraient présents.*

CONJONCTION DE COORDINATION

La **conjonction de coordination** ou **coordonnant** est un mot simple ou composé qui unit deux mots, deux groupes ou deux phrases de même catégorie, des éléments de même fonction dans la phrase. *Des feuilles et des branches. Soit un fruit, soit un gâteau. Nous irons à la campagne ou nous partirons en voyage.*

☞ Les coordonnants peuvent être de forme simple ou composée (locution conjonctive de coordination). *Je m'achèterai des pommes ou des oranges. Ses études, mais aussi ses recherches, lui demandent beaucoup de temps.*

PRINCIPAUX COORDONNANTS SIMPLES OU COMPOSÉS

⌇ Les coordonnants n'imposent pas de mode particulier pour le verbe.

ALTERNATIVE	**CONSÉQUENCE**	**EXPLICATION**	de plus	du moins	ensuite
ou	ainsi	à savoir	en outre	du reste	puis
ou au contraire	alors	c'est-à-dire	ensuite	mais	
ou bien	aussi	par exemple	et	néanmoins	**TRANSITION**
soit... soit	c'est pourquoi	savoir	mais aussi	or	après tout
tantôt... tantôt	donc	soit	même	pourtant	bref
	d'où		ni	toutefois	d'ailleurs
CAUSE	en conséquence	**LIAISON**	puis		en somme
car	par conséquent	alors		**SUITE**	or
en effet	par suite	aussi	**RESTRICTION**	alors	peut-être
effectivement		comme	cependant	enfin	

VOIR TABLEAUX ▶ CONJONCTION DE SUBORDINATION. ▶ CONNECTEUR.

CONJONCTION DE SUBORDINATION

La **conjonction de subordination** ou **subordonnant** est un mot simple ou composé qui unit une phrase subordonnée à une phrase autonome (ou matrice). *Nous ferons cette excursion si le temps le permet.*

☞ Les subordonnants peuvent être de forme simple ou composée (locution conjonctive de subordination). *Les enfants jouaient dehors quand la pluie a commencé. À supposer qu'elle vienne, nous serons cinq. Il restera jusqu'à ce que le travail soit terminé.*

PRINCIPAUX SUBORDONNANTS SIMPLES OU COMPOSÉS

⌇ Le subordonnant définit le mode de la phrase subordonnée. La plupart des subordonnants de cause, de conséquence, de comparaison sont suivis d'un verbe à un temps de l'indicatif (**i**), précisément au conditionnel (**c**); certains subordonnants de concession, de but, de condition et de temps expriment une incertitude et imposent le mode subjonctif (**s**).

BUT
afin que . . . . (s)
de crainte que . . . . (s)
de façon que . . . . (s)
de manière que . . . . (s)
de peur que . . . . (s)
pour que . . . . (s)
que . . . . (s)

CAUSE
attendu que . . . . (ic)
comme . . . . (ic)
du fait que . . . . (ic)
étant donné que . . . . (ic)
parce que . . . . (ic)
puisque . . . . (ic)
sous prétexte que . . . . (ic)
vu que . . . . (ic)

COMPARAISON
ainsi que . . . . (ic)
comme . . . . (ic)
de même que . . . . (ic)
moins que . . . . (ic)
plus que . . . . (ic)

CONCESSION
alors que . . . . (ic)
bien que . . . . (s)
en admettant que . . . . (s)
encore que . . . . (s)
en dépit du fait que . . . . . (s)
pendant que . . . . (ic)
quoique . . . . (s)
tandis que . . . . (ic)

CONDITION
à supposer que . . . . (s)
au cas où . . . . (c)
en admettant que . . . . (s)
même si . . . . (i)
pourvu que . . . . (s)
si . . . . (i)
si ce n'est . . . . (i)

CONSÉQUENCE
à tel point que . . . . (ic)
au point que . . . . (ic)
de façon que . . . . (ic)
de sorte que . . . . (ic)
si bien que . . . . (ic)
tellement que . . . . (ic)

TEMPS
alors que . . . . (ic)
à mesure que . . . . (ic)
après que . . . . (ic)
au moment où . . . . (ic)
aussitôt que . . . . (ic)
avant que . . . . (s)
depuis que . . . . (ic)
dès que . . . . (ic)
en attendant que . . . . (s)
en même temps que . . . . (ic)
jusqu'à ce que . . . . (s)
lorsque . . . . (ic)
pendant que . . . . (ic)
quand . . . . (ic)
tandis que . . . . (ic)
toutes les fois que . . . . . . (ic)
une fois que . . . . (ic)

VOIR TABLEAUX ▶ CONJONCTION DE COORDINATION. ▶ QUE, CONJONCTION DE SUBORDINATION.

CONNECTEUR

Les connecteurs (ou organisateurs textuels) sont des éléments qui établissent la liaison entre des phrases et qui assurent l'organisation générale d'un texte en marquant son articulation logique, une succession dans le temps ou une situation dans l'espace.

On peut distinguer :

▸ **les connecteurs argumentatifs** (ou **marqueurs de relation**) qui marquent l'articulation logique du raisonnement et qui servent à mettre en évidence la stratégie de démonstration retenue par l'auteur du texte (ex. : *à cette fin, cependant, car, malgré tout, par conséquent*) ;

▸ **les connecteurs dans l'espace** (ou **connecteurs spatiaux**) qui définissent la localisation au propre (ex. : *en haut, à droite, devant*) ou au figuré (ex. : *d'une part, d'autre part*) ;

▸ **les connecteurs dans le temps** (ou **connecteurs temporels**) qui précisent la dimension chronologique (ex. : *au premier abord, ensuite, finalement, en premier lieu, en dernier lieu*).

FORME SIMPLE OU COMPOSÉE

Les connecteurs peuvent être de forme simple (ex. : *car, donc, mais, or*) ou de forme composée (ex. : *c'est pourquoi, à l'opposé, en conséquence*).

CONNECTEURS ARGUMENTATIFS
(OU MARQUEURS DE RELATION)

ALTERNATIVE
ou
ou au contraire
ou bien
soit … soit
tantôt … tantôt…

BUT
à cet effet
à cette fin
afin de
afin que
dans ce but
dans cette optique
de façon que
de manière que
en vue de
pour
pour que…

CAUSE
à cause de
car
compte tenu de
d'autant plus que
de ce fait
du fait de
du fait que
en raison de
parce que
par suite de
puisque
vu que…

CONCESSION
bien que
cependant
du moins
du reste
en dépit de
en tous les cas
en tout état de cause
mais

malgré
néanmoins
or
pourtant
toutefois…

CONSÉQUENCE
ainsi
ainsi donc
c'est pourquoi
conséquemment à
de là
donc
d'où
en conséquence
par conséquent
par voie de conséquence
pour cette raison
voilà pourquoi…

EXPLICATION
à savoir
autrement dit
c'est-à-dire
de même
en effet
par exemple
soit…

OPPOSITION
à l'inverse
à l'opposé
au contraire
contrairement à
d'autre part
d'un autre côté
en revanche
mais
malgré tout
par contre
tandis que…

CONNECTEURS SPATIAUX

à droite
à gauche
au-dedans
au-dehors
au-delà
au-dessous
au-dessus
au nord
au sud
à l'est
à l'ouest
au loin
devant
derrière
dedans
dehors
dessous

dessus
d'un côté
de l'autre côté
d'une part
d'autre part
en arrière
en avant
en bas
en haut
en dedans
en dehors
en dessous
en dessus
hors
ici
là
partout…

CONNECTEURS TEMPORELS

d'abord
tout d'abord
en premier lieu
en deuxième lieu…
en dernier lieu
premièrement
deuxièmement
troisièmement…

primo
secundo
tertio…
ensuite
puis
enfin
finalement…

CORRESPONDANCE

DATE

Dans la correspondance, l'**indication de la date** est généralement **alphanumérique** : elle est composée de lettres et de chiffres. S'il y a lieu, on écrit le **nom du lieu** suivi d'une virgule et la date qui s'écrit toujours sans ponctuation finale.

> *Le 14 décembre 2003*
> *Outremont, le 14 décembre 2003*

☐ On limite à certains emplois techniques (graphiques, tableaux, horaires, etc.) une notation strictement numérique telle *2003-12-14*.

Il n'y a pas lieu d'écrire **le nom du jour de la semaine** de façon générale. Si ce renseignement est nécessaire, il n'est pas séparé de la date par une virgule.

> *Dimanche 14 décembre 2003*

☐ Dans le corps d'une lettre, d'un texte, on écrira : *le dimanche 14 décembre 2003*.

NATURE DE L'ENVOI ET MODE D'ACHEMINEMENT

Les indications relatives à la nature de l'envoi et au mode d'acheminement (PAR MESSAGERIE, URGENT, PAR EXPRÈS, etc.) s'écrivent en majuscules et sont notées à gauche au début de la lettre.

S'il y a lieu, la mention *PERSONNEL* précise que la lettre est de nature personnelle et qu'elle doit être remise au destinataire sans avoir été décachetée.

La mention *CONFIDENTIEL* signifie que l'écrit doit rester secret.

☐ Ces mentions, qui sont toujours au masculin singulier, s'écrivent en majuscules soulignées.

> PERSONNEL   CONFIDENTIEL   PAR TÉLÉCOPIE   RECOMMANDÉ

VEDETTE

La vedette comprend :
- le **titre de civilité**, le plus souvent **Monsieur** ou **Madame**,
- le **prénom** (abrégé ou non) et le **nom du destinataire**,
- le **titre de fonction** et **la désignation de l'unité administrative**,
- le **nom de l'entreprise** ou de l'**organisme**, s'il y a lieu,
- l'**adresse au long**.

> *Madame Laurence Dubois*
> *Directrice des communications*
> *Dubuffet et Lavigne*
> *630, boul. René-Lévesque O.*
> *Montréal (Québec) H3B 1S6*

> *Monsieur Philippe Larue*
> *Chef de produit*
> *Groupe Gamma*
> *329, rue de la Commune Ouest, bureau 300*
> *Montréal (Québec) H2Y 2E1*

VOIR TABLEAU ▶ **ADRESSE.**

☐ 1° La vedette s'écrit sans ponctuation en fin de ligne.

2° En français, le titre de *docteur* est réservé aux médecins ; celui de *maître*, aux avocats ou aux notaires.

3° Les titres honorifiques et les grades universitaires ne doivent pas figurer immédiatement à la suite du nom dans la vedette. *Madame Hélène Fougère* (et non *Madame Hélène Fougère, architecte*).

4° Il n'est pas dans l'usage d'indiquer le titre professionnel des ministres et des députés ni de faire précéder leur nom de l'adjectif **Honorable ;* on écrit **Madame** ou **Monsieur** tout simplement.

CORRESPONDANCE | *SUITE* >

OBJET

L'objet exprime de façon concise (une ligne) le contenu de la lettre.

☞ Cette mention est facultative, mais elle est recommandée. On la note en caractères gras ou on la souligne.

> **Objet** (et non *sujet) : **Lancement d'un nouveau produit**

APPEL

L'appel est la formule de salutation qui précède le corps de la lettre. Les formules d'appel les plus courantes sont les titres de civilité *Madame* ou *Monsieur.* L'appel s'écrit au long avec une majuscule initiale et il est suivi d'une virgule.

☞ Le titre de *Mademoiselle* est de moins en moins utilisé, sauf si la lettre est destinée à une très jeune fille ou à une personne qui préfère ce titre.

> Madame,
> Monsieur,

Le *titre professionnel* du destinataire peut éventuellement remplacer le titre de civilité ou s'y joindre ; il s'écrit avec une majuscule initiale.

> Docteur,
> Maître,
> Madame la Présidente,
> Monsieur le Directeur,

Ⓣ Contrairement à l'usage anglais, l'adjectif *cher* doit être réservé aux correspondants que l'on connaît bien. Le patronyme ne fait pas partie de l'appel.

> Monsieur,
> (et non *Cher Monsieur Laforêt)

Ⓣ Lorsqu'on ne connaît pas le nom du destinataire, on utilise la formule d'appel *Mesdames, Messieurs,* sur deux lignes.

> Mesdames,
> Messieurs,
> (et non *À qui de droit)

Dans le tableau qui suit, **x** est mis pour le nom et **z** pour les autres mentions.

TITRE	VEDETTE	APPEL
abbé	Monsieur l'Abbé x	Monsieur l'Abbé, ou Mon Père,
ambassadeur	Son Excellence Monsieur x Ambassadeur de z	Monsieur l'Ambassadeur, ou (Votre) Excellence,
ambassadrice	Son Excellence Madame x Ambassadrice de z	Madame l'Ambassadrice, ou (Votre) Excellence,
avocat avocate	Maître x Maître x	Maître, Maître,
bâtonnier bâtonnière	Monsieur le Bâtonnier x Madame la Bâtonnière x	Monsieur le Bâtonnier, Madame la Bâtonnière,
cardinal	Son Éminence le Cardinal x ou Monsieur le Cardinal x	Monsieur le Cardinal, ou (Votre) Éminence,
consul consule	Monsieur x Consul de z Madame x Consule de z	Monsieur le Consul, Madame la Consule,

TITRE	VEDETTE	APPEL
curé	Monsieur le Curé x ou Monsieur le Curé de z	Monsieur le Curé, ou Mon Père,
député	Monsieur x Député de z	Monsieur le Député,
députée	Madame x Députée de z	Madame la Députée,
évêque	Son Excellence Monseigneur x Évêque ou Archevêque de z	Monseigneur, ou Excellence, ou Mon Père,
juge	Madame la Juge x Monsieur le Juge x	Madame la Juge, Monsieur le Juge,
madame	Madame x	Madame,
maire (mairesse) maire	Madame la Maire (Mairesse) x Monsieur le Maire x	Madame la Maire (Mairesse), Monsieur le Maire,
médecin	Docteur x Docteure x	Docteur, Docteure,
ministre	Madame x Ministre de z Monsieur x Ministre de z	Madame la Ministre, Monsieur le Ministre,
monsieur	Monsieur x	Monsieur,
notaire	Maître x	Maître,
pasteur	Monsieur le Pasteur x	Monsieur le Pasteur,
père	Révérend Père x	Révérend Père,
premier ministre première ministre	Monsieur x Premier Ministre de z Madame x Première Ministre de z	Monsieur le Premier Ministre, Madame la Première Ministre,
professeure professeur	Madame x Professeure Monsieur x Professeur	Madame, Monsieur,
rabbin	Monsieur le Rabbin x	Monsieur le Rabbin,
religieuse	Révérende Mère x ou Révérende Sœur x	Révérende Mère, ou Ma Mère, ou Ma Sœur,
sénateur sénatrice	Monsieur x Sénateur Madame x Sénatrice	Monsieur le Sénateur, Madame la Sénatrice,
vicaire	Monsieur le Vicaire x	Monsieur le Vicaire,

Si l'on s'adresse à un couple ou à plusieurs personnes, on peut s'inspirer des exemples suivants :

mesdames	Mesdames x et x	Mesdames,
messieurs	Messieurs x et x	Messieurs,
madame et monsieur	Madame et Monsieur x ou Madame x et Monsieur x (si les noms diffèrent)	Madame et Monsieur,
monsieur et madame	Monsieur et Madame x ou Monsieur x et Madame x (si les noms diffèrent)	Monsieur et Madame,
la ministre et monsieur	Madame la Ministre et Monsieur x	Madame la Ministre et Monsieur,
le député et madame	Monsieur le Député et Madame x	Madame la Ministre et Monsieur,

T La mention de l'appel est reprise de façon identique dans la salutation.

EXEMPLES DE FORMULES USUELLES :

INTRODUCTION[1]

▸ **Accusés de réception**
- *J'ai pris connaissance de...*
- *Nous avons pris bonne note de...*
- *Nous accusons réception de...*
    - *... votre lettre et...*
    - *... votre demande et...*
    - *... votre offre et...*
    - *... votre commande et...*
- *J'ai bien reçu votre...*
    - *... documentation...*
    - *... aimable invitation...*
    - *... lettre...*
        - *... et je vous en remercie.*
- *À votre demande,...*
    - *... je vous transmets...*

▸ **Communications diverses**
- *J'ai le plaisir de (et non *il me fait plaisir de)*
    - *... l'honneur de vous informer...*
        - *... vous aviser...*
        - *... vous faire part de...*
        - *... vous faire connaître...*
- *Permettez-moi*
    - *... de vous féliciter de...*
    - *... de vous exprimer notre reconnaissance*
        - *... notre chagrin...*
        - *... nos regrets...*

▸ **Regrets**
- *Nous regrettons de...*
- *Je suis au regret de...*
- *Nous avons le regret de...*
- *C'est avec regret que nous devons...*
    - *... vous informer que...*
    - *... vous faire part...*
- *Il m'est malheureusement impossible...*
- *Il nous est malheureusement impossible...*

... de retenir votre offre, votre candidature...
... de donner suite à votre demande...
... d'accepter votre proposition...

▸ **Réponses**
- *À la suite de (et non *suite à)...*
    - *... notre conversation téléphonique,*
    - *... notre rencontre de...,*
    - *... notre entretien,*
        - *... je vous confirme...*
        - *... je vous transmets...*
- *En réponse à*
    - *... votre lettre du...,*
    - *... votre demande,*
    - *... votre offre du...,*
        - *... je désire vous informer...*
        - *... je vous confirme...*

CONCLUSION

▸ **Confirmations, réponses demandées**
- *Veuillez nous confirmer...*
- *Nous souhaiterions que vous confirmiez*
    - *... votre accord...*
    - *... votre acceptation...*
- *Nous vous saurions gré de confirmer*
    - *... votre présence...*
- *Nous vous serions reconnaissants*
    - *... de nous transmettre...*

▸ **Décisions favorables souhaitées**
- *Nous espérons que notre proposition vous...*
    - *... conviendra.*
    - *... agréera.*
- *Dans l'attente d'une réponse favorable, ...*
- *Dans l'espoir que vous recevrez favorablement...*
    - *... notre offre...*
    - *... notre demande...*
- *En espérant que vous retiendrez...*
    - *... ma candidature...*

---

1. On consultera le *Guide de la communication écrite* de Marie Malo, publié en 1996 par Québec/Amérique,
   p. 137-142, pour ses nombreux exemples de formules usuelles d'introduction, de conclusion et de salutation.

C

► **Excuses**
- *Il y a eu erreur de notre part et nous regret-tons vivement les inconvénients que cela a pu vous causer.*
- *Nous comptons sur votre compréhension et vous assurons que cette erreur ne se reproduira plus.*
- *Soyez assuré...*
  - *... que nous corrigerons ce problème dès que possible.*
  - *... que nous apporterons un correctif dans les plus brefs délais.*
- *Nous vous transmettons nos excuses pour...*

► **Invitations à communiquer**
- *Je demeure...*
- *Nous demeurons...*
- *Je me tiens...*
- *Nous nous tenons...*
  - *... à votre (entière) disposition*
    - *... pour tout renseignement complémentaire...*
- *N'hésitez pas à communiquer avec nous en composant le...*
- *Pour de plus amples renseignements, vous pouvez vous adresser à...*

► **Regrets**
- *Je regrette de...*
- *Nous regrettons de...*
  - *... ne pas être en mesure de...*
  - *... ne pouvoir...*
    - *... donner suite à...*
    - *... accéder à...*
    - *... accepter...*
      - *... votre demande...*
      - *... votre proposition...*
      - *... votre offre...*
- *Il nous est malheureusement impossible d'accepter votre invitation...*

► **Remerciements**
- *Je tiens à...*
- *Nous tenons à...*
  - *... vous remercier de...*
  - *... vous remercier pour...*
  - *... vous exprimer...*
  - *... vous témoigner...*

- *... ma gratitude...*
- *... toute notre gratitude...*
- *... notre vive reconnaissance...*
- *Nous vous remercions du chaleureux accueil que vous nous avez réservé...*

SALUTATION

La formule de salutation est composée de trois éléments :

► **1. Une forme verbale**
Agréez...
Recevez...
Veuillez agréer...
Veuillez recevoir...
Je vous prie d'agréer...
... de recevoir...

► **2. La répétition de l'appel**
..., Madame, Monsieur, ...
..., cher collègue, ...
..., Madame la Présidente, ...

► **3. Une formule de courtoisie**

(formules officielles et protocolaires)
... l'expression de mes sentiments respectueux.
... l'expression de mes sentiments les plus respectueux.
... l'assurance de ma considération distinguée.
... l'assurance de mes sentiments les plus distingués.
... l'assurance de ma haute considération.
... l'assurance de ma très haute considération.

(formules courantes)
... mes salutations distinguées.
... mes salutations cordiales.
... mes meilleures salutations.
... l'expression de mes meilleurs sentiments.
... l'expression de mes sentiments les meilleurs.
... l'expression de mes sentiments distingués.

Le nom *salutations* s'emploie directement après la formule verbale et l'appel *(Veuillez agréer, Monsieur, mes salutations distinguées),* alors que les noms *sentiment* ou *considération* s'emploient avec les termes *l'expression de* ou *l'assurance de (Je vous prie d'agréer, Madame, l'expression de mes sentiments respectueux).*

FORME VERBALE	APPEL	FORMULE DE COURTOISIE
Je vous prie d'agréer,	*Monsieur,*	*mes salutations les meilleures.*
Veuillez recevoir,	*cher collègue,*	*mes salutations distinguées.*
Nous vous prions d'agréer,	*Madame la Présidente,*	*l'assurance de notre haute considération.*

Dans la correspondance personnelle, on peut recourir à une salutation plus simple :

Recevez,	*cher ami,*	*l'expression de mes sentiments les meilleurs.*
Je vous prie d'agréer,	*chère collègue,*	*l'expression de mes sentiments très cordiaux.*
Reçois,	*chère Florence,*	*mes salutations les plus amicales.*

Plus familièrement, on emploiera les formules suivantes :

Amitiés,	*Bien cordialement,*	*Meilleurs souvenirs,*
Toutes mes amitiés,	*Salutations cordiales,*	*Affectueux souvenirs,*

☞ Les formules « **Sincèrement vôtre* », « **Bien vôtre* », « **Bien à vous* » sont à éviter.

↪ Pour une construction juste de la salutation, il importe de ne faire intervenir qu'un seul sujet. Si la formule commence par un membre de phrase qui concerne l'auteur ou les auteurs de la lettre, le verbe principal de la salutation doit être à la première personne du singulier ou du pluriel, selon le cas. *Espérant que ce projet vous conviendra,* **je vous prie** *de recevoir, Madame, mes salutations distinguées. Nous souhaitons que ces renseignements vous soient utiles et* **vous prions** *d'agréer, Monsieur, l'assurance de nos sentiments respectueux.*

SIGNATURE

La signature s'inscrit à gauche ou à droite, selon la disposition, à quelques interlignes sous la formule de salutation.

1. Si le ou la signataire est **titulaire d'un poste de direction**, l'indication du titre précède généralement la signature.

La directrice de l'administration,

[signature manuscrite : L. Dubois]

Lorraine Dubois

2. Si le ou la signataire **partage sa fonction** avec d'autres personnes, l'indication du titre s'écrit au-dessous de la signature, à la suite du nom dont il est séparé par une virgule. Dans les autres cas, la fonction ou la profession vient après la signature.

[signature manuscrite : Pierre Giroux]

Pierre Giroux, ingénieur

[signature manuscrite : Colette Tremblay]

Colette Tremblay,
adjointe administrative

T La signature manuscrite s'inscrit au-dessus du nom dactylographié.

VOIR TABLEAUX ▸ ADRESSE. ▸ ENVELOPPE. ▸ LETTRE TYPE.

ADJECTIFS DE **COULEUR**

▶ **1. Les adjectifs de couleur simples** s'accordent en genre et en nombre :

alezan	brun	glauque	noir	roux
beige	châtain	gris	pers	vermeil
blanc	cramoisi	incarnat	pourpre	vert
bleu	écarlate	jaune	rose	violet…
blond	fauve	mauve	rouge	

Ex. : *des robes mauves, des jupes violettes, des foulards bleus.*

▶ **2. Les adjectifs dérivant d'adjectifs ou de noms de couleur** s'accordent en genre et en nombre :

basané	mordoré	rosé	verdoyant
blanchâtre	noiraud	rougeaud	violacé…
cuivré	olivâtre	rouquin	
doré	orangé	rubicond	

Ex. : *des ciels orangés, des teints olivâtres, des fillettes rouquines.*

▶ **3. Les adjectifs composés** (avec un autre adjectif ou un nom) sont invariables :

arc-en-ciel	bleu turquoise	gorge-de-pigeon	terre de Sienne
bleu foncé	bleu-vert	gris acier	vert amande
bleu horizon	caca d'oie	gris perle	vert-de-gris
bleu marine	café au lait	jaune maïs	vert olive…
bleu nuit	cuisse-de-nymphe	noir de jais	
bleu roi	feuille-morte	rouge tomate	

Ex. : *des écharpes gris perle, une nappe bleu nuit.*

🔲 On emploie le trait d'union lorsque deux adjectifs de couleur simples sont juxtaposés.
Des yeux bleu-vert.

▶ **4. Les noms simples ou composés employés comme adjectifs** pour désigner une couleur sont invariables :

abricot	bruyère	cuivre	marine	réséda
absinthe	cachou	cyclamen	marron	rouille
acajou	café	ébène	mastic	rubis
acier	canari	émeraude	moutarde	safran
agate	cannelle	épinard	nacre	saphir
amadou	caramel	fraise	noisette	saumon
amarante	carmin	framboise	ocre	sépia
ambre	carotte	fuchsia	olive	serin
améthyste	cassis	garance	or	soufre
anthracite	céladon	grenat	orange	souris
ardoise	cerise	groseille	paille	tabac
argent	chamois	havane	pastel	tango
aubergine	champagne	indigo	pastèque	thé
auburn	chocolat	ivoire	pêche	tilleul
aurore	citron	jade	perle	tomate
avocat	clémentine	jonquille	pervenche	topaze
azur	cognac	kaki	pétrole	turquoise
bistre	coquelicot	lavande	pie	vermillon…
bordeaux	corail	lilas	pistache	
brique	crème	magenta	platine	
bronze	crevette	marengo	prune	

Ex. : *des tapis ardoise, une ombrelle kaki.*

CURRICULUM VITÆ

Document qui résume la formation, les aptitudes, l'expérience professionnelle et les principales réalisations d'un candidat ou d'une candidate à un poste, à une bourse, à une subvention, etc.

☞ Cette locution empruntée au latin depuis un siècle est une métaphore employée par Cicéron signifiant « course de la vie » ; elle est construite à partir du nom latin *curriculum* qui désigne un champ où se tiennent des courses de chars romains.

OBJECTIF DU CURRICULUM VITÆ

Démonstration de la compétence d'un candidat ou d'une candidate et de son aptitude à occuper le poste proposé, à recevoir la bourse, la subvention offerte.

MOT D'ORDRE : NE DITES QUE L'ESSENTIEL, DITES-LE BIEN ET DITES-LE BRIÈVEMENT

QUALITÉS RECHERCHÉES

► **Esprit de synthèse**
Choix des éléments de la formation, de l'expérience les plus importants et les plus pertinents.

► **Structure logique**
Organisation claire et hiérarchisée des renseignements utiles.

► **Mise en valeur**
Présentation avantageuse mais exacte des réalisations pertinentes.

► **Rigueur et concision**
Exactitude des renseignements, précision et sobriété (trois pages au maximum).

► **Clarté et lisibilité**
Regroupement par thèmes, disposition aérée et équilibrée.

► **Expression juste et efficace**
Orthographe, grammaire et vocabulaire irréprochables, style de niveau correct ou recherché.

► **Présentation soignée et classique**
Disposition aérée sur une seule colonne, au recto seulement des feuilles.

► **Description des responsabilités**[1]
Il est recommandé d'employer des verbes d'action pour décrire et expliciter les responsabilités d'une fonction :

Exemples	Mettre à jour...	Organiser...	– Analyser les demandes de financement.
	Superviser...	Transmettre...	– Assurer le suivi des décisions du conseil.
	Conseiller...	Assurer le suivi...	– Gérer le service après-vente.
	Promouvoir...	Commander...	– Coordonner le travail des représentants.
	Corriger...	Livrer...	– Veiller au respect de l'échéancier.
	Analyser...	Gérer...	– Vérifier les comptes clients.

► **Description des réalisations**[1]
Il est recommandé d'employer des noms abstraits pour faire état des réalisations liées à une fonction :

Exemples

Création de...	Développement de...	– Augmentation de 10 % du chiffre d'affaires.
Mise à jour de...	Mention d'honneur pour...	– Hausse du nombre des clients de 8 %.
Implantation de...	Coordination de...	– Réduction marquée des coûts d'entreposage.
Publication de...	Réduction de...	– Réorganisation du service de la comptabilité.
Gestion de...	Représentation de...	– Conception d'un système informatisé.
Augmentation de...	Amélioration de...	– Élaboration d'un manuel de procédés administratifs.
Accroissement de...	Perfectionnement de...	– Respect des budgets et des échéanciers prévus.

☞ Dans une énumération, il faut s'en tenir à des mots de même catégorie grammaticale : des verbes ou des noms, mais non des verbes et des noms dans la même liste.

1. D'après Marie Malo, *Guide de la communication écrite,* Montréal, Québec/Amérique, 1996, p. 70.

CURRICULUM VITÆ | SUITE >

CURRICULUM VITÆ

(style américain)

Frédérique de Blois

28, rue du Ruisseau
Saint-Lambert (Québec)
H1V 2R8
Tél. : 678-1143
Site W3 personnel : http ://www.obs.blois.ca

Rédactrice-conceptrice publicitaire

Expérience

1995...   **IMAGE MARKETING INC.**
RÉALISATIONS
– Le Coq d'or du Publicité Club pour la campagne des restaurants McIntosh !
– Accroissement de 15 % du chiffre d'affaires.
RESPONSABILITÉS
– Coordonner en studio la réalisation de messages par des maisons de production :
messages télévisés des Confitures Beaux Fruits, panneaux des magasins L'Air sage.
– Élaborer le texte des messages multimédias.
– Participer à l'élaboration de la stratégie globale de communication.
– Faire des présentations aux clients éventuels (trois nouveaux comptes en un an !).

1993-1994   **COMMUNICATIONS LEROY**
RÉALISATIONS
– Conception d'un dépliant promotionnel de l'entreprise destiné à l'ensemble de
la clientèle.
– Implantation d'un système informatique de suivi des dossiers de l'entreprise.
RESPONSABILITÉS
– Faire la recherche de noms de produits (Savon Blanc-Neige, Casse-croûte Midi).
– Rédiger deux rapports annuels (Société Levallois, Groupe-Conseil Dubois).

1989-1991   **SOCIÉTÉ MULTI-CONCEPTS INC.**

– Participer à l'élaboration de concepts sous la supervision du directeur de la création.
– Rédiger des brochures, des dépliants variés.
– Préparer des textes d'affichage (Groupe Ventilus).
– Concevoir des documents publicitaires (Les magasins Simon).

Formation

1991-1993   Maîtrise en administration des affaires (option marketing),
École des Hautes Études Commerciales.

1986-1989   Baccalauréat en sciences politiques,
Université du Québec à Montréal.

C

CURRICULUM VITÆ
(s t y l e   c l a s s i q u e)

Christine LEFEBVRE

168, rue de l'Église
Montréal (Québec)
H3T 5M7
Tél. : 735-1532 (bureau)
**   456-7890 (domicile)**

Adjointe administrative

EXPÉRIENCE

1995- ...	• **Société Techniplus inc. – Adjointe administrative**
Réalisation	– Informatisation des fichiers clients de l'entreprise (450 clients)
Responsabilités	– Préparer des publipostages adressés aux groupes cibles du service (envoi trimestriel)
	– Gérer les agendas des quatre conseillers commerciaux
	– Superviser deux employés de secrétariat (une sténodactylo, un agent de bureau)
1992-1993	• **Blouin, Benoît et Associés – Secrétaire de direction**
Responsabilités	– Effectuer le suivi administratif du bureau du directeur général
	– Rédiger les procès-verbaux des réunions hebdomadaires du conseil de direction
	– Saisir la correspondance et divers textes administratifs
1989-1992	• **Bélanger et Dupont inc. – Sténodactylo principale**
Responsabilités	– Coordonner le groupe de secrétariat (trois personnes)
	– Effectuer le suivi administratif général et la comptabilité des honoraires (deux personnes)
	– Rédiger la correspondance française et anglaise
1984-1989	• **Duguette et Duguette, comptables – Agente de bureau**
Responsabilités	– Saisir la correspondance commerciale
	– Dépouiller et classer le courrier
	– Accueillir les clients

FORMATION

1995	**Certificat en administration**
	École des HEC
1993	**Cours de bureautique (3 crédits)**
	Cégep de Bois-de-Boulogne
1984	**Diplôme de secrétariat**
	École de secrétariat moderne
1983	**Diplôme d'études secondaires**
	École Lajoie

LOISIRS
Ski, planche à voile, peinture

CURRICULUM VITÆ

(style classique)

Arnaud Leforestier
453, avenue de la Brunante
Outremont (Québec) H3T 1T3
Téléphone : (514) 788.0987
Courrier électronique : leforesa@ere.umont.ca

FORMATION

1993-1996	**Baccalauréat spécialisé en biochimie** Université de Montréal
1991-1993	**Diplôme d'études collégiales et baccalauréat international** Concentration sciences naturelles Collège Jean-de-Brébeuf
1986-1991	**Diplôme d'études secondaires** Collège Jean-de-Brébeuf

BOURSES

1994	• Bourse d'excellence de la fondation Rose-Daoust-Duquette
1993-1994-1995	• Bourse Canada

RÉALISATIONS

1991-1996	• **Implication active pour la promotion des sciences au collège Jean-de-Brébeuf** Juge au concours scientifique annuel du collège Brébeuf Membre fondateur d'un club sciences au collégial
1992	• **Projet d'innovation scientifique «Cholestérol en excès : une solution ?»** Médaille d'or à l'Expo-Sciences pancanadienne (niveau national), catégorie « sciences de la vie »
1990	• **Projet d'expérimentation scientifique : « Déplacement linéaire par magnétisme »** 1er prix de l'Expo-Sciences de Montréal Médaille de l'Association canadienne-française pour l'avancement des sciences (ACFAS)

EXPÉRIENCE PROFESSIONNELLE

été 1995 été 1994	• **Stages d'été à temps plein au laboratoire de neuroendocrinologie** **de l'hôpital Notre-Dame** Synthèse de peptides en phase solide à la main et à la machine
été 1993	• **Stage d'été à temps plein au laboratoire de génie biomédical de l'Institut** **de recherches cliniques de Montréal** Aide à la mise au point d'un stéthoscope électronique
été 1992	• **Préposé aux bénéficiaires au Centre d'accueil Marcelle-Ferron**

LOISIRS

Sports : cyclisme, badminton, plongée sous-marine, ski de fond, musculation

Voyages, lecture, cinéma, musique

RÉFÉRENCES SUR DEMANDE

DATE

▶ **Des chiffres et des lettres**

On indique généralement la date à l'aide de lettres et de chiffres ; on peut écrire la date avec ou sans l'article défini *le*.

> *Le 27 janvier 1997* ou *27 janvier 1997*
>
> T La date n'est jamais suivie d'un point final ; les noms de jours, de mois s'écrivent avec une minuscule.

▶ **Indication du jour de la semaine**

De façon générale, il n'y a pas lieu d'écrire le nom du jour de la semaine. Si ce renseignement est nécessaire, il n'y a pas de virgule entre le jour de la semaine et le jour du mois exprimé en chiffres (le quantième).

> *Jeudi 14 décembre 2000*
>
> T Dans le corps d'un texte, d'une lettre, on écrira *le jeudi 14 décembre 2000*. L'année est notée au long à l'aide de quatre chiffres. *1997* (et non *97)

▶ **Indication du lieu**

Dans certains documents juridiques, officiels, etc., on doit indiquer le lieu avec la date ; la mention du lieu est alors suivie d'une virgule.

> *Montréal, le 27 janvier 1997*

▶ **Des lettres seulement**

Dans certains documents de registre soutenu, la date est composée en toutes lettres.

> *Le vingt-sept janvier mil neuf cent quatre-vingt-dix-sept*

▶ **Des chiffres seulement**

L'usage de l'indication uniquement en chiffres de la date doit être limité aux usages techniques et à la présentation en tableau. Cette notation procède par ordre décroissant : (année, mois, jour) 1997 01 27 ou 1997-01-27 ou 19970127.

VOIR TABLEAUX ▶ **CORRESPONDANCE.** ▶ **LETTRE TYPE.**

DEMI

▶ **DEMI, DEMIE,** adjectif

Qui est la moitié d'un tout. *Une demi-journée.*

> ▦ *Demi* + nom. Lorsqu'il est suivi d'un nom, l'adjectif *demi* est invariable et se joint au nom par un trait d'union. Seul le nom se met au pluriel. *Des demi-heures, des demi-journées.*
>
> ▦ Nom + *et demi, et demie.* L'adjectif *demi* s'accorde en genre seulement avec le nom auquel il se rapporte. *Une heure et demie, deux mois et demi. Midi et demi, minuit et demi.*

▶ **DEMI,** adverbe

À moitié. *Une bouteille d'eau demi-vide.*

> ▦ *Demi* + adjectif. L'adverbe *demi* est invariable et se joint par un trait d'union à l'adjectif qui s'accorde en genre et en nombre avec le nom auquel il se rapporte. *Des travaux demi-achevés.*
>
> – *À demi.* À moitié. *Un examen à demi réussi. Un billet à demi-tarif.*
>
> ▦ *À demi* + adjectif. L'adverbe *à demi* est invariable et s'écrit sans trait d'union devant un adjectif. *Une bouteille d'eau à demi vide.*
>
> ▦ *À demi* + nom. L'adverbe *à demi* est invariable et s'écrit avec un trait d'union devant un nom. *La marchandise est à demi-prix.*

▶ **DEMI,** nom masculin

Moitié d'une unité. *Un demi et un demi font un.*

▶ **DEMIE,** nom féminin

Demi-heure. *L'horloge sonne aux heures et aux demies.*

48

DÉTERMINANT

Le déterminant est un mot qui est placé devant un nom commun pour déterminer d'une façon précise ou imprécise l'être ou l'objet dont on parle.

▭ Le déterminant s'accorde en genre et en nombre avec le nom qu'il détermine.

↪ Le déterminant précède nécessairement le nom pour former un groupe nominal.

D

On distingue généralement deux types de déterminants.

▶ Les **DÉTERMINANTS RÉFÉRENTS**, qui renvoient à une information connue, ou présumée connue, et qui servent à la reprise de l'information. Les déterminants référents comprennent les déterminants définis, démonstratifs, possessifs, interrogatifs, exclamatifs et relatifs.

> ▶ **Le déterminant défini** (de forme simple ou contractée)
> *La maison de François, **le** plateau de fromages. **Au** coin de la rue, la lecture **du** Devoir.*

> ▶ **Le déterminant démonstratif**
> ***Cette** chanson, **ce** courriel, **ces** adolescents.*

> ▶ **Le déterminant possessif**
> ***Sa** bicyclette, **ton** ordinateur, **mes** jouets.*

> ▶ **Le déterminant interrogatif**
> ***Quelle** matière préférez-vous ?*

> ▶ **Le déterminant exclamatif**
> ***Quelle** affaire! **Quels** joyeux lurons!*

> ▶ **Le déterminant relatif**
> *Une somme de 10 $, **laquelle** somme vous sera remboursée.*

▶ Les **DÉTERMINANTS NON RÉFÉRENTS** ou **QUANTIFIANTS,** qui renvoient à une information non connue ou qui donnent une information sur la quantité. Les déterminants non référents ou quantifiants sont les déterminants indéfinis, partitifs, numéraux et négatifs.

> ▶ **Le déterminant indéfini**
> ***Un** petit chien, **des** framboises succulentes. **Chaque** élève dispose d'un ordinateur. **Plusieurs** tableaux. **Quelques** sports. **Certains** oiseaux.*

> ▶ **Le déterminant partitif**
> ***Du** jus de pomme, **de la** farine.*

> ▶ **Le déterminant numéral**
> ***Dix** grenouilles, **cinq** merles.*

> ▶ **Le déterminant négatif**
> ***Nulle** infraction n'a été commise.*

▶ **Le déterminant défini**

Le déterminant défini se place devant le nom d'**un être** ou d'**un objet connu, dont on a déjà parlé.**

▭ Le déterminant défini individualise le nom qu'il accompagne.

DÉTERMINANT | *SUITE* >

D

FORME SIMPLE

Le (devant un nom masculin singulier). *Le chat de sa fille, le homard de la Gaspésie.*

La (devant un nom féminin singulier). *La tortue de Julien, la halte routière.*

L' (devant une voyelle ou un *h* muet). *L'avion, l'école, l'habit, l'heure, l'habile chirurgien.*

    ☞ On dit alors qu'il s'agit d'un déterminant élidé.

Les (devant un nom masculin ou féminin pluriel). *Les livres de la bibliothèque, les oranges sont vertes.*

FORME CONTRACTÉE

Au (combinaison de *à* et de *le* devant un nom masculin singulier). *Au printemps, au début de la journée.*

Du (combinaison de *de* et de *le* devant un nom masculin singulier). *Je parle du soleil.*

Aux (combinaison de *à* et de *les* devant un nom masculin ou féminin pluriel). *J'explique aux garçons et aux filles…*

Des (combinaison de *de* et de *les* devant un nom masculin ou féminin pluriel). *Les adresses des cousines et des amis.*

De (combinaison de *de* et de *les* devant un adjectif commençant par une consonne). *De belles vallées, de grands arbres.*

D' (combinaison de *de* et de *les* devant un adjectif commençant par une voyelle ou un *h* muet). *D'éclatantes victoires, d'horribles complots.*

► Le déterminant démonstratif

Le déterminant démonstratif détermine le nom en montrant l'être ou l'objet désigné par ce nom. Il s'accorde en genre et en nombre avec le nom déterminé :

    • au masculin singulier   *ce, cet*   *Ce livre, cet ouvrage, cet homme.*

On emploie *ce* devant un mot commençant par une consonne ou un *h* aspiré, **cet** devant un mot commençant par une voyelle ou un *h* muet.

    • au féminin singulier   *cette*   *Cette fleur.*
    • au pluriel   *ces*   *Ces garçons et ces filles.*

Le déterminant démonstratif est parfois renforcé par **ci** ou **là** joint au nom par un trait d'union. Alors que **ci** indique la proximité, **là** suggère l'éloignement. *Cette étude-ci* (démonstratif prochain), *cette maison-là* (démonstratif lointain).

    ☞ Certains déterminants démonstratifs sont vieillis et ne se trouvent plus que dans la langue juridique : **ledit, ladite, lesdits, lesdites, audit, à ladite, auxdits, auxdites, dudit, de ladite, desdits, desdites, susdit, susdite, susdits, susdites.**

► Le déterminant possessif

Le déterminant possessif détermine le nom en indiquant le « possesseur » de l'être, de l'objet désigné.

On observe que le déterminant possessif est loin de toujours exprimer la possession réelle. En effet, il n'établit souvent qu'une simple relation de chose à personne, qu'un rapport de dépendance, de familiarité, d'affinité, de proximité, etc. *Mon avion, ton hôtel, sa ville, nos invités, vos étudiants, leurs amis.*

D

– Il s'accorde en genre et en nombre avec le nom déterminé. *Ta voiture, son ordinateur, nos livres.*

– Il s'accorde en personne avec le nom désignant le possesseur :

un seul possesseur : *mon, ton, son* fils,

ma, ta, sa fille

mes, tes, ses fils ou filles

plusieurs possesseurs : *notre, votre, leur* fils ou fille

nos, vos, leurs fils ou filles

FORMES DU DÉTERMINANT POSSESSIF

UN SEUL POSSESSEUR	SINGULIER		PLURIEL
	MASCULIN	FÉMININ	
Première personne	*mon*	*ma*	*mes*
Deuxième personne	*ton*	*ta*	*tes*
Troisième personne	*son*	*sa*	*ses*

PLUSIEURS POSSESSEURS	SINGULIER	PLURIEL
Première personne	*notre*	*nos*
Deuxième personne	*votre*	*vos*
Troisième personne	*leur*	*leurs*

Devant un nom féminin commençant par une voyelle ou un *h* muet, c'est la forme masculine du déterminant qui est employée pour des raisons d'euphonie. *Mon amie, ton échelle, son histoire.*

▶ **Le déterminant interrogatif**

Le déterminant interrogatif indique que l'on s'interroge sur l'identité de l'être ou de l'objet déterminé. Le déterminant interrogatif s'accorde en genre et en nombre avec le nom déterminé.

	GENRE	NOMBRE	DÉTERMINANT INTERROGATIF
Quel	masculin	singulier	*Quel livre ?*
Quelle	féminin	singulier	*Quelle personne ?*
Quels	masculin	pluriel	*Quels ballons ?*
Quelles	féminin	pluriel	*Quelles bicyclettes ?*

▶ **Le déterminant exclamatif**

Le déterminant exclamatif sert à traduire l'étonnement, l'admiration que l'on éprouve devant l'être ou l'objet déterminé. Le déterminant exclamatif s'accorde en genre et en nombre avec le nom déterminé.

	GENRE	NOMBRE	DÉTERMINANT EXCLAMATIF
Quel	masculin	singulier	*Quel succès !*
Quelle	féminin	singulier	*Quelle maison !*
Quels	masculin	pluriel	*Quels amis !*
Quelles	féminin	pluriel	*Quelles vacances !*

D

- ▶ **Le déterminant relatif**

Le déterminant relatif se place devant un nom pour indiquer que l'on rattache à un antécédent la phrase subordonnée qu'il introduit.

SINGULIER		PLURIEL	
MASCULIN	FÉMININ	MASCULIN	FÉMININ
lequel	laquelle	lesquels	lesquelles
duquel	de laquelle	desquels	desquelles
auquel	à laquelle	auxquels	auxquelles

*Il a reconnu vous devoir la somme de 300 $, **laquelle** somme vous sera remboursée sous peu.*

☞ Les déterminants relatifs sont d'emploi peu courant en dehors de la langue juridique ou administrative.

- ▶ **Le déterminant indéfini**

Le déterminant indéfini se place devant le nom d'**un être** ou d'**un objet indéterminé** ou encore **inconnu dans le texte.**

☞ Le déterminant indéfini ne nous renseigne pas sur l'identité de la personne ou de la chose désignée par le nom qu'il accompagne. Il exprime une idée de quantité, une qualité indéterminée, une idée de ressemblance ou de différence.

Un (devant un nom masculin singulier). *Un garçon, **un** hanneton.*

Une (devant un nom féminin singulier). *Une fille, **une** hallebarde.*

Des (devant un nom masculin ou féminin pluriel). *Des enfants.*

On classe également dans les déterminants indéfinis les mots suivants : *autre, certains, certaines, chaque, différents, différentes, divers, diverses, force* (+ nom au pluriel), *maint(s), mainte(s), même, plusieurs, quelconque, quelque, tel, telle, tout, toute, tous, toutes…*

- ▶ **Le déterminant partitif**

Le déterminant partitif ou déterminant non comptable se place devant le nom **de choses** qui **ne peuvent se compter** quand ces dernières sont **indéterminées** ou encore **inconnues dans le texte.**

☞ Le déterminant partitif indique une quantité indéterminée de ce qui est désigné par le nom.

▭ Le déterminant partitif ne s'accorde qu'en genre avec le nom qu'il détermine.

Du (devant un nom masculin singulier). *Je bois **du** lait, elle coupe **du** houx.*

De la (devant un nom féminin singulier). *Je mange **de la** confiture, **de la** haine se lisait dans son regard.*

De l' (devant un nom masculin ou féminin singulier commençant par une voyelle ou un *h* muet). *Je mange de l'agneau, j'avale **de l'**eau, elle verse **de l'**huile.*

Des (devant un nom masculin ou féminin pluriel). *Des épinards, des fiançailles.*

D

▶ **Le déterminant numéral**

Le déterminant indique le nombre précis des êtres ou des objets dont on parle ou précise l'ordre de ces êtres, de ces objets.

Certains déterminants numéraux sont **simples.**

Sept pommes, douze oranges, mille raisins.

Certains déterminants numéraux sont **composés.**

Trente-deux (30 + 2). Trente-deux élèves.

Quatre-vingts (4 x 20). Quatre-vingts arbres.

Trois cents (3 x 100). Trois cents oiseaux.

☞ Selon la règle traditionnelle, dans les déterminants numéraux composés, le trait d'union s'emploie seulement entre les éléments qui sont l'un et l'autre inférieurs à cent et quand ces éléments ne sont pas joints par la conjonction *et. Trente-huit, quatre-vingt-quatre, vingt et un, cent dix, deux cent trente-deux.* Toutefois, *Les Rectifications de l'orthographe* (1990) admettent l'emploi du trait d'union dans les déterminants numéraux formant un nombre complexe, qu'il soit inférieur ou supérieur à cent, qu'ils soient joints par la conjonction *et* ou non. *Cent-trente-deux, deux-cent-soixante-et-onze.*

ACCORD

Les déterminants numéraux sont invariables à l'exception de :

– **Un,** qui peut se mettre au féminin.

Vingt et une écolières.

VOIR TABLEAU ▶ **UN.**

– **Vingt** et **cent,** qui prennent la marque du pluriel s'ils sont multipliés par un nombre et s'ils ne sont pas suivis d'un autre déterminant numéral.

Six cents crayons, trois cent vingt règles, quatre-vingts feuilles, quatre-vingt-huit stylos.

▶ **Le déterminant négatif**

Le déterminant négatif indique une quantité nulle, c'est-à-dire que le nombre d'êtres ou d'objets désignés par le nom égale zéro.

Nous n'avons recueilli aucun don. Nulle trace de ce produit n'a été décelée. Pas une élève ne manquait à l'appel.

↪ Les déterminants négatifs doivent toujours être accompagnés de *ne, ne … jamais* ou *ne … plus.* Cependant, on ne peut employer les adverbes *pas* ou *point* avec *aucun, aucune* et *nul, nulle.*

SINGULIER	PLURIEL
aucun, aucune	*aucuns, aucunes*
nul, nulle	*nuls, nulles*
pas un, pas une	

DIVISION DES MOTS

La division des mots en fin de ligne doit être évitée autant que possible. Si elle est nécessaire, la coupure des mots se marque par un court tiret, appelé trait d'union, et respecte des règles définies.

1. LA DIVISION DES SYLLABES

On coupe un mot entre les syllabes qui le composent.

▸ **Une consonne entre deux voyelles**

On coupe après la première voyelle.

oui	*Cho / colat* ou *choco / lat.*

▸ **Deux voyelles**

On coupe après la deuxième voyelle.

oui	*Initia / le, abrévia / tion.*

> T 1° On coupe après la dernière voyelle lorsque le groupe de voyelles se réduit à un seul son (ai, au, eau, æ, eu, œu, ou, etc.). *Nécessai / rement, heureu / sement.*
>
> 2° Le mot se divise entre les voyelles seulement lorsque la première voyelle fait partie d'un élément qui a servi à la formation d'un mot (rétro / actif, extra / ordinaire). Dans le doute, on évitera de diviser des voyelles.

▸ **Deux consonnes**

On coupe entre les consonnes.

oui	*Éper / dument, fendil / lement.*

> T Les groupes ch, ph, gn, th sont inséparables. *Ache / miner, ryth / mer.* En début de syllabe, certains groupes de consonnes (bl, cl, fl, gl, pl, br, cr, dr, fr, gr, pr, tr, vr) sont inséparables. *Dé / plorer, in / croyable.*

▸ **Trois ou quatre consonnes**

On coupe après la première consonne.

oui	*Désassem / bler, illus / tration.*

2. LA DIVISION DES MOTS COMPOSÉS

▸ **Mots composés sans trait d'union**

On peut diviser entre deux mots non reliés par un trait d'union.

oui	*Château / fort.*

> T On ne met pas de trait d'union dans ce cas.

▸ **Mots composés comportant un trait d'union**

On peut diviser à ce trait d'union.

oui	*Demi- / heure.*

> T Il est parfois difficile de distinguer entre les traits d'union du mot composé et ceux de la division des mots en fin de ligne.

3. LES DIVISIONS INTERDITES

▸ **Abréviations et sigles**

Ne jamais diviser une abréviation ou un sigle.

non	**O / NU.*

▸ **Apostrophes**

On ne coupe jamais à l'apostrophe.

non	**L' / école.*

▸ **Initiales et patronymes**

Ne pas séparer du nom le prénom abrégé.

non	**J. / Picard.*

DIVISION DES MOTS | SUITE >

D

▶ **Titres de civilité, titres honorifiques et patronymes**

Ne pas séparer le titre du nom auquel il s'applique.

non | *Dr / Laroche.*

▶ **Nombres en chiffres arabes ou romains**

Ne pas diviser les nombres écrits en chiffres (par contre, les nombres écrits en toutes lettres sont divisibles).

non | *153 / 537, *XX / IV.*

▶ **Nom déterminé par un nombre**

Ne pas séparer un nombre du nom qui le suit ou le précède.

non | *Art. / 2, *Louis / XIV.*

▶ **Pourcentage**

Ne pas séparer un nombre du symbole du pourcentage.

non | *75 / %.*

▶ **Points cardinaux**

Ne pas séparer l'abréviation du point cardinal du groupe qu'il détermine.

non | *Par 52° de latitude / N.*

▶ **Date**

Ne pas séparer le quantième et le mois ou le mois et l'année.

non | *7 / mai 1998 ou * 7 mai / 1998.*

▶ **Symboles des unités de mesure**

Ne pas séparer le symbole du nombre qui le précède.

non | *12 / h, *14 / F, *25 / kg.*

▶ **Symboles chimiques, mathématiques, etc.**

Ces symboles sont indivisibles.

non | *3 / + 2 = 5*

▶ **Lettres *x* et *y***

Ne pas diviser avant ni après les lettres *x* ou *y* placées entre deux voyelles.

non | *Ve / xation, *apitoy / er.*

T 1° Si ces lettres sont suivies d'une consonne, la division est permise après le *x* ou le *y*. *Ex / ténuant, bicy / clette.*

2° Si la lettre *x* correspond au son « z », la coupure est tolérée. *Deu / xième.*

▶ **Etc.**

Ne pas séparer l'abréviation *etc.* du mot qui la précède.

non | *Vert, jaune, / etc.*

▶ **Syllabe finale muette**

On ne reporte pas à la ligne suivante une syllabe finale muette.

non | *Cou / dre, *définiti / ve.*

▶ **Mots d'une seule syllabe**

Ces mots sont indivisibles.

non | *Pi / ed.*

▶ **Mots en fin de page**

On ne peut couper un mot lors d'un changement de page.

T Dans la mesure du possible, on prendra soin de ne pas renvoyer en début de ligne des syllabes muettes ou de moins de trois lettres. *Directri / ce, *validi / té.*

T Dans certains ouvrages, notamment dans le cas où le texte est composé sur deux colonnes ou plus, il n'est pas toujours possible de respecter cette règle.

DOUBLETS

Le français, comme plusieurs autres langues, provient du latin. Il est intéressant d'observer qu'un même mot latin a donné parfois deux mots français, différents par la forme et le sens : on appelle ces mots des **doublets**.

Ainsi, les noms **parole** et **parabole** viennent du mot latin « *parabola* ». Le premier a subi l'évolution phonétique normale (formation populaire), tandis que le second a été emprunté directement au latin plus tard par l'Église (formation savante) pour nommer la parole du Christ.

Il est intéressant de constater que le mot **design,** que nous avons emprunté à l'anglais (qui l'avait lui-même emprunté au français plus tôt), est un doublet du mot **dessin** et que ces deux mots proviennent du verbe latin « *designare* ».

Voici quelques exemples de doublets :

MOT FRANÇAIS (FORME POPULAIRE)	MOT LATIN	MOT FRANÇAIS (FORME SAVANTE)
aigre	*acer*	âcre
boule	*bulla*	bulle
évier	*aquarium*	aquarium
écouter	*auscultare*	ausculter
chaîne	*catena*	cadenas
chaire	*cathedra*	cathédrale
chenal	*canalis*	canal
chose	*causa*	cause
cheville	*clavicula*	clavicule
cailler	*coagulare*	coaguler
cueillette	*collecta*	collecte
combler	*cumulare*	cumuler
dessiner	*designare*	désigner
frêle	*fragilis*	fragile
grêle	*gracilis*	gracile
hôtel	*hospitalis*	hôpital
entier	*integer*	intègre
livrer	*liberare*	libérer
mâcher	*masticare*	mastiquer
métier	*ministerium*	ministère
meuble	*mobilis*	mobile
nager	*navigare*	naviguer
œuvrer	*operare*	opérer
œuf	*ovum*	ovule
parole	*parabola*	parabole
poison	*potio*	potion
porche	*porticus*	portique
recouvrer	*recuperare*	récupérer
raide	*rigidus*	rigide
serment	*sacramentum*	sacrement
sire	*senior*	seigneur
sûreté	*securitas*	sécurité
sevrer	*separare*	séparer
sembler	*simulare*	simuler
étroit	*strictus*	strict
soupçon	*suspicio*	suspicion
vœu	*votum*	vote

ÉLISION

L'élision est le remplacement d'une voyelle finale *(a, e, i)* par une apostrophe devant un mot commençant par une voyelle ou un *h* muet. Devant un *h* aspiré cependant, il n'y a pas d'élision.

L'arbre, l'hôpital, mais *le homard.*

E

▸ **Les mots qui peuvent s'élider sont :**

le	se		*L'école, l'araignée, l'habitation, l'honneur.*
la	ne	devant une voyelle	*Il s'est endormi. Elle s'habille. Je n'irai pas.*
je	de	ou un *h* muet	*J'aurai ce qui convient. J'habite ici. M'aimes-tu ?*
me	que		*Qu'arrive-t-il ? J'essaie d'y aller.*
te	ce		*C'était hier. Je t'invite. Tu t'habitues.*

jusque	— devant une voyelle. *Jusqu'au matin.*
lorsque puisque quoique	— devant *il, elle, en, on, un, une, ainsi* seulement. *Lorsqu'elle est contente.* *Puisqu'il est arrivé. Quoiqu'on ait prétendu certaines choses...*
presque	— devant *île* seulement. *Une presqu'île,* mais *un bâtiment presque achevé.*
quelque	— devant *un, une* seulement. *Quelqu'un, quelqu'une.*
si	— devant *il* seulement. *S'il fait beau.*

▸ **Élisions interdites**

• Devant *huit, onze, un.*

Une quantité de huit grammes. Des colis de onze kilos, de un kilo.

▭ L'élision ne peut se faire devant le déterminant numéral *un,* mais elle peut se faire devant le déterminant indéfini. *Plus d'un voyageur est passé ici.*

• Devant *oui.*

Les millions de oui.

• Devant les mots d'origine étrangère commençant par un *y.*

Le yogourt, le yacht.

▭ L'élision doit se faire avec les noms propres selon les mêmes règles qu'avec les noms communs. *Le film d'Étienne,* mais *la ville de Halifax.*

VOIR TABLEAU ▸ **APOSTROPHE.**

Doit-on écrire

– Le herpès *ou* l'herpès est d'origine virale ?
– La hacienda *ou* l'hacienda est grande ?
– L'haut-parleur *ou* le haut-parleur est en panne ?
– Le héron *ou* l'héron vient de s'envoler ?
– La hurluberlue *ou* l'hurluberlue nous a étonnés ?
– Le huis clos *ou* l'huis clos a été imposé ?
– Elle sait parler l'huron *ou* le huron ?

Réponses : l'herpès, l'hacienda, le haut-parleur, le héron, l'hurluberlue, le huis clos, le huron.

EN, PRÉPOSITION

E

La préposition *en* marque un rapport de **lieu**, de **temps**, une notion de **forme**, de **matière**, de **manière**. Elle s'emploie devant un nom, un groupe nominal qui n'est pas accompagné d'un déterminant ou devant un pronom. Elle peut aussi être suivie d'un participe présent qui exprime la simultanéité ou la manière (gérondif).

> *Ils voyagent **en** avion. Les enfants sont **en** retard. Un décolleté **en** pointe, un manteau **en** laine. L'avion a atterri **en** douceur. Elles sont entrées **en** chantant.*

> ⤷ Devant un nom précédé d'un déterminant, on emploiera plutôt la préposition ***dans***. *Ils sont allés **dans** la ville d'Oka. Mettre les mains **dans** ses poches. Dépose le livre **dans** cette boîte.*

EN + GROUPE DU NOM

► Rapport de lieu

La préposition indique le **lieu où l'on est**, le **lieu où l'on va**.
> *Les étudiants sont **en** classe. Ils iront **en** ville.*

EN + NOM GÉOGRAPHIQUE	– **Nom féminin de pays,** de région. *En France, en Gaspésie.* – **Nom masculin de pays** commençant par une **voyelle.** *En Équateur.* ⤷ Devant un **nom masculin de pays,** d'État commençant par une **consonne,** on emploiera plutôt l'article contracté ***au***. *Au Québec.* – **Nom féminin de grande île.** *En Martinique.* ⤷ Devant un **nom féminin de petite île** ou devant un **nom masculin d'île,** on emploiera plutôt ***à***. *À Cuba.* ⤷ Devant un **nom de ville,** on emploiera la préposition ***à***. *À Trois-Rivières.*

► Rapport de temps

La préposition marque un **intervalle de temps**, une **date**. Elle a le sens de ***durant, pendant***.
> *En été, il fait bon vivre à la campagne. Ils ont construit la maison **en** quelques mois. **En** 1996, on a célébré son vingtième anniversaire.*

► Notion de forme, de matière, de manière

La préposition sert à marquer l'**état**, la **forme**, la **matière**, la **manière**.
> *Il est **en** attente. Des cheveux **en** brosse. Pedro parle **en** espagnol. Des gants **en** laine.*

EN + MATIÈRE	*Une colonne **en** marbre, de marbre, une sculpture **en** bois, de bois.* ⤷ Il est possible d'utiliser les prépositions ***en*** ou ***de*** pour introduire le complément de **matière**. Toutefois, au sens figuré, on emploiera surtout la préposition ***de***. *Une volonté **de** fer.*
EN + SINGULIER OU PLURIEL	*Un lilas **en** fleur ou **en** fleurs, un texte **en** anglais, une maison **en** flammes.* 🔲 Il n'y a pas de règle particulière pour le nombre du nom précédé de ***en***. C'est le sens qui le dictera.

EN, PRÉPOSITION | SUITE >

EN + PHRASE PARTICIPIALE

Gérondif

La préposition suivie du participe présent constitue le gérondif qui exprime la simultanéité, une circonstance de cause, de temps, de manière.

*En skiant, elle s'est fracturé la jambe. Il écrit **en** lisant ses phrases à voix haute.*

La préposition sert à former des prépositions composées, des subordonnants composés ou des adverbes composés.

Prépositions composées ou locutions prépositives	Subordonnants composés ou locutions conjonctives de subordination	Adverbes composés ou locutions adverbiales
en cas de	en admettant que	en bas
en comparaison de	en attendant que	en dedans
en deçà de	en même temps que	en définitive

⌨ Les locutions formées avec *en* s'écrivent sans trait d'union.

VOIR TABLEAU ► **EN**, PRONOM.

EN, PRONOM

PRONOM PERSONNEL DE LA TROISIÈME PERSONNE

Le pronom *en* peut remplacer *de* + groupe nominal, complément du verbe ou complément du nom.

• Le pronom *en* représente une chose, une idée, parfois un animal et signifie *de cela, de lui, d'elle, d'elles, d'eux.*

*Cette escapade, nous **en** parlerons longtemps. Ce projet est emballant, ils **en** parlent constamment.*

• Le pronom *en* représente des noms de choses, d'idées et remplace le possessif.

*Les touristes aiment les forêts et les lacs ; ils **en** apprécient le calme et la beauté.*

• Le pronom *en* représente des noms d'animaux.

*Ton cheval est magnifique ; j'**en** admire la couleur, ou encore j'admire sa couleur.*

⌐S⸱ L'emploi du pronom *en* est recommandé, mais on observe également l'emploi du possessif.

• Le pronom *en* représente parfois des personnes lorsqu'il est complément d'un pronom numéral ou d'un pronom indéfini et dans la langue littéraire.

*A-t-il des collègues compétents ? Il **en** a plusieurs.*

⌐S⸱ Dans la langue courante, on emploie alors les adjectifs possessifs *son, sa, ses. Il admire cette amie et apprécie son courage.*

► **Impératif +** *en*

Le pronom *en* employé avec un pronom personnel se place après ce pronom.

*Des livres, écris-nous-**en** plusieurs. Souvenez-vous-**en**.*

⌐S⸱ Le pronom *en* est joint au pronom personnel par un trait d'union, sauf lorsque le pronom est élidé. *Souviens-t'**en**.* Si le pronom *en* suit un verbe à la deuxième personne du singulier de l'impératif qui se termine par un *e,* ce verbe prend un *s* euphonique. *Respectes-**en** les conditions.*

► **Accord du participe passé avec** *en*

La plupart des auteurs recommandent l'invariabilité du participe passé employé avec l'auxiliaire *avoir* précédé du pronom *en*.

*Il a dessiné plus d'immeubles qu'il n'**en** a construit. Ce sont des fleurs carnivores, **en** aviez-vous déjà vu ?*

⌨ On remarque cependant un usage très indécis où l'on accorde parfois le participe passé avec le nom représenté par *en*. «Mais les fleurs, il n'**en** avait jamais vues. » (Marcel Proust, cité par Grevisse.) Pour simplifier la question, il semble préférable d'omettre le pronom si celui-ci n'est pas indispensable au sens de la phrase ou de choisir l'invariabilité du participe passé.

VOIR TABLEAU ► **EN**, PRÉPOSITION.

ÉNUMÉRATION

LES ÉLÉMENTS D'UNE ÉNUMÉRATION

▸ **Présentation horizontale**

Les chiffres romains sont composés des caractères suivants : I, V, X, L, C, D, M.

⊤ On met une virgule entre chaque élément de l'énumération et un point à la fin.

▸ **Présentation verticale**

Cet ouvrage traite des difficultés du français :

1. orthographe; ou	*1– orthographe;* ou	*1) orthographe;*
2. grammaire;	*2– grammaire;*	*2) grammaire;*
3. conjugaison.	*3– conjugaison.*	*3) conjugaison.*

⊤ Les éléments sont suivis d'un point-virgule à l'exception du dernier élément qui est suivi d'un point. Il est également possible de présenter les éléments de l'énumération sans ponctuation. En ce cas, on écrira généralement avec une majuscule initiale chacun des éléments de l'énumération.

Types de difficultés

1. Orthographe ou	*A. Orthographe* ou	• *Orthographe*
2. Grammaire	*B. Grammaire*	• *Grammaire*
3. Conjugaison	*C. Conjugaison*	• *Conjugaison*

LES PARTIES D'UN TEXTE

En vue de découper un texte ou de mettre l'accent sur le nombre ou l'ordre des éléments, on a recours à divers jalons énumératifs : des lettres, des chiffres ou d'autres signes (tiret, point, etc.).

⊤ Une règle est importante : quel que soit le type de jalon retenu, il importe de respecter tout au long du document le même ordre, la même gradation de repères énumératifs.

JALONS COURAMMENT UTILISÉS
– les lettres minuscules *a), b), c)* ;
– les lettres majuscules *A., B., C.* ;
– les chiffres arabes *1., 2., 3.* ;
– les chiffres romains *I, II, III* ;
– les adjectifs ordinaux du latin sous leur forme abrégée *1°, 2°, 3°* ;
– la numérotation décimale *1., 1.1., 1.1.1., 1.2., 1.3., 2., 2.1.*

Pour une **énumération simple**, on utilise un seul signe énumératif : le tiret, les majuscules, les adjectifs numéraux latins, par exemple.

Pour une **énumération double**, on a recours à deux types de signes ; pour une **énumération triple**, à trois types, ainsi de suite.

Simple	Double	Triple	Quadruple	Complexe
a)	a)	A.	I–	1.
b)	1°	1°	A.	1.1.
c)	2°	a)	1°	1.1.1.
d)	3°	b)	a)	1.1.2.
e)	b)	2°	b)	1.2.
f)	1°	B.	2°	1.2.1.
g)	2°	1°	B.	1.2.2.
h)	3°	a)	II–	1.3.
i)	c)	b)	A.	2.

⊤ Si l'on recourt à la numération décimale, il est préférable de se limiter à trois niveaux de subdivision (avec un maximum de dix sous-classes), afin de ne pas trop alourdir la structuration.

ENVELOPPE

Gabriel Girard
Groupe Alpha
4077, rue Saint-Hubert
Montréal (Québec) H2L 4A7

1

2

RECOMMANDÉ

3

Madame Delphine Déplanche
Directrice de la recherche
Société Amarante
775, chemin des Vieux-Moulins
L'Acadie (Québec) J0J 1H0

4

5

NORMES DE LA SOCIÉTÉ CANADIENNE DES POSTES

1. Adresse de l'expéditeur ou de l'expéditrice.
2. Espace réservé aux timbres.
3. Les mentions PERSONNEL, CONFIDENTIEL, RECOMMANDÉ (toujours au masculin singulier) s'écrivent en lettres majuscules dans cet espace.
4. Adresse du ou de la destinataire. Selon la longueur de l'adresse, celle-ci peut chevaucher les sections 3 et 4. Le code postal figure en dernière place, à la suite du nom de la ville et de la province. En cas de manque d'espace, le code postal s'écrit sur la ligne suivante, mais il doit absolument apparaître dans cette section.
5. Espace réservé au code du tri mécanique de la Société canadienne des postes.

ADRESSE

On peut lire dans le *Guide canadien d'adressage* que : « la Société canadienne des postes encourage tous les expéditeurs à respecter les souhaits de leurs clients en ce qui concerne la présentation des envois. Le *Guide* satisfait aux exigences des langues française et anglaise, car on y accepte l'utilisation d'accents, de majuscules et de minuscules, ainsi que l'écriture en toutes lettres des éléments de l'adresse et les signes de ponctuation*. »

L'adresse doit respecter l'usage français en ce qui a trait à la ponctuation (emploi de la virgule entre le numéro de l'adresse et le générique du nom de rue), à l'emploi des majuscules et des minuscules, à l'accentuation des mots et aux abréviations.

☞ Il est à noter qu'aucun tarif préférentiel ne peut être refusé sous prétexte que l'expéditeur ou l'expéditrice privilégie l'adresse courante qui respecte l'usage français, ainsi que le rappelle *Le français au bureau* : « les adresses ainsi rédigées donnent droit à tous les tarifs préférentiels consentis aux grands usagers postaux et sont utilisables par tous les services postaux*. »

---

* Noëlle Guilloton et Hélène Cajolet-Laganière, *Le français au bureau,* 5e éd., coll. « Guides de l'Office de la langue française », Québec, Les Publications du Québec, 2000, p. 32.

ORDRE DES ÉLÉMENTS DE L'ADRESSE

Les éléments d'une adresse vont du particulier au général.

▸ **Nom du** ou **de la destinataire.** **[1]**

  – Titre de civilité
  – Prénom
  – Nom

▸ **Titre** et **nom de l'unité administrative,** s'il y a lieu. **[2]**

▸ **Nom de l'entreprise** ou **de l'organisme,** s'il y a lieu. **[3]**

▸ **Adresse.**

  – Numéro et nom de la voie publique **[4]**
    ▭⌐ L'indication du numéro est suivie d'une virgule, du nom générique *(avenue, boulevard, chemin, côte, place, rue,* etc.) écrit en minuscules et, enfin, du nom spécifique de la voie publique.

  – Appartement, étage, bureau, s'il y a lieu **[5]**
    ▭⌐ En cas de manque d'espace, la mention de l'étage, du bureau ou de l'appartement s'écrit sur la ligne qui précède l'adresse.

  – Bureau de poste, s'il y a lieu **[6]**

  – Nom de la ville **[7]**

  – Nom de la province, s'il y a lieu **[8]**
    ▭⌐ Au Canada, le nom de la province s'écrit entre parenthèses.

  – Code postal **[9]**
    ▭⌐ En cas de manque d'espace, le code postal s'écrit sur la ligne suivante.

  – Nom du pays, s'il y a lieu **[10]**
    ▭⌐ La mention du nom de pays s'écrit en majuscules sur la ligne qui suit le code postal.

VOIR TABLEAU ▸ **ADRESSE.**

COURRIER POUR L'ÉTRANGER

Pour les envois à destination de l'étranger, il est préférable d'inscrire le nom du pays en majuscules. Dans la mesure du possible, il importe de se conformer aux usages du pays de destination. Cependant, le nom du pays doit être noté dans la langue du pays de départ, c'est-à-dire du lieu où s'effectue le tri postal.

ABSENCE DE PONCTUATION FINALE DANS L'ADRESSE

On ne met ni point ni virgule pour les fins de ligne des adresses et des mentions qui figurent sur l'enveloppe.

Madame Laurence Dubois **[1]**
Directrice des communications **[2]**
Dubuffet et Lavigne **[3]**
630, boul. René-Lévesque O., 5ᵉ étage **[4][5]**
    ou
Madame Laurence Dubois **[1]**
Directrice des communications **[2]**
Dubuffet et Lavigne **[3]**
5ᵉ étage **[5]**
630, boul. René-Lévesque Ouest **[4]**

Montréal (Québec) H3B 1S6 **[7][8][9]**
    ou
Montréal (Québec) **[7][8]**
H3B 1S6 **[9]**

Madame Hélène Lessard **[1]**
Direction des finances **[2]**
C. P. 6204, succ. Centre-ville **[6]**
Montréal (Québec) H3C 3T4 **[7][8][9]**

Monsieur Antoine Lebel **[1]**
Service après-vente **[2]**
Portes et fenêtres V.Q. **[3]**
860, rue de l'Église **[4]**
Sainte-Agathe-des-Monts (Québec) **[7][8]**
J2D 4G8 **[9]**

Mrs. Bev Darnell
Jefferies Silversmiths Ltd.
1026 Fort St.
Victoria (Colombie-Britannique) V8V 3K4
CANADA **[10]**

Monsieur Michel Delage
17, rue de Phalsbourg, 3ᵉ étage
75017 Paris
FRANCE

Time Magazine
541 North Fairbanks Court
Chicago
Illinois
États-Unis 60611

ESPACEMENTS

SIGNES DE PONCTUATION	AVANT		APRÈS	EXEMPLES
LE POINT	0 espace	.	1 espace	*Les vacances commenceront le 23 juin. J'ai hâte.*
LA VIRGULE	0 espace	,	1 espace	*Voici des pommes, des poires et des oranges.*
LE POINT-VIRGULE	0 espace	;	1 espace	*Léa adore la lecture; elle dévore les romans.*
LE DEUX-POINTS	1 espace	:	1 espace	*Liste des articles à apporter : cahier, crayons et règles.*
LE POINT D'INTERROGATION	0 espace	?	1 espace	*Est-ce que tu viens jouer avec nous? Oui.*
LE POINT D'EXCLAMATION	0 espace	!	1 espace	*Vive les vacances! Au diable les pénitences!*
LES POINTS DE SUSPENSION	0 espace	...	1 espace	*Elle a dit qu'elle viendrait... Je l'attends.*

SIGNES TYPOGRAPHIQUES	AVANT		APRÈS	EXEMPLES
LE TRAIT D'UNION	0 espace	-	0 espace	*Un lance-pierres et vingt-trois billes.*
LE TIRET	1 espace	–	1 espace	*Le béluga – un mammifère marin – est le favori des visiteurs.*
LA PARENTHÈSE OUVRANTE LA PARENTHÈSE FERMANTE	1 espace 0 espace	( )	0 espace 1 espace	*Elle est née lors des Jeux olympiques de Montréal (1976) et se nomme Nadia.*
LE CROCHET OUVRANT LE CROCHET FERMANT	1 espace 0 espace	[ ]	0 espace 1 espace	*On note entre crochets* [krɔʃɛ] *l'alphabet phonétique.*
LE GUILLEMET OUVRANT LE GUILLEMET FERMANT	1 espace 1 espace	« »	1 espace 1 espace	*Il lui a répondu : « Ce fut un plaisir » et elle a souri.*
LA BARRE OBLIQUE	0 espace	/	0 espace	*Elle roule à 40 km/h.*
L'ASTÉRISQUE	0 espace	*	1 espace	*Le béluga* est un mammifère.* ** Le béluga est aussi appelé baleine blanche.*
FRACTION DÉCIMALE (VIRGULE DÉCIMALE)	0 espace	,	0 espace	*15,25 unités.*
DEGRÉ	0 espace 1 espace	° °	1 espace 0 espace	*On règle le chauffage à 20°.* *Il fait 20 °C. (Si l'échelle de mesure est donnée.)*
SYMBOLE DU DOLLAR	1 espace	$	1 espace	*Cet article coûte 15 $.*
POUR CENT	1 espace	%	1 espace	*Ils ont eu 81 % de moyenne.*

T Le tableau des espacements s'applique aux documents produits par dactylographie ou traitement de texte. Dans l'édition, on recourt aux espacements plus détaillés prescrits par les codes typographiques.

VOIR TABLEAU ▶ PONCTUATION.

FÉMINISATION DES TITRES

Depuis l'accès des femmes à de nouvelles fonctions et devant le désir de celles-ci de voir leurs désignations refléter cette nouvelle réalité, il est recommandé d'utiliser les formes féminines des titres de fonctions. (Avis de recommandation, Office de la langue française, *Gazette officielle du Québec,* 28 juillet 1979)

Cette féminisation peut se faire :

▸ **Soit à l'aide du féminin courant.**

Avocate, directrice, technicienne.

▸ **Soit à l'aide du terme épicène marqué par un déterminant féminin.**

Une journaliste, une architecte, une astronome, une ministre.

  🔎 L'adjectif *épicène* se dit d'un mot qui conserve la même forme au masculin et au féminin.

▸ **Soit par la création spontanée d'une forme féminine qui respecte les règles du français.**

Policière, chirurgienne, banquière, navigatrice, professeure.

LISTE DE TITRES ET DE FONCTIONS

académicien	administrateur	amiral	architecte	astrologue
académicienne	administratrice	amirale	architecte	astrologue
accessoiriste	agent	analyste	archiviste	astronaute
accessoiriste	agente	analyste	archiviste	astronaute
accompagnateur	agent de bord	anatomiste	armateur	astronome
accompagnatrice	agente de bord	anatomiste	armatrice	astronome
accordeur	agent de change	anesthésiste	armurier	astrophysicien
accordeuse	agente de change	anesthésiste	armurière	astrophysicienne
accoucheur	agent de voyages	animateur	arpenteur	athlète
accoucheuse	agente de voyages	animatrice	arpenteuse	athlète
acériculteur	agent immobilier	annonceur	artificier	attaché
acéricultrice	agente immobilière	annonceure ou annonceuse	artificière	attachée
acheteur	agriculteur	anthropologue	artilleur	audiologiste
acheteuse	agricultrice	anthropologue	artilleuse	audiologiste
acteur	agronome	antiquaire	artisan artisane	auditeur
actrice	agronome	antiquaire	artiste	auditrice
actuaire	aiguilleur	apiculteur	artiste	auteur
actuaire	aiguilleuse	apicultrice	aspirant	auteure
acupuncteur ou acuponcteur	ajusteur ajusteuse	appariteur apparitrice	aspirante	auteur-compositeur auteure-compositrice
acupunctrice ou acuponctrice	aléseur	apprenti	assembleur assembleuse	auxiliaire
adaptateur	aléseuse	apprentie	assistant	auxiliaire
adaptatrice	amareyeur	arbitre	assistante	aviateur
adjoint	amareyeuse	arbitre	associé	aviatrice
adjointe	ambassadeur	arboriculteur	associée	aviculteur
adjudant	ambassadrice	arboricultrice	assureur	avicultrice
adjudante	ambulancier	archéologue	assureure ou assureuse	avocat
	ambulancière	archéologue		avocate

FÉMINISATION DES TITRES | SUITE >

F

bagagiste	brasseur	carreleur	chocolatier	communicateur
bagagiste	brasseuse	carreleuse	chocolatière	communicatrice
balayeur	brigadier	carrossier	chorégraphe	compétiteur
balayeuse	brigadière	carrossière	chorégraphe	compétitrice
banquier	briqueteur-maçon	cartographe	chroniqueur	compositeur
banquière	briqueteuse-maçonne	cartographe	chroniqueuse	compositrice
barman	briquetier	cartomancien	chronométreur	comptable agréé
barmaid	briquetière	cartomancienne	chronométreuse	comptable agréée
barreur	brocanteur	cascadeur	cinéaste	concepteur
barreuse	brocanteuse	cascadeuse	cinéaste	conceptrice
bâtonnier	brodeur	cavalier	clinicien	concessionnaire
bâtonnière	brodeuse	cavalière	clinicienne	concessionnaire
berger	bruiteur	chancelier	clown	concierge
bergère	bruiteuse	chancelière	clown	concierge
bibliothécaire	buandier	chansonnier	coauteur	conciliateur
bibliothécaire	buandière	chansonnière	coauteure	conciliatrice
bijoutier	bûcheron	chanteur	cocher	conducteur
bijoutière	bûcheronne	chanteuse	cochère	conductrice
bimbelotier	bureauticien	chapelier	codirecteur	conférencier
bimbelotière	bureauticienne	chapelière	codirectrice	conférencière
biochimiste	câbleur	charcutier	coiffeur	confiseur
biochimiste	câbleuse	charcutière	coiffeuse	confiseuse
biologiste	cadreur	chargé (de projet, de cours)	collaborateur	conseiller
biologiste	cadreuse	chargée (de projet, de cours)	collaboratrice	conseillère
biophysicien	caissier	charpentier	colonel	conseiller juridique
biophysicienne	caissière	charpentière	colonelle	conseillère juridique
blanchisseur	cambiste	chaudronnier	colporteur	conservateur
blanchisseuse	cambiste	chaudronnière	colporteuse	conservatrice
bonnetier	camelot	chauffeur	comédien	consommateur
bonnetière	camelot	chauffeuse	comédienne	consommatrice
botaniste	camionneur	chef	commandant	constructeur
botaniste	camionneuse	chef	commandante	constructrice
bottier	capitaine	chercheur	commandeur	consul
bottière	capitaine	chercheuse	commandeure	consule
boucher	caporal	chevalier	commanditaire	consultant
bouchère	caporale	chevalière	commanditaire	consultante
boulanger	cardeur	chimiste	commentateur	conteur
boulangère	cardeuse	chimiste	commentatrice	conteuse
boulanger-pâtissier	cardiologue	chiromancien	commerçant	contractuel
boulangère-pâtissière	cardiologue	chiromancienne	commerçante	contractuelle
boxeur	carillonneur	chiropraticien	commis	contremaître
boxeuse	carillonneuse	chiropraticienne	commis	contremaître ou contremaîtresse
brancardier	cariste	chirurgien	commissaire	contrôleur
brancardière	cariste	chirurgienne	commissaire	contrôleuse

coordonnateur ou
    coordinateur
coordonnatrice ou
    coordinatrice

cordonnier
cordonnière

coroner
coroner

correcteur
correctrice

correcteur-réviseur
correctrice-réviseuse
    ou réviseure

correspondancier
correspondancière

correspondant
correspondante

costumier
costumière

coureur
coureuse

courriériste
courriériste

coursier
coursière

courtier
courtière

couturier
couturière

couvreur
couvreuse

créateur d'entreprise
créatrice d'entreprise

créatif
créative

crémier
crémière

critique
critique

croupier
croupière

cueilleur
cueilleuse

cuisinier
cuisinière

cultivateur
cultivatrice

curateur
curatrice

cybernéticien
cybernéticienne

cytologiste
cytologiste

danseur
danseuse

débardeur
débardeuse

débosseleur
débosseleuse

décideur
décideuse

décorateur
décoratrice

découvreur
découvreuse

dégustateur
dégustatrice

délégué
déléguée

démarcheur
démarcheuse

déménageur
déménageuse

démographe
démographe

démonstrateur
démonstratrice

dentiste
dentiste

denturologiste
denturologiste

député
députée

dessinateur
dessinatrice

détaillant
détaillante

détecteur
détectrice

détective
détective

diacre
diaconesse

didacticien
didacticienne

diététicien
diététicienne

diététiste
diététiste

diplomate
diplomate

directeur
directrice

directeur d'école
directrice d'école

dirigeant
dirigeante

docteur
docteure

documentaliste
documentaliste

dompteur
dompteuse

douanier
douanière

doyen
doyenne

dramaturge
dramaturge

draveur
draveuse

dresseur
dresseuse

ébéniste
ébéniste

éboueur
éboueuse

éclairagiste
éclairagiste

écologiste
écologiste

écrivain
écrivaine

écuyer
écuyère

éditeur
éditrice

éducateur
éducatrice

élagueur
élagueuse

électricien
électricienne

électronicien
électronicienne

éleveur
éleveuse

emballeur
emballeuse

embaumeur
embaumeuse

encadreur
encadreuse

enquêteur
enquêteuse ou
    enquêtrice

enseignant
enseignante

ensemblier
ensemblière

entraîneur
entraîneuse

entreposeur
entreposeuse

entrepreneur
entrepreneure

épicier
épicière

espion
espionne

esthéticien
esthéticienne

estimateur
estimatrice

étalagiste
étalagiste

évaluateur
évaluatrice

examinateur
examinatrice

excavateur
excavatrice

expéditeur
expéditrice

expert
experte

exploitant
exploitante

exportateur
exportatrice

exposant
exposante

fabricant
fabricante

facteur
factrice

ferblantier
ferblantière

fermier
fermière

ferrailleur
ferrailleuse

ferronnier
ferronnière

figurant
figurante

financier
financière

fiscaliste
fiscaliste

fleuriste
fleuriste

fonctionnaire
fonctionnaire

fondé de pouvoir
fondée de pouvoir

fondeur
fondeuse

forgeron
forgeronne

formateur
formatrice

fossoyeur
fossoyeuse

fournisseur
fournisseuse

franchisé
franchisée

franchiseur
franchiseuse

fripier
fripière

fromager
fromagère

galeriste
galeriste

gantier
gantière

garagiste
garagiste

garde
garde

garde forestier
garde forestière

gardien
gardienne

gendarme
gendarme

général
générale

généticien
généticienne

géographe
géographe

géologue
géologue

géomètre
géomètre

géophysicien
géophysicienne

gérant
gérante

gestionnaire
gestionnaire

golfeur
golfeuse

goûteur
goûteuse

gouverneur
gouverneure

grainetier
grainetière

grammairien
grammairienne

graphiste
graphiste

graveur
graveuse

greffier
greffière

grutier
grutière

guichetier
guichetière

guide
guide

gynécologue
gynécologue

habilleur
habilleuse

historien
historienne

hockeyeur
hockeyeuse

homme d'affaires
femme d'affaires

homme d'équipage
femme d'équipage

homme de ménage
femme de ménage

horloger
horlogère

horticulteur
horticultrice

hôtelier
hôtelière

huissier
huissière

humoriste
humoriste

hygiéniste
hygiéniste

hypnotiseur
hypnotiseuse

illustrateur
illustratrice

imitateur
imitatrice

importateur
importatrice

imprésario
imprésario

improvisateur
improvisatrice

indicateur
indicatrice

industriel
industrielle

infirmier
infirmière

infographiste
infographiste

informateur
informatrice

informaticien
informaticienne

ingénieur
ingénieure

inséminateur
inséminatrice

inspecteur
inspectrice

installateur
installatrice

instituteur
institutrice

intendant
intendante

interne
interne

interprète
interprète

intervenant
intervenante

inventeur
inventrice

investisseur
investisseuse

jardinier
jardinière

joaillier
joaillière

jockey
jockey

jointoyeur
jointoyeuse

jongleur
jongleuse

joueur
joueuse

journaliste
journaliste

juge
juge

juré
jurée

juriste
juriste

laborantin
laborantine

laitier
laitière

lamineur
lamineuse

langagier
langagière

laveur
laveuse

lecteur
lectrice

lexicographe
lexicographe

libraire
libraire

lieutenant
lieutenante

lieutenant-
gouverneur
lieutenante-
gouverneure

linguiste
linguiste

liquidateur
liquidatrice

livreur
livreuse

logisticien
logisticienne

lunetier
lunetière

luthier
luthière

lutteur
lutteuse

machiniste
machiniste

maçon
maçonne

magasinier
magasinière

magicien
magicienne

magistrat
magistrate

maïeuticien
sage-femme

maire
mairesse

maître d'hôtel
maître d'hôtel

maître d'œuvre
maître d'œuvre

maître de l'ouvrage
maître de l'ouvrage

majordome
majordome

mandataire
mandataire

mannequin
mannequin

manœuvre
manœuvre

manutentionnaire
manutentionnaire

maquettiste
maquettiste

maquilleur
maquilleuse

maraîcher
maraîchère

marchand
marchande

maréchal
maréchale

marin
marin

marinier
marinière

marionnettiste
marionnettiste

masseur
masseuse

matelot
matelot

mathématicien
mathématicienne

mécanicien
mécanicienne

médecin
médecin

médiateur
médiatrice

meneur
meneuse

menuisier
menuisière

messager
messagère

métallurgiste
métallurgiste

F

F

météorologue	nutritionniste	ouvrier	pigiste	poseur
météorologue	nutritionniste	ouvrière	pigiste	poseuse
metteur en scène	observateur	palefrenier	pilote	postier
metteure ou	observatrice	palefrenière	pilote	postière
metteuse en scène	obstétricien	parachutiste	pisciculteur	potier
meunier	obstétricienne	parachutiste	piscicultrice	potière
meunière	œnologue	parfumeur	placeur	pourvoyeur
militaire	œnologue	parfumeuse	placeuse	pourvoyeuse
militaire	officiel	parolier	planificateur	praticien
mineur	officielle	parolière	planificatrice	praticienne
mineuse	officier	pasteur	planteur	prédicateur
ministre	officière	pasteure	planteuse	prédicatrice
ministre	oiselier	plasticien	préfet
modèle	oiselière	pâtissier	plasticienne	préfète
modèle	oléiculteur	pâtissière	plâtrier	premier ministre
modiste	oléicultrice	patronnier	plâtrière	première ministre
modiste	omnipraticien	patronnière	plombier	préparateur
moniteur	omnipraticienne	patrouilleur	plombière	préparatrice
monitrice	oncologue	patrouilleuse	plongeur	préposé
monteur	oncologue	paysagiste	plongeuse	préposée
monteuse	opérateur	paysagiste	podiatre	présentateur
motard	opératrice	pêcheur	podiatre	présentatrice
motarde	ophtalmologiste	pêcheuse	podologue	président
musicien	ophtalmologiste	peintre	podologue	présidente
musicienne	opticien	peintre	poète	prestidigitateur
musicologue	opticienne	percussionniste	poète	prestidigitatrice
musicologue	optométriste	percussionniste	poinçonneur	prêteur
mytiliculteur	optométriste	perruquier	poinçonneuse	prêteuse
mytilicultrice	orateur	perruquière	poissonnier	prieur
narrateur	oratrice	peseur	poissonnière	prieure
narratrice	orchestrateur	peseuse	policier	procureur
naturaliste	orchestratrice	pharmacien	policière	procureure
naturaliste	orfèvre	pharmacienne	politicologue	producteur
navigateur	orfèvre	philosophe	politicologue	productrice
navigatrice	organisateur	philosophe	pomiculteur	professeur
négociant	organisatrice	phonéticien	pomicultrice	professeure
négociante	orienteur	phonéticienne	pompier	programmateur
négociateur	orienteuse	photographe	pompière	programmatrice
négociatrice	ostréiculteur	photographe	pompiste	programmeur
nettoyeur	ostréicultrice	physicien	pompiste	programmeuse
nettoyeuse	oto-rhino-	physicienne	porteur	projeteur
neurochirurgien	laryngologiste	pianiste	porteuse	projeteuse
neurochirurgienne	oto-rhino-	pianiste	portier	promoteur
neurologue	laryngologiste		portière	promotrice
neurologue	outilleur			prospecteur
notaire	outilleuse			prospectrice
notaire	ouvreur			protecteur
	ouvreuse			protectrice

proviseur
proviseure

psychanalyste
psychanalyste

psychiatre
psychiatre

psychologue
psychologue

publicitaire
publicitaire

puériculteur
puéricultrice

pupitreur
pupitreuse

pyrotechnicien
pyrotechnicienne

qualiticien
qualiticienne

quincaillier
quincaillière

radiologiste
radiologiste

radiologue
radiologue

ramoneur
ramoneuse

réalisateur
réalisatrice

reboiseur
reboiseuse

réceptionniste
réceptionniste

recherchiste
recherchiste

recruteur
recruteuse

recteur
rectrice

rédacteur
rédactrice

régisseur
régisseuse

registraire
registraire

régleur
régleuse

relieur
relieuse

rembourreur
rembourreuse

réparateur
réparatrice

répartiteur
répartitrice

repasseur
repasseuse

répétiteur
répétitrice

représentant
représentante

responsable
responsable

restaurateur
restauratrice

retoucheur
retoucheuse

revendeur
revendeuse

réviseur
réviseuse ou
   réviseure

romancier
romancière

routier
routière

sableur
sableuse

sacristain
sacristaine ou
   sacristine

saucier
saucière

scaphandrier
scaphandrière

scénariste
scénariste

scientifique
scientifique

scripteur
scriptrice

scrutateur
scrutatrice

sculpteur
sculpteure ou
   sculptrice

secouriste
secouriste

secrétaire
secrétaire

secrétaire général
secrétaire générale

sémanticien
sémanticienne

sémioticien
sémioticienne

sénateur
sénatrice

sergent
sergente

sériciculteur
séricicultrice

serriste
serriste

serrurier
serrurière

serveur
serveuse

shampouineur
shampouineuse

soigneur
soigneuse

soldat
soldate

sommelier
sommelière

sondeur
sondeuse

soudeur
soudeuse

souffleur
souffleuse

sous-ministre
sous-ministre

standardiste
standardiste

statisticien
statisticienne

stylicien
stylicienne

styliste
styliste

superviseur
superviseur ou
   superviseure

suppléant
suppléante

surveillant
surveillante

sylviculteur
sylvicultrice

tanneur
tanneuse

tapissier
tapissière

technicien
technicienne

teinturier
teinturière

téléphoniste
téléphoniste

teneur de livres
teneuse de livres

terminologue
terminologue

terrassier
terrassière

théologien
théologienne

thérapeute
thérapeute

tisserand
tisserande

tôlier
tôlière

topographe
topographe

torréfacteur
torréfactrice

tourneur
tourneuse

traceur
traceuse

traducteur
traductrice

tragédien
tragédienne

traiteur
traiteuse

trappeur
trappeuse

travailleur social
travailleuse sociale

trésorier
trésorière

trieur
trieuse

tronçonneur
tronçonneuse

truqueur
truqueuse

tuteur
tutrice

tuyauteur
tuyauteuse

typographe
typographe

urbaniste
urbaniste

urgentiste
urgentiste

urgentologue
urgentologue

urologue
urologue

veilleur
veilleuse

vendangeur
vendangeuse

vendeur
vendeuse

vérificateur
vérificatrice

vétérinaire
vétérinaire

vice-président
vice-présidente

vidéaste
vidéaste

vigneron
vigneronne

viticulteur
viticultrice

vitrier
vitrière

voiturier
voiturière

volcanologue
volcanologue

voyagiste
voyagiste

vulgarisateur
vulgarisatrice

webmestre
webmestre

zootechnicien
zootechnicienne...

F

EMPLOIS **FIGURÉS**

Mode d'expression de la réalité ou des idées à l'aide d'images (sens figuré) plutôt qu'avec les mots courants ou les expresssions habituelles de la langue (sens propre).

Pour la fermeture des piscines l'été prochain, le maire a évité de se mouiller.

☞ Dans cette phrase, le verbe *se mouiller* a la signification suivante : le maire n'a pas cherché à se protéger de la pluie, de l'eau **(sens propre)**, mais plutôt il n'a pas voulu donner son avis, se compromettre **(sens figuré)**.

▸ **Quelques exemples :** *Être dans la lune* (pour « être distrait »).
Mettre un copain en boîte (pour « se moquer de lui »).
⚜ *Accrocher ses patins* (pour « cesser ses activités »).
Verser des larmes de crocodile (pour « faire semblant de pleurer »).
Être suspendu aux lèvres de quelqu'un (pour « écouter attentivement »).

Les emplois figurés frappent l'imagination, ils sont expressifs, vivants, colorés et ils permettent de communiquer un message de façon très efficace. Les poètes, les écrivains, les auteurs de textes et de chansons privilégient les **emplois figurés** appelés aussi **figures de style**. Ces auteurs enrichissent constamment la langue en créant de nouveaux sens figurés.

Quand Félix Leclerc chante : « Moi, mes souliers ont beaucoup voyagé… », c'est une image qu'il emploie pour dire qu'il a parcouru de grandes distances à pied, une image qui reste dans notre mémoire.

IL Y A PLUSIEURS TYPES D'EMPLOIS FIGURÉS :

▸ **La comparaison**   Rapprochement entre des êtres, des idées, des objets.
Ce cheval est rapide comme l'éclair. Un enfant blond comme les blés.
Elle s'élança telle une gazelle. Ainsi qu'un jeune chien, il gambadait.
↪ La comparaison est introduite par *comme, ainsi que, de même que…*

▸ **La métaphore**   Remplacement d'un sens premier par un sens imagé, comparaison sous-entendue.
Être sur la corde raide (pour « être en danger »).
Mettre la main à la pâte (pour « participer, travailler soi-même à quelque chose »).
↪ La métaphore (ou comparaison sous-entendue) n'est pas introduite par *comme, ainsi que, de même que…*

▸ **L'hyperbole** ou **exagération**   Emploi volontaire d'un mot qui a un sens très fort pour frapper l'imagination.
Je meurs de faim (pour « j'ai une grande faim »).
Merci mille fois (pour « merci beaucoup »).
Pleurer toutes les larmes de son corps (pour « avoir beaucoup de chagrin »).

▸ **La litote** ou **atténuation**   Emploi volontaire d'un mot, d'une expression dont le sens est faible pour dire plus.
Elle n'est pas bête (pour « elle est intelligente, astucieuse »).
Je ne le déteste pas (pour « il me plaît »).

▸ **L'euphémisme**   Adoucissement d'un mot trop brutal, d'une expression trop cruelle.
Ton chien est au paradis (pour « il est mort »).
Les aînés (pour « les personnes âgées »).

▸ **L'allégorie**   Personnification de choses abstraites.
Le bonhomme hiver a déposé son blanc manteau.

▸ **La synecdoque**   Expression de la partie pour le tout.
Être sans toit (pour « être sans maison »).
Expression de l'espèce pour le genre.
Les mortels (pour « les hommes »).
Expression du singulier pour le pluriel.
Le cultivateur (pour « les cultivateurs »).

▸ **La métonymie**   Expression du contenant pour le contenu.
Mange ton assiette (pour « mange ton repas »).
Expression de la cause pour l'effet.
Il est né sous une bonne étoile (pour « il réussit bien »).
Expression de l'effet pour la cause.
Boire la mort (pour « boire une potion mortelle »).

FUTUR

AXE DU TEMPS.

PASSÉ	PRÉSENT	FUTUR

AUTREFOIS, ON VOYAGEAIT EN BATEAU.   **AUJOURD'HUI**, ON SE DÉPLACE EN AVION.   **DEMAIN**, ON CIRCULERA EN NAVETTE SPATIALE.

▸ **Le FUTUR exprime un fait qui aura lieu plus tard, une action à venir, par rapport au présent.**
*Nous **serons** en vacances à la fin de juin. Il **arrivera** demain.*

Ce temps traduit également :

– une **vérité générale.** *Il y **aura** toujours des gagnants et des perdants.*
– un **fait probable.** *L'été **sera** ensoleillé, je crois.*
– un **ordre poli.** *Tu **voudras** bien m'expliquer ce retard.*
  ▭ Dans cet emploi, le futur correspond à un impératif exprimé de façon moins autoritaire.
– un **présent atténué.** *Tu **comprendras** que je ne peux lui faire confiance.*
– un **conseil,** une **recommandation.** *Vous **prendrez** ce médicament après chaque repas.*
– un **futur dans une narration au passé.** *La bataille des Plaines d'Abraham entraîna la chute de Québec en 1759 : ce **sera** la fin de la Nouvelle-France.*
  ▭ On qualifie cet emploi de **futur historique.**

▸ **Le FUTUR ANTÉRIEUR exprime un fait qui doit précéder un fait futur.**
*Quand vous **aurez fini** vos devoirs, vous pourrez jouer dehors.*

Ce temps traduit également :

– un **fait futur inévitable.** *Je suis sûr qu'il **aura** vite **réuni** les provisions nécessaires à l'expédition.*
– un **fait passé hypothétique.** *Nos amis ne sont pas encore là, ils se **seront** encore **attardés** à la piscine.*

VOIR TABLEAU ▸ CONCORDANCE DES TEMPS.

▸ AUXILIAIRE DE TEMPS (ou D'ASPECT)

Aller + infinitif ou phrase infinitive. *Martine va arriver en retard si elle rate son autobus.*
  ▭ En fonction d'auxiliaire exprimant le **futur proche,** le verbe s'emploie au présent de l'indicatif et il est suivi d'un infinitif. Pour exprimer le **futur dans le passé,** le verbe s'emploie à l'imparfait de l'indicatif et il est suivi d'un infinitif. *Martine a promis qu'elle allait réussir son examen.*

Devoir + infinitif ou phrase infinitive. *Max doit téléphoner d'une minute à l'autre.*
  ▭ En fonction d'auxiliaire exprimant le **futur proche,** le verbe s'emploie au présent de l'indicatif et il est suivi d'un infinitif. Pour exprimer le **futur dans le passé,** le verbe s'emploie à l'imparfait de l'indicatif et il est suivi d'un infinitif. *Max, distrait comme toujours, a perdu ses gants : cela devait arriver.*

Être sur le point de + infinitif ou phrase infinitive. *Ils sont sur le point de partir.*
  ▭ En fonction d'auxiliaire exprimant le **futur proche,** le verbe s'emploie au présent de l'indicatif et il est suivi d'un infinitif. Pour exprimer le **futur dans le passé,** le verbe s'emploie à l'imparfait de l'indicatif et il est suivi d'un infinitif. *J'étais sur le point de partir quand le téléphone a sonné.*

▸ PRÉSENT DE L'INDICATIF

Présent + adverbe ou locution adverbiale (adverbe simple ou composé) de temps. *Attends-moi, j'arrive bientôt. Elle rentre demain.*
  ▭ La dimension future est indiquée à l'aide de l'adverbe ou de la locution adverbiale de temps qui accompagne le verbe au présent.

Si + présent (dans une subordonnée conditionnelle). *Si tu préviens ta copine, elle ne s'inquiétera pas inutilement. Si vous plantez un arbre tous les jours, vous reboiserez ce domaine.*
  ▭ Dans une subordonnée conditionnelle dont la phrase autonome (ou matrice) est au futur, on emploie un verbe au présent de l'indicatif pour exprimer une action future.

GENRE

Le genre des mots est l'une des grandes difficultés de la langue française, comme d'ailleurs de toutes les autres langues où cette distinction existe, notamment le grec, qui ajoute le neutre au masculin et au féminin.

Spontanément, on a tendance à croire qu'il existe une relation entre le genre du mot et le sexe de l'être désigné. Cela n'est vrai que pour les êtres humains, les êtres mythologiques et certains animaux.

LE GENRE DES NOMS D'ÊTRES ANIMÉS

▸ 1. Relation entre le genre du mot et le sexe de l'être désigné

Dans de nombreux cas, le masculin correspond effectivement à un être mâle et le féminin, à un être femelle, lorsque les noms désignent :

- Les **êtres humains** ou les **êtres mythologiques**. *Homme/femme, garçon/fille, dieu/déesse.*
- Des **liens familiaux.** *Mari/femme, père/mère, fils/fille, frère/sœur, cousin/cousine, oncle/tante.*
- Des **désignations de métiers, de fonctions.** *Directeur/directrice, épicier/épicière, romancier/romancière.*
  VOIR TABLEAU ▸ FÉMINISATION DES TITRES.
- Des *animaux domestiques.* *Cheval/jument, bouc/chèvre, canard/cane, bœuf/vache, coq/poule, chat/chatte.*
- Du **gibier traditionnel.** *Cerf/biche, renard/renarde, ours/ourse, sanglier/laie, faisan/faisane.*
  VOIR TABLEAU ▸ ANIMAUX.

▸ 2. Sexe non différencié

La langue ne fait pas toujours la distinction entre les sexes, même lorsque celle-ci existe dans les faits :

- Soit parce que le masculin est utilisé comme une *appellation générale. Les hommes sont mortels.*
- Soit parce que la notion de sexe est *indifférente aux propos tenus. Ce cheval court vite.*
- Soit parce que les êtres ne sont pas considérés comme appariés, en raison de leur **petitesse**, de leur **caractère exotique** ou **fabuleux**. *La mouche, le lynx, la panthère, le vautour.*
- Soit parce qu'on considère comme **sans sexe** certains êtres qui, en fait, ont un sexe. *La rose, le jasmin, la truite, le requin, la baleine.*

▸ 3. Genre non marqué

Parfois, le nom – dit épicène – peut être tour à tour masculin et féminin selon qu'il désigne un être mâle ou un être femelle. *Un ou une architecte, un ou une enfant, un ou une propriétaire.*

▸ 4. Absence de relation entre le genre du mot et le sexe de l'être désigné

Une sentinelle, une canaille, un témoin, un prédécesseur.

LE GENRE DES NOMS D'ÊTRES INANIMÉS

Dans la très grande majorité des cas, l'attribution du genre est sans motivation précise. *Une chaise, un fauteuil, un canapé, une causeuse.*

Dans de rares cas, la différence de genre correspond à une **distinction de sens.** Ne pas confondre :

un pendule, balancier .... et .... *une pendule,* appareil qui indique l'heure

un tour, mouvement circulaire .... et .... *une tour,* construction en hauteur

un mémoire, écrit, thèse .... et .... *une mémoire,* fonction biologique qui conserve
le souvenir du passé

LES ACCORDS

En fonction du genre et du nombre du nom auquel il se rapporte, le déterminant et l'adjectif s'accordent au masculin ou au féminin, au singulier ou au pluriel :

– Accord du **déterminant**. *Le pont, la balle, les billes, un crayon, une règle, son chapeau, cette fleur.*

– Accord de l'**adjectif**. *Un beau gâteau, une belle tarte, de beaux enfants, un bon biscuit, une bonne pomme.*

Si l'on fait généralement les accords de façon instinctive, quelques noms sont cause d'hésitation, notamment :

– Les mots commençant par une **voyelle** ou un **h** muet, parce que les déterminants sont alors neutralisés. *L'escalier* (nom masculin), *l'horloge* (nom féminin), *son avion* (nom masculin), *son amie* (nom féminin), *son histoire* (nom féminin).

– Les mots se terminant par un **e** muet. *Un pétale, un globule, un incendie, un pétoncle.*

G

EXEMPLES DE NOMS DONT LE GENRE EST DIFFICILE À RETENIR

▸ **Noms masculins**

abaque	arpège	embâcle	holocauste	oreiller
accident	ascenseur	emblème	hôpital	orteil
agrume	asphalte	en-tête	incendie	ovule
ambre	astérisque	entracte	insigne	ozone
amiante	augure	équinoxe	interstice	pamplemousse
ampère	autobus	escalier	ivoire	pénates
antidote	autographe	esclandre	jade	pétale
apanage	automne	évangile	jute	tentacule
apogée	avion	granule	libelle	termite
appendice	camée	habit	lobule	testicule
après-guerre	chrysanthème	haltère	narcisse	tubercule
armistice	décombres	hémicycle	nimbe	ulcère
aromate	effluve	hémisphère	obélisque	vivres...

▸ **Noms féminins**

abscisse	arabesque	ébène	horloge	oriflamme
acné	argile	échappatoire	immondice	ouïe
acoustique	armoire	écritoire	molécule	primeur
alcôve	atmosphère	enclume	moustiquaire	réglisse
algèbre	autoroute	épice	nacre	spore
améthyste	avant-scène	épitaphe	oasis	stalactite
amibe	azalée	épithète	obsèques	stalagmite
ancre	bonace	épître	ocre	strate
anicroche	câpre	fibre de verre	omoplate	ténèbres
apostrophe	cuticule	gélule	once	topaze
appendicite	débâcle	hélice	orbite	urticaire...

▸ **Noms à double genre**

aigle	enseigne	manche	office	physique
amour	espace	mémoire	orge	poste
couple	geste	météorite	orgue	relâche
crêpe	gîte	mode	parallèle	solde
délice	hymne	œuvre	pendule	voile...

LE GENRE ET LE NOMBRE DES SIGLES

Les sigles prennent généralement le genre et le nombre du premier nom abrégé.
La LNH (La Ligue nationale de hockey).
La SRC (La Société Radio-Canada).

Les sigles de langue étrangère prennent le genre et le nombre qu'aurait eus, en français, le générique de la dénomination.
La BBC (British Broadcasting Corporation) (**société**, féminin singulier).
Les USA (United States of America) (**États**, masculin pluriel).

NOMS **GÉOGRAPHIQUES**

Les noms géographiques sont des **noms de lieux** (appelés également **toponymes**) qui désignent des pays, des villes, des régions, des cours d'eau, des montagnes, etc., ainsi que des **noms de voies de communication** (nommés également **odonymes**).

1. Nom géographique employé seul

Le nom propre géographique prend une majuscule.

Le Québec, le Saint-Laurent, La Malbaie, les Laurentides.

2. Nom géographique constitué d'un nom commun accompagné par un nom propre ou par un adjectif

Le nom commun – **nom générique** – s'écrit avec une minuscule (lac, rivière, mont, baie, mer, océan, etc.), tandis que le nom propre ou l'adjectif – **élément distinctif** – prend la majuscule.

Le cap Diamant, les montagnes Rocheuses, l'anse de Vaudreuil, l'océan Atlantique, le golfe Persique, la rivière Saint-François, la chute Montmorency, les îles de la Madeleine.

3. Nom géographique composé

Le nom est accompagné d'un adjectif ou d'un déterminant numéral nécessaire à l'identification, qui précède souvent le nom.

Terre-Neuve, le Proche-Orient, la Grande-Bretagne, Trois-Rivières, les Pays-Bas, la Nouvelle-Angleterre, les Grands Lacs.

T Les deux mots s'écrivent avec une majuscule et sont souvent liés par un trait d'union.

4. Nom des habitants d'un lieu (gentilé)

Le nom des habitants d'un lieu (continent, pays, région, ville, village, etc.), appelé également *gentilé*, s'écrit avec une majuscule.

Un Québécois, une Montréalaise, des Trifluviens.

T Les adjectifs dérivés de gentilés s'écrivent avec une minuscule. *Une coutume beauceronne. Une recette gaspésienne.*

VOIR TABLEAU ▶ PEUPLES (NOMS DE).

5. Nom géographique étranger

Dans les cas où le nom géographique n'a pas d'équivalent français, la graphie d'origine est respectée.

New York, San Diego, Los Angeles, Rhode Island, Cape Cod, Detroit.

⌦ Les noms des habitants d'un lieu et les adjectifs dérivés de noms étrangers sont écrits à la française avec accents et traits d'union, s'il y a lieu. *Les New-Yorkais.*

6. Surnom géographique

Les expressions désignant certaines régions, certaines villes s'écrivent avec une majuscule au nom et à l'adjectif qui précède.

Le Nouveau Monde, les Grands Lacs, les Prairies.

Si l'adjectif suit, il garde la minuscule.

La Ville éternelle, la Péninsule gaspésienne, le Bouclier canadien.

7. Toponyme administratif

Le toponyme administratif désigne un espace délimité par l'homme.

Le parc des Laurentides, Outremont, Les Méchins, l'autoroute Transcanadienne.

T L'élément distinctif du toponyme administratif s'écrit avec des traits d'union lorsqu'il est constitué de plusieurs mots. *La rue Saint-Jean-Baptiste, le chemin de la Côte-Sainte-Catherine, Port-au-Persil.*

8. Odonyme (nom de voie de communication)

Les noms génériques des odonymes (avenue, boulevard, place, rue, etc.) s'écrivent en minuscules et sont suivis de l'élément distinctif simple ou composé qui s'écrit avec une ou des majuscules, selon le cas.

Le boulevard René-Lévesque, le chemin Saint-Louis, la place d'Armes, la rue du Manoir.

T L'élément distinctif de l'odonyme s'écrit avec des traits d'union lorsqu'il est constitué de plusieurs mots.

VOIR TABLEAU ▶ ODONYMES.

GRADES ET DIPLÔMES UNIVERSITAIRES

DÉSIGNATIONS

Dans le corps d'un texte, les désignations de grades et de diplômes universitaires s'écrivent au long et en minuscules. *Elle a terminé son doctorat en physique. Il est titulaire d'une maîtrise en histoire.*

T La préposition **ès**, qui résulte de la contraction de **en** et de **les**, est suivie d'un pluriel.
Un doctorat ès lettres.

ABRÉVIATIONS

Les abréviations des grades et des diplômes se composent ainsi :

▸ **le grade**

Le nom désignant le grade ou le diplôme s'abrège par le retranchement des lettres, à l'exception de l'initiale qui s'écrit en majuscule et qui est suivie du point abréviatif :

– *certificat* .... C.
– *baccalauréat* ..... B.
– *licence* .... L.
– *maîtrise* .... M.
– *doctorat* .... D. ou Ph. D.

▸ **la discipline**

Le nom désignant la discipline ou la spécialité s'abrège par le retranchement des lettres finales (après une consonne) ; la première lettre s'écrit en majuscule, la dernière lettre de l'abréviation est généralement suivie du point abréviatif. *Architecture, Arch. Urbanisme, Urb.*

T Font exception à ces règles certaines abréviations consacrées par l'usage et qui proviennent du latin, *Ph. D., LL. D., LL. M., LL. L.,* ou de l'anglais, *M.B.A.*

ABRÉVIATIONS DES GRADES UNIVERSITAIRES

B.A. .... baccalauréat ès arts
B.A.A. .... baccalauréat en administration des affaires
B. Arch. .... baccalauréat en architecture
B.A.V. .... baccalauréat en arts visuels
B. Éd. .... baccalauréat en éducation
B. Mus. .... baccalauréat en musique
B. Pharm. .... baccalauréat en pharmacie
B. Ps. .... baccalauréat en psychologie
B. Sc. .... baccalauréat ès sciences
B. Sc. A. .... baccalauréat ès sciences appliquées
B. Sc. inf. .... baccalauréat en sciences infirmières
B. Sc. (nutrition) .... baccalauréat ès sciences (nutrition)
B. Sc. pol. .... baccalauréat en sciences politiques
B. Sc. soc. .... baccalauréat en sciences sociales
B. Serv. soc. .... baccalauréat en service social
B. Th. .... baccalauréat en théologie
B. Urb. .... baccalauréat en urbanisme
D.C.L. .... doctorat en droit civil
D. Éd. .... doctorat en éducation
D. ès L. .... doctorat ès lettres
D.M.D. .... doctorat en médecine dentaire

G

D. Mus. ....doctorat en musique
D.M.V. ....doctorat en médecine vétérinaire
D. Sc. ....doctorat ès sciences
D.U. ....doctorat de l'Université
J.C.B. ....baccalauréat en droit canonique
J.C.D. ....doctorat en droit canonique
L. ès L. ....licence ès lettres
LL. B. ....baccalauréat en droit
LL. D. ....doctorat en droit *(Legum Doctor)*
LL. L. ....licence en droit *(Legum Licentiatus)*
LL. M. ....maîtrise en droit *(Legum Magister)*
L. Ph. ....licence en philosophie
L. Pharm. ....licence en pharmacie
L. Th. ....licence en théologie
M.A. ....maîtrise ès arts
M.A.P. ....maîtrise en administration publique
M. A. Ps. ....maîtrise ès arts en psychologie
M.A. (théologie).....................maîtrise ès arts en théologie
M.B.A. ....maîtrise en administration des affaires *(Master of Business Administration)*
M.D. ....doctorat en médecine *(Medicinæ Doctor)*
M. Éd. ....maîtrise en éducation
M. Ing. ....maîtrise en ingénierie
M. Mus. ....maîtrise en musique
M. Sc. ....maîtrise ès sciences
M. Sc. A. ....maîtrise ès sciences appliquées
M. Sc. (biologie) ....maîtrise ès sciences (biologie)
M. Sc. (gestion) ....maîtrise ès sciences (gestion)
M. Th. ....maîtrise en théologie
Ph. D. ....doctorat *(Philosophiæ Doctor)*
Ph. D. (linguistique).....................doctorat en linguistique
Ph. D. (biochimie) ....doctorat en biochimie

ABRÉVIATIONS DES DIPLÔMES ET DES CERTIFICATS

D.E.C. ....diplôme d'études collégiales
D.E.S. ....diplôme d'études secondaires
D.E.S.S. ....diplôme d'études supérieures spécialisées
D.M.V.P. ....diplôme de médecine vétérinaire préventive
D.P.H. ....diplôme de pharmacie d'hôpital
D.S.A. ....diplôme en sciences administratives
C.A.E.S.L.S. ....certificat d'aptitude à l'enseignement spécialisé d'une langue seconde
C.A.P.E.M. ....certificat d'aptitude pédagogique à l'enseignement musical
C.A.P.E.S. ....certificat d'aptitude pédagogique à l'enseignement secondaire
C.E.C. ....certificat pour l'enseignement collégial
C.E.C.P. ....certificat pour l'enseignement collégial professionnel
C.E.E. ....certificat pour l'enseignement au cours élémentaire
C.E.S. ....certificat pour l'enseignement au cours secondaire
C.E.S.P. ....certificat pour l'enseignement secondaire professionnel
C.P.E.C.P. ....certificat de pédagogie pour l'enseignement collégial professionnel

EMPRUNTS AU **GREC**

Un grand nombre de mots français proviennent de la langue grecque ancienne. Ce sont des mots de formation savante qui appartiennent surtout à la langue technique, scientifique, médicale ou religieuse.

Suivent quelques exemples de mots français d'origine grecque :

amnésie	baptême	diocèse	heuristique	neurologie	syntagme
anatomie	batracien	diphtérie	hygiène	œsophage	syntaxe
anecdote	bibliothèque	éphémère	iota	olympique	système
anthropologie	botanique	épisode	kaléidoscope	orthopédie	télépathie
apocalypse	cathode	érotique	larynx	philanthropie	téléphone
apoplexie	catholicisme	grammaire	lexicologie	phonétique	typographie
archevêque	dactylographie	gramme	lexique	rhétorique	xénophobie
ascèse	démocratie	graphie	méthode	rhizome	xylophone
asphyxie	diaphane	gynécologie	mètre	sténographie	zoologie...

Certains mots ont été empruntés au grec par l'intermédiaire du latin :

antidote	ermite	hippodrome	mécanique	pyramide	trigonométrie
architecte	esthétique	hyperbole	nécromancie	rhésus	typique
arthrite	flegme	iris	orchidée	rhinocéros	tyran
basilique	géométrie	logique	pédagogie	rhumatisme	utopie
catéchisme	gymnase	logistique	périple	salamandre	zéphyr
catastrophe	harmonique	magie	péritoine	synchronisme	zizanie
dialectique	hermaphrodite	mandragore	philologie	taxer	zodiaque
épitaphe	hiéroglyphe	méandre	philosophie	tigre	zone...

Aujourd'hui, ce sont plutôt les **racines grecques** qui servent à créer les nouveaux mots, les **néologismes** :

Préfixes	Sens	Exemples	Suffixes	Sens	Exemples
aéro-	air	*aérodynamique*	-archie	pouvoir	*monarchie*
anthropo-	homme	*anthropologie*	-céphale	tête	*encéphale*
anti-	contre	*antibiotique*	-gène	qui crée	*tératogène*
auto-	soi-même	*automatique*	-gyne	femme	*androgyne*
chrono-	temps	*chronomètre*	-graphe	écriture	*géographe*
démo-	peuple	*démographie*	-logie	science	*biologie*
kilo-	mille	*kilogramme*	-pathie	sentiment	*sympathie*
micro-	petit	*microscope*	-phage	manger	*anthropophage*
patho-	maladie	*pathologie*	-phile	ami	*bibliophile*
télé-	au loin	*télématique*	-phobe	crainte	*xénophobie*
xéno-	étranger	*xénophobie*	-scope	observer	*microscope*

VOIR TABLEAU ▶ NÉOLOGISME.

G

GROUPE[1]

Un **groupe de mots** est un ensemble de mots organisés autour d'un noyau et pouvant jouer le même rôle syntaxique que ce dernier. Comme les éléments autres que le noyau sont facultatifs (sauf pour le groupe de la préposition), il arrive parfois qu'un groupe ne contienne qu'un seul mot, son noyau. Dans la phrase, il y a cinq catégories de groupes de mots possibles :

- le groupe du nom ;
- le groupe du verbe ;
- le groupe de l'adjectif ;
- le groupe de la préposition ;
- le groupe de l'adverbe.

LES CINQ GROUPES DE LA GRAMMAIRE DE LA PHRASE

GROUPE DU NOM

Le **groupe du nom** est formé d'un nom commun et son déterminant ou d'un nom propre puis, facultativement, d'un complément du nom. Un pronom peut aussi remplacer le nom puis, facultativement, être suivi d'un complément du pronom.

Fonctions syntaxiques	GROUPE DU NOM		
	Déterminant	**Noyau** (nom/pronom)	**Complément du nom / du pronom** (facultatif)
Exemples	*les*	*promenades* *Louise* *celles* *aucune*	*à vélo* *de mon amie*

Le groupe du nom peut remplir les fonctions de sujet de la phrase, de complément de la phrase, de complément du nom, de complément du verbe et de complément de la préposition.

Sujet de la phrase	*Les promenades à vélo sont relaxantes.*
Complément de la phrase	*Il a perdu son emploi **le mois dernier**.*
Complément du nom	*la table, **un meuble indispensable** / des tissus **couleur orange***
Complément du verbe	*Il plantait **des arbres**.*
Complément de la préposition	*dans **sa chambre fraîchement peinte***

GROUPE DU VERBE

Le **groupe du verbe** est formé d'un verbe conjugué et, selon ce que commande l'emploi de ce verbe, d'aucun, d'un ou de plusieurs compléments du verbe.

Fonctions syntaxiques	GROUPE DU VERBE	
	Noyau (verbe)	**Complément du verbe** (selon le verbe utilisé)
Exemples	*dort* *aime* *parle* *va* *met* *est* *rend*	*les biscuits* *à son père* *dans sa chambre* *un dessin dans son sac* *heureux* *ses parents heureux*

La seule fonction possible du groupe du verbe est d'être le prédicat de la phrase, et ce prédicat est d'une seule catégorie possible, le groupe du verbe.

GROUPE | *SUITE* >

1. Conception du tableau : Annie Desnoyers.

GROUPE DE L'ADJECTIF

Le **groupe de l'adjectif** contient un adjectif et, facultativement, un complément de l'adjectif.

	GROUPE DE L'ADJECTIF	
Fonctions syntaxiques	**Noyau** (adjectif)	**Complément de l'adjectif** (facultatif)
Exemples	*conforme* *bonne* *calme*	*à vos dispositions* *en mathématiques*

Le groupe de l'adjectif peut occuper la fonction de complément dans le groupe du nom et dans le groupe du verbe.

Dans le groupe du nom
> *ma grand-mère **paternelle***
> *ma mère, **toujours généreuse**,*

Dans le groupe du verbe
> *Ma grand-mère a été **heureuse**.*
> (Attribut du sujet)
> *Les enfants rendent cet enseignant **heureux**.*
> (Attribut du complément direct du verbe)

GROUPE DE LA PRÉPOSITION

Le **groupe de la préposition** est composé d'une préposition et, obligatoirement, d'un complément de la préposition.

	GROUPE DE LA PRÉPOSITION	
Fonctions syntaxiques	**Noyau** (préposition)	**Complément de la préposition** (obligatoire)
Exemples	*dans* *d'* *pour*	*sa chambre* *hier* *te voir arriver*

Le groupe de la préposition peut remplir les fonctions de complément de la phrase, de complément du nom, de complément du verbe, de complément de l'adjectif, de complément de la préposition et de complément de l'adverbe.

Complément de la phrase   *Je vais te le dire **à ce moment-là**.*

Complément du nom   *les promenades **à vélo***

Complément du verbe   *compter **sur ses amis***

Complément de l'adjectif   *fou **de la vie***

Complément de la préposition   *de **derrière la maison***

Complément de l'adverbe   *conformément **aux lois provinciales***

GROUPE DE L'ADVERBE

Le **groupe de l'adverbe** contient un adverbe et, facultativement, un complément de l'adverbe.

	GROUPE DE L'ADVERBE	
Fonctions syntaxiques	**Noyau** (adverbe)	**Complément de l'adverbe** (facultatif)
Exemples	*conformément* *toujours*	*à vos dispositions*

Le groupe de l'adverbe peut occuper deux fonctions syntaxiques : complément de la phrase ou modificateur.

Complément de la phrase   *Hier, les deux garçons faisaient route en silence.*

Modificateur
- modificateur dans le **groupe du verbe**   nage **rapidement** / parle **bien**
- modificateur dans le **groupe du nom**   *quelque* trente maisons / *même* ses cousines
- modificateur dans le **groupe de l'adjectif**   *très* rapide / *peu* probable
- modificateur dans le **groupe de la préposition** *juste* devant la porte / *longtemps* après son arrivée
- modificateur dans le **groupe de l'adverbe**   *excessivement* mal / *très* bien

Note. – Le modificateur est un groupe de mots facultatif, le plus souvent un groupe de l'adverbe, qui modifie le sens premier d'un autre mot en exprimant un degré, une qualité, une manière, une insistance. Il peut être inclus dans chacun des cinq groupes de mots de la grammaire de la phrase.

VOIR TABLEAUX ▸ ADJECTIF. ▸ ADVERBE. ▸ COMPLÉMENT. ▸ NOM. ▸ PHRASE (ANALYSE GRAMMATICALE DE LA). ▸ PRÉPOSITION. ▸ PRONOM. ▸ VERBE.

POURQUOI LA NOTION DE « GROUPE » DANS L'ANALYSE GRAMMATICALE DES PHRASES ?

Une phrase n'est pas composée d'une suite linéaire de mots mais d'ensembles et de sous-ensembles de mots ; la notion de « groupe » rend compte de cette structure hiérarchique cachée. Par exemple, cette notion explique pourquoi il y a une ambiguïté dans la phrase :

Martin a rapporté un diamant d'Afrique.

Par cette phrase, certaines personnes comprennent que Martin est allé en Afrique et en a rapporté un diamant, alors que pour d'autres, Martin est allé à un endroit, une bijouterie par exemple, et en a rapporté un diamant d'Afrique. C'est parce qu'il y a deux structures hiérarchiques cachées dans cette phrase qu'il y a deux interprétations.

Groupe nominal (Sujet)	**Groupe verbal** (Prédicat)		
Martin	*a rapporté*	*un diamant*	*d'Afrique.*
	VERBE	GROUPE NOMINAL	GROUPE PRÉPOSITIONNEL

Groupe nominal (Sujet)	**Groupe verbal** (Prédicat)		
Martin	*a rapporté*	*un diamant d'Afrique*	*(de la bijouterie ?)*
	VERBE	GROUPE NOMINAL	

Attention ! Il ne faut pas confondre « groupe », surtout « groupe du verbe », avec la notion de « modèle de conjugaison ». En grammaire classique, « groupe » fait habituellement référence à des modèles de conjugaison pour les verbes.

GUILLEMETS

Les guillemets sont de petits chevrons doubles (« ») qui se placent au commencement *(guillemet ouvrant)* et à la fin *(guillemet fermant)* d'une citation, d'un dialogue, d'un mot, d'une expression ou d'un groupe de mots que l'auteur désire isoler.

FORME

Les guillemets se présentent en français sous la forme de petits chevrons doubles (« »), et en anglais, sous la forme d'une double apostrophe (" ").

DISCOURS RAPPORTÉ DIRECT

Lorsqu'on redit mot à mot les paroles ou les écrits d'une ou de plusieurs personnes, on emploie le guillemet ouvrant à la suite du deux-points et le guillemet fermant à la fin des mots cités.

Martin m'a demandé : « Veux-tu un cornet de crème glacée à la tire d'érable ? »

T Les phrases incises telles que *dit-il, répondit-elle* se mettent entre virgules, sans répétition de guillemets.
« En fait, me confia-t-il, je veux réussir et c'est bien légitime. »

CITATION

Les guillemets encadrent les citations : ils en indiquent le début et la fin.

La Charte de la langue française édicte : « 1.– Le français est la langue officielle du Québec. »

T Si la citation porte sur plusieurs alinéas, on met un guillemet ouvrant au début de chaque alinéa et on termine la citation par un guillemet fermant.

« Langue distinctive d'un peuple majoritairement francophone, la langue française permet au peuple québécois d'exprimer son identité.
« L'Assemblée nationale reconnaît la volonté des Québécois d'assurer la qualité et le rayonnement de la langue française. »
*Préambule de la **Charte de la langue française.***

Si la citation comporte plus de trois lignes, elle est généralement disposée en retrait et composée à interligne simple. Dans ce cas, on n'emploie pas de guillemets.

T Dans la bande dessinée, les bulles jouent le rôle des guillemets.

DIALOGUE

On met des guillemets au début et à la fin des dialogues. Un changement d'interlocuteur est signalé par l'alinéa précédé d'un tiret.

Le jardinier constata :
« Les roses sont superbes cette année.
– Vraiment, je suis de votre avis : elles sont superbes.
– Désirez-vous que j'ajoute une nouvelle variété de pivoines ? »

MISE EN VALEUR

Pour isoler un mot, une expression, on peut recourir aux guillemets.

La locution italienne « a giorno » s'écrit en deux mots.

☞ La locution *a giorno* signifie « brillamment éclairé ».

GUILLEMETS ANGLAIS (" ") :

Les guillemets anglais en double apostrophe sont utilisés à l'intérieur d'une citation déjà guillemetée.

Elle m'a dit : « Paul m'a rapporté que votre jardin est "magnifique". »

G

HEURE

Symboles du système international d'unités (SI) :

heure .... *h*
minute .... *min*
seconde .... *s*

► La *notation de l'heure* réunit les indications des unités par ordre décroissant, sans virgule, mais avec un espace de part et d'autre de chaque symbole.

C'est à 12 h 35 min 40 s qu'il est arrivé.

► Les *symboles* des unités de mesure n'ont pas de point abréviatif, ne prennent pas la marque du pluriel et ne doivent pas être divisés en fin de ligne.

La cérémonie commencera à 16 h 30 (et non à 16 *hres 30).

► Conformément à la norme 9990-911 du Bureau de normalisation du Québec, l'heure doit être indiquée selon la **période de 24 heures.**

Le musée est ouvert de 10 h à 18 h tous les jours.

► Cependant, la langue courante, ou la conversation, s'en tient le plus souvent à la **période de 12 heures** avec l'indication du matin, de l'après-midi ou du soir.

Le musée ferme à 6 heures du soir.

► L'heure doit être indiquée de **façon uniforme.**

– Si le nom d'une unité est écrit au long, les autres noms devront être notés en toutes lettres.

14 heures 8 minutes (et non *14 heures 8 min).

– Si le nom de la première unité est abrégé, celui de la seconde unité sera également abrégé ou omis.

Je vous verrai à 18 h 25 min (ou 18 h 25) demain.

► Les abréviations *a.m. et *p.m., qui proviennent du latin « *ante meridiem* » qui signifie « avant-midi » et « *post meridiem* » qui signifie « après-midi », ne sont utilisées qu'en anglais. En français, on écrira *17 h* (langue officielle) ou *5 h du soir* (langue courante), mais si l'on doit abréger, on ne retiendra que les 24 divisions du jour.

15 h (et non *3 h pm).

Ⓣ 1° La fraction horaire n'étant pas décimale, il n'y a pas lieu d'ajouter un zéro devant les unités.
1 h 5 (et non *1 h 05).

2° L'utilisation du *deux-points (:),* recommandée par l'Organisation internationale de normalisation (ISO) pour désigner les soixantièmes, doit être limitée aux usages techniques et à la présentation en tableau.
20 h 15 min 30 s (20:15:30).

3° Pour exprimer la vitesse, on recourt à l'expression *à l'heure* qui s'abrège */h* (s'écrit sans point).
Il roule à 60 km/h en moyenne.

H MUET

La lettre *h* est dite *muette* lorsqu'elle n'empêche pas l'élision de la voyelle précédente ou la liaison entre deux mots. *L'hôpital : le h du mot hôpital est muet.* C'est donc un signe purement orthographique qui, le plus souvent, constitue un simple rappel de l'étymologie.

habile	hécatombe	hennin	heure	honnêteté	humain
habileté	hégémonie	hépatique	hévéa	honoraire	humanité
habit	hélas !	herbage	hexagonal	horaire	humeur
habitat	hélicoptère	herbe	hibiscus	horizon	humidité
habitude	héliport	herbivore	hiératique	horoscope	humilité
hacienda	helvète	hercule	hilarité	horreur	humour
haleine	hématome	hérédité	hippocampe	hospice	hurluberlu
hallucination	hémicycle	hérésie	hiver	hôte	hyacinthe
halogène	hémiplégie	hermine	homéopathie	hôtel	hydratant
haltère	hémistiche	héroïsme	homicide	huile	hydraulique...
hebdomadaire	hémorragie	herpès	homogène	huître	

H ASPIRÉ

La lettre *h* est dite *aspirée* quand elle empêche l'élision de la voyelle qui la précède ou la liaison entre deux mots. *Le haricot : le h du mot haricot est aspiré.*

Seuls certains mots, surtout d'origine germanique ou anglo-saxonne, ont le *h* aspiré pour initiale :

ha !	hampe	harnais	havane	hiéroglyphe	houleux
hache	hamster	haro	havre	hisser	houppe
haché	hanche	harpe	havresac	HLM	houppelande
hacher	hand-ball	harpie	hayon	ho !	houppette
hachette	handicap	harpiste	hé !	hobereau	hourra !
hachure	handicapé	harpon	heaume	hochement	houspiller
hachurer	handicaper	harponner	hein !	hocher	housse
hagard	hangar	hasard	héler	hochet	houx
haie	hanneton	hasarder	henné	hockey	hublot
haillon	hanter	hasardeux	hennir	hockeyeur	huche
haine	hantise	haschisch	hennissement	holà	huée
haineux	happer	hase	hep !	homard	huer
haïr	hara-kiri	hâte	hère	honnir	huis clos
haïssable	harangue	hâter	hérisser	honte[1]	huit
halage	haras	hâtif	hérisson	honteux	huitième
hâle	harassant	hâtivement	hernie	hop !	hululement
haler	harasser	hauban	héron	hoquet	hululer
hâler	harcèlement	haubert	héros[1]	hors	hum !
haletant	harceler	hausse	herse	hors-bord	humer
haleter	harde	haussement	hêtre	hors-d'œuvre	hune
hall	hardi	hausser	heu !	hors-jeu	huppe
halle	hardiesse	haut	heurt	hors-la-loi	huppé
hallebarde	hardiment	hautain	heurter	hot dog	hurlement
halo	harem	hautbois	hi !	hotte	hurler
halte	hareng	haut-de-forme	hibou	hou !	huron
halte-garderie	harfang	haute-fidélité	hic	houblon	hussard
hamac	hargneux	hauteur	hideux	houille	hutte...
hamburger	haricot	haut-le-cœur	hiérarchie	houle	
hameau	harnacher	haut-parleur	hiérarchique	houlette	

---

1. Les noms *héros, honte* ne comportent pas un véritable *h* aspiré ; c'est par euphonie qu'on ne fait pas de liaison ou d'élision devant ces mots. *Les héros* (s'entendrait les « zéros »). Par contre, le nom féminin *héroïne* a un *h* muet. *L'héroïne.*

H

HOMONYMES

Les *homonymes* sont des mots qui s'écrivent ou se prononcent de façon identique, sans avoir la même signification :

air............	mélange gazeux	*cou*	partie du corps
air............	mélodie	*coud*.........	du verbe *coudre*
air............	expression	*coup*.........	choc brutal
aire	surface	*coût*	somme que coûte une chose
ère	époque	*maire*........	personne élue à la direction
erre	vitesse acquise d'un navire		d'une municipalité
hère.........	jeune cerf	*mer*	vaste étendue d'eau salée
hère..........	malheureux	*mère*.........	femme qui a donné naissance à
ancre	pièce servant à retenir un navire		un ou à plusieurs enfants
encre........	liquide utilisé pour écrire		

Dans les *homonymes,* on peut distinguer :

– les *homographes,* qui ont une orthographe identique, souvent la même prononciation, mais une signification différente :

bas............	peu élevé	*prêt*	dont la préparation est terminée
bas............	vêtement qui couvre la jambe	*prêt*	somme prêtée
bis............	très brun	*sur*............	qui a un goût acide
bis............	une seconde fois	*sur*............	au sommet de
noyer........	arbre	*verre*	substance transparente
noyer	périr par noyade	*verre*	récipient pour boire

– les *homophones,* qui ont une prononciation identique, mais une orthographe et une signification différentes :

amande.....	fruit de l'amandier	*champ*......	étendue de terre
amende	somme d'argent à payer	*chant*	chanson
basilic	herbe aromatique	*chaîne*	lien
basilique	église	*chêne*	arbre
censé	supposé	*filtre*........	dispositif servant à filtrer
sensé........	raisonnable	*philtre*	boisson magique
chair........	substance	*mante*	cape
chaire.......	tribune	*menthe*	herbe potagère, bonbon
chère........	nourriture	*pain*.........	aliment
cher..........	coûteux	*pin*	conifère

C'est le contexte qui permet de situer le terme et de préciser son orthographe ; la tâche n'est pas toujours facile, car le français est une des langues qui comportent le plus d'homonymes.

🔖 Ne pas confondre avec les noms suivants :

– *antonymes,* mots qui ont une signification contraire :

devant, derrière ; froid, chaud ; doux, rugueux ; haut, bas ; petit, grand ; faible, fort ; actif, passif

– *paronymes,* mots qui présentent une ressemblance d'orthographe ou de prononciation sans avoir la même signification :

vénéneux, qui contient une substance toxique	*acception,* sens d'un mot
venimeux, qui contient du venin	*acceptation,* accord

– *synonymes,* mots qui ont la même signification ou une signification très voisine :

gravement, grièvement ; clé anglaise, clé à molette ; imprenable, inexpugnable ; duper, berner

VOIR TABLEAUX ► ANTONYMES. ► PARONYMES. ► SYNONYMES.

IMPÉRATIF

L'impératif est le mode du commandement (ordre ou défense), du conseil, de l'invitation, du souhait ou du désir.

VALEURS DE L'IMPÉRATIF

L'IMPÉRATIF exprime :

– **un ordre**
Présentez-vous demain au bureau de la direction. Viens faire tes devoirs.

   ▭ On peut recourir à l'infinitif ou au conditionnel pour atténuer le ton autoritaire du mode impératif. *Prière de transmettre la réponse par courrier électronique. Il faudrait me remettre vos travaux avant le 15 novembre.* On peut aussi employer le verbe **vouloir** à l'impératif pour donner un ton plus poli. *Veuillez vous présenter à 9 h au bureau 234.*

– **une défense**
Ne buvez pas de cette eau : elle n'est pas potable. Ne sois pas injuste.

– **un conseil**
Reposez-vous un peu : vous travaillez trop. Ne te fais pas de souci pour si peu.

– **une invitation**
Venez manger à la maison, ce sera à la bonne franquette !

– **un souhait ou un désir**
Passez de bonnes vacances ! Amuse-toi bien avec tes copains.

CONSTRUCTION SYNTAXIQUE DU VERBE À L'IMPÉRATIF

Absence de sujet

Le verbe à l'impératif s'emploie sans sujet. C'est la désinence verbale qui nous indique que le locuteur s'adresse à un ou à des interlocuteurs (2e personne du singulier ou du pluriel) ou s'il s'associe à son ou à ses interlocuteurs (1re personne du pluriel).

Verbe à l'impératif suivi de pronoms :

– **verbe à l'impératif + pronom personnel**
   complément direct du verbe. *Regarde-toi.*
   complément indirect du verbe. *Raconte-lui.*
   ↻ Le verbe à l'impératif se joint par un trait d'union au pronom personnel complément direct ou indirect qui le suit.

– **verbe à l'impératif + deux pronoms personnels.** *Dis-le-moi.*
   ↻ Si le verbe à l'impératif est suivi de deux pronoms, le pronom complément direct s'écrit avant le pronom complément indirect et deux traits d'union sont alors nécessaires.

– **verbe à l'impératif + pronom *en* et *y*.** *Donnes-en, entres-y.*
   ↻ Devant les pronoms *en* et *y* non suivis d'un infinitif, les verbes du premier groupe (en *er*) s'écrivent avec un *s* euphonique à la deuxième personne du singulier et se joignent aux pronoms *en* et *y* par un trait d'union. Suivis de l'infinitif, à l'exception du verbe *laisser*, les verbes en *er* ne prennent pas de *s* euphonique devant les pronoms *en* et *y* et ne se joignent pas à eux par un trait d'union. *Ose en parler à tes amis, daigne y voir de la générosité,* mais *laisses-en circuler quelques exemplaires.*

VOIR TABLEAU ► **TRAIT D'UNION.**

TROIS PERSONNES SEULEMENT

Le mode impératif ne comporte que trois personnes.

▸ **Deuxième personne du singulier.** *Aime ton prochain. Connais-toi mieux.*

    ▱ À l'impératif, il n'y a pas de **s** final pour les verbes en **er**, contrairement au présent de l'indicatif *(tu aimes)* ou au présent du subjonctif *(que tu aimes). Aime. Chante.*

▸ **Première personne du pluriel.** *Aimons-nous les uns les autres.*

▸ **Deuxième personne du pluriel.** *Aimez la nature, respectez-la.*

DEUX TEMPS À VALEUR DE FUTUR PROCHE OU LOINTAIN

Le mode impératif ne comprend que deux temps qui se situent dans un avenir plus ou moins rapproché.

▸ **Le présent.** *Reviens vite. Écrivons-nous dans une décennie.*

    ▱ L'impératif présent a une valeur de futur proche ou lointain.

▸ **Le passé.** *Sois revenu avant la nuit.*

    ▱ L'impératif passé a une valeur de futur qui doit être achevé avant un évènement.

EXEMPLES DE FORMES À L'IMPÉRATIF PRÉSENT

ACQUÉRIR	*acquiers, acquérons, acquérez*	FINIR	*finis, finissons, finissez*
AIMER	*aime, aimons, aimez*	HAÏR	*hais, haïssons, haïssez*
ALLER	*va, allons, allez*	LEVER	*lève, levons, levez*
APPELER	*appelle, appelons, appelez*	OUVRIR	*ouvre, ouvrons, ouvrez*
AVANCER	*avance, avançons, avancez*	PAYER	*paie / paye, payons, payez*
AVOIR	*aie, ayons, ayez*	POSSÉDER	*possède, possédons, possédez*
CHANGER	*change, changeons, changez*	PROTÉGER	*protège, protégeons, protégez*
CONGELER	*congèle, congelons, congelez*	SORTIR	*sors, sortons, sortez*
CRÉER	*crée, créons, créez*	TRESSAILLIR	*tressaille, tressaillons, tressaillez*
CUEILLIR	*cueille, cueillons, cueillez*	VENIR	*viens, venons, venez*
EMPLOYER	*emploie, employons, employez*	VÊTIR	*vêts, vêtons, vêtez*
ENVOYER	*envoie, envoyons, envoyez*	VIVRE	*vis, vivons, vivez*
ÊTRE	*sois, soyons, soyez*	...	
ÉTUDIER	*étudie, étudions, étudiez*		

DÉTERMINANT **INDÉFINI**

Le déterminant indéfini se place devant le nom d'un être ou d'un objet indéterminé ou encore inconnu dans le texte. Il ne nous renseigne pas sur l'identité de cet être ou de cet objet, mais exprime une idée de quantité, une qualité indéterminée, une idée de ressemblance ou de différence.

Principaux déterminants indéfinis

aucun, aucune	différents, différentes	même	quelque
autre	divers, diverses	nul, nulle	tel, telle
certain, certaine	force	plusieurs	tous, toutes
chaque	maints, maintes	quelconque	un, une, des...

Locutions indéfinies ou déterminants composés

assez de	le plus possible de	n'importe quel,	peu de	trop de
autant de	l'un et l'autre des	quelle	plus d'un, d'une	un peu de...
beaucoup de	n'importe lequel,	nombre de	quantité de	
bien de, des	laquelle des	pas un, une des	tant de	

> Les locutions comprenant **de** ou **des** marquent une idée de quantité et sont toujours suivies d'un verbe au pluriel. *Beaucoup de personnes ont applaudi.*

LE DÉTERMINANT INDÉFINI EXPRIME

▶ UNE IDÉE DE QUANTITÉ

0 Une quantité nulle, **zéro** *aucun, aucune, aucuns*..... *Martin n'a reçu **aucun** appel. **Aucuns** ciseaux ne feront l'affaire.*

nul, nulle, nuls............... ***Nul** chien n'a été aperçu. **Nuls** frais ne seront exigés.*

pas un, pas une .... ***Pas une** maison n'apparaissait à l'horizon.*

> Ces adjectifs indéfinis doivent toujours être accompagnés de *ne, ne... jamais* ou *ne... plus*. Cependant, on ne peut employer les adverbes *pas* ou *point*.

=1 Une quantité **égale à un** *chaque*................... ***Chaque** élève a un crayon et un cahier.*

quelque .... *Elle a **quelque** peine à lui faire confiance.*

un certain, une certaine .... *Après avoir lu **un certain** temps, elle a dormi.*

un, une........................ ***Une** écolière a traversé la cour.*

+1 Une quantité indéfinie **supérieure à un** *certains, certaines* .... ***Certains** jouets seront offerts.*

des .... ***Des** chevaux gambadaient dans le champ.*

différents, différentes........ ***Différentes** personnes étaient présentes.*

divers, diverses .... ***Diverses** épreuves auront lieu.*

quelques...................... *J'ai vu **quelques** enfants.*

maints, maintes.............. *Tu l'as rencontré **maintes** fois.*

> Lorsque la quantité indéfinie est supérieure à *un*, l'adjectif indéfini est obligatoirement au pluriel.

tout Une quantité **totale** *tous, toutes*................ *J'ai essayé **tous** les patins.*

VOIR TABLEAU ▶ **TOUT (ACCORD DE)**.

▶ UNE QUALITÉ INDÉTERMINÉE *n'importe quel, lequel,*......*N'importe quelle* personne peut entrer.
laquelle, lesquels, lesquelles

quelconque,................... *Il a acheté un ballon **quelconque**.*
quelconques

tel, telle, tels, telles........... *Si tu ajoutes **telle** quantité de sucre, ce sera délicieux.*

VOIR TABLEAU ▶ **TEL**.

> La signification et la catégorie grammaticale du mot *quelconque* varient selon qu'il précède ou suit le nom. Placé avant le nom, le déterminant indéfini *quelconque* désigne une réalité de façon imprécise. *Une quelconque description.* Placé après le nom, l'adjectif *quelconque* a le sens de « ordinaire, médiocre ». *Un film très quelconque.*

▶ UNE IDÉE DE RESSEMBLANCE *même*.......................... *Ils ont vu le **même** film et ont mangé les **mêmes** fruits.*

▶ UNE IDÉE DE DIFFÉRENCE *autre, autres* .... *Je te verrai un **autre** jour.*

INDICATIF

Mode du réel, des faits certains, l'indicatif permet de situer une action dans le temps par rapport à l'instant présent.

AXE DU TEMPS.

PASSÉ	PRÉSENT	FUTUR
AUTREFOIS, ON VOYAGEAIT EN BATEAU.	**AUJOURD'HUI**, ON SE DÉPLACE EN AVION.	**DEMAIN**, ON CIRCULERA EN NAVETTE SPATIALE.

▭ L'indicatif est le mode le plus souvent utilisé ; il comprend un temps pour le **présent**, cinq temps pour le **passé** et deux temps pour le **futur**.

LE PRÉSENT

▸ Ce temps exprime **un fait présent, actuel.**

Youpi ! Aujourd'hui, il fait beau et on a congé. Il commence à neiger : est-il prudent de s'aventurer sur la route ?

▸ Le présent traduit également :

– **une vérité éternelle, générale.**

Deux et deux font quatre. Le ciel est bleu. Le moi est haïssable. (Pascal) *Je pense, donc je suis.* (Descartes)

– **un fait habituel.**

Les enfants partent tous les matins à 7 h 30 : les cours commencent à 8 h 30.

– **un fait historique.**

Maisonneuve fonde Montréal en 1642. C'est l'ordonnance de Villers-Cotterêts – signée en 1539 par François Ier – qui fait du français la langue officielle de la France.

– **un passé récent.**

La partie de tennis se termine à l'instant.

– **un futur proche.**

Attends-moi, j'arrive dans quelques minutes.

VOIR TABLEAU ▸ **PRÉSENT.**

LE PASSÉ

▸ **L'imparfait** exprime :

– **un fait habituel dans le passé.**

Autrefois, on s'éclairait à la chandelle. À cette époque, il était d'usage de transmettre des invitations par écrit. Tous les jours, le laitier nous livrait lait, beurre et œufs.

– **un fait non achevé, secondaire, par rapport à un évènement achevé, principal.**

Il pleuvait quand nous sommes arrivés à Gaspé.

– **une description de personne, de lieu, de chose dans le passé.**

Son grand-père s'intéressait à tout. La maison des étés de mon enfance avait des volets bleus.

– **un fait hypothétique dans une subordonnée conditionnelle alors que le verbe de la phrase principale ou autonome est au conditionnel présent.**

Si j'avais su, je ne serais pas venu.

▸ Le **passé simple** traduit :

– **un fait qui s'est produit il y a longtemps (passé lointain) et qui est complètement achevé.**

Le Vésuve entra en éruption en 79 après Jésus-Christ et ensevelit la ville de Pompéi.

    □□□ Le passé simple est le temps du récit historique : il décrit des actions coupées du présent. Il s'emploie surtout dans la langue écrite, car la langue orale lui préfère le passé composé.

▸ Le **passé composé** décrit :

    – **un fait achevé,** qui a eu lieu avant le moment où l'on parle.

    Ils ont bien travaillé et ils ont fini leur rapport à temps.

    – **un fait passé** à un moment déterminé qui demeure **en contact avec le présent.**

    Mes grands-parents ont fait un potager et ont récolté de beaux légumes…

    □□□ À la différence du passé simple, le passé composé traduit un fait passé dont les conséquences sont actuelles, dont le résultat est encore présent.

    – **une vérité générale, un fait d'expérience** qui remonte au passé, mais qui est **toujours vrai.**

    Les Beaucerons ont toujours eu l'esprit d'initiative.

▸ Le **passé antérieur** traduit :

    – **un fait passé** qui s'est produit immédiatement **avant un autre fait passé.**

    Quand ils eurent terminé, ils partirent.

▸ Le **plus-que-parfait** exprime :

    – **un fait entièrement achevé** lors d'un autre fait passé.

    Nous avions terminé nos exercices quand la cloche a sonné.

VOIR TABLEAU ▸ PASSÉ (TEMPS DU).

LE FUTUR

▸ Le **futur simple** exprime un fait qui aura lieu dans l'avenir.

    Nous finirons bientôt. Marie-Ève aura vingt ans l'été prochain.

  Il exprime également :

    – **une vérité générale.**

    Il y aura toujours des gagnants et des perdants.

    – **une probabilité.**

    L'automne sera beau, je crois.

    – **un futur dans le passé.**

    Vous assisterez, dans les mois qui suivront, à la victoire de notre équipe.

    – **un impératif.**

    Vous voudrez bien m'expliquer cette erreur.

    – **un présent atténué par politesse.**

    Tu comprendras que je ne pouvais te révéler ce secret.

▸ Le **futur antérieur** traduit un fait qui devra en précéder un autre dans l'avenir.

    Quand il aura terminé, il prendra des vacances.

  Il peut également marquer :

    – **un fait futur inévitable.**

    Je ne suis pas inquiète, il aura conquis son auditoire en quelques minutes.

    – **un fait passé hypothétique.**

    Il ne s'est pas présenté, il se sera rendu à notre ancienne adresse.

VOIR TABLEAUX ▸ CONDITIONNEL. ▸ FUTUR. ▸ CONCORDANCE DES TEMPS.

INFINITIF

Le mode infinitif exprime une idée d'action ou d'état sans indication de personne ni de nombre, c'est un **mode impersonnel**. L'infinitif s'emploie tantôt comme un **verbe**, tantôt comme un **nom**.

VERBE

▸ Dans une **phrase infinitive autonome**, le mode infinitif exprime :

– Un **ordre**, un **conseil**. *Ne pas **exposer** à l'humidité.*

   ▭ Dans ce contexte, l'infinitif a valeur d'impératif. Sur les formulaires, dans l'affichage, on préférera le mode infinitif au mode impératif, qui est plus autoritaire, moins poli.

– Une **narration**. *Et les invités d'**applaudir**.*

   ↺ L'infinitif est précédé de *de*.

– Une **question**. *Où **aller** ?*

   ⊨ L'infinitif interrogatif exprime un dilemme, une réflexion à voix haute, en quelque sorte.

– Une **exclamation**. *Abandonner la partie, jamais !*

   ⊨ L'infinitif exclamatif traduit un sentiment avec intensité.

▸ Dans une **phrase infinitive subordonnée**, l'infinitif présent exprime :

– Un **futur** après certains verbes (*devoir, espérer, promettre, souhaiter*, etc.). *J'espère réussir* (que je réussirai).

– Un **passé**, et ce, quel que soit le temps du verbe de la phrase autonome :

   • *Je pense **avoir atteint** mon objectif* (... que j'ai atteint...).
   • *Je pensais **avoir atteint** mon objectif* (... que j'avais atteint...).
   • *J'espère **avoir atteint** mon objectif en décembre* (... que j'aurai atteint...).
   • *J'espérais **avoir atteint** mon objectif en décembre* (... que j'aurais atteint...).

L'infinitif peut remplir les fonctions suivantes :

– **Sujet de la phrase.** ....*Lire des romans* me plaît.
– **Attribut du sujet.**........................*Partir, c'est **mourir un peu**.*
– **Complément direct du verbe.**........*Tu aimes **courir**. Il aime **chanter, danser** et puis **rire**.*

                     ⊨ On peut employer plusieurs phrases infinitives à la suite.

– **Complément de la préposition.**......*Le temps de **jouer**. Apte à **réussir**. Préparez-vous à **partir**. Avant de **partir**, préviens-moi.*

Dans la conjugaison avec un auxiliaire, selon le sens de cet auxiliaire de temps, l'infinitif présent prend une valeur :

– De **présent**. *Les enfants sont en train de jouer.*
– De **passé**. *Elle vient de nager.*
– De **futur**. *Il va dormir.*

NOM

Certains infinitifs s'emploient à l'occasion comme des noms : *le rire, le savoir-faire, le baiser, le déjeuner, le devoir, le sourire, le souvenir.*

   ▭ Quand ce sont des noms, ils prennent la marque du pluriel s'ils sont simples ; s'ils sont composés, ils sont invariables. *Des rires, des savoir-vivre.*

VOIR TABLEAUX ▸ COMPLÉMENT. ▸ PHRASE (ANALYSE GRAMMATICALE DE LA). ▸ PHRASE (FONCTIONS DE LA).

INTERJECTION

L'interjection est un mot, un groupe de mots qui exprime une réaction émotive de la personne qui parle (surprise, peur, joie, chagrin, etc.). Les multiples exclamations, tous les jurons imaginables rendent la création des interjections toujours vivante.

► Les interjections peuvent être :

– Des **noms.** *Ciel ! Courage ! Dame ! Flûte ! Miracle ! Silence !*

– Des **verbes.** *Allez ! Suffit ! Tenez ! Tiens ! Voyons ! Va !*

– Des **adverbes.** *Arrière ! Assez ! Bien ! Debout ! Enfin ! Hélas ! Non ! Vite !*

– Des **adjectifs.** *Bon ! Chic ! Las ! Mince ! Parfait !*

– Des **jurons.** *Diable ! Mamma mia ! Zut !*

– Des **cris.** *Aïe ! Bis ! Chut ! Hourra ! Hue ! Olé !*

– Des **onomatopées.** *Brrr ! Crac ! Hon ! Hum ! Pssit !*

– Des **locutions.** *À la bonne heure ! Au feu ! Au secours ! Par exemple ! D'accord !*

> On nomme *locution interjective* l'exclamation formée de plusieurs mots. *Mystère et boule de gomme !*

T Les *interjections* et les *locutions interjectives* sont suivies du point d'exclamation et s'écrivent généralement avec une majuscule initiale.

QUELQUES INTERJECTIONS ET LOCUTIONS INTERJECTIVES

Adieu !	Dame !	Hourra !	Parfait !
Ah !	Debout !	Hue !	Pas possible !
Aïe !	Diable !	Hum !	Patience !
Ainsi soit-il !	Dieu !	Jamais !	Pitié !
À la bonne heure !	Dommage !	Juste ciel !	Pssit !
Allez !	Eh !	Là !	Quoi !
Allô !	Eh bien !	Ma foi !	Quoi donc !
Allons !	Eh bien soit !	Malheur !	Salut !
Arrière !	En avant !	Mamma mia !	Silence !
Assez !	Enfin !	Merci !	Soit !
Attention !	Est-ce Dieu possible !	Mince !	Stop !
Au feu !	Euh !	Minute !	Suffit !
Au secours !	Flûte !	Miracle !	Tant mieux !
Bah !	Gare !	Mon Dieu !	Tant pis !
Bien !	Grâce !	N'importe !	Tenez !
Bis !	Ha !	Nom d'un chien !	Tiens !
Bon !	Ha ! ha !	Non !	Tonnerre !
Bon Dieu !	Halte !	Ô... !	Tout beau !
Bonté divine !	Hé !	Oh !	Tout doux !
Bravo !	Hé quoi !	Oh là là !	Très bien !
Brrr !	Hein !	Ohé !	Va !
Ça alors !	Hélas !	Oh ! hisse !	Vite !
Chic !	Heu !	Olé !	Vive... !
Chut !	Ho !	Ouf !	Voilà !
Ciel !	Ho ! ho !	Oui !	Voyons !
Courage !	Holà !	Ouste !	Zut !
Crac !	Hop !	Pan !	
D'accord !	Hou !	Par exemple !	

PRONOM **INTERROGATIF**

Pronom employé pour introduire une phrase interrogative directe ou indirecte. *Qui frappe à la porte ?*
*Dis-moi **qui** viendra.* **Que** *demandez-vous ?*

FORMES SIMPLES

qui ? (pour les personnes)

que ? quoi ? (pour les choses)

FORMES COMPOSÉES

	MASCULIN SINGULIER	FÉMININ SINGULIER	MASCULIN PLURIEL	FÉMININ PLURIEL
– avec *le*	lequel ?	laquelle ?	lesquels ?	lesquelles ?
– avec *à* + *le*	auquel ?	à laquelle ?	auxquels ?	auxquelles ?
– avec *de* + *le*	duquel ?	de laquelle ?	desquels ?	desquelles ?

FONCTIONS DU PRONOM INTERROGATIF

▶ **Sujet.** *Qui vient dîner ce soir ? Sais-tu **qui** a découvert le Canada ?*

▶ **Attribut.** *Dis-moi **qui** elle est.* **Que** *devient ce projet ?*

▶ **Complément direct du verbe.** *Dis-moi **qui** tu as vu.* **Que** *voulez-vous ?*

▶ **Complément indirect du verbe.** *À **qui** voulez-vous parler ? À **quoi** pensez-vous ? Sur **qui** comptes-tu ?*
*En **quoi** cela consiste-t-il ?*

▶ **Complément du nom.** *À **qui** as-tu emprunté ces livres ?*

▶ **Complément de l'adjectif.** *De **quoi** êtes-vous si inquiète ?*

▶ **Complément de la phrase.** *Avec **quoi** écrivez-vous ?*

VOIR TABLEAUX ▶ ADVERBE. ▶ DÉTERMINANT. ▶ PRONOM.

DÉTERMINANT **INTERROGATIF ET DÉTERMINANT EXCLAMATIF**

DÉTERMINANT INTERROGATIF

Déterminant indiquant que l'on s'interroge sur l'identité de l'être ou de l'objet déterminé.
▭ Le déterminant interrogatif s'accorde en genre et en nombre avec le nom déterminé.

DÉTERMINANT EXCLAMATIF

Déterminant qui sert à traduire l'étonnement, l'admiration que l'on éprouve devant l'être ou
l'objet déterminé.
▭ Le déterminant exclamatif s'accorde en genre et en nombre avec le nom déterminé.

	GENRE	NOMBRE	DÉTERMINANT INTERROGATIF	DÉTERMINANT EXCLAMATIF
Quel	masculin	singulier	*Quel livre ?*	*Quel succès !*
Quelle	féminin	singulier	*Quelle personne ?*	*Quelle maison !*
Quels	masculin	pluriel	*Quels ballons ?*	*Quels amis !*
Quelles	féminin	pluriel	*Quelles bicyclettes ?*	*Quelles vacances !*

VOIR TABLEAU ▶ DÉTERMINANT.

De nombreux mots d'origine italienne se sont intégrés au français ; ils proviennent surtout des domaines de la musique, de l'art et de la cuisine.

▶ **Orthographe**

La plupart des emprunts à l'italien sont maintenant francisés ; ils s'écrivent avec des accents, s'il y a lieu, et prennent la marque du pluriel. *Des scénarios, des trémolos, des opéras.*

▦ Certains auteurs recommandent l'invariabilité des mots pluriels italiens tels que ***gnocchi, macaroni, ravioli, spaghetti...*** Il apparaît plus pratique de considérer que ces mots sont maintenant francisés, et donc variables. *Des spaghettis, des macaronis, des raviolis.*

▶ **Musique**

Certains mots italiens qui font partie du vocabulaire musical demeurent invariables lorsqu'ils désignent des mouvements, des nuances ; ils sont alors employés adverbialement et s'écrivent sans accent. *Jouer allegro, andante...* Lorsqu'ils désignent des pièces de musique, ces mots sont alors des noms qui s'écrivent avec des accents, s'il y a lieu, et prennent la marque du pluriel. *Des allégros, des andantes, des adagios.*

▶ **Quelques emprunts à l'italien**

Emprunt	Signification du mot italien d'origine	Emprunt	Signification du mot italien d'origine
bravo	« beau, excellent »	malaria	« mauvais air »
brio	« vivacité »	opéra	« œuvre »
brocoli	« pousses de chou »	pergola	« tonnelle »
casino	« maison de jeux »	pierrot	de Pedrolino, personnage
crescendo	« en croissant »		de la commedia dell'arte
dilettante	« celui qui s'adonne à un art	polichinelle	de Pulcinella, personnage
	par plaisir »		de farces de Naples
diva	« divine »	salami	« viande salée »
farniente	« ne rien faire »	scénario	« décor »
fiasco	« échec »	sépia	« seiche »
incognito	« inconnu »	tombola	« culbute »
loto	« sort, lot »		

▶ **Quelques exemples de mots provenant de l'italien**

agrume	banque	calepin	cortège	fugue	nonce	soldat
air	banqueroute	calque	courtisan	fumerole	numéro	solfège
ambassade	banquet	cambiste	crédit	galbe	pantalon	sonate
antichambre	barcarolle	campanile	crinoline	gélatine	partisan	sourdine
appartement	bataillon	canaille	dégrader	gondole	pastel	soutane
aquarelle	bicoque	cannelure	disgrâce	gouache	perruque	store
arcade	bilan	canon	dôme	grandiose	piédestal	tarentelle
arpège	bisbille	cantate	duo	granit	pistache	tarentule
artisan	biscotte	cantine	entrechat	grotesque	politesse	ténor
babiole	bizarre	caprice	escapade	improviste	radis	trafic
bagatelle	bosquet	capucin	escarpin	incarnat	rafale	trille
bagne	botte (escrime)	carnaval	escorte	incartade	reflet	vasque
baguette	bouffon	cartouche	esquisse	lagune	régate	vedette
balcon	bravade	cavalcade	façade	lampion	ristourne	vermicelle
baldaquin	bravoure	cavalerie	faillite	lavande	ritournelle	veste
ballerine	brigade	citadelle	fanal	lettrine	salon	violoncelle
bambin	brigand	concert	fantassin	macaron	saltimbanque	virtuose
banderole	burlesque	confetti	fioriture	manège	semoule	volte-face
bandit	cabriole	contrebande	fortin	maquette	sérénade	voltiger

ITALIQUE

L'italique, caractère typographique légèrement incliné vers la droite, permet d'attirer l'attention du lecteur sur un mot, un titre, une citation, une dénomination.

T Dans un texte manuscrit ou dactylographié destiné à l'impression, on souligne d'un trait les mots qui doivent être composés en italique.

SE COMPOSENT EN ITALIQUE

▸ **Titres d'œuvres** (livres, tableaux, journaux, revues, etc.)

Le mot initial du titre s'écrit avec une majuscule.

Martine a beaucoup aimé *Les grands sapins ne meurent pas.*
Le journal *Le Devoir.*
Connais-tu la chanson *J'aurais voulu être un artiste* de Luc Plamondon ?

▸ **Enseignes commerciales**

Citées intégralement, les inscriptions d'enseignes se composent en **italique** ; abrégées, elles seront composées en romain.

S'arrêter à l'*Auberge du Cheval blanc.*
Manger au Cheval blanc.

▸ **Noms de véhicules** (bateaux, avions, trains, engins spatiaux, etc.)

Les noms propres de véhicules se composent en **italique.** Ces noms propres s'écrivent avec une capitale initiale au nom spécifique et à l'adjectif qui précède le nom.

Il a pris le *Concorde.*
Le lanceur de satellites *Ariane* est européen.

▸ **Notes de musique**

Les huit notes de musique se composent en **italique.** Les indications qui peuvent accompagner les notes sont en **romain.**

Une étude en *si* bémol.

T Lorsqu'il s'agit d'un titre d'œuvre (qui est donc déjà en italique), la note reste en italique.
Toccata et fugue en ré mineur de Bach.

▸ **Citations, mots en langue étrangère**

Les locutions latines, les citations, les mots, les expressions qui appartiennent à une langue étrangère sont composés en **italique.**

Une déduction *a posteriori.*
C'est un véritable *one man show.*

▸ **Devises**

Les devises sont toujours composées en **italique.**

Je me souviens.
A mari usque ad mare.

▸ **Avis, indications au lecteur**

Si le texte (avant-propos, dédicace, etc.) n'excède pas 20 pages, il peut être composé en **italique.** On utilise l'**italique** pour attirer l'attention du lecteur à qui l'on s'adresse directement.

La suite au prochain numéro.

LÀ, ADVERBE ET INTERJECTION

ADVERBE

▸ **L'adverbe marque :**

• **un lieu éloigné.** *Es-tu allé là ?*

   ⊶ Dans cet emploi, *là* est en opposition à l'adverbe *ici*, qui marque la proximité. Dans les faits, les deux adverbes sont souvent confondus. *Berthe, je ne suis là pour personne.*

• **un point d'arrêt.** *Restons-en là. Je ne croyais pas qu'on allait en venir là.*

   ▭ Pour désigner un objet éloigné de la personne qui parle, l'adverbe *là* se joint par un trait d'union au nom qui le précède si celui-ci est précédé d'un déterminant démonstratif. *Ce livre-là, cette raquette-là.*
Il se joint également par un trait d'union au ***pronom démonstratif (celui-là, celle-là, ceux-là, celles-là)*** à certains adverbes ***(jusque-là, là-bas, là-dedans, là-dessous, là-haut)*** pour former des composés.

▸ **Locutions adverbiales (ou adverbes composés)**

  – ***Çà et là, par-ci, par-là.*** Par endroits. *Des fleurs sauvages poussent çà et là.*

   ▭ L'expression ***çà et là*** s'écrit sans traits d'union, mais ***par-ci, par-là*** s'écrit avec des traits d'union.

  – ***De là.*** De ce lieu-là, pour cette raison. *C'est de là qu'ils sont partis. Les premiers résultats étaient prometteurs ; de là, mon étonnement d'apprendre l'interruption des recherches.*

  – ***D'ici là.*** Entre ce moment et un autre moment postérieur. *J'attendrai votre retour, mais d'ici là donnez-moi de vos nouvelles.*

   ▭ Cette expression s'écrit sans trait d'union.

  – ***Jusque-là.*** Jusqu'à ce point. *La falaise est à 2 km d'ici, marcherez-vous jusque-là ?*

  – ***Là-bas.*** Plus loin. *Ils habitent là-bas, dans la vallée.*

  – ***Par là.*** Par ce lieu, par ce moyen. *Passons par là, ce sera plus court.*

   ▭ Cette expression s'écrit sans trait d'union.

INTERJECTION

Là ! L'interjection s'emploie, généralement redoublée, pour apaiser, consoler. *Là, là ! Tout s'arrangera.*

▸ **Locutions interjectives (ou interjections composées)**

  – ***Eh là !*** Interpellation. *Eh là ! Venez m'aider, s'il vous plaît.*
  – ***Halte-là !*** Ordre de s'arrêter. *Halte-là !, leur cria le douanier.*
  – ***Oh là là !*** Exclamation qui marque l'étonnement, l'admiration. *Oh là là, quel beau jardin !*

L

▸ L'**adverbe** est un mot invariable qui se joint à un autre mot pour en modifier ou en préciser le sens.

  – L'adverbe *là* répond à la question *où ?* Il est un adverbe de lieu.

▸ L'**interjection** est un mot qui exprime une réaction émotive (surprise, peur, joie, chagrin, etc.) de la personne qui parle.

  ⊶ Les interjections sont suivies du point d'exclamation. Si la phrase n'est pas terminée, le mot qui suit le point d'exclamation s'écrit avec une minuscule initiale.

EMPRUNTS AU **LATIN**

Langue des anciens Romains, le latin constitue l'origine du français et de plusieurs autres langues. La plupart des mots français issus du latin ont subi l'évolution phonétique normale **(formation populaire)** et sont devenus des mots intégrés au français. Ainsi, le mot latin « *caballus* » est devenu *cheval* en français. Des emprunts faits par les érudits des XIVe, XVe et XVIe siècles ont conservé une **forme française voisine du latin (formation savante),** par exemple le mot *parabole,* qui vient du latin « *parabola* ». Le même mot latin a donné par l'évolution phonétique normale le mot *parole* **(formation populaire).**

D'autres mots empruntés au latin ont conservé leur **forme latine.** En voici quelques exemples :

MOTS LATINS VARIABLES

SINGULIER LATIN	PLURIEL LATIN
addendum	addenda
desideratum	desiderata
erratum	errata
maximum	maxima
minimum	minima
stimulus	stimuli...

📖 Certains mots gardent le pluriel latin et s'écrivent sans accent.

MOTS LATINS INVARIABLES

credo	nimbus	requiem
cumulus	nota	statu quo
ex-voto	nota bene	tumulus
minus habens	pater	vade-mecum
miserere	post-scriptum	veto...

📖 Certains mots empruntés au latin restent invariables : ces mots s'écrivent sans accent, malgré leur prononciation.

MOTS LATINS FRANCISÉS

agenda	intérim
album	médium
alibi	mémento
alinéa	mémorandum
alléluia	pensum
atrium	quatuor
angélus	quorum
bénédicité	quota
consortium	recto
décorum	référendum
déficit	sanatorium
duplicata	solarium
fac-similé	spécimen
folio	ultimatum
forum	verso...

📖 Certains mots empruntés au latin ont été francisés par leur usage fréquent.
Ces mots prennent la marque du pluriel et s'écrivent avec des accents, s'il y a lieu. *Des médias électroniques.*

LOCUTIONS LATINES

LOCUTION	SIGNIFICATION
a contrario	par l'argument des contraires
ad patres	dans l'autre monde
ad valorem	selon la valeur
ad vitam æternam	pour toujours
a fortiori	à plus forte raison
a posteriori	fondé sur des faits
a priori	non fondé sur des faits
de facto	de fait
de visu	après l'avoir vu
et cætera	et les autres
ex æquo	au même rang
ex cathedra	avec un ton doctoral
extra-muros	à l'extérieur des murs
grosso modo	en gros
in extenso	intégralement
in extremis	au tout dernier moment
intra-muros	à l'intérieur des murs
ipso facto	immédiatement
manu militari	par la force
modus vivendi	entente
nec plus ultra	ce qu'il y a de mieux
sine die	sans jour fixé
sine qua non	condition essentielle
vice versa	inversement

📖 Ces locutions s'écrivent sans accent.

📖 La tendance actuelle est de franciser les noms *maximum, minimum* en les écrivant au pluriel avec un *s.* Comme adjectifs, ils sont remplacés par *maximal, ale, aux, ales* et *minimal, ale, aux, ales.*

T En typographie soignée, les mots étrangers sont composés en italique. Dans des textes déjà en italique, la notation se fait en romain. Pour les textes manuscrits, on utilisera les guillemets.

VOIR TABLEAU ► **DOUBLETS.**

LE, LA, LES, DÉTERMINANTS DÉFINIS

Déterminants qui se placent devant le nom d'un être ou d'un objet connu, dont on a déjà parlé.

    ▱ Le déterminant défini individualise le nom qui l'accompagne. *La pomme que j'ai mangée était délicieuse.* Il s'agit précisément d'une pomme en particulier, celle qui a été mangée. S'il s'agissait de n'importe quelle pomme, on emploierait le déterminant indéfini. *Achète-moi une pomme.*

FORMES SIMPLES			EXEMPLES
MASCULIN	FÉMININ	NOMBRE	
le	la	singulier	*Le chien de Martin, la robe de Laurence,*
les	les	pluriel	*les amis de la classe.*

FORMES CONTRACTÉES AVEC *DE*			
MASCULIN	FÉMININ	NOMBRE	
du (de le)	de la	singulier	*Les outils du maçon, les dons de la fée,*
des (de les)	des (de les)	pluriel	*les noms des parents.*

FORMES CONTRACTÉES AVEC *À*			
MASCULIN	FÉMININ	NOMBRE	
au (à le)	à la	singulier	*Nous irons au centre des loisirs, à la*
aux (à les)	aux (à les)	pluriel	*patinoire ou aux divers parcs de la ville.*

▸ **Élision et liaison**

Les déterminants définis *le* et *la* s'élident devant un mot commençant par une voyelle ou un *h* muet. *L'école, l'hommage,* mais *le homard.*

    ▱ Cette élision ne se fait pas devant les adjectifs numéraux. *Le onze du mois, le huit de cœur, le un de la rue des Érables.*

La liaison du déterminant *les* avec le mot qui suit se fait si ce mot commence par une voyelle ou un *h* muet. *Les enfants (lézenfants), les hommes (lézommes),* mais *les haches (léaches).*

▸ **Omission**

On ne répète pas le déterminant si deux adjectifs se rapportent au même nom. *La tendre et belle enfant.* On peut omettre le déterminant dans certaines énumérations. *Orthographe, grammaire, typographie feront l'objet de tableaux.*

Les déterminants sont omis dans certaines expressions figées. *Des faits et gestes, sur mer et sur terre, blanc comme neige, avoir carte blanche...*

▸ **Répétition**

Le déterminant est répété devant les noms joints par les conjonctions de coordination *et, ou. Les fruits et les légumes.*

▸ **Devant un superlatif**

Quand la comparaison est établie entre des êtres ou des objets différents, le déterminant défini s'accorde en genre et en nombre avec le nom auquel il se rapporte. *Cette amie est la plus gentille de toutes ces personnes.*

Quand la comparaison porte sur des états distincts du même être ou du même objet, le déterminant défini est neutre et invariable. *C'est le matin qu'elle est le plus en forme* (en forme au plus haut degré).

▸ **À la place du possessif**

Le déterminant défini s'emploie quand le nom employé sans adjectif désigne une partie du corps ou une faculté de l'esprit. *Il a mal à la tête. Elle s'est fracturé la jambe.*

    ↝ Attention, dans ces cas, on n'emploie pas le déterminant possessif. *Il s'est cassé le bras* (et non **son bras*).

VOIR TABLEAU ▸ **LE, LA, LES,** PRONOMS PERSONNELS.

LE, LA, LES, PRONOMS PERSONNELS

Les pronoms *le, la, les* remplacent un nom de personne ou de chose déjà exprimé. *Quand Étienne sera de retour, préviens-le de notre arrivée prochaine. Ce film est excellent, je te le conseille.*

Les pronoms *le, la, les* accompagnent toujours un verbe *(je les aime)* à titre de **complément direct** ou d'**attribut du sujet**, tandis que les déterminants définis *le, la, les* accompagnent toujours un nom *(les personnes que j'aime).*

COMPLÉMENT DIRECT

Les pronoms personnels *le, la, les* s'emploient avec les verbes transitifs directs (on pose la question *qui ? que ? quoi ?* pour trouver le complément direct du verbe). Ces verbes se conjuguent avec l'auxiliaire *avoir.*

Tu le regardes. Cette pomme, tu la mangeras à la récréation. Vous les avez lus pendant les vacances : ce sont de bons livres.

> 📖 Pour les verbes transitifs indirects (on pose la question *à qui ?*), ce sont les pronoms *lui* et *leur* qui sont employés. *Tu lui as parlé, tu leur as parlé* (à qui ?).

ATTRIBUT DU SUJET

Les pronoms personnels *le, la, les* sont attributs du sujet lorsqu'ils sont employés avec les verbes qui se conjuguent avec l'auxiliaire **être**. *Un champion, il le deviendra après beaucoup d'efforts.*

> 📖 Dans l'usage courant, on a tendance à employer le pronom personnel *le* même si l'antécédent est féminin ou pluriel. *La présidente de l'entreprise, je ne le serai pas.* En français soutenu, le pronom s'accorde en genre et en nombre avec le sujet accompagné d'un déterminant défini ou du démonstratif. *La présidente de l'entreprise, je ne la serai pas. Ces fous de la vitesse, ils ne les sont plus.*

FORME

Les pronoms *le, la* s'élident devant un verbe commençant par une voyelle ou un *h* muet. *Je l'aime, tu l'honores.*

▸ **Place du pronom**

Il se place généralement **avant** le verbe. *Ce vélo, je le veux.*

Si le verbe est à l'impératif dans une construction affirmative, le pronom se place **après** le verbe auquel il est joint par un trait d'union. *Admirez-le.*

Par contre, dans une construction négative, le pronom se place **avant** le verbe. *Ne l'admirez pas.*

Si le verbe comporte plusieurs pronoms compléments, le complément direct se place **avant** le complément indirect et se joint au verbe et au complément indirect par des traits d'union. *Donne-le-moi.*

VOIR TABLEAU ► **LE, LA, LES,** DÉTERMINANTS DÉFINIS.

À l'impératif, ne pas oublier le trait d'union entre le verbe et les pronoms dans les constructions affirmatives :

dites-moi
faites-le
laissez-la
donnez-nous-les
dites-le-lui...

mais,

ne me dites pas
ne le faites pas
ne la laissez pas
ne nous les donnez pas
ne le lui dites pas...

LETTRE TYPE

MULTI
DICTIONNAIRE
DE LA LANGUE FRANÇAISE

M

Montréal, le 14 février 2003 ◄——— LIEU ET DATE

VEDETTE ———►
Monsieur Jacques Fortin
Président
Les Éditions Québec Amérique
329, rue de la Commune Ouest
Montréal (Québec)
H2Y 2E1

RÉFÉRENCES ———►
V/Réf. : MDD-MEV 1987/QA

Objet : Quatrième édition enrichie du *Multidictionnaire* ◄——— OBJET

APPEL ———►
Cher Monsieur,

INTRODUCTION ———►
Il y aura bientôt vingt ans que nous travaillons à l'élaboration et à l'enrichissement du *Multidictionnaire*. Le texte de la quatrième édition de l'ouvrage est prêt : c'est par fichier électronique que j'ai transmis à l'équipe du dictionnaire les modifications que nous avons apportées en vue de cette nouvelle édition.

CORPS ———►
De nombreux utilisateurs de l'ouvrage ont eu la gentillesse de me faire parvenir des suggestions intéressantes, des commentaires pertinents dont j'ai tenu compte.

CONCLUSION ———►
Vous constaterez que cette quatrième édition comportera plusieurs ajouts : des néologismes, des acceptions nouvelles, des explications grammaticales, syntaxiques, typographiques plus détaillées, de nouveaux tableaux. L'ouvrage sera totalement mis à jour et considérablement enrichi ainsi qu'en témoigne l'épaisseur du manuscrit !

SALUTATION ———►
Dans l'espoir que la nouvelle édition sera bien accueillie, je vous prie d'agréer, cher Monsieur, mes salutations distinguées.

Marie-Éva de Villers ◄——— SIGNATURE
Marie-Éva de Villers ◄——— NOM
DACTYLOGRAPHIÉ

PIÈCE JOINTE ———►
COPIE ———►
CONFORME
p. j. Commentaires généraux
c. c. M. Jean-Claude Corbeil

L

VOIR TABLEAUX ► ADRESSE. ► CORRESPONDANCE. ► ENVELOPPE.

LIAISON

La liaison est l'action de prononcer la consonne finale d'un mot placé devant un mot commençant par une voyelle ou un *h* muet.

> 🗢 On ne prononce pas la consonne finale d'un mot précédant un mot commençant par un *h* aspiré. *Les homards* (et non les *(z) homards).

▸ **En liaison :**

- Les lettres *s* et *x* se prononcent *z*. *Les* (z) *iris. Dix* (z) *oranges.*
- La lettre *d* se prononce *t*. *Un grand* (t) *homme.*
- La lettre *g* se prononce *g* dans la langue courante. *Un long* (g) *hiver.*
- La lettre *g* se prononce *k* dans certains emplois figés. *Suer sang* (k) *et eau. Qu'un sang* (k) *impur.* (La Marseillaise)
- La lettre *f* se prononce *v*. *Du vif* (v) *argent.*

LA LIAISON SE FAIT TOUJOURS :

- Entre le déterminant et le nom. *Les* (z) *ours. Deux* (z) *oasis.*
- Entre l'adjectif et le nom. *Les bons* (z) *amis. Ton petit* (t) *ami.*
- Entre le pronom (sujet ou complément) et le verbe. *Nous* (z) *aimons. Je vous* (z) *aime.*
- Entre les auxiliaires ***avoir*** et ***être*** et le participe passé des formes verbales composées. *Elles ont* (t) *été aimées.*
- Entre le verbe et le nom ou l'adjectif attribut. *Ces lieux sont* (t) *agréables.*
- Entre la préposition et son complément. *Dès* (z) *aujourd'hui. Sans* (z) *aucun doute.*
- Entre l'adverbe et le mot qu'il modifie. *Ils sont plus* (z) *aimables, très* (z) *adroits.*
- Dans la plupart des locutions, des mots composés. *Petit* (t) *à petit. Tout* (t) *à coup.*

LA LIAISON SE FAIT PARFOIS :

- Entre le nom et son complément. *Les professeurs* (z) *en voyage.*
- Entre le nom et l'adjectif. *Les fillettes* (z) *adorables.*
- Entre le nom sujet et le verbe. *Les fillettes* (z) *ont joué.*
- Entre le verbe et son complément. *Ils allèrent* (t) *au bois.*

LA LIAISON NE SE FAIT JAMAIS :

- Devant un nom commençant par un *h* aspiré. *Les / handicapés.*
  VOIR TABLEAU ▸ **H MUET** ET **H ASPIRÉ.**
- Après la conjonction de coordination ***et*** : *un bateau et / un avion.*
- Entre un nom singulier se terminant par une consonne muette et l'adjectif qui le suit. *Un projet / intéressant.*

  > ➮ Par contre, la liaison se fait entre l'adjectif qui précède le nom et le nom. *Un mauvais* (z) *usage.*

- Après un signe de ponctuation. *Voici des fruits, / une assiette.*
- Devant un déterminant numéral et un adjectif ordinal : ***un, onze, onzième, huit, huitième.*** *Les / onze ans de Fanny.*
- Devant les mots étrangers commençant par *y*. *Des / yaourts.*

LOCUTIONS

Ensemble de mots formant une expression figée et correspondant à un mot unique.

⌨ La locution n'a qu'une seule fonction grammaticale pour l'ensemble des mots qui la constituent.

LOCUTION VERBALE (ou verbe composé)

La **locution verbale** joue le rôle d'un verbe. Elle est composée :

– D'un verbe et d'un nom employé sans déterminant. *Nous **avons besoin** de toi. Ces bijoux de fantaisie **font illusion**. Avoir affaire. Avoir confiance. Avoir envie. Avoir faim. Avoir mal. Avoir peur. Avoir sommeil. Crier famine. Donner cours. Donner lieu. Entendre raison. Faire défaut. Faire face. Faire illusion. Faire pitié. Faire semblant. Lier conversation. Perdre patience. Porter bonheur. Prendre garde. Savoir gré.*

– D'un verbe et d'un adjectif. *Je t'ai remboursé, nous **sommes quittes**. Elles **sont portées** à faire confiance. À **dire vrai**.*

– De deux verbes. ***Envoie-les paître! Laisse faire,** il est inutile de discuter. On nous a **fait croire** qu'il serait là.*

– D'un verbe, d'une préposition et d'un nom. *Nous **avons à cœur** de réussir. On ne peut **passer sous silence** un tel geste. Être d'accord.*

⌨ À l'exception du verbe, les éléments composant une locution verbale sont généralement invariables.
*Les enfants **ont raison** : ils doivent **faire attention** à cet accord.*

LOCUTION ADVERBIALE (ou adverbe composé)

La **locution adverbiale** a valeur d'adverbe. ***Tout à coup,** ils entendirent un grand bruit. À bride abattue, à dessein, à l'endroit, en bas, en clair.*

LOCUTION ADJECTIVE (ou adjectif composé)

La **locution adjective** joue le rôle d'un adjectif. *Des chercheurs **de talent**. Ils ont acheté des tableaux **de prix**. Bon marché, de rebut, de rechange, sans rival.*

LOCUTION NOMINALE (ou nom composé)

La **locution nominale** ou **nom composé** joue le rôle d'un nom. *Des **pommes de terre** frites, un **arc-en-ciel** magnifique. Hôtel de ville, robe de chambre, ruban à mesurer.*

VOIR TABLEAU ► NOMS COMPOSÉS.

LOCUTION PRONOMINALE (ou pronom composé)

La **locution pronominale** a valeur de pronom. *J'aime **les uns et les autres**. **Ceux-là** ne nous ont rien dit. N'importe lequel, ni l'un ni l'autre.*

LOCUTION PRÉPOSITIVE (ou préposition composée)

La **locution prépositive** a valeur de préposition. *Je serai là **jusqu'à** 9 h. Il est **en haut de** l'escalier. À destination de, en cas de, sous l'angle de, sous l'influence de.*

LOCUTION CONJONCTIVE (ou conjonction composée)

La **locution conjonctive** joue le rôle d'une conjonction de coordination ou de subordination. *Retiens-le **jusqu'à ce que** j'arrive **afin que** je puisse lui parler. Bien que, dans le cas où.*

LOCUTION INTERJECTIVE (ou interjection composée)

La **locution interjective** a valeur d'interjection. ***Oh là là,** quel bel arbre! Allons donc! Beau dommage! De grâce! Eh bien! Tant mieux!*

LOCUTION DÉTERMINATIVE (ou déterminant composé)

La **locution déterminative** a valeur de déterminant. *J'ai mangé **trop de** sucreries la semaine dernière. Peu de, le même, tous les.*

L

LOCUTIONS FIGÉES

Groupe de mots toujours employés ensemble qui ont un sens global différent des sens de chacun des mots qui le composent.

Main courante.	Partie supérieure d'une rampe d'escalier.
Pied de nez.	Grimace.
Coup de tête.	Décision impulsive.
Faire l'affaire.	Convenir.
Tirer d'affaire.	Aider, secourir.

On dit que ces locutions sont figées parce qu'on ne peut remplacer un mot par un autre dans ces expressions : on emploie toujours les mêmes mots. Ainsi, dans les locutions qui suivent on ne peut remplacer le nom **sac** par un synonyme comme **cartable, serviette, sac à main.**

▸ **Exemples avec le mot** *sac :*

Mettre dans le même sac.	Considérer sur le même pied.
Prendre quelqu'un la main dans le sac.	Le prendre en train de commettre un délit.
Vider son sac.	Dire la vérité, sans rien dissimuler.

▸ **Autres exemples :**

Appeler un chat un chat.	Appeler les choses par leur nom.
Avoir les deux pieds dans la même bottine.	⚜ Manquer de débrouillardise.
Avoir voix au chapitre.	Avoir droit de parole.
Contre vents et marées.	Malgré tous les obstacles.
Couper les cheveux en quatre.	Être trop subtil.
Donner sa langue au chat.	Abandonner, capituler.
Envoyer paître quelqu'un.	(FAM.) L'envoyer promener.
Être pieds et poings liés.	Être réduit à l'inaction.
Il y a anguille sous roche.	Il y a une chose cachée que l'on soupçonne.
Le jeu n'en vaut pas la chandelle.	C'est une chose qui n'en vaut pas la peine.
Mettre les points sur les i.	Expliquer clairement quelque chose.
Monter sur ses grands chevaux.	Se mettre en colère.
Montrer patte blanche.	Se faire reconnaître avant de pénétrer quelque part.
Parler à tort et à travers.	Dire n'importe quoi.
Prendre la poudre d'escampette.	S'enfuir.
Renvoyer aux calendes grecques.	Renvoyer à une date qui n'arrivera jamais.
Reprendre du poil de la bête.	Réagir, reprendre le dessus.
Tirer à la courte paille.	Tirer au sort.
Tirer sa révérence.	Partir.
Voir le jour.	(LITT.) Venir au monde.

MAJUSCULES ET MINUSCULES

La majuscule sert à mettre en évidence les *noms propres*.

EMPLOI DE LA MAJUSCULE POUR SIGNALER UN NOM PROPRE

▸ Le nom de **Dieu.**

Dieu, Notre-Seigneur, le Père éternel.

▸ Les noms de **personnes** (noms de famille, prénoms, surnoms).

Félix Leclerc. Jean-Baptiste Poquelin, dit Molière.
T La particule nobiliaire s'écrit avec une minuscule. *Alfred de Vigny.*

▸ Les noms de **peuples.**

Les Québécois, les Belges, les Suisses et les Français.
T Employés comme adjectifs, ces mots s'écrivent avec une minuscule. *Le drapeau québécois.* Attention, les noms d'adeptes de religions, de partis politiques, d'écoles artistiques, d'ordres religieux s'écrivent également avec une minuscule, contrairement aux noms de peuples. *Les chrétiens, les libéraux, les impressionnistes, les jésuites.*

VOIR TABLEAU ▸ PEUPLES (NOMS DE).

▸ Les noms de **dieux païens.** *Hermès, Aphrodite, Neptune.*

▸ Les noms d'**astres** (étoiles, planètes, constellations, comètes) et les signes du zodiaque.

Le Soleil, Saturne, le Sagittaire.

▸ Les noms de **points cardinaux** utilisés dans des noms géographiques, des odonymes.

*L'Amérique du **Sud**. Boulevard René-Lévesque **Ouest**. Le pôle **Nord**.*

▸ Les **noms géographiques.**

Le Québec, Montréal, le Saint-Laurent.

VOIR TABLEAU ▸ GÉOGRAPHIQUES (NOMS).

▸ Les noms de **rues**, les noms de **places**, de **monuments.**

– Ces noms s'écrivent avec une majuscule au mot caractéristique et une minuscule au mot générique (rue, avenue, boulevard, jardin...).

*La rue **Notre-Dame**, la statue de la **Liberté**.*

– Quand la désignation spécifique est composée de plusieurs éléments, ceux-ci sont reliés par des traits d'union.

*Elle habite avenue **Antonine-Maillet**, rue **Saint-Jean-Baptiste**, le square du **Vert-Galant**.*

▸ Les noms d'**établissements d'enseignement** (écoles, collèges, instituts...), de **musées**, de **bibliothèques.**

– Les génériques suivis d'un adjectif s'écrivent avec une majuscule.

*L'**École** polytechnique. La **Bibliothèque** nationale.*

– Les génériques suivis d'un nom propre s'écrivent avec une minuscule.

*Le **collège** Jean-de-Brébeuf. L'**école** Saint-Germain. L'**institut** Armand-Frappier.*

▸ Les noms d'**organismes** publics ou privés, de **sociétés**, d'**institutions.** On emploie généralement la majuscule au premier nom de ces diverses dénominations.

*L'**Assemblée** nationale, l'**Office** québécois de la langue française, le **Centre** national de la recherche scientifique.*

M

MAJUSCULES ET MINUSCULES | SUITE >

⊤ Pour les noms de ministères, la règle diffère ; en effet, c'est le nom du domaine d'activité spécifique qui s'écrit avec une majuscule, tandis que le nom ***ministère*** et les adjectifs de la désignation s'écrivent avec des minuscules. *Le ministère de la Culture et des Communications, le ministère de l'Éducation.*

▸ Les noms d'**évènements historiques.** Seuls le mot caractéristique de la désignation et l'adjectif qui le précède s'écrivent avec une majuscule, alors que le générique s'écrit avec une minuscule.

La bataille des Plaines d'Abraham, la Renaissance, le Moyen Âge.

▸ Les noms de **fêtes** religieuses et nationales s'écrivent avec une majuscule au mot caractéristique et à l'adjectif qui le précède.

Le jour de l'An, le Nouvel An, le jour des Rois, le Mardi gras, le mercredi des Cendres, le Vendredi saint, Pâques, la Saint-Jean-Baptiste, la fête du Travail, la Toussaint, Noël.

▸ Les titres d'**ouvrages**, d'**œuvres d'art**, les noms de **journaux**, de **périodiques** prennent une majuscule au premier nom et éventuellement à l'adjectif et au déterminant qui le précèdent.

Le Visuel, les *Lettres de mon moulin*, *Le Petit Prince*.

EMPLOI DE LA MAJUSCULE POUR SIGNALER LE DÉBUT D'UNE PHRASE

▸ **Au premier mot d'une phrase.**

La rencontre aura lieu le 29 mars. D'ici là, précisons nos projets.

▸ **Après les points d'interrogation, d'exclamation, de suspension** quand ces points terminent effectivement la phrase.

Serez-vous présent ? Veuillez communiquer avec nous…

▸ **Après un deux-points introduisant :**

– une **citation.** *Et celui-ci de répondre : « L'art d'aimer, je connais. »*

– une **énumération** où les jalons énumératifs sont une lettre ou un numéro de classification suivi d'un point *(1., 2., A., B.)*, un numéro d'ordre *(1°, 2°). 1. Introduction 2. Hypothèses…*

EMPLOI DE LA MINUSCULE

▸ Les **titres** et **dignités.**

L'empereur, le roi, le président, le premier ministre.

▸ Les noms de **religions.**

Le christianisme, le bouddhisme, le protestantisme, le judaïsme, l'islam.

▸ Les noms des **mois**, des **jours** de la semaine.

Le mois de mars ; lundi, mardi.

▸ Les noms de **pays**, ou de **régions, donnés aux produits** qui en sont originaires.

Un champagne, un cheddar, un hollande, un médoc, un oka.

▸ Les noms de **langues.**

Le français, l'anglais et l'espagnol.

▸ Les génériques des **noms géographiques**, des **noms de rues**, des **désignations administratives.**

Montagne, lac, océan, mont, avenue, rue, école, collège.

MILLE, MILLION, MILLIARD

MILLE, DÉTERMINANT NUMÉRAL ET NOM MASCULIN – 1 000

‣ **Déterminant numéral invariable.** Dix fois cent. *Ils ont recueilli trois* **mille** *dons.*

‣ **Nom masculin invariable.** Le nombre mille. *Elle a dessiné des* **mille** *en chiffres dorés.*

    🔲 *Mille,* déterminant numéral ou nom, est toujours invariable.

    Ⓣ Dans la composition des nombres, le déterminant numéral *mille* n'est pas lié par un trait d'union au chiffre qui le précède ni à celui qui le suit. *Six* **mille** *deux cent trente-deux.* Par contre, les *Rectifications orthographiques* (1990) admettent l'emploi du trait d'union : « on peut lier par un trait d'union les numéraux formant un nombre complexe, inférieur ou supérieur à cent ».

    🔗 Ne pas confondre avec le nom masculin *mille,* mesure de distance valant 1,6 km. *Il a marché pendant plusieurs milles.*

‣ **Expression numérique.** 1 000 ou 10^3 (notation scientifique).

    Son symbole est **k** et le préfixe qui multiplie une unité par mille est *kilo-.*

‣ **Écriture des sommes d'argent**

    Généralement, on utilise l'expression numérique et on remplace le nom de l'unité monétaire par son symbole. Le symbole suit l'expression numérique et en est séparé par un espace. *Le prix de cette voiture est de 18 000 $.*

    Ⓣ Si le nombre est écrit en toutes lettres, le symbole de l'unité monétaire ne peut être utilisé, il faut alors écrire le nom de l'unité monétaire au long. *Le prix est de dix-huit* **mille** *dollars.*

VOIR TABLEAU ‣ **SYMBOLES DES UNITÉS MONÉTAIRES.**

MILLION, NOM MASCULIN – 1 000 000

‣ **Nom masculin.** Comme le mot **milliard**, le mot **million** est un nom et il prend donc la marque du pluriel. *Le total est de dix* **millions** *deux cent vingt mille.*

‣ **Expression numérique.** 1 000 000 ou 10^6 (notation scientifique).

    Son symbole est **M** et le préfixe qui multiplie une unité par un million est *méga-.*

‣ **Écriture des sommes d'argent**

    La somme de 30 000 000 $ peut être notée également 30 millions de dollars parce que le mot *million* n'est pas un déterminant numéral, mais un nom. Si le déterminant numéral et le mot *million* sont écrits en toutes lettres, le nom de l'unité monétaire doit être écrit au long. *Trente* **millions** *de dollars.*

    Ⓣ Le symbole de l'unité monétaire suit l'expression numérique et en est séparé par un espace.

EN RÉSUMÉ, VOICI LES TROIS POSSIBILITÉS :
    30 000 000 $ – 30 **millions** de dollars – trente **millions** de dollars.

MILLIARD, NOM MASCULIN – 1 000 000 000

‣ **Nom masculin.** Comme le mot **million,** le mot **milliard** est un nom et il prend donc la marque du pluriel. *Le total s'élève à trois* **milliards,** *le nombre est de sept* **milliards** *cinq cent trente-sept mille.*

‣ **Expression numérique.** 1 000 000 000 ou 10^9 (notation scientifique).

    Son symbole est **G** et le préfixe qui multiplie une unité par un milliard est *giga-.*

‣ **Écriture des sommes d'argent**

    La somme de 45 000 000 000 $ peut être notée également 45 milliards de dollars parce que le mot *milliard* n'est pas un déterminant numéral, mais un nom. Si le déterminant numéral et le mot *milliard* sont écrits en toutes lettres, le nom de l'unité monétaire doit être écrit au long. *Quarante-cinq* **milliards** *de dollars.*

    Ⓣ Le symbole de l'unité monétaire suit l'expression numérique et en est séparé par un espace.

EN RÉSUMÉ, VOICI LES TROIS POSSIBILITÉS :
    45 000 000 000 $ – 45 **milliards** de dollars – quarante-cinq **milliards** de dollars.

    🔲 Les déterminants numéraux *vingt* et *cent* prennent la marque du pluriel s'ils sont multipliés par un nombre et ne sont pas suivis d'un autre déterminant numéral. Les mots *million* et *milliard* étant des noms, on écrira donc : *Quatre-vingts* **millions** *d'euros. Trois cents* **milliards** *d'euros.*

    🔲 La marque du pluriel ne s'inscrit qu'à compter de deux unités. *La somme s'élève à 1,5* **million** *de dollars, à 1,5* **milliard** *de dollars.*

M

MULTIPLES ET SOUS-MULTIPLES DÉCIMAUX

Les **multiples** et les **sous-multiples** sont formés à l'aide de préfixes qui se joignent sans espace aux unités de mesure.

▸ **Exemples de multiples :**
Le nom *kilogramme* désigne un millier de grammes (1 gramme x 1000).
Le nom *mégawatt* désigne un million de watts (1 watt x 1 000 000).

▸ **Exemples de sous-multiples :**
Le nom *centimètre* désigne un centième de mètre (1 mètre ÷ 100).
Le nom *nanoseconde* désigne un milliardième de seconde (1 seconde ÷ 1 000 000 000).

Les **symboles** de ces préfixes se joignent de la même façon aux symboles des unités de mesure.
Exemples : *3 kg, 1 MW, 2 cm, 4 mg* (sans points).

T Les symboles ne prennent pas la marque du pluriel et s'écrivent sans point abréviatif.

MULTIPLES

PRÉFIXE	SENS	SYMBOLE	NOTATION SCIENTIFIQUE	EXEMPLE
exa- x	1 000 000 000 000 000 000	E	10^{18}	*exaseconde*
péta- x	1 000 000 000 000 000	P	10^{15}	*pétaseconde*
téra- x	1 000 000 000 000	T	10^{12}	*térawatt*
giga- x	1 000 000 000	G	10^{9}	*gigahertz*
méga- x	1 000 000	M	10^{6}	*mégajoule*
kilo- x	1 000	k	10^{3}	*kilogramme*
hecto- x	100	h	10^{2}	*hectolitre*
déca- x	10	da	10^{1}	*décamètre*

SOUS-MULTIPLES

PRÉFIXE	SENS	SYMBOLE	NOTATION SCIENTIFIQUE	EXEMPLE
déci- x	0,1	d	10^{-1}	*décilitre*
centi- x	0,01	c	10^{-2}	*centimètre*
milli- x	0,001	m	10^{-3}	*milligramme*
micro- x	0,000 001	µ	10^{-6}	*microampère*
nano- x	0,000 000 001	n	10^{-9}	*nanoseconde*
pico- x	0,000 000 000 001	p	10^{-12}	*picofarad*
femto- x	0,000 000 000 000 001	f	10^{-15}	*femtogramme*
atto- x	0,000 000 000 000 000 001	a	10^{-18}	*attoseconde*

SYMBOLES DES UNITÉS DE MESURE

Les symboles des unités de mesure, qui sont les mêmes dans toutes les langues, sont invariables et s'écrivent sans point abréviatif.

35 kg   20 cm

⌐◑⌐ Les symboles des unités de mesure sont normalisés et doivent être écrits sans être modifiés.

TABLEAUX ET STATISTIQUES

On recourt parfois aux symboles *k* de *kilo* signifiant « mille » et *M* de *méga* signifiant « un million » accolés au symbole de l'unité monétaire, *k$* symbole de *kilodollar* (1000 $), *k€* symbole de *kilo-euro*, *M$* symbole de *mégadollar* (1 000 000 $).

T Cette notation doit être réservée aux documents de nature technique où la place est très restreinte (tableaux, statistiques, etc.).

NE, NI, NON

NE, ADVERBE DE NÉGATION

Adverbe qui se place devant un verbe pour marquer la négation et qui est généralement accompagné d'un adverbe, d'un pronom ou d'un déterminant qui a également un sens négatif *(pas, plus, jamais, aucun, personne, rien...)*. *Elle **ne** part **pas**, il **ne** joue **plus** à la balle, les enfants **n'**ont **rien** mangé.*

    📖 L'adverbe *ne* s'élide devant une voyelle ou un *h* muet. *Elle **n'**aime pas les tomates, il **n'**habite plus là.* Dans la langue parlée ou familière, on omet parfois l'adverbe de négation *ne*. Dans la langue écrite courante ou soutenue, l'emploi de l'adverbe *ne* s'impose.

► **Négations composées**

    – *Ne... **aucun**. N'y a-t-il **aucun** problème à procéder ainsi ?*

    – *Ne... **jamais**. Martine **ne** critique **jamais** ses amis.*

    – *Ne... **nul**. Nous **n'**avons **nul** besoin de lui.*

    – *Ne... **nullement**. Elle **ne** s'est **nullement** inquiétée.*

    – *Ne... **pas**. Les enfants **ne** jouent **pas** dehors, car il pleut.*

    – *Ne... **personne**. Nous **n'**avons vu **personne** dans la forêt.*

    – *Ne... **plus**. André **ne** fume **plus**. Depuis quand **ne** fume-t-il **plus**?*

    – *Ne... **point**. Il **ne** dort **point** et rêve à sa belle amie.*
        ☞ Cette négation composée est littéraire ou vieillie.

    – *Ne... **rien**. Sandra **n'**a **rien** acheté, elle a été très raisonnable.*

► **Négation simple**

Ne, employé seul
– Dans certains proverbes, dans certaines expressions toutes faites. *Qui **ne** dit mot consent. Qu'à cela **ne** tienne.*
– Avec les verbes *savoir, cesser, oser, pouvoir, avoir,* suivis de *que* interrogatif et d'un infinitif ou d'une phrase infinitive. *Il **ne** sait **que** dire. Elle **n'**a **que** faire de ses conseils.*

Une phrase qui contient une négation simple ou une négation composée est une **PHRASE NÉGATIVE.**

VOIR TABLEAU ► PHRASE (TYPES ET FORMES DE LA).

► **Le *ne* explétif**

Il ne faut pas confondre l'adverbe de négation avec le *ne* explétif qui ne joue aucun rôle grammatical et qui peut souvent être supprimé sans compromettre le sens de la phrase. Il n'est pas utilisé dans la langue courante ; on ne le retrouve que dans les textes de niveau soutenu.

Emplois du *ne* explétif

– Après les verbes exprimant le doute, la crainte, la négation : *avoir peur, craindre, douter, empêcher, éviter, mettre en doute, nier, prendre garde, redouter.*
    📖 À la forme affirmative, on emploie *ne* lorsqu'on redoute de voir se produire un évènement. *Je crains qu'il **ne** pleuve.* Si l'on redoute qu'un évènement ne se produise pas, on emploie *ne... pas. Je crains qu'elle **ne** puisse **pas** arriver à temps.* À la forme négative, on n'emploie pas le *ne* explétif. *Je **ne** crains **pas** qu'il vienne.*

– Après les expressions comparatives : *autre que, autrement que, meilleur que, mieux que, moins que, pire que, plus que... Il est plus âgé que tu **ne** l'es.*

– Après les expressions : *de crainte que, de peur que, à moins que... Nous viendrons à moins qu'il **ne** neige.*

N

| **NI,** CONJONCTION DE COORDINATION (OU COORDONNANT) |

Conjonction de coordination à valeur négative, elle est l'équivalent de la conjonction *et* de la phrase affirmative et sert à lier des adjectifs, des noms, des pronoms ou des phrases.

• La conjonction marque l'**union entre deux éléments** de même fonction dans une **phrase négative**.
*Il n'est pas aimable **ni** même poli. Elles ont fait du ski sans bonnet **ni** gants. Elle ne chante **ni** ne danse.*

• La conjonction **joint** plusieurs mots **sujets** ou **compléments** d'un **verbe à la forme négative**.
***Ni** les filles **ni** les garçons ne sont d'accord. Il n'aime **ni** les navets **ni** les carottes.*

✑ La construction *ni... ni...* s'emploie avec la négation simple *ne*.

▸ **Locution**

– *Ni l'un ni l'autre*, locution pronominale indéfinie (ou pronom composé). Aucun des deux. *Ni l'un ni l'autre ne viendra.*

▦ L'accord du verbe peut se faire au singulier ou au pluriel. *Ni l'un ni l'autre **n'est arrivé** ou **ne sont arrivés**.* Si le verbe précède le pronom composé, il s'écrit obligatoirement au pluriel parce qu'il s'accorde avec son sujet, selon la règle habituelle.
Ils ne sont arrivés ni l'un ni l'autre.

T On ne met généralement pas de virgule entre les éléments de la négation.

| **NON,** ADVERBE DE NÉGATION |

▸ **Emplois**

Dans une **réponse négative**. *Serez-vous présent ? **Non**.*

Au début d'une **phrase négative**. ***Non**, je ne pourrai être là.*

Avec un groupe du **nom**. *C'est une pomme que j'aimerais, **non** une poire.*

Avec un **adjectif**, un **participe**. *Des produits **non** conformes aux normes.*

Avec un **pronom**. *Vous êtes invités, mais **non** eux.*

Avec un **infinitif** ou **une phrase infinitive**. *Ils veulent manger et **non** boire.*

Comme **préfixe** d'un nom. *La **non**-ingérence.*

⧈ Les noms composés avec l'élément *non* s'écrivent avec un trait d'union.

▸ **Locutions**

– *Non plus*. Pas davantage. *Tu n'as pas aimé ce film. Moi **non plus**.*

– *Non seulement... mais (encore)*. *Il est **non seulement** habile **mais** très expérimenté.*

| **NON,** NOM MASCULIN INVARIABLE |

Expression du refus. *Opposer un **non**.*

NÉOLOGISME

Mot nouveau ou sens nouveau accordé à un mot existant.

▢ Généralement, on crée un néologisme quand la langue ne dispose pas déjà d'un mot pour nommer une réalité nouvelle. La néologie illustre la créativité d'une langue qui invente un mot pour nommer une nouveauté plutôt que d'emprunter un terme à une autre langue.

▸ **Exemples de néologismes**

COURRIEL n. m.
1. Courrier dont l'acheminement se fait exclusivement par l'utilisation de systèmes électroniques reliés entre eux. (Recomm. off. OLF) *Un message envoyé par courriel* (et non **e-mail*).
2. Message transmis par courrier électronique.

DÉCROCHEUR, EUSE n. m. et f.
⚜ Élève qui quitte l'école avant la fin de la période de l'obligation scolaire. (Recomm. off. OLF) *Ce n'est pas un décrocheur* (et non un **dropout*).

DÉPANNEUR n. m.
⚜ Établissement où l'on vend des aliments et une gamme restreinte d'articles de consommation courante et dont les heures d'ouverture s'étendent au-delà de l'horaire habituel des autres magasins. (Recomm. off. OLF)

INTERNAUTE n. m. et f.
Utilisateur du réseau Internet. *Navigue dans Internet : sois un bon internaute, mais non un pirate informatique !*

THÉRAPIE GÉNIQUE loc. nom.
Traitement médical par introduction dans l'organisme d'un gène modifié en laboratoire.

▸ **Formation de néologismes à l'aide de racines grecques ou latines**

Les néologismes scientifiques sont souvent créés à l'aide des préfixes, des suffixes d'origine grecque ou latine dont le sens est connu. Ainsi, dans le domaine du traitement électronique des données, le néologisme *infographie,* qui désigne une application de l'informatique à la représentation graphique et au traitement de l'image, est composé de *info-*, élément du latin « *informatio* » signifiant « information », et de *-graphie,* élément du grec « *graphein* » signifiant « écrire ».

VOIR TABLEAUX ▸ **PRÉFIXE.** ▸ **SUFFIXE.**

▸ **Formation de néologismes par dérivation**

PRÉFIXATION
• Préfixe + radical
  – Préfixe *multi-* signifiant « plusieurs » + radical *culturel* = *multiculturel.*
  – Préfixe *télé-* signifiant « à distance » + radical *copie* = *télécopie.*
  ▢ La préfixation modifie le sens du mot.

SUFFIXATION
• Radical + suffixe
  – *Burin(er)* + suffixe *-age* signifiant « action » = *burinage.*
  – *Marginal* + suffixe *-isation* signifiant « résultat de l'action » = *marginalisation.*
  ▢ La suffixation peut modifier la catégorie grammaticale de l'unité lexicale et elle enrichit les familles de mots.
  – *Bureautique* engendre *bureautiser.*
  – *Déneiger* engendre *déneigeur.*
  – *Informatique* engendre *informatiquement.*

N

► **Formation de néologismes par composition**

• Juxtaposition de mots pour composer un nouveau terme

Adresse électronique, banque de données, courrier électronique, planche à roulettes, plateau-repas.

☞ Les éléments peuvent être soudés (ex. : *motomarine*), joints par un trait d'union *(chauffe-eau)* ou disjoints *(babillard électronique).*

► **Formation de néologismes à l'aide d'acronymes**

Certains néologismes proviennent des initiales de plusieurs mots juxtaposés qui composent un terme, une désignation.

• Le québécisme *cégep* est l'acronyme de **collège d'enseignement général et professionnel.**

☞ Ce terme a été créé en 1965.

• Le nom *sida* est l'acronyme de **syndrome d'immuno-déficience acquise.**

☞ Ce terme a été créé en 1982.

VOIR TABLEAU ► **NOMS COMPOSÉS.**

QUELQUES NÉOLOGISMES :

AGROCHIMIE n. f.
Ensemble des produits de l'industrie chimique destinés à l'agriculture (fertilisants, pesticides, etc.).

AGRO-INDUSTRIE n. f.
Ensemble des industries qui concernent l'agriculture (agrochimie, agroalimentaire, etc.).

ANGIOGRAPHIE n. f.
(MÉD.) Radiographie des vaisseaux. *L'angiographie permet notamment de détecter des sténoses artérielles.*

ANTIVIRUS adj. et n. m.
ADJECTIF
Un logiciel antivirus.
NOM MASCULIN
(INFORM.) Logiciel de sécurité qui procède, automatiquement ou sur demande, à l'analyse des fichiers et de la mémoire d'un ordinateur, soit pour empêcher toute introduction parasite, soit pour détecter et éradiquer tout virus dans un système informatique. (Recomm. off. OLF) *Des antivirus efficaces.*

AUTOGREFFE n. f.
(MÉD.) Greffe faite à l'aide d'un greffon qui provient du sujet lui-même. SYN. greffe autologue.

BIODIVERSITÉ n. f.
Diversité des espèces vivantes d'un milieu. *Il importe de préserver la biodiversité végétale et animale.*

BIOÉTHIQUE adj. et n. f.
ADJECTIF
Qui concerne l'éthique de la médecine et de la recherche médicale. *Des questions bioéthiques.*
NOM FÉMININ
Discipline qui étudie les problèmes moraux posés par la médecine et la recherche médicale. *Le clonage soulève de graves problèmes de bioéthique.*

CANYONING n. m.
Sport combinant la descente d'un cours d'eau au fond d'une gorge profonde et l'escalade des parois abruptes qui l'enserrent. *Étienne a fait du canyoning dans les gorges du Verdon.*

CLAVARDAGE n. m.
(INFORM.) Activité permettant à un internaute d'avoir une conversation écrite interactive et en temps réel avec d'autres internautes, par clavier interposé. (OLF) *Des sessions de clavardage* (et non de *chat*). SYN. bavardage.

CLIC interj. et n. m.
INTERJECTION
Onomatopée indiquant le claquement sec d'un déclic. *Clic ! le classeur est verrouillé !*
Ⓣ L'interjection est toujours suivie d'un point d'exclamation qui est souvent repris à la fin de la phrase. Si la phrase exclamative n'est pas complète, le mot qui suit le point d'exclamation s'écrit avec une minuscule initiale.
NOM MASCULIN
(INFORM.) Pression exercée avec le doigt sur la souris d'un ordinateur en vue de sélectionner une fonction, un élément.
LOCUTION
– *Clic droit.* (INFORM.) Pression exercée brièvement une fois sur la partie droite de la souris. *Dans certains logiciels, le clic droit permet d'ouvrir un menu contextuel.*

DÉBOGAGE n. m.
(INFORM.) Recherche et élimination des erreurs d'un logiciel ou d'un matériel. *Le débogage d'un nouveau progiciel de gestion de la production.*

N

NOM

Mot servant à nommer une entité (personne, animal, chose).

Accompagnés d'un déterminant, tous les mots de la langue peuvent devenir des noms si leur fonction est de désigner une entité :

- Un nom commun ....*Une **pêche**.*
- Un nom propre ....*Un **camembert**.*
- Un verbe ....*Le **baiser**.*
- Un adjectif ....*Le **beau**.*
- Un pronom ....*Le **moi**.*

- Un adverbe ....*Les **alentours**.*
- Une préposition ....*Le **pour** et le **contre**.*
- Une conjonction ....*Des **si** et des **mais**.*
- Un acronyme ....*Un **laser**.*
- Une expression ....*Un **maître à penser**.*

Le nom est le noyau du groupe nominal.

FONCTIONS DU GROUPE NOMINAL

- Sujet de la phrase. *Le chien jappe.*
- Attribut du sujet. *Elle est **ministre**.*
- Attribut du complément du verbe. *On a nommé mon frère **président**.*
- Complément direct du verbe. *Il mange **le gâteau**.*
- Complément de la préposition. *Annie pense à **ses vacances**.*
- Complément du nom. *Le style **Renaissance**.*
- Complément de la phrase. *Les enfants seront de retour **ce soir**.*

GENRE DU NOM

- Le **masculin**. *Un bûcheron, un chien, un tracteur, le courage.*
- Le **féminin**. *Une avocate, une lionne, une voiture, la candeur.*
- ▭ Certains noms ont un double genre qui correspond à une distinction de sens. *Un pendule* « balancier », *une pendule* « appareil qui indique l'heure ». *Un tour* « mouvement circulaire », *une tour* « construction en hauteur ».

VOIR TABLEAU ► GENRE.

NOMBRE DU NOM

- Le nombre des noms est la propriété d'indiquer l'unicité ou la pluralité.
  - Le nom au **singulier** désigne un seul être, un seul objet. *Un adolescent, une rose, un patin à lame.*
  - Le nom au **pluriel** désigne plusieurs êtres ou plusieurs objets. *Des touristes, des lilas, des groupes, un patin à roulettes.*
  - ▭ Certains noms ont un double nombre qui correspond à une distinction de sens. *Une vacance* « état d'un poste sans titulaire », *des vacances* « période de congé ». *Un échec* « insuccès », *les échecs* « jeu ».

VOIR TABLEAU ► PLURIEL DES NOMS.

FORME DU NOM

Noms simples et noms composés

- Les **noms simples** sont formés d'un seul mot. *Feuille, boulevard.*
- Les **noms composés** sont formés de plusieurs mots. *Rouge-gorge, arc-en-ciel, hôtel de ville.*

VOIR TABLEAU ► NOMS COMPOSÉS.

NOM | SUITE >

ESPÈCES DE NOMS

1. Noms communs et noms propres

- Les **noms communs** désignent une personne, un animal, une chose concrète ou abstraite qui appartient à une espèce. *Un jardinier, un chat, un arbre, la tendresse.*
- Les **noms propres** ne peuvent désigner qu'un seul être, qu'un seul groupe d'êtres, qu'un seul objet ; ils s'écrivent toujours avec une majuscule initiale, car ils rendent individuel l'être ou l'objet qu'ils nomment. *Fanny, le Pacifique.*

Les noms propres comprennent :

- – Les **noms de personnes** (prénom, nom de famille, surnom). *Étienne, Laforêt, le pirate Maboule, Molière* (surnom de Jean-Baptiste Poquelin).
- – Les **noms de peuples.** *Les Québécois et les Français parlent français. La cuisine italienne.*
  - T Les noms de peuples s'écrivent avec une majuscule, mais les adjectifs correspondants et les noms qui désignent une langue s'écrivent avec une minuscule.
- – Les **noms géographiques ou historiques.** *Le Canada, le mont Tremblant, la Renaissance.*
  VOIR TABLEAU ► GÉOGRAPHIQUES (NOMS).
- – Les **noms d'astres** *et de constellations. Le Soleil, Mercure, la Grande Ourse.*
- – Les **noms d'œuvres.** *À la recherche du temps perdu* (Marcel Proust), *La Dolce Vita* (Fellini), *La Montagne Sainte-Victoire* (Paul Cézanne), *Starmania* (Luc Plamondon).
- – Les **dénominations.** *L'avenue des Érables, l'École des HEC, le ministère de la Culture, le collège Brébeuf.*

VOIR TABLEAU ► MAJUSCULES ET MINUSCULES.

2. Noms d'êtres animés et noms d'êtres non animés

- Les **noms d'êtres animés** désignent des personnes et des animaux.
  Architecte, agriculteur/agricultrice, Jean-Baptiste, hirondelle.
- Les **noms d'êtres non animés** désignent des choses.
  Maison, prairie, tempête, soleil, espoir.

3. Noms abstraits et noms concrets

- Les **noms abstraits** désignent des qualités, des états, des actions, des propriétés.
  Franchise, ébullition, détermination, recherche, élasticité.
- Les **noms concrets** désignent des choses, des êtres réels que l'on peut percevoir par les sens.
  Fougère, abeille, bicyclette, route, école.

4. Noms comptables et noms non comptables

- Les **noms comptables** désignent des êtres ou des choses que l'on peut compter.
  Tableau, banc, projet, fourmi, ordinateur.
- Les **noms non comptables** désignent des choses que l'on ne peut pas compter.
  Admiration, folie, eau, sel, atmosphère.

5. Noms individuels et noms collectifs

- Les **noms individuels** sont propres à un être, à un objet, mais ils peuvent se mettre au pluriel.
  Un enfant, une table, des chats.
- Les **noms collectifs** désignent un ensemble d'êtres ou d'objets.
  Foule, groupe, multitude.
  - Après un collectif précédé d'un déterminant indéfini (*un, une*) et suivi d'un complément au pluriel, le verbe se met au singulier ou au pluriel suivant l'intention de l'auteur, qui veut insister sur l'ensemble ou la pluralité. *Une majorité d'élèves a (ou ont) réussi l'examen.*

VOIR TABLEAU ► COLLECTIF.

NOMBRES

ÉCRITURE DES NOMBRES

► **En chiffres**

Dans la langue courante ainsi que dans les textes techniques, scientifiques, financiers ou administratifs, on recourt généralement aux chiffres arabes pour noter les nombres.

La fête aura lieu à 15 h 30. La distance entre Montréal et Québec est de 253 km.

VOIR TABLEAUX ► **CHIFFRES ARABES.** ► **CHIFFRES ROMAINS.**

► **En lettres**

Cependant, dans les textes de nature poétique ou littéraire, dans certains documents à portée juridique où l'on désire éviter toute fraude ou toute modification, les nombres s'écrivent parfois en lettres.

Ex. : Sur un chèque, la somme d'argent est écrite :
   – en chiffres arabes suivis du symbole de l'unité monétaire. *25 $.*
   – puis en toutes lettres. *Vingt-cinq dollars.*

► **Principaux cas d'emploi des nombres en lettres**

• Les nombres exprimant une **durée** : âge, nombre d'années, de mois, de jours, d'heures, de minutes, de secondes.

   La traversée est de sept heures. Il a quinze ans et demi.

• Les **fractions d'heure** suivant les mots **midi** ou **minuit**.

   Midi et quart, midi quarante-cinq, minuit et demi.

   T Si l'heure est notée en chiffres, les fractions d'heure ne peuvent être écrites en lettres. *Il viendra à 12 h 45.*

• Les **nombres de un à neuf** inclusivement.

   La collection comprenait sept ouvrages en 1995.

   T À compter de 10, on écrit généralement les nombres en chiffres. *La collection comporte 13 titres.* Si la même phrase réunit un nombre inférieur à 10 et le nombre 10 ou un nombre supérieur à 10, il est d'usage en typographie de noter les deux nombres en chiffres. *En 1995, la collection totalisait 7 publications et elle en compte 20 en 2002.*

• **En début de phrase,** le nombre s'écrit toujours en lettres.

   Quatorze chercheurs ont recueilli des données dans huit pays.

• Les expressions numérales des **actes juridiques, notariés.**

   Pour la somme de vingt-cinq mille dollars (25 000 $).

   T Dans les documents à portée juridique, les nombres sont d'abord écrits en toutes lettres, puis notés en chiffres, entre parenthèses. En dehors du contexte juridique, on évitera de recourir à ce procédé.

• Les nombres employés comme **noms.**

   Miser sur le neuf de cœur, voyager en première, manger les trois quarts d'une tarte, passer un mauvais quart d'heure.

• Les nombres qui font partie de **noms composés.**

   Le boulevard des Quatre-Bourgeois, la ville de Trois-Rivières, un deux-mâts, un deux-points.

► **Accord des déterminants numéraux**

• Les **déterminants numéraux** déterminent les êtres ou les choses par leur NOMBRE.

   Ces déterminants sont invariables, à l'exception de :
   – **un,** qui peut se mettre au féminin.
      Trente et une pommes.
   – **vingt** et **cent,** qui prennent la marque du pluriel s'ils sont multipliés par un nombre et s'ils ne sont pas suivis d'un autre adjectif numéral.
      Quatre-vingts, trois cents, quatre-vingt-huit, trois cent deux, cent vingt.

   ⊞ Alors que le mot *mille* est un déterminant numéral invariable, les mots *millier, million, milliard, billion, trillion...* sont des noms qui, tout à fait normalement, prennent la marque du pluriel. *Des milliers de personnes, trois millions, deux milliards.*

NOMBRES | SUITE >

- Les **adjectifs ordinaux** déterminent les êtres ou les choses par leur ORDRE.

  Les adjectifs ordinaux sont formés du déterminant numéral auquel on ajoute la terminaison *ième* (à l'exception de *premier* et de *dernier*); ils prennent tous la marque du pluriel.

  Les troisièmes pages, les quinzièmes places, les dernières notes.

  T Pour les abréviations des ordinaux, VOIR TABLEAU ► NUMÉRAL ET ADJECTIF ORDINAL (DÉTERMINANT).

▶ **Avec ou sans trait d'union**

Dans les déterminants numéraux, selon la règle classique, le trait d'union s'emploie seulement entre les éléments qui sont l'un et l'autre inférieurs à cent, sauf s'ils sont joints par la conjonction *et*.

Dix-sept, trente-cinq, quatre-vingt-quatre, vingt et un, cent dix, deux cent trente-deux.

Selon les *Rectifications orthographiques* (1990), « on peut lier par un trait d'union les numéraux formant un nombre complexe, inférieur ou supérieur à *cent* ».

▶ **Les nombres en toutes lettres**

un 1	vingt-neuf 29	quatre-vingt-un 81
deux 2	trente 30	quatre-vingt-deux 82
trois 3	trente et un 31	...
quatre 4	trente-deux 32	quatre-vingt-dix 90
cinq 5	...	quatre-vingt-onze 91
six 6	quarante 40	...
sept 7	quarante et un 41	quatre-vingt-dix-sept 97
huit 8	quarante-deux 42	quatre-vingt-dix-huit 98
neuf 9	...	quatre-vingt-dix-neuf 99
dix 10	cinquante 50	cent 100
onze 11	cinquante et un 51	cent un 101
douze 12	cinquante-deux 52	cent deux 102
treize 13	...	...
quatorze 14	soixante 60	cent vingt 120
quinze 15	soixante et un 61	...
seize 16	soixante-deux 62	deux cents 200
dix-sept 17	...	deux cent un 201
dix-huit 18	soixante-dix 70	...
dix-neuf 19	soixante et onze 71	neuf cent quatre-vingt-dix-neuf 999
vingt 20	soixante-douze 72	mille 1 000
vingt et un 21	soixante-treize 73	mille un 1 001
vingt-deux 22	soixante-quatorze 74	...
vingt-trois 23	soixante-quinze 75	dix mille 10 000
vingt-quatre 24	soixante-seize 76	dix mille un 10 001
vingt-cinq 25	soixante-dix-sept 77	...
vingt-six 26	soixante-dix-huit 78	cent mille 100 000
vingt-sept 27	soixante-dix-neuf 79	deux millions 2 000 000
vingt-huit 28	quatre-vingts 80	trois milliards 3 000 000 000

▶ **Les fractions**

Une fraction est composée d'un numérateur et d'un dénominateur. Le numérateur est un déterminant numéral qui suit la règle d'accord de ces adjectifs, tandis que le dénominateur est un nom qui prend donc la marque du pluriel.

Nous avons terminé les quatre cinquièmes de ce travail.

*Dans la fraction **huit trente-cinquièmes (8/35)**, le **numérateur** est 8, le **dénominateur**, 35.*

T On ne met pas de trait d'union entre le numérateur et le dénominateur; en revanche, le numérateur ou le dénominateur s'écrivent avec un trait d'union, s'il y a lieu.

Vingt-huit millièmes (28/1000).

Trente cinquante-septièmes (30/57).

ÉCRITURE DES GRANDS NOMBRES

CHIFFRES	LETTRES	NOTATION SCIEN-TIFIQUE	EXEMPLES
1 000	mille	10^3	*Cette maison vaut trois cent cinquante **mille** dollars.*
1 000 000	un million	10^6	*L'immeuble est évalué à trois **millions** de dollars.*
1 000 000 000	un milliard	10^9	*Ce gouvernement dépense près de trois **milliards** de dollars par année.*
1 000 000 000 000	un billion	10^{12}	*Une année-lumière représente une distance d'environ dix **billions** de kilomètres.*
1 000 000 000 000 000 000	un trillion	10^{18}	*Le volume du Soleil est d'environ un **trillion** et demi de kilomètres cubes.*
1 000 000 000 000 000 000 000 000	un quatrillion ou un quadrillion	10^{24}	*Le Sahara compte sûrement plusieurs **quatrillions** de grains de sable.*
1 000 000 000 000 000 000 000 000 000 000	un quintillion	10^{30}	*Un **quintillion** de particules.*

▸ **Représentation chiffrée de quatre quintillions**

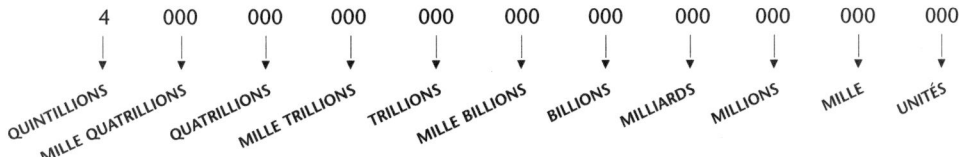

4	000	000	000	000	000	000	000	000	000	000
QUINTILLIONS	MILLE QUATRILLIONS	QUATRILLIONS	MILLE TRILLIONS	TRILLIONS	MILLE BILLIONS	BILLIONS	MILLIARDS	MILLIONS	MILLE	UNITÉS

☞ Ne pas confondre le nom français ***billion*** qui représente un million de millions ou un millier de milliards (10^{12}) avec le nom américain « *billion* » employé aux États-Unis ainsi qu'au Canada anglais et dont l'équivalent français est ***milliard*** (10^9), ni le nom français ***trillion*** qui représente un billion de millions (10^{18}), avec le nom américain « *trillion* » qui égale un billion de mille (10^{12}).

SYSTÈME INTERNATIONAL	SYSTÈME AMÉRICAIN
DONNÉES DE BASE : MILLION 10^6	DONNÉES DE BASE : MILLE 10^3
un million . . . . un **million** 10^6	un million . . . . mille mille 10^6
un milliard. . . . . mille **millions** 10^9	un billion . . . . un million de milliers 10^9
un billion . . . . un million de **millions** 10^{12}	un trillion. . . . . un billion de milliers 10^{12}
un trillion. . . . . un billion de **millions** 10^{18}	un quatrillion. . . . . un trillion de milliers 10^{15}
un quatrillion. . . . . . . un trillion de **millions** 10^{24}	

☞ Les noms français ***milliard, billion, trillion, quatrillion...*** du Système international sont des multiples de ***million*** (10^6), tandis que les noms *million, billion, trillion, quatrillion...* du système américain sont des multiples de ***mille*** (10^3).

VOIR TABLEAUX ▸ **MULTIPLES ET SOUS-MULTIPLES DÉCIMAUX.** ▸ **SYMBOLE.** ▸ **SYMBOLES DES UNITÉS MONÉTAIRES.**

NOMS COMPOSÉS

Les noms composés sont des mots formés de plusieurs éléments qui, ensemble, ont une nouvelle signification.

MODE DE FORMATION

– Association de plusieurs mots. *Taille-crayon, va-et-vient, pomme de terre.*
– Juxtaposition de mots simples et de préfixes. *Antigel, micro-ordinateur.*

ORTHOGRAPHE

1. En un seul mot. *Paratonnerre, bonheur, madame, motoneige.*
2. Sans trait d'union. *Robe de chambre, chemin de fer.*
3. Avec un ou des traits d'union. *Savoir-faire, garde-chasse, arc-en-ciel.*

ÉLÉMENTS COMPOSANTS

▸ **Nom + nom.** *Oiseau-mouche, papier pelure, porte-fenêtre, wagon-restaurant.*
▸ **Nom + adjectif.** *Amour-propre, château fort, chaise longue.*
▸ **Adjectif + nom.** *Haut-fond, premier ministre, rond-point.*
▸ **Nom + préposition + nom.** *Arc-en-ciel, chef-d'œuvre, hôtel de ville.*
▸ **Nom + préposition + infinitif.** *Poêle à frire, salle à manger, album à colorier.*
▸ **Préposition + nom.** *En-tête, pourboire, survêtement.*
▸ **Adverbe + nom.** *Avant-garde, haut-parleur, arrière-pensée, sous-sol.*
▸ **Numéral + nom.** *Deux-chevaux, trois-mâts.*
▸ **Verbe + nom.** *Passeport, taille-crayon, tire-bouchon, compte-gouttes, aide-mémoire.*
▸ **Verbe + verbe.** *Savoir-vivre, laissez-passer, va-et-vient.*
▸ **Verbe + adverbe.** *Couche-tard, passe-partout.*
▸ **Phrase.** *Un je-ne-sais-quoi, le qu'en-dira-t-on, un cessez-le-feu.*

LE PLURIEL DES NOMS COMPOSÉS

1. Noms composés **écrits en un seul mot.** Ils prennent la marque du pluriel comme les mots simples.
    Des paratonnerres, des passeports.
    🔲 Font exception les noms *bonhomme, madame, mademoiselle, monsieur, gentilhomme* qui font au pluriel *bonshommes, mesdames, mesdemoiselles, messieurs, gentilshommes.*

2. Noms composés **de deux noms.** Ils prennent généralement la marque du pluriel aux deux éléments.
    Des aides-comptables, des portes-fenêtres, des oiseaux-mouches.

3. Noms composés **d'un nom et d'un groupe prépositionnel.** Le premier nom seulement prend la marque du pluriel.
    Des chefs-d'œuvre, des poêles à frire, des arcs-en-ciel.

4. Noms composés **d'un nom et d'un adjectif.** Ils prennent tous deux la marque du pluriel.
    Des premiers ministres, des hauts-fonds, des amours-propres, des châteaux forts.

5. Noms composés **d'un nom et d'un mot invariable.** Le nom seulement prend la marque du pluriel.
    Des en-têtes, des arrière-pensées, des avant-gardes.

NOMS COMPOSÉS | SUITE >

6. Noms composés **d'un verbe et de son complément.** Le verbe reste invariable et le nom complément prend la marque du pluriel ou non, selon le sens.

> *Un tire-bouchon, des tire-bouchons, un taille-crayon, des taille-crayons, un aide-mémoire, des aide-mémoire.*

▭ Les *Rectifications orthographiques* (1990) font abstraction du sens et proposent la règle suivante : « les noms composés d'un verbe et d'un nom suivent la règle des mots simples, et prennent la marque du pluriel seulement quand ils sont au pluriel, cette marque est portée sur le second élément. Exemples : *un* **pèse-lettre**, *des* **pèse-lettres**, *un* **cure-dent**, *des* **cure-dents**, *un* **perce-neige**, *des* **perce-neiges**, *un* **abat-jour**, *des* **abat-jours**. »

7. Noms composés avec le mot **garde-**.
   – S'il est un nom, le mot **garde-** prend la marque du pluriel. *Des gardes-pêche, des gardes-chasse.*
   – S'il est un verbe, le mot **garde-** reste invariable. *Des garde-boue, des garde-fous.*

8. Noms composés **de deux verbes, de phrases.** Ces noms sont invariables.
   > *Des savoir-faire, des laissez-passer, des va-et-vient, des je-ne-sais-quoi, des qu'en-dira-t-on.*

CERTAINS NOMS COMPOSÉS ONT UN DOUBLE PLURIEL, DONT :

ABAISSE-LANGUE n. m. (pl. *abaisse-langue* ou *abaisse-langues*)

ABAT-VENT n. m. (pl. *abat-vent* ou *abat-vents*)

ACCROCHE-CŒUR n. m. (pl. *accroche-cœur* ou *accroche-cœurs*)

AMUSE-GUEULE n. m. (pl. *amuse-gueule* ou *amuse-gueules*)

BRISE-JET n. m. (pl. *brise-jet* ou *brise-jets*)

BRÛLE-GUEULE n. m. (pl. *brûle-gueule* ou *brûle-gueules*)

CACHE-CŒUR n. m. (pl. *cache-cœur* ou *cache-cœurs*)

CACHE-COL n. m. (pl. *cache-col* ou *cache-cols*)

CACHE-ENTRÉE n. m. (pl. *cache-entrée* ou *cache-entrées*)

CACHE-FLAMME n. m. (pl. *cache-flamme* ou *cache-flammes*)

CACHE-PRISE n. m. (pl. *cache-prise* ou *cache-prises*)

CASSE-TÊTE n. m. (pl. *casse-tête* ou *casse-têtes*)

COUPE-GORGE n. m. (pl. *coupe-gorge* ou *coupe-gorges*)

COUPE-PAPIER n. m. (pl. *coupe-papier* ou *coupe-papiers*)

COUPE-VENT n. m. (pl. *coupe-vent* ou *coupe-vents*)

CRÈVE-CŒUR n. m. (pl. *crève-cœur* ou *crève-cœurs*)

GARDE-FEU n. m. (pl. *garde-feu* ou *garde-feux*)

PERCE-NEIGE n. m. ou f. (pl. *perce-neige* ou *perce-neiges*)

RINCE-BOUCHE n. m. (pl. *rince-bouche* ou *rince-bouches*)

STATION-SERVICE n. f. (pl. *stations-service* ou *stations-services*)

TROUBLE-FÊTE n. m. et f. (pl. *trouble-fête* ou *trouble-fêtes*)

N

DÉTERMINANT **NUMÉRAL ET ADJECTIF ORDINAL**

DÉTERMINANT NUMÉRAL

Le déterminant numéral indique le nombre précis des êtres ou des objets dont on parle ou précise l'ordre de ces êtres, de ces objets.

▸ Certains déterminants numéraux sont **simples.**

> *Sept, douze, mille.*

▸ Certains déterminants numéraux sont **composés.**

> *Trente-deux (30 + 2). Quatre-vingts (4 x 20). Trois cents (3 x 100).*

[T] Dans les déterminants numéraux composés, selon la règle classique, le trait d'union s'emploie seulement entre les éléments qui sont l'un et l'autre inférieurs à cent et quand ces éléments ne sont pas joints par la conjonction *et. Trente-huit, quatre-vingt-quatre, vingt et un, cent dix, deux cent trente-deux.* Selon les *Rectifications orthographiques* (1990), «on peut lier par un trait d'union les numéraux formant un nombre complexe, inférieur ou supérieur à *cent*».

▸ Les **déterminants numéraux** sont **invariables**, à l'exception de :

– *Un,* qui peut se mettre au féminin.

> *Vingt et une écolières.*

VOIR TABLEAU ▸ UN.

– *Vingt* et *cent*, qui prennent la marque du pluriel s'ils sont multipliés par un nombre et s'ils ne sont pas suivis d'un autre déterminant numéral.

> *Six cents crayons, trois cent vingt règles, quatre-vingts feuilles, quatre-vingt-huit stylos.*

▸ **Le déterminant numéral et les fractions**

Une fraction est composée d'un numérateur et d'un dénominateur. Le numérateur est un déterminant numéral qui suit la règle d'accord de ces adjectifs, tandis que le dénominateur est un nom qui prend la marque du pluriel.

> *Les quatre cinquièmes (4/5). Les vingt-huit millièmes (28/1000). Les trente cinquante-septièmes (30/57).*

ADJECTIF ORDINAL

L'adjectif ordinal classe les êtres ou les choses par leur ordre : il indique le rang dans une série.

Les adjectifs ordinaux sont des adjectifs classifiants qui prennent le genre et le nombre du nom qu'ils déterminent. Ils sont formés du déterminant numéral auquel on ajoute la terminaison *ième* (à l'exception de *premier* et de *dernier*).

> *Les troisièmes (3es) pages, les huitièmes (8es) pages,* mais *les premières (1res) pages.*

⌐⊢ Pour la formation de l'adjectif ordinal, les déterminants numéraux qui se terminent par un *e* muet perdent cette lettre finale (*quatrième, onzième, trentième*); on ajoute un *u* à la fin de *cinq* (*cinquième*) et le *f* de *neuf* est remplacé par un *v* (*neuvième*).

▸ **Abréviations courantes**

Premier **1ᵉʳ**, première **1ʳᵉ**, deuxième **2ᵉ**, troisième **3ᵉ**, quatrième **4ᵉ** et ainsi de suite **100ᵉ**, **500ᵉ**, **1 000ᵉ**. Philippe **Iᵉʳ**, **1ʳᵉ** année, **6ᵉ** étage.

⌐⊢ Les autres manières d'abréger ne doivent pas être retenues (*1ère, *2ème, *2ième, *2è...).

VOIR TABLEAUX ▸ ADJECTIF. ▸ NOMBRES.

ODONYMES

Les odonymes sont des noms de voies de communication (appelés également noms de rues). *Le chemin de la Côte-Sainte-Catherine, l'avenue Antonine-Maillet, la place d'Armes, le boulevard René-Lévesque.*

Les odonymes sont composés :

1. D'UN **NOM GÉNÉRIQUE**

autoroute	cours	place	route
avenue	échangeur	pont	rue
boulevard	impasse	pont-tunnel	ruelle
carré	mail	promenade	square
chemin	montée	quai	tunnel
côte	passage	rang	viaduc...

2. D'UN **ÉLÉMENT DISTINCTIF** SIMPLE OU COMPOSÉ

autoroute des Laurentides	impasse Saint-Denis	quai de l'Horloge
avenue de la Brunante	montée de Liesse	rang du Petit-Lac
boulevard du Mont-Royal	passage Paul-Émile-Borduas	route Marie-Victorin
carré Saint-Louis	place Jacques-Cartier	rue Lajoie
cours Le Royer	pont Champlain	ruelle Saint-Christophe
chemin Queen-Mary	pont-tunnel Louis-Hippolyte- LaFontaine	square Victoria
côte de la Fabrique		tunnel Lachine
échangeur Turcot	promenade Sussex	viaduc Mont-Royal

▶ **Règles d'écriture des odonymes**

1. Les noms génériques des odonymes s'écrivent en minuscules et au long, de préférence. *L'**avenue** du Parc, la **côte** du Beaver Hall, le **chemin** Don-Quichotte, la **rue** de la Montagne.*

   Par contre, les noms génériques de rues caractérisés par un adjectif ordinal s'écrivent généralement avec une majuscule initiale. *La 18ᵉ Avenue, le 7ᵉ Rang, la 3ᵉ Rue.*

   T S'il est nécessaire d'abréger, les abréviations des noms génériques usuels sont : *av. (avenue), **boul.** (boulevard), **ch.** (chemin), **pl.** (place), **rte** (route).*

2. Les éléments distinctifs des odonymes s'écrivent avec des majuscules initiales ; lorsqu'ils sont constitués de plusieurs mots, ceux-ci sont liés par des traits d'union. *La rue **Vincent-d'Indy**, le chemin de la **Côte-des-Neiges**, l'avenue du **Parc-LaFontaine**.*

   T Il est à noter que la préposition *de,* les déterminants définis *le, la,* les déterminants définis contractés *des, du* s'écrivent en minuscules et qu'ils ne sont liés ni au nom générique ni à l'élément distinctif par des traits d'union. Par contre, les particules nobiliaires et les articles qui composent des patronymes servant d'éléments distinctifs s'écrivent avec une majuscule initiale. *L'avenue Le Corbusier, l'avenue De Lorimier, la rue De La Chevrotière.*

3. Le point cardinal qui fait partie d'un odonyme s'écrit de préférence au long, avec une majuscule, à la suite de l'élément distinctif de l'odonyme et sans trait d'union. *Des bureaux situés rue Laurier Est et rue Sherbrooke Ouest.*

   T S'il est nécessaire d'abréger, les abréviations des points cardinaux sont : E. (Est), N. (Nord), O. (Ouest), S. (Sud).

O

OU, CONJONCTION

La conjonction de coordination (coordonnant) *ou* lie des mots ou des phrases de même catégorie.
*Porter du vert **ou** du bleu. Nous irons à la campagne **ou** nous partirons en voyage.*

EMPLOIS

La conjonction (coordonnant) *ou*, qui peut être remplacée par la locution conjonctive (coordonnant composé) *ou bien*, pour la distinguer du pronom relatif ou de l'adverbe *où*, marque :

1. **Une alternative.**

   *Le froid **ou** la chaleur. Il aimerait poursuivre ses études **ou** acquérir un peu d'expérience.*

2. **Un nombre approximatif.**

   *Vingt-huit **ou** trente étudiants, c'est-à-dire environ une trentaine d'étudiants.*

3. **Une opposition entre deux phrases.**

   ***Ou** vous acceptez, **ou** vous cédez votre place.*

   ↪ Dans une phrase négative, la conjonction *ou* est remplacée par *ni*. *Elle ne lui a pas parlé ni écrit.*

ACCORD DU VERBE

▶ **Deux sujets au singulier.** Le verbe se met au pluriel ou au singulier suivant l'intention de l'auteur qui désire marquer la coordination ou l'absence de coordination.

   *La surprise **ou** le plaisir illumina ou illuminèrent son visage.*

   ↪ Si la conjonction est précédée d'une virgule, le verbe se met au singulier, car la phrase exprime une absence de coordination : un élément ou un autre, non les deux. *L'inquiétude, **ou** le découragement, lui fit abandonner la recherche.*

▶ **Un sujet au singulier + un sujet au pluriel.** Le verbe se met au pluriel.

   *Un chien **ou** des chats s'ajouteront à la famille.*

▶ **Un sujet au singulier + un synonyme.** Le verbe se met au singulier.

   *L'outarde **ou** bernache du Canada est une oie sauvage qui niche dans l'extrême Nord.*

   ↪ Le synonyme s'emploie sans déterminant.

ACCORD DE L'ADJECTIF

▶ L'adjectif qui se rapporte à deux noms coordonnés par *ou* se met au masculin pluriel si les noms sont de genres différents.

   *Du coton **ou** de la toile bleus.*

▶ L'adjectif qui se rapporte à un seul des deux noms coordonnés par *ou* s'accorde en genre et en nombre avec ce nom.

   *Il achètera un gigot **ou** des viandes marinées.*

↪ **Et/ou :** à l'exception de contextes très particuliers, de nature technique ou scientifique, où il apparaît nécessaire de marquer consécutivement la coordination ou l'absence de coordination de façon très brève et explicite, l'emploi de la locution *et/ou* est inutile, la conjonction *ou* exprimant parfaitement ces nuances. À cet égard, l'accord du verbe avec des sujets coordonnés par *ou* est significatif, le pluriel marquant la coordination, le singulier, l'absence de coordination. Ainsi, dans l'énoncé *Marie ou Benoît sont admissibles,* ils sont l'un et l'autre admissibles. Si l'on juge que l'énoncé n'est pas suffisamment explicite, on pourra recourir à une autre construction. *Les étudiants peuvent choisir les civilisations grecque ou latine ou les deux à la fois.*

VOIR TABLEAU ▶ **OÙ**, ADVERBE ET PRONOM.

ADVERBE

L'adverbe marque le **lieu**. Là. *Nous irons où il fait plus chaud.*

▱ L'adverbe ne s'emploie que pour des choses ; pour les personnes, on emploie *dont*. Construit sans antécédent, le mot *où* est un **adverbe**. Avec un antécédent, il est un **pronom**.

Locutions

– *D'où ?* D'un lieu. *Nous savons d'où il vient.*

◖◗– En ce sens, l'adverbe précédé de la préposition *de* marque la provenance.

– *D'où ?* De là. *Nous la croyions en Europe : d'où notre surprise de la retrouver ici.*

◖◗– En ce sens, l'adverbe précédé de la préposition *de* marque la conséquence.

– *Je ne sais où.* Dans un lieu inconnu. *Ils sont je ne sais où : nous sommes sans nouvelles d'eux.*

– *N'importe où.* En n'importe quel lieu. *Elles dormiront n'importe où, à la belle étoile, s'il le faut.*

– *Où que,* loc. conj. de concession. En quelque lieu que. *D'où que vous m'appeliez, nous pourrons vous retrouver. Où que vous soyez, je vous rejoindrai.*

☞ Cette locution est suivie du subjonctif.

ADVERBE INTERROGATIF

▸ **Phrase autonome interrogative**

En quel lieu ? *Où êtes-vous ? Où vas-tu ? D'où m'appelez-vous ? Par où passerez-vous ?*

☞ L'adverbe interrogatif s'emploie en début de phrase interrogative pour s'informer sur le lieu où l'on est, où l'on va.

▸ **Phrase subordonnée**

L'adverbe interrogatif introduit une phrase subordonnée comme complément direct d'un verbe qui pose une question ou qui énonce un jugement sur un lieu, une provenance. *Je me demande où elle va et d'où elle vient. Explique-moi où tu comptes aller.*

PRONOM RELATIF

O

Quand il est précédé d'un antécédent, *où* est un pronom relatif employé avec les êtres inanimés au sens de *lequel, laquelle.*

1. Le pronom marque le **lieu** où l'on est, où l'on va, etc. Dans lequel, au propre et au figuré.
   Le pays où il passe ses vacances. Le coin de campagne où il fait bon vivre. Dans ce parti politique, où il y a de la place pour toutes les tendances, on privilégie l'action.

   ☞ Le pronom peut se construire avec les prépositions *de, par, jusque. La ville d'où elle vient est bien pittoresque. La région par où vous êtes passé. Le lieu jusqu'où vous irez.*

2. Le pronom marque le temps d'un **évènement.** Pendant lequel.
   C'était à une époque où l'on avait le temps de respirer, de profiter de la vie. Le jour où je l'ai rencontré. Les cambrioleurs ont commis leur méfait au moment où la lune était voilée par des nuages.

3. Le pronom marque l'**état.**
   Dans l'état où il se trouve, ce malade ne peut rentrer chez lui. Dans l'inquiétude où elle se trouvait, l'adolescente se réfugia auprès de cette famille.

Locutions

– *Au cas où, dans le cas où, pour le cas où,* loc. conj. À supposer que. *Au cas où il pleuvrait, le pique-nique serait reporté.*

☞ Ces locutions conjonctives de subordination (ou subordonnants) sont généralement suivies de l'indicatif, le plus souvent au conditionnel.

– *Au moment où,* loc. conj. Quand. *Nous aviserons au moment où ce sera nécessaire.*

– *Du train* ou *au train où vont les choses.* À ce rythme. *Du train où vont les choses, nous ne finirons pas à temps.*

– *Là où.* Au lieu dans lequel. *Là où tu iras, j'irai.*

VOIR TABLEAU ▸ **OU,** CONJONCTION.

PARENTHÈSES

Les parenthèses sont le double signe de ponctuation (parenthèse ouvrante et parenthèse fermante) qui signale un élément explicatif intercalé dans une phrase.

Mettre un exemple entre parenthèses. Ouvrir, fermer une parenthèse.

T 1° Dans un passage déjà entre parenthèses, on emploie des crochets.

2° Dans un index alphabétique, une liste, les parenthèses indiquent une inversion destinée à faciliter le classement d'un mot, d'une expression. Ainsi, *géographiques (noms)* doit se lire *noms géographiques.*

3° Les parenthèses signifient également une possibilité de double lecture. *Exemple : antichoc(s).* L'adjectif peut s'écrire **antichoc** ou **antichocs.**

ESPACEMENTS

Il y a un espace avant la parenthèse ouvrante et un espace après la parenthèse fermante. Par contre, on ne laisse pas d'espace après la parenthèse ouvrante ni avant la parenthèse fermante.
*L'expression **tenir pour acquis** (du verbe **acquérir**) signifie...*

T Si la parenthèse fermante est suivie d'un signe de ponctuation, il n'y a pas d'espace avant ce signe, à l'exception du deux-points. *Il vient de Nicolet (Québec). Et voici ce qu'a répondu la journaliste (interprétée par Andrée Lachapelle) : « Est-ce possible ? »*

VOIR TABLEAU ▶ ESPACEMENTS.

P

EMPLOIS

▶ **Citation.** *« Je vous entends demain parler de liberté. »* (Gilles Vigneault)

▶ **Date.** *L'Exposition universelle de Montréal (1967) a été un énorme succès.*

▶ **Donnée.** *Ce disque rigide (20 méga-octets) est très fiable.*

▶ **Exemple.** *Les ongulés (ex. : éléphant, rhinocéros) sont des mammifères.*

▶ **Explication.** *L'ornithorynque (mammifère monotrème) est ovipare.*

▶ **Formule.** *L'eau (H_2O) est un composé d'oxygène et d'hydrogène.*

▶ **Mention.** *Louis XIV (le Roi-Soleil).*

▶ **Renvoi.** *Les règles de la ponctuation* (VOIR TABLEAU ▶ PONCTUATION.).

▶ **Sigle, abréviation.** *L'Organisation de l'aviation civile internationale (OACI).*

PARONYMES

Mots qui se ressemblent, mais qui n'ont pas la même signification.

accident ......évènement malheureux
incident ....évènement secondaire imprévisible

affectif ....qui concerne les sentiments
effectif ....qui existe réellement

agoniser ......être sur le point de mourir
agonir ....accabler

allocation ....somme d'argent
allocution ....discours bref

amnésie ....perte de la mémoire
amnistie ......annulation d'infractions

arborer ....porter ostensiblement
abhorrer ......exécrer

collision ....choc de deux corps
collusion ......entente secrète

confirmer .....rendre certain
infirmer ....remettre en question

décade ....période de dix jours
décennie ......période de dix ans

effiler ....défaire fil à fil
affiler ....aiguiser un instrument tranchant

émigrant ......personne qui quitte son pays pour
aller vivre à l'étranger
immigrant ....personne entrant dans un pays
étranger pour s'y établir

éminent ....remarquable
imminent .....qui est tout près d'arriver

éruption ......jaillissement soudain et brutal
irruption ......entrée soudaine de personnes dans
un lieu

évoquer ....rappeler
invoquer ......faire appel à

intégralité ....caractère de ce qui est entier
intégrité ......probité

justesse ....précision, exactitude
justice ....équité, impartialité

lacune ....déficience
lagune ....étendue d'eau salée séparée de la mer

littéraire .....qui concerne la littérature
littéral ....conforme au texte

notable ....digne d'être noté
notoire ....qui est bien connu

original ....inédit
originaire .....qui vient d'un lieu

perpétrer ......commettre (un délit, un crime)
perpétuer .....faire durer

prodige ....personne extraordinaire
prodigue ......personne dépensière à l'excès

vénéneux ......qui contient une substance toxique,
en parlant des végétaux
venimeux .....qui contient du venin, en parlant
d'un animal

P

☞ Ne pas confondre avec les noms suivants :

– *antonymes,* mots qui ont une signification contraire :

> *devant* ....*derrière*
> *en avant* ....*en arrière*
> *provisoire* ....*permanent*
> *définitif* ....*passager*

– *homonymes,* mots qui s'écrivent ou se prononcent de façon identique sans avoir la même signification :

> *air,* mélange gazeux
> *air,* mélodie
> *air,* expression
> *aire,* surface
> *ère,* époque
> *hère,* malheureux
> *hère,* jeune cerf

– *synonymes,* mots qui ont la même signification ou une signification très voisine :

> *gravement* ......*grièvement*

VOIR TABLEAUX ▶ ANTONYMES. ▶ HOMONYMES. ▶ SYNONYMES.

PARTICIPE PASSÉ

ACCORD DU PARTICIPE PASSÉ

▶ **1. Participe passé employé seul** | ACCORD AVEC LE NOM AUQUEL IL SE RAPPORTE |

Employé sans auxiliaire, le participe passé est un adjectif : il s'accorde en genre et en nombre **avec le nom auquel il se rapporte.**

> *Un garçon **encouragé**. Une élève **décidée**. Des spectateurs **éblouis**.*

> 🔲 Si le participe passé se rapporte à des noms de genres différents, il se met au masculin pluriel.
> *Des adolescentes et des adolescents motivés.*

▶ **2. Participe passé employé avec l'auxiliaire *être* ou avec les verbes attributifs** | ACCORD AVEC LE SUJET DU VERBE |

Employé avec l'auxiliaire *être,* le participe passé s'accorde en genre et en nombre ***avec le sujet du verbe.***

> *La maison **est aménagée** avec goût. Les enfants **sont emballés** par ce jeu.*

> 🔲 Si le verbe a des sujets de genres différents, le participe passé se met au masculin pluriel. *Julie et Nicolas sont ravis d'être invités.*

Employé avec les verbes attributifs (ou verbes d'état) ***(être, demeurer, devenir, paraître, rester, sembler...),*** le participe passé est attribut du sujet : il s'accorde en genre et en nombre **avec le sujet du verbe.**

> *Ils **semblent fatigués**. Elles **demeurent charmées** par cette mélodie.*

> *Les élèves **paraissent captivés** par ce film.*

▶ **3. Participe passé employé avec l'auxiliaire *avoir*** | ACCORD AVEC LE CDV QUI PRÉCÈDE LE VERBE |

Employé avec l'auxiliaire *avoir,* le participe passé s'accorde en genre et en nombre **avec le complément direct du verbe si ce dernier précède le verbe.**

> *La pomme* (CDV) *que j'**ai mangée**.*

> *Les amis* (CDV) *que j'**ai rencontrés**, mais j'**ai rencontré** mes amis* (CDV).

> 🔲 Pour trouver le CDV, on pose la question *qui ?* ou *quoi ?* après le verbe. J'ai mangé *quoi ? Que,* mis pour *pomme.* J'ai rencontré *qui ? Que,* mis pour *amis.*

- Si le complément direct **précède le verbe : accord du participe passé.**

- Si le complément direct **suit le verbe : participe passé invariable.**
  > *J'**ai mangé** une pomme et j'**ai rencontré** des amis.*

  > *J'ai mangé **quoi ? Une pomme.** J'ai rencontré **qui ? Des amis.***

- Si le verbe n'a **pas de complément direct**, le **participe passé reste invariable.**
  > *Martine et Vincent **ont parlé** à leurs amis. Les travaux de construction **ont débuté.***

– Dans la première phrase, le verbe a un complément indirect (CIV). Martine et Vincent ont parlé *à qui ?*

– Dans la seconde phrase, il n'y a pas de complément du verbe : le participe passé reste invariable.

CAS PARTICULIERS

3.1 Participe passé employé avec l'auxiliaire *avoir* et suivi d'une phrase infinitive

| ACCORD AVEC LE CDV QUI PRÉCÈDE LE VERBE ET EST SUJET DE LA PHRASE INFINITIVE |

Le participe passé suivi d'une phrase infinitive s'accorde en genre et en nombre avec le complément direct qui précède le verbe si ce complément est le sujet de la phrase infinitive.

Les oiseaux que j'ai entendus chanter. *J'ai entendu les oiseaux en train de chanter.*

J'ai entendu **qui ?** *Que,* mis pour **oiseaux.**

On peut reformuler la phrase pour vérifier si la phrase infinitive a bien pour sujet le complément direct du verbe conjugué en employant la locution **en train de** suivie de l'infinitif. Ce sont les oiseaux qui font l'action de chanter et le complément direct **que,** mis pour **oiseaux,** précède le verbe : il y a donc accord du participe passé.

Par contre, il n'y a pas d'accord si la phrase infinitive n'a pas pour sujet le complément direct du verbe conjugué. *Les personnes que j'ai envoyé chercher sont arrivées.*

Ce ne sont pas les personnes qui font l'action de chercher : il n'y a donc pas accord du participe passé.

3.2 Participe passé des verbes impersonnels

| ABSENCE D'ACCORD |

Le participe passé des verbes impersonnels est toujours invariable.

Les explosions qu'il y a eu. Les gouttes qu'il a plu ont mouillé la nappe.

3.3 Participe passé précédé d'un collectif accompagné d'un complément au pluriel

| ACCORD AU CHOIX |

Le participe passé s'accorde avec le collectif singulier *(classe, foule, groupe, multitude...)* précédé d'un déterminant indéfini *(un, une)* ou avec le complément au pluriel, suivant l'intention de l'auteur qui veut insister sur l'ensemble ou sur la pluralité.

Un groupe de touristes que le festival a attiré a envahi les rues de la ville.

ou

Un groupe de touristes que le festival a attirés ont envahi les rues de la ville.

VOIR TABLEAU ► **COLLECTIF.**

3.4 Participe passé se rapportant aux pronoms *en* ou *le*

| ABSENCE D'ACCORD |

Le participe passé qui a pour complément direct le pronom *en* ou le pronom neutre *le, l'* reste invariable.

*J'ai cueilli des framboises et j'**en** ai mangé. La distance à parcourir est plus grande que je ne l'avais cru.*

▭ 1° Si le pronom *en* est précédé d'un adverbe de quantité *(autant, beaucoup, combien, moins, plus...),* le participe passé peut s'accorder en genre et en nombre avec le nom qui précède ou rester invariable. *Des limonades, combien j'**en** ai bues ou bu !*

2° Certains auteurs préconisent l'accord si le nom et l'adverbe précèdent le pronom *en* et l'absence d'accord si l'adverbe le suit. *Des pommes, combien j'en ai mangées ! Des framboises, j'en ai beaucoup mangé !*

3.5 Participe passé des verbes pronominaux

VOIR TABLEAU ► **PRONOMINAUX.**

P

PARTICIPE PRÉSENT

Le participe présent exprime une action qui a lieu **en même temps** que l'action du verbe de la phrase autonome (ou matrice). Il marque un rapport de simultanéité avec le verbe principal.

En jouant dehors, les enfants ont admiré le beau coucher de soleil.

⟳ La phrase participiale peut être remplacée par une phrase subordonnée relative. *Les enfants qui jouaient dehors ont admiré le beau coucher de soleil.*

FORME

Le participe présent se termine toujours par *-ant. Aimant, dormant, marchant, voyant.* Le participe présent des verbes du deuxième groupe [VOIR MODÈLE – FINIR] se termine par *-issant. Finissant, bâtissant, polissant, remplissant.*

ACCORD

Le participe présent est **invariable.**

⊨ Autrefois, le participe présent était variable. En 1679, l'Académie française décidait qu'il serait dorénavant invariable.

CONSTRUCTION

Le verbe de la phrase autonome (ou matrice) et le participe présent, s'il n'a pas son sujet propre, doivent avoir le même sujet.

⟳ Il est fautif d'employer un participe présent sans sujet propre qui ne se rapporte pas au sujet du verbe de la phrase autonome (ou matrice) qu'il accompagne.

Exemple de construction fautive : *Affichant des prix trop élevés, les clients de ce commerce préfèrent acheter ailleurs.

Explication : Le sujet de la phrase autonome (ou matrice) est le nom *clients*, alors que le participe présent se rapporte à *commerce.* Il faudrait plutôt écrire : *Affichant des prix trop élevés, ce commerce a été déserté par ses clients* ou *Les clients préfèrent acheter ailleurs parce que ce commerce affiche des prix trop élevés.*

PARTICIPE PRÉSENT ET ADJECTIF PARTICIPE

L'adjectif participe joue le rôle d'un complément ou d'un attribut : il exprime **une manière d'être.** Contrairement au participe présent, qui est invariable, l'adjectif participe s'accorde en genre et en nombre avec le nom ou le pronom qu'il complète. *Des livres passionnants, des résultats excellents.*

🖵 Attention, de nombreux adjectifs participes ont des orthographes différentes de celles du participe présent du verbe de la même famille.

EXEMPLES DE DIFFÉRENCES ORTHOGRAPHIQUES

PARTICIPE PRÉSENT	ADJECTIF PARTICIPE
adhérant	adhérent
communiquant	communicant
convainquant	convaincant
différant	différent
équivalant	équivalent
excellant	excellent
fatiguant	fatigant
intriguant	intrigant
naviguant	navigant
négligeant	négligent
précédant	précédent
provoquant	provocant
somnolant	somnolent
suffoquant	suffocant
zigzaguant	zigzagant

P

TEMPS DU **PASSÉ**

AXE DU TEMPS

PASSÉ	PRÉSENT	FUTUR
AUTREFOIS, ON VOYAGEAIT EN BATEAU.	**AUJOURD'HUI,** ON SE DÉPLACE EN AVION.	**DEMAIN,** ON CIRCULERA EN NAVETTE SPATIALE.

Les cinq temps du passé indiquent qu'une action a eu lieu, qu'un état a existé à un moment qui a précédé l'instant présent.

1. L'IMPARFAIT EXPRIME

– Un **fait** habituel **dans le passé.** *Autrefois, on s'éclairait à la chandelle.*

– Un fait **non achevé,** secondaire, par rapport à un évènement achevé, principal. *Il pleuvait quand nous sommes arrivés à Gaspé.*

– Une **description de personne, de lieu, de chose** dans le **passé.** *La maison des étés de mon enfance avait des volets bleus.*

– Une **condition** pour qu'un fait hypothétique se réalise si la condition de la subordonnée est remplie. *Si j'économisais, je pourrais m'acheter un vélo.*

   ↪ Le verbe de la phrase principale ou autonome est au conditionnel présent et la proposition subordonnée conditionnelle est introduite par la conjonction *si.*

2. LE PASSÉ SIMPLE EXPRIME

– Un **fait passé** qui s'est produit il y a longtemps (passé lointain) en un **temps précis** et qui est **complètement achevé,** sans continuité avec le présent. *C'est à l'automne qu'il vint nous rendre visite.*

   ↪ Le passé simple décrit **des actions coupées du présent** qui ont un début et une fin **(fait ponctuel),** alors que le passé composé traduit un fait passé dont les conséquences sont actuelles, dont le résultat est encore présent. Il s'emploie presque essentiellement à l'écrit. Dans la langue parlée, le passé simple est peu employé et relève plutôt de la langue littéraire en raison de ses terminaisons difficiles. Oralement, et même à l'écrit, ce temps est remplacé plutôt par le passé composé.

– Un **fait historique.** *Madeleine de Verchères se battit courageusement contre les Iroquois.*

   ↪ Le passé simple convient particulièrement à la **narration dans le passé.**

3. LE PASSÉ COMPOSÉ (OU PASSÉ INDÉFINI) EXPRIME

– Un **fait passé** à un moment déterminé qui demeure **en contact avec le présent.** *Mes grands-parents ont fait un potager et ont récolté de beaux légumes.*

   ↪ À la différence du passé simple, le passé composé exprime un fait passé dont les conséquences sont actuelles, dont le résultat est encore présent.

– Une **vérité générale,** un **fait d'expérience** qui remonte au passé, mais qui est **toujours vrai.** *Les Beaucerons ont toujours eu l'esprit d'initiative.*

– Un **fait passé** dont les **conséquences** sont **actuelles.** *Il n'a pas eu le temps de déjeuner aujourd'hui.*

– Un **fait non encore achevé,** mais **sur le point de l'être.** *Je suis à vous dans quelques minutes, j'ai terminé.*

– Un **futur antérieur** avec *si. Si tu n'as pas terminé tes devoirs, nous n'irons pas au cinéma.*

   ▱ Le passé composé de la plupart des verbes est formé à partir du présent de l'indicatif de l'auxiliaire *avoir* auquel est ajouté le participe passé du verbe conjugué. *Sophie a joué. Antoine a couru.* Cependant, certains verbes intransitifs ou pronominaux se conjuguent avec l'auxiliaire *être. Elle est née le 31 juillet 1976. Vincent s'est toujours souvenu d'elle.*

P

TEMPS DU PASSÉ | SUITE >

4. LE PASSÉ ANTÉRIEUR EXPRIME

– Un **fait ponctuel** qui a **précédé un fait passé** exprimé au passé simple. *Dès qu'il **eut remis** son rapport, il se sentit en vacances.*

> Peu utilisé, le passé antérieur s'emploie surtout dans une proposition subordonnée temporelle après une conjonction ou une locution conjonctive, ***lorsque, dès que, aussitôt que, quand, après que...**, où il accompagne un verbe principal au passé simple.

> Le passé antérieur est formé à partir du passé simple des auxiliaires *avoir* ou *être,* auquel est ajouté le participe passé du verbe conjugué.

5. LE PLUS-QUE-PARFAIT EXPRIME

– Un **fait** entièrement **achevé** lors d'un **autre fait passé**. *Nous **avions** tout **rangé** quand ils sont rentrés.*

– Une **condition** pour qu'un **fait hypothétique** se soit réalisé **dans le passé**. *Si j'**avais été** présente, j'aurais pu t'aider.*

– Un **fait habituel** qui avait lieu **avant une action habituelle passée**. *Quand j'**avais mangé**, j'allais marcher un peu dans le parc.*

VOIR TABLEAUX ► PRÉSENT. ► FUTUR.

Si le verbe de la phrase autonome est à un des temps du passé :

– imparfait
– passé simple
– passé composé
– passé antérieur
– plus-que-parfait,

les temps du verbe de la phrase subordonnée seront :

– Le plus-que-parfait pour exprimer l'**antériorité**.
  Il croyait qu'elle lui avait donné son numéro de téléphone.

– L'imparfait de l'indicatif pour exprimer la **simultanéité**.
  Elle croyait qu'il était là.

– Le conditionnel présent pour exprimer la **postériorité**.
  Ils croyaient qu'ils réussiraient.

VOIR LE TABLEAU – CONCORDANCE DES TEMPS pour les verbes qui se construisent avec le subjonctif.

PÉRIODICITÉ ET DURÉE

1. CERTAINS ADJECTIFS COMPOSÉS AVEC LES PRÉFIXES *BI-*, *TRI-*, *QUATRI-* ET D'AUTRES PRÉFIXES PROPRES À CHAQUE CHIFFRE EXPRIMENT LA PÉRIODICITÉ.

▸ **Une fois...**

une fois par jour	*quotidien*	*Un appel quotidien.*
une fois par semaine	*hebdomadaire*	*Une revue hebdomadaire.*
une fois par mois	*mensuel*	*Un concours mensuel.*
une fois par année	*annuel*	*Une exposition annuelle.*
une fois tous les deux mois	*bimestriel*	*Des exercices bimestriels.*
une fois tous les deux ans	*bisannuel, biennal*	*Un évènement bisannuel ou biennal.*
une fois tous les trois mois	*trimestriel*	*Des bulletins trimestriels.*
une fois tous les trois ans	*trisannuel, triennal*	*Des retrouvailles trisannuelles ou triennales.*
une fois tous les six mois	*semestriel*	*Des examens semestriels.*

▸ **Deux fois par...**

deux fois par jour	*biquotidien*	*Un vol biquotidien.*
deux fois par semaine	*bihebdomadaire*	*Des livraisons bihebdomadaires.*
deux fois par mois	*bimensuel*	*Un examen bimensuel.*

    ☞ On emploie l'adjectif *semestriel* pour exprimer la périodicité de deux fois par année, « une fois tous les six mois ».

▸ **Trois fois par...**

trois fois par semaine	*trihebdomadaire*	*Des cours trihebdomadaires.*
trois fois par mois	*trimensuel*	*Des visites trimensuelles.*

2. CERTAINS ADJECTIFS EXPRIMENT LA PÉRIODICITÉ OU LA DURÉE.

annuel	ce qui a lieu une fois par an	ou	ce qui dure un an
biennal	ce qui a lieu tous les deux ans	ou	ce qui dure deux ans
triennal	ce qui a lieu tous les trois ans	ou	ce qui dure trois ans
quatriennal	ce qui a lieu tous les quatre ans	ou	ce qui dure quatre ans
quinquennal	ce qui a lieu tous les cinq ans	ou	ce qui dure cinq ans
sexennal	ce qui a lieu tous les six ans	ou	ce qui dure six ans
septennal	ce qui a lieu tous les sept ans	ou	ce qui dure sept ans
octennal	ce qui a lieu tous les huit ans	ou	ce qui dure huit ans
novennal	ce qui a lieu tous les neuf ans	ou	ce qui dure neuf ans
décennal	ce qui a lieu tous les dix ans	ou	ce qui dure dix ans

P

– Les fleurs **annuelles** ne durent qu'un an.

– La rose trémière ou passerose est **bisannuelle** : elle fleurit tous les deux ans.

– La **biennale** de Venise a lieu tous les deux ans.

– *Le Devoir, La Presse, Le Soleil* sont des **quotidiens** : ils sont publiés tous les jours (sauf le dimanche pour *Le Devoir*).

– Le journal *Les Affaires* est un **hebdomadaire** : il paraît une fois par semaine.

– Certains doivent verser des acomptes **trimestriels**, c'est-à-dire tous les trois mois.

RÈGLES TYPOGRAPHIQUES

▸ Les **noms de peuples,** de races, d'habitants de régions, de villes s'écrivent avec une **MAJUSCULE.**

Les Québécois, les Canadiens, les Américains, les Chinois, les Européens.
Les Noirs, les Blancs, les Amérindiens, les Inuits.
Les Madelinots, les Beaucerons, les Gaspésiens, les Acadiens, les Louisianais, les Bretons,
les Normands.
Les Montréalais, les Trifluviens, les Lavallois, les Parisiens, les Madrilènes.

– La dénomination des habitants d'un lieu (continent, pays, région, ville, village, etc.) est un GENTILÉ.

Ⓣ Les noms de peuples composés et reliés par un trait d'union prennent la majuscule aux deux éléments. *Un Néo-Zélandais, un Sud-Africain, un Nord-Américain.*

Ⓣ Les mots auxquels le préfixe **néo-** est joint s'écrivent avec un trait d'union. *Un Néo-Écossais.* S'il s'agit d'un gentilé, le mot s'écrit avec deux majuscules ; si le préfixe signifie « de souche récente », le préfixe s'écrit avec une minuscule. *Un néo-Québécois.*

▸ Les **adjectifs de peuples,** de races, de langues s'écrivent avec une **MINUSCULE.**

Le drapeau québécois, la langue française, les peintres italiens, la race blanche, le sens de l'humour anglais.

Ⓣ Les noms de peuples composés qui comportent un adjectif s'écrivent avec une majuscule au nom et une minuscule à l'adjectif. *Les Canadiens anglais, les Basques espagnols.*

Ⓣ En fonction d'attribut, on emploie généralement un adjectif pour préciser la nationalité d'une personne, son appartenance à un peuple. Dans ce cas, le mot s'écrit avec une minuscule. *Je suis québécoise.* Cependant, il est également possible d'écrire le mot avec une majuscule initiale puisque l'attribut peut être aussi un nom. *Je suis Québécoise (une Québécoise).*

▸ Les **noms de langues** s'écrivent avec une **MINUSCULE.**

Apprendre le russe, le français, le chinois.

ÉCRITURE DU MOT *INUIT*

▸ **Nom masculin et féminin**

Membre d'une nation autochtone du Canada qui habite au nord du 55e parallèle.
Au Québec, il y a près de 6 000 Inuits. Un Inuit, une Inuite.

▭ Ce nom a fait l'objet d'une seconde recommandation officielle (24 avril 1993) en vue de simplifier la graphie au masculin, au féminin et au pluriel (antérieurement *Inuk* au singulier, *Inuit* au pluriel). L'adjectif est maintenant variable. La langue des Inuits est l'**inuktitut.**

▸ **Adjectif**

Relatif aux Inuits. *La culture inuite, des objets inuits.*

PAYS OU ÉTAT	GENTILÉ MASCULIN	GENTILÉ FÉMININ	PAYS OU ÉTAT	GENTILÉ MASCULIN	GENTILÉ FÉMININ
Afghanistan	un Afghan	une Afghane	Belgique	un Belge	une Belge
Albanie	un Albanais	une Albanaise	Birmanie	un Birman	une Birmane
Algérie	un Algérien	une Algérienne	Bolivie	un Bolivien	une Bolivienne
Allemagne	un Allemand	une Allemande	Brésil	un Brésilien	une Brésilienne
Angleterre	un Anglais	une Anglaise	Bulgarie	un Bulgare	une Bulgare
Arabie saoudite	un Saoudien	une Saoudienne			
Argentine	un Argentin	une Argentine	Cambodge	un Cambodgien	une Cambodgienne
Australie	un Australien	une Australienne	Cameroun	un Camerounais	une Camerounaise
Autriche	un Autrichien	une Autrichienne	Canada	un Canadien	une Canadienne

P

PAYS OU ÉTAT	GENTILÉ MASCULIN	GENTILÉ FÉMININ	PAYS OU ÉTAT	GENTILÉ MASCULIN	GENTILÉ FÉMININ
Chili	un Chilien	une Chilienne	**Maroc**	un Marocain	une Marocaine
Chine	un Chinois	une Chinoise	**Mexique**	un Mexicain	une Mexicaine
Chypre	un Cypriote	une Cypriote	**Monaco**	un Monégasque	une Monégasque
	un Chypriote	une Chypriote			
Colombie	un Colombien	une Colombienne	**Népal**	un Népalais	une Népalaise
Corée	un Coréen	une Coréenne	**Niger**	un Nigérien	une Nigérienne
Côte-d'Ivoire	un Ivoirien	une Ivoirienne	**Nigeria**	un Nigérian	une Nigériane
Cuba	un Cubain	une Cubaine	**Norvège**	un Norvégien	une Norvégienne
			Nouvelle-Zélande	un Néo-Zélandais	une Néo-Zélandaise
Danemark	un Danois	une Danoise			
			Pakistan	un Pakistanais	une Pakistanaise
Égypte	un Égyptien	une Égyptienne	**Panama**	un Panaméen	une Panaméenne
Espagne	un Espagnol	une Espagnole	**Paraguay**	un Paraguayen	une Paraguayenne
États-Unis	un Américain	une Américaine	**Pérou**	un Péruvien	une Péruvienne
Éthiopie	un Éthiopien	une Éthiopienne	**Philippines**	un Philippin	une Philippine
			Pologne	un Polonais	une Polonaise
Finlande	un Finlandais	une Finlandaise	**Portugal**	un Portugais	une Portugaise
France	un Français	une Française			
			Québec	un Québécois	une Québécoise
Gabon	un Gabonais	une Gabonaise			
Ghana	un Ghanéen	une Ghanéenne	**République**	un Tchèque	une Tchèque
Grèce	un Grec	une Grecque	**tchèque**		
Guadeloupe	un Guadeloupéen	une Guadeloupéenne	**Roumanie**	un Roumain	une Roumaine
Guatemala	un Guatémaltèque	une Guatémaltèque	**Russie**	un Russe	une Russe
Guinée	un Guinéen	une Guinéenne	**Rwanda**	un Rwandais	une Rwandaise
Haïti	un Haïtien	une Haïtienne	**Sénégal**	un Sénégalais	une Sénégalaise
Hollande	un Hollandais	une Hollandaise	**Slovaquie**	un Slovaque	une Slovaque
Hongrie	un Hongrois	une Hongroise	**Somalie**	un Somali	une Somalie
				un Somalien	une Somalienne
Inde	un Indien	une Indienne	**Soudan**	un Soudanais	une Soudanaise
Indonésie	un Indonésien	une Indonésienne	**Suède**	un Suédois	une Suédoise
Iran	un Iranien	une Iranienne	**Suisse**	un Suisse	une Suisse
Irak	un Irakien	une Irakienne	**Syrie**	un Syrien	une Syrienne
	un Iraquien	une Iraquienne			
Irlande	un Irlandais	une Irlandaise	**Taïwan**	un Taïwanais	une Taïwanaise
Islande	un Islandais	une Islandaise	**Tanzanie**	un Tanzanien	une Tanzanienne
Israël	un Israélien	une Israélienne	**Tchad**	un Tchadien	une Tchadienne
Italie	un Italien	une Italienne	**Thaïlande**	un Thaïlandais	une Thaïlandaise
Japon	un Japonais	une Japonaise	**Togo**	un Togolais	une Togolaise
Jordanie	un Jordanien	une Jordanienne	**Tunisie**	un Tunisien	une Tunisienne
			Turquie	un Turc	une Turque
Kenya	un Kenyan	une Kenyane			
Koweït	un Koweïtien	une Koweïtienne	**Uruguay**	un Uruguayen	une Uruguayenne
Liban	un Libanais	une Libanaise	**Venezuela**	un Vénézuélien	une Vénézuélienne
Libye	un Libyen	une Libyenne	**Vietnam**	un Vietnamien	une Vietnamienne
Luxembourg	un Luxembourgeois	une Luxembourgeoise			
			Yougoslavie	un Yougoslave	une Yougoslave
Madagascar	un Malgache	une Malgache	**Zaïre**	un Zaïrois	une Zaïroise
Mali	un Malien	une Malienne	**Zambie**	un Zambien	une Zambienne

P

ANALYSE GRAMMATICALE DE LA **PHRASE**[1]

La **phrase** est une unité grammaticale qui sert à parler d'une entité (*le sujet de la phrase*) et à dire quelque chose à son propos (*le prédicat de la phrase*) ; on y exprime aussi, facultativement, les circonstances particulières de cet énoncé (*le complément de la phrase*).

	PHRASE		
Sens	Ce dont on veut parler	Ce qu'on veut en dire	Circonstances particulières à propos de ce qu'on dit
Fonctions syntaxiques mettant ces sens en rapport	**Sujet de la phrase**	**Prédicat de la phrase**	**Complément de la phrase** (facultatif et mobile)
Exemples	*la voiture* *cet enfant*	*roule* *rit*	*quand le feu est vert* *toute la journée*

- Pour procéder à l'**analyse grammaticale de la phrase**, on utilise un modèle de référence, nommé *phrase de base*, représentant la structure de la phrase la plus fréquemment utilisée dans les productions écrites ou orales : une phrase déclarative, affirmative, active, neutre et personnelle (qui n'a donc subi aucune transformation, par exemple interrogative ou négative). Cette phrase peut être de premier niveau (autonome) ou de deuxième, troisième niveau (subordonnée).

- En tant que **phrase de premier niveau**, elle est autonome parce qu'elle n'entre pas dans une construction syntaxique d'ordre supérieur. Dans un texte, entre ces phrases, on retrouve habituellement une ponctuation : un point, un point-virgule, une virgule, un deux-points, un point d'exclamation, un point d'interrogation ou des points de suspension. En tant que **subordonnée**, la phrase peut occuper plusieurs fonctions syntaxiques à l'intérieur de la phrase de premier niveau.

- Du point de vue du mode du verbe, il y a trois catégories de phrases : la phrase à verbe conjugué (autonome ou subordonnée), la phrase infinitive (autonome ou subordonnée), la phrase participiale (subordonnée).

P

LES TROIS CONSTITUANTS DE LA PHRASE

▸ SUJET DE LA PHRASE

Trois catégories grammaticales peuvent occuper la fonction de **sujet de la phrase** :

- groupe du nom ;
- phrase infinitive (SUBORDONNÉE SUJET) ;
- phrase à verbe conjugué (SUBORDONNÉE SUJET).

	PHRASE DE BASE		
Fonctions syntaxiques	**Sujet de la phrase**	**Prédicat de la phrase**	**Complément de la phrase** (facultatif et mobile)
Exemples	*les promenades à vélo* *faire du vélo* *que nous roulions à vélo*	*sont amusantes* *est amusant* *m'amuse*	

1. Conception du tableau : Annie Desnoyers. 132

► PRÉDICAT DE LA PHRASE

Une seule catégorie grammaticale est possible dans le cas du **prédicat de la phrase** :

– groupe du verbe.

Fonctions syntaxiques	PHRASE DE BASE		
	Sujet de la phrase	**Prédicat de la phrase**	**Complément de la phrase** (facultatif et mobile)
Exemples	*l'enfant* *l'enfant* *l'enfant* *l'enfant* *l'enfant* *l'enfant*	*dort* *aime les biscuits* *parle à son père* *met un dessin dans son sac* *est heureux* *rend ses parents heureux*	

► COMPLÉMENT DE LA PHRASE

Cinq catégories grammaticales peuvent occuper la fonction de **complément de la phrase** :

– groupe de la préposition ;
– groupe de l'adverbe ;
– groupe du nom ;
– phrase à verbe conjugué (SUBORDONNÉE CIRCONSTANCIELLE) ;
– phrase participiale (SUBORDONNÉE CIRCONSTANCIELLE).

Fonctions syntaxiques	PHRASE DE BASE		
	Sujet de la phrase	**Prédicat de la phrase**	**Complément de la phrase** (facultatif et mobile)
Exemples	*il* *il* *cet enfant* *la voiture* *il*	*dort* *dormait mieux* *rit* *roule* *décide de prendre ses gants*	*dans son bureau* *autrefois* *toute la journée* *quand le feu est vert* *le temps s'étant refroidi*

LES CINQ GROUPES DE LA GRAMMAIRE DE LA PHRASE

Un **groupe de mots** est un ensemble de mots organisés autour d'un noyau et pouvant jouer le même rôle syntaxique que ce dernier. Comme les éléments autres que le noyau sont facultatifs (sauf pour le groupe de la préposition), il arrive parfois qu'un groupe ne contienne qu'un seul mot, son noyau.

► GROUPE DU NOM

Le **groupe du nom** est formé d'un nom commun et de son déterminant ou d'un nom propre puis, facultativement, d'un complément du nom. Un pronom peut aussi remplacer le nom puis, facultativement, être suivi d'un complément du pronom.

Fonctions syntaxiques	GROUPE DU NOM		
	Déterminant	**Noyau** (nom / pronom)	**Complément du nom / du pronom** (facultatif)
Exemples	*les*	*promenades* *Louise* *celles* *aucune*	*à vélo* *de mon amie*

P

▸ GROUPE DU VERBE

Le **groupe du verbe** est formé d'un verbe et, selon ce que commande l'emploi de ce verbe, d'aucun, d'un ou de plusieurs compléments du verbe.

	GROUPE DU VERBE	
Fonctions syntaxiques	**Noyau** (verbe)	**Complément du verbe** (selon le verbe utilisé)
Exemples	*dort* *aime* *parle* *va* *met* *est* *rend*	 *les biscuits* *à son père* *dans sa chambre* *un dessin dans son sac* *heureux* *ses parents heureux*

▸ GROUPE DE LA PRÉPOSITION

Le **groupe de la préposition** est composé d'une préposition et, obligatoirement, d'un complément de la préposition.

	GROUPE DE LA PRÉPOSITION	
Fonctions syntaxiques	**Noyau** (préposition)	**Complément de la préposition** (obligatoire)
Exemples	*dans* *d'* *pour*	*sa chambre* *hier* *te voir arriver*

▸ GROUPE DE L'ADVERBE

Le **groupe de l'adverbe** contient un adverbe et, facultativement, un complément de l'adverbe.

	GROUPE DE L'ADVERBE	
Fonctions syntaxiques	**Noyau** (adverbe)	**Complément de l'adverbe** (facultatif)
Exemples	*conformément* *toujours*	*à vos dispositions*

▸ GROUPE DE L'ADJECTIF

Le **groupe de l'adjectif** contient un adjectif et, facultativement, un complément de l'adjectif.

	GROUPE DE L'ADJECTIF	
Fonctions syntaxiques	**Noyau** (adjectif)	**Complément de l'adjectif** (facultatif)
Exemples	*conforme* *bonne* *calme*	*à vos dispositions* *en maths*

VOIR TABLEAUX ▸ ADJECTIF. ▸ ADVERBE. ▸ COMPLÉMENT. ▸ GROUPE. ▸ NOM. ▸ PHRASE (FONCTIONS DE LA).
   ▸ PHRASE (TYPES ET FORMES DE LA). ▸ PRÉPOSITION. ▸ PRONOM. ▸ VERBE.

FONCTIONS DE LA **PHRASE**[1]

Une phrase peut être de premier niveau (autonome) ou de deuxième, troisième niveau (subordonnée).

Une **phrase de premier niveau** est autonome parce qu'elle n'est pas elle-même un constituant d'une construction syntaxique d'ordre supérieur ; de ce fait, elle **n'a pas de fonction syntaxique**.

> Note. – Dans un texte, entre les phrases de premier niveau, on retrouve habituellement une ponctuation : un point, un point-virgule, une virgule, un deux-points, un point d'exclamation, un point d'interrogation ou des points de suspension.

En tant que **subordonnée**, la phrase de deuxième niveau peut occuper plusieurs **fonctions** à l'intérieur de la phrase de premier niveau, c'est-à-dire qu'elle peut jouer un rôle syntaxique précis dans cette phrase, à la place d'un groupe de mots. Il en est de même pour la phrase de troisième niveau à l'intérieur de la phrase de deuxième niveau.

[*Ils se demandent* [*pourquoi on leur enseigne tant de notions* [*dont ils ne se souviendront plus bientôt.*]]]

[1er niveau (phrase autonome)   [2e niveau (phrase subordonnée)   [3e niveau (phrase subordonnée)
  sans fonction syntaxique]   complément direct du verbe *se demandent*]   complément du nom *notions*]

	PHRASE		
Sens	Ce dont on veut parler	Ce qu'on veut en dire	Circonstances particulières à propos de ce qu'on dit
Fonctions syntaxiques mettant ces sens en rapport	**Sujet de la phrase**	**Prédicat de la phrase**	**Complément de la phrase** (facultatif et mobile)
Catégories des mots pouvant occuper ces fonctions	• **Groupe du nom** • **Phrase infinitive** • **Phrase à verbe conjugué**	• **Groupe du verbe**	• **Groupe de la préposition** • **Groupe de l'adverbe** • **Groupe du nom** • **Phrase à verbe conjugué** • **Phrase participiale**

P

LES SIX FONCTIONS SYNTAXIQUES DE LA PHRASE SUBORDONNÉE

FONCTION DE SUJET DE LA PHRASE (subordonnée sujet)

- **Phrase à verbe conjugué**   *Que nous roulions à vélo* m'amuse.
- **Phrase infinitive**   *Faire du vélo* m'amuse.

FONCTION DE COMPLÉMENT DE LA PHRASE (subordonnée circonstancielle)

Les subordonnées circonstancielles servent à exprimer :

– le temps ;

– la cause ;

– la conséquence ;

FONCTIONS DE LA PHRASE | *SUITE >*

1. Conception du tableau : Annie Desnoyers.

– la concession ;
– l'opposition ;
– le but ;
– l'hypothèse ou la condition.

- **Phrase à verbe conjugué**

    *La voiture roule **quand le feu est vert**.* (**temps**)
    *Il roulait trop vite **de sorte qu'il a dérapé**.* (**conséquence**)
    ***Quoiqu'il ait déjà lu le texte**, il lui reste à le mémoriser.* (**concession**)
    *Elle préfère la simplicité **alors que sa sœur aime le luxe**.* (**opposition**)
    *Elle a tout préparé **afin que son protégé atteigne le sommet**.* (**but**)
    *J'irais, **si le temps était plus frais**, travailler au jardin.* (**condition**)

- **Phrase participiale**

    ***Le temps s'étant refroidi**, il décide de prendre ses gants.* (**cause**)

FONCTION DE COMPLÉMENT DU NOM OU DU PRONOM (subordonnée relative / complétive)

- **Phrase à verbe conjugué**

    *Je vais téléphoner à la dame **qui portait un chapeau hier soir**.* (**relative**)
    *Mon amie Amélie est celle **qui porte un petit chapeau fleuri**.* (**relative**)
    *Le désir **qu'elle revienne au plus vite** lui hantait l'esprit.* (**complétive**)

- **Phrase participiale**

    *La dame **portant un chapeau** est ma tante.* (**relative**)

FONCTION DE COMPLÉMENT DU VERBE (subordonnée complétive)

- **Phrase à verbe conjugué**

    *À cause de ce temps frais, on pourrait croire **que l'été est fini**.*
    *Rachel se demandait **quel était ton tarif pour les corrections**.*

- **Phrase infinitive**

    *Antoine et Amélie aiment **nous raconter des histoires drôles**.*

FONCTION DE COMPLÉMENT DE L'ADJECTIF (subordonnée complétive)

- **Phrase à verbe conjugué**

    *Ses parents sont certains **qu'elle réussira l'examen final**.*

FONCTION DE COMPLÉMENT DE LA PRÉPOSITION

- **Phrase infinitive**

    *Il s'attend à **recevoir une mention spéciale pour son texte**.*

- **Phrase participiale**

    *La dame est entrée en **chantant joyeusement un air connu**.*

VOIR TABLEAUX ▶ ADJECTIF. ▶ COMPLÉMENT. ▶ GROUPE. ▶ NOM. ▶ PHRASE (ANALYSE GRAMMATICALE DE LA).
▶ PRÉPOSITION. ▶ PRONOM. ▶ VERBE.

TYPES ET FORMES DE LA **PHRASE**[1]

La **phrase** est une unité grammaticale qui sert à parler d'une entité (le sujet de la phrase) et à dire quelque chose à son propos (le prédicat de la phrase); on y exprime aussi, facultativement, les circonstances particulières de cet énoncé (le complément de la phrase).

La phrase peut être de premier niveau (autonome) ou de deuxième, troisième niveau (subordonnée). Dans un texte, entre les phrases de premier niveau, donc autonomes, on retrouve habituellement une ponctuation; le choix de cette ponctuation dépend du type de la phrase.

LES TYPES DE LA PHRASE (OBLIGATOIRES)

Dans ses nombreuses réalisations, la phrase est obligatoirement d'un des quatre types suivants, mais d'un seul (les types obligatoires de la phrase s'excluent mutuellement).

▸ La **phrase déclarative** énonce un fait, transmet une information.

Le soleil s'est levé à 6 h 45. Mathieu rit souvent; c'est un enfant joyeux. Ils iront quand vous serez prêts; ils vous demandent donc de vous dépêcher.

Note. – Elle se termine par un point, un point-virgule, une virgule, un deux-points ou des points de suspension. Même si elle peut contenir une phrase subordonnée interrogative comme complément du verbe, la phrase déclarative ne se termine jamais par un point d'interrogation.

Rachel se demandait quel était ton tarif pour les corrections. Elle te dira combien coûtent ces logiciels.

▸ La **phrase interrogative** pose une question, demande une information.

Est-ce que tu aimes cette musique? Viens-tu ce soir au cinq à sept?

Note. – Elle se termine par un point d'interrogation.

▸ La **phrase impérative** exprime un ordre, une interdiction, un conseil, une demande, un souhait.

Viens ici; je te le dirai à ce moment-là. Soyez prudents en traversant la rue. Gardez tout avec vous, on ne sait jamais…

Note. – Elle se termine par un point, un point-virgule, une virgule, un deux-points ou des points de suspension.

▸ La **phrase exclamative** exprime un sentiment intense.

Quel plaisir d'être en vacances! Que de découvertes nous faisons en voyage!

Note. – Elle se termine par un point d'exclamation.

LES FORMES DE LA PHRASE (OU TYPES FACULTATIFS)

Les phrases, qu'elles soient déclaratives, interrogatives, impératives ou exclamatives, peuvent aussi, facultativement, subir une, deux ou toutes les transformations suivantes :
– d'affirmative à négative;
– d'active à passive;
– de neutre à emphatique;
– de personnelle à impersonnelle.

P

TYPES ET FORMES DE LA PHRASE | *SUITE* >

1. Conception du tableau : Annie Desnoyers.

▸ La **phrase négative** exprime qu'un fait est faux ou qu'il n'existe pas (selon l'émetteur).

   Le ciel n'est pas vert. Personne n'est venu ? Ne voyez aucune de vos amies pendant cinq jours.

▸ La **phrase passive** exprime une action subie par le sujet de la phrase.

   La pomme a été découpée en morceaux.

   ↬ Seuls les verbes transitifs directs peuvent se construire au passif.

▸ La **phrase emphatique** met l'accent sur un de ses constituants.

   Ma mère, elle adore la crème. Adore-t-elle la crème, ta mère ? (reprise nom et pronom)
   C'est ma mère qui adore la crème. C'est la crème que ma mère adore. (marqueur emphatique)

▸ La **phrase impersonnelle** transformée se construit avec un verbe occasionnellement impersonnel, c'est-à-dire qui existe aussi à la forme personnelle.

   Il est arrivé un grave accident. Il est important de boire de l'eau. Il se tient une réunion à ce sujet.

LES PHRASES À CONSTRUCTION PARTICULIÈRE

Dans la langue, il existe des unités syntaxiquement autonomes dont la structure ne correspond pas à celle de la phrase de base ou transformée (sujet, prédicat et complément de phrase). Ces unités sont des phrases à construction particulière.

▸ **Phrase non verbale**

Il s'agit de la phrase nominale, de l'interjection, de l'apostrophe, de l'onomatopée.

   Entrée interdite. Merveilleux, ce voyage ! Chut ! Marie-Andrée, viens chez moi. Clac !

▸ **Phrase à présentatif**

La phrase à présentatif se construit avec les présentatifs *il y a, voici, voilà, c'est.*

   Il y a trois enfants ici. Voici mes enfants. C'est que mes enfants ne sont pas arrivés. C'est ta vie.

▸ **Phrase impersonnelle**

La phrase impersonnelle de construction particulière se construit avec un verbe essentiellement impersonnel, c'est-à-dire qui existe seulement à la forme impersonnelle, qui n'est pas transformé syntaxiquement à partir de la phrase de base.

   Il pleut. Il fera beau demain. Il a déjà été question de ce problème.

VOIR TABLEAUX ▸ **COMPLÉMENT.** ▸ **PHRASE (ANALYSE GRAMMATICALE DE LA).** ▸ **PONCTUATION.** ▸ **VERBE.**

PLURIEL DES NOMS

Le nom se met au pluriel quand il désigne plusieurs êtres ou plusieurs objets. *Trois enfants. Cinq maisons.*

⌨ En français, la marque du pluriel ne s'inscrit qu'à compter de deux unités. *La somme s'élève à 1,5 million de dollars, à 2,5 milliers d'euros.*

PLURIEL DES NOMS

▸ Le pluriel des noms se forme en ajoutant un **s** à la forme du singulier. *Un arbre, des arbres.*

▸ Les noms terminés au singulier par **-s, -x, -z** sont invariables. *Un refus, des refus, un prix, des prix, un nez, des nez.*

▸ Les noms terminés au singulier par **-al** font **-aux** au pluriel. *Un cheval, des chevaux.*
EXCEPTIONS : **avals, bals, cals, carnavals, cérémonials, chacals, festivals, narvals, pals, récitals, régals.**
⌨ Certains noms ont les deux pluriels (**-als** et **-aux**) : *étal, idéal, val…*

▸ Les noms terminés au singulier par **-eau, -au, -eu** font **-eaux, -aux, -eux** au pluriel. *Une eau, des eaux, un tuyau, des tuyaux, un feu, des feux.*
EXCEPTIONS : **landaus, sarraus, bleus, pneus.**

▸ Les noms terminés au singulier par **-ail** font **ails** au pluriel. *Un détail, des détails.*
EXCEPTIONS : **baux, coraux, émaux, soupiraux, travaux, vitraux.**
⌨ Les mots **bercail, bétail** ne s'emploient pas au pluriel.

▸ Les noms terminés au singulier par **-ou** font **-ous** au pluriel. *Un fou, des fous.*
EXCEPTIONS : **bijoux, cailloux, choux, genoux, hiboux, joujoux, poux.**

▸ Certains mots ont un pluriel double *aïeul, ciel, œil, travail.*
Aïeuls, « grands-parents » et *aïeux* « ancêtres » ; *ciels* « aspects du ciel en un lieu, en peinture » et *cieux* « espace indéfini et paradis » ; *œils* « boucles (dans le domaine de la marine) et noms composés » et *yeux* « organe de la vue » ; *travails* « appareil servant à maintenir de grands animaux » et *travaux* « ensemble d'activités ».

PLURIEL DES NOMS COMPOSÉS

VOIR TABLEAU ▸ **NOMS COMPOSÉS.**

PLURIEL DES NOMS PROPRES

▸ Les noms de peuples, de races, d'habitants de régions, de villes prennent la marque du pluriel.
Les Canadiens, les Noirs, les Beaucerons, les Trifluviens.

▸ Les patronymes sont généralement invariables. *Les Fontaine sont invités.*
⌨ Certains noms de familles royales, princières, illustres prennent parfois la marque du pluriel.
Les Bourbons, les Tudors.

▸ Les noms propres employés par métaphore prennent la marque du pluriel. *Des Picassos, des Zolas, des dons Juans.*

▸ Les noms de marques commerciales sont invariables. *Des Peugeot, des Apple.*
⌨ Les noms déposés passés dans l'usage sont devenus des noms communs qui prennent la marque du pluriel et s'écrivent avec une minuscule. *Des aspirines, des linoléums, des stencils.*

PLURIEL DES NOMS D'ORIGINE ÉTRANGÈRE

▸ Les noms étrangers sont invariables. *Des nota bene, des modus vivendi.*
⌨ Certains noms étrangers gardent le pluriel de leur langue d'origine. *Errata, ladies.*

▸ Les noms d'origine étrangère francisés prennent la marque française du pluriel. *Des agendas, des spaghettis.*

P

PONCTUATION

La ponctuation est constituée de l'ensemble des signes graphiques qui contribuent à la structuration du texte, qui marquent les rapports syntaxiques entre les phrases, les membres de phrase et qui apportent des précisions sémantiques.

SIGNES DE PONCTUATION	SIGNES TYPOGRAPHIQUES
. . . . . . le point	- . . . . le trait d'union
, ... la virgule	( ) . . . les parenthèses
; . . . . . le point-virgule	– . . . le tiret
: . . . . . le deux-points	« » . . les guillemets
? . . . . le point d'interrogation	[ ] . . les crochets
! . . . . le point d'exclamation	/ . . . . la barre oblique
… . . . les points de suspension	* . . . . l'astérisque

FONCTIONS DES SIGNES DE PONCTUATION ET DES SIGNES TYPOGRAPHIQUES

LE POINT   **·**   . . . . ESPACEMENT : PAS D'ESPACE AVANT / UN ESPACE APRÈS.

▶ Le point marque la **fin d'une phrase autonome déclarative ou impérative.** *Les lilas sont en fleur. Rendez-moi ce livre, svp.*

   T Si l'abréviation est en fin de phrase, le point abréviatif et le point final se confondent.

▶ Le point s'emploie à la **fin d'un mot abrégé** dont on a retranché les lettres finales.
   M. est l'abréviation de Monsieur et Mᵐᵉ, l'abréviation de Madame.

   T L'abréviation *Mᵐᵉ* ne prend pas de point parce que la dernière lettre du mot est conservée.

LA VIRGULE   **,**   . . . . ESPACEMENT : PAS D'ESPACE AVANT / UN ESPACE APRÈS.

▶ **1. Énumération et juxtaposition**
   • La virgule sépare les **mots, les groupes de mots de même fonction** non unis par une conjonction *(et, ou, ni)*. *Achète des pommes, des poires, des oranges et des pamplemousses.*
   • La virgule marque aussi la **fin d'une phrase autonome déclarative ou impérative.** *L'avion se pose, il freine, puis s'immobilise.*

▶ **2. Ajout d'une restriction, d'une explication**
   • La virgule isole un élément **exprimant la restriction *(mais, or, pourtant, cependant, néanmoins, toutefois...)*, l'explication *(à savoir, c'est-à-dire, par exemple, car, donc...)*.** *Martine est malade, mais elle se soigne.*
   • La virgule isole une **explication.** *Le béluga, appelé aussi baleine blanche, vit dans les eaux arctiques. Achète des légumes, par exemple des haricots et des carottes.*

   ↪ On met une virgule au début et à la fin du groupe adjectival explicatif : les virgules jouent ici le même rôle que les parenthèses.

   • La virgule encadre également un **groupe nominal explicatif.** *La directrice, Louise Dubois, accueillera les nouveaux élèves.*
   • La virgule met en relief une **phrase relative explicative.** *Ces jeunes sportifs, qui sont aussi de bons musiciens, participeront aux épreuves de tennis.*

   ↪ Pour distinguer la phrase relative explicative de la relative déterminative, on vérifie si elle est essentielle à la compréhension de la phrase. La relative déterminative n'est pas encadrée de virgules. *Les jeunes sportifs qui ont été choisis lors des épreuves participeront aux Jeux du Québec.*

   • La virgule isole une **incise.** *Je termine cela, répondit-il, et j'arrive immédiatement.*

P

▸ 3. **Mise en relief d'éléments placés en tête de phrase**

La virgule marque un ajout ou un déplacement par rapport à l'ordre normal des éléments de base de la phrase (sujet, verbe, complément). Si l'ajout ou le déplacement est en début de phrase, une virgule s'impose ; si l'ajout ou le déplacement est en milieu de phrase, deux virgules sont nécessaires.

- La virgule met en évidence un **complément de phrase en début de phrase.** *L'an dernier, nos résultats ont été excellents.*

- La virgule souligne une **phrase subordonnée en début de phrase.** *Parce qu'il fait trop froid, nous avons remis notre excursion.*

- La virgule se place **après certains marqueurs de relation** *(bref, d'abord, d'une part, d'autre part, du reste, en conclusion, en fait, enfin, en outre, en premier lieu, premièrement...).*

▸ 4. **Apostrophe**

- La virgule signale les **mots mis en apostrophe.** *Laurence, écoute-moi !*

LE POINT-VIRGULE | ; ....ESPACEMENT : PAS D'ESPACE AVANT / UN ESPACE APRÈS.

- Le point-virgule marque la **fin d'une phrase autonome déclarative ou impérative** qui est **logiquement reliée à une autre.** *Ces jeunes filles adorent la lecture ; leur vocabulaire est riche.*

- Dans une **énumération,** le point-virgule sert à séparer des **éléments d'une certaine étendue** qui contiennent déjà des virgules. *Le pronom est un mot qui représente généralement un nom, un pronom ou un groupe nominal ; un adjectif ou un groupe adjectival ; une phrase.*

- Le point-virgule s'emploie aussi entre chaque **élément des énumérations** *verticales* introduites par le deux-points.

  La trousse de secours comprend :
  un thermomètre ;
  des pansements ;
  un onguent antibiotique.

P

LE DEUX-POINTS | : ....ESPACEMENT : UN ESPACE AVANT / UN ESPACE APRÈS.

- Le deux-points annonce une **citation** ou du **discours rapporté direct.** *Et il répondit : « Ce fut un plaisir. »*

- Le deux-points introduit une **énumération.** *Voici les articles que vous devez vous procurer : un canif, une gourde, un sac de couchage et des bottes de randonnée.*

- Le deux-points annonce un **exemple.** *Ex. : Les blés sont mûrs.*

- Le deux-points marque aussi la **fin d'une phrase autonome déclarative ou impérative.** Il exprime une **relation logique de cause** ou **de conséquence** entre cette phrase et la suivante. *Grand-papa est très savant : il est toujours en train de lire. Grand-maman est enrhumée : elle a pris froid pendant une randonnée en forêt.*

LE POINT D'INTERROGATION | ? ....ESPACEMENT : PAS D'ESPACE AVANT / UN ESPACE APRÈS.

- Le point d'interrogation se place à la **fin d'une phrase autonome interrogative.** *Comment ça va ? Auriez-vous de la tarte aux pommes ?*

LE POINT D'EXCLAMATION ![!].............................ESPACEMENT : PAS D'ESPACE AVANT / UN ESPACE APRÈS.

- Le point d'exclamation se place à la **fin d'une phrase autonome exclamative.** *Vous êtes là !*

  T Après une interjection, on met un point d'exclamation. *Hé !*

LES POINTS DE SUSPENSION [...].............................ESPACEMENT : PAS D'ESPACE AVANT / UN ESPACE APRÈS.

- Les points de suspension marquent une **énumération non achevée.** *Les prépositions à, de, par, pour…* *servent à introduire un complément.*

  T On emploie soit les points de suspension, soit l'abréviation *etc.,* mais non les deux à la fois.

- Les points de suspension indiquent que la **phrase autonome déclarative ou impérative** est **inachevée** du point de vue du sens. *Tu imagines ce que je veux dire…*

  T Les points de suspension se confondent avec le point final et sont toujours au nombre de trois.

- Les points de suspension marquent une **hésitation.** *Il se nomme… euh… Antoine, je crois.*

LE TRAIT D'UNION [-].............................ESPACEMENT : PAS D'ESPACE AVANT / PAS D'ESPACE APRÈS.

- Le trait d'union réunit les **éléments des mots composés.** *Rez-de-chaussée. Jean-Pierre.*

- Le trait d'union s'emploie dans les **déterminants numéraux composés** quand les éléments sont l'un et l'autre inférieurs à *cent* et quand ils ne sont pas joints par la conjonction *et* (règle classique). *Quatre-vingts, trente-sept.*

  ⌐ Selon les *Rectifications orthographiques* (1990), « on peut lier par un trait d'union les numéraux formant un nombre complexe, inférieur ou supérieur à cent ».

- Le trait d'union unit le **verbe** et le **sujet inversé**, le **verbe à l'impératif** et le **pronom personnel** qui le suit. *Aurai-je le temps de te voir ? Donne-moi un peu de lait.*

- Le trait d'union marque **la coupure d'un mot** en fin de ligne.

VOIR TABLEAU ► TRAIT D'UNION.

LES PARENTHÈSES [()].............ESPACEMENT : PARENTHÈSE OUVRANTE : UN ESPACE AVANT / PAS D'ESPACE APRÈS.
PARENTHÈSE FERMANTE : PAS D'ESPACE AVANT / UN ESPACE APRÈS.

- Les parenthèses, composées de deux signes (parenthèse ouvrante et parenthèse fermante), servent à intercaler dans une phrase un **élément explicatif.** *L'expression tenir pour acquis (du verbe **acquérir**) signifie…*

  T Après la parenthèse fermante, il n'y a pas d'espace avant un signe de ponctuation à l'exception du deux-points. *Il vient de Nicolet (Québec).*

- Les parenthèses encadrent un **commentaire.** *L'école a informé les parents de la mise en vigueur (à compter du mois de mars) du nouveau règlement.*

VOIR TABLEAU ► PARENTHÈSES.

LE TIRET [–].............................ESPACEMENT : UN ESPACE AVANT / UN ESPACE APRÈS.

- Le tiret sert à séparer une **explication,** un **commentaire.** *Les joueurs d'échecs – les vrais mordus – s'exercent tous les jours.*

- Le tiret indique le **changement d'interlocuteur** dans un dialogue.

    Le monarque s'avança vers son visiteur.

    « Que voulez-vous insinuer ?

    – Je n'insinue pas, j'affirme ! »

- Le tiret marque également les **éléments d'une énumération.**

    Munissez-vous de bons outils :

    – marteau,

    – scie,

    – tournevis.

LES GUILLEMETS | « » .... ESPACEMENT : GUILLEMET OUVRANT : UN ESPACE AVANT / UN ESPACE APRÈS.

GUILLEMET FERMANT : UN ESPACE AVANT / UN ESPACE APRÈS.

- Les guillemets sont de petits chevrons doubles qui se placent au commencement (guillemet ouvrant) et à la fin (guillemet fermant) d'une **citation**, d'un **dialogue**, d'un **mot**, d'une **locution que l'auteur désire isoler.** *Tous les vendredis, elle lit la chronique « Plaisirs ». Le réalisateur cria : « Silence, on tourne ! »*

VOIR TABLEAU ► **GUILLEMETS.**

LES CROCHETS | [ ] .... ESPACEMENT : CROCHET OUVRANT : UN ESPACE AVANT / PAS D'ESPACE APRÈS.

CROCHET FERMANT : PAS D'ESPACE AVANT / UN ESPACE APRÈS.

- Les crochets servent à marquer une **insertion** à l'intérieur d'une parenthèse, la **suppression d'un extrait dans une citation** [...], une **explication spécifique.** Dans cet ouvrage, la prononciation (selon l'Alphabet phonétique international) est indiquée entre crochets. *Abats* [aba].

LA BARRE OBLIQUE | / .... ESPACEMENT : PAS D'ESPACE AVANT / PAS D'ESPACE APRÈS.

- La barre oblique est utilisée dans l'inscription des **unités de mesure complexes abrégées,** des **fractions,** des **pourcentages,** de certaines mentions qui doivent être abrégées. *Une vitesse de 125 km/h, 2/3, 85 %.*

L'ASTÉRISQUE | * .... ESPACEMENT : PAS D'ESPACE AVANT / UN ESPACE APRÈS.

- L'astérisque indique un **appel de note** ; il peut être simple, double ou triple (*, **, ***)

    Le béluga* est un mammifère marin.

    ---

    * Le béluga est aussi appelé baleine blanche.

    T Pour marquer un appel de note, l'astérisque se place après le mot, en exposant, avec ou sans parenthèses. L'astérisque est repris en bas de page pour introduire la note.

T Les espacements recommandés dans ce tableau s'appliquent aux documents produits par dactylographie ou traitement de texte. Dans l'édition, on recourt aux espacements plus détaillés prescrits par les codes typographiques.

VOIR TABLEAU ► **ESPACEMENTS.**

P

DÉTERMINANT **POSSESSIF ET PRONOM POSSESSIF**

DÉTERMINANT POSSESSIF

– Le déterminant possessif détermine le nom en indiquant le «possesseur» de l'être, de l'objet désigné.

☞ On observe que le déterminant possessif est loin de toujours exprimer la possession réelle. En effet, il n'établit souvent qu'une simple relation de chose à personne, qu'un rapport de dépendance, de familiarité, d'affinité, de proximité, etc. *Mon avion, ton hôtel, sa ville, nos invités, vos étudiants, leurs amis.*

– Il s'accorde en genre et en nombre avec le nom déterminé. *Ta voiture, son ordinateur, nos livres.*

– Il s'accorde en personne avec le nom désignant le possesseur :

un seul possesseur : *mon, ton, son fils,*   **plusieurs possesseurs** : *notre, votre, leur fils ou fille*
ma, ta, sa fille   *nos, vos, leurs fils ou filles*
mes, tes, ses fils ou filles

FORMES DU DÉTERMINANT POSSESSIF

UN SEUL POSSESSEUR	SINGULIER		PLURIEL
	MASCULIN	FÉMININ	
Première personne	*mon*	*ma*	*mes*
Deuxième personne	*ton*	*ta*	*tes*
Troisième personne	*son*	*sa*	*ses*

PLUSIEURS POSSESSEURS	SINGULIER	PLURIEL
Première personne	*notre*	*nos*
Deuxième personne	*votre*	*vos*
Troisième personne	*leur*	*leurs*

Devant un nom féminin commençant par une voyelle ou un *h* muet, c'est la forme masculine du déterminant qui est employée pour des raisons d'euphonie. *Mon amie, ton échelle, son histoire.*

VOIR TABLEAU ► DÉTERMINANT.

PRONOM POSSESSIF

– Le pronom possessif représente un nom de personne, d'animal ou de chose en précisant le «possesseur». *Votre chien est bien dressé; le nôtre est très turbulent. J'ai mon crayon, prenez le vôtre.*

– Comme le déterminant possessif, le pronom possessif est loin de toujours marquer un rapport de possession; il n'exprime souvent qu'une simple relation, qu'un lien de dépendance, d'affinité, de proximité, etc.

☞ 1° Il ne faut pas confondre le pronom possessif et le déterminant possessif. *Notre chatte est blanche; la vôtre est noire.*

2° *Notre* est un déterminant possessif; *la vôtre* est un pronom possessif qui remplace «votre chatte». Le déterminant s'écrit avec un *o*; le pronom possessif s'écrit avec un *ô* et il est toujours précédé d'un article défini.

FORMES DU PRONOM POSSESSIF

UN SEUL POSSESSEUR	SINGULIER		PLURIEL	
	MASCULIN	FÉMININ	MASCULIN	FÉMININ
Première personne	*le mien*	*la mienne*	*les miens*	*les miennes*
Deuxième personne	*le tien*	*la tienne*	*les tiens*	*les tiennes*
Troisième personne	*le sien*	*la sienne*	*les siens*	*les siennes*

PLUSIEURS POSSESSEURS	SINGULIER		PLURIEL
	MASCULIN	FÉMININ	
Première personne	*le nôtre*	*la nôtre*	*les nôtres*
Deuxième personne	*le vôtre*	*la vôtre*	*les vôtres*
Troisième personne	*le leur*	*la leur*	*les leurs*

PRÉFIXE

Le **préfixe** est un élément qui se place avant un radical pour former un nouveau mot.
↪ Le **suffixe** est un élément qui se joint à la suite d'un radical pour former un dérivé.

Dans la composition des mots nouveaux (néologismes), le français emprunte surtout au **grec** et au **latin** des préfixes ou des éléments qui sont joints à un radical pour former une nouvelle unité lexicale. Ces préfixes présentent l'avantage d'être déjà connus et, ainsi, de favoriser la compréhension immédiate du néologisme.

▶ **Règles d'écriture**
Les préfixes se soudent généralement au radical : on observe une tendance marquée à supprimer les traits d'union pour constituer des unités lexicales simples. Seule la rencontre de deux voyelles impose parfois le trait d'union. *Méga-octet, micro-ordinateur.*

PRÉFIXES D'ORIGINE GRECQUE

PRÉFIXES	SENS	EXEMPLES
aéro-	« air »	*aérogare, aéroport*
agro-	« champ »	*agrochimie, agroalimentaire*
allo-	« autre »	*allophone*
amphi-	« en double »	*amphibie*
anti-	« contre »	*antibruit, antigel*
archéo-	« ancien »	*archéologie*
archi-	« degré extrême »	*archimillionnaire, archi-fou*
auto-	« de soi-même »	*autobiographie*
biblio-	« livre »	*bibliothèque*
bio-	« vie »	*biologie, bio-industrie*
cardi(o)-	« cœur »	*cardiologie*
cata-	« en dessous, en arrière »	*catacombe*
chir(o)-	« main »	*chiromancie*
cosmo-	« monde »	*cosmopolite*
grapho-	« écrire »	*graphologie*
hyper-	« au-dessus, au-delà »	*hypermarché*
kilo-	« mille »	*kilogramme*
meg-, méga-	« grand »	*mégajoule, méga-octet*
micro-	« petit »	*microfilm, micro-ondes*
mono-	« seul »	*monopole*
mytho-	« fable »	*mythologie*
néo-	« nouveau »	*néologisme*
orth(o)-	« droit »	*orthographe*
pan-	« tout »	*panaméricain*
para-, pare-	« à côté de »	*parascolaire*
péd(o)-	« enfant »	*pédiatrie*
penta-	« cinq »	*pentagone*
péri-	« autour »	*périmètre, périphérie*
philo-	« ami »	*philosophie, philologie*
phon-, phono-	« son »	*phonétique*
poly-	« nombreux »	*polytechnique*
pro-	« en faveur de »	*proaméricain*
psych(o)-	« âme »	*psychologie*
thermo-	« chaleur »	*thermomètre*
xén(o)-	« étranger »	*xénophobie*

P

PRÉFIXE | SUITE >

PRÉFIXES D'ORIGINE LATINE

PRÉFIXES	SENS	EXEMPLES
anglo-	« anglais »	*anglophone*
anté-	« avant »	*antérieur, antédiluvien*
aqua-	« eau »	*aquarelle, aquatique*
audio-	« j'entends »	*audiovisuel*
bi(s)-	« deux fois »	*bilingue, bimoteur, bimensuel*
calor-	« chaleur »	*calorifère*
centi-	« cent »	*centimètre*
co-	« avec »	*copropriété, coauteur, coédition*
curvi-	« courbe »	*curviligne*
déci-	« dix »	*décibel*
dis-	« séparation »	*dissocier*
ex-	« antérieurement »	*ex-mari, ex-ministre*
extra-	« en dehors »	*extraterrestre*
franco-	« de langue, d'ascendance française »	*franco-ontarien*
inter-	« entre »	*interurbain, international*
longi-	« long »	*longiligne*
mini-	« moins »	*minijupe*
multi-	« beaucoup, plusieurs »	*multicolore, multiethnique*
oct-, octa-, octi-, octo-	« huit »	*octogone*
omni-	« tout »	*omnipraticien, omnivore*
péd(i)-	« pied »	*pédicure*
pisci-	« poisson »	*pisciculture*
pluri-	« plusieurs »	*pluridisciplinaire*
post-	« après »	*postérieur, postérité*
pré-	« en avant »	*préretraite*
quadr(i)-	« quatre »	*quadrimoteur*
quinqu(a)-	« cinq »	*quinquennal*
quint-	« cinquième »	*quintuple*
radio-	« rayon »	*radiologie*
rect(i)-	« droit »	*rectiligne*
rétro-	« en arrière »	*rétrograder*
semi-	« demi »	*semi-automatique*
sérici-	« soie »	*sériciculture*
sub-	« sous »	*subconscient, subdiviser*
super-	« au-dessus »	*superpuissance, superposer*
sur-	« au-dessus »	*surabondance, surdoué*
sylvi-	« forêt »	*sylviculture*
trans-	« à travers »	*transatlantique*
tri-	« trois »	*triangle, tricycle*
ultra-	« au-delà »	*ultrason, ultrasecret*
uni-	« un »	*unilingue*
vidéo-	« je vois »	*vidéocassette*
viti-	« vigne »	*viticulture*

VOIR TABLEAUX ► NÉOLOGISME. ► SUFFIXE.

PRÉPOSITION

La préposition est un mot invariable qui sert à introduire un complément, qu'il unit, par un rapport de temps, de lieu, de moyen, de manière, etc., à un mot, à un groupe de mots ainsi complétés.

▸ **Quelques prépositions**

À	DE	PAR
Je viendrai à midi (temps).	*Marcher de midi à minuit* (temps).	*Passer par Trois-Rivières* (lieu).
Il habite à la campagne (lieu).	*Se rapprocher de la ville* (lieu).	*Travailler dix heures par jour* (temps).
Se battre à l'épée (moyen).	*Une femme de tête* (manière).	*Voyager par bateau* (moyen).

DANS	EN	POUR
Il arrivera dans une heure (temps).	*Elle habite en Gaspésie* (lieu).	*Partir pour la campagne* (lieu).
Elle travaille dans un bureau (lieu).	*En été comme en hiver* (temps).	*Partir pour deux jours* (temps).
Boire dans un verre (instrument).	*Une bague en or* (matière).	*Des bottes pour la pluie* (but).

▭ Attention à certains mots qui sont tantôt des prépositions s'ils introduisent un complément, tantôt des adverbes s'ils n'en introduisent pas.

> *Il y a un chien derrière l'arbre.* Le mot *derrière* introduit un complément de phrase : c'est une **préposition**.

> *Les chiens sont restés derrière.* Le mot *derrière* n'introduit pas de complément : c'est un **adverbe** qui modifie le verbe *rester*.

▸ **Principales prépositions**

à	contre	dès	envers	par	sauf
après	dans	devant	hors	parmi	selon
avant	de	durant	jusque	pendant	sous
avec	depuis	en	malgré	pour	sur
chez	derrière	entre	outre	sans	vers...

LOCUTION PRÉPOSITIVE (ou préposition composée)

La *locution prépositive* ou *préposition composée* est formée de plusieurs mots et joue le même rôle que la préposition : elle introduit un complément. *Un joli jardin a été aménagé en arrière de la maison.*

▭ Les prépositions simples ou composées introduisent toujours un complément. Attention à certaines locutions qui n'introduisent pas de complément et qui sont alors des locutions adverbiales (ou adverbes composés).

> *Les enfants jouent en avant de l'école.* La locution *en avant de* introduit un complément de phrase : c'est une **préposition composée**.

> *Regardez en avant.* La locution *en avant* n'introduit pas de complément : *c'est un* **adverbe composé** qui modifie le verbe *regarder*.

▸ **Principales locutions prépositives (ou prépositions composées)**

à cause de	à l'insu de	auprès de	de delà	en dehors de	par-delà
à condition de	à l'intention de	au prix de	de derrière	en dépit de	par-dessous
à côté de	à moins de	au sujet de	de dessous	en face de	par-dessus
à défaut de	à raison de	autour de	de dessus	en faveur de	par-devant
afin de	au cours de	au travers de	de devant	étant donné	par-devers
à force de	au-dedans de	aux dépens de	de façon à	face à	par rapport à
à l'abri de	au-dehors de	aux environs de	de manière à	faute de	près de
à la façon de	au-dessous de	avant de	d'entre	grâce à	proche de
à la faveur de	au-dessus de	conformément à	de par	hors de	quant à
à la mode de	au-devant de	contrairement à	de peur de	jusqu'à	sauf à
à l'égard de	au lieu de	dans le but de	du côté de	le long de	vis-à-vis de...
à l'encontre de	au milieu de	d'après	en bas de	loin de	
à l'exception de	au moyen de	d'avec	en deçà de	par-dedans	
à l'exclusion de	au pied de	de chez	en dedans de	par-dehors	

P

PRÉSENT

AXE DU TEMPS

PASSÉ	PRÉSENT	FUTUR
Autrefois, on voyageait en bateau.	**Aujourd'hui,** on se déplace en avion.	**Demain,** on circulera en navette spatiale.

Le **PRÉSENT** indique qu'un fait, qu'une action a lieu au moment où l'on parle.

▶ **Le PRÉSENT exprime :**

– un **fait actuel**, une **action présente**.

Il fait soleil aujourd'hui. Elle est à la campagne dans son jardin.

▶ **Le PRÉSENT exprime également :**

– une **vérité éternelle, générale**.

Le ciel est bleu. Il importe de bien maîtriser sa langue, car elle est le véhicule de la pensée.

▱ Les proverbes, les maximes, les adages sont généralement au présent, car ils expriment des vérités permanentes. « *Rien ne sert de courir, il faut partir à point.* » (La Fontaine) *Pierre qui roule n'amasse pas mousse.*

– un **fait habituel.**

Les enfants partent tous les matins à 7 h 30 et reviennent à 16 h.

– un **fait scientifique.**

Deux et deux font quatre. « *Tout corps plongé dans un liquide subit une poussée verticale, dirigée de bas en haut, égale au poids du fluide déplacé.* » (Principe d'Archimède)

– un **fait historique.**

Samuel de Champlain fonde Québec en 1608.

▱ Ce temps s'appelle aussi le présent narratif, car il raconte l'histoire de façon vivante et la rattache à l'actualité.

▶ **Le PRÉSENT peut aussi traduire :**

– un **passé récent.**

La partie de hockey se termine tout juste.

– un **futur proche.**

Attends-moi, j'arrive immédiatement. Nous partons en voyage demain.

▱ Dans ces deux cas, la dimension passée ou future est indiquée à l'aide du verbe au présent accompagné d'une locution adverbiale (ou adverbe composé) pour le passé *(tout juste)* ou d'un adverbe pour le futur *(immédiatement)*.

– une **action future** dans une subordonnée conditionnelle.

Si tu économises un peu, tu pourras t'acheter des patins.

VOIR TABLEAUX ▶ CONCORDANCE DES TEMPS. ▶ FUTUR. ▶ PASSÉ (TEMPS DU).

PRONOM

Le pronom est un mot qui représente un nom, un pronom ou un groupe nominal ; un adjectif ou un groupe adjectival ; une phrase. *Je te prête mon livre : prends-en grand soin et rends-le-moi demain.*

> 🔲 Les pronoms personnels *en* et *le* représentent le groupe nominal ***mon livre***.

Les articles de ce journal sont intéressants, mais ceux de cet hebdomadaire le sont peu.

> 🔲 Le pronom personnel *le* représente l'adjectif ***intéressants***.

Ces personnes sont honnêtes. Je le crois, du moins.

> 🔲 Le pronom personnel *le* représente la phrase ***Ces personnes sont honnêtes***.

1. PRONOM PERSONNEL

Le pronom personnel indique la personne de l'être ou de l'objet dont il est question.

PERSONNE	GENRE	NOMBRE	PRONOMS PERSONNELS SUJETS	PRONOMS PERSONNELS COMPLÉMENTS		
				COMPLÉMENT DIRECT	COMPLÉMENT INDIRECT	COMPLÉMENT DE LA PRÉPOSITION
1ʳᵉ	masculin/féminin	singulier	*je*	*me, moi*	*me*	*moi*
2ᵉ	masculin/féminin	singulier	*tu*	*te, toi*	*te*	*toi*
3ᵉ	masculin	singulier	*il*	*le, se*	*lui, en, y, se*	*lui*
	féminin	singulier	*elle*	*la, se*	*lui, en, y, se*	*elle*
	neutre	singulier	*on*	*en, se*	*lui, en, y, se*	*soi*
1ʳᵉ	masculin/féminin	pluriel	*nous*	*nous*	*nous*	*nous*
2ᵉ	masculin/féminin	pluriel	*vous*	*vous*	*vous*	*vous*
3ᵉ	masculin	pluriel	*ils*	*les, se*	*leur, en, y, se*	*eux*
	féminin	pluriel	*elles*	*les, se*	*leur, en, y, se*	*elles*
	masculin/féminin	pluriel	*ils*	*les, se*	*leur, en, y, se*	*eux*

La 1ʳᵉ personne est celle qui parle. ***Je** reviendrai demain.* ***Elle** **me** regarde.* ***Je** **me** souviens.* *Regarde-**moi**. Joue avec **moi**.*

La 2ᵉ personne est celle à qui l'on parle. ***Tu** reviendras demain ?* ***Elle** **te** regarde.* ***Tu** **te** rappelles.* *Regarde-**toi**. Je viens avec **toi**.*

La 3ᵉ personne est celle dont on parle. ***Elles** reviendront demain ?* *On **les** aime.* ***Elles** **se** coiffent.* *Regarde-**les*** ou *parle-**leur**. Viens avec **eux**. Danse avec **elles**.*

> 🔲 Devant une voyelle ou un *h* muet, certains pronoms s'élident : *j', m', t', l', s'. J'aime, je m'ennuie, il t'aime, tu ne l'aimes pas, ils s'habituent.*

2. PRONOM POSSESSIF

– Le pronom possessif représente un nom de personne ou de chose en précisant le « possesseur ». ***Votre** chien est bien dressé ; **le nôtre** est très turbulent. Prends **ton** livre ; je prends **le mien**.*

– Comme le déterminant possessif, le pronom possessif est loin de toujours marquer un rapport de possession ; il n'exprime souvent qu'une simple relation, qu'un lien de dépendance, d'affinité, de proximité, etc.

P

🖘 Il ne faut pas confondre le pronom possessif et le déterminant possessif. *Notre chatte est blanche ;* *la vôtre est noire. Notre* est un déterminant possessif ; *la vôtre* est un pronom possessif qui remplace « votre chatte ». Le déterminant s'écrit avec un *o ;* le pronom possessif, avec un *ô* et il est toujours précédé d'un déterminant défini.

FORMES DU PRONOM POSSESSIF

UN SEUL POSSESSEUR	SINGULIER		PLURIEL	
	MASCULIN	FÉMININ	MASCULIN	FÉMININ
Première personne	*le mien*	*la mienne*	*les miens*	*les miennes*
Deuxième personne	*le tien*	*la tienne*	*les tiens*	*les tiennes*
Troisième personne	*le sien*	*la sienne*	*les siens*	*les siennes*

PLUSIEURS POSSESSEURS	SINGULIER		PLURIEL	
	MASCULIN	FÉMININ	MASCULIN	FÉMININ
Première personne	*le nôtre*	*la nôtre*	*les nôtres*	*les nôtres*
Deuxième personne	*le vôtre*	*la vôtre*	*les vôtres*	*les vôtres*
Troisième personne	*le leur*	*la leur*	*les leurs*	*les leurs*

3. PRONOM DÉMONSTRATIF

Le pronom démonstratif représente un nom, dont il prend le genre et le nombre, et un déterminant démonstratif ; il sert à montrer la personne ou la chose désignée par ce nom. *Ces fleurs sont plus odorantes que celles-ci. C'est magnifique.*

FORMES DU PRONOM DÉMONSTRATIF :

GENRE	SINGULIER	PLURIEL
MASCULIN	*celui (celui-ci, celui-là)*	*ceux (ceux-ci, ceux-là)*
FÉMININ	*celle (celle-ci, celle-là)*	*celles (celles-ci, celles-là)*
NEUTRE	*ce (ceci, cela)*	

4. PRONOM INDÉFINI

Le pronom indéfini représente une personne, une chose qu'il désigne d'une manière indéterminée, vague. *L'un dit oui, l'autre dit non. Nous n'avons rien mangé et nous n'avons vu personne.*

▸ **Pronoms indéfinis variables :**

Aucun, certain, chacun, l'un, l'autre, le même, maint, nul, pas un, plus d'un, quelqu'un, tel, tout, un autre, un tel...

▸ **Pronoms indéfinis invariables :**

Autrui, on, personne, plusieurs, quelque chose, quiconque, rien...

5. PRONOM RELATIF

Le pronom relatif représente un nom ou un pronom et introduit une phrase relative. *La ville **dont** je parle est Montréal. L'enfant **qui** court ressemble à ton frère. Ceux **que** j'ai vus paraissent excellents.*

Le nom ou le pronom représenté par le pronom relatif est son antécédent.

▸ **Pronoms relatifs définis**

FORMES SIMPLES : ***qui, que, quoi, dont, où.***

FORMES COMPOSÉES : ***à qui, à quoi, de qui, de quoi,*** préposition + ***qui,*** préposition + ***quoi***

SINGULIER		PLURIEL	
MASCULIN	FÉMININ	MASCULIN	FÉMININ
lequel	*laquelle*	*lesquels*	*lesquelles*
duquel	*de laquelle*	*desquels*	*desquelles*
auquel	*à laquelle*	*auxquels*	*auxquelles*

▭ La forme du pronom relatif varie selon sa fonction dans la phrase relative.

▸ **Pronoms relatifs indéfinis.** ***Quiconque*** *s'aventure en ces lieux s'expose à un danger.*

Quiconque, qui que ce soit, quoi que ce soit.

6. PRONOM INTERROGATIF

P

Le pronom interrogatif représente une personne, une chose que l'on ne connaît pas et sur laquelle porte l'interrogation. ***Qui*** *sont-ils ?* ***Quel*** *est ton nom ? Je me demande **ce que** tu veux.*

– **Interrogation dans une phrase autonome interrogative :** *qui, que, quoi, quel, quelle, quels, quelles, lequel, laquelle, lesquels, lesquelles. Lesquels de ces disques préférez-vous ?*

▭ Le pronom *lequel* représente une personne, une chose dont on parle et avec laquelle il s'accorde en genre et en nombre. ***Lequel*** *de ces disques préférez-vous ?*

– **Interrogation dans une phrase subordonnée :** *ce qui, ce que, lequel, laquelle, lesquels, lesquelles.*

Ils se demandent lequel de ces projets Thomas retiendra.

PRONOMINAUX

Les verbes pronominaux sont accompagnés d'un pronom personnel complément *(me, te, se, nous, vous)* qui représente le sujet. Aux temps composés, les verbes pronominaux se conjuguent avec l'auxiliaire *être*. *Elle se regarde. Nous nous parlons. Elle s'est regardée. Nous nous sommes parlé.*

▭ À l'infinitif, les verbes pronominaux sont toujours précédés du pronom *se* (*s'* devant un verbe qui commence par une voyelle ou un *h* muet). Certains verbes sont **essentiellement pronominaux,** c'est-à-dire qu'ils n'existent qu'à la forme pronominale *(se souvenir)*; d'autres sont **accidentellement pronominaux,** c'est-à-dire qu'ils peuvent exister sous une forme non pronominale, mais ils deviennent pronominaux à l'occasion. Ex. : *Aimer* et *s'aimer, contempler* et *se contempler, parfumer* et *se parfumer.* Le pronom peut être complément direct du verbe (CDV) ou complément indirect du verbe (CIV). *Ils se (CDV) sont consultés, elles se (CIV) sont succédé.*

1. LES VERBES PRONOMINAUX RÉFLÉCHIS

PARTICIPE PASSÉ : ACCORD AVEC LE CDV QUI PRÉCÈDE LE VERBE

Les pronominaux sont réfléchis lorsque l'action qu'ils marquent a pour objet le sujet du verbe. *Elle s'est parfumée.* Elle a parfumé *qui ? s'* (CDV) mis pour le sujet.

↪ Les pronominaux réfléchis se construisent avec un pronom personnel complément qui renvoie au sujet.

Les pronominaux réfléchis sont appelés **réciproques** lorsqu'ils marquent une action exercée par plusieurs sujets l'un sur l'autre, les uns sur les autres. Les pronominaux réciproques ont donc toujours un sujet au pluriel.

Martin et Jeanne se sont écoutés, ils se sont regardés. Ils ont écouté et regardé **qui ?** *se* mis

pour Martin et Jeanne mutuellement. Martin a écouté et regardé Jeanne et Jeanne a écouté

et regardé Martin.

▸ **Accord du participe passé** : le participe passé des verbes pronominaux réfléchis ou réciproques s'accorde avec le complément direct qui précède le verbe. *Elle s'est habillée. Ils se sont salués. Elles se sont lavées,* mais *elles se sont lavé les mains.*

▭ Attention, le participe passé des pronominaux réfléchis ou réciproques ne s'accorde pas si le complément direct suit le verbe. *Ils se sont écrit des lettres. Tu t'es acheté des livres.* Si le verbe est accompagné d'un pronom (*me, te, se,* etc.) complément indirect, le participe passé ne s'accorde pas. *Elles se sont parlé.*

2. LES VERBES PRONOMINAUX NON RÉFLÉCHIS

PARTICIPE PASSÉ : ACCORD AVEC LE SUJET DU VERBE

Les pronominaux non réfléchis sont accompagnés d'un pronom (*me, te, se,* etc.) qui n'est pas un complément direct, mais qui fait partie de la forme verbale, pour ainsi dire : ce pronom est sans fonction logique.

Exemples de verbes pronominaux non réfléchis :

s'apercevoir de	se connaître en	se moquer de	se résoudre à
s'approcher de	se défier	s'ouvrir	se saisir de
s'attaquer à	se départir de	se plaindre de	se servir de
s'attendre à	se douter de	s'en prendre à	se taire…
s'avancer	s'endormir	se prévaloir de	
s'aviser de	s'ennuyer	se railler de	
se battre en	se jouer de	se refuser à	

▸ **Accord du participe passé** : le participe passé des verbes pronominaux non réfléchis s'accorde avec le sujet du verbe. *Les enfants se sont moqués du comédien. Ils se sont tus quand le spectacle a commencé.*

3. LES VERBES ESSENTIELLEMENT PRONOMINAUX

PARTICIPE PASSÉ : ACCORD AVEC LE SUJET DU VERBE

Les verbes essentiellement pronominaux n'existent qu'à la forme pronominale.

Exemples de verbes essentiellement pronominaux :

s'absenter	se chamailler	s'empiffrer	s'évader	se méfier de	se réincarner
s'abstenir de	se contreficher	s'empresser de	s'évanouir	se méprendre	se renfrogner
s'accouder	se dédire	s'enfuir	s'évertuer	se morfondre	se repentir
s'accroupir	se démener	s'enquérir de	s'exclamer	s'obstiner	se ressourcer
s'acharner	se désendetter	s'ensuivre	s'extasier	se parjurer	se soucier de
s'adonner à	se désertifier	s'entraider	se formaliser	se prélasser	se souvenir de
s'affairer à	se désister	s'entredéchirer	se gargariser	se prosterner	se suicider
s'agenouiller	s'ébrouer	s'entremettre	se gausser	se ratatiner	se tapir
s'en aller	s'écrier	s'entretuer	s'immiscer	se raviser	se targuer de...
s'autodétruire	s'écrouler	s'envoler	s'ingénier à	se rebeller	
s'autoproclamer	s'efforcer de	s'époumoner	s'insurger	se rebiffer	
s'aventurer	s'égailler	s'éprendre de	s'interpénétrer	se récrier	
s'avérer	s'égosiller	s'esclaffer	se lamenter	se recroqueviller	
se blottir	s'emparer de	s'escrimer	se marrer	se réfugier	

▸ **Accord du participe passé** : le participe passé des verbes essentiellement pronominaux s'accorde avec le sujet du verbe. *Ils se sont abstenus de voter. Elles se sont absentées.*

🔲 Le verbe essentiellement pronominal *s'arroger* est le seul qui est transitif direct. Il s'accorde avec le complément direct qui précède le verbe. Si le complément direct suit le verbe, le participe passé est invariable. *Les pouvoirs qu'il s'est arrogés,* mais *il s'est arrogé des pouvoirs.*

4. LES VERBES PRONOMINAUX DE SENS PASSIF

PARTICIPE PASSÉ : ACCORD AVEC LE SUJET DU VERBE

Les pronominaux de sens passif correspondent à des emplois du verbe à la voix passive où le sujet subit l'action, mais ne la fait pas.
- Voix active. *On mange des pommes à la récréation.*
- Voix passive. *Les pommes sont mangées à la récréation.*
- Forme pronominale passive. *Les pommes se mangent à la récréation.*

Le pronom personnel *se* ne représente pas le sujet, car ce ne sont pas les pommes qui se mangent.

▸ **Accord du participe passé** : le participe passé des verbes pronominaux de sens passif s'accorde avec le sujet du verbe. *Ces produits se sont bien écoulés.*

5. LES VERBES PRONOMINAUX DONT LE PARTICIPE PASSÉ EST INVARIABLE

PARTICIPE PASSÉ : INVARIABLE

Certains verbes pronominaux qui ne sont pas des verbes transitifs directs à la voix active sont **invariables** à la forme pronominale, car ils sont accompagnés d'un pronom qui n'est pas un complément direct, mais un complément indirect.

Ils se sont succédé à la direction de l'entreprise. Elles se sont parlé longuement.

🔲 Le participe passé de ces verbes pronominaux est invariable.

s'appartenir	se déplaire	se parler	se ressembler	se succéder
se complaire	se mentir	se plaire	se rire de	se suffire
se convenir	se nuire	se rendre compte	se sourire	se survivre

Le participe passé du verbe *se faire* suivi d'un infinitif est invariable.

Ils se sont fait construire une petite maison dans les Laurentides.

🔲 Suivi d'un nom ou d'un adjectif attribut du complément direct, le participe passé du verbe *se faire* s'accorde en genre et en nombre avec l'attribut. *Au fil des ans, elles se sont faites vieilles.*

P

QUE, CONJONCTION DE SUBORDINATION

La conjonction de subordination (ou subordonnant) *que* sert à introduire une phrase subordonnée sujet, attribut, complément du verbe, complément de la phrase, complément du nom ou complément de l'adjectif. *Je pense que nous y arriverons.* Elle accompagne le subjonctif qui marque, notamment, le commandement, la demande, le souhait, le doute, la négation. *Elles souhaitent que nous puissions venir.* La conjonction sert également de corrélatif aux comparatifs. *Anna est plus sportive que Nellie.*

🔲 Devant une voyelle ou un *h* muet, la conjonction s'élide. *Qu'il, qu'une.*

Il importe de ne pas confondre la conjonction de subordination *que* avec le pronom relatif *que* qui relie une phrase subordonnée relative à un nom ou à un pronom (l'antécédent). *La personne* (antécédent) *que je vois. Les villes* (antécédent) *que j'ai visitées. C'est elle* (antécédent) *que j'ai rencontrée.*

VOIR TABLEAU ▸ QUE, PRONOM.

▸ La conjonction introduit une **subordonnée sujet de la phrase**. *Que vous veniez ce soir nous fait un grand plaisir.*

▸ La conjonction introduit une **subordonnée complétive** (complément du verbe). *Il importe que tu réfléchisses. Je crois que tu as raison.*
  ↪ La conjonction de subordination est répétée s'il y a coordination de phrases subordonnées. *Elle espère que tu réfléchiras et que tu accepteras sa proposition.*

▸ La conjonction introduit une **subordonnée circonstancielle** (complément de la phrase). *Nous serons là avant que le train (ne) parte.*

▸ La conjonction introduit une **subordonnée complétive** (complément du nom). *Elle caresse l'espoir que tous soient réunis sous peu.*

▸ La conjonction introduit une **subordonnée complétive** (complément de l'adjectif). *Ces candidats étaient ravis que leur candidature soit retenue.*

▸ La conjonction accompagne le **subjonctif**. *Je doute que les voyageurs puissent partir ce soir.*

▸ La conjonction introduit le **second terme d'un modificateur de comparaison**. *Il est plus grand que toi.*

Locutions conjonctives de subordination (ou subordonnants) avec *que*.
Ces subordonnants introduisent une phrase subordonnée circonstancielle.

à ce que	d'abord que	en tant que	quoique
afin que	d'autant moins que	étant donné que	sans que
ainsi que	d'autant plus que	excepté que	sauf que
alors que	de crainte que	il est entendu que	si bien que
à mesure que	de façon que	jusqu'à ce que	si tant est que
à présent que	de manière que	le fait que	soit que... soit que
après que	de même que	malgré que	sous (le) prétexte que
à supposer que	de peur que	moins que	supposé que
à tel point que	depuis que	parce que	tandis que
attendu que	de sorte que	pendant que	tant que
au lieu que	dès que	peut-être que	tant... que
à un point tel que	de telle façon que	plus que	tellement que
au point que	de (telle) sorte que	plutôt que	toutes les fois que
aussi bien que	du moment que	pour autant que	trop... pour que
aussitôt que	en admettant que	pour peu que	une fois que
avant que	en attendant que	pour que	vu que...
bien que	encore que	pourvu que	
c'est-à-dire que	en même temps que	puisque	

VOIR TABLEAU ▸ CONJONCTION DE SUBORDINATION.

154

QUE, PRONOM

PRONOM RELATIF MASCULIN ET FÉMININ

Le pronom relatif *que* relie une phrase subordonnée relative à un nom ou à un pronom (l'antécédent). L'antécédent du pronom *que* peut être une personne ou une chose. *La personne* [antécédent] *que j'ai rencontrée. C'est toi* [antécédent] *que j'ai remarqué. Les multiples villes* [antécédent] *que vous avez visitées ; celles* [antécédent] *que vous n'avez pas encore vues.*

> 🖳 Devant une voyelle ou un *h* muet, le pronom s'élide. *La montagne **qu**'il a escaladée. La promenade **qu**'Hélène fera.*

Il importe de ne pas confondre le pronom relatif *que* avec la conjonction de subordination *que* qui n'est pas liée à un antécédent et qui introduit une phrase subordonnée sujet, complément du verbe, complément de la phrase, complément du nom ou complément de l'adjectif ou le second terme d'une comparaison.

VOIR TABLEAU ► **QUE,** CONJONCTION DE SUBORDINATION.

► **Fonctions du pronom**

- **Complément direct du verbe de la relative.** *Les paysages **que** vous avez vus sont magnifiques.*
- **Attribut du verbe de la relative.** *Le scientifique **qu**'il est s'interroge.*

PRONOM INTERROGATIF NEUTRE

Le pronom interrogatif *que* introduit une phrase interrogative.

► **Fonctions du pronom**

1. Interrogation dans la phrase autonome interrogative
   - **Complément direct.** *Que dis-tu ?*
     ↪ La construction ***qu'est-ce que*** s'emploie également, mais elle est plus lourde.
   - **Attribut.** *Qu'est ce parfum ?*
   - **Complément d'un verbe impersonnel.** *Que va-t-il arriver ?*

2. Interrogation dans la phrase subordonnée
   - **Complément direct.** *Je ne sais **que** décider.*
   - **Attribut.** *Il ne sait **que** devenir.*
     > T La phrase autonome interrogative est suivie d'un point d'interrogation. *Que veut-elle ?*
     > Par contre, pour l'interrogation exprimée dans la subordonnée, la phrase autonome est déclarative et se termine par un point. *Il se demande **ce qu'elle*** (et non **qu'est-ce qu'elle*) *veut.*

► **Locutions pronominales interrogatives** (ou **pronoms interrogatifs composés**)

Qu'est-ce qui. Que (sujet). *Qu'est-ce qui vous prend ?*
Qu'est-ce que. Que (complément). *Qu'est-ce que vous dites ?*

VOIR TABLEAU ► **PRONOM.**

QUÉBÉCISME

Mot ou expression propre au français du Québec.

Les québécismes proviennent principalement du fonds français, c'est-à-dire des provinces de France d'où sont venus s'établir en Nouvelle-France les premiers colons, et aussi des créations québécoises, des emprunts à l'anglais et aux langues amérindiennes.

QUÉBÉCISMES ORIGINAIRES DU FONDS FRANÇAIS

ARCHAÏSMES

Formes lexicales anciennes, disparues ou en voie de disparition dans le français moderne, mais encore usitées au Québec et dans certaines régions de la francophonie.

On peut distinguer les archaïsmes de forme et les archaïsmes de sens :

- **Archaïsmes formels**
  Formes appartenant à un état de langue ancien, qui sont toujours vivantes au Québec, mais qui sont disparues de l'usage contemporain standard.
  achalandage, abrier, brunante, l'adjectif *croche* aux sens de « crochu » et « malhonnête », *dépendamment, ennuyant*

- **Archaïsmes sémantiques**
  Acceptions attestées en français des siècles antérieurs, qui n'ont pas survécu en français général, mais qui sont toujours usitées au Québec.
  garde-robe au sens de « placard », *goûter* au sens de « avoir le goût de », *jambette* au sens de « croc-en-jambe », *piger* aux sens de « prendre », « voler, détourner », *tantôt* aux sens de « un peu plus tôt » ou « un peu plus tard »

DIALECTALISMES

Formes lexicales anciennes qui proviennent de l'un ou l'autre des dialectes de la France et qui sont toujours usitées dans l'usage québécois et parfois dans certaines régions de la francophonie.

On peut distinguer les dialectalismes de forme et les dialectalismes de sens :

- **Dialectalismes formels**
  Unités lexicales originaires de certains parlers régionaux, qui sont toujours vivantes au Québec, mais qui ne sont pas usitées dans le français standard.
  écornifler, bleuet (airelle), *gadellier*

- **Dialectalismes sémantiques**
  Acceptions originaires de certains dialectes de France, qui ont survécu en français québécois, mais qui n'appartiennent pas à l'usage courant du français standard.
  bec au sens de « baiser », *creux* au sens de « profond », *mouiller* au sens de « pleuvoir »

QUÉBÉCISMES DE CRÉATION OU NÉOLOGISMES

NÉOLOGISMES

Formes lexicales anciennes ou récentes, créées sur le territoire québécois.

QUÉBÉCISME | SUITE >

On peut distinguer les néologismes de forme et les néologismes de sens :

- **Néologismes formels**

  Formes lexicales de création québécoise.

  aluminerie, cégépien, courriel, débarbouillette, épluchette, érablière, motoneige, piquetage, pourvoirie

- **Néologismes sémantiques**

  Formes lexicales anciennes ou récentes, d'origine française ou étrangère, et dont au moins un des sens est propre à l'usage linguistique québécois.

  babillard au sens de «tableau d'affichage», *dépanneur* au sens de «épicerie de proximité», *laveuse* au sens de «lave-linge», *magasinage* au sens de «faire des courses, du lèche-vitrines», *polyvalente* au sens de «école secondaire»

QUÉBÉCISMES D'EMPRUNT

EMPRUNTS

Formes lexicales anciennes ou récentes, originaires d'une langue étrangère et intégrées dans l'usage linguistique des Québécois, avec ou sans adaptation phonétique, graphique, morphologique ou syntaxique.

EMPRUNTS À L'ANGLAIS

Formes lexicales ou acceptions originaires de l'anglais et intégrées dans l'usage linguistique des locuteurs québécois.

On peut distinguer les emprunts de forme et les emprunts de sens à l'anglais :

- **Anglicismes formels**

  Mots, expressions empruntés directement à l'anglais ou dont l'orthographe a été adaptée à celle du français.

  coroner, drave, draveur, registraire

- **Anglicismes sémantiques**

  Emplois de mots français dans un sens qu'ils ne possèdent pas, sous l'influence de mots anglais qui ont une forme semblable.

  *batterie au sens de «pile», **juridiction* au sens de «compétence»

EMPRUNTS AUX LANGUES AMÉRINDIENNES ET À L'INUKTITUT

Formes lexicales empruntées aux langues amérindiennes (amérindianismes) ou à l'inuktitut (inuitismes) pour désigner des réalités de la faune, de la flore, du climat, de la géographie, etc., qui sont propres au Québec.

  achigan, atoka, maskinongé, ouananiche, ouaouaron

EMPRUNTS À D'AUTRES LANGUES

Formes lexicales empruntées à d'autres langues (xénismes) pour désigner généralement des réalités propres à d'autres cultures.

  cacher, cachère, taboulé, pain pita

Q

QUEL

QUEL, QUELLE, DÉTERMINANT INTERROGATIF

Le déterminant interrogatif *quel, quelle* questionne sur la qualité, la nature, l'identité d'une personne ou d'une chose.

> *Quel bon vent vous amène ? Quelle amie as-tu rencontrée ? Quels fruits préférez-vous ? Quelles couleurs aimez-vous ?*

– **Phrase autonome interrogative.** *Quelle heure est-il ?*

– **Phrase subordonnée.** *Expliquez-moi quels problèmes vous avez.*

> T La phrase autonome interrogative se termine par un point d'interrogation ; la phrase autonome déclarative se termine par un point même si elle contient une interrogation exprimée dans une phrase subordonnée.

QUEL, QUELLE, DÉTERMINANT EXCLAMATIF

Le déterminant exclamatif *quel, quelle* marque l'admiration, l'étonnement, la tristesse, etc.

> *Quelle surprise et quel plaisir de vous retrouver tous !*

> T La phrase exclamative se termine par un point d'exclamation.

QUEL QUE, QUELLE QUE, DÉTERMINANT RELATIF

Le déterminant relatif en deux mots *quel que, quelle que,* qui est placé immédiatement devant le verbe *être* **au subjonctif**, exprime une idée de concession, d'opposition.

> *Quelles que soient vos qualités, il vous faut travailler pour réussir.*

> Le déterminant relatif s'écrit en deux mots et s'accorde en genre et en nombre avec le sujet du verbe. *Quels qu'ils soient, quelle que soit votre joie.*

Il importe de ne pas confondre le déterminant relatif *quel que* avec le déterminant indéfini *quelque* ou l'adverbe *quelque*.

• Déterminant relatif
   Quelles que soient les directives, il les suivra. Quels que puissent être les commentaires, elle en tiendra compte.

• Déterminant indéfini
   J'ai invité quelques personnes et nous lirons quelques poèmes.

• Adverbe
   Quelque gentil que tu sois, laisse-moi, car je dois travailler.

VOIR TABLEAUX ► **DÉTERMINANT.** ► **QUELQUE.**

Ne pas confondre le déterminant relatif *quel que, quelle que* avec :
   • le déterminant indéfini *quelque* (ex. : *j'ai mangé quelques fruits*) ;
   ou avec :
   • l'adverbe *quelque* (ex. : *quelque cent personnes étaient présentes*).

QUELQUE

DÉTERMINANT INDÉFINI | Abréviation **qq.** (s'écrit avec un point).

1. *Quelque* + nom au pluriel. Un petit nombre de. *Nous avons apporté* **quelques** *fruits.* **Quelques** *centaines de personnes.*

2. *Quelque* + nom au singulier. (LITT.) Un certain. *Son compagnon avait* **quelque** *peine à le suivre. Ce poème est de* **quelque** *troubadour du Moyen Âge.*

3. *Quelque* + nom + *que* + subjonctif. (LITT.) Quel que soit le... que, quelle que soit la... que. **Quelques** *paroles apaisantes* **que** *vous prononciez, vous n'arriverez pas à le consoler.* **Quelque** *chagrin* **que** *j'aie, jamais je n'en parlerai.*

   ➟ La locution, qui s'emploie dans un registre soutenu, marque la concession, l'opposition.

   ▦ Le déterminant indéfini s'accorde avec le nom qu'il détermine et ne s'élide que devant **un, une** pour former le pronom indéfini **quelqu'un, quelqu'une.**

ADVERBE

1. *Quelque* + déterminant numéral. Environ, à peu près. **Quelque** *cent personnes ont assisté au spectacle.*

2. *Quelque* + adjectif + *que* + subjonctif. (LITT.) Si, aussi. **Quelque** *prudent* **qu'**il soit, il ne pourra l'emporter sur son adversaire qui est un fin stratège.*

3. *Quelque* + participe passé + *que* + subjonctif. (LITT.). Si, aussi. **Quelque** *effrayés* **qu'**ils soient, ils n'avoueront rien.* **Quelque** *endormies* **qu'**elles aient été, elles ont tout entendu.*

4. *Quelque* + adverbe + *que* + subjonctif. (LITT.). Si, aussi. **Quelque** *doucement* **que** *vous retiriez son pansement, il a horriblement mal.*

   ▦ L'adverbe **quelque** est invariable, comme tous les adverbes, et ne s'élide pas.

Locutions

– *En quelque sorte,* loc. adv. Pour ainsi dire, d'une certaine manière. *Ils mangent très peu : ils jeûnent en quelque sorte.*

– *Et quelques,* loc. adv. Et un peu plus. *Cent étudiants et quelques ont réussi.*
   ↪ La locution s'emploie après une quantité numérique.

– *Quelque chose,* loc. pronom. indéf. Une chose quelconque. *Donnez-moi quelque chose à manger.*
   ↪ Malgré le genre féminin du nom **chose,** la locution se construit avec un participe ou un adjectif au masculin singulier. *Je n'ai jamais vu quelque chose d'aussi joli.*

– *Quelque part,* loc. adv. En quelque lieu. *Est-ce que je vous ai déjà vu quelque part ?*

– *Quelque peu,* loc. adv. (LITT.) Assez. *Cette idée est quelque peu dépassée.*

– *Quelque temps,* loc. adv. Un certain temps. *Dans quelque temps, le printemps reviendra.*

VOIR TABLEAU ► **QUEL.**

Q

RÉSUMÉ						
DÉTERMINANT INDÉFINI			**ADVERBE**			
quelque + nom au pluriel	quelque + nom au singulier	quelque + nom + *que* + subjonctif	quelque + déterminant numéral	quelque + adjectif + *que* + subjonctif	quelque + participe passé + *que* + subjonctif	quelque + adverbe + *que* + subjonctif
« un petit nombre de »	« un certain »	« quel que soit le... que, quelle que soit la... que »	« environ, à peu près »	« si, aussi »	« si, aussi »	« si, aussi »
accord au pluriel	accord au singulier	accord	invariabilité	invariabilité	invariabilité	invariabilité
Quelques pommes sont mûres.	*Ils se cachent dans* **quelque** *endroit.*	*Quelques remarques* **que** *vous fassiez...*	*Quelque cent participants étaient là.*	*Quelque aimables* **que** *soient ces personnes...*	*Quelque fatigués* **que** *nous soyons...*	*Quelque rapidement* **qu'**ils courent...*

PRONOM RELATIF MASCULIN ET FÉMININ

Le pronom relatif *qui* relie une proposition subordonnée à un nom ou à un pronom (l'antécédent). L'antécédent du pronom *qui* peut être une personne ou une chose. *L'amie* [antécédent] *qui m'a aidé est gentille. Ceux* [antécédent] *qui sont d'accord doivent lever la main. Un coucher de soleil* [antécédent] *qui nous a éblouis.*

> 🔟 Le pronom relatif est du même genre et du même nombre que le nom ou le pronom qu'il représente (l'antécédent); le verbe, le participe passé, l'attribut s'accordent avec l'antécédent. *C'est elle qui est venue. Vous qui êtes partis, revenez.*

► **Fonctions du pronom**

• **Sujet de la phrase relative**.

> *La colombe qui vole. Elle apprécie qui la comprend. Toi qui me conseilles toujours si judicieusement.*

> 🖙 Sans antécédent, le pronom relatif a le sens de « quiconque ». *Qui vivra verra.*

• **Complément indirect du verbe**.

> *La personne à qui j'ai rêvé. L'amie à qui tu parleras.*

> ↪ Lorsque le pronom *qui* est employé avec une préposition, son antécédent ne peut être qu'une personne. Pour les animaux et les êtres inanimés, on emploie le pronom *dont,* qui convient également aux personnes, ou les pronoms relatifs composés, selon le cas. *Le chien auquel je rêve et dont je parle constamment. La maison dont je rêve.*

• **Complément de la phrase**.

> *L'ami avec qui je joue. Celui pour qui il travaille.*

► **Locutions**

– *Ce qui* et *ce qu'il.*

> ↪ Avec certains verbes qui admettent à la fois la construction personnelle et impersonnelle, les deux locutions s'emploient indifféremment. *Ce qui, ce qu'il importe. Il avait prévu ce qui, ce qu'il arrive.*

– *N'importe qui,* loc. pronom. indéfinie. Une personne quelconque.

> *Il ne faut pas vous adresser à n'importe qui.*

– *Qui que,* loc. pronom. indéfinie.

> *Qui que vous soyez, entrez, je vous en prie.*

> ↪ Cette locution qui exprime une concession se construit avec le subjonctif.

– *Qui que ce soit,* loc. pronom. indéfinie. Une personne quelconque, n'importe qui.

> *Je ne parlerai pas à qui que ce soit.*

> 🖙 Cette locution exprime une idée d'indétermination.

– *Qui que ce soit qui,* loc. pronom. indéfinie.

> *Qui que ce soit qui vienne, je l'accueillerai.*

> ↪ Avec cette locution qui marque la concession, le verbe se construit au subjonctif.

Q

QUI | *SUITE* >

PRONOM INTERROGATIF MASCULIN ET FÉMININ

Le pronom interrogatif *qui* introduit une proposition interrogative et a le sens de *quelle personne ?*

> *Qui* vient prendre la relève ?

▱ Le verbe, le participe, le participe passé, l'attribut s'accordent généralement au masculin singulier.

▸ **Fonctions du pronom**

1. Interrogation dans la phrase autonome interrogative

• **Sujet.**

> *Qui* chante ainsi ?

• **Attribut.**

> *Qui* es-tu ?

• **Complément direct du verbe.**

> *Qui* a-t-il rencontré ?

• **Complément indirect du verbe.**

> À *qui* parlez-vous ?

• **Complément de la phrase.**

> Avec *qui* travailles-tu ?

2. Interrogation dans la phrase subordonnée

• **Sujet.**

> Je me demande *qui* gagnera le gros lot.

• **Complément direct du verbe.**

> Je ne sais *qui* tu rencontres.

• **Complément indirect du verbe.**

> Dis-moi à *qui* tu attribues le premier prix.

• **Attribut du sujet.**

> Rappelez-vous *qui* elle est.

• **Complément de la phrase.**

> Elle s'est demandé avec *qui* vous chanteriez.

Ⓣ La phrase autonome interrogative est suivie d'un point d'interrogation. *Qui* a prononcé ces mots ? Par contre, pour l'interrogation exprimée dans la subordonnée, la phrase autonome est déclarative et se termine par un point. Je me demande *qui* a prononcé ces mots.

▸ **Locutions pronominales interrogatives**

– *Qui est-ce qui.* Qui (sujet).

> *Qui est-ce qui vient ?*

– *Qui est-ce que.* Qui (complément).

> *Qui est-ce que j'entends ?*

VOIR TABLEAU ▸ **PRONOM.**

Q

QUOI

PRONOM RELATIF

Le pronom relatif neutre *quoi* relie une phrase subordonnée relative à un pronom de sens indéterminé *(ce, cela, rien, chose…)*, à une phrase déjà énoncée. L'antécédent du pronom relatif *quoi* ne peut être qu'une chose. *Vous avez étudié l'histoire, ce* [antécédent] *en **quoi** vous avez eu raison.*

ᐅ Le pronom *quoi* est précédé d'une préposition.

1. Avec un antécédent, il a le sens de *lequel, laquelle, laquelle chose.*
   - **Complément indirect du verbe.** *Ce à **quoi** j'ai rêvé, c'est de partir en voyage.*
   - **Complément de la phrase.** *Voilà en **quoi** cette thèse est intéressante.*
     ᐅ L'antécédent est un pronom ou une locution neutre : *ce, rien, quelque chose.*

2. Sans antécédent, il a le sens de « ce qui est nécessaire ». *Emporte de **quoi** manger.*

3. *Quoi que* + subjonctif. Quelle que soit la chose que. ***Quoi que** vous fassiez, il sera d'accord.*
   ᐅ Cette locution à valeur concessive se construit avec le subjonctif. Ne pas confondre avec la conjonction *quoique*, qui signifie « bien que » et qui se construit aussi avec le subjonctif. *Quoique nous ayons leur accord, il faudra nous montrer très prudents.*

Locutions

- ***À quoi bon ?*** Pourquoi ? *À **quoi** bon tout transcrire à la main ? C'est bien plus rapide à l'ordinateur.*
- ***Faute de quoi,*** loc. conj. Autrement, sinon. *Nous partirons tôt : faute de **quoi**, nous serons en retard.*
- ***Il n'y a pas de quoi.*** Formule de politesse employée à la suite de remerciements. *Merci beaucoup. Il n'y a pas de **quoi** (et non *bienvenue).*
- ***Il n'y a pas de quoi fouetter un chat.*** Ce n'est pas grave, c'est sans importance.
- ***Moyennant quoi,*** loc. conj. Grâce à quoi. *Prenons nos précautions, moyennant **quoi**, nous parviendrons à nos fins.*
- ***N'importe quoi,*** loc. pronom. Une chose quelconque. *N'achète pas n'importe **quoi**.*
- ***Quoi que ce soit,*** loc. pronom. Quelque chose. *Si vous désirez **quoi** que ce soit, prévenez-moi.*
- ***Quoi qu'il en soit,*** loc. conj. En tout état de cause. *Quoi qu'il en soit, il faut tout reprendre à zéro.*
- ***Sans quoi,*** loc. conj. Autrement, sinon. *Prends des vêtements chauds, sans **quoi** tu gèleras.*

PRONOM INTERROGATIF

1. **Interrogation dans la phrase autonome interrogative**
   - **Complément direct du verbe.** Quelle chose ? *Devinez **quoi** ?*
   - **Complément indirect du verbe.** À quelle chose ? *À **quoi** rêves-tu ?*
   - **Complément de la phrase.** Avec quelle chose ? *Avec **quoi** sculptes-tu le bois ?*
     ᐅ Suivi d'un adjectif, le pronom se construit avec la préposition *de*. *Quoi de plus joli qu'un bouquet de roses ? **Quoi de** nouveau ?*

2. **Interrogation dans la phrase subordonnée**
   *Il ne sait pas de **quoi** elle parle. Elle ne sait pas **quoi** conclure.*
   Ⓣ La phrase autonome interrogative est suivie d'un point d'interrogation. *À **quoi** pensez-vous ?* Par contre, pour l'interrogation exprimée dans la subordonnée, la phrase autonome est déclarative et se termine par un point. *Je ne sais **quoi** dire.*

INTERJECTION

L'interjection marque la surprise, l'admiration, l'indignation. *Quoi ! vous avez osé ! Hé quoi ! admettrez-vous que vous avez tort ?*

VOIR TABLEAUX ► **INTERJECTION.** ► **PRONOM.**

Ensemble des renseignements relatifs à un texte publié sous la forme d'un livre ou d'un article et qui comprennent principalement le nom de l'auteur, le titre du document, l'éditeur et la date de publication.

UNIFORMITÉ ET PRÉCISION

– Selon le contexte, les références bibliographiques seront plus ou moins concises, le nombre d'éléments d'information fournis pourra varier.

– Ainsi, à l'intérieur d'un texte, on citera parfois uniquement le nom de l'auteur et l'année de la publication ou le titre de l'ouvrage et la page de la citation. Cependant, les références complètes seront données dans la bibliographie finale.

– Il importe de présenter de façon uniforme les divers renseignements pour un même ouvrage, d'adopter des caractères identiques et de conserver une ponctuation uniforme.

La référence du livre est légèrement différente de la référence de l'article. Voici, dans l'ordre, les renseignements que ces références comprennent :

RÉFÉRENCE D'UN LIVRE

DUCHARME, Réjean. *Va savoir*, Paris, Gallimard, 1994, 267 p.

1. Le nom de l'auteur ou des auteurs.
2. Le titre du livre.
3. Le lieu de publication.
4. L'éditeur.
5. La date de publication.
6. Le nombre de pages.

1. Nom et prénom de l'auteur. 2. Titre. 3. Lieu de publication. 4. Éditeur. 5. Date de publication. 6. Nombre de pages.

▸ **Le nom de l'auteur**

– **Un seul auteur.** Le nom de l'auteur est noté en majuscules, il est séparé par une virgule du prénom écrit en minuscules avec une majuscule initiale et il est suivi d'un point.

    LECLERC, Félix.   HÉBERT, Anne.   VIGNY, Alfred de.

    ☞ Dans la mesure du possible, le prénom sera écrit au long.

– **Deux ou trois auteurs.** S'il y a deux ou trois auteurs, le nom et le prénom des autres auteurs sont écrits à la suite, dans l'ordre de la lecture cependant, et sont séparés par une virgule ou par la conjonction *et.*

    BOILEAU, Pierre, Thomas NARCEJAC. ou BOILEAU, Pierre et Thomas NARCEJAC.

– **Plusieurs auteurs.** S'il y a plus de trois auteurs, on utilise *et al.* (abréviation de l'expression latine *et alii*, signifiant « et les autres ») ou *et collab.* (abréviation de l'expression *et collaborateurs*).

– **Collectif.** S'il s'agit d'un ouvrage collectif ou d'un document dont l'auteur n'est pas mentionné, la référence commencera alors par le titre du document.
    Le Petit Larousse illustré 2003, Paris, Larousse, 1818 p.

▸ **Le titre du livre**

Le titre est en italique ou, si l'on ne dispose pas de caractères italiques, il est souligné et suivi d'une virgule. Les titres d'ouvrages prennent une majuscule au premier nom et éventuellement à l'adjectif et à l'article qui le précèdent.
Le Guide de la communication écrite de Marie Malo. *Les Yeux noirs* de Gilles Tibo. *Le Nouveau Petit Robert.*

    T Si le titre est constitué d'une phrase, seul le premier mot s'écrit avec une majuscule. *La grammaire est une chanson douce* d'Érik Orsenna. S'il y a un sous-titre, la règle des majuscules et des minuscules du titre s'applique de la même façon et le titre est séparé par un point du sous-titre. *Français de France et français du Canada. Les parlers de l'Ouest de la France, du Québec et de l'Acadie* sous la direction de Pierre Gauthier et Thomas Lavoie.

VOIR TABLEAU ▸ **MAJUSCULES ET MINUSCULES.**

> **Le numéro de l'édition**

S'il y a lieu, on inscrira le numéro de l'édition après le titre du livre.
Le Bon Usage, 13ᵉ édition.

> **La collection**

S'il y a lieu, la mention de la collection s'inscrit à la suite du titre et elle est suivie d'une virgule.
TREMBLAY, Miville. *Le Pays en otage,* coll. Presses HEC, Montréal, Québec/Amérique, 1995, 345 p.
☐ Le nom *collection* s'abrège *coll.*

> **Le lieu, l'éditeur et la date de publication**

Le lieu de la publication, noté en minuscules et suivi d'une virgule, précède le nom de l'éditeur et la date de publication.
Montréal, Québec Amérique, 2003.

> **Le nombre de pages du livre**
345 p.
☐ On utilise l'abréviation de *page (p.).* Quand l'ouvrage comprend plusieurs volumes, on écrit le nombre avant l'indication du nombre de pages à l'aide de l'abréviation *vol.* 2 vol., 345 p.

RÉFÉRENCE D'UN ARTICLE

1. Le nom de l'auteur ou des auteurs.
2. Le titre de l'article.
3. Le nom du périodique.
4. Le numéro de l'édition, du volume ou du périodique.
5. La date de publication.
6. L'indication des pages de l'article.

NANTEL, Jacques. «Occasions d'affaires et Internet : où en sommes-nous ?», *Gestion*, vol. 27, n° 2, mai 2002, p. 32-38.

1. Nom et prénom de l'auteur.
2. Titre de l'article.
3. Nom du journal ou de la revue.
4. Volume et numéro de l'édition.
5. Date de publication.
6. Pages.

> **Le nom de l'auteur**

Le nom de l'auteur ou des auteurs d'un article se note comme celui d'un livre et il est suivi d'un point.
FORTIN, Jacques et Louise MARTEL.
☐ S'il y a plus d'un auteur, seuls les nom et prénom du premier auteur sont inversés afin de faciliter le classement alphabétique.

> **Le titre de l'article**

Le titre d'un article est généralement placé entre guillemets après le nom de l'auteur. Il est suivi d'une virgule et on écrit ensuite le nom du périodique (journal, revue), qui est souligné ou, mieux encore, mis en italique.
PRATTE, André. «Urgence et patience», *La Presse,* 6 juillet 2002, p. A20.

> **Le nom du périodique**

Le nom du périodique est en italique et il est suivi d'une virgule. Si l'on ne dispose pas de caractères italiques, le nom du périodique est souligné.
Revue d'aménagement linguistique. Le Nouvel Observateur.

▸ **Le numéro du périodique et la date de publication**

On note le numéro du volume, s'il y a lieu, le numéro du périodique et la date de la parution.
Découvertes, vol. 3, n° 5, mai 2003.

▸ **L'indication des pages d'un article**

La notation des pages d'un article est faite à l'aide de l'abréviation *p.* (et non plus *pp.) suivie des numéros
des première et dernière pages de l'article séparés par un trait d'union ou par la préposition *à.*
p. 15-20 ou p. 15 à 20.

RÉFÉRENCES ÉLECTRONIQUES

▸ **Site Web**

• Le nom de l'auteur ou de l'organisme est noté en majuscules. S'il y a lieu, il est séparé par une virgule du
prénom écrit en minuscules avec une majuscule initiale et il est suivi d'un point.

• Le titre de l'article ou du texte est placé entre guillemets et il est suivi d'une virgule.

• Le titre de la page d'accueil (titre du périodique, dénomination de l'organisme, raison sociale de
l'entreprise, etc.) s'inscrit ensuite en italique et il est suivi d'une virgule.

• Le type de support figure entre crochets, s'il y a lieu, et la mention est suivie d'un point.

• L'adresse URL est notée entre crochets.

• La date de consultation du site est placée entre parenthèses.

GRAVEL, Pauline. «Une solution au rejet de greffe de moelle osseuse», *Le Devoir,* Éditions Internet,
[en ligne]. [http://www.ledevoir.com] (9 juillet 2002)

OFFICE QUÉBÉCOIS DE LA LANGUE FRANÇAISE. *Le Grand Dictionnaire terminologique,* [en ligne].
[http://www.granddictionnaire.com] ou [http://www.oqlf.gouv.qc.ca] (10 juin 2004)

▸ **Cédérom**

R

• Le nom de l'auteur ou de l'organisme est noté en majuscules. Il est séparé par une virgule du prénom écrit
en minuscules avec une majuscule initiale et il est suivi d'un point.

• Le titre du document est écrit en italique et suivi d'une virgule.

• La mention de l'édition ou de la version, s'il y a lieu, figure ensuite et se termine par une virgule.

• Le type de support est noté entre crochets et est suivi d'une virgule.

• Le lieu de publication est noté en minuscules et suivi d'une virgule.

• Le nom de l'éditeur est inscrit en minuscules et suivi d'une virgule.

• La date de publication figure à la fin et est suivie d'un point.

Le Petit Robert : Dictionnaire de la langue française, [cédérom], Le Robert, 2001.

VILLERS, Marie-Éva de. *Multidictionnaire de la langue française,* version électronique, [cédérom], Montréal,
Québec Amérique, 2001.

SIGLE

Le sigle est une abréviation constituée par les initiales de plusieurs mots et qui s'épelle lettre par lettre.

SRC (Société Radio-Canada), PME (petite et moyenne entreprise), FTQ (Fédération des travailleurs du Québec).

▸ L'acronyme est un sigle composé des initiales ou des premières lettres d'une désignation, et qui, à la différence du sigle, se prononce comme un mot.

ONU (Organisation des Nations Unies), cégep (collège d'enseignement général et professionnel) et OVNI (objet volant non identifié) sont des acronymes.

▸ **Points abréviatifs**
La tendance actuelle est d'omettre les points abréviatifs. Dans cet ouvrage, les sigles et les acronymes sont notés sans points; cependant, la forme avec points est généralement correcte.

▸ **Genre et nombre des sigles**
Les sigles sont du genre et du nombre du mot principal de la désignation abrégée.

Le FMI (Fonds [masculin singulier] monétaire international), la CSN (Confédération [féminin singulier] des syndicats nationaux).

T À son premier emploi dans un texte, le sigle doit être précédé de la désignation au long.

ADN	Acide désoxyribonucléique	*HAE*	Heure avancée de l'Est
AFP	Agence France-Presse	*HEC*	École des hautes études commerciales
AI	Amnesty International	*HLM*	Habitation à loyer modique (Canada)
AID	Agence internationale de développement	*HLM*	Habitation à loyer modéré (France)
AIÉA	Agence internationale de l'énergie atomique	*HNE*	Heure normale de l'Est
BBC	British Broadcasting Corporation	*INRS*	Institut national de la recherche scientifique
BCG	Vaccin bilié de Calmette et Guérin	*IVG*	Interruption volontaire de grossesse
BIRD	Banque internationale pour la reconstruction et le développement	*MIT*	Massachusetts Institute of Technology
BIT	Bureau international du travail	*MST*	Maladie sexuellement transmissible (France)
BNQ	Bureau de normalisation du Québec	*MTS*	Maladie transmise sexuellement (Canada)
CAC	Conseil des Arts du Canada	*NAS*	Numéro d'assurance sociale
CAO	Conception assistée par ordinateur	*OCDÉ*	Organisation de coopération et de développement économiques
CCCI	Conseil canadien de la coopération internationale	*OGM*	Organisme génétiquement modifié
CCDP	Commission canadienne des droits de la personne	*OIT*	Organisation internationale du travail
CE	Communauté européenne	*OQLF*	Office québécois de la langue française
CÉC	Conseil économique du Canada	*OMC*	Organisation mondiale du commerce
CÉI	Communauté d'États indépendants	*OMM*	Organisation météorologique mondiale
CIA	Central Intelligence Agency	*OMS*	Organisation mondiale de la santé
CLSC	Centre local de services communautaires	*ONF*	Office national du film
CNA	Centre national des arts	*ONG*	Organisation non gouvernementale
CPV	Chlorure de polyvinyle	*OPQ*	Office des professions du Québec
CRTC	Conseil de la radiodiffusion et des télécommunications canadiennes	*OUA*	Organisation de l'unité africaine
CSDM	Commission scolaire de Montréal	*PDG*	Président-directeur général
CSLF	Conseil supérieur de la langue française	*PIB*	Produit intérieur brut
CSST	Commission de la santé et de la sécurité du travail	*PME*	Petite et moyenne entreprise
CTF	Commission de terminologie française	*PNB*	Produit national brut
CUP	Code universel des produits	*PVC*	voir CPV
DDT	Dichloro-diphényl-trichloréthane	*RAMQ*	Régie de l'assurance-maladie du Québec
DSC	Département de santé communautaire	*RRQ*	Régie des rentes du Québec
ÉCG	Électrocardiogramme	*SAAQ*	Société de l'assurance automobile du Québec
ÉEG	Électroencéphalogramme	*SRC*	Société Radio-Canada
FMI	Fonds monétaire international	*STM*	Société de transport de Montréal
GMT	Greenwich Mean Time (Temps moyen de Greenwich)	*TGV*	Train à grande vitesse
		TPS	Taxe sur les produits et services
		TVQ	Taxe de vente du Québec
GRC	Gendarmerie royale du Canada	*UE*	Union européenne

VOIR TABLEAUX ▸ ABRÉVIATION (RÈGLES DE L'). ▸ ACRONYME.

SUBJONCTIF

Le subjonctif exprime une action considérée **dans la pensée** plutôt que dans la réalité, une **hypothèse**. Mode par excellence de la phrase subordonnée, il marque :

- le **doute**. *Je doute qu'il **puisse** venir.*
- l'**incertitude**. *Je ne crois pas qu'elle **finisse** son travail à temps.*
- la **crainte**. *Mes parents craignent qu'il n'y **ait** pas assez de provisions.*
- la **supposition**. *Il ne suppose pas qu'on **bâtisse** une maison dans un marécage.*
- le **souhait**. *Tu souhaites qu'ils **réussissent**.*
- la **prière**. *Sa marraine prie pour que Lorraine **guérisse**.*
- la **volonté**. *Elle exigera que les messages **soient** bien **transmis**.*
- l'**interdiction**. *La direction interdit qu'on **fasse** du bruit après 22 h.*

PRÉSENT DU SUBJONCTIF

On emploie le présent du subjonctif dans la phrase subordonnée lorsque l'action a lieu en même temps que l'action de la principale (PENDANT) ou postérieurement (APRÈS).

> *Je ne crois pas qu'il **pleuve** en ce moment.* (simultanéité : PENDANT)
> *Tu souhaiterais que tes amis **soient** présents.* (postériorité : APRÈS)

PASSÉ DU SUBJONCTIF

On emploie le passé du subjonctif dans la phrase subordonnée lorsque l'action a eu lieu AVANT celle de la principale.

> *La direction a déploré que les élèves **soient arrivés** en retard pour l'examen.* (antériorité : AVANT)
> *Les enfants regrettent que la neige **ait fondu** : ils ne peuvent aller skier.* (antériorité : AVANT)
> *Elle souhaiterait qu'on l'**ait informée** personnellement.* (antériorité : AVANT)

IMPARFAIT ET PLUS-QUE-PARFAIT DU SUBJONCTIF

Ces temps du subjonctif s'emploient dans un registre littéraire lorsque le verbe de la phrase principale (ou autonome) est à un des temps du passé de l'indicatif ou du conditionnel. *Il aurait aimé qu'elle **vînt** le voir.* De façon courante, on emploie plutôt le présent ou le passé du subjonctif. *Il aurait aimé qu'elle **vienne** le voir.*

VERBES DE LA PRINCIPALE IMPOSANT LE SUBJONCTIF

Certains verbes de la phrase principale (ou autonome) imposent le mode subjonctif dans la phrase subordonnée.

- Les verbes qui expriment le **doute**, la **crainte**, l'**incertitude**.
  *Tu doutes qu'il **finisse** son travail à temps. Elle craint que les enfants n'**aient pris** froid.*
- Les verbes qui traduisent un **ordre**, une **défense**.
  *Le colonel ordonne que les soldats **soient** au garde-à-vous. Le gardien du musée interdit que l'on s'**assoie** sur ces socles.*
- Les verbes qui marquent l'**amour**, la **haine**, la **surprise**.
  *Nous sommes vraiment surpris que tes amis **aient décidé** de partir. Tu adorerais qu'il **coure** avec toi.*
- Certains **verbes impersonnels** tels *arriver, convenir, importer…*
  *Il arrive que nous **soyons** en avance.*

SUBJONCTIF | *SUITE* >

LOCUTIONS CONJONCTIVES DE SUBORDINATION IMPOSANT LE SUBJONCTIF

Certaines locutions conjonctives de subordination (ou subordonnants) sont toujours suivies du subjonctif dans la subordonnée.

Rentre **avant qu'***il ne* **pleuve.** *Cache-toi* **de peur** *qu'on ne* **t'aperçoive.** **Quoi que** *tu* **dises,** *tu auras raison.*
Qui que *tu* **sois...**

⌖ La locution conjonctive **avant que** se construit avec le subjonctif, mais la locution conjonctive **après que** se construit avec l'indicatif. *Après que vous aurez dormi un peu, vous vous sentirez mieux.*

EXEMPLES

à condition que	de manière que	peu s'en est fallu que	sans que
afin que	de peur que	pour autant que	si bien que
à moins que	du plus loin que	pour peu que	si peu que
à supposer que	en admettant que	pour que	si tant est que
au lieu que	en attendant que	pourvu que	soit que... soit que
avant que	encore que	quel que	supposé que
bien que	en sorte que	quelque... que	trop... pour que...
d'aussi loin que	jusqu'à ce que	qui que	
de crainte que	malgré que	quoique	
de façon que	moyennant que	quoi que	

VOIR TABLEAUX ► CONCORDANCE DES TEMPS. ► CONJONCTION DE SUBORDINATION. ► IMPÉRATIF. ► INDICATIF. ► INFINITIF.

Les verbes dont l'infinitif se termine par *ier* doublent le *i* à la première et à la deuxième personne du pluriel du subjonctif présent.

ABRIER	*Que nous abriions, que vous abriiez.*	CERTIFIER	*Que nous certifiions, que vous certifiiez.*
AFFILIER	*Que nous affiliions, que vous affiliiez.*	CHARRIER	*Que nous charriions, que vous charriiez.*
ALLIER	*Que nous alliions, que vous alliiez.*	CHÂTIER	*Que nous châtiions, que vous châtiiez.*
AMNISTIER	*Que nous amnistiions, que vous amnistiiez.*	CLARIFIER	*Que nous clarifiions, que vous clarifiiez.*
AMPLIFIER	*Que nous amplifiions, que vous amplifiiez.*	CLASSIFIER	*Que nous classifiions, que vous classifiiez.*
ANÉMIER	*Que nous anémiions, que vous anémiiez.*	COLORIER	*Que nous coloriions, que vous coloriiez.*
ANESTHÉSIER	*Que nous anesthésiions, que vous anesthésiiez.*	COMMUNIER	*Que nous communiions, que vous communiiez.*
APOSTASIER	*Que nous apostasiions, que vous apostasiiez.*	CONCILIER	*Que nous conciliions, que vous conciliiez.*
APPARIER	*Que nous appariions, que vous appariiez.*		
APPRÉCIER	*Que nous appréciions, que vous appréciiez.*		
ARMORIER	*Que nous armoriions, que vous armoriiez.*	CONFIER	*Que nous confiions, que vous confiiez.*
ASPHYXIER	*Que nous asphyxiions, que vous asphyxiiez.*	CONGÉDIER	*Que nous congédiions, que vous congédiiez.*
ASSOCIER	*Que nous associions, que vous associiez.*		
ATROPHIER (S')	*Que nous nous atrophiions, que vous vous atrophiiez.*	CONTRARIER	*Que nous contrariions, que vous contrariiez.*
AUTHENTIFIER	*Que nous authentifiions, que vous authentifiiez.*	CONVIER	*Que nous conviions, que vous conviiez.*
		COPIER	*Que nous copiions, que vous copiiez.*
AUTOPSIER	*Que nous autopsiions, que vous autopsiiez.*	CRIER	*Que nous criions, que vous criiez.*
AVARIER	*Que nous avariions, que vous avariiez.*	CRUCIFIER	*Que nous crucifiions, que vous crucifiiez.*
BALBUTIER	*Que nous balbutiions, que vous balbutiiez.*	DÉCALCIFIER	*Que nous décalcifiions, que vous décalcifiiez.*
BÉATIFIER	*Que nous béatifiions, que vous béatifiiez.*		
BÉNÉFICIER	*Que nous bénéficiions, que vous bénéficiiez.*	DÉCRIER	*Que nous décriions, que vous décriiez.*
BÊTIFIER	*Que nous bêtifiions, que vous bêtifiiez.*	...	
BONIFIER	*Que nous bonifiions, que vous bonifiiez.*		
CALLIGRAPHIER	*Que nous calligraphiions, que vous calligraphiiez.*		
CALOMNIER	*Que nous calomniions, que vous calomniiez.*		

S

SUFFIXE

Le **suffixe** est un élément qui se joint à la suite d'un radical pour former un dérivé.

▭ Le **préfixe** est un élément qui se place avant un radical pour former un nouveau mot.

Dans la composition des mots nouveaux (néologismes), le français emprunte surtout au **grec** et au **latin** des suffixes ou des éléments qui sont joints à un radical pour former une nouvelle unité lexicale. Ces suffixes présentent l'avantage d'être déjà connus et, ainsi, de favoriser la compréhension immédiate du néologisme.

	SUFFIXES	SENS	EXEMPLES
SUFFIXES D'ORIGINE GRECQUE	*-cratie*	« puissance »	*aristocratie, démocratie*
	-graphie	« écriture »	*radiographie, télégraphie*
	-logie	« science »	*biologie, philologie*
	-onyme	« nom »	*toponyme, odonyme*
	-phile	« aimer »	*francophile, bibliophile*
	-phobe	« haïr »	*agoraphobe, claustrophobe*
	-scope	« examiner »	*microscope, télescope*
	-thérapie	« traitement »	*physiothérapie, chimiothérapie*
SUFFIXES D'ORIGINE LATINE	*-cide*	« tuer »	*homicide, régicide*
	-culture	« cultiver »	*apiculture, horticulture*
	-duc	« conduire »	*gazoduc, oléoduc*
	-fère	« qui porte »	*ombellifère, mammifère*
	-lingue	« langue »	*bilingue, multilingue*
	-vore	« manger »	*herbivore, omnivore*
SUFFIXES DE NOMS	*-age*	« action »	*défrichage, affichage*
	-ateur	« agent »	*dessinateur, accélérateur*
	-erie	« spécialité »	*animalerie, bijouterie*
	-ette	« diminutif »	*maisonnette, fillette*
	-isme	« doctrine »	*automatisme, socialisme*
	-ite	« maladie »	*appendicite, bronchite*
	-ité	« qualité »	*rapidité, vélocité*
	-on	« diminutif »	*chaton, ourson*
	-ure	« ensemble »	*toiture, voilure*
SUFFIXES D'ADJECTIFS	*-able*	« possibilité »	*aimable, capable*
	-ais, aise	« origine »	*français, montréalaise*
	-âtre	« péjoratif »	*rougeâtre, douceâtre*
	-el, elle	« caractère »	*spirituel, temporelle*
	-ible	« possibilité »	*indestructible, risible*
	-ien, ienne	« origine »	*gaspésien, trifluvienne*
	-ier, ière	« métier »	*épicier, jardinière*
	-if, ive	« caractère »	*actif, vive*
	-ois, oise	« origine »	*chinois, québécoise*
SUFFIXES DE VERBES	*-er*	« action »	*planter, couper*
	-ir	« action »	*finir, polir*
	-asser	« péjoratif »	*rêvasser, finasser*
	-iser	« action »	*informatiser, automatiser*
SUFFIXES D'ADVERBES	*-ment*	« manière »	*rapidement, calmement*

S

VOIR TABLEAUX ▸ **NÉOLOGISME.** ▸ **PRÉFIXE.**

SUJET

FONCTIONS

- Le sujet désigne l'être ou l'objet qui **fait l'action du verbe** (verbe d'action).
  Maman a planté des fleurs. Qui a planté des fleurs ? *Maman.*
- Le sujet désigne l'être ou l'objet qui se trouve dans **l'état exprimé par le verbe** (verbe attributif).
  Le chien Filou est gourmand. Qui est-ce qui est gourmand ? *Le chien Filou.*
- Le sujet désigne l'être ou l'objet qui **subit l'action du verbe** (phrase passive).
  La pomme est mangée par Julien. Qu'est-ce qui est mangé ? *La pomme.*

  ▭ Pour trouver le sujet d'un verbe, on pose la question *qui est-ce qui ?* (pour un être vivant), *qu'est-ce qui ?* (pour une chose). Attention : dans une question, l'ordre des mots est inversé. *Plante-t-elle des fleurs ?*

NATURE DU SUJET

Le sujet peut être :

- un **groupe nominal** : un **nom commun**, son **déterminant** et un **adjectif**, un **nom propre** ou un **pronom**.
  La table est ronde. *Jacques* joue du piano. *Nous* sommes d'accord. *Qui* est là ?
- une **phrase infinitive**. *Nager tous les jours* est bon pour la santé.
- une **phrase à verbe conjugué**. *Pierre qui roule* n'amasse pas mousse.

ACCORD DU VERBE, DE L'ATTRIBUT DU SUJET, DU PARTICIPE PASSÉ

Il est important de connaître le sujet du verbe dans une phrase parce que c'est avec lui qu'on accorde le verbe, l'attribut du sujet ou le participe passé, s'il y a lieu.

Tu as dormi pendant deux heures. (Le verbe est à la deuxième personne du singulier parce que le sujet est *tu*.) *Elle est adroite.* (L'attribut est au féminin singulier parce que le sujet du verbe est *elle*.) *Les chats sont partis.* (Le participe passé est au masculin pluriel parce que le sujet du verbe est *les chats*.)

NOM COLLECTIF SUJET

- Nom collectif **employé seul.**
  Si le sujet est un collectif sans complément, le verbe se met **au singulier.**
  L'équipe gagna la partie.

- Nom collectif **suivi d'un complément au singulier.**
  Si le sujet est un collectif suivi d'un complément au singulier, le verbe se met **au singulier.**
  La plupart du temps se passa à jouer dehors.

- Nom collectif **précédé d'un déterminant indéfini et suivi d'un complément au pluriel.**
  Si le sujet est un collectif précédé d'un déterminant indéfini (*un, une*) et suivi d'un complément au pluriel, le verbe se met **au singulier** lorsque l'auteur veut insister sur le tout, l'ensemble, **au pluriel** s'il veut insister sur la pluralité.
  Une majorité d'élèves a réussi l'examen ou *une majorité d'élèves ont réussi l'examen.*

- Nom collectif **précédé d'un déterminant défini, d'un déterminant possessif ou d'un déterminant démonstratif et suivi d'un complément au pluriel.**
  Si le sujet est un collectif précédé d'un déterminant défini *(le, la)*, d'un déterminant possessif *(mon, ma)* ou d'un déterminant démonstratif *(ce, cette)* et suivi d'un complément au pluriel, le verbe se met **au singulier** parce que l'accent est mis sur l'ensemble.
  La bande de copains est en excursion. Mon groupe d'amis raffole de cette musique.

VOIR TABLEAU ▶ COLLECTIF.

SUPERLATIF

SUPERLATIF RELATIF

- Le superlatif relatif exprime la qualité d'un être ou d'un objet **au degré le plus élevé** (supériorité relative) ou **au degré le moins élevé** (infériorité relative), en comparaison avec d'autres êtres ou objets.

  La rose est la plus belle de toutes les fleurs **(supériorité relative)**.

  Le pissenlit est la moins appréciée des fleurs **(infériorité relative)**.

▶ Formation du superlatif relatif

- Le superlatif relatif est formé à l'aide du déterminant défini et de certains adverbes : *le plus, le moins, le mieux, le meilleur, le moindre, des plus, des mieux, des moins.*

  *Tu es **la meilleure** des amies, c'est **le moindre** de tes soucis.*

▶ Déterminant qui précède un superlatif relatif

- Le déterminant reste neutre (masculin singulier) devant l'adjectif féminin ou pluriel si la comparaison porte sur **les différents états d'un seul être ou d'un seul objet.**

  *C'est le matin qu'elle est **le** plus attentive* (au plus haut degré).

- Si la comparaison porte sur **plusieurs êtres ou objets,** l'article s'accorde avec le nom auquel il se rapporte.

  *Cette personne est **la** plus compétente des candidates.*

▶ Accord de l'adjectif qui suit un superlatif relatif

- L'adjectif qui suit le superlatif relatif *des plus, des mieux, des moins* se met au pluriel et s'accorde en genre avec le nom auquel il se rapporte.

  *Cette animatrice est **des plus** compétentes. Ils ont construit un véhicule **des plus** résistants.*

SUPERLATIF ABSOLU

- Le superlatif absolu exprime la qualité d'un être ou d'un objet **à un très haut degré** (supériorité ou infériorité absolue), **sans comparaison avec** d'autres êtres ou objets.

  *La pivoine est **très** odorante* (supériorité absolue).

  *La marguerite est **très peu** odorante* (infériorité absolue).

▶ Formation du superlatif absolu

- Le superlatif absolu est formé à l'aide des adverbes *très, fort, bien...* ou des adverbes en *-ment : infiniment, extrêmement, joliment...*

  *Un édifice **très** haut, un avion **extrêmement** rapide.*

- Dans la langue familière, le superlatif absolu est formé des éléments *archi, extra, hyper, super, ultra...*

  *Elle est **super**-gentille, ce copain est **hyper**-sympathique.*

VOIR TABLEAU ▶ **ADJECTIF.** ▶ **ADVERBE.**

S

SYMBOLE

Signe conventionnel constitué par :

– une lettre .... h ....(heure)
– un groupe de lettres .... km ....(kilomètre)
– un groupe de lettres et de chiffres ....H_2O .....(symbole chimique)
– un signe .... $ ....(dollar)
– un pictogramme .... ᑒ ....(note, dans cet ouvrage)

Le symbole, indépendamment des frontières linguistiques, sert à désigner de façon très concise :

– un être
– une chose
– une grandeur
– une réalité

Les symboles s'emploient principalement dans les domaines scientifique et technique : symboles chimiques, mathématiques, symboles des unités monétaires, des unités de mesure.

▸ **Symboles chimiques**

   Ag (argent)   *C* (carbone)   *N* (azote)   *Na* (sodium)

▸ **Symboles mathématiques**

   + (addition)   – (soustraction)   *x* (multiplication)   ÷ (division)

▸ **Symboles d'unités de mesure**

   m (mètre)   *h* (heure)   *t* (tonne)   *V* (volt)

▸ **Symboles d'unités monétaires**

   $ (dollar)   € (euro)   £ (livre sterling)   ¥ (yen)

   Ⓣ Les symboles sont invariables et s'écrivent sans point abréviatif.

VOIR TABLEAU ▸ ABRÉVIATION (RÈGLES DE L').

RÈGLES D'ÉCRITURE DES SYMBOLES DES UNITÉS DE MESURE

Les symboles des unités de mesure, qui sont les mêmes dans toutes les langues, sont invariables et s'écrivent sans point abréviatif.

   35 kg   *20 cm*   *12 s*

   ᑒ Les symboles des unités de mesure sont normalisés et doivent être écrits sans être modifiés.

▸ **Place du symbole**

Le symbole se place après le nombre entier ou décimal et il en est séparé par un espacement simple.

   0,35 m   *23,8 °C*

Les sous-multiples d'unités non décimales s'écrivent à la suite sans ponctuation.

   11 h 35 min 40 s

RÈGLES D'ÉCRITURE DES SYMBOLES DES UNITÉS MONÉTAIRES

Signes conventionnels qui désignent les monnaies internationales.

   $ est le symbole de *dollar, €* est le symbole de *euro, £* est le symbole de *livre sterling.*

   Ⓣ Les symboles des unités monétaires s'écrivent en majuscules, sans points abréviatifs et sont invariables.

▸ **Place du symbole**

En français, le symbole de l'unité monétaire se place à la suite du nombre après un espace, selon l'ordre de la lecture.

   39,95 $ *25 ¢*

VOIR TABLEAU ▸ SYMBOLES DES UNITÉS MONÉTAIRES.

S

SYMBOLES DES UNITÉS MONÉTAIRES

Signes conventionnels qui désignent les monnaies internationales, les symboles des unités monétaires s'écrivent en majuscules, sans points et sont invariables.

▸ Place du symbole

En français, le symbole de l'unité monétaire se place après l'expression numérale, selon l'ordre de la lecture ; il est séparé du nombre par un espacement simple. *100 $.*

T Si l'expression numérale comporte une fraction décimale, le symbole de l'unité monétaire se place à la suite de cette fraction décimale, après un espacement simple. *39,95 $.* Attention, le signe décimal est la virgule et non plus le point ; il se note sans espacement avant ni après.

▸ Écriture des sommes d'argent

La notation peut se faire à l'aide de chiffres suivis du symbole de l'unité monétaire *(15 000 $)* ou en toutes lettres *(quinze mille dollars).* Pour les sommes supérieures à six chiffres – qui comprennent donc les noms **million** et **milliard** –, il est également possible de noter le nombre en chiffres suivi du nom **million** ou **milliard** et du nom de l'unité monétaire *(15 millions de dollars, 20 milliards d'euros).*

VOIR TABLEAU ▸ MILLE, MILLION, MILLIARD.

▸ Tableaux et statistiques

Dans les documents techniques, les tableaux, les statistiques, les états financiers, etc., on indique généralement en tête de colonne la mention **en milliers de** (dollars, euros, etc.) ou **en millions de** (dollars, euros, etc.), selon le cas. On recourt parfois aux symboles *k* de *kilo* signifiant « mille » et *M* de *méga* signifiant « un million » accolés au symbole de l'unité monétaire, **k$** symbole de *kilodollar* (1000 $), **k€** symbole de *kilo-euro*, **M$** symbole de *mégadollar* (1 000 000 $).

T Cette notation doit être réservée aux documents de nature technique où la place est très restreinte (tableaux, statistiques, etc.).

▸ Symboles courants d'unités monétaires

NOM DU PAYS OU DU CONTINENT	DÉSIGNATION DE LA MONNAIE	SYMBOLE
Canada	dollar canadien	$ CA
États-Unis	dollar des États-Unis	$ US
Europe	euro	€
Grande-Bretagne	livre sterling	£
Japon	yen	¥
Mexique	peso mexicain	$ MEX
Russie	rouble	RBL
Suisse	franc suisse	FS

▸ Code alphabétique des unités monétaires

Pour les échanges internationaux et les transferts électroniques de fonds, on recourt à un code alphabétique défini par la norme de l'International Organization for Standardization (ISO). Le code alphabétique du dollar canadien est **CAD**, celui du dollar américain est **USD**.

S

▸ **Liste des noms des unités monétaires**

NOM DU PAYS	DÉSIGNATION DE LA MONNAIE	NOM DU PAYS	DÉSIGNATION DE LA MONNAIE
Afghanistan	afghani	Japon	yen
Afrique du Sud	rand	Jordanie	dinar jordanien
Albanie	lek	Kenya	shilling kenyan
Algérie	dinar algérien	Koweït	dinar koweïtien
Allemagne	euro		
Arabie saoudite	riyal saoudien	Laos	kip
Argentine	austral	Liban	livre libanaise
Australie	dollar australien	Liberia	dollar libérien
Autriche	euro	Libye	dinar libyen
		Luxembourg	euro
Belgique	euro		
Bénin	franc CFA	Madagascar	franc malgache
Birmanie	kyat	Mali	franc CFA
Bolivie	boliviano	Maroc	dirham marocain
Brésil	real brésilien	Mauritanie	ouguiya
Bulgarie	lev	Mexique	peso mexicain
Burkina Faso	franc CFA		
Burundi	franc du Burundi	Népal	roupie népalaise
		Nicaragua	cordoba d'or
Cambodge	riel	Niger	franc CFA
Cameroun	franc CFA	Nigeria	naïra
Canada	dollar canadien	Norvège	couronne norvégienne
Centrafricaine (République)	franc CFA	Nouvelle-Zélande	dollar néo-zélandais
Chili	peso chilien		
Chine	yuan	Pakistan	roupie pakistanaise
Chypre	livre chypriote	Panama	balboa
Colombie	peso colombien	Paraguay	guarani
Corée	won	Pays-Bas	euro
Costa Rica	colon costarica	Pérou	sol
Côte d'Ivoire	franc CFA	Philippines	peso philippin
Cuba	peso cubain	Pologne	zloty
		Portugal	euro
Danemark	couronne danoise		
Dominicaine (République)	peso dominicain	Qatar	riyal qatarien
Égypte	livre égyptienne	Roumanie	leu
Émirats arabes unis	dirham	Russie	rouble
Équateur	sucre	Rwanda	franc rwandais
Espagne	euro		
États-Unis	dollar des États-Unis	Salvador	colon
Éthiopie	birr éthiopien	Sénégal	franc CFA
		Somalie	shilling somalien
Finlande	euro	Soudan	livre soudanaise
France	euro	Suède	couronne suédoise
		Suisse	franc suisse
Gabon	franc CFA	Syrie	livre syrienne
Ghana	cedi		
Grande-Bretagne	livre sterling	Tanzanie	shilling tanzanien
Grèce	euro	Tchad	franc CFA
Guatemala	quetzal	Thaïlande	baht
Guinée	franc guinéen	Togo	franc CFA
		Tunisie	dinar tunisien
Haïti	gourde	Turquie	livre turque
Honduras	lempira		
Hongrie	forint	Uruguay	peso uruguayen
Inde	roupie indienne	Venezuela	bolivar
Indonésie	rupiah	Vietnam	dông
Iran	rial iranien		
Iraq	dinar iraquien	Yémen	rial yéménite
Irlande	euro	Yougoslavie	dinar yougoslave
Islande	couronne islandaise		
Israël	shekel	Zaïre	nouveau zaïre
Italie	euro	Zambie	kwacha
		Zimbabwe	dollar zimbabwéen

S

SYNONYMES

Les synonymes sont des mots qui ont la même signification ou des sens très voisins.

VERBES SYNONYMES

Les verbes qui suivent expriment tous l'idée de «faire connaître», mais selon diverses nuances :

citer ....faire connaître en nommant une personne, une chose ;
désigner ....faire connaître par une expression, un signe, un symbole ;
indiquer ....faire connaître une personne, une chose, en donnant un indice (détail caractéristique) qui permet de la trouver ;
montrer ....faire connaître en mettant sous les yeux ;
nommer ....faire connaître par son nom ;
révéler ....faire connaître ce qui était inconnu ;
signaler ....faire connaître en attirant l'attention sur un aspect particulier.

ADJECTIFS SYNONYMES

Les adjectifs qui suivent expriment tous l'idée de «ce qui est beau» à divers degrés :

admirable ....beau à la perfection ;
joli ....d'une beauté gracieuse et plaisante ;
magnifique ....beau par sa grandeur et son éclat ;
merveilleux ....d'une beauté surprenante, féerique ;
splendide ....d'une beauté éclatante, rayonnante.

NOMS SYNONYMES

Les noms qui suivent désignent tous «un vêtement porté par-dessus les autres vêtements pour se protéger des intempéries» :

anorak ....manteau à capuchon qui protège du vent et du froid ;
cape ....manteau avec ou sans capuchon, ample et sans manches ;
imperméable ....manteau qui protège de la pluie ;
pelisse ....manteau doublé de fourrure ;
paletot ....manteau d'homme, généralement en lainage chaud.

🔲 Ne pas confondre avec les noms suivants :

– *antonymes,* mots qui ont une signification contraire :
    devant ....*derrière*
    en avant ....*en arrière*
    provisoire ....*permanent*
    définitif ....*passager*

– *homonymes,* mots qui s'écrivent ou se prononcent de façon identique sans avoir la même signification :
    air ....*mélange gazeux*
    air ....*mélodie*
    air ....*expression*
    aire ....*surface*
    ère ....*époque*
    hère ....*malheureux*
    hère ....*jeune cerf*

– *paronymes,* mots qui présentent une ressemblance d'orthographe ou de prononciation sans avoir la même signification :
    acception ....sens d'un mot
    acceptation ......accord

VOIR TABLEAUX ► ANTONYMES. ► HOMONYMES. ► PARONYMES.

S

TEL

TEL, TELLE, DÉTERMINANT INDÉFINI

1. Pareil, semblable.
*Je n'ai jamais entendu de **telles** bêtises. Un **tel** talent lui permettra de progresser rapidement.*
↪ Placé en début de phrase comme attribut, l'adjectif entraîne l'inversion du sujet. *Nous nous retrouvions tous autour de la table, car **telle** était sa volonté.*

2. Si grand.
*Il se battit avec un **tel** courage qu'il l'emporta. Une émotion **telle** qu'il en perdit la raison.*

3. Tel + nom. Se dit de personnes, de choses qu'on ne peut désigner de façon déterminée.
*Ils viendront à **telle** heure, à **tel** moment. Je vous donnerai **telle** ou **telle** information.*

ACCORD DU DÉTERMINANT

- **Tel** (non suivi de **que**). Ainsi que.
  *Elle était **tel** un tigre. À vol d'oiseau, les lacs sont **telles** des gouttes d'eau.*
  🔲 Le déterminant s'accorde **avec le nom qui suit** et qui exprime la comparaison.
  🔲 Le déterminant indéfini peut aussi introduire une énumération ; il s'accorde alors avec les éléments de l'énumération. *Le projet a été évalué selon de nombreux critères **telles** la rentabilité, la qualité de la recherche, la pertinence des objectifs.*

- **Tel que.** Ainsi que.
  *Une amazone **telle qu'**un fauve. Les cavaliers surgirent tout à coup **tels que** des bêtes féroces. **Tels que** des libellules, les danseurs se mirent à voltiger.*
  🔲 Le déterminant s'accorde **avec le nom auquel il se rapporte** et qui le précède généralement, mais non obligatoirement.
  🔲 La locution **tel que** peut aussi introduire une énumération. Dans ce cas, le déterminant indéfini s'accorde avec le nom auquel il se rapporte. *Le projet a été évalué selon de nombreux critères **tels que** la rentabilité, la qualité de la recherche, la pertinence des objectifs.*

- **Tel quel.** Sans changement, dans l'état où il ou elle se trouve.
  *Cette maison, je l'ai retrouvée **telle quelle**, pareille à ce qu'elle était il y a de cela 30 ans.*
  🔲 La locution s'accorde en genre et en nombre **avec le nom auquel elle se rapporte.**

- **Comme tel.** En cette qualité.
  *La langue officielle du Québec est le français et doit être reconnue **comme telle** par tous.*
  🔲 Dans les expressions **comme tel, en tant que tel**, l'adjectif s'accorde avec le nom auquel il se rapporte.

- **Tel que** + participe passé.
  *La loi a été adoptée **telle qu'**elle avait été proposée* (et non *telle que proposée).
  ↪ L'ellipse du verbe conjugué est à éviter. On préférera la construction avec le verbe conjugué dans la langue soutenue.

- **De telle sorte que,** loc. conj. De telle manière que, à tel point que.
  *Il a travaillé **de telle sorte qu'**il peut récolter aujourd'hui les fruits de ses efforts.*
  ↪ La locution se construit avec l'indicatif.

TEL, TELLE, PRONOM INDÉFINI SINGULIER

- (LITT.) Celui, quelqu'un.
  ***Tel** est pris qui croyait prendre.*
  🔲 Le pronom ne s'emploie qu'au singulier.

- **Tel... tel.** Celui-ci et celui-là.
  ***Tel** aime la lecture, **tel** préfère le sport.*

- **Un tel, une telle.** Quelqu'un, quelqu'une. *Une telle nous a prévenus.*
  ▢ La locution s'emploie pour remplacer un nom propre non précisé.

- **Monsieur Untel, Madame Unetelle.** Précédé d'un titre de civilité (monsieur, madame…), le pronom s'écrit avec une majuscule, à l'image d'un nom propre, et en un seul mot. *Monsieur Untel sera présent ainsi que Madame Unetelle.*

T

Ce lexique grammatical établit la correspondance entre le vocabulaire des programmes de français du ministère de l'Éducation de 1980 (grammaire classique) et de 1995 (nouvelle grammaire).

Grammaire classique	Nouvelle grammaire
Adjectif démonstratif	déterminant démonstratif
Adjectif exclamatif	déterminant exclamatif
Adjectif indéfini	déterminant indéfini
Adjectif interrogatif	déterminant interrogatif
Adjectif numéral cardinal	déterminant numéral
Adjectif numéral ordinal	adjectif ordinal
Adjectif possessif	déterminant possessif
Adjectif qualificatif	adjectif
	adjectif qualifiant
	adjectif classifiant
Adjectif relatif	déterminant relatif
Adjectif verbal	participe adjectif
Adverbe	adverbe
Apposition	complément du nom
Article défini	déterminant défini
Article indéfini	déterminant indéfini
Article partitif	déterminant partitif
Attribut	attribut du sujet
	attribut du complément direct du verbe
Auxiliaire	auxiliaire
	auxiliaire de temps ou d'aspect
	auxiliaire de conjugaison
	auxiliaire de modalité
	auxiliaire factitif
Complément circonstanciel	complément de phrase
	complément de verbe
Complément d'agent	complément du verbe passif
Complément de l'adjectif	complément de l'adjectif
Complément déterminatif	complément du nom
Complément d'objet direct	complément direct du verbe
Complément d'objet indirect	complément indirect du verbe
Conditionnel	conditionnel
Conjonction de coordination	conjonction de coordination, coordonnant
Conjonction de subordination	conjonction de subordination, subordonnant
Épithète	complément du nom
Futur antérieur	futur antérieur
Futur simple	futur simple
Imparfait	imparfait
Impératif	impératif
Indicatif	indicatif
Infinitif	infinitif
Interjection	interjection
Locution adjective	adjectif (composé), adjectif (complexe)
Locution adverbiale	adverbe (composé), adverbe (complexe)

Locution conjonctive de coordination	coordonnant (composé)
Locution conjonctive de subordination	subordonnant (composé)
Locution nominale	nom (composé)
Locution prépositive	préposition (composée)
Nom commun	nom commun
Nom composé	nom composé
Nom propre	nom propre
Participe passé	participe passé
Participe présent	participe présent
Passé antérieur	passé antérieur
Passé composé	passé composé
Passé simple	passé simple
Phrase déclarative	phrase déclarative
Phrase exclamative	phrase exclamative
Phrase impérative	phrase impérative
Phrase interrogative	phrase interrogative
Plus-que-parfait	plus-que-parfait
Préposition	préposition
Présent	présent
Pronom démonstratif	pronom démonstratif
Pronom indéfini	pronom indéfini
Pronom interrogatif	pronom interrogatif
Pronom personnel	pronom personnel
Pronom possessif	pronom possessif
Pronom relatif	pronom relatif
Proposition	phrase
Proposition indépendante	phrase autonome ou matrice
Proposition principale	phrase autonome ou matrice
Proposition subordonnée	phrase subordonnée
Semi-auxiliaire	auxiliaire de temps ou d'aspect
	auxiliaire de modalité
	auxiliaire factitif
Style direct	discours rapporté direct
Style indirect	discours rapporté indirect
Subjonctif	subjonctif
Subordonnée circonstancielle	subordonnée circonstancielle
Subordonnée complétive	subordonnée complétive
Subordonnée relative	subordonnée relative
Superlatif	superlatif
Verbe d'état, verbe copule	verbe attributif
Verbe impersonnel	verbe impersonnel
Verbe intransitif	verbe intransitif
Verbe principal	verbe de la phrase autonome ou matrice
Verbe pronominal	verbe pronominal
Verbe transitif	verbe transitif
Voix active	phrase de forme active
Voix passive	phrase de forme passive

TITRES DE FONCTIONS

► **Titres de fonctions, de grades, de noblesse**

De façon générale, ces titres sont des noms communs qui s'écrivent avec une minuscule.
Le pape, la présidente-directrice générale, le duc, la juge, le premier ministre.

Si le titre désigne une personne à qui l'on s'adresse, il s'écrit avec une majuscule.
Veuillez agréer, Madame la Présidente, ...

TITRES ET FONCTIONS AU FÉMININ

académicienne	ambulancière	assureuse	blanchisseuse	bruiteuse
acheteuse	animatrice	astrophysicienne	bottière	bûcheronne
administratrice	annonceure	auteure	bouchère	cadreuse
agente	ou annonceuse	aviatrice	boulangère	caissière
agente de bord	apicultrice	avicultrice	boulangère-	camionneuse
agente de	arboricultrice	avocate	pâtissière	caporale
voyages	arpenteuse	balayeuse	boxeuse	cartomancienne
agricultrice	artificière	banquière	brasseuse	cascadeuse
ajusteuse	artisane	bergère	brigadière	cavalière
ambassadrice	assistante	bijoutière	brodeuse	chapelière...

VOIR TABLEAU ► FÉMINISATION DES TITRES.

► **Titres honorifiques**

Le titre honorifique ainsi que l'adjectif et l'adverbe qui le précèdent s'écrivent avec une majuscule.
Sa Sainteté, Sa Très Gracieuse Majesté.

Suivis du nom propre, les titres honorifiques s'abrègent.
S. S. le pape Jean-Paul II, S. M. la reine Élisabeth II.

► **Titres de civilité**

Les titres de civilité s'écrivent avec une majuscule et ne s'abrègent pas dans l'adresse.
Monsieur Jacques Valbois.

T Dans les formules d'appel ou de salutation, le titre de civilité n'est pas suivi du patronyme.
Madame (et non **Madame Valbois*).

Le titre s'abrège généralement lorsqu'il est suivi du patronyme ou d'un autre titre et qu'on ne s'adresse pas directement à la personne.
M. Roberge est absent, M. le juge est là.

Le titre s'écrit avec une minuscule initiale et ne s'abrège pas lorsqu'il est employé seul, sans être accompagné d'un nom propre, d'un titre ou d'une fonction, dans certaines constructions de déférence.
Oui, monsieur, madame est sortie. Je ne crois pas avoir déjà rencontré monsieur.

Exemples de formules de salutation (appels) selon les titres :

avocat	*Maître,*
cardinal	*Éminence* ou *Monsieur le Cardinal,*
curé	*Mon Père* ou *Monsieur le Curé,*
ministre	*Madame la Ministre,*
	Monsieur le Ministre,
religieuse	*Révérende Mère* ou *Ma Mère* ou *Ma Sœur,*

VOIR TABLEAU ► CORRESPONDANCE.

TITRES D'ŒUVRES

Les titres d'œuvres littéraires (poème, essai, roman, etc.) ou artistiques (peinture, sculpture, ballet, composition musicale), les noms de journaux, de périodiques s'écrivent avec une majuscule au nom initial et éventuellement à l'adjectif, l'adverbe, le déterminant qui le précèdent.

> *Le Dictionnaire visuel, les Concertos brandebourgeois, Le Nouveau Petit Robert, Les Très Riches Heures du duc de Berry.*

> T L'Office québécois de la langue française a adopté une règle simplifiée qui consiste à écrire le titre des ouvrages avec une seule majuscule initiale. *Le français au Québec. 400 ans d'histoire et de vie.* Les titres sont composés en italique dans un texte en romain. Dans un texte déjà en italique, la notation se fait en romain. Dans un manuscrit, on utilisera les guillemets ou le soulignement si le texte est destiné à l'impression.

▸ **Déterminant défini**

Le déterminant défini ne prend la majuscule que s'il fait partie du titre.

> *Il a lu* L'Homme rapaillé *de Gaston Miron. Elle a consulté le* Dictionnaire de la comptabilité *de Fernand Sylvain.* Le Devoir, *mais* Le Déjeuner sur l'herbe.

▸ **Adjectif**

Si l'adjectif précède le substantif, tous deux prennent la majuscule.

> *La Divine Comédie, le Grand Larousse de la langue française, Le Nouveau Petit Robert, Prochain Épisode.*

Si l'adjectif suit le substantif, il s'écrit avec une minuscule.

> *Le Code typographique, Le Plaisir chaste, Les Noces barbares, Refus global.*

▸ **Plusieurs substantifs**

Si le titre est constitué de plusieurs mots mis en parallèle, chacun s'écrit avec une majuscule.

> *Guerre et Paix, La Belle et la Bête, Artistes, Artisans et Technocrates.*

▸ **Phrase ou groupe de mots**

Lorsqu'un titre est constitué d'une phrase, seul le premier mot s'écrit avec une majuscule.

> *Attendez que je me rappelle, Et tout le reste n'est rien, La grammaire est une chanson douce, À la recherche du temps perdu.*

▸ **Sous-titre**

Le sous-titre s'écrit à la suite d'un point et suit les mêmes règles que le titre pour l'emploi des majuscules.

> *J'ai lu l'ouvrage* Ce que parler veut dire. L'Économie des échanges linguistiques.
> Des Mots et des Mondes. Dictionnaires, encyclopédies, grammaires, nomenclatures : *le sous-titre de cet ouvrage décrit bien son contenu.*

▸ **Contraction de la préposition *à* ou *de* et de l'article initial du titre**

En général, la contraction de la préposition et de l'article initial se fait.

> *La lecture du* Devoir. *Le visionnement des* Quatre Cents Coups *de Truffaut.*

▸ **Accord du verbe, de l'adjectif et du participe**

Le verbe, l'adjectif et le participe s'accordent avec le titre si celui-ci débute par un nom précédé d'un déterminant ou si le titre est un nom propre féminin.

> *Les Champs magnétiques sont une œuvre surréaliste.* La Joconde *fut peinte par Léonard de Vinci.*

▸ **Élision**

Il est préférable d'élider le déterminant qui précède un titre commençant par une voyelle ou un *h* muet.

> *L'auteure d'*Émilie, Émilie *est Élisabeth Badinter.*

> T Cependant l'absence d'élision est courante. *L'auteure de* Une saison dans la vie d'Emmanuel *est Marie-Claire Blais.*

ACCORD DE **TOUT**

TOUT, TOUTE, DÉTERMINANT DÉFINI

▶ **Au sens de** « complet, entier », « unique », « au plus haut point »

- *Tout, toute* + déterminant défini + nom .... variable .... *Il travaille **tout** l'été,*
toute la journée.
- *Tout, toute* + déterminant démonstratif + nom .... variable .... *Elle repeint **tout** ce garage,*
toute cette maison.
- *Tout, toute* + déterminant possessif + nom .... variable .... *Le chien a mangé **tout** son os,*
toute sa viande.
- *Tout, toute* + nom .... variable .... *De **tout** cœur, en **toute** amitié,*
*de **toute** beauté.*

    📏 En ces sens, le déterminant et le nom sont au singulier.

TOUT, TOUTE, TOUS, TOUTES, DÉTERMINANT INDÉFINI

▶ **Au sens de** « sans exception », « chaque », « n'importe lequel »

- *Tous, toutes* + déterminant + nom ou pronom .... variable .... *Vois **tous** les glands et **toutes***
*les feuilles. **Tous** les miens.*
- *Tous, toutes* + déterminant démonstratif + nom .... variable .... *J'ai lu **tous** ces livres,*
toutes ces histoires.
- *Tous, toutes* + déterminant possessif + nom .... variable .... *Elle a écouté **tous** mes disques,*
toutes mes chansons.
- *Tout, toute* + nom ou pronom .... variable .... ***Toute** réclamation sera considérée.*
***Tout** cela n'est qu'une illusion.*
- *Tout autre, toute autre* + nom .... variable .... ***Toute autre** personne viendrait.*

TOUT, ADVERBE

▶ **Au sens de** « entièrement », « tout à fait ».

- *Tout* + adjectif masculin .... invariable ..... *Ils sont **tout** joyeux.*
- *Tout* + adjectif féminin .... invariable ..... *Tu as bu la coupe **tout** entière.*
(commençant par une voyelle ou un *h* muet) *Elles sont **tout** hésitantes (h muet).*
- *Toute, toutes* + adjectif féminin .... variable .... *Elles sont **toutes** gracieuses et*
(commençant par une consonne ou un *h* aspiré) *toutes hâlées (h aspiré).*
    📏 L'adverbe change de forme pour des raisons d'harmonie de la phrase (euphonie).
- *Tout* + adverbe .... invariable ..... *Ils roulaient **tout** doucement.*
- *Tout autre* « entièrement autre » .... invariable ..... *Une **tout autre** signification.*

TOUS, TOUTES, TOUT, PRONOM MASCULIN ET FÉMININ

- *Tous, toutes.* Le pronom est au pluriel et il prend
la marque du genre. .... ***Tous** et **toutes** étaient motivés.*
- *Tout.* Le pronom neutre est au singulier. .... *Ils comprirent **tout**.*

TOUT, NOM MASCULIN

- *Tout, touts.* Le nom masculin prend la marque du pluriel. .... *Réunir des **touts** complets.*

T

181

TRAIT D'UNION

Signe en forme de trait horizontal qui se place à mi-hauteur de l'écriture, sans espace avant ni après, et qui sert principalement à unir les éléments de certains mots composés, de certaines locutions et les syllabes d'un mot divisé en fin de ligne.

EMPLOIS

▸ Liaison des **éléments de certains mots composés.**
Des sous-marins, un presse-citron, un garde-côte, le bien-être, un arc-en-ciel, un en-tête, des va-et-vient, des qu'en-dira-t-on.

> 🅣 Dans les mots composés avec un préfixe (dérivation), on a de plus en plus tendance à supprimer le trait d'union et à souder les éléments en vue de simplifier l'orthographe. Lors de sa création, le néologisme **microéconomie** s'écrivait avec un trait d'union (*micro-économie*) ; aujourd'hui, les deux éléments qui le composent sont soudés.

VOIR TABLEAU ▸ NOMS COMPOSÉS.

▸ Liaison des **formes verbales inversées.**
« C'est ainsi », lui dit-il. Le savait-il ? Prend-on ce train ? Répondent-ils à vos demandes ? Où vais-je ?

> 🅣 Le verbe se joint par un trait d'union au pronom sujet inversé. Le trait d'union s'emploie avant et après le *t* euphonique qui sépare le verbe du pronom sujet. *Mesure-t-elle les conséquences de ce geste ?*

▸ Liaison des **verbes à l'impératif aux pronoms** complément direct du verbe et complément indirect du verbe.

> 🅣 Le verbe à l'impératif se joint par un trait d'union au pronom personnel complément direct ou indirect qui le suit. *Raconte-moi ce qu'il t'a dit.* Si le verbe à l'impératif est suivi de deux pronoms, le pronom complément direct s'écrit avant le pronom complément indirect et deux traits d'union sont alors nécessaires. *Dis-le-moi.*

VOIR TABLEAU ▸ IMPÉRATIF.

▸ Liaison du **pronom personnel** et de l'adjectif *même.*
Moi-même, toi-même, lui-même, elles-mêmes, nous-même(s), vous-même(s), eux-mêmes.

▸ Liaison de certains **préfixes (demi-, grand-, néo-, sous-,** etc.) à un nom.
Une politique de non-ingérence. Un grand-père. Des néo-Québécois. Une demi-mesure. La sous-ministre.

▸ Liaison des **nombres inférieurs à cent** qui ne sont pas reliés par la conjonction *et.*
Quatre-vingt-deux, vingt et un, cent dix, deux cent trente-deux.

> 🅣 Selon la règle classique, le trait d'union s'emploie seulement entre les éléments qui sont l'un et l'autre inférieurs à *cent,* sauf s'ils sont joints par la conjonction *et.* Les *Rectifications orthographiques* (1990) admettent l'emploi du trait d'union dans tous les cas : « on peut lier par un trait d'union les numéraux formant un nombre complexe, inférieur ou supérieur à *cent* ». Nous observons que, malgré les *Rectifications,* la règle classique est généralement appliquée.

VOIR TABLEAU ▸ NOMBRES.

▸ Liaison des **éléments spécifiques des noms de lieux** composés de plusieurs mots.
Le boulevard René-Lévesque, Port-au-Persil, Cap-à-l'Aigle, la Nouvelle-Angleterre.

VOIR TABLEAU ▸ GÉOGRAPHIQUES (NOMS).

▸ Liaison des **prénoms,** des **patronymes.**
Marie-Ève. Philippe Dubois-Lalande.

▸ **Coupure d'un mot** en fin de ligne.
Ce dictionnaire comporte des tableaux relatifs aux difficultés ortho-graphiques.

VOIR TABLEAU ▸ DIVISION DES MOTS.

UN

UN, UNE, DÉTERMINANT NUMÉRAL

Une unité. *Cette table mesure **un** mètre sur deux mètres. Elle a pris **un** café et deux croissants.*

📖 1° Le déterminant numéral *un* prend la marque du féminin. *Vingt et **une** étudiantes.*

2° Selon la règle classique, le déterminant numéral *un* se joint aux dizaines à l'aide de la conjonction *et* sans traits d'union. *Trente et un, vingt et un.* Une seule exception : *quatre-vingt-un.*

3° Selon la règle classique, le déterminant numéral *un* se joint aux centaines, aux milliers sans trait d'union et sans conjonction. *Cent un, mille un.*

4° Cependant, les *Rectifications orthographiques* (1990) admettent l'emploi du trait d'union dans tous les cas : «on peut lier par un trait d'union les déterminants numéraux formant un nombre complexe, inférieur ou supérieur à **cent**». Nous observons que, malgré les *Rectifications,* la règle classique est généralement appliquée.

5° La préposition *de* ne s'élide pas devant le déterminant numéral dans les textes de nature scientifique, technique ou commerciale. *Une distance **de un** kilomètre, le total **de un** million de dollars.*

Locutions

– *Un par un, un à un,* loc. adv. Un seul à la fois. *Elles passeront une par une.*

UN, UNE, ADJECTIF ORDINAL

Premier. *Chapitre **un**, acte **un**, page **un**. L'an deux mille **un** (2001).*

🇹 L'adjectif ordinal s'écrit généralement en chiffre romain ou en chiffre arabe. *Chapitre I, page 1.*

VOIR TABLEAU ► **NOMBRES.**

UN, UNE, ADJECTIF

Simple, unique. *La vérité est **une** et indivisible.*

UN, NOM MASCULIN INVARIABLE

Nombre qui exprime l'unité. *Le nombre 111 s'écrit avec trois **un**.*

🇹 Devant le nom *un,* l'article *le* ne s'élide pas. *Ils habitent **le un** de la rue des Érables.*

UNE, NOM FÉMININ

Première page d'un quotidien. *Cet article figure **à la une** du journal du soir.*

📖 Devant le nom féminin *une,* l'article *la* ne s'élide pas.

UN, UNE, DÉTERMINANT INDÉFINI

- Le déterminant indéfini se rapporte à une personne, à une chose indéterminée ou non dénommée.

- Le déterminant indéfini indique le nombre (un et non plusieurs), mais ne précise pas l'identité de l'être ou de la chose.

    *Il a rencontré **un** ami. Elle a vu **un** cheval et **une** jolie maison.*

    📖 Le déterminant s'accorde en genre et en nombre avec le nom auquel il se rapporte. Le pluriel de l'article est *des.*

VOIR TABLEAU ► **DÉTERMINANT.**

UN, UNE, UNS, UNES, PRONOM INDÉFINI

- Quelqu'un, une certaine personne. *L'**un** de vous peut-il m'aider ?*

U

UN | SUITE >

Locutions

– **L'un et l'autre.** Tous deux.

  L'un et l'autre viendra ou *viendront.*

  ⌨ Le verbe se met au singulier ou au pluriel.

– **L'un, l'une..., l'autre.** Celui-là, celle-là par opposition à **l'autre.**

  L'une chante, l'autre danse. L'un accepte, tandis que l'autre refuse.

– **L'un, l'une l'autre, les uns, les unes les autres.** Réciproquement.

  Ils s'aiment l'un l'autre. Elles s'aident les unes les autres. Les enfants se sont confiés aux uns et aux autres.

– **L'un ou l'autre.** Un seul des deux.

  ⌨ Le verbe se met au singulier. **L'une ou l'autre** *sera présente.*

– **Ni l'un ni l'autre, ni l'une ni l'autre.** Aucun des deux.

  Ni l'un ni l'autre n'a accepté ou *n'ont accepté.*

  ⌨ Le verbe se met au singulier ou au pluriel.

– **Pas un.** Aucun.

  Pas un ne réussira.

  ↶ Le pronom se construit avec **ne.**

– **Plus d'un, plus d'une** + complément au pluriel.

  Plus d'un des candidats était déçu ou *étaient déçus.*

  ⌨ Le verbe se met au singulier ou au pluriel.

– **Plus d'un, plus d'une.**

  Plus d'une étudiante était satisfaite.

  ⌨ Le verbe s'accorde au singulier avec le pronom indéfini, malgré la logique.

– **Tout un chacun,** loc. pronom. Tout le monde.

  Tout un chacun (et non **tous et chacun) aspire au bonheur. Elle veut tenter sa chance, comme tout un chacun.*

  ⌨ Cette locution pronominale sujet est au singulier : le verbe dont elle est le sujet est donc à la troisième personne du singulier.

– **Un de ceux, une de celles qui, que.**

  Cette jeune étudiante est une de celles qui ont le plus travaillé.

  ⌨ Le verbe se met au pluriel.

– **L'un, l'une des...** Une certaine personne.

  L'une des participantes a appuyé la proposition.

  ⌨ Le verbe se met au singulier lorsque la locution a le sens de « une certaine personne », car on insiste alors sur l'individualité.

– **Un, une des...** Quelqu'un parmi.

  Un des auteurs qui se sont attachés à décrire cette situation...

  ⌨ Le verbe se met au pluriel lorsque l'action concerne le complément au pluriel du pronom indéfini (la pluralité).

– **Un, une des...** Celui, celle qui.

  Une des athlètes qui a été sélectionnée...

  ⌨ Le verbe se met au singulier lorsque la locution a le sens de « celui, celle qui », car on insiste alors sur l'individualité. *Une des personnes qui a le plus contribué, c'est le linguiste.*

VERBE

Élément essentiel de la phrase, le verbe en est le mot moteur ; il exprime l'**action**, l'**état**, le **devenir** d'un sujet. Il est le prédicat, il exprime ce qui est dit à propos du sujet.

GROUPE DE CONJUGAISON DES VERBES

Les verbes se répartissent en deux groupes de conjugaison :

▸ **Premier groupe**

Les verbes se terminant par -*er.*

Aimer, appeler, avancer, changer, congeler, créer, employer, envoyer, étudier, payer, posséder…

▸ **Deuxième groupe**

Les verbes se terminant à l'infinitif par -*ir* et au participe présent par -*issant.*

Aboutir, abrutir, affermir, agir, bannir, blêmir, bondir, choisir, divertir, éblouir, finir, investir…

Tous les autres verbes qui se terminent à l'infinitif par -*ir* et au participe présent par -*ant.*

Acquérir, bouillir, courir, cueillir, dormir, faillir, fuir, ouvrir, sortir, servir, tressaillir, venir, vêtir…

Les verbes qui se terminent à l'infinitif par -*oir.*

Apercevoir, devoir, émouvoir, falloir, pleuvoir, pouvoir, recevoir, savoir, valoir, voir, vouloir…

Les verbes qui se terminent à l'infinitif par -*re.*

Apprendre, combattre, craindre, éteindre, faire, fendre, joindre, plaire, remettre, soustraire, vaincre…

    ◻− La grammaire classique place dans un troisième groupe les verbes qui ne se terminent pas à l'infinif par -*er* (1er groupe) et ceux qui ne se terminent pas à l'infinitif par -*ir* et au participe présent par -*issant* (2e groupe).

VOIR TABLEAU ▸ AUXILIAIRE.

CONJUGAISON DU VERBE

Les formes verbales se composent de deux éléments : le **radical** et la **terminaison**, appelée aussi *désinence.*

Alors que le radical porte la signification du verbe, la terminaison en indique le mode, le temps, la personne et le nombre.

La terminaison marque :

• le **mode** du verbe (indicatif, subjonctif, impératif, infinitif, participe). *Finissons* (indicatif), *finir* (infinitif) ;

• le **temps** (présent, passé, futur). *Aimez* (présent), *aimiez* (passé), *aimerez* (futur) ;

• la **personne**, le **nombre** du sujet (1re, 2e, 3e personne, singulier et pluriel). *Aimons* (1re personne), *aimez* (2e personne), *aiment* (3e personne) ; *finis* (singulier) et *finissez* (pluriel).

◻− Les terminaisons des verbes qui figurent dans cet ouvrage à titre de modèles de conjugaison sont notées en caractères gras.

VOIR TABLEAUX ▸ CONDITIONNEL. ▸ FUTUR. ▸ IMPÉRATIF. ▸ INDICATIF. ▸ INFINITIF. ▸ PARTICIPE PASSÉ.
    ▸ PARTICIPE PRÉSENT. ▸ PASSÉ (TEMPS DU). ▸ PRÉSENT. ▸ SUBJONCTIF.

VERBES TRANSITIFS ET INTRANSITIFS

• Les **verbes transitifs directs** ont un complément du verbe **joint directement au verbe, sans préposition.**

L'enfant mange la pomme.
L'enfant mange quoi ? La pomme.

V

- Les **verbes transitifs indirects** ont un complément du verbe **relié indirectement au verbe par une préposition** (*à, de,* etc.).

    *Il parle **à** sa sœur.*
    *Vous souvenez-vous **de** lui ?*
    Il parle à qui ? À sa sœur. Vous vous souvenez de qui ? De lui.

- Les **verbes intransitifs** sont construits **sans complément direct ou indirect du verbe.** Par contre, comme dans toutes les phrases, il peut y avoir un complément de phrase.

    Le soleil plombe.
    L'herbe pousse dans le champ.
    L'enfant mange en ce moment.

- Les **verbes impersonnels** expriment un état qui ne comporte pas de sujet logique ; ils ne se construisent qu'**à la troisième personne du singulier** avec le sujet impersonnel *il.*

    Il neige à plein ciel et il vente.

VERBES PRONOMINAUX

- Le **verbe pronominal** est accompagné d'un pronom réfléchi de la même personne que le sujet parce qu'il désigne le même être, le même objet que le sujet.

    Tu te laves. Elles se sont parlé.

- Le **verbe pronominal** est **réfléchi** lorsque l'action porte sur le sujet.

    Bruno s'est coupé. Brigitte s'est blessée.

- Le **verbe pronominal** est **réciproque** lorsque deux ou plusieurs sujets agissent l'un sur l'autre ou les uns sur les autres.

    Ils se sont aimés.

    📏 Le verbe pronominal réciproque ne s'emploie qu'au pluriel.

- Le **verbe pronominal** est **non réfléchi** lorsque le verbe exprime par lui-même un sens complet et que le pronom n'a pas de valeur particulière.

    S'en aller, s'évanouir, se douter, se taire, se moquer, s'enfuir...

FORME PRONOMINALE

SINGULIER

1re pers.	*je me parfume*	*je m'enfuis*
2e pers.	*tu te parfumes*	*tu t'enfuis*
3e pers. du fém.	⌐ *elle se parfume*	⌐ *elle s'enfuit*
3e pers. du masc.	∟ *il se parfume*	∟ *il s'enfuit*

PLURIEL

1re pers.	*nous nous parfumons*	*nous nous enfuyons*
2e pers.	*vous vous parfumez*	*vous vous enfuyez*
3e pers. du fém.	⌐ *elles se parfument*	⌐ *elles s'enfuient*
3e pers. du masc.	∟ *ils se parfument*	∟ *ils s'enfuient*

V

VOIR TABLEAU ► **PRONOMINAUX.**

MODÈLES DE CONJUGAISON

CONJUGAISON DU VERBE **ACCROÎTRE**

INDICATIF

PRÉSENT

j'	accrois			
tu	accrois			
elle	accroît			
il	accroît			
nous	accroissons			
vous	accroissez			
elles	accroissent			
ils	accroissent			

PASSÉ COMPOSÉ

j'	ai	accru
tu	as	accru
elle	a	accru
il	a	accru
nous	avons	accru
vous	avez	accru
elles	ont	accru
ils	ont	accru

IMPARFAIT

j'	accroissais
tu	accroissais
elle	accroissait
il	accroissait
nous	accroissions
vous	accroissiez
elles	accroissaient
ils	accroissaient

PLUS-QUE-PARFAIT

j'	avais	accru
tu	avais	accru
elle	avait	accru
il	avait	accru
nous	avions	accru
vous	aviez	accru
elles	avaient	accru
ils	avaient	accru

PASSÉ SIMPLE

j'	accrus
tu	accrus
elle	accrut
il	accrut
nous	accrûmes
vous	accrûtes
elles	accrurent
ils	accrurent

PASSÉ ANTÉRIEUR

j'	eus	accru
tu	eus	accru
elle	eut	accru
il	eut	accru
nous	eûmes	accru
vous	eûtes	accru
elles	eurent	accru
ils	eurent	accru

FUTUR SIMPLE

j'	accroîtrai
tu	accroîtras
elle	accroîtra
il	accroîtra
nous	accroîtrons
vous	accroîtrez
elles	accroîtront
ils	accroîtront

FUTUR ANTÉRIEUR

j'	aurai	accru
tu	auras	accru
elle	aura	accru
il	aura	accru
nous	aurons	accru
vous	aurez	accru
elles	auront	accru
ils	auront	accru

CONDITIONNEL PRÉSENT

j'	accroîtrais
tu	accroîtrais
elle	accroîtrait
il	accroîtrait
nous	accroîtrions
vous	accroîtriez
elles	accroîtraient
ils	accroîtraient

CONDITIONNEL PASSÉ

j'	aurais	accru
tu	aurais	accru
elle	aurait	accru
il	aurait	accru
nous	aurions	accru
vous	auriez	accru
elles	auraient	accru
ils	auraient	accru

SUBJONCTIF

PRÉSENT

que	j'	accroisse
que	tu	accroisses
qu'	elle	accroisse
qu'	il	accroisse
que	nous	accroissions
que	vous	accroissiez
qu'	elles	accroissent
qu'	ils	accroissent

PASSÉ

que	j'	aie	accru
que	tu	aies	accru
qu'	elle	ait	accru
qu'	il	ait	accru
que	nous	ayons	accru
que	vous	ayez	accru
qu'	elles	aient	accru
qu'	ils	aient	accru

IMPARFAIT

que	j'	accrusse
que	tu	accrusses
qu'	elle	accrût
qu'	il	accrût
que	nous	accrussions
que	vous	accrussiez
qu'	elles	accrussent
qu'	ils	accrussent

PLUS-QUE-PARFAIT

que	j'	eusse	accru
que	tu	eusses	accru
qu'	elle	eût	accru
qu'	il	eût	accru
que	nous	eussions	accru
que	vous	eussiez	accru
qu'	elles	eussent	accru
qu'	ils	eussent	accru

IMPÉRATIF

PRÉSENT

accrois
accroissons
accroissez

PASSÉ

aie accru
ayons accru
ayez accru

INFINITIF

PRÉSENT

accroître

PASSÉ

avoir accru

PARTICIPE

PRÉSENT

accroissant

PASSÉ

accru, ue
ayant accru

CONJUGAISON DU VERBE **ACQUÉRIR**

INDICATIF

PRÉSENT
j'	acqu**iers**
tu	acqu**iers**
elle	acqu**iert**
il	acqu**iert**
nous	acqu**érons**
vous	acqu**érez**
elles	acqu**ièrent**
ils	acqu**ièrent**

PASSÉ COMPOSÉ
j'	ai	acquis
tu	as	acquis
elle	a	acquis
il	a	acquis
nous	avons	acquis
vous	avez	acquis
elles	ont	acquis
ils	ont	acquis

IMPARFAIT
j'	acqu**érais**
tu	acqu**érais**
elle	acqu**érait**
il	acqu**érait**
nous	acqu**érions**
vous	acqu**ériez**
elles	acqu**éraient**
ils	acqu**éraient**

PLUS-QUE-PARFAIT
j'	avais	acquis
tu	avais	acquis
elle	avait	acquis
il	avait	acquis
nous	avions	acquis
vous	aviez	acquis
elles	avaient	acquis
ils	avaient	acquis

PASSÉ SIMPLE
j'	acqu**is**
tu	acqu**is**
elle	acqu**it**
il	acqu**it**
nous	acqu**îmes**
vous	acqu**îtes**
elles	acqu**irent**
ils	acqu**irent**

PASSÉ ANTÉRIEUR
j'	eus	acquis
tu	eus	acquis
elle	eut	acquis
il	eut	acquis
nous	eûmes	acquis
vous	eûtes	acquis
elles	eurent	acquis
ils	eurent	acquis

FUTUR SIMPLE
j'	acqu**errai**
tu	acqu**erras**
elle	acqu**erra**
il	acqu**erra**
nous	acqu**errons**
vous	acqu**errez**
elles	acqu**erront**
ils	acqu**erront**

FUTUR ANTÉRIEUR
j'	aurai	acquis
tu	auras	acquis
elle	aura	acquis
il	aura	acquis
nous	aurons	acquis
vous	aurez	acquis
elles	auront	acquis
ils	auront	acquis

CONDITIONNEL PRÉSENT
j'	acqu**errais**
tu	acqu**errais**
elle	acqu**errait**
il	acqu**errait**
nous	acqu**errions**
vous	acqu**erriez**
elles	acqu**erraient**
ils	acqu**erraient**

CONDITIONNEL PASSÉ
j'	aurais	acquis
tu	aurais	acquis
elle	aurait	acquis
il	aurait	acquis
nous	aurions	acquis
vous	auriez	acquis
elles	auraient	acquis
ils	auraient	acquis

SUBJONCTIF

PRÉSENT
que	j'	acqu**ière**
que	tu	acqu**ières**
qu'	elle	acqu**ière**
qu'	il	acqu**ière**
que	nous	acqu**érions**
que	vous	acqu**ériez**
qu'	elles	acqu**ièrent**
qu'	ils	acqu**ièrent**

PASSÉ
que	j'	aie	acquis
que	tu	aies	acquis
qu'	elle	ait	acquis
qu'	il	ait	acquis
que	nous	ayons	acquis
que	vous	ayez	acquis
qu'	elles	aient	acquis
qu'	ils	aient	acquis

IMPARFAIT
que	j'	acqu**isse**
que	tu	acqu**isses**
qu'	elle	acqu**ît**
qu'	il	acqu**ît**
que	nous	acqu**issions**
que	vous	acqu**issiez**
qu'	elles	acqu**issent**
qu'	ils	acqu**issent**

PLUS-QUE-PARFAIT
que	j'	eusse	acquis
que	tu	eusses	acquis
qu'	elle	eût	acquis
qu'	il	eût	acquis
que	nous	eussions	acquis
que	vous	eussiez	acquis
qu'	elles	eussent	acquis
qu'	ils	eussent	acquis

IMPÉRATIF

PRÉSENT
acqu**iers**
acqu**érons**
acqu**érez**

PASSÉ
aie	acquis
ayons	acquis
ayez	acquis

INFINITIF

PRÉSENT
acqu**érir**

PASSÉ
avoir acquis

PARTICIPE

PRÉSENT
acqu**érant**

PASSÉ
acquis, ise
ayant acquis

CONJUGAISON DU VERBE **AIMER**

INDICATIF

PRÉSENT

j'	aime
tu	aimes
elle	aime
il	aime
nous	aimons
vous	aimez
elles	aiment
ils	aiment

PASSÉ COMPOSÉ

j'	ai	aimé
tu	as	aimé
elle	a	aimé
il	a	aimé
nous	avons	aimé
vous	avez	aimé
elles	ont	aimé
ils	ont	aimé

IMPARFAIT

j'	aimais
tu	aimais
elle	aimait
il	aimait
nous	aimions
vous	aimiez
elles	aimaient
ils	aimaient

PLUS-QUE-PARFAIT

j'	avais	aimé
tu	avais	aimé
elle	avait	aimé
il	avait	aimé
nous	avions	aimé
vous	aviez	aimé
elles	avaient	aimé
ils	avaient	aimé

PASSÉ SIMPLE

j'	aimai
tu	aimas
elle	aima
il	aima
nous	aimâmes
vous	aimâtes
elles	aimèrent
ils	aimèrent

PASSÉ ANTÉRIEUR

j'	eus	aimé
tu	eus	aimé
elle	eut	aimé
il	eut	aimé
nous	eûmes	aimé
vous	eûtes	aimé
elles	eurent	aimé
ils	eurent	aimé

FUTUR SIMPLE

j'	aimerai
tu	aimeras
elle	aimera
il	aimera
nous	aimerons
vous	aimerez
elles	aimeront
ils	aimeront

FUTUR ANTÉRIEUR

j'	aurai	aimé
tu	auras	aimé
elle	aura	aimé
il	aura	aimé
nous	aurons	aimé
vous	aurez	aimé
elles	auront	aimé
ils	auront	aimé

CONDITIONNEL PRÉSENT

j'	aimerais
tu	aimerais
elle	aimerait
il	aimerait
nous	aimerions
vous	aimeriez
elles	aimeraient
ils	aimeraient

CONDITIONNEL PASSÉ

j'	aurais	aimé
tu	aurais	aimé
elle	aurait	aimé
il	aurait	aimé
nous	aurions	aimé
vous	auriez	aimé
elles	auraient	aimé
ils	auraient	aimé

SUBJONCTIF

PRÉSENT

que	j'	aime
que	tu	aimes
qu'	elle	aime
qu'	il	aime
que	nous	aimions
que	vous	aimiez
qu'	elles	aiment
qu'	ils	aiment

PASSÉ

que	j'	aie	aimé
que	tu	aies	aimé
qu'	elle	ait	aimé
qu'	il	ait	aimé
que	nous	ayons	aimé
que	vous	ayez	aimé
qu'	elles	aient	aimé
qu'	ils	aient	aimé

IMPARFAIT

que	j'	aimasse
que	tu	aimasses
qu'	elle	aimât
qu'	il	aimât
que	nous	aimassions
que	vous	aimassiez
qu'	elles	aimassent
qu'	ils	aimassent

PLUS-QUE-PARFAIT

que	j'	eusse	aimé
que	tu	eusses	aimé
qu'	elle	eût	aimé
qu'	il	eût	aimé
que	nous	eussions	aimé
que	vous	eussiez	aimé
qu'	elles	eussent	aimé
qu'	ils	eussent	aimé

IMPÉRATIF

PRÉSENT

aime
aimons
aimez

PASSÉ

aie	aimé
ayons	aimé
ayez	aimé

INFINITIF

PRÉSENT

aimer

PASSÉ

avoir aimé

PARTICIPE

PRÉSENT

aimant

PASSÉ

aimé, ée
ayant aimé

CONJUGAISON DU VERBE **ALLER**

INDICATIF

PRÉSENT
je vais
tu vas
elle va
il va

nous allons
vous allez
elles vont
ils vont

PASSÉ COMPOSÉ
je suis allé, ée
tu es allé, ée
elle est allée
il est allé

nous sommes allés, ées
vous êtes allés, ées
elles sont allées
ils sont allés

IMPARFAIT
j' allais
tu allais
elle allait
il allait

nous allions
vous alliez
elles allaient
ils allaient

PLUS-QUE-PARFAIT
j' étais allé, ée
tu étais allé, ée
elle était allée
il était allé

nous étions allés, ées
vous étiez allés, ées
elles étaient allées
ils étaient allés

PASSÉ SIMPLE
j' allai
tu allas
elle alla
il alla

nous allâmes
vous allâtes
elles allèrent
ils allèrent

PASSÉ ANTÉRIEUR
je fus allé, ée
tu fus allé, ée
elle fut allée
il fut allé

nous fûmes allés, ées
vous fûtes allés, ées
elles furent allées
ils furent allés

FUTUR SIMPLE
j' irai
tu iras
elle ira
il ira

nous irons
vous irez
elles iront
ils iront

FUTUR ANTÉRIEUR
je serai allé, ée
tu seras allé, ée
elle sera allée
il sera allé

nous serons allés, ées
vous serez allés, ées
elles seront allées
ils seront allés

CONDITIONNEL PRÉSENT
j' irais
tu irais
elle irait
il irait

nous irions
vous iriez
elles iraient
ils iraient

CONDITIONNEL PASSÉ
je serais allé, ée
tu serais allé, ée
elle serait allée
il serait allé

nous serions allés, ées
vous seriez allés, ées
elles seraient allées
ils seraient allés

SUBJONCTIF

PRÉSENT
que j' aille
que tu ailles
qu' elle aille
qu' il aille

que nous allions
que vous alliez
qu' elles aillent
qu' ils aillent

PASSÉ
que je sois allé, ée
que tu sois allé, ée
qu' elle soit allée
qu' il soit allé

que nous soyons allés, ées
que vous soyez allés, ées
qu' elles soient allées
qu' ils soient allés

IMPARFAIT
que j' allasse
que tu allasses
qu' elle allât
qu' il allât

que nous allassions
que vous allassiez
qu' elles allassent
qu' ils allassent

PLUS-QUE-PARFAIT
que je fusse allé, ée
que tu fusses allé, ée
qu' elle fût allée
qu' il fût allé

que nous fussions allés, ées
que vous fussiez allés, ées
qu' elles fussent allées
qu' ils fussent allés

IMPÉRATIF

PRÉSENT
va
allons
allez

PASSÉ
sois allé, ée
soyons allés, ées
soyez allés, ées

INFINITIF

PRÉSENT
aller

PASSÉ
être allé, ée

PARTICIPE

PRÉSENT
allant

PASSÉ
allé, ée
étant allé, ée

CONJUGAISON DU VERBE S'EN **ALLER**

INDICATIF

PRÉSENT

je	m'en	vais
tu	t'en	vas
elle	s'en	va
il	s'en	va
ns ns en		allons
vs vs en		allez
elles	s'en	vont
ils	s'en	vont

PASSÉ COMPOSÉ

je	m'en	suis	allé, ée
tu	t'en	es	allé, ée
elle	s'en	est	allée
il	s'en	est	allé
ns ns en		sommes	allés, ées
vs vs en		êtes	allés, ées
elles	s'en	sont	allées
ils	s'en	sont	allés

IMPARFAIT

je	m'en	allais
tu	t'en	allais
elle	s'en	allait
il	s'en	allait
ns ns en		allions
vs vs en		alliez
elles	s'en	allaient
ils	s'en	allaient

PLUS-QUE-PARFAIT

je	m'en	étais	allé, ée
tu	t'en	étais	allé, ée
elle	s'en	était	allée
il	s'en	était	allé
ns ns en		étions	allés, ées
vs vs en		étiez	allés, ées
elles	s'en	étaient	allées
ils	s'en	étaient	allés

PASSÉ SIMPLE

je	m'en	allai
tu	t'en	allas
elle	s'en	alla
il	s'en	alla
ns ns en		allâmes
vs vs en		allâtes
elles	s'en	allèrent
ils	s'en	allèrent

PASSÉ ANTÉRIEUR

je	m'en	fus	allé, ée
tu	t'en	fus	allé, ée
elle	s'en	fut	allée
il	s'en	fut	allé
ns ns en		fûmes	allés, ées
vs vs en		fûtes	allés, ées
elles	s'en	furent	allées
ils	s'en	furent	allés

FUTUR SIMPLE

je	m'en	irai
tu	t'en	iras
elle	s'en	ira
il	s'en	ira
ns ns en		irons
vs vs en		irez
elles	s'en	iront
ils	s'en	iront

FUTUR ANTÉRIEUR

je	m'en	serai	allé, ée
tu	t'en	seras	allé, ée
elle	s'en	sera	allée
il	s'en	sera	allé
ns ns en		serons	allés, ées
vs vs en		serez	allés, ées
elles	s'en	seront	allées
ils	s'en	seront	allés

CONDITIONNEL PRÉSENT

je	m'en	irais
tu	t'en	irais
elle	s'en	irait
il	s'en	irait
ns ns en		irions
vs vs en		iriez
elles	s'en	iraient
ils	s'en	iraient

CONDITIONNEL PASSÉ

je	m'en	serais	allé, ée
tu	t'en	serais	allé, ée
elle	s'en	serait	allée
il	s'en	serait	allé
ns ns en		serions	allés, ées
vs vs en		seriez	allés, ées
elles	s'en	seraient	allées
ils	s'en	seraient	allés

SUBJONCTIF

PRÉSENT

que	je	m'en	aille
que	tu	t'en	ailles
qu'	elle	s'en	aille
qu'	il	s'en	aille
que	ns ns en		allions
que	vs vs en		alliez
qu'	elles	s'en	aillent
qu'	ils	s'en	aillent

PASSÉ

que	je	m'en	sois	allé, ée
que	tu	t'en	sois	allé, ée
qu'	elle	s'en	soit	allée
qu'	il	s'en	soit	allé
que	ns ns en		soyons	allés, ées
que	vs vs en		soyez	allés, ées
qu'	elles	s'en	soient	allées
qu'	ils	s'en	soient	allés

IMPARFAIT

que	je	m'en	allasse
que	tu	t'en	allasses
qu'	elle	s'en	allât
qu'	il	s'en	allât
que	ns ns en		allassions
que	vs vs en		allassiez
qu'	elles	s'en	allassent
qu'	ils	s'en	allassent

PLUS-QUE-PARFAIT

que	je	m'en	fusse	allé, ée
que	tu	t'en	fusses	allé, ée
qu'	elle	s'en	fût	allée
qu'	il	s'en	fût	allé
que	ns ns en		fussions	allés, ées
que	vs vs en		fussiez	allés, ées
qu'	elles	s'en	fussent	allées
qu'	ils	s'en	fussent	allés

IMPÉRATIF

PRÉSENT

va-t'en
allons-nous-en
allez-vous-en

PASSÉ

(n'existe pas)

INFINITIF

PRÉSENT

s'en aller

PASSÉ

s'en être allé, ée

PARTICIPE

PRÉSENT

s'en allant

PASSÉ

en allé, ée
s'en étant allé, ée

CONJUGAISON DU VERBE **APERCEVOIR**

INDICATIF

PRÉSENT
j'	aper**ç**ois
tu	aper**ç**ois
elle	aper**ç**oit
il	aper**ç**oit
nous	aper**cevons**
vous	aper**cevez**
elles	aper**ç**oivent
ils	aper**ç**oivent

PASSÉ COMPOSÉ
j'	ai	aperçu
tu	as	aperçu
elle	a	aperçu
il	a	aperçu
nous	avons	aperçu
vous	avez	aperçu
elles	ont	aperçu
ils	ont	aperçu

IMPARFAIT
j'	aper**cevais**
tu	aper**cevais**
elle	aper**cevait**
il	aper**cevait**
nous	aper**cevions**
vous	aper**ceviez**
elles	aper**cevaient**
ils	aper**cevaient**

PLUS-QUE-PARFAIT
j'	avais	aperçu
tu	avais	aperçu
elle	avait	aperçu
il	avait	aperçu
nous	avions	aperçu
vous	aviez	aperçu
elles	avaient	aperçu
ils	avaient	aperçu

PASSÉ SIMPLE
j'	aper**ç**us
tu	aper**ç**us
elle	aper**ç**ut
il	aper**ç**ut
nous	aper**çûmes**
vous	aper**çûtes**
elles	aper**ç**urent
ils	aper**ç**urent

PASSÉ ANTÉRIEUR
j'	eus	aperçu
tu	eus	aperçu
elle	eut	aperçu
il	eut	aperçu
nous	eûmes	aperçu
vous	eûtes	aperçu
elles	eurent	aperçu
ils	eurent	aperçu

FUTUR SIMPLE
j'	aper**cevrai**
tu	aper**cevras**
elle	aper**cevra**
il	aper**cevra**
nous	aper**cevrons**
vous	aper**cevrez**
elles	aper**cevront**
ils	aper**cevront**

FUTUR ANTÉRIEUR
j'	aurai	aperçu
tu	auras	aperçu
elle	aura	aperçu
il	aura	aperçu
nous	aurons	aperçu
vous	aurez	aperçu
elles	auront	aperçu
ils	auront	aperçu

CONDITIONNEL PRÉSENT
j'	aper**cevrais**
tu	aper**cevrais**
elle	aper**cevrait**
il	aper**cevrait**
nous	aper**cevrions**
vous	aper**cevriez**
elles	aper**cevraient**
ils	aper**cevraient**

CONDITIONNEL PASSÉ
j'	aurais	aperçu
tu	aurais	aperçu
elle	aurait	aperçu
il	aurait	aperçu
nous	aurions	aperçu
vous	auriez	aperçu
elles	auraient	aperçu
ils	auraient	aperçu

SUBJONCTIF

PRÉSENT
que	j'	aper**ç**oive
que	tu	aper**ç**oives
qu'	elle	aper**ç**oive
qu'	il	aper**ç**oive
que	nous	aper**cevions**
que	vous	aper**ceviez**
qu'	elles	aper**ç**oivent
qu'	ils	aper**ç**oivent

PASSÉ
que	j'	aie	aperçu
que	tu	aies	aperçu
qu'	elle	ait	aperçu
qu'	il	ait	aperçu
que	nous	ayons	aperçu
que	vous	ayez	aperçu
qu'	elles	aient	aperçu
qu'	ils	aient	aperçu

IMPARFAIT
que	j'	aper**ç**usse
que	tu	aper**ç**usses
qu'	elle	aper**çût**
qu'	il	aper**çût**
que	nous	aper**ç**ussions
que	vous	aper**ç**ussiez
qu'	elles	aper**ç**ussent
qu'	ils	aper**ç**ussent

PLUS-QUE-PARFAIT
que	j'	eusse	aperçu
que	tu	eusses	aperçu
qu'	elle	eût	aperçu
qu'	il	eût	aperçu
que	nous	eussions	aperçu
que	vous	eussiez	aperçu
qu'	elles	eussent	aperçu
qu'	ils	eussent	aperçu

IMPÉRATIF

PRÉSENT
aper**ç**ois
aper**cevons**
aper**cevez**

PASSÉ
aie aperçu
ayons aperçu
ayez aperçu

INFINITIF

PRÉSENT
aper**cevoir**

PASSÉ
avoir aperçu

PARTICIPE

PRÉSENT
aper**cevant**

PASSÉ
aperçu, ue
ayant aperçu

CONJUGAISON DU VERBE **APPELER**

INDICATIF

PRÉSENT

j'	appel**le**
tu	appel**les**
elle	appel**le**
il	appel**le**
nous	appel**ons**
vous	appel**ez**
elles	appel**lent**
ils	appel**lent**

PASSÉ COMPOSÉ

j'	ai	appelé
tu	as	appelé
elle	a	appelé
il	a	appelé
nous	avons	appelé
vous	avez	appelé
elles	ont	appelé
ils	ont	appelé

IMPARFAIT

j'	appel**ais**
tu	appel**ais**
elle	appel**ait**
il	appel**ait**
nous	appel**ions**
vous	appel**iez**
elles	appel**aient**
ils	appel**aient**

PLUS-QUE-PARFAIT

j'	avais	appelé
tu	avais	appelé
elle	avait	appelé
il	avait	appelé
nous	avions	appelé
vous	aviez	appelé
elles	avaient	appelé
ils	avaient	appelé

PASSÉ SIMPLE

j'	appel**ai**
tu	appel**as**
elle	appel**a**
il	appel**a**
nous	appel**âmes**
vous	appel**âtes**
elles	appel**èrent**
ils	appel**èrent**

PASSÉ ANTÉRIEUR

j'	eus	appelé
tu	eus	appelé
elle	eut	appelé
il	eut	appelé
nous	eûmes	appelé
vous	eûtes	appelé
elles	eurent	appelé
ils	eurent	appelé

FUTUR SIMPLE

j'	appel**lerai**
tu	appel**leras**
elle	appel**lera**
il	appel**lera**
nous	appel**lerons**
vous	appel**lerez**
elles	appel**leront**
ils	appel**leront**

FUTUR ANTÉRIEUR

j'	aurai	appelé
tu	auras	appelé
elle	aura	appelé
il	aura	appelé
nous	aurons	appelé
vous	aurez	appelé
elles	auront	appelé
ils	auront	appelé

CONDITIONNEL PRÉSENT

j'	appel**lerais**
tu	appel**lerais**
elle	appel**lerait**
il	appel**lerait**
nous	appel**lerions**
vous	appel**leriez**
elles	appel**leraient**
ils	appel**leraient**

CONDITIONNEL PASSÉ

j'	aurais	appelé
tu	aurais	appelé
elle	aurait	appelé
il	aurait	appelé
nous	aurions	appelé
vous	auriez	appelé
elles	auraient	appelé
ils	auraient	appelé

SUBJONCTIF

PRÉSENT

que	j'	appel**le**
que	tu	appel**les**
qu'	elle	appel**le**
qu'	il	appel**le**
que	nous	appel**ions**
que	vous	appel**iez**
qu'	elles	appel**lent**
qu'	ils	appel**lent**

PASSÉ

que	j'	aie	appelé
que	tu	aies	appelé
qu'	elle	ait	appelé
qu'	il	ait	appelé
que	nous	ayons	appelé
que	vous	ayez	appelé
qu'	elles	aient	appelé
qu'	ils	aient	appelé

IMPARFAIT

que	j'	appel**asse**
que	tu	appel**asses**
qu'	elle	appel**ât**
qu'	il	appel**ât**
que	nous	appel**assions**
que	vous	appel**assiez**
qu'	elles	appel**assent**
qu'	ils	appel**assent**

PLUS-QUE-PARFAIT

que	j'	eusse	appelé
que	tu	eusses	appelé
qu'	elle	eût	appelé
qu'	il	eût	appelé
que	nous	eussions	appelé
que	vous	eussiez	appelé
qu'	elles	eussent	appelé
qu'	ils	eussent	appelé

IMPÉRATIF

PRÉSENT

appel**le**
appel**ons**
appel**ez**

PASSÉ

aie	appelé
ayons	appelé
ayez	appelé

INFINITIF

PRÉSENT

appel**er**

PASSÉ

avoir appelé

PARTICIPE

PRÉSENT

appel**ant**

PASSÉ

appel**é**, **ée**
ayant appelé

194

CONJUGAISON DU VERBE **APPRENDRE**

INDICATIF

PRÉSENT
j'	apprends
tu	apprends
elle	apprend
il	apprend
nous	apprenons
vous	apprenez
elles	apprennent
ils	apprennent

PASSÉ COMPOSÉ
j'	ai	appris
tu	as	appris
elle	a	appris
il	a	appris
nous	avons	appris
vous	avez	appris
elles	ont	appris
ils	ont	appris

IMPARFAIT
j'	apprenais
tu	apprenais
elle	apprenait
il	apprenait
nous	apprenions
vous	appreniez
elles	apprenaient
ils	apprenaient

PLUS-QUE-PARFAIT
j'	avais	appris
tu	avais	appris
elle	avait	appris
il	avait	appris
nous	avions	appris
vous	aviez	appris
elles	avaient	appris
ils	avaient	appris

PASSÉ SIMPLE
j'	appris
tu	appris
elle	apprit
il	apprit
nous	apprîmes
vous	apprîtes
elles	apprirent
ils	apprirent

PASSÉ ANTÉRIEUR
j'	eus	appris
tu	eus	appris
elle	eut	appris
il	eut	appris
nous	eûmes	appris
vous	eûtes	appris
elles	eurent	appris
ils	eurent	appris

FUTUR SIMPLE
j'	apprendrai
tu	apprendras
elle	apprendra
il	apprendra
nous	apprendrons
vous	apprendrez
elles	apprendront
ils	apprendront

FUTUR ANTÉRIEUR
j'	aurai	appris
tu	auras	appris
elle	aura	appris
il	aura	appris
nous	aurons	appris
vous	aurez	appris
elles	auront	appris
ils	auront	appris

CONDITIONNEL PRÉSENT
j'	apprendrais
tu	apprendrais
elle	apprendrait
il	apprendrait
nous	apprendrions
vous	apprendriez
elles	apprendraient
ils	apprendraient

CONDITIONNEL PASSÉ
j'	aurais	appris
tu	aurais	appris
elle	aurait	appris
il	aurait	appris
nous	aurions	appris
vous	auriez	appris
elles	auraient	appris
ils	auraient	appris

SUBJONCTIF

PRÉSENT
que	j'	apprenne
que	tu	apprennes
qu'	elle	apprenne
qu'	il	apprenne
que	nous	apprenions
que	vous	appreniez
qu'	elles	apprennent
qu'	ils	apprennent

PASSÉ
que	j'	aie	appris
que	tu	aies	appris
qu'	elle	ait	appris
qu'	il	ait	appris
que	nous	ayons	appris
que	vous	ayez	appris
qu'	elles	aient	appris
qu'	ils	aient	appris

IMPARFAIT
que	j'	apprisse
que	tu	apprisses
qu'	elle	apprît
qu'	il	apprît
que	nous	apprissions
que	vous	apprissiez
qu'	elles	apprissent
qu'	ils	apprissent

PLUS-QUE-PARFAIT
que	j'	eusse	appris
que	tu	eusses	appris
qu'	elle	eût	appris
qu'	il	eût	appris
que	nous	eussions	appris
que	vous	eussiez	appris
qu'	elles	eussent	appris
qu'	ils	eussent	appris

IMPÉRATIF

PRÉSENT
apprends
apprenons
apprenez

PASSÉ
aie	appris
ayons	appris
ayez	appris

INFINITIF

PRÉSENT
apprendre

PASSÉ
avoir appris

PARTICIPE

PRÉSENT
apprenant

PASSÉ
appris, se
ayant appris

CONJUGAISON DU VERBE **ASSEOIR**

INDICATIF

PRÉSENT

j'	assois			
tu	assois			
elle	assoit			
il	assoit			
nous	assoyons			
vous	assoyez			
elles	assoient			
ils	assoient			

PASSÉ COMPOSÉ

j'	ai	assis
tu	as	assis
elle	a	assis
il	a	assis
nous	avons	assis
vous	avez	assis
elles	ont	assis
ils	ont	assis

IMPARFAIT

j'	assoyais
tu	assoyais
elle	assoyait
il	assoyait
nous	assoyions
vous	assoyiez
elles	assoyaient
ils	assoyaient

PLUS-QUE-PARFAIT

j'	avais	assis
tu	avais	assis
elle	avait	assis
il	avait	assis
nous	avions	assis
vous	aviez	assis
elles	avaient	assis
ils	avaient	assis

PASSÉ SIMPLE

j'	assis
tu	assis
elle	assit
il	assit
nous	assîmes
vous	assîtes
elles	assirent
ils	assirent

PASSÉ ANTÉRIEUR

j'	eus	assis
tu	eus	assis
elle	eut	assis
il	eut	assis
nous	eûmes	assis
vous	eûtes	assis
elles	eurent	assis
ils	eurent	assis

FUTUR SIMPLE

j'	assoirai
tu	assoiras
elle	assoira
il	assoira
nous	assoirons
vous	assoirez
elles	assoiront
ils	assoiront

FUTUR ANTÉRIEUR

j'	aurai	assis
tu	auras	assis
elle	aura	assis
il	aura	assis
nous	aurons	assis
vous	aurez	assis
elles	auront	assis
ils	auront	assis

CONDITIONNEL PRÉSENT

j'	assoirais
tu	assoirais
elle	assoirait
il	assoirait
nous	assoirions
vous	assoiriez
elles	assoiraient
ils	assoiraient

CONDITIONNEL PASSÉ

j'	aurais	assis
tu	aurais	assis
elle	aurait	assis
il	aurait	assis
nous	aurions	assis
vous	auriez	assis
elles	auraient	assis
ils	auraient	assis

SUBJONCTIF

PRÉSENT

que	j'	assoie
que	tu	assoies
qu'	elle	assoie
qu'	il	assoie
que	nous	assoyions
que	vous	assoyiez
qu'	elles	assoient
qu'	ils	assoient

PASSÉ

que	j'	aie	assis
que	tu	aies	assis
qu'	elle	ait	assis
qu'	il	ait	assis
que	nous	ayons	assis
que	vous	ayez	assis
qu'	elles	aient	assis
qu'	ils	aient	assis

IMPARFAIT

que	j'	assisse
que	tu	assisses
qu'	elle	assît
qu'	il	assît
que	nous	assissions
que	vous	assissiez
qu'	elles	assissent
qu'	ils	assissent

PLUS-QUE-PARFAIT

que	j'	eusse	assis
que	tu	eusses	assis
qu'	elle	eût	assis
qu'	il	eût	assis
que	nous	eussions	assis
que	vous	eussiez	assis
qu'	elles	eussent	assis
qu'	ils	eussent	assis

IMPÉRATIF

PRÉSENT

assois
assoyons
assoyez

PASSÉ

aie assis
ayons assis
ayez assis

INFINITIF

PRÉSENT

asseoir

PASSÉ

avoir assis

PARTICIPE

PRÉSENT

assoyant

PASSÉ

assis, se
ayant assis

CONJUGAISON DU VERBE **AVANCER**

INDICATIF

PRÉSENT
j'	avance
tu	avances
elle	avance
il	avance
nous	avançons
vous	avancez
elles	avancent
ils	avancent

PASSÉ COMPOSÉ
j'	ai	avancé
tu	as	avancé
elle	a	avancé
il	a	avancé
nous	avons	avancé
vous	avez	avancé
elles	ont	avancé
ils	ont	avancé

IMPARFAIT
j'	avançais
tu	avançais
elle	avançait
il	avançait
nous	avancions
vous	avanciez
elles	avançaient
ils	avançaient

PLUS-QUE-PARFAIT
j'	avais	avancé
tu	avais	avancé
elle	avait	avancé
il	avait	avancé
nous	avions	avancé
vous	aviez	avancé
elles	avaient	avancé
ils	avaient	avancé

PASSÉ SIMPLE
j'	avançai
tu	avanças
elle	avança
il	avança
nous	avançâmes
vous	avançâtes
elles	avancèrent
ils	avancèrent

PASSÉ ANTÉRIEUR
j'	eus	avancé
tu	eus	avancé
elle	eut	avancé
il	eut	avancé
nous	eûmes	avancé
vous	eûtes	avancé
elles	eurent	avancé
ils	eurent	avancé

FUTUR SIMPLE
j'	avancerai
tu	avanceras
elle	avancera
il	avancera
nous	avancerons
vous	avancerez
elles	avanceront
ils	avanceront

FUTUR ANTÉRIEUR
j'	aurai	avancé
tu	auras	avancé
elle	aura	avancé
il	aura	avancé
nous	aurons	avancé
vous	aurez	avancé
elles	auront	avancé
ils	auront	avancé

CONDITIONNEL PRÉSENT
j'	avancerais
tu	avancerais
elle	avancerait
il	avancerait
nous	avancerions
vous	avanceriez
elles	avanceraient
ils	avanceraient

CONDITIONNEL PASSÉ
j'	aurais	avancé
tu	aurais	avancé
elle	aurait	avancé
il	aurait	avancé
nous	aurions	avancé
vous	auriez	avancé
elles	auraient	avancé
ils	auraient	avancé

SUBJONCTIF

PRÉSENT
que	j'	avance
que	tu	avances
qu'	elle	avance
qu'	il	avance
que	nous	avancions
que	vous	avanciez
qu'	elles	avancent
qu'	ils	avancent

PASSÉ
que	j'	aie	avancé
que	tu	aies	avancé
qu'	elle	ait	avancé
qu'	il	ait	avancé
que	nous	ayons	avancé
que	vous	ayez	avancé
qu'	elles	aient	avancé
qu'	ils	aient	avancé

IMPARFAIT
que	j'	avançasse
que	tu	avançasses
qu'	elle	avançât
qu'	il	avançât
que	nous	avançassions
que	vous	avançassiez
qu'	elles	avançassent
qu'	ils	avançassent

PLUS-QUE-PARFAIT
que	j'	eusse	avancé
que	tu	eusses	avancé
qu'	elle	eût	avancé
qu'	il	eût	avancé
que	nous	eussions	avancé
que	vous	eussiez	avancé
qu'	elles	eussent	avancé
qu'	ils	eussent	avancé

IMPÉRATIF

PRÉSENT
avance
avançons
avancez

PASSÉ
aie	avancé
ayons	avancé
ayez	avancé

INFINITIF

PRÉSENT
avancer

PASSÉ
avoir avancé

PARTICIPE

PRÉSENT
avançant

PASSÉ
avancé, ée
ayant avancé

CONJUGAISON DU VERBE **AVOIR**

INDICATIF

PRÉSENT

j'	ai
tu	as
elle	a
il	a
nous	avons
vous	avez
elles	ont
ils	ont

PASSÉ COMPOSÉ

j'	ai	eu
tu	as	eu
elle	a	eu
il	a	eu
nous	avons	eu
vous	avez	eu
elles	ont	eu
ils	ont	eu

IMPARFAIT

j'	avais
tu	avais
elle	avait
il	avait
nous	avions
vous	aviez
elles	avaient
ils	avaient

PLUS-QUE-PARFAIT

j'	avais	eu
tu	avais	eu
elle	avait	eu
il	avait	eu
nous	avions	eu
vous	aviez	eu
elles	avaient	eu
ils	avaient	eu

PASSÉ SIMPLE

j'	eus
tu	eus
elle	eut
il	eut
nous	eûmes
vous	eûtes
elles	eurent
ils	eurent

PASSÉ ANTÉRIEUR

j'	eus	eu
tu	eus	eu
elle	eut	eu
il	eut	eu
nous	eûmes	eu
vous	eûtes	eu
elles	eurent	eu
ils	eurent	eu

FUTUR SIMPLE

j'	aurai
tu	auras
elle	aura
il	aura
nous	aurons
vous	aurez
elles	auront
ils	auront

FUTUR ANTÉRIEUR

j'	aurai	eu
tu	auras	eu
elle	aura	eu
il	aura	eu
nous	aurons	eu
vous	aurez	eu
elles	auront	eu
ils	auront	eu

CONDITIONNEL PRÉSENT

j'	aurais
tu	aurais
elle	aurait
il	aurait
nous	aurions
vous	auriez
elles	auraient
ils	auraient

CONDITIONNEL PASSÉ

j'	aurais	eu
tu	aurais	eu
elle	aurait	eu
il	aurait	eu
nous	aurions	eu
vous	auriez	eu
elles	auraient	eu
ils	auraient	eu

SUBJONCTIF

PRÉSENT

que	j'	aie
que	tu	aies
qu'	elle	ait
qu'	il	ait
que	nous	ayons
que	vous	ayez
qu'	elles	aient
qu'	ils	aient

PASSÉ

que	j'	aie	eu
que	tu	aies	eu
qu'	elle	ait	eu
qu'	il	ait	eu
que	nous	ayons	eu
que	vous	ayez	eu
qu'	elles	aient	eu
qu'	ils	aient	eu

IMPARFAIT

que	j'	eusse
que	tu	eusses
qu'	elle	eût
qu'	il	eût
que	nous	eussions
que	vous	eussiez
qu'	elles	eussent
qu'	ils	eussent

PLUS-QUE-PARFAIT

que	j'	eusse	eu
que	tu	eusses	eu
qu'	elle	eût	eu
qu'	il	eût	eu
que	nous	eussions	eu
que	vous	eussiez	eu
qu'	elles	eussent	eu
qu'	ils	eussent	eu

IMPÉRATIF

PRÉSENT

aie
ayons
ayez

PASSÉ

aie	eu
ayons	eu
ayez	eu

INFINITIF

PRÉSENT

avoir

PASSÉ

avoir eu

PARTICIPE

PRÉSENT

ayant

PASSÉ

eu, eue
ayant eu

CONJUGAISON DU VERBE **BOIRE**

INDICATIF

PRÉSENT

je	bois
tu	bois
elle	boit
il	boit
nous	buvons
vous	buvez
elles	boivent
ils	boivent

PASSÉ COMPOSÉ

j'	ai	bu
tu	as	bu
elle	a	bu
il	a	bu
nous	avons	bu
vous	avez	bu
elles	ont	bu
ils	ont	bu

IMPARFAIT

je	buvais
tu	buvais
elle	buvait
il	buvait
nous	buvions
vous	buviez
elles	buvaient
ils	buvaient

PLUS-QUE-PARFAIT

j'	avais	bu
tu	avais	bu
elle	avait	bu
il	avait	bu
nous	avions	bu
vous	aviez	bu
elles	avaient	bu
ils	avaient	bu

PASSÉ SIMPLE

je	bus
tu	bus
elle	but
il	but
nous	bûmes
vous	bûtes
elles	burent
ils	burent

PASSÉ ANTÉRIEUR

j'	eus	bu
tu	eus	bu
elle	eut	bu
il	eut	bu
nous	eûmes	bu
vous	eûtes	bu
elles	eurent	bu
ils	eurent	bu

FUTUR SIMPLE

je	boirai
tu	boiras
elle	boira
il	boira
nous	boirons
vous	boirez
elles	boiront
ils	boiront

FUTUR ANTÉRIEUR

j'	aurai	bu
tu	auras	bu
elle	aura	bu
il	aura	bu
nous	aurons	bu
vous	aurez	bu
elles	auront	bu
ils	auront	bu

CONDITIONNEL PRÉSENT

je	boirais
tu	boirais
elle	boirait
il	boirait
nous	boirions
vous	boiriez
elles	boiraient
ils	boiraient

CONDITIONNEL PASSÉ

j'	aurais	bu
tu	aurais	bu
elle	aurait	bu
il	aurait	bu
nous	aurions	bu
vous	auriez	bu
elles	auraient	bu
ils	auraient	bu

SUBJONCTIF

PRÉSENT

que	je	boive
que	tu	boives
qu'	elle	boive
qu'	il	boive
que	nous	buvions
que	vous	buviez
qu'	elles	boivent
qu'	ils	boivent

PASSÉ

que	j'	aie	bu
que	tu	aies	bu
qu'	elle	ait	bu
qu'	il	ait	bu
que	nous	ayons	bu
que	vous	ayez	bu
qu'	elles	aient	bu
qu'	ils	aient	bu

IMPARFAIT

que	je	busse
que	tu	busses
qu'	elle	bût
qu'	il	bût
que	nous	bussions
que	vous	bussiez
qu'	elles	bussent
qu'	ils	bussent

PLUS-QUE-PARFAIT

que	j'	eusse	bu
que	tu	eusses	bu
qu'	elle	eût	bu
qu'	il	eût	bu
que	nous	eussions	bu
que	vous	eussiez	bu
qu'	elles	eussent	bu
qu'	ils	eussent	bu

IMPÉRATIF

PRÉSENT

bois
buvons
buvez

PASSÉ

aie bu
ayons bu
ayez bu

INFINITIF

PRÉSENT

boire

PASSÉ

avoir bu

PARTICIPE

PRÉSENT

buvant

PASSÉ

bu, ue
ayant bu

CONJUGAISON DU VERBE **BOUILLIR**

INDICATIF

PRÉSENT
je	bous	j'	ai	bouilli
tu	bous	tu	as	bouilli
elle	bout	elle	a	bouilli
il	bout	il	a	bouilli
nous	bouillons	nous	avons	bouilli
vous	bouillez	vous	avez	bouilli
elles	bouillent	elles	ont	bouilli
ils	bouillent	ils	ont	bouilli

PASSÉ COMPOSÉ
(see above)

IMPARFAIT
je	bouillais	j'	avais	bouilli
tu	bouillais	tu	avais	bouilli
elle	bouillait	elle	avait	bouilli
il	bouillait	il	avait	bouilli
nous	bouillions	nous	avions	bouilli
vous	bouilliez	vous	aviez	bouilli
elles	bouillaient	elles	avaient	bouilli
ils	bouillaient	ils	avaient	bouilli

PLUS-QUE-PARFAIT
(see above)

PASSÉ SIMPLE
je	bouillis	j'	eus	bouilli
tu	bouillis	tu	eus	bouilli
elle	bouillit	elle	eut	bouilli
il	bouillit	il	eut	bouilli
nous	bouillîmes	nous	eûmes	bouilli
vous	bouillîtes	vous	eûtes	bouilli
elles	bouillirent	elles	eurent	bouilli
ils	bouillirent	ils	eurent	bouilli

PASSÉ ANTÉRIEUR
(see above)

FUTUR SIMPLE
je	bouillirai	j'	aurai	bouilli
tu	bouilliras	tu	auras	bouilli
elle	bouillira	elle	aura	bouilli
il	bouillira	il	aura	bouilli
nous	bouillirons	nous	aurons	bouilli
vous	bouillirez	vous	aurez	bouilli
elles	bouilliront	elles	auront	bouilli
ils	bouilliront	ils	auront	bouilli

FUTUR ANTÉRIEUR
(see above)

CONDITIONNEL PRÉSENT
je	bouillirais	j'	aurais	bouilli
tu	bouillirais	tu	aurais	bouilli
elle	bouillirait	elle	aurait	bouilli
il	bouillirait	il	aurait	bouilli
nous	bouillirions	nous	aurions	bouilli
vous	bouilliriez	vous	auriez	bouilli
elles	bouilliraient	elles	auraient	bouilli
ils	bouilliraient	ils	auraient	bouilli

CONDITIONNEL PASSÉ
(see above)

SUBJONCTIF

PRÉSENT
que	je	bouille	que	j'	aie	bouilli
que	tu	bouilles	que	tu	aies	bouilli
qu'	elle	bouille	qu'	elle	ait	bouilli
qu'	il	bouille	qu'	il	ait	bouilli
que	nous	bouillions	que	nous	ayons	bouilli
que	vous	bouilliez	que	vous	ayez	bouilli
qu'	elles	bouillent	qu'	elles	aient	bouilli
qu'	ils	bouillent	qu'	ils	aient	bouilli

PASSÉ
(see above)

IMPARFAIT
que	je	bouillisse	que	j'	eusse	bouilli
que	tu	bouillisses	que	tu	eusses	bouilli
qu'	elle	bouillît	qu'	elle	eût	bouilli
qu'	il	bouillît	qu'	il	eût	bouilli
que	nous	bouillissions	que	nous	eussions	bouilli
que	vous	bouillissiez	que	vous	eussiez	bouilli
qu'	elles	bouillissent	qu'	elles	eussent	bouilli
qu'	ils	bouillissent	qu'	ils	eussent	bouilli

PLUS-QUE-PARFAIT
(see above)

IMPÉRATIF

PRÉSENT
bous
bouillons
bouillez

PASSÉ
aie bouilli
ayons bouilli
ayez bouilli

INFINITIF

PRÉSENT
bouillir

PASSÉ
avoir bouilli

PARTICIPE

PRÉSENT
bouillant

PASSÉ
bouilli, ie
ayant bouilli

CONJUGAISON DU VERBE **CHANGER**

INDICATIF

PRÉSENT

je	change
tu	changes
elle	change
il	change
nous	changeons
vous	changez
elles	changent
ils	changent

PASSÉ COMPOSÉ

j'	ai	changé
tu	as	changé
elle	a	changé
il	a	changé
nous	avons	changé
vous	avez	changé
elles	ont	changé
ils	ont	changé

IMPARFAIT

je	changeais
tu	changeais
elle	changeait
il	changeait
nous	changions
vous	changiez
elles	changeaient
ils	changeaient

PLUS-QUE-PARFAIT

j'	avais	changé
tu	avais	changé
elle	avait	changé
il	avait	changé
nous	avions	changé
vous	aviez	changé
elles	avaient	changé
ils	avaient	changé

PASSÉ SIMPLE

je	changeai
tu	changeas
elle	changea
il	changea
nous	changeâmes
vous	changeâtes
elles	changèrent
ils	changèrent

PASSÉ ANTÉRIEUR

j'	eus	changé
tu	eus	changé
elle	eut	changé
il	eut	changé
nous	eûmes	changé
vous	eûtes	changé
elles	eurent	changé
ils	eurent	changé

FUTUR SIMPLE

je	changerai
tu	changeras
elle	changera
il	changera
nous	changerons
vous	changerez
elles	changeront
ils	changeront

FUTUR ANTÉRIEUR

j'	aurai	changé
tu	auras	changé
elle	aura	changé
il	aura	changé
nous	aurons	changé
vous	aurez	changé
elles	auront	changé
ils	auront	changé

CONDITIONNEL PRÉSENT

je	changerais
tu	changerais
elle	changerait
il	changerait
nous	changerions
vous	changeriez
elles	changeraient
ils	changeraient

CONDITIONNEL PASSÉ

j'	aurais	changé
tu	aurais	changé
elle	aurait	changé
il	aurait	changé
nous	aurions	changé
vous	auriez	changé
elles	auraient	changé
ils	auraient	changé

SUBJONCTIF

PRÉSENT

que	je	change
que	tu	changes
qu'	elle	change
qu'	il	change
que	nous	changions
que	vous	changiez
qu'	elles	changent
qu'	ils	changent

PASSÉ

que	j'	aie	changé
que	tu	aies	changé
qu'	elle	ait	changé
qu'	il	ait	changé
que	nous	ayons	changé
que	vous	ayez	changé
qu'	elles	aient	changé
qu'	ils	aient	changé

IMPARFAIT

que	je	changeasse
que	tu	changeasses
qu'	elle	changeât
qu'	il	changeât
que	nous	changeassions
que	vous	changeassiez
qu'	elles	changeassent
qu'	ils	changeassent

PLUS-QUE-PARFAIT

que	j'	eusse	changé
que	tu	eusses	changé
qu'	elle	eût	changé
qu'	il	eût	changé
que	nous	eussions	changé
que	vous	eussiez	changé
qu'	elles	eussent	changé
qu'	ils	eussent	changé

IMPÉRATIF

PRÉSENT

change
changeons
changez

PASSÉ

aie	changé
ayons	changé
ayez	changé

INFINITIF

PRÉSENT

changer

PASSÉ

avoir changé

PARTICIPE

PRÉSENT

changeant

PASSÉ

changé, ée
ayant changé

CONJUGAISON DU VERBE **CLORE**

INDICATIF

PRÉSENT

je	clos
tu	clos
elle	clôt
il	clôt
elles	clos**ent**
ils	clos**ent**

PASSÉ COMPOSÉ

j'	ai	clos
tu	as	clos
elle	a	clos
il	a	clos
nous	avons	clos
vous	avez	clos
elles	ont	clos
ils	ont	clos

IMPARFAIT

(*n'existe pas*)

PLUS-QUE-PARFAIT

j'	avais	clos
tu	avais	clos
elle	avait	clos
il	avait	clos
nous	avions	clos
vous	aviez	clos
elles	avaient	clos
ils	avaient	clos

PASSÉ SIMPLE

(*n'existe pas*)

PASSÉ ANTÉRIEUR

j'	eus	clos
tu	eus	clos
elle	eut	clos
il	eut	clos
nous	eûmes	clos
vous	eûtes	clos
elles	eurent	clos
ils	eurent	clos

FUTUR SIMPLE

je	clo**rai**
tu	clo**ras**
elle	clo**ra**
il	clo**ra**
nous	clo**rons**
vous	clo**rez**
elles	clo**ront**
ils	clo**ront**

FUTUR ANTÉRIEUR

j'	aurai	clos
tu	auras	clos
elle	aura	clos
il	aura	clos
nous	aurons	clos
vous	aurez	clos
elles	auront	clos
ils	auront	clos

CONDITIONNEL PRÉSENT

je	clo**rais**
tu	clo**rais**
elle	clo**rait**
il	clo**rait**
nous	clo**rions**
vous	clo**riez**
elles	clo**raient**
ils	clo**raient**

CONDITIONNEL PASSÉ

j'	aurais	clos
tu	aurais	clos
elle	aurait	clos
il	aurait	clos
nous	aurions	clos
vous	auriez	clos
elles	auraient	clos
ils	auraient	clos

SUBJONCTIF

PRÉSENT

que	je	clo**se**
que	tu	clo**ses**
qu'	elle	clo**se**
qu'	il	clo**se**
que	nous	clo**sions**
que	vous	clo**siez**
qu'	elles	clo**sent**
qu'	ils	clo**sent**

PASSÉ

que	j'	aie	clos
que	tu	aies	clos
qu'	elle	ait	clos
qu'	il	ait	clos
que	nous	ayons	clos
que	vous	ayez	clos
qu'	elles	aient	clos
qu'	ils	aient	clos

IMPARFAIT

(*n'existe pas*)

PLUS-QUE-PARFAIT

que	j'	eusse	clos
que	tu	eusses	clos
qu'	elle	eût	clos
qu'	il	eût	clos
que	nous	eussions	clos
que	vous	eussiez	clos
qu'	elles	eussent	clos
qu'	ils	eussent	clos

IMPÉRATIF

PRÉSENT

clos

PASSÉ

aie	clos
ayons	clos
ayez	clos

INFINITIF

PRÉSENT

clo**re**

PASSÉ

avoir clos

PARTICIPE

PRÉSENT

clos**ant**

PASSÉ

clos, ose
ayant clos

CONJUGAISON DU VERBE **COMBATTRE**

INDICATIF

PRÉSENT
je	combat**s**	j'	ai	combattu
tu	combat**s**	tu	as	combattu
elle	combat	elle	a	combattu
il	combat	il	a	combattu
nous	combat**tons**	nous	avons	combattu
vous	combat**tez**	vous	avez	combattu
elles	combat**tent**	elles	ont	combattu
ils	combat**tent**	ils	ont	combattu

PASSÉ COMPOSÉ
(included above)

IMPARFAIT
je	combat**tais**	j'	avais	combattu
tu	combat**tais**	tu	avais	combattu
elle	combat**tait**	elle	avait	combattu
il	combat**tait**	il	avait	combattu
nous	combat**tions**	nous	avions	combattu
vous	combat**tiez**	vous	aviez	combattu
elles	combat**taient**	elles	avaient	combattu
ils	combat**taient**	ils	avaient	combattu

PASSÉ SIMPLE / PASSÉ ANTÉRIEUR
je	combat**tis**	j'	eus	combattu
tu	combat**tis**	tu	eus	combattu
elle	combat**tit**	elle	eut	combattu
il	combat**tit**	il	eut	combattu
nous	combat**tîmes**	nous	eûmes	combattu
vous	combat**tîtes**	vous	eûtes	combattu
elles	combat**tirent**	elles	eurent	combattu
ils	combat**tirent**	ils	eurent	combattu

FUTUR SIMPLE / FUTUR ANTÉRIEUR
je	combat**trai**	j'	aurai	combattu
tu	combat**tras**	tu	auras	combattu
elle	combat**tra**	elle	aura	combattu
il	combat**tra**	il	aura	combattu
nous	combat**trons**	nous	aurons	combattu
vous	combat**trez**	vous	aurez	combattu
elles	combat**tront**	elles	auront	combattu
ils	combat**tront**	ils	auront	combattu

CONDITIONNEL PRÉSENT / CONDITIONNEL PASSÉ
je	combat**trais**	j'	aurais	combattu
tu	combat**trais**	tu	aurais	combattu
elle	combat**trait**	elle	aurait	combattu
il	combat**trait**	il	aurait	combattu
nous	combat**trions**	nous	aurions	combattu
vous	combat**triez**	vous	auriez	combattu
elles	combat**traient**	elles	auraient	combattu
ils	combat**traient**	ils	auraient	combattu

SUBJONCTIF

PRÉSENT / PASSÉ
que	je	combat**te**	que	j'	aie	combattu
que	tu	combat**tes**	que	tu	aies	combattu
qu'	elle	combat**te**	qu'	elle	ait	combattu
qu'	il	combat**te**	qu'	il	ait	combattu
que	nous	combat**tions**	que	nous	ayons	combattu
que	vous	combat**tiez**	que	vous	ayez	combattu
qu'	elles	combat**tent**	qu'	elles	aient	combattu
qu'	ils	combat**tent**	qu'	ils	aient	combattu

IMPARFAIT / PLUS-QUE-PARFAIT
que	je	combat**tisse**	que	j'	eusse	combattu
que	tu	combat**tisses**	que	tu	eusses	combattu
qu'	elle	combat**tît**	qu'	elle	eût	combattu
qu'	il	combat**tît**	qu'	il	eût	combattu
que	nous	combat**tissions**	que	nous	eussions	combattu
que	vous	combat**tissiez**	que	vous	eussiez	combattu
qu'	elles	combat**tissent**	qu'	elles	eussent	combattu
qu'	ils	combat**tissent**	qu'	ils	eussent	combattu

IMPÉRATIF

PRÉSENT / PASSÉ
combat**s**	aie	combattu
combat**tons**	ayons	combattu
combat**tez**	ayez	combattu

INFINITIF

PRÉSENT / PASSÉ
combat**tre**	avoir combattu

PARTICIPE

PRÉSENT / PASSÉ
combat**tant**	combattu, ue
	ayant combattu

CONJUGAISON DU VERBE **CONDUIRE**

INDICATIF

PRÉSENT

je	conduis
tu	conduis
elle	conduit
il	conduit
nous	conduisons
vous	conduisez
elles	conduisent
ils	conduisent

PASSÉ COMPOSÉ

j'	ai	conduit
tu	as	conduit
elle	a	conduit
il	a	conduit
nous	avons	conduit
vous	avez	conduit
elles	ont	conduit
ils	ont	conduit

IMPARFAIT

je	conduisais
tu	conduisais
elle	conduisait
il	conduisait
nous	conduisions
vous	conduisiez
elles	conduisaient
ils	conduisaient

PLUS-QUE-PARFAIT

j'	avais	conduit
tu	avais	conduit
elle	avait	conduit
il	avait	conduit
nous	avions	conduit
vous	aviez	conduit
elles	avaient	conduit
ils	avaient	conduit

PASSÉ SIMPLE

je	conduisis
tu	conduisis
elle	conduisit
il	conduisit
nous	conduisîmes
vous	conduisîtes
elles	conduisirent
ils	conduisirent

PASSÉ ANTÉRIEUR

j'	eus	conduit
tu	eus	conduit
elle	eut	conduit
il	eut	conduit
nous	eûmes	conduit
vous	eûtes	conduit
elles	eurent	conduit
ils	eurent	conduit

FUTUR SIMPLE

je	conduirai
tu	conduiras
elle	conduira
il	conduira
nous	conduirons
vous	conduirez
elles	conduiront
ils	conduiront

FUTUR ANTÉRIEUR

j'	aurai	conduit
tu	auras	conduit
elle	aura	conduit
il	aura	conduit
nous	aurons	conduit
vous	aurez	conduit
elles	auront	conduit
ils	auront	conduit

CONDITIONNEL PRÉSENT

je	conduirais
tu	conduirais
elle	conduirait
il	conduirait
nous	conduirions
vous	conduiriez
elles	conduiraient
ils	conduiraient

CONDITIONNEL PASSÉ

j'	aurais	conduit
tu	aurais	conduit
elle	aurait	conduit
il	aurait	conduit
nous	aurions	conduit
vous	auriez	conduit
elles	auraient	conduit
ils	auraient	conduit

SUBJONCTIF

PRÉSENT

que	je	conduise
que	tu	conduises
qu'	elle	conduise
qu'	il	conduise
que	nous	conduisions
que	vous	conduisiez
qu'	elles	conduisent
qu'	ils	conduisent

PASSÉ

que	j'	aie	conduit
que	tu	aies	conduit
qu'	elle	ait	conduit
qu'	il	ait	conduit
que	nous	ayons	conduit
que	vous	ayez	conduit
qu'	elles	aient	conduit
qu'	ils	aient	conduit

IMPARFAIT

que	je	conduisisse
que	tu	conduisisses
qu'	elle	conduisît
qu'	il	conduisît
que	nous	conduisissions
que	vous	conduisissiez
qu'	elles	conduisissent
qu'	ils	conduisissent

PLUS-QUE-PARFAIT

que	j'	eusse	conduit
que	tu	eusses	conduit
qu'	elle	eût	conduit
qu'	il	eût	conduit
que	nous	eussions	conduit
que	vous	eussiez	conduit
qu'	elles	eussent	conduit
qu'	ils	eussent	conduit

IMPÉRATIF

PRÉSENT

conduis
conduisons
conduisez

PASSÉ

aie	conduit
ayons	conduit
ayez	conduit

INFINITIF

PRÉSENT

conduire

PASSÉ

avoir conduit

PARTICIPE

PRÉSENT

conduisant

PASSÉ

conduit, uite
ayant conduit

CONJUGAISON DU VERBE **CONGELER**

INDICATIF

PRÉSENT / PASSÉ COMPOSÉ

je	congèle	j'	ai	congelé
tu	congèles	tu	as	congelé
elle	congèle	elle	a	congelé
il	congèle	il	a	congelé
nous	congelons	nous	avons	congelé
vous	congelez	vous	avez	congelé
elles	congèlent	elles	ont	congelé
ils	congèlent	ils	ont	congelé

IMPARFAIT / PLUS-QUE-PARFAIT

je	congelais	j'	avais	congelé
tu	congelais	tu	avais	congelé
elle	congelait	elle	avait	congelé
il	congelait	il	avait	congelé
nous	congelions	nous	avions	congelé
vous	congeliez	vous	aviez	congelé
elles	congelaient	elles	avaient	congelé
ils	congelaient	ils	avaient	congelé

PASSÉ SIMPLE / PASSÉ ANTÉRIEUR

je	congelai	j'	eus	congelé
tu	congelas	tu	eus	congelé
elle	congela	elle	eut	congelé
il	congela	il	eut	congelé
nous	congelâmes	nous	eûmes	congelé
vous	congelâtes	vous	eûtes	congelé
elles	congelèrent	elles	eurent	congelé
ils	congelèrent	ils	eurent	congelé

FUTUR SIMPLE / FUTUR ANTÉRIEUR

je	congèlerai	j'	aurai	congelé
tu	congèleras	tu	auras	congelé
elle	congèlera	elle	aura	congelé
il	congèlera	il	aura	congelé
nous	congèlerons	nous	aurons	congelé
vous	congèlerez	vous	aurez	congelé
elles	congèleront	elles	auront	congelé
ils	congèleront	ils	auront	congelé

CONDITIONNEL PRÉSENT / CONDITIONNEL PASSÉ

je	congèlerais	j'	aurais	congelé
tu	congèlerais	tu	aurais	congelé
elle	congèlerait	elle	aurait	congelé
il	congèlerait	il	aurait	congelé
nous	congèlerions	nous	aurions	congelé
vous	congèleriez	vous	auriez	congelé
elles	congèleraient	elles	auraient	congelé
ils	congèleraient	ils	auraient	congelé

SUBJONCTIF

PRÉSENT / PASSÉ

que	je	congèle	que	j'	aie	congelé
que	tu	congèles	que	tu	aies	congelé
qu'	elle	congèle	qu'	elle	ait	congelé
qu'	il	congèle	qu'	il	ait	congelé
que	nous	congelions	que	nous	ayons	congelé
que	vous	congeliez	que	vous	ayez	congelé
qu'	elles	congèlent	qu'	elles	aient	congelé
qu'	ils	congèlent	qu'	ils	aient	congelé

IMPARFAIT / PLUS-QUE-PARFAIT

que	je	congelasse	que	j'	eusse	congelé
que	tu	congelasses	que	tu	eusses	congelé
qu'	elle	congelât	qu'	elle	eût	congelé
qu'	il	congelât	qu'	il	eût	congelé
que	nous	congelassions	que	nous	eussions	congelé
que	vous	congelassiez	que	vous	eussiez	congelé
qu'	elles	congelassent	qu'	elles	eussent	congelé
qu'	ils	congelassent	qu'	ils	eussent	congelé

IMPÉRATIF

PRÉSENT / PASSÉ

congèle	aie	congelé
congelons	ayons	congelé
congelez	ayez	congelé

INFINITIF

PRÉSENT / PASSÉ

congeler	avoir congelé

PARTICIPE

PRÉSENT / PASSÉ

congelant	congelé, ée
	ayant congelé

CONJUGAISON DU VERBE **COUDRE**

INDICATIF

PRÉSENT
je	couds
tu	couds
elle	coud
il	coud
nous	cousons
vous	cousez
elles	cousent
ils	cousent

PASSÉ COMPOSÉ
j'	ai	cousu
tu	as	cousu
elle	a	cousu
il	a	cousu
nous	avons	cousu
vous	avez	cousu
elles	ont	cousu
ils	ont	cousu

IMPARFAIT
je	cousais
tu	cousais
elle	cousait
il	cousait
nous	cousions
vous	cousiez
elles	cousaient
ils	cousaient

PLUS-QUE-PARFAIT
j'	avais	cousu
tu	avais	cousu
elle	avait	cousu
il	avait	cousu
nous	avions	cousu
vous	aviez	cousu
elles	avaient	cousu
ils	avaient	cousu

PASSÉ SIMPLE
je	cousis
tu	cousis
elle	cousit
il	cousit
nous	cousîmes
vous	cousîtes
elles	cousirent
ils	cousirent

PASSÉ ANTÉRIEUR
j'	eus	cousu
tu	eus	cousu
elle	eut	cousu
il	eut	cousu
nous	eûmes	cousu
vous	eûtes	cousu
elles	eurent	cousu
ils	eurent	cousu

FUTUR SIMPLE
je	coudrai
tu	coudras
elle	coudra
il	coudra
nous	coudrons
vous	coudrez
elles	coudront
ils	coudront

FUTUR ANTÉRIEUR
j'	aurai	cousu
tu	auras	cousu
elle	aura	cousu
il	aura	cousu
nous	aurons	cousu
vous	aurez	cousu
elles	auront	cousu
ils	auront	cousu

CONDITIONNEL PRÉSENT
je	coudrais
tu	coudrais
elle	coudrait
il	coudrait
nous	coudrions
vous	coudriez
elles	coudraient
ils	coudraient

CONDITIONNEL PASSÉ
j'	aurais	cousu
tu	aurais	cousu
elle	aurait	cousu
il	aurait	cousu
nous	aurions	cousu
vous	auriez	cousu
elles	auraient	cousu
ils	auraient	cousu

SUBJONCTIF

PRÉSENT
que	je	couse
que	tu	couses
qu'	elle	couse
qu'	il	couse
que	nous	cousions
que	vous	cousiez
qu'	elles	cousent
qu'	ils	cousent

PASSÉ
que	j'	aie	cousu
que	tu	aies	cousu
qu'	elle	ait	cousu
qu'	il	ait	cousu
que	nous	ayons	cousu
que	vous	ayez	cousu
qu'	elles	aient	cousu
qu'	ils	aient	cousu

IMPARFAIT
que	je	cousisse
que	tu	cousisses
qu'	elle	cousît
qu'	il	cousît
que	nous	cousissions
que	vous	cousissiez
qu'	elles	cousissent
qu'	ils	cousissent

PLUS-QUE-PARFAIT
que	j'	eusse	cousu
que	tu	eusses	cousu
qu'	elle	eût	cousu
qu'	il	eût	cousu
que	nous	eussions	cousu
que	vous	eussiez	cousu
qu'	elles	eussent	cousu
qu'	ils	eussent	cousu

IMPÉRATIF

PRÉSENT
couds
cousons
cousez

PASSÉ
aie	cousu
ayons	cousu
ayez	cousu

INFINITIF

PRÉSENT
coudre

PASSÉ
avoir cousu

PARTICIPE

PRÉSENT
cousant

PASSÉ
cousu, ue
ayant cousu

CONJUGAISON DU VERBE **COURIR**

INDICATIF

PRÉSENT
je	cours
tu	cours
elle	court
il	court
nous	courons
vous	courez
elles	courent
ils	courent

PASSÉ COMPOSÉ
j'	ai	couru
tu	as	couru
elle	a	couru
il	a	couru
nous	avons	couru
vous	avez	couru
elles	ont	couru
ils	ont	couru

IMPARFAIT
je	courais
tu	courais
elle	courait
il	courait
nous	courions
vous	couriez
elles	couraient
ils	couraient

PLUS-QUE-PARFAIT
j'	avais	couru
tu	avais	couru
elle	avait	couru
il	avait	couru
nous	avions	couru
vous	aviez	couru
elles	avaient	couru
ils	avaient	couru

PASSÉ SIMPLE
je	courus
tu	courus
elle	courut
il	courut
nous	courûmes
vous	courûtes
elles	coururent
ils	coururent

PASSÉ ANTÉRIEUR
j'	eus	couru
tu	eus	couru
elle	eut	couru
il	eut	couru
nous	eûmes	couru
vous	eûtes	couru
elles	eurent	couru
ils	eurent	couru

FUTUR SIMPLE
je	courrai
tu	courras
elle	courra
il	courra
nous	courrons
vous	courrez
elles	courront
ils	courront

FUTUR ANTÉRIEUR
j'	aurai	couru
tu	auras	couru
elle	aura	couru
il	aura	couru
nous	aurons	couru
vous	aurez	couru
elles	auront	couru
ils	auront	couru

CONDITIONNEL PRÉSENT
je	courrais
tu	courrais
elle	courrait
il	courrait
nous	courrions
vous	courriez
elles	courraient
ils	courraient

CONDITIONNEL PASSÉ
j'	aurais	couru
tu	aurais	couru
elle	aurait	couru
il	aurait	couru
nous	aurions	couru
vous	auriez	couru
elles	auraient	couru
ils	auraient	couru

SUBJONCTIF

PRÉSENT
que	je	coure
que	tu	coures
qu'	elle	coure
qu'	il	coure
que	nous	courions
que	vous	couriez
qu'	elles	courent
qu'	ils	courent

PASSÉ
que	j'	aie	couru
que	tu	aies	couru
qu'	elle	ait	couru
qu'	il	ait	couru
que	nous	ayons	couru
que	vous	ayez	couru
qu'	elles	aient	couru
qu'	ils	aient	couru

IMPARFAIT
que	je	courusse
que	tu	courusses
qu'	elle	courût
qu'	il	courût
que	nous	courussions
que	vous	courussiez
qu'	elles	courussent
qu'	ils	courussent

PLUS-QUE-PARFAIT
que	j'	eusse	couru
que	tu	eusses	couru
qu'	elle	eût	couru
qu'	il	eût	couru
que	nous	eussions	couru
que	vous	eussiez	couru
qu'	elles	eussent	couru
qu'	ils	eussent	couru

IMPÉRATIF

PRÉSENT
cours
courons
courez

PASSÉ
aie	couru
ayons	couru
ayez	couru

INFINITIF

PRÉSENT
courir

PASSÉ
avoir couru

PARTICIPE

PRÉSENT
courant

PASSÉ
couru, ue
ayant couru

CONJUGAISON DU VERBE **CRAINDRE**

INDICATIF

PRÉSENT
je	crains
tu	crains
elle	craint
il	craint
nous	craignons
vous	craignez
elles	craignent
ils	craignent

PASSÉ COMPOSÉ
j'	ai	craint
tu	as	craint
elle	a	craint
il	a	craint
nous	avons	craint
vous	avez	craint
elles	ont	craint
ils	ont	craint

IMPARFAIT
je	craignais
tu	craignais
elle	craignait
il	craignait
nous	craignions
vous	craigniez
elles	craignaient
ils	craignaient

PLUS-QUE-PARFAIT
j'	avais	craint
tu	avais	craint
elle	avait	craint
il	avait	craint
nous	avions	craint
vous	aviez	craint
elles	avaient	craint
ils	avaient	craint

PASSÉ SIMPLE
je	craignis
tu	craignis
elle	craignit
il	craignit
nous	craignîmes
vous	craignîtes
elles	craignirent
ils	craignirent

PASSÉ ANTÉRIEUR
j'	eus	craint
tu	eus	craint
elle	eut	craint
il	eut	craint
nous	eûmes	craint
vous	eûtes	craint
elles	eurent	craint
ils	eurent	craint

FUTUR SIMPLE
je	craindrai
tu	craindras
elle	craindra
il	craindra
nous	craindrons
vous	craindrez
elles	craindront
ils	craindront

FUTUR ANTÉRIEUR
j'	aurai	craint
tu	auras	craint
elle	aura	craint
il	aura	craint
nous	aurons	craint
vous	aurez	craint
elles	auront	craint
ils	auront	craint

CONDITIONNEL PRÉSENT
je	craindrais
tu	craindrais
elle	craindrait
il	craindrait
nous	craindrions
vous	craindriez
elles	craindraient
ils	craindraient

CONDITIONNEL PASSÉ
j'	aurais	craint
tu	aurais	craint
elle	aurait	craint
il	aurait	craint
nous	aurions	craint
vous	auriez	craint
elles	auraient	craint
ils	auraient	craint

SUBJONCTIF

PRÉSENT
que	je	craigne
que	tu	craignes
qu'	elle	craigne
qu'	il	craigne
que	nous	craignions
que	vous	craigniez
qu'	elles	craignent
qu'	ils	craignent

PASSÉ
que	j'	aie	craint
que	tu	aies	craint
qu'	elle	ait	craint
qu'	il	ait	craint
que	nous	ayons	craint
que	vous	ayez	craint
qu'	elles	aient	craint
qu'	ils	aient	craint

IMPARFAIT
que	je	craignisse
que	tu	craignisses
qu'	elle	craignît
qu'	il	craignît
que	nous	craignissions
que	vous	craignissiez
qu'	elles	craignissent
qu'	ils	craignissent

PLUS-QUE-PARFAIT
que	j'	eusse	craint
que	tu	eusses	craint
qu'	elle	eût	craint
qu'	il	eût	craint
que	nous	eussions	craint
que	vous	eussiez	craint
qu'	elles	eussent	craint
qu'	ils	eussent	craint

IMPÉRATIF

PRÉSENT
crains
craignons
craignez

PASSÉ
aie	craint
ayons	craint
ayez	craint

INFINITIF

PRÉSENT
craindre

PASSÉ
avoir craint

PARTICIPE

PRÉSENT
craignant

PASSÉ
craint, ainte
ayant craint

CONJUGAISON DU VERBE **CRÉER**

INDICATIF

PRÉSENT
je	crée
tu	crées
elle	crée
il	crée
nous	créons
vous	créez
elles	créent
ils	créent

PASSÉ COMPOSÉ
j'	ai	créé
tu	as	créé
elle	a	créé
il	a	créé
nous	avons	créé
vous	avez	créé
elles	ont	créé
ils	ont	créé

IMPARFAIT
je	créais
tu	créais
elle	créait
il	créait
nous	créions
vous	créiez
elles	créaient
ils	créaient

PLUS-QUE-PARFAIT
j'	avais	créé
tu	avais	créé
elle	avait	créé
il	avait	créé
nous	avions	créé
vous	aviez	créé
elles	avaient	créé
ils	avaient	créé

PASSÉ SIMPLE
je	créai
tu	créas
elle	créa
il	créa
nous	créâmes
vous	créâtes
elles	créèrent
ils	créèrent

PASSÉ ANTÉRIEUR
j'	eus	créé
tu	eus	créé
elle	eut	créé
il	eut	créé
nous	eûmes	créé
vous	eûtes	créé
elles	eurent	créé
ils	eurent	créé

FUTUR SIMPLE
je	créerai
tu	créeras
elle	créera
il	créera
nous	créerons
vous	créerez
elles	créeront
ils	créeront

FUTUR ANTÉRIEUR
j'	aurai	créé
tu	auras	créé
elle	aura	créé
il	aura	créé
nous	aurons	créé
vous	aurez	créé
elles	auront	créé
ils	auront	créé

CONDITIONNEL PRÉSENT
je	créerais
tu	créerais
elle	créerait
il	créerait
nous	créerions
vous	créeriez
elles	créeraient
ils	créeraient

CONDITIONNEL PASSÉ
j'	aurais	créé
tu	aurais	créé
elle	aurait	créé
il	aurait	créé
nous	aurions	créé
vous	auriez	créé
elles	auraient	créé
ils	auraient	créé

SUBJONCTIF

PRÉSENT
que	je	crée
que	tu	crées
qu'	elle	crée
qu'	il	crée
que	nous	créions
que	vous	créiez
qu'	elles	créent
qu'	ils	créent

PASSÉ
que	j'	aie	créé
que	tu	aies	créé
qu'	elle	ait	créé
qu'	il	ait	créé
que	nous	ayons	créé
que	vous	ayez	créé
qu'	elles	aient	créé
qu'	ils	aient	créé

IMPARFAIT
que	je	créasse
que	tu	créasses
qu'	elle	créât
qu'	il	créât
que	nous	créassions
que	vous	créassiez
qu'	elles	créassent
qu'	ils	créassent

PLUS-QUE-PARFAIT
que	j'	eusse	créé
que	tu	eusses	créé
qu'	elle	eût	créé
qu'	il	eût	créé
que	nous	eussions	créé
que	vous	eussiez	créé
qu'	elles	eussent	créé
qu'	ils	eussent	créé

IMPÉRATIF

PRÉSENT
crée
créons
créez

PASSÉ
aie	créé
ayons	créé
ayez	créé

INFINITIF

PRÉSENT
créer

PASSÉ
avoir créé

PARTICIPE

PRÉSENT
créant

PASSÉ
créé, ée
ayant créé

CONJUGAISON DU VERBE **CROIRE**

INDICATIF

PRÉSENT
je	crois
tu	crois
elle	croit
il	croit
nous	croyons
vous	croyez
elles	croient
ils	croient

PASSÉ COMPOSÉ
j'	ai	cru
tu	as	cru
elle	a	cru
il	a	cru
nous	avons	cru
vous	avez	cru
elles	ont	cru
ils	ont	cru

IMPARFAIT
je	croyais
tu	croyais
elle	croyait
il	croyait
nous	croyions
vous	croyiez
elles	croyaient
ils	croyaient

PLUS-QUE-PARFAIT
j'	avais	cru
tu	avais	cru
elle	avait	cru
il	avait	cru
nous	avions	cru
vous	aviez	cru
elles	avaient	cru
ils	avaient	cru

PASSÉ SIMPLE
je	crus
tu	crus
elle	crut
il	crut
nous	crûmes
vous	crûtes
elles	crurent
ils	crurent

PASSÉ ANTÉRIEUR
j'	eus	cru
tu	eus	cru
elle	eut	cru
il	eut	cru
nous	eûmes	cru
vous	eûtes	cru
elles	eurent	cru
ils	eurent	cru

FUTUR SIMPLE
je	croirai
tu	croiras
elle	croira
il	croira
nous	croirons
vous	croirez
elles	croiront
ils	croiront

FUTUR ANTÉRIEUR
j'	aurai	cru
tu	auras	cru
elle	aura	cru
il	aura	cru
nous	aurons	cru
vous	aurez	cru
elles	auront	cru
ils	auront	cru

CONDITIONNEL PRÉSENT
je	croirais
tu	croirais
elle	croirait
il	croirait
nous	croirions
vous	croiriez
elles	croiraient
ils	croiraient

CONDITIONNEL PASSÉ
j'	aurais	cru
tu	aurais	cru
elle	aurait	cru
il	aurait	cru
nous	aurions	cru
vous	auriez	cru
elles	auraient	cru
ils	auraient	cru

SUBJONCTIF

PRÉSENT
que	je	croie
que	tu	croies
qu'	elle	croie
qu'	il	croie
que	nous	croyions
que	vous	croyiez
qu'	elles	croient
qu'	ils	croient

PASSÉ
que	j'	aie	cru
que	tu	aies	cru
qu'	elle	ait	cru
qu'	il	ait	cru
que	nous	ayons	cru
que	vous	ayez	cru
qu'	elles	aient	cru
qu'	ils	aient	cru

IMPARFAIT
que	je	crusse
que	tu	crusses
qu'	elle	crût
qu'	il	crût
que	nous	crussions
que	vous	crussiez
qu'	elles	crussent
qu'	ils	crussent

PLUS-QUE-PARFAIT
que	j'	eusse	cru
que	tu	eusses	cru
qu'	elle	eût	cru
qu'	il	eût	cru
que	nous	eussions	cru
que	vous	eussiez	cru
qu'	elles	eussent	cru
qu'	ils	eussent	cru

IMPÉRATIF

PRÉSENT
crois
croyons
croyez

PASSÉ
aie	cru
ayons	cru
ayez	cru

INFINITIF

PRÉSENT
croire

PASSÉ
avoir cru

PARTICIPE

PRÉSENT
croyant

PASSÉ
cru, ue
ayant cru

CONJUGAISON DU VERBE **CUEILLIR**

INDICATIF

PRÉSENT
je cueille
tu cueilles
elle cueille
il cueille

nous cueillons
vous cueillez
elles cueillent
ils cueillent

PASSÉ COMPOSÉ
j' ai cueilli
tu as cueilli
elle a cueilli
il a cueilli

nous avons cueilli
vous avez cueilli
elles ont cueilli
ils ont cueilli

IMPARFAIT
je cueillais
tu cueillais
elle cueillait
il cueillait

nous cueillions
vous cueilliez
elles cueillaient
ils cueillaient

PLUS-QUE-PARFAIT
j' avais cueilli
tu avais cueilli
elle avait cueilli
il avait cueilli

nous avions cueilli
vous aviez cueilli
elles avaient cueilli
ils avaient cueilli

PASSÉ SIMPLE
je cueillis
tu cueillis
elle cueillit
il cueillit

nous cueillîmes
vous cueillîtes
elles cueillirent
ils cueillirent

PASSÉ ANTÉRIEUR
j' eus cueilli
tu eus cueilli
elle eut cueilli
il eut cueilli

nous eûmes cueilli
vous eûtes cueilli
elles eurent cueilli
ils eurent cueilli

FUTUR SIMPLE
je cueillerai
tu cueilleras
elle cueillera
il cueillera

nous cueillerons
vous cueillerez
elles cueilleront
ils cueilleront

FUTUR ANTÉRIEUR
j' aurai cueilli
tu auras cueilli
elle aura cueilli
il aura cueilli

nous aurons cueilli
vous aurez cueilli
elles auront cueilli
ils auront cueilli

CONDITIONNEL PRÉSENT
je cueillerais
tu cueillerais
elle cueillerait
il cueillerait

nous cueillerions
vous cueilleriez
elles cueilleraient
ils cueilleraient

CONDITIONNEL PASSÉ
j' aurais cueilli
tu aurais cueilli
elle aurait cueilli
il aurait cueilli

nous aurions cueilli
vous auriez cueilli
elles auraient cueilli
ils auraient cueilli

SUBJONCTIF

PRÉSENT
que je cueille
que tu cueilles
qu' elle cueille
qu' il cueille

que nous cueillions
que vous cueilliez
qu' elles cueillent
qu' ils cueillent

PASSÉ
que j' aie cueilli
que tu aies cueilli
qu' elle ait cueilli
qu' il ait cueilli

que nous ayons cueilli
que vous ayez cueilli
qu' elles aient cueilli
qu' ils aient cueilli

IMPARFAIT
que je cueillisse
que tu cueillisses
qu' elle cueillît
qu' il cueillît

que nous cueillissions
que vous cueillissiez
qu' elles cueillissent
qu' ils cueillissent

PLUS-QUE-PARFAIT
que j' eusse cueilli
que tu eusses cueilli
qu' elle eût cueilli
qu' il eût cueilli

que nous eussions cueilli
que vous eussiez cueilli
qu' elles eussent cueilli
qu' ils eussent cueilli

IMPÉRATIF

PRÉSENT
cueille
cueillons
cueillez

PASSÉ
aie cueilli
ayons cueilli
ayez cueilli

INFINITIF

PRÉSENT
cueillir

PASSÉ
avoir cueilli

PARTICIPE

PRÉSENT
cueillant

PASSÉ
cueilli, ie
ayant cueilli

CONJUGAISON DU VERBE **DEVOIR**

INDICATIF

PRÉSENT
je	dois
tu	dois
elle	doit
il	doit
nous	devons
vous	devez
elles	doivent
ils	doivent

PASSÉ COMPOSÉ
j'	ai	dû
tu	as	dû
elle	a	dû
il	a	dû
nous	avons	dû
vous	avez	dû
elles	ont	dû
ils	ont	dû

IMPARFAIT
je	devais
tu	devais
elle	devait
il	devait
nous	devions
vous	deviez
elles	devaient
ils	devaient

PLUS-QUE-PARFAIT
j'	avais	dû
tu	avais	dû
elle	avait	dû
il	avait	dû
nous	avions	dû
vous	aviez	dû
elles	avaient	dû
ils	avaient	dû

PASSÉ SIMPLE
je	dus
tu	dus
elle	dut
il	dut
nous	dûmes
vous	dûtes
elles	durent
ils	durent

PASSÉ ANTÉRIEUR
j'	eus	dû
tu	eus	dû
elle	eut	dû
il	eut	dû
nous	eûmes	dû
vous	eûtes	dû
elles	eurent	dû
ils	eurent	dû

FUTUR SIMPLE
je	devrai
tu	devras
elle	devra
il	devra
nous	devrons
vous	devrez
elles	devront
ils	devront

FUTUR ANTÉRIEUR
j'	aurai	dû
tu	auras	dû
elle	aura	dû
il	aura	dû
nous	aurons	dû
vous	aurez	dû
elles	auront	dû
ils	auront	dû

CONDITIONNEL PRÉSENT
je	devrais
tu	devrais
elle	devrait
il	devrait
nous	devrions
vous	devriez
elles	devraient
ils	devraient

CONDITIONNEL PASSÉ
j'	aurais	dû
tu	aurais	dû
elle	aurait	dû
il	aurait	dû
nous	aurions	dû
vous	auriez	dû
elles	auraient	dû
ils	auraient	dû

SUBJONCTIF

PRÉSENT
que	je	doive
que	tu	doives
qu'	elle	doive
qu'	il	doive
que	nous	devions
que	vous	deviez
qu'	elles	doivent
qu'	ils	doivent

PASSÉ
que	j'	aie	dû
que	tu	aies	dû
qu'	elle	ait	dû
qu'	il	ait	dû
que	nous	ayons	dû
que	vous	ayez	dû
qu'	elles	aient	dû
qu'	ils	aient	dû

IMPARFAIT
que	je	dusse
que	tu	dusses
qu'	elle	dût
qu'	il	dût
que	nous	dussions
que	vous	dussiez
qu'	elles	dussent
qu'	ils	dussent

PLUS-QUE-PARFAIT
que	j'	eusse	dû
que	tu	eusses	dû
qu'	elle	eût	dû
qu'	il	eût	dû
que	nous	eussions	dû
que	vous	eussiez	dû
qu'	elles	eussent	dû
qu'	ils	eussent	dû

IMPÉRATIF

PRÉSENT
dois
devons
devez

PASSÉ
aie	dû
ayons	dû
ayez	dû

INFINITIF

PRÉSENT
devoir

PASSÉ
avoir dû

PARTICIPE

PRÉSENT
devant

PASSÉ
dû, ue
ayant dû

CONJUGAISON DU VERBE **DIRE**

INDICATIF

PRÉSENT

je	dis
tu	dis
elle	dit
il	dit
nous	disons
vous	dites
elles	disent
ils	disent

PASSÉ COMPOSÉ

j'	ai	dit
tu	as	dit
elle	a	dit
il	a	dit
nous	avons	dit
vous	avez	dit
elles	ont	dit
ils	ont	dit

IMPARFAIT

je	disais
tu	disais
elle	disait
il	disait
nous	disions
vous	disiez
elles	disaient
ils	disaient

PLUS-QUE-PARFAIT

j'	avais	dit
tu	avais	dit
elle	avait	dit
il	avait	dit
nous	avions	dit
vous	aviez	dit
elles	avaient	dit
ils	avaient	dit

PASSÉ SIMPLE

je	dis
tu	dis
elle	dit
il	dit
nous	dîmes
vous	dîtes
elles	dirent
ils	dirent

PASSÉ ANTÉRIEUR

j'	eus	dit
tu	eus	dit
elle	eut	dit
il	eut	dit
nous	eûmes	dit
vous	eûtes	dit
elles	eurent	dit
ils	eurent	dit

FUTUR SIMPLE

je	dirai
tu	diras
elle	dira
il	dira
nous	dirons
vous	direz
elles	diront
ils	diront

FUTUR ANTÉRIEUR

j'	aurai	dit
tu	auras	dit
elle	aura	dit
il	aura	dit
nous	aurons	dit
vous	aurez	dit
elles	auront	dit
ils	auront	dit

CONDITIONNEL PRÉSENT

je	dirais
tu	dirais
elle	dirait
il	dirait
nous	dirions
vous	diriez
elles	diraient
ils	diraient

CONDITIONNEL PASSÉ

j'	aurais	dit
tu	aurais	dit
elle	aurait	dit
il	aurait	dit
nous	aurions	dit
vous	auriez	dit
elles	auraient	dit
ils	auraient	dit

SUBJONCTIF

PRÉSENT

que	je	dise
que	tu	dises
qu'	elle	dise
qu'	il	dise
que	nous	disions
que	vous	disiez
qu'	elles	disent
qu'	ils	disent

PASSÉ

que	j'	aie	dit
que	tu	aies	dit
qu'	elle	ait	dit
qu'	il	ait	dit
que	nous	ayons	dit
que	vous	ayez	dit
qu'	elles	aient	dit
qu'	ils	aient	dit

IMPARFAIT

que	je	disse
que	tu	disses
qu'	elle	dît
qu'	il	dît
que	nous	dissions
que	vous	dissiez
qu'	elles	dissent
qu'	ils	dissent

PLUS-QUE-PARFAIT

que	j'	eusse	dit
que	tu	eusses	dit
qu'	elle	eût	dit
qu'	il	eût	dit
que	nous	eussions	dit
que	vous	eussiez	dit
qu'	elles	eussent	dit
qu'	ils	eussent	dit

IMPÉRATIF

PRÉSENT

dis
disons
dites

PASSÉ

aie	dit
ayons	dit
ayez	dit

INFINITIF

PRÉSENT

dire

PASSÉ

avoir dit

PARTICIPE

PRÉSENT

disant

PASSÉ

dit, ite
ayant dit

CONJUGAISON DU VERBE **DORMIR**

INDICATIF

PRÉSENT
je	dor**s**
tu	dor**s**
elle	dor**t**
il	dor**t**
nous	dor**mons**
vous	dor**mez**
elles	dor**ment**
ils	dor**ment**

PASSÉ COMPOSÉ
j'	ai	dormi
tu	as	dormi
elle	a	dormi
il	a	dormi
nous	avons	dormi
vous	avez	dormi
elles	ont	dormi
ils	ont	dormi

IMPARFAIT
je	dor**mais**
tu	dor**mais**
elle	dor**mait**
il	dor**mait**
nous	dor**mions**
vous	dor**miez**
elles	dor**maient**
ils	dor**maient**

PLUS-QUE-PARFAIT
j'	avais	dormi
tu	avais	dormi
elle	avait	dormi
il	avait	dormi
nous	avions	dormi
vous	aviez	dormi
elles	avaient	dormi
ils	avaient	dormi

PASSÉ SIMPLE
je	dor**mis**
tu	dor**mis**
elle	dor**mit**
il	dor**mit**
nous	dor**mîmes**
vous	dor**mîtes**
elles	dor**mirent**
ils	dor**mirent**

PASSÉ ANTÉRIEUR
j'	eus	dormi
tu	eus	dormi
elle	eut	dormi
il	eut	dormi
nous	eûmes	dormi
vous	eûtes	dormi
elles	eurent	dormi
ils	eurent	dormi

FUTUR SIMPLE
je	dor**mirai**
tu	dor**miras**
elle	dor**mira**
il	dor**mira**
nous	dor**mirons**
vous	dor**mirez**
elles	dor**miront**
ils	dor**miront**

FUTUR ANTÉRIEUR
j'	aurai	dormi
tu	auras	dormi
elle	aura	dormi
il	aura	dormi
nous	aurons	dormi
vous	aurez	dormi
elles	auront	dormi
ils	auront	dormi

CONDITIONNEL PRÉSENT
je	dor**mirais**
tu	dor**mirais**
elle	dor**mirait**
il	dor**mirait**
nous	dor**mirions**
vous	dor**miriez**
elles	dor**miraient**
ils	dor**miraient**

CONDITIONNEL PASSÉ
j'	aurais	dormi
tu	aurais	dormi
elle	aurait	dormi
il	aurait	dormi
nous	aurions	dormi
vous	auriez	dormi
elles	auraient	dormi
ils	auraient	dormi

SUBJONCTIF

PRÉSENT
que	je	dor**me**
que	tu	dor**mes**
qu'	elle	dor**me**
qu'	il	dor**me**
que	nous	dor**mions**
que	vous	dor**miez**
qu'	elles	dor**ment**
qu'	ils	dor**ment**

PASSÉ
que	j'	aie	dormi
que	tu	aies	dormi
qu'	elle	ait	dormi
qu'	il	ait	dormi
que	nous	ayons	dormi
que	vous	ayez	dormi
qu'	elles	aient	dormi
qu'	ils	aient	dormi

IMPARFAIT
que	je	dor**misse**
que	tu	dor**misses**
qu'	elle	dor**mît**
qu'	il	dor**mît**
que	nous	dor**missions**
que	vous	dor**missiez**
qu'	elles	dor**missent**
qu'	ils	dor**missent**

PLUS-QUE-PARFAIT
que	j'	eusse	dormi
que	tu	eusses	dormi
qu'	elle	eût	dormi
qu'	il	eût	dormi
que	nous	eussions	dormi
que	vous	eussiez	dormi
qu'	elles	eussent	dormi
qu'	ils	eussent	dormi

IMPÉRATIF

PRÉSENT
dors
dor**mons**
dor**mez**

PASSÉ
aie	dormi
ayons	dormi
ayez	dormi

INFINITIF

PRÉSENT
dor**mir**

PASSÉ
avoir dormi

PARTICIPE

PRÉSENT
dor**mant**

PASSÉ
dormi
ayant dormi

CONJUGAISON DU VERBE **ÉCRIRE**

INDICATIF

PRÉSENT
j' écris
tu écris
elle écrit
il écrit

nous écrivons
vous écrivez
elles écrivent
ils écrivent

PASSÉ COMPOSÉ
j' ai écrit
tu as écrit
elle a écrit
il a écrit

nous avons écrit
vous avez écrit
elles ont écrit
ils ont écrit

IMPARFAIT
j' écrivais
tu écrivais
elle écrivait
il écrivait

nous écrivions
vous écriviez
elles écrivaient
ils écrivaient

PLUS-QUE-PARFAIT
j' avais écrit
tu avais écrit
elle avait écrit
il avait écrit

nous avions écrit
vous aviez écrit
elles avaient écrit
ils avaient écrit

PASSÉ SIMPLE
j' écrivis
tu écrivis
elle écrivit
il écrivit

nous écrivîmes
vous écrivîtes
elles écrivirent
ils écrivirent

PASSÉ ANTÉRIEUR
j' eus écrit
tu eus écrit
elle eut écrit
il eut écrit

nous eûmes écrit
vous eûtes écrit
elles eurent écrit
ils eurent écrit

FUTUR SIMPLE
j' écrirai
tu écriras
elle écrira
il écrira

nous écrirons
vous écrirez
elles écriront
ils écriront

FUTUR ANTÉRIEUR
j' aurai écrit
tu auras écrit
elle aura écrit
il aura écrit

nous aurons écrit
vous aurez écrit
elles auront écrit
ils auront écrit

CONDITIONNEL PRÉSENT
j' écrirais
tu écrirais
elle écrirait
il écrirait

nous écririons
vous écririez
elles écriraient
ils écriraient

CONDITIONNEL PASSÉ
j' aurais écrit
tu aurais écrit
elle aurait écrit
il aurait écrit

nous aurions écrit
vous auriez écrit
elles auraient écrit
ils auraient écrit

SUBJONCTIF

PRÉSENT
que j' écrive
que tu écrives
qu' elle écrive
qu' il écrive

que nous écrivions
que vous écriviez
qu' elles écrivent
qu' ils écrivent

PASSÉ
que j' aie écrit
que tu aies écrit
qu' elle ait écrit
qu' il ait écrit

que nous ayons écrit
que vous ayez écrit
qu' elles aient écrit
qu' ils aient écrit

IMPARFAIT
que j' écrivisse
que tu écrivisses
qu' elle écrivît
qu' il écrivît

que nous écrivissions
que vous écrivissiez
qu' elles écrivissent
qu' ils écrivissent

PLUS-QUE-PARFAIT
que j' eusse écrit
que tu eusses écrit
qu' elle eût écrit
qu' il eût écrit

que nous eussions écrit
que vous eussiez écrit
qu' elles eussent écrit
qu' ils eussent écrit

IMPÉRATIF

PRÉSENT
écris
écrivons
écrivez

PASSÉ
aie écrit
ayons écrit
ayez écrit

INFINITIF

PRÉSENT
écrire

PASSÉ
avoir écrit

PARTICIPE

PRÉSENT
écrivant

PASSÉ
écrit, ite
ayant écrit

CONJUGAISON DU VERBE **ÉMOUVOIR**

INDICATIF

PRÉSENT
j'	émeus
tu	émeus
elle	émeut
il	émeut
nous	émouvons
vous	émouvez
elles	émeuvent
ils	émeuvent

PASSÉ COMPOSÉ
j'	ai	ému
tu	as	ému
elle	a	ému
il	a	ému
nous	avons	ému
vous	avez	ému
elles	ont	ému
ils	ont	ému

IMPARFAIT
j'	émouvais
tu	émouvais
elle	émouvait
il	émouvait
nous	émouvions
vous	émouviez
elles	émouvaient
ils	émouvaient

PLUS-QUE-PARFAIT
j'	avais	ému
tu	avais	ému
elle	avait	ému
il	avait	ému
nous	avions	ému
vous	aviez	ému
elles	avaient	ému
ils	avaient	ému

PASSÉ SIMPLE
j'	émus
tu	émus
elle	émut
il	émut
nous	émûmes
vous	émûtes
elles	émurent
ils	émurent

PASSÉ ANTÉRIEUR
j'	eus	ému
tu	eus	ému
elle	eut	ému
il	eut	ému
nous	eûmes	ému
vous	eûtes	ému
elles	eurent	ému
ils	eurent	ému

FUTUR SIMPLE
j'	émouvrai
tu	émouvras
elle	émouvra
il	émouvra
nous	émouvrons
vous	émouvrez
elles	émouvront
ils	émouvront

FUTUR ANTÉRIEUR
j'	aurai	ému
tu	auras	ému
elle	aura	ému
il	aura	ému
nous	aurons	ému
vous	aurez	ému
elles	auront	ému
ils	auront	ému

CONDITIONNEL PRÉSENT
j'	émouvrais
tu	émouvrais
elle	émouvrait
il	émouvrait
nous	émouvrions
vous	émouvriez
elles	émouvraient
ils	émouvraient

CONDITIONNEL PASSÉ
j'	aurais	ému
tu	aurais	ému
elle	aurait	ému
il	aurait	ému
nous	aurions	ému
vous	auriez	ému
elles	auraient	ému
ils	auraient	ému

SUBJONCTIF

PRÉSENT
que	j'	émeuve
que	tu	émeuves
qu'	elle	émeuve
qu'	il	émeuve
que	nous	émouvions
que	vous	émouviez
qu'	elles	émeuvent
qu'	ils	émeuvent

PASSÉ
que	j'	aie	ému
que	tu	aies	ému
qu'	elle	ait	ému
qu'	il	ait	ému
que	nous	ayons	ému
que	vous	ayez	ému
qu'	elles	aient	ému
qu'	ils	aient	ému

IMPARFAIT
que	j'	émusse
que	tu	émusses
qu'	elle	émût
qu'	il	émût
que	nous	émussions
que	vous	émussiez
qu'	elles	émussent
qu'	ils	émussent

PLUS-QUE-PARFAIT
que	j'	eusse	ému
que	tu	eusses	ému
qu'	elle	eût	ému
qu'	il	eût	ému
que	nous	eussions	ému
que	vous	eussiez	ému
qu'	elles	eussent	ému
qu'	ils	eussent	ému

IMPÉRATIF

PRÉSENT
émeus
émouvons
émouvez

PASSÉ
aie	ému
ayons	ému
ayez	ému

INFINITIF

PRÉSENT
émouvoir

PASSÉ
avoir ému

PARTICIPE

PRÉSENT
émouvant

PASSÉ
ému, ue
ayant ému

CONJUGAISON DU VERBE **EMPLOYER**

INDICATIF

PRÉSENT
		PASSÉ COMPOSÉ		
j'	emploie	j'	ai	employé
tu	emploies	tu	as	employé
elle	emploie	elle	a	employé
il	emploie	il	a	employé
nous	employons	nous	avons	employé
vous	employez	vous	avez	employé
elles	emploient	elles	ont	employé
ils	emploient	ils	ont	employé

IMPARFAIT
		PLUS-QUE-PARFAIT		
j'	employais	j'	avais	employé
tu	employais	tu	avais	employé
elle	employait	elle	avait	employé
il	employait	il	avait	employé
nous	employions	nous	avions	employé
vous	employiez	vous	aviez	employé
elles	employaient	elles	avaient	employé
ils	employaient	ils	avaient	employé

PASSÉ SIMPLE
		PASSÉ ANTÉRIEUR		
j'	employai	j'	eus	employé
tu	employas	tu	eus	employé
elle	employa	elle	eut	employé
il	employa	il	eut	employé
nous	employâmes	nous	eûmes	employé
vous	employâtes	vous	eûtes	employé
elles	employèrent	elles	eurent	employé
ils	employèrent	ils	eurent	employé

FUTUR SIMPLE
		FUTUR ANTÉRIEUR		
j'	emploierai	j'	aurai	employé
tu	emploieras	tu	auras	employé
elle	emploiera	elle	aura	employé
il	emploiera	il	aura	employé
nous	emploierons	nous	aurons	employé
vous	emploierez	vous	aurez	employé
elles	emploieront	elles	auront	employé
ils	emploieront	ils	auront	employé

CONDITIONNEL PRÉSENT
		CONDITIONNEL PASSÉ		
j'	emploierais	j'	aurais	employé
tu	emploierais	tu	aurais	employé
elle	emploierait	elle	aurait	employé
il	emploierait	il	aurait	employé
nous	emploierions	nous	aurions	employé
vous	emploieriez	vous	auriez	employé
elles	emploieraient	elles	auraient	employé
ils	emploieraient	ils	auraient	employé

SUBJONCTIF

PRÉSENT
			PASSÉ			
que	j'	emploie	que	j'	aie	employé
que	tu	emploies	que	tu	aies	employé
qu'	elle	emploie	qu'	elle	ait	employé
qu'	il	emploie	qu'	il	ait	employé
que	nous	employions	que	nous	ayons	employé
que	vous	employiez	que	vous	ayez	employé
qu'	elles	emploient	qu'	elles	aient	employé
qu'	ils	emploient	qu'	ils	aient	employé

IMPARFAIT
			PLUS-QUE-PARFAIT			
que	j'	employasse	que	j'	eusse	employé
que	tu	employasses	que	tu	eusses	employé
qu'	elle	employât	qu'	elle	eût	employé
qu'	il	employât	qu'	il	eût	employé
que	nous	employassions	que	nous	eussions	employé
que	vous	employassiez	que	vous	eussiez	employé
qu'	elles	employassent	qu'	elles	eussent	employé
qu'	ils	employassent	qu'	ils	eussent	employé

IMPÉRATIF

PRÉSENT
	PASSÉ	
emploie	aie	employé
employons	ayons	employé
employez	ayez	employé

INFINITIF

PRÉSENT
PASSÉ
employer

avoir employé

PARTICIPE

PRÉSENT
PASSÉ
employant

employé, ée
ayant employé

217

CONJUGAISON DU VERBE **ENVOYER**

INDICATIF

PRÉSENT

j'	envo**ie**
tu	envo**ies**
elle	envo**ie**
il	envo**ie**
nous	env**oyons**
vous	env**oyez**
elles	envo**ient**
ils	envo**ient**

PASSÉ COMPOSÉ

j'	ai	envoyé
tu	as	envoyé
elle	a	envoyé
il	a	envoyé
nous	avons	envoyé
vous	avez	envoyé
elles	ont	envoyé
ils	ont	envoyé

IMPARFAIT

j'	env**oyais**
tu	env**oyais**
elle	env**oyait**
il	env**oyait**
nous	env**oyions**
vous	env**oyiez**
elles	env**oyaient**
ils	env**oyaient**

PLUS-QUE-PARFAIT

j'	avais	envoyé
tu	avais	envoyé
elle	avait	envoyé
il	avait	envoyé
nous	avions	envoyé
vous	aviez	envoyé
elles	avaient	envoyé
ils	avaient	envoyé

PASSÉ SIMPLE

j'	env**oyai**
tu	env**oyas**
elle	env**oya**
il	env**oya**
nous	env**oyâmes**
vous	env**oyâtes**
elles	env**oyèrent**
ils	env**oyèrent**

PASSÉ ANTÉRIEUR

j'	eus	envoyé
tu	eus	envoyé
elle	eut	envoyé
il	eut	envoyé
nous	eûmes	envoyé
vous	eûtes	envoyé
elles	eurent	envoyé
ils	eurent	envoyé

FUTUR SIMPLE

j'	env**errai**
tu	env**erras**
elle	env**erra**
il	env**erra**
nous	env**errons**
vous	env**errez**
elles	env**erront**
ils	env**erront**

FUTUR ANTÉRIEUR

j'	aurai	envoyé
tu	auras	envoyé
elle	aura	envoyé
il	aura	envoyé
nous	aurons	envoyé
vous	aurez	envoyé
elles	auront	envoyé
ils	auront	envoyé

CONDITIONNEL PRÉSENT

j'	env**errais**
tu	env**errais**
elle	env**errait**
il	env**errait**
nous	env**errions**
vous	env**erriez**
elles	env**erraient**
ils	env**erraient**

CONDITIONNEL PASSÉ

j'	aurais	envoyé
tu	aurais	envoyé
elle	aurait	envoyé
il	aurait	envoyé
nous	aurions	envoyé
vous	auriez	envoyé
elles	auraient	envoyé
ils	auraient	envoyé

SUBJONCTIF

PRÉSENT

que	j'	envo**ie**
que	tu	envo**ies**
qu'	elle	envo**ie**
qu'	il	envo**ie**
que	nous	env**oyions**
que	vous	env**oyiez**
qu'	elles	envo**ient**
qu'	ils	envo**ient**

PASSÉ

que	j'	aie	envoyé
que	tu	aies	envoyé
qu'	elle	ait	envoyé
qu'	il	ait	envoyé
que	nous	ayons	envoyé
que	vous	ayez	envoyé
qu'	elles	aient	envoyé
qu'	ils	aient	envoyé

IMPARFAIT

que	j'	env**oyasse**
que	tu	env**oyasses**
qu'	elle	env**oyât**
qu'	il	env**oyât**
que	nous	env**oyassions**
que	vous	env**oyassiez**
qu'	elles	env**oyassent**
qu'	ils	env**oyassent**

PLUS-QUE-PARFAIT

que	j'	eusse	envoyé
que	tu	eusses	envoyé
qu'	elle	eût	envoyé
qu'	il	eût	envoyé
que	nous	eussions	envoyé
que	vous	eussiez	envoyé
qu'	elles	eussent	envoyé
qu'	ils	eussent	envoyé

IMPÉRATIF

PRÉSENT

envo**ie**
env**oyons**
env**oyez**

PASSÉ

aie	envoyé
ayons	envoyé
ayez	envoyé

INFINITIF

PRÉSENT

env**oyer**

PASSÉ

avoir envoyé

PARTICIPE

PRÉSENT

env**oyant**

PASSÉ

envoyé, ée
ayant envoyé

CONJUGAISON DU VERBE **ÉTEINDRE**

INDICATIF

PRÉSENT
j'	éteins
tu	éteins
elle	éteint
il	éteint
nous	éteignons
vous	éteignez
elles	éteignent
ils	éteignent

PASSÉ COMPOSÉ
j'	ai	éteint
tu	as	éteint
elle	a	éteint
il	a	éteint
nous	avons	éteint
vous	avez	éteint
elles	ont	éteint
ils	ont	éteint

IMPARFAIT
j'	éteignais
tu	éteignais
elle	éteignait
il	éteignait
nous	éteignions
vous	éteigniez
elles	éteignaient
ils	éteignaient

PLUS-QUE-PARFAIT
j'	avais	éteint
tu	avais	éteint
elle	avait	éteint
il	avait	éteint
nous	avions	éteint
vous	aviez	éteint
elles	avaient	éteint
ils	avaient	éteint

PASSÉ SIMPLE
j'	éteignis
tu	éteignis
elle	éteignit
il	éteignit
nous	éteignîmes
vous	éteignîtes
elles	éteignirent
ils	éteignirent

PASSÉ ANTÉRIEUR
j'	eus	éteint
tu	eus	éteint
elle	eut	éteint
il	eut	éteint
nous	eûmes	éteint
vous	eûtes	éteint
elles	eurent	éteint
ils	eurent	éteint

FUTUR SIMPLE
j'	éteindrai
tu	éteindras
elle	éteindra
il	éteindra
nous	éteindrons
vous	éteindrez
elles	éteindront
ils	éteindront

FUTUR ANTÉRIEUR
j'	aurai	éteint
tu	auras	éteint
elle	aura	éteint
il	aura	éteint
nous	aurons	éteint
vous	aurez	éteint
elles	auront	éteint
ils	auront	éteint

CONDITIONNEL PRÉSENT
j'	éteindrais
tu	éteindrais
elle	éteindrait
il	éteindrait
nous	éteindrions
vous	éteindriez
elles	éteindraient
ils	éteindraient

CONDITIONNEL PASSÉ
j'	aurais	éteint
tu	aurais	éteint
elle	aurait	éteint
il	aurait	éteint
nous	aurions	éteint
vous	auriez	éteint
elles	auraient	éteint
ils	auraient	éteint

SUBJONCTIF

PRÉSENT
que	j'	éteigne
que	tu	éteignes
qu'	elle	éteigne
qu'	il	éteigne
que	nous	éteignions
que	vous	éteigniez
qu'	elles	éteignent
qu'	ils	éteignent

PASSÉ
que	j'	aie	éteint
que	tu	aies	éteint
qu'	elle	ait	éteint
qu'	il	ait	éteint
que	nous	ayons	éteint
que	vous	ayez	éteint
qu'	elles	aient	éteint
qu'	ils	aient	éteint

IMPARFAIT
que	j'	éteignisse
que	tu	éteignisses
qu'	elle	éteignît
qu'	il	éteignît
que	nous	éteignissions
que	vous	éteignissiez
qu'	elles	éteignissent
qu'	ils	éteignissent

PLUS-QUE-PARFAIT
que	j'	eusse	éteint
que	tu	eusses	éteint
qu'	elle	eût	éteint
qu'	il	eût	éteint
que	nous	eussions	éteint
que	vous	eussiez	éteint
qu'	elles	eussent	éteint
qu'	ils	eussent	éteint

IMPÉRATIF

PRÉSENT
éteins
éteignons
éteignez

PASSÉ
aie	éteint
ayons	éteint
ayez	éteint

INFINITIF

PRÉSENT
éteindre

PASSÉ
avoir éteint

PARTICIPE

PRÉSENT
éteignant

PASSÉ
éteint, einte
ayant éteint

CONJUGAISON DU VERBE ÊTRE

INDICATIF

PRÉSENT
je suis
tu es
elle est
il est

nous sommes
vous êtes
elles sont
ils sont

PASSÉ COMPOSÉ
j' ai été
tu as été
elle a été
il a été

nous avons été
vous avez été
elles ont été
ils ont été

IMPARFAIT
j' étais
tu étais
elle était
il était

nous étions
vous étiez
elles étaient
ils étaient

PLUS-QUE-PARFAIT
j' avais été
tu avais été
elle avait été
il avait été

nous avions été
vous aviez été
elles avaient été
ils avaient été

PASSÉ SIMPLE
je fus
tu fus
elle fut
il fut

nous fûmes
vous fûtes
elles furent
ils furent

PASSÉ ANTÉRIEUR
j' eus été
tu eus été
elle eut été
il eut été

nous eûmes été
vous eûtes été
elles eurent été
ils eurent été

FUTUR SIMPLE
je serai
tu seras
elle sera
il sera

nous serons
vous serez
elles seront
ils seront

FUTUR ANTÉRIEUR
j' aurai été
tu auras été
elle aura été
il aura été

nous aurons été
vous aurez été
elles auront été
ils auront été

CONDITIONNEL PRÉSENT
je serais
tu serais
elle serait
il serait

nous serions
vous seriez
elles seraient
ils seraient

CONDITIONNEL PASSÉ
j' aurais été
tu aurais été
elle aurait été
il aurait été

nous aurions été
vous auriez été
elles auraient été
ils auraient été

SUBJONCTIF

PRÉSENT
que je sois
que tu sois
qu' elle soit
qu' il soit

que nous soyons
que vous soyez
qu' elles soient
qu' ils soient

PASSÉ
que j' aie été
que tu aies été
qu' elle ait été
qu' il ait été

que nous ayons été
que vous ayez été
qu' elles aient été
qu' ils aient été

IMPARFAIT
que je fusse
que tu fusses
qu' elle fût
qu' il fût

que nous fussions
que vous fussiez
qu' elles fussent
qu' ils fussent

PLUS-QUE-PARFAIT
que j' eusse été
que tu eusses été
qu' elle eût été
qu' il eût été

que nous eussions été
que vous eussiez été
qu' elles eussent été
qu' ils eussent été

IMPÉRATIF

PRÉSENT
sois
soyons
soyez

PASSÉ
aie été
ayons été
ayez été

INFINITIF

PRÉSENT
être

PASSÉ
avoir été

PARTICIPE

PRÉSENT
étant

PASSÉ
été
ayant été

CONJUGAISON DU VERBE **ÉTUDIER**

INDICATIF

PRÉSENT
j'	étudie
tu	étudies
elle	étudie
il	étudie
nous	étudions
vous	étudiez
elles	étudient
ils	étudient

PASSÉ COMPOSÉ
j'	ai	étudié
tu	as	étudié
elle	a	étudié
il	a	étudié
nous	avons	étudié
vous	avez	étudié
elles	ont	étudié
ils	ont	étudié

IMPARFAIT
j'	étudiais
tu	étudiais
elle	étudiait
il	étudiait
nous	étudiions
vous	étudiiez
elles	étudiaient
ils	étudiaient

PLUS-QUE-PARFAIT
j'	avais	étudié
tu	avais	étudié
elle	avait	étudié
il	avait	étudié
nous	avions	étudié
vous	aviez	étudié
elles	avaient	étudié
ils	avaient	étudié

PASSÉ SIMPLE
j'	étudiai
tu	étudias
elle	étudia
il	étudia
nous	étudiâmes
vous	étudiâtes
elles	étudièrent
ils	étudièrent

PASSÉ ANTÉRIEUR
j'	eus	étudié
tu	eus	étudié
elle	eut	étudié
il	eut	étudié
nous	eûmes	étudié
vous	eûtes	étudié
elles	eurent	étudié
ils	eurent	étudié

FUTUR SIMPLE
j'	étudierai
tu	étudieras
elle	étudiera
il	étudiera
nous	étudierons
vous	étudierez
elles	étudieront
ils	étudieront

FUTUR ANTÉRIEUR
j'	aurai	étudié
tu	auras	étudié
elle	aura	étudié
il	aura	étudié
nous	aurons	étudié
vous	aurez	étudié
elles	auront	étudié
ils	auront	étudié

CONDITIONNEL PRÉSENT
j'	étudierais
tu	étudierais
elle	étudierait
il	étudierait
nous	étudierions
vous	étudieriez
elles	étudieraient
ils	étudieraient

CONDITIONNEL PASSÉ
j'	aurais	étudié
tu	aurais	étudié
elle	aurait	étudié
il	aurait	étudié
nous	aurions	étudié
vous	auriez	étudié
elles	auraient	étudié
ils	auraient	étudié

SUBJONCTIF

PRÉSENT
que	j'	étudie
que	tu	étudies
qu'	elle	étudie
qu'	il	étudie
que	nous	étudiions
que	vous	étudiiez
qu'	elles	étudient
qu'	ils	étudient

PASSÉ
que	j'	aie	étudié
que	tu	aies	étudié
qu'	elle	ait	étudié
qu'	il	ait	étudié
que	nous	ayons	étudié
que	vous	ayez	étudié
qu'	elles	aient	étudié
qu'	ils	aient	étudié

IMPARFAIT
que	j'	étudiasse
que	tu	étudiasses
qu'	elle	étudiât
qu'	il	étudiât
que	nous	étudiassions
que	vous	étudiassiez
qu'	elles	étudiassent
qu'	ils	étudiassent

PLUS-QUE-PARFAIT
que	j'	eusse	étudié
que	tu	eusses	étudié
qu'	elle	eût	étudié
qu'	il	eût	étudié
que	nous	eussions	étudié
que	vous	eussiez	étudié
qu'	elles	eussent	étudié
qu'	ils	eussent	étudié

IMPÉRATIF

PRÉSENT
étudie
étudions
étudiez

PASSÉ
aie	étudié
ayons	étudié
ayez	étudié

INFINITIF

PRÉSENT
étudier

PASSÉ
avoir étudié

PARTICIPE

PRÉSENT
étudiant

PASSÉ
étudié, ée
ayant étudié

CONJUGAISON DU VERBE **FAILLIR**

INDICATIF

PRÉSENT
je	faux
tu	faux
elle	faut
il	faut
nous	faillons
vous	faillez
elles	faillent
ils	faillent

PASSÉ COMPOSÉ
j'	ai	failli
tu	as	failli
elle	a	failli
il	a	failli
nous	avons	failli
vous	avez	failli
elles	ont	failli
ils	ont	failli

IMPARFAIT
je	faillais
tu	faillais
elle	faillait
il	faillait
nous	faillions
vous	failliez
elles	faillaient
ils	faillaient

PLUS-QUE-PARFAIT
j'	avais	failli
tu	avais	failli
elle	avait	failli
il	avait	failli
nous	avions	failli
vous	aviez	failli
elles	avaient	failli
ils	avaient	failli

PASSÉ SIMPLE
je	faillis
tu	faillis
elle	faillit
il	faillit
nous	faillîmes
vous	faillîtes
elles	faillirent
ils	faillirent

PASSÉ ANTÉRIEUR
j'	eus	failli
tu	eus	failli
elle	eut	failli
il	eut	failli
nous	eûmes	failli
vous	eûtes	failli
elles	eurent	failli
ils	eurent	failli

FUTUR SIMPLE
je	faillirai
tu	failliras
elle	faillira
il	faillira
nous	faillirons
vous	faillirez
elles	failliront
ils	failliront

FUTUR ANTÉRIEUR
j'	aurai	failli
tu	auras	failli
elle	aura	failli
il	aura	failli
nous	aurons	failli
vous	aurez	failli
elles	auront	failli
ils	auront	failli

CONDITIONNEL PRÉSENT
je	faillirais
tu	faillirais
elle	faillirait
il	faillirait
nous	faillirions
vous	failliriez
elles	failliraient
ils	failliraient

CONDITIONNEL PASSÉ
j'	aurais	failli
tu	aurais	failli
elle	aurait	failli
il	aurait	failli
nous	aurions	failli
vous	auriez	failli
elles	auraient	failli
ils	auraient	failli

SUBJONCTIF

PRÉSENT
que	je	faille
que	tu	failles
qu'	elle	faille
qu'	il	faille
que	nous	faillions
que	vous	failliez
qu'	elles	faillent
qu'	ils	faillent

PASSÉ
que	j'	aie	failli
que	tu	aies	failli
qu'	elle	ait	failli
qu'	il	ait	failli
que	nous	ayons	failli
que	vous	ayez	failli
qu'	elles	aient	failli
qu'	ils	aient	failli

IMPARFAIT
que	je	faillisse
que	tu	faillisses
qu'	elle	faillît
qu'	il	faillît
que	nous	faillissions
que	vous	faillissiez
qu'	elles	faillissent
qu'	ils	faillissent

PLUS-QUE-PARFAIT
que	j'	eusse	failli
que	tu	eusses	failli
qu'	elle	eût	failli
qu'	il	eût	failli
que	nous	eussions	failli
que	vous	eussiez	failli
qu'	elles	eussent	failli
qu'	ils	eussent	failli

IMPÉRATIF

PRÉSENT
(n'existe pas)

PASSÉ
(n'existe pas)

INFINITIF

PRÉSENT
faillir

PASSÉ
avoir failli

PARTICIPE

PRÉSENT
faillant

PASSÉ
failli
ayant failli

CONJUGAISON DU VERBE **FAIRE**

INDICATIF

PRÉSENT
je	fais
tu	fais
elle	fait
il	fait
nous	faisons
vous	faites
elles	font
ils	font

PASSÉ COMPOSÉ
j'	ai	fait
tu	as	fait
elle	a	fait
il	a	fait
nous	avons	fait
vous	avez	fait
elles	ont	fait
ils	ont	fait

IMPARFAIT
je	faisais
tu	faisais
elle	faisait
il	faisait
nous	faisions
vous	faisiez
elles	faisaient
ils	faisaient

PLUS-QUE-PARFAIT
j'	avais	fait
tu	avais	fait
elle	avait	fait
il	avait	fait
nous	avions	fait
vous	aviez	fait
elles	avaient	fait
ils	avaient	fait

PASSÉ SIMPLE
je	fis
tu	fis
elle	fit
il	fit
nous	fîmes
vous	fîtes
elles	firent
ils	firent

PASSÉ ANTÉRIEUR
j'	eus	fait
tu	eus	fait
elle	eut	fait
il	eut	fait
nous	eûmes	fait
vous	eûtes	fait
elles	eurent	fait
ils	eurent	fait

FUTUR SIMPLE
je	ferai
tu	feras
elle	fera
il	fera
nous	ferons
vous	ferez
elles	feront
ils	feront

FUTUR ANTÉRIEUR
j'	aurai	fait
tu	auras	fait
elle	aura	fait
il	aura	fait
nous	aurons	fait
vous	aurez	fait
elles	auront	fait
ils	auront	fait

CONDITIONNEL PRÉSENT
je	ferais
tu	ferais
elle	ferait
il	ferait
nous	ferions
vous	feriez
elles	feraient
ils	feraient

CONDITIONNEL PASSÉ
j'	aurais	fait
tu	aurais	fait
elle	aurait	fait
il	aurait	fait
nous	aurions	fait
vous	auriez	fait
elles	auraient	fait
ils	auraient	fait

SUBJONCTIF

PRÉSENT
que	je	fasse
que	tu	fasses
qu'	elle	fasse
qu'	il	fasse
que	nous	fassions
que	vous	fassiez
qu'	elles	fassent
qu'	ils	fassent

PASSÉ
que	j'	aie	fait
que	tu	aies	fait
qu'	elle	ait	fait
qu'	il	ait	fait
que	nous	ayons	fait
que	vous	ayez	fait
qu'	elles	aient	fait
qu'	ils	aient	fait

IMPARFAIT
que	je	fisse
que	tu	fisses
qu'	elle	fît
qu'	il	fît
que	nous	fissions
que	vous	fissiez
qu'	elles	fissent
qu'	ils	fissent

PLUS-QUE-PARFAIT
que	j'	eusse	fait
que	tu	eusses	fait
qu'	elle	eût	fait
qu'	il	eût	fait
que	nous	eussions	fait
que	vous	eussiez	fait
qu'	elles	eussent	fait
qu'	ils	eussent	fait

IMPÉRATIF

PRÉSENT
| fais |
| faisons |
| faites |

PASSÉ
aie	fait
ayons	fait
ayez	fait

INFINITIF

PRÉSENT
faire

PASSÉ
avoir fait

PARTICIPE

PRÉSENT
faisant

PASSÉ
fait, faite
ayant fait

CONJUGAISON DU VERBE **FALLOIR**

INDICATIF				

PRÉSENT		PASSÉ COMPOSÉ		
il	faut	il	a	fallu

IMPARFAIT		PLUS-QUE-PARFAIT		
il	fallait	il	avait	fallu

PASSÉ SIMPLE		PASSÉ ANTÉRIEUR		
il	fallut	il	eut	fallu

FUTUR SIMPLE		FUTUR ANTÉRIEUR		
il	faudra	il	aura	fallu

CONDITIONNEL PRÉSENT		CONDITIONNEL PASSÉ		
il	faudrait	il	aurait	fallu

SUBJONCTIF				

PRÉSENT			PASSÉ		
qu'	il	faille	qu'	il	ait	fallu

IMPARFAIT			PLUS-QUE-PARFAIT		
qu'	il	fallût	qu'	il	eût	fallu

IMPÉRATIF	

PRÉSENT	PASSÉ
(*n'existe pas*)	(*n'existe pas*)

INFINITIF	

PRÉSENT	PASSÉ
falloir	(*n'existe pas*)

PARTICIPE	

PRÉSENT	PASSÉ
(*n'existe pas*)	fallu

224

CONJUGAISON DU VERBE **FENDRE**

INDICATIF

PRÉSENT
je	fend**s**
tu	fend**s**
elle	fend
il	fend
nous	fend**ons**
vous	fend**ez**
elles	fend**ent**
ils	fend**ent**

PASSÉ COMPOSÉ
j'	ai	fendu
tu	as	fendu
elle	a	fendu
il	a	fendu
nous	avons	fendu
vous	avez	fendu
elles	ont	fendu
ils	ont	fendu

IMPARFAIT
je	fend**ais**
tu	fend**ais**
elle	fend**ait**
il	fend**ait**
nous	fend**ions**
vous	fend**iez**
elles	fend**aient**
ils	fend**aient**

PLUS-QUE-PARFAIT
j'	avais	fendu
tu	avais	fendu
elle	avait	fendu
il	avait	fendu
nous	avions	fendu
vous	aviez	fendu
elles	avaient	fendu
ils	avaient	fendu

PASSÉ SIMPLE
je	fend**is**
tu	fend**is**
elle	fend**it**
il	fend**it**
nous	fend**îmes**
vous	fend**îtes**
elles	fend**irent**
ils	fend**irent**

PASSÉ ANTÉRIEUR
j'	eus	fendu
tu	eus	fendu
elle	eut	fendu
il	eut	fendu
nous	eûmes	fendu
vous	eûtes	fendu
elles	eurent	fendu
ils	eurent	fendu

FUTUR SIMPLE
je	fend**rai**
tu	fend**ras**
elle	fend**ra**
il	fend**ra**
nous	fend**rons**
vous	fend**rez**
elles	fend**ront**
ils	fend**ront**

FUTUR ANTÉRIEUR
j'	aurai	fendu
tu	auras	fendu
elle	aura	fendu
il	aura	fendu
nous	aurons	fendu
vous	aurez	fendu
elles	auront	fendu
ils	auront	fendu

CONDITIONNEL PRÉSENT
je	fend**rais**
tu	fend**rais**
elle	fend**rait**
il	fend**rait**
nous	fend**rions**
vous	fend**riez**
elles	fend**raient**
ils	fend**raient**

CONDITIONNEL PASSÉ
j'	aurais	fendu
tu	aurais	fendu
elle	aurait	fendu
il	aurait	fendu
nous	aurions	fendu
vous	auriez	fendu
elles	auraient	fendu
ils	auraient	fendu

SUBJONCTIF

PRÉSENT
que	je	fend**e**
que	tu	fend**es**
qu'	elle	fend**e**
qu'	il	fend**e**
que	nous	fend**ions**
que	vous	fend**iez**
qu'	elles	fend**ent**
qu'	ils	fend**ent**

PASSÉ
que	j'	aie	fendu
que	tu	aies	fendu
qu'	elle	ait	fendu
qu'	il	ait	fendu
que	nous	ayons	fendu
que	vous	ayez	fendu
qu'	elles	aient	fendu
qu'	ils	aient	fendu

IMPARFAIT
que	je	fend**isse**
que	tu	fend**isses**
qu'	elle	fend**ît**
qu'	il	fend**ît**
que	nous	fend**issions**
que	vous	fend**issiez**
qu'	elles	fend**issent**
qu'	ils	fend**issent**

PLUS-QUE-PARFAIT
que	j'	eusse	fendu
que	tu	eusses	fendu
qu'	elle	eût	fendu
qu'	il	eût	fendu
que	nous	eussions	fendu
que	vous	eussiez	fendu
qu'	elles	eussent	fendu
qu'	ils	eussent	fendu

IMPÉRATIF

PRÉSENT
fend**s**
fend**ons**
fend**ez**

PASSÉ
aie	fendu
ayons	fendu
ayez	fendu

INFINITIF

PRÉSENT
fend**re**

PASSÉ
avoir fendu

PARTICIPE

PRÉSENT
fend**ant**

PASSÉ
fendu, ue
ayant fendu

CONJUGAISON DU VERBE **FINIR**

INDICATIF

PRÉSENT
je	fin**is**
tu	fin**is**
elle	fin**it**
il	fin**it**
nous	fin**issons**
vous	fin**issez**
elles	fin**issent**
ils	fin**issent**

PASSÉ COMPOSÉ
j'	ai	fini
tu	as	fini
elle	a	fini
il	a	fini
nous	avons	fini
vous	avez	fini
elles	ont	fini
ils	ont	fini

IMPARFAIT
je	fin**issais**
tu	fin**issais**
elle	fin**issait**
il	fin**issait**
nous	fin**issions**
vous	fin**issiez**
elles	fin**issaient**
ils	fin**issaient**

PLUS-QUE-PARFAIT
j'	avais	fini
tu	avais	fini
elle	avait	fini
il	avait	fini
nous	avions	fini
vous	aviez	fini
elles	avaient	fini
ils	avaient	fini

PASSÉ SIMPLE
je	fin**is**
tu	fin**is**
elle	fin**it**
il	fin**it**
nous	fin**îmes**
vous	fin**îtes**
elles	fin**irent**
ils	fin**irent**

PASSÉ ANTÉRIEUR
j'	eus	fini
tu	eus	fini
elle	eut	fini
il	eut	fini
nous	eûmes	fini
vous	eûtes	fini
elles	eurent	fini
ils	eurent	fini

FUTUR SIMPLE
je	fin**irai**
tu	fin**iras**
elle	fin**ira**
il	fin**ira**
nous	fin**irons**
vous	fin**irez**
elles	fin**iront**
ils	fin**iront**

FUTUR ANTÉRIEUR
j'	aurai	fini
tu	auras	fini
elle	aura	fini
il	aura	fini
nous	aurons	fini
vous	aurez	fini
elles	auront	fini
ils	auront	fini

CONDITIONNEL PRÉSENT
je	fin**irais**
tu	fin**irais**
elle	fin**irait**
il	fin**irait**
nous	fin**irions**
vous	fin**iriez**
elles	fin**iraient**
ils	fin**iraient**

CONDITIONNEL PASSÉ
j'	aurais	fini
tu	aurais	fini
elle	aurait	fini
il	aurait	fini
nous	aurions	fini
vous	auriez	fini
elles	auraient	fini
ils	auraient	fini

SUBJONCTIF

PRÉSENT
que	je	fin**isse**
que	tu	fin**isses**
qu'	elle	fin**isse**
qu'	il	fin**isse**
que	nous	fin**issions**
que	vous	fin**issiez**
qu'	elles	fin**issent**
qu'	ils	fin**issent**

PASSÉ
que	j'	aie	fini
que	tu	aies	fini
qu'	elle	ait	fini
qu'	il	ait	fini
que	nous	ayons	fini
que	vous	ayez	fini
qu'	elles	aient	fini
qu'	ils	aient	fini

IMPARFAIT
que	je	fin**isse**
que	tu	fin**isses**
qu'	elle	fin**ît**
qu'	il	fin**ît**
que	nous	fin**issions**
que	vous	fin**issiez**
qu'	elles	fin**issent**
qu'	ils	fin**issent**

PLUS-QUE-PARFAIT
que	j'	eusse	fini
que	tu	eusses	fini
qu'	elle	eût	fini
qu'	il	eût	fini
que	nous	eussions	fini
que	vous	eussiez	fini
qu'	elles	eussent	fini
qu'	ils	eussent	fini

IMPÉRATIF

PRÉSENT
fin**is**
fin**issons**
fin**issez**

PASSÉ
aie	fini
ayons	fini
ayez	fini

INFINITIF

PRÉSENT
fin**ir**

PASSÉ
avoir fini

PARTICIPE

PRÉSENT
fin**issant**

PASSÉ
fini, ie
ayant fini

CONJUGAISON DU VERBE **FUIR**

INDICATIF

PRÉSENT

je	fuis
tu	fuis
elle	fuit
il	fuit
nous	fuyons
vous	fuyez
elles	fuient
ils	fuient

PASSÉ COMPOSÉ

j'	ai	fui
tu	as	fui
elle	a	fui
il	a	fui
nous	avons	fui
vous	avez	fui
elles	ont	fui
ils	ont	fui

IMPARFAIT

je	fuyais
tu	fuyais
elle	fuyait
il	fuyait
nous	fuyions
vous	fuyiez
elles	fuyaient
ils	fuyaient

PLUS-QUE-PARFAIT

j'	avais	fui
tu	avais	fui
elle	avait	fui
il	avait	fui
nous	avions	fui
vous	aviez	fui
elles	avaient	fui
ils	avaient	fui

PASSÉ SIMPLE

je	fuis
tu	fuis
elle	fuit
il	fuit
nous	fuîmes
vous	fuîtes
elles	fuirent
ils	fuirent

PASSÉ ANTÉRIEUR

j'	eus	fui
tu	eus	fui
elle	eut	fui
il	eut	fui
nous	eûmes	fui
vous	eûtes	fui
elles	eurent	fui
ils	eurent	fui

FUTUR SIMPLE

je	fuirai
tu	fuiras
elle	fuira
il	fuira
nous	fuirons
vous	fuirez
elles	fuiront
ils	fuiront

FUTUR ANTÉRIEUR

j'	aurai	fui
tu	auras	fui
elle	aura	fui
il	aura	fui
nous	aurons	fui
vous	aurez	fui
elles	auront	fui
ils	auront	fui

CONDITIONNEL PRÉSENT

je	fuirais
tu	fuirais
elle	fuirait
il	fuirait
nous	fuirions
vous	fuiriez
elles	fuiraient
ils	fuiraient

CONDITIONNEL PASSÉ

j'	aurais	fui
tu	aurais	fui
elle	aurait	fui
il	aurait	fui
nous	aurions	fui
vous	auriez	fui
elles	auraient	fui
ils	auraient	fui

SUBJONCTIF

PRÉSENT

que	je	fuie
que	tu	fuies
qu'	elle	fuie
qu'	il	fuie
que	nous	fuyions
que	vous	fuyiez
qu'	elles	fuient
qu'	ils	fuient

PASSÉ

que	j'	aie	fui
que	tu	aies	fui
qu'	elle	ait	fui
qu'	il	ait	fui
que	nous	ayons	fui
que	vous	ayez	fui
qu'	elles	aient	fui
qu'	ils	aient	fui

IMPARFAIT

que	je	fuisse
que	tu	fuisses
qu'	elle	fuît
qu'	il	fuît
que	nous	fuissions
que	vous	fuissiez
qu'	elles	fuissent
qu'	ils	fuissent

PLUS-QUE-PARFAIT

que	j'	eusse	fui
que	tu	eusses	fui
qu'	elle	eût	fui
qu'	il	eût	fui
que	nous	eussions	fui
que	vous	eussiez	fui
qu'	elles	eussent	fui
qu'	ils	eussent	fui

IMPÉRATIF

PRÉSENT

fuis
fuyons
fuyez

PASSÉ

aie	fui
ayons	fui
ayez	fui

INFINITIF

PRÉSENT

fuir

PASSÉ

avoir fui

PARTICIPE

PRÉSENT

fuyant

PASSÉ

fui, ie
ayant fui

CONJUGAISON DU VERBE **HAÏR**

INDICATIF

PRÉSENT
je	hais
tu	hais
elle	hait
il	hait
nous	haïssons
vous	haïssez
elles	haïssent
ils	haïssent

PASSÉ COMPOSÉ
j'	ai	haï
tu	as	haï
elle	a	haï
il	a	haï
nous	avons	haï
vous	avez	haï
elles	ont	haï
ils	ont	haï

IMPARFAIT
je	haïssais
tu	haïssais
elle	haïssait
il	haïssait
nous	haïssions
vous	haïssiez
elles	haïssaient
ils	haïssaient

PLUS-QUE-PARFAIT
j'	avais	haï
tu	avais	haï
elle	avait	haï
il	avait	haï
nous	avions	haï
vous	aviez	haï
elles	avaient	haï
ils	avaient	haï

PASSÉ SIMPLE
je	haïs
tu	haïs
elle	haït
il	haït
nous	haïmes
vous	haïtes
elles	haïrent
ils	haïrent

PASSÉ ANTÉRIEUR
j'	eus	haï
tu	eus	haï
elle	eut	haï
il	eut	haï
nous	eûmes	haï
vous	eûtes	haï
elles	eurent	haï
ils	eurent	haï

FUTUR SIMPLE
je	haïrai
tu	haïras
elle	haïra
il	haïra
nous	haïrons
vous	haïrez
elles	haïront
ils	haïront

FUTUR ANTÉRIEUR
j'	aurai	haï
tu	auras	haï
elle	aura	haï
il	aura	haï
nous	aurons	haï
vous	aurez	haï
elles	auront	haï
ils	auront	haï

CONDITIONNEL PRÉSENT
je	haïrais
tu	haïrais
elle	haïrait
il	haïrait
nous	haïrions
vous	haïriez
elles	haïraient
ils	haïraient

CONDITIONNEL PASSÉ
j'	aurais	haï
tu	aurais	haï
elle	aurait	haï
il	aurait	haï
nous	aurions	haï
vous	auriez	haï
elles	auraient	haï
ils	auraient	haï

SUBJONCTIF

PRÉSENT
que	je	haïsse
que	tu	haïsses
qu'	elle	haïsse
qu'	il	haïsse
que	nous	haïssions
que	vous	haïssiez
qu'	elles	haïssent
qu'	ils	haïssent

PASSÉ
que	j'	aie	haï
que	tu	aies	haï
qu'	elle	ait	haï
qu'	il	ait	haï
que	nous	ayons	haï
que	vous	ayez	haï
qu'	elles	aient	haï
qu'	ils	aient	haï

IMPARFAIT
que	je	haïsse
que	tu	haïsses
qu'	elle	haït
qu'	il	haït
que	nous	haïssions
que	vous	haïssiez
qu'	elles	haïssent
qu'	ils	haïssent

PLUS-QUE-PARFAIT
que	j'	eusse	haï
que	tu	eusses	haï
qu'	elle	eût	haï
qu'	il	eût	haï
que	nous	eussions	haï
que	vous	eussiez	haï
qu'	elles	eussent	haï
qu'	ils	eussent	haï

IMPÉRATIF

PRÉSENT
hais
haïssons
haïssez

PASSÉ
aie	haï
ayons	haï
ayez	haï

INFINITIF

PRÉSENT
haïr

PASSÉ
avoir haï

PARTICIPE

PRÉSENT
haïssant

PASSÉ
haï, ïe
ayant haï

CONJUGAISON DU VERBE **INCLURE**

INDICATIF

PRÉSENT
j'	inclus
tu	inclus
elle	inclut
il	inclut
nous	incluons
vous	incluez
elles	incluent
ils	incluent

PASSÉ COMPOSÉ
j'	ai	inclus
tu	as	inclus
elle	a	inclus
il	a	inclus
nous	avons	inclus
vous	avez	inclus
elles	ont	inclus
ils	ont	inclus

IMPARFAIT
j'	incluais
tu	incluais
elle	incluait
il	incluait
nous	incluions
vous	incluiez
elles	incluaient
ils	incluaient

PLUS-QUE-PARFAIT
j'	avais	inclus
tu	avais	inclus
elle	avait	inclus
il	avait	inclus
nous	avions	inclus
vous	aviez	inclus
elles	avaient	inclus
ils	avaient	inclus

PASSÉ SIMPLE
j'	inclus
tu	inclus
elle	inclut
il	inclut
nous	inclûmes
vous	inclûtes
elles	inclurent
ils	inclurent

PASSÉ ANTÉRIEUR
j'	eus	inclus
tu	eus	inclus
elle	eut	inclus
il	eut	inclus
nous	eûmes	inclus
vous	eûtes	inclus
elles	eurent	inclus
ils	eurent	inclus

FUTUR SIMPLE
j'	inclurai
tu	incluras
elle	inclura
il	inclura
nous	inclurons
vous	inclurez
elles	incluront
ils	incluront

FUTUR ANTÉRIEUR
j'	aurai	inclus
tu	auras	inclus
elle	aura	inclus
il	aura	inclus
nous	aurons	inclus
vous	aurez	inclus
elles	auront	inclus
ils	auront	inclus

CONDITIONNEL PRÉSENT
j'	inclurais
tu	inclurais
elle	inclurait
il	inclurait
nous	inclurions
vous	incluriez
elles	incluraient
ils	incluraient

CONDITIONNEL PASSÉ
j'	aurais	inclus
tu	aurais	inclus
elle	aurait	inclus
il	aurait	inclus
nous	aurions	inclus
vous	auriez	inclus
elles	auraient	inclus
ils	auraient	inclus

SUBJONCTIF

PRÉSENT
que	j'	inclue
que	tu	inclues
qu'	elle	inclue
qu'	il	inclue
que	nous	incluions
que	vous	incluiez
qu'	elles	incluent
qu'	ils	incluent

PASSÉ
que	j'	aie	inclus
que	tu	aies	inclus
qu'	elle	ait	inclus
qu'	il	ait	inclus
que	nous	ayons	inclus
que	vous	ayez	inclus
qu'	elles	aient	inclus
qu'	ils	aient	inclus

IMPARFAIT
que	j'	inclusse
que	tu	inclusses
qu'	elle	inclût
qu'	il	inclût
que	nous	inclussions
que	vous	inclussiez
qu'	elles	inclussent
qu'	ils	inclussent

PLUS-QUE-PARFAIT
que	j'	eusse	inclus
que	tu	eusses	inclus
qu'	elle	eût	inclus
qu'	il	eût	inclus
que	nous	eussions	inclus
que	vous	eussiez	inclus
qu'	elles	eussent	inclus
qu'	ils	eussent	inclus

IMPÉRATIF

PRÉSENT
inclus
incluons
incluez

PASSÉ
aie	inclus
ayons	inclus
ayez	inclus

INFINITIF

PRÉSENT
inclure

PASSÉ
avoir inclus

PARTICIPE

PRÉSENT
incluant

PASSÉ
inclus, se
ayant inclus

CONJUGAISON DU VERBE **JOINDRE**

INDICATIF

PRÉSENT

je	joins
tu	joins
elle	joint
il	joint
nous	joignons
vous	joignez
elles	joignent
ils	joignent

PASSÉ COMPOSÉ

j'	ai	joint
tu	as	joint
elle	a	joint
il	a	joint
nous	avons	joint
vous	avez	joint
elles	ont	joint
ils	ont	joint

IMPARFAIT

je	joignais
tu	joignais
elle	joignait
il	joignait
nous	joignions
vous	joigniez
elles	joignaient
ils	joignaient

PLUS-QUE-PARFAIT

j'	avais	joint
tu	avais	joint
elle	avait	joint
il	avait	joint
nous	avions	joint
vous	aviez	joint
elles	avaient	joint
ils	avaient	joint

PASSÉ SIMPLE

je	joignis
tu	joignis
elle	joignit
il	joignit
nous	joignîmes
vous	joignîtes
elles	joignirent
ils	joignirent

PASSÉ ANTÉRIEUR

j'	eus	joint
tu	eus	joint
elle	eut	joint
il	eut	joint
nous	eûmes	joint
vous	eûtes	joint
elles	eurent	joint
ils	eurent	joint

FUTUR SIMPLE

je	joindrai
tu	joindras
elle	joindra
il	joindra
nous	joindrons
vous	joindrez
elles	joindront
ils	joindront

FUTUR ANTÉRIEUR

j'	aurai	joint
tu	auras	joint
elle	aura	joint
il	aura	joint
nous	aurons	joint
vous	aurez	joint
elles	auront	joint
ils	auront	joint

CONDITIONNEL PRÉSENT

je	joindrais
tu	joindrais
elle	joindrait
il	joindrait
nous	joindrions
vous	joindriez
elles	joindraient
ils	joindraient

CONDITIONNEL PASSÉ

j'	aurais	joint
tu	aurais	joint
elle	aurait	joint
il	aurait	joint
nous	aurions	joint
vous	auriez	joint
elles	auraient	joint
ils	auraient	joint

SUBJONCTIF

PRÉSENT

que	je	joigne
que	tu	joignes
qu'	elle	joigne
qu'	il	joigne
que	nous	joignions
que	vous	joigniez
qu'	elles	joignent
qu'	ils	joignent

PASSÉ

que	j'	aie	joint
que	tu	aies	joint
qu'	elle	ait	joint
qu'	il	ait	joint
que	nous	ayons	joint
que	vous	ayez	joint
qu'	elles	aient	joint
qu'	ils	aient	joint

IMPARFAIT

que	je	joignisse
que	tu	joignisses
qu'	elle	joignît
qu'	il	joignît
que	nous	joignissions
que	vous	joignissiez
qu'	elles	joignissent
qu'	ils	joignissent

PLUS-QUE-PARFAIT

que	j'	eusse	joint
que	tu	eusses	joint
qu'	elle	eût	joint
qu'	il	eût	joint
que	nous	eussions	joint
que	vous	eussiez	joint
qu'	elles	eussent	joint
qu'	ils	eussent	joint

IMPÉRATIF

PRÉSENT

| joins |
| joignons |
| joignez |

PASSÉ

aie	joint
ayons	joint
ayez	joint

INFINITIF

PRÉSENT

joindre

PASSÉ

avoir joint

PARTICIPE

PRÉSENT

joignant

PASSÉ

joint, e
ayant joint

CONJUGAISON DU VERBE **LEVER**

INDICATIF

PRÉSENT
je	lève
tu	lèves
elle	lève
il	lève
nous	levons
vous	levez
elles	lèvent
ils	lèvent

PASSÉ COMPOSÉ
j'	ai	levé
tu	as	levé
elle	a	levé
il	a	levé
nous	avons	levé
vous	avez	levé
elles	ont	levé
ils	ont	levé

IMPARFAIT
je	levais
tu	levais
elle	levait
il	levait
nous	levions
vous	leviez
elles	levaient
ils	levaient

PLUS-QUE-PARFAIT
j'	avais	levé
tu	avais	levé
elle	avait	levé
il	avait	levé
nous	avions	levé
vous	aviez	levé
elles	avaient	levé
ils	avaient	levé

PASSÉ SIMPLE
je	levai
tu	levas
elle	leva
il	leva
nous	levâmes
vous	levâtes
elles	levèrent
ils	levèrent

PASSÉ ANTÉRIEUR
j'	eus	levé
tu	eus	levé
elle	eut	levé
il	eut	levé
nous	eûmes	levé
vous	eûtes	levé
elles	eurent	levé
ils	eurent	levé

FUTUR SIMPLE
je	lèverai
tu	lèveras
elle	lèvera
il	lèvera
nous	lèverons
vous	lèverez
elles	lèveront
ils	lèveront

FUTUR ANTÉRIEUR
j'	aurai	levé
tu	auras	levé
elle	aura	levé
il	aura	levé
nous	aurons	levé
vous	aurez	levé
elles	auront	levé
ils	auront	levé

CONDITIONNEL PRÉSENT
je	lèverais
tu	lèverais
elle	lèverait
il	lèverait
nous	lèverions
vous	lèveriez
elles	lèveraient
ils	lèveraient

CONDITIONNEL PASSÉ
j'	aurais	levé
tu	aurais	levé
elle	aurait	levé
il	aurait	levé
nous	aurions	levé
vous	auriez	levé
elles	auraient	levé
ils	auraient	levé

SUBJONCTIF

PRÉSENT
que	je	lève
que	tu	lèves
qu'	elle	lève
qu'	il	lève
que	nous	levions
que	vous	leviez
qu'	elles	lèvent
qu'	ils	lèvent

PASSÉ
que	j'	aie	levé
que	tu	aies	levé
qu'	elle	ait	levé
qu'	il	ait	levé
que	nous	ayons	levé
que	vous	ayez	levé
qu'	elles	aient	levé
qu'	ils	aient	levé

IMPARFAIT
que	je	levasse
que	tu	levasses
qu'	elle	levât
qu'	il	levât
que	nous	levassions
que	vous	levassiez
qu'	elles	levassent
qu'	ils	levassent

PLUS-QUE-PARFAIT
que	j'	eusse	levé
que	tu	eusses	levé
qu'	elle	eût	levé
qu'	il	eût	levé
que	nous	eussions	levé
que	vous	eussiez	levé
qu'	elles	eussent	levé
qu'	ils	eussent	levé

IMPÉRATIF

PRÉSENT
lève
levons
levez

PASSÉ
aie	levé
ayons	levé
ayez	levé

INFINITIF

PRÉSENT
lever

PASSÉ
avoir levé

PARTICIPE

PRÉSENT
levant

PASSÉ
levé, ée
ayant levé

CONJUGAISON DU VERBE **LIRE**

INDICATIF

PRÉSENT
je	lis
tu	lis
elle	lit
il	lit
nous	lisons
vous	lisez
elles	lisent
ils	lisent

PASSÉ COMPOSÉ
j'	ai	lu
tu	as	lu
elle	a	lu
il	a	lu
nous	avons	lu
vous	avez	lu
elles	ont	lu
ils	ont	lu

IMPARFAIT
je	lisais
tu	lisais
elle	lisait
il	lisait
nous	lisions
vous	lisiez
elles	lisaient
ils	lisaient

PLUS-QUE-PARFAIT
j'	avais	lu
tu	avais	lu
elle	avait	lu
il	avait	lu
nous	avions	lu
vous	aviez	lu
elles	avaient	lu
ils	avaient	lu

PASSÉ SIMPLE
je	lus
tu	lus
elle	lut
il	lut
nous	lûmes
vous	lûtes
elles	lurent
ils	lurent

PASSÉ ANTÉRIEUR
j'	eus	lu
tu	eus	lu
elle	eut	lu
il	eut	lu
nous	eûmes	lu
vous	eûtes	lu
elles	eurent	lu
ils	eurent	lu

FUTUR SIMPLE
je	lirai
tu	liras
elle	lira
il	lira
nous	lirons
vous	lirez
elles	liront
ils	liront

FUTUR ANTÉRIEUR
j'	aurai	lu
tu	auras	lu
elle	aura	lu
il	aura	lu
nous	aurons	lu
vous	aurez	lu
elles	auront	lu
ils	auront	lu

CONDITIONNEL PRÉSENT
je	lirais
tu	lirais
elle	lirait
il	lirait
nous	lirions
vous	liriez
elles	liraient
ils	liraient

CONDITIONNEL PASSÉ
j'	aurais	lu
tu	aurais	lu
elle	aurait	lu
il	aurait	lu
nous	aurions	lu
vous	auriez	lu
elles	auraient	lu
ils	auraient	lu

SUBJONCTIF

PRÉSENT
que	je	lise
que	tu	lises
qu'	elle	lise
qu'	il	lise
que	nous	lisions
que	vous	lisiez
qu'	elles	lisent
qu'	ils	lisent

PASSÉ
que	j'	aie	lu
que	tu	aies	lu
qu'	elle	ait	lu
qu'	il	ait	lu
que	nous	ayons	lu
que	vous	ayez	lu
qu'	elles	aient	lu
qu'	ils	aient	lu

IMPARFAIT
que	je	lusse
que	tu	lusses
qu'	elle	lût
qu'	il	lût
que	nous	lussions
que	vous	lussiez
qu'	elles	lussent
qu'	ils	lussent

PLUS-QUE-PARFAIT
que	j'	eusse	lu
que	tu	eusses	lu
qu'	elle	eût	lu
qu'	il	eût	lu
que	nous	eussions	lu
que	vous	eussiez	lu
qu'	elles	eussent	lu
qu'	ils	eussent	lu

IMPÉRATIF

PRÉSENT
lis
lisons
lisez

PASSÉ
aie	lu
ayons	lu
ayez	lu

INFINITIF

PRÉSENT
lire

PASSÉ
avoir lu

PARTICIPE

PRÉSENT
lisant

PASSÉ
lu, ue
ayant lu

CONJUGAISON DU VERBE **MOUDRE**

INDICATIF

PRÉSENT

je	mou**ds**
tu	mou**ds**
elle	mou**d**
il	mou**d**
nous	mou**lons**
vous	mou**lez**
elles	mou**lent**
ils	mou**lent**

PASSÉ COMPOSÉ

j'	ai	moulu
tu	as	moulu
elle	a	moulu
il	a	moulu
nous	avons	moulu
vous	avez	moulu
elles	ont	moulu
ils	ont	moulu

IMPARFAIT

je	mou**lais**
tu	mou**lais**
elle	mou**lait**
il	mou**lait**
nous	mou**lions**
vous	mou**liez**
elles	mou**laient**
ils	mou**laient**

PLUS-QUE-PARFAIT

j'	avais	moulu
tu	avais	moulu
elle	avait	moulu
il	avait	moulu
nous	avions	moulu
vous	aviez	moulu
elles	avaient	moulu
ils	avaient	moulu

PASSÉ SIMPLE

je	mou**lus**
tu	mou**lus**
elle	mou**lut**
il	mou**lut**
nous	mou**lûmes**
vous	mou**lûtes**
elles	mou**lurent**
ils	mou**lurent**

PASSÉ ANTÉRIEUR

j'	eus	moulu
tu	eus	moulu
elle	eut	moulu
il	eut	moulu
nous	eûmes	moulu
vous	eûtes	moulu
elles	eurent	moulu
ils	eurent	moulu

FUTUR SIMPLE

je	mou**drai**
tu	mou**dras**
elle	mou**dra**
il	mou**dra**
nous	mou**drons**
vous	mou**drez**
elles	mou**dront**
ils	mou**dront**

FUTUR ANTÉRIEUR

j'	aurai	moulu
tu	auras	moulu
elle	aura	moulu
il	aura	moulu
nous	aurons	moulu
vous	aurez	moulu
elles	auront	moulu
ils	auront	moulu

CONDITIONNEL PRÉSENT

je	mou**drais**
tu	mou**drais**
elle	mou**drait**
il	mou**drait**
nous	mou**drions**
vous	mou**driez**
elles	mou**draient**
ils	mou**draient**

CONDITIONNEL PASSÉ

j'	aurais	moulu
tu	aurais	moulu
elle	aurait	moulu
il	aurait	moulu
nous	aurions	moulu
vous	auriez	moulu
elles	auraient	moulu
ils	auraient	moulu

SUBJONCTIF

PRÉSENT

que	je	mou**le**
que	tu	mou**les**
qu'	elle	mou**le**
qu'	il	mou**le**
que	nous	mou**lions**
que	vous	mou**liez**
qu'	elles	mou**lent**
qu'	ils	mou**lent**

PASSÉ

que	j'	aie	moulu
que	tu	aies	moulu
qu'	elle	ait	moulu
qu'	il	ait	moulu
que	nous	ayons	moulu
que	vous	ayez	moulu
qu'	elles	aient	moulu
qu'	ils	aient	moulu

IMPARFAIT

que	je	mou**lusse**
que	tu	mou**lusses**
qu'	elle	mou**lût**
qu'	il	mou**lût**
que	nous	mou**lussions**
que	vous	mou**lussiez**
qu'	elles	mou**lussent**
qu'	ils	mou**lussent**

PLUS-QUE-PARFAIT

que	j'	eusse	moulu
que	tu	eusses	moulu
qu'	elle	eût	moulu
qu'	il	eût	moulu
que	nous	eussions	moulu
que	vous	eussiez	moulu
qu'	elles	eussent	moulu
qu'	ils	eussent	moulu

IMPÉRATIF

PRÉSENT

mou**ds**
mou**lons**
mou**lez**

PASSÉ

aie	moulu
ayons	moulu
ayez	moulu

INFINITIF

PRÉSENT

mou**dre**

PASSÉ

avoir moulu

PARTICIPE

PRÉSENT

mou**lant**

PASSÉ

moulu, ue
ayant moulu

CONJUGAISON DU VERBE **MOURIR**

INDICATIF

PRÉSENT
je	meurs
tu	meurs
elle	meurt
il	meurt
nous	mourons
vous	mourez
elles	meurent
ils	meurent

PASSÉ COMPOSÉ
je	suis	mort, te
tu	es	mort, te
elle	est	morte
il	est	mort
nous	sommes	morts, tes
vous	êtes	morts, tes
elles	sont	mortes
ils	sont	morts

IMPARFAIT
je	mourais
tu	mourais
elle	mourait
il	mourait
nous	mourions
vous	mouriez
elles	mouraient
ils	mouraient

PLUS-QUE-PARFAIT
j'	étais	mort, te
tu	étais	mort, te
elle	était	morte
il	était	mort
nous	étions	morts, tes
vous	étiez	morts, tes
elles	étaient	mortes
ils	étaient	morts

PASSÉ SIMPLE
je	mourus
tu	mourus
elle	mourut
il	mourut
nous	mourûmes
vous	mourûtes
elles	moururent
ils	moururent

PASSÉ ANTÉRIEUR
je	fus	mort, te
tu	fus	mort, te
elle	fut	morte
il	fut	mort
nous	fûmes	morts, tes
vous	fûtes	morts, tes
elles	furent	mortes
ils	furent	morts

FUTUR SIMPLE
je	mourrai
tu	mourras
elle	mourra
il	mourra
nous	mourrons
vous	mourrez
elles	mourront
ils	mourront

FUTUR ANTÉRIEUR
je	serai	mort, te
tu	seras	mort, te
elle	sera	morte
il	sera	mort
nous	serons	morts, tes
vous	serez	morts, tes
elles	seront	mortes
ils	seront	morts

CONDITIONNEL PRÉSENT
je	mourrais
tu	mourrais
elle	mourrait
il	mourrait
nous	mourrions
vous	mourriez
elles	mourraient
ils	mourraient

CONDITIONNEL PASSÉ
je	serais	mort, te
tu	serais	mort, te
elle	serait	morte
il	serait	mort
nous	serions	morts, tes
vous	seriez	morts, tes
elles	seraient	mortes
ils	seraient	morts

SUBJONCTIF

PRÉSENT
que	je	meure
que	tu	meures
qu'	elle	meure
qu'	il	meure
que	nous	mourions
que	vous	mouriez
qu'	elles	meurent
qu'	ils	meurent

PASSÉ
que	je	sois	mort, te
que	tu	sois	mort, te
qu'	elle	soit	morte
qu'	il	soit	mort
que	nous	soyons	morts, tes
que	vous	soyez	morts, tes
qu'	elles	soient	mortes
qu'	ils	soient	morts

IMPARFAIT
que	je	mourusse
que	tu	mourusses
qu'	elle	mourût
qu'	il	mourût
que	nous	mourussions
que	vous	mourussiez
qu'	elles	mourussent
qu'	ils	mourussent

PLUS-QUE-PARFAIT
que	je	fusse	mort, te
que	tu	fusses	mort, te
qu'	elle	fût	morte
qu'	il	fût	mort
que	nous	fussions	morts, tes
que	vous	fussiez	morts, tes
qu'	elles	fussent	mortes
qu'	ils	fussent	morts

IMPÉRATIF

PRÉSENT
meurs
mourons
mourez

PASSÉ
sois	mort, te
soyons	morts, tes
soyez	morts, tes

INFINITIF

PRÉSENT
mourir

PASSÉ
être mort, te

PARTICIPE

PRÉSENT
mourant

PASSÉ
mort, te
étant mort, te

CONJUGAISON DU VERBE **NAÎTRE**

INDICATIF

PRÉSENT
je	nais
tu	nais
elle	naît
il	naît

nous	naissons
vous	naissez
elles	naissent
ils	naissent

PASSÉ COMPOSÉ
je	suis	né, ée
tu	es	né, ée
elle	est	née
il	est	né

nous	sommes	nés, ées
vous	êtes	nés, ées
elles	sont	nées
ils	sont	nés

IMPARFAIT
je	naissais
tu	naissais
elle	naissait
il	naissait

nous	naissions
vous	naissiez
elles	naissaient
ils	naissaient

PLUS-QUE-PARFAIT
j'	étais	né, ée
tu	étais	né, ée
elle	était	née
il	était	né

nous	étions	nés, ées
vous	étiez	nés, ées
elles	étaient	nées
ils	étaient	nés

PASSÉ SIMPLE
je	naquis
tu	naquis
elle	naquit
il	naquit

nous	naquîmes
vous	naquîtes
elles	naquirent
ils	naquirent

PASSÉ ANTÉRIEUR
je	fus	né, ée
tu	fus	né, ée
elle	fut	née
il	fut	né

nous	fûmes	nés, ées
vous	fûtes	nés, ées
elles	furent	nées
ils	furent	nés

FUTUR SIMPLE
je	naîtrai
tu	naîtras
elle	naîtra
il	naîtra

nous	naîtrons
vous	naîtrez
elles	naîtront
ils	naîtront

FUTUR ANTÉRIEUR
je	serai	né, ée
tu	seras	né, ée
elle	sera	née
il	sera	né

nous	serons	nés, ées
vous	serez	nés, ées
elles	seront	nées
ils	seront	nés

CONDITIONNEL PRÉSENT
je	naîtrais
tu	naîtrais
elle	naîtrait
il	naîtrait

nous	naîtrions
vous	naîtriez
elles	naîtraient
ils	naîtraient

CONDITIONNEL PASSÉ
je	serais	né, ée
tu	serais	né, ée
elle	serait	née
il	serait	né

nous	serions	nés, ées
vous	seriez	nés, ées
elles	seraient	nées
ils	seraient	nés

SUBJONCTIF

PRÉSENT
que	je	naisse
que	tu	naisses
qu'	elle	naisse
qu'	il	naisse

que	nous	naissions
que	vous	naissiez
qu'	elles	naissent
qu'	ils	naissent

PASSÉ
que	je	sois	né, ée
que	tu	sois	né, ée
qu'	elle	soit	née
qu'	il	soit	né

que	nous	soyons	nés, ées
que	vous	soyez	nés, ées
qu'	elles	soient	nées
qu'	ils	soient	nés

IMPARFAIT
que	je	naquisse
que	tu	naquisses
qu'	elle	naquît
qu'	il	naquît

que	nous	naquissions
que	vous	naquissiez
qu'	elles	naquissent
qu'	ils	naquissent

PLUS-QUE-PARFAIT
que	je	fusse	né, ée
que	tu	fusses	né, ée
qu'	elle	fût	née
qu'	il	fût	né

que	nous	fussions	nés, ées
que	vous	fussiez	nés, ées
qu'	elles	fussent	nées
qu'	ils	fussent	nés

IMPÉRATIF

PRÉSENT
nais
naissons
naissez

PASSÉ
sois	né, ée
soyons	nés, ées
soyez	nés, ées

INFINITIF

PRÉSENT
naître

PASSÉ
être né, ée

PARTICIPE

PRÉSENT
naissant

PASSÉ
né, née
étant né, ée

CONJUGAISON DU VERBE **OUVRIR**

INDICATIF

PRÉSENT
j'	ouvre
tu	ouvres
elle	ouvre
il	ouvre
nous	ouvrons
vous	ouvrez
elles	ouvrent
ils	ouvrent

PASSÉ COMPOSÉ
j'	ai	ouvert
tu	as	ouvert
elle	a	ouvert
il	a	ouvert
nous	avons	ouvert
vous	avez	ouvert
elles	ont	ouvert
ils	ont	ouvert

IMPARFAIT
j'	ouvrais
tu	ouvrais
elle	ouvrait
il	ouvrait
nous	ouvrions
vous	ouvriez
elles	ouvraient
ils	ouvraient

PLUS-QUE-PARFAIT
j'	avais	ouvert
tu	avais	ouvert
elle	avait	ouvert
il	avait	ouvert
nous	avions	ouvert
vous	aviez	ouvert
elles	avaient	ouvert
ils	avaient	ouvert

PASSÉ SIMPLE
j'	ouvris
tu	ouvris
elle	ouvrit
il	ouvrit
nous	ouvrîmes
vous	ouvrîtes
elles	ouvrirent
ils	ouvrirent

PASSÉ ANTÉRIEUR
j'	eus	ouvert
tu	eus	ouvert
elle	eut	ouvert
il	eut	ouvert
nous	eûmes	ouvert
vous	eûtes	ouvert
elles	eurent	ouvert
ils	eurent	ouvert

FUTUR SIMPLE
j'	ouvrirai
tu	ouvriras
elle	ouvrira
il	ouvrira
nous	ouvrirons
vous	ouvrirez
elles	ouvriront
ils	ouvriront

FUTUR ANTÉRIEUR
j'	aurai	ouvert
tu	auras	ouvert
elle	aura	ouvert
il	aura	ouvert
nous	aurons	ouvert
vous	aurez	ouvert
elles	auront	ouvert
ils	auront	ouvert

CONDITIONNEL PRÉSENT
j'	ouvrirais
tu	ouvrirais
elle	ouvrirait
il	ouvrirait
nous	ouvririons
vous	ouvririez
elles	ouvriraient
ils	ouvriraient

CONDITIONNEL PASSÉ
j'	aurais	ouvert
tu	aurais	ouvert
elle	aurait	ouvert
il	aurait	ouvert
nous	aurions	ouvert
vous	auriez	ouvert
elles	auraient	ouvert
ils	auraient	ouvert

SUBJONCTIF

PRÉSENT
que	j'	ouvre
que	tu	ouvres
qu'	elle	ouvre
qu'	il	ouvre
que	nous	ouvrions
que	vous	ouvriez
qu'	elles	ouvrent
qu'	ils	ouvrent

PASSÉ
que	j'	aie	ouvert
que	tu	aies	ouvert
qu'	elle	ait	ouvert
qu'	il	ait	ouvert
que	nous	ayons	ouvert
que	vous	ayez	ouvert
qu'	elles	aient	ouvert
qu'	ils	aient	ouvert

IMPARFAIT
que	j'	ouvrisse
que	tu	ouvrisses
qu'	elle	ouvrît
qu'	il	ouvrît
que	nous	ouvrissions
que	vous	ouvrissiez
qu'	elles	ouvrissent
qu'	ils	ouvrissent

PLUS-QUE-PARFAIT
que	j'	eusse	ouvert
que	tu	eusses	ouvert
qu'	elle	eût	ouvert
qu'	il	eût	ouvert
que	nous	eussions	ouvert
que	vous	eussiez	ouvert
qu'	elles	eussent	ouvert
qu'	ils	eussent	ouvert

IMPÉRATIF

PRÉSENT
ouvre
ouvrons
ouvrez

PASSÉ
aie	ouvert
ayons	ouvert
ayez	ouvert

INFINITIF

PRÉSENT
ouvrir

PASSÉ
avoir ouvert

PARTICIPE

PRÉSENT
ouvrant

PASSÉ
ouvert, te
ayant ouvert

CONJUGAISON DU VERBE **PAÎTRE**

INDICATIF

PRÉSENT   PASSÉ COMPOSÉ

je	pais	*(n'existe pas)*
tu	pais	
elle	paît	
il	paît	
nous	paissons	
vous	paissez	
elles	paissent	
ils	paissent	

IMPARFAIT   PLUS-QUE-PARFAIT

je	paissais	*(n'existe pas)*
tu	paissais	
elle	paissait	
il	paissait	
nous	paissions	
vous	paissiez	
elles	paissaient	
ils	paissaient	

PASSÉ SIMPLE   PASSÉ ANTÉRIEUR

(n'existe pas)   *(n'existe pas)*

FUTUR SIMPLE   FUTUR ANTÉRIEUR

je	paîtrai	*(n'existe pas)*
tu	paîtras	
elle	paîtra	
il	paîtra	
nous	paîtrons	
vous	paîtrez	
elles	paîtront	
ils	paîtront	

CONDITIONNEL PRÉSENT   CONDITIONNEL PASSÉ

je	paîtrais	*(n'existe pas)*
tu	paîtrais	
elle	paîtrait	
il	paîtrait	
nous	paîtrions	
vous	paîtriez	
elles	paîtraient	
ils	paîtraient	

SUBJONCTIF

PRÉSENT   PASSÉ

que	je	paisse	*(n'existe pas)*
que	tu	paisses	
qu'	elle	paisse	
qu'	il	paisse	
que	nous	paissions	
que	vous	paissiez	
qu'	elles	paissent	
qu'	ils	paissent	

IMPARFAIT   PLUS-QUE-PARFAIT

(n'existe pas)   *(n'existe pas)*

IMPÉRATIF

PRÉSENT   PASSÉ

pais   *(n'existe pas)*
paissons
paissez

INFINITIF

PRÉSENT   PASSÉ

paître   *(n'existe pas)*

PARTICIPE

PRÉSENT   PASSÉ

paissant   *(n'existe pas)*

CONJUGAISON DU VERBE **PARAÎTRE**

INDICATIF

PRÉSENT
je	par**ais**
tu	par**ais**
elle	par**aît**
il	par**aît**
nous	par**aissons**
vous	par**aissez**
elles	par**aissent**
ils	par**aissent**

PASSÉ COMPOSÉ
j'	ai	paru
tu	as	paru
elle	a	paru
il	a	paru
nous	avons	paru
vous	avez	paru
elles	ont	paru
ils	ont	paru

IMPARFAIT
je	par**aissais**
tu	par**aissais**
elle	par**aissait**
il	par**aissait**
nous	par**aissions**
vous	par**aissiez**
elles	par**aissaient**
ils	par**aissaient**

PLUS-QUE-PARFAIT
j'	avais	paru
tu	avais	paru
elle	avait	paru
il	avait	paru
nous	avions	paru
vous	aviez	paru
elles	avaient	paru
ils	avaient	paru

PASSÉ SIMPLE
je	par**us**
tu	par**us**
elle	par**ut**
il	par**ut**
nous	par**ûmes**
vous	par**ûtes**
elles	par**urent**
ils	par**urent**

PASSÉ ANTÉRIEUR
j'	eus	paru
tu	eus	paru
elle	eut	paru
il	eut	paru
nous	eûmes	paru
vous	eûtes	paru
elles	eurent	paru
ils	eurent	paru

FUTUR SIMPLE
je	par**aîtrai**
tu	par**aîtras**
elle	par**aîtra**
il	par**aîtra**
nous	par**aîtrons**
vous	par**aîtrez**
elles	par**aîtront**
ils	par**aîtront**

FUTUR ANTÉRIEUR
j'	aurai	paru
tu	auras	paru
elle	aura	paru
il	aura	paru
nous	aurons	paru
vous	aurez	paru
elles	auront	paru
ils	auront	paru

CONDITIONNEL PRÉSENT
je	par**aîtrais**
tu	par**aîtrais**
elle	par**aîtrait**
il	par**aîtrait**
nous	par**aîtrions**
vous	par**aîtriez**
elles	par**aîtraient**
ils	par**aîtraient**

CONDITIONNEL PASSÉ
j'	aurais	paru
tu	aurais	paru
elle	aurait	paru
il	aurait	paru
nous	aurions	paru
vous	auriez	paru
elles	auraient	paru
ils	auraient	paru

SUBJONCTIF

PRÉSENT
que	je	par**aisse**
que	tu	par**aisses**
qu'	elle	par**aisse**
qu'	il	par**aisse**
que	nous	par**aissions**
que	vous	par**aissiez**
qu'	elles	par**aissent**
qu'	ils	par**aissent**

PASSÉ
que	j'	aie	paru
que	tu	aies	paru
qu'	elle	ait	paru
qu'	il	ait	paru
que	nous	ayons	paru
que	vous	ayez	paru
qu'	elles	aient	paru
qu'	ils	aient	paru

IMPARFAIT
que	je	par**usse**
que	tu	par**usses**
qu'	elle	par**ût**
qu'	il	par**ût**
que	nous	par**ussions**
que	vous	par**ussiez**
qu'	elles	par**ussent**
qu'	ils	par**ussent**

PLUS-QUE-PARFAIT
que	j'	eusse	paru
que	tu	eusses	paru
qu'	elle	eût	paru
qu'	il	eût	paru
que	nous	eussions	paru
que	vous	eussiez	paru
qu'	elles	eussent	paru
qu'	ils	eussent	paru

IMPÉRATIF

PRÉSENT
par**ais**
par**aissons**
par**aissez**

PASSÉ
aie paru
ayons paru
ayez paru

INFINITIF

PRÉSENT
par**aître**

PASSÉ
avoir paru

PARTICIPE

PRÉSENT
par**aissant**

PASSÉ
paru, ue
ayant paru

CONJUGAISON DU VERBE **PAYER**

INDICATIF

PRÉSENT

je	paie / paye	
tu	paies / payes	
elle	paie / paye	
il	paie / paye	
nous	payons	
vous	payez	
elles	paient / payent	
ils	paient / payent	

PASSÉ COMPOSÉ

j'	ai	payé
tu	as	payé
elle	a	payé
il	a	payé
nous	avons	payé
vous	avez	payé
elles	ont	payé
ils	ont	payé

IMPARFAIT

je	payais
tu	payais
elle	payait
il	payait
nous	payions
vous	payiez
elles	payaient
ils	payaient

PLUS-QUE-PARFAIT

j'	avais	payé
tu	avais	payé
elle	avait	payé
il	avait	payé
nous	avions	payé
vous	aviez	payé
elles	avaient	payé
ils	avaient	payé

PASSÉ SIMPLE

je	payai
tu	payas
elle	paya
il	paya
nous	payâmes
vous	payâtes
elles	payèrent
ils	payèrent

PASSÉ ANTÉRIEUR

j'	eus	payé
tu	eus	payé
elle	eut	payé
il	eut	payé
nous	eûmes	payé
vous	eûtes	payé
elles	eurent	payé
ils	eurent	payé

FUTUR SIMPLE

je	paierai / payerai
tu	paieras / payeras
elle	paiera / payera
il	paiera / payera
ns	paierons / payerons
vs	paierez / payerez
elles	paieront / payeront
ils	paieront / payeront

FUTUR ANTÉRIEUR

j'	aurai	payé
tu	auras	payé
elle	aura	payé
il	aura	payé
nous	aurons	payé
vous	aurez	payé
elles	auront	payé
ils	auront	payé

CONDITIONNEL PRÉSENT

je	paierais / payerais
tu	paierais / payerais
elle	paierait / payerait
il	paierait / payerait
ns	paierions / payerions
vs	paieriez / payeriez
elles	paieraient / payeraient
ils	paieraient / payeraient

CONDITIONNEL PASSÉ

j'	aurais	payé
tu	aurais	payé
elle	aurait	payé
il	aurait	payé
nous	aurions	payé
vous	auriez	payé
elles	auraient	payé
ils	auraient	payé

SUBJONCTIF

PRÉSENT

que	je	paie / paye
que	tu	paies / payes
qu'	elle	paie / paye
qu'	il	paie / paye
que	nous	payions
que	vous	payiez
qu'	elles	paient / payent
qu'	ils	paient / payent

PASSÉ

que	j'	aie	payé
que	tu	aies	payé
qu'	elle	ait	payé
qu'	il	ait	payé
que	nous	ayons	payé
que	vous	ayez	payé
qu'	elles	aient	payé
qu'	ils	aient	payé

IMPARFAIT

que	je	payasse
que	tu	payasses
qu'	elle	payât
qu'	il	payât
que	nous	payassions
que	vous	payassiez
qu'	elles	payassent
qu'	ils	payassent

PLUS-QUE-PARFAIT

que	j'	eusse	payé
que	tu	eusses	payé
qu'	elle	eût	payé
qu'	il	eût	payé
que	nous	eussions	payé
que	vous	eussiez	payé
qu'	elles	eussent	payé
qu'	ils	eussent	payé

IMPÉRATIF

PRÉSENT

paie / paye
payons
payez

PASSÉ

aie payé
ayons payé
ayez payé

INFINITIF

PRÉSENT

payer

PASSÉ

avoir payé

PARTICIPE

PRÉSENT

payant

PASSÉ

payé, ée
ayant payé

CONJUGAISON DU VERBE **PLAIRE**

INDICATIF

PRÉSENT

je	plais
tu	plais
elle	plaît
il	plaît
nous	plaisons
vous	plaisez
elles	plaisent
ils	plaisent

PASSÉ COMPOSÉ

j'	ai	plu
tu	as	plu
elle	a	plu
il	a	plu
nous	avons	plu
vous	avez	plu
elles	ont	plu
ils	ont	plu

IMPARFAIT

je	plaisais
tu	plaisais
elle	plaisait
il	plaisait
nous	plaisions
vous	plaisiez
elles	plaisaient
ils	plaisaient

PLUS-QUE-PARFAIT

j'	avais	plu
tu	avais	plu
elle	avait	plu
il	avait	plu
nous	avions	plu
vous	aviez	plu
elles	avaient	plu
ils	avaient	plu

PASSÉ SIMPLE

je	plus
tu	plus
elle	plut
il	plut
nous	plûmes
vous	plûtes
elles	plurent
ils	plurent

PASSÉ ANTÉRIEUR

j'	eus	plu
tu	eus	plu
elle	eut	plu
il	eut	plu
nous	eûmes	plu
vous	eûtes	plu
elles	eurent	plu
ils	eurent	plu

FUTUR SIMPLE

je	plairai
tu	plairas
elle	plaira
il	plaira
nous	plairons
vous	plairez
elles	plairont
ils	plairont

FUTUR ANTÉRIEUR

j'	aurai	plu
tu	auras	plu
elle	aura	plu
il	aura	plu
nous	aurons	plu
vous	aurez	plu
elles	auront	plu
ils	auront	plu

CONDITIONNEL PRÉSENT

je	plairais
tu	plairais
elle	plairait
il	plairait
nous	plairions
vous	plairiez
elles	plairaient
ils	plairaient

CONDITIONNEL PASSÉ

j'	aurais	plu
tu	aurais	plu
elle	aurait	plu
il	aurait	plu
nous	aurions	plu
vous	auriez	plu
elles	auraient	plu
ils	auraient	plu

SUBJONCTIF

PRÉSENT

que	je	plaise
que	tu	plaises
qu'	elle	plaise
qu'	il	plaise
que	nous	plaisions
que	vous	plaisiez
qu'	elles	plaisent
qu'	ils	plaisent

PASSÉ

que	j'	aie	plu
que	tu	aies	plu
qu'	elle	ait	plu
qu'	il	ait	plu
que	nous	ayons	plu
que	vous	ayez	plu
qu'	elles	aient	plu
qu'	ils	aient	plu

IMPARFAIT

que	je	plusse
que	tu	plusses
qu'	elle	plût
qu'	il	plût
que	nous	plussions
que	vous	plussiez
qu'	elles	plussent
qu'	ils	plussent

PLUS-QUE-PARFAIT

que	j'	eusse	plu
que	tu	eusses	plu
qu'	elle	eût	plu
qu'	il	eût	plu
que	nous	eussions	plu
que	vous	eussiez	plu
qu'	elles	eussent	plu
qu'	ils	eussent	plu

IMPÉRATIF

PRÉSENT

| plais |
| plaisons |
| plaisez |

PASSÉ

aie	plu
ayons	plu
ayez	plu

INFINITIF

PRÉSENT

plaire

PASSÉ

avoir plu

PARTICIPE

PRÉSENT

plaisant

PASSÉ

plu
ayant plu

CONJUGAISON DU VERBE **PLEUVOIR**

INDICATIF

PRÉSENT
il   pleut

PASSÉ COMPOSÉ
il   a   plu

IMPARFAIT
il   pleuvait

PLUS-QUE-PARFAIT
il   avait   plu

PASSÉ SIMPLE
il   plut

PASSÉ ANTÉRIEUR
il   eut   plu

FUTUR SIMPLE
il   pleuvra

FUTUR ANTÉRIEUR
il   aura   plu

CONDITIONNEL PRÉSENT
il   pleuvrait

CONDITIONNEL PASSÉ
il   aurait   plu

SUBJONCTIF

PRÉSENT
qu' il   pleuve

PASSÉ
qu' il   ait   plu

IMPARFAIT
qu' il   plût

PLUS-QUE-PARFAIT
qu' il   eût   plu

IMPÉRATIF

PRÉSENT
(n'existe pas)

PASSÉ
(n'existe pas)

INFINITIF

PRÉSENT
pleuvoir

PASSÉ
avoir plu

PARTICIPE

PRÉSENT
pleuvant

PASSÉ
plu
ayant plu

241

CONJUGAISON DU VERBE **POSSÉDER**

INDICATIF

PRÉSENT   PASSÉ COMPOSÉ

je	possède	j'	ai	possédé
tu	possèdes	tu	as	possédé
elle	possède	elle	a	possédé
il	possède	il	a	possédé
nous	possédons	nous	avons	possédé
vous	possédez	vous	avez	possédé
elles	possèdent	elles	ont	possédé
ils	possèdent	ils	ont	possédé

IMPARFAIT   PLUS-QUE-PARFAIT

je	possédais	j'	avais	possédé
tu	possédais	tu	avais	possédé
elle	possédait	elle	avait	possédé
il	possédait	il	avait	possédé
nous	possédions	ns	avions	possédé
vous	possédiez	vs	aviez	possédé
elles	possédaient	elles	avaient	possédé
ils	possédaient	ils	avaient	possédé

PASSÉ SIMPLE   PASSÉ ANTÉRIEUR

je	possédai	j'	eus	possédé
tu	possédas	tu	eus	possédé
elle	posséda	elle	eut	possédé
il	posséda	il	eut	possédé
nous	possédâmes	ns	eûmes	possédé
vous	possédâtes	vs	eûtes	possédé
elles	possédèrent	elles	eurent	possédé
ils	possédèrent	ils	eurent	possédé

FUTUR SIMPLE   FUTUR ANTÉRIEUR

je	posséderai	j'	aurai	possédé
tu	posséderas	tu	auras	possédé
elle	possédera	elle	aura	possédé
il	possédera	il	aura	possédé
ns	posséderons	ns	aurons	possédé
vs	posséderez	vs	aurez	possédé
elles	posséderont	elles	auront	possédé
ils	posséderont	ils	auront	possédé

CONDITIONNEL PRÉSENT   CONDITIONNEL PASSÉ

je	posséderais	j'	aurais	possédé
tu	posséderais	tu	aurais	possédé
elle	posséderait	elle	aurait	possédé
il	posséderait	il	aurait	possédé
nous	posséderions	nous	aurions	possédé
vous	posséderiez	vous	auriez	possédé
elles	posséderaient	elles	auraient	possédé
ils	posséderaient	ils	auraient	possédé

SUBJONCTIF

PRÉSENT   PASSÉ

que	je	possède	que	j'	aie	possédé
que	tu	possèdes	que	tu	aies	possédé
qu'	elle	possède	qu'	elle	ait	possédé
qu'	il	possède	qu'	il	ait	possédé
que	nous	possédions	que	nous	ayons	possédé
que	vous	possédiez	que	vous	ayez	possédé
qu'	elles	possèdent	qu'	elles	aient	possédé
qu'	ils	possèdent	qu'	ils	aient	possédé

IMPARFAIT   PLUS-QUE-PARFAIT

que	je	possédasse	que	j'	eusse	possédé
que	tu	possédasses	que	tu	eusses	possédé
qu'	elle	possédât	qu'	elle	eût	possédé
qu'	il	possédât	qu'	il	eût	possédé
que	nous	possédassions	que	nous	eussions	possédé
que	vous	possédassiez	que	vous	eussiez	possédé
qu'	elles	possédassent	qu'	elles	eussent	possédé
qu'	ils	possédassent	qu'	ils	eussent	possédé

IMPÉRATIF

PRÉSENT   PASSÉ

possède	aie	possédé
possédons	ayons	possédé
possédez	ayez	possédé

INFINITIF

PRÉSENT   PASSÉ

posséder	avoir possédé

PARTICIPE

PRÉSENT   PASSÉ

possédant	possédé, ée
	ayant possédé

CONJUGAISON DU VERBE **POURVOIR**

INDICATIF

PRÉSENT		PASSÉ COMPOSÉ		
je	pourvois	j'	ai	pourvu
tu	pourvois	tu	as	pourvu
elle	pourvoit	elle	a	pourvu
il	pourvoit	il	a	pourvu
nous	pourvoyons	nous	avons	pourvu
vous	pourvoyez	vous	avez	pourvu
elles	pourvoient	elles	ont	pourvu
ils	pourvoient	ils	ont	pourvu

IMPARFAIT		PLUS-QUE-PARFAIT		
je	pourvoyais	j'	avais	pourvu
tu	pourvoyais	tu	avais	pourvu
elle	pourvoyait	elle	avait	pourvu
il	pourvoyait	il	avait	pourvu
nous	pourvoyions	nous	avions	pourvu
vous	pourvoyiez	vous	aviez	pourvu
elles	pourvoyaient	elles	avaient	pourvu
ils	pourvoyaient	ils	avaient	pourvu

PASSÉ SIMPLE		PASSÉ ANTÉRIEUR		
je	pourvus	j'	eus	pourvu
tu	pourvus	tu	eus	pourvu
elle	pourvut	elle	eut	pourvu
il	pourvut	il	eut	pourvu
nous	pourvûmes	nous	eûmes	pourvu
vous	pourvûtes	vous	eûtes	pourvu
elles	pourvurent	elles	eurent	pourvu
ils	pourvurent	ils	eurent	pourvu

FUTUR SIMPLE		FUTUR ANTÉRIEUR		
je	pourvoirai	j'	aurai	pourvu
tu	pourvoiras	tu	auras	pourvu
elle	pourvoira	elle	aura	pourvu
il	pourvoira	il	aura	pourvu
nous	pourvoirons	nous	aurons	pourvu
vous	pourvoirez	vous	aurez	pourvu
elles	pourvoiront	elles	auront	pourvu
ils	pourvoiront	ils	auront	pourvu

CONDITIONNEL PRÉSENT		CONDITIONNEL PASSÉ		
je	pourvoirais	j'	aurais	pourvu
tu	pourvoirais	tu	aurais	pourvu
elle	pourvoirait	elle	aurait	pourvu
il	pourvoirait	il	aurait	pourvu
nous	pourvoirions	nous	aurions	pourvu
vous	pourvoiriez	vous	auriez	pourvu
elles	pourvoiraient	elles	auraient	pourvu
ils	pourvoiraient	ils	auraient	pourvu

SUBJONCTIF

PRÉSENT		PASSÉ		
que je	pourvoie	que j'	aie	pourvu
que tu	pourvoies	que tu	aies	pourvu
qu' elle	pourvoie	qu' elle	ait	pourvu
qu' il	pourvoie	qu' il	ait	pourvu
que nous	pourvoyions	que nous	ayons	pourvu
que vous	pourvoyiez	que vous	ayez	pourvu
qu' elles	pourvoient	qu' elles	aient	pourvu
qu' ils	pourvoient	qu' ils	aient	pourvu

IMPARFAIT		PLUS-QUE-PARFAIT		
que je	pourvusse	que j'	eusse	pourvu
que tu	pourvusses	que tu	eusses	pourvu
qu' elle	pourvût	qu' elle	eût	pourvu
qu' il	pourvût	qu' il	eût	pourvu
que nous	pourvussions	que nous	eussions	pourvu
que vous	pourvussiez	que vous	eussiez	pourvu
qu' elles	pourvussent	qu' elles	eussent	pourvu
qu' ils	pourvussent	qu' ils	eussent	pourvu

IMPÉRATIF

PRÉSENT	PASSÉ	
pourvois	aie	pourvu
pourvoyons	ayons	pourvu
pourvoyez	ayez	pourvu

INFINITIF

PRÉSENT	PASSÉ
pourvoir	avoir pourvu

PARTICIPE

PRÉSENT	PASSÉ
pourvoyant	pourvu, ue
	ayant pourvu

CONJUGAISON DU VERBE **POUVOIR**

INDICATIF

PRÉSENT

je	peux
tu	peux
elle	peut
il	peut
nous	pouvons
vous	pouvez
elles	peuvent
ils	peuvent

PASSÉ COMPOSÉ

j'	ai	pu
tu	as	pu
elle	a	pu
il	a	pu
nous	avons	pu
vous	avez	pu
elles	ont	pu
ils	ont	pu

IMPARFAIT

je	pouvais
tu	pouvais
elle	pouvait
il	pouvait
nous	pouvions
vous	pouviez
elles	pouvaient
ils	pouvaient

PLUS-QUE-PARFAIT

j'	avais	pu
tu	avais	pu
elle	avait	pu
il	avait	pu
nous	avions	pu
vous	aviez	pu
elles	avaient	pu
ils	avaient	pu

PASSÉ SIMPLE

je	pus
tu	pus
elle	put
il	put
nous	pûmes
vous	pûtes
elles	purent
ils	purent

PASSÉ ANTÉRIEUR

j'	eus	pu
tu	eus	pu
elle	eut	pu
il	eut	pu
nous	eûmes	pu
vous	eûtes	pu
elles	eurent	pu
ils	eurent	pu

FUTUR SIMPLE

je	pourrai
tu	pourras
elle	pourra
il	pourra
nous	pourrons
vous	pourrez
elles	pourront
ils	pourront

FUTUR ANTÉRIEUR

j'	aurai	pu
tu	auras	pu
elle	aura	pu
il	aura	pu
nous	aurons	pu
vous	aurez	pu
elles	auront	pu
ils	auront	pu

CONDITIONNEL PRÉSENT

je	pourrais
tu	pourrais
elle	pourrait
il	pourrait
nous	pourrions
vous	pourriez
elles	pourraient
ils	pourraient

CONDITIONNEL PASSÉ

j'	aurais	pu
tu	aurais	pu
elle	aurait	pu
il	aurait	pu
nous	aurions	pu
vous	auriez	pu
elles	auraient	pu
ils	auraient	pu

SUBJONCTIF

PRÉSENT

que	je	puisse
que	tu	puisses
qu'	elle	puisse
qu'	il	puisse
que	nous	puissions
que	vous	puissiez
qu'	elles	puissent
qu'	ils	puissent

PASSÉ

que	j'	aie	pu
que	tu	aies	pu
qu'	elle	ait	pu
qu'	il	ait	pu
que	nous	ayons	pu
que	vous	ayez	pu
qu'	elles	aient	pu
qu'	ils	aient	pu

IMPARFAIT

que	je	pusse
que	tu	pusses
qu'	elle	pût
qu'	il	pût
que	nous	pussions
que	vous	pussiez
qu'	elles	pussent
qu'	ils	pussent

PLUS-QUE-PARFAIT

que	j'	eusse	pu
que	tu	eusses	pu
qu'	elle	eût	pu
qu'	il	eût	pu
que	nous	eussions	pu
que	vous	eussiez	pu
qu'	elles	eussent	pu
qu'	ils	eussent	pu

IMPÉRATIF

PRÉSENT

(*n'existe pas*)

PASSÉ

(*n'existe pas*)

INFINITIF

PRÉSENT

pouvoir

PASSÉ

avoir pu

PARTICIPE

PRÉSENT

pouvant

PASSÉ

pu
ayant pu

CONJUGAISON DU VERBE **PROTÉGER**

INDICATIF

PRÉSENT   PASSÉ COMPOSÉ

je	protège	j'	ai	protégé
tu	protèges	tu	as	protégé
elle	protège	elle	a	protégé
il	protège	il	a	protégé
nous	protégeons	nous	avons	protégé
vous	protégez	vous	avez	protégé
elles	protègent	elles	ont	protégé
ils	protègent	ils	ont	protégé

IMPARFAIT   PLUS-QUE-PARFAIT

je	protégeais	j'	avais	protégé
tu	protégeais	tu	avais	protégé
elle	protégeait	elle	avait	protégé
il	protégeait	il	avait	protégé
nous	protégions	nous	avions	protégé
vous	protégiez	vous	aviez	protégé
elles	protégeaient	elles	avaient	protégé
ils	protégeaient	ils	avaient	protégé

PASSÉ SIMPLE   PASSÉ ANTÉRIEUR

je	protégeai	j'	eus	protégé
tu	protégeas	tu	eus	protégé
elle	protégea	elle	eut	protégé
il	protégea	il	eut	protégé
ns	protégeâmes	nous	eûmes	protégé
vs	protégeâtes	vous	eûtes	protégé
elles	protégèrent	elles	eurent	protégé
ils	protégèrent	ils	eurent	protégé

FUTUR SIMPLE   FUTUR ANTÉRIEUR

je	protégerai	j'	aurai	protégé
tu	protégeras	tu	auras	protégé
elle	protégera	elle	aura	protégé
il	protégera	il	aura	protégé
ns	protégerons	nous	aurons	protégé
vs	protégerez	vous	aurez	protégé
elles	protégeront	elles	auront	protégé
ils	protégeront	ils	auront	protégé

CONDITIONNEL PRÉSENT   CONDITIONNEL PASSÉ

je	protégerais	j'	aurais	protégé
tu	protégerais	tu	aurais	protégé
elle	protégerait	elle	aurait	protégé
il	protégerait	il	aurait	protégé
nous	protégerions	nous	aurions	protégé
vous	protégeriez	vous	auriez	protégé
elles	protégeraient	elles	auraient	protégé
ils	protégeraient	ils	auraient	protégé

SUBJONCTIF

PRÉSENT   PASSÉ

que	je	protège	que	j'	aie	protégé
que	tu	protèges	que	tu	aies	protégé
qu'	elle	protège	qu'	elle	ait	protégé
qu'	il	protège	qu'	il	ait	protégé
que	nous	protégions	que	nous	ayons	protégé
que	vous	protégiez	que	vous	ayez	protégé
qu'	elles	protègent	qu'	elles	aient	protégé
qu'	ils	protègent	qu'	ils	aient	protégé

IMPARFAIT   PLUS-QUE-PARFAIT

que	je	protégeasse	que	j'	eusse	protégé
que	tu	protégeasses	que	tu	eusses	protégé
qu'	elle	protégeât	qu'	elle	eût	protégé
qu'	il	protégeât	qu'	il	eût	protégé
que	nous	protégeassions	que	nous	eussions	protégé
que	vous	protégeassiez	que	vous	eussiez	protégé
qu'	elles	protégeassent	qu'	elles	eussent	protégé
qu'	ils	protégeassent	qu'	ils	eussent	protégé

IMPÉRATIF

PRÉSENT   PASSÉ

protège	aie	protégé
protégeons	ayons	protégé
protégez	ayez	protégé

INFINITIF

PRÉSENT   PASSÉ

protéger	avoir protégé

PARTICIPE

PRÉSENT   PASSÉ

protégeant	protégé, ée
	ayant protégé

CONJUGAISON DU VERBE **REMETTRE**

INDICATIF

PRÉSENT		PASSÉ COMPOSÉ		
je remets	j'	ai	remis	
tu remets	tu	as	remis	
elle remet	elle	a	remis	
il remet	il	a	remis	
nous remettons	nous	avons	remis	
vous remettez	vous	avez	remis	
elles remettent	elles	ont	remis	
ils remettent	ils	ont	remis	

IMPARFAIT		PLUS-QUE-PARFAIT		
je remettais	j'	avais	remis	
tu remettais	tu	avais	remis	
elle remettait	elle	avait	remis	
il remettait	il	avait	remis	
nous remettions	nous	avions	remis	
vous remettiez	vous	aviez	remis	
elles remettaient	elles	avaient	remis	
ils remettaient	ils	avaient	remis	

PASSÉ SIMPLE		PASSÉ ANTÉRIEUR		
je remis	j'	eus	remis	
tu remis	tu	eus	remis	
elle remit	elle	eut	remis	
il remit	il	eut	remis	
nous remîmes	nous	eûmes	remis	
vous remîtes	vous	eûtes	remis	
elles remirent	elles	eurent	remis	
ils remirent	ils	eurent	remis	

FUTUR SIMPLE		FUTUR ANTÉRIEUR		
je remettrai	j'	aurai	remis	
tu remettras	tu	auras	remis	
elle remettra	elle	aura	remis	
il remettra	il	aura	remis	
nous remettrons	nous	aurons	remis	
vous remettrez	vous	aurez	remis	
elles remettront	elles	auront	remis	
ils remettront	ils	auront	remis	

CONDITIONNEL PRÉSENT		CONDITIONNEL PASSÉ		
je remettrais	j'	aurais	remis	
tu remettrais	tu	aurais	remis	
elle remettrait	elle	aurait	remis	
il remettrait	il	aurait	remis	
nous remettrions	nous	aurions	remis	
vous remettriez	vous	auriez	remis	
elles remettraient	elles	auraient	remis	
ils remettraient	ils	auraient	remis	

SUBJONCTIF

PRÉSENT		PASSÉ		
que je remette	que j'	aie	remis	
que tu remettes	que tu	aies	remis	
qu' elle remette	qu' elle	ait	remis	
qu' il remette	qu' il	ait	remis	
que nous remettions	que nous	ayons	remis	
que vous remettiez	que vous	ayez	remis	
qu' elles remettent	qu' elles	aient	remis	
qu' ils remettent	qu' ils	aient	remis	

IMPARFAIT		PLUS-QUE-PARFAIT		
que je remisse	que j'	eusse	remis	
que tu remisses	que tu	eusses	remis	
qu' elle remît	qu' elle	eût	remis	
qu' il remît	qu' il	eût	remis	
que nous remissions	que nous	eussions	remis	
que vous remissiez	que vous	eussiez	remis	
qu' elles remissent	qu' elles	eussent	remis	
qu' ils remissent	qu' ils	eussent	remis	

IMPÉRATIF

PRÉSENT	PASSÉ	
remets	aie	remis
remettons	ayons	remis
remettez	ayez	remis

INFINITIF

PRÉSENT	PASSÉ
remettre	avoir remis

PARTICIPE

PRÉSENT	PASSÉ
remettant	remis, ise
	ayant remis

CONJUGAISON DU VERBE **RÉSOUDRE**

INDICATIF

PRÉSENT
je	résou**s**
tu	résou**s**
elle	résou**t**
il	résou**t**
nous	réso**lvons**
vous	réso**lvez**
elles	réso**lvent**
ils	réso**lvent**

PASSÉ COMPOSÉ
j'	ai	résolu
tu	as	résolu
elle	a	résolu
il	a	résolu
nous	avons	résolu
vous	avez	résolu
elles	ont	résolu
ils	ont	résolu

IMPARFAIT
je	réso**lvais**
tu	réso**lvais**
elle	réso**lvait**
il	réso**lvait**
nous	réso**lvions**
vous	réso**lviez**
elles	réso**lvaient**
ils	réso**lvaient**

PLUS-QUE-PARFAIT
j'	avais	résolu
tu	avais	résolu
elle	avait	résolu
il	avait	résolu
nous	avions	résolu
vous	aviez	résolu
elles	avaient	résolu
ils	avaient	résolu

PASSÉ SIMPLE
je	réso**lus**
tu	réso**lus**
elle	réso**lut**
il	réso**lut**
nous	réso**lûmes**
vous	réso**lûtes**
elles	réso**lurent**
ils	réso**lurent**

PASSÉ ANTÉRIEUR
j'	eus	résolu
tu	eus	résolu
elle	eut	résolu
il	eut	résolu
nous	eûmes	résolu
vous	eûtes	résolu
elles	eurent	résolu
ils	eurent	résolu

FUTUR SIMPLE
je	réso**udrai**
tu	réso**udras**
elle	réso**udra**
il	réso**udra**
nous	réso**udrons**
vous	réso**udrez**
elles	réso**udront**
ils	réso**udront**

FUTUR ANTÉRIEUR
j'	aurai	résolu
tu	auras	résolu
elle	aura	résolu
il	aura	résolu
nous	aurons	résolu
vous	aurez	résolu
elles	auront	résolu
ils	auront	résolu

CONDITIONNEL PRÉSENT
je	réso**udrais**
tu	réso**udrais**
elle	réso**udrait**
il	réso**udrait**
nous	réso**udrions**
vous	réso**udriez**
elles	réso**udraient**
ils	réso**udraient**

CONDITIONNEL PASSÉ
j'	aurais	résolu
tu	aurais	résolu
elle	aurait	résolu
il	aurait	résolu
nous	aurions	résolu
vous	auriez	résolu
elles	auraient	résolu
ils	auraient	résolu

SUBJONCTIF

PRÉSENT
que	je	réso**lve**
que	tu	réso**lves**
qu'	elle	réso**lve**
qu'	il	réso**lve**
que	nous	réso**lvions**
que	vous	réso**lviez**
qu'	elles	réso**lvent**
qu'	ils	réso**lvent**

PASSÉ
que	j'	aie	résolu
que	tu	aies	résolu
qu'	elle	ait	résolu
qu'	il	ait	résolu
que	nous	ayons	résolu
que	vous	ayez	résolu
qu'	elles	aient	résolu
qu'	ils	aient	résolu

IMPARFAIT
que	je	réso**lusse**
que	tu	réso**lusses**
qu'	elle	réso**lût**
qu'	il	réso**lût**
que	nous	réso**lussions**
que	vous	réso**lussiez**
qu'	elles	réso**lussent**
qu'	ils	réso**lussent**

PLUS-QUE-PARFAIT
que	j'	eusse	résolu
que	tu	eusses	résolu
qu'	elle	eût	résolu
qu'	il	eût	résolu
que	nous	eussions	résolu
que	vous	eussiez	résolu
qu'	elles	eussent	résolu
qu'	ils	eussent	résolu

IMPÉRATIF

PRÉSENT
réso**us**
réso**lvons**
réso**lvez**

PASSÉ
aie	résolu
ayons	résolu
ayez	résolu

INFINITIF

PRÉSENT
réso**udre**

PASSÉ
avoir résolu

PARTICIPE

PRÉSENT
réso**lvant**

PASSÉ
résolu, ue
ayant résolu

CONJUGAISON DU VERBE **SAVOIR**

INDICATIF

PRÉSENT

je	**sais**
tu	**sais**
elle	**sait**
il	**sait**
nous	**savons**
vous	**savez**
elles	**savent**
ils	**savent**

PASSÉ COMPOSÉ

j'	ai	su
tu	as	su
elle	a	su
il	a	su
nous	avons	su
vous	avez	su
elles	ont	su
ils	ont	su

IMPARFAIT

je	**savais**
tu	**savais**
elle	**savait**
il	**savait**
nous	**savions**
vous	**saviez**
elles	**savaient**
ils	**savaient**

PLUS-QUE-PARFAIT

j'	avais	su
tu	avais	su
elle	avait	su
il	avait	su
nous	avions	su
vous	aviez	su
elles	avaient	su
ils	avaient	su

PASSÉ SIMPLE

je	**sus**
tu	**sus**
elle	**sut**
il	**sut**
nous	**sûmes**
vous	**sûtes**
elles	**surent**
ils	**surent**

PASSÉ ANTÉRIEUR

j'	eus	su
tu	eus	su
elle	eut	su
il	eut	su
nous	eûmes	su
vous	eûtes	su
elles	eurent	su
ils	eurent	su

FUTUR SIMPLE

je	**saurai**
tu	**sauras**
elle	**saura**
il	**saura**
nous	**saurons**
vous	**saurez**
elles	**sauront**
ils	**sauront**

FUTUR ANTÉRIEUR

j'	aurai	su
tu	auras	su
elle	aura	su
il	aura	su
nous	aurons	su
vous	aurez	su
elles	auront	su
ils	auront	su

CONDITIONNEL PRÉSENT

je	**saurais**
tu	**saurais**
elle	**saurait**
il	**saurait**
nous	**saurions**
vous	**sauriez**
elles	**sauraient**
ils	**sauraient**

CONDITIONNEL PASSÉ

j'	aurais	su
tu	aurais	su
elle	aurait	su
il	aurait	su
nous	aurions	su
vous	auriez	su
elles	auraient	su
ils	auraient	su

SUBJONCTIF

PRÉSENT

que	je	**sache**
que	tu	**saches**
qu'	elle	**sache**
qu'	il	**sache**
que	nous	**sachions**
que	vous	**sachiez**
qu'	elles	**sachent**
qu'	ils	**sachent**

PASSÉ

que	j'	aie	su
que	tu	aies	su
qu'	elle	ait	su
qu'	il	ait	su
que	nous	ayons	su
que	vous	ayez	su
qu'	elles	aient	su
qu'	ils	aient	su

IMPARFAIT

que	je	**susse**
que	tu	**susses**
qu'	elle	**sût**
qu'	il	**sût**
que	nous	**sussions**
que	vous	**sussiez**
qu'	elles	**sussent**
qu'	ils	**sussent**

PLUS-QUE-PARFAIT

que	j'	eusse	su
que	tu	eusses	su
qu'	elle	eût	su
qu'	il	eût	su
que	nous	eussions	su
que	vous	eussiez	su
qu'	elles	eussent	su
qu'	ils	eussent	su

IMPÉRATIF

PRÉSENT

sache
sachons
sachez

PASSÉ

aie	su
ayons	su
ayez	su

INFINITIF

PRÉSENT

savoir

PASSÉ

avoir su

PARTICIPE

PRÉSENT

sachant

PASSÉ

su, sue
ayant su

CONJUGAISON DU VERBE **SERVIR**

INDICATIF

PRÉSENT
je	sers
tu	sers
elle	sert
il	sert
nous	servons
vous	servez
elles	servent
ils	servent

PASSÉ COMPOSÉ
j'	ai	servi
tu	as	servi
elle	a	servi
il	a	servi
nous	avons	servi
vous	avez	servi
elles	ont	servi
ils	ont	servi

IMPARFAIT
je	servais
tu	servais
elle	servait
il	servait
nous	servions
vous	serviez
elles	servaient
ils	servaient

PLUS-QUE-PARFAIT
j'	avais	servi
tu	avais	servi
elle	avait	servi
il	avait	servi
nous	avions	servi
vous	aviez	servi
elles	avaient	servi
ils	avaient	servi

PASSÉ SIMPLE
je	servis
tu	servis
elle	servit
il	servit
nous	servîmes
vous	servîtes
elles	servirent
ils	servirent

PASSÉ ANTÉRIEUR
j'	eus	servi
tu	eus	servi
elle	eut	servi
il	eut	servi
nous	eûmes	servi
vous	eûtes	servi
elles	eurent	servi
ils	eurent	servi

FUTUR SIMPLE
je	servirai
tu	serviras
elle	servira
il	servira
nous	servirons
vous	servirez
elles	serviront
ils	serviront

FUTUR ANTÉRIEUR
j'	aurai	servi
tu	auras	servi
elle	aura	servi
il	aura	servi
nous	aurons	servi
vous	aurez	servi
elles	auront	servi
ils	auront	servi

CONDITIONNEL PRÉSENT
je	servirais
tu	servirais
elle	servirait
il	servirait
nous	servirions
vous	serviriez
elles	serviraient
ils	serviraient

CONDITIONNEL PASSÉ
j'	aurais	servi
tu	aurais	servi
elle	aurait	servi
il	aurait	servi
nous	aurions	servi
vous	auriez	servi
elles	auraient	servi
ils	auraient	servi

SUBJONCTIF

PRÉSENT
que	je	serve
que	tu	serves
qu'	elle	serve
qu'	il	serve
que	nous	servions
que	vous	serviez
qu'	elles	servent
qu'	ils	servent

PASSÉ
que	j'	aie	servi
que	tu	aies	servi
qu'	elle	ait	servi
qu'	il	ait	servi
que	nous	ayons	servi
que	vous	ayez	servi
qu'	elles	aient	servi
qu'	ils	aient	servi

IMPARFAIT
que	je	servisse
que	tu	servisses
qu'	elle	servît
qu'	il	servît
que	nous	servissions
que	vous	servissiez
qu'	elles	servissent
qu'	ils	servissent

PLUS-QUE-PARFAIT
que	j'	eusse	servi
que	tu	eusses	servi
qu'	elle	eût	servi
qu'	il	eût	servi
que	nous	eussions	servi
que	vous	eussiez	servi
qu'	elles	eussent	servi
qu'	ils	eussent	servi

IMPÉRATIF

PRÉSENT
sers
servons
servez

PASSÉ
aie	servi
ayons	servi
ayez	servi

INFINITIF

PRÉSENT
servir

PASSÉ
avoir servi

PARTICIPE

PRÉSENT
servant

PASSÉ
servi, ie
ayant servi

CONJUGAISON DU VERBE **SORTIR**

INDICATIF

PRÉSENT

je	sors
tu	sors
elle	sort
il	sort
nous	sortons
vous	sortez
elles	sortent
ils	sortent

PASSÉ COMPOSÉ

je	suis	sorti, ie
tu	es	sorti, ie
elle	est	sortie
il	est	sorti
nous	sommes	sortis, ies
vous	êtes	sortis, ies
elles	sont	sorties
ils	sont	sortis

IMPARFAIT

je	sortais
tu	sortais
elle	sortait
il	sortait
nous	sortions
vous	sortiez
elles	sortaient
ils	sortaient

PLUS-QUE-PARFAIT

j'	étais	sorti, ie
tu	étais	sorti, ie
elle	était	sortie
il	était	sorti
nous	étions	sortis, ies
vous	étiez	sortis, ies
elles	étaient	sorties
ils	étaient	sortis

PASSÉ SIMPLE

je	sortis
tu	sortis
elle	sortit
il	sortit
nous	sortîmes
vous	sortîtes
elles	sortirent
ils	sortirent

PASSÉ ANTÉRIEUR

je	fus	sorti, ie
tu	fus	sorti, ie
elle	fut	sortie
il	fut	sorti
nous	fûmes	sortis, ies
vous	fûtes	sortis, ies
elles	furent	sorties
ils	furent	sortis

FUTUR SIMPLE

je	sortirai
tu	sortiras
elle	sortira
il	sortira
nous	sortirons
vous	sortirez
elles	sortiront
ils	sortiront

FUTUR ANTÉRIEUR

je	serai	sorti, ie
tu	seras	sorti, ie
elle	sera	sortie
il	sera	sorti
nous	serons	sortis, ies
vous	serez	sortis, ies
elles	seront	sorties
ils	seront	sortis

CONDITIONNEL PRÉSENT

je	sortirais
tu	sortirais
elle	sortirait
il	sortirait
nous	sortirions
vous	sortiriez
elles	sortiraient
ils	sortiraient

CONDITIONNEL PASSÉ

je	serais	sorti, ie
tu	serais	sorti, ie
elle	serait	sortie
il	serait	sorti
nous	serions	sortis, ies
vous	seriez	sortis, ies
elles	seraient	sorties
ils	seraient	sortis

SUBJONCTIF

PRÉSENT

que	je	sorte
que	tu	sortes
qu'	elle	sorte
qu'	il	sorte
que	nous	sortions
que	vous	sortiez
qu'	elles	sortent
qu'	ils	sortent

PASSÉ

que	je	sois	sorti, ie
que	tu	sois	sorti, ie
qu'	elle	soit	sortie
qu'	il	soit	sorti
que	nous	soyons	sortis, ies
que	vous	soyez	sortis, ies
qu'	elles	soient	sorties
qu'	ils	soient	sortis

IMPARFAIT

que	je	sortisse
que	tu	sortisses
qu'	elle	sortît
qu'	il	sortît
que	nous	sortissions
que	vous	sortissiez
qu'	elles	sortissent
qu'	ils	sortissent

PLUS-QUE-PARFAIT

que	je	fusse	sorti, ie
que	tu	fusses	sorti, ie
qu'	elle	fût	sortie
qu'	il	fût	sorti
que	nous	fussions	sortis, ies
que	vous	fussiez	sortis, ies
qu'	elles	fussent	sorties
qu'	ils	fussent	sortis

IMPÉRATIF

PRÉSENT

sors
sortons
sortez

PASSÉ

sois	sorti, ie
soyons	sortis, ies
soyez	sortis, ies

INFINITIF

PRÉSENT

sortir

PASSÉ

être sorti, ie

PARTICIPE

PRÉSENT

sortant

PASSÉ

sorti, ie
étant sorti, ie

CONJUGAISON DU VERBE **SOURIRE**

INDICATIF

PRÉSENT
je	souris
tu	souris
elle	sourit
il	sourit
nous	sourions
vous	souriez
elles	sourient
ils	sourient

PASSÉ COMPOSÉ
j'	ai	souri
tu	as	souri
elle	a	souri
il	a	souri
nous	avons	souri
vous	avez	souri
elles	ont	souri
ils	ont	souri

IMPARFAIT
je	souriais
tu	souriais
elle	souriait
il	souriait
nous	souriions
vous	souriiez
elles	souriaient
ils	souriaient

PLUS-QUE-PARFAIT
j'	avais	souri
tu	avais	souri
elle	avait	souri
il	avait	souri
nous	avions	souri
vous	aviez	souri
elles	avaient	souri
ils	avaient	souri

PASSÉ SIMPLE
je	souris
tu	souris
elle	sourit
il	sourit
nous	sourîmes
vous	sourîtes
elles	sourirent
ils	sourirent

PASSÉ ANTÉRIEUR
j'	eus	souri
tu	eus	souri
elle	eut	souri
il	eut	souri
nous	eûmes	souri
vous	eûtes	souri
elles	eurent	souri
ils	eurent	souri

FUTUR SIMPLE
je	sourirai
tu	souriras
elle	sourira
il	sourira
nous	sourirons
vous	sourirez
elles	souriront
ils	souriront

FUTUR ANTÉRIEUR
j'	aurai	souri
tu	auras	souri
elle	aura	souri
il	aura	souri
nous	aurons	souri
vous	aurez	souri
elles	auront	souri
ils	auront	souri

CONDITIONNEL PRÉSENT
je	sourirais
tu	sourirais
elle	sourirait
il	sourirait
nous	souririons
vous	souririez
elles	souriraient
ils	souriraient

CONDITIONNEL PASSÉ
j'	aurais	souri
tu	aurais	souri
elle	aurait	souri
il	aurait	souri
nous	aurions	souri
vous	auriez	souri
elles	auraient	souri
ils	auraient	souri

SUBJONCTIF

PRÉSENT
que	je	sourie
que	tu	souries
qu'	elle	sourie
qu'	il	sourie
que	nous	souriions
que	vous	souriiez
qu'	elles	sourient
qu'	ils	sourient

PASSÉ
que	j'	aie	souri
que	tu	aies	souri
qu'	elle	ait	souri
qu'	il	ait	souri
que	nous	ayons	souri
que	vous	ayez	souri
qu'	elles	aient	souri
qu'	ils	aient	souri

IMPARFAIT
que	je	sourisse
que	tu	sourisses
qu'	elle	sourît
qu'	il	sourît
que	nous	sourissions
que	vous	sourissiez
qu'	elles	sourissent
qu'	ils	sourissent

PLUS-QUE-PARFAIT
que	j'	eusse	souri
que	tu	eusses	souri
qu'	elle	eût	souri
qu'	il	eût	souri
que	nous	eussions	souri
que	vous	eussiez	souri
qu'	elles	eussent	souri
qu'	ils	eussent	souri

IMPÉRATIF

PRÉSENT
souris
sourions
souriez

PASSÉ
aie	souri
ayons	souri
ayez	souri

INFINITIF

PRÉSENT
sourire

PASSÉ
avoir souri

PARTICIPE

PRÉSENT
souriant

PASSÉ
souri
ayant souri

CONJUGAISON DU VERBE **SOUSTRAIRE**

INDICATIF

PRÉSENT
je	soustrais
tu	soustrais
elle	soustrait
il	soustrait
nous	soustrayons
vous	soustrayez
elles	soustraient
ils	soustraient

PASSÉ COMPOSÉ
j'	ai	soustrait
tu	as	soustrait
elle	a	soustrait
il	a	soustrait
nous	avons	soustrait
vous	avez	soustrait
elles	ont	soustrait
ils	ont	soustrait

IMPARFAIT
je	soustrayais
tu	soustrayais
elle	soustrayait
il	soustrayait
nous	soustrayions
vous	soustrayiez
elles	soustrayaient
ils	soustrayaient

PLUS-QUE-PARFAIT
j'	avais	soustrait
tu	avais	soustrait
elle	avait	soustrait
il	avait	soustrait
nous	avions	soustrait
vous	aviez	soustrait
elles	avaient	soustrait
ils	avaient	soustrait

PASSÉ SIMPLE
(n'existe pas)

PASSÉ ANTÉRIEUR
j'	eus	soustrait
tu	eus	soustrait
elle	eut	soustrait
il	eut	soustrait
nous	eûmes	soustrait
vous	eûtes	soustrait
elles	eurent	soustrait
ils	eurent	soustrait

FUTUR SIMPLE
je	soustrairai
tu	soustrairas
elle	soustraira
il	soustraira
nous	soustrairons
vous	soustrairez
elles	soustrairont
ils	soustrairont

FUTUR ANTÉRIEUR
j'	aurai	soustrait
tu	auras	soustrait
elle	aura	soustrait
il	aura	soustrait
nous	aurons	soustrait
vous	aurez	soustrait
elles	auront	soustrait
ils	auront	soustrait

CONDITIONNEL PRÉSENT
je	soustrairais
tu	soustrairais
elle	soustrairait
il	soustrairait
nous	soustrairions
vous	soustrairiez
elles	soustrairaient
ils	soustrairaient

CONDITIONNEL PASSÉ
j'	aurais	soustrait
tu	aurais	soustrait
elle	aurait	soustrait
il	aurait	soustrait
nous	aurions	soustrait
vous	auriez	soustrait
elles	auraient	soustrait
ils	auraient	soustrait

SUBJONCTIF

PRÉSENT
que	je	soustraie
que	tu	soustraies
qu'	elle	soustraie
qu'	il	soustraie
que	nous	soustrayions
que	vous	soustrayiez
qu'	elles	soustraient
qu'	ils	soustraient

PASSÉ
que	j' aie	soustrait
que	tu	aies soustrait
qu'	elle	ait soustrait
qu'	il ait	soustrait
que	nous	ayons soustrait
que	vous	ayez soustrait
qu'	elles	aient soustrait
qu'	ils	aient soustrait

IMPARFAIT
(n'existe pas)

PLUS-QUE-PARFAIT
que	j'	eusse soustrait
que	tu	eusses soustrait
qu'	elle	eût soustrait
qu'	il	eût soustrait
que	nous	eussions soustrait
que	vous	eussiez soustrait
qu'	elles	eussent soustrait
qu'	ils	eussent soustrait

IMPÉRATIF

PRÉSENT
soustrais
soustrayons
soustrayez

PASSÉ
aie	soustrait
ayons	soustrait
ayez	soustrait

INFINITIF

PRÉSENT
soustraire

PASSÉ
avoir soustrait

PARTICIPE

PRÉSENT
soustrayant

PASSÉ
soustrait, aite
ayant soustrait

CONJUGAISON DU VERBE **SUFFIRE**

INDICATIF

PRÉSENT		PASSÉ COMPOSÉ		
je	suffis	j'	ai	suffi
tu	suffis	tu	as	suffi
elle	suffit	elle	a	suffi
il	suffit	il	a	suffi
nous	suffisons	nous	avons	suffi
vous	suffisez	vous	avez	suffi
elles	suffisent	elles	ont	suffi
ils	suffisent	ils	ont	suffi

IMPARFAIT		PLUS-QUE-PARFAIT		
je	suffisais	j'	avais	suffi
tu	suffisais	tu	avais	suffi
elle	suffisait	elle	avait	suffi
il	suffisait	il	avait	suffi
nous	suffisions	nous	avions	suffi
vous	suffisiez	vous	aviez	suffi
elles	suffisaient	elles	avaient	suffi
ils	suffisaient	ils	avaient	suffi

PASSÉ SIMPLE		PASSÉ ANTÉRIEUR		
je	suffis	j'	eus	suffi
tu	suffis	tu	eus	suffi
elle	suffit	elle	eut	suffi
il	suffit	il	eut	suffi
nous	suffîmes	nous	eûmes	suffi
vous	suffîtes	vous	eûtes	suffi
elles	suffirent	elles	eurent	suffi
ils	suffirent	ils	eurent	suffi

FUTUR SIMPLE		FUTUR ANTÉRIEUR		
je	suffirai	j'	aurai	suffi
tu	suffiras	tu	auras	suffi
elle	suffira	elle	aura	suffi
il	suffira	il	aura	suffi
nous	suffirons	nous	aurons	suffi
vous	suffirez	vous	aurez	suffi
elles	suffiront	elles	auront	suffi
ils	suffiront	ils	auront	suffi

CONDITIONNEL PRÉSENT		CONDITIONNEL PASSÉ		
je	suffirais	j'	aurais	suffi
tu	suffirais	tu	aurais	suffi
elle	suffirait	elle	aurait	suffi
il	suffirait	il	aurait	suffi
nous	suffirions	nous	aurions	suffi
vous	suffiriez	vous	auriez	suffi
elles	suffiraient	elles	auraient	suffi
ils	suffiraient	ils	auraient	suffi

SUBJONCTIF

PRÉSENT			PASSÉ		
que je	suffise	que	j'	aie	suffi
que tu	suffises	que	tu	aies	suffi
qu' elle	suffise	qu'	elle	ait	suffi
qu' il	suffise	qu'	il	ait	suffi
que nous	suffisions	que	nous	ayons	suffi
que vous	suffisiez	que	vous	ayez	suffi
qu' elles	suffisent	qu'	elles	aient	suffi
qu' ils	suffisent	qu'	ils	aient	suffi

IMPARFAIT			PLUS-QUE-PARFAIT		
que je	suffisse	que	j'	eusse	suffi
que tu	suffisses	que	tu	eusses	suffi
qu' elle	suffît	qu'	elle	eût	suffi
qu' il	suffît	qu'	il	eût	suffi
que nous	suffissions	que	nous	eussions	suffi
que vous	suffissiez	que	vous	eussiez	suffi
qu' elles	suffissent	qu'	elles	eussent	suffi
qu' ils	suffissent	qu'	ils	eussent	suffi

IMPÉRATIF

PRÉSENT	PASSÉ	
suffis	aie	suffi
suffisons	ayons	suffi
suffisez	ayez	suffi

INFINITIF

PRÉSENT	PASSÉ
suffire	avoir suffi

PARTICIPE

PRÉSENT	PASSÉ
suffisant	suffi
	ayant suffi

CONJUGAISON DU VERBE **SUIVRE**

INDICATIF

PRÉSENT
je suis.
tu suis
elle suit
il suit

nous suivons
vous suivez
elles suivent
ils suivent

PASSÉ COMPOSÉ
j' ai suivi
tu as suivi
elle a suivi
il a suivi

nous avons suivi
vous avez suivi
elles ont suivi
ils ont suivi

IMPARFAIT
je suivais
tu suivais
elle suivait
il suivait

nous suivions
vous suiviez
elles suivaient
ils suivaient

PLUS-QUE-PARFAIT
j' avais suivi
tu avais suivi
elle avait suivi
il avait suivi

nous avions suivi
vous aviez suivi
elles avaient suivi
ils avaient suivi

PASSÉ SIMPLE
je suivis
tu suivis
elle suivit
il suivit

nous suivîmes
vous suivîtes
elles suivirent
ils suivirent

PASSÉ ANTÉRIEUR
j' eus suivi
tu eus suivi
elle eut suivi
il eut suivi

nous eûmes suivi
vous eûtes suivi
elles eurent suivi
ils eurent suivi

FUTUR SIMPLE
je suivrai
tu suivras
elle suivra
il suivra

nous suivrons
vous suivrez
elles suivront
ils suivront

FUTUR ANTÉRIEUR
j' aurai suivi
tu auras suivi
elle aura suivi
il aura suivi

nous aurons suivi
vous aurez suivi
elles auront suivi
ils auront suivi

CONDITIONNEL PRÉSENT
je suivrais
tu suivrais
elle suivrait
il suivrait

nous suivrions
vous suivriez
elles suivraient
ils suivraient

CONDITIONNEL PASSÉ
j' aurais suivi
tu aurais suivi
elle aurait suivi
il aurait suivi

nous aurions suivi
vous auriez suivi
elles auraient suivi
ils auraient suivi

SUBJONCTIF

PRÉSENT
que je suive
que tu suives
qu' elle suive
qu' il suive

que nous suivions
que vous suiviez
qu' elles suivent
qu' ils suivent

PASSÉ
que j' aie suivi
que tu aies suivi
qu' elle ait suivi
qu' il ait suivi

que nous ayons suivi
que vous ayez suivi
qu' elles aient suivi
qu' ils aient suivi

IMPARFAIT
que je suivisse
que tu suivisses
qu' elle suivît
qu' il suivît

que nous suivissions
que vous suivissiez
qu' elles suivissent
qu' ils suivissent

PLUS-QUE-PARFAIT
que j' eusse suivi
que tu eusses suivi
qu' elle eût suivi
qu' il eût suivi

que nous eussions suivi
que vous eussiez suivi
qu' elles eussent suivi
qu' ils eussent suivi

IMPÉRATIF

PRÉSENT
suis
suivons
suivez

PASSÉ
aie suivi
ayons suivi
ayez suivi

INFINITIF

PRÉSENT
suivre

PASSÉ
avoir suivi

PARTICIPE

PRÉSENT
suivant

PASSÉ
suivi, ie
ayant suivi

CONJUGAISON DU VERBE **SURSEOIR**

INDICATIF

PRÉSENT

je	sursois
tu	sursois
elle	sursoit
il	sursoit
nous	sursoyons
vous	sursoyez
elles	sursoient
ils	sursoient

PASSÉ COMPOSÉ

j'	ai	sursis
tu	as	sursis
elle	a	sursis
il	a	sursis
nous	avons	sursis
vous	avez	sursis
elles	ont	sursis
ils	ont	sursis

IMPARFAIT

je	sursoyais
tu	sursoyais
elle	sursoyait
il	sursoyait
nous	sursoyions
vous	sursoyiez
elles	sursoyaient
ils	sursoyaient

PLUS-QUE-PARFAIT

j'	avais	sursis
tu	avais	sursis
elle	avait	sursis
il	avait	sursis
nous	avions	sursis
vous	aviez	sursis
elles	avaient	sursis
ils	avaient	sursis

PASSÉ SIMPLE

je	sursis
tu	sursis
elle	sursit
il	sursit
nous	sursîmes
vous	sursîtes
elles	sursirent
ils	sursirent

PASSÉ ANTÉRIEUR

j'	eus	sursis
tu	eus	sursis
elle	eut	sursis
il	eut	sursis
nous	eûmes	sursis
vous	eûtes	sursis
elles	eurent	sursis
ils	eurent	sursis

FUTUR SIMPLE

je	surseoirai
tu	surseoiras
elle	surseoira
il	surseoira
nous	surseoirons
vous	surseoirez
elles	surseoiront
ils	surseoiront

FUTUR ANTÉRIEUR

j'	aurai	sursis
tu	auras	sursis
elle	aura	sursis
il	aura	sursis
nous	aurons	sursis
vous	aurez	sursis
elles	auront	sursis
ils	auront	sursis

CONDITIONNEL PRÉSENT

je	surseoirais
tu	surseoirais
elle	surseoirait
il	surseoirait
nous	surseoirions
vous	surseoiriez
elles	surseoiraient
ils	surseoiraient

CONDITIONNEL PASSÉ

j'	aurais	sursis
tu	aurais	sursis
elle	aurait	sursis
il	aurait	sursis
nous	aurions	sursis
vous	auriez	sursis
elles	auraient	sursis
ils	auraient	sursis

SUBJONCTIF

PRÉSENT

que	je	sursoie
que	tu	sursoies
qu'	elle	sursoie
qu'	il	sursoie
que	nous	sursoyions
que	vous	sursoyiez
qu'	elles	sursoient
qu'	ils	sursoient

PASSÉ

que	j'	aie	sursis
que	tu	aies	sursis
qu'	elle	ait	sursis
qu'	il	ait	sursis
que	nous	ayons	sursis
que	vous	ayez	sursis
qu'	elles	aient	sursis
qu'	ils	aient	sursis

IMPARFAIT

que	je	sursisse
que	tu	sursisses
qu'	elle	sursît
qu'	il	sursît
que	nous	sursissions
que	vous	sursissiez
qu'	elles	sursissent
qu'	ils	sursissent

PLUS-QUE-PARFAIT

que	j'	eusse	sursis
que	tu	eusses	sursis
qu'	elle	eût	sursis
qu'	il	eût	sursis
que	nous	eussions	sursis
que	vous	eussiez	sursis
qu'	elles	eussent	sursis
qu'	ils	eussent	sursis

IMPÉRATIF

PRÉSENT

| sursois |
| sursoyons |
| sursoyez |

PASSÉ

aie	sursis
ayons	sursis
ayez	sursis

INFINITIF

PRÉSENT

surseoir

PASSÉ

avoir sursis

PARTICIPE

PRÉSENT

sursoyant

PASSÉ

sursis, ise
ayant sursis

CONJUGAISON DU VERBE **TRESSAILLIR**

INDICATIF

PRÉSENT

je tressaille
tu tressailles
elle tressaille
il tressaille

nous tressaillons
vous tressaillez
elles tressaillent
ils tressaillent

PASSÉ COMPOSÉ

j' ai tressailli
tu as tressailli
elle a tressailli
il a tressailli

nous avons tressailli
vous avez tressailli
elles ont tressailli
ils ont tressailli

IMPARFAIT

je tressaillais
tu tressaillais
elle tressaillait
il tressaillait

nous tressaillions
vous tressailliez
elles tressaillaient
ils tressaillaient

PLUS-QUE-PARFAIT

j' avais tressailli
tu avais tressailli
elle avait tressailli
il avait tressailli

nous avions tressailli
vous aviez tressailli
elles avaient tressailli
ils avaient tressailli

PASSÉ SIMPLE

je tressaillis
tu tressaillis
elle tressaillit
il tressaillit

nous tressaillîmes
vous tressaillîtes
elles tressaillirent
ils tressaillirent

PASSÉ ANTÉRIEUR

j' eus tressailli
tu eus tressailli
elle eut tressailli
il eut tressailli

nous eûmes tressailli
vous eûtes tressailli
elles eurent tressailli
ils eurent tressailli

FUTUR SIMPLE

je tressaillirai
tu tressailliras
elle tressaillira
il tressaillira

nous tressaillirons
vous tressaillirez
elles tressailliront
ils tressailliront

FUTUR ANTÉRIEUR

j' aurai tressailli
tu auras tressailli
elle aura tressailli
il aura tressailli

nous aurons tressailli
vous aurez tressailli
elles auront tressailli
ils auront tressailli

CONDITIONNEL PRÉSENT

je tressaillirais
tu tressaillirais
elle tressaillirait
il tressaillirait

nous tressaillirions
vous tressailliriez
elles tressailliraient
ils tressailliraient

CONDITIONNEL PASSÉ

j' aurais tressailli
tu aurais tressailli
elle aurait tressailli
il aurait tressailli

nous aurions tressailli
vous auriez tressailli
elles auraient tressailli
ils auraient tressailli

SUBJONCTIF

PRÉSENT

que je tressaille
que tu tressailles
qu' elle tressaille
qu' il tressaille

que nous tressaillions
que vous tressailliez
qu' elles tressaillent
qu' ils tressaillent

PASSÉ

que j' aie tressailli
que tu aies tressailli
qu' elle ait tressailli
qu' il ait tressailli

que nous ayons tressailli
que vous ayez tressailli
qu' elles aient tressailli
qu' ils aient tressailli

IMPARFAIT

que je tressaillisse
que tu tressaillisses
qu' elle tressaillît
qu' il tressaillît

que nous tressaillissions
que vous tressaillissiez
qu' elles tressaillissent
qu' ils tressaillissent

PLUS-QUE-PARFAIT

que j' eusse tressailli
que tu eusses tressailli
qu' elle eût tressailli
qu' il eût tressailli

que nous eussions tressailli
que vous eussiez tressailli
qu' elles eussent tressailli
qu' ils eussent tressailli

IMPÉRATIF

PRÉSENT

tressaille
tressaillons
tressaillez

PASSÉ

aie tressailli
ayons tressailli
ayez tressailli

INFINITIF

PRÉSENT

tressaillir

PASSÉ

avoir tressailli

PARTICIPE

PRÉSENT

tressaillant

PASSÉ

tressailli
ayant tressailli

CONJUGAISON DU VERBE **VAINCRE**

INDICATIF

PRÉSENT

je	vain**cs**
tu	vain**cs**
elle	vain**c**
il	vain**c**
nous	vain**quons**
vous	vain**quez**
elles	vain**quent**
ils	vain**quent**

PASSÉ COMPOSÉ

j'	ai	vaincu
tu	as	vaincu
elle	a	vaincu
il	a	vaincu
nous	avons	vaincu
vous	avez	vaincu
elles	ont	vaincu
ils	ont	vaincu

IMPARFAIT

je	vain**quais**
tu	vain**quais**
elle	vain**quait**
il	vain**quait**
nous	vain**quions**
vous	vain**quiez**
elles	vain**quaient**
ils	vain**quaient**

PLUS-QUE-PARFAIT

j'	avais	vaincu
tu	avais	vaincu
elle	avait	vaincu
il	avait	vaincu
nous	avions	vaincu
vous	aviez	vaincu
elles	avaient	vaincu
ils	avaient	vaincu

PASSÉ SIMPLE

je	vain**quis**
tu	vain**quis**
elle	vain**quit**
il	vain**quit**
nous	vain**quîmes**
vous	vain**quîtes**
elles	vain**quirent**
ils	vain**quirent**

PASSÉ ANTÉRIEUR

j'	eus	vaincu
tu	eus	vaincu
elle	eut	vaincu
il	eut	vaincu
nous	eûmes	vaincu
vous	eûtes	vaincu
elles	eurent	vaincu
ils	eurent	vaincu

FUTUR SIMPLE

je	vain**crai**
tu	vain**cras**
elle	vain**cra**
il	vain**cra**
nous	vain**crons**
vous	vain**crez**
elles	vain**cront**
ils	vain**cront**

FUTUR ANTÉRIEUR

j'	aurai	vaincu
tu	auras	vaincu
elle	aura	vaincu
il	aura	vaincu
nous	aurons	vaincu
vous	aurez	vaincu
elles	auront	vaincu
ils	auront	vaincu

CONDITIONNEL PRÉSENT

je	vain**crais**
tu	vain**crais**
elle	vain**crait**
il	vain**crait**
nous	vain**crions**
vous	vain**criez**
elles	vain**craient**
ils	vain**craient**

CONDITIONNEL PASSÉ

j'	aurais	vaincu
tu	aurais	vaincu
elle	aurait	vaincu
il	aurait	vaincu
nous	aurions	vaincu
vous	auriez	vaincu
elles	auraient	vaincu
ils	auraient	vaincu

SUBJONCTIF

PRÉSENT

que	je	vain**que**
que	tu	vain**ques**
qu'	elle	vain**que**
qu'	il	vain**que**
que	nous	vain**quions**
que	vous	vain**quiez**
qu'	elles	vain**quent**
qu'	ils	vain**quent**

PASSÉ

que	j'	aie	vaincu
que	tu	aies	vaincu
qu'	elle	ait	vaincu
qu'	il	ait	vaincu
que	nous	ayons	vaincu
que	vous	ayez	vaincu
qu'	elles	aient	vaincu
qu'	ils	aient	vaincu

IMPARFAIT

que	je	vain**quisse**
que	tu	vain**quisses**
qu'	elle	vain**quît**
qu'	il	vain**quît**
que	nous	vain**quissions**
que	vous	vain**quissiez**
qu'	elles	vain**quissent**
qu'	ils	vain**quissent**

PLUS-QUE-PARFAIT

que	j'	eusse	vaincu
que	tu	eusses	vaincu
qu'	elle	eût	vaincu
qu'	il	eût	vaincu
que	nous	eussions	vaincu
que	vous	eussiez	vaincu
qu'	elles	eussent	vaincu
qu'	ils	eussent	vaincu

IMPÉRATIF

PRÉSENT

vain**cs**
vain**quons**
vain**quez**

PASSÉ

aie vaincu
ayons vaincu
ayez vaincu

INFINITIF

PRÉSENT

vain**cre**

PASSÉ

avoir vaincu

PARTICIPE

PRÉSENT

vain**quant**

PASSÉ

vaincu, ue
ayant vaincu

CONJUGAISON DU VERBE **VALOIR**

INDICATIF

PRÉSENT
je	vaux
tu	vaux
elle	vaut
il	vaut
nous	valons
vous	valez
elles	valent
ils	valent

PASSÉ COMPOSÉ
j'	ai	valu
tu	as	valu
elle	a	valu
il	a	valu
nous	avons	valu
vous	avez	valu
elles	ont	valu
ils	ont	valu

IMPARFAIT
je	valais
tu	valais
elle	valait
il	valait
nous	valions
vous	valiez
elles	valaient
ils	valaient

PLUS-QUE-PARFAIT
j'	avais	valu
tu	avais	valu
elle	avait	valu
il	avait	valu
nous	avions	valu
vous	aviez	valu
elles	avaient	valu
ils	avaient	valu

PASSÉ SIMPLE
je	valus
tu	valus
elle	valut
il	valut
nous	valûmes
vous	valûtes
elles	valurent
ils	valurent

PASSÉ ANTÉRIEUR
j'	eus	valu
tu	eus	valu
elle	eut	valu
il	eut	valu
nous	eûmes	valu
vous	eûtes	valu
elles	eurent	valu
ils	eurent	valu

FUTUR SIMPLE
je	vaudrai
tu	vaudras
elle	vaudra
il	vaudra
nous	vaudrons
vous	vaudrez
elles	vaudront
ils	vaudront

FUTUR ANTÉRIEUR
j'	aurai	valu
tu	auras	valu
elle	aura	valu
il	aura	valu
nous	aurons	valu
vous	aurez	valu
elles	auront	valu
ils	auront	valu

CONDITIONNEL PRÉSENT
je	vaudrais
tu	vaudrais
elle	vaudrait
il	vaudrait
nous	vaudrions
vous	vaudriez
elles	vaudraient
ils	vaudraient

CONDITIONNEL PASSÉ
j'	aurais	valu
tu	aurais	valu
elle	aurait	valu
il	aurait	valu
nous	aurions	valu
vous	auriez	valu
elles	auraient	valu
ils	auraient	valu

SUBJONCTIF

PRÉSENT
que	je	vaille
que	tu	vailles
qu'	elle	vaille
qu'	il	vaille
que	nous	valions
que	vous	valiez
qu'	elles	vaillent
qu'	ils	vaillent

PASSÉ
que	j'	aie	valu
que	tu	aies	valu
qu'	elle	ait	valu
qu'	il	ait	valu
que	nous	ayons	valu
que	vous	ayez	valu
qu'	elles	aient	valu
qu'	ils	aient	valu

IMPARFAIT
que	je	valusse
que	tu	valusses
qu'	elle	valût
qu'	il	valût
que	nous	valussions
que	vous	valussiez
qu'	elles	valussent
qu'	ils	valussent

PLUS-QUE-PARFAIT
que	j'	eusse	valu
que	tu	eusses	valu
qu'	elle	eût	valu
qu'	il	eût	valu
que	nous	eussions	valu
que	vous	eussiez	valu
qu'	elles	eussent	valu
qu'	ils	eussent	valu

IMPÉRATIF

PRÉSENT
vaux
valons
valez

PASSÉ
aie	valu
ayons	valu
ayez	valu

INFINITIF

PRÉSENT
valoir

PASSÉ
avoir valu

PARTICIPE

PRÉSENT
valant

PASSÉ
valu, ue
ayant valu

CONJUGAISON DU VERBE **VENIR**

INDICATIF

PRÉSENT

je	viens
tu	viens
elle	vient
il	vient
nous	venons
vous	venez
elles	viennent
ils	viennent

PASSÉ COMPOSÉ

je	suis	venu, ue
tu	es	venu, ue
elle	est	venue
il	est	venu
ns	sommes	venus, ues
vs	êtes	venus, ues
elles	sont	venues
ils	sont	venus

IMPARFAIT

je	venais
tu	venais
elle	venait
il	venait
nous	venions
vous	veniez
elles	venaient
ils	venaient

PLUS-QUE-PARFAIT

j'	étais	venu, ue
tu	étais	venu, ue
elle	était	venue
il	était	venu
ns	étions	venus, ues
vs	étiez	venus, ues
elles	étaient	venues
ils	étaient	venus

PASSÉ SIMPLE

je	vins
tu	vins
elle	vint
il	vint
nous	vînmes
vous	vîntes
elles	vinrent
ils	vinrent

PASSÉ ANTÉRIEUR

je	fus	venu, ue
tu	fus	venu, ue
elle	fut	venue
il	fut	venu
ns	fûmes	venus, ues
vs	fûtes	venus, ues
elles	furent	venues
ils	furent	venus

FUTUR SIMPLE

je	viendrai
tu	viendras
elle	viendra
il	viendra
nous	viendrons
vous	viendrez
elles	viendront
ils	viendront

FUTUR ANTÉRIEUR

je	serai	venu, ue
tu	seras	venu, ue
elle	sera	venue
il	sera	venu
ns	serons	venus, ues
vs	serez	venus, ues
elles	seront	venues
ils	seront	venus

CONDITIONNEL PRÉSENT

je	viendrais
tu	viendrais
elle	viendrait
il	viendrait
nous	viendrions
vous	viendriez
elles	viendraient
ils	viendraient

CONDITIONNEL PASSÉ

je	serais	venu, ue
tu	serais	venu, ue
elle	serait	venue
il	serait	venu
nous	serions	venus, ues
vous	seriez	venus, ues
elles	seraient	venues
ils	seraient	venus

SUBJONCTIF

PRÉSENT

que	je	vienne
que	tu	viennes
qu'	elle	vienne
qu'	il	vienne
que	nous	venions
que	vous	veniez
qu'	elles	viennent
qu'	ils	viennent

PASSÉ

que	je	sois	venu, ue
que	tu	sois	venu, ue
qu'	elle	soit	venue
qu'	il	soit	venu
que	nous	soyons	venus, ues
que	vous	soyez	venus, ues
qu'	elles	soient	venues
qu'	ils	soient	venus

IMPARFAIT

que	je	vinsse
que	tu	vinsses
qu'	elle	vînt
qu'	il	vînt
que	nous	vinssions
que	vous	vinssiez
qu'	elles	vinssent
qu'	ils	vinssent

PLUS-QUE-PARFAIT

que	je	fusse	venu, ue
que	tu	fusses	venu, ue
qu'	elle	fût	venue
qu'	il	fût	venu
que	nous	fussions	venus, ues
que	vous	fussiez	venus, ues
qu'	elles	fussent	venues
qu'	ils	fussent	venus

IMPÉRATIF

PRÉSENT

viens
venons
venez

PASSÉ

sois	venu, ue
soyons	venus, ues
soyez	venus, ues

INFINITIF

PRÉSENT

venir

PASSÉ

être venu, ue

PARTICIPE

PRÉSENT

venant

PASSÉ

venu, ue
étant venu, ue

CONJUGAISON DU VERBE **VÊTIR**

INDICATIF

PRÉSENT
je	vê**ts**
tu	vê**ts**
elle	vê**t**
il	vê**t**
nous	vê**tons**
vous	vê**tez**
elles	vê**tent**
ils	vê**tent**

PASSÉ COMPOSÉ
j'	ai	vêtu
tu	as	vêtu
elle	a	vêtu
il	a	vêtu
nous	avons	vêtu
vous	avez	vêtu
elles	ont	vêtu
ils	ont	vêtu

IMPARFAIT
je	vê**tais**
tu	vê**tais**
elle	vê**tait**
il	vê**tait**
nous	vê**tions**
vous	vê**tiez**
elles	vê**taient**
ils	vê**taient**

PLUS-QUE-PARFAIT
j'	avais	vêtu
tu	avais	vêtu
elle	avait	vêtu
il	avait	vêtu
nous	avions	vêtu
vous	aviez	vêtu
elles	avaient	vêtu
ils	avaient	vêtu

PASSÉ SIMPLE
je	vê**tis**
tu	vê**tis**
elle	vê**tit**
il	vê**tit**
nous	vê**tîmes**
vous	vê**tîtes**
elles	vê**tirent**
ils	vê**tirent**

PASSÉ ANTÉRIEUR
j'	eus	vêtu
tu	eus	vêtu
elle	eut	vêtu
il	eut	vêtu
nous	eûmes	vêtu
vous	eûtes	vêtu
elles	eurent	vêtu
ils	eurent	vêtu

FUTUR SIMPLE
je	vê**tirai**
tu	vê**tiras**
elle	vê**tira**
il	vê**tira**
nous	vê**tirons**
vous	vê**tirez**
elles	vê**tiront**
ils	vê**tiront**

FUTUR ANTÉRIEUR
j'	aurai	vêtu
tu	auras	vêtu
elle	aura	vêtu
il	aura	vêtu
nous	aurons	vêtu
vous	aurez	vêtu
elles	auront	vêtu
ils	auront	vêtu

CONDITIONNEL PRÉSENT
je	vê**tirais**
tu	vê**tirais**
elle	vê**tirait**
il	vê**tirait**
nous	vê**tirions**
vous	vê**tiriez**
elles	vê**tiraient**
ils	vê**tiraient**

CONDITIONNEL PASSÉ
j'	aurais	vêtu
tu	aurais	vêtu
elle	aurait	vêtu
il	aurait	vêtu
nous	aurions	vêtu
vous	auriez	vêtu
elles	auraient	vêtu
ils	auraient	vêtu

SUBJONCTIF

PRÉSENT
que	je	vê**te**
que	tu	vê**tes**
qu'	elle	vê**te**
qu'	il	vê**te**
que	nous	vê**tions**
que	vous	vê**tiez**
qu'	elles	vê**tent**
qu'	ils	vê**tent**

PASSÉ
que	j'	aie	vêtu
que	tu	aies	vêtu
qu'	elle	ait	vêtu
qu'	il	ait	vêtu
que	nous	ayons	vêtu
que	vous	ayez	vêtu
qu'	elles	aient	vêtu
qu'	ils	aient	vêtu

IMPARFAIT
que	je	vê**tisse**
que	tu	vê**tisses**
qu'	elle	vê**tît**
qu'	il	vê**tît**
que	nous	vê**tissions**
que	vous	vê**tissiez**
qu'	elles	vê**tissent**
qu'	ils	vê**tissent**

PLUS-QUE-PARFAIT
que	j'	eusse	vêtu
que	tu	eusses	vêtu
qu'	elle	eût	vêtu
qu'	il	eût	vêtu
que	nous	eussions	vêtu
que	vous	eussiez	vêtu
qu'	elles	eussent	vêtu
qu'	ils	eussent	vêtu

IMPÉRATIF

PRÉSENT
vê**ts**
vê**tons**
vê**tez**

PASSÉ
aie	vêtu
ayons	vêtu
ayez	vêtu

INFINITIF

PRÉSENT
vê**tir**

PASSÉ
avoir vêtu

PARTICIPE

PRÉSENT
vê**tant**

PASSÉ
vêtu, ue
ayant vêtu

CONJUGAISON DU VERBE **VIVRE**

INDICATIF

PRÉSENT
je	vis
tu	vis
elle	vit
il	vit
nous	vivons
vous	vivez
elles	vivent
ils	vivent

PASSÉ COMPOSÉ
j'	ai	vécu
tu	as	vécu
elle	a	vécu
il	a	vécu
nous	avons	vécu
vous	avez	vécu
elles	ont	vécu
ils	ont	vécu

IMPARFAIT
je	vivais
tu	vivais
elle	vivait
il	vivait
nous	vivions
vous	viviez
elles	vivaient
ils	vivaient

PLUS-QUE-PARFAIT
j'	avais	vécu
tu	avais	vécu
elle	avait	vécu
il	avait	vécu
nous	avions	vécu
vous	aviez	vécu
elles	avaient	vécu
ils	avaient	vécu

PASSÉ SIMPLE
je	vécus
tu	vécus
elle	vécut
il	vécut
nous	vécûmes
vous	vécûtes
elles	vécurent
ils	vécurent

PASSÉ ANTÉRIEUR
j'	eus	vécu
tu	eus	vécu
elle	eut	vécu
il	eut	vécu
nous	eûmes	vécu
vous	eûtes	vécu
elles	eurent	vécu
ils	eurent	vécu

FUTUR SIMPLE
je	vivrai
tu	vivras
elle	vivra
il	vivra
nous	vivrons
vous	vivrez
elles	vivront
ils	vivront

FUTUR ANTÉRIEUR
j'	aurai	vécu
tu	auras	vécu
elle	aura	vécu
il	aura	vécu
nous	aurons	vécu
vous	aurez	vécu
elles	auront	vécu
ils	auront	vécu

CONDITIONNEL PRÉSENT
je	vivrais
tu	vivrais
elle	vivrait
il	vivrait
nous	vivrions
vous	vivriez
elles	vivraient
ils	vivraient

CONDITIONNEL PASSÉ
j'	aurais	vécu
tu	aurais	vécu
elle	aurait	vécu
il	aurait	vécu
nous	aurions	vécu
vous	auriez	vécu
elles	auraient	vécu
ils	auraient	vécu

SUBJONCTIF

PRÉSENT
que	je	vive
que	tu	vives
qu'	elle	vive
qu'	il	vive
que	nous	vivions
que	vous	viviez
qu'	elles	vivent
qu'	ils	vivent

PASSÉ
que	j'	aie	vécu
que	tu	aies	vécu
qu'	elle	ait	vécu
qu'	il	ait	vécu
que	nous	ayons	vécu
que	vous	ayez	vécu
qu'	elles	aient	vécu
qu'	ils	aient	vécu

IMPARFAIT
que	je	vécusse
que	tu	vécusses
qu'	elle	vécût
qu'	il	vécût
que	nous	vécussions
que	vous	vécussiez
qu'	elles	vécussent
qu'	ils	vécussent

PLUS-QUE-PARFAIT
que	j'	eusse	vécu
que	tu	eusses	vécu
qu'	elle	eût	vécu
qu'	il	eût	vécu
que	nous	eussions	vécu
que	vous	eussiez	vécu
qu'	elles	eussent	vécu
qu'	ils	eussent	vécu

IMPÉRATIF

PRÉSENT
vis
vivons
vivez

PASSÉ
aie vécu
ayons vécu
ayez vécu

INFINITIF

PRÉSENT
vivre

PASSÉ
avoir vécu

PARTICIPE

PRÉSENT
vivant

PASSÉ
vécu, ue
ayant vécu

CONJUGAISON DU VERBE **VOIR**

INDICATIF

PRÉSENT
je	**vois**
tu	**vois**
elle	**voit**
il	**voit**
nous	**voyons**
vous	**voyez**
elles	**voient**
ils	**voient**

PASSÉ COMPOSÉ
j'	ai	vu
tu	as	vu
elle	a	vu
il	a	vu
nous	avons	vu
vous	avez	vu
elles	ont	vu
ils	ont	vu

IMPARFAIT
je	**voyais**
tu	**voyais**
elle	**voyait**
il	**voyait**
nous	**voyions**
vous	**voyiez**
elles	**voyaient**
ils	**voyaient**

PLUS-QUE-PARFAIT
j'	avais	vu
tu	avais	vu
elle	avait	vu
il	avait	vu
nous	avions	vu
vous	aviez	vu
elles	avaient	vu
ils	avaient	vu

PASSÉ SIMPLE
je	**vis**
tu	**vis**
elle	**vit**
il	**vit**
nous	**vîmes**
vous	**vîtes**
elles	**virent**
ils	**virent**

PASSÉ ANTÉRIEUR
j'	eus	vu
tu	eus	vu
elle	eut	vu
il	eut	vu
nous	eûmes	vu
vous	eûtes	vu
elles	eurent	vu
ils	eurent	vu

FUTUR SIMPLE
je	**verrai**
tu	**verras**
elle	**verra**
il	**verra**
nous	**verrons**
vous	**verrez**
elles	**verront**
ils	**verront**

FUTUR ANTÉRIEUR
j'	aurai	vu
tu	auras	vu
elle	aura	vu
il	aura	vu
nous	aurons	vu
vous	aurez	vu
elles	auront	vu
ils	auront	vu

CONDITIONNEL PRÉSENT
je	**verrais**
tu	**verrais**
elle	**verrait**
il	**verrait**
nous	**verrions**
vous	**verriez**
elles	**verraient**
ils	**verraient**

CONDITIONNEL PASSÉ
j'	aurais	vu
tu	aurais	vu
elle	aurait	vu
il	aurait	vu
nous	aurions	vu
vous	auriez	vu
elles	auraient	vu
ils	auraient	vu

SUBJONCTIF

PRÉSENT
que	je	**voie**
que	tu	**voies**
qu'	elle	**voie**
qu'	il	**voie**
que	nous	**voyions**
que	vous	**voyiez**
qu'	elles	**voient**
qu'	ils	**voient**

PASSÉ
que	j'	aie	vu
que	tu	aies	vu
qu'	elle	ait	vu
qu'	il	ait	vu
que	nous	ayons	vu
que	vous	ayez	vu
qu'	elles	aient	vu
qu'	ils	aient	vu

IMPARFAIT
que	je	**visse**
que	tu	**visses**
qu'	elle	**vît**
qu'	il	**vît**
que	nous	**vissions**
que	vous	**vissiez**
qu'	elles	**vissent**
qu'	ils	**vissent**

PLUS-QUE-PARFAIT
que	j'	eusse	vu
que	tu	eusses	vu
qu'	elle	eût	vu
qu'	il	eût	vu
que	nous	eussions	vu
que	vous	eussiez	vu
qu'	elles	eussent	vu
qu'	ils	eussent	vu

IMPÉRATIF

PRÉSENT
vois
voyons
voyez

PASSÉ
aie	vu
ayons	vu
ayez	vu

INFINITIF

PRÉSENT
voir

PASSÉ
avoir vu

PARTICIPE

PRÉSENT
voyant

PASSÉ
vu, vue
ayant vu

CONJUGAISON DU VERBE **VOULOIR**

INDICATIF

PRÉSENT
je	**veux**
tu	**veux**
elle	**veut**
il	**veut**
nous	**voulons**
vous	**voulez**
elles	**veulent**
ils	**veulent**

PASSÉ COMPOSÉ
j'	ai	voulu
tu	as	voulu
elle	a	voulu
il	a	voulu
nous	avons	voulu
vous	avez	voulu
elles	ont	voulu
ils	ont	voulu

IMPARFAIT
je	**voulais**
tu	**voulais**
elle	**voulait**
il	**voulait**
nous	**voulions**
vous	**vouliez**
elles	**voulaient**
ils	**voulaient**

PLUS-QUE-PARFAIT
j'	avais	voulu
tu	avais	voulu
elle	avait	voulu
il	avait	voulu
nous	avions	voulu
vous	aviez	voulu
elles	avaient	voulu
ils	avaient	voulu

PASSÉ SIMPLE
je	**voulus**
tu	**voulus**
elle	**voulut**
il	**voulut**
nous	**voulûmes**
vous	**voulûtes**
elles	**voulurent**
ils	**voulurent**

PASSÉ ANTÉRIEUR
j'	eus	voulu
tu	eus	voulu
elle	eut	voulu
il	eut	voulu
nous	eûmes	voulu
vous	eûtes	voulu
elles	eurent	voulu
ils	eurent	voulu

FUTUR SIMPLE
je	**voudrai**
tu	**voudras**
elle	**voudra**
il	**voudra**
nous	**voudrons**
vous	**voudrez**
elles	**voudront**
ils	**voudront**

FUTUR ANTÉRIEUR
j'	aurai	voulu
tu	auras	voulu
elle	aura	voulu
il	aura	voulu
nous	aurons	voulu
vous	aurez	voulu
elles	auront	voulu
ils	auront	voulu

CONDITIONNEL PRÉSENT
je	**voudrais**
tu	**voudrais**
elle	**voudrait**
il	**voudrait**
nous	**voudrions**
vous	**voudriez**
elles	**voudraient**
ils	**voudraient**

CONDITIONNEL PASSÉ
j'	aurais	voulu
tu	aurais	voulu
elle	aurait	voulu
il	aurait	voulu
nous	aurions	voulu
vous	auriez	voulu
elles	auraient	voulu
ils	auraient	voulu

SUBJONCTIF

PRÉSENT
que	je	**veuille**
que	tu	**veuilles**
qu'	elle	**veuille**
qu'	il	**veuille**
que	nous	**voulions**
que	vous	**vouliez**
qu'	elles	**veuillent**
qu'	ils	**veuillent**

PASSÉ
que	j'	aie	voulu
que	tu	aies	voulu
qu'	elle	ait	voulu
qu'	il	ait	voulu
que	nous	ayons	voulu
que	vous	ayez	voulu
qu'	elles	aient	voulu
qu'	ils	aient	voulu

IMPARFAIT
que	je	**voulusse**
que	tu	**voulusses**
qu'	elle	**voulût**
qu'	il	**voulût**
que	nous	**voulussions**
que	vous	**voulussiez**
qu'	elles	**voulussent**
qu'	ils	**voulussent**

PLUS-QUE-PARFAIT
que	j'	eusse	voulu
que	tu	eusses	voulu
qu'	elle	eût	voulu
qu'	il	eût	voulu
que	nous	eussions	voulu
que	vous	eussiez	voulu
qu'	elles	eussent	voulu
qu'	ils	eussent	voulu

IMPÉRATIF

PRÉSENT
veuille/**veux**
voulons
veuillez/**voulez**

PASSÉ
aie voulu
ayons voulu
ayez voulu

INFINITIF

PRÉSENT
vouloir

PASSÉ
avoir voulu

PARTICIPE

PRÉSENT
voulant

PASSÉ
voulu, ue
ayant voulu

DICTIONNAIRE DES VERBES

Le dictionnaire des verbes répertorie dans
l'ordre alphabétique la majorité des verbes de
la langue française et renvoie aux 76 modèles
complets de conjugaison (p. 187 à 263).
Le numéro de la page du modèle de conjugaison
figure à la droite de chaque verbe.

INDEX DES MOTS CLÉS

A

E

158-60
315-25
92,93
96,97
103
197-207
221,22
255-57

3 15-18
16.8
318-2
16.10
158-60
92-93
96-97
103
196-214
197-209
212,213 sum
215-232
221-222
247-264
255-257
10.5
10.6 } ch.11
10.13 } 11.10
13.13

ch 34
ch 4 pg 75-90

186
280 - error
356-57

ch.11 pg 225-231
ch.12

450-457 Mutations
239-43 - Immunotherapy
81, 182, 230)
260-62 } specific
373   causes
408

sylvia s. mader

third edition
inquiry into life

wcb

Wm. C. Brown Company Publishers
Dubuque, Iowa

Book Team

John Stout *Editor*

Rebecca Strehlow *Associate Developmental Editor*

Barbara J. Grantham *Designer*

Lynne M. Meyers *Production Editor*

Faye M. Schilling *Visual Researcher*

Wm. C. Brown *Chairman of the Board*

Mark C. Falb *Executive Vice President*

Wm. C. Brown Company Publishers, College Division

Lawrence E. Cremer *President*

Raymond C. Deveaux *Vice President/Product Development*

David Wm. Smith *Vice President/Marketing*

David A. Corona *Assistant Vice President/Production Development and Design*

Marcia H. Stout *Marketing Manager*

Janis Machala *Director of Marketing Research*

Marilyn A. Phelps *Manager of Design*

William A. Moss *Production Editorial Manager*

Mary M. Heller *Visual Research Manager*

Cover image courtesy of Minnesota Zoological Society, Richard Hess, illustrator.

for my children

Part **1** **the cell**
  a unit of life

contents

Part **5** evolution and
diversity

Part 6 behavior and ecology

charts

*These readings were written by the author
to highlight and expand upon topics
discussed in the text.

readings

Inquiry Into Life is written for the young adult who would like a working knowledge of biology. Educational theory tells us that adults are most interested in knowledge of immediate practical application. This book attempts to remain true to this idea, and its basic theme is knowledge about and understanding of human biology. Plants and other animals are included, however, because human beings cannot understand themselves unless they understand other living things. All organisms face the same problems, but through the evolutionary process they solve these problems differently. Human beings can better understand themselves when they see the unity of life while at the same time seeing the diversity. Concerned citizens need to realize that humans are not the pivot point nor even the culmination of life but are a part of a great, overall, interrelated network.

While this text covers the whole field of basic biology, it emphasizes the application of this knowledge to modern concerns. Students will then be able to see that biology is truly relevant. Concurrent with this approach, the student is led to a discovery of biological concepts and principles. Detailed, high level scientific data and terminology are not included because the author believes that true knowledge consists of working concepts rather than technical facility. The latter can always be added by more advanced study after acquisition of a core of knowledge upon which to build. Each chapter presents the topic clearly, simply, and distinctly so that the student will feel capable of achieving an adult level of understanding.

Throughout the text, care is taken to assist students in the learning process: a list of concepts begins each chapter; charts frequently highlight important points; a chapter summary is provided for review; and study questions test comprehension. A glossary of frequently used terms may be found following the appendix.

The third edition of *Inquiry into Life* has the same format and style as the first and second editions even though there has been extensive reorganization and rewriting. The Introduction discusses the characteristics of life and also presents an overview of the book. It is hoped that students will find the Introduction a pleasant and interesting way to begin their study of biology.

The text is divided into six parts. **Part 1, The Cell:** A Unit of Life, introduces basic biological principles and serves as a foundation for the other units. It begins with a chapter on chemistry, which has been shortened because DNA/RNA coverage has been moved to a new chapter on biochemical genetics. The chapters devoted to cell structure and function have also been reorganized. All of the organelles, including the nucleus, are now discussed at the same time. New findings, particularly regarding cell inclusions and membrane, have been incorporated into these chapters. As before, there is a choice as to depth of presentation regarding cellular metabolism. This makes it possible for instructors to cover the topic in a manner suitable for their students.

In **Part 2, Plant Biology,** photosynthesis now precedes plant structure and function. The chapter on photosynthesis presents new findings and again offers a choice as to depth of presentation. Chapter 7, Plant Structure and Function, is more complete than before since it includes coverage of the flower.

Just as the flowering plant is used as a basis for discussion of plant physiology, so humans are used as a basis for discussion of animal physiology. Homeostasis is the theme of **Part 3, Human Physiology.** It begins with a new introductory chapter that reviews animal tissues and explores the topic of homeostasis in more detail. There has been little reorganization of this part but every chapter has been revised to more closely address the common concerns of students, such as dieting, drugs, and smoking. There is a new chapter devoted entirely to immunity, which includes mention of new techniques. Medical disorders and possible treatments are emphasized throughout this portion of the text.

Part 4, Reproduction, Development, and Inheritance, can appear in the curriculum wherever the instructor desires. Chapter 19 *Human Reproduction,* has been rewritten and is now more thorough and comprehensive. In keeping with the human orientation of the text, the chapter on development now stresses human development from the outset, while coverage of genetic principles continues to stress human inheritance. As a result of adopter's suggestions, a new chapter entitled Molecular Basis of Inheritance has been added. This chapter covers DNA/RNA chemistry and protein synthesis, as well as genetic engineering, regulation of genes, and the related topic, cancer. The coverage of cancer has been expanded and updated.

Part 5, Evolution and Diversity, is new to this edition. Chapter 23, Evolution, and Chapter 24, Origin of Life, precede a survey of living organisms, which are classified into the Kingdoms Monera, Protista, Plants, and Animals. Part 5, which ends with Human Evolution, brings together chapters previously found in other sections. Hopefully this reorganization will assist instructors who wish to emphasize the evolution of living things.

Part 6, Behavior and Ecology, features two chapters devoted to behavior before ecosystems, biomes, and human population are discussed. Behavior within Species discusses the why and how of animal behavior, including the formation of societies. Behavior between Species contains topics such as competition and predation, which are also important components of ecological interactions. Chapter 32, Ecosystems, explains ecological principles and also examines ecological problems, such as air and water pollution. Chapter 33, The Biosphere examines natural communities within the biosphere while emphasizing how they have been altered by humans. By studying the effects of human intervention, students may become aware of the need for conservation. Chapter 34, Human Population, contains updated data and also includes two related topics, the energy and food crises. This chapter too may appear in the curriculum wherever it is convenient for the instructor.

Indeed, certain instructors may prefer a different sequence of chapters entirely, and, if so, several possible sequences are suggested in the accompanying *Instructor's Manual.* The *Student Study Guide,* which also accompanies this text, is especially helpful to those students who need additional practice in order to achieve mastery of behavioral objectives.

The author wishes to acknowledge the help of Elizabeth Adams, Mt. San Antonio College; Paul Biersuck, Nassau Community College; Russell P. Davis, University of Arizona; Gil Desha, Tarrant County Junior College; Anita Fardelman, Essex County College; E. Bruce Holmes, Western Illinois University; James Langdon, University of South Alabama; and Charles Mims, Stephen F. Austin State University.

My illustrators, Kathleen Hagelston and Anne Greene provided many fine illustrations which will be enjoyed and appreciated by both instructors and students. Preparing the manuscript would have been absolutely impossible without the steadfast assistance of my typist, Adelle Robinson. And, finally, again I wish to thank the personnel of Wm. C. Brown Co. for their constant support and encouragement.

inquiry into life

Introductory Concepts

1. Although life is difficult to define, it can be recognized by certain common characteristics.

2. There are various approaches to the study of biology. (The approach chosen in this text stresses human biology.)

3. The information in this book has been gathered by using the scientific method, a process based on certain identifiable procedures.

Figure I.1
There are many different types of living
things.

This book is about living things (fig. I.1) and therefore it is appropriate to
first define life. Unfortunately this is not so easily done—life cannot be given
a simple one line definition. Since this is the case, it is customary to discuss
life in terms of its characteristics; the following five characteristics are commonly attributed to living things:

1. Living things have a structure that is ultimately made up of cells.
2. Living things grow and maintain their structure by taking chemicals
   and energy from the environment.
3. Living things respond to the external environment.
4. Living things reproduce and pass on their organization to their
   offspring.
5. Living things evolve and adapt to the environment.

Living things have a structure that is ultimately made up of cells.
Figure I.2 shows that both plants and animals are organisms, which are
composed of organs, which in turn are composed of tissues, and tissues are
composed of cells. Cells are made up of chemicals (molecules), which are
nonliving substances that contain atoms, the smallest units of matter nondivisible by chemical means.

*Living things grow and maintain their structure by taking chemicals
and energy from the environment.* Only plants and plantlike organisms are
capable of utilizing inorganic chemicals and the energy of the sun in the
process of making their food. Other organisms, such as animals, must take in
preformed food as a source of chemicals and energy (fig. I.3). The chemicals

Figure I.2
Cells are made of chemicals, tissues are
made up of cells, organs are composed of
tissues, and organisms contain organs.

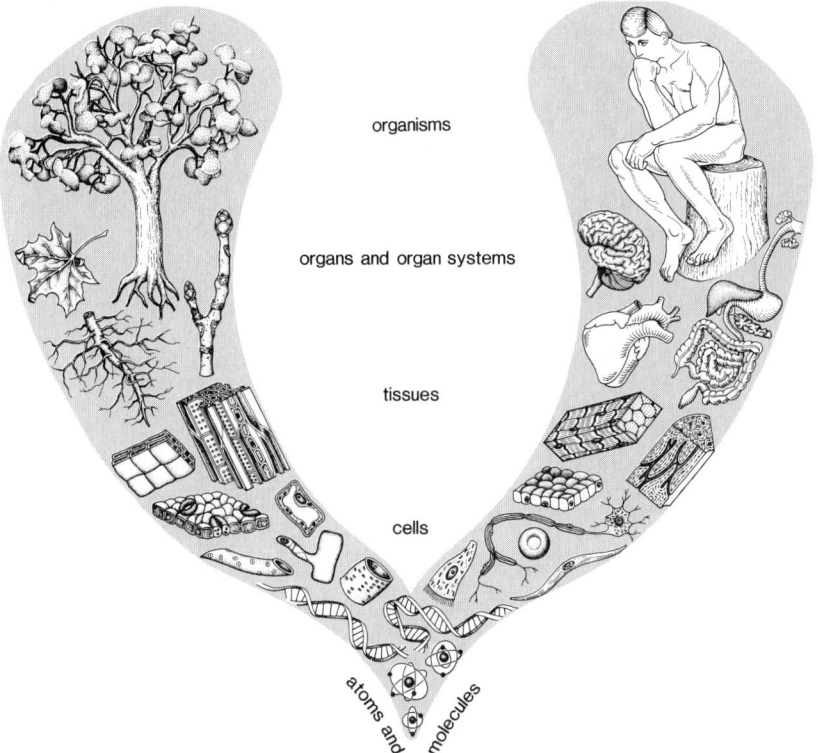

organisms

organs and organ systems

tissues

cells

atoms and molecules

Figure I.3
Animals use the chemicals and energy
obtained from their food to maintain their
organization.

and energy obtained from the environment are used in part to maintain the organization of living organisms. Each living organism has its own particular organization that is maintained despite the fact that this requires a continual input of energy. The reading on page 8 emphasizes this characteristic of living things.

Living things respond to the external environment. This characteristic is commonly recognized by people who acknowledge a living thing by its ability to move. A multicellular animal can move because it possesses a nervous system, but other living things, including plants, possess a variety of mechanisms by which they respond to the physical and biological environment. Responses to the environment constitute the behavior of organisms (fig. I.4).

Living things reproduce and pass on their organization to their offspring. A unicellular organism reproduces asexually simply by dividing into two new organisms (fig. I.5). Because the new organisms have the same hereditary factors, or genes, as the original organism, they also possess the same structure and function. In contrast, multicellular organisms often reproduce by means of sexual reproduction. Male and female organisms each contribute one-half the total number of genes to the new organism, which then develops through stages into an organism resembling the parents (fig. I.6)

Living things evolve, or change, and thereby become adapted to the environment. While the preceding characteristics of life have been concerned with individual living things, this fifth characteristic is concerned with the **species,** a group of similarly constructed organisms that share common genes and are capable of interbreeding. It is the species rather than the individual that evolves. The reading on page 8 identifies evolution as the second major

Figure I.4
White storks exhibit mating behavior.

Figure I.5
Scanning electron micrograph of a paramecium dividing into two new individuals. (*CF* = constriction furrow.)

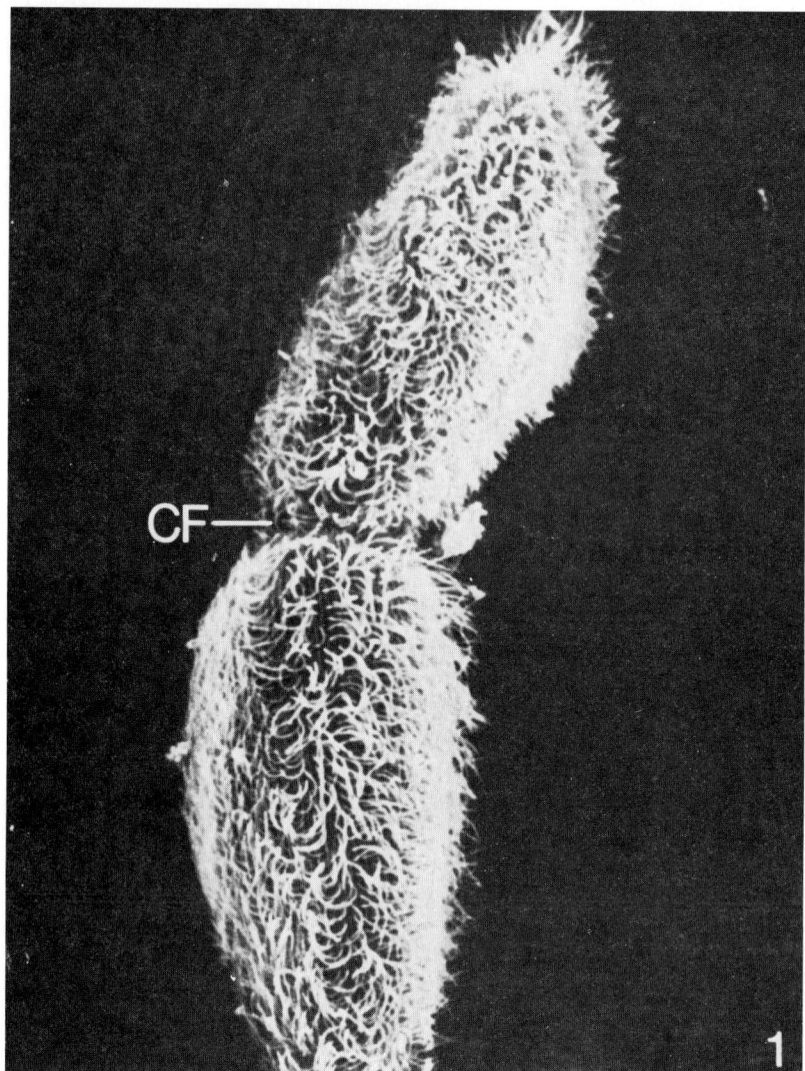

characteristic of living things and states that evolution is dependent on genetic changes. Because of these changes, some organisms inherit a combination of genes that makes them better suited to a particular environment. These organisms, which are said to be better adapted, tend to survive and have more offspring than those that are not as well suited. In this way, evolution produces successive generations of organisms that are better adapted to particular environments (fig. I.7).

The evolutionary process causes life to have a history. Life came into existence with the first cell and from this cell all other forms of life evolved into the variety of organisms we see around us. There is a variety of life forms on this planet because, through the evolutionary process, organisms have become adapted to various environments.

There are many different ways to approach the study of life. This text, while covering all aspects of biology, focuses on human biology. For example, human anatomy and physiology is studied as representing vertebrate anatomy and physiology and the chief environment of humans, the country and city, is studied as an example of an ecosystem. The following gives a brief introduction to the many topics discussed in the units of this text.

Figure I.6
When male and female frogs mate, the fertilized egg develops into a frog.

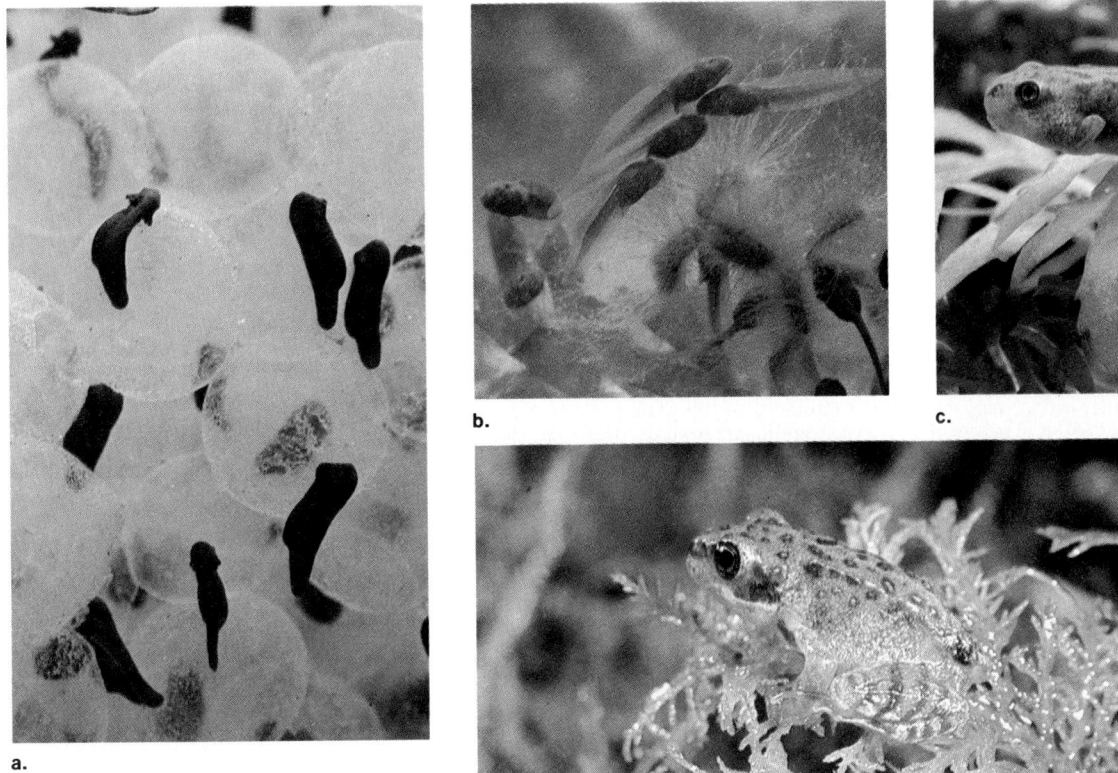

a.

b.

c.

d.

Figure I.7
Organisms are structurally, physiologically, and behaviorally adapted to their way of life.

Life

Life has two scientific aspects: life in action and life in time. Life in action is the functioning of living organisms, the molecular and atomic events brought about by the presence of life, and is the subject matter of biochemistry. Life in time is the persistence and disappearance and replacement of organisms, by individual death as well as by the generation and differential proliferation of new species—in one word, evolution. These two aspects, biochemistry and evolution, make life a unique phenomenon in the history of the earth, one that long before the coming of man had impressed its profound mark on the features, the climate, the very structure of the planet earth.

Life is distinct from all other natural phenomena in one feature: it has a program. All other natural phenomena occur more or less at random, like the movement of clouds in the changing winds, or the disintegration of radioactive atoms, or the collision of molecules in a heated fluid. When physical phenomena have a regular trend, it is generally a trend toward increased disorder, in conformity with the physical law that affirms the tendency toward a minimum of molecular order. . . .

Only in life does individuality emerge. Life's program unfolds itself in the wonderful growth of a germ into an organism, in the blossoming of a species to fill an environmental setting, in the creative replacement of species with species in the course of evolution—because life's program has been inscribed in a unique substance, the substance of the genes. This material substrate of life is an exception, not to the laws of physics and chemistry but to the run-of-the-mill types of molecules. It is a substance whose construction insures both stability and almost infinite variety of individual patterns. It provides for

copying with an accuracy unattainable in any other known molecular species. At the same time, this program substance is capable of change, and its changes become the basis for biological evolution. . . .

. . . Life evolved, reached its present state, and will further develop by the creative interplay of the chemical workings of the genetic material and the historical workings of the natural forces that favor now one species, now another, promoting any biochemical invention that provides increased fitness. Stupendous devices such as the brain and mind of man are biochemical inventions as challenging and as mysterious as those that produced the equally stupendous social organization of insects. To the scientist, the uniqueness of man is purely a biological uniqueness rather than the superposition of something nonbiological—soul or spiritual essence—upon the workings of biological evolution. The nature of the mechanisms responsible for these highly complex phenomena still escapes the biologist, but he is confident that this will not always be so.

The science of heredity is less than one hundred years old, modern biochemistry less than fifty, molecular biology barely twenty, and their progress has been astonishingly rapid. As one looks back at the millennia of ignorance and forward toward the harvest of knowledge still to be gained, both pride and humility are in order. As he gains understanding of life and of himself, man seems to be well on his way to fulfill the prediction of Genesis: "Ye shall be as gods, knowing good and evil."

S. E. Luria, *Life: The Unfinished Experiment* (New York: Charles Scribner's Sons, 1973), pp. 5–7.

The Cell, A Unit of Life

Multicellular organisms, including humans, are composed of cells (fig. I.2). In order to understand how multicellular organisms function, it is necessary to understand how the cell functions. Since cells are made up of chemicals, we begin our study by considering some basic chemistry essential to the cell. Our study of cells also includes how cells grow and reproduce, two vital functions in the life of the cell.

Plant Biology

There are two major types of higher organisms—plants and animals. Flowering plants are the most recently evolved of the plants, and they serve as our basis for studying plant biology in this unit. Plant cells carry on photosynthesis,

Figure I.8
All life is ultimately
dependent on
photosynthesis.

the process by which they make their own food. Photosynthesis is extremely important because it ultimately provides food for all living things (fig. I.8).

Human Physiology

As with plant biology, our study of animal biology centers on the most recently evolved species—humans. The human body is composed of many systems, each designed to perform a particular life function (chart I.1). This unit discusses the anatomy and, in particular, the physiology of each system while it also highlights related areas of interest, such as dieting, drugs, smoking, and important illnesses. It is hoped that the knowledge you gain about the human body will assist you in understanding the workings of your own body.

Chart I.1 Animal Organ Systems

Name	Function
Digestive	Convert food particles to nutrient molecules
Circulatory	Transport of molecules to and from cells
Immune	Defense against disease
Respiratory	Exchange of gases with environment
Excretory	Elimination of metabolic wastes
Nervous and sensory	Regulation of systems and response to environment
Muscular and skeletal	Support and movement of organism
Hormonal	Regulation of internal environment

Reproduction, Development, and Inheritance

This unit explores topics of extreme interest to young people, who are just beginning the reproductive portion of their lives. The anatomy and physiology of the reproductive system is considered as well as birth control, infertility, and venereal diseases. The stages of development are reviewed giving you an opportunity to see how a fertilized egg becomes the newborn infant. Inheritance is an extremely important topic today for several reasons. Much more is known today about human genetic diseases than was known even as little as a decade ago. Science has made it possible to sometimes predict the chances of child being born with a genetic disease. Also, we are entering an era of genetic engineering, which may make it possible to control development despite the inheritance of faulty genes. Chapter 22 discusses this interesting and controversial topic.

Evolution and Diversity

After an introductory chapter that presents the principles of evolution, this unit surveys the development of living things from the origin of life to human evolution. Particularly today, it is important for you to become acquainted with the diversity of life not only because it illustrates our relationship with other living things but because it may also enhance your awareness of the need to preserve and protect all forms of life.

Behavior and Ecology

The behavior of organisms can be studied just as their anatomy and physiology can be studied. In fact, much of an organism's behavior can be attributed to its genetic inheritance. Certain behavior patterns are particularly applicable to the study of ecology, which is defined as the interactions of organisms with each other and with the physical environment. In many cases, humans have drastically altered the environment (fig. I.9) and are just now coming to realize their destructive potential.

The future existence of human beings is dependent on preserving the natural world, and it is the goal of this unit to make you aware of this dependence and what should be done to protect the balance of nature. The last chapter in this unit considers the growth and size of the human population. Only humans have increased their numbers to the extent that they dominate the planet. Our use of fossil fuel energy (coal, natural gas, petroleum), especially as it is used to grow food, has made this inordinate increase possible. Since the supply of fossil fuel energy is now running low, many experts are questioning whether a food crisis can be prevented. The causes and effects of both energy and food shortages are presented, as well as a discussion of some possible alternatives and solutions. As members of the human population, it is imperative that we recognize the importance of these considerations.

a.

b.

Scientific Knowledge

The information presented in this book was arrived at by utilizing the scientific method. This method is explained on page 13. As you read the text, keep in mind the mechanisms by which the information presented here has been gathered and also keep in mind the limitations of science. Science deals with supported hypotheses not absolute truths; therefore, its conclusions are subject to change. Also, it is not the role of science to answer ethical questions and to dictate the direction of the future. While scientists can inform and even recommend, it is up to citizens to decide to what degree and in what manner the conclusions of science should be implemented. For this reason it is extremely important for you to possess a knowledge of human biology, a knowledge that will allow you to intelligently contribute to shaping the future destiny of human beings.

Summary

All living things display certain characteristics; they are made up of cells, maintain their structure by taking chemicals and energy from the environment, respond to external stimuli, and reproduce. As species, living things evolve and change. Evolution accounts for the diversity of life we see about us.

This text, which covers the whole scope of biology, the study of life, has a human orientation. Humans are made up of cells, and the first unit of the book covers cell biology. Because flowering plants are the most advanced of the plants and provide most of the food for all other living things, the unit on plant biology is based on the flowering plant. Human beings are the most advanced of the animals and a significant portion of this book is concerned with human organ systems. The knowledge gained should help you to understand your own body. Unit 5 is about evolution and diversity. Humans can only understand their place in nature by studying all living things. The final unit of the book concerns behavior and ecology. Only when we realize our dependence on the natural world will we be able to understand the importance of trying to preserve it.

Science does not answer ethical questions; we must do this for ourselves. Knowledge provided by science can assist you in making decisions that will influence the destiny of human beings and other living things.

Study Questions

1. Name the five characteristics of life and discuss each one. (pp. 4–6)
2. Support the statement "All living things are organized." (p. 4)
3. Food provides what two necessities for living things? (p. 4)
4. Explain the process by which living things become increasingly more adapted to the environment. (pp. 5–6)
5. Give two reasons why humans should study the biology of other living things. (p. 10)

Further Readings

Asimov, I. 1960. *Wellsprings of life.* New York: Abelard-Schuman.
Baker, J., and Allen, G. 1971. *Hypothesis, prediction, and implication in biology.* Reading, Mass.: Addison-Wesley.
Grobstein, C. 1965. *The strategy of life.* San Francisco: W. H. Freeman.
Luria, S. E. 1973. *Life: The unfinished experiment.* New York: Charles Scribner's Sons.
Szent-Gyorgyi, A. 1972. *The living state.* New York: Academic Press.

The Scientific Method

The scientific method is as varied as scientists themselves, but even so there are certain processes that are typically characteristic of science. First of all, scientists seek to understand the material world (that which can be observed). When doing this, scientists ask only **causality questions,** such as what caused this or how does this occur, rather than **teleological questions** that ask for what purpose something occurs. For example, a scientist might address the question, "What causes this particular illness?" but would not ask the more philosophical question, "Why should humans get sick?"

Scientists answer questions by collecting data, or evidence, using simple **observation** or carefully conducted **experiments.** The observations and experiments must be repeatable; that is, others must report the same observations under the same circumstances. Otherwise, the observations and experiments are considered invalid.

Observations permit scientists to formulate **hypotheses,** tentative explanations of observed phenomena. To arrive at a hypothesis, scientists use various methods of reasoning, especially inductive reasoning. **Inductive reasoning** allows scientists to arrive at a generalization after observing specific facts. For example, in 1976, delegates to an American Legion convention in Philadelphia became ill with what came to be called Legionnaire's disease. After observing that all ill persons had spent time in the same vicinity and that their symptoms included fever and pneumonia, certain scientists suggested that the causative agent was an infectious airborne organism.

After a hypothesis such as this has been stated, a second type of reasoning, **deductive reasoning,** comes into play. Deductive reasoning begins with a general statement that infers a specific conclusion. It often takes the form of an "if . . . then" statement. In science, deductive reasoning allows a scientist to determine the type of experiment

and/or observation necessary to support or refute a hypothesis. For example, it follows that *if* Legionnaire's disease is caused by an infectious organism, *then* it should be possible to isolate and identify the organism. Scientists made this deduction, and they began to examine specimens from all ill persons. They also inoculated guinea pigs with tissues obtained from persons who had died from the condition.

Just as in this case, scientists may first make observations outside the laboratory and then proceed to perform experiments inside the laboratory, where conditions can be controlled. The laboratory environment protected the guinea pigs from exposure to other infective agents, for example. To ensure that illness in the guinea pigs was due to the inoculum and not some other factor involved in the experiment, scientists devised a **control** sample (a sample that undergoes all the steps in the experiment except the one being tested). The control sample consisted of a group of guinea pigs that received treatment identical to the others except that the inoculum given them did not contain the tissue in question. In this way, when only the experimental group became ill, it allowed scientists to conclude that the illness was indeed caused by the inoculum.

As it happened, when scientists observed the spleen of the experimental guinea pigs, they found small rod-shaped organisms that were able to grow outside living things on specially prepared media suitable for bacteria. In this example, the data collected does not lend itself to mathematical interpretation, except perhaps if it were found that only a certain percentage of the guinea pigs had infected spleens. In many instances, however, scientists rely greatly on measurements and mathematical data. **Mathematical data** is highly desirable because it helps define variables (components of experiments) and enables scientists to see relationships that might not otherwise be obvious.

The data collected from experiments either supports or fails to support the hypothesis. However, data that supports the hypothesis does not prove the hypothesis true. After all, it is possible that the original hypothesis was misleading or that the observations were inconclusive. While a hypothesis can never be proven true, it can sometimes be proven false. Suppose that a scientist had formulated the hypothesis that Legionnaire's disease could be contracted only by Orientals. Obviously the first Caucasian to contract the disease would prove the hypothesis false.

If the hypothesis is constantly supported, the confidence of certainty becomes greater and scientists may then present the conclusions as if they are factual. For example, Legionnaire's disease has been given the name Legionellosis, and it is stated that this disease is caused by a bacteria given the name *L. pneumophila.* Dealing with conclusions as if they are factual faciliates communication. However, scientists are always aware that the present body of information represents the truest available at the moment and that further observations and experiments could lead to changes in this information.

The ultimate goal of science is to understand the natural world in terms of **concepts,** interpretations that take into account the results of many experiments and many observations. For example, the theory of evolution is one such conceptual scheme. It allows scientists to understand the history of life, the variety of living things, the anatomy and physiology of organisms, embryological development, and so forth. When the designation **theory** is used in science it means that scientists have the utmost confidence in a concept whose broad scope gives it fundamental importance. This is contrary to the way in which the word *theory* is used in every day language.

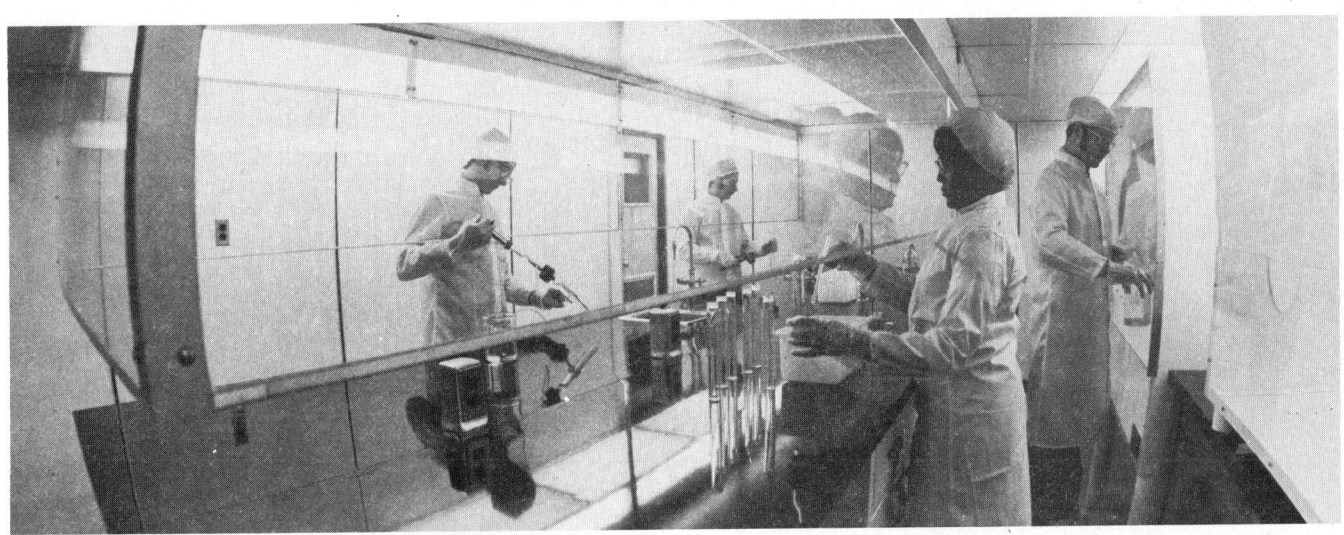

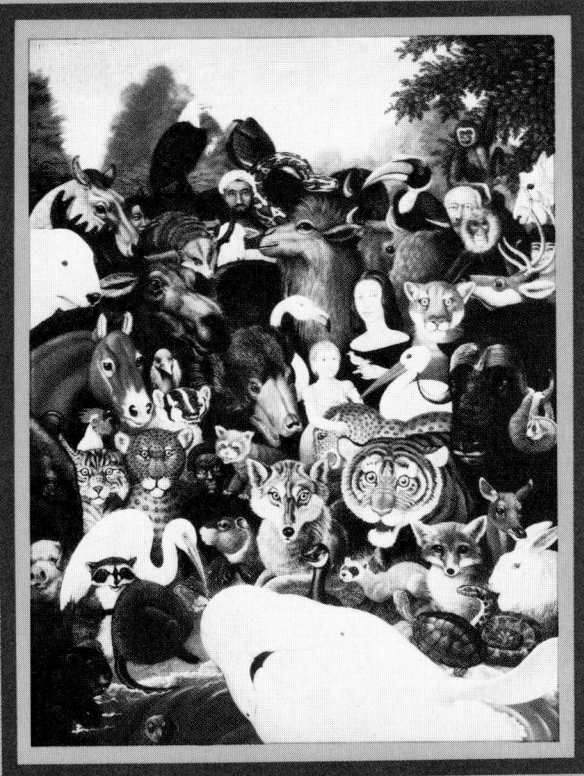

The cell is the smallest of living things, and all the characteristics of life are found here. An understanding of cell structure, physiology, and biochemistry serves as a foundation to an understanding of multicellular forms.

Part 1 studies each aspect of cellular biology in detail and thereby covers the fundamental concepts of biology.

Principles of inorganic and organic chemistry are discussed before a study of cell structure is undertaken. The cell is bounded by a membrane and contains organelles, many of which are also membranous. It is membrane that regulates the entrance and exit of molecules and determines how cellular organelles carry out their functions.

Cell reproduction is dependent upon mitotic cell division; whereas animal and plant reproduction are dependent upon meiotic cell division. Both types of cell division are introduced in the following chapters. Cells require energy for growth and reproduction, and the biochemical means by which this energy is provided is considered in chapter 5.

Chapter Concepts

1. All living organisms are composed only of inorganic chemicals and organic molecules.

2. Atoms, the smallest units of matter, react with one another to form inorganic chemicals and organic molecules.

3. Some important inorganic chemicals in living organisms are acids, bases, and salts.

4. Some important organic molecules in living organisms are proteins, carbohydrates, fats, and nucleic acids, each of which is composed of smaller molecules joined together.

1

chemistry and life

Figure 1.1

The nucleus of an atom contains protons and neutrons; the shells contain electrons; every shell thereafter may have as many as eight electrons.

p = protons
n = neutrons
● = electrons

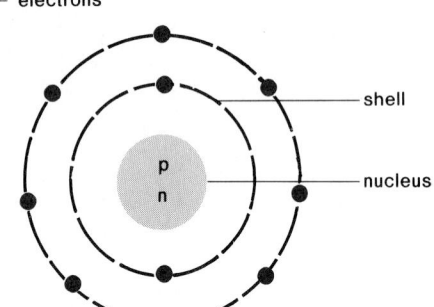

Chart 1.1 Subatomic Particles

Name	Charge	Weight
Electron	One negative unit	No weight
Proton	One positive unit	One atomic unit
Neutron	No charge	One atomic unit

The fact that living things are physical and chemical machines organized to display the characteristics of life is not easy to accept and understand since it is very difficult to envision mentally the relationship between the microcosm (i.e., chemicals) and the macrocosm (i.e., the organism).

However, a few minutes reflection indicates that many modern advances in biology and medicine are due to the realization that humans are made up of chemicals. Various genetic diseases, some of which cause an early death if untreated, can be controlled through our knowledge of the chemical workings of the body. Drugs, or chemicals, modify the operation of our bodies in times of illness: adrenalin is given for a heart attack; tranquilizers reduce nervous tension; iron prevents anemia. Good nutrition is based on our knowledge of the everyday chemical requirements necessary to keep the body in good running order. For example, the reading on page 20 indicates the importance of trace elements in the diet to promote healthy bone structure.

Since living things, including humans, are composed only of chemicals, the study of chemistry is absolutely essential to the study of biology.

Atoms

The substance, or matter, that makes up living things is made of chemicals, and chemicals are made of atoms. The word *atom* is simply a term to refer to the smallest unit of matter nondivisible by chemical means. While it's possible to split an atom by physical means, an atom is the smallest unit to enter into chemical reactions.

Investigators tell us that it is permissible to consider the atom (fig. 1.1) as being composed of a center, called the **nucleus,** and energy levels surrounding the nucleus, called **shells.** While various types of subatomic particles have

Figure 1.2

Periodic Table of the Elements (simplified). See the Appendix for a complete table.

I	II	III	IV	V	VI	VII	VIII
1 H hydrogen 1.0							2 He helium 4.0
3 Li lithium 7.0	4 Be beryllium 9.0	5 B boron 11.0	6 C carbon 12.0	7 N nitrogen 14.0	8 O oxygen 16.0	9 F fluorine 19.0	10 Ne neon 20.2
11 Na sodium 23.0	12 Mg magnesium 24.3	13 Al aluminum 27.0	14 Si silicon 28.1	15 P phosphorus 31.0	16 S sulfur 32.1	17 Cl chlorine 35.5	18 Ar argon 40.0
19 K potassium 39.1	20 Ca calcium 40.1						

Atomic Number

Atomic Symbol

Atomic Weight

been discovered, only a few are of interest to us. The subatomic particles called **protons** and **neutrons** are located within the nucleus; the subatomic particles called **electrons** are located in the shells. It has been shown that electrons have varying amounts of energy; those with the greatest amount of energy are located in shells farthest from the nucleus. The shells are actually an approximate path within which the electrons circle or move about the nucleus. Another important feature of protons, neutrons, and electrons is their weight and/or charge, which is indicated in chart 1.1.

The complete Periodic Table of the Elements (p. A–3) indicates that thus far 106 different atoms have been discovered. The word **element** simply refers to a large number of the same type atom. Since in the following discussion we will be concerned only with the first few atoms, a simplified Table of the Elements is given in figure 1.2. Notice that in the Periodic Table each specific atom—

1. has been given a **symbol**—for example, C = carbon and N = nitrogen.

2. has an **atomic number**—carbon is #6 and nitrogen is #7. *The atomic number equals the number of protons.*

3. has an **atomic weight** or mass—carbon has an atomic weight of 12[1] and nitrogen has an atomic weight of 14. *The atomic weight equals the number of protons plus the number of neutrons* (chart 1.1).

With this knowledge in mind, it is now possible to diagram a specific electrically neutral atom. **Electrically neutral** simply means that the number of protons (+) is equal to the number of electrons (−). The first shell of any atom contains only two electrons; thereafter each shell may contain eight.[2] Thus, carbon can be diagrammed as in figure 1.3. The representations of some other atoms can be found in figure 1.4 so that you may study additional configurations.

It will soon become apparent that the elements in the Periodic Table are linearly arranged in order of increasing atomic number and weight but are vertically arranged according to their similar chemical properties. For example, we will see that the atoms in the first column all have one electron in the outermost shell, and also that they give up this electron in chemical reactions.

Isotopes

The atomic weights listed in the Periodic Table are actually the average weight of each type atom. Individual atoms can vary as to weight. When they do, they are called **isotopes** of one another. The isotopes of carbon may be written in the following manner where the subscript stands for the atomic number and the superscript stands for the weight:

$$^{12}_{6}C \quad ^{13}_{6}C \quad ^{14}_{6}C* \quad ^{15}_{6}C$$

The number of protons in these isotopes does not vary, but the weight does; this indicates that the number of neutrons must be responsible for the weight difference since electrons have no weight.

Certain isotopes, called **radioactive** isotopes, are unstable and emit radiation, which may be detected with a Geiger counter. Carbon-14 is radioactive as the asterisk indicates. Radioactive isotopes are widely used in biological research because it is possible to trace their presence in various chemical substances and tissues.

1. Atomic weights are relative weights. The most common isotope of carbon has been assigned a weight of 12 and the other atoms are either lighter or heavier than carbon.

2. The maximum number of electrons for any shell except the outer shell is $2n^2$ where n is the shell number. However we will consider only atoms 1–20 in which all shells may have eight electrons except the first shell, which has two electrons.

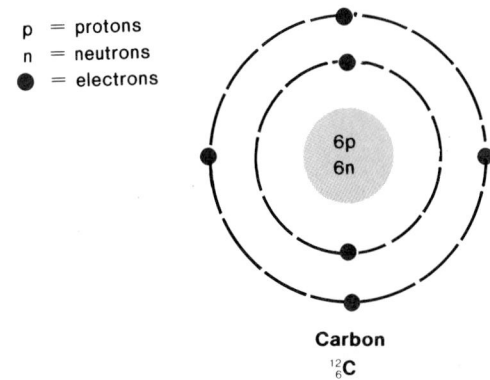

Figure 1.3
Diagram of carbon atom. (Notice that the atomic number equals the number of protons.)

p = protons
n = neutrons
● = electrons

Carbon
$^{12}_{6}C$

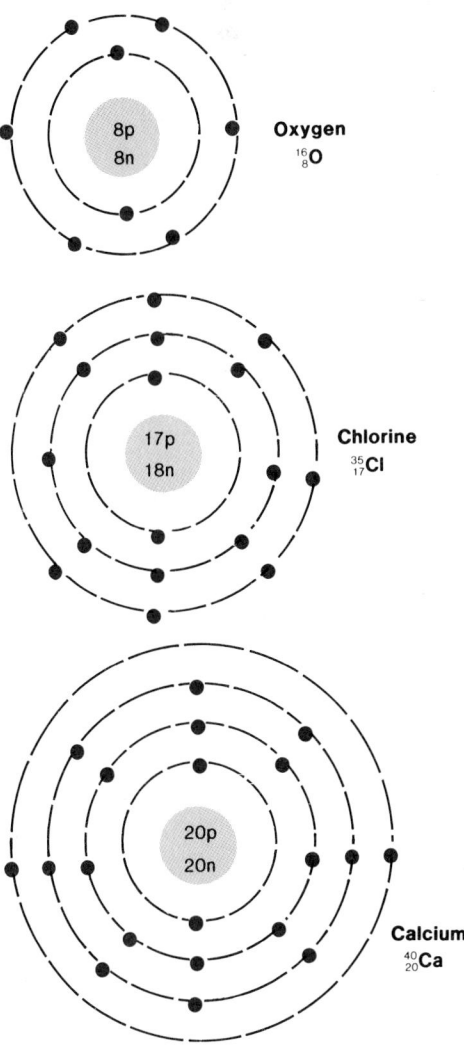

Figure 1.4
Representative atoms. Notice that each neutral atom shown has the same number of protons as electrons. The atomic weight of the atom is equal to the number of protons plus the number of neutrons.

Oxygen
$^{16}_{8}O$

Chlorine
$^{35}_{17}Cl$

Calcium
$^{40}_{20}Ca$

Basketball Bones

Every day for the past six months, basketball star Bill Walton has forced himself to drink two unappetizing drinks. One is a clear concoction so salty and vile that its creators at the University of California, San Diego, have named it "tiger piss"; Walton claims that is a mild description. The other, a reddish liquid, is even worse; the 6-foot 11-inch center of the San Diego Clippers has to dilute it with milk before he can get it down.

Why does he subject himself to this? Because some of the researchers and doctors who have been treating Walton's frequently broken bones think that the nutritional trace metals in these drinks may help keep him in one piece. . . .

"I'm not convinced the problem has been nutritional," he says, "but I still drink that stuff every day."

Walton's dietary advisors at San Diego, biochemical nutritionists Paul Saltman and Jack Hegenauer, concede that they have no scientific proof. On the other hand, they say, there are solid biochemical reasons for believing that Walton's foot healed at least in part because of their nutritional elixirs. When Saltman and Hegenauer analyzed Walton's blood serum in late 1979, they found it to be abnormally low in manganese, copper, and zinc, three metals necessary for proper growth and maintenance of bone.

During his basketball career, Walton has broken several fingers and toes, a cheek, a wrist, a leg, and his nose—some more than once. In April 1978 as a member of the Portland Trail Blazers, he broke the tarsal navicular bone above the arch of his left foot, beginning a long, frustrating absence from the court. Last spring Walton signed a $7 million, seven-year contract with the Clippers, who were hoping to have their superstar healthy for the start of the 1979–1980 season. Those hopes faded when Walton's foot turned tender again during a September exhibition game.

For six weeks, what Walton's doctors thought to be a strained ligament refused to heal. It took the diagnostic powers of a tomogram, a three-dimensional X ray, to uncover a tiny new crack in the same bone. . . . Saltman, who saw the X ray at a symposium on sports medicine in November, thought the bones looked porous and remarked that Walton might have a nutritional deficiency.

In some ways bones are like buildings of reinforced concrete. The white "concrete" of calcium, phosphorus, and other minerals is laid down over an internal network of reinforcing bars. One type of reinforcer, the mucopolysaccharide, consists of sugar molecules linked together in a long chain. The enzyme that catalyzes the linking process is believed to depend on manganese for its activity. Copper performs a similar function for the second kind of reinforcing bar, collagen, a protein. A copper-dependent enzyme cross-links long strings of collagen into a trusswork like that on a suspension bridge.

Without copper and manganese, the structure sags; laboratory animals intentionally starved of these metals developed deformed, poorly calcified bones. When Hegenauer and Saltman tested Walton's blood, they found no measurable manganese and only one-half the normal level of copper. Zinc, which is vital for the healing of all tissue and required for normal bone growth, measured out at less than a third of the normal amount.

Soon after his blood was analyzed, Walton had his first taste of Saltman and Hegenauer's special drinks, which in addition to the three missing metals, contained calcium, magnesium, phosphorus, fluoride, lactose, and iron. In three days, according to his doctor, Walton reported that the pain began to ease. By mid-January, his blood levels of copper and zinc had risen to nearly 70 percent of normal, though manganese remained undetectable. Hegenauer theorizes that Walton's lack of manganese still may have been so severe that his body made quick use of it before it could build up in the blood.

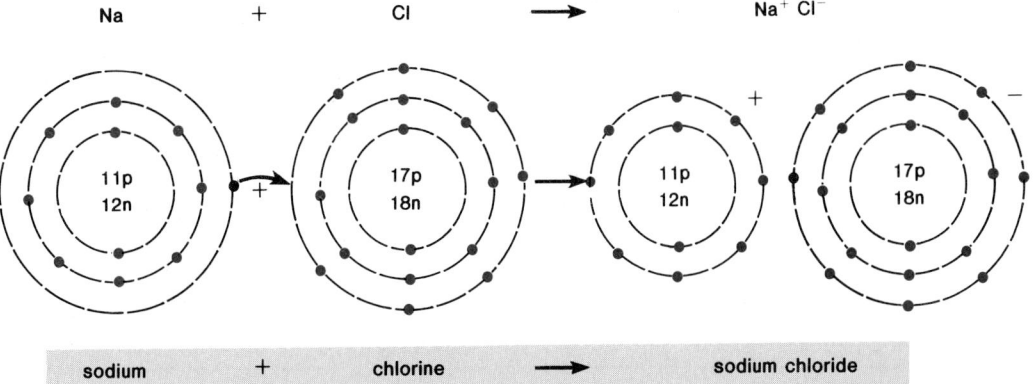

| sodium | + | chlorine | ⟶ | sodium chloride |

Reactions

Atoms enter into chemical reactions that often involve the electrons in the outer shell. The **octet rule,** a widely used rule of thumb, states that *all atoms desire eight electrons in the outermost shell* and react with one another to achieve this number. An exception to this rule occurs when the outer shell is the first shell, which is complete with two electrons only.

Ionic Reactions

In one type of reaction, atoms give up or take on electrons in order to achieve a completed outer shell. Such atoms, which thereafter carry a charge, are called **ions,** and the reaction is called an ionic reaction. In **ionic reactions,** atoms lose or gain electrons to produce a compound that contains ions in a fixed ratio to one another. The **formula** for the compound shows the proper ratio of atoms in the compound.

For example, figure 1.5 depicts a reaction between sodium (Na) and chlorine (Cl) in which chlorine takes an electron from sodium. The resulting ions in the compound sodium chloride, Na^+Cl^-, each have eight electrons in the outer shell. Notice that when sodium gives up an electron, the second shell with eight electrons becomes the outer shell. Chlorine, on the other hand, needs an electron to achieve a total of eight electrons in the outer shell.

It is easy to understand the charge of any ion by realizing that the number of electrons can vary, but the number of protons stays constant. Thus, a minus charge indicates that there are more electrons ($-$) than protons ($+$), and a plus charge indicates that there are more protons ($+$) than electrons ($-$) in the ion.

In ionic compounds, the ions are atracted to one another because of their opposite charges. This attraction is referred to as an **ionic bond.** Sodium chloride is a crystalline compound in which the sodium ions and the chlorine ions are stacked up in a characteristic pattern (fig. 1.6).

Ionic bond formation occurs when a **metal** reacts with a **nonmetal.** Metals are those atoms that appear to the left of the dark line in the simplified Periodic Table (fig. 1.2), and nonmetals appear to the right of the dark line. Metals lose electrons and become positively charged, and nonmetals gain electrons and become negatively charged. Additional ionic reactions are shown in figure 1.7.

Figure 1.6
In sodium chloride, the ions are arranged in the orderly manner shown. This stacking produces a crystal in the shape of a cube.

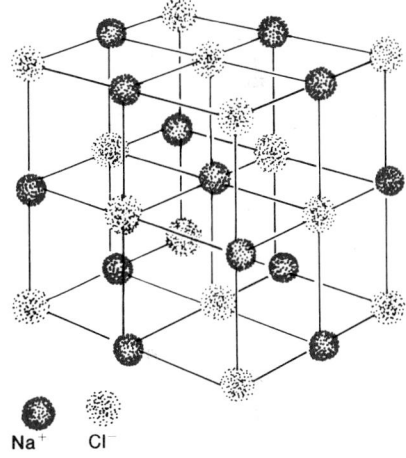

Na^+ Cl^-

Figure 1.7
Additional ionic reactions. In ionic reactions, metals give electrons to nonmetals and in that way each atom achieves eight electrons in the outer shell.

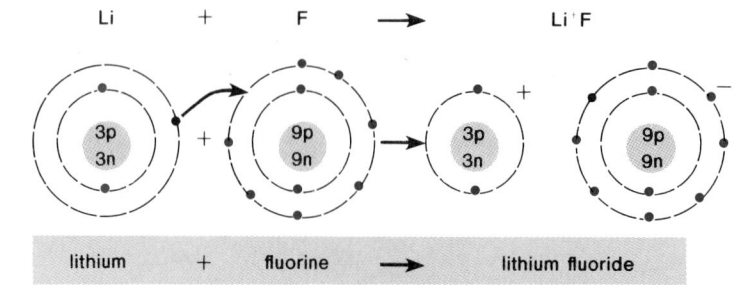

a. | lithium + fluorine ⟶ lithium fluoride |

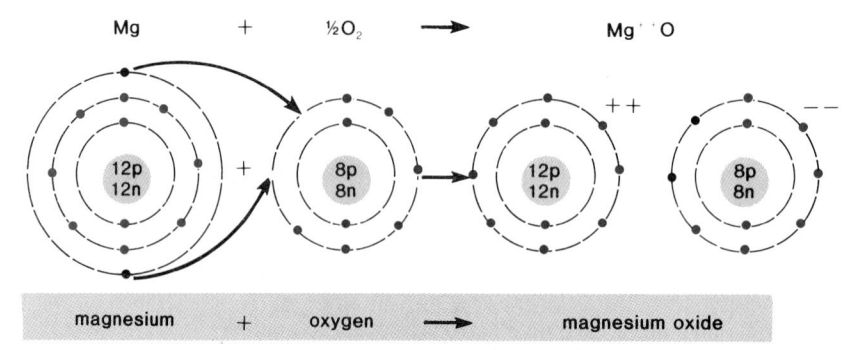

b. | magnesium + oxygen ⟶ magnesium oxide |

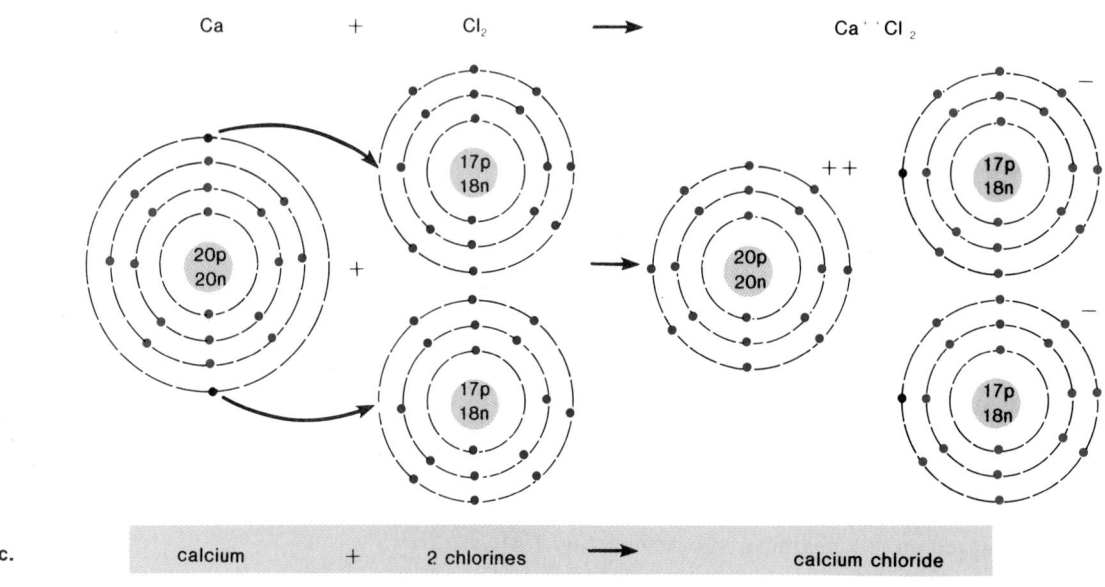

c. | calcium + 2 chlorines ⟶ calcium chloride |

Figure 1.8
Following a covalent reaction, the two
chlorine atoms share electrons (black dots).

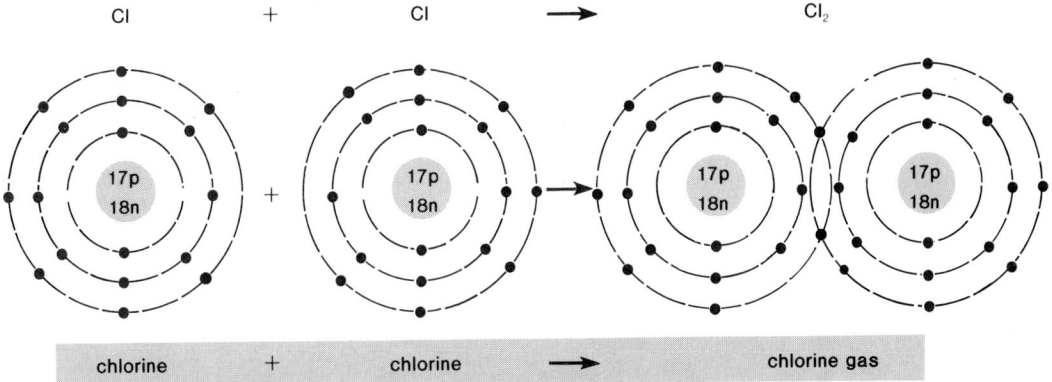

Covalent Reactions

When nonmetals react with nonmetals, a **covalent bond** is formed, and the atoms share electrons instead of losing or gaining them. Sharing is usually equal; each atom contributes one electron to each pair that is shared. These electrons spend part of their time in the outer shell of each atom; therefore, they may be counted as belonging to both atoms. When this is done, each atom will have eight electrons in the outermost shell.

An example of a reaction between two nonmetals that results in a **molecule** is shown in figure 1.8. The term molecule may be used to refer to a covalent chemical.[3] Notice that the overlapping outer shells in the molecule indicate that the atoms are sharing in order to achieve eight electrons in their outer shells. When atoms share electrons equally, neither atom carries a charge. Additional examples of covalent reactions are given in figure 1.9

Since it is inconvenient to show complete diagrams of atoms, electron dot diagrams are sometimes used instead. In these diagrams, the atom is indicated by its symbol and the electrons in its outer shell only. The shared electrons are placed between the two sharing atoms, as shown here.

$$:\ddot{C}l\cdot + \cdot\ddot{C}l\ddot{:} \qquad :\ddot{C}l : \ddot{C}l\ddot{:}$$

Electron dot diagrams are a bit cumbersome, and covalent bonds are often indicated simply by straight line structural formulas.[4] At times, even the lines are omitted, and molecular formulas that indicate only the number of each type atom are given:

$$Cl—Cl \quad \text{or} \quad Cl_2$$

Even if the molecule is written in this way, it is easy to tell that the two chlorines are sharing electrons because (1) they are both nonmetals and (2) no charge is indicated. Additional examples of electron dot versus structural versus molecular formulas are shown in figure 1.10.

Double Bonds

In addition to single bonds, like that between the two chlorine atoms, double bonds and triple bonds may be formed between two atoms in order that each may complete its octet. A triple bond means that the two atoms are sharing three pairs of electrons between them. For example, in figure 1.9a the reaction

---

3. The term compound refers to a combination of two different atoms. The term molecule can refer to combinations of like or different atoms. A compound also means a large number of atoms held together in fixed proportion, while a molecule is one unit of atoms in correct proportion.

4. Structural formulas show the orientation of the atoms to one another and try to reflect how the atoms are arranged in space.

Figure 1.9
Additional covalent reactions. In covalent reactions, nonmetals share electrons and in that way each atom achieves eight electrons in the outer shell.

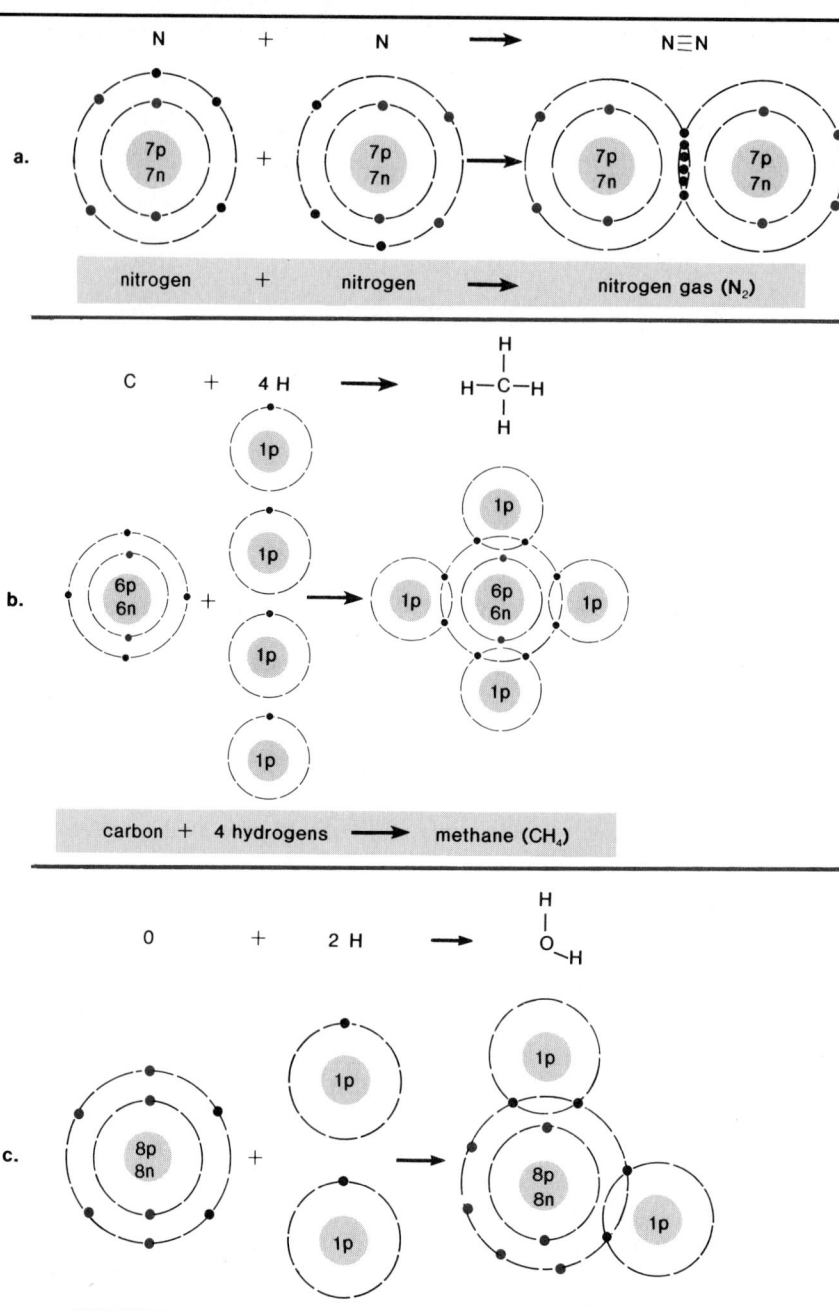

a. nitrogen + nitrogen ⟶ nitrogen gas (N_2)

b. carbon + 4 hydrogens ⟶ methane (CH_4)

c. oxygen + 2 hydrogens ⟶ water (H_2O)

between two nitrogen atoms results in a molecule in which six electrons are placed in the outer overlapping shells, and three straight lines are indicated in the structural formula. The two nitrogen atoms share three pairs of electrons because each needs three electrons in order to achieve a total of eight electrons in the outermost shell.

Oxidation-Reduction

When oxygen combines with a metal, oxygen receives electrons and becomes negatively charged; the metal loses electrons and becomes positively charged. For example, consider the reaction

$$Mg + \tfrac{1}{2}O_2 \rightarrow Mg^{++}O^{--}$$

as illustrated in figure 1.7. In such cases, it is obviously appropriate to say that the metal has been oxidized, and that oxidation means that the metal has lost electrons. Then we need only admit that the oxygen has been reduced because it has gained electrons, or minus charges.

Today, the terms oxidation and reduction are applied to many ionic reactions whether or not oxygen is involved. Very simply, *oxidation refers to the loss of electrons and reduction refers to the gain of electrons.* In our previous ionic reaction, Na + Cl $\longrightarrow$ Na$^+$Cl$^-$, the sodium has been oxidized (loss of electron) and the chlorine has been reduced (gain of electron).

As a matter of fact, the terms oxidation and reduction are also applied to certain covalent reactions. In this case, however, oxidation is the loss of hydrogen atoms and reduction is the gain of hydrogen atoms. A hydrogen atom contains one proton and one electron; therefore, when a molecule loses a hydrogen atom, it has lost an electron; when a molecule gains a hydrogen atom, it has gained an electron. We will have occasion to refer to this concept of oxidation-reduction again later in the text.

Inorganic Versus Organic

There are two types of chemistry that are pertinent to our study, **inorganic chemistry** and **organic chemistry.** Chart 1.2 lists the important differences between these two types of compounds. As you can see, inorganic chemistry seems to have as its basis ionic reactions, while organic chemistry is concerned with covalent reactions.

Nevertheless, both types of compounds are necessary to the proper functioning of a living organism; this will become apparent in the following discussion.

Some Important Inorganic Compounds

Water

Structure   Water, or H$_2$O, is not an organic molecule because it does not contain carbon; but, as figure 1.10 shows, water is covalently bonded. Also within the molecule, as indicated in figure 1.11, there is a partial negative charge (δ^-) on the oxygen and a partial positive charge (δ^+) on the hydrogen atoms. This partial charge comes about because oxygen is capable of holding onto electrons to a greater extent than hydrogen can, and shared electrons, therefore, spend more time circling oxygen than circling hydrogen. When this situation arises between two atoms, the bond between them is called a **polar bond** and the molecule itself is called a **polar molecule** because it carries charges. In polar bonding, a partial negative charge exists on the atom that has the electron pair more often, and a partial positive charge exists on the atom that has the pair lesser time. Polar bonds are found not only in water, but whenever there is an unequal sharing of an electron pair between two atoms.

In polar bonds, the atom that has the electron pair most of the time and carries the partial negative charge is called the **electronegative atom.** When hydrogen is bonded to an electronegative atom, its partial positive charge enables it to be attracted to still another electronegative atom. The latter bond, called a **hydrogen bond,** is represented by a dotted line because it is a weak bond that is easily broken.

Chart 1.2 Inorganic Versus Organic

Inorganic Compounds	Organic Compounds
Usually contain metals and nonmetals	Always contain carbon and hydrogen
Usually ionic bonding	Always covalent bonding
Always contain a small number of atoms	May be quite large with many atoms
Isomers are rare	Isomers are common
Often associated with nonliving elements	Often associated with living organisms

Figure 1.10
Electron dot, structural, and molecular formulas.

Electron Dot Formula	Structural Formula	Molecular Formula
:Cl: :Cl:C:Cl: :Cl: carbon tetrachloride	Cl | Cl—C—Cl | Cl carbon tetrachloride	CCl$_4$ carbon tetrachloride
:O::C::O: carbon dioxide	O=C=O carbon dioxide	CO$_2$ carbon dioxide
H :N:H H ammonia	H | N—H | H ammonia	NH$_3$ ammonia
H :O:H water	H | O—H water	H$_2$O water

Figure 1.11
The polarity of each water molecule brings about hydrogen bonding between molecules. (δ = partial.)

Chemistry and Life   25

Hydrogen Bonds   Hydrogen bonding will occur whenever hydrogen is bonded to a highly electronegative atom such as oxygen or nitrogen, and there is another atom of this type in the vicinity. For example, in water two hydrogen atoms are covalently bonded to one oxygen atom, and each, in turn, is hydrogen bonded to another oxygen atom (fig. 1.11).

Characteristics   The bonding properties of water account for some of its characteristics, which are very important to living things. Water absorbs a great deal of heat before it becomes warm and evaporates; on the other hand, it gives off this heat as it cools down and freezes. This property allows great bodies of water, such as the oceans, to maintain a relatively constant temperature.

Also because of hydrogen bonding, liquid water is more dense than ice. Therefore, ice floats on liquid water, and bodies of water always freeze from the top down. Both of these characteristics protect organisms that live in water.

Life is believed to have come into existence in the ocean, and all living organisms are composed mostly of water. The human body, for example, is made up of an average of 67 percent water. In our bodies, as in all organisms, water acts as a solvent and dissolves various chemical substances, particularly other polar molecules. The fact that water is capable of dissolving so many chemicals greatly facilitates chemical reactions and the movement of chemicals within living organisms.

A large amount of water within the body is particularly helpful to cold-blooded animals. This water content can protect them from drastic changes in external temperatures. For example, if the environment suddenly becomes hot, the water in their bodies can absorb the heat; on the other hand, if the environment becomes cold, heat will be given off by this internal water. The heat will be distributed throughout the organism because heat moves through a liquid until it is uniformly distributed.

Dissociation   Another property of water due to its polarity is that a water molecule may **dissociate,** or split up, in this manner:

$$H—O—H \longrightarrow H^+ + OH^-$$

The hydrogen ion (H^+) has lost an electron; the hydroxide ion (OH^-) has gained the electron. Very few molecules dissociate; therefore few hydrogen ions and hydroxide ions result. As an aid in grasping the concept of dissociation, envision a beaker of water (fig. 1.12). Most of the water molecules are intact, but a very few have dissociated into H^+ and OH^-.[5]

Acids

Acids are compounds that dissociate in water and release hydrogen ions (or protons).[6] For example, an important inorganic acid is hydrochloric acid (HCl), which dissociates in this manner:

$$HCl \longrightarrow H^+ + Cl^-$$

Dissociation is almost complete, and this acid is called a strong acid. Envision that HCl has been added to a beaker of water (fig. 1.13). It is easy to see that acids increase the number of hydrogen ions when added to water.

5. The diagram is for illustration purposes and is not mathematically accurate.

6. A hydrogen atom contains one electron and one proton. A hydrogen ion is only one proton and is often called a proton.

Figure 1.12
Water partially dissociates and releases an equal number of hydrogen and hydroxide ions.

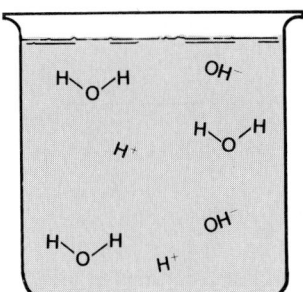

Figure 1.13
HCl is an acid that dissociates in water and releases hydrogen ions.

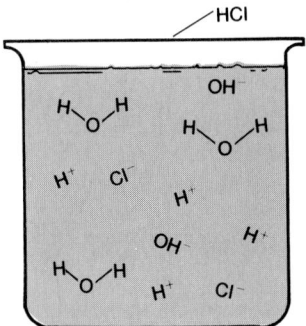

Figure 1.14
NaOH is a base that dissociates in water and releases hydroxide ions.

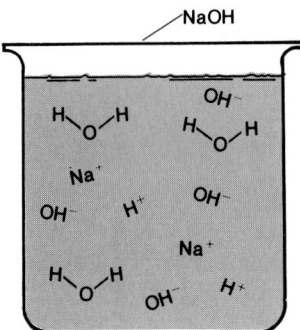

Bases

Bases are compounds that dissociate in water and release hydroxide ions (OH^-). For example, an important inorganic base is sodium hydroxide (NaOH), which dissociates in this manner:

$$NaOH \longrightarrow Na^+ + OH^-$$

Dissociation is complete, and sodium hydroxide is called a strong base. Envision that NaOH has been added to a beaker of water (fig. 1.14). It is easy to see that bases increase the number of hydroxide ions when added to water.

pH

The pH scale[7] ranges from 1–14. Any pH below 7 is acid with ever increasing acidity toward the lower numbers. Any pH above 7 is basic (or alkaline) with ever increasing basicity toward the higher numbers. A pH of exactly 7 is neutral. Water has a pH of 7 because it contains an equal number of hydrogen ions and hydroxide ions. It is known that the number of hydrogen ions in water is a factor of 1×10^{-7} (or 0.0000001). The pH scale was devised to simplify discussion of the hydrogen ion concentration, $[H^+]$, without using cumbersome numbers. For example:

    a. $1 \times 10^{-7} [H^+] = $ pH 7
    b. $1 \times 10^{-2} [H^+] = $ pH 2
    c. $1 \times 10^{-9} [H^+] = $ pH 9

Acids add hydrogen ions to solutions and increase the H+ concentration of water. Which of the items *(a, b, c)* preceding refers to an acid? Which indicates a larger concentration of hydrogen ions? The numbers with the smaller negative exponents indicate a greater quantity than those with a larger negative exponent. Therefore, *b* refers to an acid. Any pH number below 7 is the pH of an acidic solution in which there are more H^+ ions than OH^- ions. Look again at the beaker of acid solution; notice there are more H^+ ions than OH^- ions in the beaker after acid is added.

Bases add hydroxide ions to solutions and increase the OH^- ion concentration of water. Look again at the beaker of basic solution, and notice that there are more OH^- ions in the beaker than H^+ ions. Basic solutions,

---

7. pH is defined as the negative logarithm of the hydrogen ion concentration.

Figure 1.15

The pH scale. Any pH below 7 is acid, while any pH above 7 is basic. The proportionate amount of hydrogen ions (H^+) to hydroxide ions (OH^-) is indicated by the diagonal line. Each lower unit has ten times the amount of H^+ as the next higher unit.

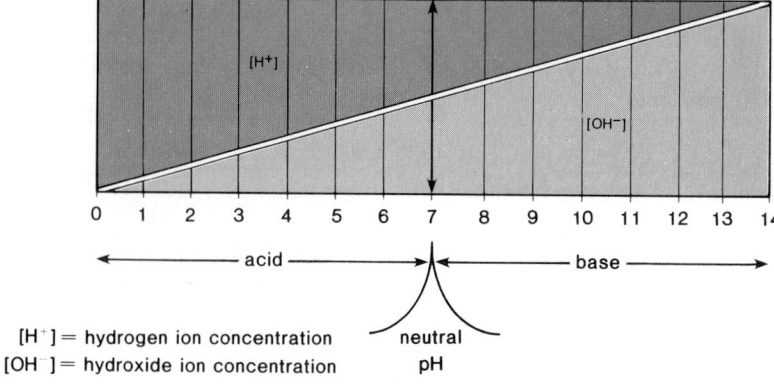

$[H^+]$ = hydrogen ion concentration
$[OH^-]$ = hydroxide ion concentration

then, have fewer H^+ ions compared to OH^- ions. In the preceding list, *c* refers to a base because it indicates a lesser concentration of H^+ than OH^- ions compared to water. Basic solutions have the lesser concentrations of H^+ but have the bigger pH numbers. Figure 1.15 gives the complete pH scale with proper notations.

The concept of pH is important in biology because living organisms are very sensitive to hydrogen ion concentration. For example, in humans the pH of the blood must be maintained at about 7.4 or we become ill. All living things need to maintain the hydrogen ion concentration, or pH, at a constant level. They do this by the presence of buffers. A **buffer** is a chemical or a combination of chemicals that can take up excess hydrogen ions or excess hydroxide ions. When an acid is added to a solution, a buffer takes up excess hydrogen ions, and when a base is added to a solution, a buffer takes up excess hydroxide ions. Thus in the presence of a buffer the solution remains at a constant pH level.

Salts

When a strong acid reacts with a strong base, a salt and water results:

$$HCl + NaOH \longrightarrow \underset{\text{salt}}{Na^+Cl^-} + \underset{\text{water}}{HOH}$$

If an equal quantity of strong acid and strong base take part in this reaction, **neutralization** occurs; the solution will be neither acid nor base as the salt and water form. In the neutralization process, the H^+ from the acid and the OH^- from the base combine to form water. The salt consists of the positive ion of the base and the negative ion of the acid.

Some Important Organic Compounds

The unique properties of carbon account for the formation of the very large number of organic compounds we associate with living organisms. Carbon is a nonmetal with four electrons in the outer shell. In order to achieve eight electrons in the outer shell, it must share with other nonmetals. It may share with as many as four other atoms. Many times, carbon atoms share with each other to form complicated rings or long chains of carbon atoms. This fact accounts for the formation of the life compounds—proteins, carbohydrates, fats, and nucleic acids—and thus accounts for life as we know it.

Proteins

Proteins are large, complex macromolecules that are both structurally and functionally important in living organisms. Muscle, hair, and nails are all composed of protein. In every cell, protein is an important component of the cell membrane, which is discussed in the next chapter.

Proteins are believed to be responsible for our uniqueness in regard to both the species and the individual. This can be substantiated by the fact that it is difficult to transplant organs from one individual to another because the body recognizes the transplanted proteins as being foreign to it and rejection results. The uniqueness of proteins can be theoretically explained by modern biochemical genetics, which tells us that genes control the formation of proteins.

Enzymatic Action   Proteins also function as **enzymes,** necessary contributors to the chemical workings of the cell and thus of the body. Enzymes are organic catalysts that speed up chemical reactions. They work so quickly that a reaction that might normally take several hours or days will take only a fraction of a second when an enzyme is present. It may be said that enzymes make "warm chemistry" possible. In a chemical laboratory it is often necessary to heat a reaction flask in order to bring about a reaction; but in the human body, which is only slightly warm, chemical reactions take place very quickly because a specific enzyme is present for each and every reaction. Enzymes are discussed more fully on pages 93–96.

Amino Acid Composition   Proteins are composed of smaller subunits called **amino acids.** There are over twenty different types of amino acids that can be described as having the structural formula similar to figure 1.16. The name *amino acid* refers to the fact that the molecule has two functional groups:

the **amino group** $H—\overset{\overset{\displaystyle H}{|}}{N}—$ or $H_2N—$

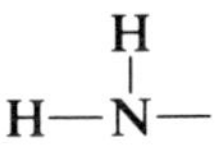

and the **acid group** $—\overset{\overset{\displaystyle O}{\|}}{\underset{\underset{\displaystyle OH}{}}{C}}$ or COOH

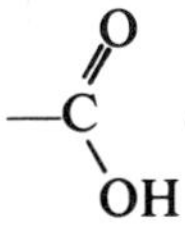

The twenty most common amino acids differ from one another by the "R" group. The letter R is used in organic chemistry to stand for the *Re-mainder* of the molecule. A few specific amino acids are shown in figure 1.17, and you can see that they differ just by the grouping of atoms attached to the center carbon.

Amino acids join together to form larger compounds. The equation in figure 1.18 shows how two amino acids join to form a **dipeptide,** a compound that contains two amino acids linked together. Actually, this is a reversible reaction and can go in either direction. In the forward direction, water is removed and **dehydration synthesis** occurs. Synthesis means that a larger compound has been formed. In the backward direction, water can be added to the larger compound to produce the two smaller compounds. The backward reaction is called **hydrolysis,** or **degradation.**

This process of synthesis by removal of water and degradation by the addition of water is quite common in **biochemistry,** the chemistry of living things. A diagrammatic representation of the process is given in figure 1.19.

A new bond is created when two amino acids join together. This bond, called a **peptide bond,** is indicated in figure 1.18. The peptide bond arises when the acid group of one amino acid reacts with the amino group of another amino acid, and a water molecule (H_2O) comes off. The atoms associated with this linkage, namely oxygen, carbon, nitrogen, and hydrogen, share the electrons in such a way that the oxygen carries a partial negative charge (fig. 1.20).

Figure 1.16
An amino acid may be drawn in either of the two ways shown. (R = rest of molecule.)

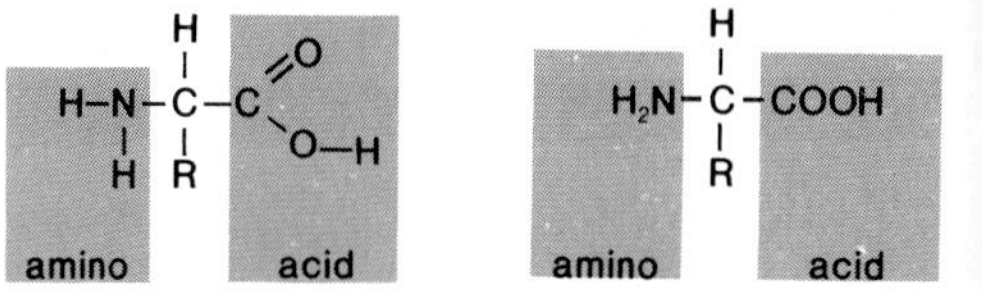

Figure 1.17
Representative amino acids. Notice that each amino acid is drawn twice and that the second is more simplified than the first.

Name	Structural Formulas	
alanine		$H_2N—\overset{\overset{\displaystyle}{}}{\underset{\underset{\displaystyle CH_3}{|}}{CH}}—COOH$
valine		$H_2N—\underset{\underset{\displaystyle CH_3\ CH_3}{|}}{CH}—COOH$
cysteine		$H_2N—\overset{}{\underset{\underset{\underset{SH}{|}}{\underset{CH_2}{|}}}{CH}}—COOH$
phenylalanine		$H_2N—CH—COOH$
tyrosine		$H_2N—CH—COOH$
histidine		$H_2N—CH—COOH$

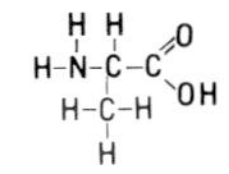

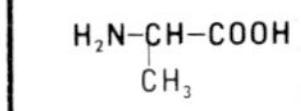

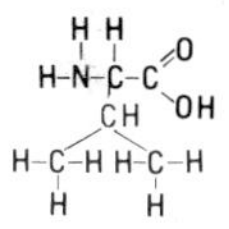

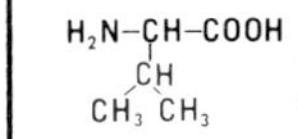

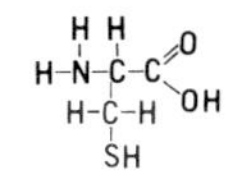

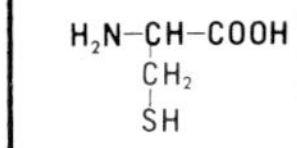

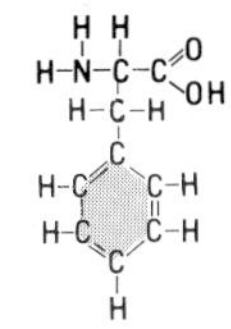

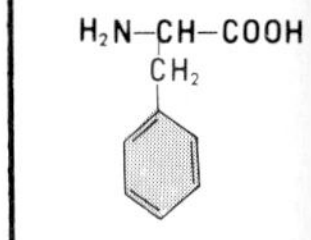

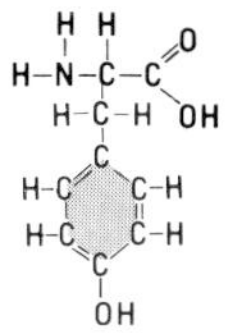

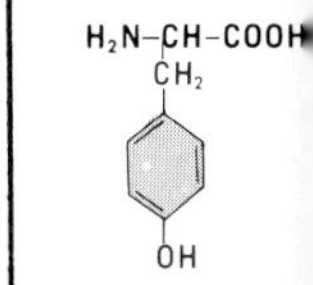

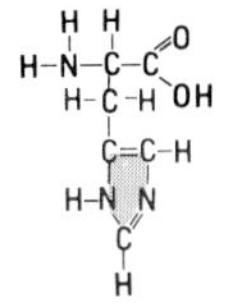

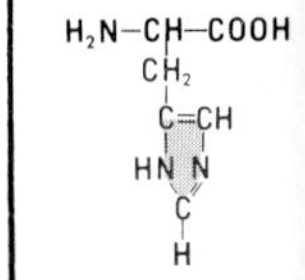

Figure 1.18
Synthesis and hydrolysis of a dipeptide.

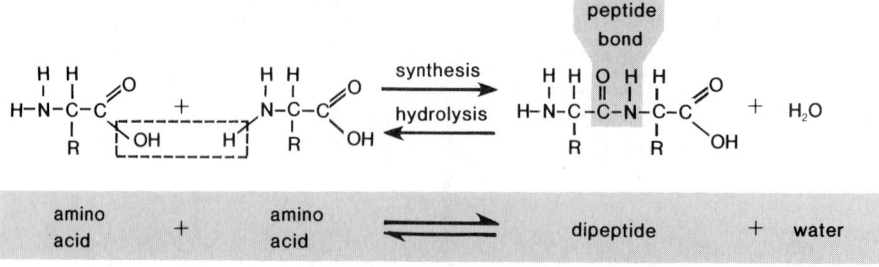

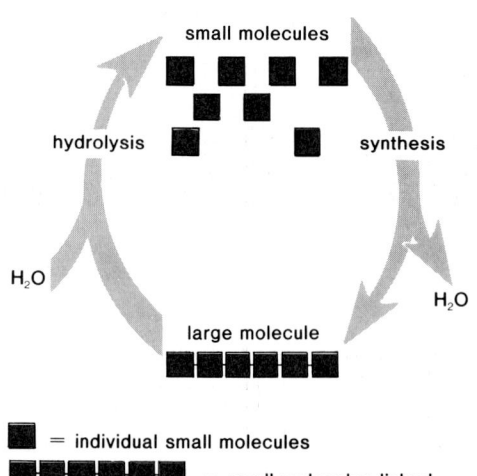

hydrolysis

synthesis

small molecules

H_2O

H_2O

large molecule

■ = individual small molecules

■■■■■■ = small molecules linked together by removal of water.

Figure 1.20
The peptide bond is a polar bond; the oxygen is partially negative, and the hydrogen is partially positive. δ = partial.

When up to ten or twenty amino acids have joined together, the resulting chain is called a **polypeptide** (fig. 1.21). A polypeptide has a repeating sequence of N—C—C—N—C—C—N, which is called the backbone of the chain. The R groups extend from the backbone. A very long chain, or **polymer**, of approximately seventy-five amino acids is called a protein. A protein is like a necklace of twenty different type beads in which the variously ordered beads are the amino acids.

Proteins are said to have three levels of structure: primary, secondary, and tertiary. The **primary structure** is simply the sequence or order of the amino acids; the twenty different amino acids may be joined in many different ways, and it is the order of the amino acids in a protein that is characteristic of the species and the individual. The **secondary structure** is the usual orientation of the chain. This arrangement in space is locked in place by hydrogen bonding between members of the various peptide bonds. One common arrangement of the chain seems to be the **alpha helix**, or right-handed spiral, with 3.6 amino acid residues per turn. In figure 1.21, a dotted line is indicated between a hydrogen attached to a nitrogen and a double-bonded oxygen four peptide bonds away. It is this bonding that causes the twisting characteristic of the alpha helix.

The **tertiary structure** of a protein refers to its final three-dimensional shape. In some proteins, namely the **globular proteins**, the helix bends and twists in different ways. The final shape of the protein is maintained by various types of bonding, one of which is a disulfide bond. This bond forms between two sulfur atoms, each of which is the terminal atom of the R group of a cysteine amino acid located within the helix. The other bonds that maintain the shape of the tertiary structure are noncovalent bonds of different types, such as ionic bonds and hydrogen bonds.

Figure 1.22 illustrates these features of protein chemistry. At the far left of the diagram is the final tertiary shape of a globular protein. But within this shape lies the alpha helix, as is apparent when the protein is stretched out. Finally, we see that the helix itself contains a particular sequence of amino acids. Each of these levels of organization is dependent on a particular type of bonding, as listed in chart 1.3.

The final tertiary shape of a protein is very important to its function, as will be emphasized again when discussing enzyme activity. Proteins are very sensitive to both temperature and pH, because a change in these conditions causes them to change their shape. For example, we are all familiar with the fact that the addition of acid to milk causes milk to curdle; heating causes egg white, a protein called albumin, to coagulate. When a protein loses its normal configuration, it is said to be **denatured.** Denaturation occurs because the normal bonding between the R groups has been disturbed. For example, acids and bases disrupt the normal noncovalent bonding between the R groups, and this allows the protein to unfold.

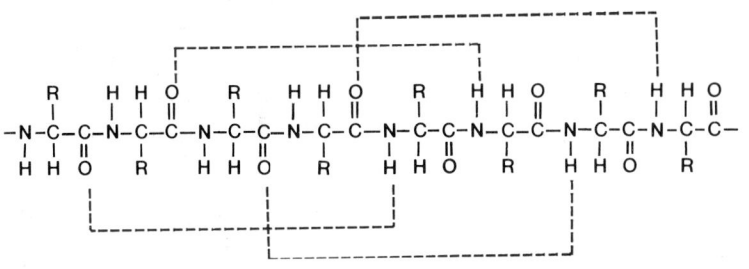

Figure 1.22
Proteins have three levels of structure as indicated here.

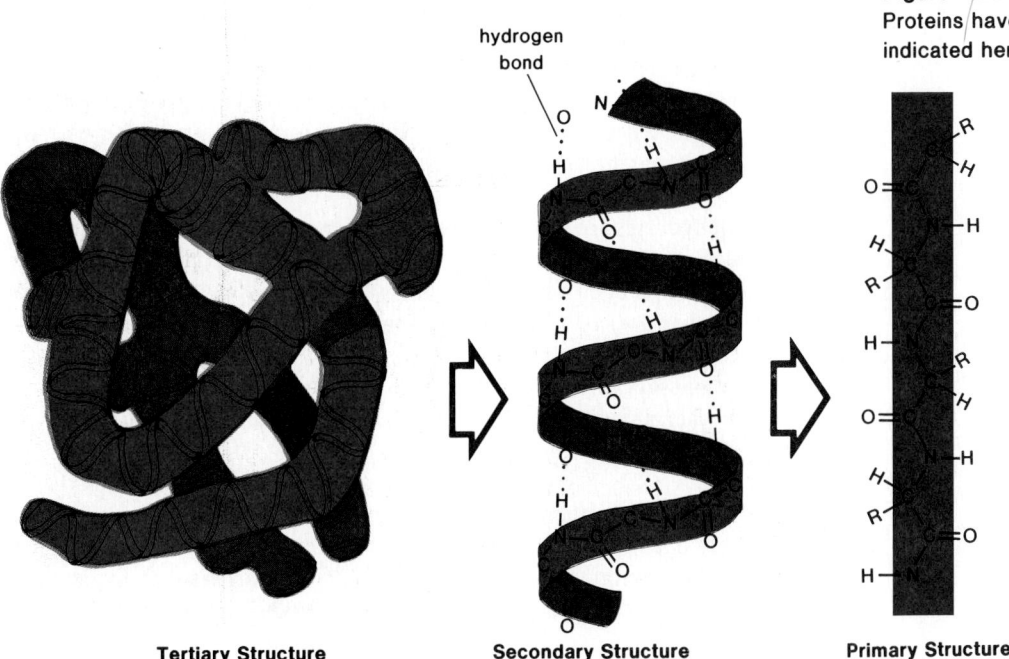

hydrogen bond

Tertiary Structure   **Secondary Structure**   **Primary Structure**

Chart 1.3 Types of Bonding in a Protein Molecule

Location of Bond	Level of Structure	Type of Bond
Between amino acids	Primary	Peptide bond
Between members of peptide bond	Secondary	Hydrogen bond
Between *R* groups	Tertiary	Various bonds

Carbohydrates

MONOSACCHARIDES

  Pentoses

    ribose and deoxyribose

  Hexoses

    glucose

DISACCHARIDES

  maltose

POLYSACCHARIDES

  starch

  glycogen

  cellulose

Figure 1.23

Two five-carbon sugars: ribose and
deoxyribose.

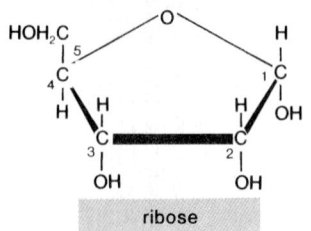

ribose

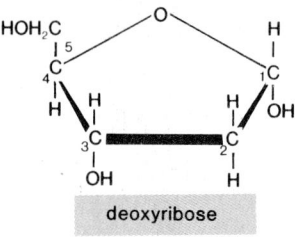

deoxyribose

Figure 1.24

Three ways to represent the structure of
glucose, a six-carbon sugar.

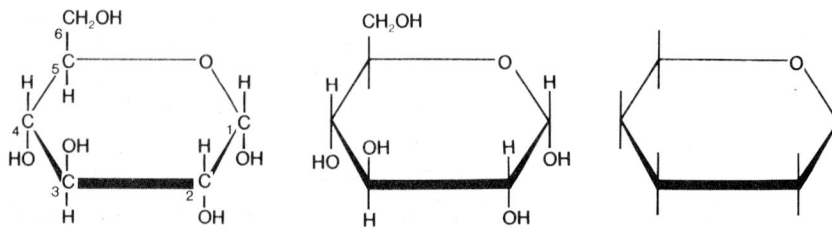

Carbohydrates are used by all organisms as an energy source. Energy is released when carbohydrates are broken down into simpler molecules, and this energy is used by the organism to do work. In plants, the carbohydrate cellulose is found in the cell walls and accounts in part for the strong nature of the wall. In fact, it may be said that cellulose is the primary structural component of plants.

Carbohydrates are characterized by the presence of the atomic grouping H—C—OH in which the ratio of hydrogen atoms to oxygen atoms is approximately 2:1. Since this is the same as the ratio in water, it accounts for their name, *hydrates of carbon.* If the number of carbon atoms in the compound is low (from about three to seven), then the carbohydrate is a simple sugar, or **monosaccharide.** Thereafter, larger carbohydrates are created by joining together monosaccharides in the manner described in figure 1.19 for the synthesis of organic compounds.

Monosaccharides As their names implies, **monosaccharides** are simple sugars with only one unit. These compounds are often designated by the number of carbons they contain; for example, there are two **pentose,** or five-carbon, sugars called ribose and deoxyribose, and one **hexose,** or six-carbon, sugar called glucose, which are of special interest. Compare the structure of **ribose** to the structure of **deoxyribose** (fig. 1.23) and notice that they differ only in the absence of one oxygen atom in deoxyribose. **Glucose** is a six-carbon sugar with the structural formula shown in figure 1.24. Glucose is the primary energy source of the body, and most carbohydrates can be broken down into simple sugars that can be converted to glucose.

There are many so-called isomers of glucose. **Isomers** are organic compounds that have the same molecular formula, but different structural formulas. Glucose and all its isomers have the molecular formula $C_6H_{12}O_6$, but their structural formulas differ slightly. In this text we will use the molecular formula $C_6H_{12}O_6$ to mean glucose since this is the most common of the six-carbon sugar isomers found in cells.

Disaccharides The term **disaccharide** tells us that there are two monosaccharide units joined together in the compound. When two glucose molecules join together, **maltose** (fig. 1.25) is formed. The chemical equation for this reaction indicates that the forward direction is a dehydration synthesis and the backward reaction is a hydrolysis. You may also be interested in knowing that when *glucose* and *fructose* (an isomer of glucose) are joined together, the disaccharide called **sucrose** is formed. Sucrose is table sugar and is commonly used to sweeten foods.

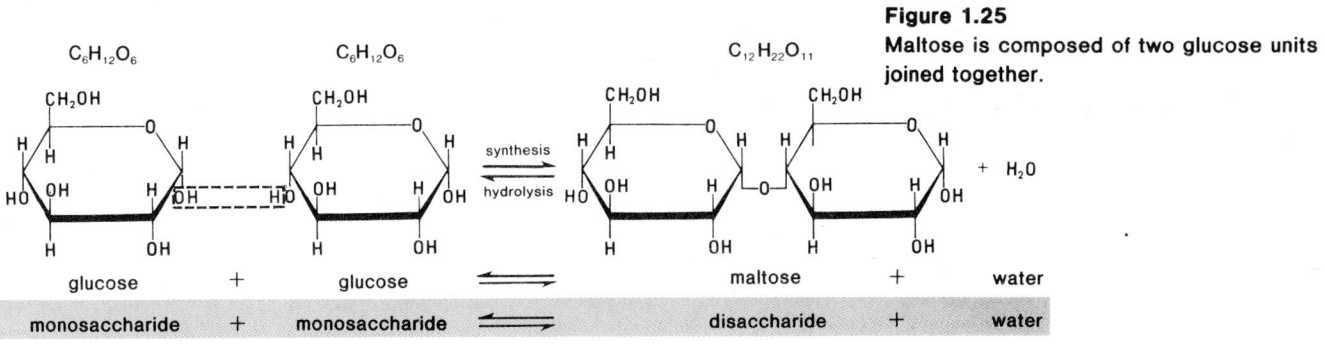

Figure 1.25
Maltose is composed of two glucose units
joined together.

$C_6H_{12}O_6$ $C_6H_{12}O_6$ $C_{12}H_{22}O_{11}$

glucose   +   glucose   ⇌   maltose   +   water

monosaccharide   +   monosaccharide   ⇌   disaccharide   +   water

Figure 1.26
Polysaccharides are composed of glucose.
Starch is a relatively straight chain of
glucose units. In comparison, glycogen is
highly branched, and cellulose contains a
slightly different type of linkage.

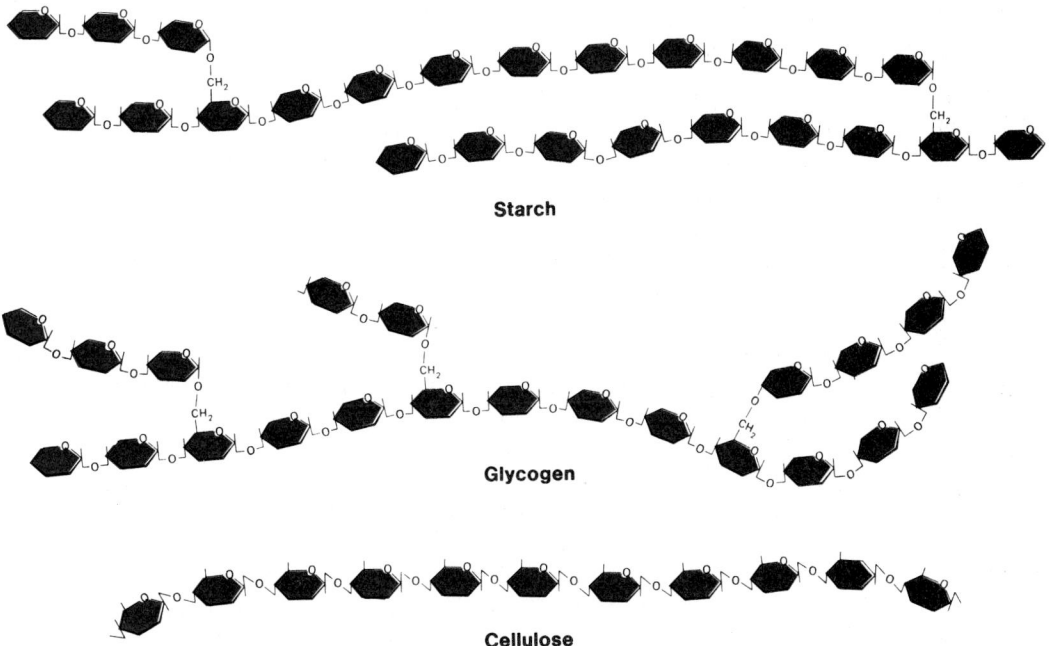

Starch

Glycogen

Cellulose

Polysaccharides   A **polysaccharide** is a carbohydrate that contains a large
number of monosaccharide molecules. There are three polysaccharides that
are important in organisms: starch, glycogen, and cellulose. All of these are
polymers, or chains, of glucose, and can be thought of as a necklace made up
of only one type bead. Even though all three polysaccharides contain only
glucose, they are distinguishable from one another.

As figure 1.26 shows, **starch** has few side branches; that is, chains of
glucose that go off from the main chain. Starch is the storage form of glucose
in plants. Just as we store orange juice as a concentrate, plants store starch
as a concentrate of glucose. This analogy becomes even more significant when
we realize that water was removed when glucose was joined together to form
starch:

$$\text{n glucose} \underset{\text{hydrolysis}}{\overset{\text{synthesis}}{\rightleftharpoons}} \text{starch} + (n-1)H_2O$$

n = some large number

Figure 1.27

a. Palmitic acid is a saturated fatty acid that can be represented in either way shown here. b. Linolenic acid is an unsaturated fatty acid that can be represented in either way shown.

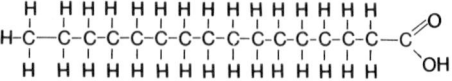

a. $CH_3(CH_2)_{14}COOH$

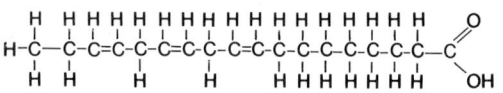

b. $CH_3CH_2(CH = CHCH_2)_3(CH_2)_6COOH$

Glycogen is characterized by the presence of side chains of glucose. Glycogen is the storage form of glucose in animals. After eating, the liver stores glucose as glycogen; then, in between eating, the liver releases glucose so that the blood concentration of glucose is always 0.1 percent.

In **cellulose,** the glucose units are joined by a slightly different type of linkage compared to starch and glycogen, as illustrated in figure 1.26. While this might seem to be a technicality, actually it is important because, for example, we are unable to digest foods containing this type of linkage; therefore, cellulose passes through our digestive tract as roughage. Recently it has been suggested that the presence of roughage in the diet is necessary to good health.

Lipids

NEUTRAL FATS

glycerol + 3 fatty acids

SOAPS

salts of fatty acids

PHOSPHOLIPIDS

glycerol + 2 fatty acids + phosphate

STEROIDS

cholesterol

sex hormones and other hormones

Lipids are substances that are insoluble in water. The most familiar lipids are the neutral fats such as lard, butter, and oil, which are used in cooking or at the table. Fats, as we all know, are long-term energy sources for the body.

Neutral Fats Upon analysis, all neutral fats are built of two major components known as **glycerol** and **fatty acids.** Fatty acids consist of a long chain of carbon atoms with hydrogens attached and with an acid group at one end (fig. 1.27). Most of the fatty acids in cells contain sixteen or eighteen carbon atoms per molecule although smaller ones are also found. Fatty acids are either saturated or unsaturated.

Saturated fatty acids, such as palmitic acid (fig. 1.27a), have no double bonds between the carbon atoms. The carbon chain is saturated, so to speak, with all the hydrogens that can be held. **Unsaturated** fatty acids, such as linolenic acid (fig. 1.27b), have double bonds in the carbon chain wherever the number of hydrogens is less than two per carbon atom. Unsaturated fatty acids are most often found in vegetable oils and account for the liquid nature of these oils. Vegetable oils are hydrogenated to make margarine. Polyunsaturated margarine still contains a large number of unsaturated, or double, bonds.

Chart 1.4 gives other examples of saturated and unsaturated fatty acids. Notice that each fatty acid has a molecular formula and a structural formula which indicates the double bonds, if present.

Glycerol is a compound with three hydrates of carbon. Notice in figure 1.28 that glycerol has three —OH groups. When fat is formed, the acid portions of three fatty acids react with these groups so that fat and three molecules of water are formed. Again, the larger fat molecule is formed by dehydration synthesis in the forward direction. The backward direction represents how fat can be hydrolyzed to its components.

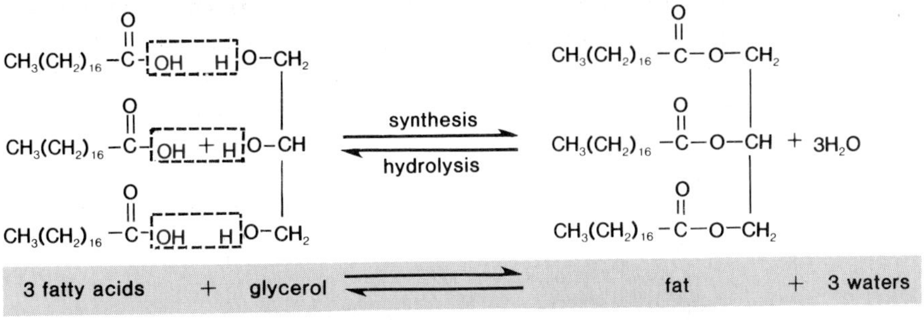

Figure 1.28
Three fatty acids plus glycerol produce a fat and three water molecules. A fat plus three water molecules result in three fatty acids and glycerol.

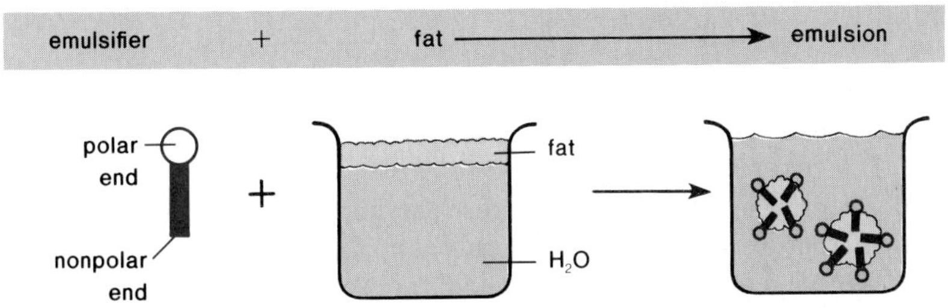

$$CH_3(CH_2)_{16}-\overset{\overset{O}{\|}}{C}-[\overline{OH \quad H}]O-CH_2$$

$$CH_3(CH_2)_{16}-\overset{\overset{O}{\|}}{C}-[\overline{OH + H}]O-CH \underset{\text{hydrolysis}}{\overset{\text{synthesis}}{\rightleftharpoons}} CH_3(CH_2)_{16}-\overset{\overset{O}{\|}}{C}-O-CH + 3H_2O$$

$$CH_3(CH_2)_{16}-\overset{\overset{O}{\|}}{C}-[\overline{OH \quad H}]O-CH_2 \qquad CH_3(CH_2)_{16}-\overset{\overset{O}{\|}}{C}-O-CH_2$$

| 3 fatty acids | + | glycerol | $\rightleftharpoons$ | fat | + | 3 waters |

Figure 1.29
An emulsifier contains molecules with polar and nonpolar ends. When the nonpolar ends are attracted to the nonpolar fat, the polar ends are exposed. Since the polar ends are soluble in water, the fat becomes dispersed.

| emulsifier | + | fat | $\longrightarrow$ | emulsion |

Chart 1.4 Common Acids Derived from Fats

Name	Molecular Formula	Structural Formula
Lauric acid	$C_{11}H_{23}COOH$	$CH_3(CH_2)_{10}COOH$
Myristic acid	$C_{13}H_{27}COOH$	$CH_3(CH_2)_{12}COOH$
Palmitic acid	$C_{15}H_{31}COOH$	$CH_3(CH_2)_{14}COOH$
Stearic acid	$C_{17}H_{35}COOH$	$CH_3(CH_2)_{16}COOH$
Oleic acid	$C_{17}H_{33}COOH$	$CH_3(CH_2)_7CH=CH(CH_2)_7COOH$
Linoleic acid	$C_{17}H_{31}COOH$	$CH_3(CH_2)_4CH=CHCH_2CH=CH(CH_2)_7COOH$
Linolenic acid	$C_{17}H_{29}COOH$	$CH_3CH_2(CH=CHCH_2)_3(CH_2)_6COOH$

Adapted from Hart and Schuetz, *Organic Chemistry: A Short Course*, 5th edition, 1977. Used by permission of Houghton Mifflin Company.

Soaps A soap is a salt formed by a fatty acid and an inorganic base; for example:

$$NaOH + RCOOH \longrightarrow RCOO^-Na^+$$

| sodium hydroxide | fatty acid | soap |

Whereas fats do not mix with water because they are nonpolar, a soap, being polar, will mix with water. When soaps are added to oils, then oils too will mix with water. Figure 1.29 shows how a soap positions itself about an oil droplet so that the polar ends project outward. Now the droplet will be soluble in water. This process of causing an oil to disperse in water is called **emulsification,** and it is said that an emulsion has been formed. Emulsification occurs when dirty clothes are washed with soaps and detergents. Also, prior to the digestion of fatty foods, fats are emulsified by bile. Usually a person who has had the gallbladder removed has trouble digesting fatty foods because the gallbladder stores bile for use at the proper time during the digestive process.

Phospholipids Phospholipids get their name from the fact that they contain a phosphate group:

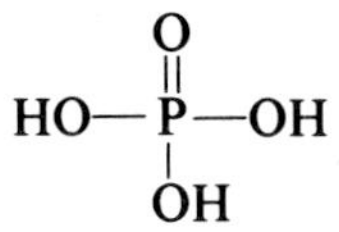

$$HO-\overset{\overset{O}{\|}}{\underset{\underset{OH}{|}}{P}}-OH$$

Figure 1.30

Phospholipids, such as lecithin shown here, are constructed similarly to fats except that they contain a phosphate group (in color).

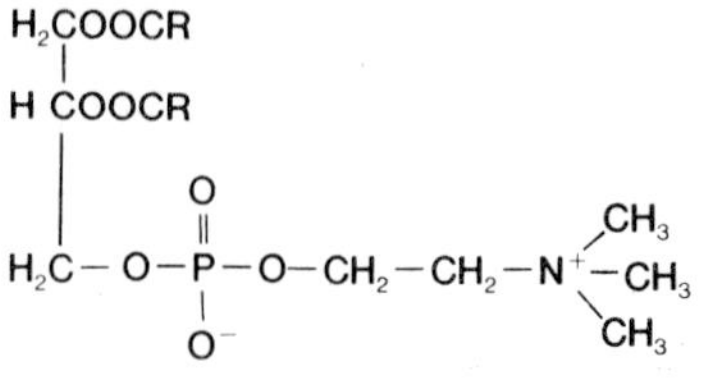

H₂COOCR

H COOCR

H₂C—O—P—O—CH₂—CH₂—N⁺—CH₃

Figure 1.31

Steroids, such as cortisone (*a*), have a structure similar to that of cholesterol (*b*).

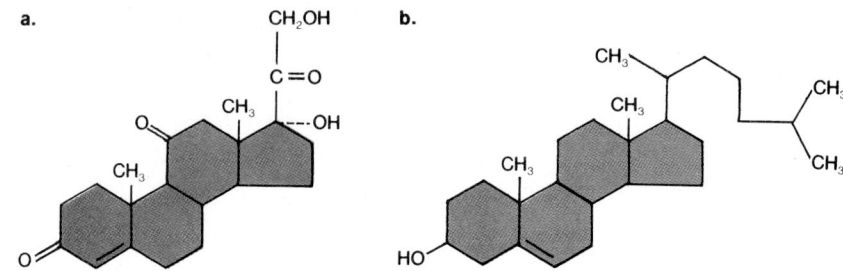

Figure 1.32

Nucleotides contain phosphate, a pentose sugar, and a nitrogen base. a. Generalized nucleotide with a purine (color) as the base. b. Generalized nucleotide with a pyrimidine (color) as the base.

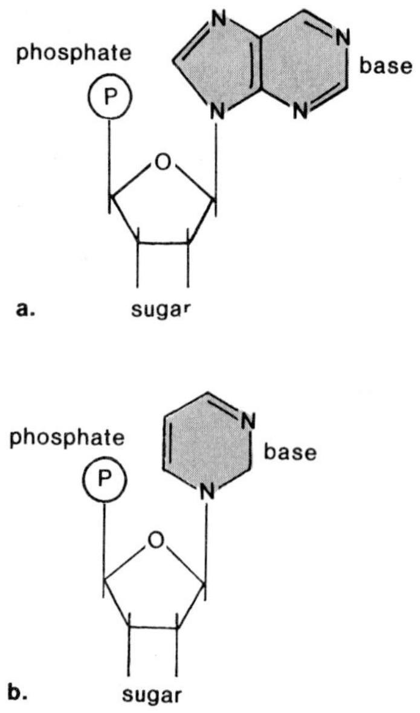

phosphate ℗ base

a. sugar

phosphate ℗ base

b. sugar

Essentially, these molecules are constructed as neutral fats, except that in place of the third fatty acid, there is a phosphate group or a grouping that contains both phosphate and nitrogen (fig. 1.30). These molecules are not electrically neutral as are the fats because the phosphate group can ionize. Notice, then, that phospholipids have both a nonpolar (uncharged) region and a polar (charged) region. Thus, phospholipids are soluble in water. This latter property makes them very useful compounds in the body, as we will see in the next chapter.

Steroids The steroids have a structure that may be related to the structure of **cholesterol.** They are constructed of four fused rings of carbon atoms to which is usually attached a chain of varying length (fig. 1.31).

In recent years, cholesterol has been implicated in promoting fatty deposits on arterial walls, leading to hardening of the arteries. Regardless of this though, the steroids are very important compounds in the body; for example, the sex hormones are steroids.

Nucleic Acids

Nucleic acids are huge, macromolecular compounds with very specific functions in cells; for example, the genes are composed of a nucleic acid called **DNA** (deoxyribonucleic acid). Another important nucleic acid, **RNA** (ribonucleic acid), works in conjunction with DNA to bring about protein synthesis.

Both DNA and RNA are *polymers of nucleotides* and therefore are chains of nucleotides joined together. Just like the other synthetic reactions we have studied in this section, these units are joined together to form nucleic acids by the removal of water molecules:

$$\text{n nucleotides} \underset{\text{hydrolysis}}{\overset{\text{synthesis}}{\rightleftharpoons}} \text{nucleic acid} + (n-1)\ H_2O$$

n = some large number

Nucleotides Every **nucleotide** is a molecular complex of three united subunits: phosphoric acid (phosphate), a pentose sugar, and a nitrogen base. DNA is composed of nucleotides that contain the sugar deoxyribose, while RNA has nucleotides with the sugar ribose. The bases in both DNA and RNA are either purines or pyrimidines. Purines have a double ring, while the pyrimidines have a single ring. Figure 1.32 shows generalized nucleotides because the specific type of purine and pyrimidine is not designated; the phosphate is simply represented as ℗. When nucleotides join together, they form a polymer in which the backbone is made up of phosphate-sugar-phosphate-sugar, with the bases projecting to one side of the backbone (fig. 1.33). Such a polymer is called a strand. RNA is single stranded and DNA is double stranded, the two strands being held together by hydrogen bonding between the bases (fig. 22.4). This is only a brief description of the structure and function of DNA and RNA; they are considered again in more detail in chapter 22.

Adenosine triphosphate (ATP) is a nucleotide that is used as a carrier of energy in cells. The structure of ATP is similar to that shown in figure 1.32a. The base is the purine adenine, the sugar is ribose, and there are three phosphate groups instead of one. It is customary to draw the molecule as shown so that the three phosphate groups appear on the right. ATP is known as the energy molecule because the triphosphate unit contains two high-energy bonds, represented in figure 1.34 by wavy lines.

Summary

All matter is made up of atoms, which are arranged in the Periodic Table of the Elements according to chemical properties and increasing weight. The weight of an atom is dependent upon the number of protons and neutrons in the nucleus, while the chemical properties are dependent on the number of electrons in the outermost shell.

Atoms react with one another in order that they each might have eight electrons in the outermost shell. In one major type of reaction, metals give electrons to nonmetals forming ionic compounds in which ions are attracted to one another because of their opposite charges. The formula for such a compound shows the correct ratio of ions in relationship to one another. In the other major type of reaction, nonmetals share electrons to form covalent compounds. The formula for such a compound may indicate the bonds as lines between atoms (structural formula) or may simply indicate the number of each kind of atom (molecular formula). Ionic reactions are of primary importance in inorganic chemistry, while covalent reactions are of primary importance in organic chemistry. Other differences between these two types of chemistry are listed in chart 1.2. It might be noted that oxidation-reduction reactions occur in both types of chemistry.

Water, acids, and bases are important inorganic compounds. While water has a neutral pH, acids have a pH less than seven and bases have a pH greater than seven. Thus acids increase the hydrogen ion concentration of water while bases decrease this concentration. When an equal amount of strong acid is added to an equal amount of strong base, a salt and water will result.

The carbon atom is the basis for organic chemistry. Carbon atoms share electrons with each other to form compounds that are characteristic of life compounds. Proteins are macromolecules that are structurally and functionally important in cells; particularly, they function as enzymes that speed up chemical reactions and make warm chemistry possible. Proteins contain twenty different types of amino acids that differ from one another only by their respective R groups and are joined together by peptide bonds. Proteins have three levels of structure: primary, secondary, and tertiary. A weak type of bond, called the hydrogen bond, is important to the secondary structure of a protein.

Carbohydrates include the simple sugars and polymers of these sugars. The most important of the simple sugars, or monosaccharides, are the five-carbon ribose and deoxyribose and the six-carbon glucose, which is the common energy source in the body. Maltose is a disaccharide made up of two glucose units; starch, glycogen, and cellulose are long polymers of glucose, or polysaccharides.

Figure 1.33
A nucleic acid is a polymer of nucleotides; the sugar and phosphate molecules form a backbone and the bases project to the side. a. Polymer of nucleotides using structures. b. A polymer using letters. B = base, S = sugar, $\textcircled{P}$ = phosphoric acid.

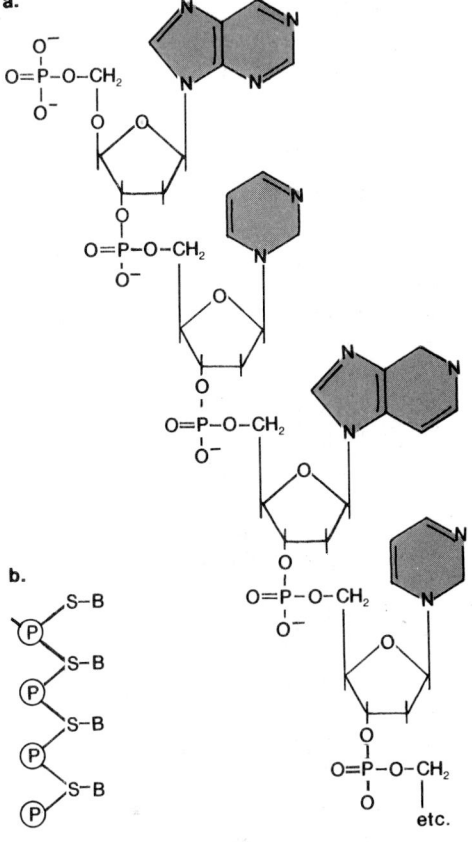

Figure 1.34
ATP is a nucleotide with three phosphate units; two of the phosphate bonds are high energy bonds, indicated by wavy lines.

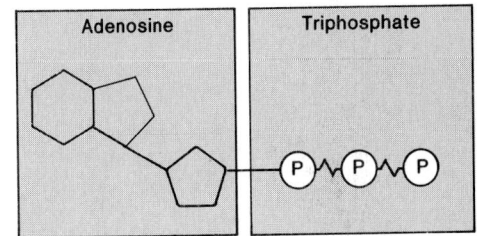

Chart 1.5 Organic Compounds of Life

Macromolecules	Small Subunit	Usual Atoms
Protein	Amino acid	C, H, O, N
Carbohydrate e.g., starch	Glucose	C, H, O
Lipid	Glycerol and fatty acids	C, H, O
Nucleic acid	Nucleotide	C, H, O, N

Lipids include the neutral fats, phospholipids, and steroids. Neutral fats contain glycerol and three fatty acids joined in such a way that three molecules of water are released. Fatty acids are saturated when they contain as much hydrogen as possible and unsaturated when they do not. Phospholipids are like fats except that in place of the third fatty acid they have a phosphate or a grouping that contains both phosphate and nitrogen. Steroids are chemically related to cholesterol. They also serve important chemical functions in humans, such as the sex hormones.

Nucleic acids are of two types, DNA and RNA. Both of these are polymers of nucleotides, complex molecules containing phosphate, a sugar, and a base. DNA is composed of nucleotides having the sugar deoxyribose, while RNA nucleotides contain the sugar ribose. RNA is a single-stranded polymer and DNA is a double-stranded polymer. Both nucleic acids are involved in protein synthesis, a process discussed in detail in chapter 22.

Chart 1.5 gives a summary of the large macromolecular molecules we have studied and the subunits that make them up. The subunits in the second column are always joined together by dehydration synthesis to form the macromolecules in the first column, and the macromolecules can be decomposed by hydrolytic degradation to release the subunits.

Study Questions

1. Name the subatomic particles of an atom; describe their charge and weight and their location in the atom. (p. 18)
2. Draw the atomic diagram for calcium. (p. 19)
3. State the octet rule and explain how it relates to chemical reactions. (p. 21)
4. Give an example of an ionic reaction and explain it. Mention in your explanation: compound, ion, formula, and ionic bond. (pp. 21–22)
5. Give an example of a covalent reaction and explain it. (pp. 23–24)
6. Explain oxidation-reduction in terms of loss or gain of electrons. (p. 24)
7. Name five possible differences between inorganic and organic compounds. (p. 25)
8. On the pH scale, which numbers indicate a basic solution? (p. 27) An acidic solution? Why? (p. 27)
9. What are buffers and why are they important to life? (p. 28)
10. What are some functions of proteins? (p. 28) What is the unit molecule of protein? (p. 29) What is a peptide bond, a dipeptide, a polypeptide? (p. 29)
11. Discuss the primary, secondary, and tertiary structure of a protein, and state the type of bonding associated with each of these. (pp. 30–31)
12. Name some monosaccharides, disaccharides, and polysaccharides, and state appropriate functions. (pp. 31–33) What is the most common unit molecule for these? (p. 33)
13. Name some important lipids and state their function. (p. 34) What is a saturated fatty acid? (p. 34) An unsaturated fatty acid? (p. 34) How is fat formed? (p. 34)
14. What are the two important nucleic acids? (p. 36) What is the unit molecule? (p. 36)
15. Which of the above organic compounds can be called polymers? (pp. 30, 32, 36) Explain dehydration synthesis of organic compounds and hydrolytic degradation of organic compounds. (p. 29)

Further Readings

Asimov, I. 1966. *The world of carbon.* Rev. ed. New York: Collier Co.

————. 1962. *The world of nitrogen.* New York: Collier Co.

Baker, J. J., and Allen, G. E. 1970. *Matter, energy, and life.* 2d ed. Reading, Mass.: Addison-Wesley.

Crick, F. H. C. 1957. Nucleic acids. *Scientific American* 197(3):62.

Kendrew, J. C. 1961. The three-dimensional structure of a protein molecule. *Scientific American* 205(6):34.

Mahler, H. R., and Cordes, E. H. 1968. *Basic biological chemistry.* New York: Harper & Row.

Roberts, J. D. 1957. Organic chemical reactions. *Scientific American* 197(5):38.

Seaborg, G. T. 1980. The new elements. *American Scientist* 68(3):279.

Stein, W. H., and Moore, S. 1961. Chemical structure of proteins. *Scientific American* 204(2):28.

Thompson, E. O. P. 1955. The insulin molecule. *Scientific American* 192(5):18.

2

cell structure and function

Chapter Concepts

1. The fundamental unit of life is the cell, which is highly organized and contains organelles that carry out specific functions.

2. The organelles have been divided into four groups: (*a*) the nucleus, (*b*) membranous canals and vacuoles, (*c*) energy-related organelles, and (*d*) centrioles and related organelles.

3. The nucleus, a centrally located organelle, controls the metabolic functioning and structural characteristics of the cell.

4. Endoplasmic reticulum, Golgi body, vacuoles, and lysosomes are all membranous tubules or vesicles concerned with the entrance, production, digestion, excretion, or transportation of molecules.

5. Mitochondria in both plant and animal cells are organelles concerned with the production of a form of energy usable by cells; they are the powerhouses of the cell. Chloroplasts are unique to plant cells and absorb the energy of the sun in order to produce glucose.

6. Centrioles and related organelles are structures concerned with the shape and/or movement of the cell. Therefore both microfilaments and microtubular structures are included in this category. Centrioles, cilia, flagella, and spindle fibers all contain microtubules.

Cell Theory

All living things are made up of **cells,** which are the smallest units of life. Cells come in many different shapes and sizes; but no matter what the shape or size, each one carries on the functions associated with life: interacting with the environment, growing, and reproducing.

The cell marks the boundary between the nonliving and the living. In fact, it is through the action of the cell that the nonliving becomes the living, for a cell takes in as its food nonliving molecules, and yet the cell is alive.

The answer to what life is will have to be found within the cell, because the smallest living organism is a single cell, while larger organisms are **multicellular** and composed of many cells. The statement that all living things are composed of cells is called the **cell theory.**

Generalized Cell

Cells are usually divided into two main groups called **procaryotic** and **eucaryotic** cells. The latter are considered to be more advanced than the former and are sometimes called "true cells." We will begin with an examination of eucaryotic cells and will then compare them to procaryotic cells. Even though there is a great variety of eucaryotic cells, differing in regard to specific structure and function, they all have the same basic organization. This chapter will stress the generalized animal cell depicted in figure 2.1a and the generalized plant cell depicted in figure 2.1b.

With some exceptions, such as various types of eggs, cells are not readily visible to the eye; therefore, a microscope is needed to view them. The **light microscope** (fig. 2.2), which utilizes light to view the object, does not provide as much detail as the **electron microscope** (fig. 2.3), which utilizes electrons to view the object. A comparison of these two microscopes (see the appendix, p. A–1) shows that the most important difference between them is not the degree to which they magnify but is instead their **resolving power,** the capacity to distinguish between two points. If two points are seen as separate, then the image appears more detailed than if the two points are seen as one point. Resolving power of a microscope is improved as the wavelength of the illumination becomes shorter, and an electron beam has a much shorter wavelength than a visible light ray. At the very best, a light microscope can distinguish two points separated by 200 nm (nanometer = 1×10^{-6}mm), but the electron microscope can distinguish two points separated by only .5 nm.[1] Thus the electron microscope gives a much more detailed image.

Pictures obtained by using the light microscope are sometimes called **photomicrographs,** and pictures resulting from the use of the electron microscope are called **electron micrographs.** Figures 2.1a and 2.1b are based on electron micrographs of animal and plant cells. Actual electron micrographs are found throughout the chapter.

---

1. For a review of linear metric units see the appendix, p. A–2.

Figure 2.1
a. An idealized or generalized higher animal cell. This representation is based on electron micrographs. b. An idealized or generalized higher plant cell (p. 43). This representation is based on electron micrographs.

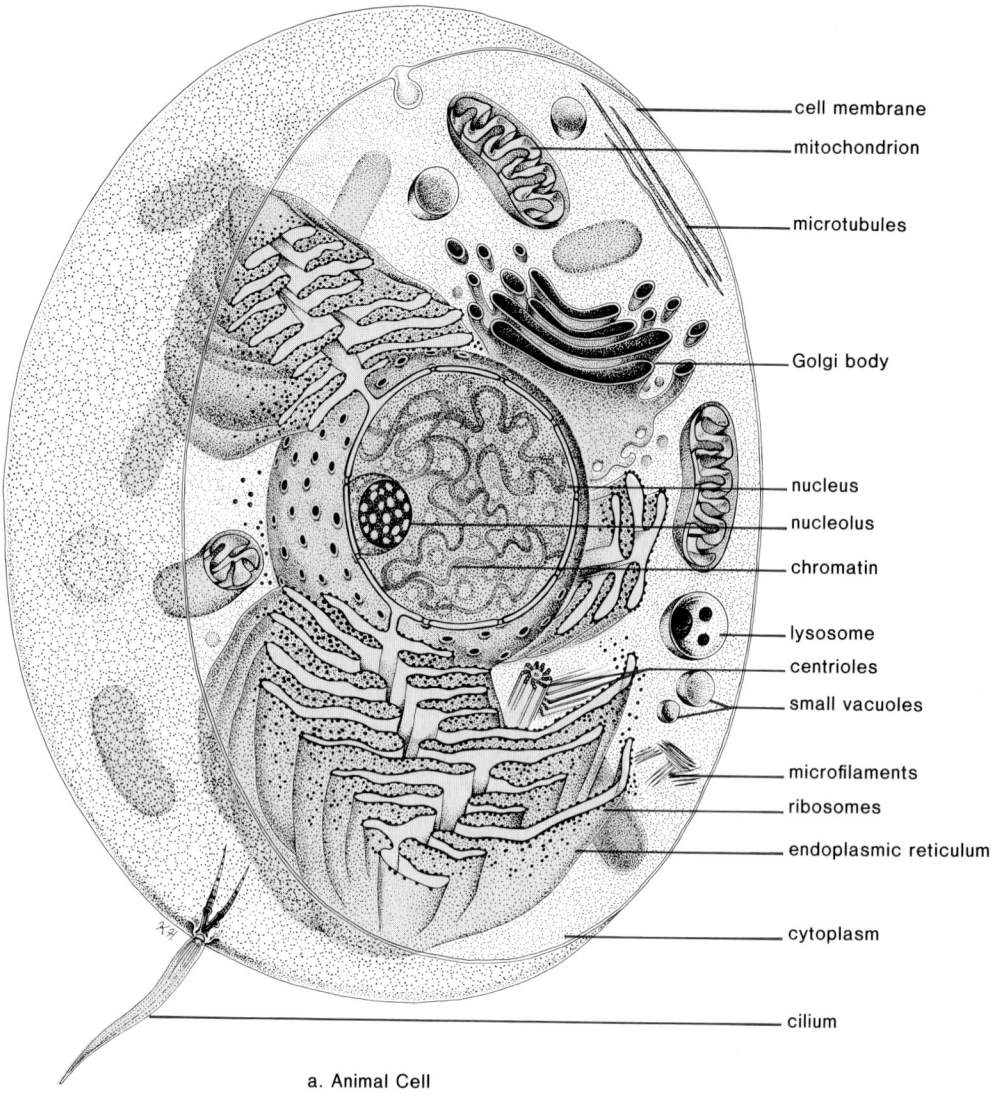

cell membrane

mitochondrion

microtubules

Golgi body

nucleus

nucleolus

chromatin

lysosome

centrioles

small vacuoles

microfilaments

ribosomes

endoplasmic reticulum

cytoplasm

cilium

a. Animal Cell

All cells are surrounded by an outer or **cell membrane,** within which is found the **cytoplasm,** a fluid substance, and various **organelles,** small bodies with specific structures and functions. In addition to a cell membrane, plant cells have an exterior **cell wall** (fig. 2.1*b*). A cell wall is an important structural component of plant cells, but the function of the cell membrane is of utmost importance to both plant and animal cells since it regulates the entrance and exit of molecules into and out of the cell. Detailed consideration of the cell wall and cell membrane is delayed until the next chapter, so that these topics can be discussed in depth.

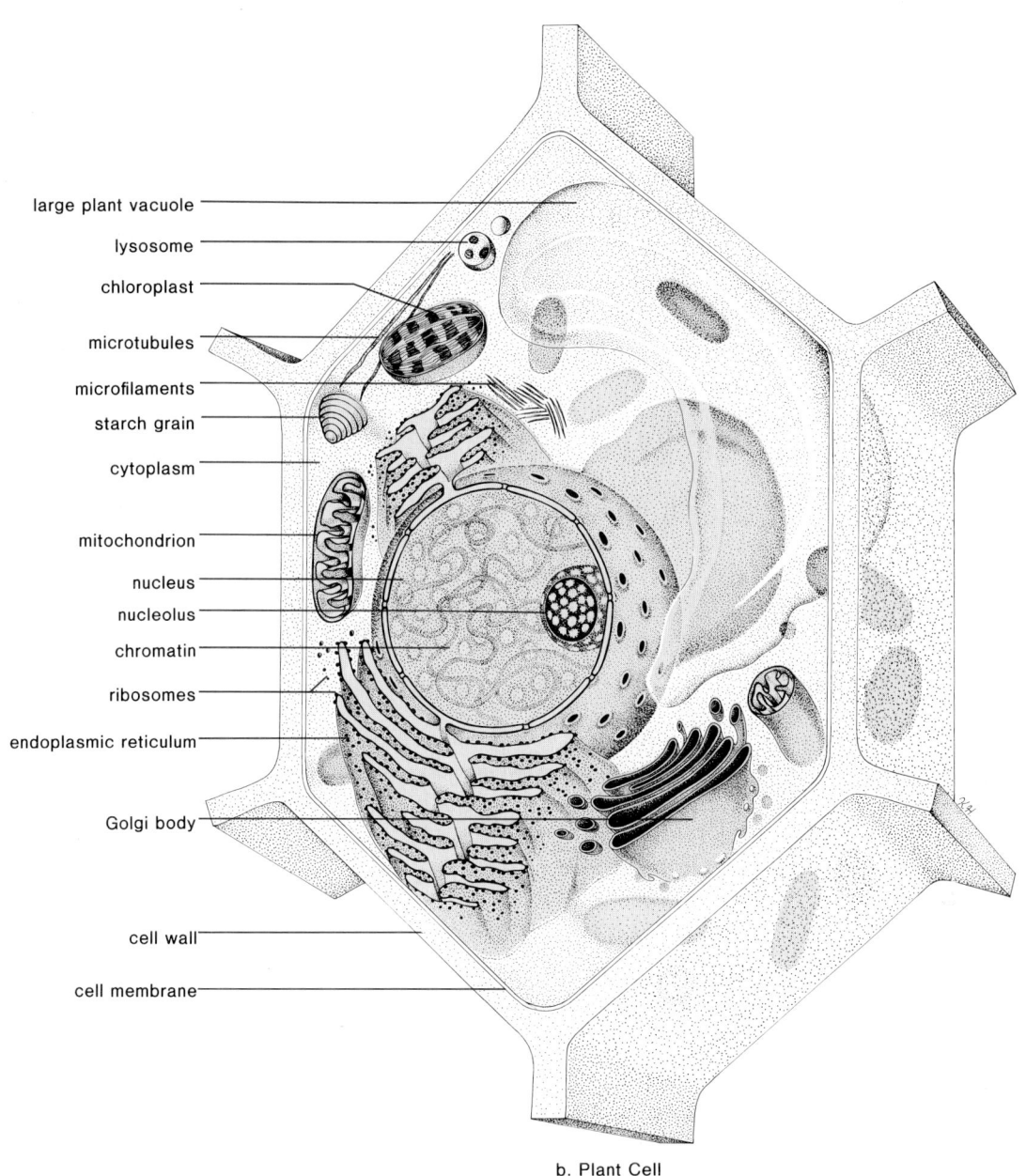

large plant vacuole

lysosome

chloroplast

microtubules

microfilaments

starch grain

cytoplasm

mitochondrion

nucleus

nucleolus

chromatin

ribosomes

endoplasmic reticulum

Golgi body

cell wall

cell membrane

b. Plant Cell

Cytoplasm

The fluid matrix of the cell, or **cytoplasm,** is at least 70 percent water. Inorganic salts are small enough to dissolve in water and therefore go into solution within the cytoplasm. This **true solution** is made up of particles whose size is relatively small, and no settling out of the molecules occurs. Because macromolecular organic molecules, such as proteins, are too large to dissolve in water, they form a **colloidal system** in which the molecules are suspended rather than dissolved. These large molecules do not settle out because (1) they are in constant motion and (2) any like charges present on the molecules repel each other.

Figure 2.2
Under the light microscope (*a*) the mitochondria in a mouse liver cell (*b*) appear as dark spots.

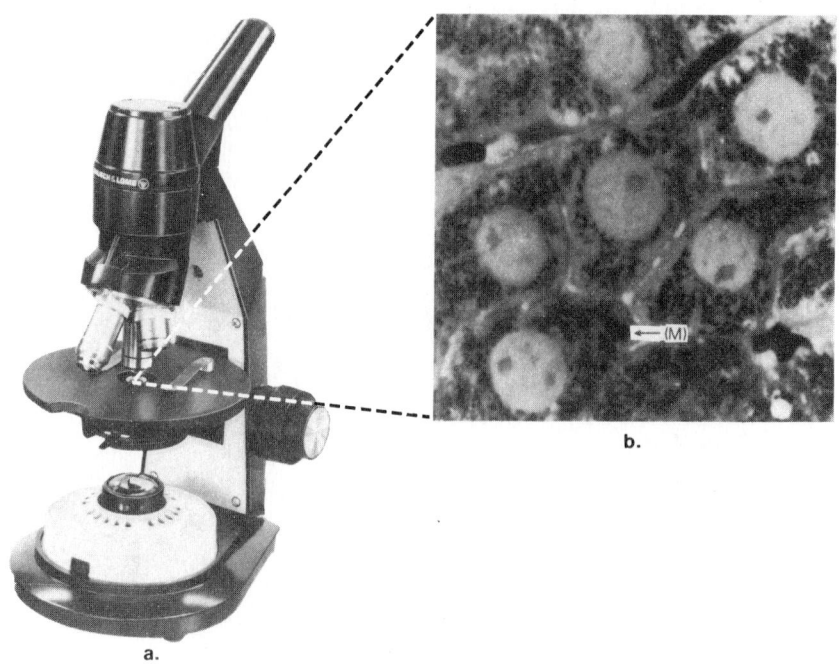

a.

b.

Chart 2.1 Sizes of Organelles

Organelles	Size
Nucleus	3-25 μm
Membranous Canals and Vacuoles	
Endoplasmic reticulum	Variable
Ribosomes	15-25 nm
Vacuoles	Variable
Golgi body	0.5-1.0 μm
Lysosomes	0.5 μm
Energy-Related Organelles	
Mitochondria	1-10 μm × 0.3-1.0 μm
Chloroplasts	1-10 μm × 2-4 μm
Centrioles and Related Organelles	
Centrioles	0.16-5.6 μm × 0.16-0.23 μm
Microtubules	Variable × 20-25 nm
Microfilaments	Variable × 3-6 nm
Cilia	5-10 μm × 0.5 μm
Flagella	150-220 μm × 0.5 μm

*As noted in the appendix (p. A-2), nm = nanometers; μm = micrometers; sizes are length × diameter.

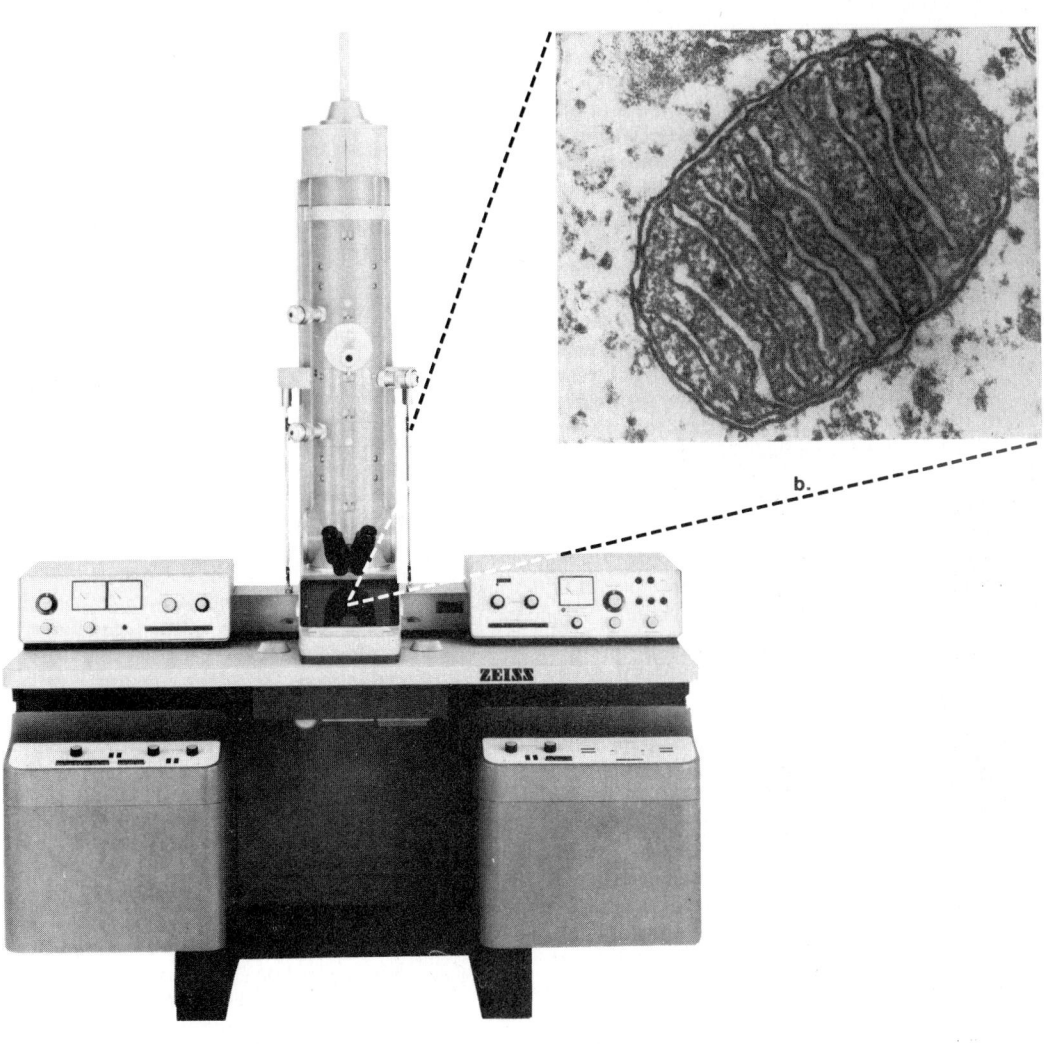

b.

a.

Organelles

The biochemical functions of a cell are for the most part performed by the **organelles,** each one specialized for a particular function. Many organelles are composed of membrane. Some investigators have been especially intrigued by the fact that membrane is the substance of both the cell membrane and certain organelles, and this has led to two different speculations on the origin of these organelles, as discussed in the reading on page 46.

In this chapter, we will divide organelles into four categories: (1) the nucleus, (2) membranous canals and vacuoles, (3) energy-related organelles, and (4) centrioles and related organelles.

Organelles vary in size, but most are very small and require the use of the electron microscope in order to see any detail. Chart 2.1 gives the size of the organelles in terms of the metric systems, which is explained in the appendix. Notice that while the nucleus, chloroplast, and mitochondrion are within the range of the light microscope, the electron microscope is required to distinguish the others.

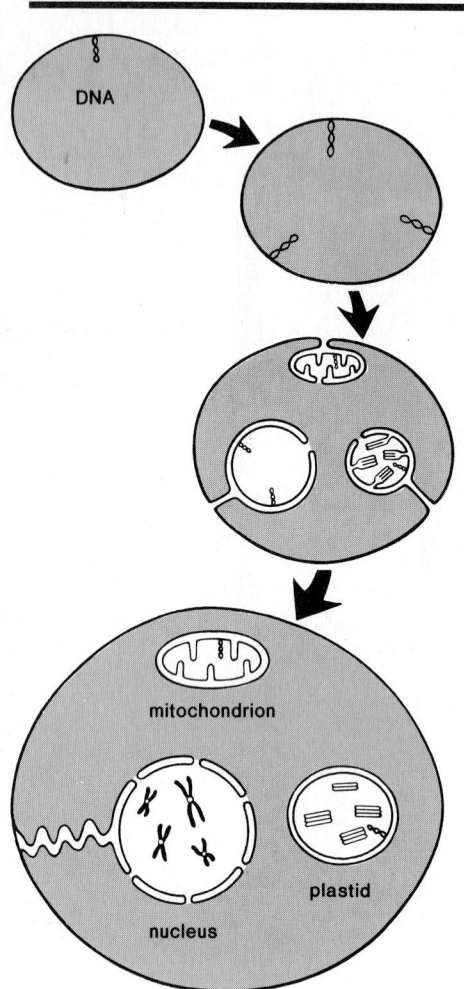

Parts of the Cell:
How Did They Evolve?

A current, widely accepted hypothesis, called endosymbiosis, attempts to explain how highly evolved cells (eukaryotes) with membrane-bound interior organelles got those specialized units in the first place. The theory holds that specialized organelles such as mitochondria (the site of cellular respiration) and plastids (the site of photosynthesis) once existed as primitive, free-living prokaryotes (cells without membrane-bound organelles). These came to inhabit the interiors of other primitive prokaryotes and existed in a symbiotic relationship with each unit retaining its own genetic material. Specialization of the inner cells occurred, allowing the host cell to carry on respiration and photosynthesis, and thus allowing it to evolve into a higher, more adaptive cell form.

Now two researchers, Thomas Uzzell, associate curator of herpetology at the Academy of Natural Sciences in Philadelphia, and Christina Spolsky, a postdoctoral fellow of the American Cancer Society at the University of Pennsylvania, take that theory to task. In the May-June *American Scientist*, they put forth a quite different theory.

They think the current theory may be a retrogressive one, ignoring slow, step-by-step evolutionary pathways. They find it implausible that one cell could inhabit another, merge and lead directly to the evolution of a higher cell type while each cell retained its genetic material and certain of its original functions. Instead, they feel that the principle of step-by-step adaptation and evolution from a primitive progenitor into a more advanced cell with new organelles seems more logical.

Uzzell disagrees with the assumption that similarities in cell characteristics necessarily reflect the kind of "special creation" endosymbiosis implies. "In considering cell characteristics," he says, "instead of just looking at how similar they are,

we must look at what has happened to those characteristics during evolution. The [reproductive and respiratory] similarities between prokaryotic cells and certain mitochondrial and plastid characteristics are impressive. In fact, they look so good, that I think there has been a failure by many biochemists and microscopists to think of those characteristics in terms of phylogeny and relationships."

Uzzell and Spolsky propose that many similar characteristics now thought to have evolved in a parallel fashion reflect, instead, the parallel retention of primitive states. For example, the diagram illustrates their hypothesis of the events leading to the evolutionary formation of double organelle membranes from the same primitive cell and not from two separate cells. In the first step, genetic material of a single prokaryotic cell duplicates without cell division. The cell membrane then folds in upon itself near the attachment points of the genetic material to form double membrane structures. With time, the organelles become autonomous and increasingly specialized. The outer membrane of each organelle is thus encoded by the genes of the cell's nucleus while the inner membrane is encoded by the genetic material within the organelle.

They point out that the simplest hypothesis is usually preferred in science and argue that the evolution of organelles concept is at least as simple as endosymbiosis. They feel that a common ancestor could plausibly have carried on the functions symbionts would have supplied and could have adapted and evolved into the various cell types and species now present without relying on "special creation."

Author's note: Hypothesis and symbiotic relationship are defined in the glossary. Endosymbiosis is defined in the article. Herpetology means the study of amphibians and reptiles. Eukaryote and prokaryote are alternative spellings of eucaryote and procaryote.

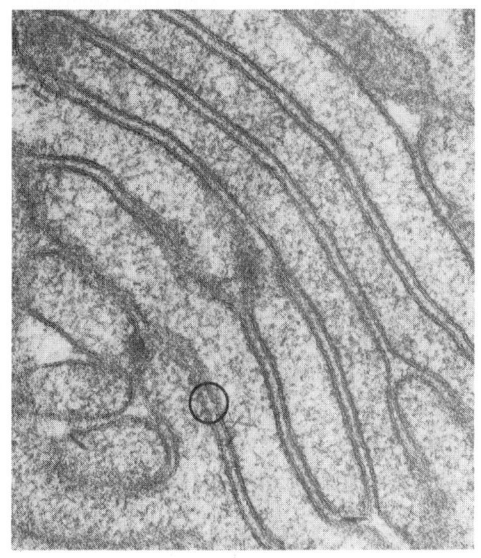

a.

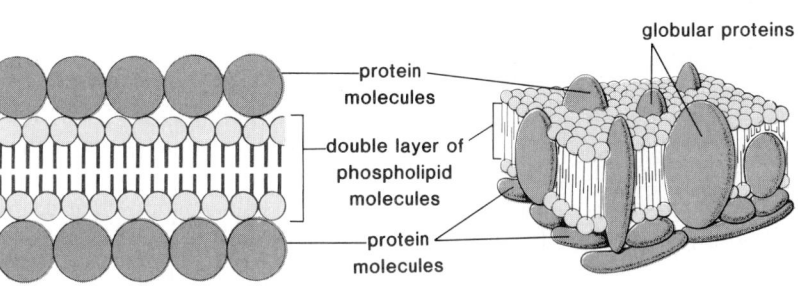

b.

globular proteins

protein molecules

double layer of phospholipid molecules

protein molecules

c.

Figure 2.4
a. Electron micrograph of "unit membrane." The black circle indicates one unit membrane. b. A diagrammatic representation of unit membrane. c. A more recent representation of membrane structure shows that protein may reside above, below, or within the membrane.

Intracellular Membrane

Electron micrographs of membrane appear as two dense lines separated by clear space, which indicates that membrane is triple-layered (fig. 2.4).

Biochemical assay has shown that membrane is composed of phospholipid and protein. Most phospholipids have a structure similar to that of neutral fat, except that in place of one of the fatty acids they have a more complex chain including phosphate- and nitrogen-containing groups (fig. 2.5). The latter chain is often referred to as the **head** of the molecule, and the other two chains are called the **tails**. In one model of membrane structure the phospholipid and protein molecules are arranged as a sandwich. The protein layers form the outer and inner surfaces of the membrane, while a double row of phospholipid makes up the filling of the sandwich. This model (fig. 2.4b) of the membrane corresponds very well with the observed appearance of membrane in electron micrographs because it is believed that the protein and lipid heads make up the dense lines, while the tails of the phospholipid are within the clear space. The term **unit membrane** was introduced to indicate that the biochemical arrangement of molecules within the membrane was believed to be essentially the same wherever membrane was found within the cell.

Most investigators believe today, however, that the unit membrane concept is an oversimplification. In fact, we would expect that if structure and function are suited to one another, then structure would have to vary as function varies. Therefore, while it is generally accepted that phospholipid is a universal component of membrane, the protein portion is believed to vary both in regard to specific makeup and to placement. Depending on the membrane, the protein may reside above or below the phospholipids, extend from top to bottom of the membrane, or simply penetrate a short distance. This model of the membrane (fig. 2.4c) is called the **fluid mosaic model** because the protein molecules form a pattern within the lipid bilayer, which is in the liquid state having the consistency of light oil. Both the lipid and protein molecules can move laterally. Thus the proteins should not be regarded as static; rather their structure and even position can change as they carry out various functions.

Figure 2.5
A phospholipid, such as lecithin shown here, has a polar region designated as a head and a nonpolar region that has two tails.

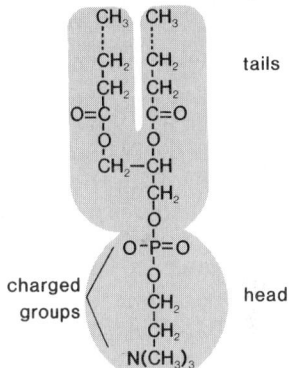

tails

CH_3 CH_3
CH_2 CH_2
CH_2 CH_2
$O=C$ $C=O$
O O
CH_2-CH
CH_2
O
$O-P=O$
O
charged groups
CH_2
CH_2
$N(CH_3)_3$

head

Figure 2.6

An electron micrograph showing an enlarged nucleus. *N* = nucleus, *Nu* = nucleolus, *NM* = nuclear membrane, *M* = mitochondria, *ER* = endoplasmic reticulum. Nuclear pores are indicated by the arrows.

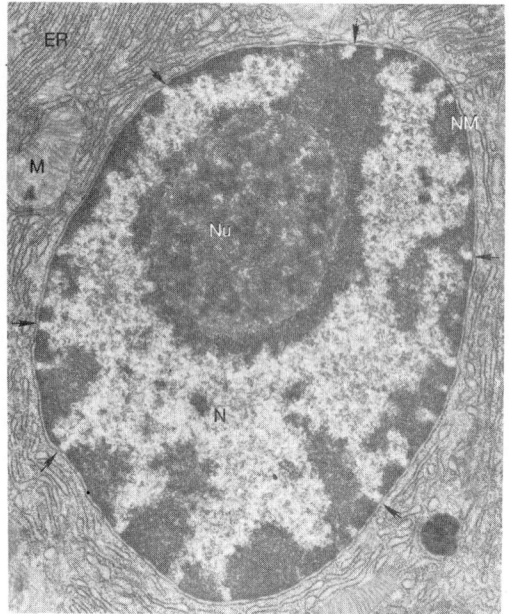

Figure 2.7

Experiments with the large single-celled alga, *Acetabularia*. a. In this experiment, the stalk and cap die without a nucleus, but the base with a nucleus regenerates. b. In this experiment, the regenerated cap resembles that of the species of the nucleus and not that of the cytoplasm. This shows that the nucleus controls the rest of the cell.

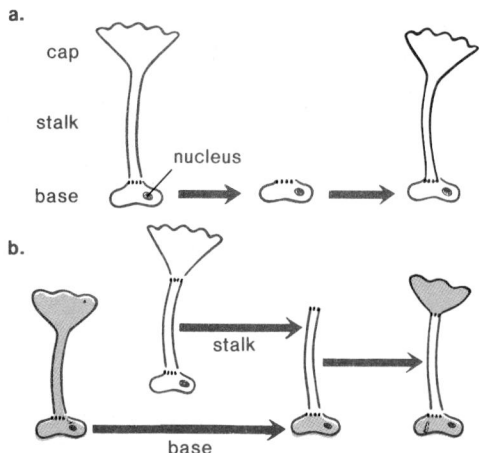

Nucleus

The nucleus (fig. 2.6), the largest organelle within the cell, is enclosed by a double-layered membrane (fig. 2.1), called the nuclear membrane. There are pores, or openings, in this membrane through which large molecules pass from the nucleoplasm, the matrix of the nucleus, to the cytoplasm.

The nucleus is of primary importance in the cell because it is the control center that oversees the metabolic functioning of the cell and ultimately determines the cell's characteristics, as experimentation has shown. In one type of green alga, *Acetabularia,* the organism consists of a base, stalk, and cap (fig. 2.7). If the stalk and cap are removed from the base as in figure 2.7*a*, the stalk and cap die, but the nucleus-containing base develops into a new organism. The importance of the nucleus is further exemplified in figure 2.7*b* when the base is combined with the stalk of a different species, and the cap regenerated is appropriate to the species of the nucleus rather than the cytoplasm of the stalk. This demonstrates that the nucleus controls both the chemical function and structure of the cell.

Within the nucleus there are masses of threads called **chromatin,** so called because they take up appropriate stains and become colored. Chromatin is indistinct in the nondividing cell, but it condenses to rodlike structures called chromosomes (fig. 4.5) at the time of cell division. Chemical analysis shows that chromatin, and thus chromosomes, contain the chemical DNA (deoxyribonucleic acid) along with certain proteins and some RNA (ribonucleic acid). It is now known that DNA, with the help of RNA, *controls protein synthesis* within the cytoplasm, and that it is this function that allows DNA to control the cell.

Nucleoli

One or more **nucleoli** are present in the nucleus. These dark-staining bodies are actually specialized parts of chromosomes where a special type of RNA, called ribosomal RNA (rRNA), is produced. Ribosomal RNA migrates to the cytoplasm where it becomes a part of the ribosomes, organelles to be discussed in the following.

Membranous Canals and Vacuoles

Endoplasmic reticulum, the Golgi body, vacuoles, and lysosomes (fig. 2.1) are membranous structures that are both structurally and functionally related. Ribosomes are not composed of membrane but are included in this category because they are often intimately associated with the endoplasmic reticulum.

Endoplasmic Reticulum

The **endoplasmic reticulum** (ER) forms a membranous system of tubular canals that begins at the nuclear membrane and branches throughout the cytoplasm, perhaps connecting with the Golgi body (fig. 2.1). Some portions of endoplasmic reticulum have small granules attached to the outer wall and some do not. If the granules, called ribosomes, are present, the reticulum is called **rough endoplasmic reticulum;** if they are not present, it is called **smooth endoplasmic reticulum.** Figure 2.8 illustrates rough endoplasmic reticulum and figure 2.9 illustrates the smooth. Smooth endoplasmic reticulum offers evidence that some of the proteins within the membrane of the endoplasmic reticulum most likely have enzymatic properties. Apparently smooth endoplasmic reticulum contains enzymes that synthesize lipids. Thus smooth endoplasmic reticulum is abundant in cells of the testes and adrenal cortex, both of which produce steroid hormones. Also, it is known that smooth reticulum in the liver can be increased if drugs are given to an animal prior to observing the cells of this organ. It would seem then that the reticulum has the necessary enzymes to detoxify the drugs.

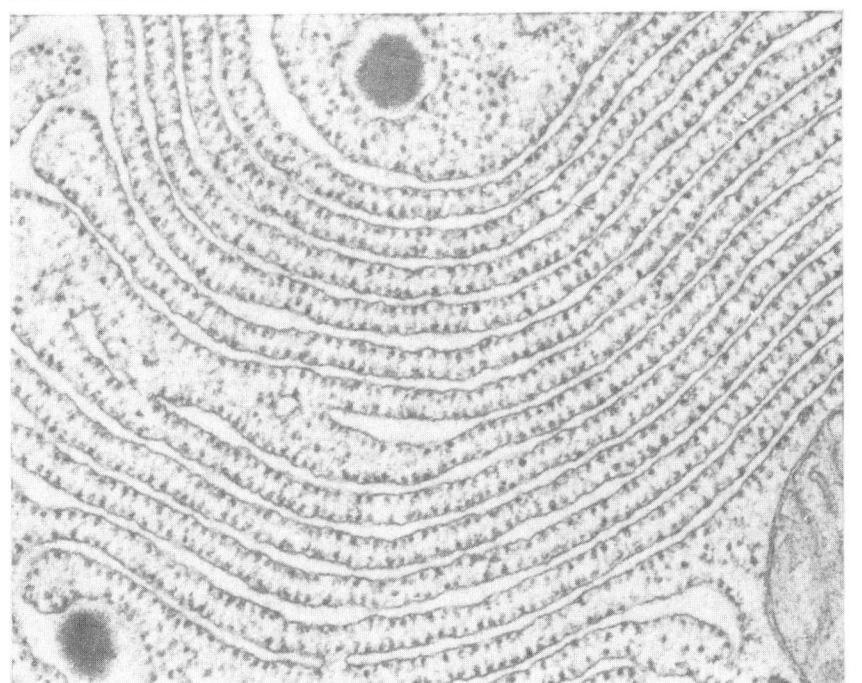

a.

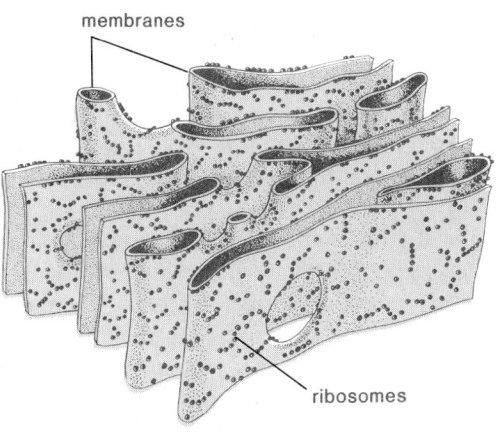

membranes

ribosomes

b.

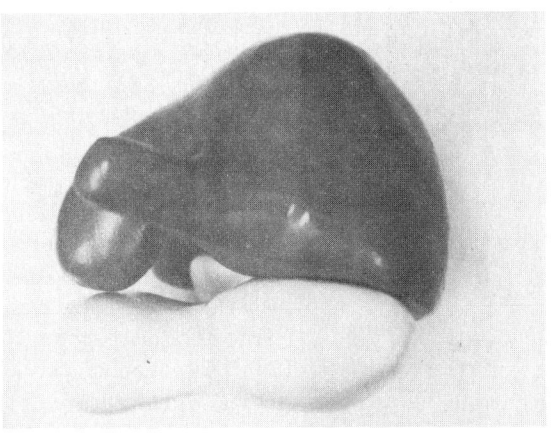

c.

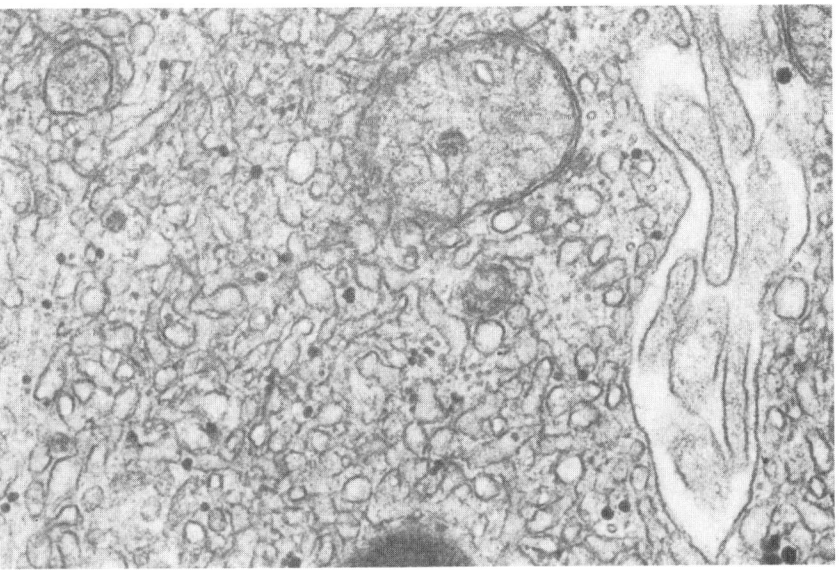

a.

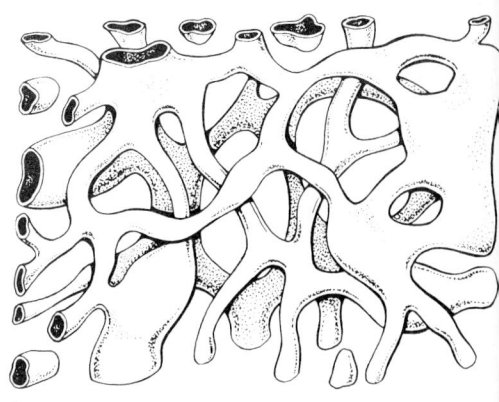

b.

Figure 2.10

a. An electron micrograph of a Golgi body.
b. A diagrammatic representation of a Golgi body.

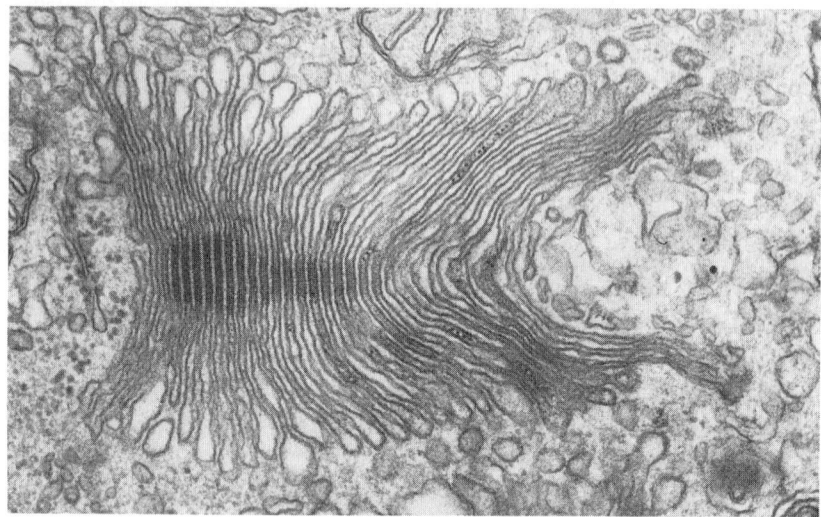

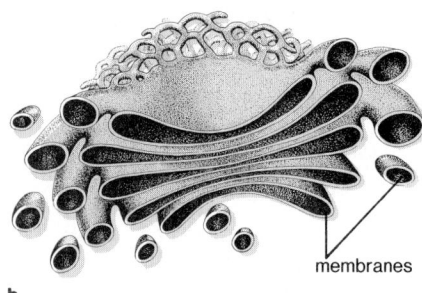

membranes

b.

a.

Figure 2.11

Products of cells are "packaged" in vacuoles at the Golgi body and are discharged when these vacuoles fuse with the cell membrane.

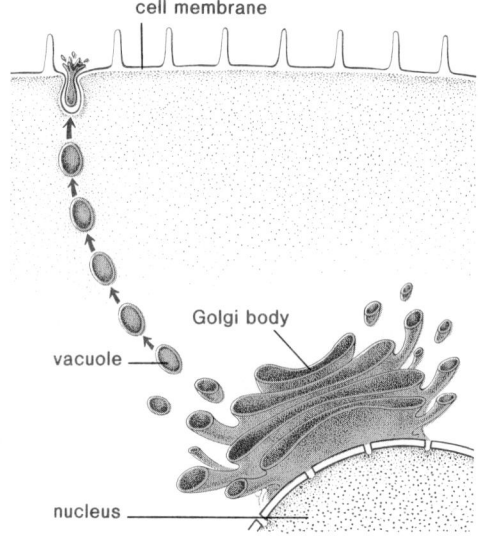

cell membrane

Golgi body

vacuole

nucleus

Ribosomes

Ribosomes appear to be small, dense granules in low-power electron micrographs (fig. 2.8a), but at a higher resolution they are seen to be composed of two subunits (fig. 2.8c). As their name implies, ribosomes contain RNA (ribonucleic acid), but they also contain proteins. The larger of the two subunits contains at least thirty different proteins and the smaller unit contains at least twenty different proteins.

Ribosomal RNA produced in the nucleolus joins with proteins before migrating to the cytoplasm. Once the ribosomes are fully assembled within the cytoplasm, they function in the process of protein synthesis. Synthesis refers to the hitching together of small organic molecules to make larger ones. In this case, amino acids are joined together to make a protein. A number of ribosomes concerned with the manufacture of the same protein molecule may be arranged in a functional group known as a **polysome.**

Ribosomes are very often attached to endoplasmic reticulum (fig. 2.8) but are also found unattached within the cytoplasm. When the ribosomes are unattached within the cytoplasm, it probably indicates that protein synthesis is for internal use as, for example, in rapidly growing and dividing cells. But when the ribosomes are attached, it most likely means that the protein is made for export outside this cell. For example, certain pancreatic cells that produce digestive enzymes for use in the small intestine have extensive amounts of rough endoplasmic reticulum.

Protein that is destined for export outside the cell is prepared at the ribosomes and temporarily stored in the channels of the reticulum. Small portions of the endoplasmic reticulum then break away to form membrane-enclosed vesicles that migrate to the Golgi body, where the product is received and repackaged for export (fig. 2.11).

Golgi Body

The **Golgi body** (fig. 2.10) is named for the person who first discovered its presence in cells. It is composed of a stack of three or more *saccules*, which look like flattened vacuoles. At the edges of the saccules are rounded vacuoles and vesicles.

The Golgi body is especially well developed in cells that secrete (export) either proteins or complex polysaccharides. In fact, there is evidence that polysaccharides are also made within the Golgi body. When the Golgi body prepares a product for export, the product is concentrated by removal of water and enclosed within a membranous **vacuole.** The vacuole is actually formed from a portion of the saccule, as described in figure 2.11. Following formation, the vacuole moves toward the cell membrane, where it discharges its contents. In this manner, the product of the cell is exported.

Vacuoles

A cross section of a vacuole, which is called a vesicle when small in size, most often shows a clear area bounded by a membrane. Vacuoles are storage sites for various kinds of molecules in solution or suspension. Small vacuoles can be made by the Golgi body, as previously described, or they can arise by an infolding of the cell membrane. The large, central plant vacuole (fig. 2.1*b*) is attached to the endoplasmic reticulum, and it seems that this particular vacuole might be a part of this system. The central vacuole of plant cells helps give support to the cell when it is full of water. If the vacuole is not filled with water, the plant wilts.

Lysosomes

Lysosomes are a special type of vacuole (fig. 2.12), most likely formed at the Golgi body. All lysosomes are concerned with intracellular digestion and contain powerful enzymes called *hydrolytic enzymes* (p. 172). Figure 2.12 illustrates the packaging of hydrolytic enzymes with membrane at the Golgi body. Following formation the lysosome may fuse with a vacuole that contains a substance to be digested. While the products of digestion enter the cytoplasm, the nondigested residue is expelled from the cell.

Occasionally, a person is unable to manufacture an enzyme normally found within the lysosome. In these cases, the lysosome fills to capacity as the substrate (p. 94) for that enzyme accumulates. The cells may become so filled with lysosomes of this type that it brings about the death of the individual.

Lysosomes also seem to carry out autodigestion, or the disposal of worn-out or damaged cell components such as mitochondria, which have a short life span in the cell. This is an essential part of the normal process of cytoplasmic maintenance and turnover. Turnover refers to the fact that the cell is constantly breaking down and remaking its parts. The lysosomes no doubt play a role in this process, and electron micrographs sometimes show mitochondria enclosed within these structures (fig. 2.13).

When a cell dies, or for some other reason is destined for total destruction, the lysosome sometimes releases its contents. The term **suicide bag** has been used in connection with the lysosome because of its ability to bring about a complete breakdown of the cell itself. Normally, complete cell destruction occurs when a change of shape is required by the organism. For example, the disappearance of the tail of a tadpole may be brought about by lysosome action.

Energy-Related Organelles

The energy-related organelles, mitochondria and chloroplasts, are both transformers, changing one form of energy into another. While chloroplasts are unique to plant cells, mitochondria are found in both plant and animal cells.

Mitochondria

A **mitochondrion** is a rather complex organelle that produces energy for the cell. Every cell needs a certain amount of energy if only to drive chemical reactions forward; but many cells, such as nerve and muscle cells, need energy

Figure 2.12
Lysosomes, formed at the Golgi body, contain digestive enzymes that break down molecules previously contained within vacuoles, which arise at the cell membrane.

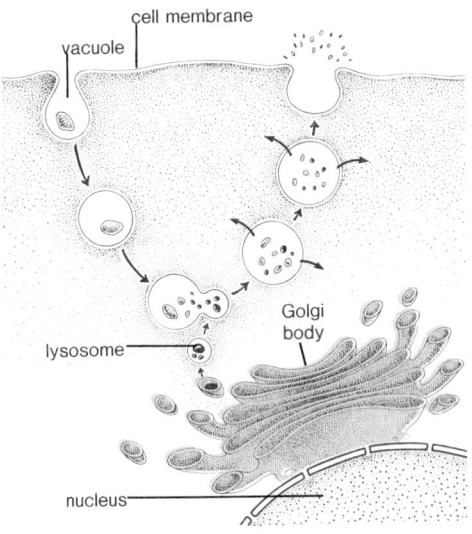

Figure 2.13
An electron micrograph showing two types of lysosomes. The darker ones are residual bodies containing nondigested material; the lighter one is a digestive vacuole containing a mitochondrion.

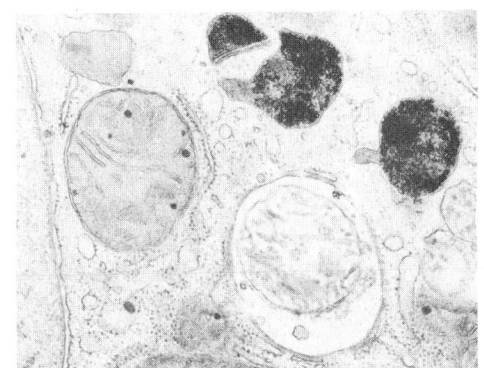

Figure 2.14
Mitochondria are especially abundant in
heart muscle.

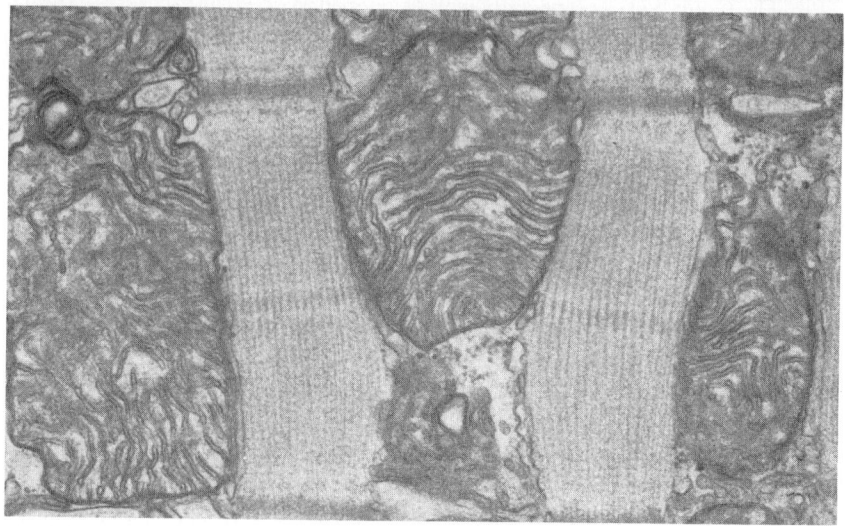

to carry out their specialized functions, that is, nervous conduction and muscle contraction (fig. 2.14). The mitochondria supply this energy.

Mitochondria are extremely efficient at what they do. One investigator, after calculating the weight of mitochondria in a horse's legs, suggested that the "magnitude of the effect of the mitochondria per weight unit is the same as the one delivered by the engines in a jet plane in vertical ascent. . . . In other words, the mitochondria are admirably effective machines."[2]

Mitochondria are often referred to as the **powerhouses** of the cell because, just as a powerhouse burns fuel to produce electricity, the mitochondria burn glucose products to produce ATP molecules needed by cells. In the process, mitochondria use up oxygen and give off carbon dioxide and water. The oxygen you breathe in enters cells and then the mitochondria; the carbon dioxide you breathe out is produced by the mitochondria. Since gas exchange is involved, it is said that mitochondria carry on **cellular respiration,** a process that produces energy. A shorthand way to indicate the chemical transformation associated with cellular respiration is:

$$\text{glucose} + \text{oxygen} \longrightarrow \text{carbon dioxide} + \text{water} + \text{energy}$$

Each mitochondrion is composed of two membranes, an outer membrane and an inner membrane (fig. 2.15 *a, b*). The inner membrane is convoluted into shelflike projections called **cristae.** The respiratory enzymes that aid in the production of energy are located in an assembly-line fashion on these membranous shelves. The membrane is divided into functional units, and a very small area of each cristae contains one complete set of enzymes. The inner membrane lends itself to this arrangement and thus we see that structure aids function.

Chloroplasts

Plastids are membranous structures that often contain pigments and give plant cells their color. Some plastids, however, are colorless and act as storage bodies for starch, protein, or oils.

The most familiar and abundant plastid is the **chloroplast** (fig. 2.16). In higher plants, chloroplasts have an ovoid or disklike shape and may be even larger than mitochondria (chart 2.1).

2. Bjorn Afzelius, *Anatomy of the Cell* (Chicago: University of Chicago Press, 1966), p. 11.

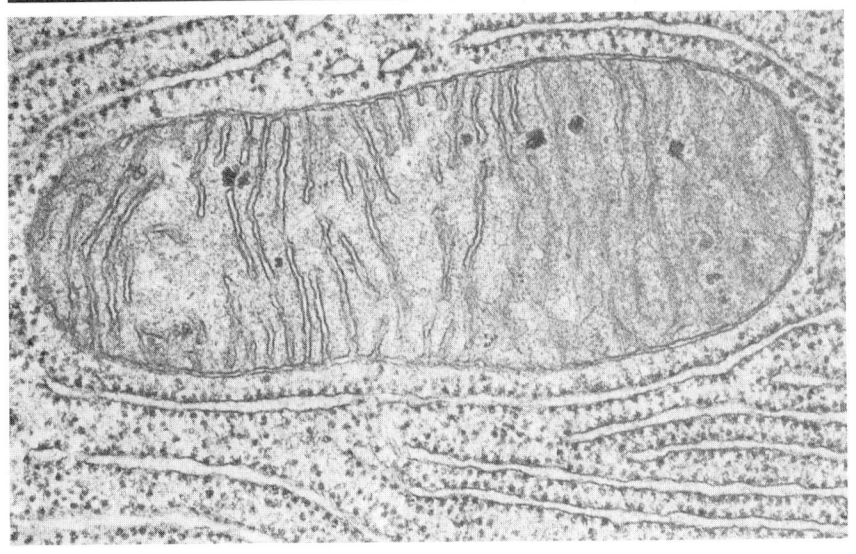

a.

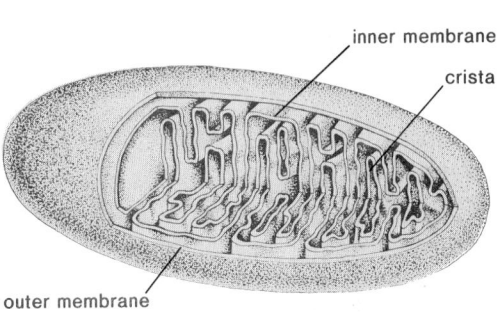

Figure 2.15
a. An electron micrograph of a mitochondrion. b. A diagrammatic representation of a mitochondrion.

inner membrane

crista

outer membrane

b.

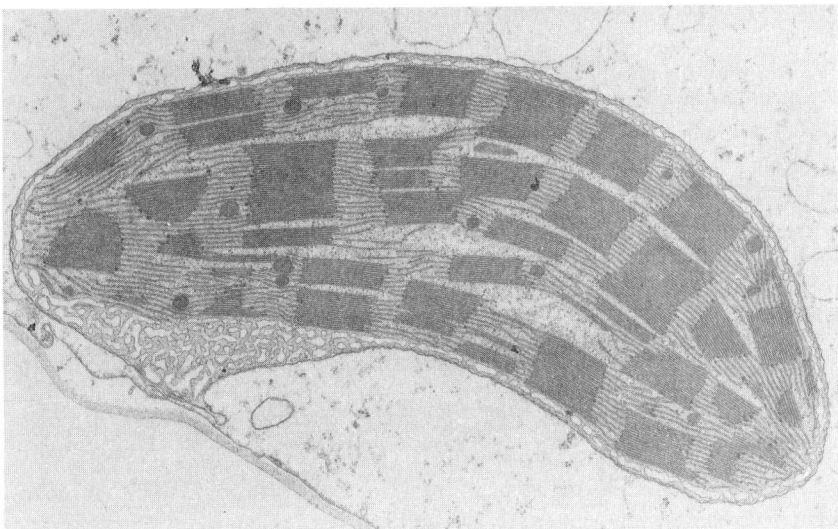

a.

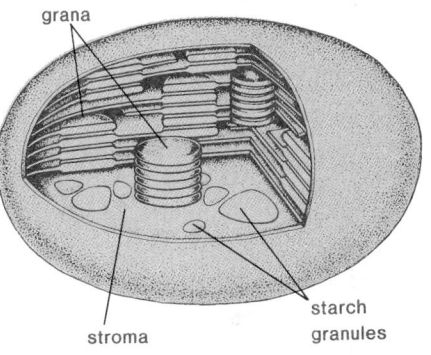

Figure 2.16
a. An electron micrograph of a chloroplast. b. A diagrammatic representation of a chloroplast.

grana

stroma

starch granules

b.

Within a chloroplast, there are stacks of membranous sacs called **grana.** The green pigment, chlorophyll, is found within the grana, and thus chloroplasts are green. The matrix, or solution part, of a chloroplast is called the **stroma.**

Chlorophyll is a chemical molecule that can absorb the energy of the sun. This energy allows photosynthesis to take place. **Photosynthesis** (synthesis by means of light energy) refers to the production of food molecules, for example, sugar. The sugar molecules may later be joined together to form starch. Chloroplasts take in carbon dioxide, water, and radiant energy from the sun and give off oxygen. The glucose remains within the plant, while the oxygen leaves the plant as a gas. Again, we can use the shorthand method to describe what has been said:

sun's energy + carbon dioxide + water ——→ glucose + oxygen

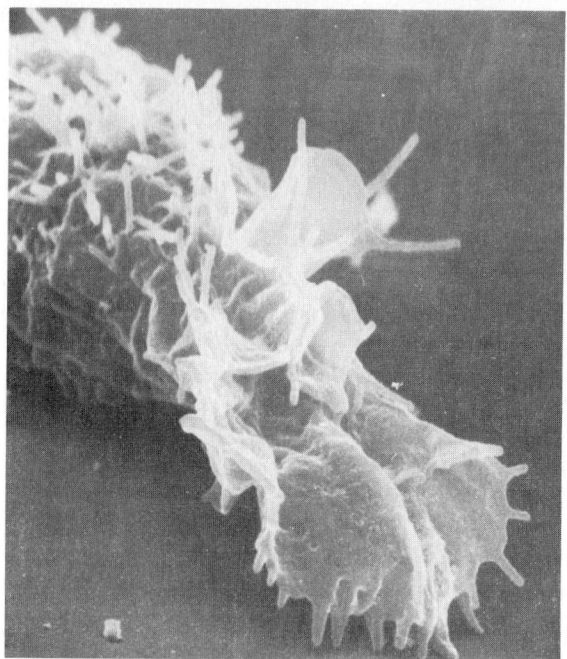

The equation for photosynthesis is the opposite of cellular respiration, as you can see by comparing the shorthand statements about each. During photosynthesis, solar energy is incorporated into the biologically useful compound glucose.

Chloroplasts also illustrate the fact that structure facilitates the function of the organelle. Within the grana, light energy is trapped and used to form ATP molecules that help enzymes within the stroma to make food molecules. It is believed that the grana are highly organized, just as the cristae of the mitochondria are organized. It may be that a granum is also divided up into functional units, especially since electron micrographs show particles that are believed to be reaction centers.

Centrioles and Related Organelles

All the organelles in this category are associated with movement, either movement of cell parts or movement of the cell itself. Movement is not characteristic of mature plant cells or of many types of mature animal cells but is observed in individual animal cells raised in tissue culture (fig. 2.17). In these instances, special staining techniques have shown the presence of both actin and myosin **microfilaments** (fig. 2.18), so called because they are fine strands of either protein. Microfilaments were first discovered in muscle cells where they account for the ability of these cells to contract (fig. 16.10). Now it appears that their presence is typical in most eucaryotic cells. Previously, **cytoplasmic streaming,** accompanied by the conversion of cytoplasm from a more solid "**gel**" state to a more fluid "**sol**" state, had been observed when amoebas (fig. 25.18) or vertebrate white blood cells moved by means of **pseudopodia,** temporary cytoplasmic protrusions, or when cell contents moved circularly within plant cells. It is now believed that all of these, and perhaps the process of secretion, too, have their basis in the contraction of actin and myosin filaments. Just how these filaments are arranged within the cell and the manner in which they contract is being investigated. It is assumed that the method of contraction will be similar to muscle cell contraction.

In other instances, it appears that microfilaments work with microtubules, particularly to maintain or change cell shape. When their function is to maintain cell shape, microfilaments and microtubules are referred to as a

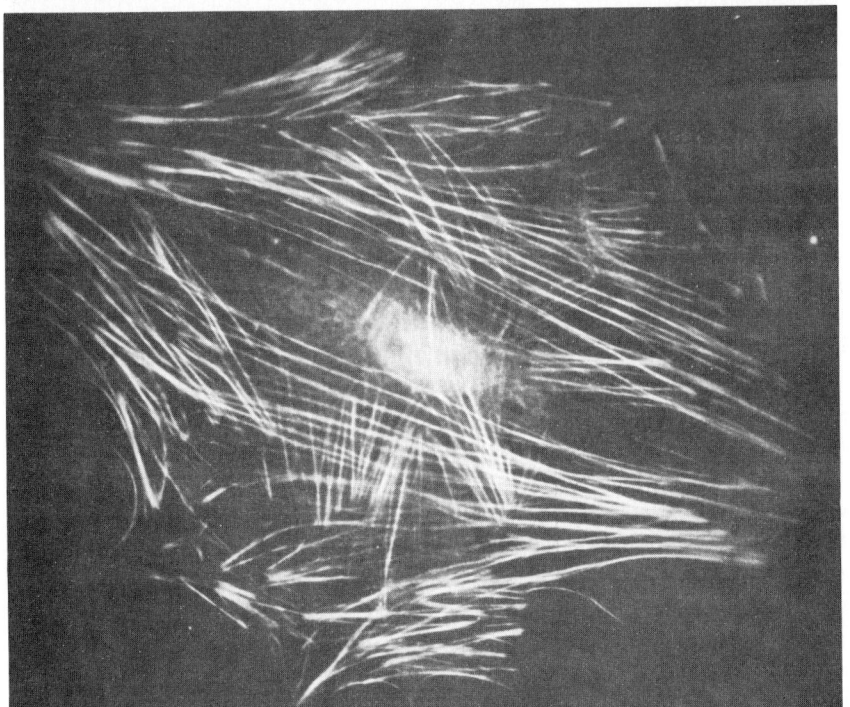

a.

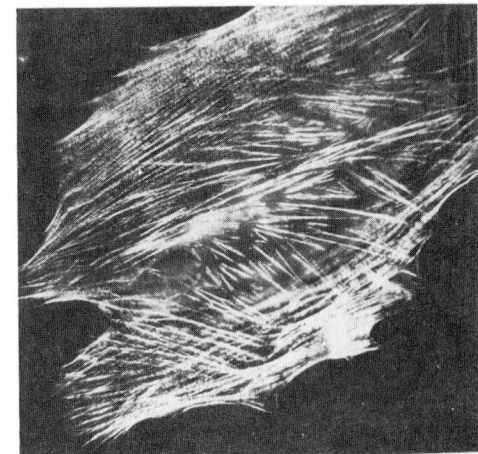

b.

Figure 2.18
Electron micrographs of tissue culture cells treated to reveal (*a*) actin microfilaments and (*b*) myosin microfilaments.

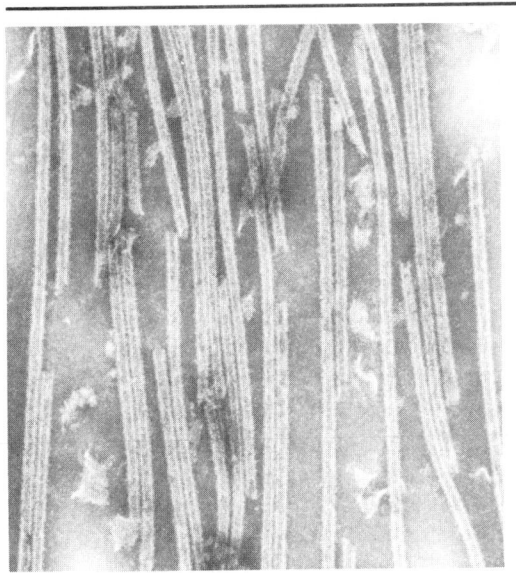

a.

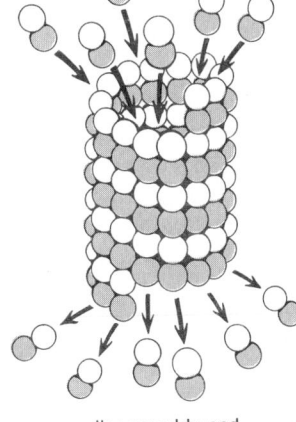

assembly end

disassembly end

b.

Figure 2.19
a. Isolated microtubules negatively stained.
b. A microtubule is composed of tubulin dimers that may assemble at one end and disassemble at the other.

cytoskeleton. Microtubules are much larger than microfilaments because they consist of thirteen rows of protein tubulin arranged in helical fashion to form a cylinder (fig. 2.19). Remarkably, both microfilaments and microtubules assemble and disassemble within the cell. When they are assembled, the protein molecules are bonded together, and when they are disassembled the protein molecules are not attached to one another. Specific enzymatic proteins are believed to control this transformation. When microfilaments and microtubules are assembled, the cell has a particular shape and when they disassemble, the cell can change shape. It is no wonder, then, that these organelles, like the centriole, have been found to play a role in cell division, as will be discussed in chapter 4.

Figure 2.20
a. An electron micrograph of a centriole
showing the microtubules arranged in a
9 + 0 pattern. b. Three-dimensional
drawing of centrioles.

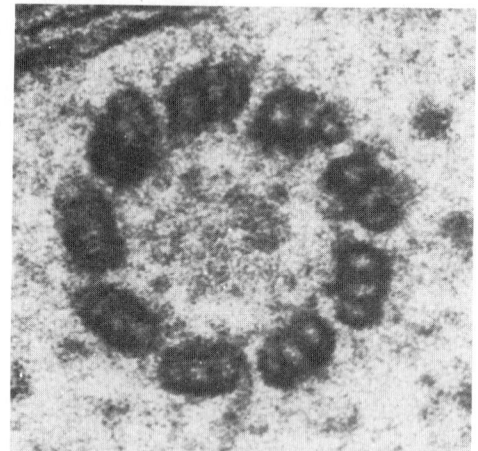

a.

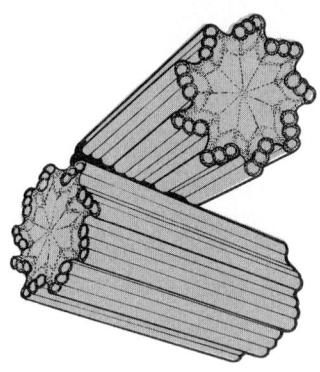

b.

Centrioles

Centrioles (fig. 2.20) are typically present in animal cells but not in plant cells. They are made up of microtubules that are arranged in what is called a 9 + 0 pattern. In cross section, there are nine units, each containing three microtubules.

Usually each cell contains two pairs of centrioles, which lie near the nucleus. Within each pair, one centriole lies at a right angle to the other. At the time of cell division, one pair of centrioles remains stationary and the other pair begins a descent to the opposite side of the nucleus. As they pull away, spindle fibers necessary for cell division appear between the two sets of centrioles. Thus it is believed that centrioles may in some way be necessary to the formation of these fibers, which are composed of microtubules.

The exact relationship between centrioles and spindle fibers is now under investigation, and it is hoped that it will eventually be possible to explain why plant cells have spindle fibers even though they lack centrioles.

Cilia and Flagella

Cilia and **flagella** are hairlike projections of cells capable of movement. Flagella have a whiplike motion, while cilia move like oars. Cells with these structures are capable of independent motion. For example, a single-celled paramecium (p. 512) moves by means of cilia. Sperm, on the other hand, which carry genetic material to the egg, move by means of flagella.

Prior to the development of cilia and flagella, centrioles, now called **basal bodies,** move to the periphery of the cell. The stalk of a cilium or flagellum grows outward from a basal body and rootlet fibers grow inward. The stalk contains eleven sets of microtubules; the outer nine sets, made up of two microtubules each, extend to the basal body (fig. 2.21), but the two inner sets, of one microtubule each, do not. In cross section, cilia and flagella have a 9 + 2 pattern of microtubules. The outer sets are connected by radial spokes to a sheath that surrounds the inner sets (fig. 2.22).

The movement of cilia and flagella is caused by their 9 + 2 pattern of microtubules. The clawlike arms of the outer sets of tubules enable them to slide past one another. When this occurs, shear resistance due to the presence of the radial spokes between outer and inner sets of microtubules results in the bending of the cilium and flagella.

In our bodies, the cells that line the upper respiratory tract are ciliated (p. 157). The action of the cilia sweeps debris trapped within mucus back up into the throat and in this way helps keep the lungs clean. Interestingly enough, the rods of the eyes are believed to be modified cilia (fig. 2.23). Rods are specialized cells that contain the light-sensitive pigment, *visual purple,* or *rhodopsin.* When light strikes this pigment, a chemical reaction takes place that initiates a nerve impulse. Evidence that rods are modified cilia comes from the fact that a ciliumlike stalk with nine sets of microtubules connects stalks of visual purple to a basal body and an unattached centriole. These cells are capable of generating a nervous impulse but are not capable of motion, perhaps because rods lack the two center sets of microtubules.

Chart 2.2 summarizes the differences we have discussed between microfilaments and microtubules.

Chart 2.2 Comparison of Microfilaments and Microtubules

	Microfilaments	Microtubules
Protein	actin or myosin	tubulin
Structure	fine strands	hollow cylinder
Function	cytoplasmic streaming and internal organelle movement	mitotic spindle; cilia and flagella; centriole
	Both maintain and change cell shape	

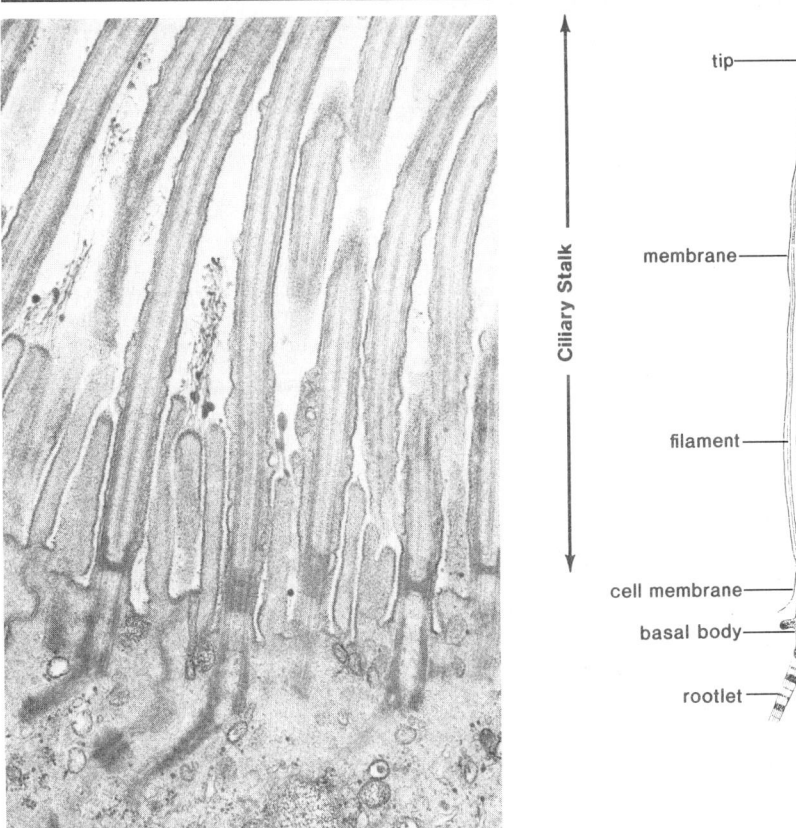

Figure 2.21
a. An electron micrograph showing longitudinal sections of cilia. b. Cilia (and flagella) are composed of three parts: a stalk, basal body, and rootlet fibers.

Ciliary Stalk

tip

membrane

filament

cell membrane

basal body

rootlet

a.

b.

Figure 2.22
Diagram showing the 9 + 2 pattern of microtubules in a cilium or flagellum. Notice the clawlike arms of the outer doublets.

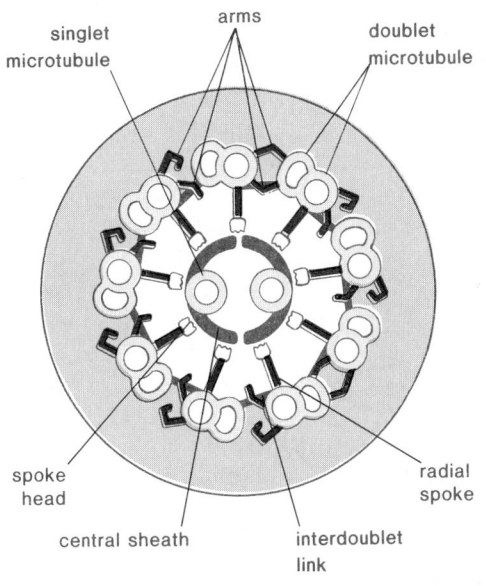

singlet
microtubule

arms

doublet
microtubule

spoke
head

radial
spoke

central sheath

interdoublet
link

Figure 2.23
A rod cell. The rods of the eyes are believed to be modified cilia.

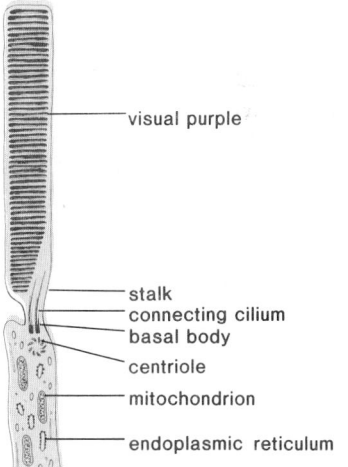

visual purple

stalk
connecting cilium
basal body
centriole

mitochondrion

endoplasmic reticulum

Chart 2.3 Comparison of Procaryotic and Eucaryotic Cells

	Procaryotic	Eucaryotic	
		Animal	*Plant*
Cell membrane	yes	yes	yes
Cell wall	yes	no	yes
Nuclear membrane	no	yes	yes
Mitochondria	no	yes	yes
Chloroplasts	no	no	yes
Endoplasmic reticulum	no	yes	yes
Ribosomes	yes, small	yes, large	yes, large
Vacuoles	no	yes, small	yes, large, central
Lysosomes	no	yes, usually	no, usually
Centrioles	no	yes	no

Cellular Comparisons

Procaryotic versus Eucaryotic Cells

Chart 2.3 compares procaryotic cells to the two types of eucaryotic cells studied in this chapter. You'll notice that procaryotic cells, represented only by bacteria and blue-green algae (fig. 2.24), lack the various types of organelles we have been discussing. This does not mean, however, that their cells do not carry on the functions performed by organelles. The functions simply occur within the cytoplasm of these much smaller cells. Thus they have chromosomes but no nuclei; respiratory enzymes but no mitochondria; and when they have chlorophyll, they still have no chloroplasts, although the chlorophyll is associated with lamellae.

Procaryotes do have a cell wall and, if motile, they possess flagella. However, the structure of these cell features differs from those found in eucaryotic cells.

Plant versus Animal Cells

Chart 2.3 also compares plant and animal cells. It is wise to keep in mind that while all cells have a cell membrane, plant cells in addition have a cell wall; and that while all eucaryotic cells have mitochondria, plant cells also have chloroplasts. However, plant cells typically lack centrioles and thus the cilia and flagella of animal cells. Even so, plant cells do have a mitotic spindle, as will be discussed in chapter 4.

Figure 2.24
Generalized (*a*) bacterial and (*b*) blue-green algal cell. Notice the lack of discrete organelles.

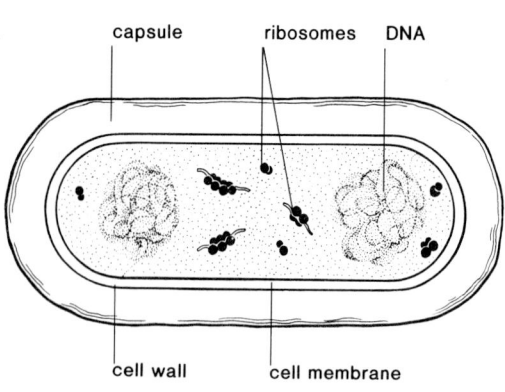

a.

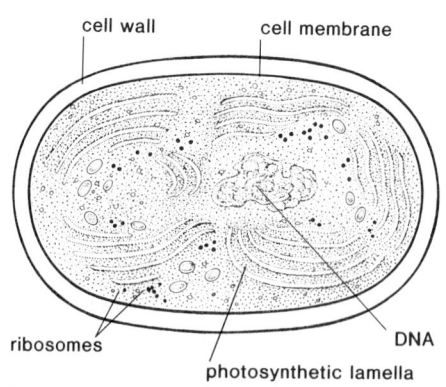

b.

Summary

To simplify their study, organelles are divided into four categories (fig. 2.25): (1) the nucleus, (2) membranous vacuoles and canals, (3) energy-related organelles, and (4) centrioles and related organelles.

The nucleus is a large, centrally located organelle of primary importance as it controls the rest of the cell. Within the nucleus lies the chromatin material, which condenses to become chromosomes during cell division. It is now known that DNA is the major component of chromosomes, which, with the help of RNA, controls protein synthesis in the cytoplasm. Another type of RNA called ribosomal RNA is made within the nucleolus before migrating to the cytoplasm and becoming incorporated into ribosomes.

Membrane, which is abundant in eucaryotic cells but limited in procaryotic cells, is composed of phospholipid molecules and protein molecules. The endoplasmic reticulum is a membranous system of tubular canals that ramify through the cell and may have attached ribosomes. Proteins synthesized at the ribosomes are sometimes packaged at the Golgi body for export. The Golgi body is a series of flattened vacuoles with vesicles to one side. Here vacuoles of various kinds are formed; one of these is a lysosome, which contains digestive enzymes that are capable of breaking down the large molecules that form the cell itself. Usually, lysosomes fuse with other vacuoles to digest any material enclosed therein, but lysosomes also carry out autodigestion of old parts of the cell or whole cells. Thus they have the nickname "suicide bags." Vacuoles made at the Golgi body sometimes move toward the cell membrane where they discharge their contents. Plant cells have large central vacuoles that may originate from the endoplasmic reticulum.

The energy-related organelles include mitochondria and chloroplasts. Mitochondria are composed of two layers of membrane; the inner layer forms shelves called cristae. Here are found enzymes that convert the energy taken from glucose products to a type of energy that can be utilized by the cell. Mitochondria are called the powerhouses of the cell for this reason. Since the breakdown of glucose products requires gas exchange, the mitochondria are said to carry out cellular respiration.

Chloroplasts are a type of plastid composed of two sets of membrane. The inner membrane is arranged in stacks of grana, and chlorophyll is located within these stacks. When photosynthesis occurs, chlorophyll absorbs the energy of the sun and converts this energy to a form that may be used by enzymes located in the stroma, the liquid portion of the chloroplast, to produce food molecules, including glucose.

The centrioles and related organelles are associated with movement either of cell contents or of the cell itself. Actin and myosin protein microfilaments have been found in most eucaryotic cells and are believed to cause the phenomenon of cytoplasmic streaming. Along with microtubules, these structures also account for the ability of cells to maintain or change their shape. Microtubules are larger than microfilaments because they contain thirteen rows of tubulin protein molecules arranged to form a hollow cylinder. Centrioles contain microtubules in a 9 + 0 pattern. These organelles have long been associated with the formation of the spindle, a structure that appears during cell division. Plant cells form a spindle even though they have no centrioles. Centrioles are termed basal bodies when they give rise to cilia and flagella, structures typical of animal cells. Although cilia and flagella have a complex structure, essentially they are composed of microtubules arranged in a 9 + 2 pattern. The sliding of these microtubules in relation to one another causes the whiplike motion of flagella and the oarlike motion of cilia.

Procaryotic cells lack the organelles typically found in eucaryotic cells. Nevertheless, they carry on all the same functions as eucaryotic cells.

Figure 2.25
Summary of organelles.

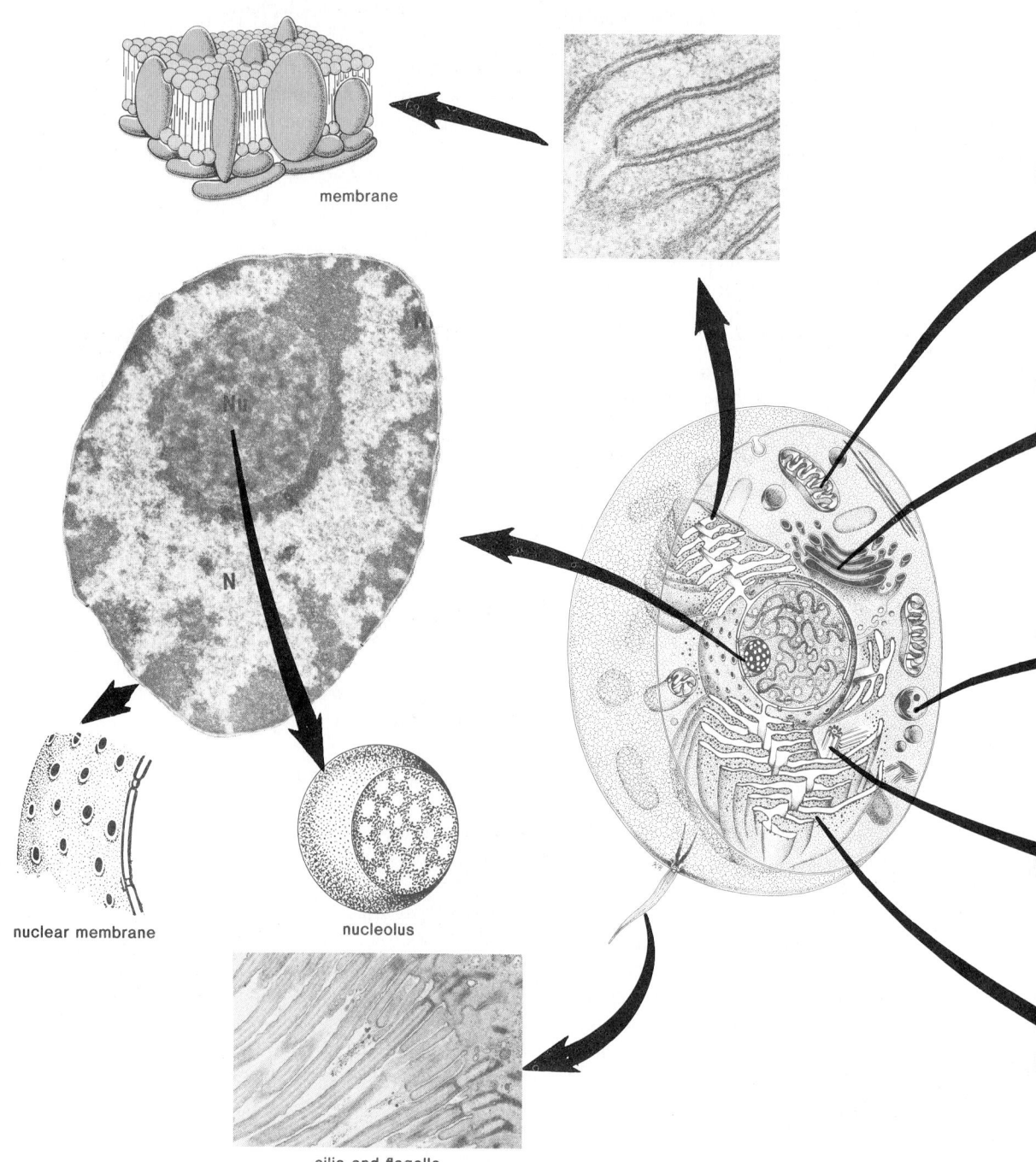

membrane

nuclear membrane

nucleolus

cilia and flagella

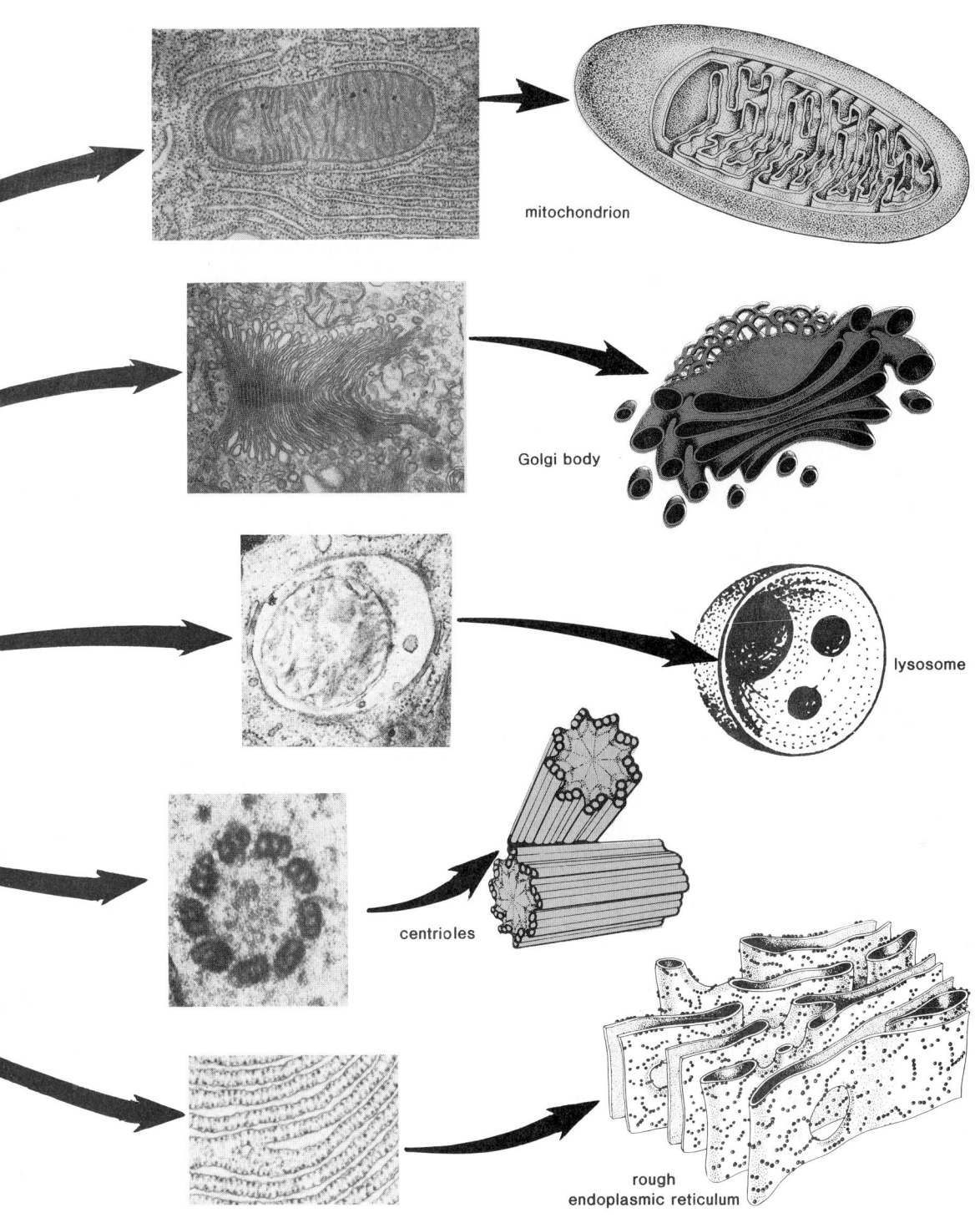

mitochondrion

Golgi body

lysosome

centrioles

rough
endoplasmic reticulum

Study Questions

1. Briefly define the cell theory. (p. 41)
2. Describe the structure and biochemical makeup of membrane. (p. 47)
3. Describe the nucleus and its contents, including the terms DNA and RNA in your description. (p. 48)
4. How does the experiment with *Acetabularia* illustrate the function of the nucleus in the cell? (p. 48)
5. Describe the structure and function of endoplasmic reticulum. Include the terms rough and smooth ER, ribosomes, Golgi body, vacuoles, and lysosomes in your description. (pp. 48–51)
6. Describe the structure and function of mitochondria and chloroplasts. (pp. 51–54)
7. Describe the structure and function of microfilaments, microtubules, centrioles, cilia, and flagella. (pp. 54–57)
8. What are the two main types of cells and how do they differ structurally? (p. 58)
9. What are the structural differences between animal and plant cells? (p. 58)

Further Readings

Avers, C. J. 1976. *Cell biology*. New York: D. Van Nostrand Co.

Berns, M. W. 1977. *Cells*. New York: Holt, Rinehart & Winston.

Brachet, J. 1961. The living cell. *Scientific American* 205(3):39.

Capaldi, R. A. 1974. A dynamic model of cell membranes. *Scientific American* 230(3):26.

Dustin, P. 1980. Microtubules. *Scientific American* 243(2):66.

Engelman, D. M., and Moore, P. B. 1976. Neutron-scattering studies of the ribosome. *Scientific American* 235(4):44.

Fox, C. F. 1972. The structure of cell membranes. *Scientific American* 226(2):30.

Jensen, W. A. 1970. *The plant cell*. 2d ed. Belmont, Calif.: Wadsworth.

Lazarides, E., and Revel, J. P. 1979. The molecular basis of cell movement. *Scientific American* 240(5):100.

Loewy, A. G., and Siekevitz, P. 1970. *Cell structure and function*. 2d ed. New York: Holt, Rinehart & Winston.

Neutra, M., and Leblond, C. P. 1969. The Golgi apparatus. *Scientific American* 220(2):100.

Nomura, M. 1969. Ribosomes. *Scientific American* 221(4):28.

Novikoff, A. B., and Holtzman, E. 1970. *Cells and organelles*. Modern Biology Series. New York: Holt, Rinehart & Winston.

Porter, K. R., and Bonneville, M. A. 1973. *Fine structure of cells and tissues*. 4th ed. Philadelphia: Lea & Febiger.

Porter, K. R., and Tucker, J. B. 1981. The ground substance of the living cell. *Scientific American* 244(3):56.

Robertson, J. D. 1962. The membrane of the living cell. *Scientific American* 206(4):34.

Satir, P. 1961. Cilia. *Scientific American* 204(2):108.

———. 1975. The final step in secretion. *Scientific American* 233(4):28.

Wessells. N. K. 1971. How living cells change shape. *Scientific American* 225(4):12.

Chapter Concepts

1. The cell membrane is differentially permeable, allowing some substances to pass through freely and restricting the passage of other substances.

2. Small molecules can pass through a cell membrane along a concentration gradient either by diffusion or facilitated transport, the latter requiring protein carriers.

3. Osmosis is the diffusion of water across a differentially permeable membrane. The phenomenon of osmosis can affect the concentration of substances within cells.

4. Active transport is the passage of molecules against a concentration gradient requiring protein carriers and an expenditure of cellular energy.

5. Endocytosis is vesicle formation to take large molecules or matter into the cell and exocytosis is vesicle formation to discharge substances from the cell.

6. Within tissues, cells form junctions and one of these, the gap junction, has cell-to-cell channels that allow exchange of molecules.

Chart 3.1 Passage of Molecules into and out of Cells

Name	Direction	Requirements	Examples
Diffusion	Toward lesser concentration	— — —	Lipid-soluble molecules Water Gases
Transport			
Facilitated	Toward lesser concentration	Carrier	Sugars and amino acids
Active	Toward greater concentration	Carrier plus energy	Sugars, amino acids, and ions
Endocytosis and exocytosis			
Pinocytosis	Toward greater concentration	Vacuole formation plus energy	Macromolecules
Phagocytosis	Toward greater concentration	Vacuole formation plus energy	Cells or subcellular material

Cell Membrane

All cells have a cell membrane that must be kept intact if the cell is to continue its existence. For example, the reading on page 66 describes how certain poisonous venoms cause death due to their effect on the cell membrane.

The fluid mosaic model of membrane structure discussed in chapter 2 also applies to the cell membrane. There is a double layer of phospholipid molecules, having the consistency of light oil, in which protein molecules are either partially or wholly embedded, forming a mosaic pattern. The latter can be revealed when tissue is prepared for electron microscopy by the freeze-fracture method described in figure 3.1.

The cell membrane, unlike the intracellular membrane discussed previously, also contains carbohydrate. Simple sugars are strung together in chains that are attached to proteins and lipids. Proteins that contain a carbohydrate chain are called glycoproteins, and lipids with such a chain are called glycolipids. The chains are always on the outside of the membrane and probably function as markers to identify the cell or as receptors to receive various types of molecules. Asymmetry of membrane structure is also apparent since adjacent, rather than embedded, proteins are found only on the inner cytoplasmic surface of the membrane. Specific orientation of embedded proteins is most likely important when the membrane functions to regulate the entrance and exit of molecules into and out of the cell. The manner in which membrane proteins aid this very vital function of the cell membrane is discussed in detail in the following.

Cell Membrane Permeability

The membrane is not freely permeable; some molecules enter cells and others do not. In this regard, then, the cell membrane can be called **semipermeable.** A permeable membrane allows all molecules to pass through, an impermeable membrane allows no molecules to pass through, and a semipermeable membrane allows some molecules to pass through. Size, in part, determines whether a molecule can cross a membrane. Certain small molecules can cross a membrane, while large molecules cannot cross a membrane. However, some small molecules pass through a membrane quickly, while others have difficulty or fail to pass through at all. Therefore, a membrane is often regarded as **differentially** or **selectively permeable,** rather than semipermeable.

As listed in chart 3.1, there are three general means by which substances can enter and exit cells from the surrounding medium: (1) diffusion, (2) transport by carriers, and (3) endocytosis and exocytosis.

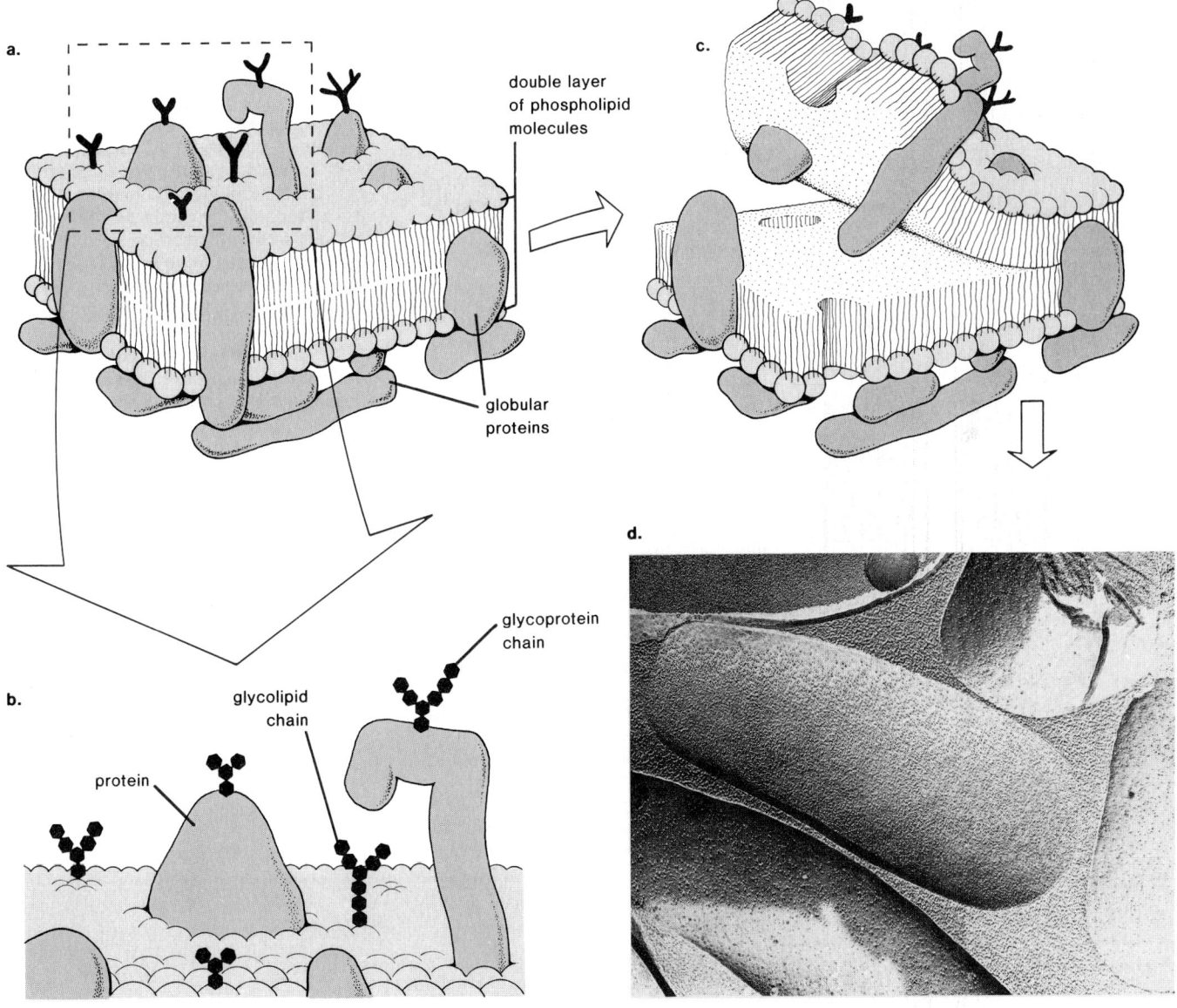

Figure 3.1
a. Fluid mosaic model of a cell membrane.
b. Enlargement of a section of the membrane to show glycoproteins and glycolipids. c. A frozen cell that is fractured often reveals the embedded proteins along the fracture line. d. Electron micrograph of red blood cell membranes prepared by freeze-fracture technique.

a.

double layer of phospholipid molecules

globular proteins

c.

d.

glycoprotein chain

glycolipid chain

b.

protein

Cell Membrane and Cell Wall Function   65

Some Venoms Cause Cells to Self-Destruct

At its Latin root, venom means charm as well as poison. That double meaning applies to the chemical action of several venoms, according to biochemist W. Thomas Shier of the Salk Institute in San Diego. The venoms work a kind of charm on a cell's own enzymes, subverting their normally useful action into a destructive force. . . .

Shier and his colleagues have been studying several phospholipase enzymes [enzymes that break down phospholipids] that control a cell's bulk distribution of lipids. . . . Shier now finds that the enzymes are targets for several chemically diverse venoms, including components from bee and cobra venoms and a toxin from a poisonous mushroom.

Melittin, an alkaline polypeptide containing 26 amino acids, is the main toxin in honeybee venom. The venom from the African Rhingals cobra also contains an alkaline polypeptide, called direct lytic factor (DLF). Though it contains more than twice as many amino acids as melittin, both toxins act similarly. They disrupt cell membranes. . . .

Although other scientists have said that these toxins act like detergents on cell membranes, destroying them by direct physical means, Shier argues against this.

"With most detergents, there's no chemical hydrolysis of cellular phospholipids," he says. "But with these toxins, there is hydrolysis." The toxins cannot themselves conduct hydrolytic reactions. Instead, they unleash the cell's own hydrolytic agents, probably by inducing conformational changes in proteins that reside in the membrane.

The membrane protein first affected by such toxins might or might not be the phospholipase enzymes, but they are the ultimate target. . . .

Phallolysin, which is a glycoprotein, is the heat-sensitive toxin of the mushroom *Amanita phalloides*. (People wise enough to cook such mushrooms before eating them are afflicted by another component, amanitin, that is unaffected by heating.)

"Phallolysin probably binds to a cell-surface glycoprotein," Shier says. Hence it's difficult to determine whether binding to the glycoprotein triggers phospholipase, or whether the toxin also binds directly to phospholipase thus activating it. But Shier does know that phallolysin and also melittin affect the phospholipase that's perched on the cell's outer membrane. By contrast, DLF from cobras affects a different phospholipase residing in the lysosome, a saclike structure within a cell. . . .

"Phospholipases are found in most cell types," Shier says. "And these enzymes are present in enormous amounts." Cells carry around the "seeds of their own destruction," he says, because the enzymes are needed for regulating lipid metabolism. . . .

The venom components simply barge in on this normally useful—because normally controlled—cell activity. "The toxins turn on high levels of phospholipase, but they don't let it quit," Shier notes. Instead of releasing a metered amount of arachidonic acid [a kind of fatty acid], the nonstop enzymes dissolve the cell membrane.

Reprinted with permission from Jeffrey L. Fox, *Chemical & Engineering News* 57 (1979) 19. Copyright 1979 American Chemical Society.

Diffusion

Figure 3.2
Diffusion is readily apparent when (*a*) perfume molecules fill a room or (*b*) water takes on the color of a dye.

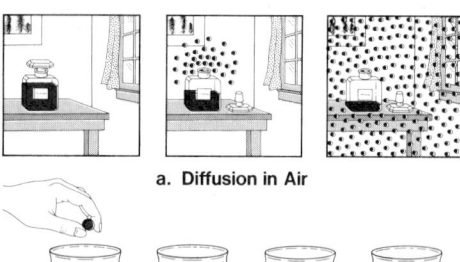

a. Diffusion in Air

b. Diffusion in Liquid

Diffusion is a physical process that can be observed with any type of particle. In fact, diffusion is such a universal phenomenon that there is a physical law called the law of diffusion, which states that *particles move from the area of greater concentration to the area of lesser concentration until equally distributed.* To illustrate diffusion, imagine opening a perfume bottle in one corner of a room (fig. 3.2*a*). The smell of the perfume soon permeates the room because the molecules that make up the perfume have drifted to all parts of the room. Another example is putting a tablet of dye into water (fig. 3.2*b*). The water eventually takes on the color of the dye as the tablet dissolves.

The movement of molecules by diffusion alone is a slow process. The rate of diffusion is affected by the **concentration gradient** (the difference in concentration of the diffusing molecules between the two regions), the size

Figure 3.3
Certain molecules move freely across the membrane by means of diffusion.

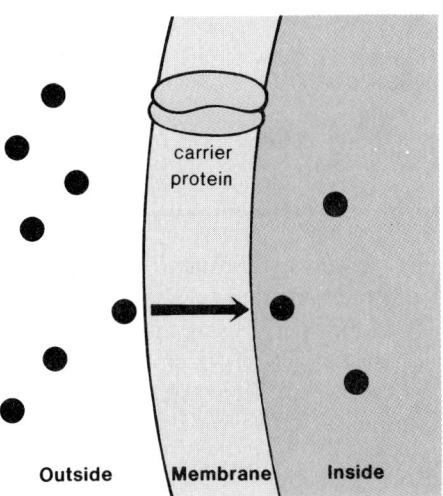

Outside | Membrane | Inside

Figure 3.4
Oxygen (represented by dots) diffuses into the capillaries because there is a greater concentration of oxygen in the air sacs than in the capillaries.

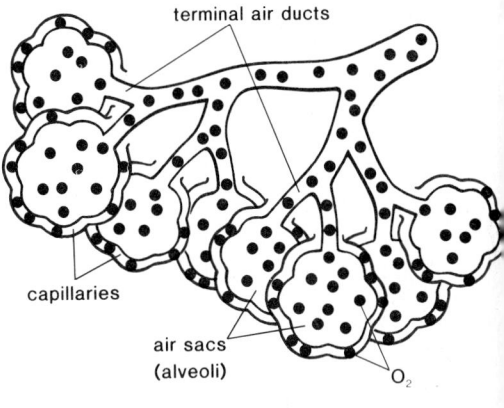

terminal air ducts

capillaries

air sacs (alveoli)

O_2

and shape of the molecule, and the temperature. Diffusion in a liquid medium is even slower than in a gaseous medium; however, distribution of molecules in cytoplasm is speeded up by cytoplasmic streaming.

The chemical and physical properties of the membrane allow few types of molecules to enter and exit by means of diffusion (fig. 3.3). Lipid-soluble molecules, such as alcohols, can diffuse through the membrane simply because phospholipids are the membrane's main structural components.

Gases can also diffuse through the membrane; this is the mechanism by which oxygen enters cells and carbon dioxide exits cells. As an example, consider the movement of oxygen from the air sacs (alveoli) of the lungs to the blood in lung capillaries (fig. 3.4). After inspiration (breathing in), the concentration of oxygen in the alveoli is greater than the concentration of oxygen in the blood; therefore, oxygen diffuses into the blood.

Water passes into and out of cells with relative ease. Since water is not lipid soluble, it has been hypothesized that the membrane contains protein-lined pores large enough to allow the passage of water and perhaps some ions (fig. 3.5). Other molecules cannot utilize these pores because they are either too large or they carry a charge that prevents passage. The fact that water can penetrate a membrane has important biological consequences, as described in the following.

Osmosis

The diffusion of water across a differentially permeable membrane has been given a special term: it is called **osmosis.**

Osmosis can be defined as the *net movement of water molecules from the area of greater concentration of water to the area of lesser concentration of water across a differentially permeable membrane* or, more briefly, as the *diffusion of water across a differentially permeable membrane.*

To illustrate osmosis, a thistle tube containing a protein solution and covered at one end by a differentially permeable membrane is placed in a beaker of distilled water (fig. 3.6). Inside the tube is a solution containing both a **solute** (particles) and **solvent** (water), while outside the tube is pure water. Obviously, the greater concentration of water is outside the tube, and therefore, there will be a net movement of water from outside the tube to inside the tube across the differentially permeable membrane. The solute (protein) is unable to pass out of the tube because the membrane is imperme-able to it; therefore, the solution within the tube rises. The pressure due to the flow of water from the area of greater concentration to the area of lesser

Figure 3.5
Water is presumed by some investigators to enter the cell by way of protein-lined pores that are charged similarly to the membrane itself. Ions would have difficulty passing through the pore. For example, positive ions trying to enter the cell would be repelled by the like charge and negative ions would at first be attracted but then tend to be held at the surface.

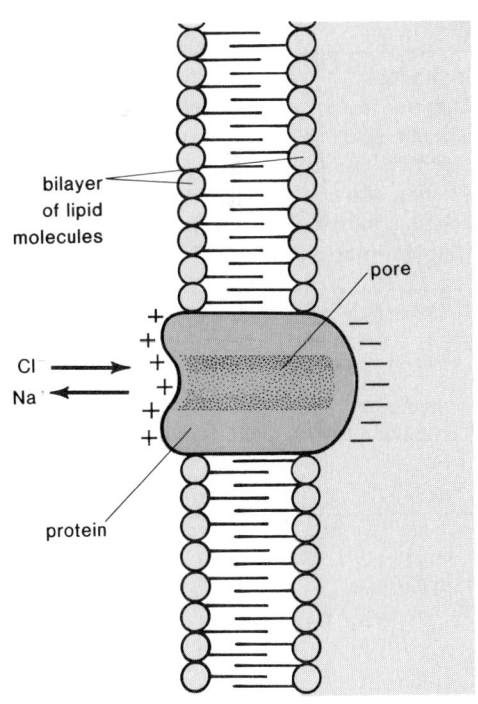

bilayer of lipid molecules

pore

Cl

Na

protein

Figure 3.6

When water enters a thistle tube covered at one end by a semipermeable membrane, a hydrostatic pressure builds up that balances the osmotic pressure.

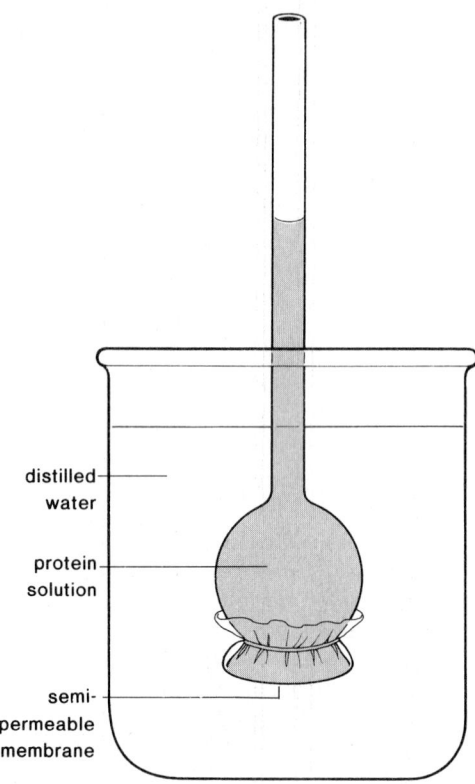

distilled water

protein solution

semi-permeable membrane

Figure 3.7

Effect of tonicity on an animal cell. In an isotonic solution, the appearance of a red blood cell remains the same. In a hypertonic solution, the cell shrinks. In a hypotonic solution, the cell swells to bursting. (Circles = solute; stipples = solvent.)

Tonicity	Before	After
Isotonic Solution		
Hypertonic Solution		
Hypotonic Solution		

Chart 3.2 Effect of Osmosis on Cells

Tonicity of Solution	Description	Results Animal	Plant
Isotonic	Equal concentration of water on both sides of cell membrane	No change	No change
Hypertonic	Lesser water and greater solute concentration outside the cell than inside	Shrink	Plasmolysis
Hypotonic	Greater water and lesser solute concentration outside the cell than inside	Swell to bursting	Turgor pressure

concentration is called **osmotic pressure.** In this case, osmotic pressure will eventually be counterbalanced by a hydrostatic pressure (pressure exerted by liquids) caused by the height of the solution. When hydrostatic pressure equals osmotic pressure, **equilibrium** is reached; the net flow of water ceases because as many water molecules now enter the tube as exit from the tube.

Notice that in this illustration of osmosis:

1. A semipermeable membrane separates two liquids.

2. The membrane is impermeable to the solute particles, which therefore do not move through the membrane.

3. A difference in water concentration exists on the two sides of the membrane.

4. The membrane is permeable to water, which therefore moves from the area of greater concentration to the area of lesser concentration.

5. Due to the process of osmosis or, if you prefer, due to osmotic pressure, the amount of liquid increases on the solution side of the membrane.

These considerations will be important as we discuss osmosis in relation to cells placed in different solutions. Recall that solutions are made up of two parts: the solute and the solvent. The solute is the solid substance dissolved or suspended in the solvent, which is usually water. The concentrations of solutions are usually described in terms of percentages of the solute; for example, a 10 percent salt solution. This solution would contain 90 percent water.

Cells may be placed in solutions that contain the same number of water molecules per volume, a lesser number of water molecules per volume, or a greater number of water molecules per volume than does the cell. These solutions are called isotonic, hypertonic, and hypotonic, respectively. Chart 3.2 describes the effects of these solutions on animal and plant cells.

Isotonic Solutions

In the laboratory, cells are normally placed in solutions that cause them neither to gain nor to lose water. Such solutions are said to be **isotonic;** that is, the number of water molecules per volume is the same on both sides of the membrane, and thus there is no net gain or loss. The term *iso* means "the same as" and the term *tonicity* refers to the strength of the solution.

It is possible to determine, for example, that a 0.9 percent solution of the salt sodium chloride (Na^+Cl^-) is isotonic to red blood cells because if a cell neither swells nor shrinks, it must be in an isotonic solution. The diagrams in figure 3.7 represent the appearance of red cells before and after being placed in isotonic and other solutions.

Hypertonic Solutions

Solutions that cause cells to shrink or shrivel due to a loss of water are said to be **hypertonic** solutions. The suffix *hyper* means "greater than" and refers to a solution with a *greater concentration of solute* (lesser concentration of water) than the cell. If a cell is placed in a hypertonic solution, water will leave the cell—the net movement of water is from the inside to the outside of the cell.

A 10 percent solution of sodium chloride is hypertonic to red blood cells. In fact, any solution with a concentration higher than 0.9 percent NaCl is hypertonic to red blood cells. If red blood cells are placed in this solution, they will shrink (fig. 3.7). The term **crenated** is used to refer to red cells in this condition.

Hypotonic Solutions

Solutions that cause cells to swell or even burst due to an intake of water are said to be **hypotonic** solutions. The suffix *hypo* means "less than" and refers to a solution with a *lesser concentration of solute* (greater concentration of water) than the cell. If a cell is placed in a hypotonic solution, water will enter the cell—the net movement of water is from the outside to the inside of the cell (fig. 3.7).

Any salt solution less than 0.9 percent is a hypotonic solution to red blood cells. Red blood cells placed in such a solution will expand and even burst due to the buildup of osmotic pressure (fig. 3.7). The term **lysis** is used to refer to disrupted red cells.

Importance

Osmosis occurs constantly in living organisms. For example, blood is a liquid tissue that is approximately 92 percent water. At the arterial end of a capillary (p. 223), blood pressure causes small molecules, including water, to exit. At the venous end of a capillary, water and other small molecules enter because blood proteins, which are too large to pass through the capillary wall, create an osmotic pressure that exceeds venous blood pressure. In this way, the fluid content of blood is maintained.

Cell Wall

Plant Cells

In addition to the cell membrane, plant cells are surrounded by rigid, boxlike layers of cellulose that are collectively called the **cell wall** (fig. 3.8). This wall, which is inflexible, maintains the shape of the plant cell and lies external to the cell membrane. The strength of the wall gives support not only to the individual plant cells but also to the plant as a whole. Sometimes in the cells that make up wood, the plant cell produces a secondary cell wall that lies inside the first primary wall. The secondary wall is impregnated with lignin, a plastic cementing material.

The cell wall is porous, allowing all types of molecules to pass through freely; the rest of the plant cell, however, responds to hypertonic and hypotonic solutions, as described in figure 3.9 and in the following paragraphs.

Plasmolysis

When a plant cell is placed in a hypertonic solution, the large central vacuole loses water, and the cell membrane pulls away from the wall (fig. 3.9). In this instance, the plant cell is said to have undergone **plasmolysis.**

Turgor Pressure

When a plant cell is placed in a hypotonic solution, the large central vacuole gains water, and the cell membrane pushes against the rigid cell wall (fig. 3.9). The hydrostatic pressure increases until it is equal to the osmotic pressure; the plant cell does not burst because the cell wall does not give way. Under these circumstances, the plant cells are said to have developed **turgor pressure.** Turgor pressure in plant cells is extremely important in maintaining the erect position of the plant.

Figure 3.8
Plant cells have both a cell membrane and a cell wall. The cell membrane is semipermeable; the cell wall gives strength to the cell and is freely permeable. Plant cells with both a primary and secondary cell wall are stronger than plant cells with only a primary wall.

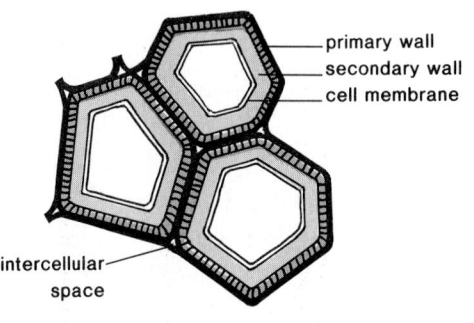

Figure 3.9
Effect of tonicity on a plant cell. In an isotonic solution, the appearance of a plant cell remains the same. In a hypertonic solution, the plant cell vacuole shrinks, and the cell membrane withdraws from the cell wall. In a hypotonic solution, the vacuole expands.

Tonicity	Before	After
Isotonic Solution		
Hypertonic Solution		
Hypotonic Solution		

Figure 3.10

Faciliated transport requires the use of a protein carrier.

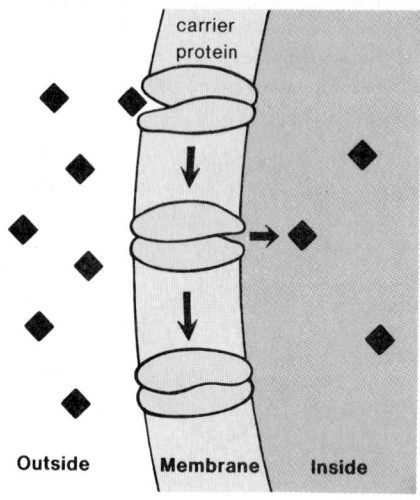

Outside   Membrane   Inside

Figure 3.11

Active transport requires a protein carrier and an expenditure of energy.

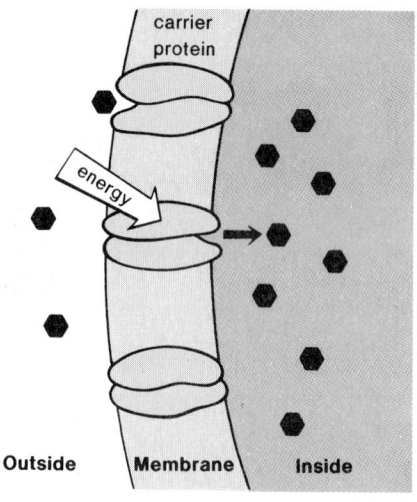

Outside   Membrane   Inside

Figure 3.12

The sodium/potassium pump is especially important in nerve cells. The pump transports sodium out of the cell and potassium into the cell.

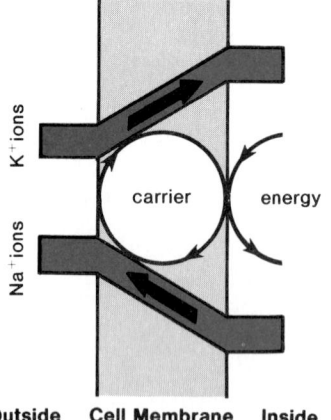

Outside   Cell Membrane   Inside

Transport by Carriers

Facilitated Transport

The concept of **facilitated transport** explains the passage of molecules, such as glucose and amino acids, which are observed to cross the cell membrane even though they are lipid insoluble. There is evidence that the passage of these molecules is facilitated by a reversible combination with proteins that in some manner transport the smaller molecules through the cell membrane. These proteins, called **carriers,** are highly specific and combine only with one particular type of molecule. For example, various sugar molecules of identical size might be present inside or outside the cell, but certain ones cross the membrane hundreds of times faster than others. As stated earlier, this is the reason that the membrane may be called differentially permeable.

A model of a facilitated transport system (fig. 3.10) shows that after a carrier has transported a molecule to the other side of the membrane, it is free to assist the passage of other similar molecules. Neither simple diffusion, explained previously, nor facilitated transport by means of protein carriers requires an expenditure of energy by the cell, because the molecules are moving down a concentration gradient in the same direction they would tend to move anyway. Sometimes, therefore, facilitated transport is called facilitated diffusion or passive transport. In passive transport, a substance moves only from the area of higher concentration to the area of lower concentration.

Active Transport

In **active transport,** molecules or ions are moved through the cell membrane against a concentration gradient, accumulating either inside or outside the cell in the region of *higher* concentration. For example, iodine collects in the cells of the thyroid gland; sugar is completely absorbed from the gut by the cells lining the digestive tract; and sodium (Na+) is sometimes almost completely withdrawn from urine by cells lining the kidney tubules.

Both protein carriers and an expenditure of energy (fig. 3.11) are needed to transport substances from an area of lesser concentration to an area of higher concentration. In this case, energy (ATP molecules) is required to cause the carrier to combine with the substance to be transported. The fact that ATP is required accounts for the fact that cells primarily involved in active transport, such as kidney cells, have a large number of mitochondria near the membrane where active transport is occurring (fig. 14.12).

One type of active transport present in all cells, but especially important in nerve and muscle cells, is the active accumulation of sodium ions outside the cell and a corresponding accumulation of potassium ions within the cell. These two events are presumed to be linked, and a **sodium/potassium pump** has been hypothesized. There is evidence that the "pump" is a protein molecule capable of combining with both sodium and potassium molecules. Externally the protein combines with potassium, assisting its passage to the inside of the cell; internally the protein combines with sodium, assisting its passage to the outside of the cell. Presumably an expenditure of energy changes the configuration of the molecule so that it can alternately move potassium to the inside of the cell and then move sodium to the outside of the cell. Figure 3.12 diagrams the workings of the sodium/potassium pump. However, it does not illustrate the mechanism by which the carrier functions.

The unequal distribution of ions on either side of the membrane accounts for the charge on the membrane mentioned earlier. The outer surface of the membrane is positive, while the inner surface is negative. In chapter 15 we will again mention the sodium/potassium pump because of its importance in nerve impulse conduction.

70   The Cell, a Unit of Life

Endocytosis and Exocytosis

Endocytosis

At times, large molecules or other matter become incorporated into cells by the process of **endocytosis** (fig. 3.13), which requires the formation of a vesicle (a small vacuole). During endocytosis, substances enter against a concentration gradient, requiring energy for the process.

When the material taken in by this process is quite large, the process is called **phagocytosis** (cell eating). Phagocytosis is common to amoeboid-type cells, such as human white blood cells. These cells phagocytize bacteria, thus fighting infection (chap. 12).

Vesicles also form around large-sized molecules such as proteins; this is called **pinocytosis** (cell drinking). Whereas phagocytosis can be seen with the light microscope, pinocytosis requires the use of the electron microscope.

Once formed, vesicles or vacuoles contain a substance enclosed by membrane. In order that these substances might be broken down and incorporated into the cytoplasm, digestion is required. Therefore, it is believed that lysosomes probably fuse with these bodies in order that digestive enzymes may begin to break down the molecules they contain.

Exocytosis

Exocytosis (fig. 3.14) is the reverse of endocytosis and requires that a vesicle fuse with the membrane, thereby discharging its contents. As we saw in chapter 2, vesicles formed at the Golgi body transport cell products out of the cell, the entire process being called secretion. Also, residues remaining after digestion by lysosome enzymes may be discharged from the cell by fusion of a vesicle with the cell membrane.

Junctions Between Cells

In multicellular organisms, cells often form tissues in which the cells function and work together. Electron micrographs of animal tissues that line cavities have shown that cell membranes do not merely touch—they are joined by three types of specialized junctions: (1) **tight junctions** in which the two cell membranes fuse because protein molecules from each cell membrane interlock in zipperlike fashion, (2) **desmosomes** in which fibrous plaques, one just within each cell, are joined by dense mats of thin filaments, and (3) **gap junctions** in which protein molecules from each cell membrane aggregate to form cell-to-cell channels.

Tight junctions act like barriers preventing the leakage of molecules from the tissue as a whole. Desmosomes hold adjacent cells together for greater stability, and gap junctions allow an exchange of molecules between cells. Figure 3.15 depicts a tight junction and two types of desmosomes. Figure 3.16a shows the region of a gap junction. By utilizing tracer molecules, it has been possible to show that ions, most sugars, amino acids, nucleotides, and vitamins are able to move from cell to cell through the channels of a gap junction. Thus, gap junctions represent another way in which molecules enter and exit cells.

Certain plant cell tissues also have connections between cells. For example, nutrients are transported in tube-shaped plant cells that are joined by channels at their end walls. These end walls are appropriately called **sieve plates** (fig. 3.16b).

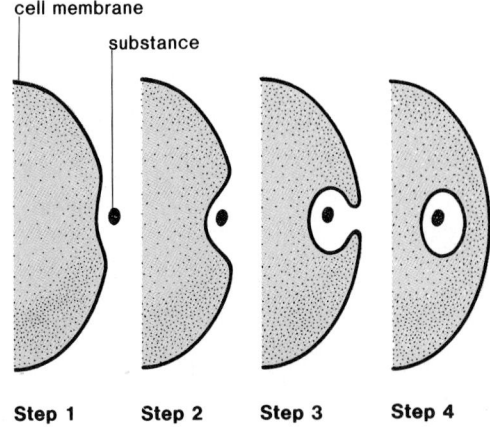

Figure 3.13
Endocytosis. In both phagocytosis and pinocytosis, the cell membrane forms a vacuole around the substance to be taken in.

cell membrane

substance

| Step 1 | Step 2 | Step 3 | Step 4 |

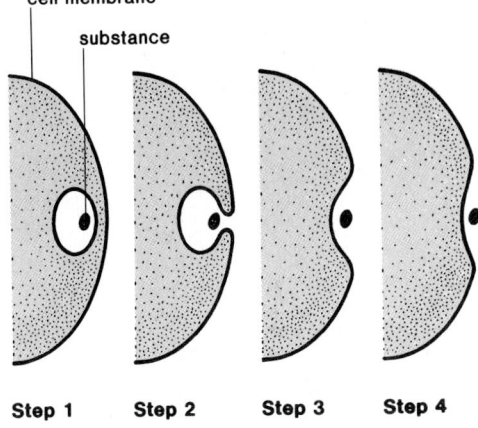

Figure 3.14
Exocytosis. A substance within a vacuole is deposited outside the cell when the vacuole fuses with the membrane.

cell membrane

substance

| Step 1 | Step 2 | Step 3 | Step 4 |

Figure 3.15
The three types of intercellular junctions are shown by means of (*a*) a transmission electron micrograph and (*b*) a scanning electron micrograph. *TJ* = tight junction, *BD* = band desmosome. *SP* = spot desmosome.

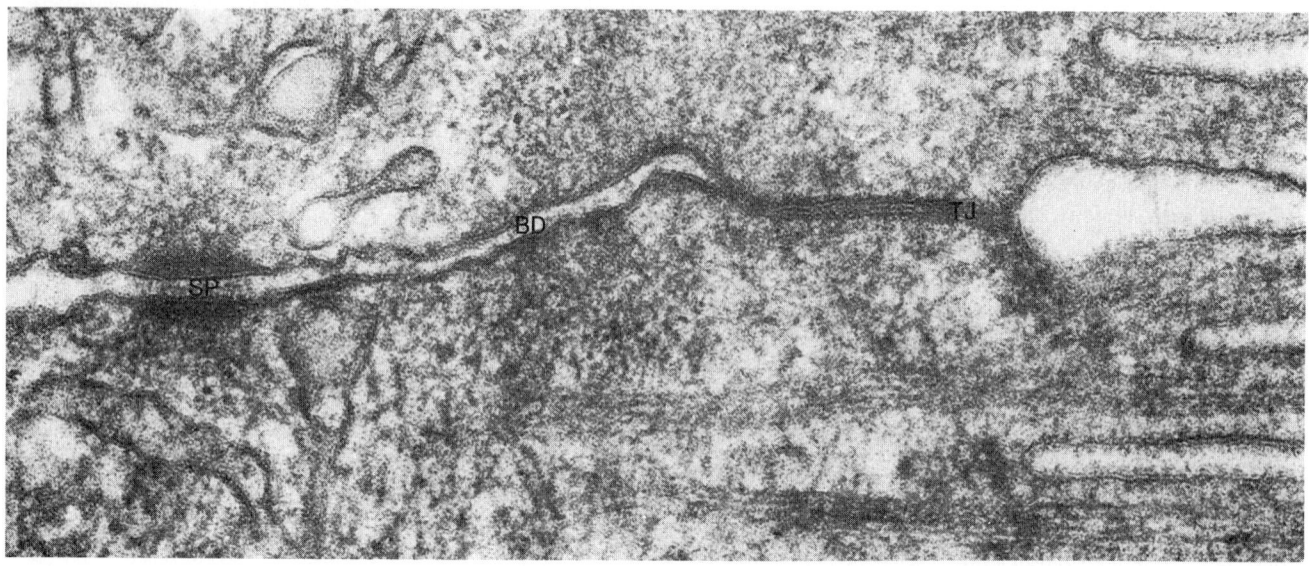

a.

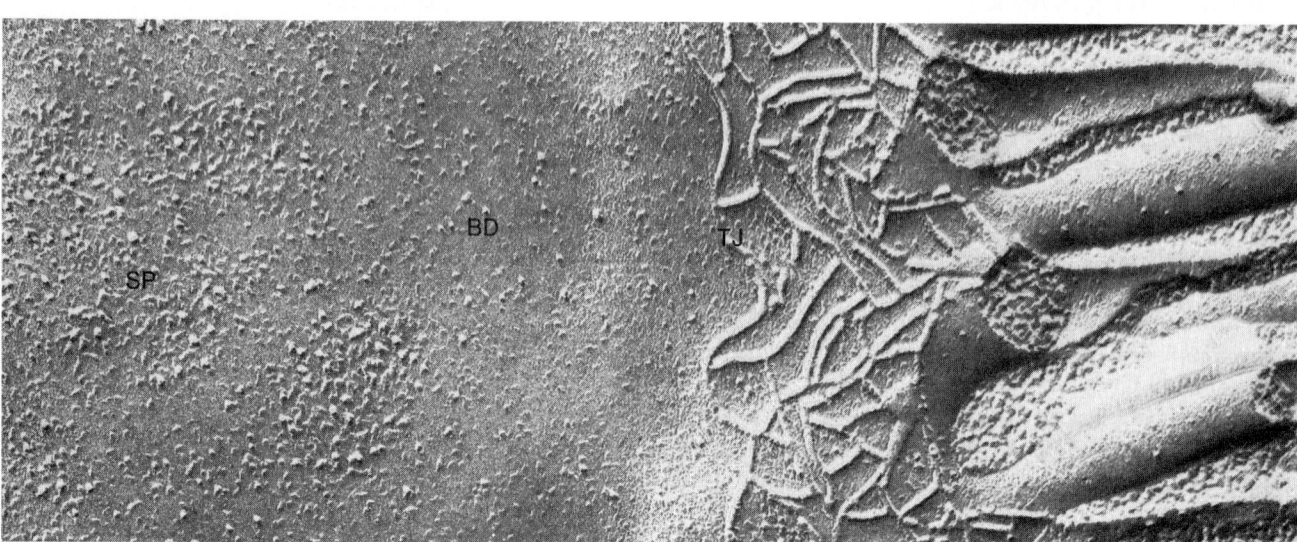

b.

Summary

The fluid mosaic model of membrane structure is also appropriate for the cell membrane. In addition to lipid and protein components, the cell membrane also contains carbohydrate. Chains of sugar molecules are attached extracellularly to lipid and protein molecules. Asymmetry of the cell membrane is also reflected by the fact that proteins lie adjacent to the inner surface of the membrane only.

A principal function of the cell membrane is the regulation of molecules into and out of the cell from the surrounding medium. The membrane allows certain small molecules to pass through while restricting the passage of large molecules. Therefore the cell membrane is semipermeable or, preferably, differentially permeable.

Figure 3.16
Communication between cells. a. The
closely packed particles shown in the
micrograph are channels between animal
cells in the region of a gap junction.
b. Molecules can pass from one sieve tube
plant cell to another by means of pores.

a.

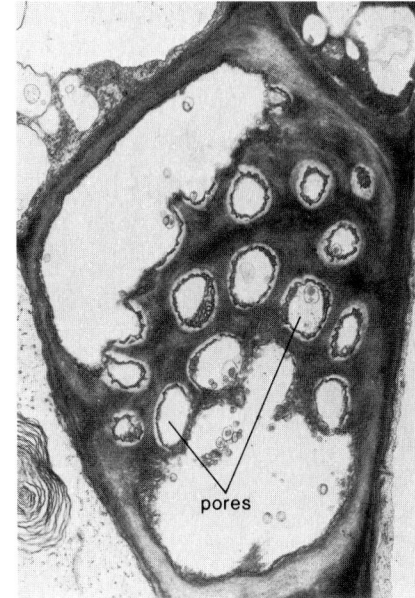

pores

b.

There are three mechanisms by which molecules can move into and out of cells from the surrounding medium: diffusion, facilitated transport, and active transport. Diffusion is the passage of molecules from the area of greater to the area of lesser concentration. Lipid-soluble molecules, as well as gases and water, can diffuse through the membrane. To account for the latter, the presence of pores is hypothesized.

The diffusion of water across a differentially permeable membrane is called osmosis. When a cell is placed in an isotonic solution, it neither gains nor loses water because the concentration of water is the same inside and outside the cell. When there is an unequal distribution of nonpermeable solutes, and thus a difference in concentration of water on either side of the membrane, water alone moves from the area of greater to the area of lesser concentration. In hypertonic solutions, the cell loses water; in hypotonic solutions, it gains water. Plant cells that have strong cell walls in addition to cell membranes react somewhat differently in these solutions than do animal cells. Chart 3.2 summarizes the effect of these solutions on both animal and plant cells.

Facilitated transport, which accounts for the fact that small molecules and ions can differentially pass through the membrane, requires the presence of protein carriers in the membrane. Cellular energy is not expended because the molecules are moving down a concentration gradient.

Active transport, which accounts for the passage of molecules across the membrane against a concentration gradient, requires protein carriers and an expenditure of cellular energy.

Vesicle formation during endocytosis permits large molecules (pinocytosis) and even smaller cells or parts of cells (phagocytosis) to be taken into larger cells. Exocytosis, or the discharge of substances by vesicle formation and subsequent fusion with the cell membrane, describes the process of secretion.

In multicellular organisms, cells often form tissues in which they function and work together. In animal tissues that line cavities, cells are joined at gap junctions where channels allow molecules to move from cell to cell. In plant tissue, cells specializing in transporting nutrients are joined end to end by means of sieve plates.

Study Questions

1. How does the cell membrane differ from intracellular membrane? (p. 64)
2. Why can a cell membrane be called semi- or differentially permeable? (p. 64)
3. What are the three mechanisms by which substances enter and exit cells? (p. 64)
4. Define diffusion and give an example. (p. 66)
5. Define osmosis. (p. 67) Define isotonic, hypertonic, and hypotonic solutions, and give examples of these concentrations for red blood cells. (pp. 68–69)
6. Draw a simplified diagram of a red blood cell before and after being placed in these solutions. (p. 68) What terms are used to refer to the condition of the red blood cell in a hypertonic and hypotonic solution? (p. 69)
7. Draw a simplified diagram of a plant cell before and after being placed in these solutions. (p. 69) What terms are used to refer to the condition of a plant cell in a hypertonic and a hypotonic solution? (p. 69)
8. How does facilitated transport differ from simple diffusion across the cell membrane? (p. 70)
9. How does active transport differ from facilitated transport? Give an example. (p. 70)
10. Draw diagrams that show endocytosis and exocytosis. Give an example for each of these. (p. 71)
11. Describe a junction by which molecules can pass from cell to cell in animal cells; in plant cells. (p. 71)

Further Readings

Capaldi, R. A. 1974. A dynamic model of cell membranes. *Scientific American* 230(3):26.

Fox, C. F. 1972. The structure of cell membranes. *Scientific American* 226(2):30.

Kennedy, D., ed. 1974. *Cellular and organismal biology: Readings from Scientific American*. San Francisco: W. H. Freeman.

Keyes, R. D. 1979. Ion channels in the nerve cell membrane. *Scientific American* 240(3):126.

Lodish, H. F., and Rothman, J. E. 1979. The assembly of cell membranes. *Scientific American* 240(1):48.

Solomon, A. K. 1960. Pores in the cell membrane. *Scientific American* 203(6):40.

———. 1962. Pumps in the living cell. *Scientific American* 207(2):22.

Staehelin, L. A., and Hull, B. E. 1978. Junctions between living cells. *Scientific American* 238(5):140.

Chapter Concepts

1. Cell division includes the division of both the cytoplasm and the nucleus.

2. The nucleus contains the gene-bearing chromosomes. Ordinary cell division in plants and animals is carried out in such a way that each daughter cell receives a full complement of chromosomes and genes.

3. A special type of reduction division in animals produces the sex cells, which contain one-half the full number of chromosomes. This means that when the sperm (male sex cell) fertilizes the egg (female sex cell), the full number of chromosomes is restored.

4. In plants, reduction division produces spores that are bodies containing one-half the full number of chromosomes, and these develop into a generation whose cells contain half the full number of chromosomes. This generation produces the sex cells that join to develop into a generation having the full number again.

4

cell division

Figure 4.1

A karyotype is an arrangement of chromosome photos, by pairs.

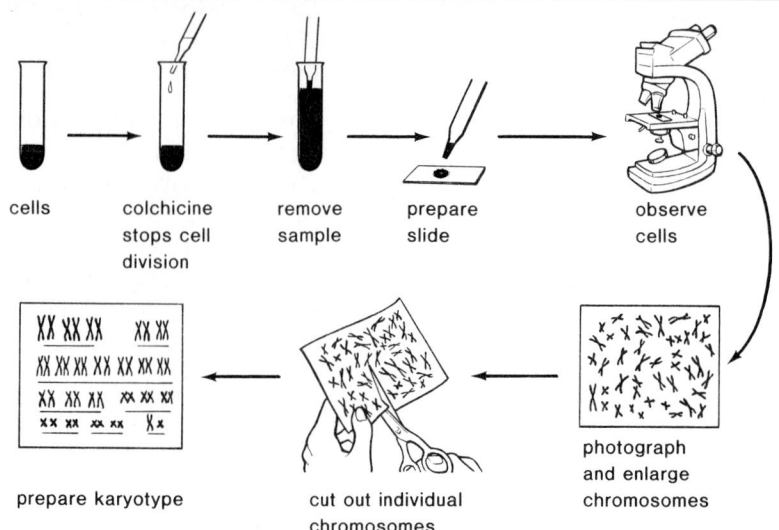

cells

colchicine stops cell division

remove sample

prepare slide

observe cells

photograph and enlarge chromosomes

cut out individual chromosomes

prepare karyotype

Cell division is necessary for the growth and repair of multicellular organisms and for the reproduction of all organisms. Cell division requires that not only the cytoplasm but also the nucleus be divided. An examination of the body cells of a multicellular organism shows that all the nuclei have the same number of chromosomes. This number is characteristic of the organism—corn plants have 20 chromosomes, fruit flies have 8, and humans have 46. In order to clearly view the chromosomes so that they can be counted, a cell is treated and photographed just prior to division, as described in figure 4.1. The chromosomes may then be cut out of the photograph and arranged by pairs. Pairs of chromosomes are recognized by the fact that they are of the same size and have the same general appearance. The resulting display of chromosome pairs is called a **karyotype.**

Human karyotype   A human karyotype is shown in figure 4.2. Although both male and female have 23 pairs of chromosomes, one of these pairs is of unequal length in the male. The larger chromosome of this pair is called the X and the smaller is called the Y. Females have two X chromosomes in their karyotype. The X and Y chromosomes are called the **sex chromosomes** because they contain the genes that determine sex. The other chromosomes, known as **autosomes,** include all the pairs of chromosomes except the X and Y chromosomes.

Notice as further illustrated in figure 4.2*b* that each chromosome prior to division is composed of two identical parts, called **chromatids.** The two chromatids are genetically identical and contain the same **genes,** the units of heredity that control the cell. The chromatids are held together at a region called the **centromere.**

Life Cycle in Animals

Advanced multicellular animals, including humans, typically have a life cycle (fig. 4.3) that requires two types of cell divisions: **meiosis** and **mitosis.**

Meiosis refers to the production of the **sperm** and **egg** which are the sex cells, or **gametes.** A new individual comes into existence when the sperm of the male fertilizes the egg of the female. The resulting **zygote** contains 46 chromosomes, and as the zygote grows to become the adult, **mitosis** occurs so that each and every cell has 46 chromosomes. In this way each body cell contains the full complement of chromosomes and genes. The full complement of chromosomes is called the **2N,** or **diploid,** number of chromosomes.

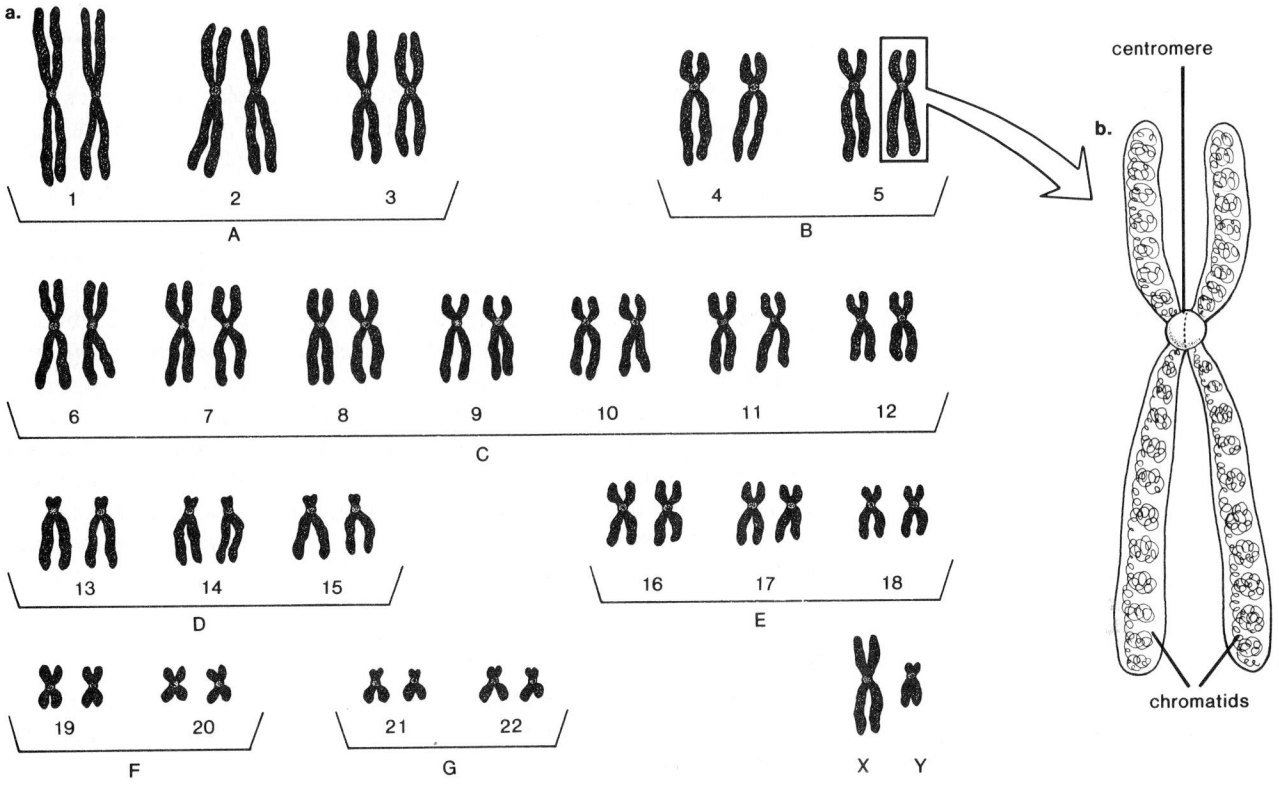

Figure 4.2
a. Karyotype of a male. Note pairs of autosomes, numbered from 1-22, and one pair of sex chromosomes, X and Y.
b. Enlargement of a chromosome.

centromere

chromatids

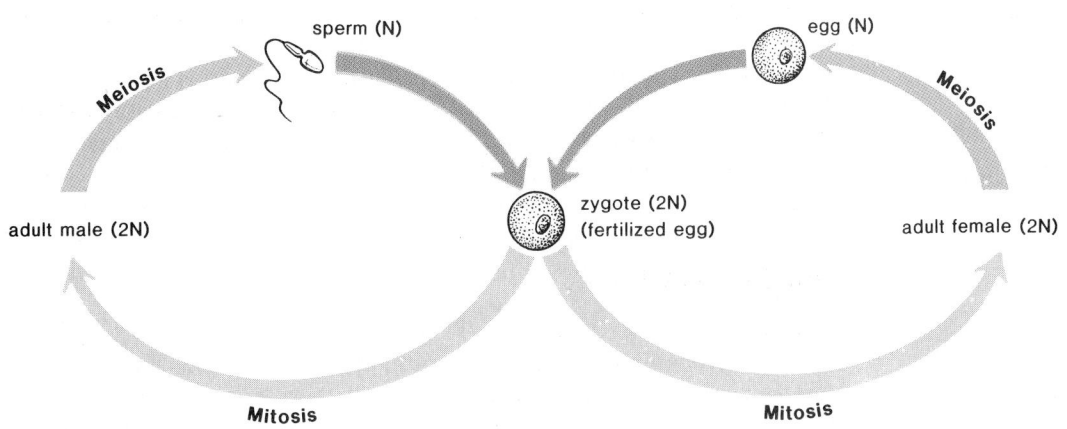

Figure 4.3
In animals, meiosis produces gametes that fuse to produce the zygote. The zygote matures and grows to become the adult. See arrow color key for fig. 25.11.

sperm (N)

egg (N)

Meiosis

Meiosis

adult male (2N)

zygote (2N)
(fertilized egg)

adult female (2N)

Mitosis

Mitosis

Figure 4.4

Mitosis overview. Following replication the mother cell divides, during which the chromatids separate so that daughter cells have the same number and kinds of chromosomes as the mother cell.

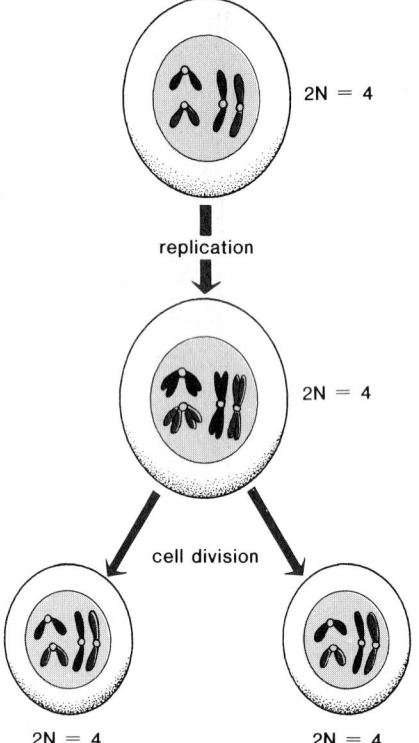

replication

2N = 4

2N = 4

cell division

2N = 4   2N = 4

Chart 4.1 Mitosis Versus Meiosis in Animals

Cell Type	Cell Division	Description	Result
Somatic or body cells	Mitosis	2N (diploid)———➤2N (diploid)	More body cells = growth
Germ cells in gonads of animals	Meiosis	2N (diploid)———➤N (haploid)	Gamete or sex cell production

Sex cells are produced in the sex organs or **gonads,** the testes in males and the ovaries in females. Here diploid germ cells produce the gametes, which have half the total number, called the **N** or **haploid,** number of chromosomes. The haploid number always has one of each of the pairs of chromosomes. Thus, the haploid number has one of each kind of chromosome. For example, in humans the germ cells have 46 chromosomes, or 23 pairs, but gametes contain only 23 chromosomes—one of each of the pairs. To produce the gametes, the germ cells undergo meiosis, a very special type of cell division, which in males occurs during sperm production and is termed **spermatogenesis,** and which in females occurs during egg production and is termed **oogenesis.**

When a haploid sperm fertilizes a haploid egg, the new individual has the diploid number of chromosomes, half of which came from the father and half of which came from the mother. Thus, each parent contributes one of each of the pairs of chromosomes possessed by the new individual. Chart 4.1 summarizes the major differences between mitosis and meiosis in multicellular animals.

Mitosis

Mitosis is *cell division in which the daughter cells retain the same number and kinds of chromosomes as the mother cell.*[1] The **mother cell** is the cell that divides, and the **daughter cells** are the resulting cells. Figure 4.4 is an overview of mitosis; each cell in the diagram contains four chromosomes. (In determining the number of chromosomes it is necessary to count only the number of independent centromeres.) Figure 4.4 illustrates that a cell prepares for mitosis by replication of the genetic material contained within each chromosome. **Replication,** the process by which DNA makes a copy of itself, is described in detail in chapter 22. Because of replication, each chromosome in the mother cell contains duplicate chromatids, sometimes called a chromatid pair. During mitosis, these identical chromatids separate and go to different daughter cells, ensuring that each daughter cell receives a copy of each type of chromosome rather than two copies of one chromosome and none of another. Different genes are on different chromosomes, and it is necessary for each daughter cell to receive a copy of each chromosome so that it receives a full complement of genes.

As an aid in describing the events of mitosis, the process has been divided into four phases: prophase, metaphase, anaphase, and telophase (fig. 4.5). In between cell divisions, the cell is said to be in interphase.

Interphase

During **interphase** an animal cell resembles figure 2.1*a*. The nuclear membrane and the nucleoli are visible. The chromosomes, however, are not visible because the chromosomal material is dispersed into fine threads called **chromatin.** The centrioles, which have long been associated with the process of cell division, are present just outside the nucleus.

1. The term *mitosis* technically refers only to nuclear division but for convenience is used here to refer to division of the entire cell.

Interphase

centrioles

chromatin

nucleolus

nuclear membrane

Prophase

chromosomes

centromere

spindle fibers

Metaphase

spindle

equator

dyad

aster

Anaphase

Telophase

furrowing

Daughter Cells

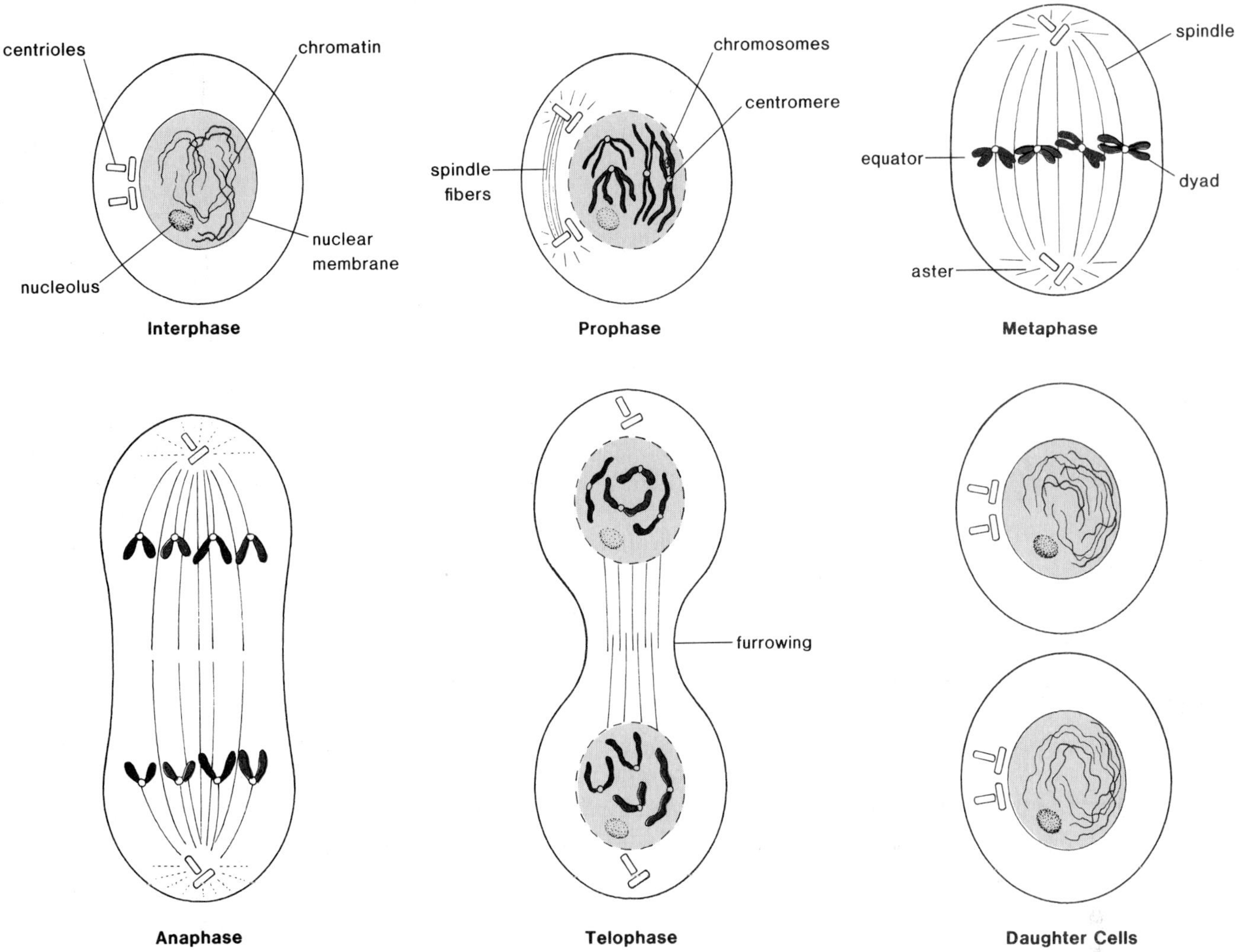

It used to be said that interphase was a resting stage but we now know that this is not the case. During interphase the organelles are metabolically active and carrying on all the functions a cell normally performs. Also, during this phase, DNA is replicating so that as mitosis begins each chromosome consists of duplicate chromatids.

Prophase

It is apparent during **prophase** that cell division is about to occur (fig. 4.6). The chromatin material shortens and thickens so that the chromosomes are readily visible. In animal cells, there are two pairs of centrioles lying just outside the nucleus. By the end of prophase, each pair has moved to an opposite side of the nucleus. **Spindle fibers** appear between the separating pairs of centrioles. As the spindle appears, the nuclear membrane and nucleolus disappear.

Figure 4.6
Late Prophase.

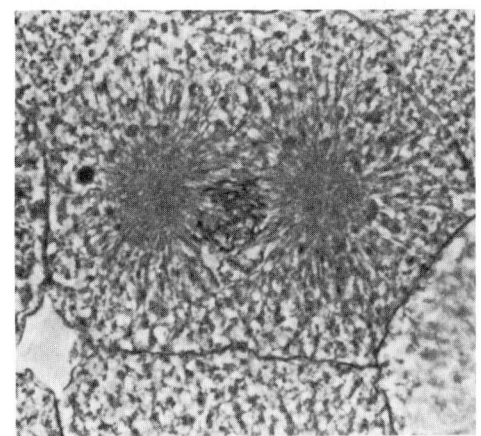

Figure 4.7
Metaphase.

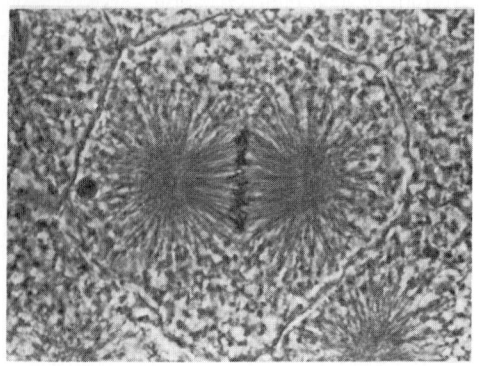

Figure 4.8
Anaphase.

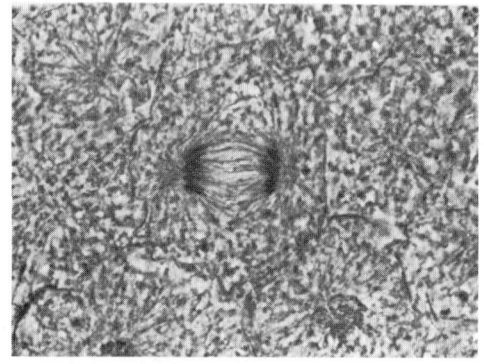

Figure 4.9
Late Telophase.

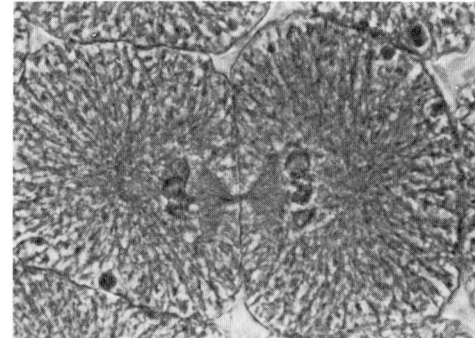

Metaphase

At **metaphase** the spindle is fully formed and stretches between the centrioles now located at the poles of the spindle (fig. 4.7). Spindle fibers are now known to be bundles of microtubules. Whether the centrioles aid the formation of these microtubules or are simply pushed apart by the newly assembling microtubules is not known (fig. 2.19). Some short fibers radiate out from the centrioles forming the characteristic **aster** of animal cells. Longer spindle fibers stretch from each pole to the middle of the spindle. Some of these are attached to the centromeres so that eventually the chromosomes are lined up at the middle of the spindle. Thus metaphase is characterized by a fully formed spindle with the chromosomes, each a **dyad** composed of duplicate chromatids, arranged across the center, or equator, of the cell.

Anaphase

During **anaphase** the centromeres divide and the duplicate chromatids separate, each moving toward an opposite pole of the spindle (fig. 4.8). Once separated the chromatids are called chromosomes. Separation of the identical chromatids ensures that each daughter cell will receive a copy of each type of chromosome and thus have a full complement of genes.

Chromosome movement during anaphase has long been a subject of intense investigation. While the spindle fibers attached to centromeres appear to shorten, unattached spindle fibers appear to lengthen. Thus the cell elongates as the chromosomes are being pulled toward the poles. Microtubule disassembly may account for spindle fibers that shorten, and microtubule assembly may account for spindle fibers that lengthen. It is also possible that the attached spindle fibers slide past the unattached fibers with the help of myosin, a contractile protein that is present in the spindle apparatus.

Telophase

During **telophase** the spindle apparatus disappears as the daughter nuclei appear (fig. 4.9). Disassemblage of the tubulin molecules, which make up the microtubules, explains the disappearance of the spindle apparatus. Nuclear membrane forms around the chromosomes in each daughter cell. Within these nuclei, the chromosomes become indistinct chromatin again as the nucleoli appear. Following nuclear division, cytoplasmic division, sometimes called **cytokinesis,** usually occurs. In animal cells, the cytoplasm is divided by **furrowing** of the opposite sides of the cell membrane. Furrowing is complete when each daughter cell has a complete cell membrane enclosing it. Microfilaments are believed to take part in the furrowing process since they are always present in the vicinity. In each newly formed daughter cell, an immature centriole forms at a right angle to each mature centriole. This means that each cell has two pairs of centrioles.

Chart 4.2 is a summary of the stages of mitosis.

Chart 4.2 Stages of Mitosis

Stage	Events
Prophase	Replication has occurred and each chromosome is composed of a chromatid pair
Metaphase	Chromatid pairs (ditrads) are at the equator of the cell
Anaphase	Chromatids separate and each one is now termed a chromosome
Telophase	At each pole, there is a diploid number of chromosomes, the same number and kinds of chromosomes as the mother cell

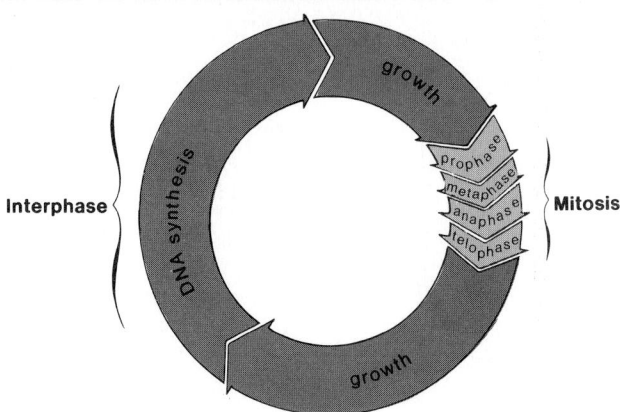

Figure 4.10
The cell cycle consists of cell division and growth before and after DNA synthesis during interphase.

Cell Cycle   As mentioned earlier, interphase follows telophase. Interphase is the longest of the phases in the cell cycle (fig. 4.10). The length of time required for the entire cycle varies according to the organism and even the type of cell within the organism, but 18–24 hours is typical for animal cells. Mitosis is usually the shortest portion of the cycle lasting from less than an hour to slightly more than two hours.

During interphase the cell usually increases to normal size before replication of DNA takes place. Following replication each chromosome again consists of duplicate chromatids. The chromosomes, however, are greatly elongated and do not condense until cell division is imminent. Before cell division the cell becomes slightly larger than normal size.

The reading for this chapter (p. 84) tells us that animal cells normally only divide fifty times before death follows degenerative changes. Only cancer cells retain the ability to divide repeatedly. Aging of cells and the individual appears to be a normal process most likely controlled by the nucleus. Cancer cells have abnormal chromosomes and other abnormalities of cell structure. Aging of cells can be delayed by environmental circumstances such as reduced temperature but it cannot be postponed indefinitely.

Plant Mitosis

There are two main differences between plant and animal cell mitosis. First of all, in higher plant cells, centrioles and asters are not seen during mitosis. However, spindle fibers do appear. Interesting is the fact that animal cells deprived of centrioles will also form a spindle. It may be, therefore, that centrioles do *not* contribute to spindle formation.

The second difference occurs during telophase when a **cell plate** develops in the equatorial plane. The cell plate, which initially develops in the center and spreads to the sides, forms the cell membrane for each daughter cell (fig. 4.11). Thereafter, a cell wall also develops. No furrowing is observed in plant cells.

Protist Mitosis

In single-celled organisms, such as some protozoans and algae, mitosis is responsible for **asexual reproduction.** For example, when an amoeba (fig. 25.18) undergoes mitosis, it divides into two amoebas, whereas before there was only one. Since an adult amoeba has only a haploid number of chromosomes, it is obvious that mitosis, on occasion, can be represented by N→N, rather than 2N→2N.

Figure 4.11
Plant cell mitosis. Notice the absence of
asters and the square shape of the cells. In
telophase, a cell plate develops and
separates the cells.

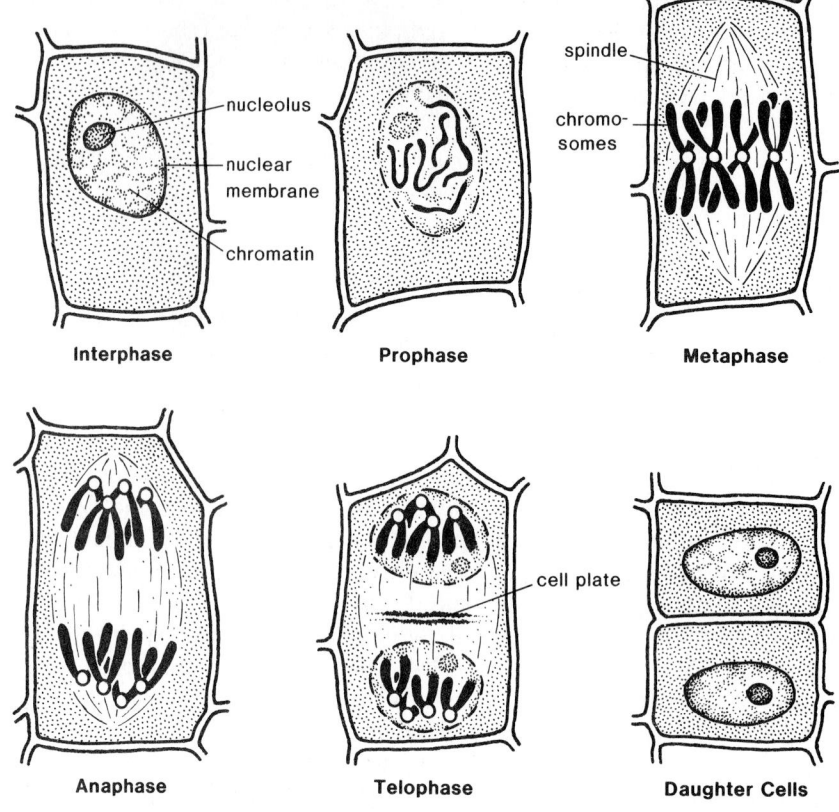

Interphase   Prophase   Metaphase

nucleolus

nuclear
membrane

chromatin

spindle

chromo-
somes

cell plate

Anaphase   Telophase   Daughter Cells

Figure 4.12
Overview of meiosis. Following replication
the mother cell undergoes two divisions,
Meiosis I and Meiosis II. During Meiosis I,
homologous chromosomes separate, and
during Meiosis II, chromatids separate. The
final daughter cells are haploid.

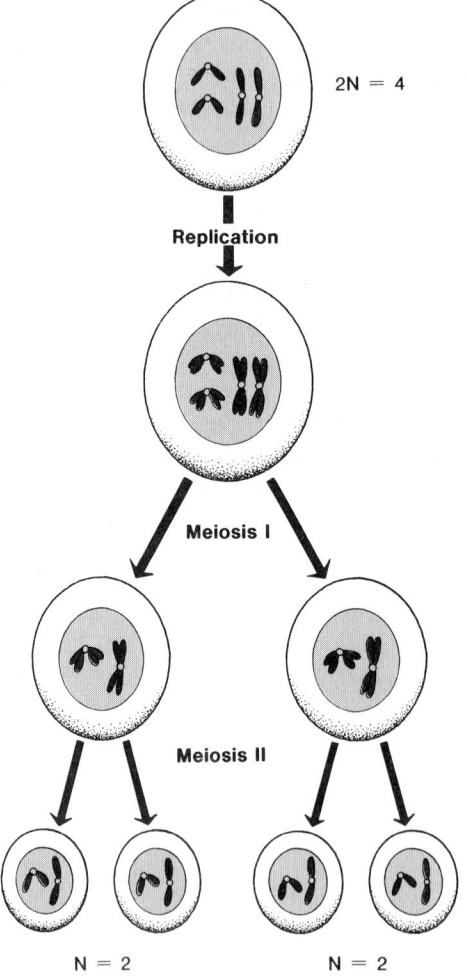

2N = 4

Replication

Meiosis I

Meiosis II

N = 2   N = 2

Importance of Mitosis

Mitosis assures that each daughter cell receives the same kinds and number of chromosomes as the mother cell, and thus assures that each daughter cell is *genetically identical* to the mother cell. A chromosome pair may carry genes that differ somewhat. When a daughter cell receives both members of each pair, it also receives all kinds of genes. This means that genetic information contained in the daughter cells is identical to the genetic information of the mother cell.

In higher organisms, mitosis is important to growth and repair. When a baby develops in its mother's womb, mitosis occurs as a component of growth. As a wound heals, mitosis occurs to repair the damage.

In protists, mitosis accounts for the phenomenon of asexual reproduction—simple division that results in two organisms whereas before there was only one.

Meiosis

Animal Meiosis

In animals, meiosis produces the sex cells or gametes. The gametes are the egg and sperm. Meiosis, which requires two cell divisions, results in *four daughter cells each having one of each kind of chromosome and thus half the number of chromosomes as the mother cell.*[2] The mother cell has the diploid number of chromosomes while the daughter cells have the haploid number of chromosomes.

Recall that in the diploid condition the chromosomes are paired. Humans possess 46 chromosomes, or 23 pairs of chromosomes. These pairs are called **homologous chromosomes.** During meiosis, the homologous chromosomes separate. In this way, each daughter cell receives half the total number of chromosomes and one of each kind. Halving the chromosome number is necessary to maintain the chromosome number constant from generation to generation. Each sperm and egg has only 23 chromosomes, so that after fertilization, the new individual has 46 chromosomes, one of each pair contributed by each parent.

Figure 4.12 presents an overview of meiosis, indicating the two cell divisions, **Meiosis I** and **Meiosis II.** Prior to Meiosis I, replication has occurred and each chromosome consists of duplicate chromatids. Remembering that one counts only the number of independent centromeres verifies that the mother cell has the diploid number of chromosomes while the four daughter cells have the haploid number.

During Meiosis I, the homologous chromosomes come together and line up side by side due to a means of attraction still unknown. This so-called **synapsis** results in **tetrads,** an association of four chromatids that stay in close proximity during the first two phases of Meiosis I. During synapsis, the chromatids exchange genetic material as illustrated in figure 4.13. The exchange of genetic material between chromatids is called **crossing over** and is an additional means by which new combinations of genes occur so that an offspring will have a different genetic makeup than either of its parents.

Following synapsis, the homologous chromosomes separate during Meiosis I. This separation means that one chromosome from every homologous pair reaches each gamete.[3] There are no restrictions to the separation process; either chromosome of a homologous pair may occur in a gamete with either chromosome of any other pair.[4]

---

2. The term meiosis technically refers only to nuclear division but for convenience is used here to refer to division of the entire cell.
3. See Mendel's Law of Segregation, p. 411.
4. See Mendel's Law of Independent Assortment, p. 417.

Figure 4.13

During crossing over, pieces of chromosomes are exchanged between chromatid pairs. a. Chromatid pairs before crossing over has occurred. b. Chromatid pairs after crossing over. Notice the change in chromosome structure, represented by the exchange of color.

a.

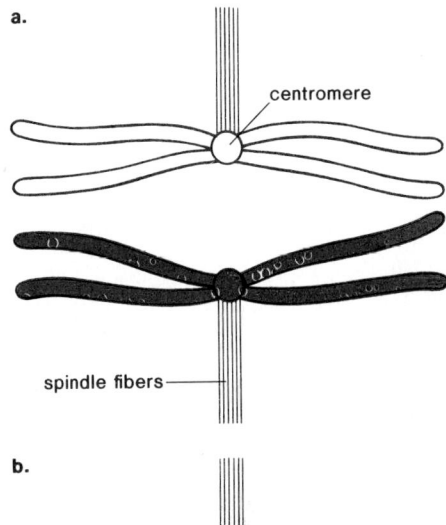

b.

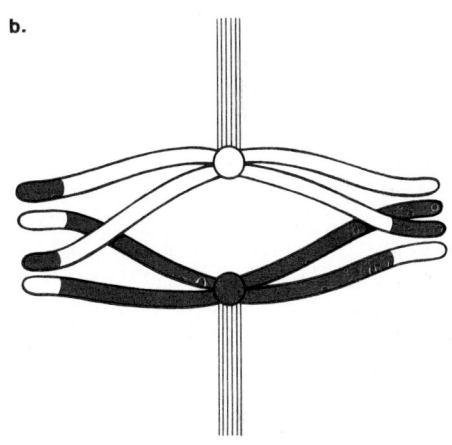

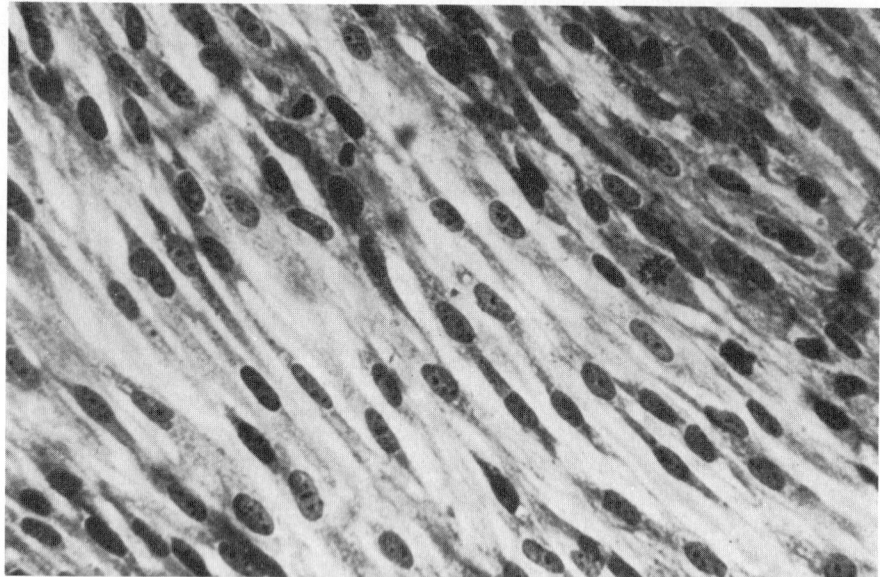

The Biology of Aging

. . . Let us explore the notion that normal somatic, or body, cells as opposed to germ, or sex, cells are predestined to undergo irreversible functional declines that may presage aging in the whole organism.

There are at least two ways in which this question has been tested. First, vertebrate cells have been grown, and studied in cell culture, and second, cells have been serially transplanted in laboratory animals. The goals of such studies have been directed toward answering this fundamental question: Can vertebrate cells, functioning and replicating under ideal conditions, escape from the inevitability of aging and death, which is universally characteristic of the whole animals from which they were derived?

Some fifteen years ago, Paul Moorhead, a geneticist now at the University of Pennsylvania Medical School, and I found that cultured normal human embryonic cells (top photo) underwent a finite number of population doublings *in vitro* and then died (bottom photo). We found that when such cells were grown under the most favorable conditions, death was inevitable after about fifty population doublings. We also showed that death of cultured normal cells was an inherent property of the cells themselves. That observation has now been confirmed in hundreds of laboratories.

We postulated that the finite life of cultured cells might represent aging at the cellular level. Although we and others were skeptical of this interpretation at first, subsequent experimental data has tended to support this idea. . . . Is it possible to circumvent the death of normal animal

Notice that at the completion of Meiosis I (fig. 4.12), the chromosomes still consist of duplicate chromatids. During Meiosis II, the chromatids separate, resulting in four daughter cells each of which has the haploid number of chromosomes.

First Division

The stages of Meiosis I are diagrammed in figure 4.14. During **prophase I,** the spindle appears while the nuclear membrane and the nucleolus disappear. Homologous chromosomes undergo synapsis and form tetrads. At **metaphase I,** tetrads line up at the equator of the spindle. During **anaphase I,** homologous chromosomes separate and the chromosomes (still composed of two chromatids) move to the poles of the spindle. Each pole receives one-half the total number of chromosomes. In **telophase I,** the nuclear membrane and the nucleolus reappear as the spindle disappears. The cell membrane furrows to give two daughter cells, each of which contains one from each pair of chromosomes.

cells that results from the death of the "host" by serially transferring marked cells—that is, cells then can be distinguished from those of the host—to younger animals?

The question can be answered by serial transplantation of normal tissue to new, young animals each time the recipient approaches old age. Under these conditions would transplanted normal cells proliferate indefinitely? Data from four different laboratories in which mammary tissue, skin, and blood cells were employed indicate that these normal cells, serially transplanted to animals, do not survive indefinitely. It is well known that under similar conditions of tissue transplantation, cancer cell populations can be serially passed indefinitely. The implications may be that acquisition of the potential for unlimited cell division or escape from senescent changes by mammalian cells *in vitro* or *in vivo* can only be achieved by cells that have acquired some or all of the properties of cancer cells or germ (sex) cells. Paradoxically, this leads to the conclusion that for mammalian somatic cells to become biologically immortal they must first be induced to a cancerous state either *in vivo* or *in vitro*. They can then be subcultivated or transplanted indefinitely.

The possibility that animals age because one or more important cell populations lose their proliferative capacity is unlikely. I would suggest instead that normal cells have a finite capacity for replication and that this finite limit is rarely, if ever, reached by cells *in vivo* but is, of course, demonstrable *in vitro*. I would further suggest that other functional losses, which occur in cells prior to their loss of ability to divide, produce age

changes in animals long before these normal cells have reached their maximum division limit. Indeed, we now know of many functional losses that take place in cultured normal human cells that are expressed well before the cells stop dividing. We believe that these decrements, which herald the approach of loss of division capacity, play a greater role in the expression of aging long before these cells fail to divide.

The death of cells and the destruction of tissues and organs is a normal part of the developmental sequence in animals. It is the common method of eliminating organs and tissues that are useful only in the larval or embryonic stages of many organisms. Examples of such tissues are the primitive kidney of higher vertebrates, the tail and gills of tadpoles, larval insect organs, and in many cases, the thymus. During the development of vertebrate limbs, cell death and resorption shape the digits and thighs and upper-arm contours. In the limbs of vertebrates, cell "death clocks" operate on schedule. Loss of function leading to cell death is thus an intrinsic part of development.

The control of human aging has recently gained much attention. The field is rife with suggestions. Most approaches are derived from animal studies and are based on slowing the process down rather than circumventing it. Although some animal studies have slowed aging, none of these approaches has yet been tried in humans. Animal studies that used the technique of reducing body temperature showed that a reduction of only a few degrees resulted in a significant increase in the longevity of fruit flies, rotifers, and fish. In human beings it is thought that a reduction in body

temperature of two to three degrees Celsius would result in an extension of the life span by approximately twenty years.

Another approach involves the inhibition of highly reactive molecules known as free radicals. Their presence, it is believed, may accelerate the process of aging. If so, the use of chemicals such as antioxidants, which bind free radicals and thus inhibit their reactions, might ameliorate the aging phenomenon. Work on mice that have been fed antioxidants has been interpreted as showing a 30 to 40 percent increase in mean life span.

Perhaps the most practical approach to increasing human longevity might be based on experiments in which rats were underfed by providing them with a very low caloric intake. The result was a 50 percent increase in longevity. Similar results have been shown to occur in rotifers, silkworms, fruit flies, bees, chickens, and other animals. The effect, however, is most pronounced if the low caloric diet is started when the animals are very young. This results in a stretching out of the developmental program over a longer than normal period of time. Infancy, puberty, maturity, adulthood, and aging simply occur at later than usual points, with no particular period seemingly lengthened more than the others. If this approach should be practical for humans, the question would be, Which is more important, the quantity of life or its quality?

Second Division

The stages of Meiosis II are diagrammed in figure 4.15. At the beginning of **prophase II,** a spindle appears while the nuclear membrane and nucleolus disappear. Each chromosome with its two chromatids attaches to the spindle independently. During **metaphase II,** the chromosomes are lined up at the equator. During **anaphase II,** the centromeres divide and the chromatids separate and move toward the poles. Each pole receives the same number of chromosomes. In **telophase II,** the spindle disappears as the nuclear membrane reappears. The cell membrane furrows to give two complete cells.

Note that although two cell divisions have taken place, replication has occurred only once. With the completion of meiosis, there are four cells (only two of these are shown in fig. 4.15), each of which has the haploid, or N, number of chromosomes—one of each kind.

Figure 4.14
Meiosis I requires a complete set of stages.

Meiosis I

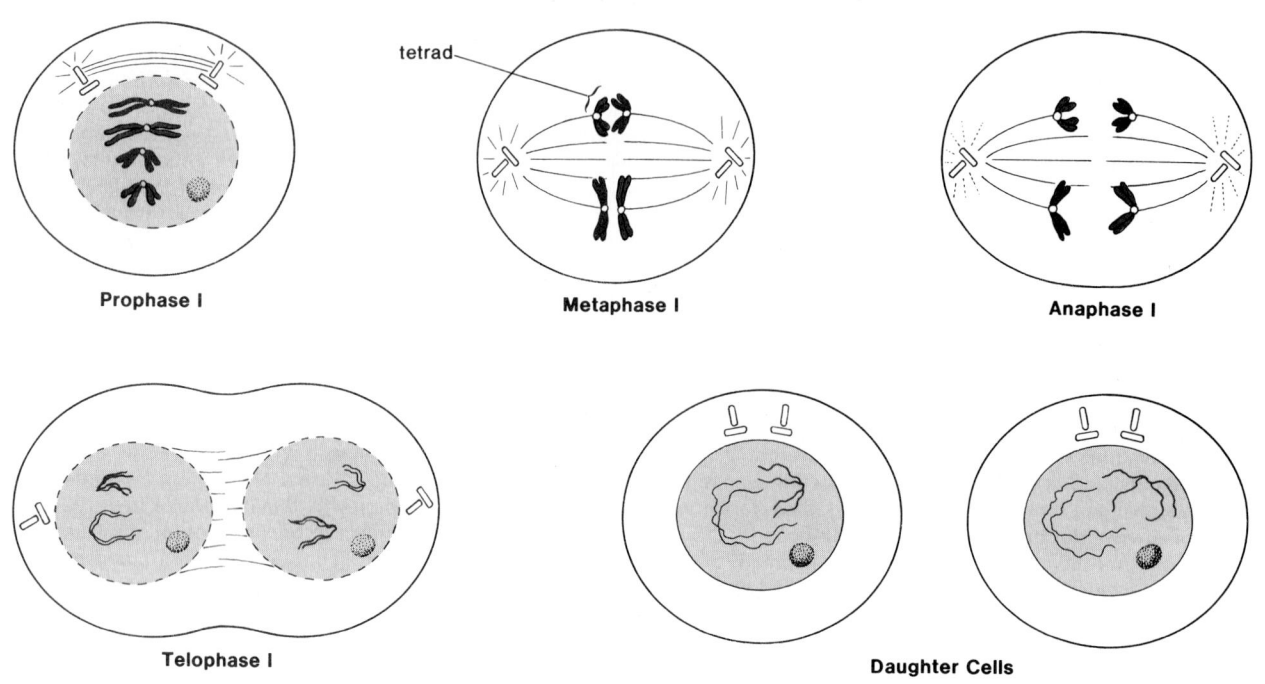

tetrad

Prophase I

Metaphase I

Anaphase I

Telophase I

Daughter Cells

Figure 4.15
Meiosis II requires a complete set of stages.

Meiosis II

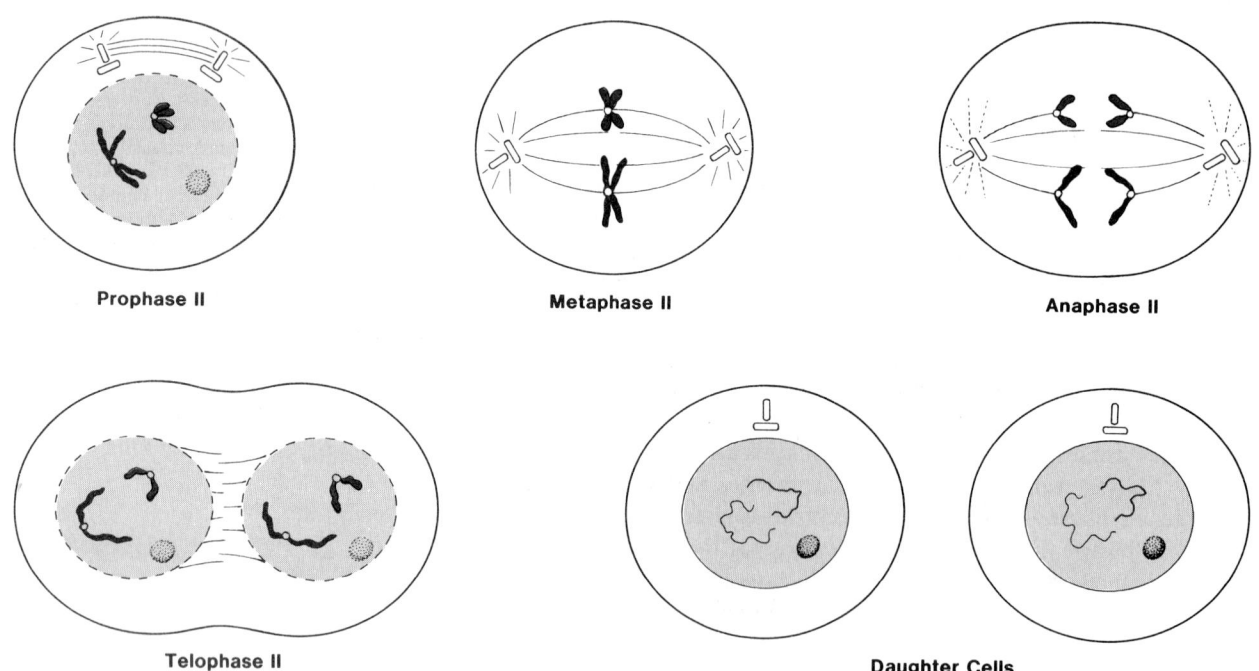

Prophase II

Metaphase II

Anaphase II

Telophase II

Daughter Cells

Chart 4.3 Stages of Meiosis I and Meiosis II

	Meiosis I	Meiosis II
Prophase	Homologous chromosomes, each one composed of a chromatid pair, synapse	Each chromosome is still composed of a chromatid pair
Metaphase	Tetrads (chromosome pair = four chromatids) are at the equator	Chromatid pairs (dyads) are at the equator
Anaphase	Homologous chromosomes separate	Chromatids separate and each one is now termed a chromosome
Telophase	At each pole there is one from each pair of homologous chromosomes	At each pole there is the haploid number and one of each kind of chromosome

Chart 4.3 is a summary of the stages of Meiosis I and Meiosis II.

Our preceding discussion refers, in general, to animal cell meiosis because centrioles are present, the cells are rounded without cell walls, and furrowing occurs to divide the cells. Also note that in animals meiosis is specifically involved in either spermatogenesis or oogenesis.

Spermatogenesis and Oogenesis

During spermatogenesis in males, sperm are produced, and during oogenesis in females, eggs are produced. The final product of meiosis, as well as the process itself, is different in the two sexes as you can see in figure 4.16. In females, the first division produces two cells, but one is much larger than the other. The smaller cell is called a polar body, which may divide before disintegrating. The second division results in two cells of unequal size, but again only the larger one of these matures into an egg, while the smaller one becomes a nonfunctional polar body. Thus meiosis in females produces from each original cell only one egg and three nonfunctional polar bodies that disintegrate. But in males, meiosis results in four viable sperm from each original cell. Figure 4.16 shows how the sperm and egg are adapted to their function. The sperm is a tiny, flagellated cell that is adapted to swimming to the egg, a large cell that awaits the arrival of the sperm and contributes most of the cytoplasm and nutrients to the new individual.

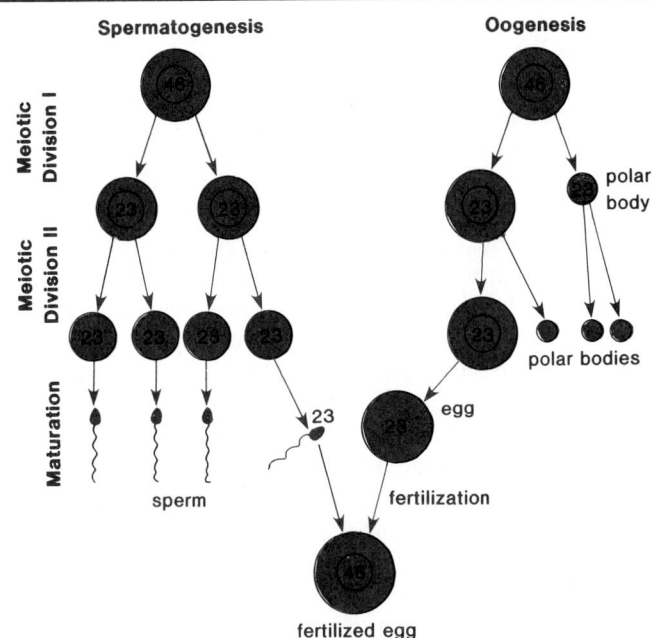

Figure 4.16
Spermatogenesis produces four viable sperm, whereas oogenesis produces one egg and three polar bodies. In humans, both sperm and egg have 23 chromosomes each; therefore, the fertilized egg has 46.

Plant Meiosis

As with mitosis, no centriole or aster appears in higher plant cells during meiosis and a cell plate forms to divide the daughter cells. More important, a major difference between plant and animal cell meiosis is the fact that in plants meiosis produces spores and not gametes. Plants have a life cycle quite different from ours; they alternate between two different generations. The diploid plant is called the sporophyte and produces spores by meiosis. Spores mature into a haploid generation called the gametophyte, which produces the gametes. In plants, then, it is important to note that meiosis produces spores and not gametes. The life cycle of plants is shown in figure 7.24.

Protist Meiosis

As noted on page 81, some protists, such as protozoans and certain algae, are haploid as adults. When this is the case, a diploid zygote undergoes meiosis to produce haploid cells that mature into haploid adults. The life cycle of these protists is shown in figure 25.11a.

Importance of Meiosis

Meiosis is nature's way of maintaining the chromosome number constant from generation to generation. It is a special type of cell division and occurs only for a specific purpose. In animals it occurs prior to maturation of the egg and sperm. In plants it occurs when spores are formed, and in protists it may occur immediately after the formation of the zygote.

Meiosis assures that the next generation will have a different genetic makeup than that of the previous generation. As a result of crossing over, the chromosomes carry a new combination of genes. In animals, the egg carries one-half the genes from the female parent, and the sperm carries one-half the genes from the male parent. When the sperm fertilizes the egg, the zygote has a different combination of genes than either parent. In this way meiosis assures *genetic variation,* generation after generation.

Summary

Each organism has a characteristic number of chromosomes; humans have 46. A human karyotype shows 22 pairs of autosomes and 1 pair of sex chromosomes. The sex pair is an X and a Y chromosome in males and two X chromosomes in females. Each chromosome in a karyotype is composed of duplicate chromatids held together at the centromere.

The life cycle of humans requires two types of cell divisions: mitosis and meiosis. Mitosis is responsible for growth and repair, while meiosis is required for gamete production.

Cell division is made up of four stages: prophase, metaphase, anaphase, and telophase. The cell cycle includes an additional stage termed interphase. During interphase, DNA replication causes each chromosome to have identical chromatids. These same stages take place in animal and plant cells but there are no centrioles or asters (although there is a spindle) in higher plant cells, and division of the cytoplasm takes place by formation of a cell plate instead of by furrowing as in animal cells.

Mitosis ensures that each body cell will have the full diploid, or 2N, number of chromosomes and will be genetically identical to the mother cell. This comes about because each chromosome within the mother cell consists of duplicate chromatids. When the centromeres divide and these chromatids separate, each daughter cell receives the same number and kinds of chromosomes as the mother cell. It is important to remember that when determining the number of chromosomes it is necessary to count only the number of centromeres.

Meiosis involves two cell divisions. During Meiosis I, homologous chromosomes come to lie side by side during synapsis. The chromatids making up

Figure 4.17
Mitosis compared to meiosis.

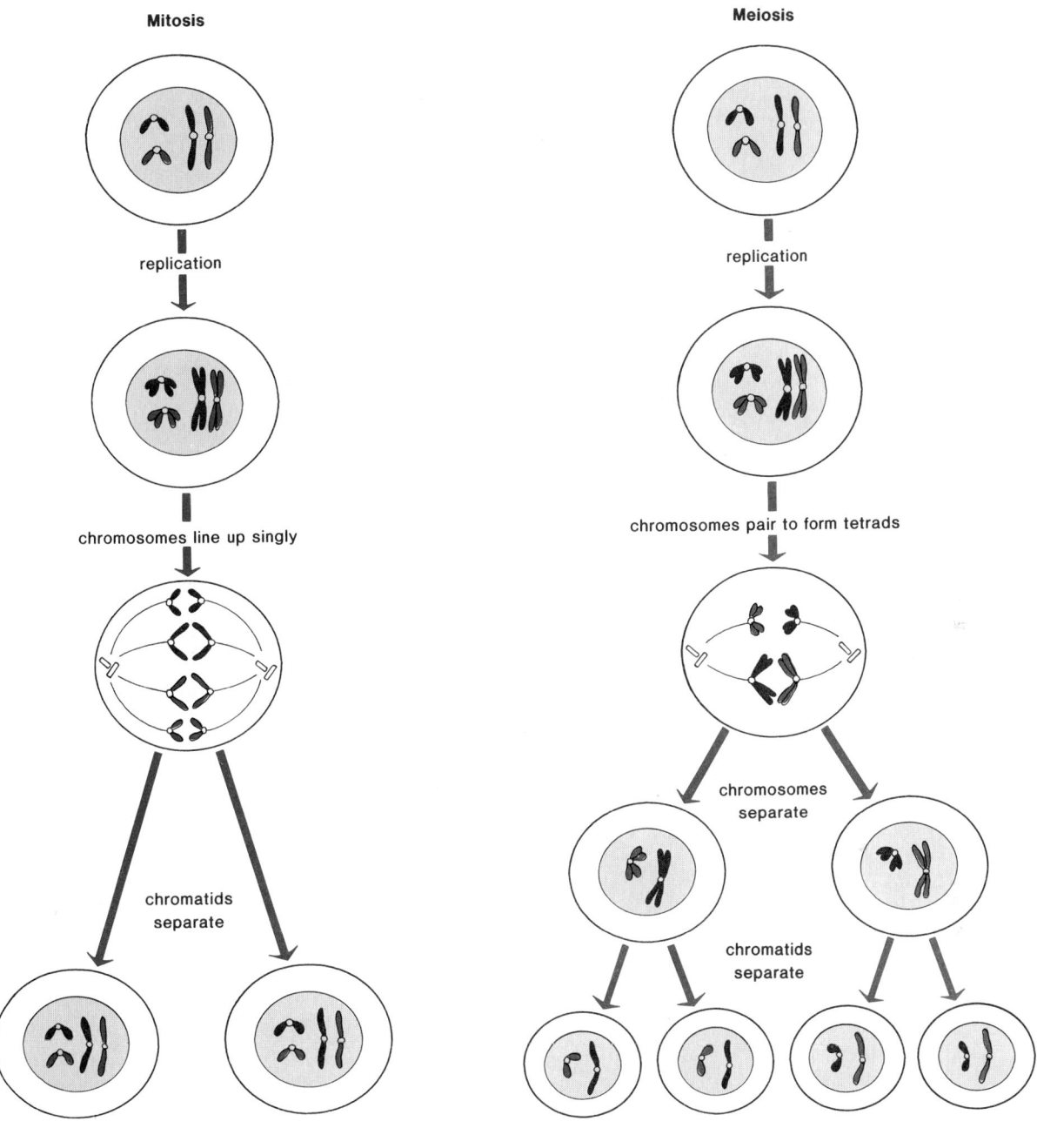

Mitosis

replication

chromosomes line up singly

chromatids separate

daughter cells are genetically identical to the mother cell

Meiosis

replication

chromosomes pair to form tetrads

chromosomes separate

chromatids separate

daughter cells are not genetically identical to the mother cell

the resulting tetrad exchange chromosome pieces; this is called crossing over. When the homologous chromosomes separate during Meiosis I, each daughter cell receives one from each pair of chromosome. Separation of chromatid pairs during Meiosis II then produces a total of four daughter cells with the haploid number and one of each kind of chromosome.

Spermatogenesis in males produces four viable sperm, while oogenesis in females produces one egg and three polar bodies. Each gamete is specialized for the job it does: the sperm is a tiny, flagellated cell that swims to the cytoplasm-laden egg.

Figure 4.17 contrasts the process of mitosis with the process of meiosis.

Study Questions

1. Describe the normal karyotype of a human being. What is the difference between a male and female karyotype? (p. 76)
2. Relate the terms diploid (2N) and haploid (N) to mitosis in somatic cells and meiosis in germ cells. (pp. 76, 78)
3. Explain the makeup of a chromosome prior to cell division (pp. 76–77)
4. Describe the stages of animal mitosis, including in your description the terms *centriole, nucleolus, spindle,* and *furrowing.* (pp. 78–81)
5. Name two differences between plant cell mitosis and animal cell mitosis. (p. 81)
6. Give several instances when mitosis occurs in humans. (p. 83)
7. Describe the stages of meiosis I, including in your description the term *tetrad.* (pp. 83–84)
8. Compare the second series of stages of meiosis to a mitotic division. (p. 85)
9. Explain the fact that oogenesis produces one mature egg, but spermatogenesis results in four sperm. (p. 87)
10. What is the importance of meiosis in the life cycle of any organism? (p. 88)
11. Give several differences between mitosis and meiosis. (p. 89)

Further Readings

Dustin, P. 1980. Microtubules. *Scientific American* 243(2):66.

Hayflick, L. 1980. The cell biology of human aging. *Scientific American* 242(1):58.

Maiza, D. 1974. The cell cycle. *Scientific American* 230(1):54.

———. 1961. How cells divide. *Scientific American* 205(3):100.

Sloboda, R. D. 1980. The role of microtubules in cell structure and cell division. *American Scientist* 68(3):290.

Swanson, C. P. 1977. *The cell.* 4th ed. Englewood Cliffs, N.J.: Prentice-Hall.

Taylor, J. H. 1958. The duplication of chromosomes. *Scientific American* 198(6):36.

Thomas, L. 1974. *Lives of a cell: Notes of a biology watcher.* New York: Viking Press.

Chapter Concepts

1. A metabolic pathway is a series of reactions controlled by enzymes.

2. Enzymes are protein molecules that only function properly when they retain their normal tertiary, or three-dimensional, shapes.

3. Cells require the energy molecule ATP to drive forward synthetic reactions and for various other functions.

4. Cellular respiration, or the metabolic pathway for the breakdown of glucose and related molecules, provides the necessary energy to form ATP molecules. A study of cellular respiration shows that glucose is oxidized by the removal of hydrogen atoms, and that the resulting energy of oxidation is used to form ATP from ADP + $\textcircled{P}$ molecules.

5

cellular metabolism

Chart 5.1 Metabolism

Catabolic Reactions	Anabolic Reactions
Break bonds	Create bonds
Release energy	Require energy
Hydrolytic reactions	Synthetic reactions
Oxidation reactions	Reduction reactions

Cells are not static; they are dynamic. Drawings of cells and even microscopic slides of cells give us the impression that cells are inactive; actually cells are constantly active. Pinocytotic and phagocytotic vesicles are constantly being formed, organelles are moving about, and division may be taking place. A vital part of this activity is the constantly occurring chemical reactions. In fact, when chemical reactions stop happening in a cell, we call it death.

All of the reactions that occur in a cell comprise the **metabolism** of the cell. Metabolism is conveniently divided into two types of reactions: (1) **catabolism** is all the reactions that break down larger molecules into smaller molecules and (2) **anabolism** is all the reactions that use smaller molecules to build larger molecules. This means that the synthetic reactions mentioned in chapter 1 are anabolic reactions, and the hydrolytic reactions are catabolic reactions.

In this chapter, we are going to be concerned with relating anabolic-catabolic reactions to the process of oxidation-reduction, such as the following example:

$$
\underset{\text{Molecule A}}{H-\underset{\underset{H}{|}}{\overset{\overset{H}{|}}{C}}-\underset{\underset{H}{|}}{\overset{\overset{H}{|}}{C}}-\underset{\underset{H}{|}}{\overset{\overset{H}{|}}{C}}-OH} \underset{\underset{\text{(anabolic)}}{\text{reduction}}}{\overset{\overset{\text{(catabolic)}}{\text{oxidation}}}{\rightleftharpoons}} \underset{\text{Molecule B}}{H-\underset{\underset{H}{|}}{\overset{\overset{H}{|}}{C}}-\underset{\underset{H}{|}}{\overset{\overset{H}{|}}{C}}-\overset{\overset{O}{\|}}{C}} + H_2 + \text{energy}
$$

In this reaction, removal of hydrogen atoms (oxidation) is catabolic because molecule B is a smaller molecule than A. On the other hand, addition of hydrogen atoms to molecule B (reduction) is anabolic because molecule A is larger than molecule B as close examination will prove.

Energy appears on the right-hand side of the equation, indicating that a catabolic reaction releases energy whereas an anabolic reaction requires energy. This is easily understood when it is known that chemical bonds contain energy. When bonds are formed, energy is required; when bonds are broken, energy is released. Chart 5.1 summarizes the differences between catabolic and anabolic reactions.

Energy

When cells require energy, a certain kind of energy must be available. Electricity is the type of energy we use to light our homes and to run our electric appliances. Cells, through the process of evolution, have come to depend on the molecule ATP (adenosine triphosphate) as an energy source, just as our society has come to depend on electricity.

ATP (fig. 5.1) is a nucleotide composed of the base adenine, the sugar ribose (together called adenosine), and three phosphate groups. The wavy lines in the formula indicate high-energy phosphate bonds; when these bonds are broken, an unusually large amount of energy is released. Because of this property, ATP is the energy currency of cells; when cells "need" something, they "spend" ATP.

ATP is used in body cells for anabolic reactions, active transport, nervous conduction, and muscle contraction. When energy is required for these processes, the end phosphate group is removed from ATP breaking down the molecule to ADP (adenosine diphosphate) and ℗ (phosphate) (fig. 5.1).

This catabolic reaction, which releases energy, is used to drive forward anabolic reactions, which require energy. Cells require a constant supply of ATP, and we shall see that cellular respiration, a metabolic pathway that takes place largely within mitochondria, produces this supply.

Figure 5.1
ATP, the energy molecule in cells, has two
high energy phosphate bonds (indicated by
wavy lines). When cells require energy, the
last phosphate bond is removed.

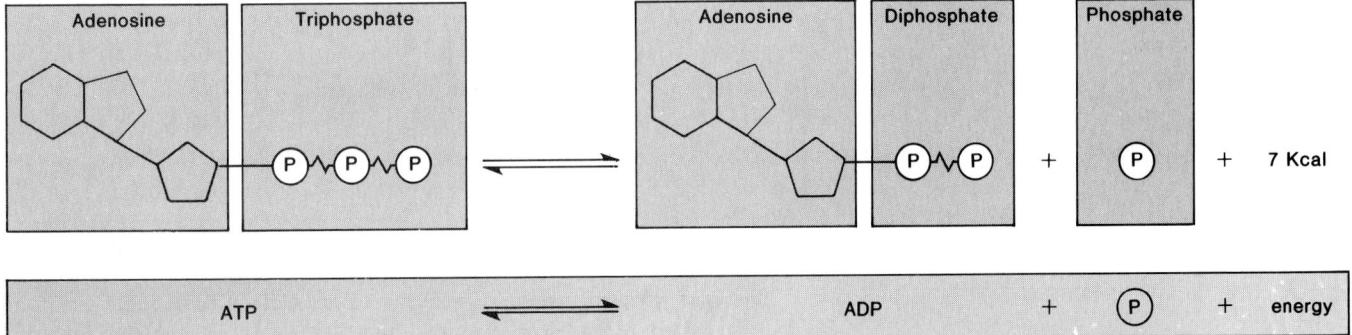

Metabolic Pathways

Cellular respiration is an example of a metabolic pathway in cells. Metabolic pathways begin with (a) particular reactant(s) and terminate with (an) end product(s). Cellular respiration begins with glucose and oxygen and ends with carbon dioxide and water. ATP is the by-product needed by the cell; that is, ATP is produced by synthesis as the catabolic reactions of cellular respiration proceed.

While it is possible to write overall equations for metabolic pathways, the actual pathway itself proceeds by minute steps in which one reaction leads to the next reaction, which leads to the next reaction, and so forth, in an organized, highly structured manner. Because the various pathways contain common substances, it makes it possible for one pathway to lead to several others. Also, metabolic energy is more easily captured if released in small increments, rather than all at once.

Metabolic pathways can be represented by the following diagram, as long as we realize that side branches may occur at any juncture:

$$A \xrightarrow{1} B \xrightarrow{2} C \xrightarrow{3} D \xrightarrow{4} E \xrightarrow{5} F \xrightarrow{6} G$$

In the pathway represented, the letters are products of the previous reaction and reactants of the next reaction. *A* is the beginning substance(s) and *G* is the end product(s). The numbers in the pathway refer to different enzymes. *Every reaction in a cell requires a specific enzyme.* No reaction will occur in a cell unless its enzyme is present. Enzymes are protein molecules (p. 30) that speed up chemical reactions and control not only the rate at which reactions occur but whether reactions take place at all. For example, if enzyme #2 above is missing, the pathway cannot function; it will stop at *B*. Since enzymes are so necessary in cells, their mechanism of action has been studied extensively.

Enzymes

Energy of Activation Organic molecules frequently will not react with one another unless they are activated in some way. For example, wood does not burn unless a spark is used to start the reaction. In the laboratory, too, activation is very often achieved by heating the reaction flask so that the number of effective collisions between molecules increases, allowing them to react with one another.

Figure 5.2

a. Energy of activation (E_a) that is required for a reaction to occur when an enzyme is not available. b. Required energy of activation (E_a) is much lower when an enzyme is available. Notice that the energy level of the entire system is always lower following a reaction.

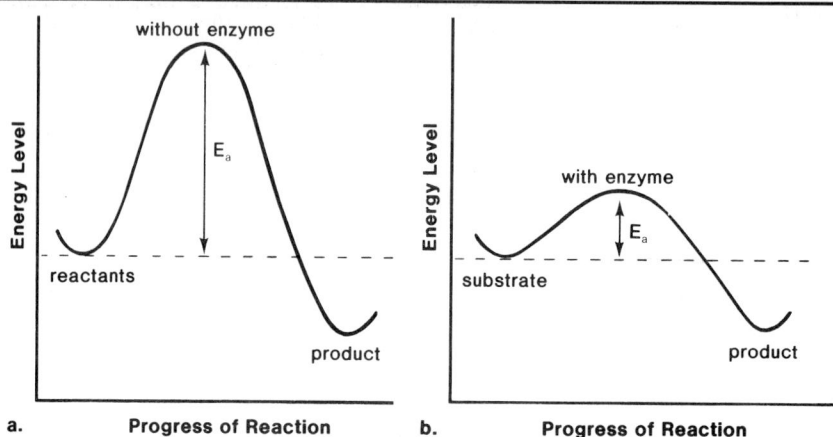

a.   **Progress of Reaction**   b.   **Progress of Reaction**

Figure 5.3

The lock and key theory of enzymatic action states that the enzyme *(E)* forms a complex *(ES)* with the substrate *(S)* to produce the product *(P)*.

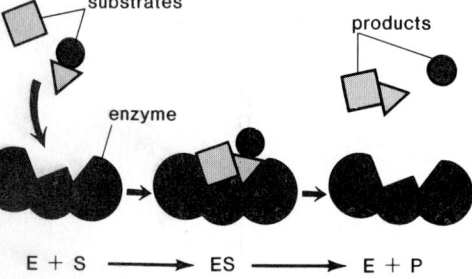

$$E + S \longrightarrow ES \longrightarrow E + P$$

Chart 5.2 Enzymes Named for Their Substrate

Substrate	Enzyme
Lipid	Lipase
Urea	Urease
Maltose	Maltase
Ribonucleic acid	Ribonuclease
Lactose	Lactase

The energy that must be supplied to cause molecules to react with one another is called the **energy of activation.** Figure 5.2 shows the probable relationship between the energy levels of prospective reactants, the excited state at which they react, and the energy level of the products from the reaction. The distance between the nonreactant energy level and the excited state represents the energy of activation. Enzymes, however, *lower the energy of activation.* For example, the following data are available for the hydrolysis of casein, the protein found in milk:

	Energy of Activation cal/mole[1]
With an inorganic catalyst	20,600
With an enzyme	12,000

This means that when an enzyme is present, less energy and thus less heat is needed to bring about a reaction. It is believed that enzymes lower the energy of activation by formation of an enzyme-substrate complex.

Enzyme-Substrate Complex   Each and every enzyme speeds up only one particular reaction and therefore is said to be specific for that reaction. The specificity of enzymes is explained by the **lock and key theory** of enzymatic action, which is illustrated in figure 5.3.

In this reaction:

$S = substrate.$ The substrate(s) is (are) the reactant(s) in this enzyme's reaction. As illustrated in chart 5.2, enzymes are often named for their substrate and usually end in *ase.* Some enzymes are named for the action they perform as, for example, dehydrogenases.

$E = enzyme.$ Notice that the enzyme is unaltered by the reaction. Only a small amount of enzyme is actually needed in a cell because it can be used over and over again.

$ES = enzyme-substrate complex.$ For a reaction to occur, the reactants must be brought into close proximity. Substrates come together on the surface of an enzyme because their shape fits the shape of their enzyme as a key fits a lock. An enzyme lowers the energy of activation because it brings reactants together in an effective manner.

Although only a few of the many amino acids within the protein actually participate in forming the enzyme-substrate complex, the enzyme is usually much larger than the substrate(s), as shown in figure 5.3. The region where the substrate attaches is called the **active site,** and it is here that the reaction takes place.

In many instances, the enzyme and/or coenzyme actually participate in bringing about the reaction. For this reason, enzymes may control the product

---

1. Cal/mole = Calories per mole. A Calorie is a common method of measuring heat and a mole is 6.02×10^{23} molecules.

Chapter Concepts

1. Photosynthetic organisms produce the organic molecules that are used as a source of food and chemical energy by all living things.

2. Photosynthesis takes place primarily within chloroplasts. Recent scanning electron micrographs suggest the location of photosynthetic subpathways.

3. Photosynthesis has two subpathways: the light reaction and the dark reaction. The light reaction drives the dark reaction by providing the energy (ATP) and the hydrogen atoms ($NADPH_2$) needed to reduce carbon dioxide (CO_2).

4. Photosynthesis can be compared to cellular respiration; both similarities and differences exist.

6

photosynthesis

Only plants, algae, and a few bacteria carry on photosynthesis. Photosynthesis, as the name implies, refers to the ability of these organisms to make their own food in the presence of sunlight. The food produced in this manner eventually becomes the food for the rest of the living world (fig. 6.1). For example, humans and all other animals either eat plants directly or eat animals that have eaten plants, and so forth. Another way to express this idea is to say that **autotrophs,** which have the ability to synthesize organic molecules from inorganic raw materials, feed **heterotrophs,** which must take in preformed organic molecules as food. Thus autotrophs produce organic food, while heterotrophs consume it.

Not only do autotrophs supply food for the biosphere (living world), but they also supply energy. After food has been eaten and digested, the resulting small molecules may be used either as building blocks for growth or as a source of energy (for the production of ATP).

Plants also supply energy in another sense because their bodies became the fossil fuels that we burn today as coal and oil.

For several reasons, then, it is correct to say that all life is ultimately dependent upon the energy of the sun.

1. Sunlight supplies energy to drive the anabolic reactions of photosynthetic organisms.

2. The food made by photosynthetic organisms becomes the food of the biosphere.

3. This food may be used not only for growth but also for metabolic energy purposes.

4. The bodies of plants became the fossil fuels upon which we are so dependent.

5. Sunlight can be an energy source, called solar energy, for private and industrial use (p. 747).

Photosynthesis—An Anabolic Reaction

The overall equation for photosynthesis may be written as the reverse of that for cellular respiration.

$$6\ CO_2 + 6\ H_2O \xrightarrow[\text{sun}]{\text{energy of}} C_6H_{12}O_6 + 6\ O_2$$

However, we now know that the oxygen molecules that appear on the right-hand side of the equation were originally a part of the water molecules. This was experimentally determined by labeling first the carbon dioxide and then the water with radioactive oxygen, O^{18}. Only when water contained radioactive oxygen did the amount of O^{18} increase as a by-product of photosynthesis. Thus it was shown that oxygen released by photosynthesis came from water and not from carbon dioxide. To indicate this, the overall equation for photosynthesis may be written as shown in figure 6.2. The arrows indicate the relationship between the molecules on the left and those on the right.

If we analyze the overall equation for photosynthesis, we see that small inorganic molecules (on the left side of the equation) are converted to a much larger organic molecule (on the right side of the equation). Because of this, photosynthesis provides a link between the nonliving inorganic world and the living organic world. Certainly, this conversion represents a synthesis, or **anabolic reaction.**

Figure 6.1
Autotrophs (*a*) produce the food that feeds
both herbivores (*b*) and carnivores (*c*).

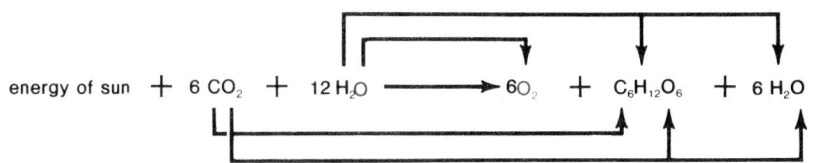

Figure 6.2
Equation for photosynthesis showing the
relationship between reactants and
products. Released oxygen (color) is
derived from water.

Some anabolic reactions, such as this one, are reduction reactions in which hydrogen is added to a molecule. Here hydrogen is added to the carbon-oxygen combination when glucose is formed. This addition of hydrogen requires the formation of new bonds and therefore requires energy.

It is apparent, then, why energy appears on the left-hand side of the equation. This is the very energy that is needed to create new bonds within the glucose molecule on the right-hand side. Thus, it is not surprising to learn that carbon dioxide and water are low-energy molecules, and that glucose is a high-energy molecule. Further, the glucose molecule in this reaction represents the food that is produced by photosynthesis. In a sense, when we eat food we are taking the energy of the sun into our bodies.

Sunlight

Radiant energy from the sun can be described in terms of its wavelength and its energy content. Figure 6.3 lists the different types of radiant energy from the shortest wavelength to the longest. Radiant energy ranges from a wavelength of about 10^{-4} nm to a wavelength of 10^{11} nm. The shorter wavelengths contain more energy than the longer ones. **White, or visible, light** is only a small portion of this spectrum and ranges from 380 nm to 760 nm. Rays shorter than visible light are gamma rays, x rays, and ultraviolet rays. Rays longer than visible light are infrared waves, microwaves, and radio waves.

Figure 6.3

a. The electromagnetic spectrum. Radiant energy from the sun is categorized according to wavelength. b. Visible light contains various colors of light, some of which are absorbed by chlorophyll *a* and *b*. c. Leaves appear green to us because the color green is reflected or transmitted by chlorophyll.

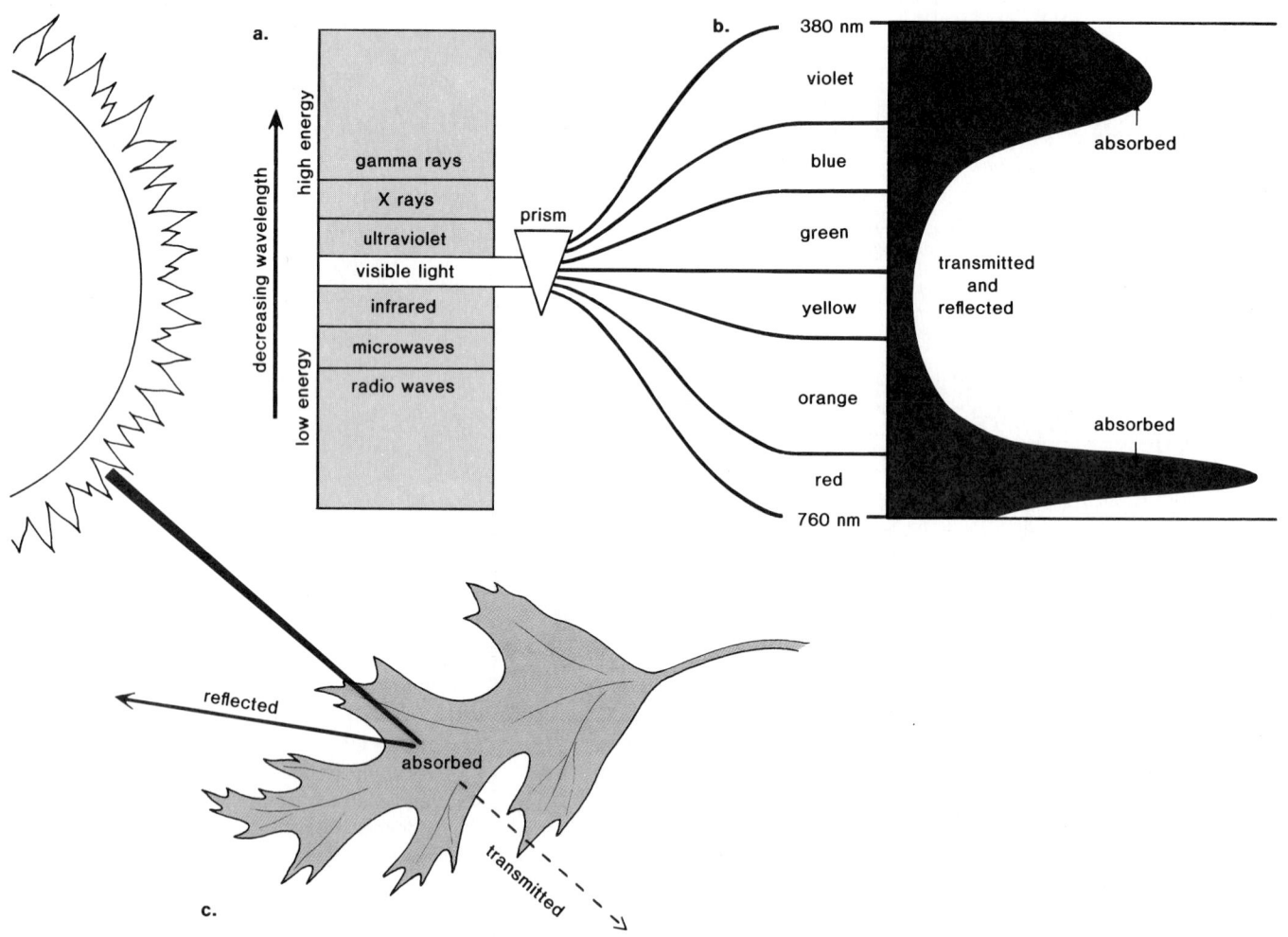

When white, or visible, light is divided into its various wavelengths, as happens when it is passed through a prism, it is seen to be composed of various colors. (Actually, of course, it is our eyes that interpret these wavelengths as colors, see p. 337). The colors range from violet (the shortest wavelength) to blue, green, yellow, orange, and red (the longest wavelength); all of which fall within the range of visible light. The energy content is highest for violet light and becomes less as we move toward red.

The pigments found within photosynthesizing cells are capable of absorbing various portions of visible light. The absorption spectrum for chlorophyll *a* and chlorophyll *b* is shown in figure 6.3*b*. Both chlorophyll *a* and chlorophyll *b* absorb violet, blue, and red better than the other colors. Because the color green is only minimally absorbed and is primarily reflected (fig. 6.3*c*), leaves appear green to us.

When leaves absorb packets of light energy, called **photons,** photosynthesis begins.

Photosynthetic Reactions

It can be shown that flashes of light rather than continuous light increase the rate of photosynthesis. From this and other data, it can be concluded that there must be two reactions involved in the overall process of photosynthesis. These are called the light and dark reactions.

1. The **light reaction** requires the presence of light in order to take place.
2. The **dark reaction** does not require the presence of light in order to take place (but can and usually does occur in the presence of light).

The overall equations for the light and dark reactions are given in figure 6.4. *During the light reaction,* hydrogen atoms ($H^+ + e^-$) are removed from water and oxygen is given off. This is the manner by which oxygen is constantly renewed in the atmosphere. The hydrogen atoms removed from water do not remain intact. Instead, the electrons alone are passed down an electron transport system that generates ATP before the electrons are finally taken up by NADP. **NADP** is similar in structure to NAD (fig. 5.4) except that it carries an extra phosphate group as indicated by the additional *P*. Once NADP receives electrons, it then combines with H^+ forming $NADPH_2$. $NADPH_2$ carries hydrogens in exactly the same way as NAD, but $NADPH_2$ is the coenzyme of choice for synthetic reduction reactions.

During the dark reaction, carbon dioxide is reduced. The ATP and $NADPH_2$ from the light reaction supply the necessary energy and hydrogen atoms. When carbon dioxide is reduced during the dark reaction, glucose ultimately results.

Chloroplasts

Both the light and dark reactions occur within chloroplasts (fig. 6.5), the photosynthesizing organelles found in plant cells. The dark reaction occurs within the fluid matrix called the **stroma,** while the light reaction occurs within the membrane of flattened sacs called **thylakoids.** In many chloroplasts, the thylakoids are piled on top of one another in stacks called **grana,** which are joined by lengths of membrane called **stroma lamellae.**

There are two types of reaction centers for the light reactions. The one that evolved first is called **Photosystem I** and the other, which evolved later, is called **Photosystem II.** Both photosystems contain a pigment complex with associated proteins. The **pigment complex** contains chlorophyll *a,* chlorophyll *b,* and other types of pigments, such as the carotenoids.

The freeze-fracture method of preparing thylakoid membranes shows two types of particles (fig. 6.5*b*). Smaller particles that appear in the outer half of the membrane are believed to be locations for Photosystem I, while the larger particles that appear in the inner half of the membrane are believed to be locations for Photosystem II.

Light Reaction

While it is possible to write an overall reaction for the light reaction (fig. 6.4), the light reaction actually consists of a series of reactions, as is typical of a metabolic pathway.

Cyclic photophosphorylation

When light strikes the pigment complex of Photosystem I, the energy is passed from pigment to pigment until it reaches a chlorophyll *a* molecule known as P_{700} (*P* for pigment and 700 for the wavelength of light absorbed). (See fig. 6.6.) The energy causes some electrons to become so activated that they leave the chlorophyll molecule and are taken up by an acceptor molecule. The acceptor molecule passes the electrons to a **cyctochrome system,** an electron transport system similar to the one present in mitochondria. As the electrons

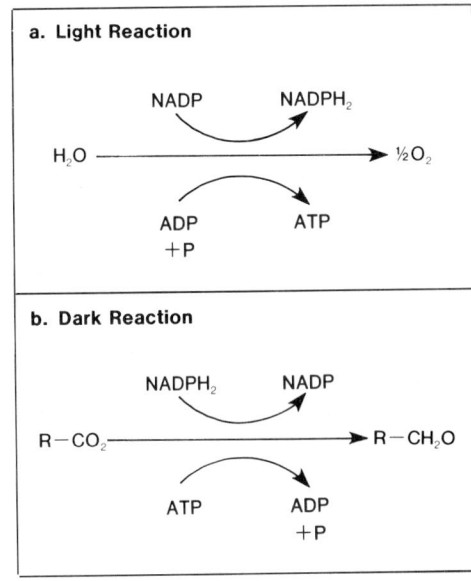

Figure 6.5

A chloroplast is made up of a solid portion (grana) and a liquid portion (stroma).
a. Each grana shows stacks of thylakoids.
b. Thylakoid membrane enlarged shows particles in the inner half and outer half.
c. Electron micrograph following freeze-fracture of thylakoid membrane.

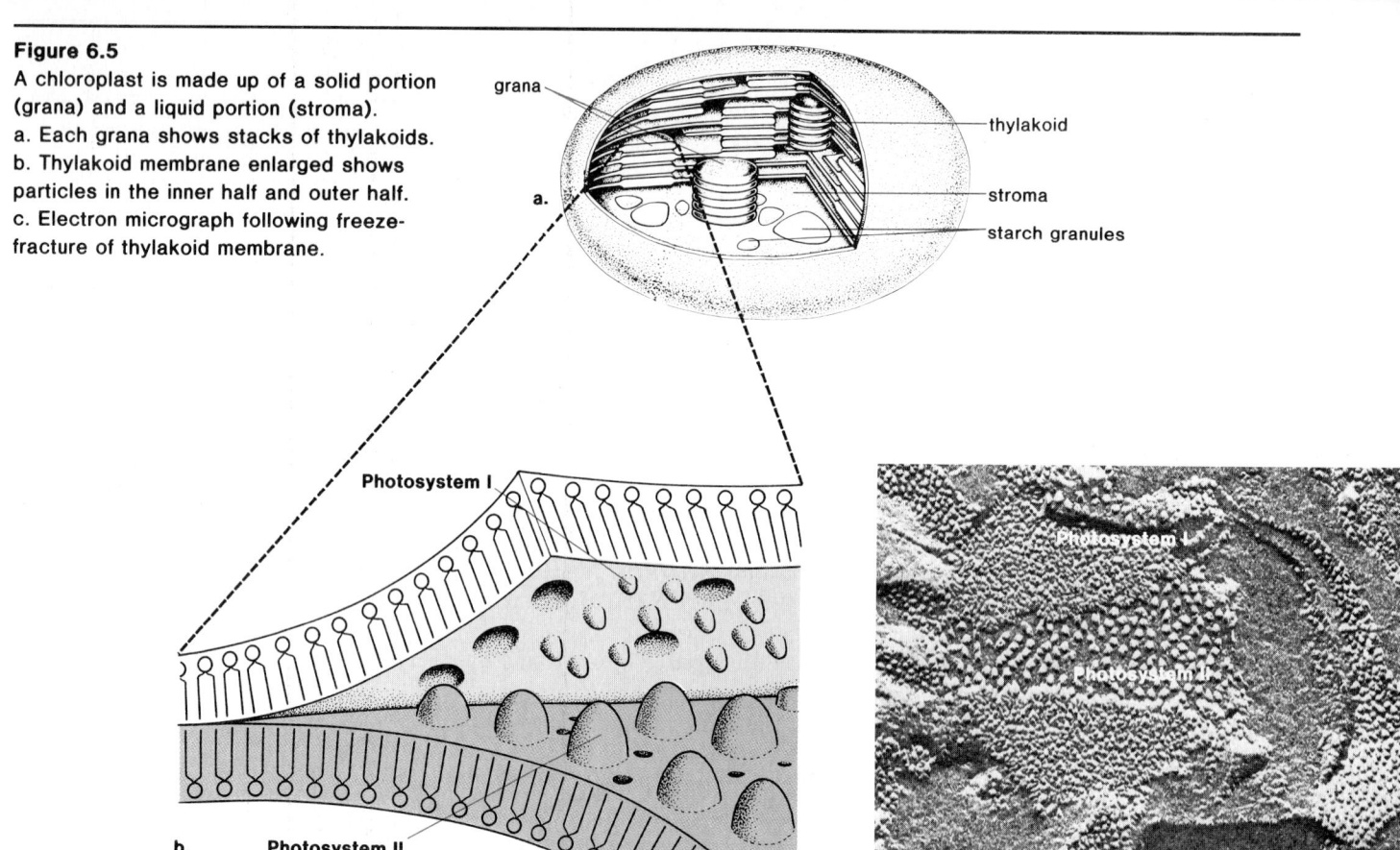

grana
thylakoid
stroma
starch granules

a.

Photosystem I

b.   Photosystem II

Photosystem I
Photosystem II

c.

Figure 6.6

Cyclic photophosphorylation. When light energy is absorbed by the pigment complex of Photosystem I, electrons can pass to an acceptor, which sends them on to a cytochrome system where ATP is produced before the electrons return to the pigment complex.

Photosystem I

acceptor molecule

e^-

e^-

e^-

e^-

e^-

ADP

ATP

e^-

pigment complex (P_{700})

Figure 6.7
Light reaction. In noncyclic photophosphorylation, electrons move from water to P_{680} to an acceptor molecule that passes them down a transport system to P_{700}, which sends them to another acceptor molecule before they are finally sent to NADP. In cyclic photophosphorylation (dotted lines), electrons pass from P_{700} to an acceptor molecule that sends them down the electron transport system before they return to P_{700}.

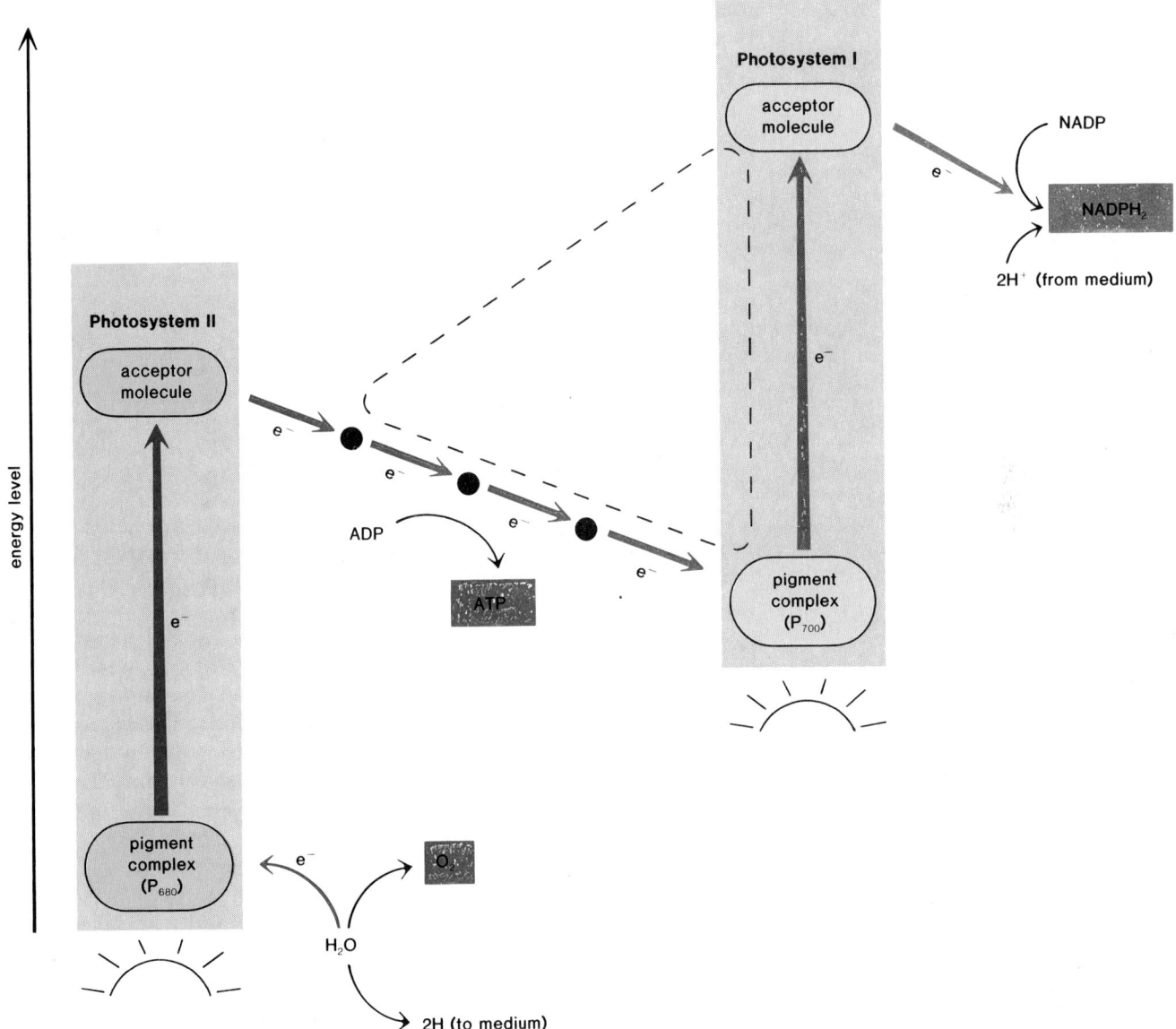

pass down the cytochrome system, ATP is produced. The electrons, now robbed of their energy, return to chlorophyll P_{700}. This is called **cyclic photophosphorylation** because the electrons have returned to the chlorophyll molecule from which they originated and because sunlight caused the electrons to become energized so that ATP production could occur. Cyclic photophosphorylation is most likely to occur when CO_2 is in limited supply and the dark reactions are not occurring.

Noncyclic Photophosphorylation

Although the reactions of **noncyclic photophosphorylation** occur simultaneously, it is easier to consider them in a steplike manner:

The first step occurs when light strikes the pigment center of Photosystem I and electrons leave P_{700} to be taken up by an acceptor molecule. If

Figure 6.8

Assuming adequate light for the light reaction, the rate of photosynthesis increases if a higher temperature is provided for the dark reaction.

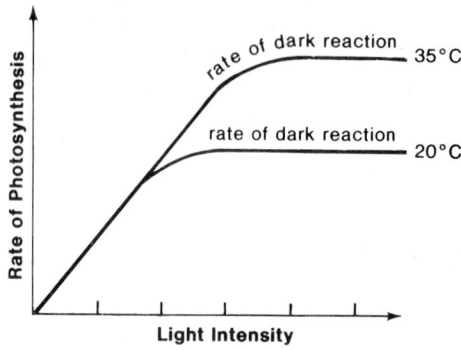

Figure 6.9

The Calvin cycle (simplified). RuDP accepts carbon dioxide (CO_2), forming a six-carbon molecule (C_6), which immediately breaks down to two PGA molecules that are reduced to 2 PGAL, one of which represents the net gain of the cycle. PGAL can be combined with another PGAL to give glucose-6 phosphate that can be metabolized to other organic molecules.

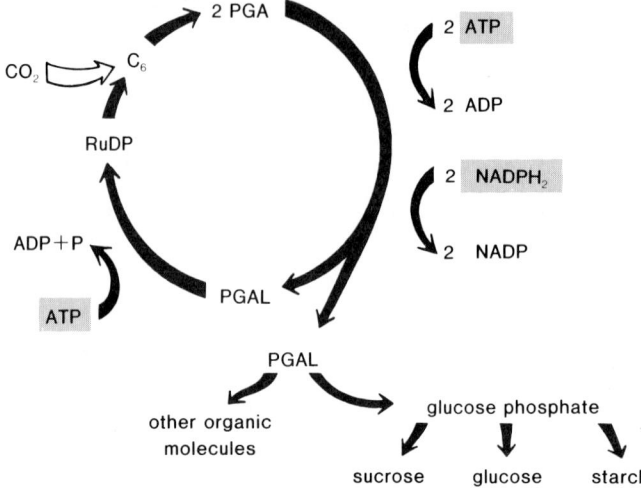

carbon dioxide is in plentiful supply and the dark reactions are occurring, this molecule passes the electrons to NADP. The negatively charged NADP molecules combine with hydrogen ions, forming $NADPH_2$.

The chlorophyll molecule P_{700} cannot continue to lose electrons without disintegrating. Replacement electrons are received from Photosystem II.

In step two, light strikes the pigment complex of Photosystem II and the energy is shifted from one pigment to another until it finally reaches a chlorophyll *a* molecule designated P_{680} (P for pigment and 680 for the wavelength of light absorbed). Here the electrons become so energized that they leave the chlorophyll molecule and are picked up by an acceptor molecule. The acceptor molecule passes the electrons to the cytochrome system, where ATP is produced before the electrons finally reach P_{700}.

If the chlorophyll molecule P_{680} continued to lose electrons it would disintegrate. The third step involves replacement electrons that are taken from *water molecules,* which split as shown:

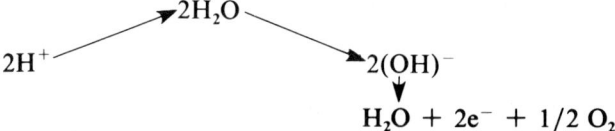

This splitting of water molecules releases the oxygen that is given off by photosynthesis. It also releases hydrogen ions, some of which ultimately find their way to NADP. Before this occurs, however, the hydrogen ions accumulating within the thylakoids create a concentration gradient, which is believed to serve as the source of energy for ATP formation by the cytochrome system.[1]

These three steps are called **noncyclic photophosphorylation** because electrons move in only one direction—from water to NADP—and sunlight causes the electrons to become energized so that ATP production can occur.

1. This is known as the chemiosmotic theory.

Figure 6.10
The Calvin cycle (in detail). The molecules in the cycle have been multiplied by three because after five molecules of PGAL (15 carbons) are converted to three molecules of RuDP (15 carbons), one molecule of PGAL will remain. Since it takes 2 PGAL to produce one six-carbon sugar, the numbers shown must be remultiplied by two in order for a monosaccharide to be the end product. Compare steps 3 and 4 to steps 5 and 4 in figure 5.9.

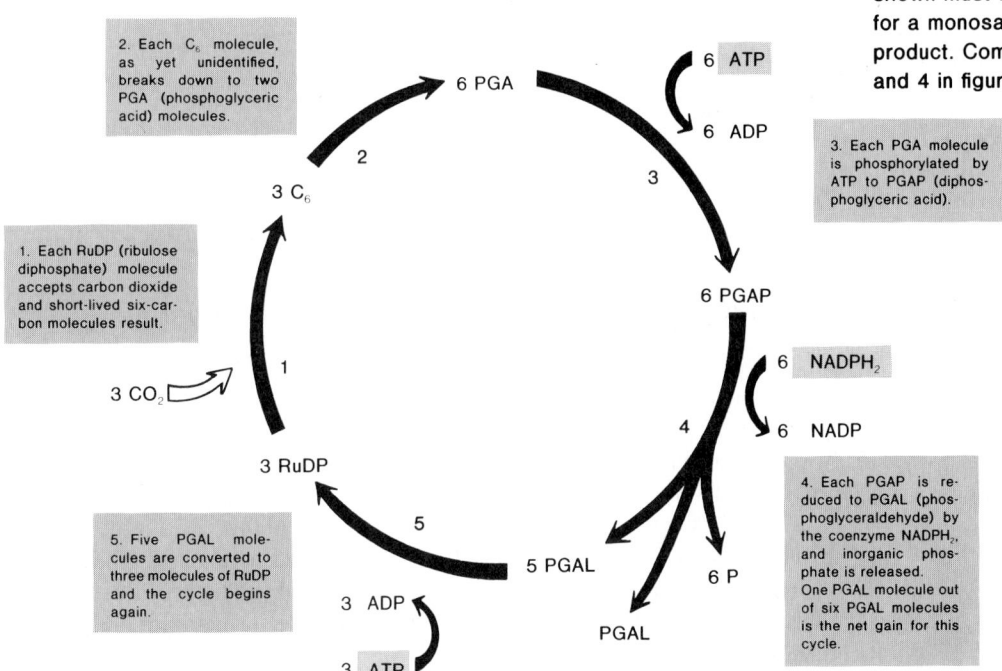

2. Each C_6 molecule, as yet unidentified, breaks down to two PGA (phosphoglyceric acid) molecules.

1. Each RuDP (ribulose diphosphate) molecule accepts carbon dioxide and short-lived six-carbon molecules result.

5. Five PGAL molecules are converted to three molecules of RuDP and the cycle begins again.

3. Each PGA molecule is phosphorylated by ATP to PGAP (diphosphoglyceric acid).

4. Each PGAP is reduced to PGAL (phosphoglyceraldehyde) by the coenzyme $NADPH_2$, and inorganic phosphate is released. One PGAL molecule out of six PGAL molecules is the net gain for this cycle.

Dark Reaction

As previously mentioned, the dark reaction (fig. 6.4) receives its name from the fact that it does not require light, although it usually does take place in the presence of light. Temperature increases the rate of photosynthesis during the dark reaction (fig. 6.8). This is an indication that the dark reaction consists of a series of enzymatic reactions.

Figure 6.9 is a simplified diagram of the dark reactions; figure 6.10 illustrates the same reactions in more detail. Altogether, the reactions make up a cycle called the Calvin cycle, named for the man who discovered it. Carbon dioxide is combined with the five-carbon sugar, **ribulose diphosphate (RuDP)**. The resulting six-carbon molecule immediately breaks down to two molecules of PGA (phosphoglyceric acid), which undergo reduction to PGAL (phosphoglyceraldehyde).

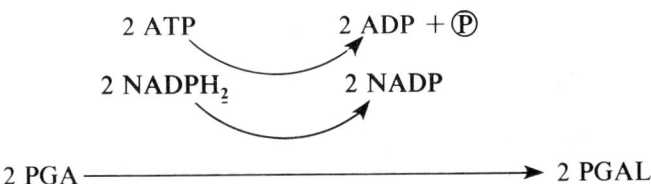

This reaction uses the $NADPH_2$ and ATP formed during the light reactions, indicating that the light reactions drive the dark reactions (fig. 6.11). This is the reaction that represents the reduction of carbon dioxide and the conversion of a low-energy molecule to a high-energy molecule. PGAL is the immediate photosynthetic product of the Calvin cycle.

Figure 6.11
The light reaction provides the dark reaction with the ATP and NADPH₂ needed to reduce carbon dioxide. Then ADP and Ⓟ plus NADP are returned to the light reaction.

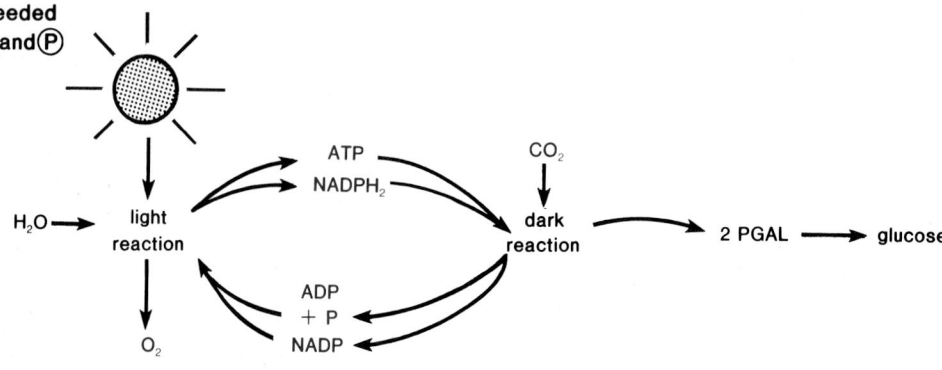

Some PGAL is used within the chloroplast to re-form ribulose diphosphate.

$$5\ PGAL \xrightarrow[\substack{3\ ATP \quad\to\quad 3\ ADP}]{\hspace{5cm}} 3\ RuDP$$

This ATP is also produced by the light reactions. Altogether the ATP and NADPH₂ consumed in converting CO_2 to the level of a hexose (a six-carbon sugar) results in about a 30-percent energy efficiency rate for photosynthesis.

PGAL, the product of the Calvin cycle, can combine with another PGAL to form glucose phosphate, which can be converted to glucose. The overall equation for photosynthesis shows glucose as the end product for this process. However, glucose phosphate is converted to sucrose for transport in phloem or to starch for storage.

Food Production

The operation of the Calvin cycle determines the amount of food a plant produces. The more the Calvin cycle functions, the greater the amount of food produced. Recently it has been discovered that plants adapted to a hot, dry environment having so-called *C₄ photosynthesis* produce food more efficiently than those adapted to a temperate climate having so-called *C₃ photosynthesis*. The reason for this is based on their relative abilities to fix (reduce) carbon dioxide when it is present in low concentrations. This is discussed in the reading for this chapter (p. 121). Whereas the amount of environmental CO_2 is a **limiting factor** (a factor that determines whether growth occurs or not) for temperate zone plants, it is not a limiting factor for many tropical zone plants.

Plant Metabolism

The carbohydrates (PGAL, glucose phosphate, sucrose, etc.) synthesized by means of photosynthesis in the leaves are transported to other parts of the plant, usually in the form of sucrose. Although it may be temporarily stored in the form of starch, much of this carbohydrate will eventually be broken down by means of cellular respiration (just as in animals) to produce the ATP needed for cell metabolism.

Plants have the enzymatic capability not only to produce sugars from carbon dioxide and water; they also have the ability, by way of the metabolic

Increasing Crop Yields: C_3 versus C_4 Photosynthesis

The world's population continues to increase and, as it does so, encroaches on agricultural land. In the U.S. where there were once fields of grain, there are now towns, suburbs, and shopping malls. More food must be produced on less land, therefore agricultural yields must be constantly increased. Despite advanced technology and the development of mutant plants, the average yield per acre has not significantly increased in recent years. New ideas are needed and one may have been discovered.

Observation has shown that temperate zone plants, such as wheat, alfalfa, and potato, do not take up CO_2 as efficiently as do tropical zone plants, such as corn. The fault lies with the first enzyme of the Calvin cycle. This enzyme can catalyze one of two reactions:

1. $CO_2 + RuDP \longrightarrow C_3$

2. $O_2 + RuDP \longrightarrow CO_2 + H_2O$

The first reaction is a normal part of photosynthesis, but it occurs only in temperate zone plants when CO_2 concentration is high. The second reaction occurs in temperate zone plants when CO_2 concentration is low. The second reaction is called **photorespiration** because oxygen is taken up and CO_2 is given off to the environment. Photorespiration accounts for the lower yield in temperate zone plants. How is it avoided by certain tropical zone plants?

The anatomical structure of certain tropical zone plants allow them to avoid photorespiration when CO_2 concentration is low. Photosynthesis occurs only in certain cells called the **bundle-sheath cells**. CO_2 concentration is always high in the bundle-sheath cells because other cells of the leaf specialize in capturing CO_2 and passing it to the bundle-sheath cells. CO_2 is captured by a reaction that occurs whether CO_2 concentration is high or low:

3. $CO_2 + PEP \longrightarrow C_4$

These C_4 molecules are transported into the photosynthesizing bundle-sheath cells where CO_2 is released.

Notice that it is possible to make a distinction between the two groups of plants according to the first molecule detected following CO_2 uptake. In temperate zone plants, C_3 is always the first molecule detected following CO_2 uptake (see reaction #1), and in the tropical zone plants under discussion, C_4 is the first molecule detected (see reaction #3). Therefore, it is now customary to speak of C_3 *versus C_4 photosynthesis*—C_4 being much more efficient. Scientists are now exploring the possibility of transforming temperate zone plants into C_4 photosynthesizers. If this can be accomplished, agricultural yields will be greatly increased.

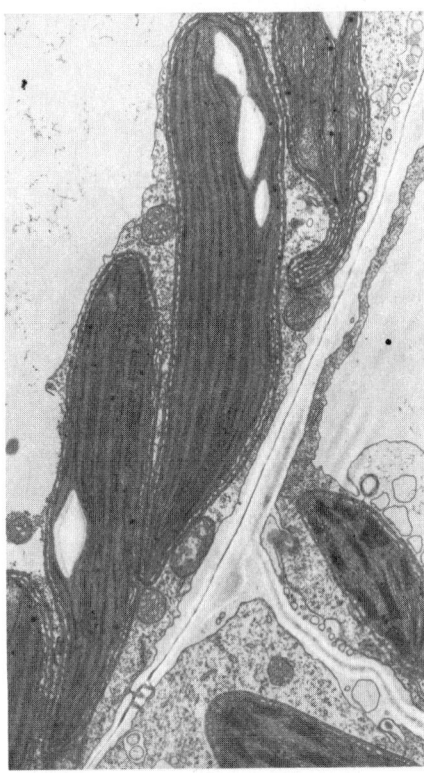

The two corn plant cells at bottom right capture CO_2 and pass it to the bundle sheath cells on the left. Notice that the chloroplasts in the bundle sheath cells have stroma lamellae but lack grana. Could this be related to their ability to carry on C_4 photosynthesis?

pathways diagrammed in figure 5.15 and by even more complex pathways, to produce all the various types of organic molecules they require:

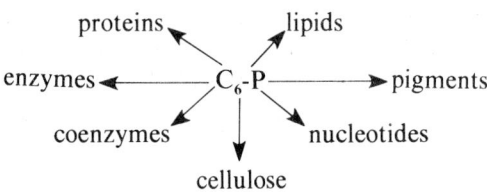

In comparison to the animal cell, algal and plant cells possess enormous biochemical capability. Biochemically speaking, plant cells are due our utmost respect because they are capable of making all necessary organic molecules, using only inorganic molecules as nutrients.

Overview

Chart 6.1 summarizes the function of each participant in photosynthesis and indicates whether they function in the light or dark reaction. It is interesting to note that the overall equation for photosynthesis combines the dark and light reaction (fig. 6.2). Water and oxygen are participants in the light reaction, while carbon dioxide and glucose are participants in the dark reaction. Figure 6.11 emphasizes that the light reactions drive the dark reactions.

Chart 6.1 Light Reaction versus Dark Reaction

	Participant	Role
Light Reaction	Sunlight	Provides energy
	Chlorophyll	Absorbs energy
	Water	Donates electrons and releases oxygen
	ADP $+$ (P)	Forms ATP
	NADP	Accepts electrons and H$^+$ and becomes NADPH$_2$
Dark Reaction	RuDP	Takes up CO$_2$
	CO$_2$	Reduced to PGAL
	ATP	Provides energy for reduction
	NADPH$_2$	Provides electrons for reduction
	2 PGAL	Becomes glucose phosphate

Bacterial Photosynthesis

Some bacteria are photosynthetic and possess a unique type of chlorophyll capable of absorbing energy from the sun. However, bacteria *never release oxygen*. This indicates that they do not use water as a source of electrons. Rather, depending on the type of bacteria, they utilize hydrogen gas (H_2), hydrogen sulfide (H_2S), or organic compounds for this purpose. It's possible that the early procaryotes utilized this type of photosynthesis. Later, algae and plants developed photosynthesis that could make use of the more ubiquitous water.

Chemosynthesis

Some bacteria can oxidize inorganic compounds, such as ammonia, nitrite, and sulfur, and can trap the small amount of energy released to synthesize sugars. While this capability is not believed to contribute greatly to the support of life on land, it has recently been found to be capable of supporting an entire community a mile and a half below sea level. By means of deep-diving research submarines, scientists have been examining the mid-ocean ridge system where hot minerals spew out from the inner earth. Here bacteria in the vent water oxidize sulfur compounds and carry on chemosynthesis. Living off the resulting organic molecules are giant tube worms (fig. 6.12), clams, and crabs. Prior to this knowledge, it was not thought that such organisms could exist on the ocean floor where light never penetrates.

Comparison of Cellular Respiration and Photosynthesis

Differences

Whereas only certain cells carry on photosynthesis, all cells, including photosynthesizing cells, carry on cellular respiration, either aerobic or anaerobic. The cellular organelle for cellular respiration is the mitochondrion, while the cellular organelle for photosynthesis is the chloroplast.

As far as the overall reaction is concerned, cellular respiration and photosynthesis may be represented as opposite reactions.

$$energy + 6CO_2 + 6H_2O \rightleftharpoons C_6H_{12}O_6 + 6O_2$$

The reaction in the forward direction represents photosynthesis, and the energy refers to the energy of the sun. The reaction in the opposite direction represents cellular respiration and the energy then stands for 38 ATP.

Obviously, photosynthesis is the building up of glucose, while cellular respiration is the breaking down of glucose. See chart 6.2 for a summarized comparison of these processes.

Similarities

Both photosynthesis and cellular respiration are metabolic pathways within cells and therefore consist of a series of reactions that the overall reaction does not indicate. Within the pathways, both make use of a cytochrome coenzyme system to generate a supply of ATP, and both make use of a hydrogen carrier: cellular respiration uses NAD and photosynthesis uses NADP.

Both pathways utilize this overall reaction but in opposite directions.

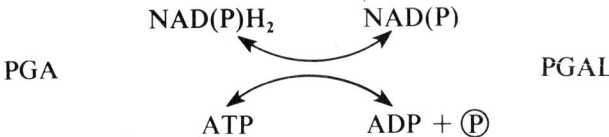

Both photosynthesis and cellular respiration occur in plant cells. While both of these occur during the daylight hours, only cellular respiration occurs at night. During daylight hours, the rate of photosynthesis exceeds the rate of cellular respiration, resulting in a net increase and storage of glucose. The stored glucose is used to support cellular metabolism, which continues during the night.

Summary

Photosynthesis is an essential requirement of the biosphere because it supplies the biosphere with food and energy. The overall equation for photosynthesis shows that it is an anabolic reaction that requires energy and that this energy comes from sunlight. Violet, blue, and red rays of light are especially effective in photosynthesis because these are the colors that are absorbed by chlorophyll.

Photosynthesis has been found to consist of two reactions: the light reaction and the dark reaction. The light reaction requires light, while the dark reaction does not. The light reaction releases oxygen and produces ATP and $NADPH_2$, which are needed to drive the dark reaction. The dark reaction reduces carbon dioxide, utilizing the ATP and $NADPH_2$ supplied by the light reaction. The dark reaction takes place in the stroma of the chloroplast, while the light reaction takes place within the membrane of thylakoids that make up the grana. Small particles seen in scanning electron micrographs of the membrane are thought to be Photosystem I while larger particles are thought to be Photosystem II.

The light reaction begins when the pigment complexes within Photosystem I and Photosystem II absorb radiant energy. If CO_2 is in limited supply, cyclic photophosphorylation occurs: electrons circle from Photosystem I to an electron transport system and then return. If CO_2 is plentiful, noncyclic photophosphorylation occurs: electrons move from water to Photosystem II and then to Photosystem I before finally arriving at NADP. Negatively charged NADP then combines with hydrogen ions, forming $NADPH_2$.

The ATP and $NADPH_2$ made by the light reaction within the grana are contributed to the dark reaction that occurs within the stroma. In the dark reaction, carbon dioxide is joined to RuDP to form a six-carbon sugar that immediately breaks down to 2 PGA molecules. The PGA molecules are reduced to PGAL, and this represents the reduction of carbon dioxide and the formation of a high-energy molecule from a low-energy molecule. Two PGAL

Chart 6.2 Cellular Respiration and Photosynthesis

Cellular Respiration	Photosynthesis
Catabolic	Anabolic
Oxidation	Reduction
Releases energy	Requires energy
Requires oxygen	Releases oxygen
Releases carbon dioxide	Requires carbon dioxide

Figure 6.12

Chemosynthetic bacteria at the site of the mid-oceanic ridge produce the food that feeds a community of organisms including these giant tube worms.

molecules join to form glucose phosphate, which can be converted to sucrose for transport and starch for storage. A plant can use the products of photosynthesis to synthesize all the organic molecules it needs by utilizing the pathways described in figure 5.15, as well as additional ones.

It is logical to compare and contrast cellular respiration to photosynthesis, since the overall equation of one is the reverse of the other:

$$\text{energy} + 6CO_2 + 6H_2O \underset{\text{cellular respiration}}{\overset{\text{photosynthesis}}{\rightleftharpoons}} C_6H_{12}O_6 + 6O_2$$

Study Questions

1. What organisms are capable of photosynthesis? (p. 112)
2. Why is photosynthesis so important to the biosphere and why is all terrestrial life dependent upon the sun? (p. 112)
3. What is the overall reaction for photosynthesis? (p. 112) How might it be rewritten, and why? (p. 112)
4. Explain why photosynthesis is anabolic. (p. 112) A reduction reaction. (p. 113)
5. Which rays of light are most important for photosynthesis? Why? (pp. 113–114)
6. Photosynthesis requires what two types of reactions? (p. 115) Associate each type of reaction with a particular part of a chloroplast. (p. 115)
7. Describe the role of each participant in the light reactions. (pp. 115, 122) What two very important molecules are produced during the light reactions that are required for the dark reactions? (p. 119)
8. Describe the role of each participant in the dark reactions. (p. 122) What is the product of the dark reactions? (p. 119)
9. Why would it be correct to say that a plant cell is more biochemically competent than an animal cell? (p. 121)
10. How is bacterial photosynthesis different from plant and algal photosynthesis? (p. 122)
11. Contrast cellular respiration and photosynthesis in at least five ways. (p. 122) How are these two cellular processes similar? (p. 123)

Further Readings

Arnon, D. I. 1960. The role of light in photosynthesis. *Scientific American* 203(5):50.

Bassham, J. A. 1962. The path of carbon dioxide in photosynthesis. *Scientific American* 206(6):40.

Govindjee, and Govindjee, R. 1974. The absorption of light in photosynthesis. *Scientific American* 231(6):68.

Levine, R. P. 1969. The mechanism of photosynthesis. *Scientific American* 221(6):15.

Miller, K. R. 1979. The photosynthetic membrane. *Scientific American* 241(4):102.

Ray, P. M. 1972. *The living plant.* 2d ed. New York: Holt, Rinehart & Winston.

Chapter Concepts

1. Plant anatomy and physiology, exemplified by a flowering plant, can be correlated with the process of photosynthesis by which plants make their own organic food.

2. The plant body, which includes the roots, stems, leaves, and flowers, is made up of a few major types of specialized cells and tissues derived from an ever-present source of embryonic cells.

3. Theories have been formulated to explain the transport of water from the roots to the leaves and the transport of nutrients in the reverse direction.

4. The sex organs of a flowering plant are located in the flower. Flowering is controlled by the length of daylight (photoperiod).

5. Seeds within fruits are the products of sexual reproduction in flowering plants. Germination of a seed results in another plant.

7

plant form and function

Chart 7.1 Food Plants

Plant Part	Foods
Roots	Sweet potato, beets, radish, carrot, turnip, parsnip
Stems	White potato, sugar cane, asparagus
Leaves	Cabbage, kale, spinach, lettuce, tea leaves
Petioles*	Celery, rhubarb
Seeds†	Peas, navy beans, lima beans, nuts, coffee beans
Fruits†	Wheat, rice, corn, oats, rye, string beans, apple, orange, peach, tomato, squash

*Part of a leaf.
†Derived from flower parts.

Chart 7.2 Vegetative Organs and Major Tissues

	Roots	Stems	Leaves
Function	Absorb water and minerals	Transport water and nutrients	Carry on photosynthesis
	Anchor plant	Support leaves and flowers	
Tissue			
Epidermis	Root hairs absorb water and minerals	Protect inner tissues	Stomata carry on gas exchange
Cortex	Store products of photosynthesis	Carry on photosynthesis, if green	———
Vascular	Transport water and nutrients	Transport water and nutrients	Transport water and nutrients
Pith	———	Store products of photosynthesis	———
Mesophyll	———	———	
Spongy layer			Gas exchange
Palisade layer			Photosynthesis

Figure 7.1
A land plant is divided into two main portions, the root system and the shoot system.

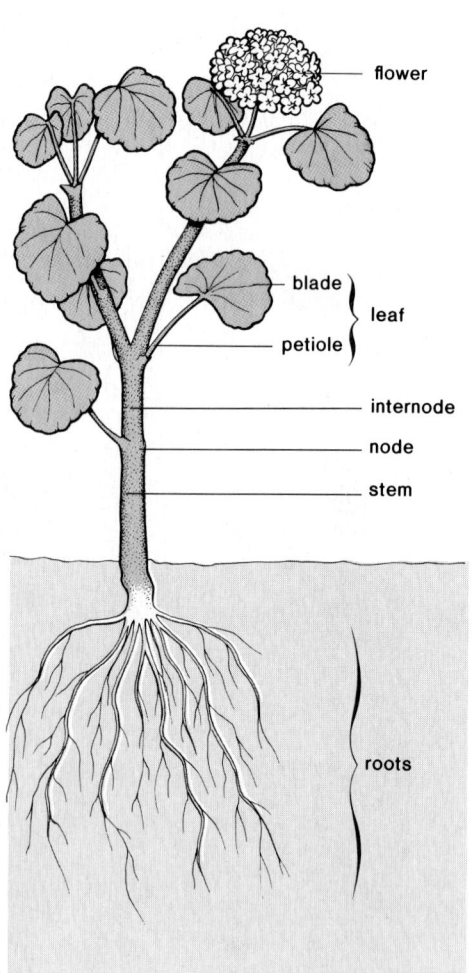

flower

blade) leaf
petiole)

internode

node

stem

roots

Because plants carry on photosynthesis they provide food for the biosphere. For example, chart 7.1 lists types of foods that humans consume directly from plants. Each type of food is associated with a particular **organ** of a flowering plant: the root, stem, leaf, or flower.

The body of a flowering plant is divided into two portions, the **root system** and **shoot system** (fig. 7.1). The roots, which lie below ground level, anchor the plant and absorb water and minerals. Within the shoot system, the stem lifts the leaves to catch the rays of the sun. The leaves receive water, which is sent from the roots up through the stem, and take in carbon dioxide from the air so that, in the presence of light, photosynthesis can occur. Thus it is obvious that the structure of a plant is organized to carry on photosynthesis.

The vegetative organs of a plant (roots, stems, and leaves), which are not concerned with reproduction, have a relatively simple anatomy. Some of the tissues found within each organ are listed in chart 7.2. In addition to the tissue types listed, plants also contain embryonic tissue called **meristem tissue,** which is unspecialized and continually capable of cell division. Cell division is followed by differentiation into the cell types depicted in figure 7.2. Parenchyma and sclerenchyma cells are found in most tissues. Parenchyma cells are relatively unspecialized and correspond best to the generalized cell of a plant (fig. 2.1*b*). Sclerenchyma cells are hollow, nonliving cells with extremely strong walls that give support to plant tissues and organs. Two tissue types, epidermis and endodermis, do not have parenchyma and sclerenchyma cells. **Epidermis,** which covers the entire body of nonwoody and young woody plants, contains only epidermal cells. Epidermis functions to protect inner body parts and to prevent the plant from drying out. In addition, the epidermis has specialized structures and functions that are discussed when each organ is considered. In contrast to epidermis, **endodermis** is found only in roots and contains only endodermal cells.

The other cell types in figure 7.2 are found in vascular (transport) tissue, which is considered in detail on page 136.

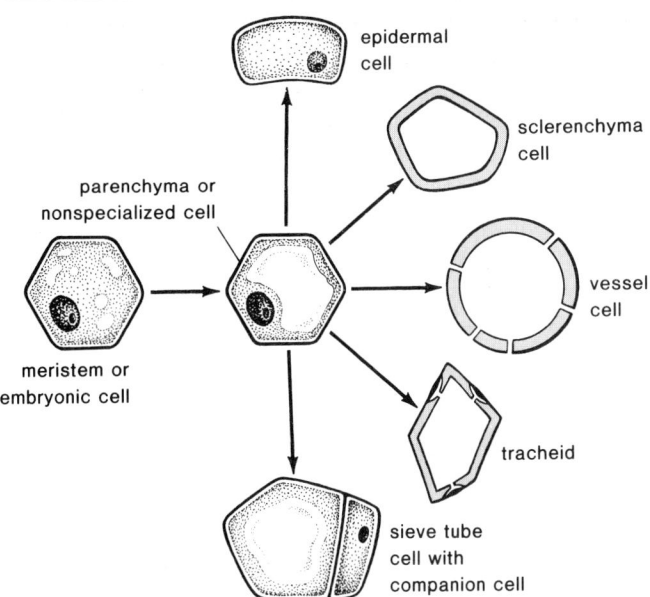

Figure 7.2
Differentiation of plant cells. The meristem cell is nonspecialized and by a process of maturation may become these specialized cells.

Root System

A longitudinal section of a root (fig. 7.3*a*) shows apical meristem located at the tip protected by a **root cap** (dead epidermal cells). Above the meristem are nonspecialized cells that eventually elongate and develop into the specialized tissues. Specifically, the root has four zones: (1) root cap, (2) meristem, or zone of cell division, (3) zone of elongation where the cells increase in length, and (4) zone of maturation where the cells are differentiated into specialized tissues.

In cross section (fig. 7.3*b*), the outer epidermal cells display **root hairs** (fig. 7.4), which tremendously increase the absorptive surface of the root. The absorbed water and minerals pass through the **cortex,** a tissue composed largely of parenchyma cells. The water and minerals then cross a layer of endodermis, followed by a layer of pericycle cells before entering the **vascular cylinder,** where the vascular tissue is arranged in a star-shaped pattern. Within the vascular tissue, water and minerals are transported upward into the stem by way of the **xylem,** and the products of photosynthesis are transported downward by way of the **phloem** for storage in the cortex. While the cells of the endodermis merely aid the passage of water and minerals into the xylem; the **pericycle,** which is composed of parenchyma cells, retains the ability to undergo cell division and produces the secondary roots.

Types of Roots

Root systems are classified into two types according to their growth pattern (fig. 7.5): the fibrous root system and the taproot system. The **fibrous root system** is typical of grasses, such as the cereals. Each root is approximately the same size, and the many branches of the root intertwine about the soil particles. The **taproot system** is typical of many vegetables, such as carrots, beets, and turnips, in which there is one large, principal root that is adapted to store the products of photosynthesis.

Hydroponics   Hydroponics refers to the growing of plants in water that contains the proper balance of nutrients; under these conditions, the root cannot anchor or support the plant. It is doubtful at this time that soilless agriculture will replace normal agriculture. Although hydroponics increases crop yields, the yields are subject to the maintenance of artificial ideal conditions. Space can be saved by placing plants on a rotating wheel that continually dips the roots in water, but the energy requirements are much greater especially since artificial light is used.

Figure 7.3

Root system. a. Longitudinal section of root.
b. Cross section of root. c. Vascular
cylinder.

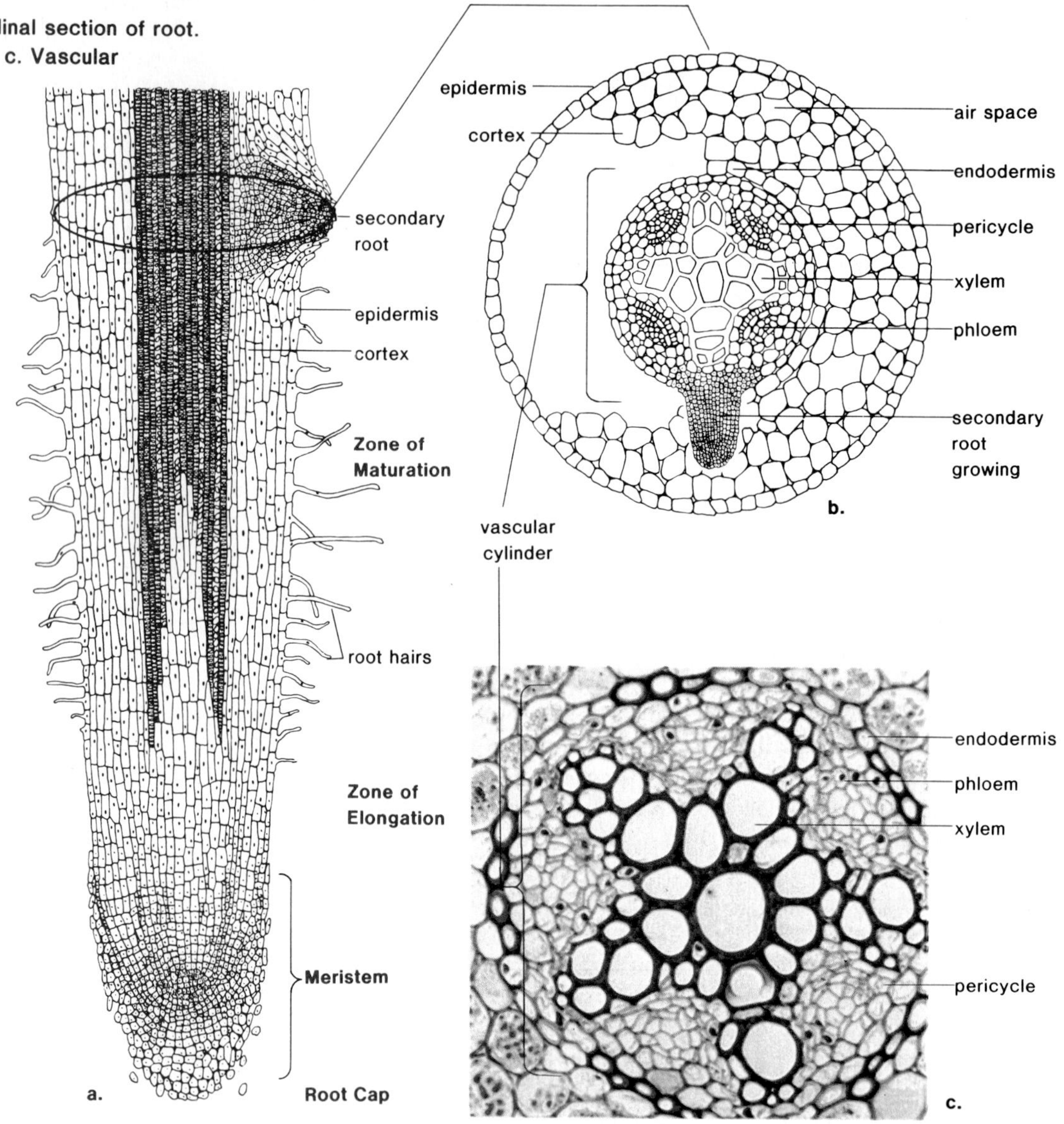

epidermis

cortex

air space

endodermis

pericycle

xylem

phloem

secondary
root

epidermis

cortex

**Zone of
Maturation**

root hairs

secondary
root
growing

b.

vascular
cylinder

endodermis

phloem

xylem

**Zone of
Elongation**

pericycle

Meristem

a.

Root Cap

c.

Figure 7.4

Scanning electron micrograph of root hairs
which increase the absorptive surface of
roots.

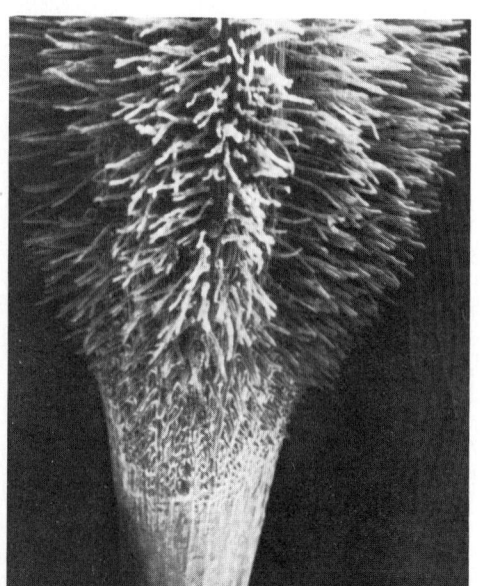

Figure 7.5

Two types of roots. a. Fibrous root.
b. Taproot.

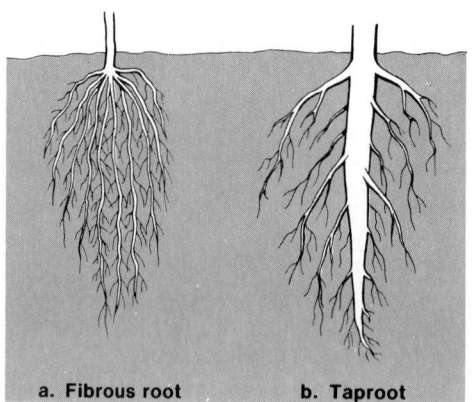

a. Fibrous root   b. Taproot

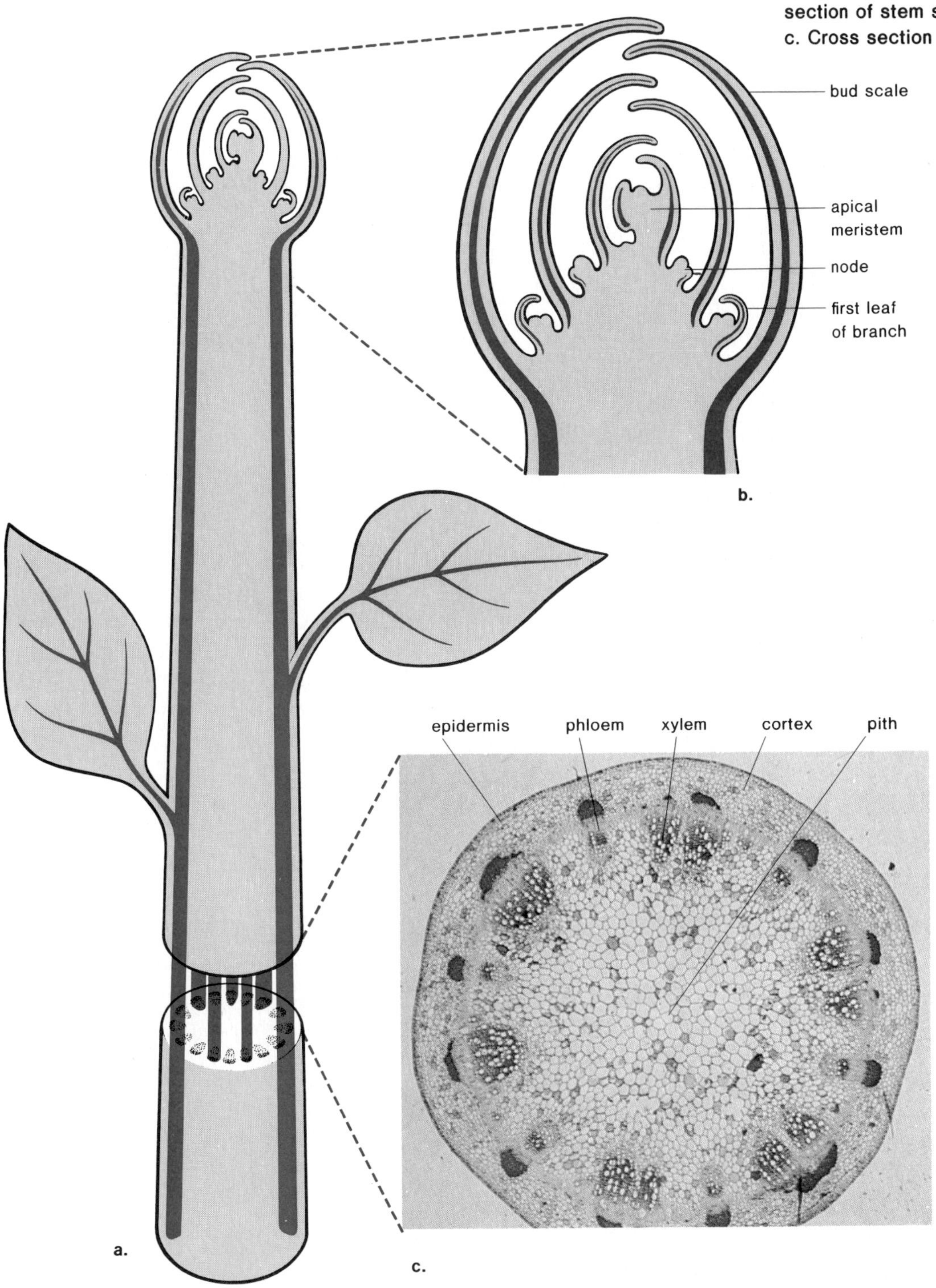

Figure 7.6
Dicot herbaceous stem. a. Longitudinal
section of stem system. b. Terminal bud.
c. Cross section of stem.

bud scale

apical
meristem

node

first leaf
of branch

b.

epidermis   phloem   xylem   cortex   pith

a.

c.

Shoot System

The shoot system consists of a central stem and its lateral appendages, the
leaves. Although leaves have a shape and arrangement on the stem that is
typical of the particular species, leaves are always arranged so that each one
is exposed to the rays of the sun. The point of attachment of a leaf is called
the **node,** and the portion of the stem between the nodes is called an **internode**
(fig. 7.1).

The shoot has apical meristem but no cap. Instead, the apical meristem
produces leaves that grow up and around it, forming the apical bud (fig. 7.6).

Figure 7.7
Monocot stem. a. Section of stem. b. Cross
section of stem. c. Cross section of
vascular bundle.

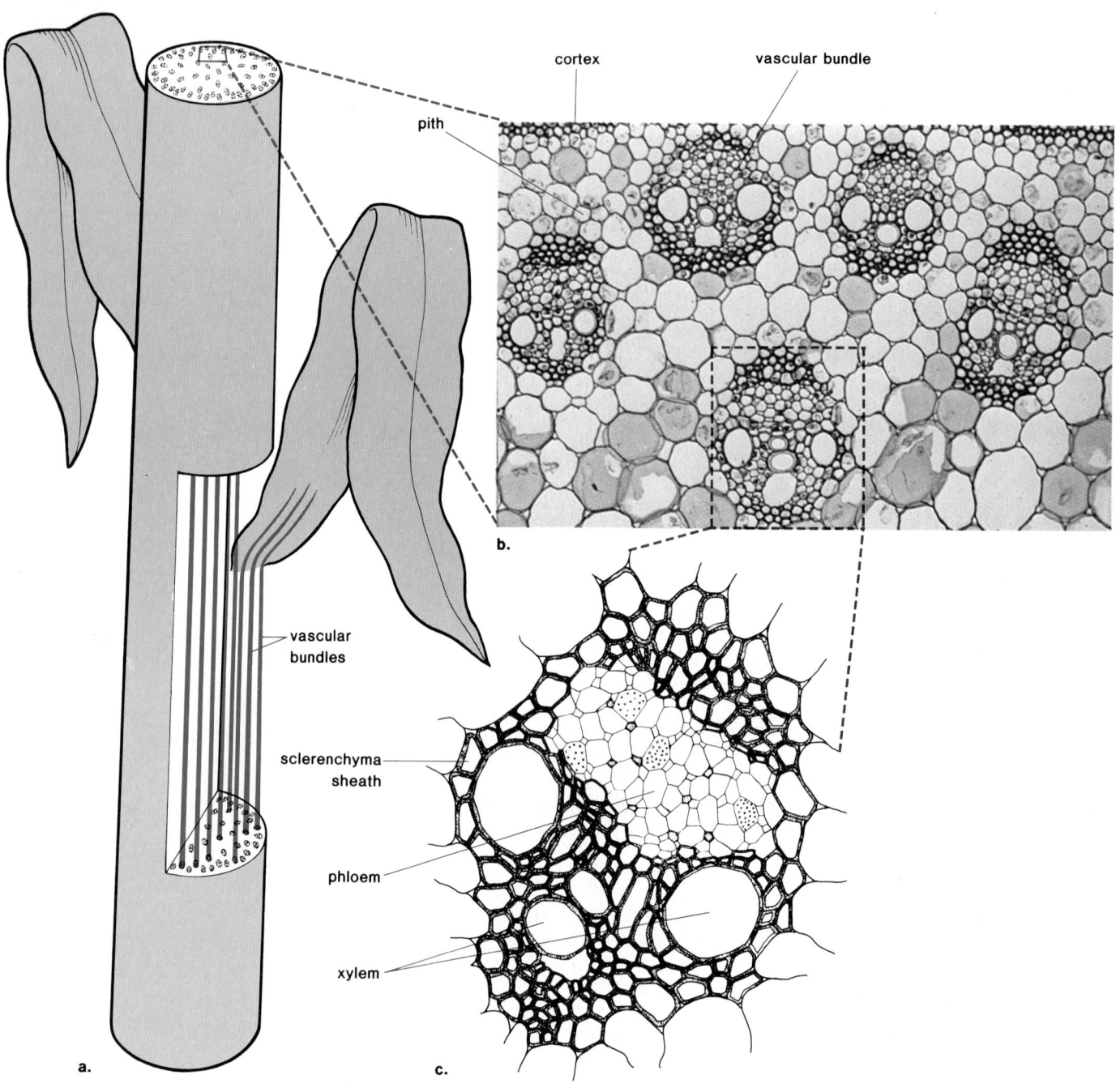

cortex

vascular bundle

pith

b.

vascular
bundles

sclerenchyma
sheath

phloem

xylem

a.

c.

Figure 7.8
Comparison of monocots and dicots.

Monocot

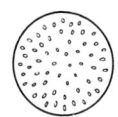

1. Vascular bundles scattered in stem

2. Leaf veins parallel

3. One cotyledon in seed

4. Flower parts in threes and multiples of three

Dicot

1. Vascular bundles in a definite ring

2. Leaf veins form a net pattern

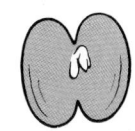

3. Two cotyledons in seed

4. Flower parts in fours or fives and multiples of four or five

At the junction of a leaf and the stem is a group of meristem cells that can become additional leaves or side branches. This group of cells is called a **lateral,** or **axillary, bud.**

Beneath the apical and lateral bud meristem, newly formed cells gradually elongate and differentiate into the various kinds of cells characteristic of the mature tissues of the plant (chart 7.2). Plant growth is regulated by hormones, chemicals produced by one part of a plant that affect another part. As the reading on page 133 indicates, it is hoped that judicious use of natural and synthetic plant hormones will contribute much to crop yield.

Stems

In stems (figs. 7.6 and 7.7), the epidermis is covered by a waxlike substance, the cuticle, which prevents water loss. A small circular region of cortex surrounds the pith. Both cortex and pith are composed of parenchyma cells, but the former may carry on photosynthesis while the latter stores the products of photosynthesis. **Vascular bundles** containing xylem and phloem are found where the cortex meets the pith. The arrangement of the vascular bundles varies for **monocot** (monocotyledonous) and **dicot** (dicotyledonous) plants. In dicots (fig. 7.6) the bundles are arranged in a circular pattern around the central pith. In monocots (fig. 7.7) the bundles are randomly scattered, without a definite pattern. This is only one difference between the two major types of flowering plants; figure 7.8 illustrates other comparisons.

So far we have been discussing **nonwoody herbaceous stems,** such as those of common garden plants, but obviously trees have **woody stems.** Most woody trees are dicots and have a stem that increases in diameter due to secondary growth. Apical meristem of the root and shoot systems produces *primary growth,* while lateral meristems, called vascular cambium and cork cambium, produces *secondary growth.*

Vascular cambium is a thin cylinder of tissue found between xylem and phloem that produces new secondary xylem and phloem each year. Secondary xylem builds up and forms the **annual rings** (fig. 7.9), which can be counted to tell the age of a tree. It's easy to tell where one ring begins and another ends; in the spring, when water is plentiful, the xylem cells are much larger than in the late summer, when water is scarcer.

Figure 7.9
Woody trees have a stem made up of three sections as indicated in
(*a*) photomicrograph of a woody stem.
b. Scanning electron micrograph of wood showing its cellular nature.

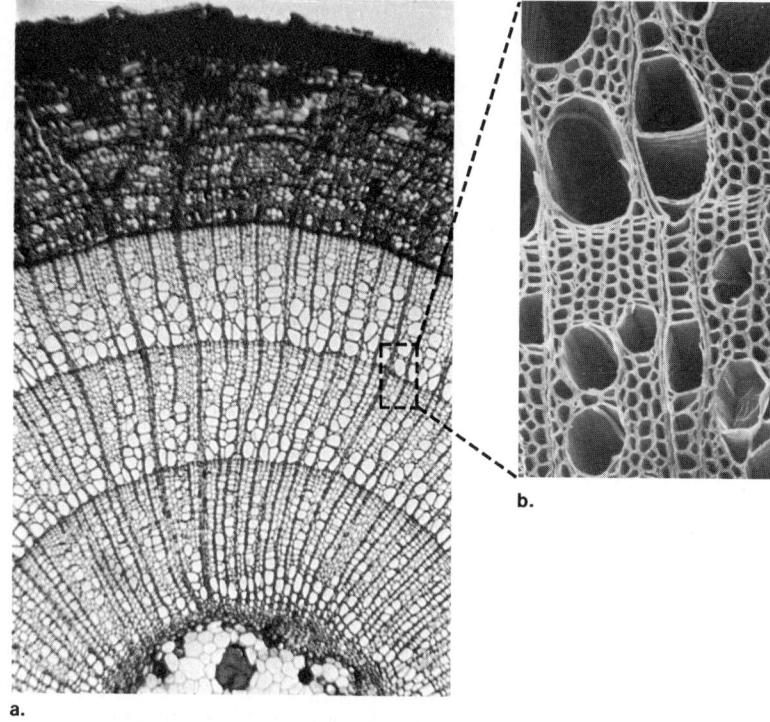

b.

a.

Figure 7.10
A tree trunk has successive layers of cells, the cork followed by the phloem, the cambium, the sapwood, and the heartwood.

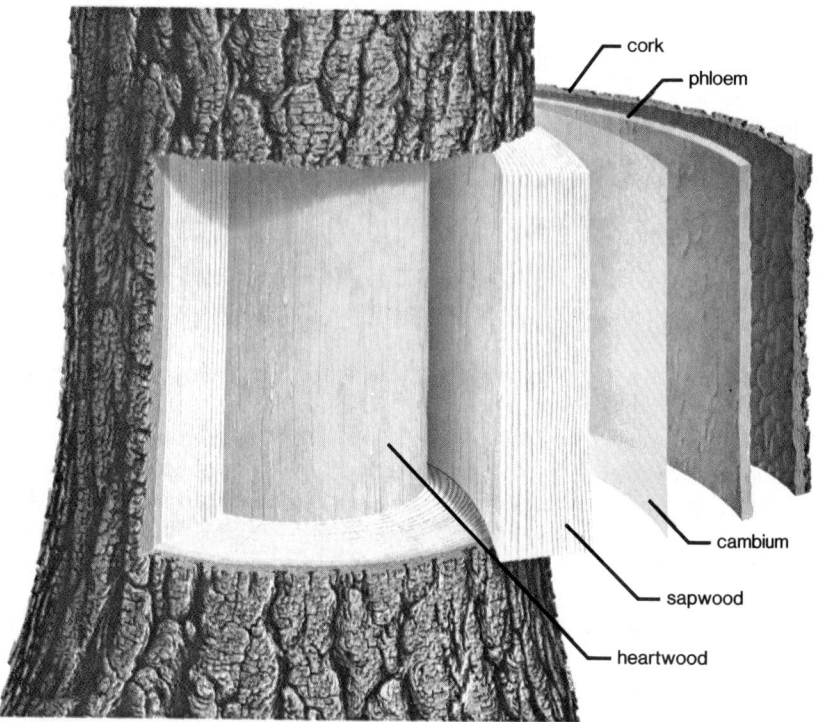

cork

phloem

cambium

sapwood

heartwood

As the girth of a woody stem increases, the epidermis is replaced by cork produced by **cork cambium,** a meristem tissue derived from the cortex. **Cork** is made up of dead cells impregnated with suberin, a waterproof material. **Lenticles,** or openings in the cork, allow for gas exchange.

The stem of a tree can be divided into three parts: bark, wood, and pith (fig. 7.9). The **bark** contains cork, cork cambium, cortex, and phloem. Since phloem is in the bark of a tree, even partial removal of the bark can seriously damage a tree. The **wood** contains the annual rings of xylem. In older stems, most of the xylem is the inner *heartwood* that no longer transports water but does function to support the tree (fig. 7.10). The most recent annual rings do

Plant Growth Regulators

Plant growth involves production of cells by means of cell division, enlargement of these cells, and finally differentiation as the cells take on specific functions. Three types of hormones are known to promote plant growth: the **cytokinins** stimulate cell division, the **auxins** cause enlargement of plant cells, and the **gibberellins** promote both cell division and enlargement. A fourth class of plant hormones, termed **inhibitors,** retard or prevent growth in general. Plant growth regulators include natural hormones and related synthetic hormones. It is hoped by many that plant growth regulators will bring about an increase in crop yields just as fertilizers, irrigation, and pesticides have done in the past.

Plants bend toward light, and experiments with oat seedlings have shown that bending occurs because auxin is transported to the shady side of the shoot. This can be proven by removing the tip of a shoot and placing an auxin-containing agar block on one side of the stump. The cells on this side elongate causing bending to occur. Since the time these experiments were first performed, many commercial uses for auxins have been discovered. Auxins can cause the base of a shoot to form new roots so that new plants can be started from cuttings.

When sprayed on trees, auxins can prevent fruit from dropping too soon. Auxins also inhibit the growth of lateral buds; potatoes sprayed with auxin will not sprout and thus can be stored longer. In high concentrations, auxins are used as herbicides that prevent the growth of broad-leaved plants. The synthetic auxins known as 2,4D and 2,4,5T were used as defoliants during the Vietnam war.

Gibberellins cause the entire plant, including all its parts, to grow larger. Before World War II, the Japanese studied a disease they called "foolish seedling disease" because the young plants grew rapidly, became spindly, and fell over. They found that this disease was caused by gibberellins secreted by a fungus that had infected the plants. Since this time it has been discovered that the application of gibberellins can cause seeds to germinate and plants, such as cabbages, to bolt (meaning rapid stem elongation) and flower. Gibberellins are used commercially to increase the size of plants. Treatment of sugarcane with as little as two ounces per acre increases the yield of cane by more than five tons.

Cytokinins were discovered when mature carrot and tobacco plant cells began to divide when grown in coconut milk. Testing revealed the presence of cytokinins. Later scientists were able to grow entire plants from single cells in test tubes when various plant hormones were present in correct proportions. This has encouraged some to believe that plant growth regulators will soon permit tissue culture of important food plants. This means that isolated tissues of these plants could be grown in a test tube, a procedure that might assist the process of developing varieties of food plants with particular characteristics, such as tolerance to heat, cold, toxins, and drought.

The hormone ethylene, which is classified as an inhibitor, causes fruit to ripen. Fruits are commonly kept in cold storage to prevent the release of ethylene. Many synthetic inhibitors simply oppose the action of the natural stimulatory hormones (auxins, gibberellins, and cytokinins). The application of synthetic inhibitors can cause leaf and fruit drop. Removal of the leaves of cotton plants by chemical means aids harvesting; thinning the fruit of young fruit trees produces larger fruit from the trees as they mature; and retarding the growth of some plants increases their hardiness. For example, an inhibitor has been used to reduce stem length in wheat plants so that they do not fall over in heavy winds and rain. Other synthetic inhibitors mimic the action of ethylene and cause ripening of fruit and other crops. Fields and orchards are now sprayed with synthetic growth regulators just as they are sprayed with pesticides.

transport xylem sap, the watery contents of vessel cells, and are therefore called *sapwood.* Sapwood is used to make furniture and paper. To make paper, wood is first ground up with water to form a pulp that can be whitened or dyed as desired. A wire screen is lowered into the pulp and the wood fibers form a thin, matted network on its surface. This is removed, dried, and flattened by a press—the end product is paper.

Leaves

A leaf is comprised of the **blade** and the **petiole,** which connects the blade to the stem. In warm environments, with sufficient water, the blade tends to be broad and flat, increasing the surface area exposed to sunlight and allowing sunlight to penetrate all the cells so that photosynthesis might occur. In most

Figure 7.11
Leaf. a. Drawing of leaf adapted to
temperate climate. b. Scanning electron
micrograph of same type leaf. c. Leaf
adapted to hot, dry climate.

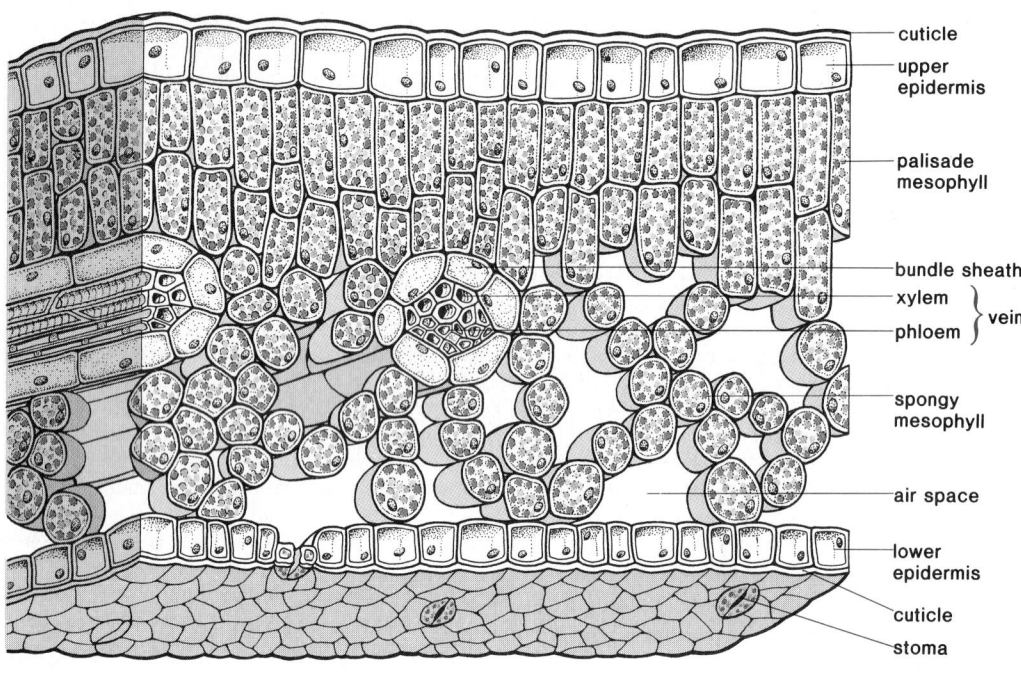

cuticle

upper
epidermis

palisade
mesophyll

bundle sheath

xylem }
        } vein
phloem }

spongy
mesophyll

air space

lower
epidermis

cuticle

stoma

a.

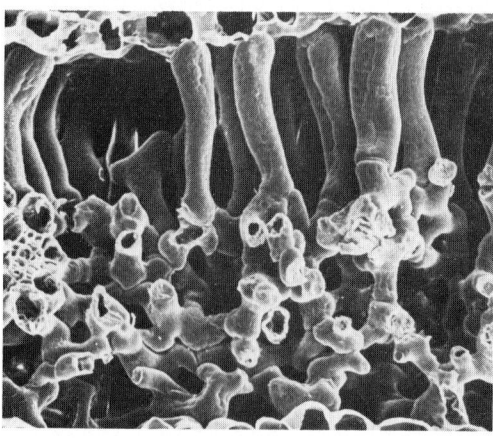

b.

bundle sheath cell

mesophyll

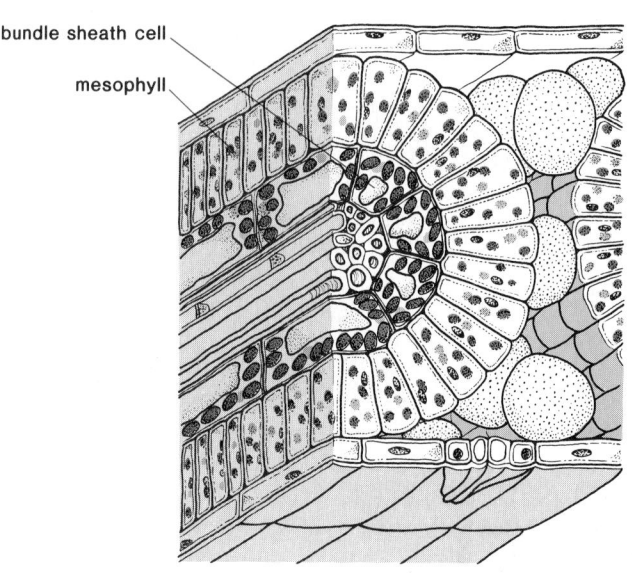

c.

Figure 7.12

Stomata (*a*) scattered among the epidermal cells and each is surrounded by two guard cells (*b*).

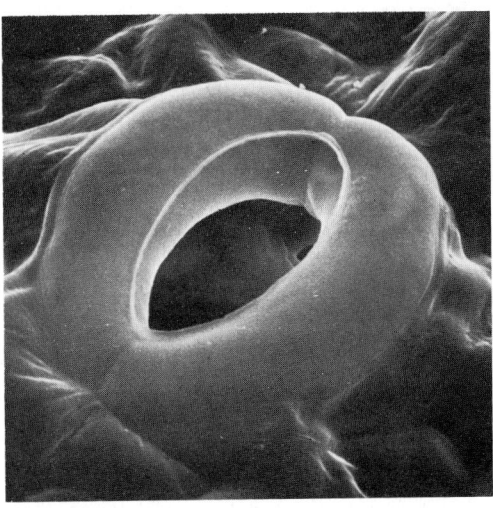

a.

b.

temperate zone plants (fig. 7.11*a*), the blade is made up of **mesophyll tissue,** which has two layers of cells: the **palisade layer** composed of compact but elongated cells and the **spongy layer** with irregular cells bounded by air spaces. The parenchyma cells of the palisade layer have many chloroplasts and carry on most of the photosynthesis for the plant. Water needed in the process of photosynthesis is transported to these cells by the final extension of vascular tissue, called **leaf veins.** Leaf veins have a *net pattern* in dicot leaves and a *parallel pattern* in monocot leaves (fig. 7.8). The larger leaf veins are enclosed by one or more layers of cells called the **bundle sheath.**

In plants adapted to a hot, dry environment (fig. 7.11*c*), the mesophyll cells are arranged circularly about the bundle sheath cells and both types of cells contain chloroplasts. Only recently has it been emphasized that this arrangement permits these plants to more efficiently capture carbon dioxide when it is present in low concentrations, as discussed in the reading on page 121.

Stomata

Carbon dioxide, which is necessary for photosynthesis, enters the air spaces of a spongy layer by diffusion through openings in the lower epidermis called **stomata** (fig. 7.12). Cuticle-covered epidermis is found at both the top and bottom of a leaf. When a leaf is receiving a plentiful amount of water and carbon dioxide and is carrying on photosynthesis, it gives off oxygen, which also exits by way of the stomata.

Stomata are tiny pores, each surrounded by two specialized epidermal cells called **guard cells** (fig. 7.12). Guard cells have thickened inner cell walls that expand outward when they fill with water. This outward expansion causes the stomata to open. When the guard cells lose water, the loss of turgor causes the stomata to close. Water has been shown to enter the guard cells by osmosis because of a high K^+ (potassium) concentration (fig. 7.13). Since the stomata are open when a plant is photosynthesizing, it is assumed that photosynthesis in some way triggers a potassium pump that actively transports K^+ into the guard cells, creating an osmotic pressure that eventually opens the stomata. Another possibility is that light directly initiates opening of the stomata but, as you might predict, stomata will not open unless there is a plentiful supply of water.

Figure 7.13

Opening and closing of a stoma is caused by osmotic pressure. a. K^+ enters guard cells causing (*b*) water to enter followed by (*c*) opening of stoma.

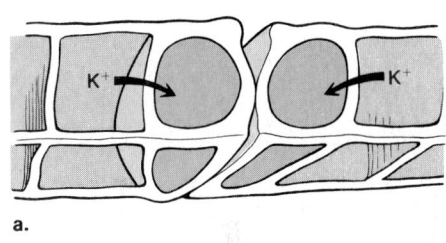

a.

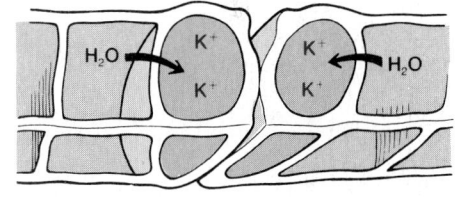

b.

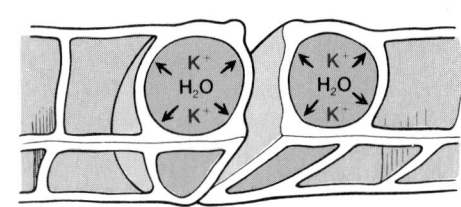

c.

Chart 7.3 Transpiration Rates

Per day midsummer

Ragweed	6–7 quarts
10 foot apple tree	10–20 quarts
12 foot cactus	0.02 quarts
Coconut palm	70–80 quarts
Date palm	400–500 quarts

Per growing season

Tomato	100 days	30 gallons
Sunflower	90 days	125 gallons
Apple tree	188 days	1800 gallons
Coconut	365 days	4200 gallons
Date palm	365 days	35,000 gallons

From *Botany: A Human Concern* by D. Rayle and L. Wedberg, 1975. Reprinted by permission of Houghton Mifflin Company.

Figure 7.14

Xylem is composed of tracheids (*a*) and vessel cells (*b*). The vessels are supported by secondary walls that form various patterns such as ringed, spiraled, scalariformed, and pitted.

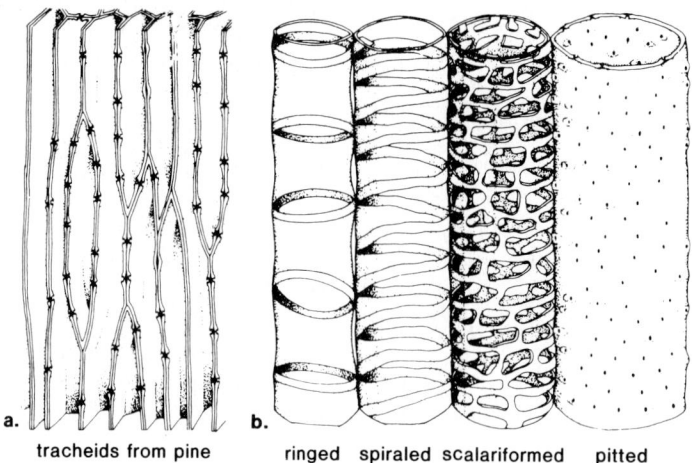

a. tracheids from pine   b. ringed   spiraled   scalariformed   pitted

Figure 7.15

Scanning electron micrograph of vessel cells that join end to end to form a continuous pipeline.

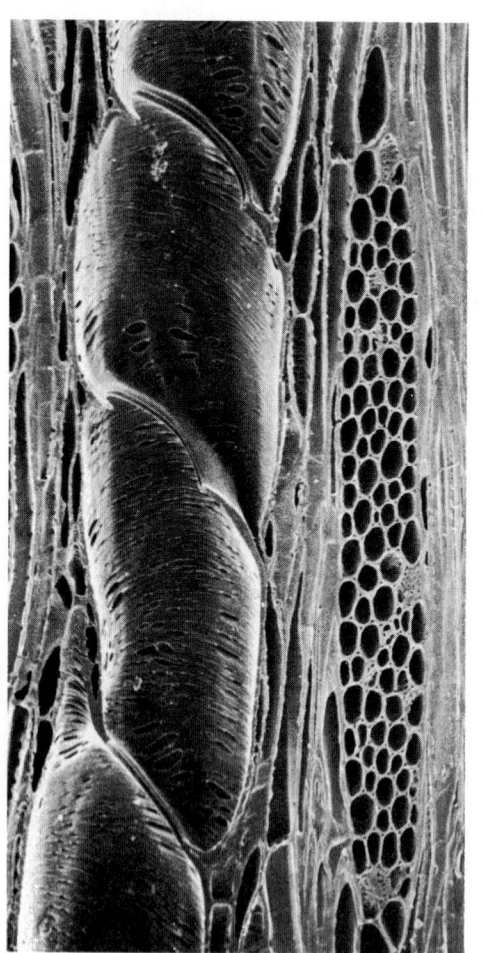

Unfortunately, much of the water that is transported from the roots to the leaves evaporates and escapes from the leaf by way of the stomata. The evaporation of water from a leaf is called **transpiration;** chart 7.3 gives the transpiration rates for a number of plants. The amount of water that is lost in this manner is truly phenomenal, but it is believed that evaporation of water keeps the leaf cool enough to function in the bright sun and also aids the transport of water. Stomata close at night to prevent water loss.

Transport

Vascular Tissue

Vascular tissue, which is composed of xylem and phloem, is responsible for transport in plants. Xylem, which is present in all parts of a plant, transports water primarily from the roots to the leaves; and phloem, which is also present in all parts of a plant, transports nutrients primarily from the leaves to the roots.

Xylem

Xylem contains two types of cells: vessel cells and tracheids, each of which is a specialized cell derived from embryonic meristem tissue (fig. 7.14). Both types of cells are hollow and nonliving, but the larger **vessel cells** lack transverse, or end, walls and lie one on top of the other to form a continuous pipeline for water transport (fig. 7.15). The elongated **tracheids** with tapered ends form a less efficient means of transport. The side walls of both types of cells have various kinds of secondary thickenings and pits, or openings. Water absorbed by root hairs must be transported from the xylem of the stem to the leaf veins, and then from the leaf veins into the chloroplasts. While this may not seem insurmountable for short garden plants, it does seem to pose a problem when one thinks of very tall trees. Botanists who have studied this phenomenon have arrived at the so-called push-pull theory of water transport.

Push-Pull Theory of Water Transport

Water enters root hairs, making them areas of greater concentration of water. By osmosis, or the natural movement of water from the area of greater to lesser concentration, water is drawn into the adjoining cells and similarly all the way across the root until water enters the vascular tissue within the vascular cylinder.

Osmosis accounts not only for the movement of water from the root hairs to the vascular cylinder, but also for a push that is given water as it enters the vascular tissue. The fact that water is under pressure in the root may be proven by attaching a glass tube to the cut end of a short stem and watching as the water rises. This pressure, called **root pressure,** derives from osmotic pressure and represents the "push" portion of the push-pull theory (fig. 7.16).

Once water has entered the vessel cells of the xylem, it must move vertically up the stem. Two properties of water help in this process. Water molecules, because they are polar (p. 25), have a strong tendency to cling together and are said to have a property called **cohesion.** Also, water molecules tend to **adhere** to the sides of tubes and therefore resist any backward flow. These two properties of water explain how it is that the xylem is completely filled with water at all times. There is a continuous column of water from the roots to the leaves.

At the leaves, when the stomata are open, transpiration of water causes the leaf cells to be an area of lesser concentration of water and therefore water is drawn from the leaf veins. The pull caused by transpiration represents the "pull" portion of the push-pull theory of water transport (fig. 7.16). This "pull" is effective even down to the roots because of the continuous column of water in xylem.

Phloem

Phloem is made up of two types of cells: sieve-tube cells and companion cells (fig. 7.17). **Sieve-tube cells** contain cytoplasm but no nucleus; as their name implies, these cells have pores in their end walls, which make these walls resemble a sieve. Through these pores, strands of cytoplasm extend from one cell to the other. The smaller **companion cells** are more generalized cells and have nuclei. It is speculated that the nucleus may control and maintain the life of both cells.

Chemical analysis of phloem sap shows that it is composed chiefly of sucrose and that the concentration of nutrients is 10 to 13 percent by volume. Interesting is the fact that samples for chemical analysis are most often obtained by the use of aphids (fig. 7.18), small insects that are phloem feeders. The aphid drives its stylet, a sharp mouthpart that functions like a hypodermic needle, between the epidermal cells and withdraws sap from a sieve-tube cell. If the aphid is anesthetized by ether, the body may be carefully cut away leaving the stylet which exudes the phloem contents, which can be collected and analyzed.

The most widely accepted theory of phloem transport is called the **mass flow theory,** which relies on the fact that the sugar content of phloem in leaf veins is higher than in other regions of the plant. Sugar passing from the palisade layer of cells into the phloem causes water to be drawn by osmosis into the phloem from the xylem. On the other hand, in regions of the plant where photosynthesis does not occur, sugar is removed from the phloem and water follows by osmosis. This establishes a pressure gradient along which sugar and water flow from one sieve tube cell to another, down the stem from leaf veins to vascular cylinders in the roots.

Figure 7.16
Diagrammatic representation of the push-pull theory of water transport. Water entering the root creates root pressure, pushing water up into the stem. Transpiration at the leaves pulls water from the root.

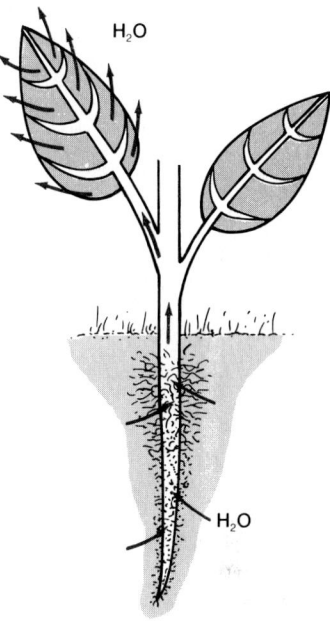

H_2O

H_2O

Figure 7.17
Phloem is composed of sieve tube cells and companion cells shown here in (a) longitudinal and (b) cross section.

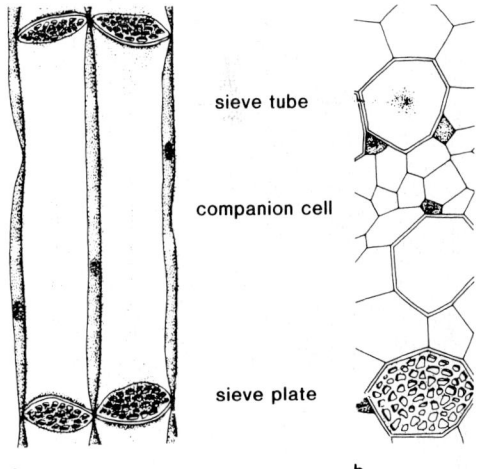

sieve tube

companion cell

sieve plate

a.

b.

Figure 7.18

Aphids are small insects that withdraw nutrients from phloem by means of hypodermiclike mouthpart called a stylet. a. Aphid with stylet in place. b. When the aphid's body is removed, phloem sap can be collected from the stylet in a syringe.

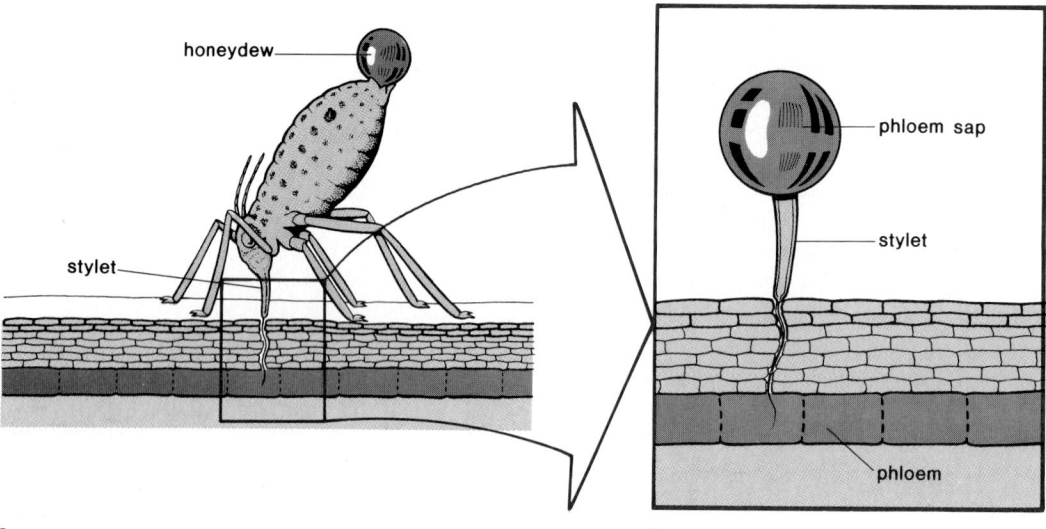

honeydew

stylet

phloem sap

stylet

phloem

a.

b.

Reproduction

Plants can reproduce both asexually, without the need for gametes, or sexually, which does require gametes.

Asexual Reproduction

Asexual reproduction, also known as vegetative propagation, is common in plants. In vegetative propagation a portion of the parent gives rise to a complete new individual. Both the parent and offspring have identical genes. In some plants, aboveground stems, called *runners,* and underground stems, called *rhizomes,* grow horizontally and can produce new plants. Individual strawberry plants grow from every other node of a runner (fig. 7.19), and in violets a new plant grows from every node of a rhizome. Bulbs and tubers are bits of a stem with modified leaves that produce new plants without the need for sexual reproduction. For example, white potatoes are actually portions of underground stems, and each eye is a node that will produce a new potato plant. Sweet potatoes are modified roots and may be propagated by planting sections of root. The roots of some fruit trees, such as cherry and apple trees, produce "suckers," small plants that can be used to grow new trees.

Asexual reproduction has a great deal of commercial importance. Once a plant variety with desired characteristics has been developed, it can be maintained by vegetative propagation.

Sexual Reproduction

Plants also reproduce sexually. This may come as a surprise to those who have never thought of plants as being male and female. Sexual reproduction is properly defined as reproduction that requires gametes, the egg and sperm.

The sex organs of flowering plants are located in the flower. Many plants flower only at particular times of the year; for example, violets flower in the spring and chrysanthemums flower in the fall. Although the cause of flowering in plants is still under investigation, we will discuss some of the current findings.

Figure 7.19
Plants have a variety of methods for vegetative propagation. Strawberry plants send out "runners," each of which gives rise to a new plant.

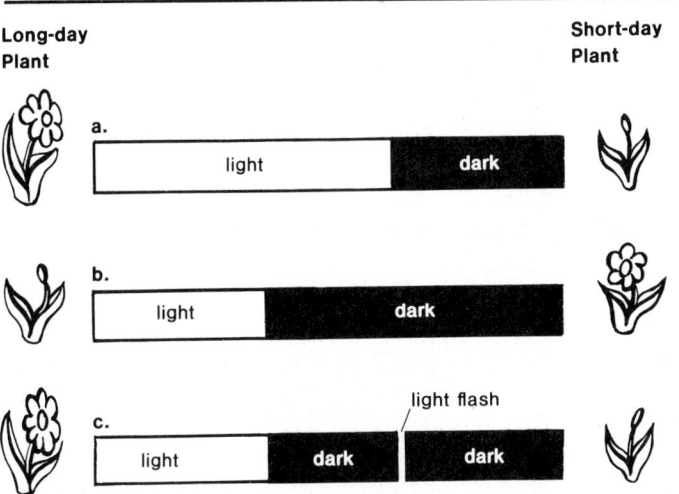

Long-day Plant

Short-day Plant

a. | light | dark

b. | light | dark

c. | light | dark | light flash | dark

Figure 7.20
Effect of light on flowering. a. If the days are long and the nights are short, only long-day plants will flower. b. If the nights are long and the days are short, only short-day plants will flower. c. If the darkness in *b* is interrupted by a flash of light, the long-day plant will flower, but the short-day plant will not flower.

Plants that require a particular day length to flower are said to exhibit **photoperiodism.** Short-day plants flower only when the days are shorter than some critical length, and others, called long-day plants, flower only when the days are longer than some critical length (fig. 7.20). This terminology is unfortunate because it is actually the length of darkness that is critical—interrupting the dark period with a flash of white light prevents flowering in a short-day plant and induces flowering in a long-day plant. Therefore, short-day plants are really long-night plants and long-day plants are really short-night plants.

Plants do not flower if the leaves are removed or if they are placed in total darkness. Based on these two facts, scientists have suggested that flowering is dependent on a light-sensitive pigment called **phytochrome,** which is present in the leaves. The biologically active form of phytochrome is called P_{730} because it absorbs red light of this wavelength. It is now believed that P_{730} communicates in an undetermined manner with a biological clock, an internal system that controls the timing of certain physiological and behavioral

Figure 7.21

A day-neutral plant (color) is grafted to a long-day plant. When the plants receive long-day lighting (*a*), both plants flower, but when the plants receive short-day lighting (*b*), neither plant flowers. Since the amount of light has no effect on the flowering of day-neutral plants, it is assumed that inhibiting hormones passed from the long-day plant to the day-neutral plant, overcoming stimulatory hormones for flowering.

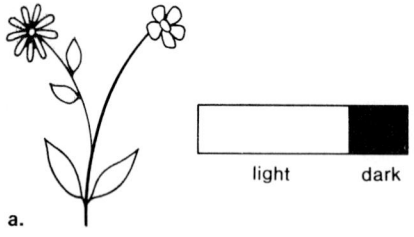

light | dark

a.

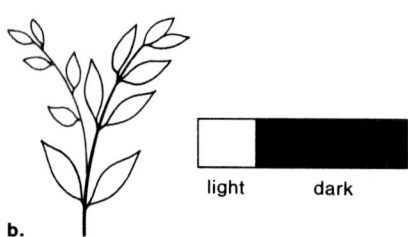

light | dark

b.

Figure 7.22

Scanning electron micrograph of an alyssum flower. The pistil in the center is surrounded first by the stamens, which are beginning to shed pollen, and then the petals.

Figure 7.22

Figure 7.23
Diagram illustrating flower parts.

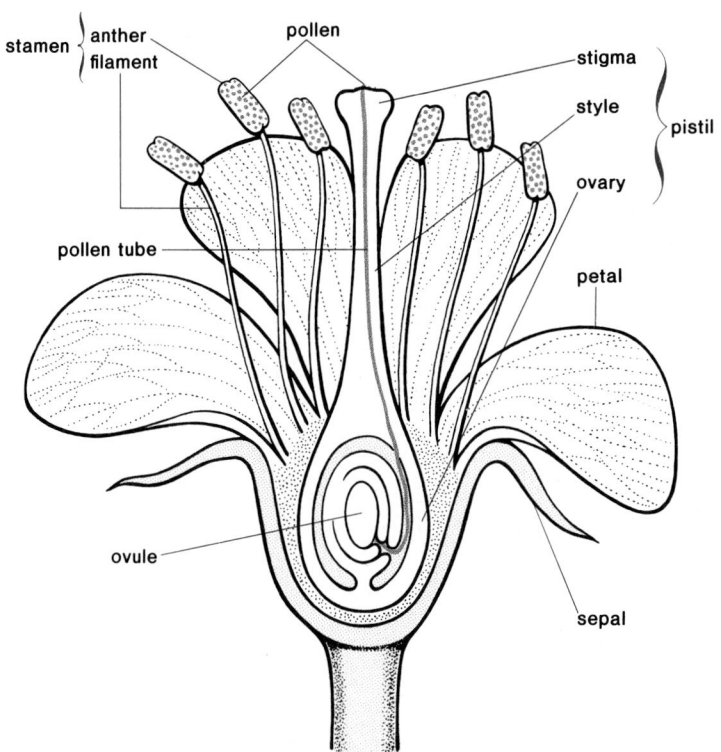

responses, in this case, flowering. (Biological clocks are discussed in more detail in chap. 30.) The presence of P_{730} during a critical time period causes the clock to promote flowering in long-day plants and inhibit flowering in short-day plants.

Flowering was formerly thought to be dependent on the presence of a hormone, termed **florigen.** Since this hormone has never been isolated, it is generally believed that the biological clock may instead control the balance between stimulatory and inhibitory plant hormones, such as those discussed in the reading on page 133. Evidence for this comes from the fact that when a day-neutral plant is grafted to a long-day plant, appropriate lighting for the long-day plant promotes flowering in the day-neutral plant but inappropriate lighting for the long-day plant inhibits flowering in the day-neutral plant (fig. 7.21).

Flower

A **flower** (fig. 7.22) contains sex organs that ultimately produce gametes. Preliminary to gamete formation in plants, meiosis produces spores (p. 88). In flowering plants, the adult is called the **sporophyte generation.** Within the body of the plant, female spores develop into a **female gametophyte** generation that produces egg nuclei, and male spores develop into a **male gametophyte** generation that produces sperm nuclei. For those interested in more detail, the life cycle of flowering plants is given on page 538.

A flower's sex organs (fig. 7.23) are surrounded by the **sepals,** most often green, and the **petals,** most often colored, which account for the attractiveness of many flowers. The female sex organ of a flower is the **pistil,** which has three parts: the **stigma,** an enlarged sticky knob; the **style,** a slender stalk; and the **ovary,** an enlarged base. Within the ovary, each megaspore (*mega* means

Figure 7.24
Events leading to fertilization in a flowering plant.

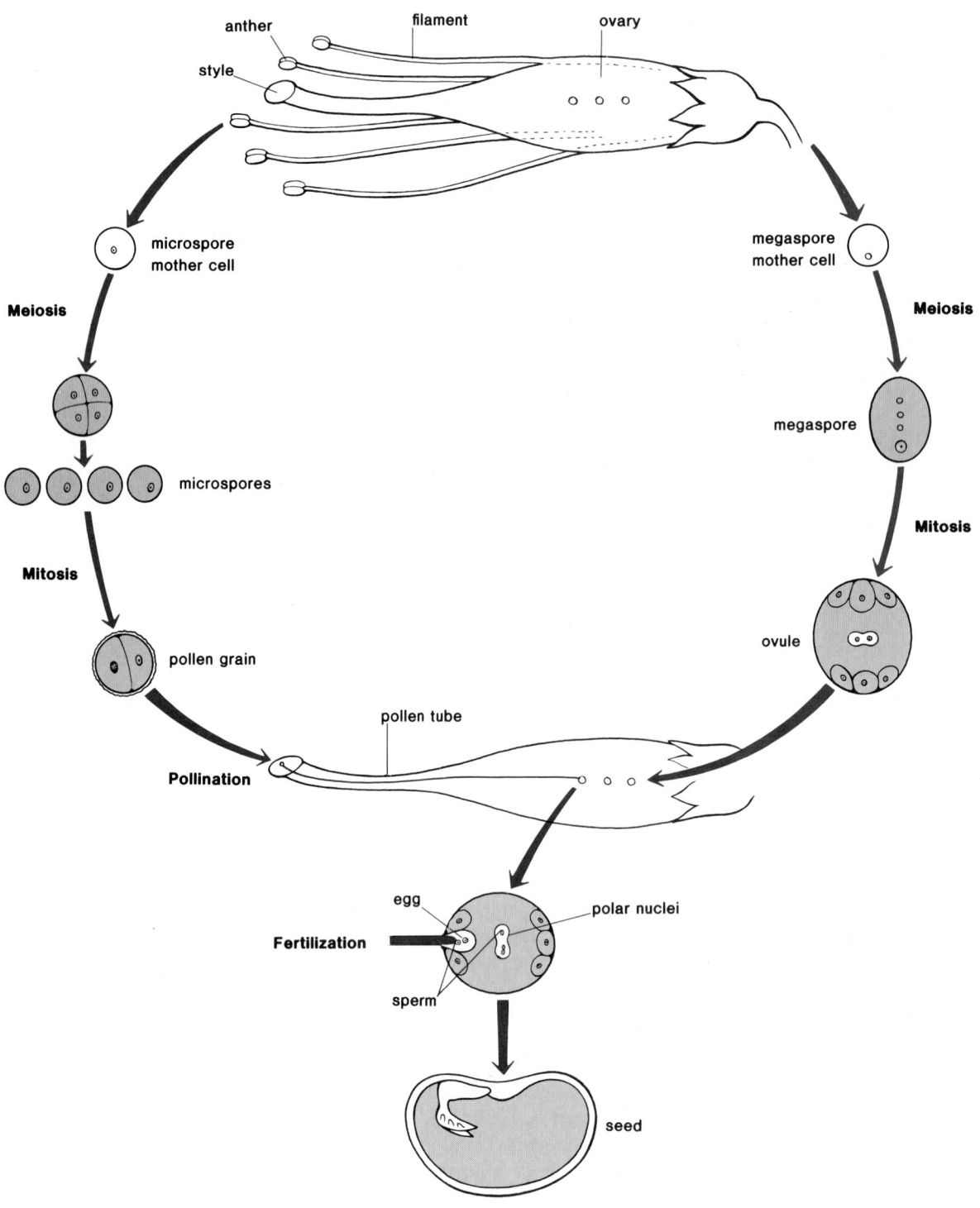

anther

filament

ovary

style

microspore mother cell

Meiosis

microspores

Mitosis

pollen grain

pollen tube

Pollination

megaspore mother cell

Meiosis

megaspore

Mitosis

ovule

egg

polar nuclei

Fertilization

sperm

seed

Figure 7.25
Scanning electron micrograph of cotton plant anthers covered in pollen grains.

large) mother cell undergoes meiosis to produce four haploid nuclei, three of which disintegrate (fig. 7.24). The remaining haploid nucleus undergoes mitosis to produce a multinucleated structure known as the female gametophyte, or **ovule.** Within each ovule, one of the nuclei is the egg nucleus.

The male sex organ of a flower is the **stamen,** which has two parts: the **anther,** a saclike container, and the **filament,** a slender stalk. Within the anther, each microspore (*micro* means small) mother cell undergoes meiosis to produce four haploid cells called microspores. Each microspore nucleus divides mitotically to produce the male gametophyte generation better known as a **pollen grain** (fig. 7.25). Within the pollen grain, one of the nuclei is the sperm nucleus.

Pollination (fig. 7.26) occurs when pollen is windblown or carried by insects, birds, or bats to the stigma of the same type plant. Only then does a pollen grain **germinate** and produce a long pollen tube that grows within the style until it reaches an ovule in the ovary. Before fertilization occurs, the sperm nucleus divides to give two sperm nuclei, only one of which combines with the egg nucleus. The other combines with two other nuclei within the ovule called polar nuclei. The resulting triploid (3N) nucleus develops into **endosperm,** food for the developing plant. Note that flowering plants have a **double fertilization.** One fertilization produces the zygote, the other produces endosperm.

Figure 7.26
Examples of pollination. A honeybee, a hummingbird, a bumblebee, and a butterfly are all pollinators.

Seeds

Following fertilization, each ovule becomes a mature seed containing an embryo that has at least three parts: the **cotyledon**(s) or seed leaf (leaves); the **epicotyl,** the portion of the embryo above the attachment of the cotyledon(s); and the **hypocotyl,** the portion of the embryo below the attachment of the cotyledon(s).

Monocotyledonous plants (monocots) have seeds with one cotyledon, and dicotyledonous plants (dicots) have seeds with two cotyledons (fig. 7.27). Cotyledons provide nutrient molecules for the growing embryo. In monocot

Figure 7.27
Longitudinal sections of seeds. a. Monocot.
b. Dicot.

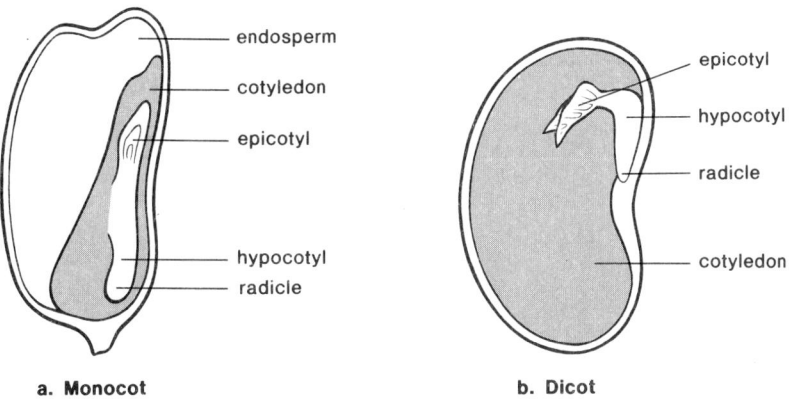

a. Monocot   b. Dicot

Figure 7.28
Development of fruit from a flower.

embryos, the cotyledon rarely stores food; rather, it absorbs food molecules from the endosperm and passes them on to the embryo. In dicot embryos, the cotyledons replace the endosperm, which has already transferred its nutrients to the cotyledons.

The epicotyl contains the shoot apical meristem and sometimes bears young leaves, in which case it is called a **plumule.** The hypocotyl contains the root apical meristem and sometimes has a rootlike end called the **radicle.**

In addition to the embryo and stored food either within the cotyledon(s) or within endosperm, a seed is covered by a seed coat. In flowering plants, all seeds are enclosed within a fruit that develops from the ovary (fig. 7.28) and,

Figure 7.29
Germination of seeds. a. Monocot. b. Dicot.

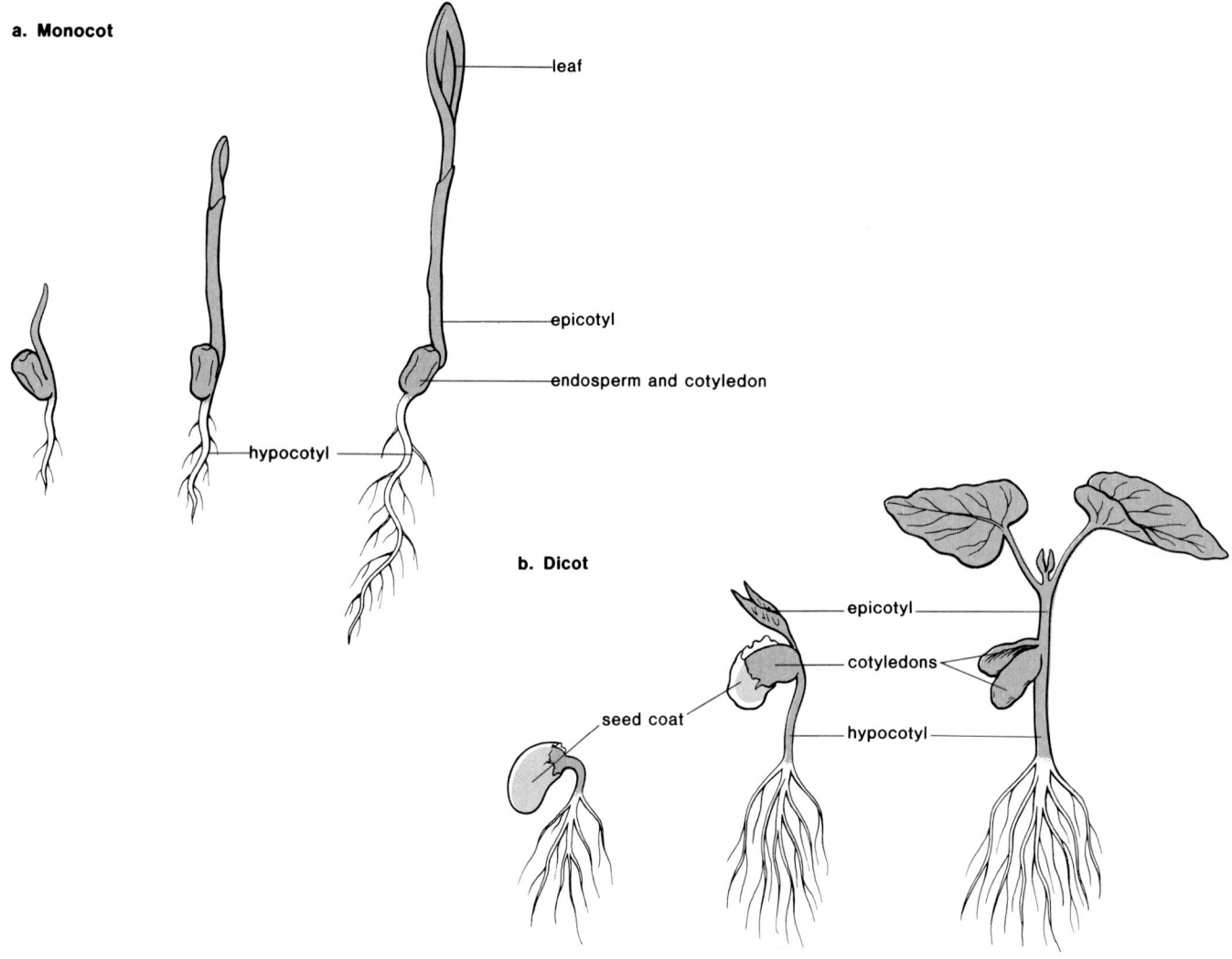

a. Monocot

leaf

epicotyl

endosperm and cotyledon

hypocotyl

b. Dicot

epicotyl

cotyledons

hypocotyl

seed coat

at times, from other accessory parts. Although peas, beans, tomatoes, and cucumbers are commonly called vegetables by laymen, botanists categorize them as fruits. Uneaten fruits can supply nutrients for the growing plant. If eaten by animals, fruits can aid seed dispersal as the seeds pass through the animal's body and are deposited some distance away.

Seed Germination Some seeds require a period of dormancy, a state similar to suspended animation, before they germinate and the embryo begins to grow again. In the tropics, where conditions are always favorable, dormancy is usually not necessary, but in the temperate zones, exposure to cold during dormancy may actually be needed before germination can occur. This requirement helps assure that seeds will not germinate until the weather has improved. The length of time a seed can remain dormant depends on the type of seed but some can remain viable for years, even hundreds of years. Dormancy lasts until the seed coat bursts; this may be accomplished by water, bacterial action, or heat. Assuming the embryo is alive, growth will begin if there is sufficient water and warmth.

The first event normally observed in a germinating seed is the emergence of the root formed from the elongating hypocotyl (fig. 7.29). This is followed shortly by the appearance and expansion of the seedling shoot formed from the elongating epicotyl. The cotyledons degenerate after their nourishment is consumed by the developing plant. As the seedling emerges from the soil, the shoot is hooked-shaped, protecting the delicate leaves. But once the seed is aboveground, the stem straightens out and the leaves expand as photosynthesis begins. The plant continues to grow as long as it lives because of the presence of meristem tissue.

Summary

Plant anatomy and physiology can be related to the fact that plants carry on photosynthesis and make their own food. The root system of a plant (taproot or fibrous root) absorbs water and minerals by way of the root and root hairs, which are extensions of epidermal cells. In cross sections, the cortex lies between the epidermis and the vascular cylinder. It is bounded by a layer of endodermis, within which is the pericycle that produces secondary roots, and the vascular tissue that consists of xylem for water transport upward and phloem for nutrient transport downward. In longitudinal section, a root has four zones: (1) root cap, (2) meristem tissue, (3) zone of elongation, and (4) zone of maturation.

The shoot system of a plant consists of stems and leaves. A stem can be herbaceous or woody. Herbaceous stems are either dicots with vascular bundles arranged in a ring or monocots with vascular bundles randomly arranged. In cross section, a stem has an outer epidermis that surrounds the cortex, which, in turn, encircles the pith.

A woody dicot stem has a layer of vascular cambium that lies between the phloem and xylem, producing new secondary vascular tissue each year. This accounts for the increase in diameter of tree trunks. Secondary phloem disintegrates, but secondary xylem builds up, forming the annual rings. A woody stem has three parts: the bark which contains cork, cork cambium, cortex and phloem; wood, or xylem; and pith.

A leaf carries on photosynthesis, particularly within the palisade layer of cells of the mesophyll. Reactants for photosynthesis are water absorbed by the roots and transported upward in the xylem to its final extension, the leaf veins (having a net pattern in dicots and a parallel pattern in monocots), and carbon dioxide, which passes through the stomata by the process of diffusion, entering the air spaces of the spongy layer of mesophyll. Stomata, located particularly in the lower epidermis, open in the presence of light. Potassium ions are pumped into the guard cells, which then expand, opening the stomata due to the uptake of water by osmosis.

The process of transport in plants is twofold: transport of water in xylem and transport of nutrients in phloem. Xylem is made up of two types of nonliving cells: tracheids and vessel cells. According to the push-pull theory, when water enters the root hairs due to osmotic pressure, it is pushed up the xylem of the root. On the other hand, water is always evaporating at the leaves. This evaporation, called transpiration, pulls water from the roots because water molecules tend to stick together due to hydrogen bonding. Nutrients in the phloem are transported by mass flow. Sugar and then water molecules enter the phloem at the leaves and exit the phloem at the roots. This creates a difference in water pressure, which causes phloem sap to flow.

Plants reproduce both asexually and sexually. Asexual reproduction occurs when a portion of the parent plant gives rise to an entirely new plant. Nodes (located on runners and rhizomes), bulbs, tubers, and sometimes roots can all be used to vegetatively propagate plants. The sex organs of flowering plants are located in the flower. Some plants exhibit photoperiodism and flower only when the days are long and others only when the days are short. Interrupting the night with a flash of light supports the contention that it is actually the amount of darkness that affects flowering and that perhaps it would be more accurate to call them short-night and long-night plants.

Flowering is dependent on the presence of phytochrome (P_{730}), a pigment that when present during a critical time period communicates with a biological clock and promotes flowering in long-day plants and inhibits flowering in short-day plants. It is believed that a balance between stimulatory and inhibitory hormones controls flowering.

The adult flowering plant is the sporophyte generation because it produces haploid spores. In the female ovary, located at the base of the pistil, megaspore mother cells undergo meiosis to give one viable haploid nucleus that divides to give the female gametophyte generation, located in the ovule. Each ovule contains an egg nucleus. In the male anther, located at the top of the stamen, microspore mother cells undergo meiosis to give four viable haploid cells each of which becomes a pollen grain. Each pollen grain contains a sperm nucleus that divides. After pollination, a pollen grain germinates forming a pollen tube, and the sperm nuclei travel down it to the ovule. During fertilization, one sperm nucleus combines with the egg nucleus forming a zygote and the other combines with two polar nuclei forming the triploid endosperm. The ovule now becomes the seed. In flowering plants, seeds are enclosed by a fruit that develops from the ovary. Thus, all flowering plants produce fruits.

The mature seed contains an embryo consisting of the cotyledon(s), epicotyl, and hypocotyl. In monocots, the endosperm typically remains, but in dicots the endosperm is typically absorbed by the cotyledons. Upon germination, the epicotyl becomes the stem and leaves while the hypocotyl becomes the root. The cotyledons degenerate.

Study Questions

1. Name the two major divisions of a plant and the organs that each contains. (p. 126)
2. Discuss the anatomy of a root, stem (nonwoody and woody), and leaf. (pp. 127, 131, 134)
3. What are the two types of roots? Give examples. (p. 127)
4. Explain how stomata open and close. (p. 135)
5. Describe the structure of xylem, and discuss water transport. (p. 136)
6. Describe the structure of phloem, and discuss nutrient transport. (p. 137)
7. Give examples of asexual reproduction in plants. (p. 138)
8. Explain periodic flowering in some plants. (p. 139)
9. Trace the production of seeds in flowering plants, starting with megaspore mother cells in the ovary and microspore mother cells in the anther. (pp. 141–42)
10. Describe the structure and germination of a monocot and dicot seed. (pp. 144–46)
11. Name four differences between dicots and monocots. (p. 131)

Further Readings

Biddulph, O., and Biddulph, S. 1959. The circulatory system of plants. *Scientific American* 200(2):26.

Bold, H. C. 1973. *Morphology of plants.* 3d ed. New York: Harper & Row.

Butler, W. L., and Downs, R. J. 1960. Light and plant development. *Scientific American* 203(6):38

Jacobs, W. P. 1955. What makes leaves fall? *Scientific American* 192(5):20.

Muller, W. H. 1979. *Botany: A functional approach.* 4th ed. New York: Macmillan.

Ray, P. M. 1972. *The living plant.* 2d ed. New York: Holt, Rinehart & Winston.

Rayle, D., and Wedberg, L. 1975. *Botany: A human concern.* Boston: Houghton Mifflin.

Salisbury, F. B. 1958. The flowering process. *Scientific American* 198(4):108.

van Overbeek, J. 1968. The control of plant growth. *Scientific American* 219(2):17.

Zimmerman, M. H. 1963. How sap moves in trees. *Scientific American* 208(3):132.

3

human physiology

The study of human anatomy and physiology serves as a guide to an understanding of the vertebrate body. A limited number of tissues make up organs, which form systems to carry out the functions assumed by the cell in less complex animals. All body systems help maintain a constant internal environment so that the proper physical conditions exist for each cell.

The digestive system provides nutrients, and the excretory system rids the body of metabolic wastes. The respiratory system supplies oxygen but also eliminates carbon dioxide. The circulatory system carries nutrients and oxygen to and wastes from the cells so that tissue fluid composition remains constant. The immune system helps protect the body from disease. The nervous and hormonal systems control body functions. The nervous system, in particular, directs body movements, which allows the organism to manipulate the external environment, an important life-sustaining function.

Chapter Concepts

1. Animal tissues, including human tissues, can be categorized into four major types: epithelial, connective, muscle, and nervous tissues.

2. Organs usually contain several types of tissues. For example, although skin is primarily composed of epithelial and connective tissue, it also contains muscle and nerve fibers.

3. Organs are grouped into organ systems; the location of organ systems in the body determines whether an animal is a vertebrate or invertebrate.

4. Mammals, including humans, exhibit a marked ability to maintain a constant internal environment. While all organ systems contribute to homeostasis, homeostatic control is determined by the hormonal and nervous systems.

8

human organization

In the chapters to follow, human physiology is studied as representative of vertebrate physiology. Our study will be more meaningful if we first review human organization. Figure I.2 shows that the human body, like that of other organisms, has levels of organization. Cells of the same type are joined together to form a tissue. Different tissues are found in an organ and various types of organs are arranged into an organ system. Finally, the organ systems comprise the organism.

Figure 8.1
The major types of tissues in the human body.

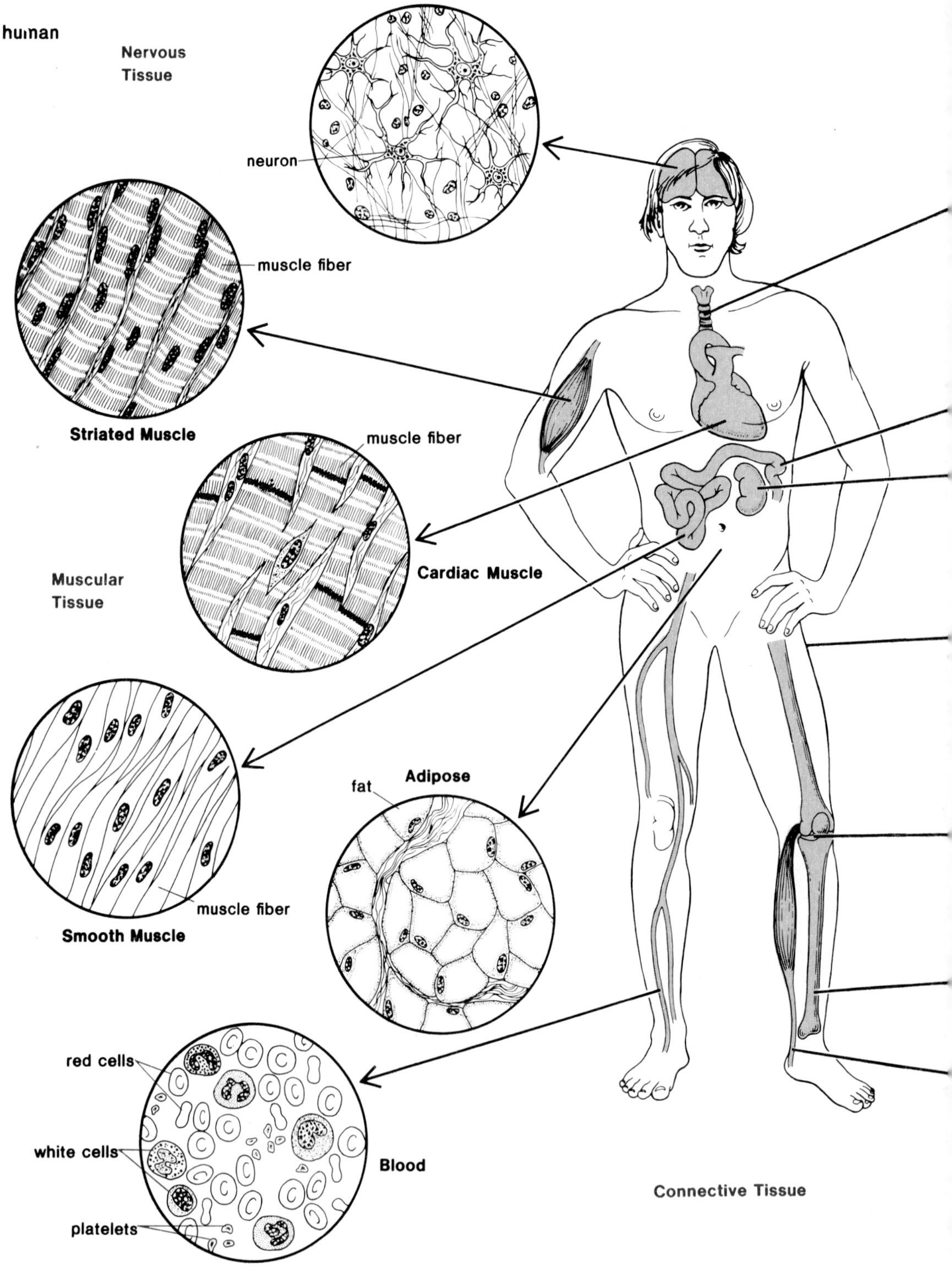

Nervous Tissue

neuron

muscle fiber

Striated Muscle

muscle fiber

Cardiac Muscle

Muscular Tissue

muscle fiber

Smooth Muscle

fat   **Adipose**

red cells

white cells

Blood

platelets

Connective Tissue

Tissues

The tissues of the human body can be categorized into four major types: epithelial tissue that covers body surfaces and lines body cavities, connective tissue that binds and supports body parts, muscle tissue that causes parts to move, and nerve tissue that responds to stimuli and transmits impulses from one body part to another (fig. 8.1).

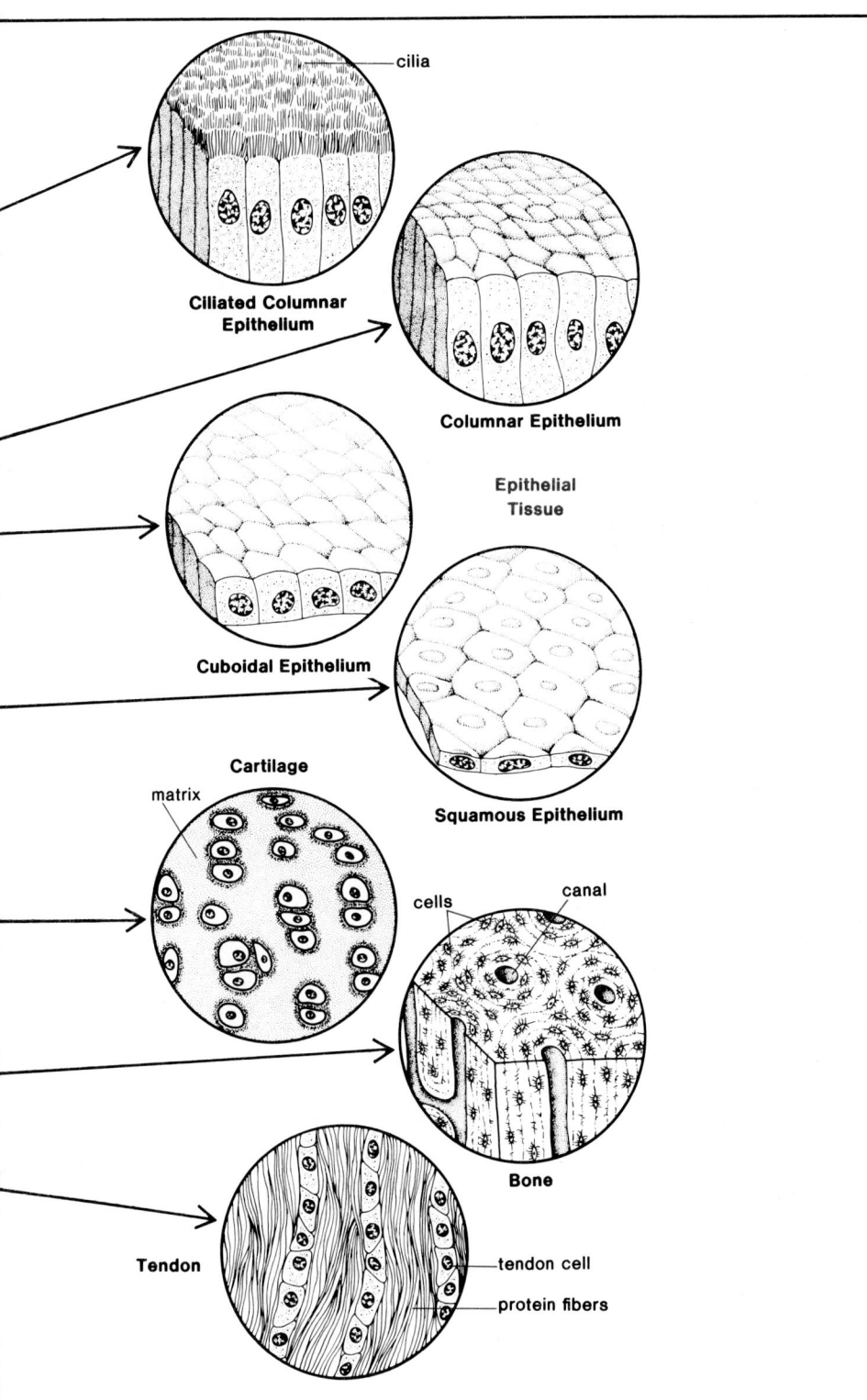

cilia

Ciliated Columnar Epithelium

Columnar Epithelium

Epithelial Tissue

Cuboidal Epithelium

Squamous Epithelium

Cartilage

matrix

cells

canal

Bone

Tendon

tendon cell

protein fibers

Figure 8.2
Simple squamous epithelial cells form the lining of the heart. Dome-shaped areas(*) of each cell indicate the location of underlying nuclei. Surface folds (arrows) are frequently visible between adjoining cells.

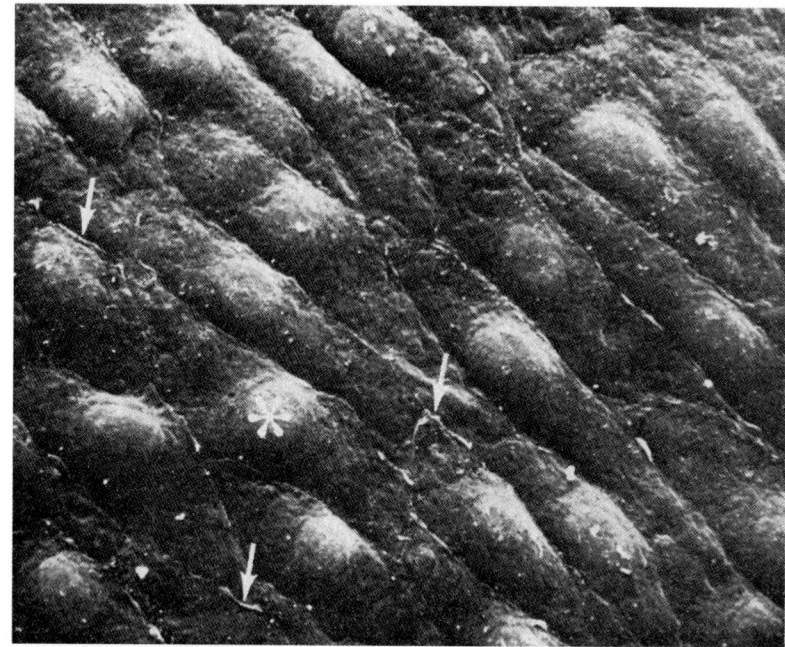

Kessel and Kardon

Figure 8.3
Cuboidal epithelial cells with microvilli (*Mv*) form the lining of kidney tubules. Each cell resides on a basal lamina (BL), or basal membrane.

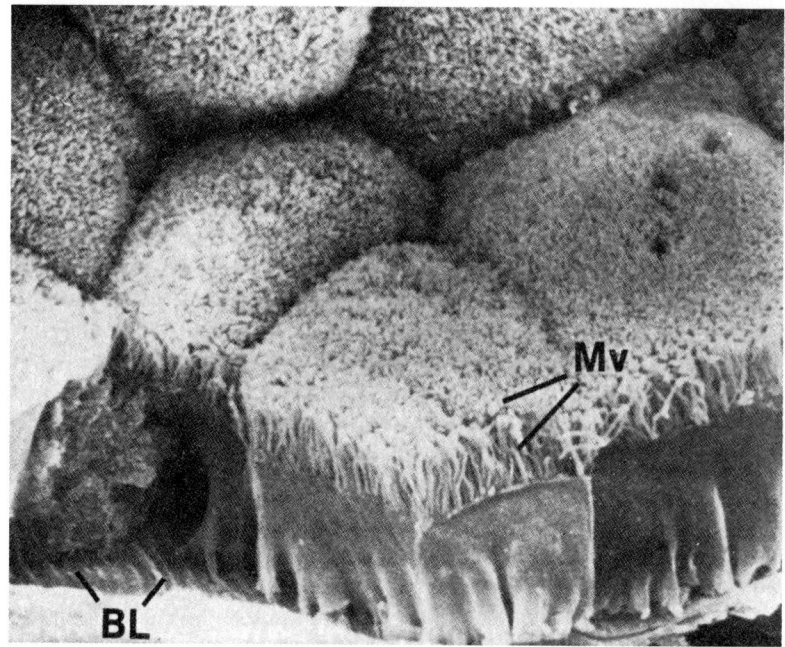

Kessel and Kardon

Epithelial Tissue

Epithelial tissue forms a continuous layer, or sheet, over the entire body surface and most of the body's inner cavities. On the external surface it forms a covering that, like the epidermis in plants, protects the animal from injury and drying out. On internal surfaces, this tissue may be specialized for other functions in addition to protection; for example, it secretes mucus along the digestive tract, it sweeps up impurities from the lungs by means of cilia, and a brush border aids absorption of molecules from kidney tubules.

There are three types of epithelial tissue. **Squamous epithelium** (fig. 8.2) is composed of flat cells and is found lining the lungs and blood vessels. **Cuboidal epithelium** (fig. 8.3) contains cube-shaped cells and is found lining the kidney tubules. In **columnar epithelium** (fig. 8.4), the cells resemble pillars or columns, and nuclei are usually located near the bottom of each cell. This

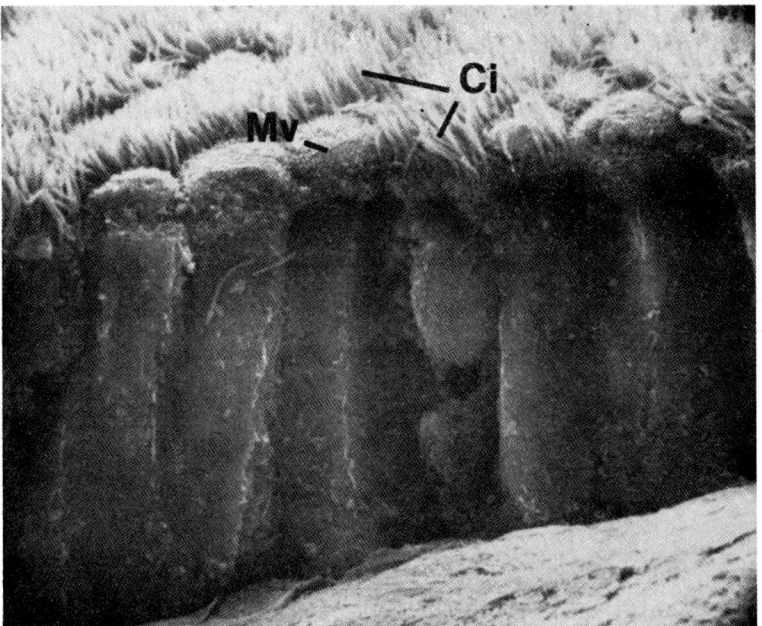

Figure 8.4
Columnar epithelial cells from the lining of the oviduct. Some cells have ciliated surfaces (*Ci*) and others have microvilli (*Mv*).

Figure 8.5
Pseudostratified ciliated columnar epithelium from lining of the trachea.

epithelium is found lining the digestive tract. Each type of epithelium may have tiny projections called microvilli or cilia, which are hairlike extensions.

Each of these types of epithelium may be stratified. **Stratified** means to exist as layers piled one over the other. The skin is stratified squamous epithelium. Some epithelium cells are **pseudostratified** and appear to be layered, but actually each cell touches the base line and thus true layers do not exist. The lining of the windpipe, or trachea, is called pseudostratified ciliated columnar epithelium (fig. 8.5).

Epithelial cells sometimes secrete a product (fig. 2.11) in which case they are described as **glandular.** A gland can be a single cell, as in the case of the mucus-secreting goblet cells found within the columnar epithelium lining the digestive tract, or a gland can contain numerous cells. Glands that secrete their products into ducts are called **exocrine glands,** and those that secrete directly into the bloodstream are called **endocrine glands.**

Since epithelium covers and lines body parts, it always has an exposed outer surface and an inner surface that adjoins connective tissue. The inner surface is anchored to connective tissue by a thin, nonliving layer called the **basement membrane.**

Connective Tissue

Connective tissues bind structures together, provide support and protection, serve as a framework, fill spaces, store fat, and form blood cells. As a rule, connective tissue cells have an abundance of intercellular material (**matrix**) between them.

Loose Connective Tissue

Loose connective tissue forms delicate, thin, membranes throughout the body (fig. 8.6). The cells of this tissue, which are mainly **fibroblasts,** are located some distance apart and are separated by a jellylike intercellular material that contains many white (collagen) and yellow (elastin) fibers. The white fibers occur in bundles and are strong and flexible. The yellow fibers form networks and are highly elastic—when stretched they return to their original length. Loose connective tissue commonly lies beneath epithelium; it also binds skin to underlying organs and fills spaces between muscles. **Adipose,** or fat, tissue is a type of loose connective tissue in which the fibroblasts enlarge and store fat and the intercellular matrix is reduced.

Fibrous Connective Tissue

Fibrous connective tissue contains large numbers of collagenous fibers that are closely packed together. This type of tissue often functions to bind body parts and is found, for example, in **tendons,** which connect muscles to bones, and **ligaments,** which connect bones to other bones at joints. Tendons and ligaments take a long time to heal following an injury because their blood supply is relatively poor.

Cartilage

Cartilage (fig. 8.7) is a fairly rigid connective tissue whose cells occupy small chambers called **lacunae,** which are separated by a matrix composed largely of fibers and protein. An important feature of cartilage is its ability to increase in size; the developing embryonic skeleton is composed of cartilage. Later, the cartilaginous skeleton is replaced by bone and cartilage remains only in certain locations, such as the soft portion of the nose, the outer ear flaps, and the ends of the bones.

Bone

Bone (fig. 8.8) is the most rigid of the connective tissues. Its hardness is due to the presence of calcium salts in the matrix. Bone cells are located in lacunae that are arranged in concentric circles around tiny tubes called **Haversian canals,** which contain blood vessels and nerve fibers. Branching out in all directions from the lacunae are minute canals (**canaliculi**) into which thin processes from the bone cells grow, connecting with one another and with the Haversian canals. Bone has a more adequate blood supply than does cartilage; therefore bone injuries heal faster than cartilage injuries.

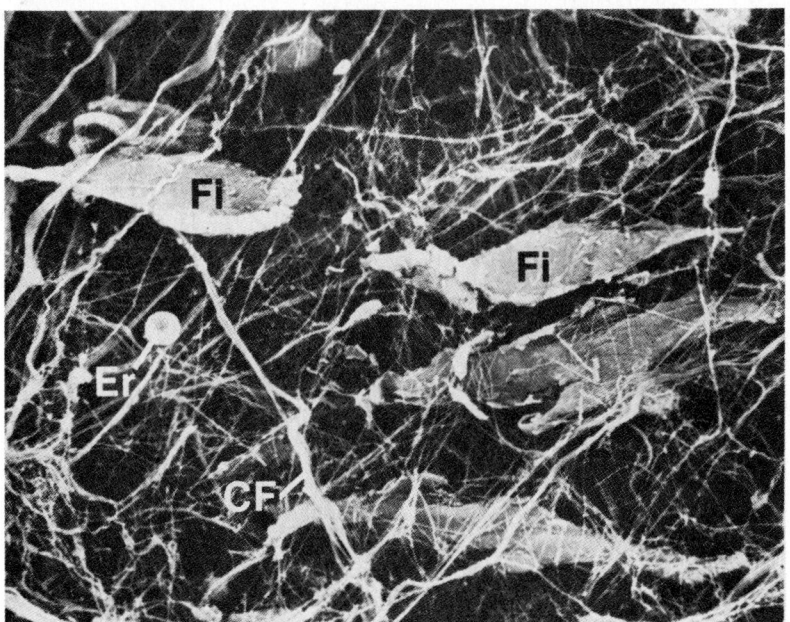

Figure 8.6
Loose connective tissue. Fibroblasts (*Fi*) vary in shape but can be compared in size to a nearby red blood cell (erythrocyte, *Er*). Collagen fibers (*CF*) surround the cells.

Kessel and Kardon

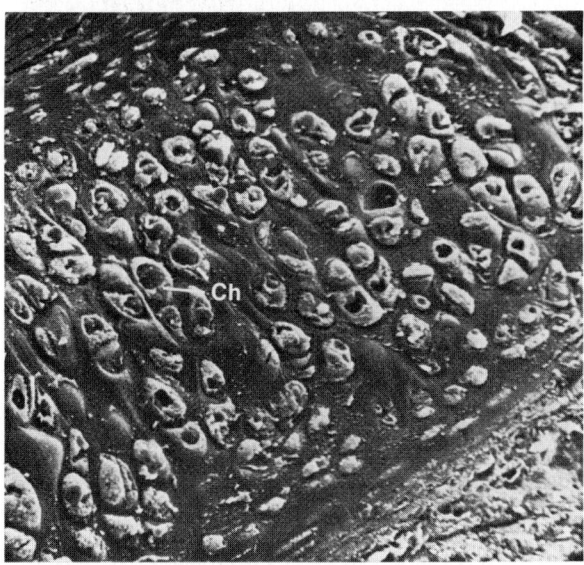

Figure 8.7
The numerous cells found in hyaline cartilage, the most common type of cartilage, are called chondrocytes (*Ch*). These cells synthesize the matrix in which they are embedded.

Kessel and Kardon

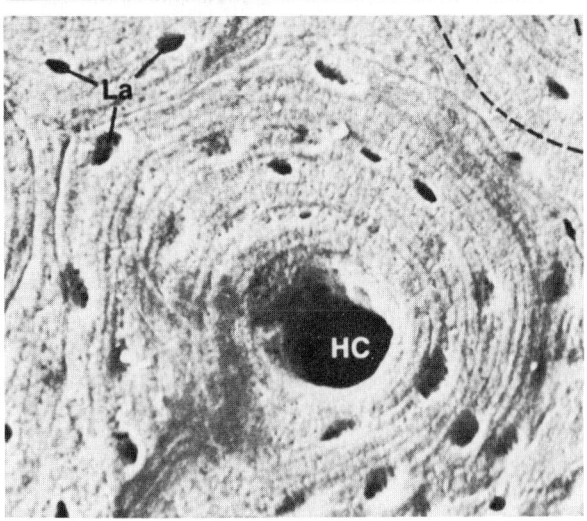

Figure 8.8
A ground, polished specimen of compact bone from which the cells and other organic constituents have been removed. The Haversian canal (*HC*) formerly contained blood vessels and nerves while the lacunae (*La*) formerly contained bone cells.

Kessel and Kardon

Figure 8.9

Biconcave red blood cells and rounded white cells within an arteriole. (*Le* = leukocyte)

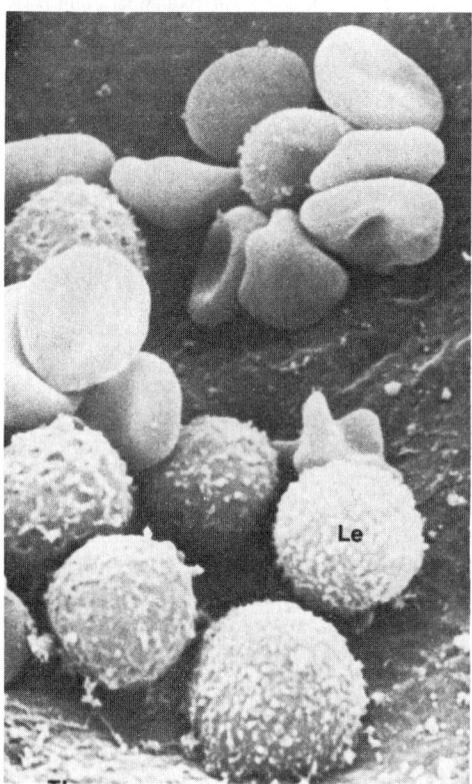

Kessel and Kardon

Chart 8.1 Blood Plasma

Water	92% water
Inorganic ions (salts)	Na^+, Ca^{++}, K^+, Mg^{++} Cl^-, HCO_3^-, HPO_4^-, SO_4^{--}
Gases	O_2 and CO_2
Plasma proteins	Albumin, globulin, fibrinogen
Organic nutrients	Glucose, fats, phospholipids, amino acids, etc.
Nitrogenous waste products	Urea, ammonia, uric acid
Regulatory substances	Hormones, enzymes

Chart 8.2 Types of Muscle

Name	Fiber Appearance	Location	Control
Skeletal	Striated	Attached to skeleton	Voluntary
Smooth	Spindle shaped	Internal organs	Involuntary
Cardiac	Striated and branched	Heart	Involuntary

Blood

Blood (fig. 8.9) is a connective tissue in which the matrix is a liquid called **plasma,** the contents of which are listed in chart 8.1. The cells are of two types: **red** (erythrocytes), which carry oxygen, and **white** (leukocytes), which aid in fighting infection.

Also present in blood are **platelets,** which are important to the initiation of blood clotting. Platelets are not complete cells; rather, they are fragments of giant cells found in the bone marrow.

Muscle Tissue

The cells that make up muscle tissue contain microfilaments whose interaction accounts for the movements we associate with animals. There are three types of vertebrate muscles: skeletal, smooth, and cardiac (chart 8.2).

Skeletal muscle is attached to the bones of the skeleton and functions to move body parts. It is under our *voluntary control* and has the fastest contraction of all the muscle types. The cylindrical cells of this muscle have characteristic light and dark bands perpendicular to the length of the cell or fiber. These bands give the muscle a **striated** appearance (fig. 8.10).

Smooth muscle is so named because it lacks striations. The spindle-shaped cells that make up smooth muscle are not under voluntary control and are said to be *involuntary*. Smooth muscle, which is found in the viscera (intestine, stomach, and so on) and blood vessels, contracts more slowly than skeletal muscle but can remain contracted for a longer time. The cells tend to form layers in which the thick middle portion of one cell is opposite the thin ends of adjacent cells. Consequently, the nuclei form an irregular pattern in the tissue.

Cardiac muscle seems to combine features of both smooth and skeletal muscle. It has *striations* like those of skeletal muscle, but the contraction of the heart is involuntary for the most part. Heart muscle cells also differ from skeletal muscle cells in that they are branched and seemingly fused one with the other so that the heart appears to be composed of one large, interconnecting mass of muscle cells. Actually, however, cardiac muscle cells are separate and individual.

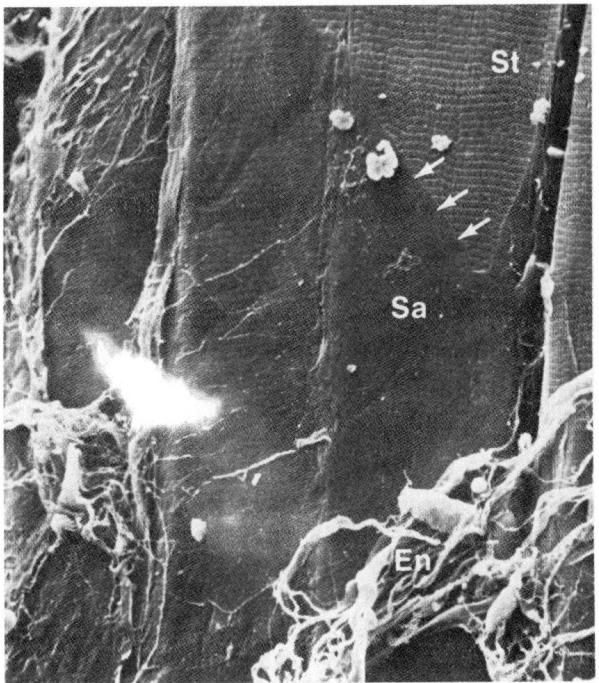

Figure 8.10
Surface view of three muscle fibers (cells). It is possible to observe the transverse striations (*St*) in areas where the external membrane, called the sarcolemma (*Sa*), has been sheared away (arrows). Connective tissue (called endomysium, En) surrounds each fiber.

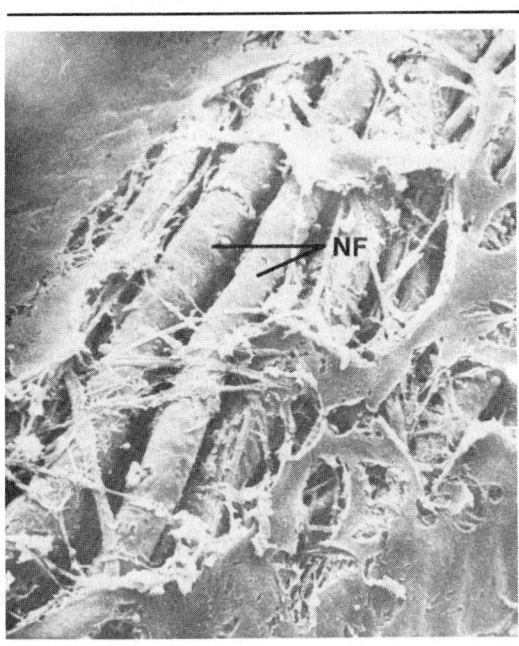

Figure 8.11
When a portion of the connective tissue sheath surrounding a nerve is removed, underlying nerve fibers (*NF*) can be observed.

Nervous Tissue

The brain and nerve cord (also called the spinal cord) are made of cells called neurons. A **neuron** is a specialized cell that conducts nerve impulses; it is composed of three parts: (1) **dendrites** conduct impulses to the cell body; (2) the **cell body** contains most of the cytoplasm and the nucleus of the neuron; (3) the **axon** conducts impulses away from the cell body.

A typical neuron contains numerous short dendrites that project anteriorly from the cell body while a long axon extends posteriorly from the cell body. Axons and dentrites, when long, are called **nerve fibers** (fig. 8.11). Outside the brain and spinal cord, nerve fibers are bound together by connective tissue to form **nerves.** Nerves conduct impulses from sense organs to the spinal cord and brain, where the phenomenon called **sensation** occurs, and they also conduct nerve impulses away from the spinal cord and brain to the muscles, causing them to contract.

Organs

Some organs in the body are composed largely of one type of cell. For example, the brain is made up of neurons; muscles are made up of muscle cells; and glands are most often made up of epithelial cells. Many organs, however, are a composite of different types of tissues. As an example, we will consider skin.

Skin (fig. 8.12) covers the body and protects it from loss of water and invasion by microorganisms. It also helps regulate body temperature and sense organs for touch, pressure, temperature, and pain.

Skin has two tissue layers, the outer epidermis and the inner dermis. Beneath the dermis there is a subcutaneous layer that binds the skin to underlying organs.

Epidermis

The epidermis is made up of stratified squamous epithelial cells that are continually produced by a germinal layer that lies next to the dermis. Here constant cell division produces cells that become flattened and hardened as they are pushed toward the surface. Hardening is caused by **keratinization,** cellular production of a fibrous, waterproof protein called keratin. Both the palm of the hand and the sole of the foot have a particularly thick outer layer of dead keratinized cells (fig. 8.12b) arranged in spiral and concentric patterns. These patterns are unique to each person and are known on the fingers as fingerprints. Hair is not present here but is found wherever the skin is thinner (fig. 8.12c). Nails and hair are also composed of tightly packed keratinized cells. Specialized cells in the epidermis called melanocytes produce **melanin,** the pigment responsible for skin color.

Dermis

The dermis is largely fibrous connective tissue with many inclusions. The epidermal cells from above regularly dip down into the dermis forming sweat glands and hair follicles with their associated sebaceous glands. The sweat glands help regulate body temperature. They become active and release fluid onto the skin when the body temperature rises. The evaporation of this fluid cools off the body. The sebaceous glands lubricate the adjoining hairs and skin. At the time of puberty, they are also responsible for acne.

Blood vessels and nerve endings are also present in the dermis. Some of the latter control a small muscle attached to each hair follicle. When this muscle contracts, the hair stands on end, causing what is commonly known as "goose bumps." Encapsulated (membrane-surrounded) nerve endings are found in the microscopic sense organs for touch, pressure, and temperature. Stimulation of free nerve endings produces pain. Regulation of the size of the arteries in skin helps maintain a constant internal body temperature. When the arteries increase in size, more blood is brought to the surface of the skin where it is cooled off. At the same time, sweat glands become active and the person perspires.

Subcutaneous Layer

The subcutaneous layer is a layer of loose connective tissue containing adipose cells. A well developed subcutaneous layer gives a rounded appearance to the body. Excessive development accompanies obesity.

Organ Systems

In this part of the text, we are going to study the organ systems listed in chart 8.3. Each of these has a specific location within the body. The central nervous system is dorsally located; the brain is protected by the skull and the spinal

Chart 8.3 Human Organ Systems

Name	Function
Digestive	Convert food particles to nutrient molecules
Circulatory	Transport of molecules to and from cells
Immune	Defense against disease
Respiratory	Exchange of gases with environment
Excretory	Elimination of metabolic wastes
Nervous and sensory	Regulation of systems and response to environment
Muscular and skeletal	Support and movement of organism
Hormonal	Regulation of internal environment

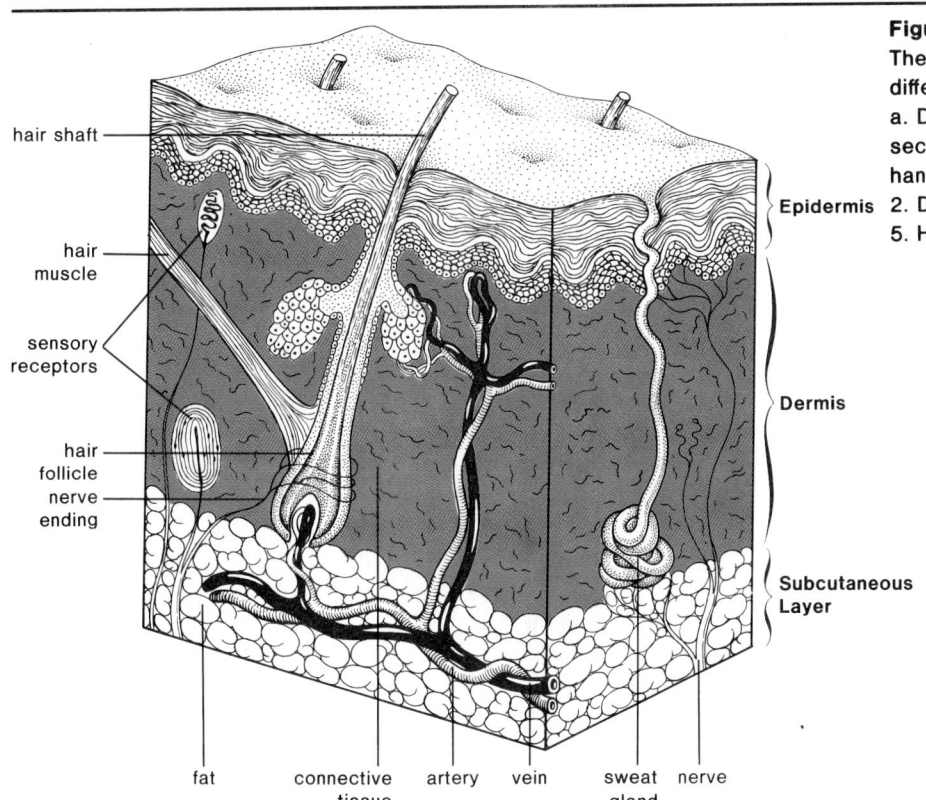

hair shaft

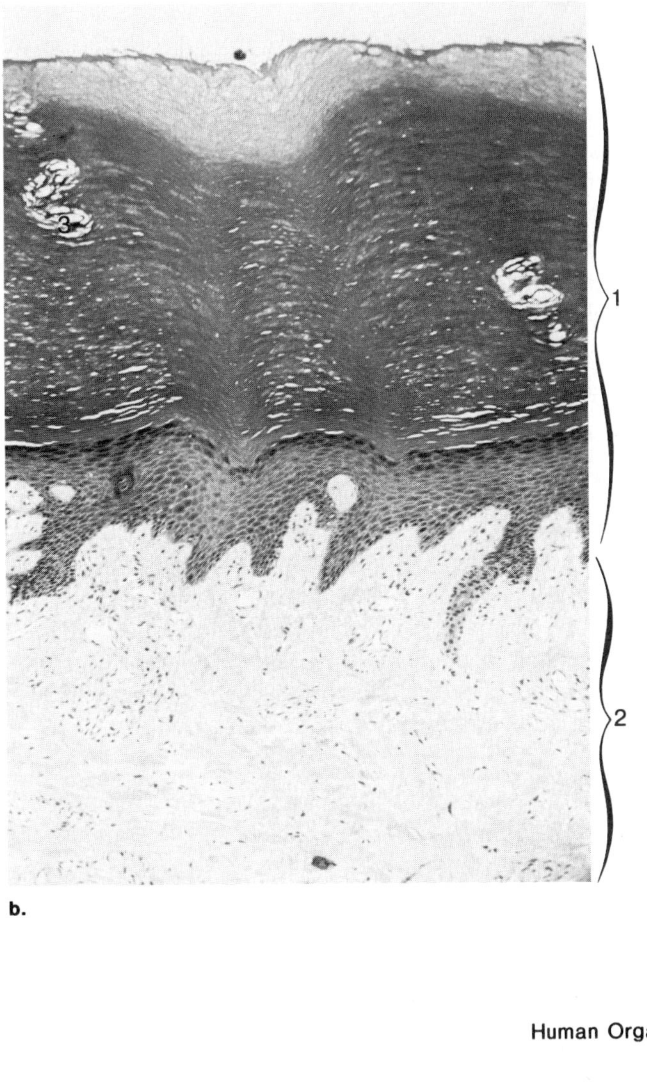

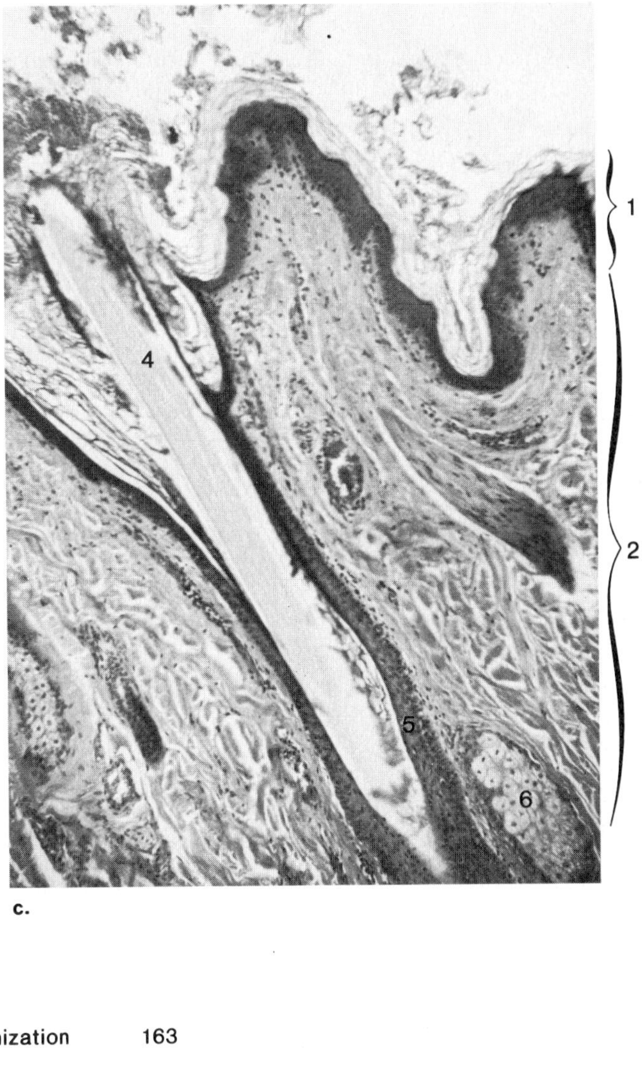

hair muscle

sensory receptors

hair follicle

nerve ending

Epidermis

Dermis

Subcutaneous Layer

fat

connective tissue

artery

vein

sweat gland

nerve

Figure 8.12
The skin is an organ composed of several different tissues and various types of cells. a. Diagram of skin anatomy. b. Cross section of the thick skin of the palm of the hand. c. Skin of scalp. (Key: 1. Epidermis. 2. Dermis. 3. Ducts of sweat glands. 4. Hair. 5. Hair follicle. 6. Sebaceous gland.)

a.

b.

c.

Figure 8.13
Humans are vertebrates with a dorsal
nervous system and well developed coelom,
which contains internal organs.

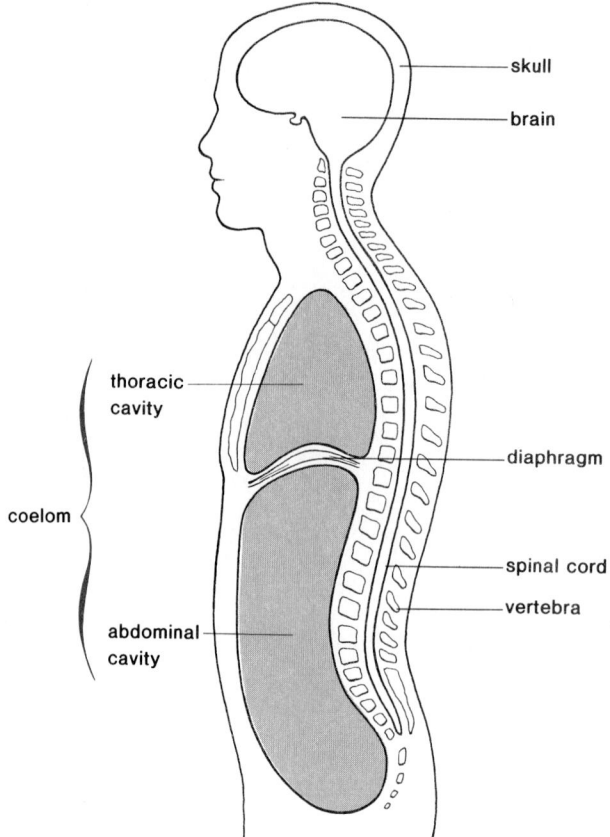

cord, which gives off spinal nerves, is protected by the vertebrae (fig. 8.13).
The repeating units of vertebrae and spinal nerves show that humans are
segmented animals, meaning that body parts reoccur at regular intervals.

The other internal organs are found within a body cavity called the
coelom. In humans, as in other mammals, the coelom is divided by a muscular
diaphragm that assists breathing. The heart, a pump for the closed circulatory
system, and the lungs are located in the upper thoracic (chest) cavity. The
major portion of the digestive system, the entire excretory system, and much
of the reproductive system are located in the lower abdominal cavity. The
major organs of the excretory system are the paired kidneys, and the accessory
organs of the digestive system are the liver and pancreas. Each sex has characteristic sex organs.

The musculoskeletal system is another internal organ system; the skeleton provides the surface area for attachment of striated muscles, which are
well developed and powerful. The musculoskeletal system makes up most of
the body weight and is specialized for locomotion. It depends on the other
systems to serve its metabolic needs.

The preceding are vertebrate characteristics and, in this text, human
physiology is studied as representative of vertebrates in general. Of all the
vertebrates, mammals (animals who nourish their young by means of mammary glands) and birds are best able to maintain constancy of internal body
conditions. No doubt this has contributed greatly to their success.

Homeostasis

Homeostasis means that the internal environment of humans and other mammals remains relatively constant regardless of the conditions in the external environment. For example:

1. Blood glucose concentration remains at about 0.1%.

2. The pH of the blood is always near 7.4.

3. Blood pressure in the brachial artery averages near 120/80.

4. Body temperature averages around 37° C (98.6° F).

The ability of the body to keep the internal environment constant allows humans to live in a variety of habitats, such as the artic regions, a desert, and the tropics.

The internal environment is tissue fluid that bathes all the tissues of the body. The composition of tissue fluid must remain constant if cells are to remain alive and healthy. Tissue fluid is created when water, oxygen (O_2), and nutrient molecules leave a capillary (the smallest of the blood vessels), and it is purified when water, carbon dioxide (CO_2), and other waste molecules enter a capillary from the fluid (fig. 8.14). Tissue fluid remains constant only as long as blood composition remains constant. Although we are accustomed to using the word *environment* to mean the external environment of the body, it is important to realize that it is the internal environment of tissues that is ultimately responsible for our health and well-being.

Most systems of the body contribute to maintaining a constant internal environment. The digestive system takes in and digests food providing nutrient molecules, which enter the blood and replace the nutrients that are constantly being used up by the body cells. The respiratory system adds oxygen to the blood and removes carbon dioxide. The amount of oxygen taken in and carbon dioxide given off can be increased to meet body needs. The chief regulators of blood composition, however, are the liver and the kidneys. They monitor the chemical composition of plasma (chart 8.1) and alter it as required. Immediately after glucose enters the blood, it can be removed by the liver for storage as glycogen. Later the glycogen can be broken down to replace the glucose used by the body cells; thus the glucose composition remains constant. The hormone insulin secreted by the pancreas regulates glycogen storage. The liver also removes toxic chemicals, such as ingested alcohol and drugs and nitrogenous wastes given off by the cells. These are converted to molecules that can be excreted by the kidneys. The kidneys are also under hormonal control as they excrete wastes and salts, which is necessary to maintain the constant pH level of the blood.

Although homeostasis is sometimes controlled by hormones, it is ultimately controlled by the nervous system. The brain contains centers that regulate such factors as temperature and blood pressure. Maintaining proper temperature and blood pressure levels requires sensors that detect unacceptable levels and signal a control center. If a correction is required, the center then directs an adaptive response (fig. 8.15). Once normalcy is obtained, the receptor no longer stimulates the center. This is called control by **negative feedback** because the control center has eliminated those conditions that cause it to operate. This type of homeostatic regulation results in fluctuation between two levels, as illustrated for temperature control in figure 8.16.

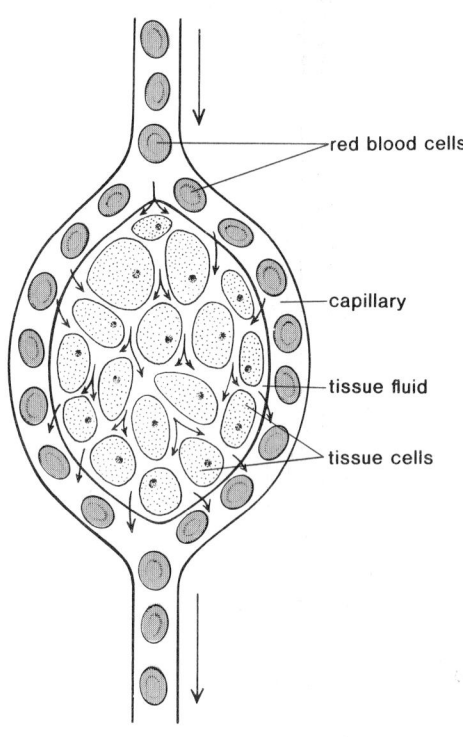

Figure 8.14
The internal environment of cells is dependent on tissue fluid and blood.

red blood cells

capillary

tissue fluid

tissue cells

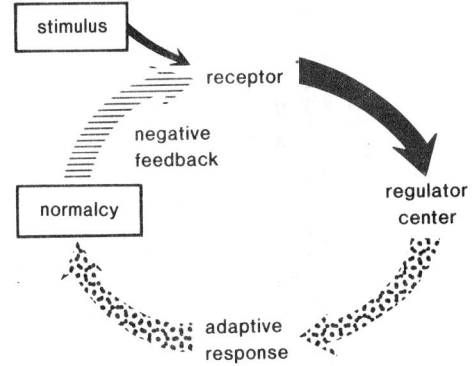

Figure 8.15
Diagram illustrating the principle of feedback control.

stimulus

receptor

negative feedback

normalcy

regulator center

adaptive response

Figure 8.16
Because body temperature is controlled by
negative feedback, there is a fluctuation of
temperature above and below the normal
98.6°F. (Color indicates degree of heat.)

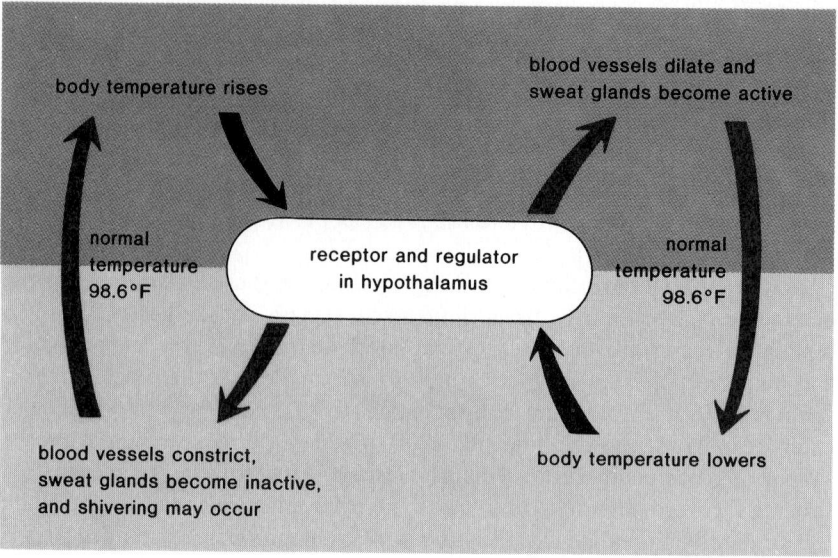

body temperature rises

blood vessels dilate and
sweat glands become active

normal
temperature
98.6°F

receptor and regulator
in hypothalamus

normal
temperature
98.6°F

blood vessels constrict,
sweat glands become inactive,
and shivering may occur

body temperature lowers

Summary

Human tissues are categorized into four groups. Epithelial tissue covers the body and lines its cavities. The different types (squamous, cuboidal, and columnar) can be stratified and/or have cilia or microvilli. Also, columnar cells can be pseudostratified. Epithelial cells sometimes form glands that secrete either into ducts or into blood.

Connective tissues in which cells are separated by a matrix often bind body parts together. Loose connective tissue has both white and yellow fibers and may also have fat (adipose) cells. Fibrous connective tissue such as tendons and ligaments, contains closely packed white fibers. Both cartilage and bone have cells within lacunae but the matrix for cartilage is more flexible than that for bone, which contains calcium salts. In bone, the lacunae lie in concentric circles about a Haversian canal. Blood is a connective tissue in which the matrix is a liquid called plasma.

Muscular tissue is of three types. Both skeletal and cardiac are striated; both cardiac and smooth are involuntary. Skeletal muscle is found in muscles attached to bones, and smooth is found in internal organs. Cardiac muscle makes up the heart.

Nervous tissue has one main type of cell, the neuron, that possesses two kinds of fibers, dendrites and axons. The brain and spinal cord contain complete neurons while the nerves contain only fibers. Neurons and their fibers are specialized to conduct nerve impulses.

Tissues are joined together to form organs, each one having a specific function. Skin is a two-layered organ that waterproofs and protects the body. The epidermis contains epithelial cells that are keratinzed as they move toward the surface. The dermis, a largely fibrous connective tissue, contains epithelial-derived glands and hair follicles, nerve endings, and blood vessels. Encapsulated nerve endings form sense organs for touch, pressure, and temperature; free nerve endings register pain. Sweat glands and blood vessels help control body temperature. A subcutaneous layer, which is made up of loose connective tissue containing adipose cells, lies beneath the skin.

Organs are grouped into organ systems. The location of the organ systems indicates whether an animal is a vertebrate or an invertebrate. In vertebrates, the well developed brain is protected by the skull, and the spinal cord is protected by vertebrae. Other internal organs are located in a cavity called the coelom. In humans, as other mammals, this cavity is divided by the diaphragm. Also, like other vertebrates, the skeleton is internal and the muscles are large. In this text, human physiology is studied as representative of vertebrate and mammalian physiology.

Homeostasis is characteristic of mammals. All organ systems contribute to the constancy of tissue fluid and blood. Special contributions are made by the liver, which keeps blood glucose constant, and the kidneys, which regulate the pH. The nervous and hormonal systems regulate the other systems. Both of these are controlled by a feedback mechanism, which results in fluctuation above and below the desired level.

Study Questions

1. Name the four major groups of tissues. (p. 155)
2. What are the functions of epithelial tissue; Name the different kinds and give a location for each. (pp. 156–58)
3. What are the functions of connective tissue. Name the different kinds and give a location for each. (pp. 158–60)
4. What are the functions of muscle tissue. Name the different kinds and give a location for each. (p. 160)
5. Nervous tissue contains what type cell? Which organs in the body are made up of nervous tissue? (p. 161)
6. Describe the structure of skin and state at least two functions of this organ. (p. 162)
7. In general terms, describe the location of the human organ systems. (p. 164)
8. List at least four vertebrate characteristics of humans. (pp. 162–64)
9. What is homeostasis and how is it achieved in the human body? (p. 165)

Further Readings

Hickman, C. P. et al. 1978. *Biology of animals.* 2d ed. Saint Louis: C. V. Mosby.

Hole, J. W. 1980. *Human anatomy and physiology.* 2d ed. Dubuque, Iowa: Wm. C. Brown.

Kessel, R. G., and Kardon, R. H. 1979. *Tissues and organs: a text-atlas of scanning electron microscopy.* San Francisco: W. H. Freeman.

9

digestion

1. Small molecules, such as amino acids, glucose, and fatty acids, that can cross cell membranes are the products of digestion that nourish the body.

2. Regions of the digestive tract are specialized to carry on specific functions; for example, the mouth is specialized to receive and masticate food, and the small intestine is specialized to absorb the products of digestion.

3. Digestion requires enzymes that function according to the lock-and-key theory. They are specific and have a preferred pH.

4. Proper nutrition requires that the energy needs of the body be met and that the diet be balanced so that all vitamins and essential amino acids and fatty acids are included.

Chapter Concepts

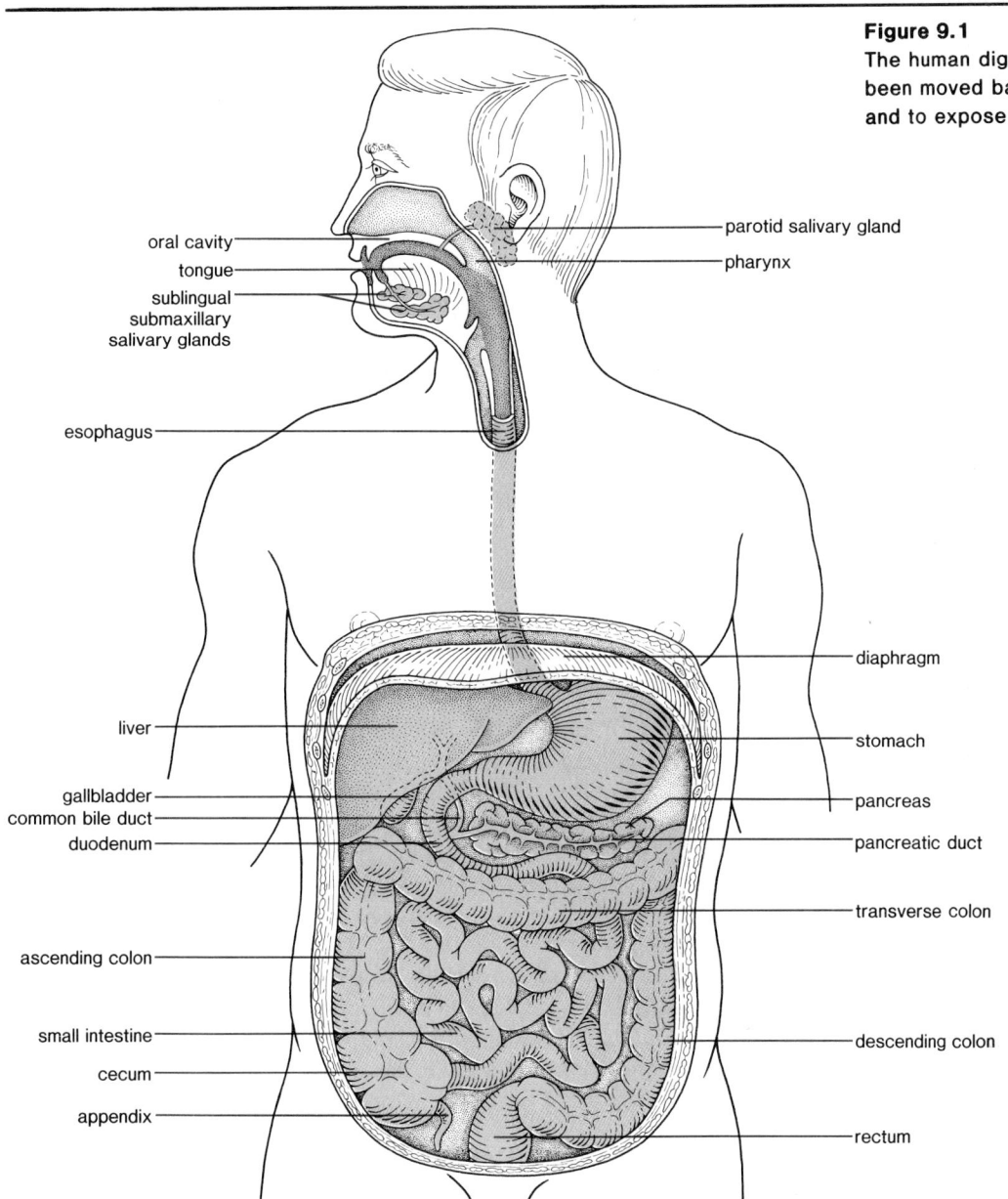

oral cavity

tongue

sublingual
submaxillary
salivary glands

esophagus

liver

gallbladder
common bile duct
duodenum

ascending colon

small intestine

cecum

appendix

parotid salivary gland

pharynx

diaphragm

stomach

pancreas

pancreatic duct

transverse colon

descending colon

rectum

Digestion takes place within the alimentary canal, a tube that begins with the mouth and ends with the anus. Digestive enzymes are secreted into the canal from exocrine glands that either line the tract or have a tubular connection with it. Digestion of food in humans is, then, an extracellular process.

While the term *digestion* refers, strictly speaking, to the chemical breakdown of food by enzymatic action, we will expand the term to include both the physical and chemical processes that reduce food to small soluble molecules. Only small molecules can passively cross a cell membrane and then be absorbed by the gut lining. Too often we are inclined to think that since we eat meat (protein), potatoes (carbohydrate), and butter (fat), these are the substances that nourish our bodies. As a matter of fact, it is the amino acids from the protein, the sugars from the carbohydrates, and the glycerol and fatty acids from the fat that actually enter the blood and are transported about the body to nourish our cells. Any component of food, such as cellulose, that is incapable of being digested to small molecules leaves the alimentary canal as waste material.

The human digestive system (fig. 9.1) includes the alimentary canal and its accessory glands: *salivary glands, liver,* and *pancreas.* Food passes along

Figure 9.2
Diagram of the mouth showing the permanent teeth.

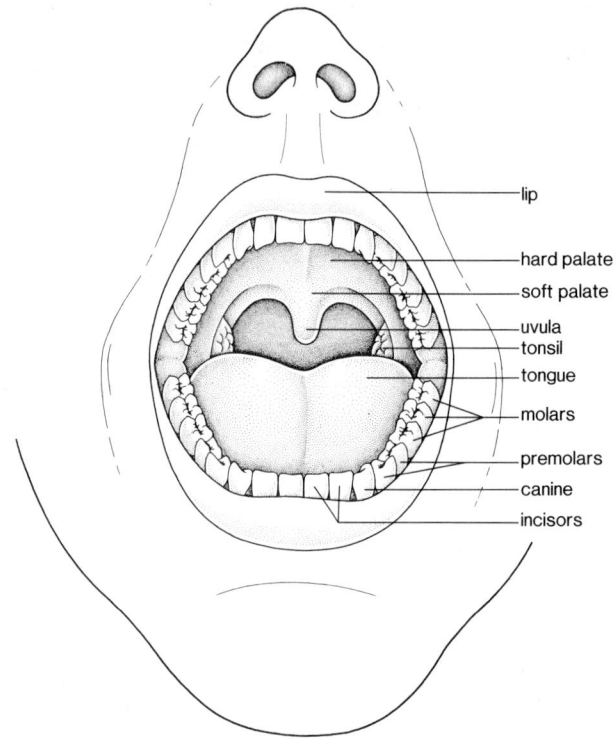

the alimentary canal through the regions listed in the following order: *mouth, pharynx, esophagus, stomach, small intestine,* and *large intestine.* Food is never found within the accessory glands, only within the tract itself. The accessory glands produce substances that pass into the tract and aid in the reduction of food to small molecules that can be absorbed by the lining of the small intestine.

Digestion of food can be thought of as a cooperative effort between different parts of the body. The term *cooperation* implies that these parts of the body are coordinated in their efforts, and we shall see later in the chapter that this coordination is achieved by the nervous system and by the production of hormones.

Digestive System

Mouth

The **mouth** is the receptacle for food in humans. Eating is pleasurable to most people because of the combined sensations of smelling and tasting the food. Smelling is accomplished by the olfactory receptors located in the nose; tasting is, of course, a function of the taste buds located on the tongue. (See chapter 17 for a description of these sense organs.)

Humans normally have thirty-two teeth (fig. 9.2) that chew the food into pieces convenient to swallow. One-half of each jaw includes teeth of four different types: two chisel-shaped incisors for biting; one pointed canine for tearing; two fairly flat premolars for grinding; and three molars well flattened for crushing. The last molar, or wisdom tooth, may fail to erupt, or if it does it may be crooked and useless.

Each **tooth** (fig. 9.3) has a layer of enamel, an extremely hard outer covering of calcium compounds; dentine, a thick layer of bonelike material; and the inner pulp, which contains the nerves and blood vessels. Tooth decay, or **caries,** commonly called cavities, occurs when the bacteria within the mouth metabolize sugar and give off acids that corrode the teeth. Two measures may prevent tooth decay: eating a limited amount of sweets and daily brushing and flossing of teeth. It has also been discovered that the incorporation of fluoride into the enamel covering makes it stronger and more resistant to decay. In the adult, gum disease is seen more frequently than tooth decay. Inflammation of the gums (gingivitis) may spread to the periodontal membrane (fig. 9.3), which lines the tooth socket. **Periodontitis** has many different causes but it is characterized by loss of bone so that the teeth loosen and may have to be pulled. Stimulation of the gums in a manner advised by dentists has been found helpful to prevent advanced periodontitis.

In humans, the roof of the mouth separates the food cavity from the air passages and is composed of the anterior **hard palate** and the posterior **soft palate** (fig. 9.2). The hard palate consists of several bones, and the soft palate is muscular. The soft palate ends in the **uvula,** a suspended process often mistaken by the layman for the tonsils. But, as figure 9.2 shows, the tonsils lie to the sides of the throat.

Ducts from three pairs of large **salivary glands** connect with the mouth and empty their secretions into its cavity. The parotid glands lie at the sides of the face immediately below and in front of the ears. The parotid glands are the glands that become swollen when a person has the mumps, a viral infection that usually afflicts children. The duct from this gland opens on the surface of the cheek by a small opening opposite the second upper molar. The sublingual glands lie beneath the tongue and the submaxillary glands lie beneath the lower jaw. These salivary glands open in the mouth under the tongue. It is possible to locate the openings for all the glands if you use your tongue to feel for small flaps around the upper molar region and under the tongue.

The saliva that is secreted by these glands contains principally water, mucus, and **salivary amylase,** a digestive enzyme sometimes called ptyalin. This enzyme acts on starch. Like all the digestive enzymes, salivary amylase is a **hydrolytic enzyme.** This means that its substrate is broken down upon the addition of water:

$$\text{starch} + (n - 1)\ H_2O \xrightarrow{\text{salivary amylase}} n\ \text{maltose}$$

In this equation, *starch* is the substrate for the enzyme salivary amylase. (See fig. 9.4 for chemical structures.) Salivary amylase is written above the arrow to indicate that it is neither a reactant nor product in the reaction. It merely speeds up this reaction, which converts the large starch molecule to many molecules of maltose. The *n* in the equation stands for some large number of molecules of maltose. Maltose is a disaccharide, or compound sugar. Maltose is not one of the small molecules that can be absorbed by the gut. Additional digestive action is required to convert maltose to glucose. This occurs further along the digestive tract.

No other digestive processes occur in the mouth. The tongue takes the chewed food and forms it into a mass called a **bolus,** in preparation for swallowing.

Figure 9.3
Longitudinal section of a molar. A tooth contains nerves and blood vessels within the pulp.

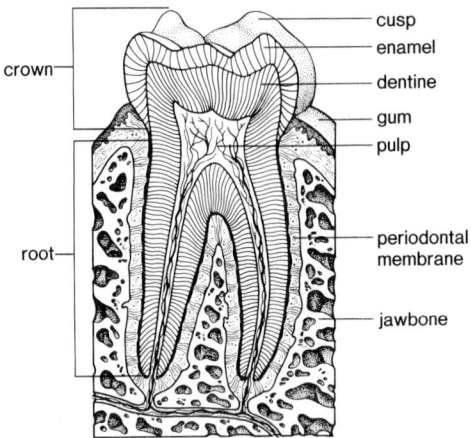

cusp
enamel
dentine
gum
pulp
crown
root
periodontal membrane
jawbone

Figure 9.4
Five hydrolytic reactions occur when food is digested. a and b. carbohydrate digestion. c and d. protein digestion. e. fat digestion.

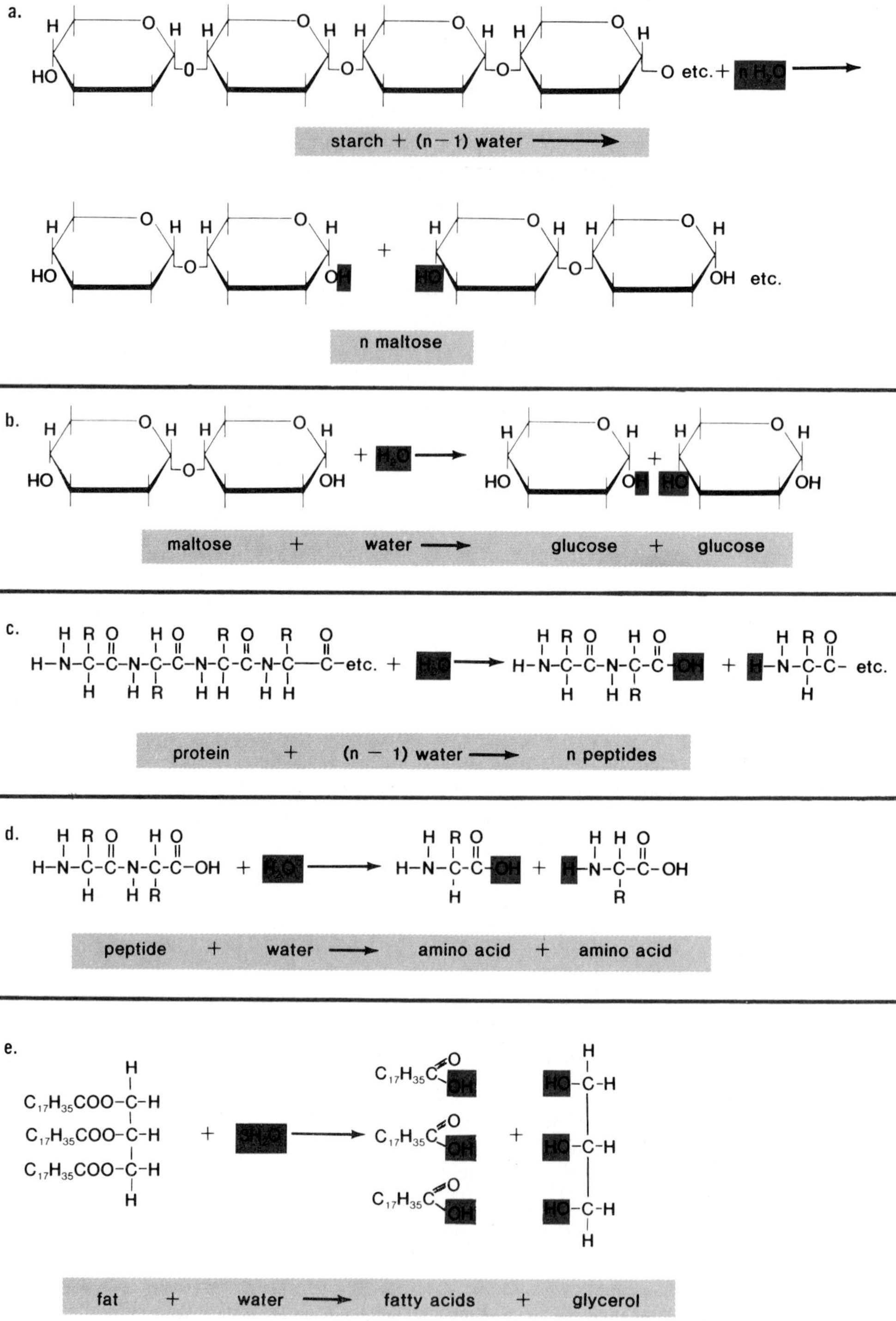

starch + (n − 1) water ⟶

n maltose

maltose + water ⟶ glucose + glucose

protein + (n − 1) water ⟶ n peptides

peptide + water ⟶ amino acid + amino acid

fat + water ⟶ fatty acids + glycerol

Pharynx

The **pharynx** is the throat, and it is here that swallowing takes place. During swallowing, food passes from the throat into the esophagus, a long tube that leads to the stomach (fig 9.5). Swallowing is a **reflex action,** which means the action is normally performed automatically and does not require conscious thought. Unfortunately, we have all had the unpleasant experience of having food "go the wrong way." The wrong way may be either the nose or the windpipe (trachea). If it is the latter, coughing usually forces the food up and out of the windpipe into the throat again. Normally, the food enters the esophagus because the air passages are blocked. The openings to the nose, called the **nasopharyngeal openings,** are covered when the soft palate moves back. The opening to the windpipe, called the **glottis,** is covered when the windpipe moves up under a flap of tissue called the **epiglottis.** The latter can be observed because the **Adam's apple** is a part of the windpipe, and it can be seen to move up and down as a person eats. Breathing does not occur during the process of swallowing because air passages are closed off.

Figure 13.4 shows the relationship between the location of the nasopharynx, the esophagus, and the glottis. Notice that the air comes into the throat region by way of the nasopharyngeal openings and leaves by way of the glottis. The esophagus lies just behind the windpipe, and its opening expands during swallowing. There are two other openings, called **eustachian tubes,** at the sides of the nasopharynx that lead to the middle ear on each side. The eustachian tubes allow us to equalize the air pressure inside the ears with the air pressure outside. Both swallowing and yawning cause air to enter the eustachian tubes and relieve any discomfort caused by a sudden change in outside air pressure.

Esophagus

After swallowing, the food bolus enters the **esophagus,** a long muscular tube (fig. 9.6) that conducts the bolus through the thoracic cavity. The wall of the esophagus is representative of the alimentary canal. It contains a **mucosa** with epithelial tissue (squamous in the esophagus but columnar in the rest of the canal) that lines the lumen (the space within the tube); a **submucosal** layer

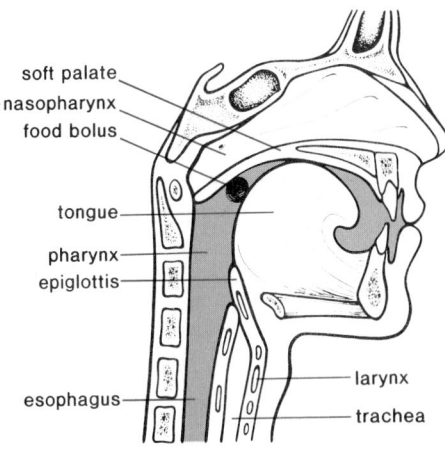

Figure 9.5
When food is swallowed, the soft palate covers the nasopharynx and the epiglottis covers the glottis so that the food bolus must pass down the esophagus.

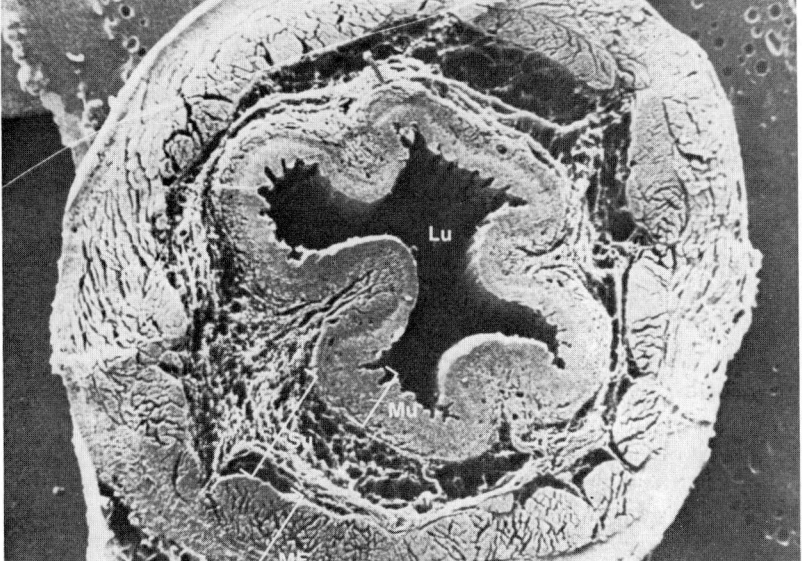

Kessel and Kardon

Figure 9.6
Several different types of tissues make up the wall of the esophagus. *Lu* = central lumen; *Mu* = mucosal lining; *Su* = submucosa; *Me* = muscularis externa; and *Ad* = adventitia, or serosa.

Figure 9.7

A rhythmical contraction, called peristalsis, moves food along the digestive tract.

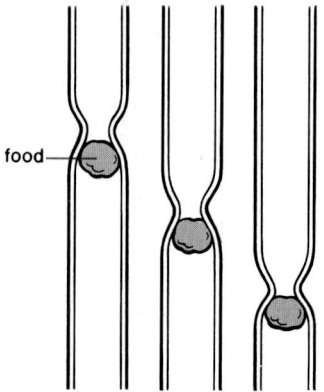

food

Figure 9.8

The wall of the stomach has layers similar to that of the esophagus. *Mu* = mucosa; *MM* = muscularis mucosa; *Su* = submucosa; *ML* = muscularis layer; *Se* = outer serosa. The wall of the stomach has folds called rugae (*Ru*) that disappear when stomach is full. The arrows indicate openings to the gastric glands.

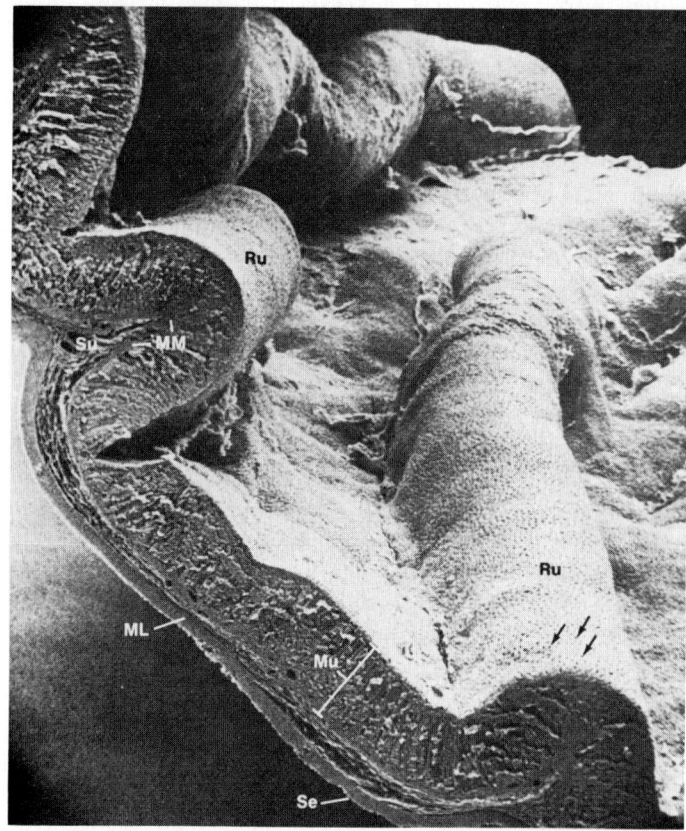

Kessel and Kardon

of connective tissue that contains nerves and blood vessels; two layers of smooth or involuntary muscle called the **muscularis**; and finally a **serosa** that usually has a thin outer layer of squamous epithelium.

When the bolus enters the esophagus, a rhythmical contraction of the wall begins and pushes the food along. The wave of contraction that moves the food down the length of the tube is called **peristalsis** (fig. 9.7). Occasionally peristalsis begins even though there is no food in the esophagus. This produces the sensation of a lump in the throat.

The entrance of the esophagus into the stomach is marked by the presence of a thickened region called the **gastroesophageal constrictor.** When food is swallowed, the constrictor relaxes allowing the bolus to pass into the stomach. Normally, this constrictor prevents food from moving up out of the stomach, but when vomiting occurs, a reverse peristaltic wave causes the constrictor to relax and the contents of the stomach are propelled upwards through the esophagus.

Stomach

The **stomach** is a thick-walled, J-shaped organ that lies on the left side of the body beneath the diaphragm. It is an enlarged portion of the gut, which can stretch to hold about a half gallon of liquids and solids. The walls (fig. 9.8) contain three layers of muscle instead of two layers and contraction of these muscles causes the stomach to churn and mix its contents. Hunger pangs are felt when an empty stomach churns.

Figure 9.9
Peptic ulcer in the stomach. Normally, the digestive tract protects itself from digestive juices, but an ulcer begins when this protection fails.

The mucosa lining of the stomach contains millions of microscopic digestive glands called **gastric glands** (the term *gastric* always refers to the stomach). The gastric glands produce a gastric juice. **Gastric juice** contains pepsinogen and hydrochloric acid (HCl). When **pepsinogen** is exposed to hydrochloric acid within the stomach, it becomes the digestive enzyme, pepsin. **Pepsin** is a hydrolytic enzyme that acts on protein to produce peptides, which are too large to be absorbed by the gut wall and are broken down to amino acids in the next region of the alimentary canal.

$$\text{protein} + (n - 1)\ H_2O \xrightarrow{\text{pepsin}} n\text{ peptides}$$

Peptides vary in length, but always consist of a number of amino acids joined together (fig. 9.4).

The presence of hydrochloric acid causes the contents of the stomach to have an acid pH of about 3, which is quite low, and this low pH kills most bacteria present in food. Although HCl is not an enzyme, it still has a corrosive action on food and, at times, on the stomach wall itself. Normally, the wall is protected by a thick layer of mucus, but if by chance HCl does penetrate this mucus, then an ulcer can begin. An **ulcer** (fig. 9.9) is an open sore in the membrane caused by the gradual disintegration of tissues. Here in this area pepsinogen is converted to pepsin by the presence of the HCl, and digestion of the stomach wall, called autodigestion, begins. It is believed that the most frequent cause of an ulcer is oversecretion of gastric juices due to nervous stimulation. Persons under stress tend to have a greater incidence of ulcers.

Figure 9.10

a. Gastrin produced by the lower part of the stomach enters the bloodstream. b. Gastrin stimulates the upper part of the stomach to produce more digestive juices.

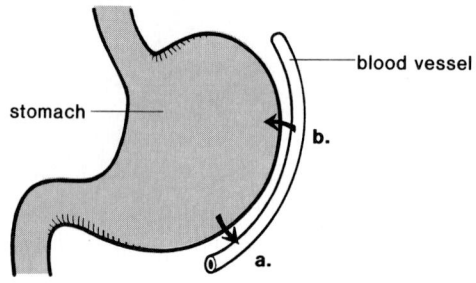

Protein is digested primarily in the stomach. When a person has eaten a meal particularly rich in protein, the gastric glands secrete an added amount of pepsinogen under the control of a hormone called **gastrin.** A **hormone** is a substance that is produced by one set of cells but affects a different set of cells, the so-called target cells. Hormones are transported by the bloodstream. Gastrin produced by the lower part of the stomach enters the bloodstream and thereby reaches the upper part of the stomach, where it causes the gastric gland to secrete more pepsinogen (fig. 9.10).

Normally, the stomach empties in about two to six hours. By this time, the bolus of food has become a semiliquid food mass called **acid chyme.** The acid chyme leaves the stomach and enters the small intestine by way of a sphincter. **Sphincters** are muscles that encircle tubes and act as valves. The tubes close when sphincters contract and they open when sphincters relax.

Small Intestine

Digestion

The small intestine gets its name from its small diameter (compared to that of the large intestine). But perhaps it should be called the long intestine because it averages about twenty feet in length compared to about five feet for the large intestine. The first few inches of the small intestine are called the **duodenum.** Duodenal ulcers sometimes occur because the acid and pepsin within the acid chyme from the stomach may corrode and digest the intestinal wall in this region.

Liver and Pancreas   Two very important accessory glands, the liver and the pancreas, send secretions to the duodenum (fig. 9.1). The **liver** produces **bile,** which is stored in the gallbladder and sent by way of the bile duct to the duodenum. Bile looks green because it contains pigments that are products of hemoglobin breakdown. This green color is familiar to anyone who has observed the color changes of a bruise. Within the bruise the hemoglobin is breaking down into the same types of pigments found in bile. However, bile also contains bile salts, which are emulsifying agents that break up fat into fat droplets:

$$\text{fat} \xrightarrow{\text{bile salts}} \text{fat droplets}$$

When fat is physically broken apart in this way and caused to mix with water, it is said to have been emulsified and an emulsion is present (fig. 1.29). These fat droplets are now ready for chemical digestion.

The **pancreas** sends **pancreatic juice** into the duodenum by way of the pancreatic duct (fig. 9.1). You may be more familiar with the pancreas because some of its cells produce the hormone insulin, making the pancreas an endocrine gland (p. 356). But as an exocrine gland, some other cells manufacture pancreatic juice, which contains digestive enzymes and **sodium bicarbonate** ($NaHCO_3$). The latter makes pancreatic juice alkaline (pH 8.5). The alkaline pancreatic juice neutralizes the acid of the acid chyme and causes the pH of the small intestine to be basic.

Pancreatic juice contains enzymes that act on every major component of food. There is a pancreatic enzyme called **pancreatic amylase** that digests starch:

$$\text{starch} + (n - 1)\ H_2O \xrightarrow{\text{pancreatic amylase}} n\ \text{maltose}$$

Trypsin is an example of a pancreatic enzyme that digests protein:

$$\text{protein} + (n - 1)\ H_2O \xrightarrow{\text{trypsin}} n\ \text{peptides}$$

Trypsin is secreted as trypsinogen and changes to trypsin in the gut.

Lipase digests the fat droplets:

$$\text{fat droplets} + 3\text{ H}_2\text{O} \xrightarrow{\text{lipase}} \text{n glycerol} + 3\text{n fatty acids}$$

The digestion of fat is now complete and the molecules of glycerol and fatty acids (fig. 9.4) are small enough to be absorbed by the lining of the small intestine.

Experimental evidence has shown that the gallbladder will secrete bile and the pancreas will secrete pancreatic juice even if all nerves in the immediate area are cut. This indicates that these secretions are most likely controlled at least in part by hormones. The duodenal wall produces hormones, the most important of which are **secretin** and **cholecystokinin (CCK)**, in response to the presence of acid chyme. Acid, especially HCl, stimulates the release of secretin, while partially digested protein and fat stimulate the release of CCK. The hormones enter the blood stream (fig. 9.11) and signal the pancreas and the gallbladder to send secretions to the duodenum.

Intestinal Glands The wall of the small intestine contains millions of digestive glands that produce an intestinal juice containing enzymes to complete the digestion of protein and carbohydrate.

Peptides, the intermediate breakdown products from protein digestion, are metabolized into amino acids:

$$\text{peptides} + \text{H}_2\text{O} \xrightarrow{\text{peptidases}} \text{amino acids}$$

Maltose, the intermediate breakdown product from starch digestion, is metabolized to glucose:

$$\text{maltose} + \text{H}_2\text{O} \xrightarrow{\text{maltase}} 2\text{ glucose}$$

Other disaccharides, each of which has its own enzyme, are digested in the small intestine. The absence of any one of these enzymes may cause illness. For example, many people, including as many as 75 percent of American blacks, cannot digest milk sugar, or lactose, because they lack the enzyme lactase. Drinking milk often gives these individuals severe diarrhea. It's been suggested that lactose could be enzymatically converted to its components, glucose and galactose, during pasteurization so that these persons could also include milk in their diet.

Absorption

The small intestine is specialized for absorption. First, it is quite long with convoluted walls. Secondly, the absorptive surface area is increased by the presence of fingerlike projections called **villi,** and the villi themselves have tiny microvilli (fig. 9.12). The huge number of villi that cover the entire surface of the small intestine give it a soft, velvety appearance. Each villus (fig. 9.12b) has an outer layer of columnar cells and contains blood vessels and a small lymph vessel called a **lacteal.** The lymphatic system is an adjunct to the circulatory system and returns tissue fluid to the veins.

Absorption takes place across the wall of each villus, continuing until all small molecules have been absorbed. Thus, absorption is an active process involving active transport of molecules across cell membranes and requiring an expenditure of cellular energy (p. 70). Sugars and amino acids cross the columnar cells to enter the blood, but glycerol and fatty acids enter the lacteals.[1]

1. For the fate of these molecules see also pages 185, 186, and 187.

Figure 9.11
a. Secretin and CCK produced by the duodenum enter the bloodstream.
b. Secretin stimulates the pancreas to release digestive enzymes and (c) CCK stimulates the gallbladder to release bile.

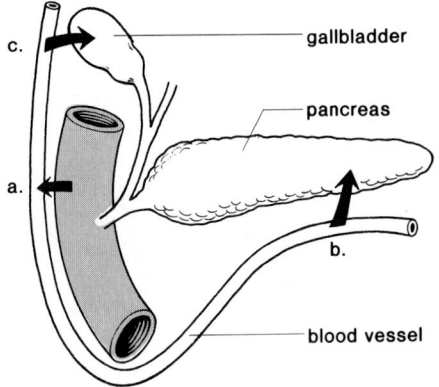

gallbladder

pancreas

c.

a.

b.

blood vessel

Figure 9.12

The products of digestion are absorbed by the villi (*a*), fingerlike projections of the intestinal wall; each of which contains blood vessels and a lacteal (*b*). c. The scanning electron micrograph shows that the villi themselves are covered with microvilli (*Mv*). d. The transmission electron micrograph shows that the microvilli contain microfilaments (*Mf*) that allow limited motion of the microvilli. They extend to the terminal web (TW). Adjacent epithelial cells are joined by tight junctions termed zonula occludens (ZO).

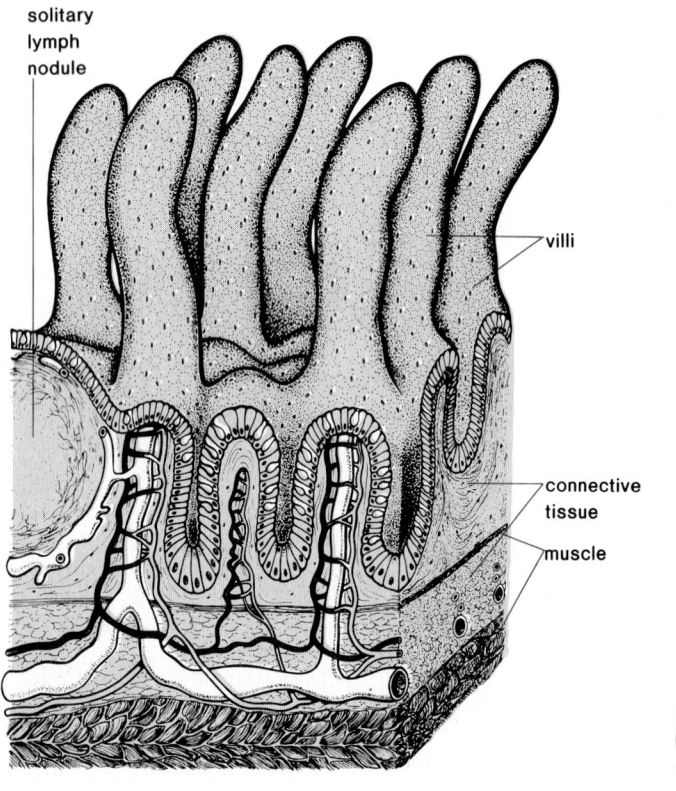

solitary lymph nodule

villi

connective tissue

muscle

a.

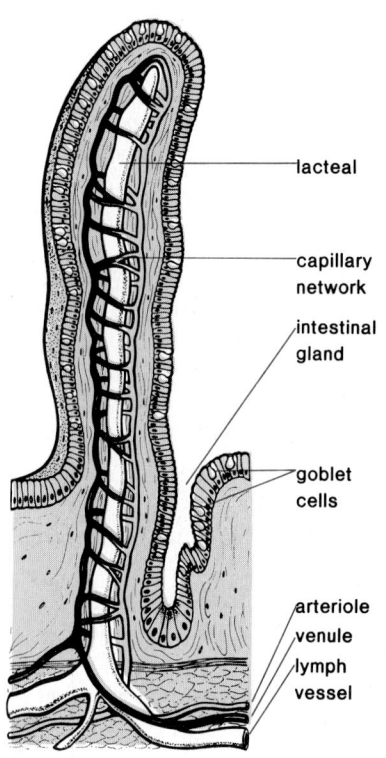

lacteal

capillary network

intestinal gland

goblet cells

arteriole
venule
lymph vessel

b.

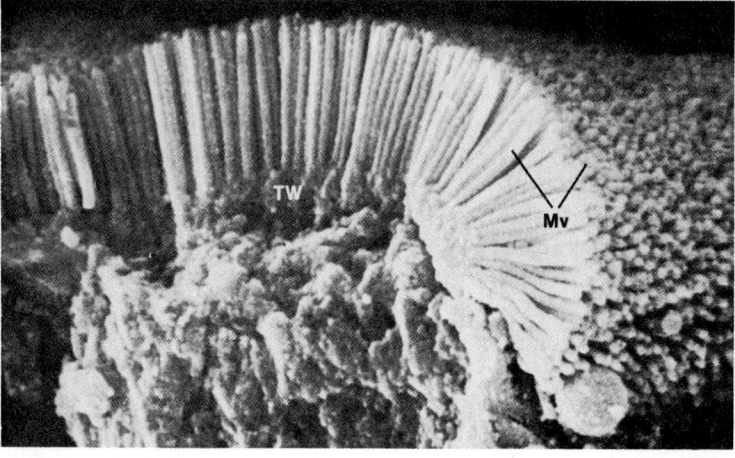

TW

Mv

c.

Kessel and Kardon

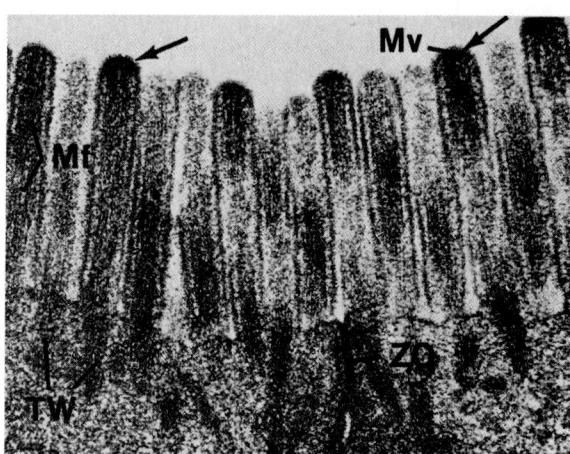

Mv

Mf

TW

ZO

d.

Kessel and Kardon

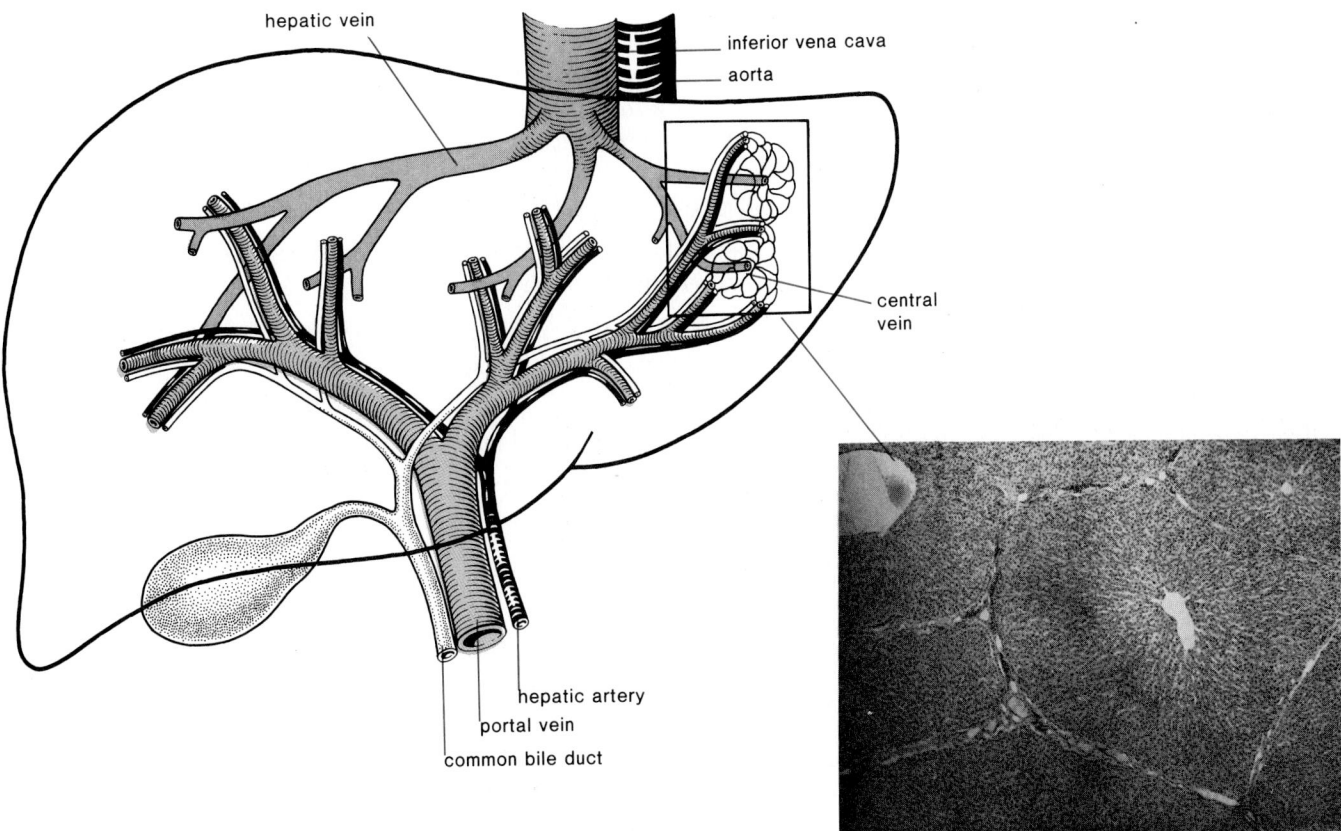

Liver

Blood vessels from the villi merge to form the **hepatic portal vein,** which leads to the liver (fig. 9.13). The liver acts in some ways as the gatekeeper to the blood; it removes poisonous substances from the blood and works to keep the contents of the blood constant. In particular, we may note that the glucose level of the blood is always about 0.1 percent even though we eat intermittently. Any excess glucose that is present in the hepatic portal vein is removed and stored by the liver as glycogen:

$$n \text{ glucose} \longrightarrow \text{glycogen} + (n-1)\ H_2O$$

Between eating periods, glycogen is broken down to glucose, which enters the hepatic vein, and in this way the glucose content of the blood remains constant. It is interesting to note that glycogen is sometimes called animal starch because both starch and glycogen are made up of glucose molecules joined together (p. 33).

If by chance the supply of glycogen or glucose runs short, the liver will convert amino acids to glucose molecules:

$$\text{amino acids} \longrightarrow \text{glucose} + \text{amino groups}$$

You'll recall that amino acids contain nitrogen in the form of amino groups, whereas glucose contains only carbon, oxygen, and hydrogen. Thus, before amino acids can be converted to glucose molecules, **deamination,** or the removal of amino groups from the amino acids, must take place. By an involved metabolic pathway, the liver converts these amino groups to urea:

$$H_2N - \overset{\overset{\displaystyle O}{\displaystyle \|}}{C} - NH_2$$

Urea is the common nitrogen waste product of humans; and after its formation in the liver, it is transported to the kidneys for excretion.

The liver also makes blood proteins from amino acids. These proteins are not used as food for cells; rather, they serve important functions within the blood itself.

Altogether, we have mentioned the following functions of the liver:

1. Destroys old red blood cells and converts hemoglobin to the breakdown products in bile (bilirubin and biliverdin).

2. Produces bile that is stored in the gallbladder before entering the small intestine where it emulsifies fats.

3. Stores glucose as glycogen after eating and breaks down glycogen to glucose between eating to maintain the glucose concentration of the blood constant.

4. Produces urea from the breakdown of amino acids.

5. Makes the blood proteins.

6. Detoxifies the blood by removing poisonous substances and metabolizing them.

Liver Disorders

Jaundice When a person is jaundiced there is a yellowish tint to the skin due to an abnormally large amount of bilirubin in the blood. In one type of jaundice called hemolytic jaundice, red blood cells are broken down in such quantity that the liver cannot excrete the bilirubin fast enough, and an extra amount spills over into the bloodstream. In obstructive type jaundice, there is an obstruction of the bile duct or damage to the liver cells and this causes an increased amount of bilirubin to enter the bloodstream.

Obstructive type jaundice often occurs when crystals of cholesterol precipitate out of bile and form gallstones, which on occasion also contain calcium carbonate. The stones may be so numerous that passage of bile along the bile duct is blocked and the gallbladder must be removed. In the meantime, the bile leaves the liver by way of the blood and a jaundiced appearance results.

Jaundice is also frequently caused by liver damage due to infectious hepatitis, a viral infection that attacks the liver along with other internal organs. Contact with fecal material is probably the most common mode of infection, although persons have contracted the disease from eating shellfish taken from polluted waters, for example. Blood, blood plasma, and serum from infected persons are also sources. Drug addicts who are not careful about sterilizing their needles and syringes are subject to the disease. To recover from hepatitis, a long recuperation period is required, during which time the patient is in a very weakened condition. Recently, it has been reported that if the liver is completely shut down, it is possible to circulate the patient's blood through the excised liver of a baboon so that the patient's liver might have a chance to rest.

Cirrhosis This is a chronic disease of the liver in which the organ first becomes fatty and then liver tissue is replaced by inactive fibrous scar tissue. This condition is common among alcoholics in which case it is most likely caused by the need for the liver to break down excessive amounts of alcohol. When alcohol, a two-carbon compound, is metabolized, active acetate forms. As figure 5.15 shows, active acetate molecules can be synthesized to fatty acids. To accomplish this synthesis, smooth endoplasmic reticulum increases dramatically in the liver—this may be the first step toward cirrhosis.

Large Intestine

The large intestine is essentially an inverted U-shaped tube within the abdominal cavity. The small intestine joins the large intestine at the bottom right half of this ∩ in such a way that there is a blind end to one side (fig. 9.1). This blind sac, or cecum, has a small projection about the size of the little finger, called the **appendix.**

In humans, the appendix is quite small, has no known function and is vestigial, meaning that the organ is underdeveloped in humans but developed in other closely related animals. In some lower animals, it is considerably larger and is used as a place where cellulose is subjected to prolonged digestion. There is lymphoid tissue in the region of the appendix, and this may become infected much like the tonsils. When this occurs, the person suffers severe pain, referred to as appendicitis. If the entrance to the appendix by way of the cecum is cut off, the fluid content of the appendix may rise to the point that the appendix bursts. It is better to have the appendix removed before this occurs because a generalized infection of the lining of the body wall may result when intestinal contents enter the abdomen.

The large intestine includes the colon and rectum. From the junction of the small and large intestines, an ascending colon goes up the right side of the body to the level of the liver. It makes a right-angle turn and becomes the transverse colon, running across the abdominal cavity just below the liver and stomach. At the left side of the body, the descending colon passes down to the rectum, the last six to eight inches of the intestinal tract. The opening of the rectum to the exterior is called the **anus.** As the rectum fills, it distends until it is sufficiently stimulated to give rise to a nervous reflex called the defecation reflex (fig. 9.14). **Feces** contain indigestible remnants of food, certain substances excreted by the body such as bile pigments and heavy metals, and large quantities of bacteria.

The bacteria are present because there is a large population of noninfectious bacteria in the large intestine called the **normal intestinal flora.** The most common of these bacteria is *E. coli,* a bacterium that is often raised in laboratories for biochemical and genetic experiments. Antibiotic therapy can disturb the natural proportion of bacteria in the intestine, resulting in a secondary infection with a bacterium that is not normal to the flora. The ordinary bacteria in the intestine are actually of service to us because they produce vitamins, amino acids, and other growth factors that may be absorbed and used by our cells. The bacteria use the undigested materials that reach the large intestine as their food. When they break this food down, they give off odorous molecules that cause the characteristic odor of feces. Many of our rivers, streams, and ponds today are considered polluted and unsafe for swimming when the *E. coli* count reaches a certain level. This is not because *E. coli* causes disease but because the concentration of *E. coli* is an indication of the amount of fecal material that has entered the water. The more fecal material present, the greater the possibility that pathogenic or disease-causing organisms are also present.

Figure 9.14
Defecation reflex. The accumulation of feces in the rectum causes it to stretch, which initiates a reflex action resulting in rectal contraction and expulsion of the fecal material.

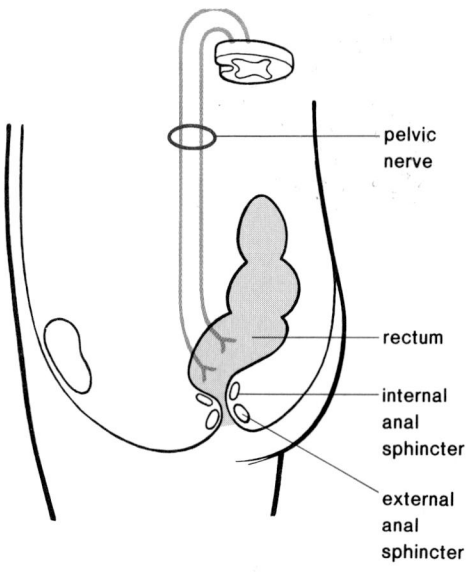

pelvic nerve

rectum

internal anal sphincter

external anal sphincter

Nutrient molecules are not absorbed by the large intestine, but one of the primary functions of the large intestine is the absorption of water from the nondigestible content of food. If little water is absorbed, diarrhea results; if too much water is absorbed, constipation occurs.

Diarrhea   The major causes of diarrhea are infection of the lower tract and nervous stimulation. In the case of infection, the intestinal wall becomes irritated and peristalsis increases. Lack of absorption of water is a protective measure, and the diarrhea that results serves to rid the body of the infectious organisms. In nervous diarrhea, the nervous system stimulates the intestinal wall and diarrhea results. Loss of water due to diarrhea may lead to dehydration, a serious condition in which the body tissues lose their normal water content.

Constipation   When a person is constipated, the feces are dry and hard. One cause of this condition is that socialized persons have learned to inhibit defecation to the point that the normal reflexes are often ignored. Two components of the diet can help to prevent constipation: water and roughage. A proper intake of water prevents the drying out of the feces. Roughage, or nondigestible plant substances, provides the bulk needed for proper elimination.

Colectomy   Cancer of the colon at times requires that the entire colon be removed. If so, the end of the small intestine is brought out the abdominal wall and the digestive remains are collected in a plastic bag fastened around the opening. The patient can remain healthy if the vitamins synthesized within the large intestine are administered, and if the fluid and salt intake are regulated.

Control of Digestive Gland Secretion

The flow of digestive juices appears to be controlled by at least three types of mechanisms: reflex nervous action, conditioned reflex nervous action, and hormonal production and stimulation.

When food is present in the mouth, stomach, and small intestine, nervous impulses reach the brain, which in turn stimulates the digestive glands to secrete. This is the path of a **simple nervous reflex.**

But it is also possible for an external stimulus to influence the production of digestive juices. In such a case, it is said that the person is *conditioned* to associate this stimulus with food in the tract. Pavlov demonstrated this so-called **conditioned reflex** when he fed a dog and rang a bell at the same time. After some time, simply ringing the bell caused the dog to salivate because the dog associated the ringing of the bell with food.

We have already given examples pertaining to control of secretion by the production of hormones. Previously, we saw that the production of gastrin by the lower part of the stomach causes the gastric glands to produce additional pepsin, and that the production of secretin and CCK by the wall of the small intestine causes the pancreas and gallbladder to send their juices to the small intestine. Other hormones, not discussed, are also involved in the control of digestive secretions.

Digestive Enzymes

The digestive process in each part of the digestive tract has been described on the preceding pages. However, it is also possible to take each type of food—protein, carbohydrate, and fat—and discuss the digestion of each. Chart 9.1 lists the enzymes that are needed for each of these major components of food. As you can see, there are two enzymes for the digestion of starch to maltose: salivary amylase and pancreatic amylase. Once starch has been converted to maltose, an intestinal enzyme breaks down maltose to glucose. Glucose is absorbed into the blood by the intestinal villi.

Protein is broken down to peptides by both pepsin, an enzyme produced by the gastric glands of the stomach, and trypsin, an enzyme produced by the pancreas. Peptides must be further digested by peptidases, produced by the intestinal glands. After digestion, the released amino acids can be absorbed into the blood of the intestinal villi.

Fats are first emulsified by bile to fat droplets and then these are digested by pancreatic lipase to glycerol and fatty acids. Glycerol and fatty acids are absorbed into the lacteals of the intestinal villi.

Digestive enzymes are hydrolytic enzymes that catalyze degradation (p. 29) by the introduction of water at specific bonds. Digestive enzymes are no different from any other enzyme of the body. For example, they are proteins with a particular shape that fits their substrate. The lock-and-key theory of enzymatic action is described on page 94; digestive enzymes are included in this theory. Enzymes have a preferred pH because this pH maintains their shape in order that they may speed the reaction for which they are specific. Chart 9.2 lists the enzymes and their preferred pH.

Chart 9.1 Digestive Enzymes

Reaction	Enzyme	Gland	Site of Occurrence
starch + H_2O ⟶ maltose	Salivary amylase	Salivary	Mouth
	Pancreatic amylase	Pancreas	Small intestine
maltose + H_2O ⟶ glucose*	Maltase	Intestinal	Small intestine
protein + H_2O ⟶ peptides	Pepsin	Gastric	Stomach
	Trypsin	Pancreas	Small intestine
peptides + H_2O ⟶ amino acids*	Peptidases	Intestinal	Small intestine
fat + H_2O ⟶ glycerol + fatty acids*	Lipase	Pancreas	Small intestine

*Absorbed by villi.

Food is largely made up of carbohydrate (starch), protein, and fat. These very large macromolecules are broken down by digestive enzymes to small molecules that can be absorbed by intestinal villi. This chart indicates the steps needed for carbohydrate digestion (starch and maltose), protein digestion (protein and peptides), and fat digestion (fat) and shows that they are all hydrolytic reactions.

Chart 9.2 Comparison of Enzymes

Enzyme	Source	Optimum pH	Type of Food Digested	Product
Salivary amylase	Saliva	Neutral	Starch	Maltose
Pepsin	Stomach	Acid	Protein	Peptides
Pancreatic amylase	Pancreas	Alkaline	Starch	Maltose
Lipase	Pancreas	Alkaline	Fat	Glycerol; fatty acids
Trypsin	Pancreas	Alkaline	Protein	Peptides
Nucleases	Pancreas	Alkaline	RNA, DNA	Nucleotides
Peptidases	Intestine	Alkaline	Peptides	Amino acids
Maltase	Intestine	Alkaline	Maltose	Glucose

All enzymes have a preferred pH that maintains their proper shape to do their job. This chart indicates the pH for each of the enzymes in chart 9.1.

Figure 9.15

An experiment to demonstrate that enzymes digest food when the environmental conditions are correct.

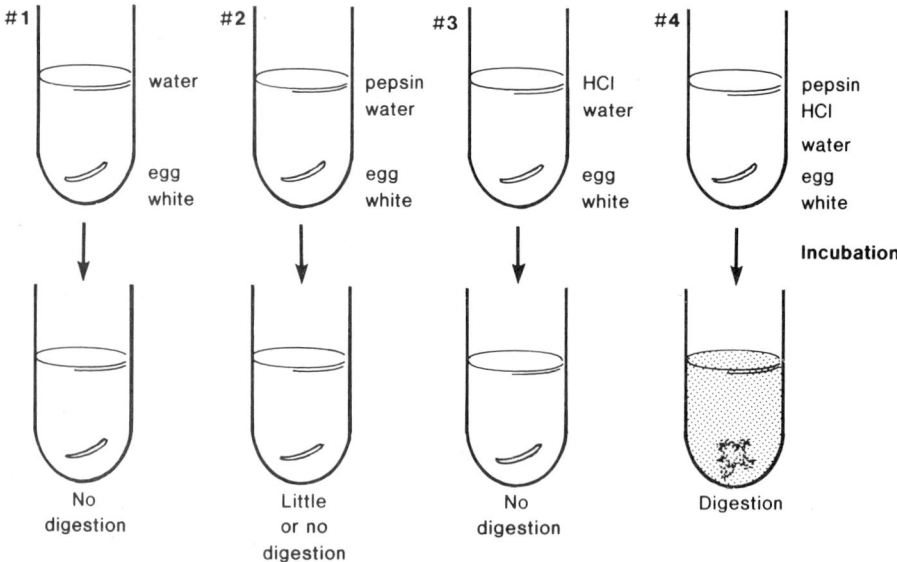

Simple laboratory experiments (fig 9.15) can be done to show that it is enzymes that bring about the breakdown of food and not some other substance such as hydrochloric acid (HCl) or bile. For example, four test tubes may be prepared in which egg white, or the protein called albumin, is to be tested for digestion:

1. Water + a small sliver of egg white

2. Pepsin + water + a small sliver of egg white

3. HCl + water + a small sliver of egg white

4. Pepsin + HCl + water + a small sliver of egg white

All tubes are now placed in an incubator at body temperature for at least an hour. At the end of this time, we can predict that tube 4 will show the best digestive action. Tube 3 does not contain the enzyme and tube 2 has too high a pH, so these two tubes will show little or no digestion. Tube 1 is a control and there will be no digestion in it.

This experiment can be expanded and three test tubes similar to #4 can be prepared. One is kept in the cold, one at body temperature, and the last is boiled. The body temperature tube will, of course, show the best action. Like any chemical reaction, enzymatic reactions speed up if warmed; however, boiling destroys enzymes and so the last tube will show no digestion.

Nutrition

Good nutrition requires that humans receive an adequate supply of energy and a balanced supply of essential nutrients.

Chart 9.3 Suggested Weights for Heights and Basal Metabolic Rates for Adults

Height	Men Median Weight	BMR	Women Median Weight	BMR
Inches	Pounds	C/day	Pounds	C/day
60			109 ± 9	1399
62			115 ± 9	1429
64	133 ± 11	1630	122 ± 10	1487†
66	142 ± 12	1690	129 ± 10	1530
68	151 ± 14	1775	136 ± 10	1572
70	159 ± 14	1815*	144 ± 11	1626
72	167 ± 15	1870	152 ± 12	1666
74	175 ± 15	1933		
76	182 ± 16	1983		

*Recommended *total* caloric intake for ages 19–22 is 2900C.

†Recommended *total* caloric intake for ages 19–22 is 2100C.

From *Recommended Dietary Allowances*, 8th rev. ed. National Research Council, National Academy of Sciences, Washington, D.C., 1974, table 3.

Chart 9.4 Number of Calories Utilized by Various Actions

Kinds of Activity	Calories (per hour)*
Walking up stairs	1100
Running (a jog)	570
Swimming	500
Vigorous exercise	450
Slow walking	200
Dressing and undressing	118
Sitting at rest	100

*Includes BMR.

Chart 9.5 Caloric Energy Release

	Calories/gram
Carbohydrate	4.1
Fat	9.3
Protein	4.1

Energy

The amount of energy required for proper nutrition is designated in terms of **Calories**.[2] Humans need energy first for basal metabolism and then for physical activities. Each individual's **basal metabolic rate** (BMR) is the amount of energy needed to maintain the body while at rest. BMR is best measured fourteen hours after the last meal (because digestion requires energy) with the subject lying down at complete physical and mental rest. BMR is usually lower for women than for men and, in general, is affected by size, shape, weight, age, activity of endocrine glands, etc. Chart 9.3 lists the basal rates for young adults according to height and weight. In addition, any type of exercise requires still more energy, which is shown by the values in Chart 9.4.

Carbohydrates, fats, and proteins all contribute to human energy needs. The amount of energy released upon full oxidation of one gram of each of these is shown in chart 9.5. For the average American, carbohydrates supply about 40 percent of energy needs, fats supply about 45 percent, and protein supplies about 15 percent. Among poorer people either in this country or other countries, carbohydrates may supply as much as 80 percent of energy needs.

While any one of the types of food could supply the energy needs of the body, each type of food is required in the diet for special reasons.

Carbohydrates

Dietary carbohydrates are obtained not only by eating starchy foods, such as bread and potatoes, they are also obtained by eating meat or seafood, which contain glycogen. Also, any food high in sugar provides carbohydrates without the need for digestion.

As mentioned previously, all dietary carbohydrates are digested to glucose, which is stored by the liver in the form of glycogen. In between eating, the liver attempts to maintain the blood glucose level at 0.1 percent, either by breaking down glycogen or by converting amino acids to glucose (p. 179). If necessary, these amino acids are taken from the muscles, even from the heart muscle. A constant supply of glucose is necessary because the brain utilizes only glucose as an energy source. Other organs can metabolize fatty acids for

2. One Calorie (capital C) is the amount of heat required to raise the temperature of 1,000 grams of water one degree centigrade, while one calorie (lowercase c) is the amount needed to raise the temperature of one gram of water one degree.

energy but unfortunately this results in **acidosis,** an acid blood pH. In order to avoid this situation, it is suggested that the diet contain at least 100 grams of carbohydrate daily.[3]

Even so, the intake of simple sugars by way of such foods as candy, ice cream, sugar-coated cereals, soft drinks, and alcohol has been labeled "empty calories" by some because these foods contribute to energy needs and weight gain without supplying any other nutritional requirements.

Diabetes is a common illness in the United States, and it has been suggested that it might be brought on by the ingestion of too many simple sugars. Evidence does not as yet bear out this suggestion, but there is evidence that eating "complex" carbohydrates rather than simple sugars improves glucose tolerance, the rapidity with which the glucose content of the blood returns to normal following ingestion of glucose.

Fats

Fats are present not only in butter and margarine but also in meat, eggs, milk, nuts, and a variety of vegetable oils. Fats from an animal origin tend to have saturated fatty acids and those from plants tend to have unsaturated fatty acids.

After being absorbed, the products of fat digestion are transported by the lymph and blood to the tissues. The liver can alter ingested fats to suit the body's needs, except it is unable to produce the fatty acids linolenic and linoleic acids. Since these are required for phospholipid production, they are considered essential fatty acids. **Essential molecules** must be present in the diet because the body is unable to manufacture them.

An increase in the amount of fats in the diet can greatly increase the number of calories consumed. The pad of butter or margarine on a potato contains almost as many calories as the potato. This is evident when you compare the amount of calories derived from a gram of fat to the amount derived from a gram of carbohydrate (chart 9.5).

Ingestion of too many calories, no matter what the source, results in an increase in the amount of fat stored in adipose tissues. An obese person is commonly, although not always, one who weighs 20 percent more than the suggested weight for his or her height (chart 9.3). Obesity indicates poor nutrition—the intake of food is inappropriate to the body's needs. The reading on page 190 presents approved ways of dealing with the problem of overweight. Fad diets are not recommended because such diets often lack essential nutrients. A continuous cycle of weight gain followed by weight loss is not advisable either since it may also prove harmful to your health. A well-balanced, moderate diet is recommended because it assures weight loss (fig. 9.16) while providing all necessary nutrients.

Dietary lipids, especially saturated fatty acids and cholesterol, have been implicated in circulatory difficulties, such as hypertension and heart attack due to hardening of the arteries. It has been pointed out that the South African Bantu, who rarely suffer from heart disease, have a diet very low in fats (about 17 percent of the total caloric intake) and a mean serum-cholesterol level of only 166. In contrast, in the U.S. where the coronary death rate is very high, the average fat intake is 40–45 percent and the serum cholesterol level is about 250. The American Heart Association recommends that lipids be reduced to 30 percent of caloric intake and that the dietary amount of polyunsaturated fatty acids be at least equal to that of saturated fatty acids. Since eggs are high in cholesterol, some authorities recommend limited egg consumption. But as yet there have been no conclusive studies to show that lowering cholesterol levels actually prevent circulatory difficulties.

3. A slice of bread contains approximately 14 grams of carbohydrate.

Figure 9.16
A diagram illustrating the relationship between caloric intake and weight gain or loss. a. Energy content of food is greater than energy needs of body—weight gain occurs. b. Energy content of food is less than energy needs of body—weight loss occurs. c. Energy content of food equals energy needs of body—no weight change occurs.

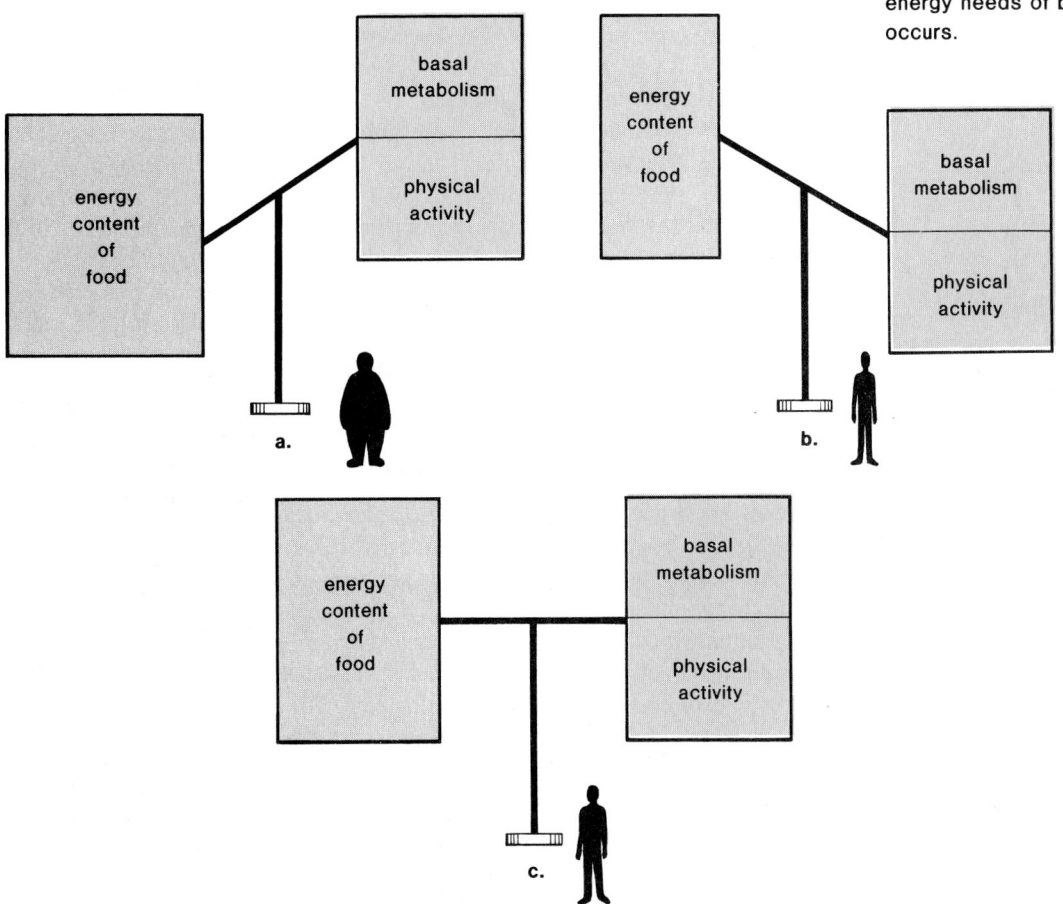

Proteins

Foods rich in proteins include meat, fish, poultry, cheese, nuts, milk, eggs, and cereals. Various legumes such as beans and peas also contain lesser amounts of protein. Following digestion of protein, amino acids enter the blood and are transported to the tissues. Some are incorporated into structural proteins and some are used to synthesize proteins, such as hemoglobin, plasma proteins, enzymes, and hormones.

Except for nine amino acids, cells have no difficulty in changing one of the approximately twenty different types of amino acids into another type. These nine amino acids are called the **essential amino acids** and they must be provided in the diet. Some protein sources, which include those available from animal sources, are **complete** proteins—they contain adequate amounts of the amino acids essential to maintaining body tissues and promoting normal growth and development. Other protein sources, such as those from plant sources, are **incomplete proteins** and are not able to maintain body tissue or promote normal growth. Since all of the essential amino acids must be present

Figure 9.17
Child with kwashiorkor. The swollen abdomen is caused by edema due to the lack of plasma proteins in the blood. Protein deficiency is the most common form of malnutrition in poorer countries.

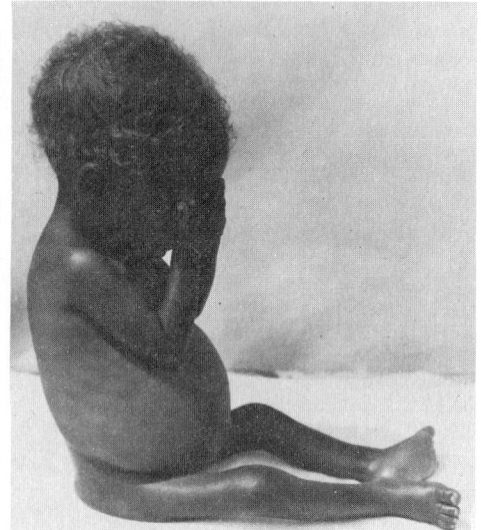

before protein synthesis is possible, every culture seems to have evolved its own mixture of complementary foods. For example, in the Middle East, wheat bread, which lacks adequate levels of the amino acid lysine, is eaten with cheese, which has a high lysine content. Mexicans eat beans and rice, Jamaicans eat rice and peas, and Americans eat breakfast cereals with milk. In less prosperous countries, the people usually subsist on diets primarily composed of grains and vegetables. Even so, it is often difficult to provide all persons with sufficient dietary protein. In such instances, small children are observed to suffer a protein deficiency, especially after weaning. The malady, known as **kwashiorkor** (fig. 9.17), develops due to a lack of protein even if caloric intake is adequate. Unfortunately, even when protein is given, recovery is often marked by mental retardation.

A combined diet of grain and vegetable is an efficient means of providing dietary protein because, as a rule of thumb, it is possible to capture only about 10 percent of the calories available in food. Thus one hundred calories from grain provides ten human calories, but if this grain is fed to cattle it ultimately provides only one human calorie. Nevertheless, in this country the practice of fattening cattle in feedlots where they are fed a rich diet of grain is common because the cattle fatten quickly and the resulting high cholesterol, fatty beef has been preferred by consumers. This practice may change, however, first because it requires more fossil fuel energy and second because the public is becoming more sensitive to their health needs.

Vitamins and Minerals

Vitamins are organic compounds (other than carbohydrates, lipids, and proteins) that the body is unable to produce and therefore must be present in the diet. Although vitamins are an important part of a balanced diet, they are required only in very small amounts. Chart 9.6 lists some of the more important vitamins, the illness that can occur if they are lacking (fig. 9.18), and the best sources of food for each one. As was discussed in chapter 5, many vitamins are portions of coenzymes, or enzyme helpers. For example, niacin is part of the coenzyme NAD, and riboflavin is part of FAD.

Chart 9.6 Vitamins

Vitamin	Disorder	Source
A	Night blindness and skin infections	Carrots, milk, liver, oil, eggs, vegetables
Thiamine B_1	Beriberi (damage to nerves and heart)	Yeast, unpolished grains, lean pork
Riboflavin B_2	Inflammation of tongue, damage to eyes	Liver, eggs, cheese, milk, vegetables
Niacin	Pellagra (damage to skin, intestinal lining, and nerves)	Organ meat, yeast, milk
Folic acid	Anemia	Dark green leafy vegetables, intestinal bacteria
B_{12}	Pernicious anemia	Liver
C (ascorbic acid)	Scurvy (bleeding gums)	Citrus fruits, tomatoes, peppers
D	Rickets (weak bones)	Sardines, liver, butter
E	None known	Eggs, green vegetables
K	Clotting of blood	Leafy green vegetables

Figure 9.18
Illnesses due to vitamin deficiency.
a. Bowing of bones (rickets) due to vitamin
D deficiency. b. Dermatitis of areas
exposed to light (pellagra) due to niacin
deficiency. c. Bleeding of gums (scurvy) due
to vitamin C deficiency. d. Fissures of lips
(cheilosis) due to riboflavin deficiency.

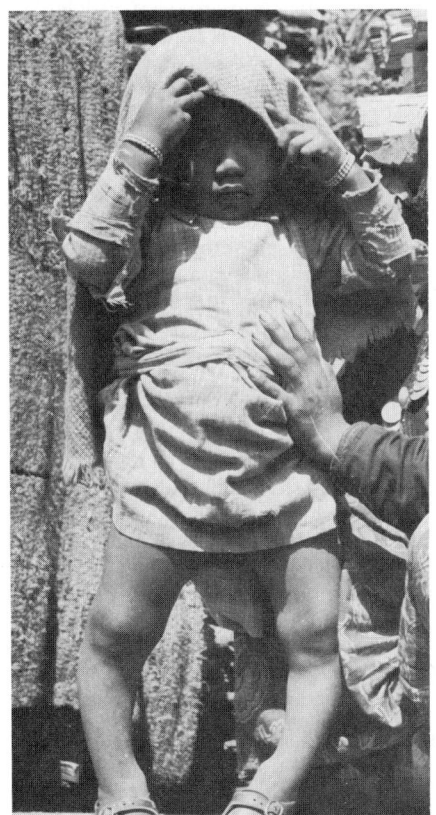

a.

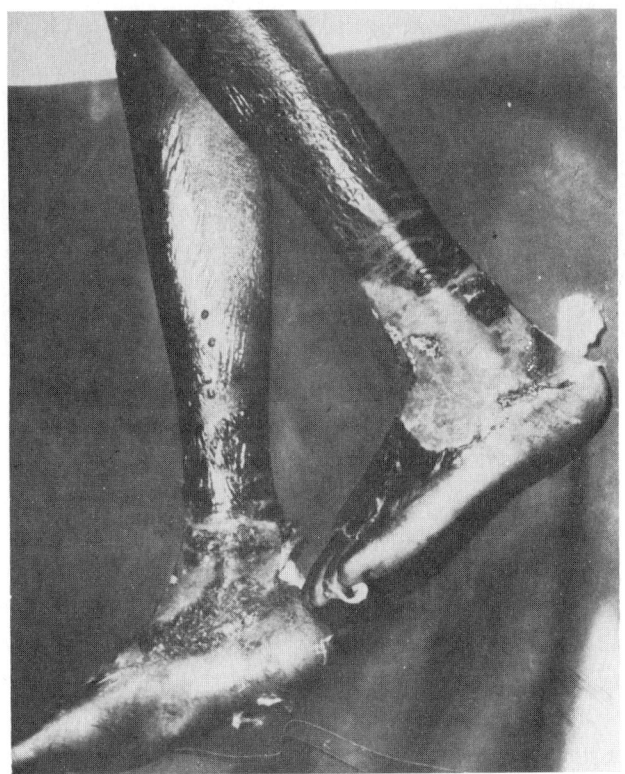

b.

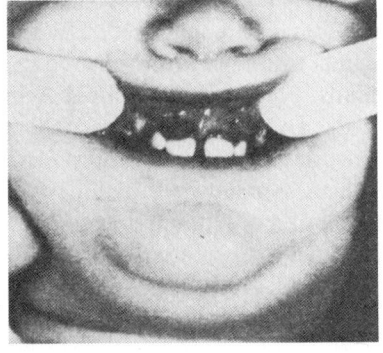

c.

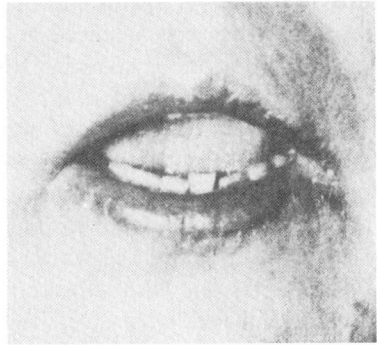

d.

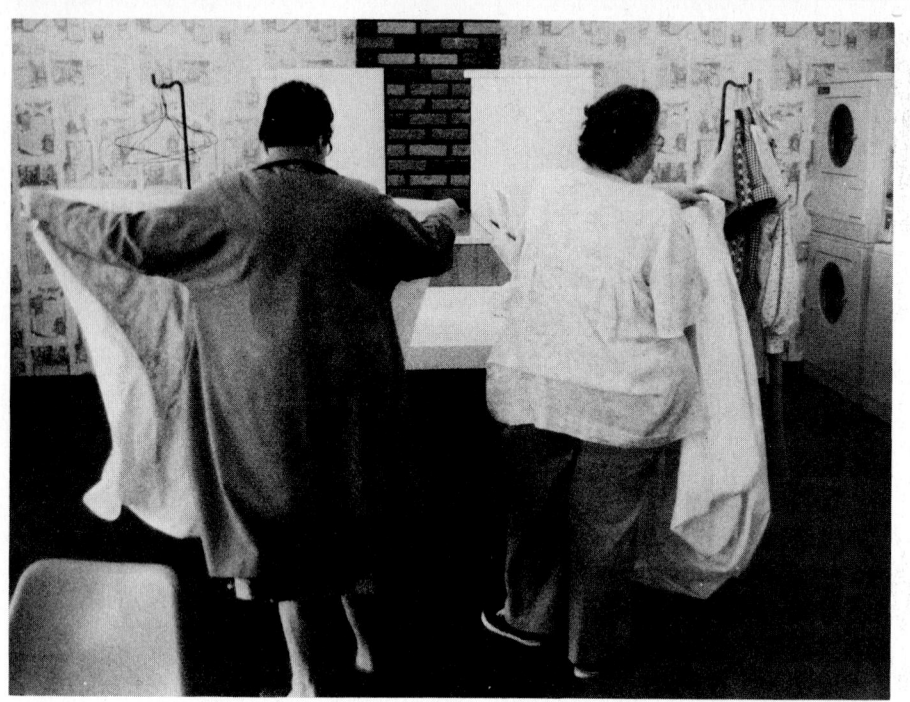

Obesity

Obesity, or excess fatness, is the commonest form of malnutrition in the Western nations of the world. It has a multiple etiology and is influenced by neurohumoral, endocrine, metabolic, and social factors. In the United States, according to a . . . recent . . . survey, approximately 30 percent of middle-aged women and 15 percent of middle-aged men are obese, i.e., they weigh more than 120 percent of desired weight (Abraham and Johnson, 1979). It is generally recognized that in many persons obesity is associated with significant increases in morbidity and mortality from such diseases as hypertension, diabetes, coronary heart disease, and gallbladder disease and that mortality from these diseases is reduced with weight reduction (Dublin and Marks, 1952).

Obesity occurs in those who fail, for various reasons, to match energy intake to energy expenditure. Energy balance is most difficult to achieve when energy expenditure is low, as is generally the case in the adult population in the United States. . . . As people age, energy requirements decrease because of a modest fall in basal metabolic rate and a general tendency toward less physical activity. Modern life and work styles as a consequence of mechanized aids in the workplace and household, dependence

Coenzymes are needed in only small amounts because each one can be used over and over again. This means that the daily requirement for vitamins is low and a properly balanced diet usually provides the amount needed. While some vitamins can be taken in excessive amounts with little or no harm to the body, this is not true of several of the vitamins. For example, vitamin A in excess of 50,000 units per day over long periods can cause such effects as loss of hair, bone and joint pains, and loss of appetite. Excessive vitamin D can cause an overload of calcium in the blood which in children leads to loss of appetite and retarded growth. The benefit claims of megavitamin intake, even in the case of vitamin C, which has been reported to decrease the incidence of colds, has not been substantiated by proper scientific experimentation. Therefore, the taking of excessive vitamins cannot be recommended unless the individual is under the care of a physician.

In addition to vitamins, various **minerals** are also required by the body. For example, iron is needed for the production of hemoglobin; iodine for thyroxin, a hormone produced by the thyroid gland; and calcium is needed for bones and teeth. Magnesium, phosphorus, potassium, and sodium are all required for cell functions.

on the automobile, and the popularity of such sedentary leisure activities as television viewing and spectator sports have reduced energy expenditure by the U.S. population. A recent USDA [United States Department of Agriculture] survey estimates that, in the United States, the current mean energy intake for adult men is 2,200 kilocalories and for adult women 1,500 kilocalories. . . . When these data are considered in the light of the prevalence of obesity in these same groups, it appears that energy expenditure is not only low but is decreasing, on the average, in this country despite increased participation by many in exercise programs.

. . . Slimming to achieve and maintain desired weight involves long-term discipline. Fad diets promising "quick" weight loss through the use of special dietary formulas are to be avoided, because they are potentially harmful. Short-term effects observed with these diets provide no assurance of long-term attainment of desired weight. Diets restricted in energy content to below 1,200 calories per day should be employed only under the guidance of a physician or other health professional.

The USDA food guides . . . explain how to select foods so that essential nutrient needs can be met from a diet providing only 1,200 to 1,500 kilocalories. This is an excellent starting point for adults who wish to avoid gaining weight or for overweight persons who wish to reduce.

Moderation should be the watchword in deciding the frequency and size of servings that will be needed to maintain energy balance and desired weight in sedentary persons. Moderation does not imply avoidance of any particular food, but it should be recognized that fats provide over twice as much energy per gram as do carbohydrates and proteins.

Also, those who drink alcoholic beverages must recognize that alcohol is a high-calorie food as well as a drug and that it supplies more calories (7c/ g) than does carbohydrate. Many Americans who drink do not do so moderately. Prudent individuals should consume no more than the equivalent of three mixed drinks a day. . . . This is particularly true for those for whom weight control proves difficult.

A moderate increase in physical activity is equally important in slimming. Increases in energy expenditure improve physical fitness . . . as well as contribute to mobilization of stored fat. Additional energy expenditure will permit those who are not seriously overweight to liberalize their diets without becoming obese. For those who are more obese, a consistent program of physical activity will not only increase energy expenditure, but may also facilitate control of appetite and hence food intake. . . .

. . . [The Food and Nutrition Board of the National Academy of Sciences] makes the following recommendations to adult Americans. It believes that these guidelines will improve general nutritional status, may be beneficial in preventing or delaying the onset of some chronic degenerative diseases, and incur no appreciable risks. . . .

• Select a nutritionally adequate diet from the foods available, by consuming each day appropriate servings of [1] dairy products [2] meats or legumes [3] vegetables and fruits, and [4] cereal and breads. [the four food groups]

• Select as wide a variety of foods in each of the major food groups as is practicable in order to ensure a high probability of consuming adequate quantities of all essential nutrients.

• Adjust dietary energy intake and energy expenditure so as to maintain appropriate weight for height; if overweight, achieve appropriate weight reduction by decreasing total food and fat intake and by increasing physical activity.

• If the requirement for energy is low (e.g., reducing diet), reduce consumption of foods such as alcohol, sugars, fats, and oils, which provide calories but few other essential nutrients.

• Use salt in moderation; adequate but safe intakes are considered to range between 3 and 8 g of sodium chloride daily.

Taken from *Toward Healthful Diets*, Food and Nutrition Board, National Academy of Sciences, 1980.

One interesting development of late has been the possible role of vitamins, particularly vitamin A, and minerals, particularly iron, in protecting the body from cancer. There is some evidence to suggest that they may in some way be able to prevent the occurrence of certain types of cancer brought on by carcinogens (cancer-producing chemicals).

Food Preparation

As the American public has come to depend more and more on processed and convenience foods, the use of **food additives** has increased until now it is estimated that 2,600 different chemicals are deliberately added to foods.

Some of these are natural substances, such as salt and spices, while many are produced synthetically, such as calcium proprionate and the controversial sweetener saccharin. All additives must be approved by the Food and Drug Administration (FDA), which is responsible for determining the safety and effectiveness of such products—some additives have been taken off the market because they have been found to produce cancer in animals. In many cancer-related experiments, large quantities of the chemical in question are fed to animals and any deleterious effects noted. Usually experimental consumption far exceeds normal human consumption, which makes it almost impossible to judge whether the results can be generalized to humans. Federal law, however, is cautiously conservative, and any chemical known to cause illness cannot be added to food or used in food packaging.

Synthetic additives that have the same structure as natural substances do not pose a health threat. For example, there is no difference between synthetic vanilla and natural vanilla. The synthetic additives most likely to be harmful are preservatives and dyes. About half of the food additives banned by the FDA have been coal tar dye food colorings. A recent controversy, however, has centered around nitrites, which have in the past been added to smoke-cured meats to stabilize color and to protect against the growth of toxic botulism bacteria. While the nitrites, themselves, have not been found to be cancer producing, they are known to react with amines after consumption to produce nitrosamines, which have been found to be cancer producing in rats. A surprising development has been the discovery that bacteria in the intestinal tract change nitrates, natural ingredients of food, to nitrites, which then form nitrosamines. It appears that the amount of nitrosamines synthesized in this manner outweighs by far the amount derived from treated food.

This is typical of the problem with food additives—too often it is virtually impossible to review all the facts necessary to make an appropriate decision. Erik P. Eckholm writes:

> Unnecessary additives should be banned unless extensive testing establishes that they are safe. It is difficult, however, to define what is unnecessary and then write this definition into an effective and enforceable law. Perhaps the only necessary additives would be those that add to the nutritive content of foods or that prevent foods from spoilage or contamination by harmful bacteria and molds.[4]

There is one additive, however, that people use during cooking and at the table that they might be well advised to eliminate or reduce. This additive is salt, or sodium chloride. The nutritional requirement for sodium is in the range of .1–.2 g per day, which is equivalent to .25–.5 g of salt per day. The average intake of salt is twenty times the nutritional requirement. There is evidence to suggest that excess salt in the diet promotes high blood pressure in susceptible individuals. Hypertension is absent in some nonindustrialized populations, such as those of the Solomon Islands, the Amazon basin, and the Coco Islands of Polynesia where the salt intake is about 2 g per day. Americans receive about 3 g of salt per day even if they add no salt at all to their food either during cooking or at the table; this is due to modern methods of commercial food processing. Thus in the reading for this chapter, the Food and Nutrition Board of the National Academy of Sciences stresses moderation in the use of salt.

Summary

The alimentary canal in humans consists of the mouth, pharynx, esophagus, stomach, small intestine, and large intestine. Only these structures actually contain food as it passes through the canal, while the salivary glands, liver, and pancreas supply substances that aid in the digestion of food. In the mouth, food is chewed and acted upon by salivary amylase before it is swallowed. Peristaltic action then moves the food along the esophagus to the stomach, a J-shaped muscular organ. Here the gastric glands produce HCl, an acid, and a precursor of the digestive enzyme pepsin, which breaks down protein. Both the stomach and the first part of the small intestine are subject to ulcers because of the caustic effect of HCl on the gut lining. In the duodenum, acid chyme from the stomach stimulates the production of secretin and CCK. Following this, both pancreatic juice and bile, which is made by the liver and stored in the gallbladder, enter the small intestine.

4. In G. Tyler Miller, *Living in the environment* (Belmont, Calif.: Wadsworth Publishing Co., 1979), p. E81.

In the small intestine, fat is emulsified by bile salts to fat droplets before being acted upon by pancreatic lipase. Protein is digested by pancreatic trypsin, and starch is reduced to smaller units by pancreatic amylase. The intestinal wall contains digestive glands that secrete intestinal enzymes that finish the digestion of proteins and carbohydrates. The action of all digestive enzymes is summarized in chart 9.1.

The walls of the small intestine have fingerlike projections called villi within which are blood capillaries and a lymphatic lacteal. Amino acids and glucose enter the blood; glycerol and fatty acids enter the lymph. The blood from the small intestine is collected into the hepatic portal vein, which goes to the liver, an organ that monitors blood composition and, for example, maintains a constant level of glucose in the blood.

The only material that passes from the small intestine to the large intestine is nondigestible. The large intestine absorbs water from this material and contains a large population of bacteria that can use this material as food. In the process, they produce vitamins that can be absorbed and used by our bodies. They also produce the odor characteristic of feces, which pass out of the body during defecation, a process controlled by reflex action. Feces contain nondigestible substances and bacteria. Diarrhea occurs when water is not absorbed due to infection or nervousness; constipation results when too much water is absorbed by the large intestine.

Control of the secretion of digestive enzymes involves three mechanisms: (1) simple reflex action takes place when food is present in the mouth or gut; (2) conditioned reflex action develops when we have come to associate food with a particular stimulus other than food; and (3) hormonal production and stimulation is exemplified by the production of gastrin by the lower part of the stomach and the production of secretin and CCK by the wall of the duodenum.

Digestive enzymes have the properties of any other enzyme and function according to the lock-and-key theory of enzymatic action. They are specific to their substrate and speed up at body temperature and proper pH. They are destroyed by boiling.

A balanced diet is required for good health. Food should provide us with all necessary vitamins, amino acids, fatty acids, and an adequate amount of energy. Both the energy needs of the body and the energy value of food are expressed in terms of Calories. Thus, it is possible to compare energy needs to food intake in order to decide if weight loss or weight gain will occur. Energy needs include those for BMR (basal metabolic rate) and exercise. If the caloric intake is greater than the amount expended for BMR and exercise, weight gain will occur. If the intake is less than that expended, weight loss will occur.

Study Questions

1. Name the parts of the digestive tract; anatomically describe them, and state the contribution of each to the digestive process. (pp. 169–81)
2. Name the accessory glands and describe the part that they play in the digestion of food. (pp. 176–79)
3. Name six functions of the liver. (p. 180) How does the liver maintain a constant glucose level in the blood? What is jaundice? Cirrhosis of the liver? (pp. 180–81)
4. What is the common intestinal bacterium? What do these bacteria do for us? (p. 181)
5. Discuss the three ways in which secretion of digestive enzymes is controlled. (p. 182)
6. What are gastrin, secretin, and CCK? Where are they produced? What are their functions? (p. 182)

7. Discuss the digestion of starch, protein, and fat, listing all the steps that occur to bring about digestion of each of these. (p. 183)
8. Describe an experiment that shows that pepsin digests protein and that it has a preferred pH. Describe an experiment that would show that trypsin digests protein and that it has a preferred pH. (p. 184)
9. What factors determine how many calories should be ingested? (p. 185)
10. Give reasons why carbohydrates, fats, proteins, vitamins, and minerals are all necessary to good nutrition. (pp. 185–90)
11. What is the major cause of malnutrition in the U.S.? In the less industrialized countries? (pp. 188, 190)

Further Readings

Davenport, H. W. 1977. *Physiology of the digestive tract.* 4th ed. Chicago: Yearbook Medical Publishers.

———. 1972. Why the stomach does not digest itself. *Scientific American* 226(1):86.

Fitch, K., and Johnson, P. 1977. *Human life science.* New York: Holt, Rinehart and Winston.

Human nutrition: Readings from Scientific American. 1978. San Francisco: W. H. Freeman.

Kappas, A., and Alvares, A. P. 1975. How the liver metabolizes foreign substances. *Scientific American* 232(6):22.

Lieber, C. S. 1976. The metabolism of alcohol. *Scientific American* 234(3):25.

Robinson, C. H., and Weigley, E. S. 1978. *Fundamentals of normal nutrition.* 3rd ed. New York: Macmillan.

Scrimshaw, N. S., and Young, V. R. 1976. The requirements of human nutrition. Scientific American 235(3):50.

Chapter Concepts

1. In human beings, the blood, kept in motion by the pumping of the heart, circulates through a series of vessels.

2. The heart is actually a double pump: the right side pumps blood to the lungs and the left to the rest of the body.

3. The lymph vessels form a one-way lymphatic system that transports lymph from the tissues to certain cardiovascular veins.

4. While the circulatory system is very efficient, it is still subject to various degenerative illnesses whose underlying causes have largely been identified.

10

circulation

Figure 10.1

Scanning electron micrograph of a major artery (*MA*) and a major vein (*MV*) separated by connective tissue (*CT*).

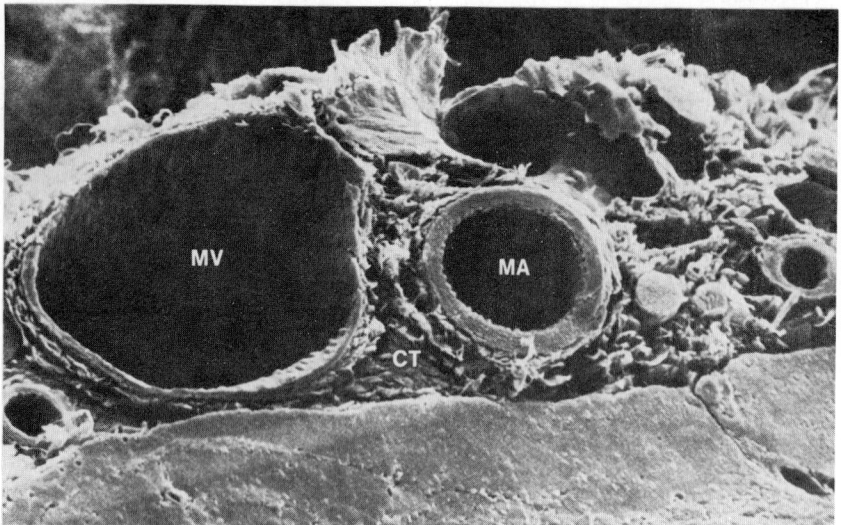

Kessel and Kardon

Figure 10.2

Blood leaving the heart moves from an artery to arterioles to capillaries to venules and then returns to the heart by way of a vein.

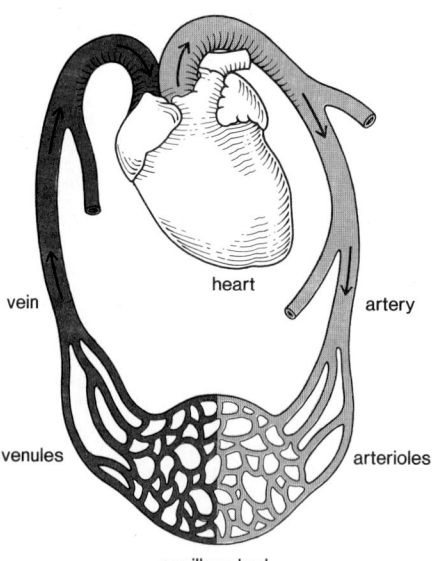

The heart and blood vessels form a closed circulatory system, meaning that the blood is always contained within a series of vessels and never runs free. The heart pumps the blood and keeps it moving within this closed system. Circulation of the blood is so important that if the heart discontinues beating for only a few minutes, death will result. Although the amount of blood pumped with each beat is small (2 to 4 ounces), the heart beats about 70 to 75 times a minute; within a minute it pumps 10 to 12 pints of blood, or the entire amount of blood contained within the blood vessels of an adult's body.

Cardiovascular System

Blood Vessels

The blood vessels are arranged so that they continually carry blood from the heart to the tissues and then return it from the tissues to the heart. Blood vessels (fig. 10.1) are of three types: the **arteries** (and **arterioles**) carry blood away from the heart; the **capillaries** exchange material with the tissues; and the **veins** (and **venules**) return blood to the heart (fig. 10.2).

Arteries and Arterioles

Arteries have thick walls (fig. 10.3) because, in addition to an inner endothelium layer and an outer connective tissue layer, they have a thick middle layer of elastic and muscle fibers. The elastic fibers enable an artery to expand and accommodate the sudden increase in blood volume that accompanies each heartbeat. Arterial walls are so thick that the walls, themselves, are supplied with blood vessels. The **arterioles** are small arteries just visible to the naked eye. The middle layer of these vessels has some elastic tissue but is composed mostly of smooth muscle whose fibers encircle the arteriole. The contraction of the smooth muscle cells is under the control of the sympathetic portion of the autonomic nervous system, which sends nerve branches to the arterioles. If the muscle fibers contract, the bore of the arteriole gets smaller; if the fibers relax, the bore of the arteriole enlarges. In this way, it is possible to regulate the amount of blood that flows through the arterioles. Arteriole constriction and dilation affect blood pressure. The more vessels dilated, the lower the blood pressure.

Figure 10.3
A comparison of artery, vein, and capillary structures shows that arteries have strong walls, while veins have weak walls, largely due to the difference in size of the middle layer (color), which is composed of smooth muscle and connective tissue. Capillaries are much smaller with walls one cell thick.

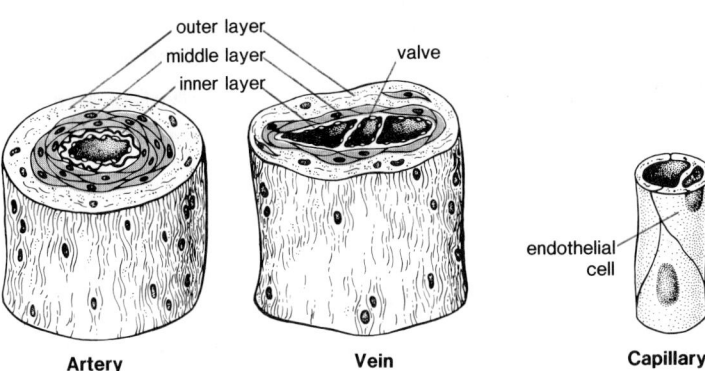

Artery   Vein   Capillary

Figure 10.4
Capillary beds lie between arterioles and venules and form a matrix of vessels that assures that each tissue cell is near a capillary.

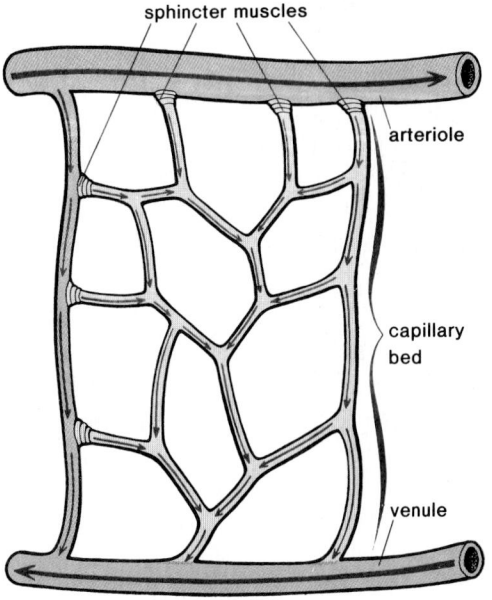

Capillaries

Arterioles branch into small vessels called capillaries. Each one is an extremely narrow, microscopic tube with a wall composed of only one layer of endothelial cells (fig. 10.3). **Capillary beds** (a network of many capillaries, fig. 10.4) are present in all regions of the body; consequently, a cut to any body tissue draws blood. The capillaries are the most important part of a closed circulatory system because exchange of nutrient and waste molecules takes place across their thin walls. Oxygen and glucose diffuse out of a capillary into the tissue fluid that surrounds cells, while carbon dioxide and ammonia diffuse into the capillary (fig. 11.10). Since it is the capillaries that serve the needs of the cells, the heart and other vessels of the circulatory system can be thought of as a means by which blood is conducted to and from the capillaries.

Not all capillary beds (fig. 10.4) are open or in use at the same time. After eating, the capillary beds of the digestive tract are usually open; during muscular exercise, the capillary beds of the skeletal muscles are open. The distribution of blood in the various capillary pathways is regulated by sphincters that encircle the capillary entrances (fig. 10.4). These sphincters close a capillary bed by contracting and open it by relaxing.

Veins and Venules

Veins and venules take blood from the capillary beds to the heart (fig. 10.2). First, the **venules** drain the blood from the capillaries and then join together to form a vein. The wall of a venule is much thinner than that of an arteriole or artery because the middle layer of muscle and elastic fibers is poorly developed (fig. 10.3). Within the veins there are **valves** (10.15) that allow blood to flow only toward the heart when they are open and prevent the backward flow of blood when they are closed.

At any given time, more than half of the total blood volume is found in the veins and venules. If a loss of blood occurs, for example due to hemorrhaging, nerves to the veins cause them to constrict providing more blood to the rest of the body. In this way, the veins act as a blood reservoir.

Figure 10.5
External view of human heart.

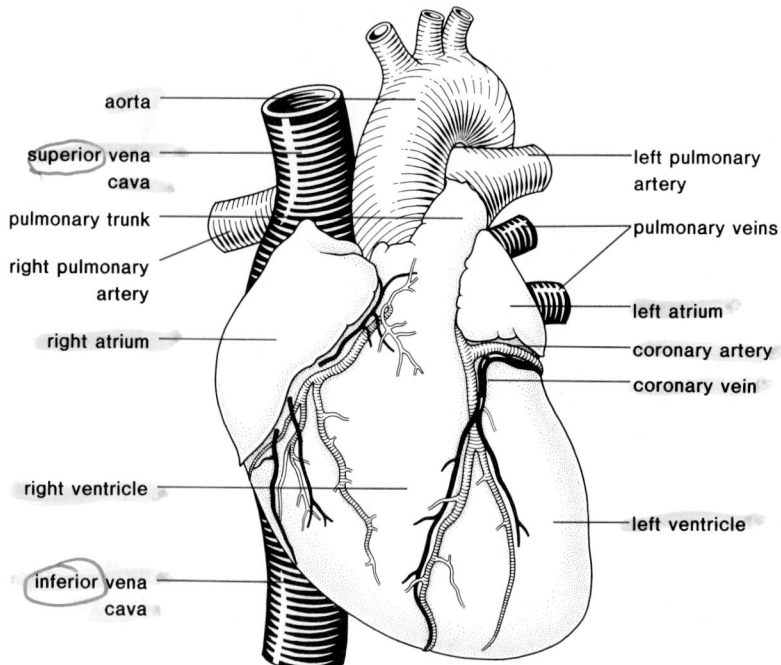

aorta
superior vena cava
pulmonary trunk
right pulmonary artery
right atrium
right ventricle
inferior vena cava
left pulmonary artery
pulmonary veins
left atrium
coronary artery
coronary vein
left ventricle

Heart

The **heart** (fig. 10.5) is a cone-shaped, muscular organ, about the size of a fist. It is located between the lungs, directly behind the sternum and is tilted so that the apex is directed to the left. The major portion of the heart is called the **myocardium,** which consists largely of **cardiac muscle** tissue. The muscle fibers within myocardium are branched and joined to one another so tightly that, prior to studies with the electron microscope, it was thought that they formed one continuous muscle; now it is known that there are individual fibers. The inner surface of the heart is lined with endothelial tissue called **endocardium,** which resembles squamous epithelium. The outside of the heart is covered with an epithelial tissue called **pericardium,** which forms a sac called the pericardial sac within which the heart is located. Normally, this sac contains a small quantity of liquid to lubricate the heart.

Internally (fig. 10.6), the heart has a right and left side divided by the **septum.** The heart has four chambers: two upper, thin-walled **atria** (sing. atrium) sometimes called auricles and two lower, thick-walled **ventricles.** The atria are much smaller than the strong, muscular ventricles.

The heart also has valves that direct the flow of blood and prevent a backflow. The valves that lie between the atria and ventricles are called the **atrioventricular valves.** The valves are supported by strong fibrous strings called **chordae tendineae.** These cords, which are attached to muscular projections of the ventricular walls, support the valves and prevent them from inverting. The atrioventricular valve on the right side is called the tricuspid valve because it has three cusps or flaps; and the valve on the left side is called the bicuspid, or mitral, because it has two flaps. There are also **semilunar valves** that resemble half moons between the ventricles and their attached vessels.

Double Pump

Figure 10.7 indicates that the right side of the heart sends blood through the lungs, and the left side sends blood throughout the body. Thus there are actually two circular paths of the blood: (1) from the heart to the lungs and

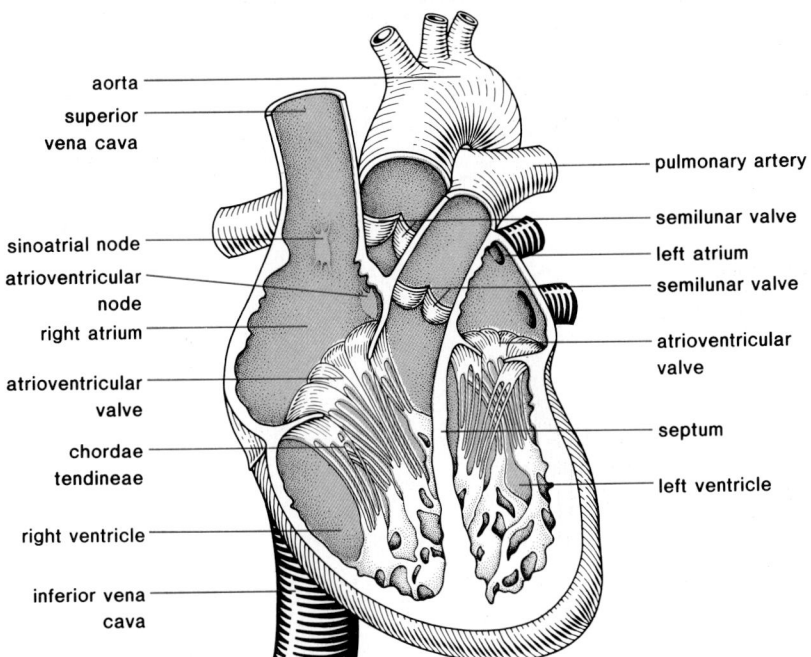

Figure 10.6
Internal view of human heart.

aorta

superior vena cava

sinoatrial node

atrioventricular node

right atrium

atrioventricular valve

chordae tendineae

right ventricle

inferior vena cava

pulmonary artery

semilunar valve

left atrium

semilunar valve

atrioventricular valve

septum

left ventricle

back to the heart and (2) from the heart to the body and back to the heart. The right side of the heart is a pump for the first of these circuits, and the left side of the heart is a pump for the second. Thus the heart is a double pump. Since the left ventricle has the harder job because it pumps blood to all the body, its walls are much thicker than those of the right ventricle.

Path of Blood in the Heart

It is possible to trace the path of blood through the heart in the following manner (figs. 10.6 and 10.7). Blood low in oxygen and high in carbon dioxide enters the right atrium from the **superior** and **inferior vena cavas,** the largest veins in the body. Contraction of the right atrium forces the blood through the tricupsid valve to the right ventricle. The right ventricle pumps it through a semilunar valve called the **pulmonary semilunar valve,** which allows blood to enter the pulmonary trunk. The pulmonary trunk divides into the **pulmonary arteries,** which take blood to the lungs. From the lungs, blood high in oxygen and low in carbon dioxide enters the left atrium from the **pulmonary veins.** Contraction of the left atrium forces blood through the bicuspid valve into the left ventricle. The left ventricle pumps it through a semilunar valve called the **aortic semilunar valve** into the **aorta,** the largest artery in the body. The aorta sends blood to all body tissues. Notice that oxygen-poor blood never mixes with oxygen-rich blood and that blood must pass through the lungs before entering the left side of the heart.

Heartbeat and Heart Sounds

From this description of the path of blood through the heart, it might seem that the right and left side of the heart beat independently of one another, but actually they contract together. First, the two atria contract simultaneously; then the two ventricles contract at the same time. The word **systole** refers to contraction of heart muscle, and the word **diastole** refers to relaxation of heart muscle; thus, atrial systole is followed by ventricular systole. The heart contracts, or beats, about 70 times a minute and each heartbeat lasts about 0.85

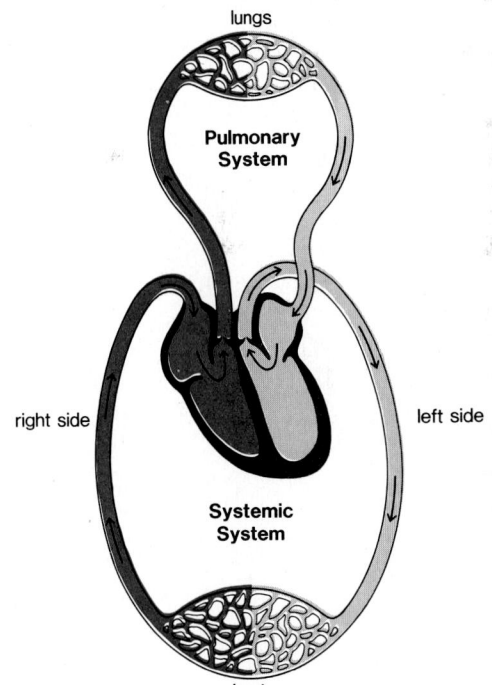

lungs

Pulmonary System

right side

left side

Systemic System

body

Figure 10.8
Stages in the cardiac cycle. a. When the heart is relaxed, both atria and ventricles are filling with blood. b. When the atria contract, the ventricles are relaxed and filling with blood. c. When the ventricles contract, the atrioventricular valves are closed, the semilunar valves are open, and blood is pumped into the pulmonary artery and aorta.

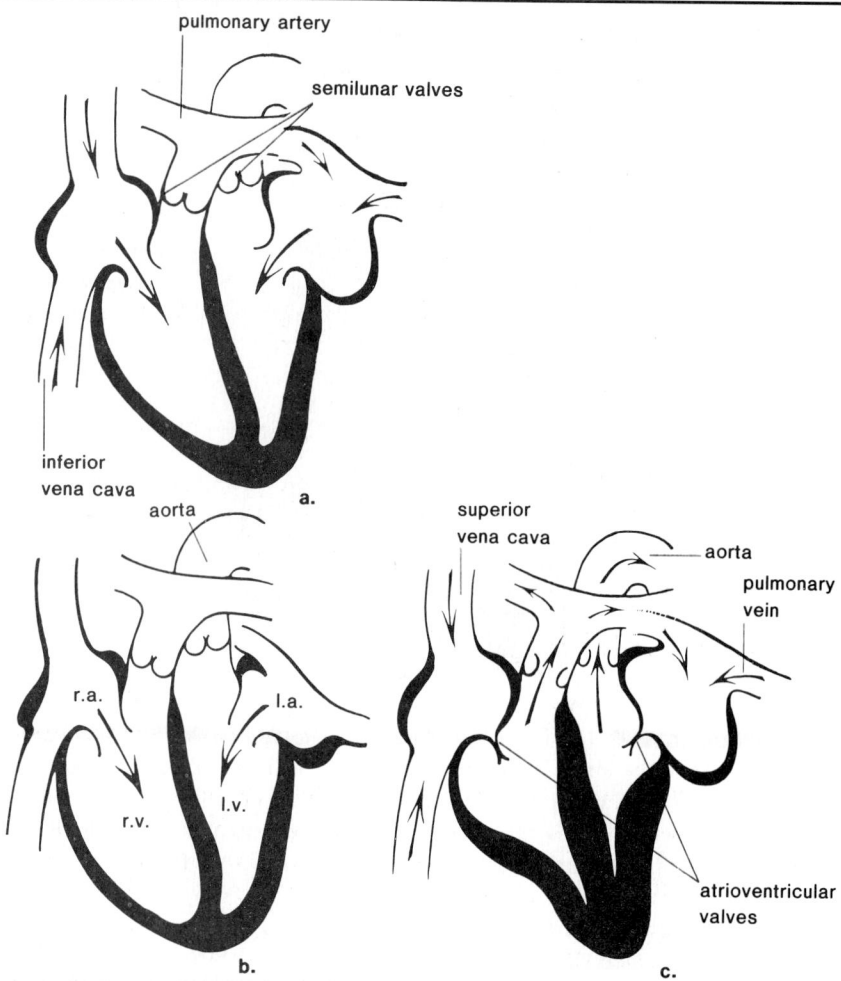

second. Each heartbeat, or **cardiac cycle** (fig. 10.8), consists of the following elements:

Time	Atria	Ventricles
0.15 sec.	systole	diastole
0.30 sec.	diastole	systole
0.40 sec.	diastole	diastole

This shows that while the atria contract, the ventricles relax, and vice versa, and that all chambers rest at the same time for 0.40 second. The systole of the atria is short because it sends blood only into the ventricles. It is the muscular ventricles that actually must pump blood out into the circulatory system proper. When the word *systole* is used alone, it usually refers to the left ventricular systole.

When the heart beats, the familiar lub-DUPP sound may be heard as the valves of the heart close. The *lub* is caused by vibrations of the heart when the atrioventricular valves close, and the *DUPP* is heard when vibrations occur due to the closing of the semilunar valves. Heart murmurs, or a slight slush sound after the lub, are often due to ineffective valves that allow blood to pass back into the atria after the atrioventricular valves have closed. Rheumatic fever resulting from a strep infection is one cause of a faulty valve, particularly the mitral valve. If operative procedures are unable to restructure the valve, it may be replaced by an artificial valve.

The beat of the heart is *intrinsic,* meaning the heart will beat independently of any nervous stimulation. In fact, it is possible to dissect out a small heart, such as a frog's heart, and watch it undergo contraction in a petri dish. The reason for this lies in the fact that there is a unique type of tissue called

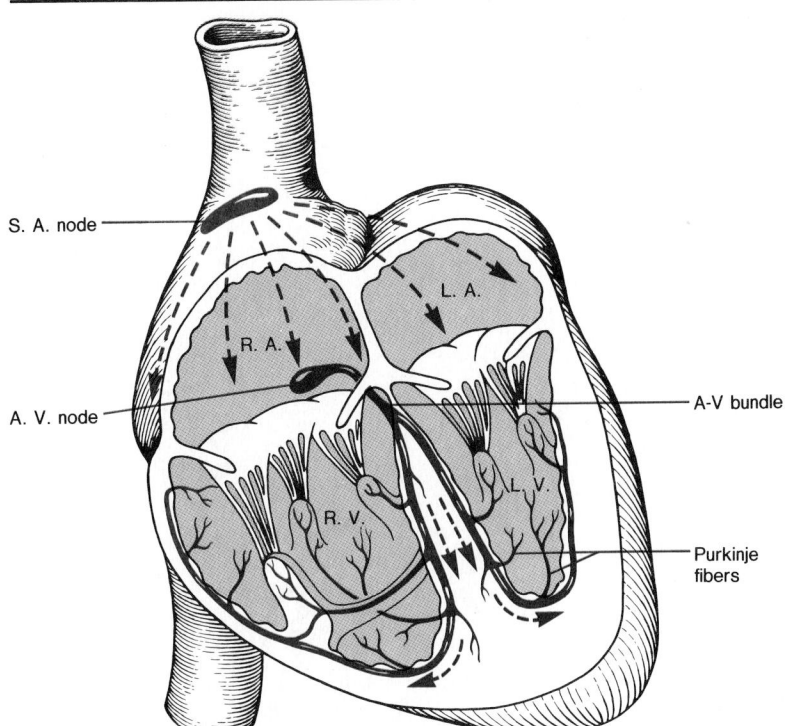

Figure 10.9
The SA node initiates the heartbeat.
Following atrial contraction, the VA node
signals the ventricles to contract by way of
the Purkinje fibers.

S. A. node

L. A.

R. A.

A. V. node

A-V bundle

R. V.

L. V.

Purkinje
fibers

nodal tissue, with both muscular and nervous characteristics, located in two regions of the heart. The first of these, the **S. A. (sinoatrial) node,** is found in the dorsal wall of the right atrium; the other, the **A. V. (atrioventricular) node,** is found in the lower internal wall of this same chamber (fig. 10.9). The S. A. node, or the **pacemaker,** initiates the heartbeat and automatically sends out an excitation impulse every 0.85 second to cause the atria to contract. When the impulse reaches the A. V. node, it signals the ventricles to contract by way of specialized fibers called Purkinje fibers. The S. A. node is called the pacemaker because it usually keeps the heartbeat regular. If the S. A. node fails to work properly, the heart will still beat but irregularly. To correct this condition, it is possible to implant in the body an artificial pacemaker that automatically gives an electric shock to the heart every 0.85 second. This causes the heart to beat regularly again.

The rate of the heartbeat is also under nervous control; there is a heart rate center in the medulla oblongata (p. 299) portion of the brain that can alter the beat of the heart by way of the autonomic nervous system (p. 296). This latter is made up of two divisions: the parasympathetic system, which promotes those functions we tend to associate with normal activities, and the sympathetic system, which instigates those responses we associate with times of stress. For example, the parasympathetic system causes the heartbeat to slow down and the sympathetic system increases the heartbeat. Various factors, such as the relative need for oxygen or the blood pressure level, determine which of these systems becomes activated.

Standard Medical Procedures

Knowledge of the cardiac cycle is helpful in understanding three medical procedures.

Electrocardiogram (EKG)   When any muscle contracts, including myocardium, ionic changes occur that can be detected by electrical recording devices. Thus it is possible to study the heartbeat by recording voltage changes that occur when the heart contracts. (Voltage, which in this case is measured in millivolts, is the difference in polarity between two electrodes attached to the

Figure 10.10
An electrocardiogram.

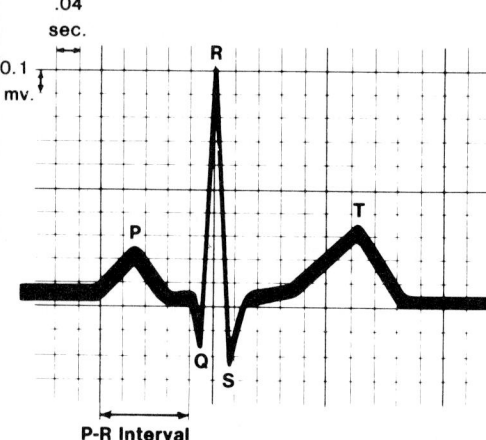

P-R Interval

Figure 10.11
The common carotid artery is located in the neck region and can be used to take the pulse.

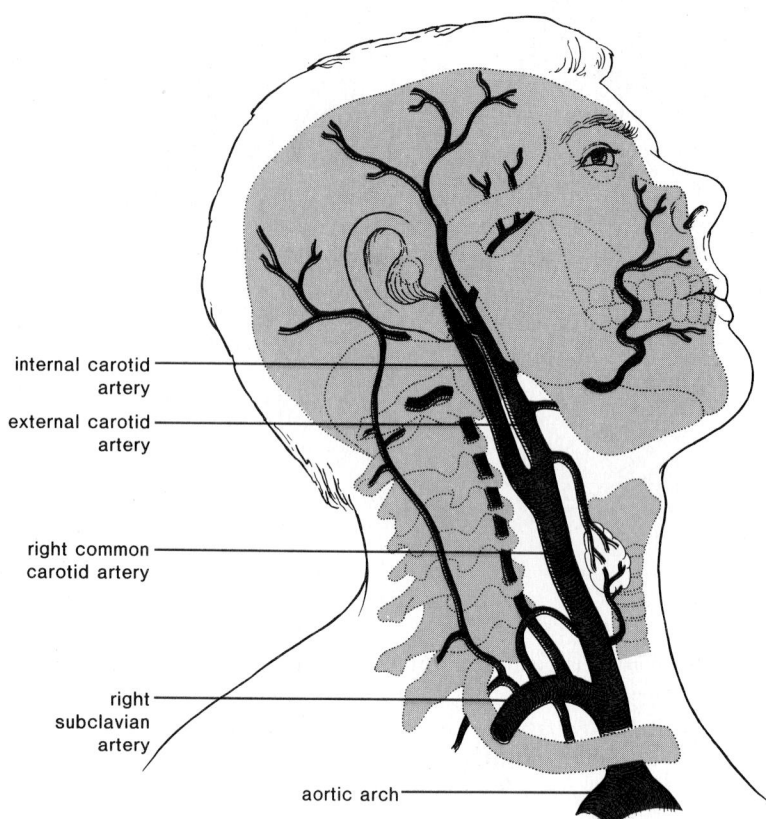

internal carotid artery

external carotid artery

right common carotid artery

right subclavian artery

aortic arch

body.) The record that results is called an **electrocardiogram** (fig. 10.10), which clearly shows an atrial phase and a ventricular phase. The first wave in the electrocardiogram, the so-called *P* wave, represents the excitation and contraction of the atria. The second wave, or the *QRS* wave, occurs during ventricular excitation and contraction. The third, or *T* wave, is caused by the recovery of the ventricles. An examination of the electrocardiogram indicates whether the heartbeat has a normal or irregular pattern.

Pulse When the left ventricle contracts and sends blood out into the aorta, the elastic walls of the arteries swell but then almost immediately recoil. This alternate expanding and recoiling of an arterial wall can be felt as a **pulse** in any artery that runs close to the surface. It is customary to feel the pulse by placing several fingers on the radial artery, which lies near the outer border of the palm side of the wrist. The carotid artery is another good location (fig. 10.11). Normally the pulse rate indicates the rate of the heartbeat because the arterial walls pulse whenever the left ventricle contracts.

Blood Pressure **Blood pressure,** the pressure of the blood against the wall of a vessel, is created by the pumping action of the heart.

To measure blood pressure (fig. 10.12), a sphygmomanometer is used. This consists of a cuff attached to a pressure gauge. The cuff is placed about the upper arm over the brachial artery and inflated until there is no pulse felt in the wrist. At this point, the pressure in the cuff exceeds the arterial systolic blood pressure. Air is slowly released and the cuff deflated until a sound can be detected through a stethoscope placed on the arm just beneath the cuff.

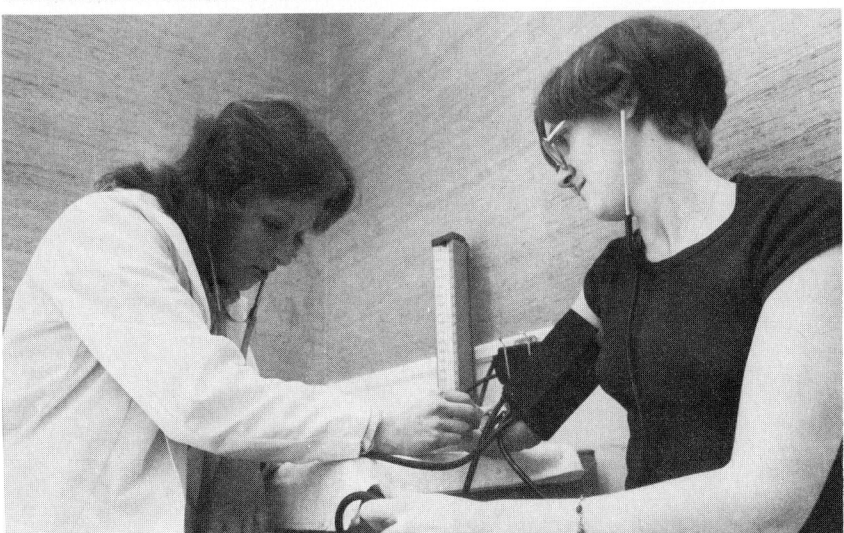

Figure 10.12
Determination of blood pressure by the use of a sphygmomanometer.

The examiner glances at the manometer, or pressure gauge, and notes the pressure at this point. This is the highest pressure and since it occurs when the ventricle contracts, it is called **systolic pressure.** The cuff is further deflated while the examiner continues to listen. As more and more blood flows through the underlying vessel, the quality of the sound changes, and the examiner again notes the pressure. This is the lowest pressure and since it occurs when the ventricle relaxes, it is called the **diastolic pressure.** Normal blood pressure is said to be 120-mm of mercury (Hg) over 80-mm mercury, or simply 120/80.[1] Actually this is the expected blood pressure in the brachial artery of the arm; blood pressure varies in different parts of the body (fig. 10.17). Blood pressure also varies with activity, naturally being higher during vigorous activity.

When the blood pressure reading of a person at rest is higher than expected, the person is said to have **hypertension** and when the reading is lower than expected the person is said to have **hypotension.** Hypertension, in particular, is often associated with cardiovascular disease, p. 209.

Vascular System

The vascular system, which is represented in figure 10.13, can be divided into two systems: the **pulmonary system,** which circulates blood through the lungs, and the **systemic system,** which serves the needs of the body tissues.

Pulmonary System

The path of blood through the lungs can be traced as follows. Blood from all regions of the body collects in the right atrium and passes into the right ventricle where it is pumped into the pulmonary trunk. The pulmonary trunk divides into the pulmonary arteries, which connect with the arterioles in the lungs. The arterioles take blood to the pulmonary capillaries where carbon dioxide and oxygen are exchanged. The blood then enters the pulmonary venules that lead back through the pulmonary veins to the left atrium. Since the blood in the pulmonary arteries is low in oxygen, while the blood in the pulmonary veins is high in oxygen, it is not correct to say that all arteries carry blood high in oxygen and all veins carry blood low in oxygen. It is just the reverse in the pulmonary system.

1. To say that the pressure is 120-mm Hg means that the force exerted would be sufficient to push a column of mercury up to a level of 120 mm. Pressure is also sometimes measured in terms of cm of water, but mercury is used more frequently because it is 13.6 times heavier than water.

Figure 10.13

Diagram showing the major blood vessels in the body.

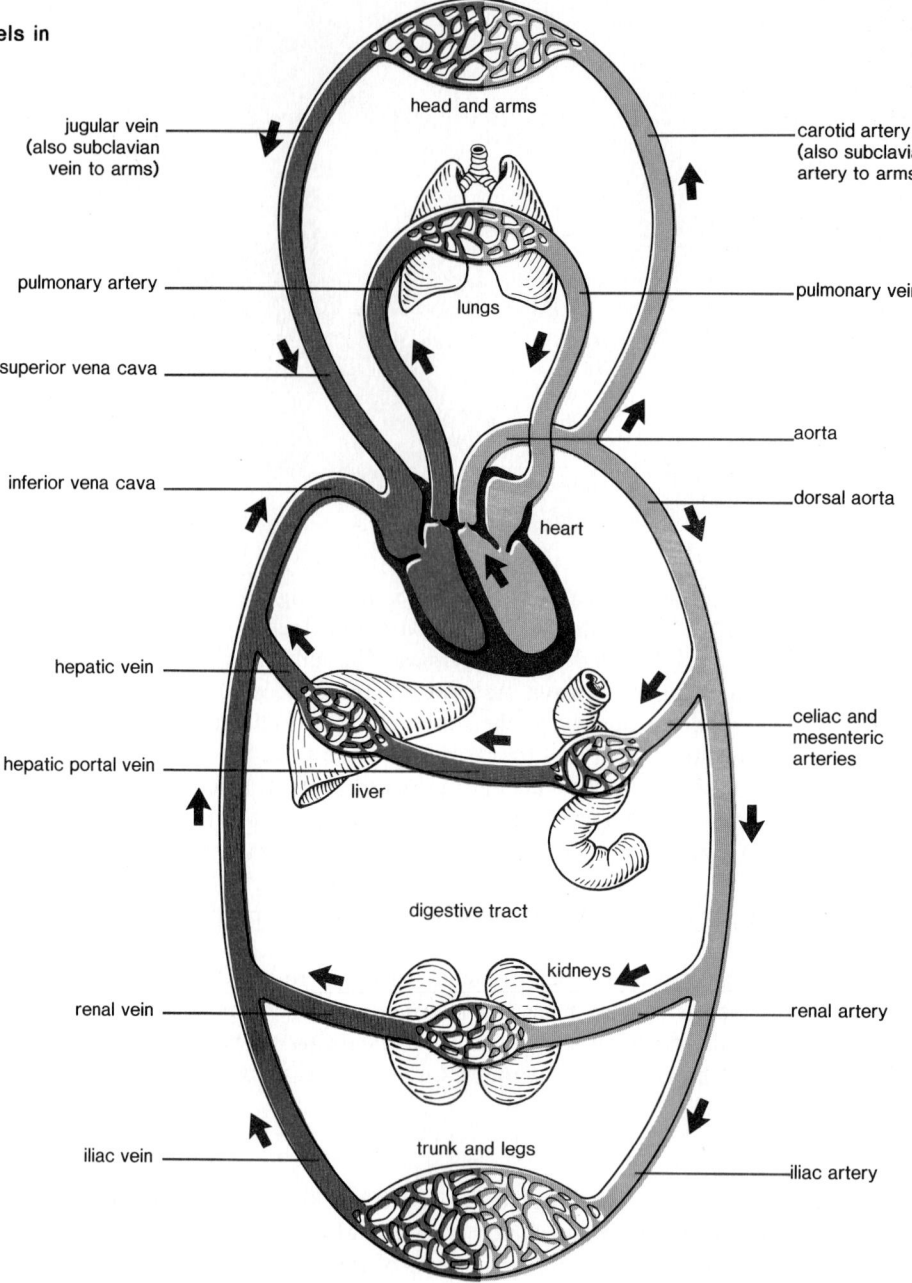

jugular vein
(also subclavian
vein to arms)

pulmonary artery

superior vena cava

inferior vena cava

hepatic vein

hepatic portal vein

renal vein

iliac vein

head and arms

lungs

heart

liver

digestive tract

kidneys

trunk and legs

carotid artery
(also subclavian
artery to arms)

pulmonary vein

aorta

dorsal aorta

celiac and
mesenteric
arteries

renal artery

iliac artery

Systemic System

The systemic system includes all the other arteries and veins shown in figure 10.13. The largest artery in the systemic system is the aorta, and the largest veins are the superior and inferior vena cavas. The superior vena cava collects blood from the head, chest, and arms, and the inferior vena cava collects blood from the lower body regions. Both enter the right atrium. The aorta and vena cavas serve as the major pathways for blood in the systemic system.

The path of systemic blood to any organ in the body begins in the left ventricle, which pumps blood into the aorta. Branches from the aorta go to the major body regions and organs. For example, the path of blood to the kidneys may be traced as follows:

Left ventricle—aorta—renal artery—renal arterioles, capillaries, venules—renal vein—vena cava—right atrium.

To trace the path of blood to any organ in the body, you need only mention the aorta, the proper branch of the aorta, the organ, and the returning vein to the vena cava. Figure 10.13 shows that in most instances the artery and vein that serve the same organ are given the same name. In the systemic system, unlike the pulmonary system, arteries contain oxygenated blood and appear a bright red, while veins contain deoxygenated blood and appear a purplish color.

The **coronary arteries** (fig. 10.5), which are a part of the systemic system, are extremely important arteries because they serve the heart muscle itself. (The heart is not nourished by the blood in the chambers.) The coronary arteries arise from the aorta just above the semilunar valve. They lie on the exterior surface of the heart, where they branch off in various directions into arterioles. The coronary capillary beds join to form venules. The venules converge into the coronary vein, which empties into the right atrium. The coronary arteries always receive blood under high pressure. This, in addition to their small diameter, probably contributes to the fact that they may eventually fail to serve the heart properly.

The body has only one important portal system, the **hepatic portal system** (fig. 10.13). A portal system is one that begins and ends in capillaries; the first set of capillaries occurs at the villi of the small intestine and the second occurs in the liver. Blood passes from the capillaries of the villi into venules, which join to form the hepatic portal vein, a vessel that takes the products of digestion to the liver. Here, these products are stored until they are needed to maintain the constancy of blood composition within the **hepatic vein,** a vessel that leaves the liver to enter the vena cava.

While figure 10.13 is helpful in tracing the path of the blood, it must be remembered that all parts of the body receive both arteries and veins, as illustrated in figure 10.14.

Lymphatic System

The lymphatic system is closely associated with the cardiovascular system because it consists of vessels that take up excess tissue fluid and transport it to the bloodstream. **Tissue fluid** is the fluid that surrounds cells. Localized swelling due to excess tissue fluid not collected by the lymphatic system is called **edema.**

Lymph Vessels

Lymph vessels consist of **lymph capillaries** and **lymph veins.** The latter have a construction similar to cardiovascular veins, including the presence of valves (fig. 10.15).

The lymphatic system is a one-way system rather than a circulatory system (fig. 10.16). The system begins with lymph capillaries that lie near blood capillaries and take up fluid that has left the cardiovascular system but has not been reabsorbed by it. Once tissue fluid enters the lymph vessels, it is called **lymph.**

Lymph is collected in vessels that join to form two main trunks: the right lymphatic duct, which drains the upper right portion of the body, and the thoracic duct, which drains the rest of the body. The former empties into the right subclavian vein and the latter into the left subclavian vein.

The **lacteals** are blind ends of lymph vessels found in the villi. As previously mentioned, the products of fat digestion enter the lacteals. These products eventually enter the cardiovascular system when the lymph ducts join the subclavian veins.

Figure 10.14

A more realistic representation of the major blood vessels in the body shows that arteries and veins go to all parts of the body.

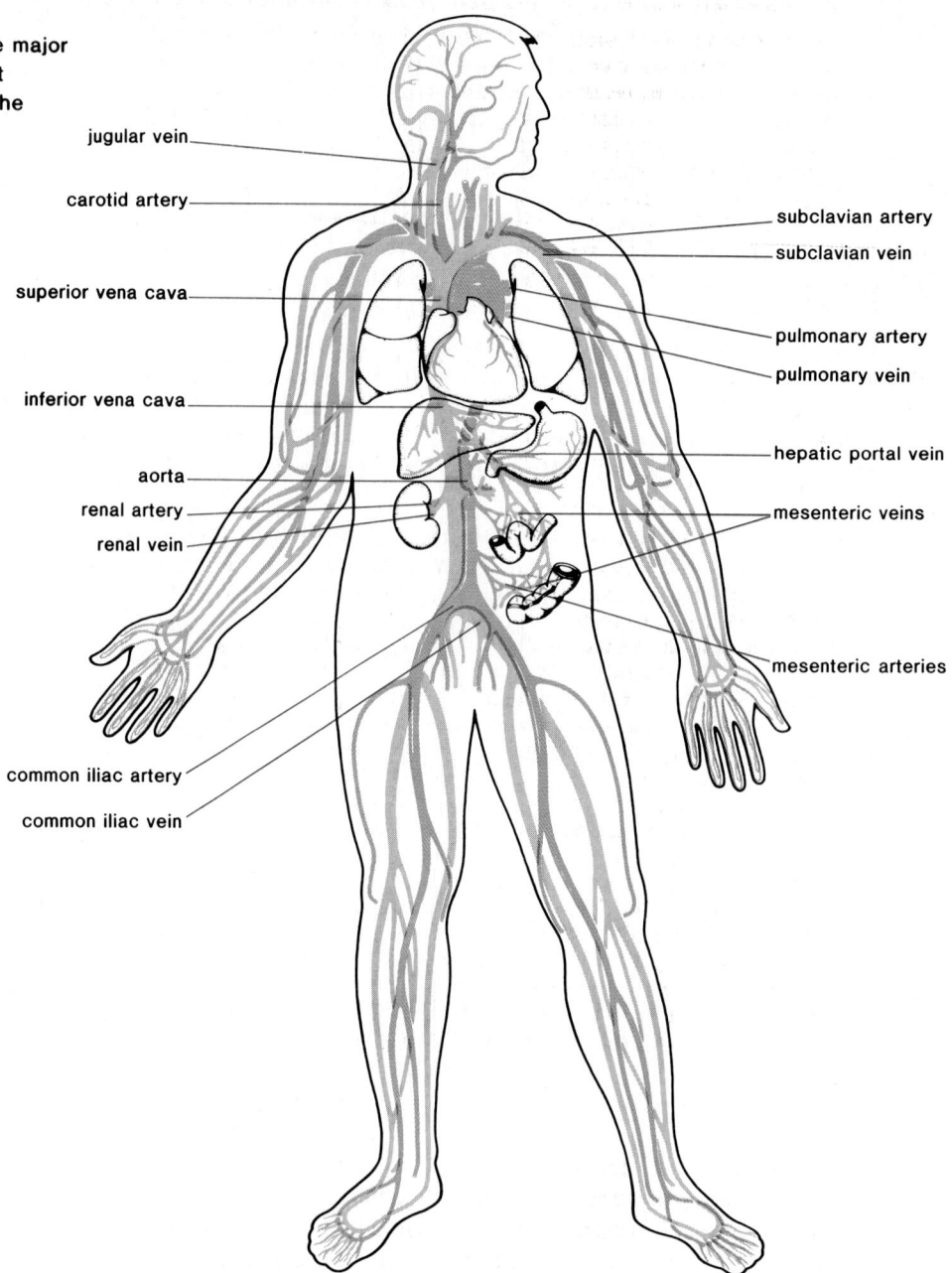

jugular vein

carotid artery

superior vena cava

inferior vena cava

aorta

renal artery

renal vein

common iliac artery

common iliac vein

subclavian artery

subclavian vein

pulmonary artery

pulmonary vein

hepatic portal vein

mesenteric veins

mesenteric arteries

Lymph Organs

At certain strategic points along medium-sized lymph vessels, there occur small ovoid or round structures called **lymph nodes** that are composed of lymphoid tissue. Lymph nodes produce lymphocytes, a type of white blood cell, and these are found packed into the spaces of a lymph node. Some lymphocytes produce antibodies, proteins that are capable of combining with foreign proteins called antigens. At times, the foreign proteins are disease-causing agents and thus lymph nodes help fight infection.

Lymph nodes also filter and trap bacteria and other debris, helping purify the blood. When a local infection is present, such as a sore throat, the lymph nodes in that region swell and become painful. Lymph nodes may be removed in cancer operations because they may help spread cancer cells if allowed to remain in the body.

Lymphoid tissue is also present in four specific organs of the body, which therefore help fight infection. The *tonsils,* located at the back of the mouth and throat (fig. 9.2), and the **appendix**, a projection from the cecum of the large intestine, are sometimes removed because they tend to become infected.

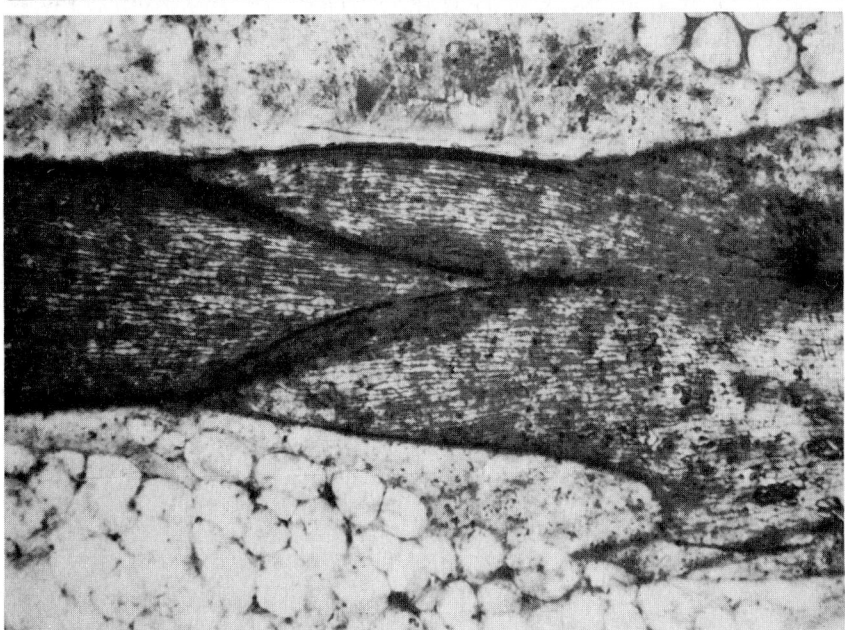

Figure 10.15
A photomicrograph of lymph vessel showing a valve.

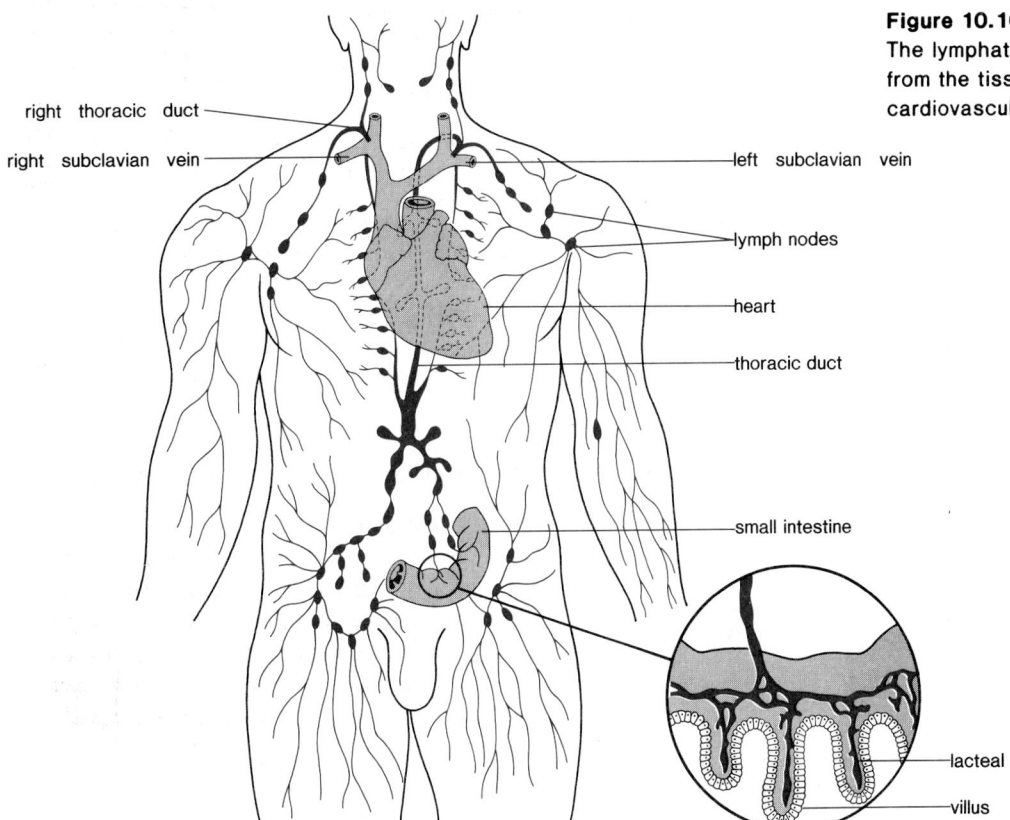

right thoracic duct
right subclavian vein
left subclavian vein
lymph nodes
heart
thoracic duct
small intestine
lacteal
villus

Figure 10.16
The lymphatic system drains excess fluid from the tissues and returns it to the cardiovascular system.

The *spleen,* the largest mass of lymphoid tissue in the body, is located in the abdominal cavity below the stomach. Not only does the spleen produce white cells, it also stores blood, contracting when the blood pressure drops. The *thymus* gland is a bilobed mass of lymphoid tissue in the upper thoracic cavity that becomes progressively smaller with age. The thymus has an important function in the maturation of some lymphocytes, and its decrease in size may be important to the process of aging (fig. 12.1).

Figure 10.17

Blood pressure and velocity of the blood vary throughout the body due, in part, to the initial increase and following decrease in the cross sectional area of the blood vessels.

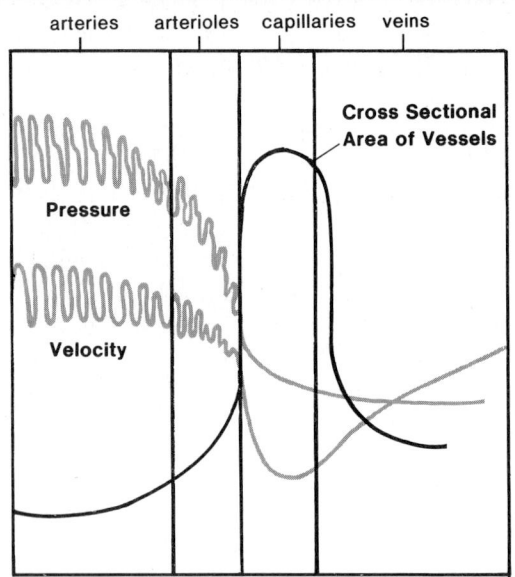

Features of the Circulatory System

The circulatory system is a system of vessels that become progressively smaller and then progressively larger again. Such a system is desirable because it permits a large surface area for exchange between the tissues and the blood in the region of the capillaries. Nevertheless this does have an effect on certain physiological features of the circulatory system as discussed in the following.

Blood Pressure

As figure 10.17 indicates, blood pressure decreases with distance from the left ventricle, the chamber that pumps blood into the aorta. Blood pressure is therefore higher in the arteries than the arterioles. Further, there is a sharp drop in blood pressure when the arterioles reach the capillaries. The decrease in blood pressure is largely attributed to an increase in cross-sectional area of the arterial system. There are more arterioles than arteries, and many more capillaries than arterioles.

It is interesting to note also that there is fluctuation in blood pressure in arteries and arterioles due to ventricular systole and diastole. As blood approaches the capillaries, there is a steeper decline in systolic pressure than diastolic pressure. Can you give an explanation for this based on the preceding information?

Velocity of Blood Flow

The velocity of the blood varies in different parts of the circulatory system (fig. 10.17) and this can also be related to the total cross-sectional area of the various vessels.

Notice that the velocity of the blood in the arteries decreases as blood pressure decreases. In other words, blood pressure accounts for the velocity of the blood flow in the arterial system. Therefore, as blood pressure decreases due to increased cross-sectional area of the arterial system, so does velocity. Since the sum total of the cross-sectional area of the capillaries is 600 to 800 times greater than the aorta, the blood moves very slowly through the capillaries. This is important because the slow progress allows time for the exchange of molecules between the blood and the tissues.

Notice that the velocity of the blood in the arterial system varies with the heartbeat. During systole, the velocity of the arterial blood rises to a maximum, and during diastole, the velocity of the blood decreases to a minimum.

Blood pressure cannot effectively account for the movement of blood through the venules and veins since they lie on the other side of the capillaries. Instead movement of blood through the venous system is due to skeletal muscle contraction. When the skeletal muscles contract, they press against the weak walls of the veins and cause the blood to move past a valve (fig. 10.15). Once past the valve, the blood will not fall back. The importance of muscle contraction in the movement of blood in the venous system may be demonstrated by forcing a person to stand rigidly still for a number of hours. Fainting will occur because the blood will collect in the limbs, robbing the brain of oxygen. In this case, fainting is beneficial because the resulting horizontal position aids in getting blood to the head.

Blood flow gradually increases in the venous system (fig. 10.17) due to the successive joining of small venules to form larger veins. This results in a progressive reduction in the cross-sectional area until, at the entrance to the right atrium, the two vena cavas together have a cross-sectional area of only about double that of the aorta. Here in the chest cavity blood pressure lowers whenever the chest expands during inspiration. This also aids the flow of venous blood because blood flows in the direction of reduced pressure.

Circulatory Disorders

Altogether cardiovascular disease accounts for more deaths in the United States than cancer and accidents combined. The following conditions are the most frequent signs of cardiovascular disease.

Hypertension

The following factors are believed to contribute to the development of hypertension, or high blood pressure.

1. Stress. Blood pressure normally rises with excitement or alarm. Perhaps in some persons blood pressure fails to return to normal once the stressful conditions have passed.
2. Heredity. It appears that persons who have parents with high blood pressure are more susceptible to this condition.
3. Race. Blacks are more likely to develop hypertension. This may be due to a genetic defect, but it may also be due to their diet and/or exposure to stress.
4. Smoking. Nicotine constricts blood vessels, cutting off circulation to the extremities and causing the blood pressure to rise. The heart must also work harder to pump blood through damaged lungs.
5. Obesity. All tissues require a supply of blood carried by blood vessels. When weight is gained, the circulatory system also increases in size and the heart must work harder to pump more blood.
6. Diet. Increased salt intake causes fluid to be retained in the blood vessels and this can cause high blood pressure since there is more fluid to press against arterial walls. Fatty foods and foods high in cholesterol may contribute to athero- and arteriosclerosis and therefore to high blood pressure.

Figure 10.18
The progressive changes in an artery affected by atherosclerosis. a. Normal artery. b. Atherosclerosis c. Artery occluded by a clot.

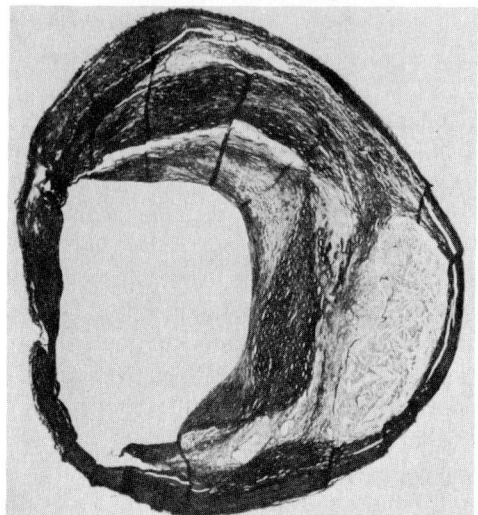

b.

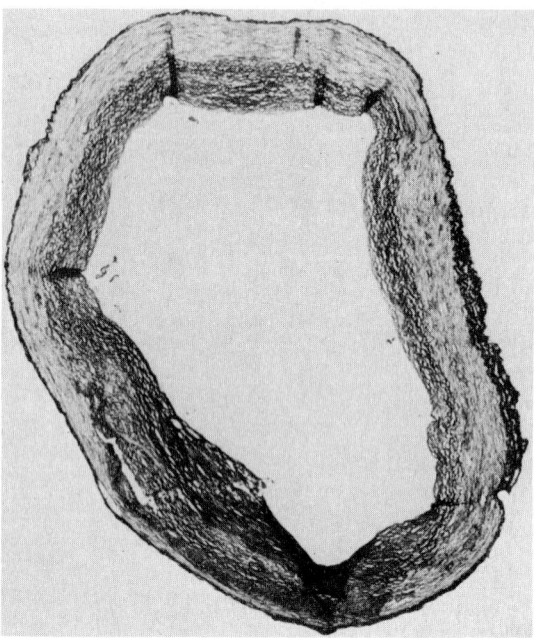

a.

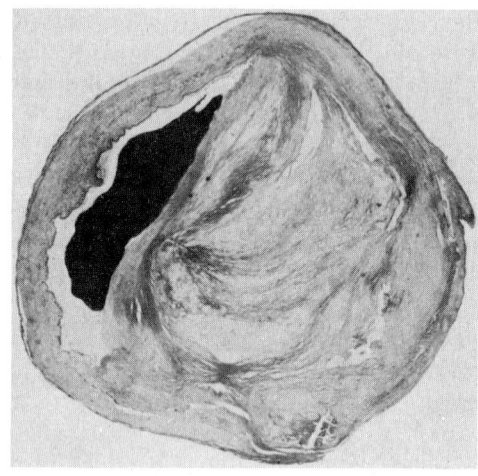

c.

Atherosclerosis and Arteriosclerosis

Atherosclerosis (fig. 10.18) is the accumulation of soft masses of fatty materials, particularly cholesterol, beneath the inner linings of arteries. Such deposits are called **plaque,** and as they develop they tend to protrude into the vessel and interfere with the flow of blood. **Arteriosclerosis** becomes apparent when the atherosclerotic arteries undergo still more degenerative changes during which they lose their elasticity and become hardened by calcium deposits. Arteriosclerosis is often termed *hardening of the arteries.*

Hypertension often develops in individuals who have athero- and arteriosclerosis but it is uncertain at this time whether one condition actually causes the other. Hypertension is also observed in individuals with kidney disease.

Varicose Veins and Phlebitis

Varicose veins are abnormal and irregular dilations in superficial (near the surface) veins, particularly those in the lower legs. However, varicose veins in the rectum are commonly called piles, or more properly **hemorrhoids.** Varicose veins develop when the valves of the veins become weak and ineffective due to a backward pressure of the blood. The problem can be aggravated when venous blood flow is obstructed by crossing the legs or by sitting in a chair so that its edge presses against the back of the knees.

Figure 10.19
Angiograms of a coronary artery spasm.
a. Normal artery. b. Spasm. c. Recovery.

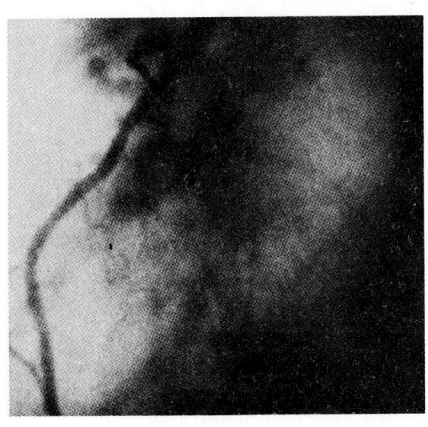 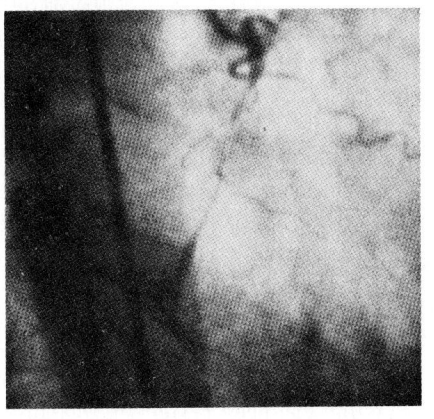 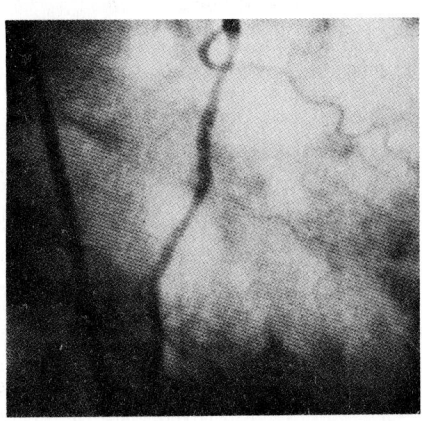

a.   b.   c.

Phlebitis, or inflammation of a vein, is a more serious condition, particularly when a deep vein is involved. Blood in the inflamed vessel may clot, in which case **thromboembolism** has occurred. A **thrombus** is a clot that develops in an intact vessel and remains stationary. An **embolus** is a clot that has broken loose and is carried along in the blood. An embolus that originates in a systemic vein may eventually come to rest in a pulmonary arteriole, blocking circulation through the lungs. This condition, termed **pulmonary embolism,** can result in death.

Stroke and Heart Attack

A **stroke** occurs when a portion of the brain dies due to lack of oxygen and a **heart attack** occurs when a portion of the heart muscle dies due to lack of oxygen. Hypertension and thromboembolism are frequently associated with these conditions. Thromboembolism is especially apt to develop in persons with athero- or arteriosclerosis because the presence of plaque creates a rough surface that can cause the blood to clot.

Stroke

Hypertension sometimes causes small blood vessels to burst, such as when a person has bloodshot eyes. If a vessel in the brain bursts, a stroke, which is characterized by paralysis or death, may result. A thrombus that develops in a carotid artery (fig. 10.11) can lead to an embolus that eventually blocks an arteriole in the brain, also causing a stroke.

Heart Attack

When a person suffers hypertension, cardiac muscles need more oxygen because the heart must work harder to pump the blood against the increased arterial pressure. Under these conditions, an interference with coronary artery circulation can result in a heart attack. Two causes of reduced circulation are a thrombus that develops in a coronary artery, termed **coronary thrombosis,** and an embolus that moves into a coronary arteriole. At first the individual may suffer **angina pectoris,** characterized by a radiating pain in the left arm. Then if circulation to a significant portion of the heart is blocked entirely, a heart attack occurs. Another cause for angina and heart attack has recently been suggested. **Coronary artery spasm** is a constriction of a coronary artery that is so severe that the flow of blood is temporarily halted (fig. 10.19). It's believed that coronary artery spasms can explain why some individuals are prone to angina even when resting.

Healthy Heart Maintenance

The same steps that prevent hypertension can also help maintain a healthy heart. It is wise to avoid smoking, to guard against obesity, to eat well-balanced meals, avoiding salt, saturated fats, and cholesterol, and to have a weekly routine of physical exercise. Regular, moderate exercise is good for the heart because it keeps the body ready to respond to an increased need for blood flow to the muscles. Alternation between long periods of rest and overexertion is not beneficial for the heart. A call for a rapid response to an immediate need can cause the sudden exposure of a weakness in coronary circulation without giving the body a chance to repair itself gradually and overcome the weakness. For example, if certain coronary arterioles are deficient, others can begin to carry an increased amount of blood over time.

Heart Transplant

When a patient's heart is damaged beyond repair, it may be necessary for the patient to undergo a heart transplant operation. Although the surgical technique has been perfected, the success rate of heart transplant surgery is low because the body tends to reject foreign organs. In an effort to eliminate the problem of rejection, research continues on the development of an artificial heart. The reading on page 213 describes an artificial heart investigators feel is the forerunner of a normally functioning artificial heart.

Summary

Blood vessels include arteries (and arterioles) that take blood away from the heart, capillaries, where exchange of molecules with the tissues occurs, and veins (and venules) that take blood to the heart.

The heart is a double pump that keeps blood moving in the closed circulatory system of humans. The beat of the heart is intrinsic. During the cardiac cycle, the S.A. node, called the pacemaker, initiates the beat and causes the atria to undergo contraction, or systole. The A.V. node picks up the stimulus and stimulates the ventricles to contract. Thus, for the first 0.15 second both atria contract, then for 0.30 second both ventricles contract, and finally all chambers rest for 0.40 second. The heart sounds, lub-DUPP, are explained by the fact that just after atrial systole, the atrioventricular valves close; and just after ventricular systole, the semilunar valves close.

The activity of the cardiovascular system can be monitored by three medical procedures that measure the pulse, the electrical activity of the heart (EKG), and the blood pressure.

The circulatory system is divided into two parts: the pulmonary system and the systemic system. The pulmonary system concerns circulation of blood through the lungs and includes the pulmonary artery, which travels to the lungs, and the pulmonary veins, which return blood to the heart. In the systemic system, there are a number of different arteries and veins, the names of some are given in figure 10.13. In the adult systemic system, but not the pulmonary system, the arteries carry oxygenated blood and the veins carry deoxygenated blood.

To trace the path of blood in the systemic system, start with the aorta and follow its path until it branches to the specific organ in question. It may be assumed that this artery will divide into arterioles and capillaries, and that the capillaries will lead to venules. The vein that joins the vena cava to return the blood to the heart most likely will have the same name as the artery.

Lymph vessels, or veins, are constructed similarly to cardiovascular veins and contain valves to keep lymph moving from the tissues to the veins. The lymphatic system is a one-way system taking excess tissue fluid to the sub-clavian veins. The lacteals, which absorb the products of fat digestion, are a

Artificial Heart

For fourteen years biologists, polymer chemists, heart surgeons, computer engineers and others in Salt Lake City have been working on the artificial heart—following the pioneering efforts of William J. Kolff, who was at the Cleveland Clinic before coming to the University of Utah School of Medicine. The researchers tried numerous concepts, materials and experimental animals before they finally arrived at an artificial heart they believe can truly work in humans. The model was designed primarily by bioengineer Robert Jarvik and has been dubbed "the Jarvik Number Seven" artificial heart. It has two polyurethane ventricles and no auricles.

Prior to implantation of the heart the patient's ventricles would be removed. Then the artificial ventricles would be attached to the patient's auricles with Dacron or polyurethane cuffs and to the patient's own natural aorta and lung arteries with Dacron or polyurethane tubes. Two tubes from a portable air console (about the size of a breadbox) would be surgically inserted into the patient's chest and hooked to the ventricles. As air flowed into each ventricle from the air console, it would push against a diaphragm in each ventricle, and the diaphragm pressure in turn would push blood out of the ventricles into the aorta and lung arteries. The air console would control the rate at which the diaphragms pressed—in other words, the rate at which the artificial ventricles pumped blood, or beat. Although the ventricles would be capable of beating up to 900 times per minute, they would usually be kept beating at around 90 to 100 beats a minute, the average rate of a normal human heart.

The reason the Utah investigators believe that their Jarvik Number Seven artificial heart could keep a human alive and well for days or even weeks is that it or similar models have done so in calves in their lab. The record so far was set by a calf named Tennyson that lived 268 days with the heart.

One of the major drawbacks of the Jarvik Number Seven heart, of course, is that the air console attached to it would greatly inhibit a patient's mobility, but the next goal of the scientists is to design a heart that would make a patient more independent. For instance, they are trying to convert the Jarvik Number Seven so that it gets its energy from an electrical device implanted in a patient's chest. The ultimate artificial heart, Jarvik asserts, must "be more than functional, reliable and dependable. It must also be forgettable."

Although transplanted natural hearts have kept some patients alive up to 10 years, the heart transplant success rate for most patients is low—only 65 percent survive one year. The reasons are that it's hard to match patients and donor organs immunologically and that donor hearts are in short supply. Because the Jarvik Number Seven artificial heart does not present an immunorejection problem, and because it could be manufactured in large quantities, Olsen foresees artificial hearts eventually surpassing natural heart transplants. In fact, he predicts that a decade from now, many heart patients will be wearing artificial hearts.

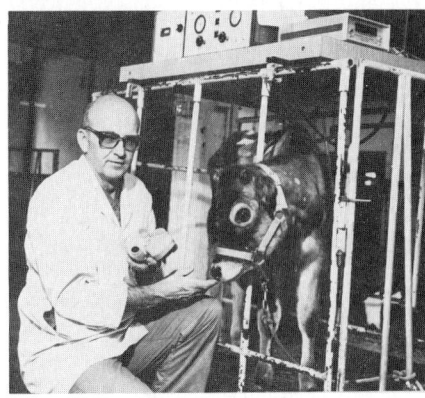

Dr. Donald Olsen displays the type of artificial heart implanted in the calf Tennyson.

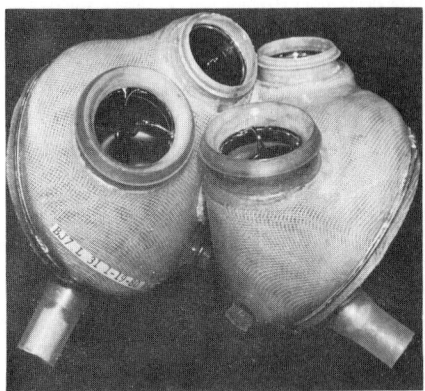

The Jarvik-7 heart is the result of twenty years of research.

part of the lymphatic system. Also, lymph nodes are placed in strategic places along the length of the lymph vessels, and these filter the lymph and produce lymphocytes to fight infection.

The movement of blood in the arteries is closely related to blood pressure. As blood pressure decreases due to an increase in cross-sectional area, so does velocity. Velocity is slowest in the capillaries; this is beneficial because the slow movement of blood aids in the exchange of molecules with the tissues. The movement of blood in the veins is largely due to skeletal muscle contraction.

Cardiovascular disease is a leading cause of death. Athero- and arteriosclerosis, hypertension, phlebitis, and thromboembolism all contribute to circulatory failure. If the flow of blood to the brain is blocked, a stroke occurs; if the flow of blood to the heart is blocked, a heart attack occurs. Recently it has been observed that coronary artery spasms contribute to heart failure.

Study Questions

1. What types of blood vessels are there? Discuss their structure and function. (pp. 196–97) *arteries   capillaries   veins*
2. Trace the path of blood in the pulmonary system as it travels from and returns to the heart, naming as you do the anatomical structures through which the blood passes. (pp. 199, 203)
3. Describe the cardiac cycle (using the terms systole and diastole) and explain the heart sounds. (pp. 199–200)
4. Describe an EKG and tell how its components are related to the cardiac cycle. (pp. 201–2)
5. What is blood pressure and why is the average normal arterial blood pressure said to be 120/80? (pp. 202–3)
6. Trace the path of blood from the coeliacmesenteric artery to the aorta, indicating which of the vessels are in the systemic system and which are in the pulmonary system. (p. 204)
7. What is a lymph vessel? (p. 205) Give three functions of the lymphatic system and tell how these functions are carried out. (p. 205)
8. In which type of vessel is blood pressure highest? Lowest? (p. 208) Velocity is lowest in which type vessel and why is it lowest? Why is this beneficial? (p. 208) What factors assist venous return of the blood? (p. 209)
9. Name several possible causes for hypertension. (p. 209) What are athero- and arteriosclerosis? (p. 210) What is thromboembolism? (p. 211) Name two possible results of hypertension and thromboembolism. (p. 211)

Further Readings

Adolph, E. 1967. The heart's pacemaker. *Scientific American* 216(3):32.

Crouch, J. E. 1978. *Functional human anatomy.* 3d ed. Philadelphia: Lea and Febiger.

Mayerson, H. S. 1963. The lymphatic system. *Scientific American* 208(6):80.

Spain, D. M. 1966. Atherosclerosis. *Scientific American* 215(2):48.

Wiggers, C. J. 1957. The heart. *Scientific American* 196(5):74.

Wood, J. E. 1968. The venous system. *Scientific American* 218(1):86.

Chapter Concepts

1. Blood, which is composed of cells and a fluid containing many inorganic and organic molecules, has three primary functions: transport, clotting, and fighting infection.

2. Blood transports nutrients to and wastes from the tissue capillaries. Exchange of molecules with tissue fluid takes place across capillary walls.

3. The process of clotting requires a complicated series of reactions and normally prevents the loss of blood after an injury.

4. White cells, some of which phagocytize invading microbes, and gamma globulins, which combine with foreign proteins in a specific manner, are the body's defense against infection and disease.

5. All of the functions of blood may be correlated with the ability of the body to maintain a constant internal environment.

11

blood

It is a curious fact that more than half the body is water; the total quantity of water is around 70 percent of the body's weight. By far, most of this water (50 percent) is found within the cells. A smaller amount (20 percent) lies outside the cells. The latter is the concern of this chapter. This water is found (1) within the blood vessels, (2) within the lymph vessels (lymph) and (3) surrounding the cells. The fluid surrounding the cells is called **tissue fluid,** and the composition of this fluid is constantly renewed and refreshed by the blood in the region of the capillaries (fig. 11.6). *Oxygen* and *nutrients* are delivered to tissue fluid, and *carbon dioxide* and *nitrogen waste* are removed. In this way, the internal environment of a human being; that is, the tissue fluid, remains constant. Constancy of the internal environment is called homeostasis (p. 165).

Blood

Blood is called a liquid tissue because the numerous cells are separated one from the other by a fluid matrix. If blood is transferred from a person's vein to a test tube and prevented from clotting, it separates into two layers (fig. 11.1). The lower layer consists of red blood cells (erythrocytes), white blood cells (leukocytes), and blood platelets (thrombocytes). Collectively, these are called the **formed elements** (fig. 11.2) and represent about 45 percent of the volume of whole blood. The upper liquid layer, called **plasma,** contains a variety of inorganic and organic substances dissolved or suspended in water and represents about 55 percent of the volume of whole blood. Chart 11.1 lists the components of blood, which we shall discuss in terms of three functions: *transport, clotting,* and *infection fighting.*

Figure 11.1

Volume relationship of plasma and formed elements in blood.

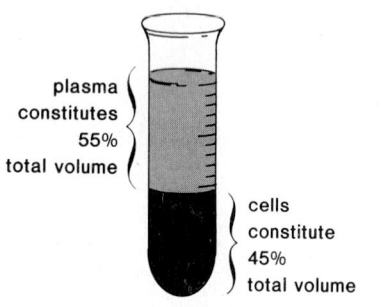

plasma constitutes 55% total volume

cells constitute 45% total volume

Figure 11.2

a. Representation of blood cells. Shown are an erythrocyte (*A*), an eosinophil (*B*), a neutrophil (*C*) and (*G*), a monocyte (*D*), thrombocytes (*E*), a lymphocyte (*F*), and a basophil (*H*). Scanning electron micrograph of (*b*) red cells, (*c*) platelets, (*d*) lymphocytes.

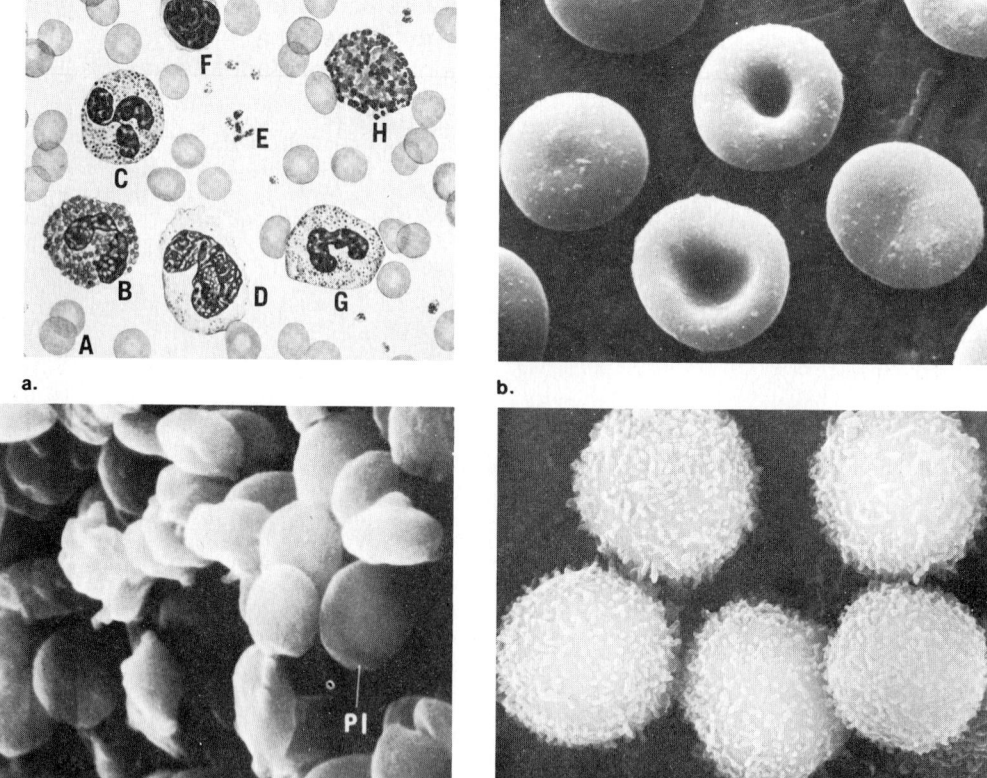

Chart 11.1 Components of Blood

Blood	Function	Source
I. Formed elements		
Red cells	Transport oxygen	Bone marrow
Platelets	Clotting	Bone marrow
White cells	Fight infection	Bone marrow and lymphoid tissue
*II. Plasma**		
Water	Maintains blood volume and transports molecules	Absorbed from intestine
Plasma proteins	All maintain blood osmotic pressure and pH	
Albumin	Transport	Liver
Fibrinogen	Clotting	Liver
Globulins	Fight infection	Lymphocytes
Gases		
Oxygen	Cellular respiration	Lungs
Carbon dioxide	End product of metabolism	Tissues
Nutrients		
Fats, glucose, amino acids, etc.	Food for cells	Absorbed from intestinal villi
Salts	Maintain blood osmotic pressure and pH; aid metabolism	Absorbed from intestinal villi
Wastes		
Urea and ammonia	End products of metabolism	Tissues
Hormones, vitamins, etc.	Aid metabolism	Varied

*Plasma is 90–92 percent water, 7–8 percent plasma proteins, not quite 1 percent salts, and all other components are present in even smaller amounts.

Transport

Transport involves all the components of blood except the white cells. The purpose of transport is to maintain a constant composition of tissue fluid, or the fluid surrounding the cells. To accomplish this, oxygen, received from the lungs, and nutrients, absorbed by the intestinal villi, are transported to the capillaries where they enter tissue fluid, while carbon dioxide and nitrogen waste (i.e., ammonia) given off by the cells, are taken up and transported away. Carbon dioxide is taken to the lungs and ammonia is taken to the liver for conversion to urea, which is then transported to the kidneys for excretion. Figure 11.3 illustrates these exchanges of nutrient and waste molecules across capillary walls.

Blood Constancy

All capillaries have an arterial end and a venous end. Necessarily, the blood at these two ends varies slightly because of the exchange that has just taken place across the capillary walls; nevertheless, the blood shows a remarkable constancy in regard, for example, to pH, blood pressure, and osmotic pressure. An examination of the components of blood shows that all blood proteins contribute to this constancy.

Figure 11.3
Diagram illustrating the transport function of blood.

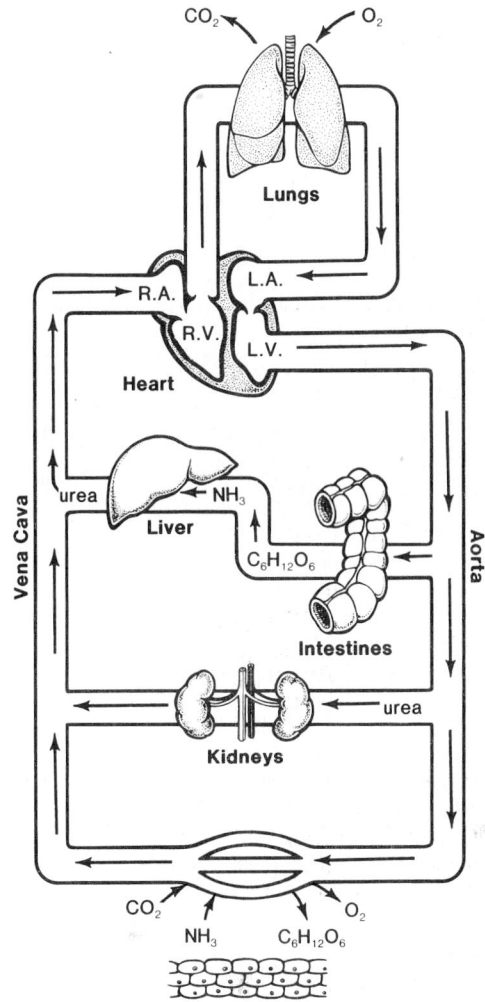

Figure 11.4

The hemoglobin molecule is a globular protein that contains four polypetide chains, two of which are alpha and two of which are beta chains. Heme groups are shown as planes and the sphere embedded in each heme group is an atom of iron.

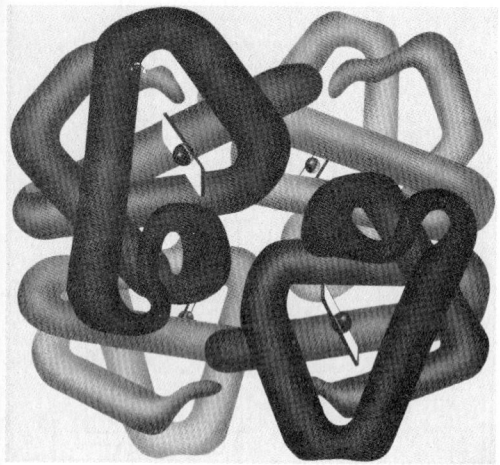

Chart 11.2 Blood Proteins

Name	Location	Special Function
Albumin	Plasma	— — —
Globulin	Plasma	Antibodies to fight infection
Fibrinogen	Plasma	Blood clotting
Hemoglobin	Red cells	Carries gases (oxygen and carbon dioxide)

Chart 11.3. Contribution of Proteins to Blood Constancy

Constant Factors	Aided by
pH	Amino and acid groups of proteins
Blood pressure	Viscosity of proteins
Osmotic pressure	Size of proteins

Blood Proteins

There are four main types of proteins in the blood: albumin, globulin, fibrinogen, and hemoglobin. The first three of these are in the plasma. In fact, plasma is composed of about 90 to 92 percent water and 7 to 8 percent protein. All of the other components of plasma comprise less than 1 percent. The last of the proteins, **hemoglobin** (fig. 11.4), is a conjugated protein because it contains not only the protein **globin,** but also the nonprotein group, heme. It is the globin portion that interests us here.

Except for **albumin,** all the blood proteins have specific functions (chart 11.2) in addition to helping maintain the constant characteristics described following and in chart 11.3.

pH

Acids, bases, pH, and buffers were all described in chapter 2. Here we are interested in what specific manner the blood stays at a relatively neutral pH of 7.4. As illustrated in figure 11.5, blood proteins, like other proteins, are buffers because the amino group can absorb excess hydrogen ions, and the acid group can release hydrogen ions to combine with OH^-. Aside from the buffering ability of the proteins, there are inorganic ions, such as carbonate and phosphate ions, that form two systems that aid in buffering the blood.

Blood Pressure

The heart pumps the blood to create blood pressure, but normal blood pressure is achieved only if the viscosity of the blood is nearly normal. The **viscosity,** or thickness, of the plasma is largely dependent on the presence of plasma proteins and red blood cells. Reduction in the amount of protein and red cells results in a low blood pressure.

Osmotic Pressure

Plasma proteins together with salts create an osmotic pressure that maintains the water content of the blood. You will recall that water moves across cell membranes from the area of greater concentration to the area of lesser concentration of water. Since proteins are too large to pass through or across a capillary wall, the fluid within the capillaries is always the area of lesser concentration of water, and water will therefore tend to pass into the capillaries.

Transport of Organic Molecules

Small organic molecules such as glucose and urea are simply dissolved in the plasma and transported in this manner. Other organic molecules such as hormones, vitamins, fatty acids and other lipids combine with proteins, particularly albumin, for transport.

Transport of Gases

Since humans are active, warm-blooded animals, the body cells require much oxygen within a short period of time. This presents a transport problem that has been solved by the use of the respiratory pigment, hemoglobin, to carry oxygen. Plasma carries only about .3 ml of oxygen per 100 ml, but whole blood carries 20 ml of oxygen per 100 ml. This shows that the presence of hemoglobin increases the carrying capacity of blood 60 times.

Red Cells (Erythrocytes)

The red pigment, hemoglobin, is enclosed within cells. This makes the cells red and, in turn, makes the blood red. There are five million red cells (fig. 11.6) per cubic millimeter of whole blood, and each of these cells contains about 200 million hemoglobin molecules. If this much hemoglobin were suspended within the plasma rather than being enclosed within the cells, the blood would be so thick the heart would have difficulty pumping it.

a.

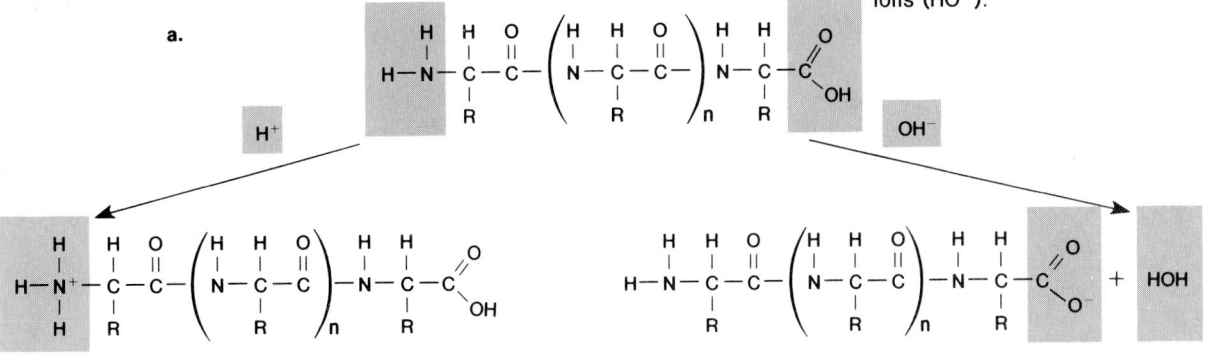

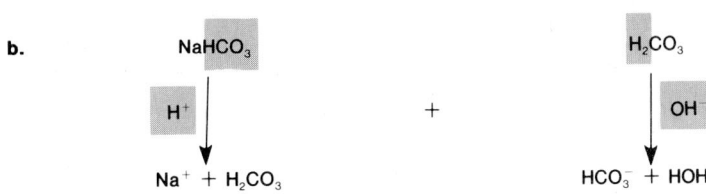

b.

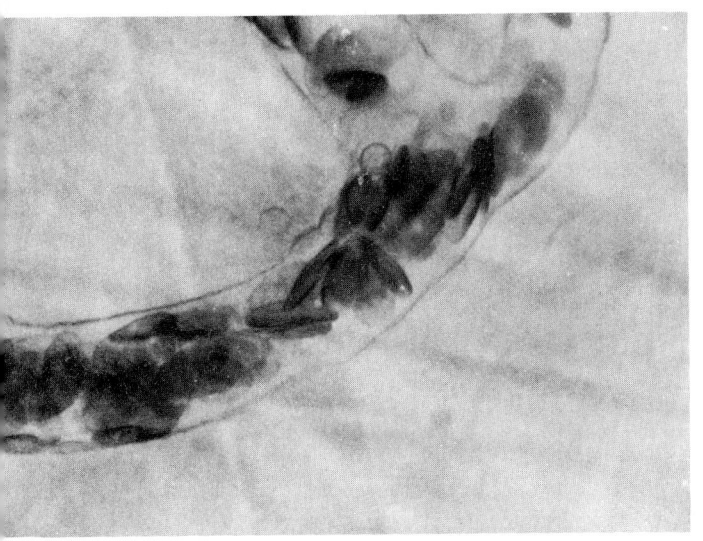

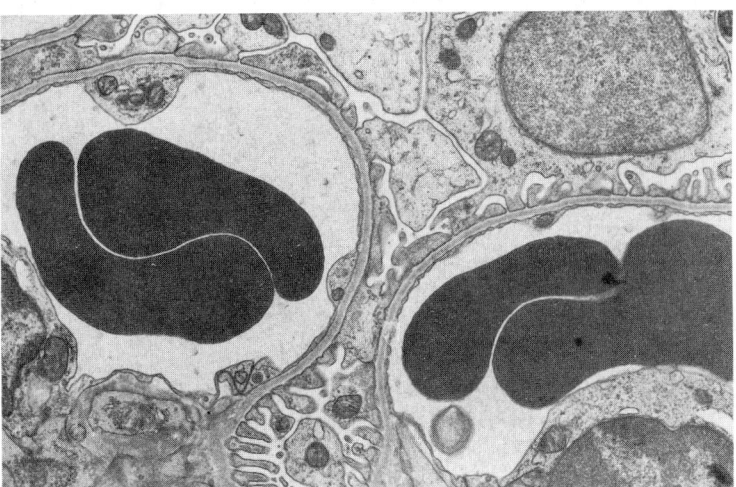

Figure 11.6
a. Photomicrograph of red blood cells contained within blood vessels. b. Electron micrograph of two red blood cells tightly contained within each of two adjacent capillaries.

a.

b.

Figure 11.7

Blood cell formation. Each type of blood cell undergoes a number of steps before maturation is achieved. a. Immature cells found in lymphoid tissue and bone marrow. b. Mature cells found in bloodstream.

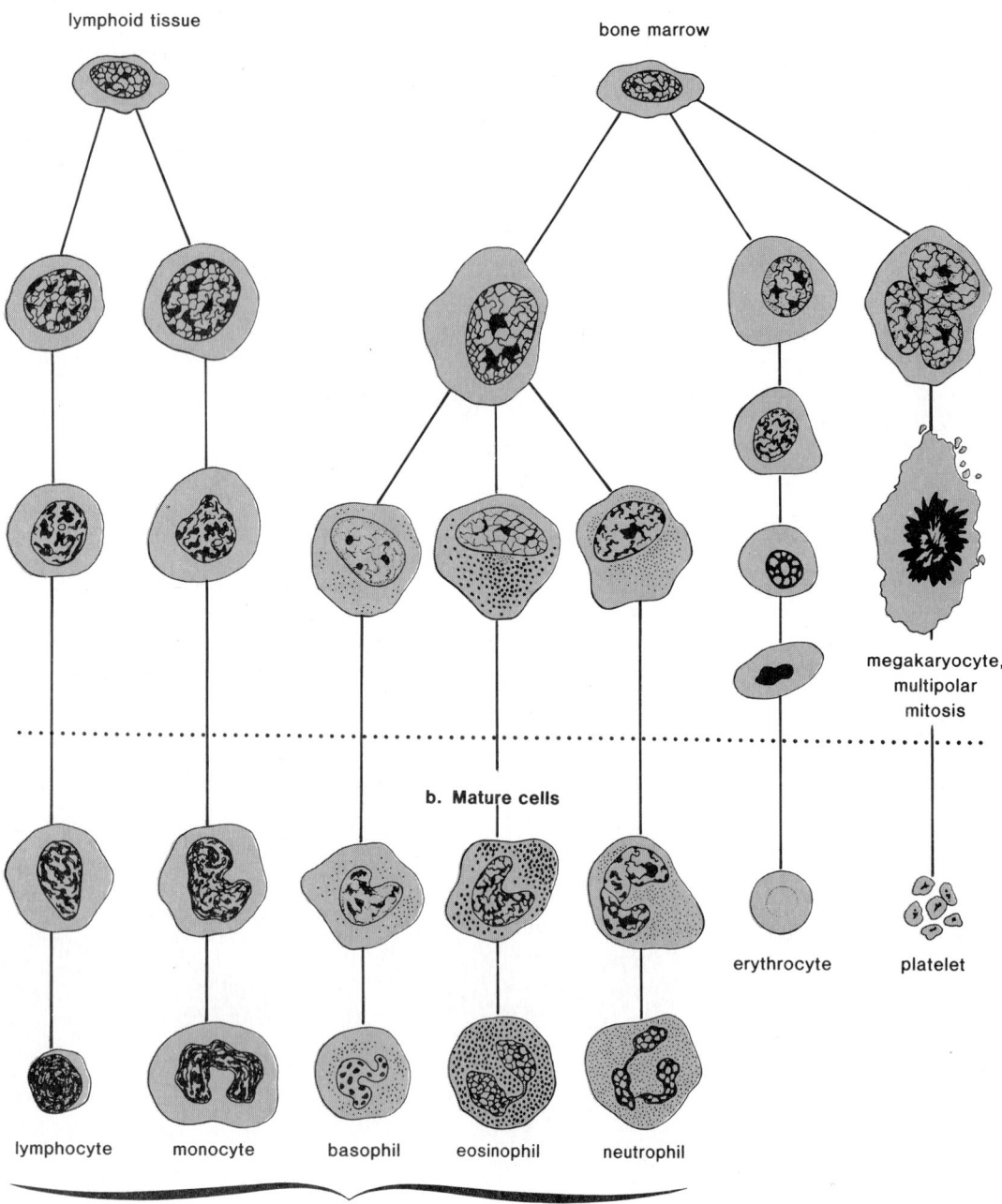

a. Immature Cells

lymphoid tissue

bone marrow

megakaryocyte, multipolar mitosis

b. Mature cells

erythrocyte

platelet

lymphocyte

monocyte

basophil

eosinophil

neutrophil

leukocytes

The red cells, which are small biconcave, disc-shaped cells without nuclei, are continuously manufactured in the red bone marrow of the skull, ribs, vertebrae, and ends of the long bones. They pass through several developmental stages during which time they extrude the nucleus and acquire hemoglobin (fig. 11.7). Red cells live only about 120 days and are destroyed chiefly in the liver and spleen, where they are engulfed by large phagocytic cells.

Evidence indicates that the oxygen tension of arterial blood serves to regulate red cell formation and, consequently, hemoglobin production. High altitudes, where the oxygen tension is low, increase the red cell count. It is believed that low oxygen tension in the blood causes the kidneys to produce a substance called **renal erythropoietic factor** (REF). This joins with liver globulin to produce a combination that stimulates the red bone marrow to produce more red cells (fig. 11.8).

Transport of O_2

Each hemoglobin molecule contains four polypeptide chains that make up the protein globin, and each chain is joined to a complex, iron-containing structure called heme (fig. 11.9). It is actually the iron that forms a loose association with oxygen. Even so, the equation for oxygenation of hemoglobin is usually written as:

$$Hb + O_2 \underset{\text{tissues}}{\overset{\text{lungs}}{\rightleftharpoons}} HbO_2$$

The hemoglobin on the right, which is combined with oxygen, is called oxyhemoglobin. **Oxyhemoglobin** forms in the lungs and is a bright red color. The hemoglobin on the left, which has given up oxygen to tissue fluid, is called **reduced hemoglobin** and is a dark purple color.

Carbon monoxide, present in automobile exhaust, combines with hemoglobin more readily than does oxygen, and it stays combined for several hours regardless of the environmental conditions. Accidental death or suicide from carbon monoxide poisoning occurs because the hemoglobin of the blood is not available for oxygen transport. This transport function of blood is so important that life can be temporarily sustained by means of a blood substitute that transports only oxygen as described in the reading for this chapter (p. 222).

Transport of CO_2

Red cells that have given up oxygen to tissue fluid are now ready to take part in the transport of carbon dioxide. Reduced hemoglobin will combine with carbon dioxide to form carbaminohemoglobin:

$$Hb + CO_2 \underset{\text{lungs}}{\overset{\text{tissues}}{\rightleftharpoons}} HbCO_2$$

However, such a combination with hemoglobin actually represents only a small portion of the carbon dioxide in the blood. Most of the carbon dioxide is transported as the **bicarbonate ion,** HCO_3^-. This ion is formed after carbon dioxide has combined with water in the following manner:

$$CO_2 + H_2O \rightleftharpoons H_2CO_3 \rightleftharpoons H^+ + HCO_3^-$$

Carbon dioxide combined with water forms **carbonic acid;** this dissociates (breaks down) to a hydrogen ion and the bicarbonate ion, HCO_3^-.

There is actually an enzyme within red cells, called **carbonic anhydrase,** that speeds up this reaction. The released hydrogen ions, which could drastically change the pH, are absorbed by the globin portions of hemoglobin, and the bicarbonate ions diffuse out of the red cells to be carried in the plasma. Reduced hemoglobin, which combines with a hydrogen ion, may be symbolized as HHb. The latter plays a vital role in maintaining the pH of the blood.

Once systemic venous blood has reached the lungs, the reverse of the preceding reaction to carbon dioxide takes place, and carbon dioxide diffuses out of the blood into the lungs for expiration.

Figure 11.8
When oxygen tension is low, the kidneys produce a chemical (REF) that, after combination with a globulin from the liver, causes the bone marrow to produce more red cells.

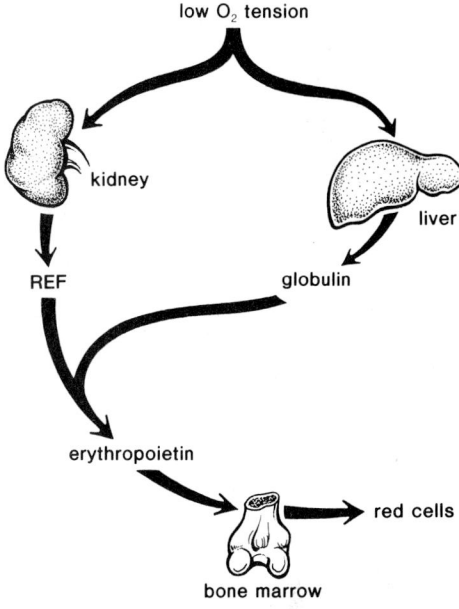

Figure 11.9
Heme, whose chemical structure is shown here, combines with the protein, globin, to form hemoglobin. *Fe* = iron.

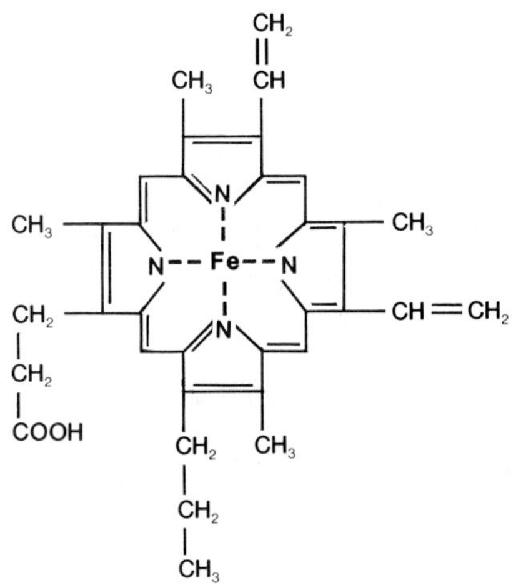

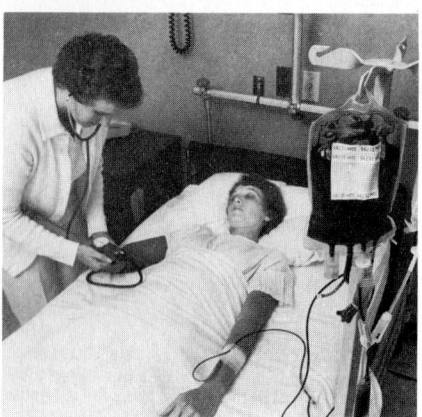

Blood Substitute Passes Its First Test

The 65-year-old patient at the Fukushima Medical Center in Japan was bleeding heavily last April after his prostate had been removed in a cancer operation, and the medical staff did not have enough of his rare O-negative blood for a necessary transfusion. Faced with a crisis, surgeon Kenji Honda gave the man an infusion of 1 liter of a new, oxygenated perfluorocarbon emulsion; the emulsion carried oxygen through the patient's body until more of the rare blood could be obtained. Subsequently, doctors at Fukushima and other hospitals used the blood substitute on eight other patients threatened with death from excessive bleeding. Most of these patients had rare blood types that were not immediately available, but one refused a conventional transfusion for religious reasons. All nine patients are well today and form a select group of the first humans to have their lives saved with an artificial blood.

Oxygen is highly soluble in most liquid perfluorochemicals—hydrocarbons or other organic chemicals in which all hydrogen atoms have been replaced by fluorine atoms. Most perfluorochemicals can dissolve as much as 60 percent oxygen by volume; whole blood, in contrast, can dissolve only about 20 percent, and salt water or blood plasma only 3 percent. In 1966, Leland C. Clark, Jr.,

of the University of Cincinnati College of Medicine demonstrated that perfluorochemicals could sustain life when he immersed rodents in the liquids for long periods (*Science*, 16 February 1973, p. 669) and perfused hearts with the chemicals. . . .

The first clinical test of Fluosol-DA occurred last year when Naito infused himself with 50 ml of the agent. Subsequently, several other investigators at the firm infused themselves with as much as 500 ml, and early this year a full-scale safety test was conducted with healthy volunteers from two Japanese medical schools. At about the same time, a team of investigators at the University of Mainz in West Germany and the Linz Hospital in Linz, Austria, used the blood substitute to maintain biological functions for as long as 24 hours in several brain-dead victims of accidents. These studies all showed no apparent harm to body tissues. . . .

It seems clear that the perfluorochemical emulsions are beginning to fulfill some of the promise they first showed. It now appears to be only a matter of time and hard work before they can be used on a regular basis to sustain life in situations where whole blood is not available.

Fluosol-DA is the commercial product produced by Green Cross Company where Naito is a chemist.

"Blood Substitute Passes Its First Test," Maugh, T. H., II, *Science* Vol. 206, p. 205, 12 October 1979. Copyright 1979 by the American Association for the Advancement of Science.

Chart 11.4. Hemoglobin

Heme	Globin
Nonprotein	Protein
Contains iron	
Carries oxygen	Carries carbon dioxide; acts as a buffer; absorbs H
Becomes bile pigments	May be reused

Hemoglobin

Our discussion has shown that hemoglobin is an excellent carrier for gases in the blood. It forms a loose association with oxygen (HbO_2) in the cool and neutral conditions of the lungs and readily gives up oxygen under the warm and more acidic conditions of the tissues. When hemoglobin is not carrying oxygen, it becomes useful in carbon dioxide transport largely because the globin portion will take up excess hydrogen ions (HHb) that result from the dissociation of carbonic acid. This helps the pH of the blood remain constant. Once hemoglobin reaches the lungs and carbon dioxide is re-formed for expiration, it is ready again to transport oxygen.

When red cells are broken down, hemoglobin is released. The iron is recovered and returned to the red bone marrow for reuse. The heme portion of the molecule undergoes chemical degradation and is excreted by the liver in the bile as bile pigments. The bile pigments are primarily responsible for the color of feces.

Chart 11.4 summarizes our discussion of hemoglobin.

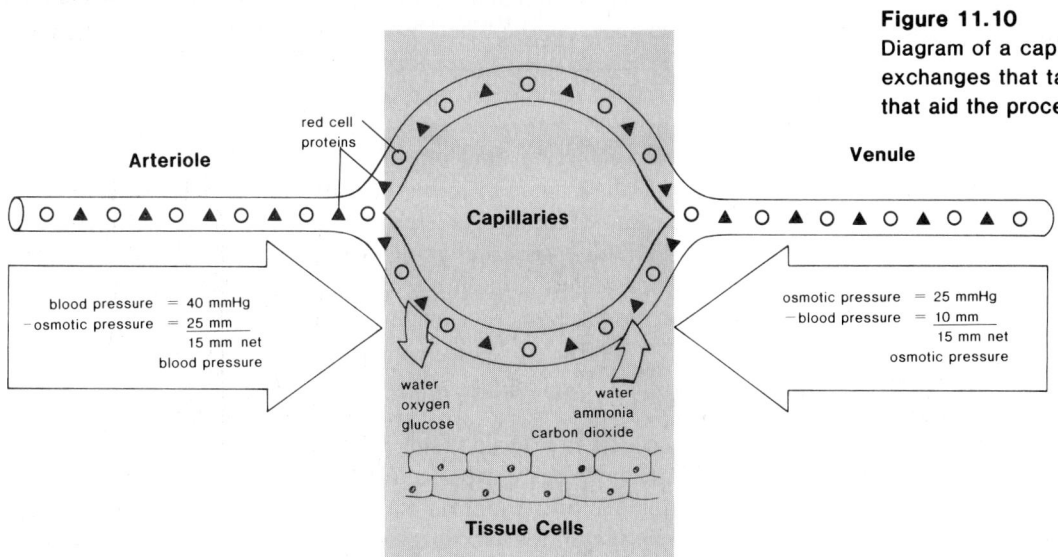

Figure 11.10
Diagram of a capillary illustrating the exchanges that take place and the forces that aid the process.

Capillary Exchange Within the Tissues

Arterial Side

When arterial blood enters the tissue capillaries (fig. 11.10), it is bright red because the red cells are carrying oxygen. It is also rich in nutrients that are dissolved in the plasma. At this end of the capillary, blood pressure (40-mm Hg), which tends to force fluid out of the thin-walled capillary, is higher than osmotic pressure of the blood (25-mm Hg), which tends to retain fluid. Therefore, fluid together with oxygen and nutrients (glucose and amino acids) exit from the capillary. This is a **filtration** process because large substances, such as red cells and plasma proteins, are too big to go with the fluid, but small molecules do pass out with the fluid into the space around the cells. *Tissue fluid* is created by this process and consists of all the components of plasma except the proteins.

Midsection

Along the length of the capillary, molecules will follow their concentration gradient as diffusion occurs. Diffusion, you will recall, is the movement of molecules from an area of greater concentration to an area of lesser concentration. The area of greater concentration for nutrients is always the blood, because after these molecules have passed into the tissue fluid they are taken up and metabolized by the tissue cells. The cells use glucose and oxygen in the process of cellular respiration, and amino acids are used in protein synthesis. Following this, the cells give off carbon dioxide and water as end products of cellular respiration, and during the process of protein breakdown, amino acids are deaminated with the release of ammonia. Thus, carbon dioxide and ammonia are waste products of metabolism, which leave the cell by diffusion. The cell and tissue fluid are always the area of greater concentration for these waste materials and so they diffuse into the capillary.

Venous Side

At the venous end of the capillary, blood pressure is much reduced (10-mm Hg), as can be verified by reviewing figure 10.17 in the previous chapter. However, there is no reduction in osmotic pressure (25-mm Hg), which tends to force fluid into the capillary. Therefore, fluid now enters the capillary.

Figure 11.11

A scanning electron micrograph showing a red cell caught in the fibrin threads of a clot.

When it does, it brings with it additional amounts of waste molecules (carbon dioxide and ammonia). As the blood leaves the capillaries, it is deep purple in color because the red cells contain reduced hemoglobin. Carbon dioxide is carried as the bicarbonate ion, and this, along with ammonia, is dissolved in the plasma.

This system of forcing fluid out of the capillary by means of blood pressure and retrieving it again by means of osmotic pressure is not completely effective. There is some fluid that is left and not picked up at the venous end. This excess tissue fluid enters the lymph vessels. *Lymph* is tissue fluid contained within lymph vessels. Lymph is returned to systemic venous blood when the major lymph vessels enter subclavian veins (p. 207).

Blood Clotting

When an injury occurs to a blood vessel, clotting or coagulation of the blood takes place. This is obviously a protective mechanism to prevent excessive blood loss and thus helps maintain a constant internal environment. A **clot** (fig. 11.11) is a mass of threads or insoluble filaments within which cells are trapped. Although the red cells have no function in clotting, it is their presence in a clot that makes it appear red. Portions of the blood that have been identified as necessary to clotting are: (1) platelets, (2) prothrombin, a globulin protein, and (3) fibrinogen.

Platelets (fig. 11.7) result from fragmentation of certain large cells, called megakaryocytes, in the red bone marrow. When a blood vessel is damaged, the platelets and injured tissues release an enzyme called thromboplastin.

Thromboplastin is an enzyme that catalyzes the conversion of prothrombin to thrombin. **Prothrombin** is manufactured by the liver, and it is now known that vitamin K is necessary to its production. Most persons take in an adequate amount of vitamin K with their food; but if this is not the case, hemorrhagic disorders develop. The conversion of prothrombin to thrombin requires not only thromboplastin, but also calcium (Ca^{++}) and several other clotting factors whose exact identification is still being determined. It is possible to prevent blood from clotting by adding chemicals, such as citrate, that combine with calcium and prevent it from functioning in the clotting process.

Thrombin is an enzyme that catalyzes the next reaction in the clotting process, namely, the transformation of **fibrinogen** to **fibrin** threads or filaments. Thrombin may be inactivated by a naturally occurring substance in the blood called **heparin**. The presence of this substance is a safety factor that prevents unnecessary clotting from occurring.

When fibrinogen forms fibrin, a clot exists, and coagulation has occurred. The steps necessary for blood clotting may be listed as follows:

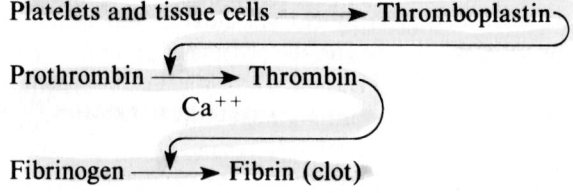

Notice that the substances listed on the left-hand side (i.e., the reactants) are normally present in the blood, while the substances listed on the right-hand side appear during the clotting process. Also, it is clear that clotting, or **coagulation,** is an enzymatic process since both thromboplastin and thrombin are enzymes. Being an enzymatic process, it can be demonstrated in the laboratory that clotting takes place at a faster rate if blood is warmed than if it is kept cool.

If blood is placed in a test tube and allowed to clot, a yellowish fluid comes to lie above the clotted material (fig. 11.12). This fluid is called **serum,** and it contains all the components of plasma except fibrinogen. Since we have now used a number of different terms to refer to portions of the blood, chart 11.5 reviews these terms for you.

We might well ask why the process of clotting requires so many steps. The answer is clear that it is a process that can be more easily prevented in this way. Unnecessary clotting is quite dangerous to the body. You will recall that occasionally clotting does occur within intact blood vessels with rough sides, and that a stationary clot, or **thrombus,** or a moving clot, or **embolus,** may interfere with circulation. If the involved vessel is large or supplies a vital organ, death may result (p. 211)!

Infection Fighting

The body defends itself against parasites, such as bacteria and viruses, in several ways. The so-called first line of defense is the outer covering (skin and mucous membranes), which resists invasion by parasites. The second line of defense is dependent on two components of blood: white cells and a portion of the plasma protein globulin.

White Cells (Leukocytes)

White cells (fig. 11.13) may be distinguished from red cells by the fact that they are usually larger, have a nucleus, and without staining would appear to be white in color. With staining, white cells characteristically appear a bluish shade of color. White cells are less numerous than red, with only 7,000 to 8,000 cells per cubic millimeter.

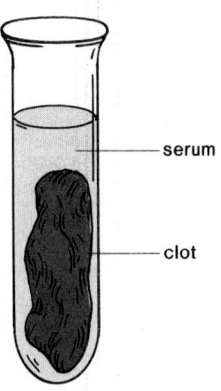

Figure 11.12
When blood clots, serum is formed.

serum

clot

Chart 11.5. Body Fluids

Name	Composition
Blood	Formed elements and plasma
Plasma	Liquid portion of blood
Serum	Plasma minus fibrinogen
Tissue fluid	Plasma minus proteins
Lymph	Tissue fluid within lymph vessels

Figure 11.13
Common white cells (leukocytes) as they appear under the light microscope (a) and scanning electron microscope (b). White cells: Mo (monocyte), Ly (lymphocyte), Ne (neutrophil). Others: Er (erythrocyte), Pl (platelet).

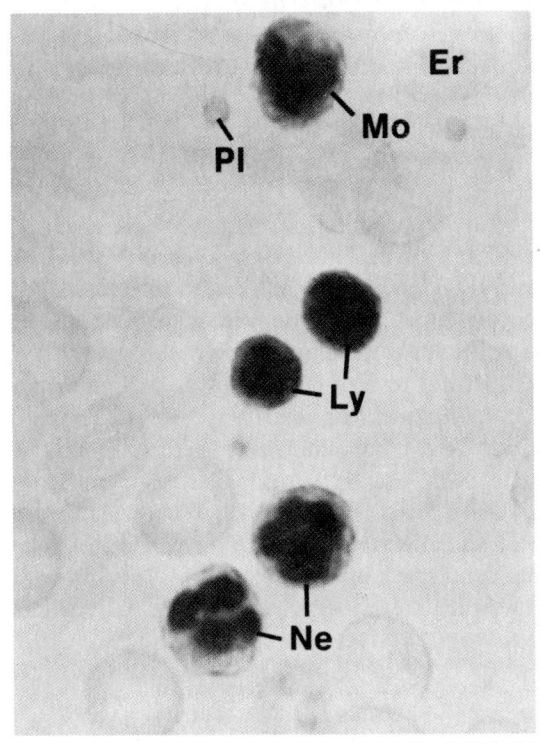

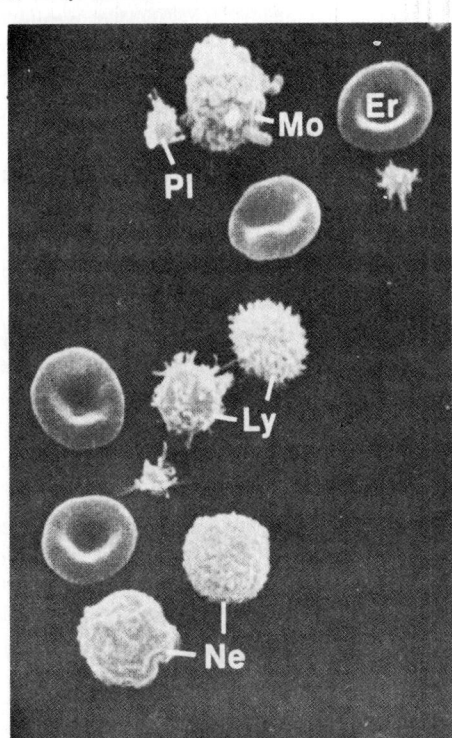

a.   Kessel and Kardon

b.   Kessel and Kardon

Chart 11.6. White Cells (Leukocytes)

	Granulocytes (polymorphonuclear)	
	Size	Granules Stain
Neutrophils	9–12μm	Lavender
Eosinophils	9–12μm	Red
Basophils	9–12μm	Deep blue
	Agranulocytes	
	Size	Type of Nucleus
Monocytes	12–20μm	Indented
Lymphocytes	8–10μm	Large

Chart 11.6 lists the different types of white cells and figure 11.7 diagrams their maturation. On the basis of structure it is possible to divide white cells into the **granulocytes** and the **agranulocytes.** The granulocytes have granules in the cytoplasm and a many-lobed nucleus joined by nuclear threads; therefore, they are called **polymorphonuclear.** Granulocytes are formed in the red bone marrow and perhaps are derived from the same type parent cell as the red cells. The agranulocytes do not have granules and have a circular or indented nucleus. They are produced in lymphoid tissue within bone marrow and also the spleen, lymph nodes, and tonsils.

Infection fighting by white cells is primarily dependent on the neutrophils, which comprise 60 to 70 percent of all leukocytes, and the lymphocytes, which make up 25 to 30 percent of the leukocytes. Neutrophils are **phagocytic;** they destroy bacteria and viruses by traveling to the site of invasion and engulfing the foe. Lymphocytes secrete gamma globulins[1] called immunoglobulins or **antibodies** that combine with foreign substances to inactivate them. Neutrophils and lymphocytes may be contrasted in the following manner:

Neutrophils	*Lymphocytes*
Granules in cytoplasm	No granules in cytoplasm
Polymorphonuclear	Mononuclear
Produced in bone marrow	Produced in lymphoid tissue
Phagocytic	Make antibodies

Like the neutrophils, monocytes are also phagocytic; the specific function of eosinophils and basophils is still under investigation.

Inflammatory Reaction

After bacteria and viruses have invaded the body, they destroy cells either by producing poisonous chemicals called **toxins** or by attacking the cells directly. The blood vessels in the area dilate, bringing an increased supply of blood and causing reddening and an increase in temperature. Histamine, released by the damaged tissues, increases capillary wall permeability and fluid escapes, resulting in swelling. Now the site of invasion is a region of **inflammation.**

Neutrophils enter the inflamed area by squeezing through pores within the capillary walls. They move in an amoeboid manner; part of the cell protrudes and attaches to a stationary object and the remainder of the cell then pulls itself forward. When a neutrophil reaches a foreign substance and phagocytizes it (fig. 11.14), an intracellular vacuole is formed. Now the engulfed material is destroyed or neutralized by hydrolytic enzymes when the vacuole combines with a lysosome. Some neutrophils die and these, along with dead tissue cells, bacteria, and living white cells form **pus,** a thick yellowish fluid. The presence of pus indicates that the body is trying to overcome the infection.

Many infections bring about an explosive increase in the number of leukocytes. It is believed that the inflamed tissues may liberate a substance that passes, by way of the blood, to the bone marrow, where it stimulates production and release of white cells, usually neutrophils. Some illnesses, however, cause an increase in other types of white cells. Whooping cough, pernicious anemia, and tuberculosis cause an increase in the number of lymphocytes, while typhoid fever and malaria cause an increase in the number of monocytes. Eosinophils increase with infections of animal parasites, such as trichinella, tapeworm, and hookworm.

1. The gamma globulins get their name from the fact that it was observed that if globulins underwent electrophoresis (were put in an electrical field), they separated into three major components called alpha globulin, beta globulin, and gamma globulin. Almost all circulating antibodies were found in the gamma globulin fraction and, as a result, this term is used for circulating antibodies.

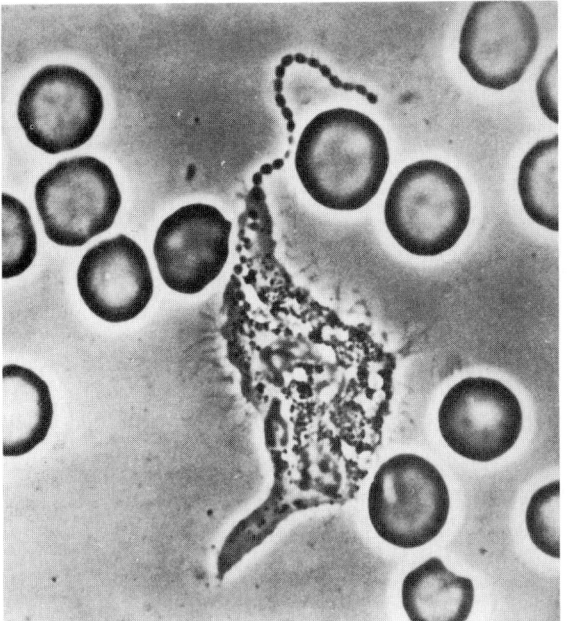

a.

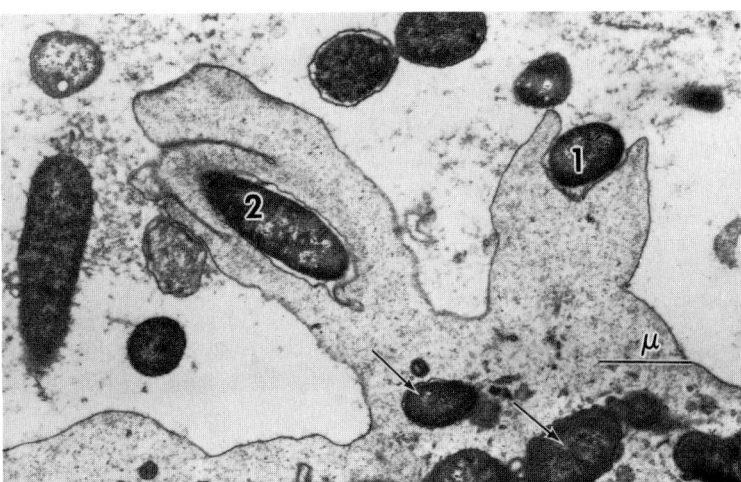

b.

Figure 11.14
a. A photomicrograph of a leukocyte ingesting a chain of streptococcal bacteria.
b. Electron micrograph of a neutrophil ingesting bacteria (1 and 2) by means of pseudopodia. Subsequently, bacteria are seen within neutrophil (arrows).

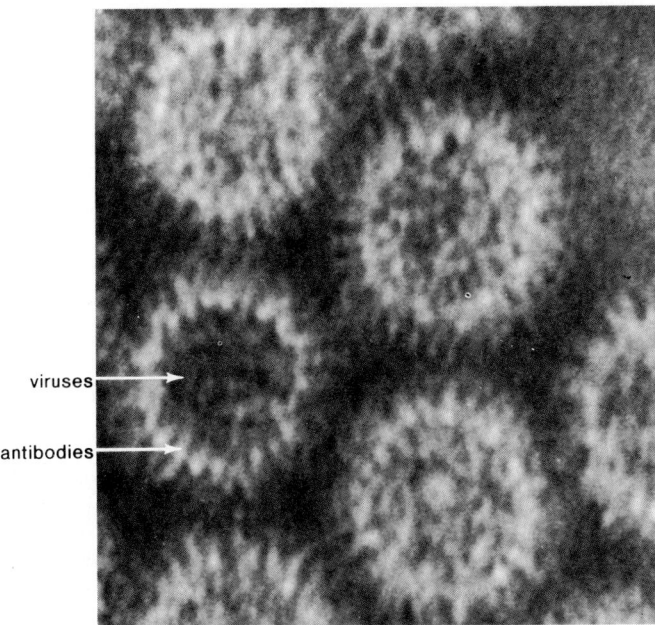

viruses →

antibodies →

Figure 11.15
An electron micrograph that shows antibodies (light areas) attached to viruses (dark areas).

Antibodies

Parasites and their toxins cause lymphocytes to produce antibodies. Each lymphocyte produces one type of antibody that is specific for one type of antigen. **Antigens** are usually proteins located in the outer covering of a parasite or present in the toxin. Antibodies combine with their antigens (fig. 11.15) in such a way that the antigens are rendered harmless. Sometimes the antibodies cause precipitation of the antigen, or agglutination (clumping) of the antigen, or simply prepare it for phagocytosis. In any case, it is well to keep in mind that the antigen is the foreigner, and the antibody is the substance prepared by the body. The antigen-antibody reaction may be symbolized as follows:

antigen   +   antibody → inactive complex
(foreign   (globulin
substance)   protein)

The **antigen-antibody reaction** is a type of lock-and-key reaction in which the two molecules fit together as do a lock and key. This seems surprising at first because it has been shown that all antibodies have the same overall shape. Even so each type antibody has a variable region, a unique sequence of amino acids that results in a receptor site that is capable of combining with one type antigen. In other words, this particular sequence of amino acids shapes a site where the antibody fits the antigen.

Immunity

Immunity is present when the blood contains lymphocytes capable of producing specific antibodies for a specific antigen. A quantity of the lymphocytes is continually maintained by the so-called **immune system** (fig. 12.1), which consists of all those organs and cells that participate in the production of antibodies. To be actively **immune** against a disease means that your system already produces antibodies that react with the antigens associated with a disease-causing agent. Chapter 12 is about immunity and explores the topic in detail.

Figure 11.16
Appearance of red blood cells when agglutination has occurred.

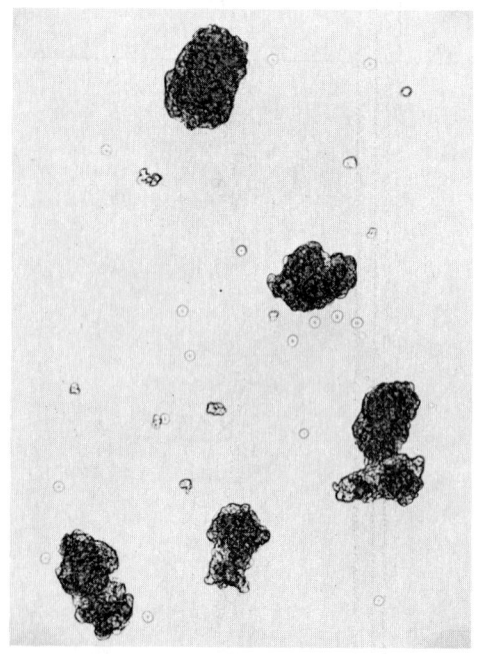

Blood Typing

After the preceding discussion, it should not be surprising to learn that red cells of one individual may be antigenic to another individual. Among humans there appear to be two major red cell antigens, designated as **A** and **B.** As chart 11.7 shows, an individual may have one of these antigens (i.e., Type A or Type B), or both (Type AB), or neither (Type O). The type of blood you have indicates which of the major antigens you have on your red cells. As you can see, Type O is most common among United States blacks and whites. Within the plasma of an individual, there are antibodies to the antigens that are *not* present on that individual's red cells, Thus, for example, Type A blood has antibody b. Type AB blood has no antibodies because both antigens are on the red cells.

In order to determine what type of blood a person may receive by transfusion, it is necessary to test whether *the donor's red blood cells are compatible with the recipient's plasma.* If they are not compatible, **agglutination,** or clumping (fig. 11.16), of the donor's cells will occur, and this can be quite dangerous since it may stop circulation. Agglutination must not be confused with clotting, which refers to the change of fibrinogen to fibrin threads. Agglutination is simply a clumping of cells.

Chart 11.7. Blood Groups

Type	Antigen	Antibody	%U.S. Black	%U.S. Caucasian
A	A	b	25	41
B	B	a	20	7
AB	A,B	none	4	2
O	none	a,b	51	50

To illustrate incompatibility, let's consider the possibility of giving Type A blood to Type B:

Donor A cells × Recipient B plasma
Antigen A   Antibodies a

This combination will obviously result in agglutination, and therefore these two types of blood are considered incompatible.

By the same consideration, it would be theoretically possible to give Type O blood to any recipient:

Donor O cells × All recipient plasmas
No antigen   Antibodies a, b, ab, or none

No combination will result in agglutination, and therefore Type O blood is called the **universal donor** because this type of blood can be given to anyone. On the other hand, Type AB blood is the **universal recipient** because Type AB can receive blood from anyone since no combination results in agglutination.

All donor cells × Recipient AB plasma
Antigens A, B,   No antibodies
AB, or O

In practice, determination of the ABO blood type is not sufficient to indicate which people are compatible donors and recipients because there are many more antigens involved. Before blood is given to another person, a cross-match is done in which the donor's cells are first mixed with the recipient's plasma, and this mixture is examined under the microscope for possible agglutination. Further, the recipient's red cells are mixed with the donor's plasma to test for any possible agglutination. Only if both of these combinations show no agglutination is blood of one person given to another.

Another important antigen in matching blood types is the **Rh factor**. Persons with this particular antigen on the red cells are Rh positive; those without it are Rh negative. (Only 15 percent of Caucasians are negative.) Rh negative individuals do not normally make antibodies to the Rh factor but they will make them when exposed to the Rh factor. It is possible to extract these antibodies and use them for blood type testing. When Rh positive blood is mixed with Rh antibodies, agglutination occurs.

The Rh factor is particularly important during pregnancy (fig. 11.17). If the mother is Rh negative and the father is Rh positive, the child may be Rh positive. The Rh positive red cells begin leaking across into the mother's circulatory system as placental tissues normally break down before and at birth. This causes the mother to produce Rh antibodies. If the mother becomes pregnant with another Rh positive baby, Rh antibodies (but not antibodies a and b) may cross the placenta and cause destruction of the child's red cells. This problem has been solved of late by giving Rh negative women an Rh immune globulin injection just after the birth of an Rh positive child. This injection contains Rh antibodies that attack the baby's red cells before these cells stimulate the mother to produce her own antibodies.

Testing Blood Type

The standard test to determine blood type consists of putting a drop of Anti-A (containing antibodies a), Anti-B (containing antibodies b), and Anti-Rh on a slide. To each of these a drop of the person's blood is added. If agglutination occurs, the person has this antigen on the red cells. Figure 11.18 illustrates the proper interpretation to several possible results.

Figure 11.17
Diagrams describing the development of erythroblastosis. a. Baby's red blood cells carry Rh antigen. b. Some of these cells escape into mother's system. c. Mother begins manufacturing Rh antibodies. d. During a subsequent pregnancy, mother's Rh antibodies cross placenta to destroy baby's red cells.

● Rh antigen   ⇨ Rh antibody

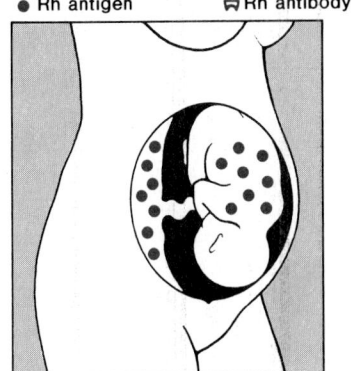

a. during pregnancy

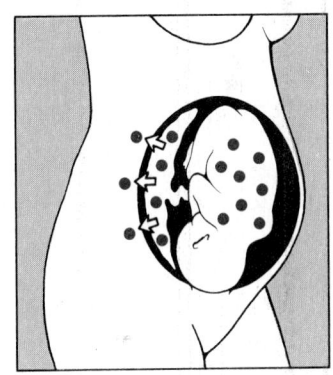

b. before delivery

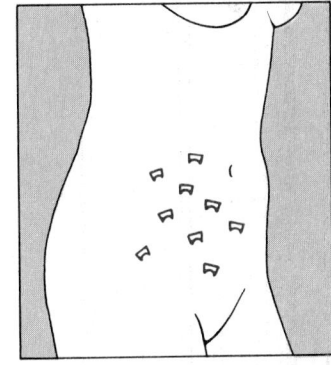

c. months and years later

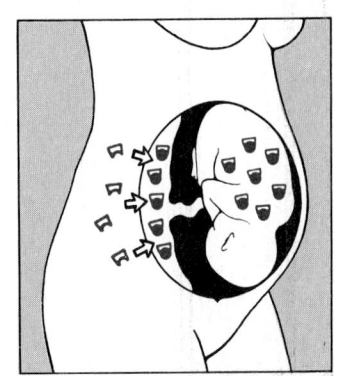

d. subsequent pregnancy

Figure 11.18
Blood type determination. When clumping
(agglutination) occurs, the individual has the
antigen on the red cells.

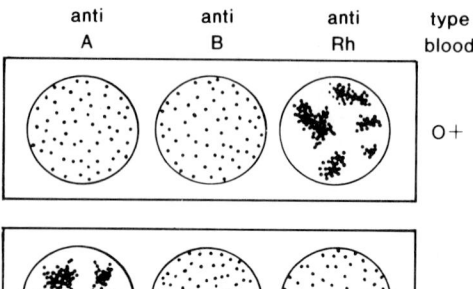

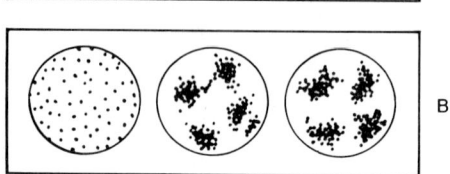

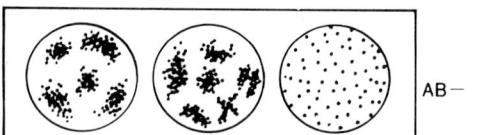

Blood Disorders

Some blood disorders not discussed previously include the following.

Anemia

Anemia describes any condition in which the oxygen-carrying capacity of the blood is reduced, and the person appears rundown and tired. Such a condition may occur because (a) an insufficient number of red blood cells are produced; (b) those produced do not contain a normal concentration of functional hemoglobin; or (c) those produced are destroyed or lost more rapidly than they can be replaced. Some anemias of special interest are:

Iron Deficiency A well-varied diet usually provides the necessary iron for hemoglobin production. However, certain foods, such as spinach, raisins, and liver, are important iron-containing foods to help prevent this type of anemia.

Pernicious Anemia The patient has a permanent deficiency of a certain factor in digestive juice that normally helps absorb vitamin B_{12}. This vitamin is essential to the proper formation of red cells, and without it immature red cells tend to accumulate in the bone marrow in large quantities. Early treatment with vitamin B_{12} and use of a special diet will provide a cure, but treatment must be continued indefinitely.

Sickle-Cell Anemia This is a genetic disease, especially prevalent among blacks, caused by the inheritance of a mutated gene. If the person has only one defective gene, the cells become sickle shaped only at low oxygen tension. If the person has two defective genes, the cells are always sickle shaped. Sickle-shaped cells do not carry enough oxygen, and they interfere with circulation.

Cooley's Anemia This is a genetic disease, prevalent among persons with Mediterranean ancestry, in which the red blood cells have an insufficient amount of hemoglobin. In addition, the weak red cells live no more than a few weeks.

Leukemia

This disease is usually caused by cancer of the bone marrow. White cell production increases to such an extent that the leukemic process takes over the bone marrow. The patient exhibits the general symptoms of anemia and has a tendency to bleed easily.

Mononucleosis

The characteristic finding in this viral infection is a great number of atypical lymphocytes that are larger than adult lymphocytes and stain more darkly, frequently showing vacuolization of nucleus and cytoplasm. The total leukocyte count usually is elevated to about 15,000, and of these the atypical lymphocytes comprise 10 to 90 percent. Since lymphocytes are mononuclear, the disease is known as mononucleosis.

Summary

There are three types of extracellular body fluids: blood, tissue fluid, and lymph. When blood passes through a capillary, tissue fluid is formed. Lymph is tissue fluid contained within lymph vessels.

Blood, which is composed of two parts, formed elements and plasma, has three functions: transport to and from cells, clotting, and infection fighting. All of these can be related to its primary function of maintaining a constant internal environment, or homeostasis.

The transport of nutrients and wastes in the blood presents no problem because they may be dissolved in plasma. However, the transport of gases relies on a respiratory pigment, hemoglobin, that is contained within the red cells. There are 5 million red cells per cubic millimeter of blood; they are small (8 μm), biconcave disks that lack a nucleus and are made in the bone marrow. The production of red cells is controlled by oxygen tension in the environment. When oxygen tension is low, more red cells are formed.

The end result of transport, capillary exchange in the tissues, is facilitated by blood pressure and osmotic pressure. At the arterial end of a capillary, blood pressure is greater than osmotic pressure; therefore, water leaves the capillary along with oxygen and nutrients that diffuse from the capillary. At the venous end, osmotic pressure created by the presence of proteins exceeds blood pressure, causing water to enter the capillary. Carbon dioxide and nitrogenous waste enter the capillary by diffusion.

Blood clotting requires a series of enzymatic reactions involving blood platelets, prothrombin, and fibrinogen. In the final reaction, fibrinogen becomes fibrin threads entrapping cells. The fluid that escapes from a clot is called serum and consists of plasma minus fibrinogen. Clotting normally is a life-saving process, but sometimes clotting within nondamaged blood vessels can occur; this is very dangerous because it may stop the circulation in a vital organ.

White cells and gamma globulin proteins are required in the process of fighting infections. The two most important of the white cells are the phagocytic neutrophils, which have granules in the cytoplasm and a polymorphonucleus (many-lobed nucleus), and the lymphocytes, which do not have granules and have a spherical nucleus. Neutrophils are produced in the bone marrow, while lymphocytes are produced in lymphoid tissue. The neutrophils are mobile and travel by amoeboid movement to the site of invasion. They squeeze out of the capillaries and begin to engulf the foreign bacteria and viruses they find there. Some die and these, along with dead tissue cells, form pus.

Any foreign protein is recognized by the body as an antigen, or a substance that can stimulate the production of antibodies, which are proteins that can combine with an antigen because their two shapes fit together.

Red blood cells of one individual are not necessarily received without difficulty by another individual. There are two major types of antigens on red cells: A or B. In the plasma of the individual are antibodies to any missing antigen on the red cells. There are two possible antibodies: a or b. If the corresponding antigen and antibody are put together, clumping, or agglutination, occurs; in this way, the blood type of an individual may be determined in the laboratory. After determination of the blood type, it is theoretically possible to decide who can give blood to whom. For this, it is necessary to consider the donor's antigens and the recipient's antibodies.

Another important antigen is the Rh antigen. This particular antigen is important during pregnancy because an Rh negative mother may form antibodies to the Rh antigen after the birth of a child who is Rh positive. These antibodies can cross the placenta to destroy the red cells of any subsequent positive child.

One type of blood disorder is especially common, namely, anemia, or the inability to carry enough oxygen to the body cells. This may have a number of causes, including cancer of the bone marrow (leukemia), which leads to the production of such large quantities of white cells that there are few red cells produced.

Study Questions

1. Define blood, plasma, tissue fluid, lymph, serum. (p. 225)
2. What are the three functions of blood discussed in this chapter? How are these functions related to homeostasis? (p. 216)
3. State the major components of plasma. Name the plasma proteins and give the function they have in common and also their specific functions. (p. 217)
4. Give the equation from reduced hemoglobin to oxyhemoglobin. Discuss where and how oxyhemoglobin is formed. Where do you find reduced hemoglobin?(p. 221)
5. Give an equation which describes the transport of CO_2. Indicate the direction of the reaction in the tissues and in the lungs. (p. 221) In what way does hemoglobin aid in the process of transporting CO_2? (p. 221)
6. Discuss the production and destruction of red cells. (p. 220) Compare the structure and function of heme to globin. (p. 222)
7. Draw a diagram to illustrate the exit of water and nutrients from the arterial end and the entrance of water and waste at the venous end of a capillary. What forces operate to facilitate exchange of molecules across the capillary wall? (p. 223)
8. What are the steps in blood clotting? Which substances are present in the blood at all times and which appear during the clotting process? Give a theoretical reason why clotting is such a complicated series of enzymatic reactions. (pp. 224–25)
9. Blood fights infection in two ways. The inflammatory reaction is associated with which particular method and white cell? (p. 226) Immunity is associated with which particular method and white cell? (p. 228)
10. What are the four major blood types in humans? (p. 228) What formula do you use to decide which types can give blood to each other? (p. 229)
11. Problems may arise during childbearing if the mother is which Rh type and the father is which Rh type? Explain why this is so. (p. 229)
12. Name three types of blood disorders and discuss their characteristics. (p. 230)

Further Readings

Berne, R. M., and Levy, M. N. 1977. *Cardiovascular physiology.* 3d ed. St. Louis: C. V. Mosby.

Laki, K. 1962. The clotting of fibrinogen. *Scientific American* 206(3) :60.

Lerner, R. A., and Dixon, F. J. 1973. The human lymphocyte as an experimental animal. *Scientific American* 228(6):12.

Perutz, M. F. 1964. The hemoglobin molecule. *Scientific American* 211(5):64.

Zucker, M. B. 1961. Blood platelets. *Scientific American* 204(2):58.

———, 1980. The functioning of blood platelets. *Scientific American* 242(6):86.

Chapter Concepts

1. The immune system consists of lymphocytes and the structures that produce them and within which they reside.

2. There are two types of immune responses. One type of lymphocyte, the B cell, is responsible for antibody-mediated immunity and another type, the T cell, is responsible for cell-mediated immunity.

3. Active immunity, the ability of the body to produce specific antibodies, can be promoted by immunization.

4. Passive immunity, acquired when antibodies are received from an outside source, has gained importance due to a new method of producing specific human antibodies in the laboratory.

5. While the immune system preserves our existence, it is also responsible for certain undesirable effects, such as tissue rejection, allergies, and autoimmune diseases.

12

immunity

Figure 12.1

The immune system includes all those organs where lymphocytes are produced and found, such as lymph nodes, thymus, and spleen.

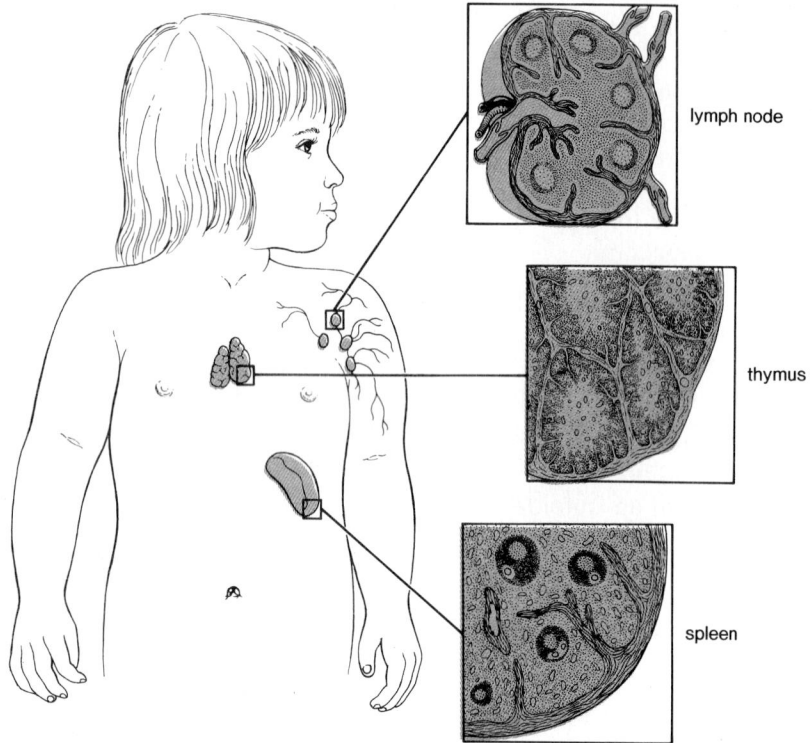

lymph node

thymus

spleen

Figure 12.2

During maturation, lymphocytes acquire unique receptors. Each receptor is capable of combining with only one type of antigen.

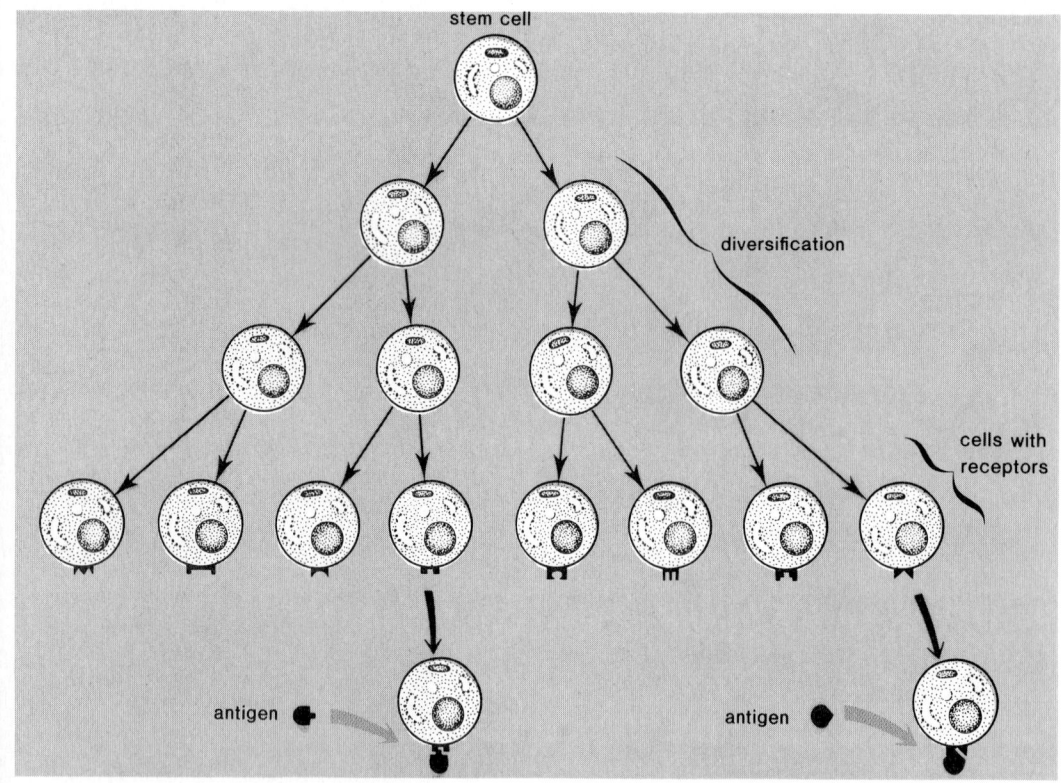

stem cell

diversification

cells with receptors

antigen

antigen

The immune system (fig. 12.1) protects us from disease. It consists of about a trillion **lymphocytes,** the second most common white cell (p. 225); the lymph vessels and lymph nodes where lymphocytes are found; and the bone marrow, thymus, and spleen where lymphocytes are manufactured and processed. Lymphocytes carry cell membrane **receptors** that are capable of recognizing **epitopes,** small portions of antigens. **Antigens** are foreign proteins (in some instances, polysaccharides) that may be introduced into an animal by viruses, bacteria, plant pollen, or any cell or cell product not normally a part of the body. For example, incompatible red blood cells are antigenic to the recipient as was discussed in chapter 11.

A lymphocyte's receptors are capable of recognizing just one particular epitope with which they combine in a lock-and-key manner. It's estimated that during our lifetime we encounter about a million different antigens and therefore we need the same number of different lymphocytes to protect ourselves against antigens. How does the body generate such a great variety of lymphocytes, each with unique receptors? Lymphocytes are derived from lymphoid bone marrow stem cells (fig. 12.2), and presently it is believed that at one point during maturation they undergo a high rate of mutation so that the genes within each one finally code for one type receptor. If by chance a lymphocyte develops that has receptors for the body's own proteins, it is suppressed and develops no further. Thus, it is said that the immune system *learns to tell self from nonself*. This is why lymphocytes do not normally carry receptors for the tissues of the organism that produced them.

B Cells versus T Cells

Lymphocytes are of two types: **T (thymus-dependent) cells** and **B (bone-marrow-dependent) cells**. While both of these are derived from lymphoid bone marrow stem cells, the stem cells that produce T cells have passed through the thymus (fig. 12.1), a flat, pinkish gray two-lobed organ that lies high in the chest, and those that produce B cells have not (fig. 12.3).

T cells and B cells have different functions (chart 12.1). In general, T cells are responsible for **cell-mediated immunity**, which has two primary aspects: (1) the T cell itself attacks the foreign antigen and (2) the antigen is usually a part of another cell. T cells will attack cells bearing antigens foreign to the individual even in the tissues.

B cells are responsible for **antibody-mediated immunity** which also has two primary aspects: (1) a B cell produces **antibodies**, proteins that are capable of combining with and inactivating antigens, which in some cases are toxins, or poisons, released by bacteria and (2) the antibodies are released into the bloodstream or lymph.

Chart 12.1 Some Properties of T Cells and B Cells

Property	T Cells (cell-mediated immunity)	B Cells (antibody-mediated immunity)
Antigen-binding receptors on cell surface	Specific receptors	Specific receptors
Response to binding of antigen	Enlarge, multiply, liberate lymphokine	Enlarge, multiply to produce plasma cells that secrete antibodies
Cytotoxic activity	Antigen-stimulated T cells kill antigen-bearing target cells on contact	None
Function in antibody production	Stimulate antibody production by B cells	Synthesize and liberate antibodies
Effect on macrophages	Stimulate phagocytic activity of macrophages	None

Figure 12.3

Both B and T cells are derived from bone marrow stem cells; however, the stem cells that produce T cells have passed through the thymus, whereas those that produce B cells have not. When a B cell is stimulated, it divides to produce plasma cells and memory cells. When a T cell is stimulated, it divides to produce T cells that release lymphokine.

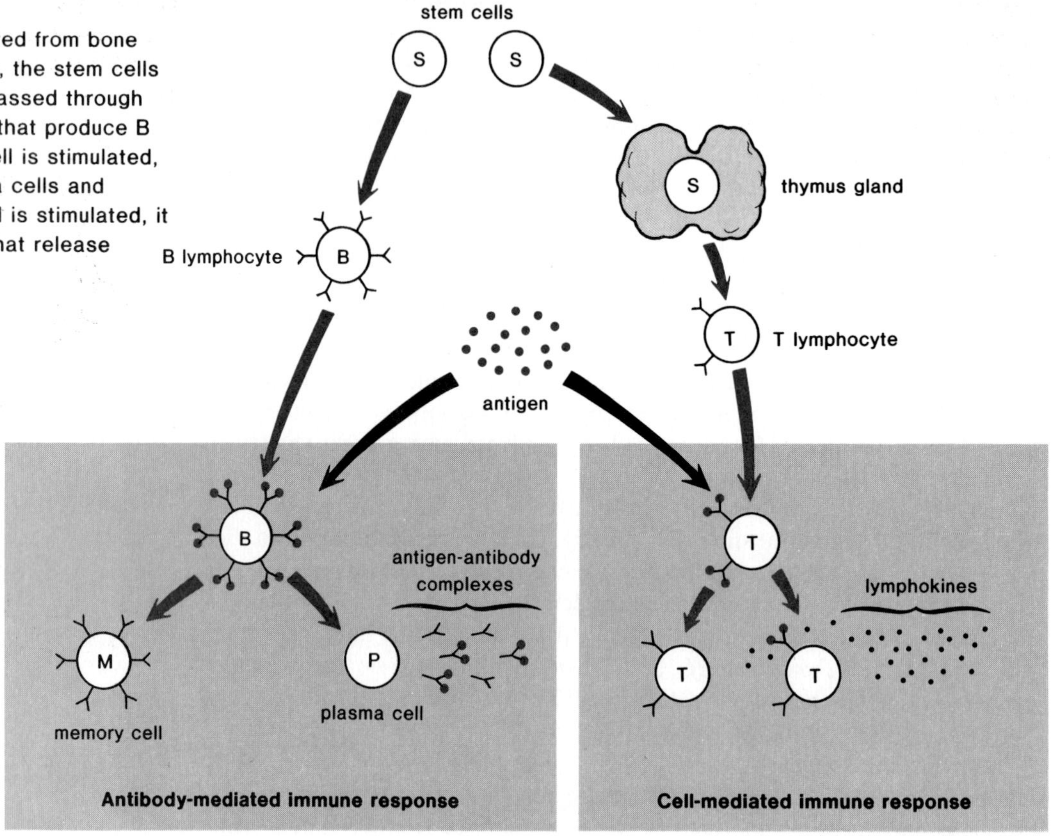

Antibody-mediated Immunity

The antibodies produced by a B cell have a structure identical to the receptors projecting from the cell's membrane. Very often T cells stimulate B cells to produce antibodies, especially after an antigen combines with a receptor on a B cell. After contact with an antigen, a B cell divides and develops into **plasma cells** (fig. 12.4), which are enlarged, active, antibody-producing lymphocytes. All the plasma cells derived from one parent lymphocyte are called a **clone** and they all produce the same type antibody. Notice that the presence of the antigen determines which lymphocyte will produce antibodies. This is called the **clonal selection theory** because the antigen has caused a clone of plasma cells to appear all producing the same antibody. When antibody production is high enough, the antigen disappears from the system and development of plasma cells ceases.

Some members of the clone do not participate in the current antibody production; instead they remain in the bloodstream as **memory cells** (fig. 12.4), forever capable of producing the antibody specific to a particular antigen. The individual is said to be **actively immune** because a certain number of antibodies are always present in the system and also because memory cells can produce more plasma cells if the same antigen invades the system again.

Figure 12.4
According to the clonal selection theory,
the antigen selects the lymphocyte, which
clones, producing, by the fifth day, many
mature plasma cells, which actively secrete
antibodies and memory cells that retain the
ability to secrete these antibodies at a
future time.

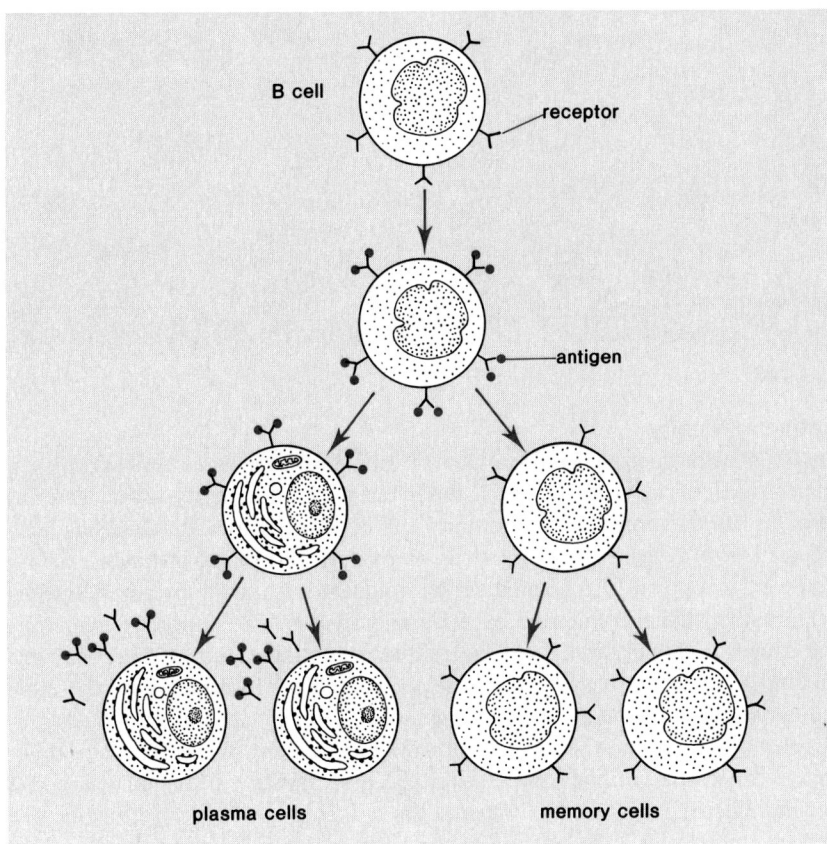

Figure 12.5
Each type of antibody has a variable region
(color) that fits the antigen like a lock fits a
key.

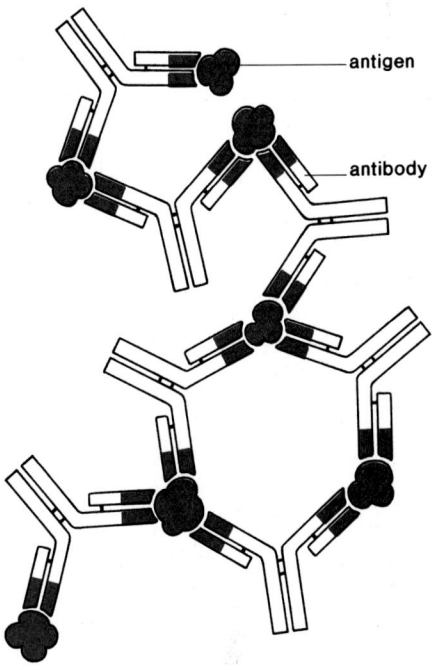

Chart 12.2 Reactions of Antibodies

Types of Antibodies	Reactions
Antitoxins	Neutralize toxins of infective agents
Agglutinins	Cause clumping of certain infective agents
Opsonins	Make certain infective agents more susceptible to work of phagocytes
Lysins	Dissolve certain infective agents
Precipitins	Bring about a precipitation of flocculation of extracts of infective agents

From *LIVING, Health, Behavior and Environment*, Fifth
Edition by Fred V. Hein, Dana L. Farnsworth and Charles
E. Richardson. Copyright © 1970 by Scott, Foresman
and Company. Reprinted by permission of the publisher.

Antigen-Antibody Complexes

Antibodies inactivate antigens by combining with them in a lock-and-key
manner (fig. 12.5). The antigen-antibody reaction can take several forms, as
indicated in chart 12.2. Many times the antigen-antibody complex, sometimes
called the **immune complex**, marks the antigen for destruction by other forces.
For example, the complex may be engulfed by **macrophages**, large phagocytic
cells of the immune system, or it may activate a portion of the blood serum
called complement. **Complement** refers to a group of enzymes that break down
cell membranes, allowing water and salts to enter a damaged cell until it
bursts (fig. 12.6).

Chart 12.3 Infectious Diseases Caused by Viruses

Respiratory Tract
Common colds
*Flu
Viral pneumonia

Skin Reactions
*Measles
*German measles
Chicken pox
*Smallpox
Warts

Nervous System
Encephalitis
*Polio
*Rabies

Liver
*Yellow fever
Infectious hepatitis

Other
*Mumps
Herpes
Cancer

*Vaccines available. Yellow fever, rabies, flu, and smallpox vaccines are given if the situation requires them. Others are routinely given.

Chart 12.4 Infectious Diseases Caused by Bacteria

Respiratory Tract
Strep throat (sometimes causing rheumatic and scarlet fever)
Pneumonia
*Whooping cough
*Diphtheria
*Tuberculosis

Skin Reactions
Staph (pimples and boils)
*Gas gangrene (wound infections)

Nervous System
*Tetanus
Botulism
Meningitis

Digestive Tract
Food poisoning (salmonella, botulism, and staph)
*Typhoid fever
*Cholera

Venereal Diseases
Gonorrhea
Syphillis

*Vaccines are available. Tuberculosis vaccine is not used in this country. Typhoid fever, cholera, and gas gangrene vaccines are given if the situation requires it. Others are routinely given.

Figure 12.6
Photomicrographs of tumor cells. a. Normal appearance. b. After treatment with antibody and complement, the cells swell and burst.

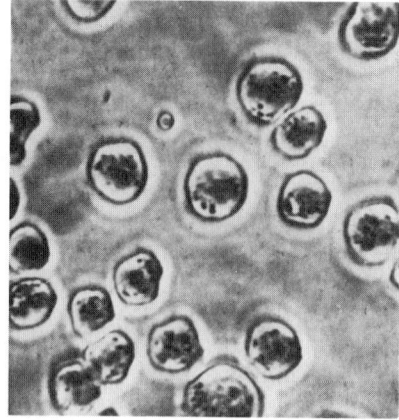 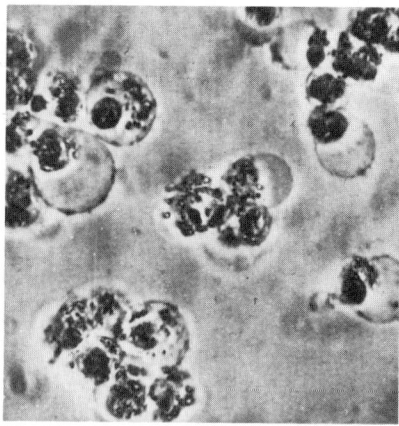

a.   b.

Active Immunity

Active immunity permanently protects an individual against disease organisms, such as most of the viral diseases listed in chart 12.3 and many of the bacterial diseases listed in chart 12.4. Immunity can occur after an individual has been infected with a disease-causing virus or bacteria. In many instances, today, however, it is possible to be medically immunized against a disease. **Vaccines** are prepared from attenuated bacteria and viruses. Attenuation means that the bacteria and viruses have been treated in the laboratory so that they are no longer virulent (able to cause illness). To achieve **immunization,** the individual is given a series of vaccine injections. After a vaccine is injected, it is possible to determine the amount of antibody present in the bloodstream—this is called the **antibody titer.** After the first injection a primary response occurs. There is a period of several days during which no antibodies are present; then there is a slow rise in the titer, which is followed by a gradual decline (fig. 12.7). After a second injection, a secondary response occurs. The titer rises rapidly to a level much greater than before. A second injection is often called the "**booster shot**" since it boosts the antibody titer to a high level. The antibody titer is now high enough to prevent disease symptoms even if the individual is exposed to the disease. Thereafter the individual is immune to that particular disease.

Primary and secondary responses occur whenever an individual is exposed twice to the same disease-causing agent. The difference in the responses may be related to the number of plasma and memory cells already present. When first exposed, the individual has no plasma or memory cells. Upon the second exposure, these cells are already present and antibodies can be rapidly produced.

Vaccines

Vaccines are available for some viral illnesses and for some bacterial illnesses as indicated in charts 12.3 and 12.4. It is important for all children to be immunized according to the schedule given in the reading on page 241. The success of immunization is borne out by the fact that immunization is believed to have been responsible for the eradication of smallpox, making vaccinations unnecessary.

Figure 12.7
Primary and secondary response to vaccine injections. Note the dramatic secondary response compared to the first response.

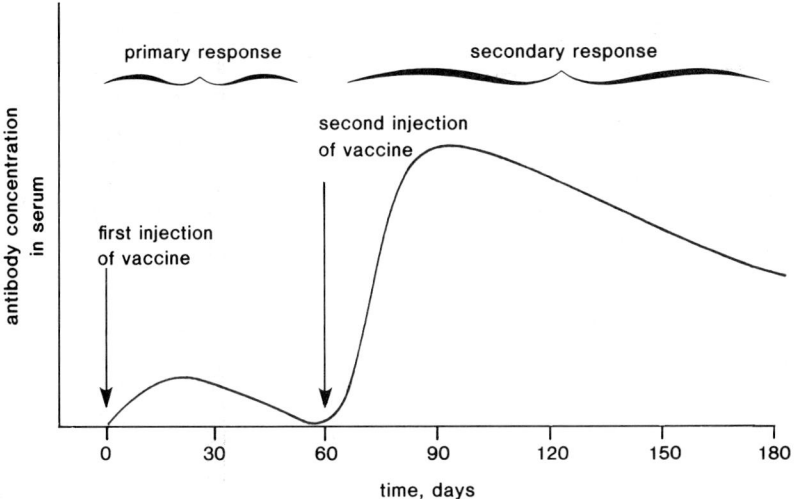

Figure 12.8
Method of preparation for monoclonal antibodies. a. Blood sample is taken from patient. b. Inactive lymphocytes from sample are exposed to antigen. c. Activated lymphocytes are fused with cancer cells. d. Resulting hybridomas divide repeatedly giving many cells that produce monoclonal antibodies.

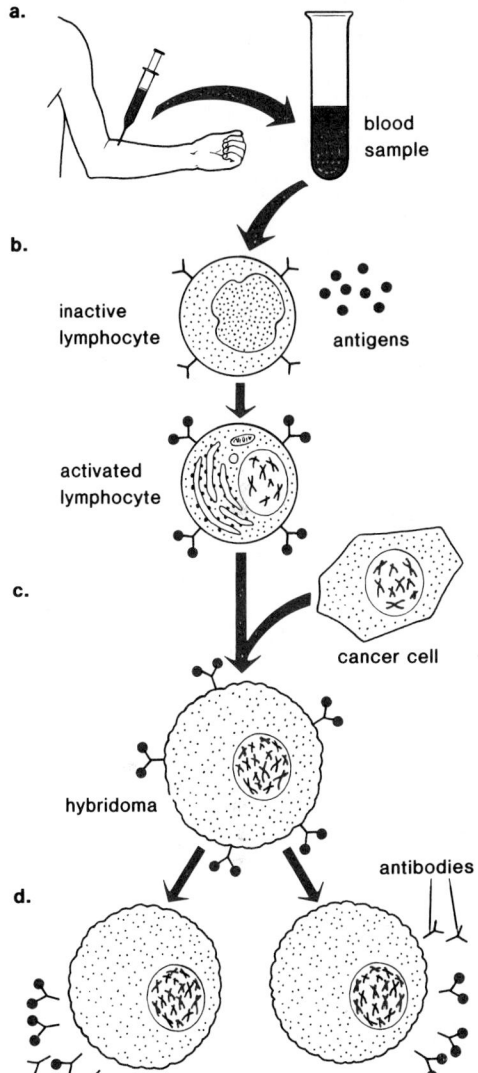

In addition to the vaccines currently available, investigators are constantly seeking to develop vaccines for other illnesses. It is hoped that vaccines will eventually be available for venereal diseases and even some types of cancer.

Passive Immunity

Passive immunity occurs when an individual is given antibodies to combat a disease. Since these antibodies are not produced by the individual's lymphocytes, passive immunity is short-lived. For example, newborn infants possess passive immunity because antibodies have crossed the placenta from their mother's blood. These antibodies soon disappear however, so that at about the six months age of infants become more susceptible to infections.

Even though passive immunity is not lasting, it is sometimes used to prevent illness in a patient who has been unexpectedly exposed to an infectious disease. Usually the person receives an injection of a serum containing antibodies. This serum may have been taken from donors who have recovered from the illness. In other instances, horses have been immunized to provide the needed antibodies. Horses are used to produce antibodies against diphtheria, botulism, and tetanus. Occasionally a patient who receives horse serum becomes ill because the serum contains proteins that the individual's immune system recognizes as foreign. This is called serum sickness.

Monoclonal Antibodies

The benefits of producing pure human antibodies in unlimited quantities are obvious. A unique method of producing such antibodies has recently been devised (fig. 12.8). Lymphocytes are removed from the body and exposed in vitro (in laboratory glassware) to a particular antigen. Then they are fused with a cancer cell, after which they divide repeatedly. (Recall that in the reading on page 84 it was stated that, unlike other types of cells, cancer cells divide generation after generation without limit.) The fused cells are called **hybridomas;** *hybrid* because they are a fusion of two different cells and *oma* because one of the cells is a cancer cell.

Back to Quarantine?

Few of today's young parents ever saw a sign on a front door that proclaimed in bold red letters: *Quarantine!—Keep Out!* And most have only a hazy recollection of iron lungs, children hobbling with leg braces and the summer "polio season" restrictions against swimming or going to the movies. Thanks to a steadily growing number of vaccines, polio, diphtheria, scarlet fever, whooping cough and other deadly and disabling diseases of childhood are no longer the scourges they once were. But now all this could change. In recent years, because of the complacency of parents and physicians alike, the prescribed immunizations against the childhood diseases have been dropping off rapidly—and public-health authorities are alarmed that the epidemics of old could spring up anew.

The situation is so serious that Atlanta's Center for Disease Control and major medical associations are mounting a campaign this month to see that children in the 1-to-4 age group are vaccinated against polio, diphtheria, whooping cough (pertussis), lockjaw (tetanus), measles, German measles (rubella) and mumps. As matters stand, four out of ten of the 14 million pre-school children in the U.S. are unprotected against one or another of these diseases. Immunization levels

Figure 12.9

Scanning electron micrograph of three T cells attached to a macrophage. This step is believed to be necessary to stimulate T cells to become "angry killers."

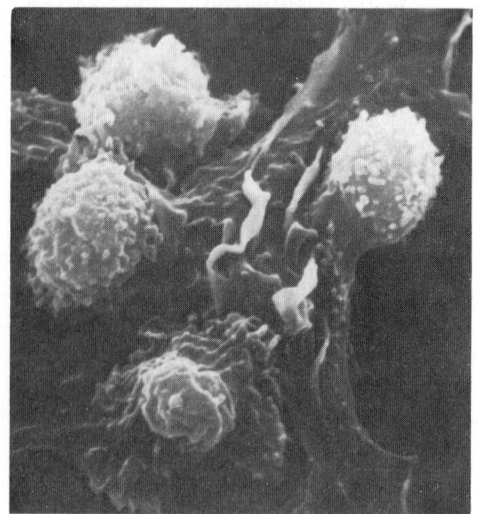

The antibodies produced by hybridoma cells are called **monoclonal antibodies** because they are all the same type and because they are produced by cells derived from the same parent cell. As the reading on page 242 suggests, monoclonal antibodies can be used to confer passive immunity on recipients and possibly in many other ways, including the treatment of cancer.

Cell-mediated Immunity

T cells (fig. 12.3) are responsible for **cell-mediated immunity,** the characteristics of which are listed in chart 12.1. There is evidence that macrophages help stimulate T cells (fig. 12.9) in the presence of antigens. After being stimulated, some T cells stimulate B cells, while other T cells enlarge, divide, and become "killer cells." These killer cells exhibit cytotoxicity, meaning that direct contact between the killer cells and the target cells bearing that specific antigen causes death of the target cells (fig. 12.10).

T cells specialize in providing resistance against antigens that have invaded the tissues of the body. They attack cells that display foreign antigens on their cell surface, often including the cells of a transplanted organ or a donated skin graft. T cells are believed to be the lymphocytes ordinarily responsible for preventing the development of cancer. Cancer cells (p. 456) are abnormal cells that most likely display altered antigens. As long as T cells are capable of recognizing newly developed cancer cells, a cancerous growth cannot begin. Therefore when cancer is present, it most likely signifies a failure of the immune system.

against polio alone have dropped to a low of 60 percent, compared with 84 percent a decade ago. Even though an effective vaccine has been available for eleven years, four out of ten pre-schoolers have no protection against measles.

Because of lagging attention to vaccination, many childhood diseases needlessly continue to kill and cripple. "Measles and diphtheria still occur in epidemic form," says Dr. John J. Witte, director of CDC's Immunization Division. "That's a real threat, not a potential threat." More than 20,000 cases of measles have been reported so far this year, with twenty deaths and a number of children left with permanent brain damage from measles encephalitis.

Outbreaks: Since 1970, diphtheria outbreaks have occurred in Miami, Seattle, Phoenix and San Antonio. This year, there were 32 cases with four deaths on a Navajo reservation in New Mexico. More than 1,300 cases of whooping cough have been reported this year, including an outbreak at Cincinnati Children's Hospital that fortunately was controlled by vaccination of hospital employees before any deaths occurred.

Only seven cases of paralytic polio were recorded last year—an all-time low. But health experts warn that sudden outbreaks could occur at any time, particularly in overcrowded inner-city areas, where immunization is at its worst. A "pocket" epidemic of polio did occur two years ago at the Christian Science-oriented Daycroft School in Greenwich, Conn., involving twelve male students.

Although relatively harmless to children, German measles can be dangerous for the unborn if it is transmitted to a pregnant woman. The last major rubella epidemic, in 1964, was responsible for 30,000 miscarriages and the birth of 20,000 babies with mental retardation or other congenital defects. Since the introduction of a rubella vaccine in 1969, no further epidemics have occurred. But officials are concerned that nearly half of pre-school children have not been vaccinated and are thus a potential threat to young women in their neighborhoods. Mumps is not usually a serious disease, but it can cause meningitis and deafness in children and severe inflammation of the testes in adults. But, Witte notes, two out of three pre-school children have yet to receive the vaccine.

Witte thinks that many doctors have become lax about immunization, partly because they have never seen an active case of polio or diphtheria. And countless parents apparently think that vaccination isn't necessary until their youngsters reach school age, when many states require immunization. This is a mistake, health experts warn, since such diseases as measles and whooping cough take their heaviest toll among children under the age of 2. Here is the schedule of immunization recommended for children, starting in infancy:

Diphtheria, pertussis and tetanus: A combination injectable vaccine given at two, four, six and eighteen months, and again on entry into school. A combined diphtheria-tetanus shot is recommended every ten years after the age of 14.

Polio: An oral vaccine given according to the same schedule as the DPT shots.

Measles, German measles and mumps: A single injection for each disease at the age of 1, or a single dose of a combined measles-mumps-rubella vaccine.

Smallpox: This oldest of vaccines is no longer recommended for children because the risk of serious side effects now exceeds the risk of getting the disease.

Figure 12.10
a. Scanning electron micrograph showing a lymphocyte (left) attacking a cancer cell to its right. b. Death of cancer cell is indicated by the blebs, or deep folds, that have appeared on its surface membrane.

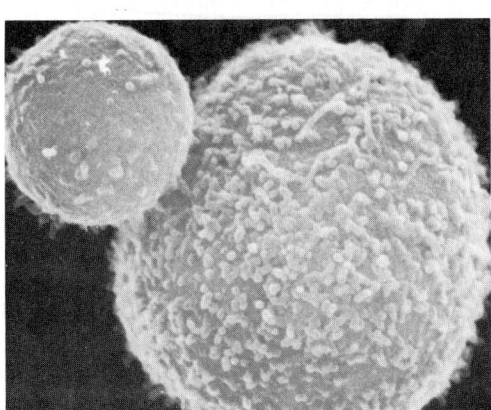

a.

b.

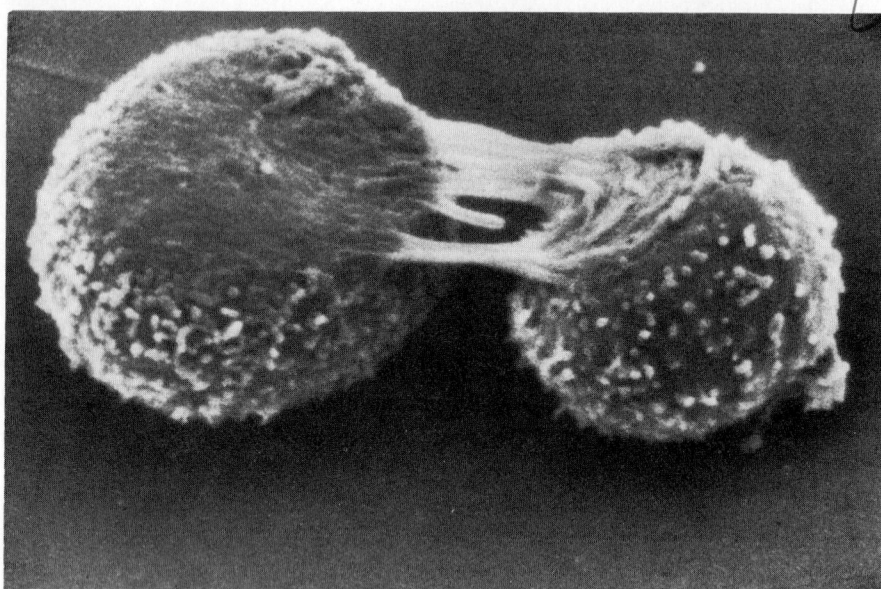

Hybridomas possess the vast reproductive capabilities of their parent cancer cells and produce vast quantities of monoclonal antibodies as described in figure 12.8.

Uses for Monoclonal Antibodies

. . . A . . . likely early application of monoclonals in the treatment of cancer will be to the critical problem of metastasis. Once a cancer has been found, the all-important question, and the bane of most therapies, is knowledge of whether or not the cancer has yet spread to distant locations in the body. Monoclonals present a means for telling not only whether such metastases are present, but even how large they are and where they are lurking. The feasibility of this has been demonstrated by the collaborative efforts of groups working in Pittsburgh and Philadelphia.

Using a monoclonal made against a rare kind of cancer called a "teratocarcinoma," they asked whether the antibodies could find such a cancer once it was present in the animal. To do this, they first attached a small radioactive chemical to the monoclonal antibodies. Following surgical implantation of a bit of teratocarcinoma tumor into the thigh of a mouse, a small amount of the radioactively tagged monoclonal was injected into the mouse's bloodstream. After allowing the antibody to circulate for awhile, they scanned the animal with a machine that detects the presence of radioactivity. One single bright spot showed on the resultant scan—precisely on the mouse's thigh at the location of the tumor. The monoclonal had, indeed, homed back only to the cells of the cancer.

This observation also heralds a new approach in the treatment of cancers by drugs. One of the great limitations in chemotherapy has been that the drugs employed do not distinguish normal from cancer cells. All growing body tissues, whether cancerous or not,

---

After macrophages have stimulated T cells, T cells, in turn, stimulate macrophages. Activated T cells release **lymphokines** and/or **interferon,** chemicals that prompt macrophages to become "angry killers," or cells with increased ability to phagocytize and destroy antigens.

Interferon

Interferon is a chemical that is produced by T cells and by most other cells. In the past it was noted that interferon entered noninfected cells and in some way still to be determined prevented viral invasion of these cells. Recently it has been found that interferon also stimulates the immune system, and preliminary studies have suggested that it might be helpful in treating cancer patients.

become equal targets for these highly toxic agents. However, what if, rather than being tagged with a radioactive chemical, the monoclonal had a very toxic chemotherapy agent attached to it instead? Once again the antibodies might be expected to home in on the cancer cells—only this time they would be dragging along with them a depth charge of momentous proportions. Such approaches are referred to as "targeted drug therapy," a therapy that we may soon be hearing a great deal more about as a result of the new hybridoma technology.

. . . . Another important area where monoclonals are having a dramatic impact is in the field of organ and tissue transplantation. The crucial unsolved problem in transplantation is how to prevent the recipient from biologically rejecting the new organ. Rejection occurs because transplanted tissues are recognized as "foreign" by their host organism. Each of us has a double set of four "transplantation antigens" displayed on every cell of our body, like four letter monograms branded on their surfaces, marking them as ours. It is the different monogram displayed by transplanted tissue which gives away its alien origin, thereby condemning it to eventual destruction by the body's immune system. This can be avoided if donors and recipients are first matched for having the same, or closely similar, monograms. Identifying an individual's transplantation monograms is called tissue typing.

Tissue typing is generally done on leukocytes (white blood cells), since these body cells are readily obtained. For this reason human transplantation antigens are usually referred to as HLA, for Human Leukocyte Antigens, with the four kinds being designated HLA-A, B, C, or D. So far there have been about

twenty different varieties of HLA-A identified, about an equal number of B, and around half a dozen each for C and D respectively, enough for making about 10,000 different monograms. The only means of identifying different transplantation antigens is through the use of antibodies, whose highly selective binding is well suited for sniffing out differences between one and another of these antigenic variants. Without recourse to monoclonals, obtaining such antibody preparations has been an arduous and highly problematic procedure. . . . . The ease of access to tissue-typing monoclonals may thus be expected to greatly enhance transplantation success rate. It may also, surprisingly, greatly change some of our perceptions of disease in general.

This is because tissue types are apparently something more than just decorative monograms for customizing our cells. They also turn out to be good indicators of what diseases we are likely to get during the course of our lives, sort of an HLA disease horoscope.

Although it is not understood why, certain HLA types also mean heightened susceptibilities to particular diseases. People with HLA-B type 27, for instance, are far more likely to become sufferers of rheumatoid arthritis. Approximately two-thirds of patients with multiple sclerosis have been found to be of tissue type HLA-D type 7, while only about one in six non-afflicted people have this antigen as part of their transplantation monograms. Correlations with particular tissue types have also been found for such afflictions as psoriasis, hay fever, diabetes, and Addison's disease, among others on a continuously growing list.

Knowing your disease susceptibilities can have several advantages. It might, for instance, allow you to arrange a life-style that would minimize the likelihood that your disease prediction will actually be fulfilled. The tissue type, after all, is not a sentence condemning one to disease, but just an indication of an individual's relative proneness to certain afflictions. Ready availability of tissue types, along with a growing knowledge of what this portends for disease risk, should also be of great assistance to physicians for making differential diagnoses.

. . . . A less controversial role for hybridomas will be that of controlling disease. Monoclonals are already available which react against malaria parasites, various strains of flu virus, and Hepatitis B, and the list is growing rapidly. It is barely five years since scientists such as Milstein and Köhler* first started putting B-cells and myelomas together in order to answer basic questions about the way in which antibody molecules are assembled in a cell. The practical applications of their creative experimental design now appear to be almost limitless. The nature and versatility of hybridomas should be understood not just as an appreciation of a wondrous new technology. It is a technology likely, in some way, to affect each of us.

*Cesar Milstein and Georges Köhler work at the Medical Research Council's Laboratory of Molecular Biology in Cambridge, England.

Reprinted by permission of *Science 81* magazine, copyright the American Association for the Advancement of Science.

Interferon is *species specific*—only human interferon is effective in humans. At first, interferon was collected in vitro from lymphocytes (or fibroblasts) but the procedure was tedious and the amount acquired was small. Now, however, interferon is being commercially produced by the recombinant DNA technique (p. 450) so that sufficient quantities are available for the study of its possible effectiveness in the treatment of cancer.

Immunological Side Effects and Illnesses

As stated earlier, the immune system protects us from disease because it is capable of distinguishing self from nonself. This ability, however, sometimes leads to the following medical problems.

Tissue Rejection

Certain organs such as the heart and kidney can be easily transplanted from one person to another since they need only be connected to a few primary blood vessels in order to become a part of the recipient's body. Nevertheless, the majority of such transplants are rarely successful for any length of time because of **tissue rejection.** It is obvious that the transplanted organ is foreign to the individual, and for this reason it will activate the immune system to react to it. The first step in rejection appears to be cell-mediated, as the transplanted tissue is invaded by lymphocytes; following this, humoral antibodies cause a disintegration of the tissue.

Organ rejection can be controlled in two ways: careful selection of the organ to be transplanted and the administration of **immunosuppressive drugs.** In the first instance, organs received from genetically similar individuals, such as members of the immediate family, are most likely to be successful because they are least likely to be rejected. In regard to the second procedure, the most promising treatment involves the use of prepared antibodies to lymphocytes, which destroy lymphocytes and thereby reduce the chances of rejection. However, this treatment also makes the recipient extremely susceptible to all kinds of infections.

Even if all the problems involved in transplantation were solved, there would still be the difficulty of finding enough organs. It is estimated that over 125,000 donated hearts could be utilized each year. Obviously, this number of organs is not likely to be available; therefore, research has been directed toward producing suitable artificial organs.

Allergies

Allergies are caused by an overactive immune system that forms antibodies to substances that are not usually recognized as being foreign substances. For example, some people form antibodies to penicillin. These persons are described as being allergic to penicillin because their bodies react violently when they receive an injection of it. In general, allergies are caused by an immune system that is overprotective toward the body. The unpleasant symptoms of allergies are generally caused by the release of histamine following antibody-antigen reactions; it may be that complement prompts the release of histamine and other chemicals from leukocytes, macrophages, and platelets. In the case of asthma, it has been found that a chemical named leukotriene C (*leuko* refers to leukocytes and *triens* refers to its three double bonds) is responsible for the constriction of airways in the lungs resulting in the characteristic wheezing and labored breathing.

Autoimmune Diseases

Certain human illnesses are believed to be due to the production of antibodies that act against an individual's own tissues. Several of the more common forms of anemia have been shown to be due to autoantibodies that destroy red blood cells. In myasthenia gravis, autoantibodies attack the neuromuscular junctions so that the muscles do not obey nervous stimuli. Muscular weakness results. In multiple sclerosis (MS), antibodies attack the myelin sheath of nerve fibers causing various neuromuscular disorders. A person with systemic lupus erythematosus (SLE) forms various antibodies to different constituents of the body including the DNA of the cell nucleus. The disease sometimes results in death, usually due to kidney damage.

Autoimmune diseases are an area of active research. Some investigators believe that the fault lies with certain T cells that begin to allow B cells to produce antibodies against the body's tissues. Others believe that autoimmune diseases are actually immune complex diseases and that immune complexes tend to congregate in vital organs rather than being eliminated in the normal manner.

Aging

The thymus (fig. 12.1) is large in relation to the rest of the body during fetal development and childhood; however, it stops growing by puberty and then begins to atrophy and get progressively smaller. This has led some researchers to suggest that aging may be associated with a general decline in the immune system. In an experiment that substantiates this possibility, mice injected with lymph node cells do not age as rapidly as those not injected (fig. 12.11).

Summary

The immune system consists of lymphocytes and associated structures. Lymphocytes have the ability to tell self from nonself. Each one carries receptors that combine only with one type of foreign protein and usually never with one of the body's own proteins.

There are two types of lymphocytes, B cells and T cells. Both types are derived from lymphoid bone marrow stem cells but only T cells have passed through the thymus. B cells are responsible for antibody-mediated immunity. When an antigen combines with a B cell receptor, the B cell is stimulated to divide and develop into a number of plasma cells. This is called the clonal selection theory because the antigen has chosen the B cells that clone and produce antibodies. Antibodies have exactly the same structure as the receptors on a particular B cell. Antibodies combine with antigens, and the complex may be taken up by macrophages or it may activate the complement portion of plasma.

Some of the cells that arise after B cell stimulation are memory cells, cells that are forever capable of producing antibodies and more plasma cells to combat a particular antigen in the future. Once the body has the capability of producing adequate numbers of antibodies to prevent illness, the person is said to be actively immune. Today it is often possible by means of vaccines to medically immunize individuals against various bacterial and viral diseases.

Passive immunity is also possible. In this case the individual is provided with preformed antibodies. These antibodies can be donated by another individual or taken as a serum from a horse that has undergone immunization. Scientists are now able, however, to produce monoclonal antibodies in the laboratory. There is great hope that this technique will allow the production of antibodies to help fight cancer.

T cells are responsible for cell-mediated immunity. When an antigen combines with a T cell receptor, it is stimulated to divide and produce more T cells, each one of which is a killer cell that attacks foreign cells in the tissues. Most likely T cells are responsible for destroying cancerous cells before they are able to develop.

Sometimes the process of immunity has unwanted side effects. Tissues and organs used for transplant operations contain proteins foreign to the recipient and are attacked. Immunosuppressive drugs are sometimes helpful but leave the patient susceptible to infections. Allergies are due to an overactive immune system that forms antibodies to substances not normally considered foreign. The immune response releases chemicals such as histamine that cause the unpleasant symptoms associated with allergies. Autoimmune diseases occur when the body begins to produce antibodies against its own tissues. Perhaps the best known of the autoimmune diseases is MS (multiple sclerosis).

Figure 12.11
The possible importance of the immune system to the aging process is illustrated by the fact that the mouse in *a* was injected with donor lymph node cells, whereas the mouse in *b* was not injected.

a.

b.

Study Questions

1. What is the function of the immune system? (p. 235) Describe the relationship of lymphocytes and antigens. (p. 235)
2. What is meant by the statement that the immune system "learns to tell self from nonself?" (p. 235)
3. State five differences between antibody-mediated and cell-mediated immunity. (p. 235)
4. What is the clonal selection theory? (p. 236)
5. What normally happens to immune complexes? (p. 237)
6. Relate active immunity to the presence of plasma cells and memory cells. (p. 238)
7. How is active immunity achieved without accompanying illness? (p. 238)
8. What is passive immunity and how might it be achieved today? (pp. 239–40)
9. What is interferon, how can it be produced, and how might it be used? (pp. 242–43)
10. Discuss tissue rejection, autoimmune diseases, cancer, and aging as they relate to the immune system. (pp. 244–45)

Further Readings

Burke, D. C. 1977. The status of interferon. *Scientific American* 236(4):42.

Cairns, J. 1975. The cancer problem. *Scientific American* 233(5):64.

Edmundson, D. C., and Edmundson, A. B. 1977. The antibody combining site. *Scientific American* 236(1):50.

Hein, F. V. et al. 1970. *Living.* 5th ed. Glenview, Ill.: Scott, Foresman.

Immunology. 1976. Readings from *Scientific American.* San Francisco: W. H. Freeman.

Koffler, D., 1980. Systemic lupus erythematosus. *Scientific American* 243(1):52.

Melnick, J. L. et al. 1977. Viral hepatitis. *Scientific American* 237(1):44.

Old, L. J. 1977. Cancer immunology. *Scientific American* 236(5):62.

Raff, M. C. 1976. Cell-surface immunology. *Scientific American* 234(5):30.

Chapter Concepts

1. The respiratory tract of humans is designed in such a way that air is filtered, warmed, and saturated with water before gas exchange takes place across a very extensive moist surface.

2. Breathing is a required process for human life because it brings to the blood the oxygen needed by the cells for cellular respiration, and it rids the body of carbon dioxide, a by-product of cellular respiration.

3. The respiratory pigment hemoglobin has chemical and physical characteristics that promote its combination with oxygen in the lungs and its release of oxygen in the tissues. It also aids in the transport of carbon dioxide from the tissues to the lungs, largely by its ability to buffer.

4. The respiratory tract is especially subject to disease because it serves as an entrance for infectious agents. Polluted air is an obvious cause for two major lung disorders— emphysema and cancer.

13

respiration

Chart 13.1 Composition of Inspired and Expired Air

Component of Air	Inspired Air (%/vol)	Expired Air (%/vol)
N_2	79.00	79.60
O_2	20.96	16.02
CO_2	0.04	4.38

Chart 13.2 Path of Air

Structure	Function
Nasal cavities	Filters, warms, and moistens
Nasopharynx	Passage of air from nose to throat
Pharynx (throat)	Connection to surrounding regions
Glottis	Passage of air
Larynx (voice box)	Sound production
Trachea (windpipe)	Passage of air to thoracic cavity
Bronchi	Passage of air to each lung
Bronchioles	Passage of air to each alveolus
Alveoli	Air sacs for gas exchange

Breathing is more eminently necessary than eating. While it is possible to stop eating altogether for several days, it is not possible to remain alive for longer than several minutes without breathing. Breathing supplies the body with oxygen needed for cellular respiration, as indicated in the following equation:[1]

$$38 \ ADP + 38 \ P \longrightarrow 38 \ ATP$$

$$C_6H_{12}O_6 + 6 \ O_2 \longrightarrow 6 \ H_2O + 6 \ CO_2$$

The equation indicates that the body requires oxygen to convert the energy within glucose to phosphate-bond energy found in ATP. The need for oxygen, then, is related to the body's need for energy. Thus, the more energy expended, the greater the need for oxygen. The minimum amount of oxygen consumed at complete rest, without previously eating, is related to the basal metabolic rate (p. 185). The average young adult male utilizes about 250 ml of oxygen per minute in a basal or restful state. Exercise and digestion of food raise the need for oxygen. The average amount of oxygen needed with mild exercise is 500 ml of oxygen per minute. The equation for cellular respiration also indicates that cells produce carbon dioxide. This metabolic end product must be eliminated from the body by the breathing process.

Altogether, respiration may be used to refer to the complete process of getting oxygen to body cells for cellular respiration and the reverse process of ridding the body of carbon dioxide given off by cells. Thus, respiration may be said to include:

1. **Breathing:** entrance and exit of air into and out of the lungs

2. **External respiration:** exchange of gases ($O_2 + CO_2$) between air and blood

3. **Internal respiration:** exchange of gases between blood and tissue fluid

4. **Cellular respiration:** production of ATP in cells.

In this chapter we are studying the first three portions of the respiratory process. Cellular respiration is discussed at length in chapter 5.

Breathing

The normal breathing rate is about 14 to 20 times per minute. Breathing consists of taking air in, **inspiration,** and forcing air out, **expiration.** The composition of inspired and expired air is given in chart 13.1.

Comparing inspired air with expired air, we see that the expired air contains less oxygen and more carbon dioxide than inspired air. This means that the body does indeed take in oxygen and give off carbon dioxide.

Passage of Air

During inspiration and expiration, air is conducted toward or away from the lungs by a series of cavities, tubes, and openings, which are listed in order in chart 13.2 and illustrated in figure 13.1.

As air moves in along the air passages, it is filtered, warmed, and moistened. The filtering process is accomplished by coarse hairs and cilia in the region of the nostrils and by cilia alone in the rest of the nose and windpipe. In the nose, the hairs and cilia act as a screening device. In the **trachea,** cilia beat upward carrying mucus, dust, and occasional bits of food that "went the wrong way" into the pharynx where the accumulation may be swallowed or expectorated. The air is warmed by heat given off by the blood vessels lying

1. The body also requires oxygen for the respiration of fats and amino acids in addition to glucose.

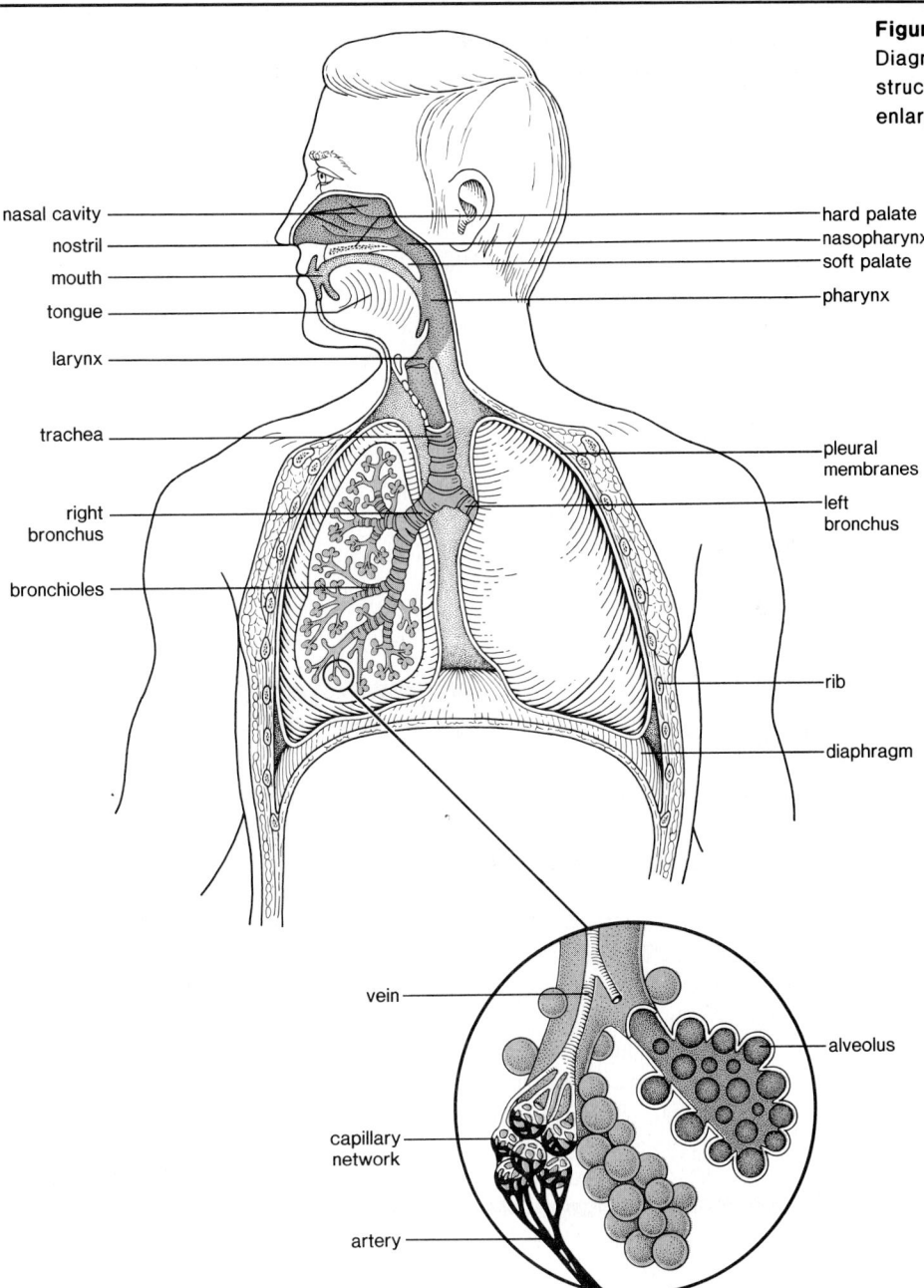

nasal cavity

nostril

mouth

tongue

larynx

trachea

right bronchus

bronchioles

hard palate

nasopharynx

soft palate

pharynx

pleural membranes

left bronchus

rib

diaphragm

vein

capillary network

artery

alveolus

close to the surface of the lining of the air passages, and it is moistened by the wet surface of these passages. By the time the inspired air reaches the lower end of the trachea, it is about 99.5 percent saturated with water.

On the other hand, as air moves out during expiration, it becomes progressively cooler and loses its moisture. As the gas cools, it deposits its moisture on the lining of the windpipe and nose, and the nose may even drip as a result of this condensation. But air still retains so much moisture that on a cold day the water appears as a small cloud as it condenses in the air.

Each portion of the air passage also has its own unique structure and function, as described following.

Figure 13.2
The odor receptors are located high up in the recesses of the nasal cavity.

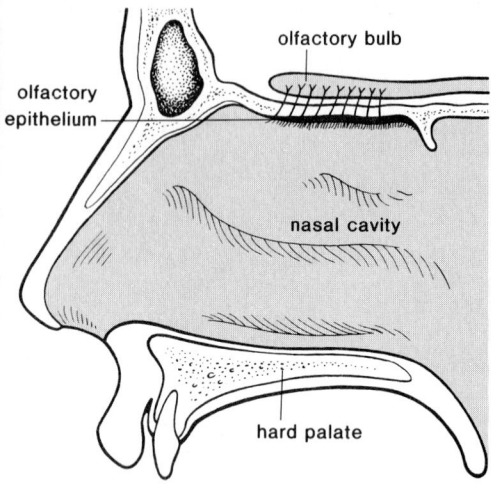

Figure 13.3
The tear (lacrimal) ducts drain into the nasal cavities.

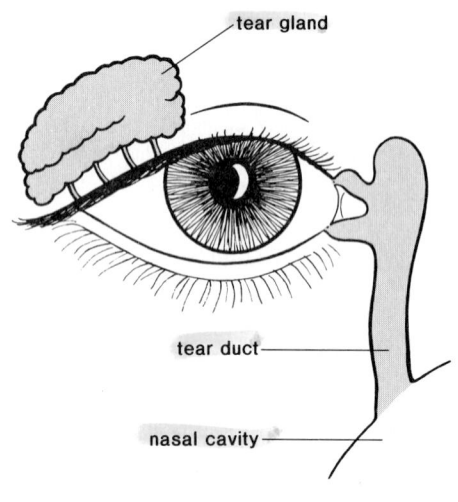

Figure 13.4
When air passes through the pharynx, the glottis is open.

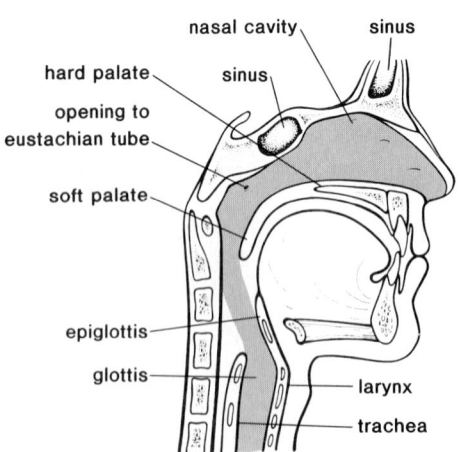

Nose

The **nose** contains two nasal cavities, narrow canals with convoluted lateral walls that are separated from one another by a septum. Up in the narrow recesses of the nasal cavities are special ciliated cells (fig. 13.2) that act as odor receptors. Nerves lead from these cells and go to the brain where the impulses are interpreted as smell.

The nasal cavities have a number of openings. The tears produced by tear (lacrimal) glands drain into the nasal cavities by way of tear ducts (fig. 13.3). Thus crying produces a runny nose. The nasal cavities open into the cranial sinuses (fig. 13.4), air filled spaces in the skull, and finally empty into the nasopharynx, a chamber just beyond the soft palate. The eustachian tubes lead into the nasopharynx from the middle ears.

Pharynx

The air and food channels cross in the **pharynx** (figs. 9.5 and 13.4) so that the windpipe (trachea) lies in front of the esophagus, which normally opens only during the process of swallowing food. Just below the pharynx lies the larynx, or voice box.

Larynx

The **larynx** may be imagined as a triangular box whose apex, the Adam's apple, is located at the front of the neck. At the top of the larynx is a variable-sized opening called the glottis. When food is being swallowed, the glottis is covered by a flap of tissue called the **epiglottis** so that no food passes into the larynx. If by chance food or some other substance does gain entrance to the larynx, reflex coughing usually occurs to expel the substance.

At the edges of the glottis, embedded in mucous membrane, are elastic ligaments called the **vocal cords** (fig. 13.5). These cords, which stretch from the back to the front of the larynx just at the sides of the glottis, vibrate when air is expelled past them through the glottis. Vibration of the vocal cords produces sound. The high or low pitch of the voice depends upon the number of vibrations occurring in a given unit of time. This, in turn, is dependent on the length, thickness, and degree of elasticity of the vocal cords and the tension at which they are held. The loudness or intensity of the voice depends upon the amplitude of the vibrations or the degree to which vocal cords vibrate.

At the time of puberty, the growth of the larynx and the vocal cords is much more rapid and accentuated in the male than in the female, causing the male to have a more prominent Adam's apple and a deeper voice. The voice "breaks" in the young male due to his inability to control the longer vocal cords.

Trachea

The larynx is continuous with the **trachea,** which is held open by the presence of C-shaped cartilaginous rings that are incomplete behind where the trachea comes into contact with the esophagus. Ciliated mucous membrane (fig. 13.6) also lines the trachea, and normally these cilia keep the windpipe free of debris. Smoking is known to destroy the cilia, and consequently the soot in cigarette smoke collects in the lungs. Smoking will be discussed more fully at the end of this chapter.

If the trachea is blocked because of illness or accidental swallowing of a foreign object, it is possible to insert a tube by way of an incision made in the trachea. This tube acts as an artificial air intake and exhaust duct. This operation is called a **tracheostomy.**

Figure 13.5
The vocal cords are seen from above at the edge of the glottis (opening). When air is expelled from the larynx, the cords vibrate, producing the voice.

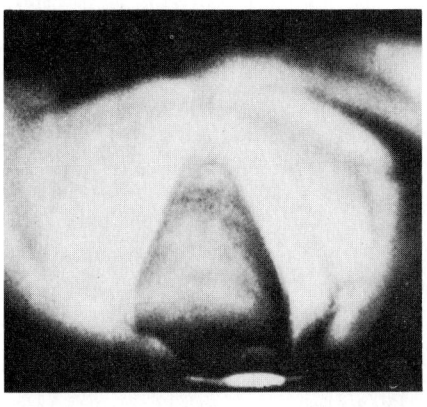

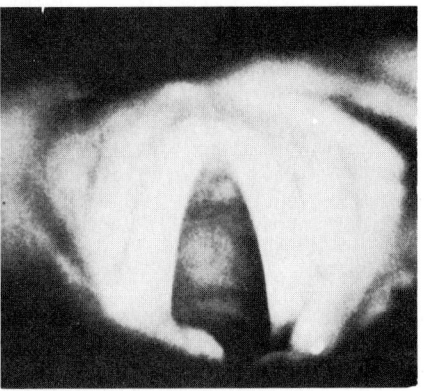

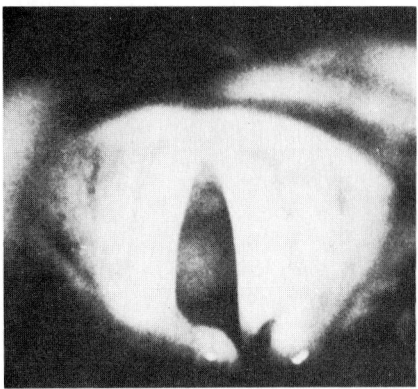

a.

b.

c.

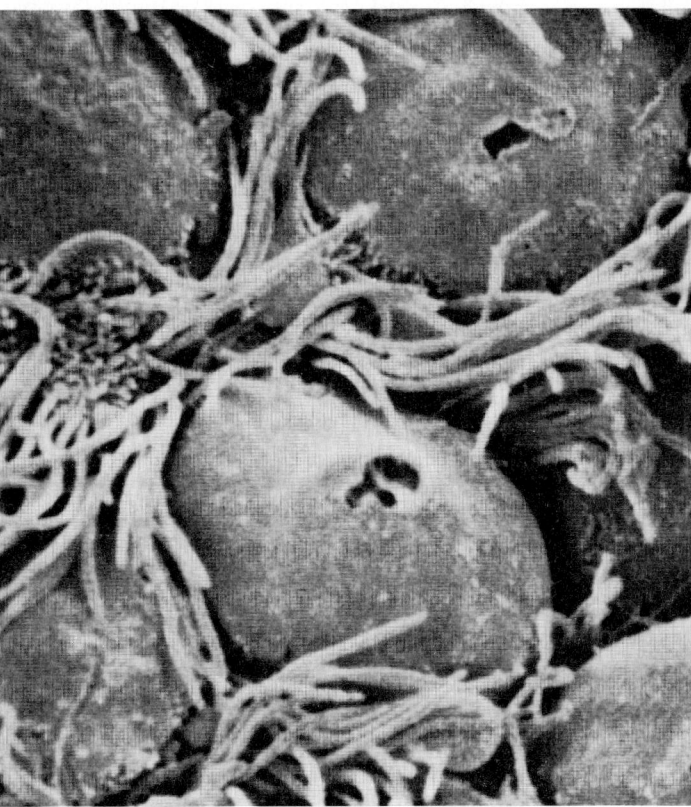

Figure 13.6
Scanning electron micrograph of ciliated cells that line the bronchi. Openings on the surface of some cells through which mucus may have been discharged are visible.

Bronchi

The trachea divides into two **bronchi** that enter the right and left lungs and branch into a great number of smaller passages called the **bronchioles.** The two bronchi resemble the trachea in structure, but as the bronchial tubes divide and subdivide, their walls become thinner and the small rings of cartilage do not occur. Each bronchiole terminates in an elongated space that is enclosed by a multitude of air pockets or sacs called *alveoli* (fig. 13.1), which make up the lungs.

Figure 13.7
There is an extensive capillary network around each alveolus. The scanning electron micrograph shows a cast of a capillary network, which was prepared by injecting the capillary with a resin and removing all body tissues.

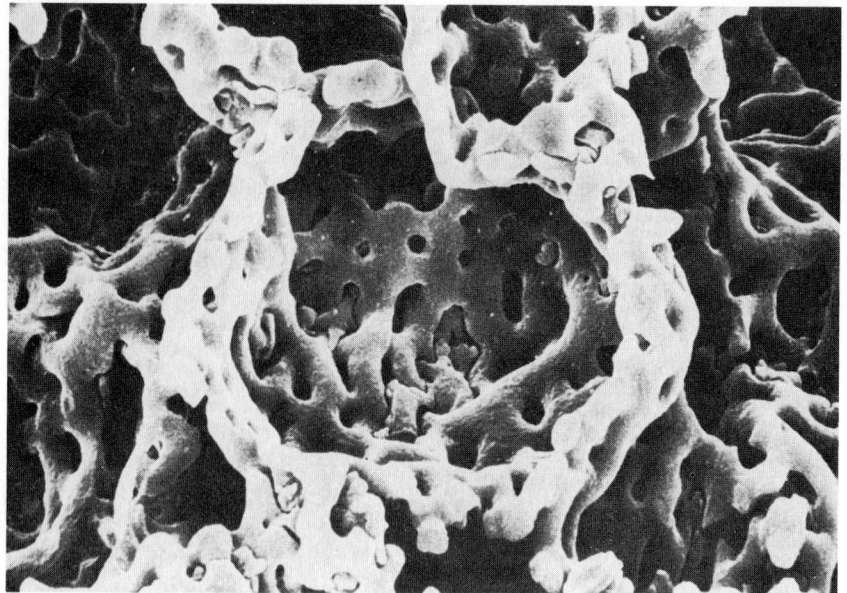

Kessel and Kardon

Lungs

Within the lungs each alveolar sac is comprised of a layer of squamous epithelium one cell thick and is surrounded by blood capillaries. Gas exchange occurs between the air in the **alveolus** and the blood in the capillaries (fig. 13.7).

A film of lipoprotein that lines the alveoli of mammalian lungs lowers the surface tension and enables the alveoli to remain open. Some newborn babies, especially premature infants, lack this film, resulting in lung collapse. This condition, called hyaline membrane disease, often results in death.

There may be as many as 700,000,000 alveoli in the human lung. This is the equivalent of 75 square yards or 100 times the surface of the skin! Because of the many air spaces, the lungs are very light; normally, a piece of lung tissue dropped into a glass of water will float.

Externally, the lungs are cone-shaped organs that occupy the two lateral chambers of the thoracic cavity and are separated from each other by the heart. The branches of the pulmonary artery accompany the bronchial tubes and form a mass of capillaries around the alveoli.[2] The four pulmonary veins collect blood from these capillaries and empty into the left atrium of the heart. Figure 13.8 shows the relationship of the pulmonary vessels to the trachea and bronchial tubes. The lungs are enclosed by the pleural membranes, one of which adheres closely to the walls of the chest and diaphragm while the other is fused to the lungs. The space between the two pleura is slight and contains fluid (fig. 13.9). The intrapleural air pressure is less than atmospheric air pressure—an important factor in breathing. If a puncture occurs through the chest walls causing air to enter between the two layers of the pleura, the lungs will collapse. Sometimes this is done purposely to give a lung time to heal itself. If the amount of air entering is small, it will eventually be absorbed and the lung will reinflate.

2. These capillaries are used for gas exchange and do not furnish the lungs with oxygen. The bronchial artery supplies the lungs with their oxygen needs.

Figure 13.8
The relationship of the pulmonary vessels to the trachea and bronchial tubes is clearly seen in this posterior view of the heart and lungs. Colored vessels carry oxygenated blood and gray vessels carry deoxygenated blood.

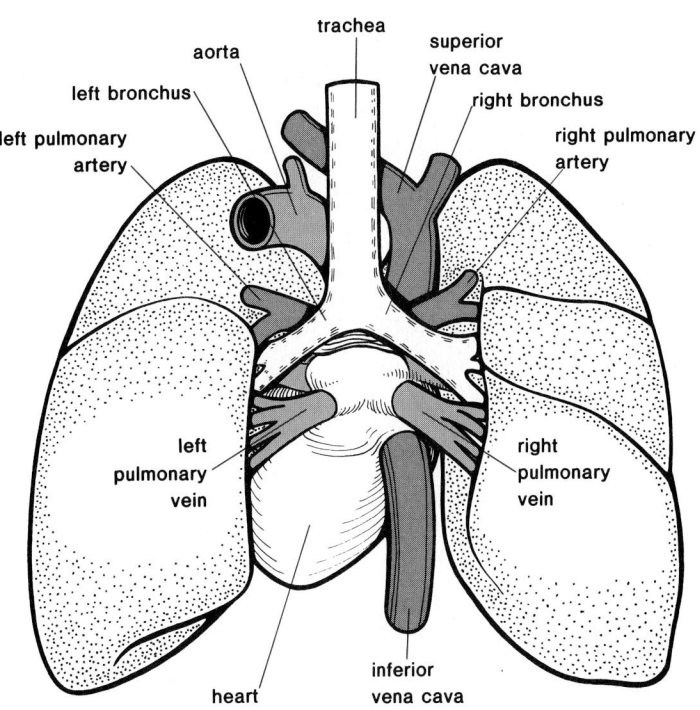

Figure 13.9
The pleural membranes completely surround the lungs. The intrapleural air pressure is less than atmospheric air pressure, and this allows the lungs to remain open.

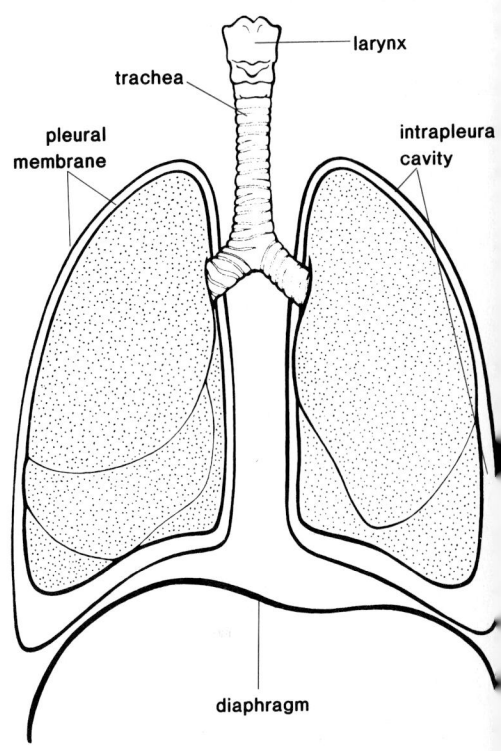

Mechanism of Breathing

In order to understand the manner in which air is drawn into and expelled out of the lungs, it is necessary to remember first that there is a continuous column of air from the pharynx to the alveoli of the lungs; that is, the air passages are always open.

Secondly, we may note that the lungs lie within the sealed-off chest (thoracic) cavity. The **ribs,** which are hinged to the vertebral column at the back and to the sternum (breast bone) at the front, along with the muscles that lie between them, make up the top and sides of the chest cavity. The **diaphragm,** a dome-shaped horizontal muscle, forms the floor of the chest cavity. The lungs themselves are enclosed by the pleural membranes, which have an intrapleural pressure less than atmospheric pressure. With these facts in mind, let us now consider inspiration and expiration.

Inspiration (breathing in)

It can be shown that carbon dioxide and hydrogen ions are the primary stimuli that cause us to breathe. When the concentration of CO_2 and/or [H^+] reach a certain level in the blood, the breathing center in the medulla oblongata, the stem portion of the brain, is stimulated. This center is not affected by low oxygen levels but there are chemoreceptors in the carotid bodies (located in the carotid arteries) and in the aortic bodies (located in the aorta) which do respond to low blood oxygen. When these receptors are stimulated, nerve impulses are transmitted to the breathing center, and the breathing rate is increased. Only a very low oxygen level will trigger this response, however.

Figure 13.10
During inspiration, the breathing center stimulates the rib muscles and the diaphragm to contract. Nerve impulses from the expanded lungs then inhibit the breathing center. Lack of stimulation causes the rib muscles and diaphragm to relax; expiration follows.

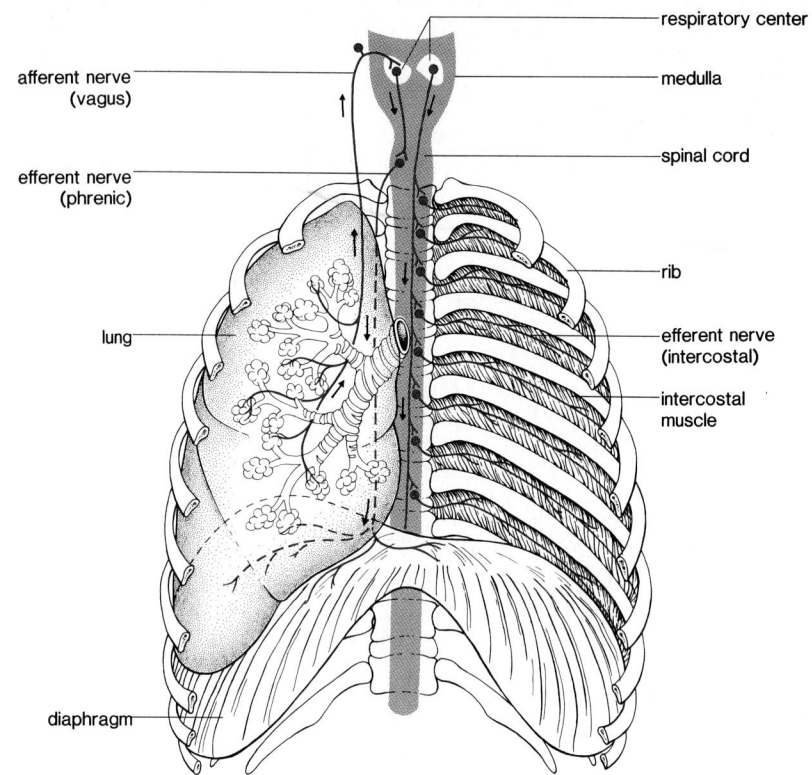

Figure 13.11
During inspiration (color) the rib cage moves upward and outward, while the diaphragm moves down. b. During inspiration (drawing) the rib cage moves downward and inward and the diaphragm moves up.

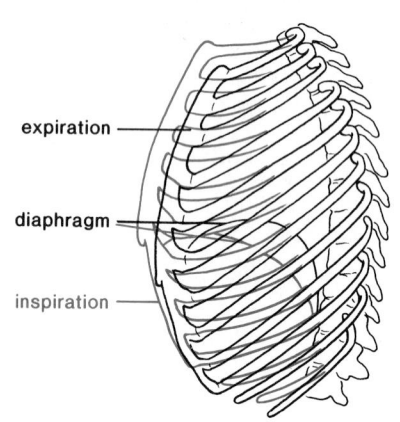

As diagrammed in figure 13.10, when the breathing center is stimulated, a nerve impulse goes out by way of nerves to the diaphragm and rib cage. In its relaxed state, the diaphragm is dome-shaped, but upon stimulation it contracts and lowers. When the rib muscles contract, the rib cage moves upward and outward. Both of these contractions serve to increase the size of the chest cavity and decrease the intrapleural pressure. This reduced pressure causes the elastic lungs to expand. Air pressure within the enlarged alveoli, consequently, lowers and is immediately rebalanced by air rushing in through the nose or mouth.

Inspiration (fig. 13.11) is the active phase of breathing. It is during this time that the diaphragm contracts, the rib muscles contract, and the lungs are pulled open, with the result that air comes rushing in. Note that the air comes in because the lungs have already opened up; the air does not force the lungs open. This is why it is sometimes said that *humans breathe by negative pressure.* It is the creation of a partial vacuum that sucks air into the lungs.

Expiration (breathing out)
When the lungs are expanded, the stretching of the alveoli stimulates special receptors in the alveolar walls, and these receptors initiate nerve impulses from the inflated lungs to the breathing center. When the impulses arrive at the medulla oblongata, the center is inhibited and stops sending signals to the diaphragm and the rib cage. The diaphragm relaxes and resumes its dome shape (fig. 13.11). The abdominal organs press up against the diaphragm. The rib cage moves down and inward. The elastic lungs recoil and air is pushed outward.

Chart 13.3 summarizes the events causing inspiration and expiration. It is clear that while inspiration is an active phase of breathing, normally expiration is passive since the breathing muscles automatically relax following contraction. But it is possible in deeper and more rapid breathing for both phases to be active because there is another set of rib muscles whose contraction can forcibly cause the chest to move downward and inward. Also when the abdominal wall muscles are contracted, there is an increase in pressure which helps expel air.

The breathing center may stimulate deeper and more rapid breathing or this may be done voluntarily. It is possible for a person to deliberately breathe more rapidly or more slowly or to hold a breath for a short time. However, it is impossible to commit suicide by holding your breath. Eventually, CO_2 buildup in the blood forces the resumption of breathing.

Consequences

There are certain physiological consequences that result from the manner in which we breathe. First of all, we may note that breathing is initiated and continues due to the presence of carbon dioxide in the blood. Therefore, when necessary, it is better to give a person oxygen gas containing carbon dioxide rather than pure oxygen alone. The mixture of gases stimulates the resumption of breathing whereas pure oxygen does not.

Also, readers who have followed the discussion carefully will have no difficulty in realizing that the respiratory tract contains a certain amount of dead space, or space that contains air not used in gas exchange. If we diagram the tract as in figure 13.12, we see that the dead space can be considered to extend from the top (A) of the tube (pharynx) to a certain level within the lungs (B). This fresh air does not immediately reach the respiratory surface of the alveoli. Then to complicate matters even further there is a certain amount of air that never leaves the lungs. This is called residual air and is indicated below C in the diagram. This means that the air indicated between B and C is the portion that immediately supplies additional oxygen. Normally we inhale about 500 cc of air; of this amount, about 350 cc immediately reaches the alveoli. With deep breathing we can inhale a maximum of 1,650 cc. Even so, it may be readily seen that humans cannot breathe through a very long tube. Any device that increases the amount of dead space beyond maximal inhaling capacity spells death to the individual because this air would never reach the alveoli.

External and Internal Respiration

External Respiration

The term external respiration refers to the exchange of gases between the air in the alveoli and the blood within the pulmonary capillaries (fig. 13.1). The wall of an alveolus consists of a thin, single layer of cells, and the wall of a blood capillary also consists of such a layer. Since neither wall offers resistance to the passage of gases, *diffusion* is believed to govern the exchange of oxygen and carbon dioxide between alveolar air and the blood. Active cellular absorption and secretion do not appear to play a role. Rather, the direction in which the gases move is determined by the pressure or tension gradients between blood and inspired air.

Atmospheric air contains little CO_2, but blood flowing into the lung capillaries is almost saturated with the gas. Therefore, *CO_2 diffuses out of the blood into the alveolus*. The pressure pattern is the reverse for oxygen. Blood coming into the pulmonary capillaries is oxygen-poor and alveolar air is oxygen-rich; therefore, *O_2 diffuses into the capillary*. It is difficult to breathe at high altitudes because the air pressure is less, making the concentration of oxygen (and other gases) lower than normal; therefore, less oxygen diffuses into the blood. The body responds in various ways as described in the reading on page 258. Breathing problems do not occur in airplanes because the cabin is pressurized to maintain sea level atmospheric pressure. Emergency oxygen is available in case the pressure should, for one reason or another, be reduced.

Chart 13.3 Breathing Process

Inspiration	Expiration
Medulla sends stimulatory message to diaphragm and rib muscles.	Stretch receptors in lungs send inhibitory message to medulla.
Diaphragm contracts and flattens.	Diaphragm relaxes and resumes dome position.
Rib cage moves up and out.	Rib cage moves down and in.
Lungs expand.	Lungs recoil.
Negative pressure in lungs.	Positive pressure in lungs.
Air is pulled in.	Air is forced out.

Figure 13.12
The air between A and B does not immediately reach the alveoli; therefore, this is called dead space. The air below C is residual air that has not left the lungs. Only the air between B and C brings with it additional oxygen for respiration.

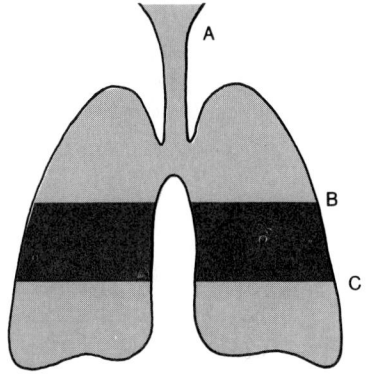

Figure 13.13

A diagram illustrating external and internal respiration.

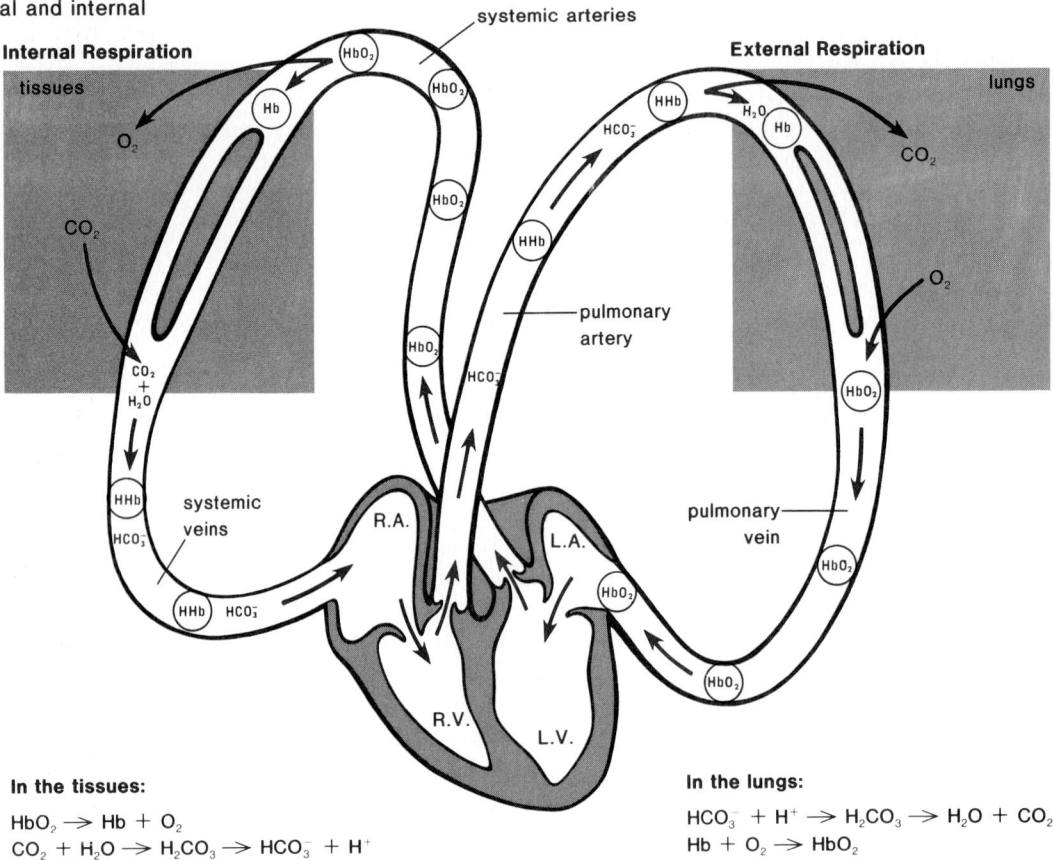

In the tissues:

$HbO_2 \longrightarrow Hb + O_2$

$CO_2 + H_2O \longrightarrow H_2CO_3 \longrightarrow HCO_3^- + H^+$

In the lungs:

$HCO_3^- + H^+ \longrightarrow H_2CO_3 \longrightarrow H_2O + CO_2$

$Hb + O_2 \longrightarrow HbO_2$

The right side of figure 13.13 illustrates gas exchange in the lungs (external respiration). As blood enters the pulmonary capillaries, most of the carbon dioxide is being carried as the bicarbonate ion, HCO_3^-. As the little free carbon dioxide remaining begins to diffuse out, the following reaction is driven to the right:

$$H^+ + HCO_3^- \longrightarrow H_2CO_3 \longrightarrow H_2O + CO_2$$

The enzyme carbonic anhydrase (p. 221), present in red cells, speeds up the reaction. As the reaction proceeds, hemoglobin gives up the hydrogen ions it has been carrying; HHb becoming Hb.

Now hemoglobin more readily takes up oxygen and the following reaction takes place:

$$Hb + O_2 \longrightarrow HbO_2$$

It is a remarkable fact that at the oxygen tension in inspired air (150 mm Hg), hemoglobin is about 100 percent saturated. As you can see in figure 13.14, while hemoglobin takes up oxygen in increasing amounts as the oxygen tension increases, the curve begins to level off at about 100 mm Hg. This means that hemoglobin easily retains oxygen at the oxygen tension in the lungs and tends to release it at the oxygen tension in the tissues. Further, another remarkable fact about hemoglobin is that it more readily takes up oxygen in the neutral pH and cool temperature of the lungs. On the other hand, it will give up oxygen more readily at the more acid pH and warmer temperature of the tissues.[3]

3.	pH	Temperature
Lungs	7.40	37°C (98.6°F)
Body	7.38	38°C (100.4°F)

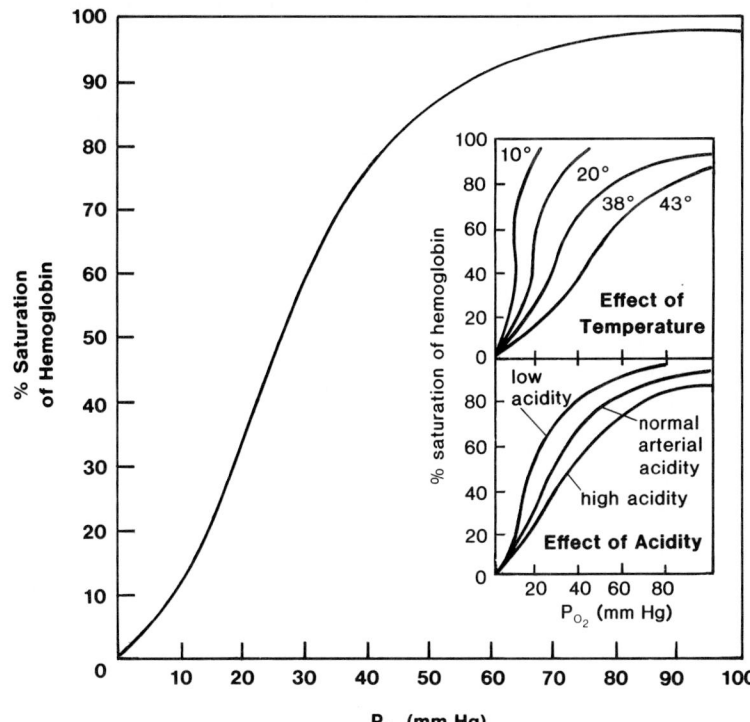

Figure 13.14
The oxyhemoglobin dissociation curve. The large curve shows the percentage of saturation of hemoglobin at 38° and normal arterial blood acidity. As the partial pressure of oxygen (PO_2) decreases, hemoglobin gives up its oxygen and this effect is also promoted by the higher temperature and higher acidity of the tissues.

Internal Respiration

The left side of figure 13.13 illustrates gas exchange in the tissues (internal respiration). As blood enters the systemic capillaries, oxygen leaves hemoglobin and diffuses out into tissue fluid:

$$HbO_2 \longrightarrow Hb + O_2$$

Diffusion of oxygen out of the blood and into the tissues occurs because the oxygen tension in tissue fluid is low due to the fact that the cells are continuously using it up in cellular respiration. On the other hand, carbon dioxide tension is high because carbon dioxide is continuously being produced by the cells. Thus, *carbon dioxide will diffuse into the blood.*

Carbon dioxide combines with water to form carbonic acid, which dissociates to $H^+ + HCO_3^-$. The enzyme carbonic anhydrase present in red cells speeds up the reaction:

$$CO_2 + H_2O \rightarrow H_2CO_3 \rightarrow H^+ + HCO_3^-$$

The globin portion of hemoglobin combines with the excess hydrogen ions produced by the reaction, enabling the pH of the blood to remain fairly constant. The bicarbonate ion, HCO_3^-, diffuses out of the red cells to be carried in the plasma. A small amount of carbon dioxide is carried by the formation of carbaminohemoglobin.

The venous blood that leaves the tissues returns to the right side of the heart to be pumped to the lungs where external respiration takes place again.

Respiration and Health

We have seen that the full length of the respiratory tract is lined with a warm wet mucosa lining that is constantly exposed to environmental air. The quality of this air, determined by the pollutants and germs it contains, can affect the health of the individual.

Walking on Thin Air

. . . . Adventuresome mountaineers are not the only ones exposed to the unpleasant effects of high altitude. A day of switchbacks in the Rockies or an afternoon schussing down a Sierra ski slope can remind even the best-conditioned athlete of the limits of exercising close to the clouds. This year, millions of people will leave the lowlands and trek up to the thin mountain air. Of these, perhaps 100,000 will experience altitude sickness, and 20,000 may require evacuation or have to descend. And as the use of small aircraft, helicopters, and four-wheel drive vehicles increases, more people are reaching potentially dangerous altitudes faster and more easily than before.

The problem with going up is that the concentration of oxygen goes down. From sea level to 360,000 feet, the proportion of oxygen in the atmosphere is a constant 21 percent. With altitude, however, the barometric pressure of the air drops and the number of gaseous molecules, including oxygen, in a cubic foot of air decreases. At 10,000 feet, a third less oxygen enters the lungs with each breath than at sea level.

The body responds to a shortage of oxygen in several ways: Breathing increases to bring in more air; the heart beats faster to increase the flow of blood through the lung's capillaries; and the body produces more red blood cells and hemoglobin, improving the blood's capacity for carrying oxygen. Even the hemoglobin changes, enabling it to pick up and deposit oxygen more readily. . . .

When the body's responses do not keep pace with decreasing oxygen, illness can occur. Doctors generally recognize three forms of altitude sickness, though they are all different degrees of the same problem: A lack of oxygen creates an imbalance in the cells and leads to excess water retention [in the tissues]. Acute mountain sickness, which can occur as low as 6,000 feet, is the most common of the three. It is characterized by headaches, weakness, nausea, shortness of breath, and interference with sleep.

High altitude pulmonary edema, unusual below 9,000 feet, is signaled by more severe shortness of breath, coughing, bubbling noises in the chest, weakness, and stupor; if untreated, it can be fatal. Fluid seeps from the lung's capillaries into the small air sacs they surround. This disrupts the exchange of carbon dioxide and oxygen between the blood and the lungs, stimulating the production of more liquid—in effect, drowning the victim in his own fluids.

The most dangerous altitude sickness, cerebral edema, rarely occurs below 13,000 feet. Possibly a result of a breakdown of the cellular pump supply that maintains the balance of sodium, potassium, and water, cerebral edema can cause permanent brain damage. The brain tissue swells as water accumulates, resulting in severe headaches, vomiting, loss of coordination, coma and death. Mountaineers stricken with cerebral edema also report hallucinations: The survivors of an expedition at 22,000 feet in the Andes were convinced they saw bulldozers and palm trees on the summit and that tourists were stealing their supplies.

Whatever the underlying cause, altitude sickness usually can be avoided if visitors to the mountains take enough time for their ascent. Restricting a day's climb to less than 1,000 feet will protect most people from serious illness. Of the drugs prescribed to help prevent altitude sickness, only Diamox, an agent that helps overcome the effects of overbreathing, seems to reduce the symptoms of acute mountain sickness. It has little effect on the more serious illnesses. Once acute mountain sickness strikes, the most effective remedy is to drink large quantities of liquids, take aspirin for headaches, and stay mildly active. Because the pulmonary and cerebral edemas are more serious, the victim should start down immediately.

Reprinted by permission of *Science 81* magazine, copyright the American Association for the Advancement of Science.

Germs frequently spread from one individual to another by way of the respiratory tract. Droplets from one single sneeze (fig. 13.15) may be loaded with billions of bacteria or viruses. The mucous membranes are protected by the production of mucus and by the constant beating of the cilia; but if the number of infective agents is large and/or the resistance of the individual is reduced, an upper respiratory infection may result.

Figure 13.15
Atomization of droplets into the air during sneezing illustrates that germs are easily transferred from one person to another by this process.

Upper Respiratory Infections[4]

An upper respiratory infection (URI) is one that affects only the nasal cavities, throat, trachea, bronchi, and associated organs. Some of the most common infections are:

Common Cold   A cold is a viral infection that usually begins as a scratchy sore throat followed by a watery mucus discharge from the nasal cavities. There is rarely a fever and symptoms are usually mild, requiring little or no medication. While colds have a short duration, immunity is also brief. Since there are estimated to be over 150 cold-causing viruses, it is very difficult to isolate oneself in order to avoid infection.

Influenza   "Flu" is also a viral infection; but while it begins as an upper respiratory infection, it spreads to other parts of the body causing aches and pains in the joints. There is usually a fever and the illness lasts for a longer length of time than a cold. Immunity is possible but only the most recent vaccine can protect the individual during a current flu epidemic. Since flu viruses constantly mutate there can be no build-up in immunity and a new viral illness rapidly spreads from person to person and from place to place. Pandemics, where a newly mutated flu virus spreads about the world, have occurred on occasion.

Bronchitis   Viral infections can spread from the nasal cavities to the sinuses (sinusitis), to the middle ears (otitis media), to the larynx (laryngitis), and to the bronchi (bronchitis). *Acute* bronchitis is usually caused by a secondary bacterial infection of the bronchi resulting in a heavy mucoid discharge with much coughing. Acute bronchitis usually responds to antibiotic therapy.

Chronic bronchitis is not necessarily due to infection. It is often caused by a constant irritation of the lining of the bronchi which undergoes degenerative changes with the loss of cilia preventing the normal cleansing action. There is frequent coughing and the individual is more susceptible to upper respiratory infections. Chronic bronchitis most often affects cigarette smokers.

Strep Throat   This is a very severe throat infection caused by the bacterium *Streptococcus*. Swallowing is very difficult and there is a fever. Strep throat should be treated promptly because it may lead to complications such as rheumatic fever in which the heart valves may be permanently affected.

Lung Infections

As figure 22.16 indicates, pneumonia and tuberculosis, two infections of the lungs, formerly caused a large percentage of deaths in the U.S. Now they are controlled by antibiotics. The other two illnesses discussed below, emphysema and lung cancer, are not due to infections; in most instances they are due to smoking cigarettes.

---

4. Allergies including asthma are discussed on page 244.

Figure 13.16

Development of emphysema. a. Normal alveoli. b. Rupture of some walls of alveoli. c. Disappearance of alveolar tissue.

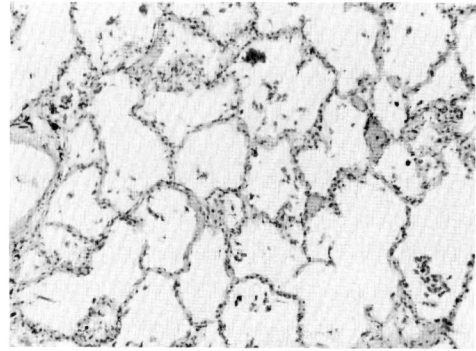

a.

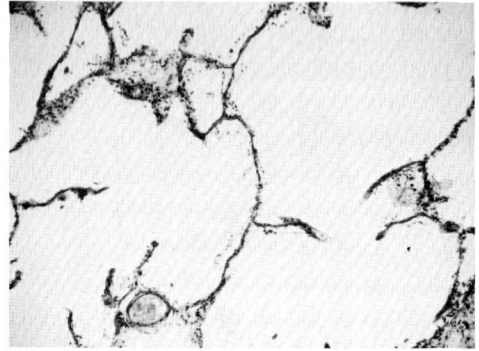

b.

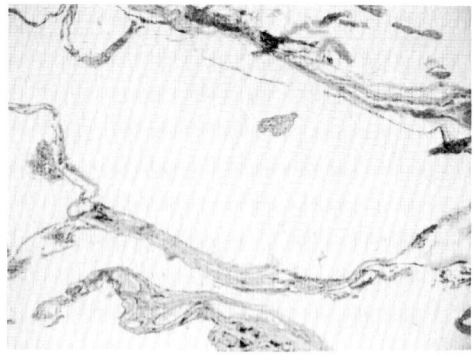

c.

Pneumonia Both viruses and bacteria can infect the lungs but a bacterial infection, usually caused by the bacterium *Pneumococcus,* is the most serious. In lobar pneumonia, the infection is localized in specific lobes of the lungs and these become inoperative as they fill with mucus and pus. The more lobes involved, the more serious the infection.

Tuberculosis **Tuberculosis** is caused by the tubercle bacillus. It is possible to tell if a person has ever been exposed to tuberculosis by use of a skin test in which a highly diluted extract of the bacilli is injected into the skin of the patient. A person who has never been in contact with the bacillus will show no reaction, while one who has developed immunity to the organisms will show an area of inflammation which peaks in about 48 hours. If these bacilli do invade the lung tissue, the cells build a protective capsule about the foreigners to isolate them from the rest of the body. This tiny capsule is called a **tubercle.** If the resistance of the body is high, the imprisoned organisms may die, but if the resistance is low, the organisms may eventually be liberated. If a chest X ray detects the presence of tubercles, the individual is put on appropriate drug therapy to ensure the localization of the disease and eventual destruction of any live bacterial organisms.

Emphysema **Emphysema** refers to the destruction of lung tissue with accompanying ballooning or inflation of the lungs due to trapped air. The trouble stems from the destruction and collapsing of the bronchioles. When this occurs, the alveoli are cut off from renewed oxygen supply and the air within them is trapped. The trapped air very often causes *rupturing of the alveolar walls* together with a fibrous thickening of the walls of the small blood vessels in the vicinity. In any case, the victim is breathless and may have a cough. Since the surface area for gas exchange is reduced, not enough oxygen reaches the heart and brain. Even so, the heart works furiously to force more blood through the lungs and this may lead to a heart condition. Lack of oxygen for the brain may make the person feel depressed, sluggish, and irritable.

Since emphysema often develops in persons who smoke, it has been possible to follow the development of the disease by doing autopsies on smokers (fig. 13.16).

Lung Cancer Autopsies on smokers have also revealed the progressive steps by which cancer of the lung develops (fig. 13.17). The first event appears to be a *thickening of the cells* that line the bronchi. (Callousing occurs whenever cells are exposed to irritants.) Then there is a *loss of cilia* so that it is impossible to prevent dust and dirt from settling in the lungs. Following this, cells with atypical nuclei appear in the thickened lining. A disordered collection of cells with atypical nuclei may be considered to be cancer *in situ* (at one location). The final step occurs when some cells break loose and penetrate the other tissues, a process called *metastasis.* This is true cancer (fig. 13.18). The tumor may grow until the bronchus is blocked, cutting off the supply of air to that lung. The lung then collapses, and the secretions trapped in the lung spaces become infected, with a resulting pneumonia or the formation of a lung abscess. The only treatment that offers a possibility of cure, before secondary growths have had time to form, is to remove the lung completely. This operation is called a *pneumonectomy.*

Statistical studies have shown that smoking cigarettes may be associated with other illnesses, including other types of cancer. Chart 13.4 lists the risks of smoking and the benefits of quitting which have been established by appropriate investigations and studies. If a person does stop smoking, the body tissues, if not already cancerous, return to normal.

Figure 13.17
Development of cancer. a. Increase in number of cells in general. b. Increase in number of cells within a lower layer. c. Cilia have disappeared and cells with atypical nuclei are disordered. d. Cancerous cells in the process of spreading to new locations.

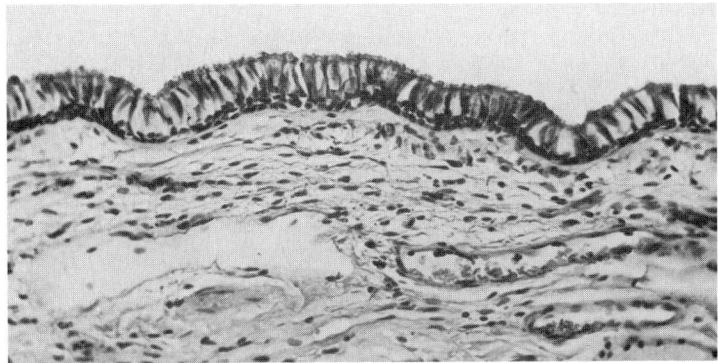

a.

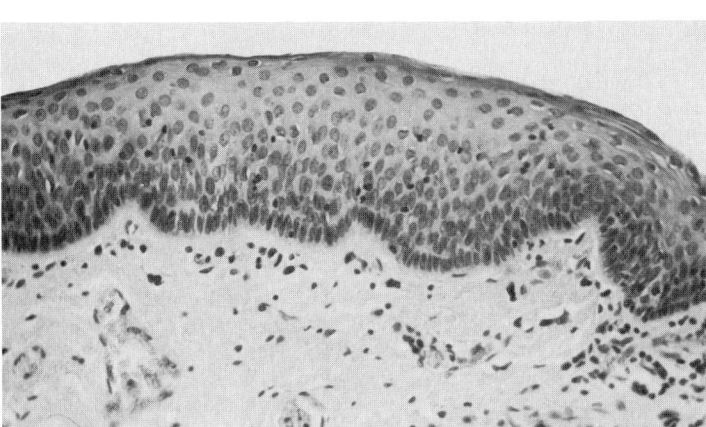

b.

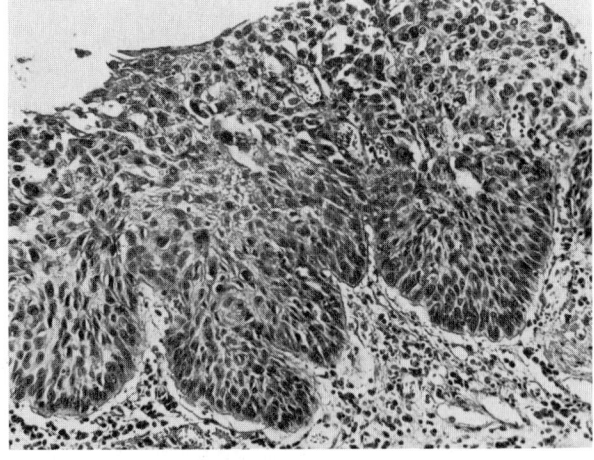

c.

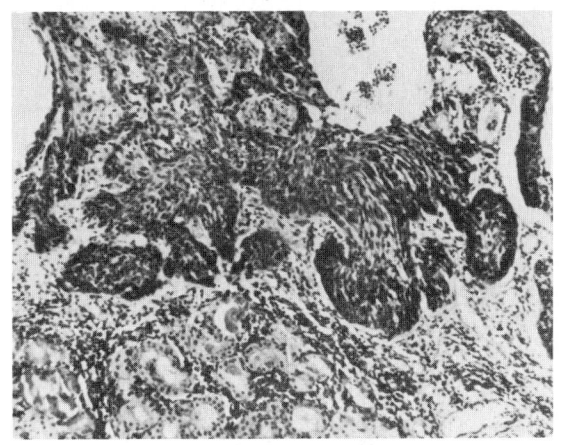

d.

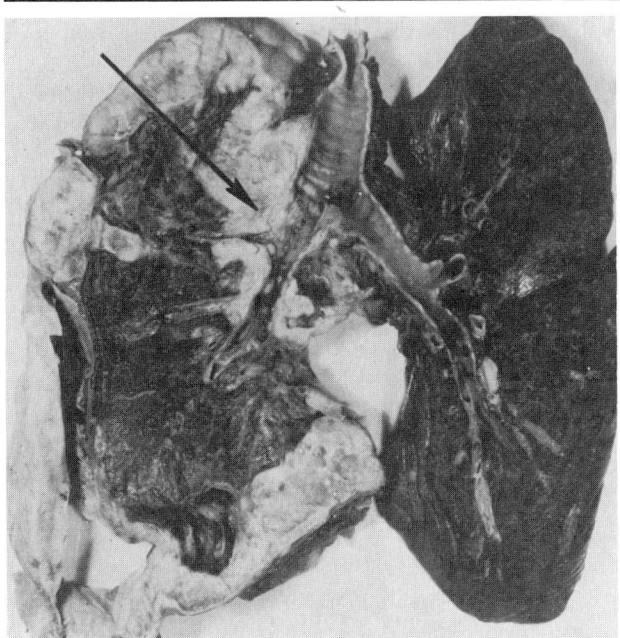

Figure 13.18
Lungs of a heavy smoker with lung cancer (arrow indicates area of cancer).

Chart 13.4 Risks of Smoking Compared to Benefits of Quitting.

Risks of Smoking	Benefits of Quitting
Shortened life expectancy. 25-year-old 2-pack a day smokers have life expectancy 8.3 years shorter than non-smoking contemporaries. Other smoking levels: proportional risk.	**Reduces risk of premature death** cumulatively. After 10-15 years, ex-smokers' risk approaches that of those who've never smoked.
Lung cancer. Smoking cigarettes "major cause in both men and women."	Gradual decrease in risk. **After 10–15 years, risk approaches that of those who never smoked.**
Larynx cancer. In all smokers (including pipe and cigar) it's 2.9 to 17.7 times that of nonsmokers.	**Gradual reduction of risk** after smoking cessation. **Reaches normal after 10 years.**
Mouth cancer. Cigarette smokers have 3 to 10 times as many oral cancers as nonsmokers. Pipes, cigars, chewing tobacco also major risk factors. Alcohol seems synergistic carcinogen with smoking.	Reducing or eliminating smoking/drinking reduces risk in first few years; **risk drops to level of nonsmokers in 10–15 years.**
Cancer of esophagus. Cigarettes, pipes and cigars increase risk of dying of esophageal cancer about 2 to 9 times. Synergistic relationship between smoking and alcohol.	Since risks are dose related, reducing or eliminating smoking/drinking **should have risk-reducing effect.**
Cancer of bladder. Cigarette smokers have 7 to 10 times risk of bladder cancer as nonsmokers. Also synergistic with certain exposed occupations: dye-stuffs, etc.	Risk decreases gradually to that of nonsmokers over 7 years.
Cancer of pancreas. Cigarette smokers have 2 to 5 times risk of dying of pancreatic cancer as nonsmokers.	Since there is evidence of dose-related risk, reducing or eliminating smoking should have risk-reducing effect.
Coronary heart disease. Cigarette smoking is major factor; responsible for 120,000 excess U.S. deaths from coronary heart disease (CHD) each year.	**Sharply decreases risk after one year.** After 10 years ex-smokers' risk is same as that of those who never smoked.
Chronic bronchitis and pulmonary emphysema. Cigarette smokers have 4–25 times risk of death from these diseases as nonsmokers. Damage seen in lungs of even young smokers.	**Cough and sputum disappear** during first few weeks. **Lung function may improve** and rate of deterioration slow down.
Stillbirth and low birthweight. Smoking mothers have more stillbirths and babies of low birthweight—more vulnerable to disease and death.	Women who stop smoking before 4th month of pregnancy **eliminate risk of stillbirth and low birthweight** caused by smoking.
Children of smoking mothers smaller, under-developed physically and socially, seven years after birth.	Since children of nonsmoking mothers are bigger and more advanced socially, inference is that **not smoking during pregnancy might avoid such underdeveloped children.**
Peptic ulcer. Cigarette smokers get more peptic ulcers and die more often of them; cure is more difficult in smokers.	Ex-smokers get ulcers but these are **more likely to heal rapidly and completely** than those of smokers.
Allergy and impairment of immune system.	Since these are direct, immediate effects of smoking, they are obviously **avoidable by not smoking.**
Alters pharmacologic effects of many medicines, diagnostic tests and greatly increases risk of thrombosis with oral contraceptives.	**Majority of blood components elevated by smoking return to normal after cessation.** Nonsmokers on Pill have much lower risks of thrombosis.

Reproduced by permission of the American Cancer Society, Inc.

Summary

Respiration has been divided into the following components: breathing, external and internal respiration, and cellular respiration.

During the process of breathing, air enters and exits the lungs by way of the respiratory tract, which consists of the nose (which also smells the air), the nasopharynx, the pharynx, the larynx (which also contains the vocal cords), the trachea, the bronchi, and the bronchioles. The right and left lungs, located in cavities on either side of the heart, are covered by pleural membranes. These pleural cavities are bounded by the rib cage and by the diaphragm. The bronchi, along with the pulmonary arteries and veins, lead into the cavities. Thereafter the bronchi divide into the bronchioles, which enter the alveoli, air sacs surrounded by extensive pulmonary capillaries.

Inspiration begins when the breathing center in the medulla oblongata, stimulated by carbon dioxide in the blood, sends excitatory nerve impulses to the diaphragm and rib cage. As they contract, the diaphragm lowers and the rib cage moves up and out. Due to reduced intrapleural pressure, the elastic lungs expand, creating a partial vacuum that causes air to rush in. Nerves within the expanded lungs send inhibitory impulses to the breathing center, stopping its excitatory messages to the breathing muscles. As they relax, the diaphragm resumes its dome shape and the rib cage retracts, pushing air out of the lungs during expiration.

External respiration occurs when gases are exchanged between the alveoli and the surrounding capillaries. Blood ladened with the bicarbonate ion, enters the capillaries where the following reaction, speeded up by the enzyme carbonic anhydrase, takes place:

$$H^+ + HCO_3^- \rightarrow H_2CO_3 \rightarrow H_2O + CO_2$$

As carbon dioxide diffuses out of the blood into the alveoli, oxygen diffuses in to be taken up by hemoglobin:

$$Hb + O_2 \longrightarrow HbO_2$$

Internal respiration takes place in the tissues where hemoglobin gives up its oxygen:

$$HbO_2 \longrightarrow Hb + O_2$$

As oxygen diffuses out of the blood, carbon dioxide diffuses into the blood and combines with water:

$$CO_2 + H_2O \rightarrow H_2CO_3 \rightarrow H^+ + HCO_3^-$$

The resulting hydrogen ion is taken up by the globin portion of hemoglobin, and the bicarbonate ion is carried in the plasma.

There are a number of illnesses associated with the respiratory tract. Infections such as colds and flu are known to everyone. In addition, pneumonia and tuberculosis are lung infections of a serious nature. Both may be cured by drugs and rest. Two illnesses that can be caused by breathing of polluted air are emphysema and lung cancer. Both of these conditions may develop from smoking cigarettes. Emphysema refers to the inflating of the lungs by trapped air. This occurs when the bronchioles are destroyed and collapse. Cancer develops when cells with atypical nuclei appear in the lining of the bronchi.

Study Questions

1. What are the four parts of respiration? In which of these is oxygen actually used up and carbon dioxide produced? (p. 248)
2. List the parts of the respiratory tract. (p. 248) What are the special functions of the nasal cavity, larynx, and alveoli? (pp. 250, 252)
3. What are the steps in inspiration and expiration? How is breathing controlled? (pp. 253–55)
4. Why can't we breathe through a very long tube? (p. 255)
5. What two equations are needed to explain external respiration? (p. 256)
6. How is hemoglobin remarkably suited to its job? (p. 256)
7. What two equations are needed to explain internal respiration? (p. 257)
8. What physical process is believed to explain gas exchange? (pp. 255, 257)
9. Name some infections of the respiratory tract. (pp. 259–60)
10. What is emphysema and how does it affect one's health? (p. 260)
11. By what steps is cancer believed to develop in the person who smokes? (pp. 260–61)

Further Readings

Avery, M. E. et al. 1973. Lung of the newborn infant. *Scientific American* 228(4):74.

Comroe, J. H., Jr. 1966. The lung. *Scientific American* 214(2):56.

Fenn, W. O. 1960. The mechanism of breathing. *Scientific American* 202(6):138.

Hammond, E. C. 1962. The effects of smoking. *Scientific American* 207(9):39.

Slonim, N. B., and Hamilton, L. H. 1976. *Respiratory physiology.* 3d ed. St. Louis: C. V. Mosby.

Chapter Concepts

1. Excretion rids the body of unwanted substances, particularly end products of metabolism.

2. Several organs assist in the excretion process, but the kidneys, which are a part of the urinary system, are the primary organs of excretion.

3. The formation of urine by the more than one million nephrons present in each kidney serves not only to rid the body of nitrogenous wastes but also to regulate the water content, the salt levels, and the pH of the blood.

4. The kidneys, whose malfunction brings illness and may cause death, are important organs of homeostasis.

14

excretion

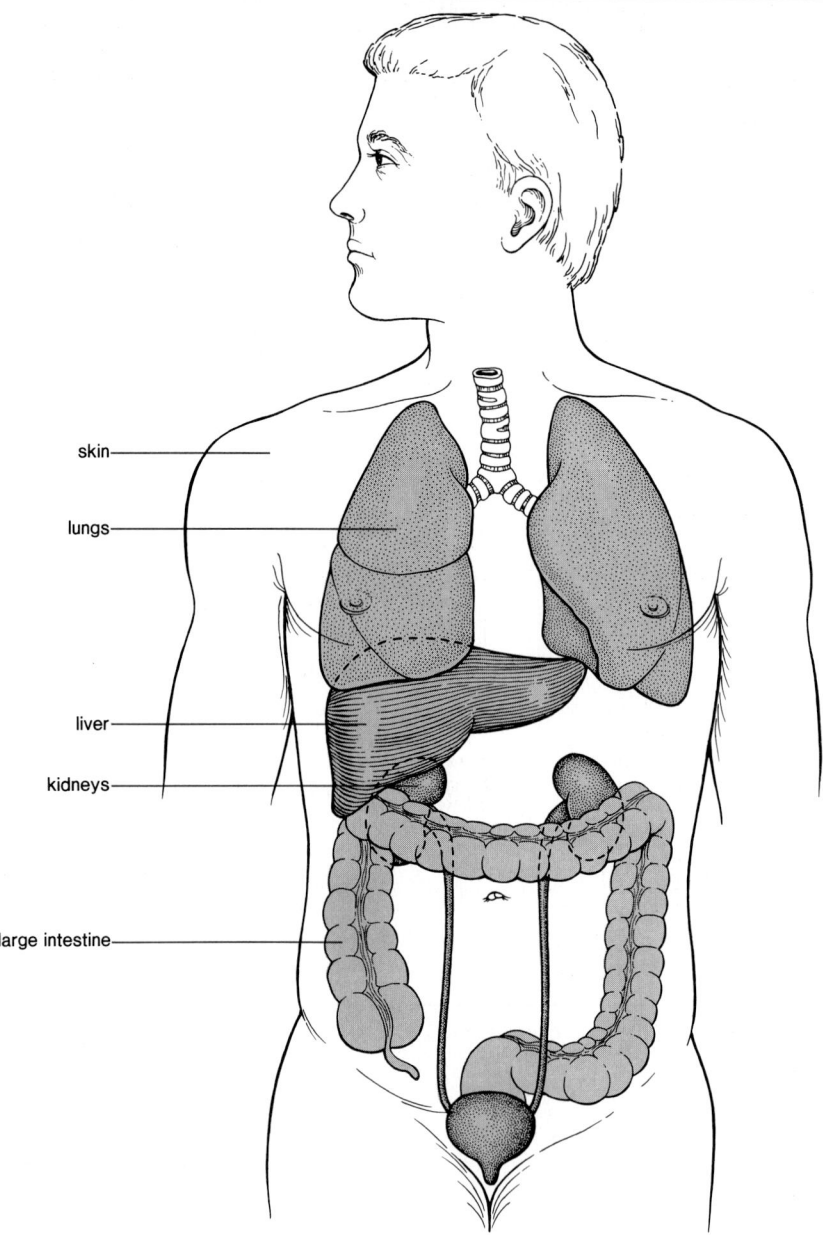

skin

lungs

liver

kidneys

large intestine

The composition of blood serving the tissues remains constant due to both the continual addition of substances needed by cells and the continual removal of substances not needed by cells. In previous chapters we have discussed how the digestive tract and lungs add nutrients and oxygen to the blood. In this chapter we will discuss how the organs of excretion (fig. 14.1) remove substances from the blood and thereby help maintain homeostasis.

Excretory Substances

Excretion rids the body of metabolic wastes. Among these are the toxic end products listed in chart 14.1. In addition, salts and water are constantly being excreted.

Chart 14.1 Some Metabolic End Products

Name	End Product of	Primarily Excreted by
Nitrogenous Wastes		
Ammonia	Amino acid metabolism	Kidneys
Urea	Ammonia metabolism	Kidneys
Uric acid	Nucleotide metabolism	Kidneys
Creatinine	Creatine phosphate metabolism	Kidneys
Other		
Bile pigments	Hemoglobin metabolism	Liver
Carbon dioxide	Cellular respiration	Lungs

Nitrogenous End Products

Several of the end products excreted by humans are related to nitrogen metabolism since amino acids, nucleotides, and creatine all contain nitrogen.

Ammonia (NH_3) arises from the deamination, or removal, of amino groups from amino acids. Ammonia is extremely toxic to the body, and only animals living in fresh water, who continually flush out their bodies with excess water, excrete ammonia. In our bodies, ammonia is converted to urea by the liver.

Urea is produced in the liver by a complicated series of reactions called the urea cycle. In this cycle, carrier molecules take up carbon dioxide and two molecules of ammonia to finally release urea:

$$H_2N-\overset{\overset{\displaystyle O}{||}}{C}-NH_2$$

Uric acid occurs when nucleotides are metabolically broken down. Uric acid is relatively insoluble and, if present in excess, will precipitate out of the plasma. Crystals of uric acid sometimes collect in the joints, producing a painful ailment called gout.

Creatinine is an end product of muscle metabolism. It results when creatine phosphate, a molecule that serves as a reservoir of high energy phosphate, breaks down.

Other Excretory Substances

Other excretory substances are bile pigments, carbon dioxide, ions (salts), and water.

Bile Pigments Bile pigments are derived from the heme portion of hemoglobin and are incorporated into bile within the liver. The liver produces bile, which is stored in the gallbladder before passing into the small intestine. If for any reason the bile duct is blocked, bile spills out into the blood, producing a discoloration of the skin called jaundice (p. 180).

Carbon Dioxide The lungs are the major organ of carbon dioxide excretion, although the kidneys are also important. The kidneys excrete bicarbonate ions, the form in which carbon dioxide is carried in the blood.

Ions Ions (salts) are excreted not because they are end products of metabolism but because their proper concentration in the blood is so important to the pH, osmotic pressure, and **electrolyte balance**[1] of the blood. The balance of potassium (K^+) and sodium (Na^+) is important to nerve conduction. The

---

1. Electrolytes are ions that can conduct electricity when in solution.

level of calcium (Ca^{++}) in the blood affects muscle contraction; iron (Fe^{++}) takes part in hemoglobin metabolism, and magnesium (Mg^{++}) helps many enzymes function properly.

Water Water is an end product of metabolism; it is also taken into the body when food and liquids are consumed. The amount of fluid in the blood helps determine blood pressure. Treatment for hypertension sometimes includes the administration of a diuretic drug that increases the excretion of sodium and water by the kidneys.

Organs of Excretion

The kidneys are the primary excretory organs, but there are other organs that also function in excretion, such as those discussed in the following.

Skin

The sweat glands in the skin (fig. 8.12) excrete perspiration, a solution of water, salt, and some urea. The sweat glands are made up of a coiled tubule portion in the dermis and a narrow, straight duct that exits from the epidermis. While perspiration is an excretion, we perspire not so much to rid the body of waste but to cool off the body. The body cools because heat is lost as perspiration occurs. Thus, sweating keeps the body temperature within normal range during muscular exercise or when the outside temperature rises. In times of renal failure, more urea than usual may be excreted by the sweat glands to the extent that a so-called urea frost is observed on the skin.

Liver

The liver excretes bile pigments, which are incorporated into bile, before it passes into the small intestine. The yellow pigment found in urine, called urochrome, is also derived from the breakdown of heme, but this pigment is deposited in the blood and therefore is excreted by the kidneys.

Lungs

The process of expiration (breathing out) not only removes carbon dioxide from the body, it also results in the loss of water. The air we exhale contains moisture, as demonstrated by blowing onto a cool mirror.

Intestine

Certain salts, such as those of iron and calcium, are excreted directly into the cavity of the intestine by the epithelial cells lining it. These salts leave the body in the feces.

At this point, it might be helpful to remember that the term *defecation*, and not excretion, is used to refer to the elimination of feces from the body. Substances that are excreted are those that are waste products of metabolism. Undigested food and bacteria, which make up feces, have never been a part of the functioning of the body, but salts that are passed into the intestinal cells lining the gut are excretory substances because they were once metabolites in the body.

Kidneys

The kidneys excrete urine, which contains a combination of the end products of metabolism (chart 14.2). The kidneys are a part of the urinary system.

Chart 14.2 Composition of Urine

Water	95%
Solids	5%
Organic wastes (per 1500 ml of urine)	
urea	30 g
creatinine	1-2 g
ammonia	1-2 g
uric acid	1 g
Ions (Salts)	25 g.

Positive	*Negative*
sodium	chlorides
potassium	sulfates
magnesium	phosphates
calcium	

Figure 14.2
The urinary system.

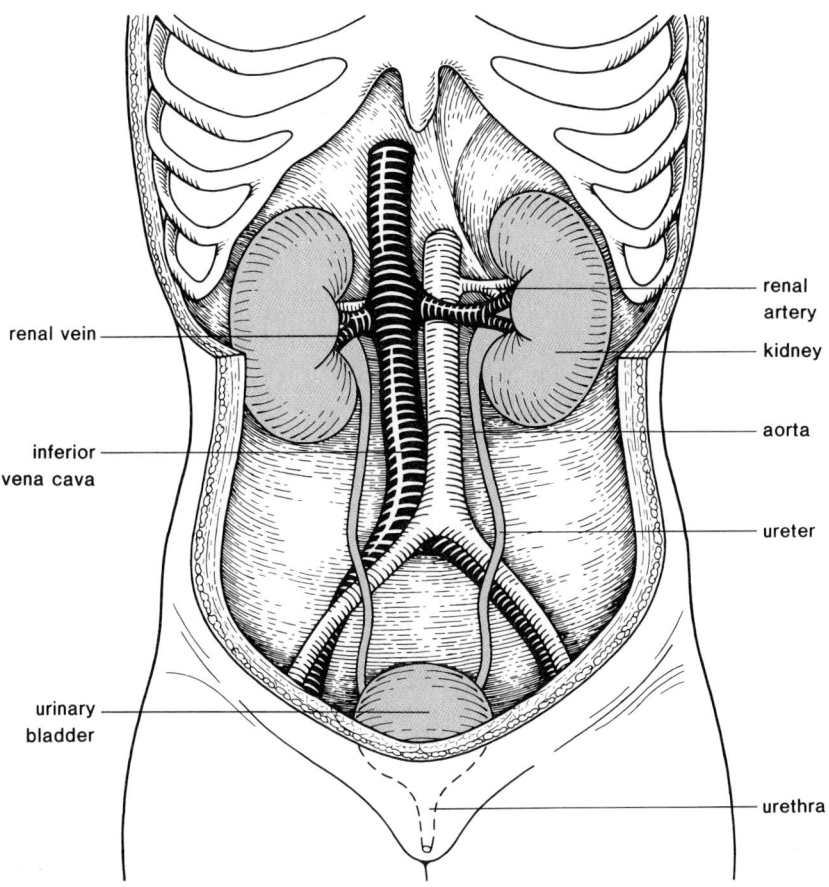

renal vein

inferior
vena cava

urinary
bladder

renal
artery

kidney

aorta

ureter

urethra

Chart 14.3 Urinary System

Organ	Function
Kidneys	Produce urine
Ureters	Transport urine
Bladder	Storage of urine
Urethra	Elimination of urine

Figure 14.3
Photomicrograph of bladder wall.
a. Relaxed. b. Distended.

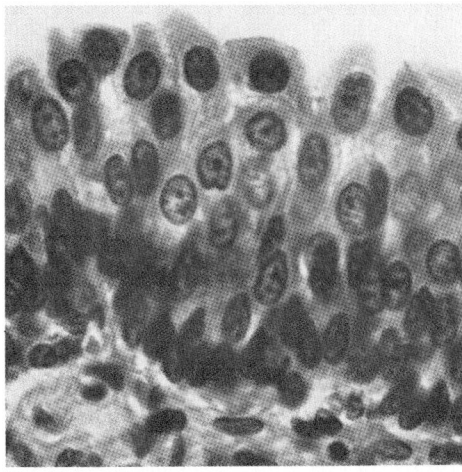

a.

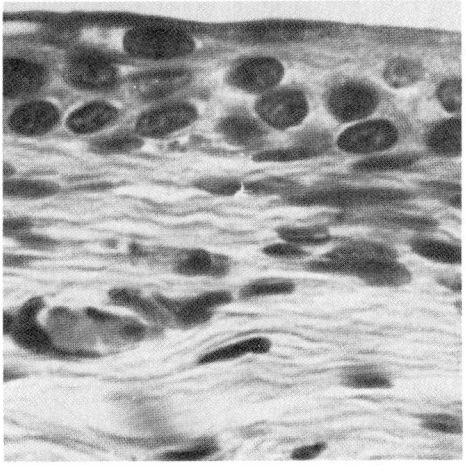

b.

Urinary System

The urinary system includes the structures illustrated in figure 14.2 and listed in chart 14.3. The organs are listed in order according to the path of urine.

The **kidneys** are reddish-brown organs about 4 inches long, 2 inches wide, and 1 inch thick, which lie on either side of the midline against the dorsal body wall where they are anchored by connective tissue. The renal artery, renal vein, nerves, and ureters join the kidney on the concave side toward the midline.

The **ureters** are muscular tubes that convey the urine toward the bladder by peristaltic contractions. Urine enters the bladder in jets that occur at the rate of one to five per minute.

The **urinary bladder,** which can hold up to 600 ml of urine, is a hollow muscular organ that gradually expands as urine enters. Figure 14.3a and b show the bladder wall in its relaxed and distended conditions. In the male, the bladder lies ventral to the rectum, seminal vesicles, and ductus deferens. In the female, it is ventral to the uterus and upper vagina.

The **urethra,** which extends from the urinary bladder to an external opening, differs in length in females and males. In females the urethra lies ventral to the vagina and is only about 1½ inches long. The short length of the female urethra facilitates bacterial invasion and explains why females are

Figure 14.4
Macroscopic anatomy of the kidney with an
enlargement of a pyramid.

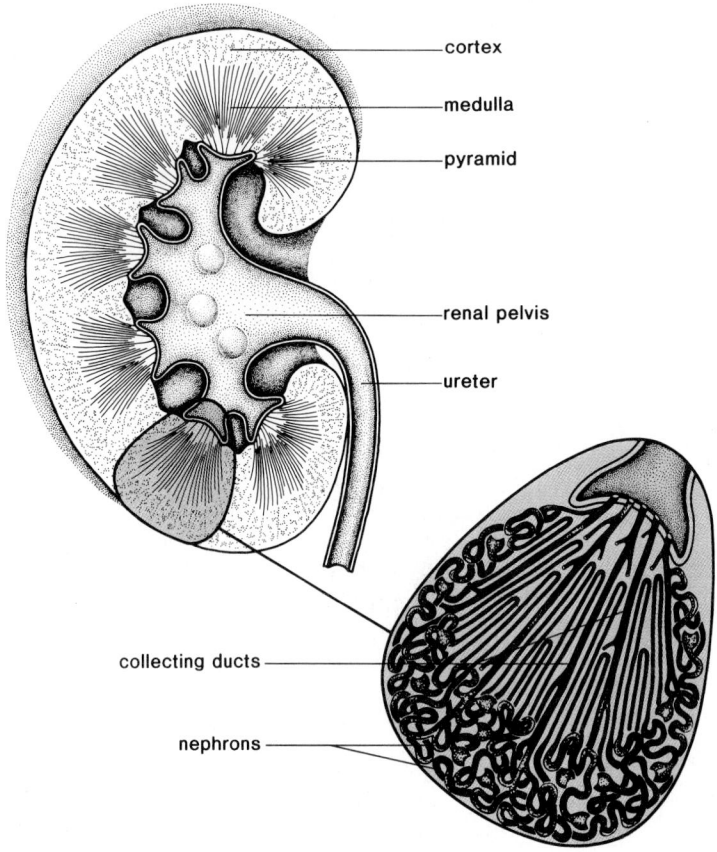

cortex

medulla

pyramid

renal pelvis

ureter

collecting ducts

nephrons

more prone to urethral infections. In males the urethra averages 6 inches
when the penis is relaxed. As the urethra leaves the bladder, it is encircled by
the prostate gland. In older men, enlargement of the prostate gland may
prevent urination, a condition that can usually be corrected.

Notice that there is no connection between the genital (reproductive)
and urinary systems in females, but there is a connection in males. When
urinating, the urethra carries urine, and during sexual orgasm the urethra
transports semen. This double function does not alter the path of urine, and
it is important to realize that urine is found only in those structures listed in
chart 14.3.

Urination

When the bladder fills with urine, stretch receptors send nerve impulses to the
spinal cord; nerve impulses leaving the cord then cause the bladder to contract
and the sphincters to relax so that urination may take place. In older children
and adults, it is possible for the brain to control this reflex, delaying urination
to a suitable time.

Kidneys

When a kidney is sliced longitudinally, it is shown to be composed of three
macroscopic parts (fig. 14.4): (1) an outer granulated layer called the **cortex,**
which dips down in between (2) a radially striated, or lined, layer called the
medulla, and (3) an inner space, or cavity, called the **pelvis,** where the urine
collects before entering the ureters.

Figure 14.5
Each kidney contains over one million microscopic nephrons, one of which is shown here. Arrows indicate direction of blood flow.

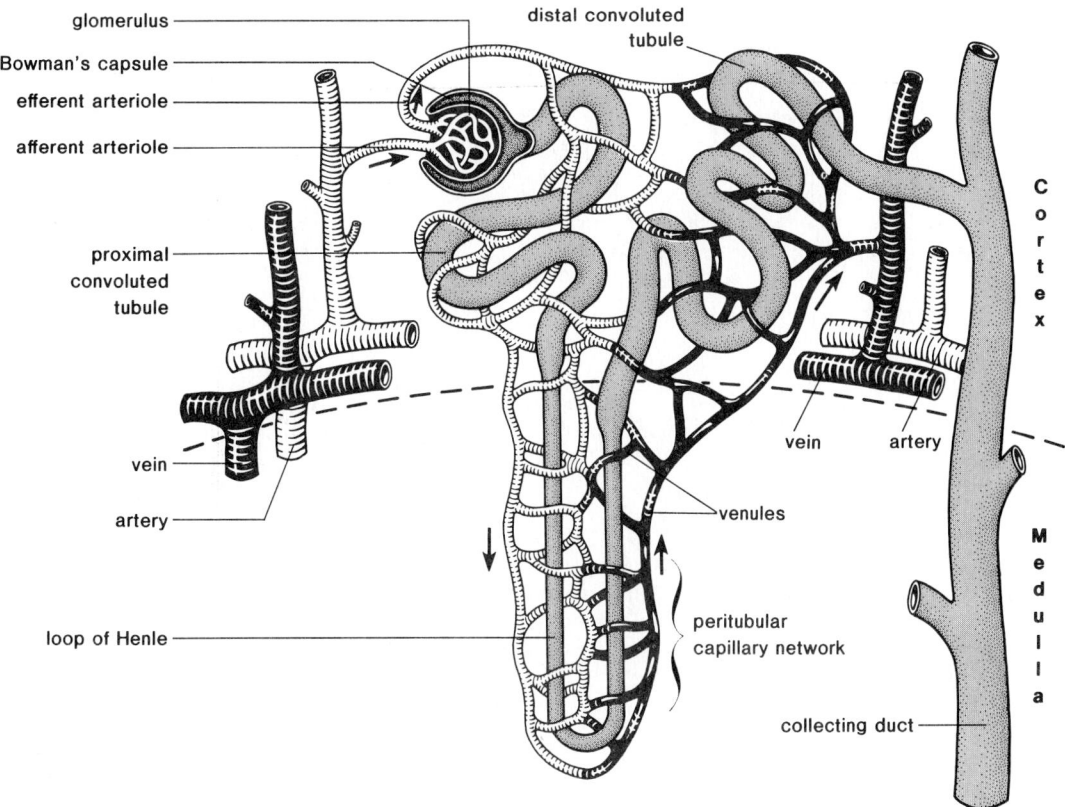

glomerulus
Bowman's capsule
efferent arteriole
afferent arteriole
distal convoluted tubule
proximal convoluted tubule
vein
artery
loop of Henle
vein
artery
venules
peritubular capillary network
collecting duct
Cortex
Medulla

Nephrons Microscopically, the kidney is composed of over one million nephrons, sometimes called renal tubules. As figure 14.5 shows, the **nephrons** are blind-ended tubes that are attached to larger collecting ducts that conduct the urine to the pelvis. Specifically, each nephron is made up of several parts. The blind end of the tubule is pushed in on itself to form a cuplike structure called **Bowman's capsule.** The outer layer of Bowman's capsule is composed of squamous epithelial cells; the inner layer is composed of specialized cells that allow easy passage of molecules. Next there is a **proximal** (meaning near Bowman's capsule) **convoluted tubule** in which the cells are cuboidal, with many mitochondria and an inner brush border. Then the cells become flat, the tube narrows, and makes a U-turn to form the portion of the tubule called the **loop of Henle.** This leads to the **distal** (far from Bowman's capsule) **convoluted tubule,** where the cells are cuboidal, again with mitochondria but no brush border. The distal convoluted tubule enters the **collecting duct.** Figure 14.6 relates cell structure to the parts of the nephron.

Figure 14.7 indicates the proper position of a single nephron within the kidney. Bowman's capsules and convoluted tubules lie within the cortex and account for the granular appearance of the cortex. Loops of Henle and collecting ducts lie within the triangular-shaped pyramids of the medulla. Since these are longitudinal structures, they account for the striated appearance of the pyramids.

Figure 14.6
Drawing showing tissue types at different parts of a nephron.

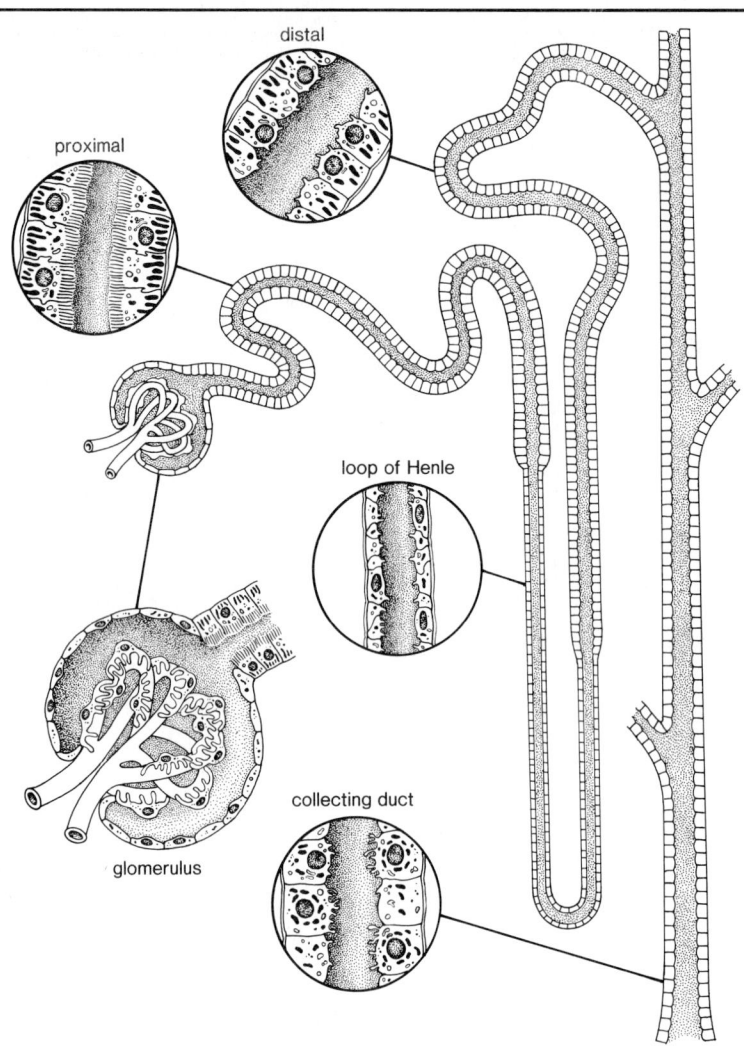

distal

proximal

loop of Henle

glomerulus

collecting duct

Figure 14.7
Each kidney receives a renal artery that divides into arterioles within the kidney. Venules leaving the kidney join to form the renal vein. This drawing also shows the placement of one nephron.

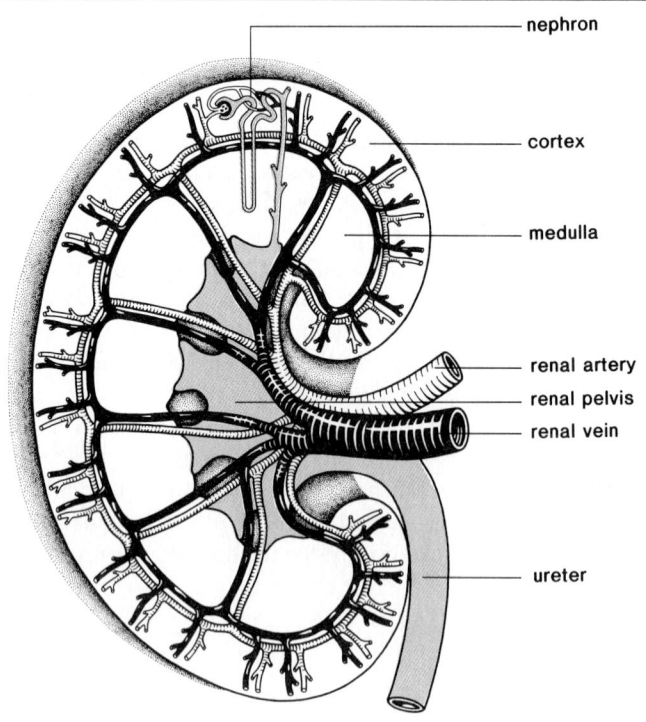

nephron

cortex

medulla

renal artery

renal pelvis

renal vein

ureter

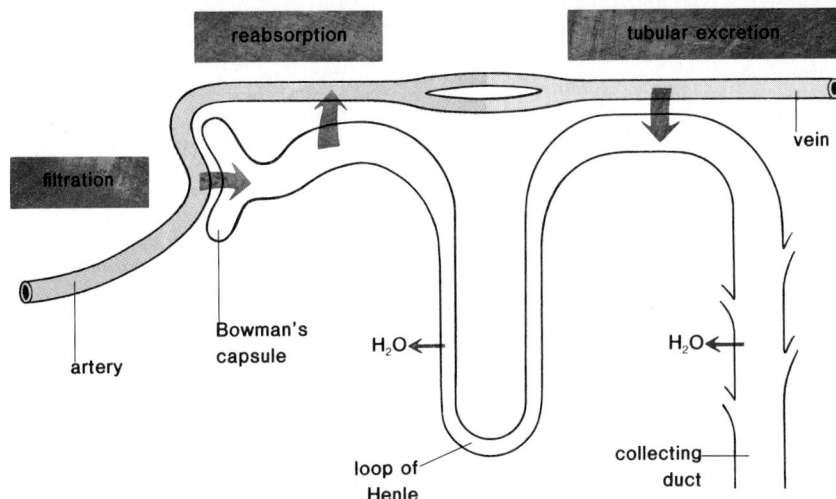

Figure 14.8
Diagram of nephron showing steps in urine formation: filtration, reabsorption, and tubular excretion. Note also that water enters the tissues at the Loop of Henle and collecting duct.

Urine Formation

Urine formation can be studied in brief in the following or in detail on page 274.

Overview of Urine Formation

Each nephron has its own blood supply (fig. 14.8) including two capillary regions: the **glomerulus** is a capillary tuft inside Bowman's capsule and the **peritubular capillary network** surrounds the rest of the nephron. Urine formation requires the movement of molecules between these capillaries and the nephron.

1. *Pressure filtration* occurs at Bowman's capsule. During pressure filtration, water, nutrient molecules, and waste molecules move from the glomerulus to the inside of Bowman's capsule. The blood has been *filtered* because large molecules, such as protein molecules, remain within the blood while small molecules, such as glucose and urea, leave the blood to enter the tubule.

2. *Selective reabsorption* occurs primarily at the proximal convoluted tubule. During selective reabsorption, nutrient and salt molecules are actively reabsorbed from the proximal convoluted tubule into the peritubular capillary and water follows passively.

3. *Tubular excretion* occurs primarily at the distal convoluted tubule. Tubular excretion occurs when large waste molecules, such as creatine, are actively secreted into the distal convoluted tubule. This step in urine formation plays a minor role in comparison to the first two steps.

Concentrated Urine   Humans excrete a urine that contains only waste molecules dissolved in a minimum amount of water. This concentrated urine results because water is reabsorbed not only at the proximal convoluted tubule but along the entire length of the renal tubule, particularly at the loop of Henle and the collecting duct.

Chart 14.4 Nephron

Name of Part	Location in Kidney	Function
Bowman's capsule	Cortex	Forms filtrate
Proximal convoluted tubule	Cortex	Selective reabsorption
Loop of Henle	Medulla	Extrusion of sodium and reabsorption of water
Distal convoluted tubule	Cortex	Tubular excretion
Collecting duct	Medulla	Reabsorption of water

Chart 14.5 Circulation Within a Nephron*

Name of Structure	Comment
Afferent arteriole	Brings arteriolar blood toward Bowman's capsule
Glomerulus	A capillary tuft enveloped by Bowman's capsule
Efferent arteriole	Takes arteriolar blood away from Bowman's capsule
Peritubular capillary network	Capillary bed that envelopes the rest of the tubule
Venule	Takes venous blood away from the tubule

*Compare to figure 14.5.

Chart 14.4 lists the parts of a nephron, their location within the kidney, and their contribution to urine formation. As stated previously, the kidney is an organ of homeostasis, which regulates the excretion of substances to suit the body's needs. A discussion of this regulation begins on page 279. First there follows a more detailed description of how urine is formed.

An In-depth Study of Urine Formation

In order to fully appreciate urine formation, it is necessary to understand the blood supply of the nephron. Chart 14.5 lists the blood vessels associated with each part of the nephron. Locate these blood vessels in figure 14.5 and trace the path of blood within a nephron.

Blood Supply

After the renal artery leaves the aorta to enter the kidney, it branches into numerous smaller arteries. These small arteries branch off into tiny arterioles, one for each nephron. Each arteriole, called an **afferent arteriole,** divides to form the glomerulus (fig. 14.9), which is surrounded by Bowman's capsule. When the capillaries rejoin, they form another arteriole called the **efferent arteriole.** (This is unusual since there is usually an arteriole on one side of a capillary bed and a venule on the other side—here there is an arteriole on both sides.) The efferent arteriole soon divides into the peritubular capillary network, which serves the needs of the renal tubule. This capillary network supplies the tubule cells with nutrients and oxygen and leads to a venule that joins with the venules from other nephrons to form the renal vein, a vessel that enters the inferior vena cava.

Bowman's Capsule

Whole blood, of course, enters the afferent arteriole and the glomerulus. Under the influence of glomerular blood pressure, which is usually about 60 mm Hg, small molecules move from the glomerular capillary tuft to the inside of Bowman's capsule across the thin walls of each. Since large molecules (e.g., proteins) and formed elements are unable to pass through, the process is a filtration called **pressure filtration,** and a filtrate of glomerular blood is said to form within Bowman's capsule. In addition to water as its main component, the **glomerular filtrate** contains dissolved substances in approximately the same

Figure 14.9
A scanning electron micrograph of a section
of kidney cortex showing a glomerulus (the
outer layer of Bowman's capsule has been
removed). The holes surrounding the
glomerulus are cross sections of tubules.

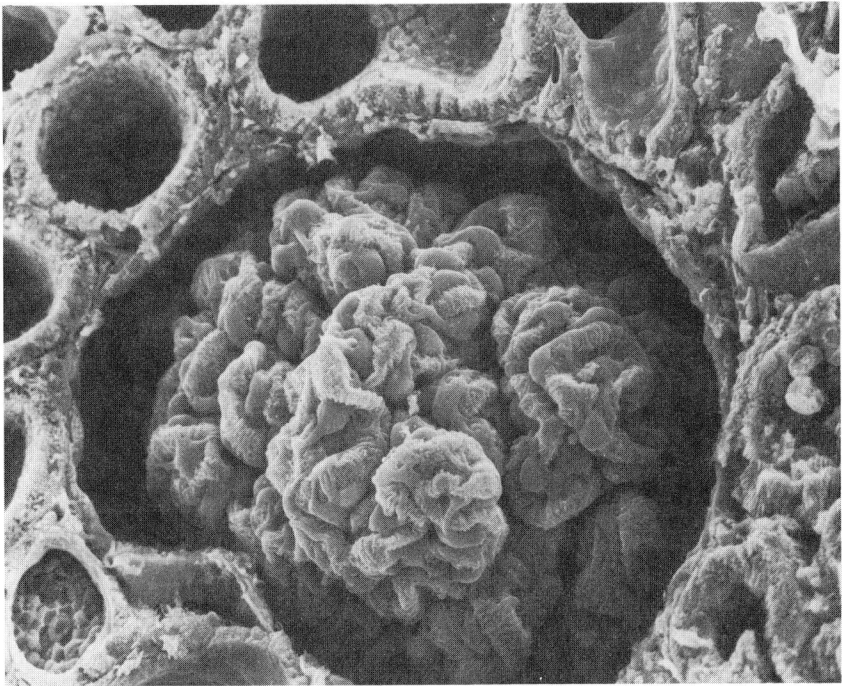

Figure 14.10
The juxtaglomerular apparatus (circled) is
sensitive to the fluid pressure within the
distal convoluted tubule and releases renin
if this pressure falls below normal.

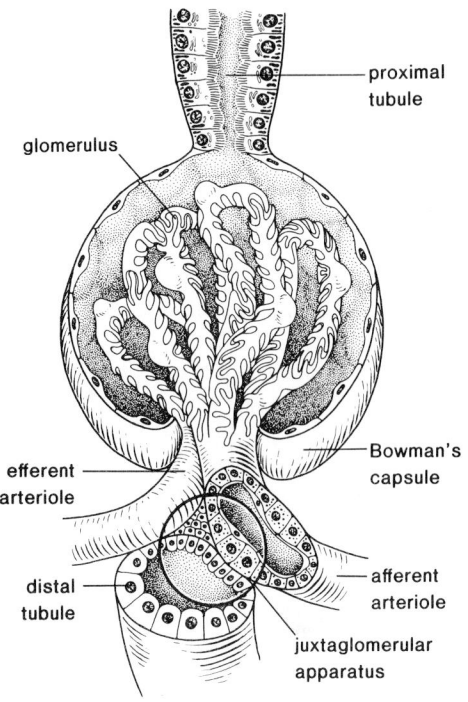

concentration as plasma. The proteins and formed elements that are too large to be a part of the filtrate leave the glomerulus by way of the efferent arteriole.

In effect, then, blood that enters the glomerulus is divided into two portions: the filterable components and the nonfilterable components.

Filterable Blood Components
water
nitrogenous wastes
nutrients
salts (ions)

Nonfilterable Blood Components
formed elements
proteins

The filterable components pass from the capillary tuft to the inside of Bowman's capsule, and the nonfilterable components stay within the vascular system surrounding the tubule.

The blood pressure within the glomerulus is higher than other capillary beds because the renal artery is very short and, most important, the glomerulus lies between two arterioles whose circumference can be regulated to increase blood pressure. Also, if necessary, a special region of the afferent arteriole called the **juxtaglomerular apparatus,** or polar cushion (fig. 14.10), can release **renin,** an enzyme that hydrolyzes a blood globulin to produce a vasoconstrictor capable of causing generalized hypertension. While renin is normally released only when a higher blood pressure is needed for filtration, it seems to be continually released by persons with kidney disease and accounts for the hypertension that is usually present in these patients.

A consideration of the preceding filterable substances leads one to conclude that if the glomerular filtrate were the same as urine, the body would continually lose nutrients, water, and salts. Obviously, death from dehydration, starvation, and low blood pressure would quickly follow. Thus, we can assume that the composition of the filtrate must be altered as this fluid passes within the remainder of the tubule.

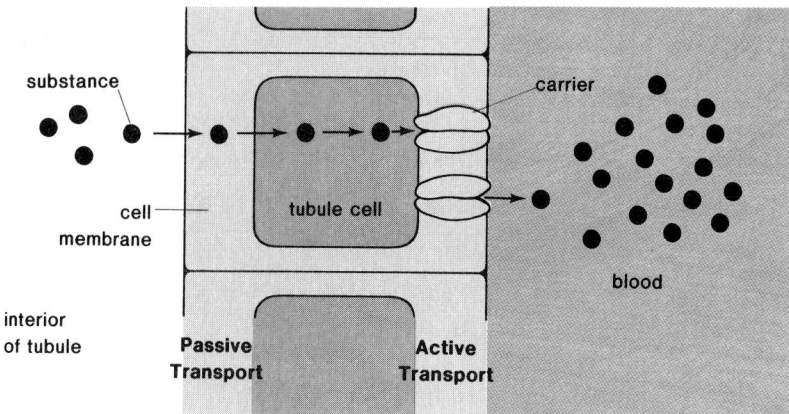

Figure 14.11
Nutrient molecules and sodium are actively reabsorbed from a kidney tubule in a manner illustrated here.

substance
carrier
cell membrane
tubule cell
interior of tubule
blood
Passive Transport
Active Transport

Figure 14.12
The proximal convoluted tubule has a brush border and many mitochondria showing its specialization for reabsorption.

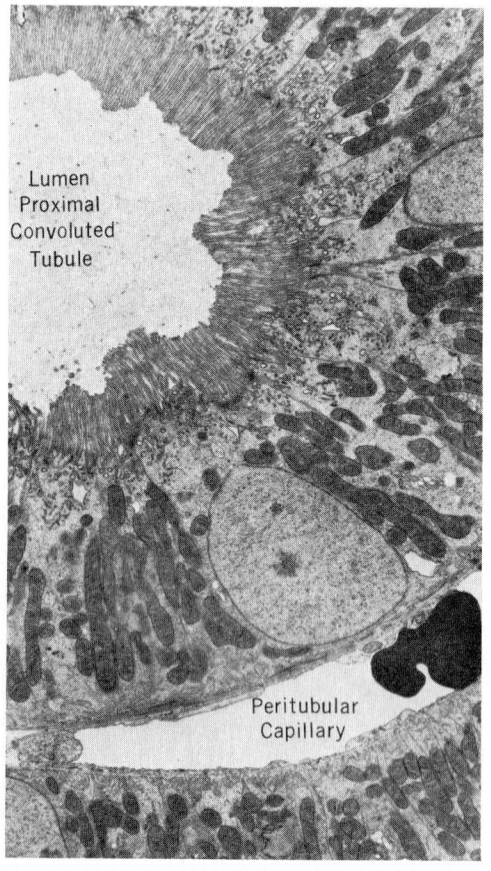

Lumen Proximal Convoluted Tubule

Peritubular Capillary

Proximal Convoluted Tubule

Both passive and active reabsorption of molecules from the tubule to the blood occur as the filtrate moves along the proximal convoluted tubule.

Passive reabsorption involves particularly the movement of water molecules from the area of greater concentration in the filtrate to the area of lesser concentration in the blood. Two factors aid the process. The nonfilterable proteins remain in the blood where they exert an osmotic pressure that pulls water back into the bloodstream. Following the active reabsorption of sodium (Na^+), which is discussed later, chlorine (Cl^-) follows passively because, being a negative ion, it is attracted to the positive charge of sodium. Water follows passively because the reabsorption of sodium increases the osmotic pressure of the blood.

Active reabsorption is most probably a form of active transport, which accounts for the large energy needs of the kidney. In figure 14.11, two membranes are shown; the first of these exists between the tubule cavity and the tubule cell, and the second lies between the tubule cell and the blood. A molecule, for example, glucose, diffuses passively into the tubule cell but is then actively transported from the cell into the blood, requiring the use of a carrier molecule. Reabsorption by active transport is selective since only molecules recognized by carrier molecules move across the membrane. This accounts for the homeostatic ability of the kidney to reabsorb only molecules needed by the body.

Threshold Level The threshold level of a substance in the blood is its normal level, because reabsorption occurs until this level is obtained. Thereafter the substance will appear in the urine. For example, the threshold level for glucose is .15 g glucose per 100 ml of blood. After this amount is reabsorbed, any excess present in the filtrate will appear in the urine. In contrast to the high threshold level of glucose, urea has a very low threshold level that is quickly reached, so that nearly all urea remains in the urine.

Tubule Cells The structure of the cells that line the proximal convoluted tubule is anatomically adapted for absorption (fig. 14.12). Within the tubule, these cells are covered by numerous cytoplasmic filaments, about one micron in length, that increase the surface area for reabsorption. In addition, the cells contain numerous mitochondria that produce the energy necessary for active transport.

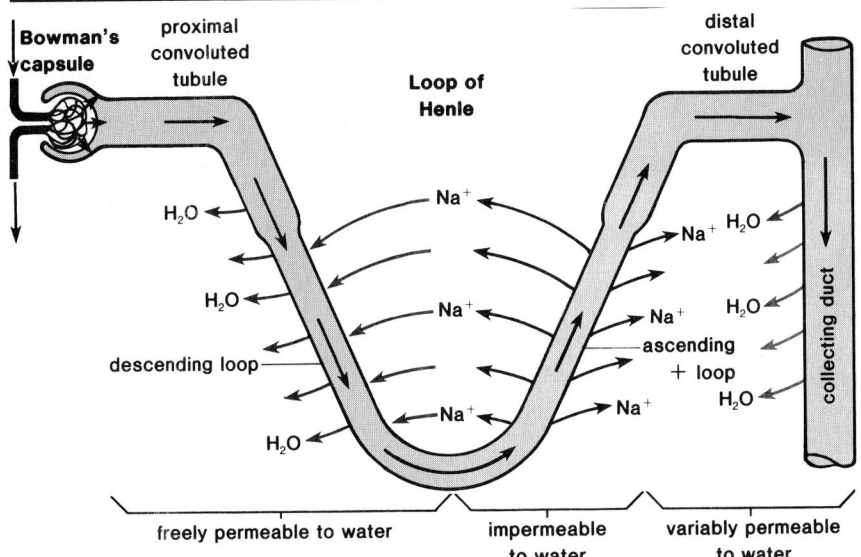

Tubular Fluid We have seen that the filtrate that enters the proximal convoluted tubule is divided into two portions—the portion that is reabsorbed and the portion that is not reabsorbed.

Reabsorbed Filtrate Components	*Nonreabsorbed Filtrate Components*
most water	some water
nutrients	wastes
required salts (ions; e.g., Na^+, Cl^-)	excess salts (ions)

The substances that are not reabsorbed become the tubular fluid that enters the loop of Henle.

Loop of Henle

Animals, including humans, whose nephrons contain a loop of Henle excrete a hypertonic urine (i.e., a larger amount of metabolic wastes per volume than blood). The loop of Henle is made up of a **descending** (going down) and **ascending** (going up) **limb.** The ascending limb actively extrudes sodium into the tissue of the medulla, and thus this tissue is hypertonic to the fluid within the descending limb. Water therefore passively diffuses out of the descending limb into the blood and is carried away, while sodium passively diffuses into the descending limb.

The arrows in figure 14.13 show the movement of these molecules. The colored arrows represent passive transport while the black arrows represent active transport.

As this exchange of sodium for water occurs, the fluid within the descending limb becomes increasingly hypertonic (concentrated). But as the fluid moves up within the ascending limb, sodium is actively extruded, as mentioned, and the fluid is hypotonic (dilute) by the time it reaches the distal convoluted tubule. (Water does not diffuse into or out of the ascending limb because it is impermeable to water.)

By noting the direction of sodium in figure 14.13, it can be seen that there is a circulation of sodium from the ascending limb to the tissues to the descending limb, which turns to become the ascending limb. This is called a **countercurrent exchange** because as the fluid moves in the opposite direction within the two limbs, there is an exchange of sodium between them.

Figure 14.14
Development of the nephron in relation to habitat.

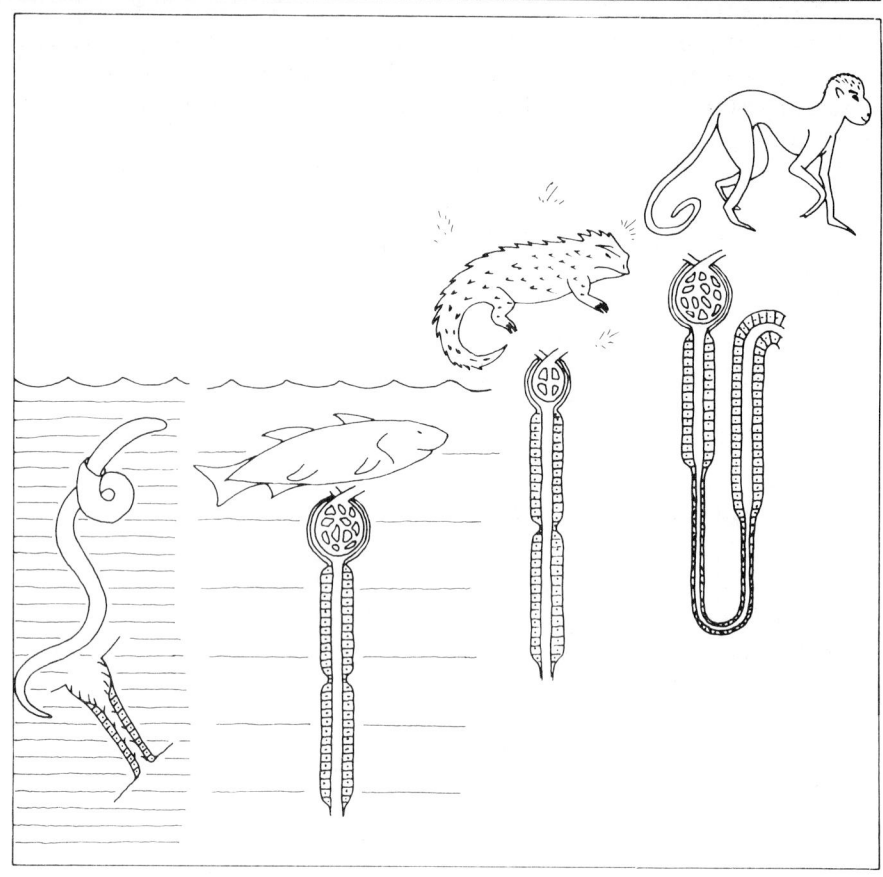

In conclusion, then, human beings along with other mammals excrete a concentrated or hypertonic urine not because water fails to enter the nephron but because the water that enters is reabsorbed. As figure 14.14 shows, only mammals rely on this particular method of retaining water, and thus they alone have a loop of Henle. Reptiles and birds lack a loop of Henle and excrete uric acid, a solid nitrogenous waste product. In humans and other mammals, tubular contents pass from the loop of Henle to the distal convoluted tubule

Distal Convoluted Tubule

The distal convoluted tubule continues the work of the proximal convoluted tubule in that sodium and water are both reabsorbed. This occurs even though the fluid within the distal convoluted tubule is hypotonic. When sodium is actively reabsorbed into the blood capillary, water follows passively.

In this region of the tubule, also, substances may be added to the urine by a process called **tubular excretion,** or augmentation. One substance that is normally added to urine at this point is creatinine. Although some creatinine is filtered, additional amounts are added here at the distal convoluted tubule. Other substances that may be added to urine at this point are potassium and breakdown products of drugs.

The cells that line this portion of the tubule do not have a brush border, but they do have numerous mitochondria, indicating that energy is probably being used for active transport.

Collecting Duct

The fluid that enters the collecting duct is isotonic to the cells of the cortex. This means that to this point the net effect of reabsorption of water and sodium has been to produce a fluid in which the proportion of water to sodium is the same as in most tissues. However, in the medulla there is an increasing concentration of sodium along the length of the collecting duct due to the extrusion of sodium by the ascending limb of the loop of Henle. Therefore, water diffuses out of the collecting duct and the urine within the collecting duct becomes hypertonic. Urine (chart 14.2) now passes from the collecting duct to the pelvis of the kidney.

Regulatory Functions of the Kidney

Blood Volume

Reabsorption of water is under the control of a hormone called **ADH (antidiuretic hormone),** which is released by the posterior lobe of the pituitary gland (p. 349). ADH increases the permeability of the distal convoluted tubule and collecting duct so that more water can be reabsorbed. In order to understand the function of this hormone consider its name. *Diuresis* means increased excretion of urine, and *antidiuresis* means suppression of urinary excretion. When ADH is present, more water is reabsorbed, and a decreased amount of urine results. The presence of this hormone matches the need for reabsorption of water to the body requirements for water, and thereby helps control blood volume. If water is reabsorbed, blood volume increases, and if water is not reabsorbed, blood volume decreases.

In practical terms (chart 14.6), if an individual does not drink much water on a certain day, the posterior lobe of the pituitary releases ADH, more water is reabsorbed, blood volume is maintained at a normal level, and, consequently, there is less urine. On the other hand, if an individual drinks a large amount of water and does not perspire much, the posterior lobe of the pituitary does not release ADH, more water is excreted, blood volume is maintained at a normal level, and a greater amount of urine is formed. Drinking alcohol causes diuresis because it inhibits the secretion of ADH. Even so, there is evidence to suggest that beer drinking causes diuresis simply because of the increased fluid intake. Drugs, called diuretics, are often prescribed for high blood pressure. The drugs cause increased urinary excretion and thus reduce blood volume and blood pressure. Concomitantly, any edema present is also reduced.

Adjustment of pH

The kidneys aid in maintaining a constant pH of the blood, and the whole nephron takes part in this process. Figure 14.15 indicates that the excretion of hydrogen ions and ammonia, together with the reabsorption of sodium and bicarbonate ions, is adjusted in order to keep the pH within normal bounds. If the blood is acid, hydrogen ions are excreted in combination with ammonia, while sodium and bicarbonate ions are reabsorbed. This will restore alkalinity because sodium promotes the formation of hydroxyl ions:

$$Na^+ + HOH \longrightarrow Na^+ OH^- + H^+$$

while bicarbonate takes up hydrogen ions when carbonic acid is formed:

$$HCO_3^- + H^+ \longrightarrow H_2CO_3.$$

If the blood is alkaline, fewer hydrogen ions are excreted and fewer sodium and bicarbonate ions are reabsorbed.

Chart 14.6 Antidiuretic Hormone

Increase in ADH	Increased reabsorption of water	Less urine
Decrease in ADH	Decreased reabsorption of water	More urine

Figure 14.15
Excretion of H^+ and reabsorption of Na^+ and HCO_3^- is adjusted to maintain the pH of the blood.

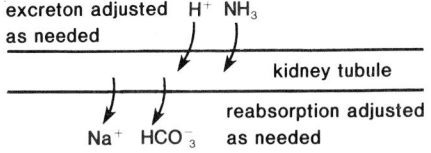

The reabsorption and/or excretion of ions (salts) by the kidneys illustrates their homeostatic ability to maintain not only the pH of the blood but also the osmolarity of the blood. Osmolarity increases as salts are reabsorbed. Reabsorption of ions, such as K^+ and Mg^{++}, also maintains the proper electrolyte balance of the blood, as discussed on page 267.

Illnesses and Treatments

Urinalysis, or examination of the urine, indicates if there are any abnormal substances in the urine. The most likely of these are discussed in the following.

Diabetes   Glucose in the urine, which usually means that the individual has diabetes mellitus (sugar diabetes), is a condition in which the liver fails to store glucose as glycogen, resulting in an abnormally high blood glucose level. This makes the filtrate level of glucose high and, because the proximal convoluted tubule only absorbs an amount appropriate to the normal blood glucose level, glucose appears in the urine.

Diabetes mellitus (p. 356) develops when certain cells of the pancreas do not secrete insulin, a hormone that promotes the storage of glucogen. Diet and/or proper medication, including the administration of insulin, usually keeps the condition under control.

Renal Disease   The urinary tract is subject to attack by a number of different bacteria. If the infection is localized in the urethra, it is called **urethritis.** If it invades the bladder, it is called **cystitis.** And finally, if the kidneys are affected, it is called **nephritis.**

In renal disease, the glomerular membrane becomes more permeable than usual. Therefore albumin, white cells, or even red cells may appear in the urine. One of the first indications of renal disease may be kidney edema.

Kidney Edema   When plasma proteins are excreted by way of the urine, the osmotic pressure of the blood is reduced. Water collects in the tissues because water uptake at the venous end of the capillaries (fig. 11.10) is dependent on the osmotic pressure of the blood. When the amount of tissue fluid increases beyond the capability of the lymph vessels to absorb it, edema, particularly in the abdomen, occurs.

As the blood pressure lowers due to a loss in blood volume, the kidneys reabsorb more salt and water, but this, in the end, only serves to increase the edema. The only permanent solution is to cure the underlying cause of the edema.

Uremia   Uremia, the presence of urea in the blood, is concomitant with kidney failure. Death from kidney failure, however, is not due to the buildup of nitrogenous wastes, rather it is due to an imbalance of the plasma ions. Studies have shown that if urea is high but the ions are stabilized at their normal levels, the patient usually recovers from the symptoms of uremia. An ion imbalance, however, particularly the accumulation of potassium in the blood, interferes with the heartbeat and leads to heart failure.

Kidney Transplant   Patients with renal failure can sometimes undergo a kidney transplant operation during which they receive a functioning kidney from a donor. Because the body can function quite well with only one kidney, both the donor and recipient can expect to lead normal lives. As with all organ transplants, there is the possibility of organ rejection, so that receiving a kidney from a close relative has the highest chance of success. Identical twins have the same transplant antigens (p. 243), which allows them to readily donate organs to each other.

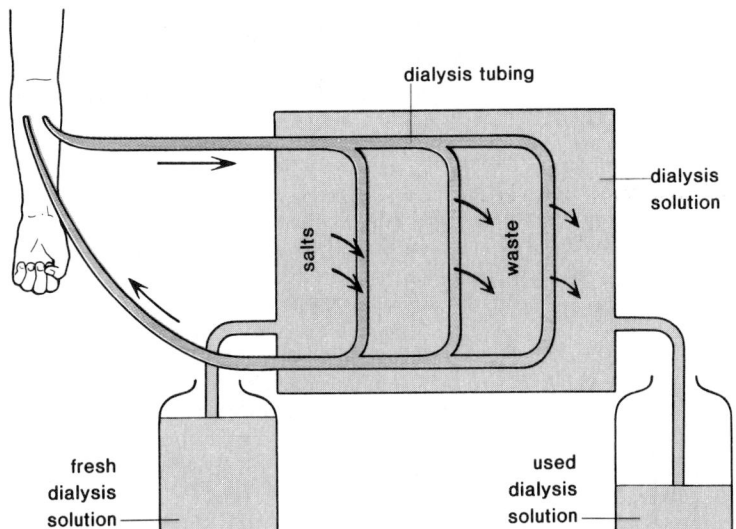

dialysis tubing

salts

waste

dialysis solution

fresh dialysis solution

used dialysis solution

Figure 14.16
Diagram of an artificial kidney. As the patient's blood circulates through dialysis tubing, it is exposed to a solution. Salts enter the blood from the solution and wastes exit from the blood into the solution because of a preestablished concentration gradient.

Dialysis If a satisfactory donor cannot be found for a kidney transplant, which is frequently the case, the patient may undergo dialysis treatments, utilizing either a kidney machine or Continuous Ambulatory Peritoneal Dialysis, CAPD, a method described in the reading on page 282.

Dialysis is defined as the diffusion of dissolved molecules through a semipermeable membrane. These molecules will, of course, move across a membrane from the area of greater concentration to one of lesser concentration. While attached to a kidney machine (fig. 14.16), the patient's blood is passed through a semipermeable membranous tube that is in contact with a balanced salt solution, or dialysate. Substances more concentrated in the blood diffuse into the dialysate. Conversely, substances more concentrated in the dialysate diffuse into the blood. Accordingly, the artificial kidney can be utilized either to extract substances from the blood, including waste products or toxic chemicals and drugs, or to add substances to the blood, for example, bicarbonate ions in acidosis. In the course of a six-hour dialysis, from 50 to 250 g of urea can be removed from a patient, which greatly exceeds the urea clearance of normal kidneys. Therefore, a patient need undergo treatment only about twice a week.

In CAPD, a fresh amount of dialysate is introduced into the abdominal cavity from a bag attached to a permanently implanted plastic tube. Waste and water molecules pass into the fluid before it is collected four to eight hours later.

Kidney Stones Kidney stones are formed when fairly insoluble substances, such as uric acid and calcium salts, precipitate out of the urine instead of remaining in solution. The stones, which usually form in the renal pelvis, although the bladder can be another site of formation, either pass naturally or they may be surgically removed.

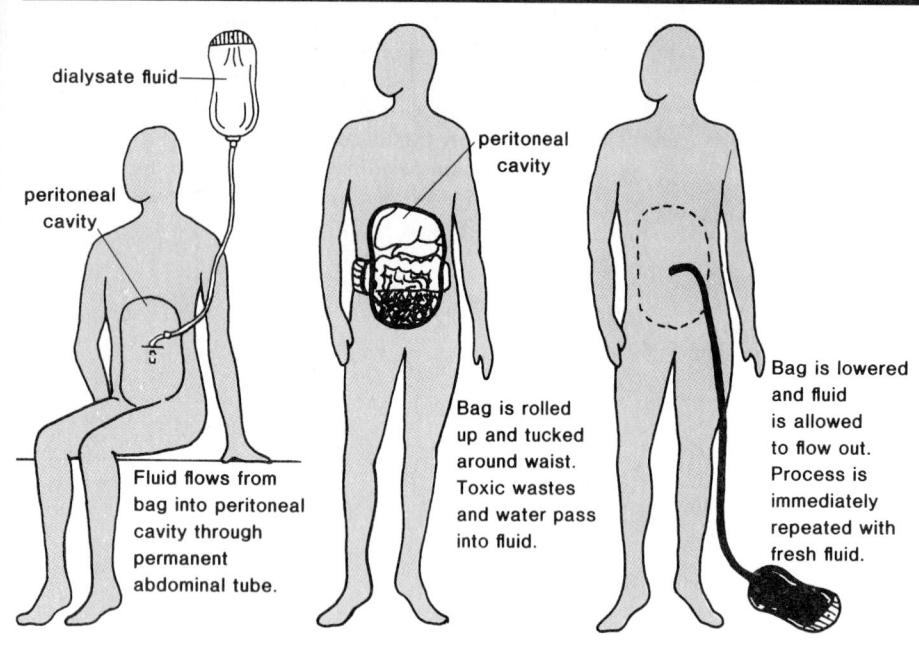

dialysate fluid

peritoneal cavity

Fluid flows from bag into peritoneal cavity through permanent abdominal tube.

peritoneal cavity

Bag is rolled up and tucked around waist. Toxic wastes and water pass into fluid.

Bag is lowered and fluid is allowed to flow out. Process is immediately repeated with fresh fluid.

The Body May Be Best

For Ron Morgan, 36, of Macon, Mo., the future looked bleak. A victim of diabetes since childhood, he developed a common complication two years ago, permanent kidney failure. Ordinarily, that would have meant drastic changes in Morgan's life-style. To ensure his survival, it would have been necessary for him to drive the 65 miles from his parents' farm to the medical center in Columbia several times a week. There he would be hooked up for hours at a stretch to a kidney machine that would purge his body of poisonous wastes. Yet, in spite of his life-threatening ailment, Morgan continues to lead an active life, helping his father run the farm. Sometimes he even does such strenuous chores as chopping wood, herding cattle and baling hay.

Morgan is one of the several hundred beneficiaries of a promising new form of dialysis, or blood purification for kidney patients. Its name is awesome: continuous ambulatory peritoneal dialysis, CAPD for short. But its effect is simplicity itself. It totally frees patients from long, wearying sessions on the kidney machine. They

Summary

Excretory substances fall into at least two categories: end products of metabolism, and substances in excess, such as water and ions (salts). The end products of metabolism are, for the most part, nitrogenous wastes, such as ammonia, urea, uric acid, and creatinine, all of which are excreted primarily by the kidneys. Other end products of metabolism, such as bile pigments and carbon dioxide, are excreted by the liver and lungs, respectively.

The kidneys are part of the urinary system, and they produce urine. Urine is made up primarily of nitrogenous end products and ions (salts) in a small amount of water. Urine passes to the ureters, which take it to the bladder where it may be stored for a time. From there it leaves the body by way of the urethra.

Macroscopically, the kidney is made up of three parts: a pelvis, medulla, and cortex. Microscopically, it is made up of over one million renal tubules, or nephrons. These tubules account for the macroscopic anatomy and are made up of several parts: Bowman's capsule; proximal convoluted tubule, found in the cortex; loop of Henle, found in the medulla; distal convoluted tubule, found in the cortex; and collecting duct in the medulla. Each renal tubule has its own blood supply: the afferent arteriole approaches Bowman's capsule and divides to become a capillary tuft called the glomerulus, which is enclosed by the capsule. The efferent arteriole leaves the capsule and immediately branches into a capillary bed, which is in close contact with all other parts of the tubule. The first step in the production of urine is pressure

can walk about, work and perform daily tasks while their blood is being cleansed. Dr. Karl Nolph, Morgan's nephrologist, or kidney specialist, calls CAPD the closest thing yet to a completely portable internal artificial kidney: "It functions continuously, maintains steady conditions in body chemistry, and requires no machinery, electricity, blood-thinning drugs or any of the other paraphernalia of conventional hemodialysis."

CAPD's secret? The wastes are filtered out not by the kidneys or a man-made substitute, but by another part of the body; the thin membrane lining the abdominal, or peritoneal, cavity and covering the organs that jut into it, including the stomach, liver, spleen and intestines, as well as the kidneys. To make this area accessible, doctors cut a small permanent opening just below the navel, then implant a tube that leads through the peritoneal membrane and into the cavity itself.

From there on, after about a week's training the patient can take over himself by attaching to the tube a small plastic bag containing two liters (about two quarts) of a special solution similar to the dialysate, or blood-cleansing fluid, used in kidney machines. The patient raises the bag to shoulder level or above, and the fluid flows down into the abdomen, bathing the peritoneal membrane, which contains many small blood vessels. The tube is then clamped off, and the patient folds up the empty bag into a neat package that he wears beneath the clothing at the waist.

Inside the abdominal cavity, a complex chemical movement, as in conventional hemodialysis, slowly begins. Toxic wastes and water from the bloodstream pass through the peritoneal membrane into the fluid. The process is allowed to continue for about five hours. Then the patient unwraps the empty plastic bag, lowers it to the floor, releases the clamp and lets the waste-laden fluid drain out of the abdominal cavity. Subsequently, a new bag of fluid is attached, and the procedure is repeated three times more at four- to eight-hour intervals every day. While the blood is being cleansed, patients can do just about anything. Morgan has even gone deer hunting.

Peritoneal dialysis is not for everyone who suffers kidney failure. Some object to the prospect of a permanent hole in the abdomen. Others are not fastidious enough; the dialysate bags must be handled with extreme care to avoid dangerous abdominal infections. Still, peritoneal dialysis has important advantages. CAPD's developers, Chemical Engineer Robert Popovich and Nephrologist Jack Moncrief, both of Austin, Texas, point out that it is simpler and, except for infections, less risky than using a kidney machine at home. A patient, for instance, can safely sleep through the procedure without the risk of bleeding to death if a tube is disconnected. Also, CAPD puts less strain on the heart, since no blood ever leaves the body, and thus is preferable for some people with cardiovascular problems.

So far fewer than a hundred of the nation's almost 45,000 dialysis patients use CAPD. But that is likely to change. A year's dialysis at a kidney center now costs some $25,000 a patient; the dialysis bill for the nation as a whole, which is footed by the U.S. Government, totals $1 billion a year. By contrast, the tab for a CAPD patient is only about $8,000 a year, and is likely to drop as the technique becomes more popular. Says Nolph: "We have here one of those rare circumstances in modern times where something is not only potentially better, but cheaper. That combination doesn't happen very often."

filtration in which the small components of plasma pass into Bowman's capsule from the glomerulus due to blood pressure. This filtrate of blood collects in the capsule and contains water, nutrients, nitrogenous wastes, and ions (salts). The second step, selective reabsorption, takes place between the proximal convoluted tubule and the capillary blood. Active reabsorption, requiring a large amount of energy, returns nutrients and sodium to the blood.

Next, the fluid enters the loop of Henle where sodium is extruded into the tissue surrounding it by the ascending limb. This creates a hypertonic situation that passively pulls water out of the descending limb and the collecting duct. Active reabsorption of sodium and chlorine at the distal convoluted tubule again returns water to blood. Also, here, tubular excretion, or augmentation, takes place; that is, substances that need to be excreted are actively carried from the blood to the cavity of the tubule. An example of such a substance in humans is creatinine. Humans excrete a hypertonic urine; that is, one in which the concentration of nitrogenous waste is high. ADH, a hormone produced by the posterior pituitary, controls the reabsorption of water.

The whole tubule participates in maintaining the pH of the blood by regulating the pH of urine. In practice, hydrogen ions are excreted, and sodium and bicarbonate ions are reabsorbed to maintain the pH.

When illness is suspected, a urinalysis is often done. Abnormal substances may be found in the urine; in particular, glucose and albumin. Glucose is most often present in the urine when a person has diabetes mellitus and the pancreas fails to secrete insulin.

Albumin appears in the urine when an infection of the urinary system is present. The infection can be localized in the urethra or can spread into the bladder, ureters, and kidney itself. Repeated infections of the kidney can lead to kidney failure. Kidney failure necessitates that the person must either receive a kidney from a donor or undergo dialysis treatments by means of the kidney machine or CAPD. In the former, waste products are removed from the blood as it passes through a tube surrounded by a fluid, and in the latter a fluid is introduced into the abdomen where it collects waste products.

The formation of kidney stones occurs when uric acid and/or calcium salts come out of solution and precipitate. Kidney stones may be passed naturally or they may be surgically removed.

Study Questions

1. Name four nitrogenous end products and explain how each is formed in the body. (p. 267)
2. Name several excretory organs and the substances they excrete. (p. 268)
3. What is the composition of urine? (p. 268)
4. Give the path of urine. (pp. 269–70)
5. Name the parts of the kidney tubule, or nephron. (p. 271)
6. Trace the path of blood about the tubule. (pp. 271, 274)
7. Describe how urine is made by telling what happens at each part of the tubule. (pp. 273, 274–79)
8. Explain these terms: pressure filtration, active reabsorption, and countercurrent exchange. (pp. 274–77)
9. How does the nephron regulate the pH of the blood? (p. 279)
10. What are two abnormal substances that may be found in urine, and what do they indicate? (p. 280)
11. Explain how the artificial kidney machine works. (p. 281)

Further Readings

Langley, L. L. 1965. *Homeostasis*. New York: Reinhold Publishing.

Merrill, J. P. 1961. The artificial kidney. *Scientific American* 205(1):56.

Metabolic regulation. In *From cell to organisms*. 1967. Readings from *Scientific American*. San Francisco: W. H. Freeman.

Pitts, R. F. 1974. *Physiology of the kidney and body fluids*. 3d ed. Chicago: Year Book Medical Publishers.

Smith, H. W. 1953. The kidney. *Scientific American* 188(1):40.

Chapter Concepts

1. The nervous system is made up of neurons that are specialized to carry nerve impulses. A nerve impulse is an electrochemical change that takes place when sodium ions (Na^+) move from the outside to the inside of a neuron and potassium ions (K^+) move from the inside to the outside.

2. The nervous system consists of the central and peripheral nervous systems. The two systems are joined when a reflex occurs: nerve impulses initiated by a sense organ are interpreted by the central nervous system, which then directs a proper muscular or glandular reaction.

3. The central nervous system, made up of the spinal cord and brain, is highly organized, with each portion having a particular function and with all parts communicating with one another. Consciousness is a function only of the cerebrum, the highest center of the brain, which is most highly developed in humans.

4. Transmission between neurons is accomplished by means of chemicals called neurotransmitters. Mood-altering drugs affect the transmission of these neurotransmitters.

15

nervous system

Figure 15.1

Overall organization of the nervous system in human beings and other higher organisms.

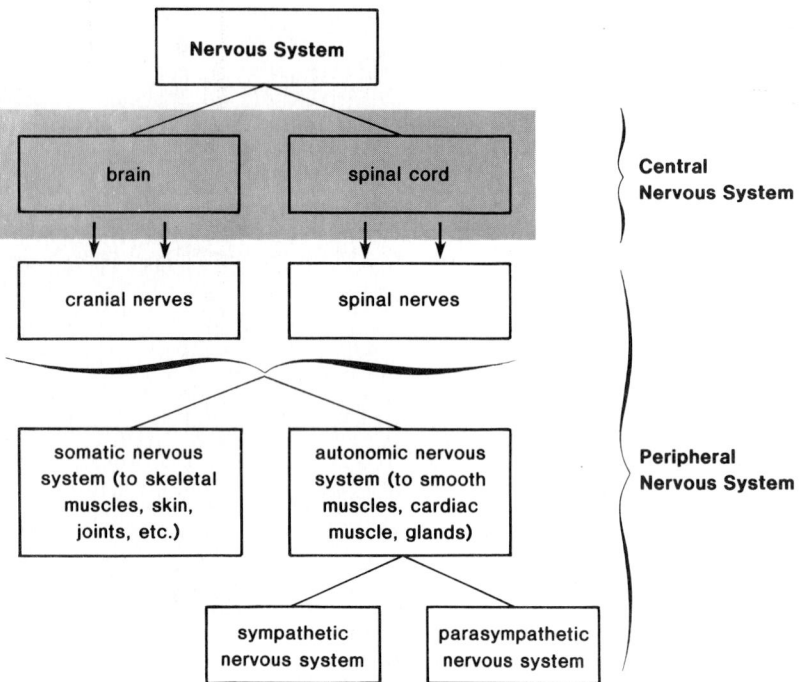

Figure 15.2

The two main divisions of the nervous system are the central nervous system (brain and cord) and the peripheral nervous system (nerves).

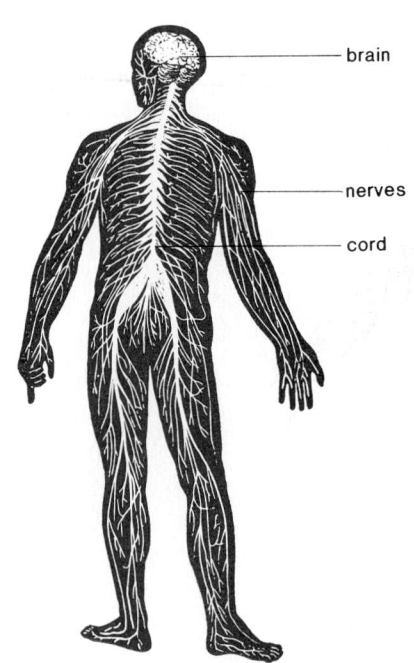

The nervous system tells us that we exist and, along with the muscles, accounts for our distinctly animal characteristics of mobility and quick reaction to environmental stimuli. It is the one system we associate most clearly with what we take to be our very essence or being. Yet the nervous system is composed simply of nerve cells called **neurons,** which are specialized to carry a nerve impulse.

As figure 15.1 indicates, the nervous system has two major divisions: the central and peripheral nervous systems. The **central nervous system** includes the brain and spinal cord (nerve cord), which lie in the midline of the body where the brain is protected by the skull and the spinal cord is protected by the vertebrae. The **peripheral nervous system,** which is further divided into the somatic division (voluntary) and the autonomic, or visceral, division (involuntary), includes all the cranial and spinal nerves. These nerves project out from the central nervous system; thus the name peripheral nervous system. Figure 15.2 illustrates what is meant by the central nervous system and the peripheral nervous system. The division is arbitrary; the two systems work together and are connected to one another.

Neurons

Structure

All neurons (fig. 15.3) have three parts: dendrite(s), cell body, and axon. A **dendrite** conducts nerve impulses (message) toward the cell body, and an **axon** conducts nerve impulses away from the cell body. There are three types of neurons: sensory, motor, and connector. A **sensory neuron** takes a message from a sense organ to the central nervous system and has a long dendrite and short axon, while a **motor neuron** takes a message away from the central nervous system to a muscle fiber or gland and has short dendrites and a long axon. Because motor neurons cause muscle fibers and glands to react, they

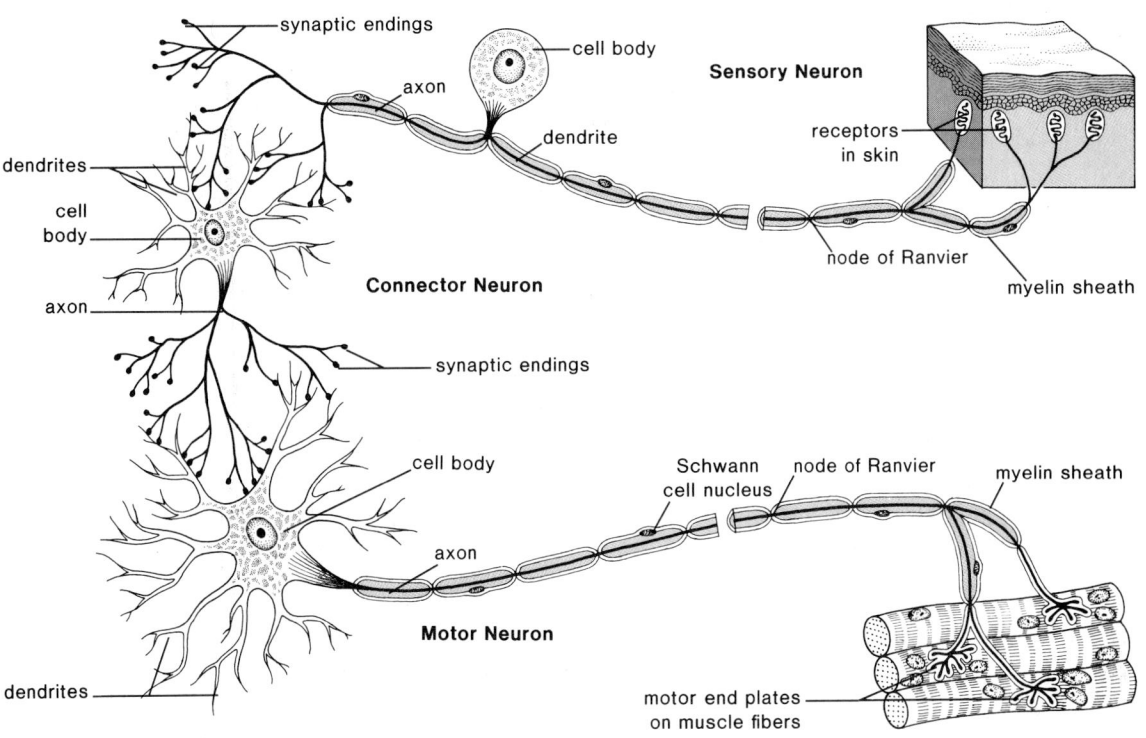

Chart 15.1 Neurons

Neuron	Structure	Function
Sensory (afferent)	Long dendrites, short axon	Carry nerve impulses (message) from periphery to CNS*
Motor (efferent)	Short dendrites, long axon	Carry nerve impulses (message) from CNS to periphery
Connector	Short dendrites, long or short axon	Carry nerve impulses (message) within CNS

*CNS = central nervous system.

Figure 15.4
Electron micrograph of the myelin sheath that encloses the long fibers of neurons.

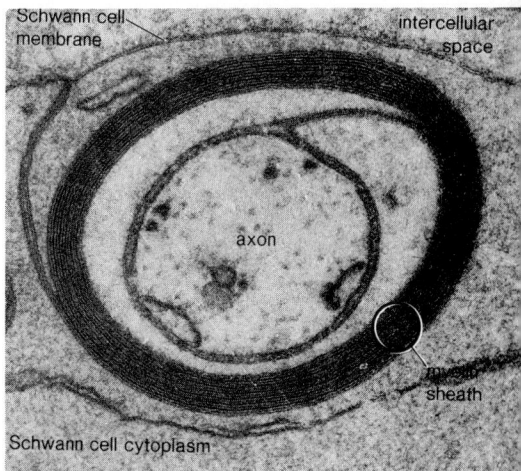

are said to **innervate** these structures. Sometimes a sensory neuron is referred to as the **afferent neuron,** and the motor neuron is called the **efferent neuron.** These words, which are derived from Latin, mean running to and running away from, respectively. Obviously, they refer to the relationship of these neurons to the central nervous system.

A **connector neuron** (also called association neuron, or interneuron) is always found completely within the central nervous system and conveys messages between parts of the system; for example, from one side of the brain or cord to the other, or from the brain to the cord, or vice versa. A connector neuron can have short dendrites and a long axon or short dendrites and a short axon. Chart 15.1 summarizes the three types of neurons that are also illustrated in figure 15.3.

The dendrites and axons of neurons are sometimes called **fibers** or processes. Most long fibers, whether dendrites or axon are covered by a **myelin sheath** (fig. 15.4), formed by tightly packed spirals of the cell membrane of Schwann cells. This sheath, which gives nerves their white appearance, is interrupted by intervals called the nodes of Ranvier.

Figure 15.5
The squid axons shown here are used to produce rapid muscular contraction so that the squid can move quickly. They are the experimental material for work on the nerve impulse.

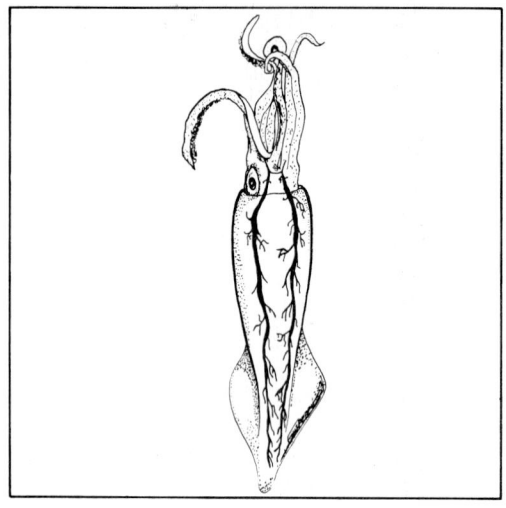

Figure 15.6
The oscilloscope is used to record the resting and action potential of neurons.

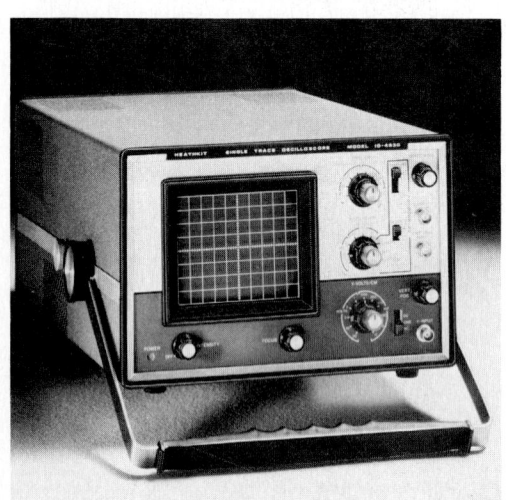

Nerve Impulse

A neuron is specialized to conduct nerve impulses. The nature of a nerve impulse has been studied by using the giant axon of the squid (fig. 15.5) and a type of voltmeter called an oscilloscope, which shows a trace or pattern indicating a change in voltage with time (fig. 15.6). Voltage is a measurement of the potential difference between two points. When a potential difference exists, we can say that a plus and minus pole exist; therefore, an oscilloscope indicates the existence of polarity.

Resting Potential

In the experimental setup shown in figure 15.7 *a,* an oscilloscope is wired to two electrodes, one of which is an internal recording electrode that records from inside a giant axon of the squid. The axon, being a process that extends from a cell body, is essentially a membranous tube filled with cytoplasm, or in this case, axoplasm. When the axon is not conducting an impulse, the oscilloscope records a potential difference across the membrane equal to -60 mV (millivolts). This is the **resting potential** because the axon is not conducting an impulse.

Such polarity is not unexpected because it is known that there is a difference in ion distribution on either side of the membrane. As figure 15.7 *b* shows, there is a concentration of sodium ions (Na^+) outside the axon and a concentration of potassium ions (K^+) inside the axoplasm. Also, there are large organic negative ions in the axoplasm, which cause the resting fiber to be negative inside. These organic ions are held inside due to the semipermeable nature of the axomembrane. But the distribution of sodium and potassium is maintained by a form of active transport called the sodium/potassium pump (p. 70), which requires energy and is believed to function whenever the neuron is not conducting an impulse.

Action Potential

If the axon is stimulated to conduct a nerve impulse either by an electric shock, by a rapid change in pH, or by a pinch, there is a rapid change in the trace on the oscilloscope screen. This change in polarity with time, called the **action potential,** has an upswing and a downswing (fig. 15.7 *c* and *d*).

The Upswing (from -60 mV to $+40$ mV) Sophisticated experiments indicate that as the action potential goes to $+40$ mV, sodium ions are rapidly moving to the inside of the axon. Evidence shows that stimulation of the axon has caused **sodium gates,** or channels, to open allowing sodium to flow into the axon. This sudden permeability of the membrane causes the oscilloscope to record a **depolarization:** the inside of the fiber goes from negative to positive as sodium ions enter.

The Downswing (from $+40$ mV to -60 mV) It is now known that the restoration of the resting potential (or the return to -60 mV) is caused by the exit of potassium ions from the axoplasm. The membrane has suddenly become permeable to potassium because the **potassium gates,** or channels, have opened. The oscilloscope records a **repolarization** as the inside of the axon returns to negative again.

Chart 15.2 summarizes the events that occur during transmission of a nerve impulse.

Resting Potential

a. Polarity

+ 40 mV
0 mV
−60 mV

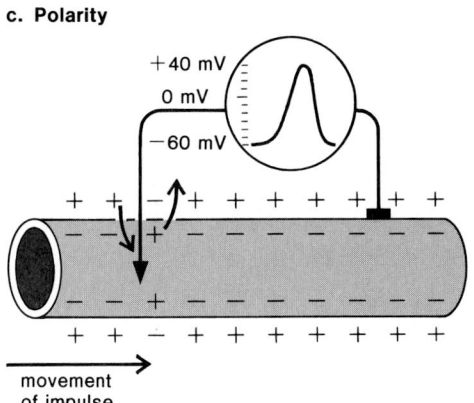

b. Distribution of Ions

Na⁺ Na⁺ Na⁺ Na⁺ Na⁺ Na⁺ Na⁺ Na⁺
K⁺ K⁺ K⁺ K⁺ K⁺ K⁺ K⁺ K⁺

K⁺ K⁺ K⁺ K⁺ K⁺ K⁺ K⁺ K⁺
Na⁺ Na⁺ Na⁺ Na⁺ Na⁺ Na⁺ Na⁺ Na⁺

Figure 15.7
The resting and action potential. The oscilloscope reads a resting potential of −60 mV due to (b) the unequal distribution of Na⁺ and K⁺ across the membrane (c). The action potential is a change in polarity that may be explained in terms of first, the movement of Na⁺ to the inside, and second, by the movement of K⁺ to the outside of the axon.

Action Potential

c. Polarity

+40 mV
0 mV
−60 mV

movement
of impulse

d. Distribution of Ions

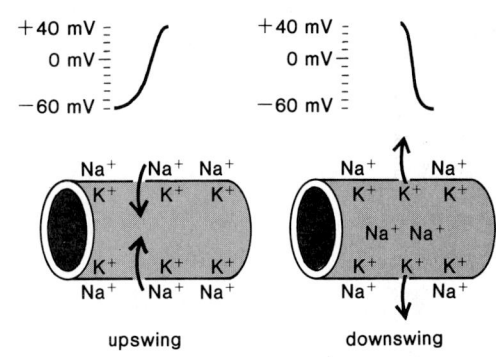

+40 mV
0 mV
−60 mV

+40 mV
0 mV
−60 mV

Na⁺ Na⁺ Na⁺
K⁺ K⁺ K⁺

K⁺ K⁺ K⁺
Na⁺ Na⁺ Na⁺

upswing

Na⁺ Na⁺
K⁺ K⁺ K⁺
Na⁺ Na⁺
K⁺ K⁺ K⁺
Na⁺ Na⁺

downswing

Recovery Phase A fiber can conduct a volley of nerve impulses because only a small number of ions are exchanged with each impulse. When the fiber rests, however, there is a recovery phase during which the sodium/potassium pump returns the sodium to the outside and the potassium to the inside.

Conduction Although the oscilloscope records from only one area of the axon, the nerve impulse actually travels along the length of an axon. In nonmyelinated fibers, the action potential at one point generates the action potential at the very next point so that the nerve impulse is propagated along the entire length of a fiber. Conduction is hundreds of times faster (200 M/sec compared to .5M/sec) in myelinated fibers because depolarization occurs only at the nodes of Ranvier (fig. 15.8). Thus the action potential jumps from node to node rather than traveling from point to point.

Chart 15.2 Summary of Nerve Impulse

Resting potential	−60 mV (inside negative). Sodium/potassium pump at work. Large organic ions cause negativity inside.
Action potential or nerve impulse	a. −60 mV to +40 mV Sodium gates are open and sodium moves to inside. Inside becomes positive compared to outside.
	b. +40 mV to −60 mV Potassium gates are open and potassium moves to outside. Inside returns to negative again.

Figure 15.8
The speed of the nerve impulse in higher organisms can be accounted for by the fact that it jumps from one node of Ranvier to the next.

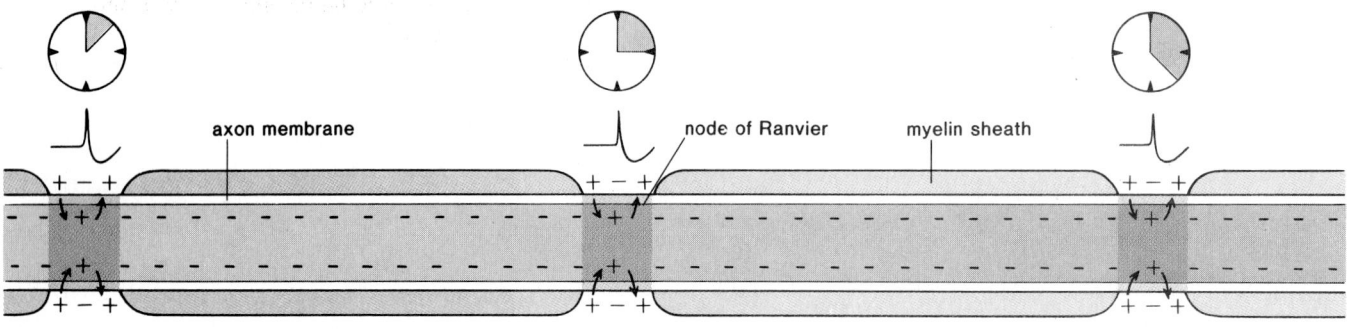

Figure 15.9
Diagrammatic representation of (*a*) a synapse as revealed by the light microscope, (*b*) a synapse as revealed by the electron microscope, and (*c*) theoretical release of transmitter substance (neurotransmitter), which transverses the synaptic cleft to receptor sites on the next neuron.

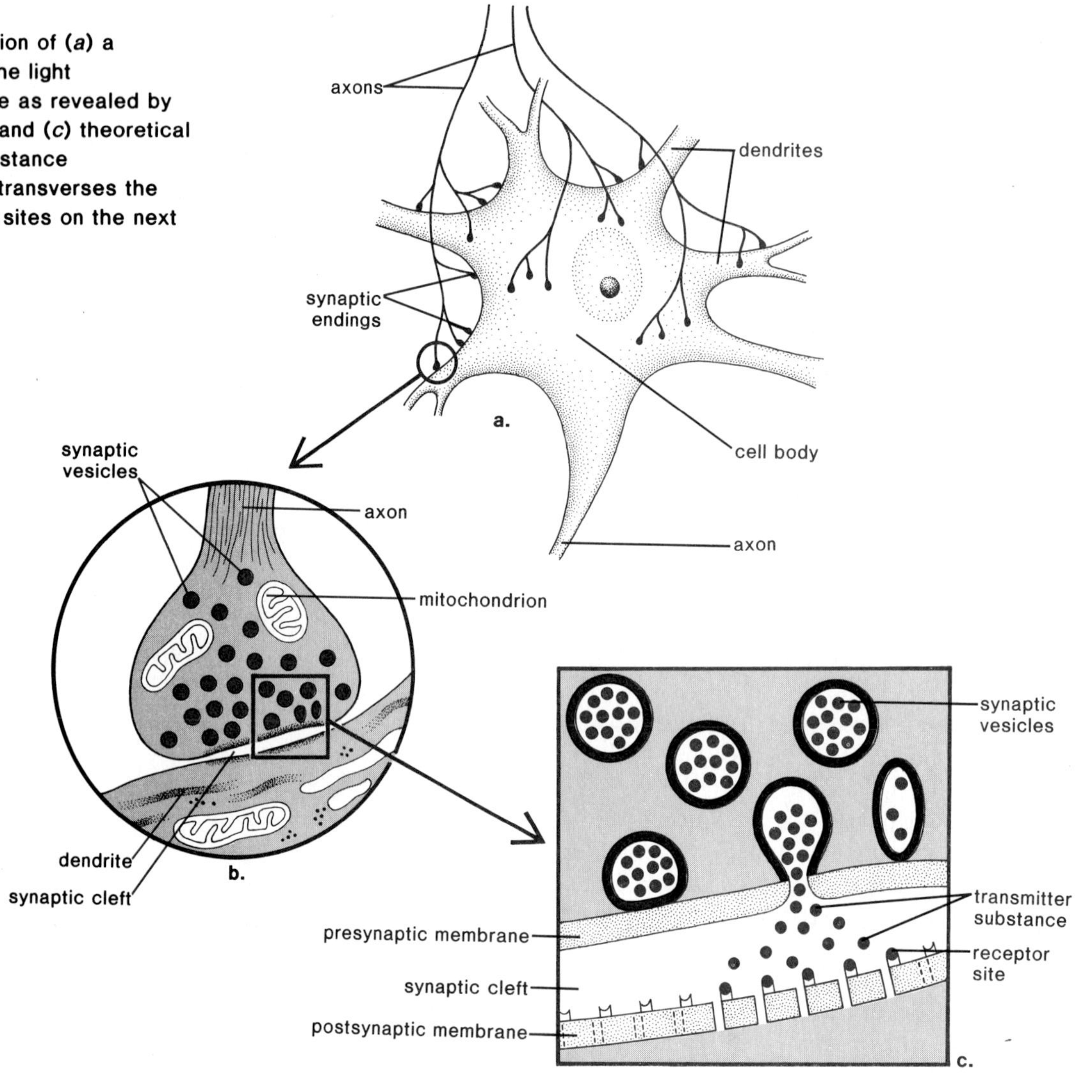

Transmission across a Synapse

The mechanism by which an action potential passes from one neuron to another is not the same as the mechanism by which an action potential is conducted along a neuron. Each axon branches into many fine terminal branches, each of which is tipped by a small swelling, or **terminal knob** (fig. 15.9). Each knob lies very close to the dendrite (or cell body) of another

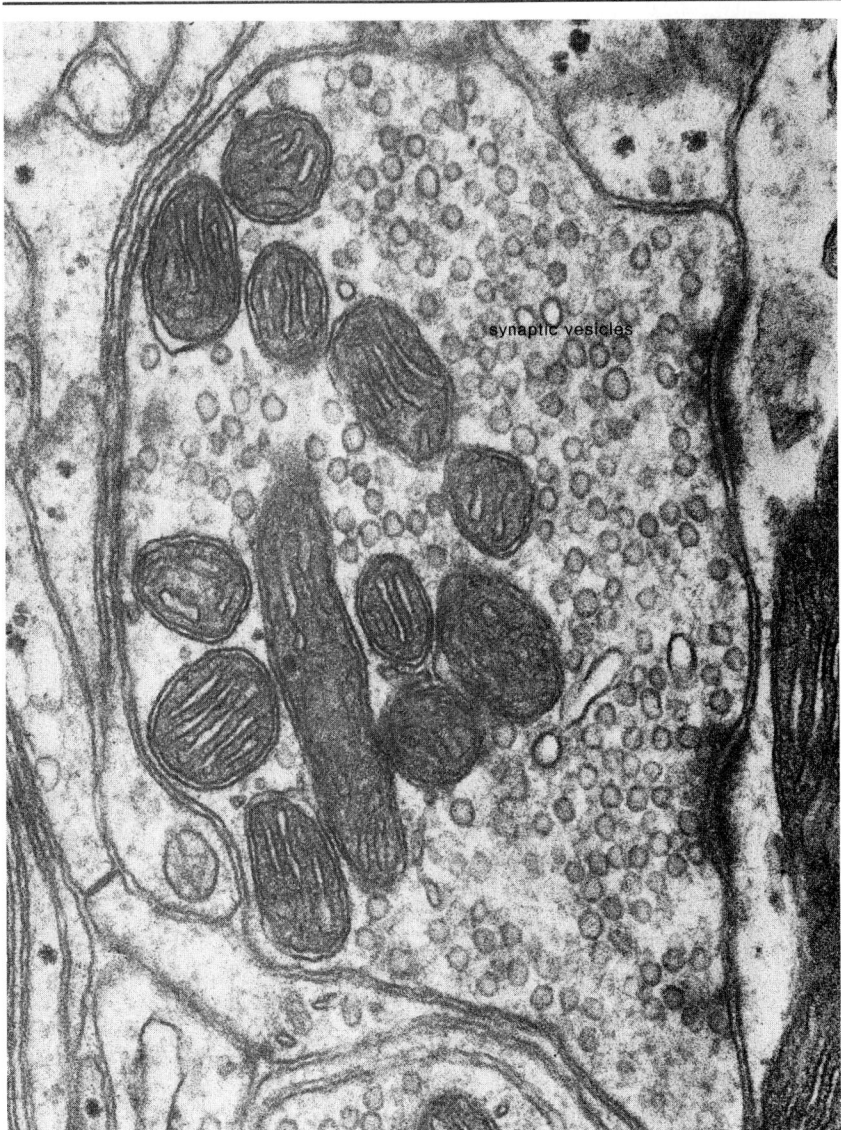

synaptic vesicles

Figure 15.10
Electron micrograph of a synapse. The fuzzy dark areas along the cleft are believed to be the sites of transmitter release.

neuron. This region is called a **synapse;** the membrane of the knob is called the **presynaptic membrane** and the membrane of the next neuron just beyond the knob is called the **postsynaptic membrane.** The small gap between is the **synaptic cleft.**

Transmission of the nerve impulse across a synaptic cleft is carried out by chemicals called **neurotransmitter substances.** Figure 15.10 is an electron micrograph that shows synaptic vesicles at the end of an axon; the transmitter substance is stored in these vesicles before it is released. When a nerve impulse traveling along an axon reaches a terminal knob, it modifies the membrane in such a way that calcium ions flow into the knob. These ions appear to interact with contractile proteins to pull the synaptic vesicles up to the inner surface of the presynaptic membrane. When the vesicles merge with this membrane, a neurotransmitter substance is dischaged into the cleft. The neurotransmitter molecules diffuse across the cleft to the postsynaptic membrane where they bind with **receptor sites** in a lock-and-key manner. This reception alters the potential of the postsynaptic membrane in either an excitatory or inhibitory direction; an excitatory neurotransmitter makes the potential less negative, whereas an inhibitory neurotransmitter makes the potential more negative. If sufficient neurotransmitter substance is received, the neuron fires (initiates a nerve impulse).

Transmitter Substances

Acetylcholine (Ach) and **noradrenalin** (NA) are well known excitatory transmitters active in both the peripheral and central nervous systems. Examples of inhibitory substances, so far discovered only in the central nervous system, are given on page 302.

Once a transmitter substance has been released into a synaptic cleft, it has only a short time to act. In some synapses, the cleft contains enzymes that rapidly inactivate the neurotransmitter. For example, the enzyme **acetylcholinesterase** (AchE) breaks down acetylcholine. In other synapses, the synaptic knob rapidly absorbs the transmitter substance possibly for repackaging in synaptic vesicles or for chemical breakdown. The enzyme monoamine oxidase breaks down noradrenalin after it is absorbed. The short existence of neurotransmitters prevents continuous stimulation (or inhibition) of postsynaptic membranes.

Summation and Integration

A neuron is on the receiving end of many synapses (fig. 15.9), some of which are excitatory and others of which are inhibitory. Although each neuron manufactures only one type of neurotransmitter, it is sensitive to all kinds. Whether a neuron fires or not depends on the summary effect of all the neurotransmitters received. If the amount of excitatory neurotransmitter received is sufficient to overcome the amount of inhibitory neurotransmitter received, the neuron fires. If the amount of neurotransmitters received is *not* sufficient, only **local excitation** occurs. Thus synapses are regions where a "summing up" occurs and therefore are also regions of **integration,** where the nervous system can fine tune its response to the environment. The structure and function of synapses allows them to carry on this very important activity.

One-Way Propagation

Transmission across a synapse is one-way because only the ends of axons have synaptic vesicles that are able to release neurotransmitter substances to affect the potential of the next neuron. Also, neurons obey the **all-or-none law,** meaning that a neuron either fires maximally or it does not fire at all. A nerve does not obey the all-or-none law, because a nerve contains many fibers, any number of which may be carrying nerve impulses. Thus, a nerve may have degrees of performance.

Nerves

The **peripheral nervous system** (PNS) consists of nerves that contain only long dendrites and/or long axons. This arises because neuron cell bodies are found only in the brain, spinal cord, and ganglia. **Ganglia** are collections of cell bodies within the PNS.

There are three types of nerves (chart 15.3). **Sensory nerves** contain only the long dendrites of sensory neurons; **motor nerves** contain only the long axons of motor neurons; while **mixed nerves** contain both the long dendrites

Chart 15.3 Nerves*

Type of Nerve	Consists of	Function
Sensory nerves	Long dendrites only of sensory neurons	Carry message from receptors to central nervous system (CNS)
Motor nerves	Long axons only of motor neurons	Carry message from CNS to effectors
Mixed nerves	Both long dendrites of sensory neurons and long axons of motor neurons	Carry message in dendrites to CNS and away from CNS in axons

*Compare to chart 15.1.

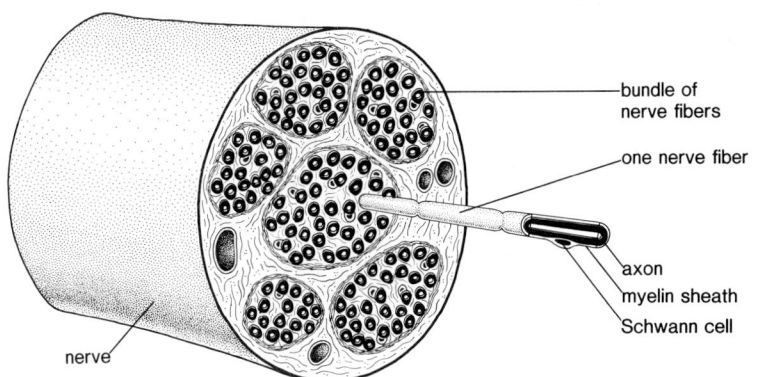

Figure 15.11
Cross section of a nerve showing that a single nerve has many fibers.

bundle of nerve fibers

one nerve fiber

axon

myelin sheath

Schwann cell

nerve

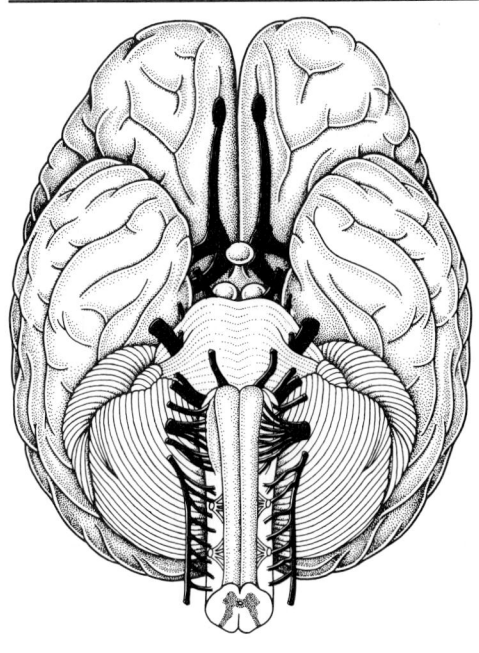

Figure 15.12
Underside of the brain showing the origins of the cranial nerves (color).

of sensory neurons and the long axons of motor neurons. Each nerve contains several bundles of nerve fibers, as illustrated in figure 15.11. Nerves have a white, shiny, glistening appearance because each nerve fiber is surrounded by a white myelin sheath.

Cranial Nerves

Humans have twelve pairs of **cranial nerves** attached to the brain (fig. 15.12). Some of these are sensory, some are motor, and others are mixed. Notice that although the brain is a part of the central nervous system (CNS), the cranial nerves are a part of the PNS. All cranial nerves, except the vagus, are concerned with the head, neck, and face regions of the body, while the vagus nerve has many branches to serve the internal organs.

Spinal Cord and Spinal Nerves

The spinal cord, running longitudinally up and down the back (fig. 15.13) and protected by the vertebrae, is also a part of the CNS. The cord contains (1) the central canal filled with cerebrospinal fluid, (2) gray matter containing cell bodies and short fibers, and (3) white matter containing long fibers of connector neurons that run together in bundles called **tracts.** These tracts connect the cord to the brain.

Figure 15.13
Diagrammatic representation of (a) the
central nervous systems in longitudinal
section, (b) a portion of the spinal cord
protected by the vertebrae, and (c) a cross
section of the spinal cord.

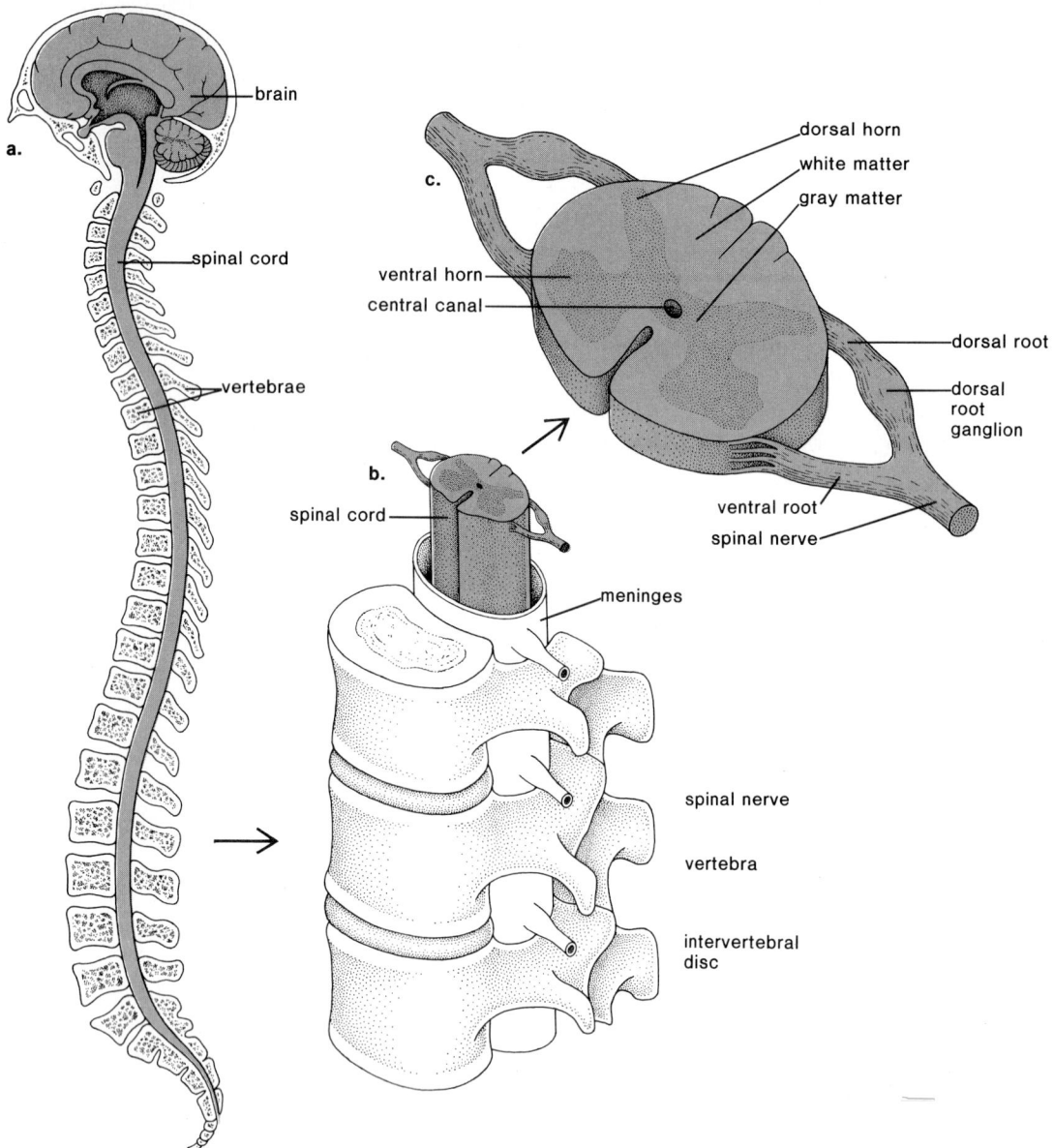

The **spinal nerves** project from the cord and are a part of the PNS.
Human beings have thirty-one pairs of spinal nerves, which give evidence that
humans are segmented animals, especially since the spinal nerves serve the
particular region of the body where they are located. All spinal nerves are
mixed nerves that contain many sensory dendrites and motor axons. Figure
15.14, which contains a diagrammatic cross section of the cord and a longitudinal cross section of a spinal nerve, shows only one sensory dendrite and
motor axon for simplicity's sake.

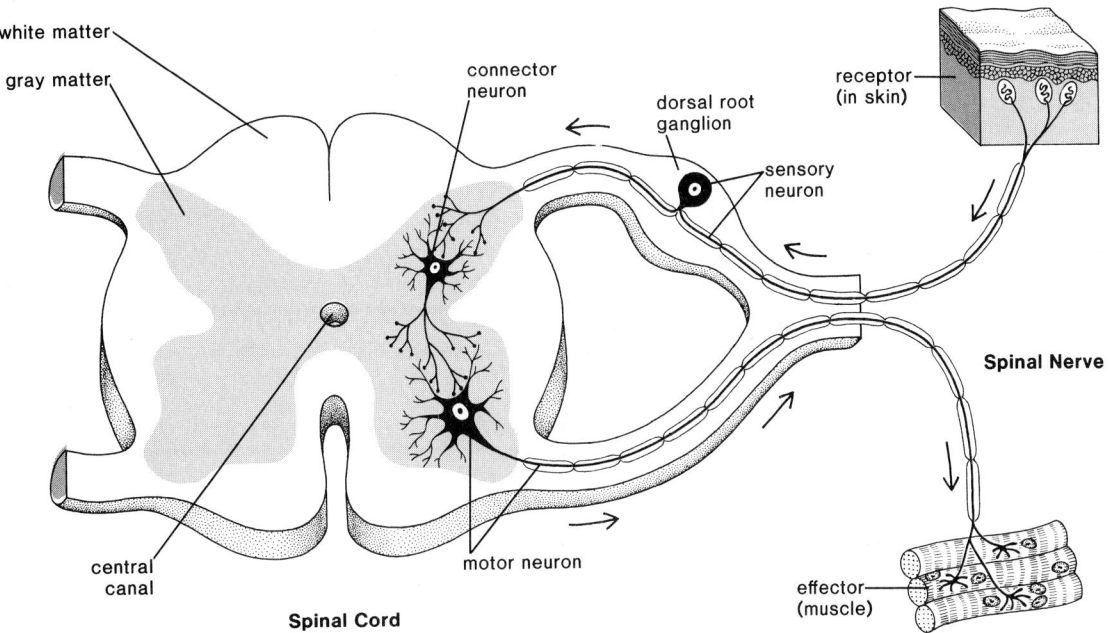

white matter

gray matter

connector neuron

dorsal root ganglion

sensory neuron

receptor (in skin)

Spinal Nerve

central canal

motor neuron

effector (muscle)

Spinal Cord

Somatic Nervous System

The **somatic nervous system** includes all those nerves, such as the one depicted in figure 15.14, that serve the musculoskeletal system and the exterior sense organs, including those in the skin. Exterior sense organs are **receptors** that receive environmental stimuli and then initiate nerve impulses. Muscle fibers are **effectors** that bring about a reaction to the stimulus. Receptors are studied in chapter 17 and muscle effectors are studied in chapter 16.

Reflex Action

Reflexes are automatic, involuntary responses to changes occurring inside or outside the body. In the somatic nervous system, outside stimuli often initiate a reflex action. Some reflexes, such as blinking the eye, involve the brain, while others, such as withdrawing the hand from a hot object, do not necessarily involve the brain. Figure 15.14 illustrates the path of the second type of reflex action. Whenever a person touches a very hot object, a receptor in the skin generates nerve impulses that move along the dendrite of a sensory neuron toward the cell body and central nervous system. The cell body of a sensory neuron is located in the dorsal root ganglion just outside the cord. From the cell body, the impulses travel along the axon of the sensory neuron and enter the cord; here they may pass to many connector neurons, one of which lies completely within the gray matter and connects with a motor neuron. The short dendrites and cell body of the motor neuron are in the ventral region (horn) of the gray matter, and the axon leaves the cord by way of the ventral root. The nerve impulses travel along the axon to muscle fibers that then contract so that the hand is withdrawn from the hot object. (See chart 15.4 for a listing of these events.)

Various other reactions usually accompany a reflex response; the person may look in the direction of the object, jump back, and utter appropriate exclamations. This whole series of responses is explained by the fact that the sensory neuron stimulates several connector neurons, which take impulses to all parts of the central nervous system, including the cerebrum, which makes the person conscious of the stimulus and his or her reaction to it.

Chart 15.4 Path of a Simple Reflex

1. Receptor (formulates message)*	Generates nerve impulses.
2. Sensory neuron (takes message to central nervous system)	Impulses move along dendrite (spinal nerve)†—and proceed to cell body (dorsal root ganglia) and then go from cell body to axon (gray matter of cord)
3. Connector neuron (passes message to motor neuron)	Impulses picked up by dendrites and pass through cell body to axon (completely within gray matter)
4. Motor neuron (takes message away from central nervous system)	Impulses travel through short dendrites and cell body (gray matter of cord) to axon (spinal nerve)
5. Effector (receives message)	Receives nerve impulses and reacts: glands secrete and muscles contract.

*Phrases within parentheses state overall function.
†Words within parentheses indicate location of structure.

Chart 15.5 Sympathetic Versus Parasympathetic System

Sympathetic	Parasympathetic
Fight or flight	Normal activity
Noradrenalin is neurotransmitter	Acetylcholine is neurotransmitter
Postganglionic fiber is longer than preganglionic	Preganglionic fiber is longer than postganglionic
Preganglionic fiber arises from middle portion of cord	Preganglionic fiber arises from brain and lower portion of cord

Autonomic Nervous System

The autonomic nervous system, a part of the PNS, is made up of motor neurons that control the internal organs automatically and usually without the need for conscious intervention. There are two divisions to the autonomic nervous system (chart 15.5): the sympathetic and parasympathetic systems. Both of these (1) function automatically and usually subconsciously in an involuntary manner; (2) innervate all internal organs; (3) utilize two motor neurons and one ganglion for each impulse. The first neuron has a cell body within the central nervous system and a **preganglionic axon.** The second neuron has a cell body within the ganglion and a **postganglionic axon.**

Sympathetic System

The preganglionic fibers of the **sympathetic nervous system** arise from the middle or *thoracic-lumbar portion* of the cord and almost immediately terminate in ganglia that lie near the cord (fig. 15.15). Thus, in this system the preganglionic fiber is short, while the postganglionic fiber that makes contact with the organs is long.

The sympathetic nervous system is especially important during emergency situations and is associated with "fight or flight." For example, it inhibits the digestive tract but dilates the pupil, accelerates the heartbeat, and increases the breathing rate. It is not surprising, then, that the neurotransmitter released by the postganglionic axon is noradrenalin, a chemical close in structure to adrenalin, a well-known heart stimulant.

Figure 15.15
The autonomic nervous system is composed
of two parts: the sympathetic, which
releases noradrenalin and functions during
fight or flight; and the parasympathetic,
which releases acetylcholine and functions
during ordinary circumstances.

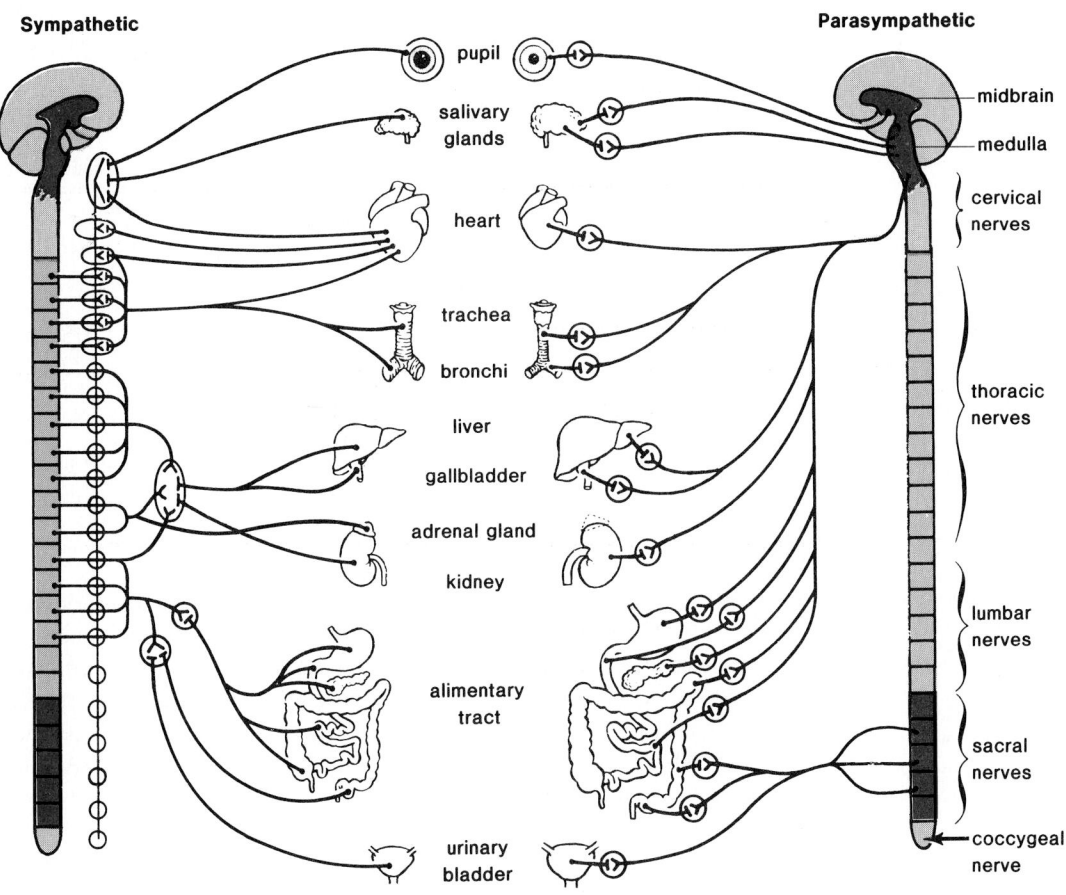

Parasympathetic System

The vagus nerve and fibers that arise from the bottom portion of the cord form
the **parasympathetic nervous system.** Therefore, this system is often referred
to as the *craniosacral portion* of the autonomic nervous system. In the parasympathetic nervous system, the preganglionic fiber is long and the postganglionic fiber is short because the ganglia lie near or within the organ (fig.
15.15). The parasympathetic system promotes all those internal responses we
associate with a relaxed state; for example, it causes the pupil of the eye to
contract, promotes digestion of food, and retards the heartbeat. The neurotransmitter utilized by the parasympathetic system is acetylcholine.

Chart 15.5 lists all the differences we have noted between these two
systems, and we can also note that they usually have opposite effects on the
internal organs. The sympathetic system activates the body to deal with
emergencies, while the parasympathetic system promotes normal functioning.

Figure 15.16

Diagram showing the major parts of the brain encased within the skull.

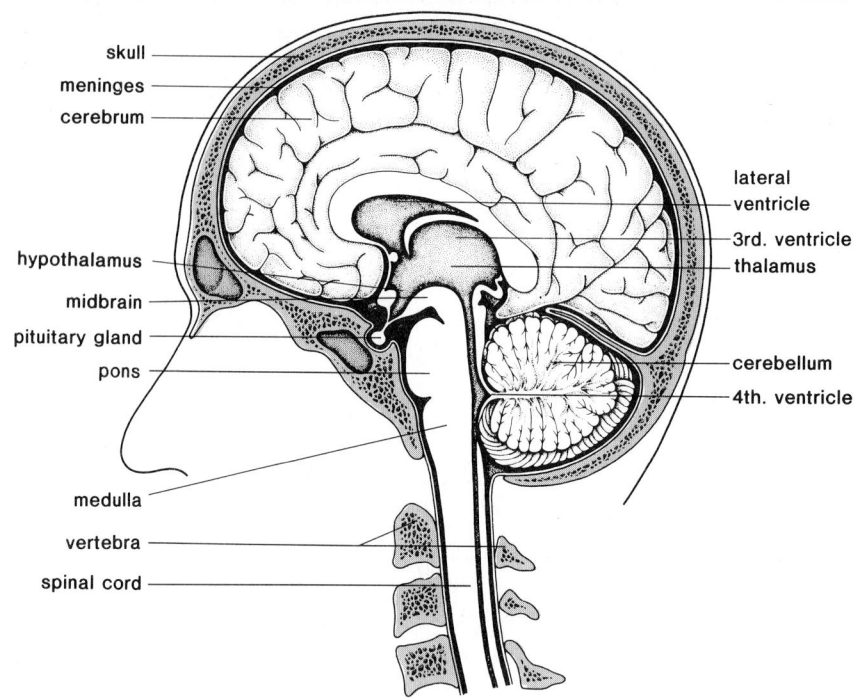

skull
meninges
cerebrum
hypothalamus
midbrain
pituitary gland
pons
medulla
vertebra
spinal cord

lateral ventricle
3rd. ventricle
thalamus
cerebellum
4th. ventricle

Figure 15.17

The central nervous system is protected not only by bone but also by three layers of meninges, or membranes. The spaces between the meninges are filled with cerebrospinal fluid. Since the spinal cord ends at the upper portion of the lumbar region, it is possible to make a puncture at this level in order to obtain cerebrospinal fluid for examination purposes.

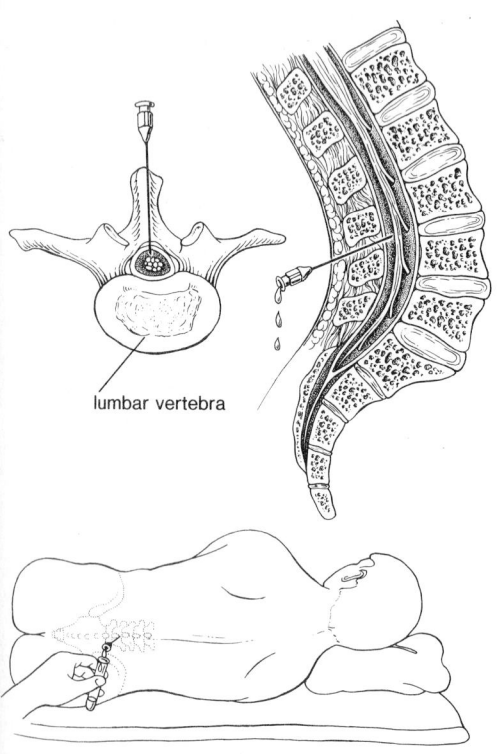

lumbar vertebra

The Brain

As figure 15.16 illustrates, the central nervous system is protected by bone: the brain is enclosed within the skull and the spinal cord is surrounded by vertebrae. Also, both the brain and spinal cord are wrapped in three protective membranes known as **meninges;** spinal meningitis is a well-known infection of these coverings. The spaces between the meninges are filled with **cerebrospinal fluid,** which cushions and protects the central nervous system. A small amount of this fluid is sometimes withdrawn for laboratory testing when a spinal tap is done (fig. 15.17). Cerebrospinal fluid is also contained within the **central canal** of the spinal cord and **ventricles** of the brain. The latter are interconnecting spaces that produce and serve as a pathway for cerebrospinal fluid.

The brain, like the spinal cord, contains gray matter and white matter. The gray matter is made up of cell bodies and short fibers. The white matter consists of the long myelinated fibers of connector neurons, tracts that run between all parts of the brain and spinal cord. Longitudinal tracts passing between the brain and spinal cord cross, and thus it is that the left side of the brain controls skeletal muscles on the right side of the body, and vice versa.

Brain Waves

The electrical activity of the brain can be recorded in the form of an electroencephalogram (EEG). Electrodes are taped to different parts of the scalp and an instrument called the electroencephalograph records the so-called brain waves (fig. 15.18).

When the subject is awake, two types of waves are usual: alpha waves with a frequency of about 6 to 13 per second and a potential of about 45 microvolts predominate when the eyes are closed, and beta waves with higher frequencies but lower voltage appear when the eyes are open.

During sleep the waves become slower and larger as the subject falls deeper and deeper into unconsciousness, but when dreaming occurs there are irregular flurries as the eyes move back and forth rapidly. The latter is called REM (rapid eye movement) sleep, and it has been determined that the equivalent of several hours of REM sleep each night is required for good mental health.

The EEG is a good diagnostic tool; for example, an irregular pattern can signify epilepsy or a brain tumor. A flat EEG signifies lack of electrical activity of the brain, or brain death, and thus it may be used to determine the precise time of death.

Parts of the Brain

The human brain, like that of all vertebrates, can be divided into three major sections: the hindbrain, the midbrain, and the forebrain. The **midbrain** is largely a relay station that has decreased in importance in humans, while the **forebrain** has increased markedly in size and importance.

In the **hindbrain,** the **medulla oblongata** (fig. 15.16) contains centers for heartbeat, breathing, and vasoconstriction (blood pressure), and also reflex centers for vomiting, coughing, sneezing, hiccoughing, and swallowing. Since the medulla is located in the lower portion of the brainstem, it functions as a pathway for sensory and motor impulses between the brain and the spinal cord. It seems to play a role in arousal of higher centers because the *reticular formation* (fig. 15.19), a complex network of cell bodies and fibers, extends from the medulla to the thalamus. One portion of the reticular formation, called the **ARAS** (ascending reticular activating system), is believed to alert higher centers to be prepared to receive information. When one sleeps the ARAS is not functioning actively and the brain waves characteristic of sleep appear.

Another formation of the hindbrain is the **cerebellum,** a bilobed structure that resembles a butterfly. The cerebellum, the second largest portion of the brain, functions in muscle coordination, integrating impulses received from the cerebrum to ensure that all the skeletal muscles work together to produce smooth and graceful motions. The cerebellum is also responsible for maintaining normal muscle tone and transmitting impulses that maintain posture. The cerebellum helps maintain equilibrium as it receives information from the inner ear indicating the position of the body. The cerebellum sends impulses to those muscles whose contraction maintains or restores balance.

The forebrain includes the hypothalamus, thalamus, and cerebrum (fig. 15.16). The **hypothalamus** is concerned with homeostasis, or the constancy of the internal environment, and contains centers for hunger, sleep, thirst, body temperature, water balance, and blood pressure. The pituitary gland is under the control of the hypothalamus, which also has centers for pleasure, reproductive behavior, hostility, and pain. The hypothalamus appears to be important in the regulation of emotion and behavior.

The **thalamus** is the last portion of the brain for sensory input before the cerebrum, and because sensory pathways traveling up the brainstem synapse here before passing into the cerebral cortex, it is a primary relay station of the brain. The thalamus has connections with varied parts of the brain by way of the *diffuse thalamic projection system* (fig. 15.19) which is an extension of the ARAS. By means of the thalamic projection system, the ARAS arouses the cerebrum and prepares it for information reception. For this reason, the thalamus is sometimes called the gatekeeper to the cerebrum because it alerts the cerebrum to only certain sensory input. Thus, it hopefully allows you to concentrate on your homework while the television is on.

Figure 15.18
Encephalograms are recordings of the electrical activity of the brain. The alpha waves, which appear when the subject is awake with eyes closed, are the most common. Second most common are the beta waves recorded when the subject is awake with eyes open. Sleep has various stages, as indicated.

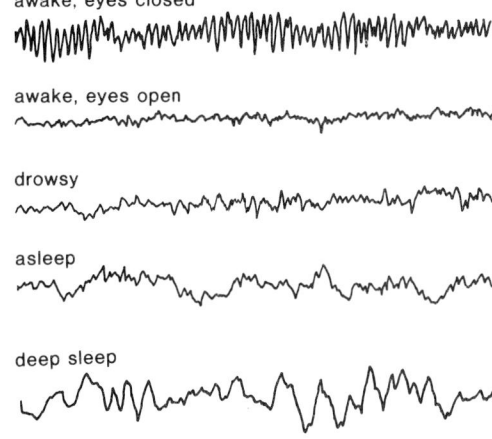

awake, eyes closed

awake, eyes open

drowsy

asleep

deep sleep

Figure 15.19
The reticular formation receives information from the spinal cord and has diverse connections with the cerebral cortex.

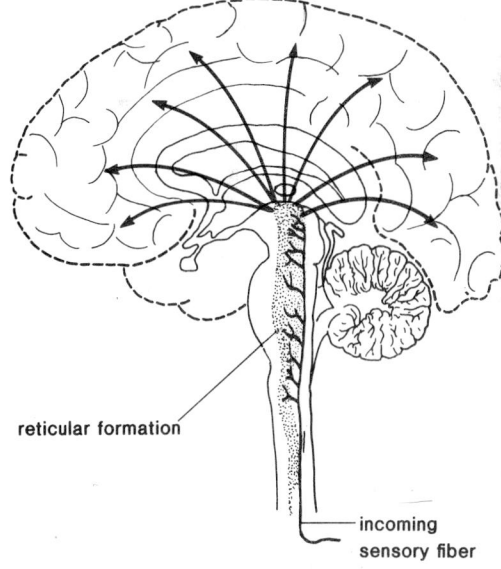

reticular formation

incoming sensory fiber

Figure 15.20

The convoluted cortex is divided into lobes as indicated in this drawing. The limbic system (in color) includes portions of the frontal lobes, temporal lobes, the thalamus, and the hypothalamus.

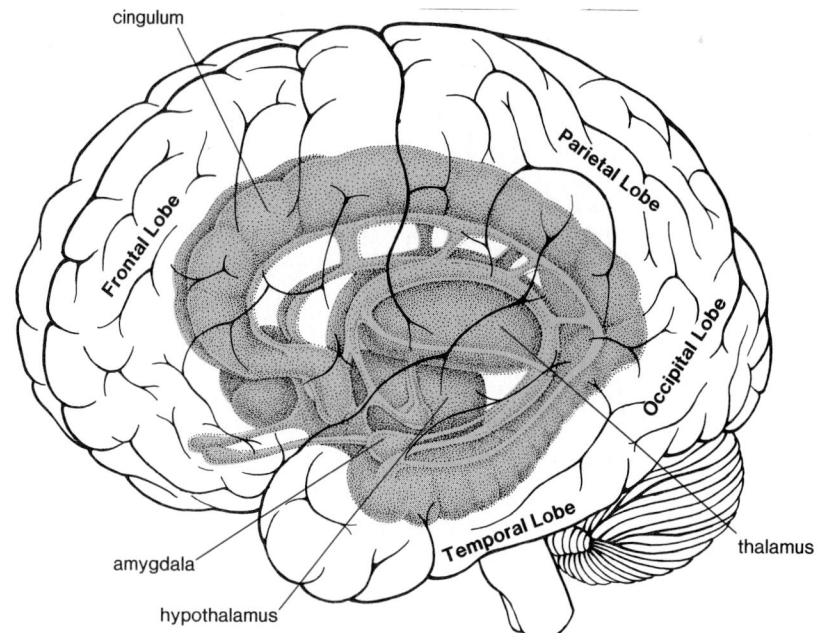

cingulum

Frontal Lobe

Parietal Lobe

Occipital Lobe

Temporal Lobe

thalamus

amygdala

hypothalamus

Chart 15.6 Functions of the Cerebral Lobes

Lobe	Functions
Frontal lobes	Motor areas control movements of voluntary skeletal muscles. Association areas carry on higher intellectual processes such as those required for concentration, planning, complex problem solving, and judging the consequences of behavior.
Parietal lobes	Sensory areas are responsible for the sensations of temperature, touch, pressure, and pain from the skin. Association areas function in the understanding of speech and in using words to express thoughts and feelings.
Temporal lobes	Sensory areas are responsible for hearing and smelling. Association areas are used in the interpretation of sensory experiences and in the memory of visual scenes, music, and other complex sensory patterns.
Occipital lobes	Sensory areas are responsible for vision. Association areas function in combining visual images with other sensory experiences.

From Hole, John W., Jr., *Human Anatomy and Physiology*, 2d ed. © 1978, 1981 Wm. C. Brown Company Publishers, Dubuque, Iowa. Reprinted by permission.

The **cerebrum,** which is the only area of the brain responsible for consciousness, is the most well developed area in humans. It is divided into halves known as the right and left **cerebral hemispheres.** As the reading on page 308 relates there has been a great deal of testing to determine whether the right and left half of the cerebrum serve different functions. In the simplest of terms, it has been determined that the left half of the brain is the verbal (word) half and the right half of the brain is the visual (spatial relation) half.

The outer layer of the cerebrum, called the **cortex,** is gray in color and contains cell bodies and short fibers. The cortex is highly convoluted and has four types of lobes: **frontal, parietal, temporal,** and **occipital** (fig. 15.20). The cerebrum can be mapped (fig. 15.21) according to the particular functions of each of the lobes (chart 15.6). Association areas are believed to be areas for intellect, artistic and creative ability, learning, and memory. Sensory areas receive nerve impulses from the sense organs, and motor areas initiate nerve impulses that control muscle fibers. Nerve impulses are always of the same nature (described previously). The sensation or feeling a person experiences is determined by the area of the brain receiving the impulse, and the muscle response is determined by the muscle that receives the impulse.

Learning and Memory

Learning requires memory but just what constitutes memory is not yet known. Nevertheless, there are several working hypotheses. Since "practice makes perfect," it is believed that the continual use of certain synapses assists memory. Investigators are able to distinguish between short-term memory and long-term memory. A good example of short-term memory is the ability to recall a telephone number long enough to dial the number. Long-term memory, such as the ability to recall the events of the day, has been shown to require (1) use of neurotransmitters found within the limbic system (discussed in the following), (2) the hippocampus, a part of the limbic system, and (3) protein synthesis. Drugs that affect these three elements of the brain can impair memory. Even so, memories appear to be stored throughout the association areas; when stimulated by an experimenter, no particular region is richer in memories than another.

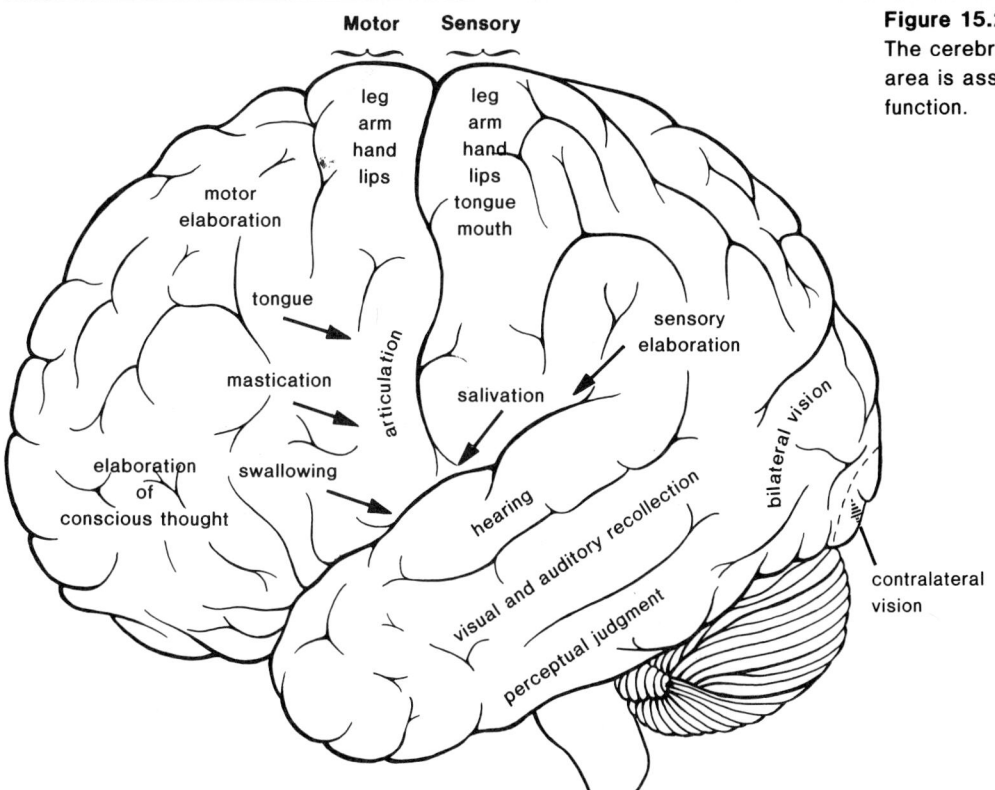

Labels in figure: Motor, Sensory, leg, arm, hand, lips, leg, arm, hand, lips, tongue, mouth, motor elaboration, tongue, articulation, mastication, salivation, sensory elaboration, elaboration of conscious thought, swallowing, hearing, visual and auditory recollection, bilateral vision, perceptual judgment, contralateral vision

Limbic System

The limbic system (fig. 15.20) is an interior loop that connects portions of the frontal lobes, temporal lobes, thalamus, and hypothalamus, as well as pathways that connect all the parts together. Stimulation of different areas of the limbic system is believed to cause the subject to experience rage, pain, pleasure, or sorrow. The pleasure centers are sometimes called self-stimulation centers because subjects will repeatedly stimulate these centers if given the opportunity. The actual feelings that go along with emotional states may be the province of the frontal lobes, while the manifested behavior may be determined by the balance of excitatory or inhibitory impulses arriving at a limbic integrating center in the hypothalamus. Certainly, autonomic nervous system reactions, such as increased heartbeat, sweating, and deep breathing, are ultimately controlled by the hypothalamus.

Psychosurgery, operations that relieve emotional disturbances, involve the cutting or excising of parts of the limbic system. The two most common procedures are cutting the cingulum and the amygdala (fig. 15.20). The first of these relieves nonviolent behavioral disorders and the other relieves uncontrolled violent behavior. The procedure called lobotomy involves an extensive destruction of fibers that join the frontal lobe to the thalamus. Following this operation the patient exists in a zombielike state, exhibiting little or no emotion.

Figure 15.22
Drug action at synapses. a. Drug stimulates the release of neurotransmitter. b. Drug blocks the release of neurotransmitter. c. Drug combines with neurotransmitter preventing its breakdown. d. Drug mimics action of neurotransmitter. e. Drug blocks receptor so that neurotransmitter cannot be received. Generally only one of these actions occurs at a given synapse.

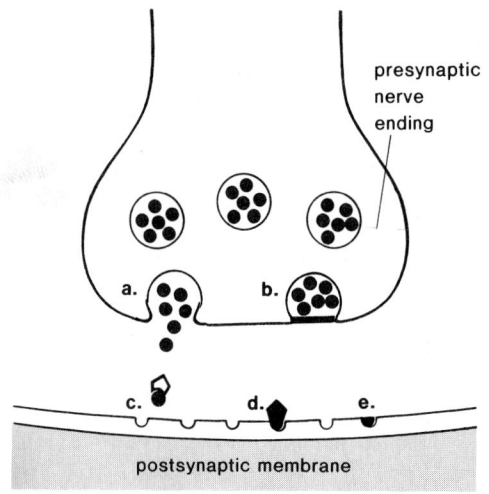

presynaptic nerve ending

postsynaptic membrane

Chart 15.7 Drug Action

Drug Action	Neurotransmitter	Result
Blocks	Excitatory	Depression
Enhances	Excitatory	Stimulation
Blocks	Inhibitory	Stimulation
Enhances	Inhibitory	Depression

Drug Action

There is a numerous variety of neurological drugs that are used to alter the mood and/or emotional state. Nevertheless, two general principles of drug action have been discovered: (1) mood-altering drugs particularly affect the ARAS (p. 299) and limbic system and (2) they either promote or decrease the action of a particular neurotransmitter.

Neurotransmitters   There are both excitatory and inhibitory neurotransmitters in the CNS, including the ARAS and limbic system. The *excitatory transmitters* include acetylcholine (Ach) and noradrenalin (NA). The *inhibitory transmitters* include gamma aminobutyric acid (GABA). Sertonin and dopamine are excitatory in some parts of the brain and inhibitory in other parts. There are a variety of ways in which drugs can influence transmission of neurotransmitters and some of these are described in figure 15.22. It is clear, as outlined in chart 15.7, that stimulants can either enhance the action of an excitatory transmitter or block the action of an inhibitory transmitter. Also depressants can either enhance the action of an inhibitory transmitter or block the action of an excitatory transmitter.

Domestic Drugs

People may not realize that they daily imbibe drugs that act on the CNS. For example, caffeine and nicotine are general stimulants; nicotine enhances the action of Ach.

Poisons

Some poisons, such as strychnine, block inhibitory synapses in the spinal cord and brain stem. Other poisons, such as insecticides and nerve gas, inactivate AchE (acetylcholinesterase). The result is the same—increased excitability, convulsions, and death may occur. There are also poisons that have exactly the opposite effect. Botulism toxin and curare decrease the amount of Ach in the synaptic cleft. Death from paralysis follows since, as discussed in the next chapter, Ach causes muscle contraction.

Depressants

Chart 15.8 lists some mood-altering drugs, many of which have legitimate medical uses when used under a doctor's care but which are often taken in excess and are therefore called "drugs of abuse." **Sedatives** which include barbituates, depress all nervous functions, acting first on the cortex and then on the rest of the brain, depending on the dose taken. They induce a sleeplike EEG. **Tranquilizers,** such as Librium and Valium, and, more recently, **alcohol** have been shown to mimic the action of GABA. When the body stops producing its own GABA, dependency can develop. Consumption of a large amount of alcohol within a short period of time can cause death because of its depressing effect on brain functions. A habitual use of excess alcohol can cause damage to serveral areas of the brain, particularly the hippocampus, which results in memory impairment. The breakdown of alcohol in the liver leads to cirrhosis of the liver (p. 181) and other physiological side effects, eliminating alcohol as a drug of choice in treating anxiety.

Stimulants

Amphetamines have a structure similar to NA and are believed to promote the synaptic release of NA, thereby increasing the amount received by the postsynaptic membrane. Unpleasant side effects, including hallucinations, may be due to stimulant-induced insomnia. There are two types of **antidepressants.** One type, represented by Elavil, is believed to prevent the reabsorption of NA and the other excitatory neurotransmitters. Another type, represented by Parnate, inhibit the enzyme monoamine oxidase, which breaks down NA. In any case, both types of antidepressants increase the amount of NA in the synaptic cleft and thereby relieve depression. In these patients depression is apparently caused by a low level of NA production.

Antipsychotics

There is a delicate balance of neurotransmitters at the cerebral synapses, and it logically follows that mental illness might be caused by an imbalance. (This does not mean that all mental illnesses are caused by neurotransmitter imbalance.) Drugs that can restore, the normal balance alleviate the symptoms of mental illness. For example, **Lithium** is effective in treating manic-depressive symptoms because it blocks the release of NA from the presynaptic membrane and thereby controls the manic (euphoic) phase. When the manic phase is prevented from developing, the depression phase does not follow. Drugs, such as thorazine, relieve the symptoms of schizophrenia apparently because they bind to dopamine receptors, interfering with its normal action.

Hallucinogens

LSD (lysergic acid diethylamide) and mescaline, a chemical derived from the peyote plant, affect the action of serotonin on certain ARAS cells involved in vision and emotion. This explains their ability to produce hallucinations. "Bad trips" may be due to a concomitant (simultaneous) effect on dopamine.

The active ingredient in marijuana (tetrahydrocannabinol, or THC) causes hallucinations only when taken in large doses. In low doses, THC is like a mild sedative, acting as a hypnotic drug whose effect resembles the effect of alcohol and tranquilizers. The mode of action of marijuana is not yet fully understood.

Narcotics

Opium and *heroin* bind to receptors meant for the body's own natural opiates, the endorphins and enkephalins. The natural opiates are believed to alleviate pain by preventing the release of a neurotransmitter, termed **substance P,**

Chart 15.8 Mood-Altering Drugs of Abuse

Drugs	Often Prescribed Brand Names	Medical Uses	Potential Physical Dependence	Potential Psychological Dependence	Tolerance
Narcotics					
Opium	Dover's Powder, Paregoric	Analgesic, antidiarrheal	High	High	Yes
Morphine	Morphine	Analgesic	High	High	Yes
Codeine	Codeine	Analgesic, antitussive	Moderate	Moderate	Yes
Heroin	None	None	High	High	Yes
Meperidine (Pethidine)	Demerol, Pethadol	Analgesic	High	High	Yes
Methadone	Dolophine, Methadone, Methadose	Analgesic, heroin substitute	High	High	Yes
Other Narcotics	Dilaudid, Leritine, Numorphan, Percodan	Analgesic, antidiarrheal, antitussive	High	High	Yes
Depressants					
Chloral Hydrate	Noctec, Somnos	Hypnotic	Moderate	Moderate	Probable
Barbiturates	Amytal, Butisol, Nembutal, Phenobarbital, Seconal, Tuinal	Anesthetic, anti-convulsant, sedation, sleep	High	High	Yes
Glutethimide	Doriden	Sedation, sleep	High	High	Yes
Methaqualone	Optimil, Parest, Quaalude, Somnafac, Sopor	Sedation, sleep	High	High	Yes
Tranquilizers	Equanil, Librium, Miltown Serax, Tranxene, Valium	Anti-anxiety, muscle relaxant, sedation	Moderate	Moderate	Yes
Other Depressants	Clonopin, Dalmane, Dormate, Noludar, Placydil, Valmid	Anti-anxiety, sedation, sleep	Possible	Possible	Yes
Stimulants					
Cocaine†	Cocaine	Local anesthetic	Possible	High	Yes
Amphetamines	Benzedrine, Biphetamine, Desoxyn, Dexedrine	Hyperkinesis, narcolepsy, weight control	Possible	High	Yes
Phenmetrazine	Preludin	Weight control	Possible	High	Yes
Methylphenidate	Ritalin	Hyperkinesis	Possible	High	Yes
Other Stimulants	Bacarate, Cylert, Didrex, Ionamin, Plegine, Pondimin, Pre-Sate, Sanorex, Voranil	Weight control	Possible	Possible	Yes
Hallucinogens					
LSD	None	None	None	Degree unknown	Yes
Mescaline	None	None	None	Degree unknown	Yes
Psilocybin-Psilocyn	None	None	None	Degree unknown	Yes
MDA	None	None	None	Degree unknown	Yes
PCP‡	Sernylan	Veterinary anesthetic	None	Degree unknown	Yes
Other Hallucinogens	None	None	None	Degree unknown	Yes
Cannabis					
Marijuana Hashish Hashish Oil	None	Glaucoma	Degree unknown	Moderate	Yes

From: *Drugs of Abuse* Produced by the Affairs in cooperation with the Office of Public Science and Technology.

†Designated a narcotic under the Controlled Substances Act.

‡Designated a depressant under the Controlled Substances Act.

Duration of Effects (in hours)	Usual Methods of Administration	Possible Effects	Effects of Overdose	Withdrawal Syndrome
3 to 6	Oral, smoked	Euphoria, drowsiness, respiratory depression, constricted pupils, nausea	Slow and shallow breathing, clammy skin, convulsions, coma, possible death	Watery eyes, runny nose, yawning, loss of appetite, irritability, tremors, panic, chills and sweating, cramps, nausea
3 to 6	Injected, smoked			
3 to 6	Oral, injected			
3 to 6	Injected, sniffed			
3 to 6	Oral, injected			
12 to 24	Oral, injected			
3 to 6	Oral, injected			
5 to 8	Oral			
1 to 16	Oral, injected	Slurred speech, disorientation, drunken behavior without odor of alcohol	Shallow respiration, cold and clammy skin, dilated pupils, weak and rapid pulse, coma, possible death	Anxiety, insomnia, tremors, delirium, convulsions, possible death
4 to 8	Oral			
4 to 8	Oral			
4 to 8	Oral			
4 to 8	Oral			
2	Injected, sniffed	Increased alertness, excitation, euphoria, dilated pupils, increased pulse rate and blood pressure, insomnia, loss of appetite	Agitation, increase in body temperature, hallucinations, convulsions, possible death	Apathy, long periods of sleep irritability, depression, disorientation
2 to 4	Oral, injected			
2 to 4	Oral			
2 to 4	Oral			
2 to 4	Oral			
Variable	Oral	Illusions and hallucinations (with exception of MDA); poor perception of time and distance	Longer, more intense "trip" episodes, psychosis, possible death	Withdrawal syndrome not reported
Variable	Oral, injected			
Variable	Oral			
Variable	Oral, injected, sniffed			
Variable	Oral, injected, smoked			
Variable	Oral, injected, sniffed			
2 to 4	Oral, smoked	Euphoria, relaxed inhibitions, increased appetite, disoriented behavior	Fatigue, paranoia, possible psychosis	Insomnia, hyperactivity, and decreased appetite reported in a limited number of individuals

Figure 15.23
The reception of enkephalin by a sensory neuron may inhibit the release of substance *P* (color), a neurotransmitter that ultimately promotes the sensation of pain.

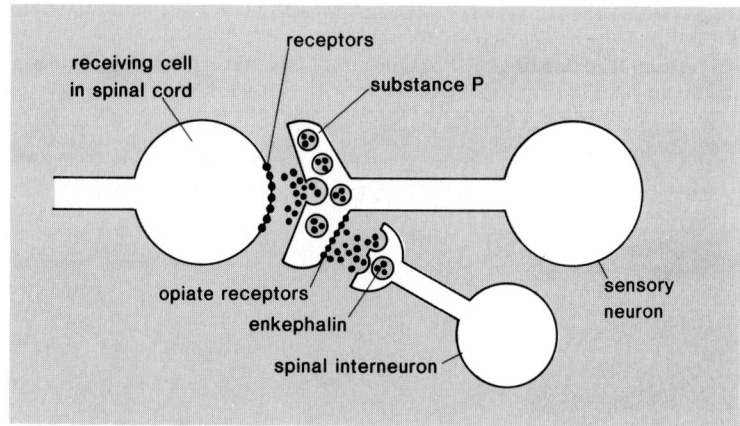

from certain sensory neurons in the region of the spinal cord (fig. 15.23). When substance P is released, pain is felt, and when substance P is not released, pain is not felt. Some investigators have also shown that *acupuncture* may relieve pain by causing a release of natural opiates in the central nervous system.

Recent evidence also indicates that there are opiate receptors in neurons that travel from the spinal cord to the limbic system and that stimulation of these can cause a feeling of pleasure. This explains why opium and heroin not only kill pain but also produce a feeling of tranquility.

Endorphin and enkephalin research has offered an explanation for **drug addiction.** Narcotic intake causes the CNS to stop producing its own natural opiates. Therefore the addict must take more and more of the drug in order to get the same effect. Furthermore, when the intake of morphine or heroin is stopped, stimulatory neurotransmitters are no longer opposed, causing withdrawal symptoms. As the body gradually begins to produce its own supply of opiates again, the individual returns to a normal state.

Tolerance, which is discussed in the following, is another reason why an addict must take ever-increasing doses of a drug.

Drug Tolerance

Even when a drug does not gradually replace the natural substance produced by the body, an individual may find that ever-increasing consumption is needed to achieve the same effect. This may be related to drug breakdown. The liver produces enzymes to detoxify and break down drugs, preparing them for excretion. As more drugs, including alcohol, are consumed, more and more of these enzymes are produced. This explains, for example, the ability of a heavy drinker to consume more alcohol than others.

Drug Interaction

It is dangerous to take concomitantly two or more kinds of drugs that have the same effect on the CNS. At any one time, the liver contains only a certain quantity of detoxification enzymes. Therefore, if two drugs are taken in the usual dosage at the same time, the liver requires twice as long to detoxify them. In the meantime, the drugs cause a compound effect on the central nervous system. The consequences may be dire. For example, if alcohol and barbituates are taken together, the total depressive effect on the CNS can lead to coma and death.

Nervous System Illnesses

Aside from mental disturbances, illnesses associated with the nervous system are very often apparent because of accompanying motor difficulties such as those discussed following.

Parkinson's Disease   The condition is characterized by a wide-eyed, unblinking, staring expression, an involuntary tremor of the fingers and thumbs most frequently giving rise to a pill-rolling movement, muscular rigidity, and shuffling gait. It has been discovered that the difficulty lies in the fact that dopamine is no longer being manufactured by a part of the brain called the basal ganglia. Further, it is now known that if L-dopa, a precursor of dopamine, is administered, the symptoms disappear.

Multiple Sclerosis   In this condition the patient develops tremors, extreme weakness, numbness and tingling in the limbs, along with a lack of coordination and faulty speech and vision. Anatomically, the patient develops plaques (areas of disintegration) along the myelin sheath of the nerves. Following a viral infection, these may be due to an attack on the myelin by the patient's own antibodies, which no longer recognize the myelin as normal tissue.

Cerebral Palsy   This is a spastic weakness of the extremities in which the legs may be more severely involved than the arms, producing a scissorlike gait. Often the condition is brought about when the newborn suffers a momentary lack of oxygen and the motor areas of the cerebral cortex are damaged.

Poliomyelitis   This disease results in lasting symptoms when the polio virus attacks the spinal cord and/or brain. If only the lower spinal cord is affected, the legs and hips become paralyzed. If the middle segment of the cord is involved, the muscles of the diaphragm and chest may be paralyzed and the individual will need assistance in breathing. If the upper cord is involved, shoulder and arm muscles are affected. If the brain stem is affected, there is a loss of ability to swallow and respire, heartbeat is affected, and death may result.

Epilepsy   Epileptics suffer seizures categorized as petit mal or grand mal. A petit mal seizure is accompanied by a momentary numbness or a tingling sensation. There seems to be an abnormality of the ARAS so that signals are temporarily not transmitted to the cortex. It could also be that the cortex has a damaged area incapable of passing the signals along. In a grand mal seizure, the cortex becomes extremely excited. There is a reverberation of signals within the ARAS and cortex that continues until they become so fatigued the signals cease. In the meantime, the individual loses consciousness even while convulsions are occurring. Following an attack, the brain is so fatigued that the person must sleep for a while.

Summary

The anatomical unit of the nervous system is the neuron, of which there are three types: sensory, motor, and connector. Each of these is made up of a cell body, axon, and dendrites. Cell bodies are found first and foremost in the central nervous system, but also in ganglia. Axons and dendrites make up nerves (chart 15.3) that project from the brain and cord.

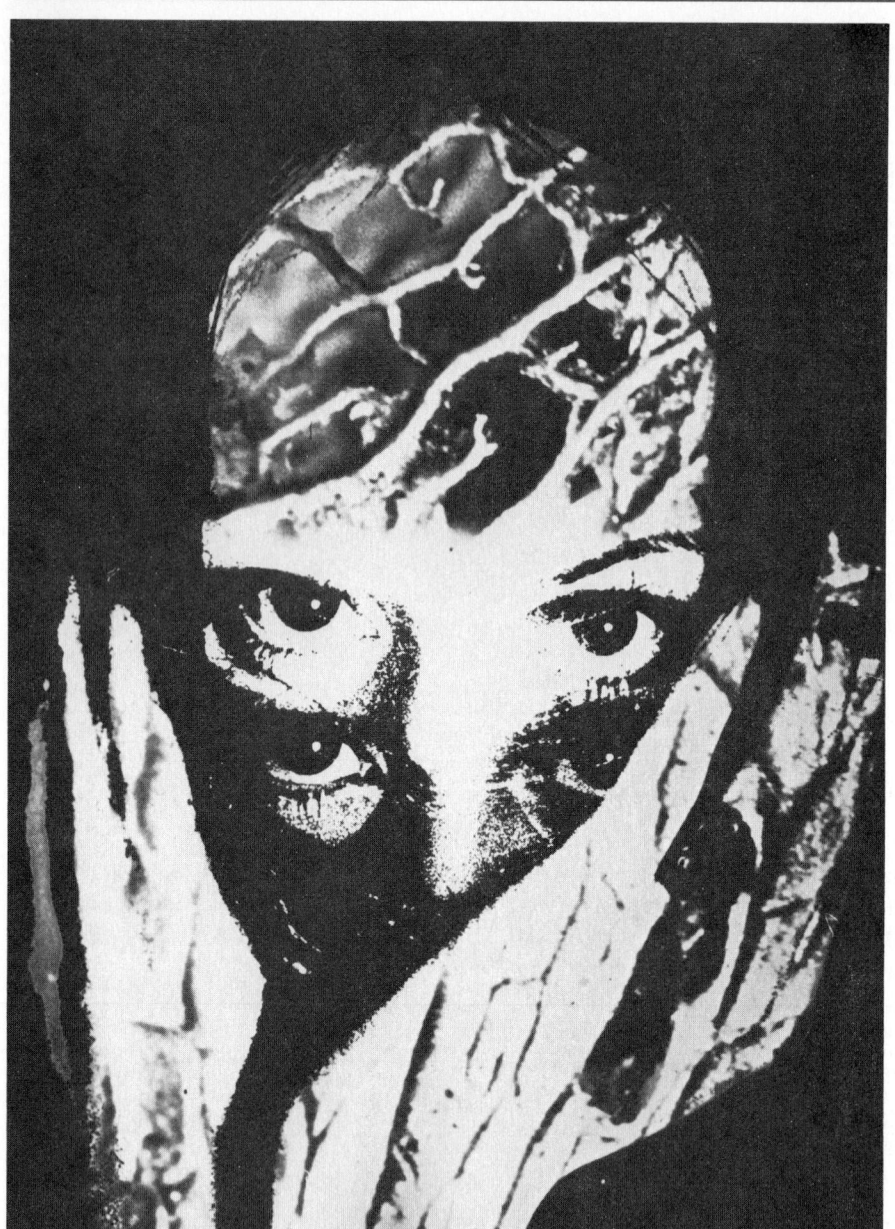

What We Know (and Don't Know) about the Two Halves of the Brain

Knowledge about brain and hemisphere function has come from three principal sources. The first—and, in all probability, the most revealing—has been the study of once-normal individuals whose brains have been injured by a stroke, a missile wound, an accident, or a tumor.

. . . . A second source of insight, studies with normal individuals, relies on various ingenious "indirect" methods to yield information about which half of the brain plays a dominant role in processing various kinds of stimuli.

In *dichotic listening*, for example, stimuli are presented simultaneously to both ears. It is assumed that each ear has its stronger connection to the opposite hemisphere: if the individual hears or remembers a certain kind of information more accurately when it is presented to one ear than to the other, the opposite hemisphere is considered "dominant" for that kind of information. Such techniques have revealed that the left hemisphere (or right ear) is better at processing verbal stimuli (say, words or a set of consonants), and the right hemisphere is analogously, though less strongly, dominant for musical stimuli and certain other nonlinguistic sounds.

Another road to the normal human brain exploits the anatomy of the visual system. Because of the pathways favored by the nervous system, information presented briefly (for perhaps a tenth of a second) in the left

The nerve impulse (chart 15.2) is the same in all neurons. It simply consists of a change in permeability of the membrane so that sodium ions move to the inside of a neuron and potassium ions move to the outside. This movement of ions produces an electrochemical charge that can be recorded in terms of millivolts by an oscilloscope. Depolarization occurs with the initiation of the action potential; repolarization restores the resting potential. Transmission of the nerve impulse from one neuron to another takes place when synaptic vesicles found at the ends of axons release a neurotransmitter that diffuses across a synapse to the postsynaptic membrane of the next neuron. Reception of the neurotransmitter causes the neuron to begin conducting an impulse. Psychoactive drugs affect transmission across a synapse, promoting or blocking the effects of a neurotransmitter, particularly in the limbic system.

field of view proceeds with greater dispatch to the right half of the brain, while information presented briefly in the right field of view similarly favors the left half of the brain. Myriad studies using the tachistoscope, an instrument that flashes visual information on the desired visual field, document the left hemisphere's preference for linguistic stimuli, such as words and letters. Again, the right hemisphere seems to prefer various kinds of nonlinguistic stimuli, ranging from sets of dots to unfamiliar ("nameless") human faces.

A brain researcher somewhere must once have dreamed that the mystery of brain organization could be penetrated if one hemisphere could somehow be observed in complete isolation from its companion. This fantasy was suddenly realized when a new surgical technique was developed to control violent epileptic seizures. The technique—our third avenue to the organization of the brain—requires complete separation of the two hemispheres; when the commissures (heavy bands of nerve fibers joining the hemispheres) have been completely severed, it becomes possible, at last, to see what each hemisphere can do "on its own."

Many of the most dramatic findings and claims have been based on careful study of the dozen or so patients on whom this operation has been performed. A patient, speaking with his left hemisphere, reports that he has seen object A—and at the same time, guided by his right hemisphere, points to object B. Another patient hits his spouse with one hand and protects her with the other. Yet another effortlessly solves a simple jigsaw puzzle with his left hand but fails the same task a moment later with his right. Such

findings, as reported by Roger Sperry and his colleagues at California Institute of Technology, drew a dramatic portrait of each hemisphere's genius.

While study of brain laterality by each of the principal methods has yielded results with interesting implications, technical difficulties have clearly been minimized in the popular press. It should, nonetheless, be possible to reach at least some tentative conclusions, ones more faithful to the experimental facts.

As I read the scientific literature, the left hemisphere has manifested a clear advantage in dealing with language, particularly with consonant sounds and rules of grammar. Processing of vowel sounds and access to the meaning of words seem to reside in both hemispheres. The left hemisphere also assumes a more dominant role than the right in classifying objects into standard, linguistically defined categories; it can ferret out from a set of objects all the large red cones or all the pieces of furniture.

The right hemisphere has no cognitive preferences equivalent in strength to the left hemisphere's for language. Nonetheless, the right hemisphere does seem relatively more important in spatial tasks. We may tend to rely on it in finding our way around an unfamiliar site or in mentally manipulating the image of a two- or three-dimensional form. The right hemisphere also seems crucial in making fine sensory discriminations; these range from the recognition of faces to the detection of unfamiliar tactile patterns.

So much can be said with confidence. Not as much as we might have hoped, but certainly nothing to apologize for. Pursuing their separate

interests, neuroscientists have converged impressively in their views about the forte of each hemisphere. New findings emerge monthly, contradictory findings are being reconciled, and cognitive functioning of the brain is increasingly well understood. Indeed, precisely because scientists have been making steady and sometimes even spectacular progress, and because their own quest has such intrinsic interest, overblown claims about brain laterality are especially vexing.

Where, then, have the popularizers gone overboard? Musical abilities, painting abilities, numerical abilities, and a host of other important cognitive functions have been studied but not conclusively localized. Sometimes conflicting assignments of these abilities seem to be supported by equally persuasive evidence. Sometimes individuals seem to differ one from another. And sometimes it seems that both hemispheres contribute to the task, but in different ways. For example, to draw an accurate representation of something, we seem to need the right hemisphere for the overall contour and the left hemisphere for identifying details and internal elements. My hunch is that this picture of differing, but complementary, contributions by the two hemispheres will hold as well for other realms of thought. And I also expect that we will discover more ways in which the two hemispheres can interact.

A simple reflex action requires the use of neurons that make up a reflex arc (chart 15.4). A sensory neuron conducts the nerve impulse from a receptor to a connector neuron, which in turn transmits the impulse to a motor neuron, which conducts it to an effector. Reflexes are automatic, and some do not require involvement of the brain.

The peripheral nervous system contains cranial and spinal nerves, which contain the long fibers of sensory and/or motor neurons. The autonomic nervous system is a part of the peripheral nervous system and contains two parts: the sympathetic system becomes active in times of emergencies, while the parasympathetic promotes normal activity. These two systems stimulate internal organs in opposite ways.

The central nervous system consists of the brain and spinal cord. The brain commands voluntary activity of the individual and integrates all nervous system activity. Portions of the cerebrum have particular functions as do the lower centers of the brain. The electrical activity of the brain can be recorded. The brain wave pattern, called an EEG, indicates the state of consciousness at the moment.

Neurological drugs, although quite varied, have been found to affect the ARAS and limbic system by either promoting or preventing the action of neurotransmitters. Stimulatory drugs enhance excitatory neurotransmitters or decrease the activity of inhibitory neurotransmitters. Depressants have the opposite effect.

Aside from mental disturbances, most nervous system disorders manifest themselves in motor difficulties. This means that control of the muscles is lacking due to some defect in the system.

Study Questions

1. What are the two main divisions of the nervous system? How are these divisions subdivided? (p. 286)
2. What are the three types of neurons? How are they similar and how are they different? (pp. 286–87)
3. What does *resting potential* mean and how is it brought about? (p. 288) Describe the two parts of an action potential and the change that may be associated with each part. (pp. 288–89)
4. What is the sodium/potassium pump and when is it active? (p. 289)
5. What is a neurotransmitter; where is it stored; how does it function; and how is it destroyed? (pp. 291–92) Name two well-known neurotransmitters. (p. 292) What is *summation*? (p. 292)
6. What are the three types of nerves and how are they anatomically different? (p. 292) Functionally different? (p. 292) Distinguish between cranial and spinal nerves. (pp. 293–94)
7. Describe the structure of the spinal cord and spinal nerve. (pp. 294–95) Trace the path of a reflex action. (pp. 295–96)
8. What is the autonomic nervous system and what are its two major divisions? (p. 296) Give several similarities and differences between these divisions. (pp. 296–97)
9. Name the major parts of the brain and give a function for each. (pp. 298–300)
10. Describe the EEG and discuss its importance. (p. 299)
11. Name the various categories of drugs that affect the CNS. How does each type of drug affect transmission across the synapse? (pp. 303–6)
12. Describe several illnesses associated with the nervous system. (p. 307) What is their major similarity? (p. 307)

Further Readings

Baker, P. F. 1966. The nerve axon. *Scientific American* 214(3):74.

Heimer, L. 1971. Pathways in the brain. *Scientific American* 225(1):48.

Jacobson, M., and Hunt, R. K. 1973. The origins of nerve cell specificity. *Scientific American* 228(2):26.

Julien, R. M. 1978. *A primer of drug action.* 2d ed. San Francisco: W. H. Freeman.

Katz, B. 1961. How cells communicate. *Scientific American* 205(3):209.

Menaker, M. 1972. Nonvisual reception. *Scientific American* 226(3)12.

Miller, W. H., et al. 1961. How cells receive stimuli. *Scientific American* 205(3):222.

Morell, P., and Nortin, W. T. 1980. Myelin. *Scientific American* 242(5)88.

Nathanson, J. S., and Greengard, P. 1977. Second messengers in the brain. *Scientific American* 237(2):108.

Ray, O. S. 1978. *Drugs, society and human behavior.* 2d ed. St. Louis: C. V. Mosby.

Rubenstein, E. 1980. Diseases caused by impaired communication among cells. *Scientific American* 242(3):102.

Scientific American 1979. 241(3). Entire issue is devoted to nervous system.

Snyder, S. H. 1977. Opiate receptors and internal opiates. *Scientific American* 236(3):44.

Sperry, R. W. 1964. The great cerebral commissure. *Scientific American* 210(1):42.

Stent, G. S. 1972. Cellular communication. *Scientific American* 227(3):42.

Teylor, T. J., ed. 1972. *Altered states of awareness: Readings from* Scientific American. San Francisco: W. H. Freeman.

Thompson, R. F., ed. 1976. *Progress in psychobiology: Readings from* Scientific American. San Francisco: W. H. Freeman.

16

musculoskeletal system

Chapter Concepts

1. The skeleton, which contributes greatly to our general appearance, has various functions and is divided into the axial and appendicular skeletons.

2. Macroscopically, skeletal muscles work in antagonistic pairs and exhibit certain physiological characteristics related to the fact that muscles are composed of muscle fibers.

3. Microscopically, muscle fibers contraction is dependent on actin and myosin filaments and a ready supply of ATP.

4. Nerve fibers cause muscle cells to contract and the sequence of events leading up to contraction has been studied in detail.

5. Muscle and bone ailments account for many everyday discomforts.

Muscles and bones working together allow humans to perform the many mechanical tasks of their daily lives. Body weight and appearance are largely accounted for by these organs, whose structure suits their functions as discussed in the following.

Skeleton

The skeleton, notably the large heavy bones of the legs, supports the body against the pull of gravity. The skeleton also protects soft body parts. For example, the skull forms a protective encasement for the brain, as does the ribcage for the heart and lungs. Flat bones, such as those of the skull, ribs, and breastbone, produce red blood cells in both adults and children. All bones are a storage area for inorganic calcium and phosphorus salts. Bones also provide sites for muscle attachment. The long bones, particularly those of the legs and arms, permit flexible body movement.

Skeletal Structure

The skeleton may be divided into two parts (fig. 16.1): the **axial skeleton,** consisting of the skull, the vertebral column, the ribs, and the sternum; and the **appendicular skeleton,** consisting of the appendages and their girdles.

Axial Skeleton

The **skull,** or cranium, is composed of many bones fitted tightly together in adults. In newborns, certain of these bones are not completely formed and instead are joined by membranous regions called the **fontanels,** all of which usually close by the time the infant is sixteen months old. The bones of the skull contain the **sinuses,** air spaces lined by mucous membrane. Two of these, called the mastoid sinuses, drain into the middle ear. Mastoiditis, a condition that can lead to deafness, is an inflammation of these sinuses. Whereas the skull protects the brain, the several bones of the face join together to support and protect the special sense organs and to form the jawbones.

There is an opening at the base of the skull called the **foramen magnum** that serves as a passageway for the spinal cord. The spinal cord is protected by the vertebrae, which form a strong but flexible rod extending the length of the trunk. First, there are seven cervical vertebrae in the neck region, followed by twelve thoracic vertebrae that articulate with the ribs. Ten pairs of ribs are attached to the breastbone, or **sternum,** in the front; the lower two pairs are not attached to the sternum and are called the floating ribs. The ribs not only form a cage that protects the lungs and heart, they also aid the process of breathing. Following the thoracic vertebrae are five lumbar vertebrae in the lower back. Next are five fused sacral vertebrae that form the **sacrum,** to which the pelvic girdle attaches. Finally, four reduced vertebrae fuse to form the **coccyx;** these represent the tail, or caudal vertebrae, of other mammals. Between successive vertebrae are pads of cartilage called **intervertebral discs.** The latter may slip and/or rupture and a surgical operation may then be necessary to correct the condition or to fuse the vertebrae.

Appendicular Skeleton

The shoulder, or **pectoral girdles,** have two bones on each side: the **clavicle,** or collarbone, and the **scapula,** or shoulder blade. The forelimb (arm) attaches to the scapula by way of the **humerus** in the upper arm. The **radius** and **ulna** are the bones of the lower arm. The **carpal** bones are in the wrist; the **meta-carpal** bones are the bones of the palm; and the **phalanges** comprise the bones of the fingers. The **pelvic girdles** consist of two large bones, called the **innom-inate,** or hipbones. In the front these bones join at the **pubic symphysis** and

Figure 16.1
The major bones and muscles of the body.

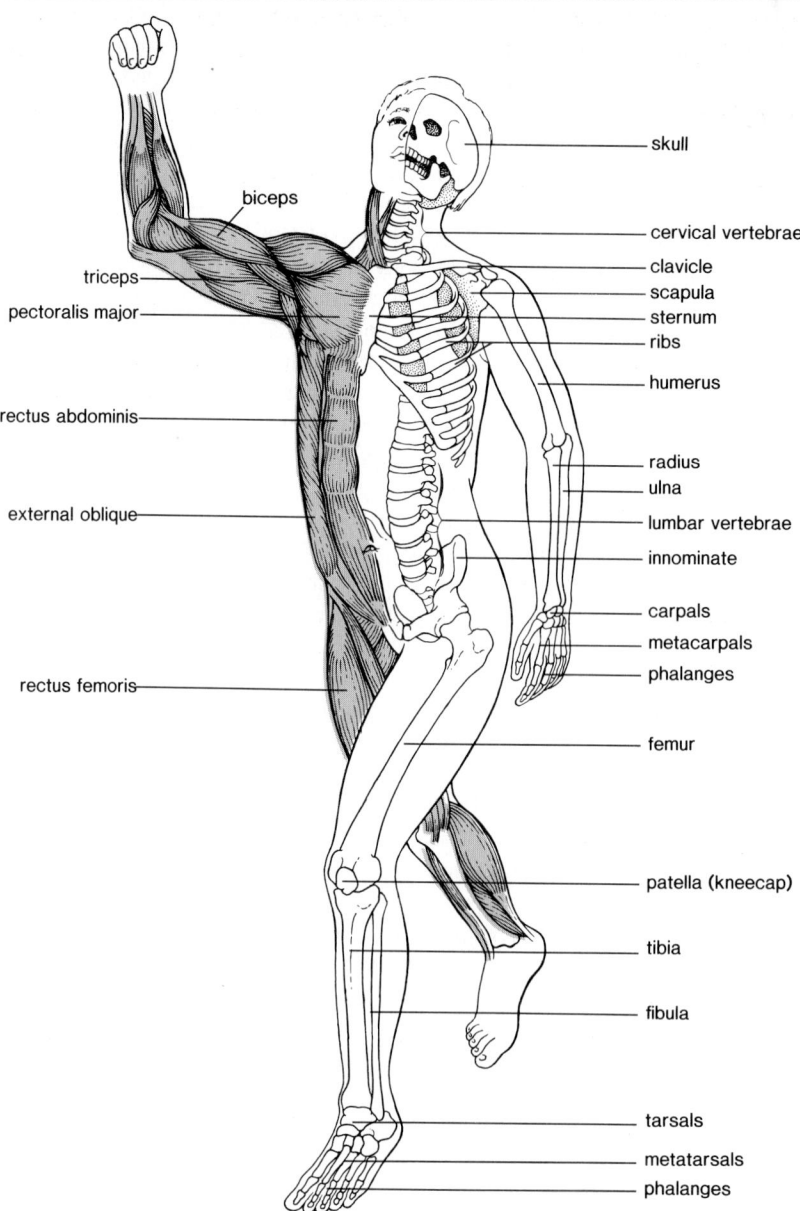

biceps

triceps

pectoralis major

rectus abdominis

external oblique

rectus femoris

skull

cervical vertebrae

clavicle

scapula

sternum

ribs

humerus

radius

ulna

lumbar vertebrae

innominate

carpals

metacarpals

phalanges

femur

patella (kneecap)

tibia

fibula

tarsals

metatarsals

phalanges

in the rear they unite with the sacrum. The innominate bones, sacrum, and coccyx form a basinlike structure called the **pelvis.** The pelvis protects the urinary bladder, some reproductive organs, the lower colon, and the rectum. In the female, the pelvis is broad and roomy with a large outlet, whereas in the male it is narrow with a smaller outlet. The hindlimbs attach to the hipbones by way of the **femur** in the upper leg. The lower leg is composed of two bones: the **tibia,** or so-called shin bone, and the **fibula.** The **tarsal** bones make up the bones of the ankle, with the largest tarsal forming the heel. The **metatarsals** form the arch and ball of the foot, and the **phalanges** comprise the bones of the toes. The fingers and toes are often called digits.

Joints Bones are joined together at the joints, which are often classified according to the amount of movement they allow. Some bones, such as those that make up the skull, are sutured together and are **immovable.** The pubic symphysis and the vertebral joints are **slightly movable.** Ball and socket joints, such as the joints between the humerus and the scapula and between the femur and the hipbone, are **freely movable,** permitting movement in all directions. A hinge joint (fig. 16.2), like that between the tibia and the femur at the knee, permits movement in one plane only. Movable joints have a joint cavity lined by a synovial membrane that produces **synovial fluid.** In the knee, the bones are capped by cartilage but there are also crescent-shaped pieces of cartilage between the femur and the tibia called **menisci.** These give added stability, helping to support the weight placed on the knee joint. Unfortunately, athletes often suffer injury of the menisci, known as torn cartilage. Some joints, such as the knee, also have closed, fluid-filled sacs called **bursae** that promote easy motion. Infection of these is called bursitis. **Ligaments** composed of fibrous connective tissue bind joint parts together, joining bone to bone.

Long Bones A long bone, such as the femur, illustrates principles of bone anatomy. When the bone is split open as in figure 16.3, the longitudinal section shows that it is not solid but has a cavity bounded at the sides by compact bone and at the ends by spongy bone. Beyond the spongy bone there is a thin shell of compact bone and finally a layer of cartilage.

    Compact bone, as discussed previously (p. 158), contains bone cells in tiny chambers called *lacunae,* arranged in concentric circles around *Haversian canals,* which contain blood vessels and nerves. The lacunae are separated by a matrix that contains protein fibers of collagen and mineral deposits, primarily calcium and phosphorus salts.

    Spongy bone contains numerous bony bars and plates separated by irregular spaces. These spaces are often filled with **red marrow,** a specialized tissue that produces blood cells. The cavity itself usually contains **yellow marrow,** which is a fat storage tissue.

Growth and Development Most of the bones of the skeleton are cartilaginous during prenatal development. Later the cartilage is converted to bone by bone-forming cells known as osteoblasts. At first there is only a primary ossification center at the middle of a long bone but later secondary centers form at the ends of the bones. There remains a **cartilaginous disk** between the primary ossification center and each secondary center. The cartilage cells within the disk continue to divide and as they do so, the bone increases in length. Eventually, though, the disks disappear and the bone stops growing as the individual obtains adult height.

    In the adult, bone is continually being broken down and built up again. Bone-absorbing cells called **osteoclasts** eat away at a small portion of bone over a period of about three weeks. They are then converted to osteoblasts, which deposit new bone. Because of this continual renewal, bones can become thicker if the need arises. As people age, the rate of absorption and deposition slows down; this accounts for the greater tendency for bones to break and heal more slowly in older people. The reading in chapter 1 (p. 20), emphasizes that trace elements are needed by the enzymes within osteoblasts to produce bone. An inadequate supply of these trace elements, as well as calcium and phosphorus, causes bones to become brittle.

Skeletal Muscles

Muscles are effectors, which enable the organism to respond to a stimulus (p. 295). Skeletal muscles are attached to the skeleton, and their contraction accounts for voluntary movements. Involuntary muscles, both smooth and cardiac, were discussed previously on page 160. Here we will divide our discussion of skeletal muscle into macroscopic anatomy and physiology and microscopic anatomy and physiology.

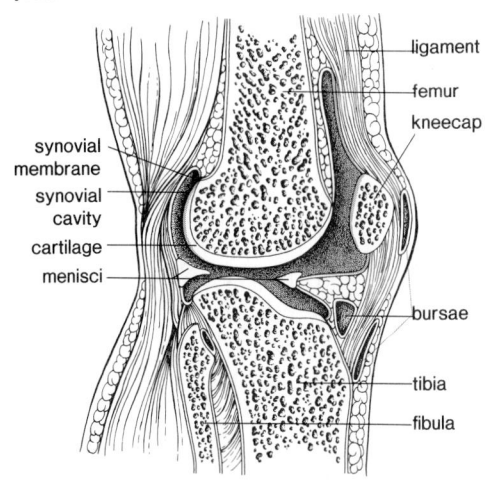

Figure 16.2
The knee joint is a freely movable hinge joint.

ligament
femur
kneecap
synovial membrane
synovial cavity
cartilage
menisci
bursae
tibia
fibula

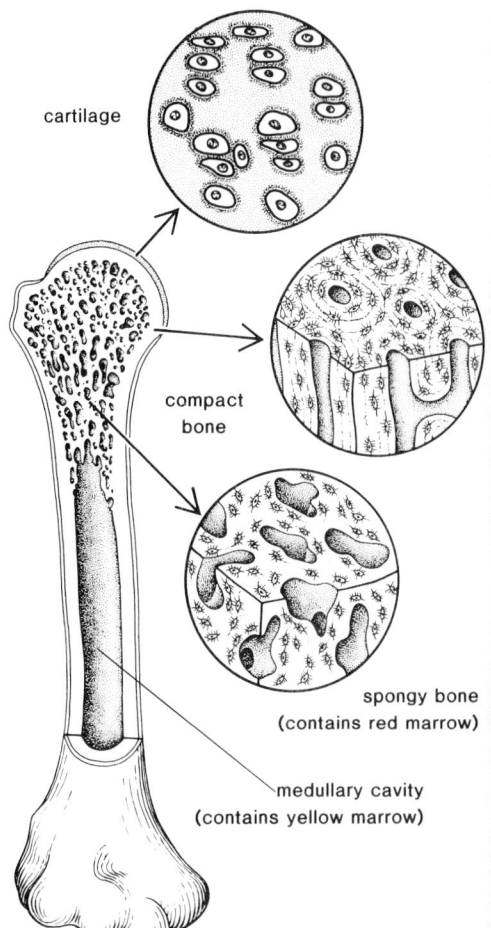

Figure 16.3
A long bone is encased by membrane except where covered by articular cartilage. The central shaft is composed of compact bone but the ends are spongy bone, which can contain red marrow. A central medullary cavity contains yellow marrow.

cartilage
compact bone
spongy bone (contains red marrow)
medullary cavity (contains yellow marrow)

Figure 16.4

The biceps and triceps are antagonistic pairs of muscles.

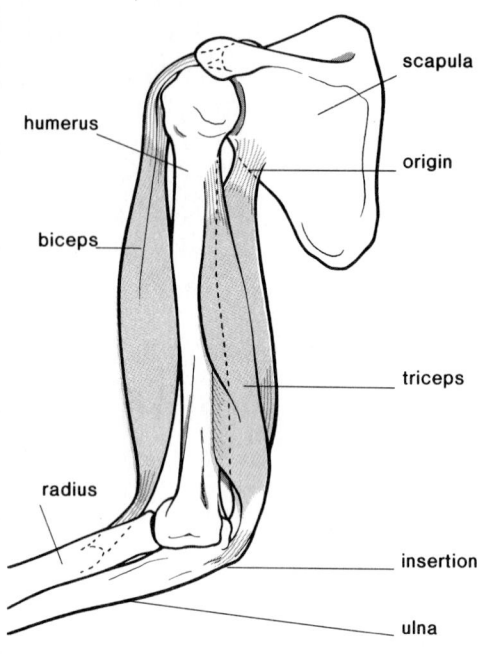

- scapula
- humerus
- origin
- biceps
- triceps
- radius
- insertion
- ulna

Macroscopic Anatomy and Physiology

Muscles are typically attached to bone by tendons made of fibrous connective tissue. Tendons most often attach muscles to the far side of a joint so that the muscle extends across the joint (fig. 16.4). When the central portion of the muscle, called the belly, contracts, one bone remains fairly stationary and the other one moves. The **origin** of the muscle is on the stationary bone, and the **insertion** of the muscle is on the bone that moves.

When a muscle contracts, it shortens. Thus muscles can only pull; they cannot push. Because of this, muscles work in **antagonistic pairs.** The biceps and triceps are a pair of muscles that move the lower arm up and down (fig. 16.4). When the biceps contracts, the lower arm bends; and when the triceps contracts, the lower arm straightens.

In the laboratory it is possible to study the contraction of individual whole muscles. Customarily, the gastrocnemius, a calf muscle, along with a portion of the thigh bone is dissected out of a frog and mounted as shown in figure 16.5. The muscle is held in position by the thigh bone, which is clamped above, and by the tendon, which is tied to a writing lever below. The writing lever makes contact with a drum covered by soot (carbon)-coated paper. When the muscle contracts, the writing lever moves and a white line appears on the drum. The apparatus shown in figure 16.5 is called a **kymograph.**

Recruitment

To demonstrate recruitment, the drum remains stationary until turned by hand. With the writing lever in place, the muscle is given ever-increasing voltage. At first, the stimulus may be so weak that the muscle does not contract and the writing lever does not move; but then minimum contraction occurs at the threshold stimulus. Once contraction is achieved, it becomes more intense as the stimulus is increased until maximum contraction is obtained. The writing lever makes taller and taller marks on the paper until the height remains stationary. Since the drum is turned between contractions, a pattern results, as shown in figure 16.6a.

This response is called **recruitment** (or multiple fiber summation) because increasing stimulation above minimal stimulation causes more and more muscle fibers (fig. 16.8) to join in the contraction. Maximum contraction occurs when the greatest number of fibers have been recruited.

All-or-None Response

While the contraction of a whole muscle is found to increase with stronger and stronger stimuli, it has been found that a single muscle fiber either contracts completely or not at all. A weak stimulus produces no contraction, but an adequate stimulus produces maximum contraction. Thus, the muscle fiber obeys the **all-or-none law,** while the whole muscle does not, as described in the preceding.

Muscle Twitch

For demonstration of muscle twitch, the drum rotates at its fastest speed and the muscle is given a single maximum stimulus. The reaction of the muscle is a quick, snappy contraction called a **twitch.** Since the drum is rotating, the writing lever traces a curve that rises as the muscle contracts and lowers as the muscle relaxes. Figure 16.6b is a representation of this curve, which is customarily divided into a **latent period,** or the period of time between stimulation and initiation of contraction, the period of **contraction,** and the period of **relaxation.**

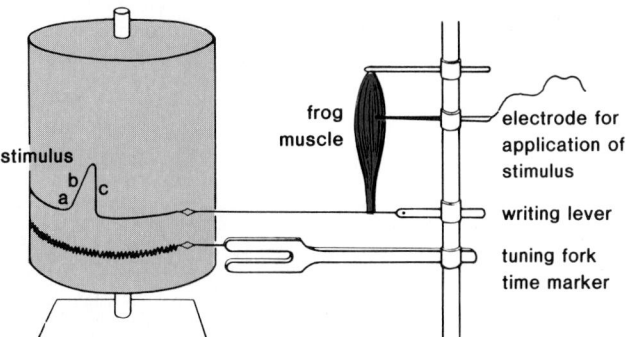

Figure 16.5
Kymograph apparatus for studying the physiology of muscle contractions.

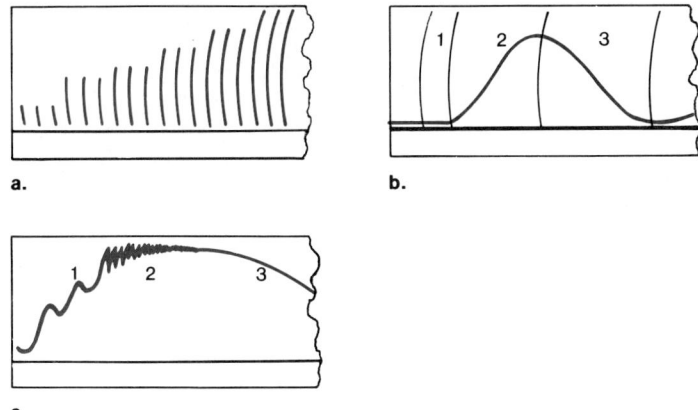

a.

b.

c.

Figure 16.6
Kymograph recordings. a. Recruitment. Muscle contraction increases as electrical stimulation increases. b. Simple muscle twitch: (1) latent period, (2) contraction, (3) relaxation. c. Tetanus: (1) summation, (2) tetanus, (3) fatigue.

Summation and Tetanus

To show the phenomenon of summation and tetanus in muscle contraction, the drum rotates at the slowest speed and the muscle is given continuous and rapid maximal stimulation. There is a very short period of time during which the muscle is unable to respond to another stimulus. This is called the **absolute refractory period** and represents the period of time during which a stimulus to contract is just being received. Even so, instead of relaxing between rapid stimuli, the muscle responds to the next stimulus before relaxation has occurred. In this way, muscle tension **summates** until maximal sustained contraction (**tetanus**) is achieved. The record on the drum (fig. 16.6c) no longer shows individual contractions; rather, they are completely fused and blended into a straight line. Tetanus continues until the muscle fatigues due to depletion of energy reserves. **Fatigue** is recognized by the fact that the muscle relaxes even though stimulation is continued.

It is believed that normally muscle contraction in the body consists of incomplete tetanus, with some fibers relaxing while others are contracting. Because of this, intact muscles rarely fatigue.

Muscle Tone

Intact skeletal muscles also have tone, a condition in which some fibers are always contracted. Tone is regulated by a special type of sense receptor called a **muscle spindle.** This receptor consists of a bundle of modified muscle fibers (fig. 16.7) with sensory nerve fibers wrapped around a short, specialized region somewhere near the middle of their length.

Figure 16.7
Diagram illustrating how spindle fibers aid in the coordination of muscular contraction by sending sensory impulses to the central nervous system either in the absence of prior motor stimulation or following motor stimulation.

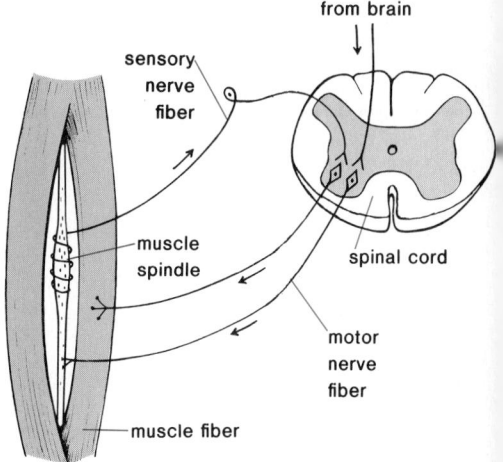

Figure 16.8

A whole muscle (*a*) is made up of muscle cells, or fibers (*b*). Within the muscle fibers are (*c*) myofibrils, which account for the striations observed when skeletal muscle is viewed under the microscope (*d*).

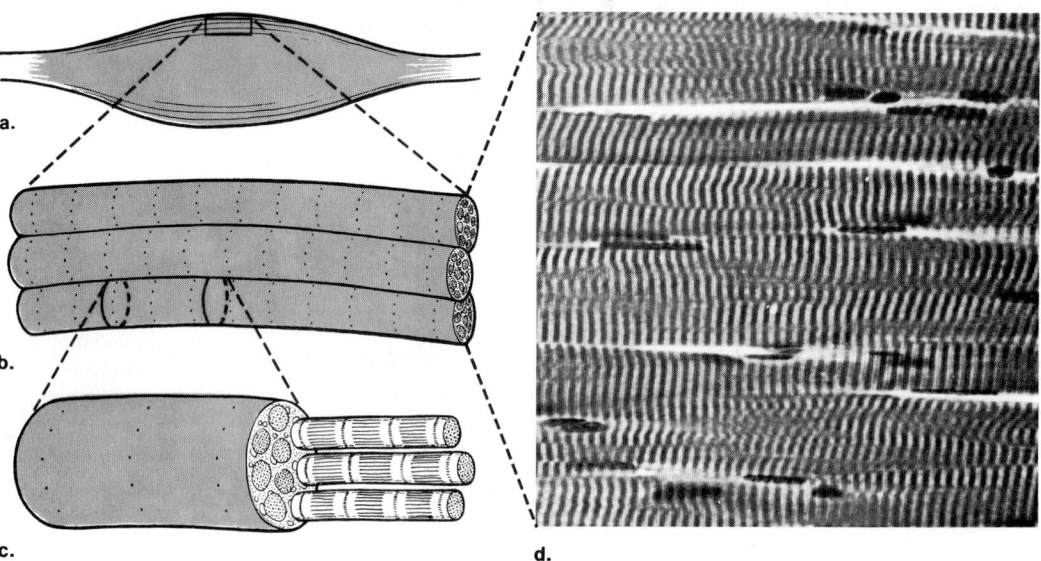

a.

b.

c.

d.

Chart 16.1 Muscle Cells

Component	Term
Cell membrane	Sarcolemma
Cytoplasm	Sarcoplasm
Endoplasmic reticulum	Sarcoplasmic reticulum

Chart 16.2 Contractile Elements

Component	Definition
Myofibril	Muscle cell contractile subunit
Sarcomere	Functional unit of myofibril
Myosin	Thick filament
Actin	Thin filament

Muscle spindles are sometimes called stretch receptors because they automatically respond to stretch by sending sensory stimuli to the central nervous system. Thereafter, the central nervous system directs the muscles to contract so that gravity is opposed and posture is maintained. This automatic reflex action is very important because it means that we do not have to consciously maintain tone or oppose the force of gravity. On the other hand, because tone is controlled by the central nervous system, skeletal muscle is subject to paralysis. Without stimulation, the muscle becomes flaccid and flabby.

Voluntary movements also make use of muscle spindles. In this case, a motor neuron first stimulates a spindle to contract. The spindle then increases the rate at which it fires, and this stimulates the central nervous system to regulate muscle contraction in such a way that movement becomes organized, smooth, and coordinated. The muscle spindles keep the central nervous system informed as to the state of contraction of the whole muscle.

Microscopic Anatomy and Physiology

A whole skeletal muscle is composed of muscle fibers (fig. 16.8). Each fiber is a cell and contains the usual cellular components, but special terminology has been assigned to certain ones, as indicated in chart 16.1. Also, a muscle fiber has some unique anatomical characteristics (fig. 16.9). For one thing, the **sarcolemma,** or cell membrane, forms tubules that penetrate or dip down into the cell so that they come into contact but do not fuse with expanded portions of modified ER, the **sarcoplasmic reticulum;** this relationship of the sarcolemma to sarcoplasmic reticulum is called the **T system.** In addition, muscle cells contain numerous inclusions called **myofibrils,** which are the contractile portions of the fibers. Myofibrils are cylindrical in shape and run the length of the fiber. The myofibrils show light and dark bands called striations (figs. 16.8 and 16.9). Research indicates that the striations of the myofibrils are dependent on two protein filaments whose placement is usually described in relation to a sarcomere, a unit of a myofibril (chart 16.2).

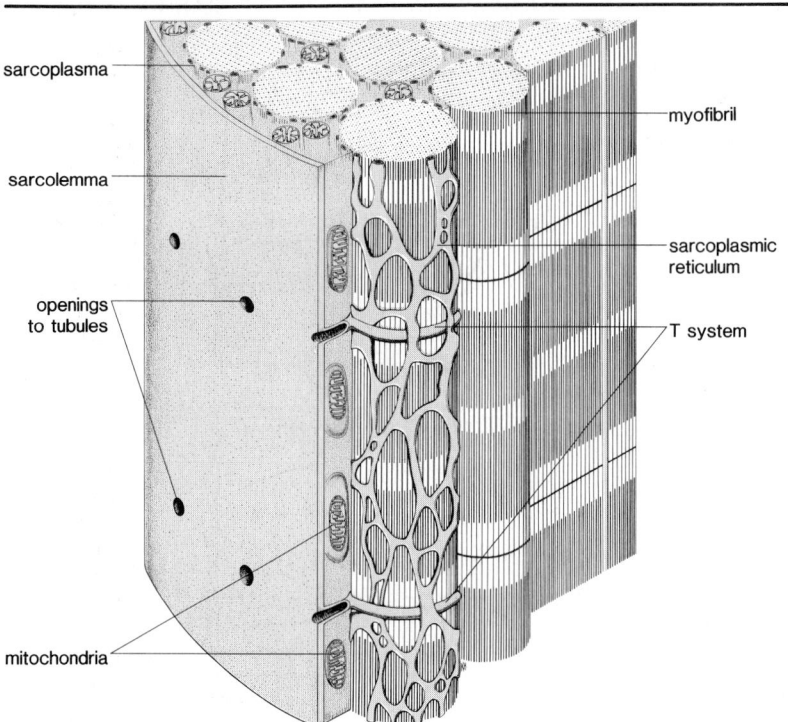

sarcoplasma

sarcolemma

openings
to tubules

mitochondria

myofibril

sarcoplasmic
reticulum

T system

Figure 16.9
Ultrastructure of skeletal muscle cell or
fiber as revealed by electron microscopy.

Sarcomere Anatomy

A sarcomere (fig. 16.10*a* and *b*) contains two types of filaments, thin filaments
and thick filaments. A **thin filament** is a twisted double strand of the protein
actin. Associated with this filament are two regulatory proteins (troponin and
tropomyosin). A **thick filament** is a strand of the larger protein **myosin.**

A sarcomere extends between two dark lines called Z lines. Electron-
micrographs show that actin filaments alone are attached to the Z lines,
accounting for the lightest regions of a myofibril known as I bands. The actin
filaments extend between myosin filaments, which are found within the so-
called A bands. Thus the darkest region of each sarcomere contains both actin
and myosin filaments. A lighter center region of each A band, the H zone,
contains only myosin.

Sarcomere Contraction

When a sarcomere contracts (fig. 16.10*c* and *d*), the actin filaments slide past
the myosin filaments and approach one another. This causes the I band to
become shorter and the H zone to disappear. The movement of actin in relation
to myosin is called the **sliding filament theory** of muscle contraction. During
the sliding process, the sarcomere shortens even though the filaments themselves remain the same length.

Research has shown that the sliding of the filaments is brought about
by myosin. Myosin filament have projections called **cross bridges** that attach
and pull the actin filaments toward the center of the sarcomere while the
myosin filaments remain stationary. For attachment to occur, calcium ions
(Ca^{++}) and ATP molecules must be present. The calcium ions react with the
regulatory proteins in the actin filament, exposing sites of attachment so that
the cross bridges of myosin can now attach to the actin molecules. Following
attachment, ATP is broken down as detachment occurs. Myosin brings about
ATP breakdown and therefore is not only a structural protein, it is also an
ATPase enzyme. The cross bridges attach and detach some fifty to one
hundred times as the thin filaments are pulled to the center of a sarcomere.
If, by chance, more ATP molecules are not available, detachment cannot
occur. This explains rigor mortis, permanent muscle contraction after death.

Figure 16.10
Sliding filament theory. a. Sarcomere
relaxed. b. Enlargement of filaments.
c. Sarcomere contracted. d. Enlargement of
filaments.

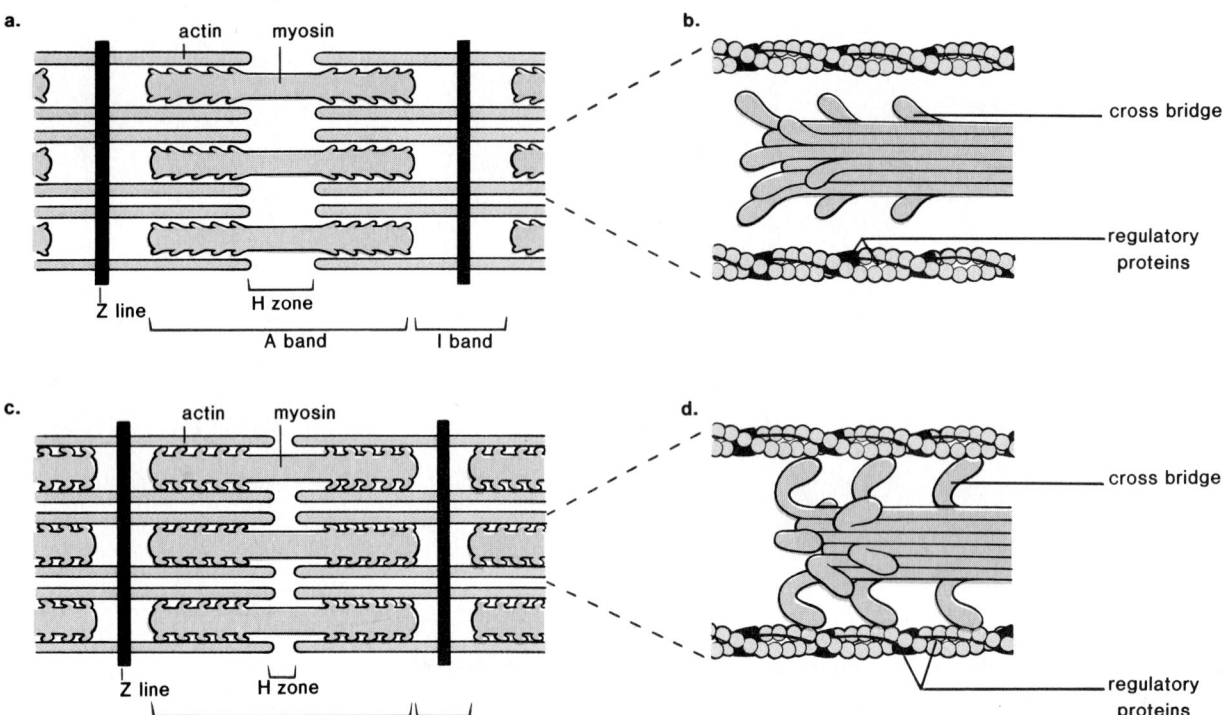

Chart 16.3 Muscle Contraction

Name	Function
Actin filaments	Slide past myosin causing contraction
Ca^{++}	Needed for actin to bind to myosin
Myosin filaments	a. Enzyme that splits ATP b. Pulls actin by means of cross bridges
ATP	Supplies energy for bonding between actin and myosin = actomyosin

The overall formula for sarcomere contraction can be represented as
follows:

$$\text{actin} + \text{myosin} \xrightarrow[\text{Ca}^{++}]{\text{ATP} \quad \text{ADP} + \textcircled{P}} \text{actomyosin}$$

The participants in the reaction have functions listed in chart 16.3.

ATP
A plentiful supply of ATP is required for muscle contraction. There are three
ways in which ATP is made available, as described in figure 16.11 and in the
following.

1. Muscle cells are generously supplied with mitochondria within which, by
   means of aerobic cellular respiration, ATP is formed.
2. Muscle cells contain **creatine phosphate** (phosphocreatine), which is used
   as a storage supply of high energy phosphate. Creatine phosphate does
   not participate directly in muscle contraction. Instead, it is used to re-
   generate ATP by the following reaction:

   creatine $\sim$ P + ADP $\rightarrow$ ATP + creatine

3. When all of the creatine phosphate has been depleted, a muscle cell can
   still produce ATP by means of anaerobic respiration (p. 103).
   Anaerobic respiration occurs, of course, when the cells are not being
   supplied with oxygen quickly enough to make aerobic respiration
   possible. This occurs during times of strenuous exercise. In practice,
   anaerobic respiration can supply ATP for only a short time because
   lactic acid buildup produces muscular aching and fatigue.

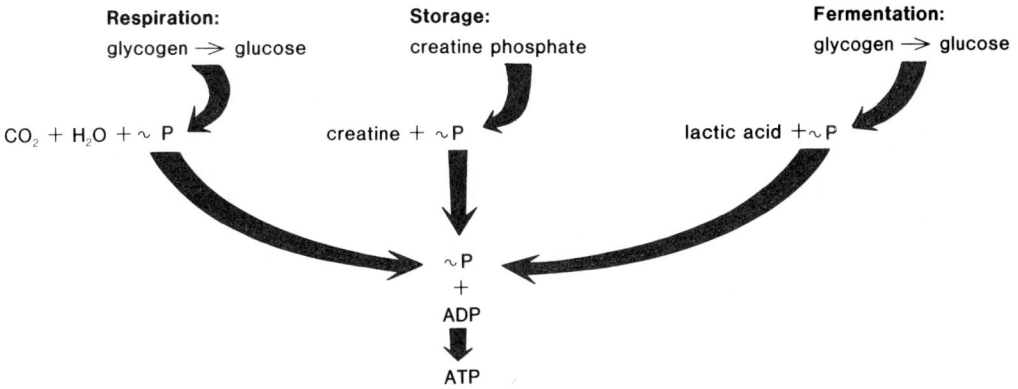

Respiration:
glycogen $\rightarrow$ glucose

Storage:
creatine phosphate

Fermentation:
glycogen $\rightarrow$ glucose

$CO_2 + H_2O + \sim P$ creatine $+ \sim P$ lactic acid $+ \sim P$

$\sim P$
$+$
ADP

ATP

Oxygen Debt

Oxygen Debt We have all experienced the fact that following strenuous exercise we continue to breathe deeply and pant even while resting. This continued intake of oxygen is required to complete the metabolism of lactic acid that has accumulated during exercise and represents an oxygen debt that the body must pay to rid itself of lactic acid. The lactic acid is transported to the liver where one-fifth of it is completely broken down to carbon dioxide and water by means of the Krebs cycle and respiratory chain. The ATP gained by this respiration is then used to reconvert four-fifths of the lactic acid back to glucose. Figure 16.12 indicates how oxygen is used after vigorous exercise to pay off oxygen debt.

Muscle Fiber Contraction and Relaxation

Nerves innervate muscles and nerve impulses cause muscle fibers to contract. Each motor axon within a nerve sends branches to several muscle fibers. Each branch becomes unmyelinated and has end knobs that contain synaptic vesicles filled with the neuromuscular transmitter Ach (acetylcholine). Each end knob lies in close proximity to the sarcolemma of the muscle fiber. This region, called a **neuromuscular junction** (figs. 16.13 and 16.14) has the same components as a synapse: a presynaptic membrane, a synaptic cleft, and a postsynaptic membrane. Only in this case, the postsynaptic membrane is a portion of the sarcolemma of a muscle fiber. The sarcolemma, just like a neural membrane, is polarized; the inside is negatively charged and the outside is positively charged.

Whenever synaptic vesicles merge with the presynaptic membrane, Ach is released into the synaptic cleft. When Ach reaches the sarcolemma, it is depolarized. The result is a **muscle action potential** that spreads over the sarcolemma and down the T system to where calcium ions are stored in expanded regions of the reticulum called **calcium storage sacs** (fig. 16.5a). There is a calcium storage sac for each sarcomere, and when the action potential reaches a sac by way of the T system, Ca^{++} is released and diffuses into the sarcoplasm (fig. 16.15b). Now sarcomere contraction occurs in the manner described previously and as all the sarcomeres contract, the myofibrils and the muscle fiber contracts.

Following contraction, a muscle fiber relaxes, during which time a relaxing factor aids in returning calcium to the storage sacs. In the absence of calcium, relaxation occurs because myosin cannot bind to actin. During relaxation, aerobic cellular respiration provides the ATP necessary to pay off the oxygen debt and build up a supply of creatine phosphate. With reformation of the latter, a muscle fiber is prepared for the next contraction.

Chart 16.4 summarizes muscle contraction.

Figure 16.12
Lactic acid, which accumulates during strenuous muscular action, is converted back to pyruvic acid once exercise is over. One-fifth of the pyruvic acid is catabolized to produce energy so that four-fifths of the pyruvic acid may be converted to glucose by anabolism.

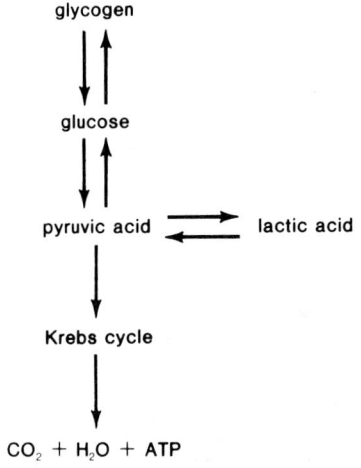

glycogen

glucose

pyruvic acid $\longrightarrow$ lactic acid

Krebs cycle

$CO_2 + H_2O + ATP$

Chart 16.4 Mechanism of Muscle Contraction

1. Nerve impulses move down motor nerve fibers (axons).
2. Synaptic vesicles release Ach.
3. Ach moves across synaptic cleft.
4. Muscle action potential begins at sarcolemma and passes down T system.
5. Calcium storage sacs release calcium.
6. Sarcomeres contract.

Figure 16.13
Diagrammatic drawing of a neuromuscular junction with enlargement showing detailed structure.

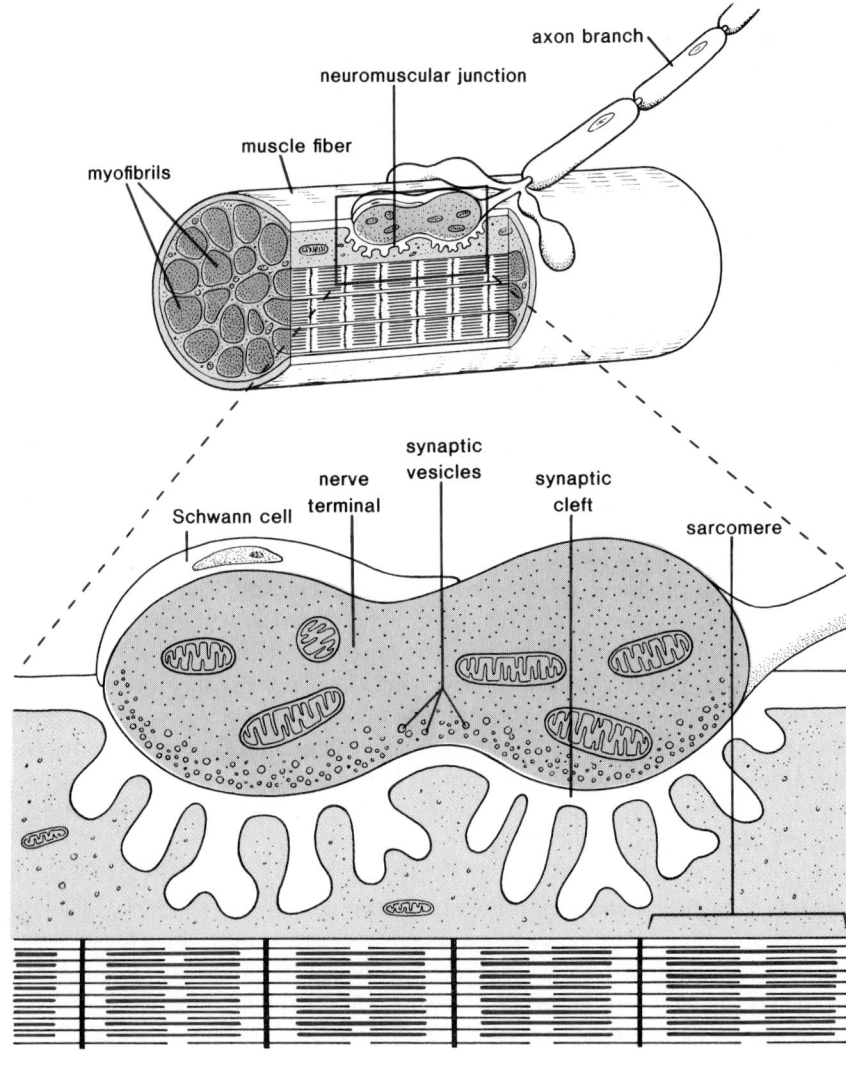

Figure 16.14
An electron micrograph of a neuromuscular junction. Compare to figure 16.13.

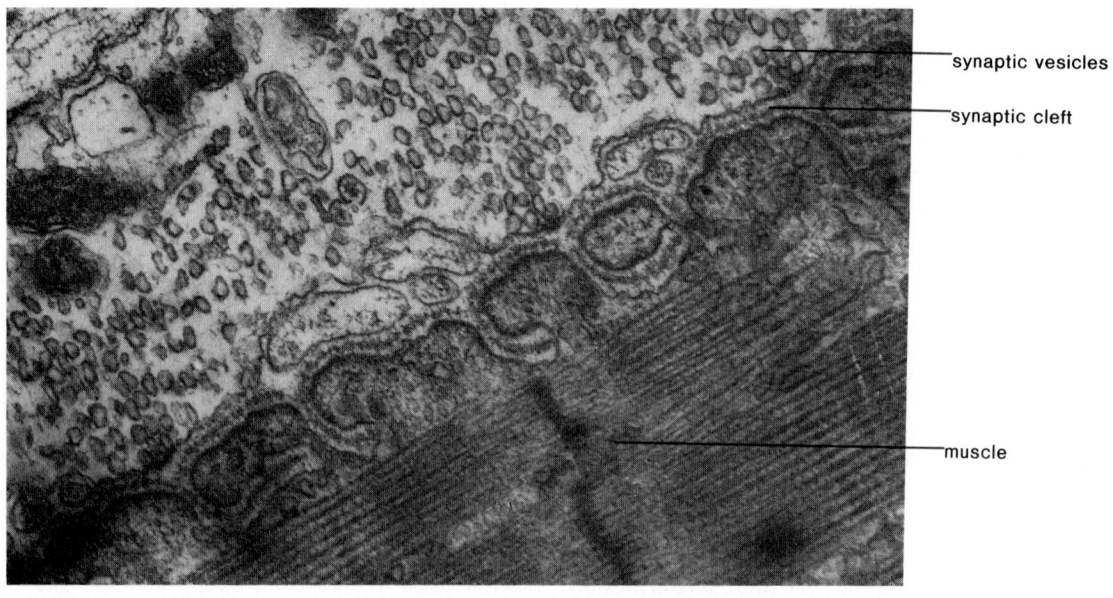

Figure 16.15
The role of calcium in muscle contraction. a. When the sarcomere is resting, calcium ions are stored in expanded ends of endoplasmic reticulum, called calcium storage sacs. b. The muscle action potential, illustrated here by the change in polarity of the sarcolemma and T system, prompts the release of calcium (gray), which stimulates muscle contraction.

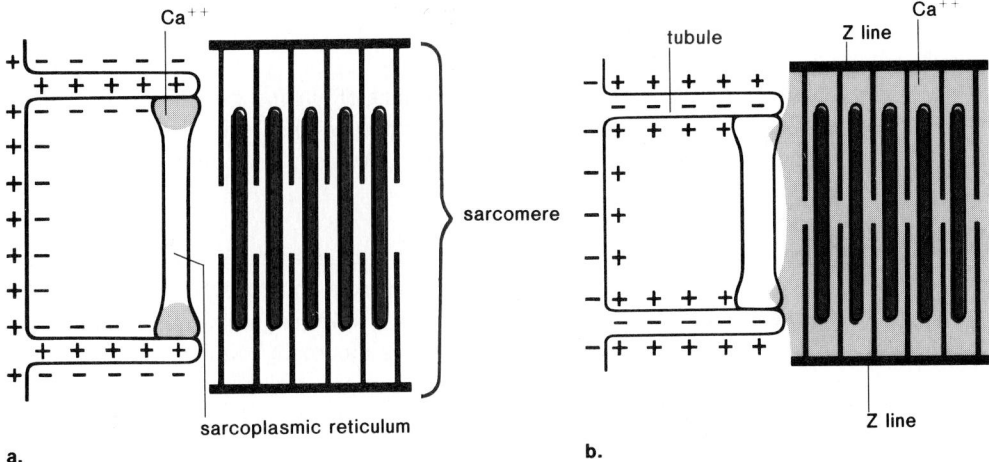

Muscle Fiber Hypertrophy and Atrophy

Forceful muscular activity causes muscles to increase in size. This increase, called **hypertrophy,** occurs only if the muscle contracts to at least 75 percent of its maximum tension. However, only a few minutes of forceful exercise a day are required for hypertrophy to occur. The number of muscle fibers do not increase, instead the size of each fiber increases. The fibers show a gain in metabolic potential as well as in the number of myofibrils. This means that the muscle can work longer before it fatigues. Some athletes take steroids, either testosterone or related chemicals, to promote muscle growth. A possible means by which these hormones act is discussed on page 358.

When muscles are not used or used for only very weak contractions, they decrease in size, or **atrophy.** Atrophy can occur when a limb is placed in a cast or when the nerve serving a muscle is damaged. If nerve stimulation is not restored, the muscle fibers will gradually be replaced by fat and fibrous tissue. Unfortunately, atrophy also causes the fibers to progressively shorten, leaving body parts in contorted positions.

Bone and Muscle Disorders

Disorders of muscles and bones cause common ailments that many persons must cope with in everyday life. Among these are the following:

Joint Disorders

Sprains and Dislocations   A sudden movement that twists or wrenches a joint can cause a stretching or tearing of the ligaments, which is called a sprain. If the condition is severe there may even be an accompanying dislocation of the bones at the joint.

Bursitis   Bursitis is an inflammation of a bursa and may be due to excessive use of a joint. "Tennis elbow" is a form of bursitis as is "housemaid's knee."

Arthritis In rheumatoid arthritis, the synovial membrane of a freely movable joint becomes inflamed and grows thicker. Degenerative changes then take place that make the joint almost immovable and painful to use. There is evidence that these effects are brought on by an autoimmune reaction.

Osteoarthritis, or "old-age arthritis," occurs when joint cartilage disintegrates and the surface of the two bones at the joint becomes roughened. This type of arthritis is apt to affect the joints that have received the greatest use over the years.

Gout Uric acid, the breakdown product of purine metabolism, is almost insoluble. The condition known as gout occurs when uric acid collects in the joints, causing them to become inflamed, swollen, and painful.

Fractures

Although fractures may involve injuries to cartilaginous structures, they are usually defined as breaks in bones. If a broken bone penetrates the skin, it is termed a compound fracture; if the break is never exposed, it is called a simple fracture. If the fracture of a long bone is incomplete and/or involves a longitudinal split in the shaft, it is known as a greenstick fracture.

Muscle Disorders

Muscle disorders commonly manifest themselves either by overcontraction or undercontraction. In the former case, the muscle is tight and hard; in the latter, the muscle is flabby and weak.

Spasm Involuntary muscle contraction, the onset of which is usually sudden and extremely painful, is called a spasm. A muscle cramp is a spasm that usually responds to immediate stretching of the muscle. A "charley horse" is a more extensive spasm usually caused by extreme effort or injury.

Muscular Dystrophy Muscular dystrophy causes muscles to acquire large deposits of fat and become useless. In the first stages of the disease, the patient displays motor difficulties that progressively worsen until the patient is confined to a wheelchair. The degenerative nature of the disease usually leads to death at an early age. It is believed that the disease is genetically inherited.

Myasthenia Gravis This disease is characterized by muscles that are weak and easily fatigued. Acetylcholine is not released at the neuromuscular junction for some unknown reason. Drugs that enhance or mimic the action of Ach are temporarily helpful in easing the symptoms.

Summary

The skeleton aids movement of the body while it also supports and protects the body. Bones serve as deposits for inorganic salts, and some bones are sites for blood cell production. The skeleton is divided into two parts: (1) the axial skeleton, which is made up of the skull, ribs, and vertebrae; and (2) the appendicular skeleton, which is composed of the appendages and their girdles. A shoulder girdle consists of a clavicle and scapula. The arm contains the humerus, radius, and ulna. The wrist contains the carpals; the palm, the metacarpals; and the fingers, the phalanges. The pelvic girdles consist of the innominate bones, and the leg contains the femur, tibia, and fibula. The ankle contains the tarsals; the sole of the foot, the metatarsals; and the toes, the phalanges.

Joints are regions where bones are joined together. Some joints are immovable, some are slightly movable, and others are freely movable. In the latter, the bones are separated by a cavity filled with synovial fluid and joined together by ligaments.

A long bone has a cavity bounded by spongy bone and compact bone. The spongy bone contains red marrow where blood cells are produced. The cavity itself is the location for yellow marrow. Growth of a long bone continues as long as the end cartilaginous disks are still present.

Muscles are attached to bones usually on the far side of a joint by means of tendons. Since muscles only pull and do not push, they work in antagonistic pairs.

Kymograph studies of whole muscle contraction illustrate recruitment, which is possible because a whole muscle does not obey the all-or-none law. A kymograph also records muscle twitch, which consists of a latent period, a period of contraction, and a period of relaxation, and summation and tetanus, which occur because the muscle does not relax between stimuli.

Skeletal muscles exhibit tone, or partial contraction, at all times. Tone is controlled by a reflex action involving muscle spindles that are sensitive to stretch. Voluntary movements also involve the spindles, but in this case they are first caused to contract by a motor neuron.

Skeletal muscles are made up of muscle fibers. Muscle fibers, which have been studied microscopically, are cells that contain the usual components of cells. In addition, they have some unique features. The cell membrane, called the sarcolemma, dips into the cell-forming tubules that lie next to the endoplasmic reticulum, called the sarcoplasmic reticulum in muscles. This close relationship between the tubules and sarcoplasmic reticulum is called the T system.

A longitudinal cut of a muscle fiber shows that myofibrils are made up of functional units called sarcomeres. Within a sarcomere are the thin filaments of actin and the thick filaments of myosin, which account for the striations of muscle fibers. The light regions of a sarcomere contain actin only; the dark regions contain myosin and actin filaments.

When a sarcomere contracts, the actin filaments slide past the myosin filaments, which do not move but do break down ATP by enzymatic action. ATP supplies the necessary energy for the cross bridges (myosin projections) to form a bond with actin. The forming, breaking, and re-forming of these bonds means that the myosin, in effect, pulls the actin filaments inward causing the myofibril to shorten.

A constant supply of ATP in muscles is required. There are three means by which ATP is made available: aerobic cellular respiration, transfer of a high-energy Ⓟ from creatine phosphate to ADP, and fermentation. Following vigorous exercise, we continue to breathe deeply because oxygen is needed to metabolize lactic acid that has accumulated due to fermentation.

Nerves innervate muscles, and nerve impulses cause them to contract. Unmyelinated branches from an axon end in knobs embedded in a muscle fiber. The stimulus to contract occurs at the neuromuscular junction when Ach, released from synaptic vesicles of knobs, is received by the sarcolemma. A muscle action potential spreads down into the muscle fiber along the T system to calcium storage sacs. When calcium is released at each sarcomere, the contractile elements within muscle fibers shorten or contract. Relaxation occurs when calcium is taken up again.

Study Questions

1. Distinguish between the axial and appendicular skeletons. (p. 313)
2. List the bones that form the pectoral and the pelvic girdles. (p. 313)
3. Describe the anatomy of a freely movable joint; of a long bone. (p. 315)
4. Describe how muscles are attached to bones. (p. 316) Why do muscles act in antagonistic pairs? (p. 316)
5. Name the three common types of demonstrations done with frog muscle and the kymograph apparatus. What is the significance of each one? (pp. 316–17).
6. Describe skeletal muscle spindles and how they regulate tone and aid in voluntary contractions (p. 317)
7. Discuss the microscopic anatomy of a muscle fiber and the structure of a sarcomere. (pp. 318–19) What is the sliding filament theory? (p. 319)
8. Give the function of each participant in the following reaction: (p. 320)

$$ATP \quad ADP + \textcircled{P}$$

$$actin + myosin \xrightarrow[Ca^{++}]{} actomyosin$$

9. Cite the three ways in which ATP is made available for muscle contraction. (p. 320)
10. What is oxygen debt? (p. 321) How is it repaid? (p. 321)
11. What causes a muscle action potential? (p. 321) How does the muscle action potential provoke muscle contraction? (p. 321)

Further Readings

Cohen, C. 1975. The protein switch of muscle contraction. *Scientific American* 233(5):36.

Hoyle, G. 1970. How is muscle turned on and off? *Scientific American* 222(4):84.

Huxley, H. E. 1962. The mechanism of muscular contraction. *Scientific American* 207(6):18.

Lester, H. A. 1977. The response to acetylcholine. *Scientific American* 236(2):106.

Margaria, R. 1972. The sources of muscular energy. *Scientific American* 226(5):83.

Merton, P. A. 1972. How we control the contraction of our muscles. *Scientific American* 226(5):30.

Murray, J. M., and Weber, A. 1974. The cooperative action of muscle proteins. *Scientific American* 230(2):58.

Porter, K. R., and Franzini-Armstrong, C. 1965. The sarcoplasmic reticulum. *Scientific American* 212(3):73.

Chapter Concepts

1. Sense organs are sensitive to environmental stimuli and are therefore termed receptors. Each receptor responds to one type of stimulus, but they all initiate nerve impulses.

2. The sensation realized is the prerogative of the region of the cerebrum receiving nerve impulses.

3. There are sense receptors that respond to mechanical stimuli, chemical stimuli, and radiant energy. Our knowledge of the outside world is dependent on these stimuli.

17

senses

Chart 17.1 Sense Receptors

Sense Organs	Sense	Stimulus
General		
Temperature	Hot-Cold	Heat Flow*
Touch	Touch	Mechanical displacement of tissue†
Pressure	Pressure	Mechanical displacement of tissue†
Pain	Pain	Tissue damage‡
Proprioceptors	Limb placement	Mechanical displacement†
Special		
Eye	Sight	Light*
Ear	Hearing	Sound waves†
	Balance	Mechanical displacement†
Taste buds	Taste	Chemicals‡
Olfactory cells	Smell	Chemicals‡

*Radioreceptors
†Mechanoreceptors
‡Chemoreceptors

Sense organs receive external and internal stimuli; therefore, they are called **receptors.** Each type of receptor is sensitive to only one type of stimulus. Chart 17.1 lists the receptors discussed in this chapter and the stimulus to which each reacts.

Receptors are the first component of the reflex arc that was described in chapter 15. When a receptor is stimulated, it generates nerve impulses that are transmitted to the spinal cord and/or brain; but only if the impulses reach the cerebrum are we conscious of a sensation. The sensory portion of the cerebrum can be mapped according to the parts of the body and the type of sensation realized at different loci. As the reading on page 334 indicates, electronic aids are now being developed to replace or assist defective sense organs and even enhance the natural capabilities of normally functioning sense organs. A major difficulty in perfecting these devices is locating the proper brain cells to which the sensory impulses correspond.

Sense organs may be composed of specialized nerve endings or of specialized epithelial cells in contact with nerve fibers. On occasion the latter is a ciliated cell, or little hair cell. Receptors are divided into two categories: **general receptors,** which are located throughout the body, and the **special senses,** which are located in only certain areas of the body.

General Receptors

Microscopic receptors (chart 17.1) are present in the skin, visceral organs, and at the joints. They are all specialized nerve endings for the detection of touch, pressure, pain, temperature (hot and cold), and proprioception. The latter refers to the sense of knowing the position of the limbs. For example, if you close your eyes and move your arm about slowly, you still have a sense of where your arm is located.

Skin

The skin (fig. 8.12) contains sense receptors for touch, pressure, pain, and temperature and is a mosaic of these tiny sensory receptors, as you can determine by passing a metal probe slowly over the skin. At certain points there will be a feeling of pressure, at others a feeling of hot or cold (depending on the temperature of the probe). Certain parts of the skin contain more receptors for a particular sensation; for example, the fingertips have an abundance of touch receptors.

A simple experiment suggests that temperature receptors are sensitive to the flow of heat. Fill three bowls with water—one cold, one warm, and one hot. Put your left hand in the cold water and your right in the hot water for a few moments. Your hands will adjust or adapt to these temperatures so that when you put both hands in warm water, each hand will indicate a different temperature of the water. Therefore, it seems that when the outside temperature is higher than the temperature to which we have adjusted, we detect a sensation of warm or hot as heat flows into the skin. When the outside temperature is low enough that heat flows out from the skin, we detect coolness or cold.

Other skin receptors beside those for temperature also demonstrate adaptation. **Adaptation** refers to the fact that some sense receptors become accustomed to stimuli so that they stop generating nerve impulses even though the stimulus is still present. The touch receptors are of this type. They can quickly adapt to the clothing we put on so that we are not constantly aware of the feel of the clothes against our skin.

The sense receptors of the skin can be used to illustrate the fact that sensation actually occurs in the brain and not in the sense organ itself. If the nerve fiber from the sense organ is cut, there is no sensation. Also, since a nerve impulse is always the same electrochemical charge, the particular sensation realized does not have to do with the nerve impulse. It is the brain that is responsible for the type of sensation felt and the localization of the sensation. For example, if we connected a pain receptor in the foot to a nerve normally receiving information from a heat receptor in the hand, and then proceeded to stick the pain receptor in the foot, the subject would report the feeling of warmth in the hand. The brain indicates the sensation and the localization. This realization is mildly disturbing, because it makes us aware of how dependent we are on the anatomical wholeness of the body in order to be properly aware of our surroundings.

Viscera

The internal organs have receptors that aid the maintenance of homeostasis. We have already mentioned that stretch receptors in the lungs respond to lung expansion; the aortic and carotid bodies are sensitive to low oxygen levels, and the osmoreceptors in the hypothalamus detect blood osmolarity. Because these receptors participate in reflexes involving the autonomic system, we are unaware of their functioning since the impulses do not reach conscious levels of the brain.

The viscera have only one type receptor, like those of the skin. We are sensitive to pain arising from internal disorders. Sometimes the pain from an internal organ is felt as pain from the skin. This is called **referred pain** (fig. 17.1). It has been shown that the different internal organs have a more or less definite relationship to certain areas of the skin. Pain arising from the intestine is located in the skin of the back, groin, and abdomen; pain from the heart is felt in the left shoulder and arm. An explanation for this is that nerve stimuli from the pain receptors of the internal organs travels to the spinal cord, where it makes contact with neurons also receiving messages from the skin. The brain interprets this as pain in the skin.

Acupuncture is a technique founded on the principle that needles inserted in the skin can relieve internal pain and promote healing. The exact mechanism by which acupuncture might be helpful is still under investigation. One hypothesis relies on the "gate control theory" of pain, which states that transmission of pain signals from the body to the spinal cord and brain can be transmitted or blocked depending on physiological conditions. Acupuncture needles might produce stimuli that block the transmission of pain sensations from internal organs. Recent experimentation suggests that acupuncture affects the level of endorphins and enkephalins, the natural opiates produced in the central nervous system (p. 306).

Figure 17.1
The sense receptors in the abdominal organs send impulses to a connector neuron that also receives impulses from the skin. This situation creates the phenomenon called referred pain.

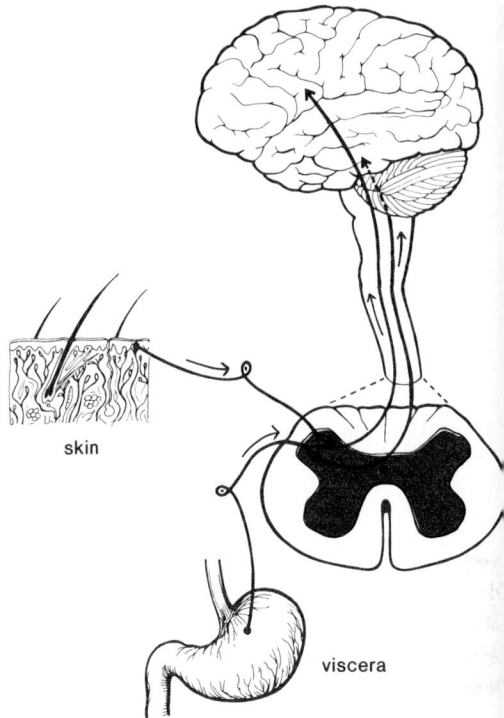

skin

viscera

Figure 17.2
The sense receptors at the joints inform the brain about the movements of the joints.

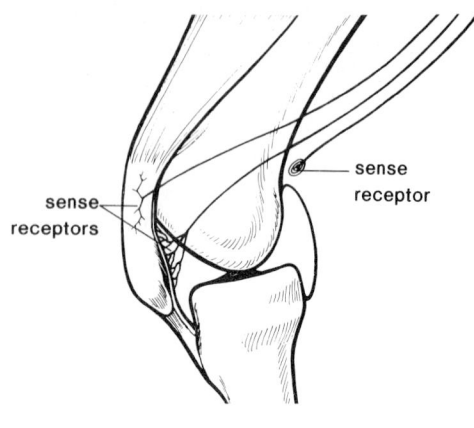

Figure 17.3
The sensory cells (color) in a taste bud end in microvilli that have receptors for the chemicals in food.

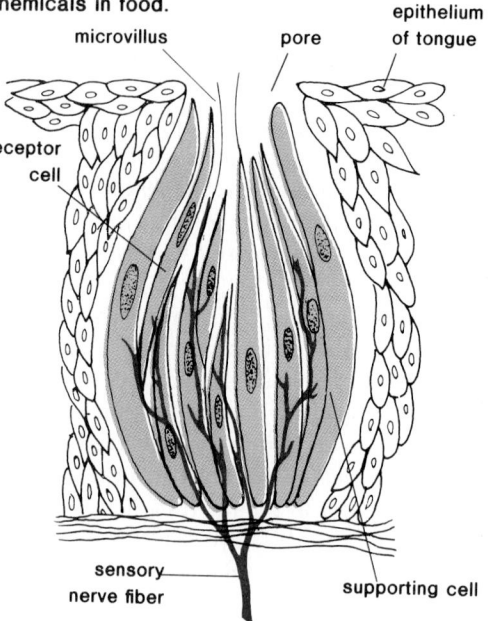

Figure 17.4
It is believed that we have four taste sensations, sweet, sour, salty, and bitter, and that these are located on the tongue, as shown.

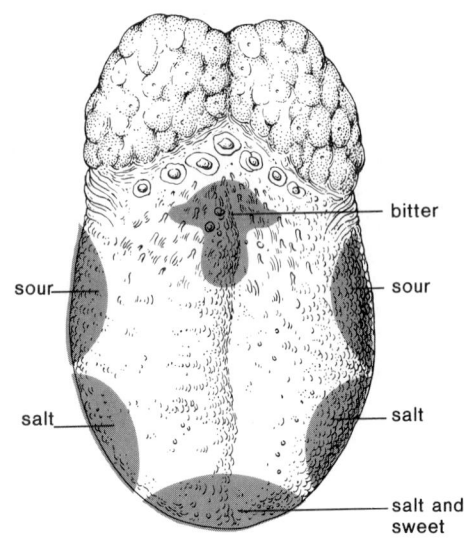

Joints

The sense of position and movement of limbs (i.e., proprioception) is dependent upon receptors termed **proprioceptors.** There are proprioceptors[1] located in the joints and associated ligaments and tendons that respond to stretching, pressure, and pain (fig. 17.2). Nerve endings from these receptors are integrated with those received from other types of receptors so that the person knows the position of body parts.

Special Senses

The special senses include the chemoreceptors for taste and smell, the light receptors for sight, and the mechanoreceptors for hearing and balance.

Chemoreceptors

Taste and smell are the chemical senses in that the receptors are sensitive to certain chemical substances in our food and drink and in the air we breathe.

Taste buds are located on the tongue. Many lie along the walls of the papillae, the small elevations visible to the naked eye. Isolated ones are also present on the palate, pharynx, and epiglottis.

Taste buds (fig. 17.3) are pockets of cells that extend through the tongue epithelium and open at a taste pore. Within the oval pocket are supporting cells and a number of elongated cells that end in microvilli. These cells which have associated nerve fibers are sensitive to chemicals dissolved in the pore. Nerve impulses are most probably generated by the chemicals binding to the cells' receptor sites.

The sense of taste has been shown to be genetically inherited, and foods taste differently to various people. This might very well account for the fact that some persons dislike a food preferred by others.

It is believed that there are four types of taste (bitter, sour, salty, sweet) and that taste buds for each are concentrated on the tongue in the manner shown in figure 17.4.

1. Neuromuscular spindles were at one time considered to be proprioceptors; but now they are believed to be involved in the coordination of muscular action and were discussed in chapter 16.

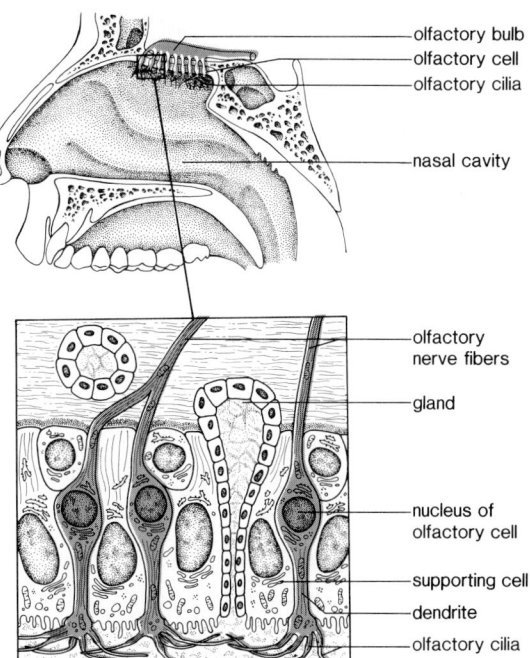

olfactory bulb
olfactory cell
olfactory cilia

nasal cavity

olfactory nerve fibers

gland

nucleus of olfactory cell

supporting cell

dendrite

olfactory cilia

Figure 17.5
The olfactory cells are found high in the recesses of the nose and have olfactory cilia that respond to chemicals in the air. a. Position of olfactory epithelium in the right nasal passageway. b. Detail of olfactory epithelium.

The **olfactory cells** (fig. 17.5) are located high in the roof of the nasal cavity. These cells, which are specialized endings of the fibers that make up the olfactory nerve, lie among supporting epithelial cells. Each cell ends in a tuft of six to eight cilia that probably bear receptor sites for various chemicals. Research, resulting in the stereochemical theory of smell, suggests that different types of smell are related to the various shapes of molecules rather than to the atoms that make up the molecules. When chemicals combine with the receptor sites, nerve impulses are generated.

The sense of taste and the sense of smell supplement each other, creating a combined effect when interpreted by the cerebral cortex. For example, when we have a cold, we think that our food has lost its taste, when actually we have lost the ability to sense its smell. This may work in the reverse also. When we smell something, some of the molecules move from the nose down into the mouth region and stimulate the taste buds there. Thus, part of what we refer to as smell may actually be taste.

Photoreceptor—The Eye

The eye (fig. 17.6a and b), an elongated sphere about one inch in diameter, has three layers or coats. The outer **sclera** is a white fibrous layer except for the transparent cornea, the window of the eye. The middle thin, dark brown layer, the **choroid,** contains many blood vessels and absorbs stray light rays. Toward the front, the choroid thickens and forms a ring-shaped structure, the ciliary body, containing the **ciliary muscle,** which permits changing the shape of the **lens** for near and far vision. Finally the choroid becomes a thin, circular, muscular diaphragm, the **iris,** which regulates the size of the pupil. The lens, attached to the ciliary body by ligaments, divides the cavity of the eye into two chambers. The chamber between the cornea and the lens is filled with an alkaline, watery solution called **aqueous humor.** A viscous and gelatinous material, the **vitreous humor,** fills the large cavity behind the lens.

Figure 17.6

a. The anatomy of the human eye in detail.
b. The anatomy of the human eye simplified.

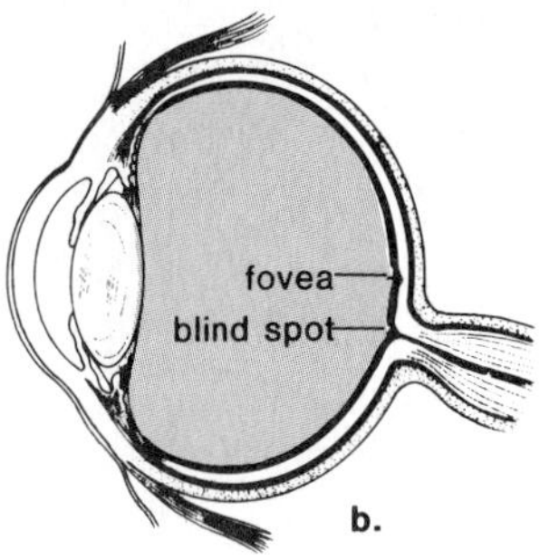

fovea
blind spot

b.

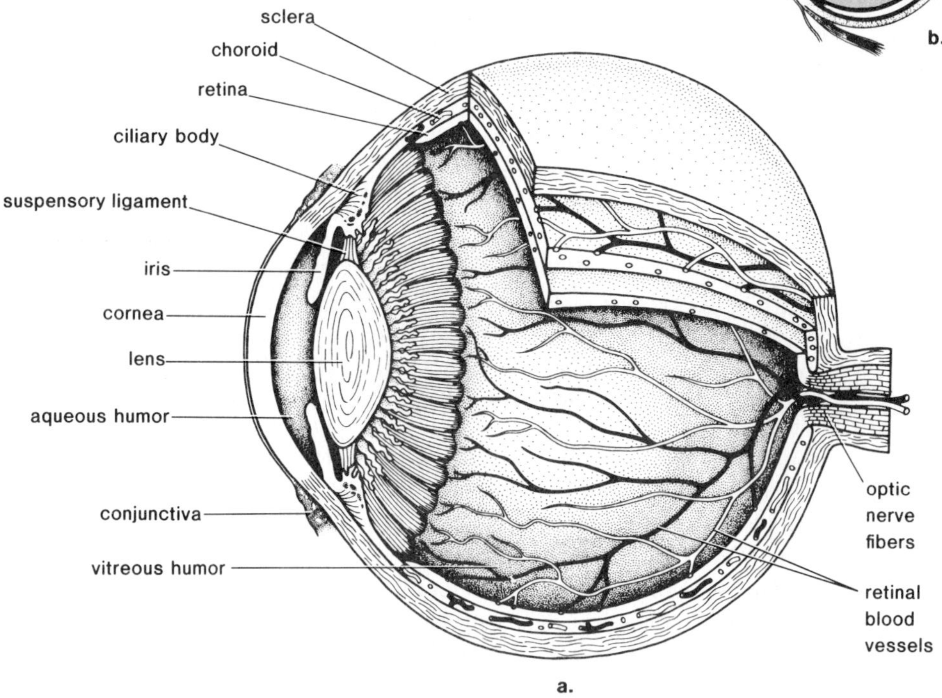

sclera
choroid
retina
ciliary body
suspensory ligament
iris
cornea
lens
aqueous humor
conjunctiva
vitreous humor

optic
nerve
fibers

retinal
blood
vessels

a.

Figure 17.7

Three major layers of the adult retina: rods
and cones, bipolar cells, and ganglion cells.

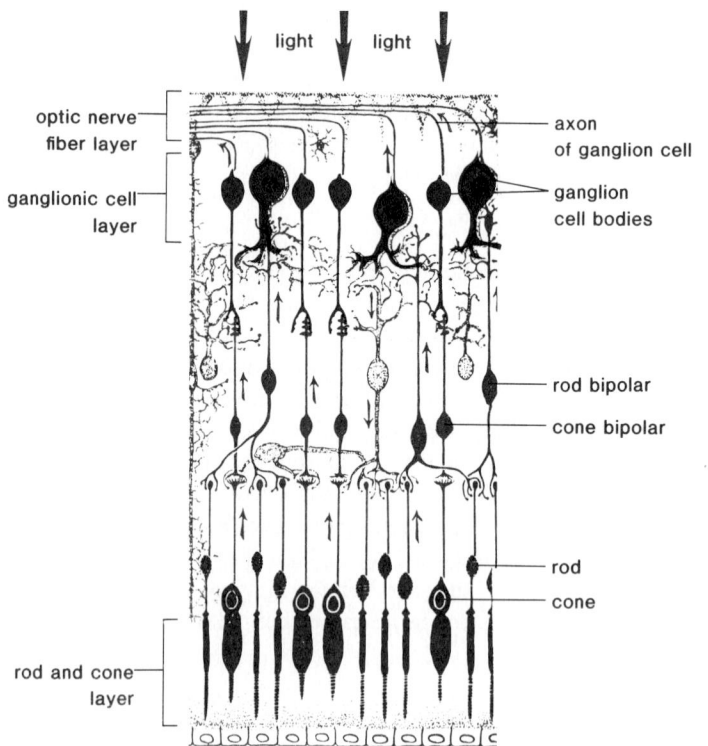

light   light

optic nerve
fiber layer

ganglionic cell
layer

rod and cone
layer

axon
of ganglion cell

ganglion
cell bodies

rod bipolar

cone bipolar

rod
cone

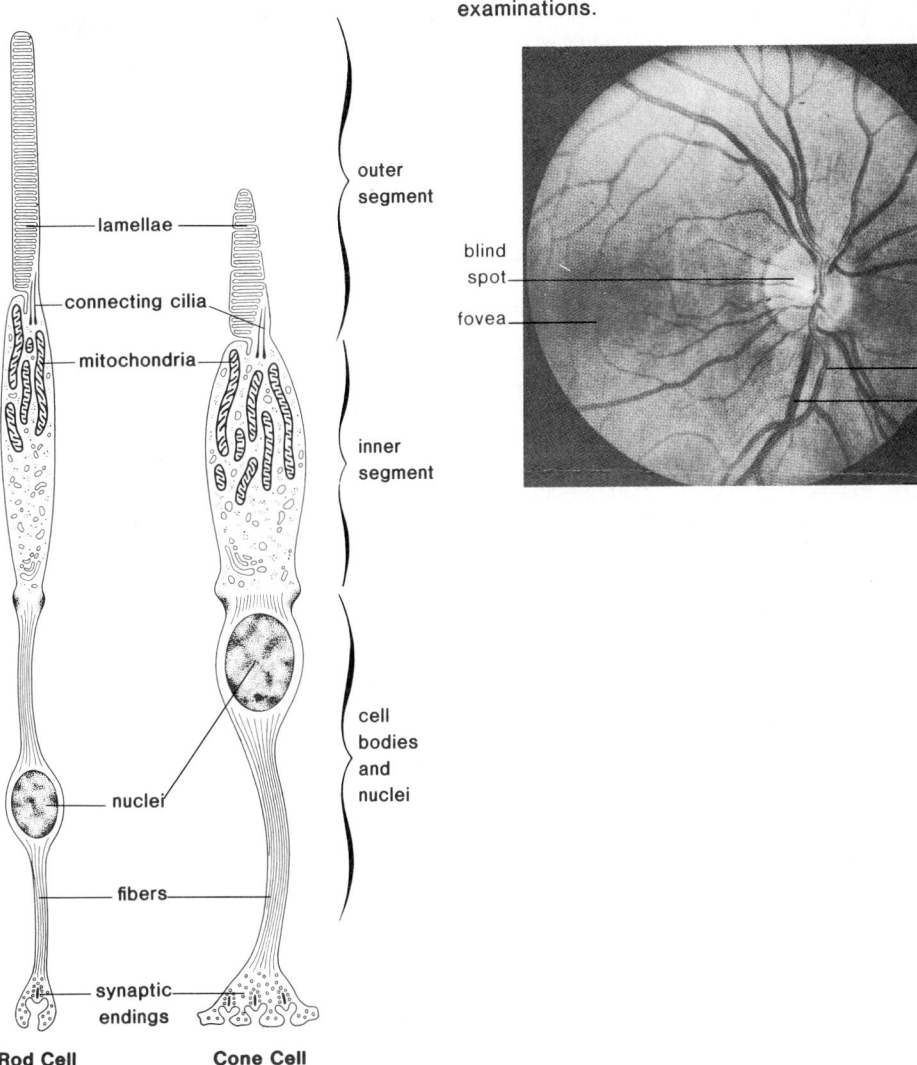

Figure 17.8
Detailed drawing of one rod and one cone.

- lamellae
- connecting cilia
- mitochondria
- nuclei
- fibers
- synaptic endings

outer segment

inner segment

cell bodies and nuclei

Rod Cell   Cone Cell

Figure 17.9
The blind spot where the optic nerve pierces the eyeball is clearly visible in eye examinations.

- blind spot
- fovea
- arteriole
- vein

Retina

The inner layer of the eye, the **retina,** has three layers of cells (fig. 17.7). The layer closest to the choroid contains the sense receptors for sight, the **rods** and **cones** (fig. 17.8); the middle layer contains bipolar neurons; and the innermost layer contains ganglionic neurons whose fibers become the **optic nerve.** Only the rods and cones contain light-sensitive pigments and thus light must penetrate to the back of the retina before a nerve impulse is generated. Nerve impulses initiated by the rods and cones are passed to the bipolar cells, which in turn pass them to the ganglionic neurons whose fibers pass in front of the retina, forming the optic nerve which turns to pierce the layers of the eye. There are no rods and cones where the optic nerve passes through the retina; therefore, this is a **blind spot** where vision is impossible (fig. 17.9).

The retina contains a very special region called the **fovea centralis,** an oval yellowish area with a depression where there are only cone cells. In the fovea centralis, vision is most acute. Chart 17.2 lists the parts of the eye and their functions.

Chart 17.2 Name and Function of Parts of the Eye

Part	Function
Lens	Refraction and focusing
Iris	Regulates light entrance
Pupil	Hole in iris
Choroid	Absorbs stray light
Sclera	Protection
Cornea	Refraction of light
Humors	Refraction of light
Ciliary body	Holds lens in place
Retina	Contains receptors
Rods	Black-and-white vision
Cones	Color vision
Optic nerve	Transmits impulse
Fovea	Region of cones in retina
Ciliary muscle	Accommodation

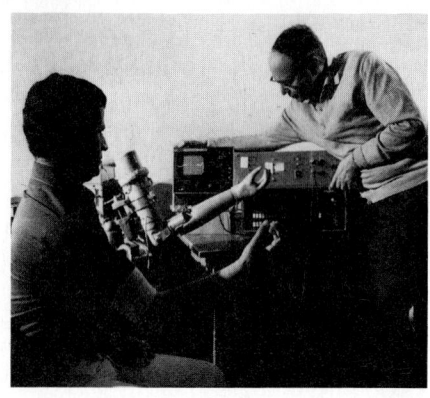

Nerve impulses generated in the upper arm of the research assistant are deciphered by the computer and relayed to the myoelectric arm.

Era of Bionic Person Moves Nearer to Reality

The 6-million-dollar bionic man or woman of fiction, put together with plastic, metal and electronic parts, is getting closer to reality.

Researchers and medical engineers are devising replacements for the human body—from skin to spinal cord—holding out the promise of finding ways to permit the crippled to walk, the deaf to hear, the voiceless to talk, the blind to see. Powers of nonhandicapped people also may be extended.

. . . . Many of the experimenters take advantage of the new-found ability to compress what once were large and complicated electrical circuits into small units. A single silicon chip that can fit on a finger tip contains all the computer logic that once went into a roomful of equipment.

Some of the most advanced work in bionics is in the duplication of limbs. Hundreds of amputees have been fitted with myoelectric arms, with artificial hands that open and close via brainpower. The secret: Small electrodes pick up nerve impulses, which then are magnified a thousand times by a power pack and transmitted to miniature motors in the mechanical hand.

. . . . Artificial skin, a spin-off from plastics used in spacecraft, now is being placed over transducers and integrated-control mechanisms to give a sense of touch to amputees. The aim is to enable a person with a replacement hand to lift a glass without crushing it or dropping it.

. . . . Humanlike voice. For those who cannot speak, hand-held voice synthesizers are available. Users press keys to activate a humanlike voice with any of about 50 commonly used syllables, words or phrases.

Battery-operated equipment has been available for decades for those with hearing difficulties, but only if the sensory nerves are functioning. Now, experimenters hope to implant minute sensors in the heads of deaf persons, sending signals to the brain's auditory parts and bypassing diseased nerves.

Meanwhile, scientists are redesigning old-style hearing aids to include microprocessors, empowering users to determine the distance they want to hear and to filter out background noises.

Hope is growing for the blind. Electrical stimulation of visual parts of the brain is being examined at several places, including the Institute for Biomedical Engineering at the University of Utah, Columbia-Presbyterian Medical Center in New York City, the University of Florida at Gainesville, and in Canada. The basic approach is this:

Figure 17.10

Light rays from each point on an object are bent by the cornea in such a way that they are directed to a single point after emerging from the lens. By this process an inverted image of the object forms on the retina.

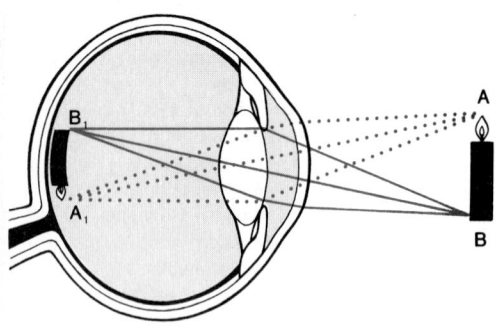

Physiology

Focusing When we look at an object, light rays are **focused** on the retina (fig. 17.10). In this way, an **image** of the object appears on the retina. The image on the retina occurs when the rods and cones in a particular region are excited. Obviously, the image is much smaller than the object. In order to produce this small image, light rays must be bent (refracted) and brought to a focus. They are bent as they pass through the cornea. Further bending occurs as the rays pass through the lens and humors.

Accommodation Light rays are reflected from an object in all directions. If the eye is distant from an object only nearly parallel rays enter the eye and the cornea alone is needed for focusing. But if the eye is close to the object many of the rays are at sharp angles to one another and additional focusing is required. The lens provides this additional focusing power. While the lens remains flat when we view distant objects, it rounds up when we view close objects. When rounded, the lens provides the additional refraction required to bring the diverging light rays to a sharp focus on the retina (fig. 17.11).

The shape of the lens is controlled by the ciliary muscle within the ciliary body. When we view a distant object the ciliary muscle is relaxed,

Television cameras direct signals to a computer, which relays them through wires to the brain. Blind volunteers using such devices to scan pages in which letters are represented by Braille dots have been able to read much faster than they did with their finger tips.

Scientists now are concentrating on the tough job of locating the proper cells of the brain to which various signals should be sent. They foresee the day years from now when a tiny TV camera can be implanted in an eye socket, with the rest of the system—including a microprocessor, transmitters and receivers—compressed into the stems of spectacles.

Scientists in San Francisco are working on a different system, which converts light to impulses that can be interpreted by the blind. A small TV camera positioned on eyeglasses picks up the scene in front of the wearer and sends signals to an elastic garmet worn on the back or abdomen. The signals are transmitted as patterns of taps which the wearer feels. . . .

Extensive research also is going on to create artificial hearts, kidneys, livers, pancreases and other organs, by capitalizing on the reliabilty, accuracy and compactness of microprocessors. The Veterans Administration is working on artificial muscle activated by sounds and high-energy magnets, and on a synthetic spinal cord. Within 15 years, it hopes to build electrical bridges over damaged parts of central nervous systems of the paralyzed.

More brainpower. Many devices being developed for the handicapped could be adapted to expand capabilities of the able-bodied. For example, the TV gadget that taps out patterns could enable a person to sense and to some extent identify objects behind him while looking ahead.

Researchers in a new science called neuron bionics seek to broaden the brain's power by linking it to a computer. Unraveling the brain's language remains a major problem.

One scientist envisions the day, however, when a computer small enough to fit into a tooth could contain all the information of a full college course. The user would query the "memory" in the tooth for facts and ideas that don't readily come to mind.

Developments in bionics are coming so rapidly and from so many different places around the globe that the Veterans Administration and the Armour Engineering Center of the Ilinois Institute of Technology last October opened a center in Chicago to keep track of what's going on and to carry out further research.

Some outsiders already are comparing the center to the fictional laboratory responsible for developing the superhuman 6-million-dollar man, the bionic woman and the bionic dog.

Scientists laugh that off, pointing out that as of now no synthetic spare part—however well engineered—can match the capability of the organ a normal human being is born with. But the gap is rapidly narrowing.

Reprinted from *U.S. News & World Report.* Copyright (1978) *U.S. News & World Report.*

Figure 17.11
When the eye focuses on a far object (*a*), the lens (color) is flat; but when it focuses on a near object (*b*), the lens rounds up and accommodation is said to have taken place.

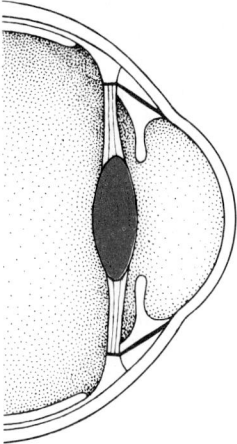

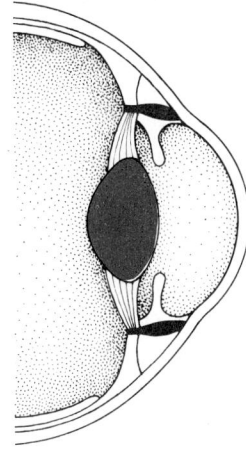

a. Normal Distant Focus

b. Near Focus

Figure 17.12
Due to the optic chiasma, both sides of the brain must function together in seeing the complete object.

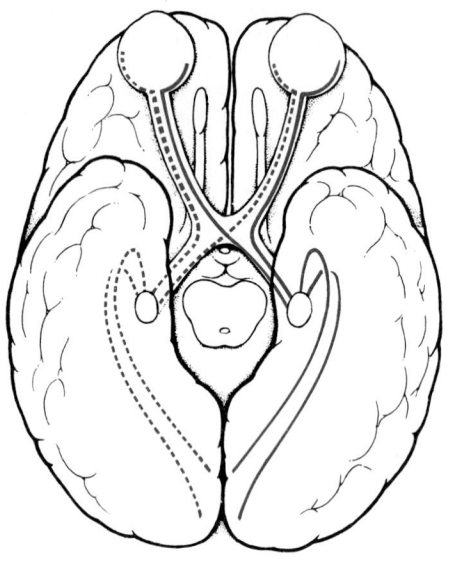

Figure 17.13
Light causes the chemical rhodopsin to break down into its component parts, retinal and opsin. This initiates the nerve impulse. In the dark, the pigment retinal, for which Vitamin A is a precursor, and the protein opsin recombine to form rhodopsin.

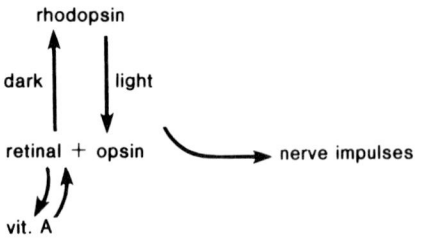

Chart 17.3 Accommodation

Object	Ciliary Muscle	Lens
Near object	Ciliary muscle contracts, ligaments relax	Lens becomes round
Far object	Ciliary muscle relaxes, ligaments under tension	Lens is flattened

causing the ligaments attached to the ciliary body to be under tension; therefore the lens remains relatively flat. When we view a close object the ciliary muscle contracts releasing the tension on the ligaments and therefore the lens rounds up due to its natural elasticity (chart 17.3). Since close work requires contraction of the ciliary muscle, it very often causes "eye strain."

Inverted Image   The image on the retina is upside down, and it is thought that perhaps by experience this image is righted in the brain. In one experiment, scientists wore glasses which inverted the field. At first, they had difficulty adjusting to the placement of objects, but then they soon became accustomed to their inverted world. Experiments such as this suggest that if we see the world upside down, the brain learns to see it right side up.

Stereoscopic Vision   We can see well with either eye alone, but the two eyes functioning together provide us with stereoscopic or depth vision. Normally, the two eyes are directed by the eye muscles toward the same object and therefore the object is focused on corresponding points of the two retinas. But each eye sends to the brain its own information about the placement of the object because each forms an image from a slightly different angle. These data are pooled to produce depth perception by a two-step process: first, because the optic nerves cross (optic chiasma, fig. 17.12), one half of the brain receives information from both eyes about the same part of an object; later, the two halves of the brain communicate to arrive at a complete three-dimensional interpretation of the whole object.

Biochemistry   In *dim light* the pupils enlarge so that more rays of light can enter the eyes. As the rays of light enter, they strike the rods and cones, but only the 160 million rods located in the periphery or sides of the eyes are sensitive enough to be stimulated by this faint light. The rods do not detect fine detail or color; so at night, for example, all objects appear to be blurred and have a shade of gray. Rods do detect even the slightest motion, however, because of their abundance and position in the eyes.

The rods contain **rhodopsin,** a pigment called visual purple. When light strikes rhodopsin it breaks down into a protein, **opsin,** and the pigment portion of the molecule, **retinal.** This leads to a depolarization of the rod cells and a release of transmitter substance from the rod cells so that nerve impulses are generated. When the eye is exposed to a flash of light, the stimulus generated lasts one-tenth of a second. This persistence accounts for our ability to continue to see an image if we close our eyes immediately after looking at an object. It also accounts for the fact that we see motion if still frames are presented at a rapid rate, as in "movies."

The more rhodopsin present in the rods, the more sensitive are our eyes to dim light. Therefore, during the time required for adaptation (adjustment) to dim light when we find it difficult to see, rhodopsin is being formed in the rods.

As figure 17.13 shows, retinal eventually breaks down to Vitamin A. Vitamin A is abundant in carrots, thus the notion that we should all eat carrots for good vision is not without foundation. Actually, most of the Vitamin A is transformed back to retinal, which then combines in the dark with opsin to again form rhodopsin.

In *bright light* the pupils get smaller so that less light enters the eyes. The cones (fig. 17.14), located primarily in the fovea, are active and detect the fine detail and color of an object. In order to perceive depth, as well as to see color, we turn our eyes so that reflected light from the object strikes the fovea.

To understand color vision, it is necessary to know something about light. Light is radiant energy, which, like other forms of radiant energy, travels through the air as waves. The different kinds of radiant energy may be arranged in a series—those with the shortest wavelengths at one end and those with the longest wavelengths at the other. This series is called the electromagnetic spectrum (p. 114). Visible white light comprises only a small portion of the spectrum and can itself be divided into wavelengths of different sizes and colors. When all the wavelengths of the visible spectrum enter the eye at the same time in nearly equal quantities, we see the light as colorless or white. That is why sunlight or the light from an electric lamp appears colorless. When white light is passed through a prism, it is broken up into its constituent colors (p. 114). Raindrops in the air may act as prisms. Sunlight passing through them is separated into its component wavelengths, and a rainbow occurs.

An object has color when it absorbs some wavelengths but not others. A black object absorbs all wavelengths, a white object absorbs none, and a green object absorbs all colors but green. Green wavelengths, for example, are reflected from grass to the eyes, and we see the grass as green.

There are three primary colors: red, green, and blue. When these are mixed equally, white appears. Other mixtures of these colors may be made to match almost all colors. *Color vision* has been shown to depend on three kinds of cones that contain either blue, green, or red receptors. Each pigment is made up of retinal and opsin, but there is a slight difference in the opsin for each, accounting for their individual absorption patterns. Various combinations of receptors are believed to be stimulated by in-between shades of color, and the combined nerve impulses are interpreted in the brain as a particular color.

Figure 17.15

Diagram illustrating common abnormalities of the eye.

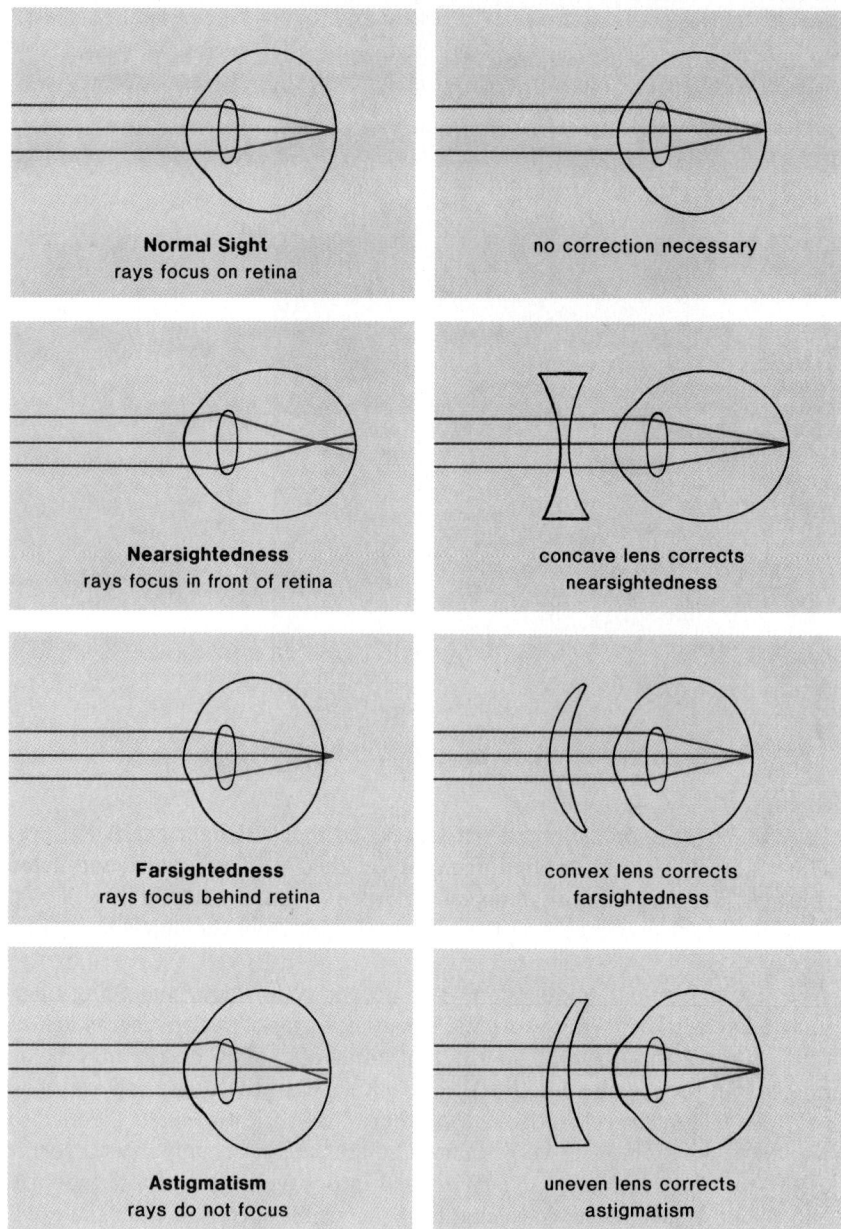

Normal Sight
rays focus on retina

no correction necessary

Nearsightedness
rays focus in front of retina

concave lens corrects
nearsightedness

Farsightedness
rays focus behind retina

convex lens corrects
farsightedness

Astigmatism
rays do not focus

uneven lens corrects
astigmatism

Disorders and Diseases

Glasses The majority of people can see what is designated as a size "20" letter 20 feet away and thus are said to have 20/20 vision. Persons who can see close objects but cannot see the letters from this distance are said to be nearsighted. Nearsighted persons can see near better than they can see far. These individuals often have an elongated eyeball and when they attempt to look at a far object, the image is brought to focus in front of the retina (fig. 17.15). They can see near because they can adjust the lens to allow the image to focus on the retina; but to see far, these people must wear concave lenses that diverge the light rays so that the image can be focused on the retina.

Persons who can easily see the optometrist's chart but cannot see close objects well are farsighted; these individuals can see far away better than they can see near. They often have a shortened eyeball, and when they try to see near, the image is focused behind the retina. When the object is far away the

Chart 17.4 Common Abnormalities of the Eye

Name	Effect	Fault	Result	Correction
Nearsighted	Can't see far, can see near	Long eyeball	Image focused in front of retina	Concave lens
Farsighted	Can't see near, can see far	Short eyeball	Image focused behind retina	Convex lens
Astigmatism	Can't focus	Irregular eyeball	Image not focused	Irregular lens

lens can compensate for the short eyeball, but when the object is close these persons must wear a convex lens to increase the bending of light rays so that the image will be focused on the retina. Chart 17.4 summarizes these conditions and their corrections.

Astigmatism   When the cornea or lens is uneven, the image is fuzzy because the light rays cannot be focused evenly on the retina. This fault can be corrected by an unevenly ground lens to compensate for the uneven cornea.

Bifocals   With normal aging, the lens decreases in its ability to change shape to focus on close objects. Since nearsighted individuals still have difficulty clearly seeing objects in the distance, they must wear bifocals, which means that the upper part of the lens is for distant vision and the remainder for near vision.

Cataracts   With old age, the lens of the eye may grow cloudy and opaque, inhibiting the transmission of light. The affected lens may be removed surgically, but the loss of the lens must be compensated with thick glasses.

Glaucoma   This is the leading cause of blindness in the United States and commonly develops when the aqueous humor fails to drain properly. Normally, this fluid drains off through a small duct near the iris. But aging, a tumor, infections, or other conditions can constrict or block this drainage. Then pressure builds up in the eyeball, and this pressure, if untreated, can damage the optic nerve.

Color Blindness   This is a genetic, sex-linked trait in which cones that respond primarily to red or green light are missing, with the result that the person perceives all combinations of red and green as the same color.

Mechanoreceptor—The Ear

The ear accomplishes two sensory functions: balance and hearing. The sense cells for both of these are located in the inner ear and consist of hair cells that respond to mechanical stimulation. Figure 17.16 is a drawing of the ear and chart 17.5 lists the parts of the ear.

Anatomy

The ear has three divisions: outer, middle, and inner. The **outer ear** consists of the **pinna** (external flap) and **auditory canal.** The opening of the auditory canal is lined with fine hairs and sweat glands. In the upper wall are modified sweat glands that secrete earwax to help guard the ear against the entrance of foreign materials such as air pollutants.

Figure 17.16
The anatomy of the human ear.

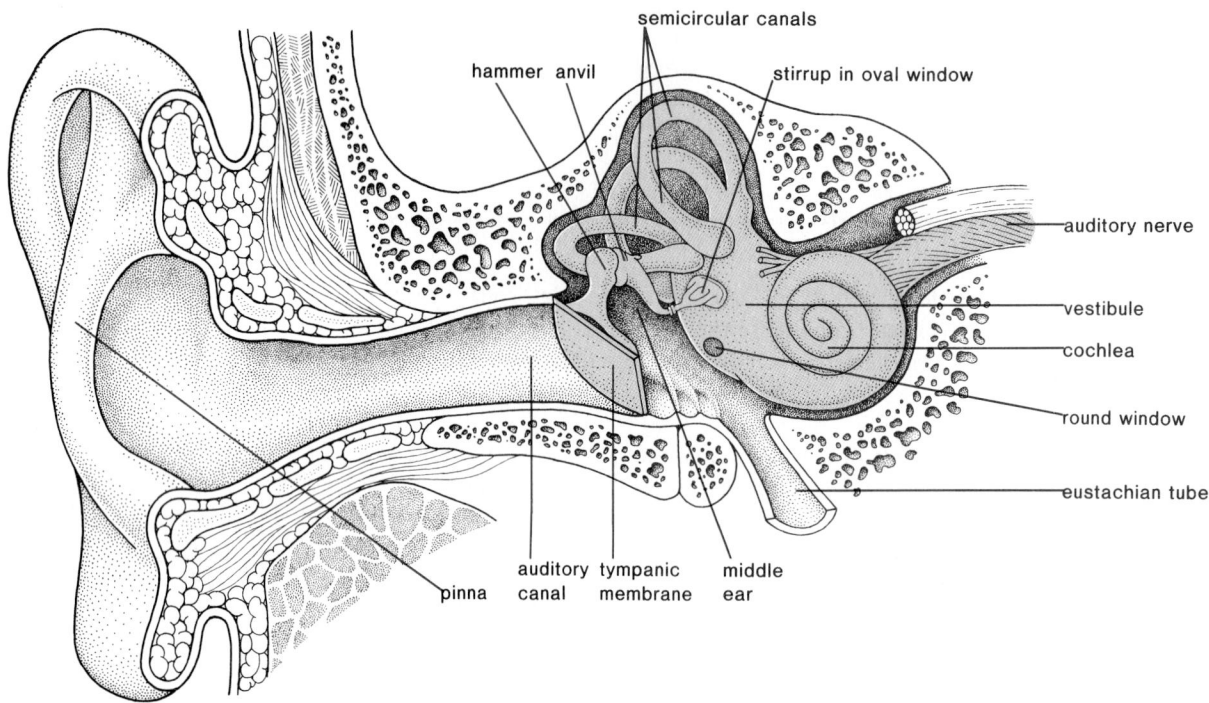

Chart 17.5 The Ear

	Outer Ear	Middle Ear	Inner Ear *Cochlea*	*Sacs plus semicircular canals*
Function	Directs sound waves to tympanic membrane	Picks up and amplifies sound waves	Hearing	Maintains equilibrium
Anatomy	Pinna Auditory canal	Tympanic membrane Hammer (malleus) Anvil (incus) Stirrup (stapes)	Vestibular canal Tympanic canal Cochlear canal Contains organ of Corti Auditory nerve starts here	Saccule and utricle (contain otoliths and hair cells) Semicircular canals (contain hair cells in ampullae)
Media	Air	Air (eustachian tube)	Fluid	Fluid

Path of vibration: Sound waves—vibration of tympanic membrane—vibration of hammer, anvil, and stirrup—vibration of oval window—fluid pressure waves of fluids in canals of inner ear lead to stimulation of hair cells—bulging of round window.

The **middle ear** begins at the **tympanic membrane** (eardrum) and ends at a bony wall in which are found two small openings covered by membranes. These openings are called the **oval** and **round windows.** The posterior wall of the middle ear leads to many air spaces within the **mastoid process.**

Three small bones are found between the tympanic membrane and the oval window. Collectively called the **ossicles,** individually they are the **hammer** (malleus), **anvil** (incus), and **stirrup** (stapes) (fig. 17.16) because their shapes resemble these objects. The hammer adheres to the tympanic membrane, while the stirrup touches the oval window.

The eustachian tube extends from the middle ear to the nasopharynx and permits equalization of air pressure. Chewing gum, yawning, and swallowing in elevators and airplanes helps move air through the eustachian tubes upon ascent and descent.

Figure 17.17
The inner ear in detail.

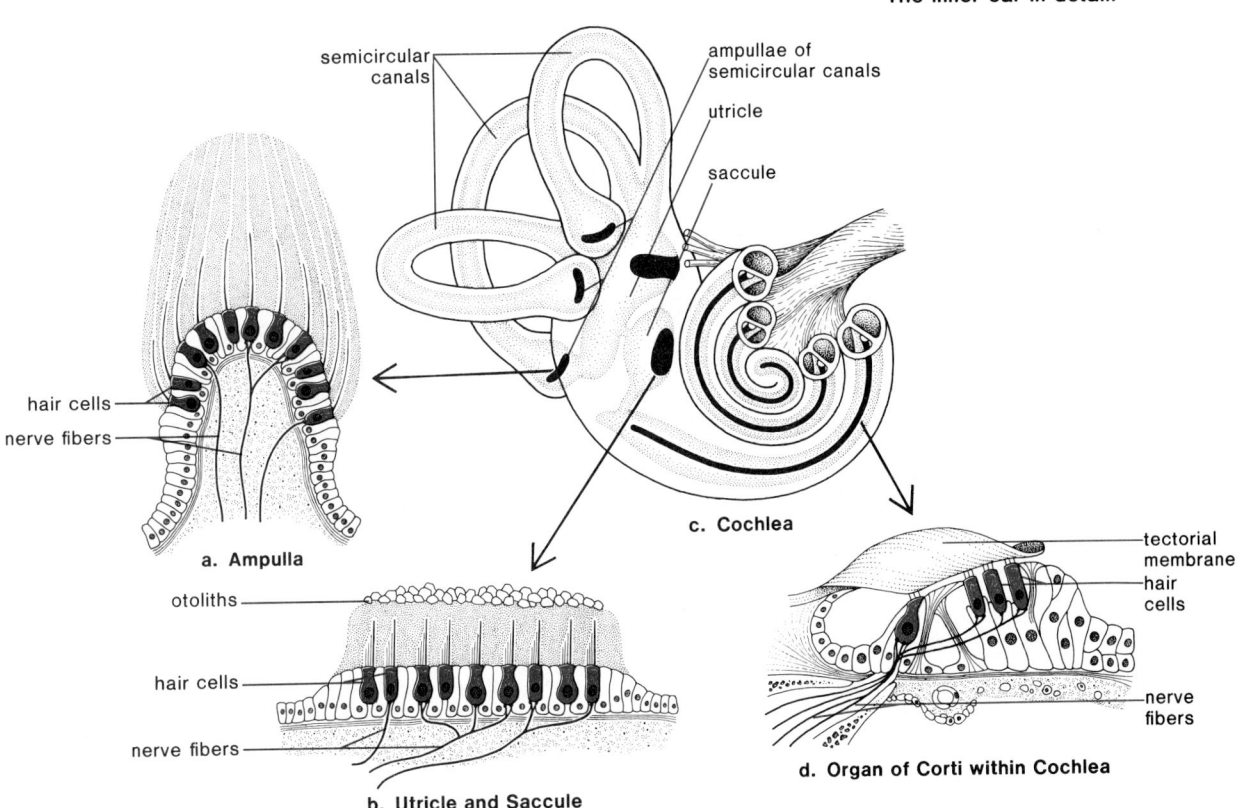

a. Ampulla

hair cells
nerve fibers

semicircular canals

ampullae of semicircular canals
utricle
saccule

c. Cochlea

otoliths
hair cells
nerve fibers

b. Utricle and Saccule

tectorial membrane
hair cells
nerve fibers

d. Organ of Corti within Cochlea

Whereas the outer ear and middle ear contain air, the inner ear is filled with fluid. The **inner ear,** anatomically speaking, has three areas: the first two, called the vestibule and semicircular canals, are concerned with balance; and the third, the cochlea, is concerned with hearing.

The **semicircular canals** are arranged so that there is one in each dimension of space. The base of each canal, called the **ampulla**, is slightly enlarged. Within the ampullae are little hair cells (fig. 17.17a).

The **vestibule** is a chamber that lies between the semicircular canals and the cochlea. It contains two small sacs called the **utricle** and **saccule.** Within both of these are little hair cells surrounded by a gelatinous material containing calcium carbonate granules, or **otoliths** (fig. 17.17b).

The **cochlea** (fig. 17.17c) resembles the shell of a snail because it spirals. Within the tubular cochlea are three canals: the vestibular, the **cochlear canal,** and the tympanic canal. Along the length of the basilar membrane, which forms the lower wall of the cochlear canal, are little hair cells, and just above them is another membrane, called the **tectorial membrane.** The hair cells plus the tectorial membrane are called the **organ of Corti** (fig. 17.17d). When this organ sends nerve impulses to the cerebral cortex, it is interpreted as sound.

Physiology

Balance (equilibrium)   The sense of balance has been divided into two senses: static equilibrium, referring to knowledge of the position of the head, and dynamic equilibrium, referring to knowledge of the movements of the head and body.

When the head is upright, the otoliths in the utricle and saccule rest on the hair cells. When the head is tilted, these granules are displaced, causing the cilia to bend slightly. This initiates nerve impulses that travel by way of a cranial nerve to the brain.

Figure 17.18

Diagram of cochlea unwound. The arrows represent the pressure waves that move from the oval window to the round window.

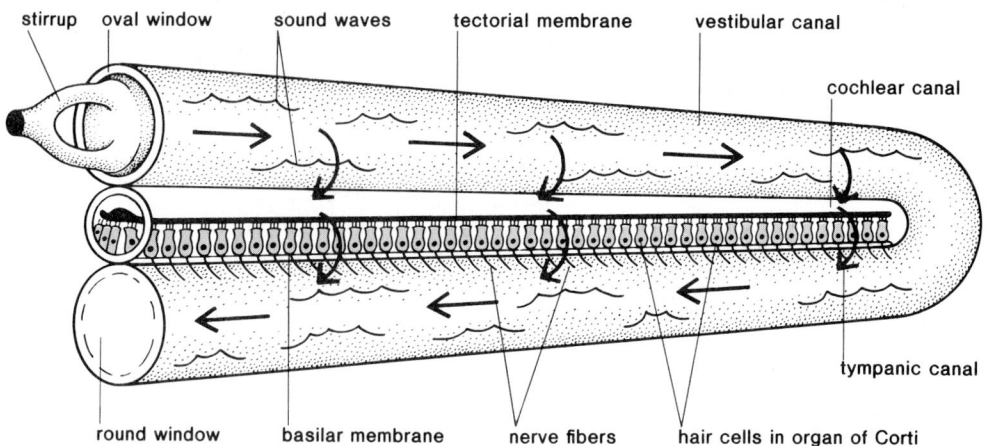

When the body is moved about, the fluid within the semicircular canals moves back and forth. This causes bending of the cilia attached to hair cells within the ampullae, and they initiate nerve impulses that travel to the brain. Consistent movement of the fluid in the semicircular canals causes one form of motion sickness.

Hearing   The process of hearing begins when sound waves enter the auditory canal. Just as ripples travel across the surface of a pond, sound travels by the successive vibrations of molecules. The pitch of a sound is determined by the frequency of the vibrations, or cycles. The human ear is able to hear sounds from a range of about 20 to 20,000 cycles per second (cps), but dogs are able to hear as high as 30,000 cps. Loudness depends upon the amplitude of the sound waves. It is customary to compare the loudness of sounds by use of the decibel. A sound of zero decibels (db) is the faintest audible sound and a sound of 140 db is loud enough to be painful. Rock music may be as loud as 130 db and a jet plane at takeoff is estimated at 150 db.

Ordinarily sound waves do not carry much energy, but when a large number of waves strike the eardrum, it moves back and forth (vibrates) ever so slightly. The hammer then takes the pressure from the inner surface of the eardrum and passes it by way of the anvil to the stirrup in such a way that the pressure is multiplied about twenty times as it moves from the eardrum to the stirrup. The stirrup strikes the oval window, causing it to vibrate, and in this way the pressure is passed to the fluid within the inner ear.

If the cochlea is unwound, as shown in figure 17.18, the vestibular canal is seen to connect with the tympanic canal; thus, as the figure indicates, pressure waves move from one canal to the other toward the round window, a membrane that can bulge to absorb the pressure. As a result of the movement of the fluid within the cochlea, the basilar membrane moves up and down, and the cilia of the hair cells rub against the tectorial membrane. This bending of the cilia initiates nerve impulses that pass by way of the auditory nerve to the brain, where the impulses are interpreted as a sound.

The organ of Corti is narrow at its base but widens as it approaches the tip of the cochlear canal. Each part of the organ is sensitive to different wave frequencies or pitch. Near the apex the organ of Corti responds to low pitches such as a tuba, and near the base it responds to higher pitches such as a bell or whistle. The neurons from each region along the length of the cochlea lead

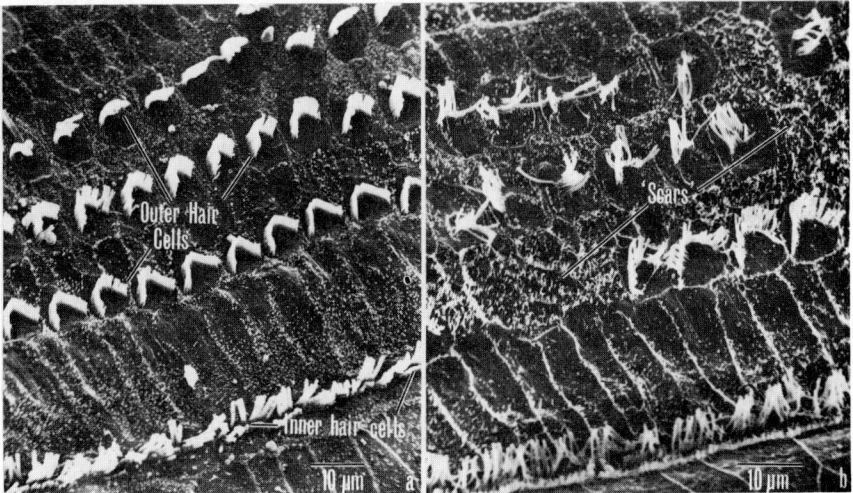

Figure 17.19
Damage to organ of Corti due to loud noise.
a. Normal organ of Corti. b. Organ of Corti
after 24-hour exposure to a noise level
typical of rock music. Note scars where
cilia have been worn away.

to slightly different areas in the brain. The pitch sensation we experience depends upon which of these areas of the brain is stimulated. Volume is a function of the amplitude of sound waves. Loud noises cause the fluid of the cochlea to oscillate to a greater degree, and this in turn causes the basilar membrane to move up and down to a greater extent. The resulting increased stimulation is interpreted by the brain as loudness. It is believed that tone is an interpretation of the brain based on the distribution of hair cells stimulated.

Deafness   There are two major types of deafness: *conduction* and *nerve deafness*. Conduction deafness can be due to a congenital defect as those that occur when a pregnant woman contracts German measles during the first trimester of pregnancy. (For this reason every female should be sure to be immunized against rubella before the childbearing years.) Or, conduction deafness can be due to infections that have caused the ossicles to fuse together, restricting the ability to magnify sound waves. As was mentioned in chapter 13 respiratory infections can spread to the ear by way of the eustachian tubes; therefore, every cold and ear infection should be taken seriously.

Nerve deafness most often occurs when the cilia on the sense receptors within the cochlea have worn away (fig. 17.19). Since this may happen with normal aging, old people are more likely to have trouble hearing; however, nerve deafness also occurs when young people listen to loud music amplified to 130 decibels. Because hearing aids are not helpful for nerve deafness, it is wise to avoid subjecting the ears to any type of continuous loud noise.

Summary

All sense receptors are the first part of a reflex arc. Each type is sensitive to a particular kind of stimulus in the external or internal environment. When stimulation occurs, they initiate nerve impulses that are transmitted to the spinal cord and/or brain. Only when nerve impulses reach the cerebrum are we conscious of sensation. The cerebrum can be mapped according to the type of sensation felt and the localization of sensation.

The sense organs can be divided into the general senses and the special senses. The skin contains receptors for touch, pressure, temperature, and pain. The viscera contain pain receptors sparsely distributed; because the impulses from these receptors pass to the same neurons in the spinal cord as do those from the skin, the brain is apt to interpret internal pain as localized in the skin region. The joints contain proprioceptors that indicate to the brain the position of the limbs.

Taste and smell are due to chemoreceptors that are stimulated by chemicals in solution. The taste buds contain cells in contact with nerve fibers, while olfactory cells are specialized nerve fibers. The former end in microvilli, while the latter end in cilia.

The eye is a photoreceptor with three coats. The outer layer, the sclera, can be seen as the white of the eye; it also becomes the transparent bulge in the front of the eye called the cornea. The middle layer, or choroid, is dark and contains blood vessels; it becomes the ciliary body and iris just behind the cornea. The retina, or inner layer of the eye, contains the actual light receptors—the rods and cones. The cones, which are concentrated in the fovea, are active in bright light and detect fine detail plus color. It is believed that there are three types of cones containing three different pigments: one for the color red, one for green, and another for blue. The rods located on the periphery are active in dim light. When light strikes a rod, rhodopsin breaks down to opsin plus retinal, triggering the initiation of nerve impulses. Actually, we cannot see until the brain receives nerve impulses from the rods and cones.

Light rays reflected from an object must be bent, or refracted, as they pass through the cornea and lens to form an image on the retina. Usually, the lens is flattened, and the ligaments attaching it to the ciliary body are under tension; but to see a close object accommodation occurs: the ciliary muscle contracts; the ligaments relax and the lens rounds up. Chart 17.2 lists the parts of the eye and their functions.

Although we are able to see with just one eye, both eyes working together with both halves of the brain produce stereoscopic or 3-D vision. First, when both eyes are properly directed toward the object, the image falls on identical parts of both retinae, but at different angles. Due to the optic chiasma, the left portion of each retina sends information only to the left half of the brain, and the right portion of each retina sends information only to the right half of the brain. The two halves of the brain put this information together to produce stereoscopic vision.

The most common disorder of the eyes requires wearing glasses. Chart 17.4 lists the common defects and their corrections. There is usually an increased need for glasses after the age of forty, because the lens loses its ability to accommodate for close vision. Thus, many persons entering middle age must wear either reading glasses or bifocals. Other problems with eyes include cataracts, glaucoma, and color blindness.

The ear is divided into three parts: outer, middle, and inner. The outer ear consists of the pinna, or flap, and auditory canal, which direct sound waves to the middle ear. The middle ear begins with the tympanic membrane and contains the ossicles, or the hammer, anvil, and stirrup. The hammer is attached to the tympanic membrane, and the stirrup is attached to the oval window, which is covered by membrane. The inner ear contains the cochlea, the semicircular canals, plus the utricle and saccule.

When we hear, sound waves travel the length of the outer and middle ears to the fluid-filled cochlea, which has three canals, the middle one of which contains the organ of Corti, the organ for hearing. This organ consists of hair cells with the tectorial membrane above. Fluid pressure waves within the canals of the cochlea cause these hair cells to strike the tectorial membrane; because of this, nerve impulses are initiated that finally result in hearing. There are two major causes of deafness: conduction defects and nerve defects. A frequent cause of nerve deafness is exposure to excessive noise. Pitch is believed to be due to the frequency of oscillation of the fluid within the canals; loudness is dependent on the degree to which the basilar membrane moves up and down; and tone is probably due to the distribution of hairs stimulated.

Two types of balance are recognized: dynamic and static. Dynamic equilibrium is dependent on the stimulation of hair cells within the ampullae of the semicircular canals. Static equilibrium relies on the stimulation of hair cells within the utricle and saccule. Here, little granules called otoliths are displaced by a tilting of the head and this distorts the cilia below.

Study Questions

1. Name three factors that all receptors have in common. (p. 328)
2. Explain the division of sense receptors into general and special senses. (p. 328)
3. Discuss the sense receptors of the skin, viscera, and joints. (pp. 328–30)
4. Discuss the chemoreceptors. (pp. 330–31)
5. Describe the anatomy of the eye (pp. 331–33) and explain focusing and accommodation. (pp. 334–36)
6. What chemical reaction is responsible for vision in dim light? (p. 336) Describe sight in dim light. Discuss color vision. (p. 337)
7. Relate the need for glasses to three possible shapes of the eye. (pp. 338–39) Discuss bifocals. (p. 339)
8. Discuss cataracts, glaucoma, and color blindness. (p. 339)
9. Describe the anatomy of the ear (pp. 339–41) and how we hear. (pp. 342–43)
10. Describe the role of the utricle, saccule, and semicircular canals in balance. (p. 341)
11. Discuss the two causes of deafness, including why young people frequently suffer loss of hearing. (p. 343)

Further Readings

Amoore, J. E. et al. 1964. The stereochemical theory of odor. *Scientific American* 210 (2):28.

Favreau, O. E., and Corballis, M. C. 1976. Negative aftereffects in visual perception. *Scientific American* 235(6):42.

Glickstein, M., and Gibson, A. R. 1976. Visual cells in the pons of the brain. *Scientific American* 235(5):90.

Johansson, G. 1975. Visual motion perception. *Scientific American* 232(6):76.

Land, E. H. 1977. The retinex theory of color vision. *Scientific American* 237(6):108.

MacNichol, E. F., Jr. 1964. Three-pigment color vision. *Scientific American* 211(6):48.

Neisser, U. 1968. The processes of vision. *Scientific American* 219(3):204.

Pettigrew, J. D. 1972. The neurophysiology of binocular vision. *Scientific American* 227(2):13.

Regan, et al. 1979. The visual perception of motion in depth. *Scientific American* 241(1):136.

Ross, J. 1976. The resources of binocular perception. *Scientific American* 234(3):80.

Rushton, W. A. H. 1975. Visual pigments and color blindness. *Scientific American* 232(3):64.

van Heyningen, R. 1975. What happens to the human lens in cataract? *Scientific American* 233(6):70.

von Bekesy, G. 1957. The ear. *Scientific American* 197(2):66.

Werblin, F. S. 1973. The control of sensitivity in the retina. *Scientific American* 228(1):70.

Young, R. W. 1970. Visual cells. *Scientific American* 223(4):80.

18

hormones

Chapter Concepts

1. The hormonal glands are ductless glands that secrete directly into the bloodstream.

2. Hormonal secretions coordinate the biochemical functioning of the body by acting on target organs.

3. In general, hormonal glands are controlled by a negative feedback mechanism.

4. Malfunctioning of hormonal glands can bring about a dramatic change in appearance and can cause early death.

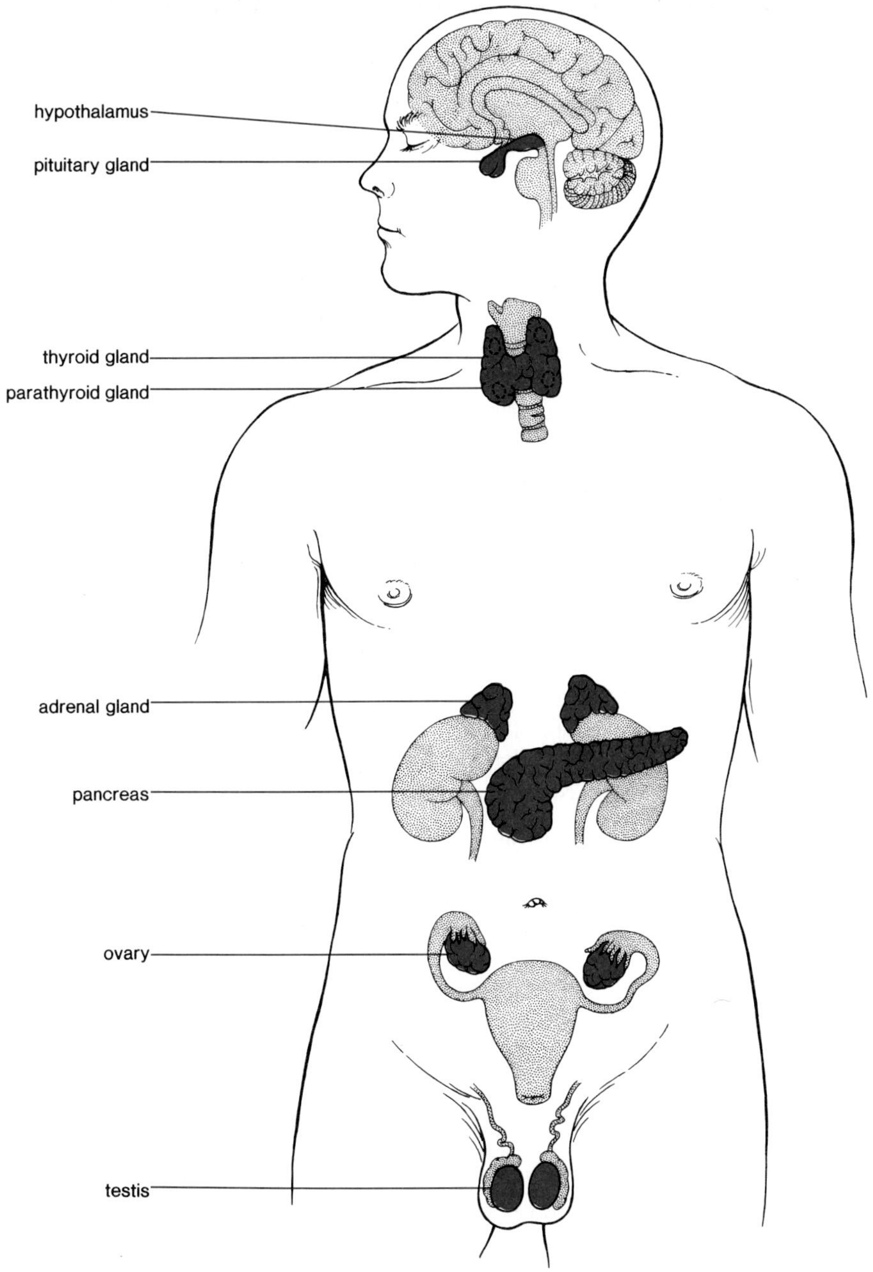

Figure 18.1
Anatomical location of major endocrine glands in the body.

hypothalamus
pituitary gland

thyroid gland
parathyroid gland

adrenal gland

pancreas

ovary

testis

Hormones are chemical messengers sent by one part of the body to another part by way of the bloodstream. As communicative agents, they participate in the control and coordination of the organism. In our discussion, we will stress only a few significant hormones and will show that they influence such things as the *phenotype* (physical appearance of the individual), *homeostasis* (the maintenance of the internal environment), and the *behavior* (activity) of the organism.

Hormones are produced by glands (fig. 18.1) called **endocrine glands** that secrete their products internally, placing them directly in the blood. Since these glands do not have ducts for the transport of their secretions, they are sometimes called **ductless glands.** All hormones are carried throughout the body by the blood, but each one affects only a specific part or parts, appropriately termed the **target organ(s).**

Chart 18.1 The Principal Endocrine Glands and their Hormones

Gland	Hormones	Chief Functions	Disorders Too much/Too little
Anterior Pituitary	Thyroid stimulating (TSH, thyrotropin)	Stimulates thyroid	*See* thyroid
	Adrenocorticotropic (ACTH)	Stimulates adrenal cortex	*See* adrenal cortex
	Gonadotropic	Stimulate gonads	*See* gonads
	Follicle stimulating (FSH)	Egg and sperm	
	Leuteinizing (LH)	Sex hormones	
	Lactogenic (LTH, prolactin)	Milk production	None known/inadequate supply
	Growth (GH, somatotropic)	Growth	Giant, acromegaly/midget
Posterior Pituitary	Antidiuretic (ADH, vasopressin)	Water retention by kidneys	None known/diabetes insipidus
	Oxytocin	Uterine contraction	None known
Thyroid	Thyroxin	Increases metabolic rate (cellular respiration)	Exophthalmic goiter/simple goiter myxedema, cretinism
	Calcitonin	Plasma level of calcium	Tetany/weak bones
Parathyroid	Parathormone (PTH)	Plasma levels of calcium and phosphorus	Weak bones/ tetany
Adrenal cortex	Glucocorticoids (cortisol)	Gluconeogenesis	
	Mineralocorticoids (aldosterone)	Sodium retention; potassium excretion by kidneys	Cushing's syndrome/Addison's disease
	Sex hormones	Sex characteristics	
Adrenal medulla	Adrenalin (norepinephrine)	Fight or flight	None known
Pancreas	Insulin	Lowers blood sugar	Shock/diabetes mellitus
	Glucagon	Raises blood sugar	None known
Testes	Androgens (testosterone)	Secondary male characteristics	None known/Eunuch
Ovary	Estrogen (by follicle)	Secondary female characteristics	None known/Masculinization
	Progesterone (by corpus luteum)		

Chart 18.1 lists the major endocrine glands, the hormones produced by each, and the associated disorders that occur when there is an abnormal level of the hormones—either too much or too little.

Hormone Chemistry

Hormones are organic substances that fall into two basic categories: (1) Amino acids, polypeptides, or proteins. Glands that secrete these types of hormones include the pituitary and parathyroid glands. (2) Steroid hormones. Steroids are complex rings of carbon and hydrogen atoms. The difference between steroids is due to the atoms attached to these rings. The adrenal cortex and sex glands produce steroid hormones.

Pituitary Gland

The pituitary gland, which has two portions called the **anterior pituitary** and **the posterior pituitary,** is a small gland about one centimeter in diameter that lies at the base of the brain. The posterior pituitary is connected by means of a stalk to the hypothalamus (fig. 18.2), that portion of the brain concerned with homeostasis (p. 165). The anterior pituitary has no direct anatomical connection with the posterior pituitary, but there is a portal system composed of tiny blood vessels that connects it to the hypothalamus.

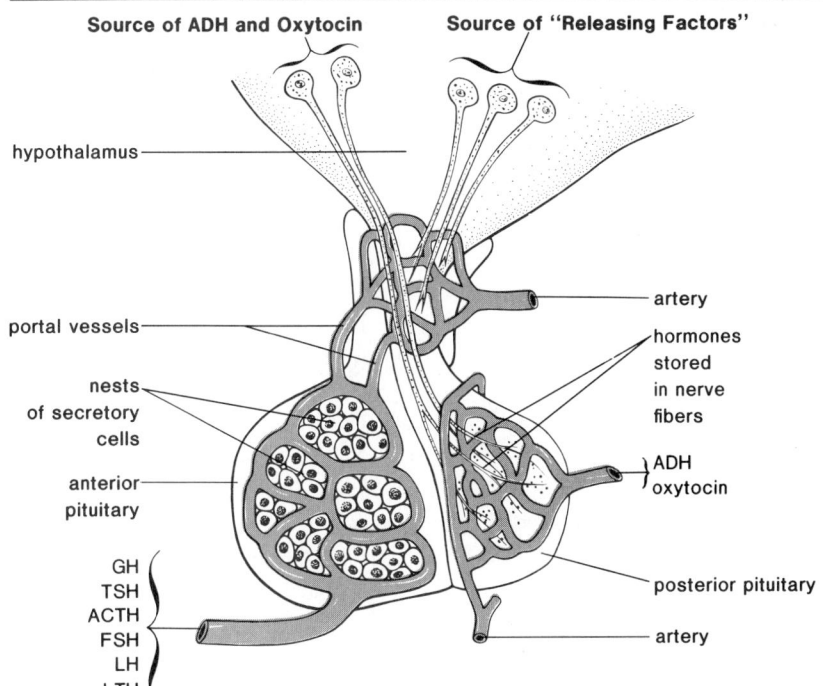

hypothalamus

portal vessels

nests
of secretory
cells

anterior
pituitary

GH
TSH
ACTH
FSH
LH
LTH

artery

hormones
stored
in nerve
fibers

ADH
oxytocin

posterior pituitary

artery

Figure 18.2
The anterior pituitary is connected to the hypothalamus by a portal system while the posterior pituitary is connected by nerves. Consult chart 18.1 for the full names of the hormones.

The hypothalamus controls both the anterior and posterior pituitary. In fact, it produces the hormones released by the posterior pituitary. These hormones are made in the hypothalamus and passed along nerves that end in the posterior pituitary.

The hypothalamus controls the anterior pituitary by producing **hypothalamic releasing factors,** which are now being called hypothalamic releasing hormones by some investigators because they are transported to the anterior pituitary by the blood within the portal system that connects the two organs.

Posterior Pituitary

The posterior pituitary releases antidiuretic hormone (ADH), sometimes called vasopressin, and oxytocin.

ADH, as discussed in chapter 14, promotes the reabsorption of water from the loop of Henle and the collecting duct, portions of the kidney tubules. It is believed that the hypothalamus contains osmoreceptors, or cells that are sensitive to the amount of water in the blood. When these cells detect that the blood lacks sufficient water, ADH is produced by hypothalamic neurons and is transported by their fibers to the posterior pituitary, where it is released (fig. 18.2). As the blood becomes more dilute, the hormone ceases to be produced and released. Figure 18.3 illustrates how the level of this hormone is controlled by a circular pattern in which the effect of the hormone (dilute blood) acts to shut down the production and release of the hormone. This is an example of control by **negative feedback.** Negative feedback mechanisms regulate the activities of all hormonal glands.

Inability to produce ADH causes **diabetes insipidus** (watery urine) in which a person produces copious amounts of urine with a resultant loss of salts from the blood. The condition can be corrected by the administration of ADH.

Oxytocin, the other hormone released by the posterior pituitary, causes the uterus to contract and may be used to artificially induce labor. It also stimulates the release of milk from the breast when a baby is nursing.

Figure 18.3
Regulation of ADH secretion.

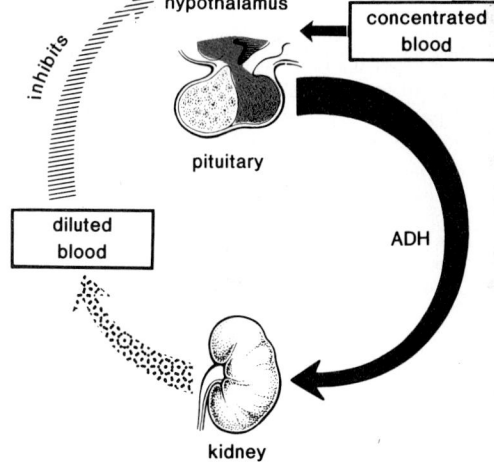

inhibits

hypothalamus

concentrated
blood

pituitary

diluted
blood

ADH

kidney

Figure 18.4
The pituitary gland and its target organs.
Consult chart 18.1 for the full names of the
hormones.

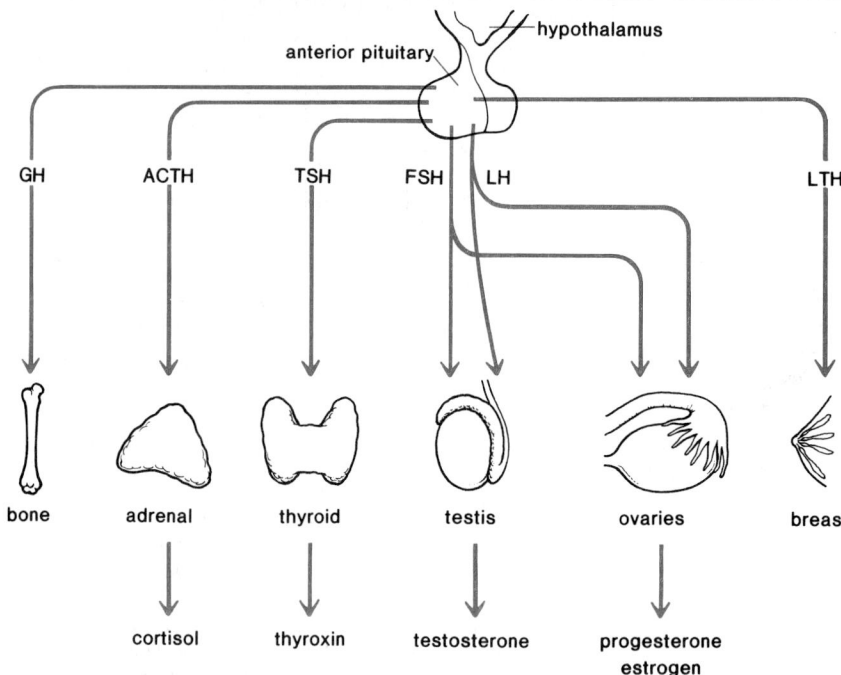

Chart 18.2 Hypothalamic
Releasing Factors

Name	Stimulates Release of
Growth Hormone Releasing Factor*	GH
Lactogenic Hormone Releasing Factor*	LTH
Thyrotropin Releasing Factor	TSH
Corticotropin Releasing Factor	ACTH
Gonadotropin Releasing Factor†	FSH and LH

*Inhibitory releasing factors are also known.

†There may be an individual factor for both FSH and LH.

Anterior Pituitary

The anterior pituitary produces at least six different hormones (figs. 18.2 and 18.4). The production of each anterior pituitary hormone is controlled by a hypothalamic releasing factor (chart 18.2).

Two of the hormones produced by the anterior pituitary have a direct effect on the body. These are growth hormone and lactogenic hormone.

Growth hormone (GH), or somatotropin, affects the phenotype dramatically since it determines the size of the individual. If little or no growth hormone is secreted by the anterior pituitary during childhood, the person will become a midget of perfect proportions but quite small in stature. If too much growth hormone is secreted, the person will become a giant (fig. 18.5). Giants usually have poor health, primarily because growth hormone has a secondary effect on blood sugar level, promoting an illness called diabetes (sugar) mellitus, which is discussed in the following.

Growth hormone promotes cell division, protein synthesis, and bone growth. It stimulates the transport of amino acids into cells and increases the activity of ribosomes, both of which are essential to protein synthesis. In bones it promotes growth of the cartilaginous plates and causes osteoblasts to convert cartilage to bone (p. 315). Evidence suggests that the effects on cartilage and bone may actually be due to hormones called somatomedins released by the liver. Growth hormone causes the liver to release somatomedins.

If the production of GH increases in an adult after full height has been obtained, only certain bones respond. These are the bones of the jaw, eyebrow ridges, nose, fingers, and toes. When these begin to grow, the person takes on a slightly grotesque look with huge fingers and toes, a condition called **acromegaly** (fig. 18.6).

Lactogenic hormone (LTH), also called prolactin, is produced in quantity only after childbirth. It causes the mammary glands in the breasts to develop and produce milk.

Figure 18.5
The difference in size between a giant and a midget can be explained by a difference in production of growth hormone by the anterior pituitary.

Figure 18.6
Acromegaly is characterized by an enlargement of the bones in the face and fingers of an adult. Compare the normal size fingers (hand at left) to those of the patient.

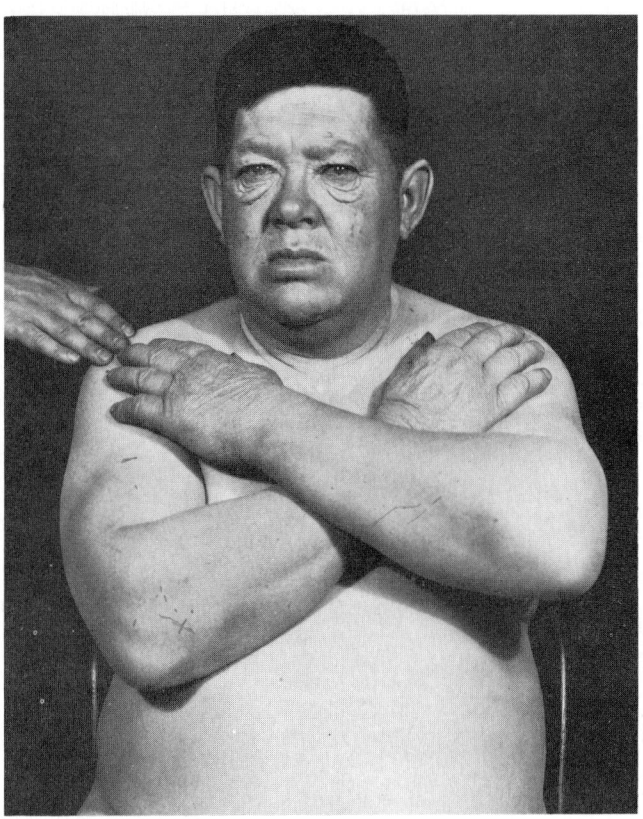

Master Gland

The anterior pituitary is called the master gland because it controls the secretion of other endocrine glands (fig. 18.4). As indicated in chart 18.1, the anterior pituitary secretes the following hormones, which have an effect on other glands:

1. TSH, thyroid-stimulating hormone.

2. ACTH, a hormone that stimulates the adrenal cortex.

3. Gonadotropic hormones (FSH and LH) that stimulate the gonads, the testes in males and the ovaries in females.

TSH causes the thyroid to produce thyroxin, ACTH causes the adrenal cortex to produce cortisol, and gonadotropic hormones cause the gonads to secrete sex hormones (chap. 19). Notice that it is now possible to indicate a three-tiered relationship between the hypothalamus, pituitary, and other endocrine glands. The hypothalamus produces releasing factors that control the anterior pituitary and the anterior pituitary produces hormones that control the thyroid, adrenal cortex, and gonads. Figure 18.7 illustrates the feedback mechanism that controls the activity of all three glands.

Figure 18.7

The level of thyroxin in the body is controlled in three ways: (*a*) the level of TSH exerts feedback control over the hypothalamus, (*b*) the level of thyroxin exerts feedback control over the anterior pituitary, and (*c*) over the hypothalamus. In this way thyroxin controls its own secretion. Substitution of the appropriate terms would also allow this diagram to illustrate control of cortisol and sex hormone levels.

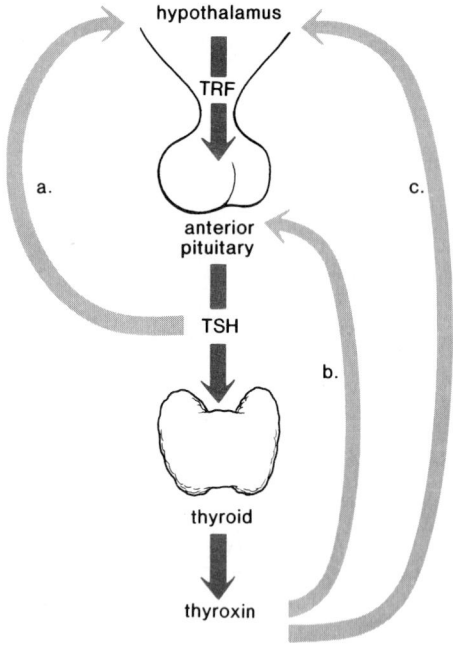

Figure 18.9

A simple goiter, or enlarged thyroid gland, is often caused by a lack of iodine in the diet.

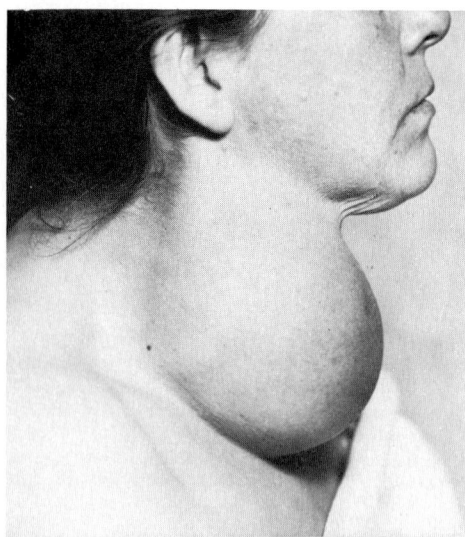

Figure 18.8

The thyroid gland is composed of many follicles, lined by epithelial cells, that secrete a precursor to thyroxin. *ES* = epithelial cell surface. *Lu* = lumen of follicle. *CT* = connective tissue.

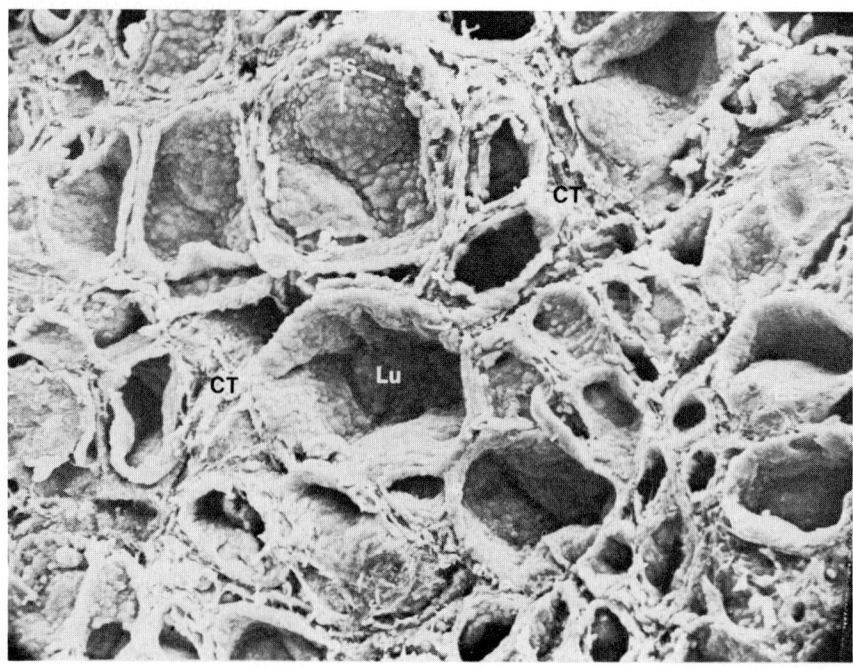

Kessel and Kardon

Thyroid Gland

The thyroid gland (fig. 18.1) is located in the neck and attached to the trachea just below the larynx. Internally (fig. 18.8), the gland is composed of a large number of follicles filled with thyroglobulin, the storage form of thyroxin. The production of both of these requires iodine. Iodine is actively transported into the thyroid gland, where the concentration may become as much as twenty-five times that of the blood. If iodine is lacking in the diet, the thyroid gland enlarges, producing a goiter (fig. 18.9). The cause of this enlargement becomes clear if we refer to figure 18.7. When there is a low level of thyroxin in the blood, a condition called hypothyroidism, the anterior pituitary is stimulated to produce TSH. TSH causes the thyroid to increase in size so that usually enough thyroxin is produced. In this case enlargement continues because enough thyroxin is never produced. An enlarged thyroid that produces some thyroxin is called a simple goiter.

Activity and Disorders

Thyroxin increases the metabolic rate. It does not have a target organ; instead, it stimulates most of the cells of the body to metabolize at a faster rate. The number of respiratory enzymes in the cell increases as does oxygen uptake.

If the thyroid fails to develop properly, a condition called **cretinism** results. Cretins (fig. 18.10) are short, stocky persons who have had extreme hypothyroidism since childhood and/or infancy. Thyroid therapy can initiate growth, but unless treatment is begun within the first two months, mental retardation results. The occurrence of hypothyroidism in adults produces the condition known as **myxedema** (fig. 18.11), which is characterized by lethargy, weight gain, loss of hair, slower pulse rate, decreased body temperature, and thickness and puffiness of the skin. The administration of adequate doses of the thyroid hormone restores normal function and appearance.

Figure 18.10
Cretins are individuals who have suffered from thyroxin insufficiency since birth or early childhood.

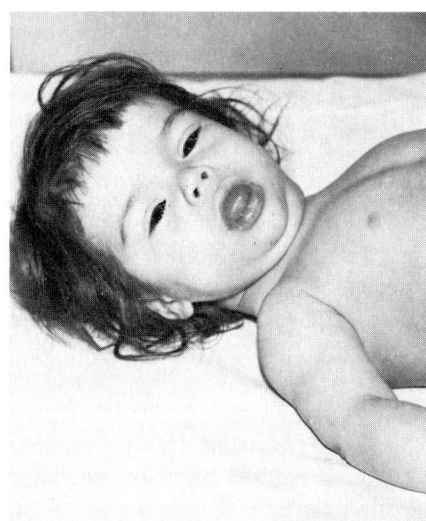

Figure 18.11
Myxedema is characterized by coarse features and is caused by thyroid insufficiency in the older adult.

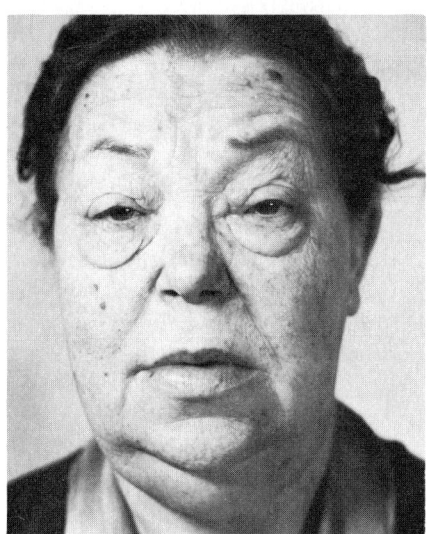

Figure 18.12
A person with exophthalmic goiter has an enlarged thyroid gland and protruding eyes.

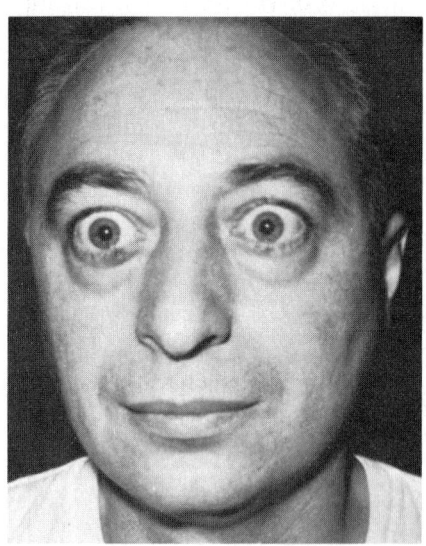

In the case of **hyperthyroidism** (too much thyroxin), the thyroid gland is enlarged and overactive, causing a goiter to form and the eyes to curiously protrude. This type of goiter is called **exophthalmic goiter** (fig. 18.12). The patient usually becomes hyperactive, nervous, irritable, and suffers from insomnia. Removal or destruction of a portion of the thyroid by means of radioactive iodine is sometimes effective in curing the condition.

Calcitonin

In addition to thyroxin, the thyroid gland also produces the hormone calcitonin. This hormone helps regulate the calcium level in the blood and opposes the action of parathyroid hormone. The interaction of these two hormones is discussed on page 356.

Adrenal Glands

The adrenal glands, as their name implies (*ad* = near; *renal* = kidneys), lie atop the kidneys (fig. 18.1). Each consists of an outer portion called the cortex and an inner portion called the medulla (fig. 18.13). These portions, like the anterior and posterior pituitary, have no connection with one another.

The hypothalamus can control the activity of both portions of the adrenal glands. Via the brain stem and nerve cord, nervous stimulation from the hypothalamus can cause the adrenal medulla (fig. 15.15), which receives sympathetic nerve fibers, to secrete its hormones. Also, the hypothalamus by means of ACTH Releasing Factor controls the anterior pituitary's secretion of ACTH, which in turn stimulates the adrenal cortex. *Stress* of all types, including both emotional and physical trauma, prompts the hypothalamus to stimulate the adrenal glands.

Adrenal Medulla

The adrenal medulla secretes adrenalin and noradrenalin. The postganglionic fibers of the sympathetic nervous system also secrete noradrenalin. In fact the adrenal medulla is often considered to an adjunct to the sympathetic nervous system.

Figure 18.13
The adrenal glands have two parts, an outer cortex and an inner medulla, both of which have specific functions. The outer darker area is the cortex, and the inner lighter area is the medulla.

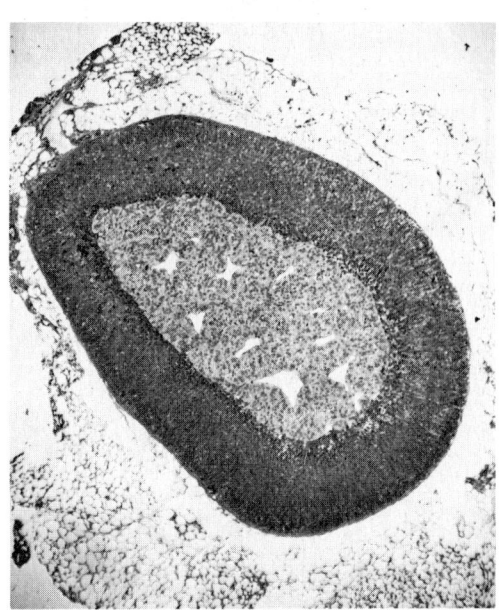

Figure 18.14
Stress leads to the production of cortisol, which helps relieve the trauma.

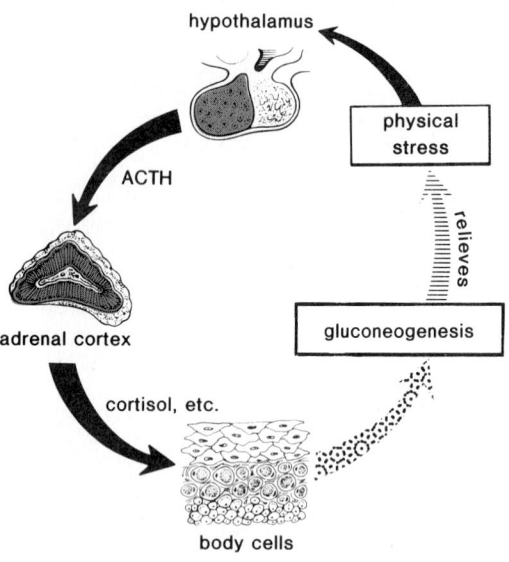

Figure 18.15
Regulation of aldosterone secretion.

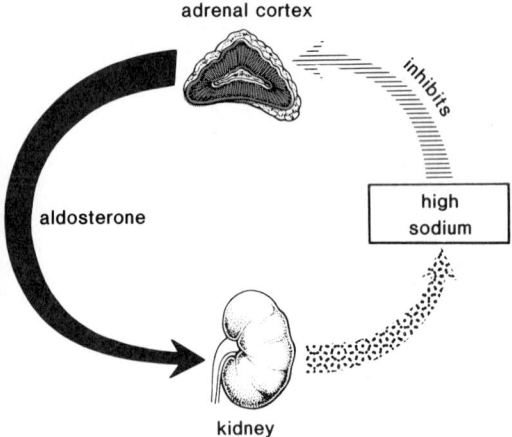

Adrenalin and noradrenalin are involved in the body's immediate response to stress. They bring about all those effects that occur when an individual reacts to an emergency. Blood glucose level rises, the metabolic rate increases as does breathing and the heart rate. The blood vessels in the intestine constrict while those in the muscles dilate. Increased circulation to the muscles causes them to have more strength than usual. The individual has a wide-eyed look and is extremely alert. Adrenalin has such a profound effect on the heart that it is often injected directly into a heart that has stopped beating in an attempt to stimulate its contraction.

Adrenal Cortex

While the adrenal medulla may be removed with no ill effects, the adrenal cortex is absolutely necessary to life. The two major types of hormones made by the adrenal cortex are the glucocorticoids and the mineralocorticoids. It also secretes a small amount of male and female sex hormones. All of these hormones are steroids.

Glucocorticoids

Of the various glucocorticoids, the hormone responsible for the greatest amount of activity, is cortisol. The secretion of **cortisol** helps an individual recover from stress (fig. 18.14). Cortisol raises the level of amino acids in the blood, which, in turn, leads to an increased level of glucose when the liver converts these amino acids into glucose. It is said that the adrenal cortex brings about gluconeogenesis, or the production of glucose from nonglucose substances. Gluconeogenesis aids recovery because it allows an individual to maintain cellular respiration, especially in the brain, even when the body is not being supplied with dietary glucose. The amino acids not converted to glucose can be used for tissue repair should injury occur.

Cortisol also counteracts the inflammatory response (p. 226). During the inflammatory response, capillaries become more permeable and fluid leaks out causing swelling in surrounding tissues. This causes the pain and swelling of joints that accompany arthritis and bursitis. The administration of cortisol aids these conditions because it reduces inflammation.

Mineralocorticoids

The secretion of mineralocorticoids, the most important of which is **aldosterone,** is not believed to be under the control of the anterior pituitary. These hormones regulate the level of sodium (Na^+) and potassium (K^+) in the blood, their primary target organ being the kidney where they promote renal reabsorption of sodium and renal excretion of potassium. The level of sodium in the blood seems to regulate the secretion of aldosterone (fig. 18.15).

The concentration of sodium in the blood affects the reabsorption of water by the kidneys. If the level of sodium falls too low, too little water is reabsorbed, blood volume falls, and hypotension results. If the level of sodium rises too high, too much water is reabsorbed, blood volume increases, and hypertension results. Sodium and potassium levels are also critical for nerve conduction and muscle contraction; in fact, cardiac failure may result from too low a level of potassium.

Sex Hormones

The adrenal cortex produces a small amount of both male and female sex hormones. In males the cortex is a source of female sex hormones, and in females it is a source of male hormones. It is possible that these opposite sex hormones have an important function but it is not known what the specific functions are. A tumor in the adrenal cortex can cause the production of a large amount of sex hormones, which can lead to feminization in males and masculinization in females.

Figure 18.16
Addison's disease is characterized by a peculiar bronzing of the skin, as seen in the face and the thin skin of the nipples of this patient.

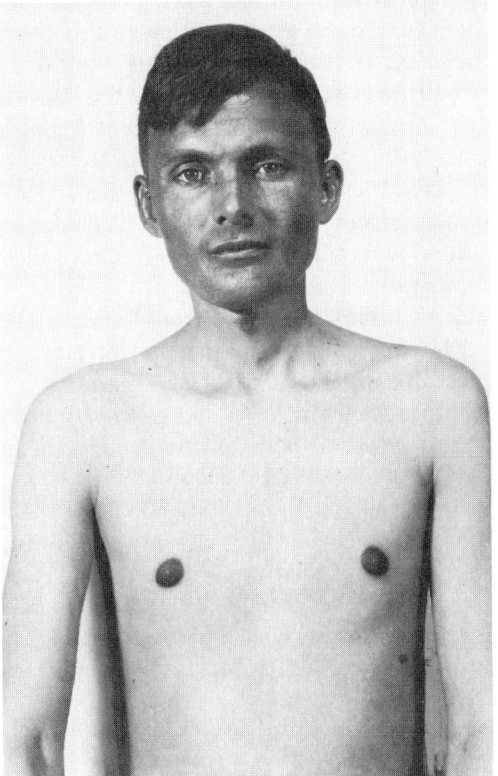

Figure 18.17
Persons with Cushing's syndrome tend to have an enlarged trunk and moonlike face. Masculinization may occur in women due to the excessive androgens in the body.

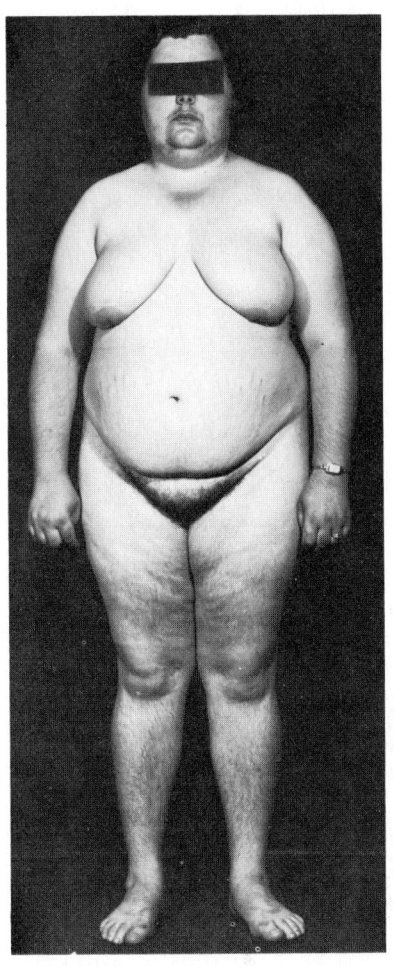

Disorders

Addison's Disease   When there is a low level of adrenal cortex hormones in the body, the person is said to suffer from **Addison's disease.** Because of the lack of cortisol, the patient is unable to maintain the glucose level of the blood when not eating regularly, tissue repair is suppressed, and there is a high susceptibility to any kind of stress. Even a mild infection can cause death. Due to the lack of aldosterone, the person experiences low blood pressure along with acidosis and low pH, caused by the loss of sodium. In addition, the patient has a peculiar bronzing of the skin (fig. 18.16).

Cushing's Syndrome   When there is a high level of adrenal cortex hormones in the body, the person suffers from **Cushing's syndrome** (fig. 18.17). Cortisol causes a tendency toward diabetes mellitus, a decrease in muscular protein, and an increase in subcutaneous fat. Because of these effects, the person usually develops thin arms and legs and an enlarged trunk. Due to the high level of sodium in the blood, the patient has alkaline blood, hypertension, and edema of the face, which gives the face a moon shape. Masculinization may occur in women. The circus lady with a beard may be suffering from Cushing's syndrome.

Parathyroid Glands

The parathyroid glands are embedded in the posterior surface of the thyroid gland as shown in figure 18.18. Many years ago, these four small glands were sometimes removed by mistake during thyroid surgery. Under the influence of **parathyroid hormone** (PTH), also called parathormone, the calcium (Ca^{++}) level in the blood increases and the phosphate (PO_4^{-3}) level decreases. To increase the calcium level, the hormone stimulates the absorption of calcium from the gut, the retention of calcium by the kidneys, and the demineralization

Figure 18.18
The parathyroid glands are embedded in the posterior surface of the thyroid gland.

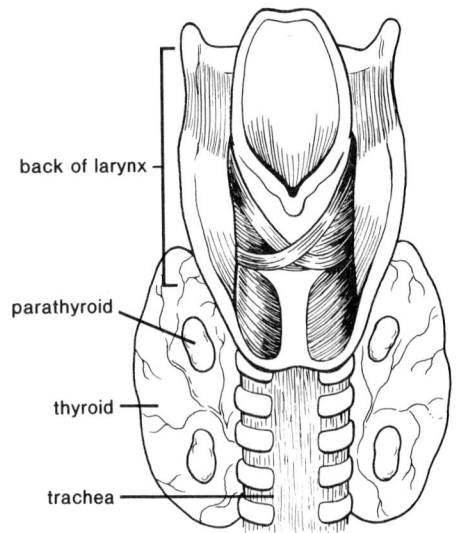

back of larynx

parathyroid

thyroid

trachea

Figure 18.19
Regulation of parathyroid hormone
secretion.

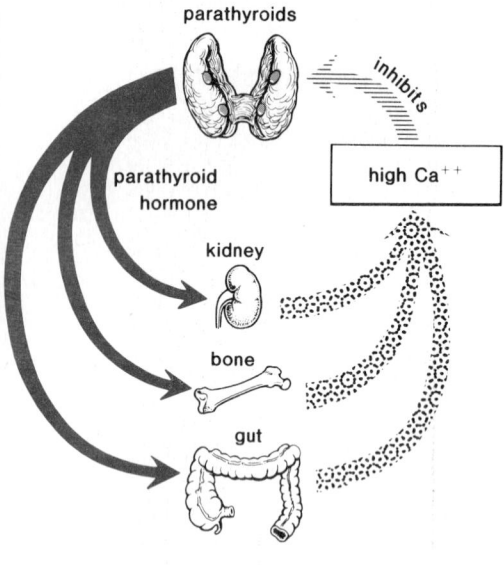

parathyroids

inhibits

parathyroid
hormone

high Ca⁺⁺

kidney

bone

gut

Figure 18.20
Photomicrograph of an islet of Langerhans
(lighter area), which secretes insulin, and
surrounding acinar tissue, which secretes
digestive enzymes.

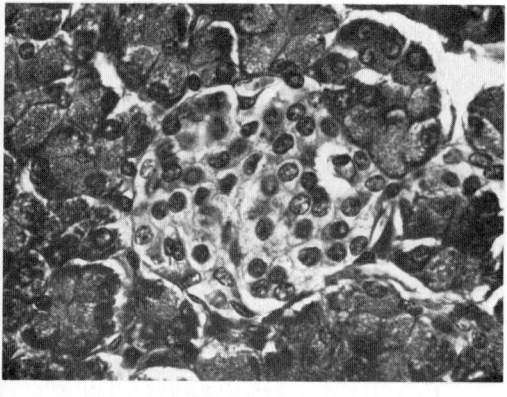

Figure 18.21
Regulation of insulin secretion.

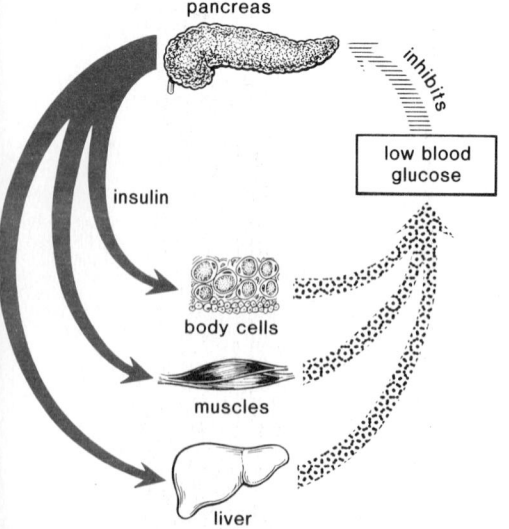

pancreas

inhibits

insulin

low blood
glucose

body cells

muscles

liver

of bone. In other words, PTH promotes the activity of osteoclasts (p. 315), the bone-resorbing cells. Although this also raises the level of phosphate in the blood, PTH acts on the kidneys to excrete phosphate in the urine.

Osteoporosis is a thinning of the bones that occurs with age, particularly in women who no longer produce the female sex hormone estrogen. Osteoporosis accounts for the many broken bones that occur in older individuals. Apparently estrogen makes bones less sensitive to PTH so that when a female stops producing estrogen following menopause (p. 377), more bone resorption occurs. Some investigators now believe that administration of calcium can prevent osteoporosis.

If insufficient parathyroid hormone is produced the level of calcium in the blood drops, resulting in **tetany.** In tetany, the body shakes from continuous muscle contraction. The effect is really brought about by increased excitability of the nerves, which fire spontaneously and without rest. Calcium plays an important role in both nervous conduction and muscle contraction.

The level of PTH secretion is controlled by a feedback mechanism involving calcium (fig. 18.19). When the calcium level rises, PTH secretion is inhibited, and when the calcium level lowers, PTH secretion is stimulated.

As mentioned previously, the thyroid secretes calcitonin, which also influences blood calcium level. Although calcitonin has the opposite effect of PTH, particularly on the bones, its action is not believed to be as significant. Still, the two hormones function together to regulate the level of calcium in the blood.

Pancreas

The pancreas is a long, soft organ that lies transversely in the abdomen (fig. 18.1) between the spleen and the duodenum of the small intestine. It is composed of two types of tissues (fig. 18.20); one of these produces and secretes the digestive juices that go by way of the pancreatic duct to the small intestine, and the other type, called the **islets of Langerhans,** produces and secretes the hormones insulin and glucagon directly into the blood. Insulin and glucagon are hormones that affect the blood glucose level in opposite directions since insulin decreases the level and glucagon increases the level of glucose. Although the functions of glucagon do not seem to be as important as those of insulin, glucagon does function in times of stress, causing the liver to convert glycogen to glucose.

Insulin is secreted when there is a high level of glucose in the blood, which usually occurs just after eating. Once the glucose level returns to normal, insulin is not secreted, as illustrated in figure 18.21. Insulin is believed to cause all the cells of the body to take up glucose. When the liver and muscles take up glucose, they convert any glucose not needed immediately to glycogen. Therefore, insulin promotes the storage of glucose as glycogen.

Diabetes Mellitus A significantly large number of people suffer from diabetes mellitus (sugar diabetes). As much as 5 percent of the population may have diabetes and the incidence is increasing yearly. One type of diabetes develops slowly and is usually seen in individuals after the age of forty. In this type of diabetes, termed **maturity-onset diabetes,** physiological symptoms are often mild and they can usually be controlled by diet alone. Curiously, there is enough insulin in the blood; therefore, this type of diabetes is probably due to a defect in the molecular machinery of tissue cells. There is evidence that the cells have a decreased number of insulin receptors (fig. 18.22).

The second type of diabetes develops quickly and occurs mostly in individuals under the age of twenty. In this type of diabetes, termed **juvenile-onset diabetes,** there is a deficiency of insulin in the blood. The symptoms of diabetes mellitus include the following:

Sugar in the urine

Frequent, copious urination

Abnormal thirst

Rapid loss of weight

Extreme hunger

General weakness

Drowsiness and fatigue

Itching of the genitals and skin

Visual disturbances, blurring

Skin disorders, such as boils, carbuncles, and infection[1]

Many of these symptoms are due to the fact that sugar is not being metabolized by the cells. The liver fails to store glucose as glycogen and all the cells fail to utilize glucose as an energy source. This means that the blood glucose level rises very high after eating, causing glucose to be excreted in the urine. More water than usual is therefore excreted so that the diabetic is extremely thirsty.

Since carbohydrates are not being metabolized, the body turns to the breakdown of proteins and fat for energy. Unfortunately, the breakdown of these molecules leads to the build up of acids in the blood, with resulting acidosis and respiratory distress. It is the latter that can eventually cause coma and death of the diabetic. The symptoms that lead to coma (chart 18.3) develop slowly.

The patient with juvenile-onset diabetes takes daily insulin injections. These injections control the diabetic symptoms but may still cause inconveniences since either an overdose of insulin or the absence of regular eating can bring on the symptoms of insulin shock, which are given in chart 18.3. These symptoms appear because the blood sugar level has decreased below normal levels. Since the brain requires a constant supply of sugar, unconsciousness results. The cure is quite simple: an immediate source of sugar, such as a sugar cube or fruit juice, can counteract insulin shock immediately.

The cause of juvenile-onset diabetes is still being investigated. There is evidence that individuals with certain antigens are susceptible to viral infections of the islets of Langerhans. In some instances, this may promote the immune system to destroy the cells that produce insulin. Thus, the disease may involve genetic, environmental, and immunity aspects.

Prostaglandins

Prostaglandins (PG) are considered hormones even though they are lipid compounds, made from cell membrane fatty acids, and are sometimes active in the cells that produce them. Prostaglandins were first discovered in semen and were named after the prostate gland from which they were thought to originate. The prostaglandins in semen cause the uterus to contract during sexual intercourse, and this is believed to assist the movement of sperm as they traverse this organ. Because of their effect on the uterus, they are sometimes used to abort a fetus. Prostaglandins are also being considered for

Chart 18.3 Symptoms of Insulin Shock and Diabetic Coma*

Insulin Shock	Diabetic Coma
Sudden onset	Slow, gradual onset
Perspiration, pale skin	Dry, hot skin
Dizziness	No dizziness
Palpitation	No palpitation
Hunger	No hunger
Normal urination	Excessive urination
Normal thirst	Excessive thirst
Shallow breathing	Deep, labored breathing
Normal breath odor	Fruity breath odor
Confusion, disorientation, strange behavior	Drowsiness and great lethargy leading to stupor
Urinary sugar absent or slight	Large amounts of urinary sugar
No acetone in urine	Acetone present in urine

*Reprinted from *How to Live With Diabetes* by Henry Dolger, M.D., and Bernard Seeman. By permission of W. W. Norton & Company, Inc. Copyright © 1972, 1965, 1958 by Henry Dolger and Bernard Seeman.

1. Reprinted from *How to Live With Diabetes* by Henry Dolger, M.D., and Bernard Seeman. By permission of W. W. Norton & Company, Inc. Copyright © 1972, 1965, 1958 by Henry Dolger and Bernard Seeman.

Figure 18.22
Peptide hormones combine with receptors located in the cell membrane. This promotes the production of cAMP, which in turn, leads to activation of a particular enzyme.

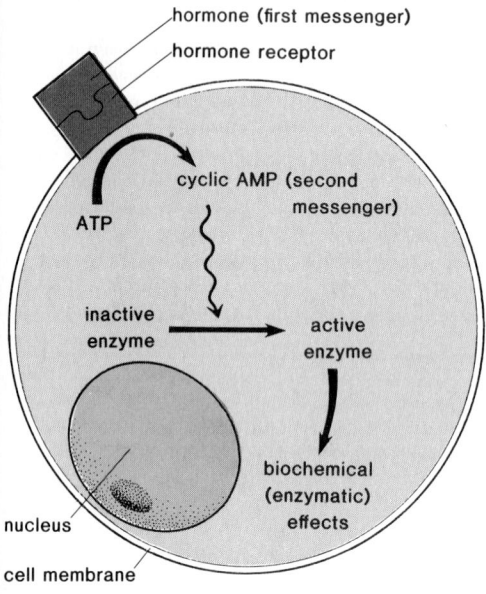

Figure 18.23
Steroid hormones pass through the membrane to combine with receptors, and the complex is believed to activate certain genes, leading to protein synthesis.

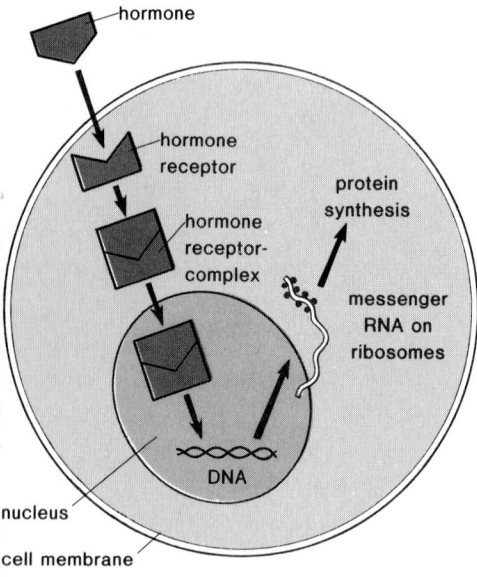

possible use as a safe, self-administered, once-a-month means of preventing pregnancy. As a contraceptive, prostaglandins cause menstruation to begin soon after administration. Prostaglandins are involved in many other aspects of reproduction and development.

Prostaglandins also function in nonreproductive organs. They are being considered as possible treatment for ulcers because they reduce gastric secretion; as treatment of hypertension because they lower blood pressure; and as prevention of thrombosis because they inhibit platelet aggregation.

Sometimes prostaglandins have contrary effects. For example, one type helps prevent blood clots while another helps blood clots to form. Also a large dose of PG may have an effect that is opposite to that of a small dose. Therefore, it has been very difficult to standardize PG therapy and, in most instances, prostaglandin drug therapy is still considered experimental.

Recently it has been shown that aspirin prevents formation of prostaglandins, which may account for aspirin's many therapeutic effects. In particular, it has been shown that prostaglandin biosynthesis occurs during the inflammatory response; since aspirin blocks prostaglandin synthesis, it helps prevent the swelling and pain of arthritis.

Mechanism of Action

Mechanisms of action have been proposed for both steroid and peptide hormones. Peptide hormones bind at specific receptor sites (fig. 18.22) in the membrane. This hormone-receptor complex activates an enzyme that produces **cAMP** (cyclic adenosine monophosphate), a compound made from ATP that contains only one phosphate group attached to adenine at two locations. (Prostaglandins have also been shown to be involved in the production of cAMP and, if so, may account for their many varied functions.) The cAMP now activates the enzymes of the cell to carry out their normal activities. The following is an example of this type of hormonal action: TSH is received by receptor sites on thyroid cells. This promotes the production of cAMP, which then stimulates an enzyme involved in the production of thyroxin by the cell. In this model, the hormone is called the first messenger and cAMP is called the second messenger.

Unlike peptide hormones, steroid hormones pass through the cell membrane with no difficulty because they are relatively small and lipid soluble. However, only the cells of target organs have receptor molecules present in the cytoplasm (fig. 18.23). After the hormone has combined with the receptor, the hormone-receptor complex moves into the nucleus where it binds with chromatin at a location that promotes activation of a particular gene. Protein synthesis follows. In this manner, hormone activation leads to protein synthesis. Because of this series of events, certain steroid hormones, particularly testosterone, which is considered in the next chapter, lead to the development of muscle protein. These steroids are commonly referred to as *anabolic steroids* and are sometimes taken by athletes to increase their muscle strength. The reading on page 359 discusses how these drugs, which are prohibited from use by Olympic participants, are detected by Olympic officials.

Drug Patrol

It has been the talk of the locker rooms for years. East Germany's muscular women swimmers are suspected of training on body-building anabolic steroids. So are weight lifters, shotputters and javelin and discus throwers of many countries. Soviet female gymnasts have been accused of taking pituitary blockers to slow down growth. Swimmers, runners, cyclists and hockey players are widely believed to compete while "hopped up" on stimulants, especially amphetamines. Though practically all drug use is forbidden under Olympic rules, competitors, coaches and sports physicians alike say flatly that the taking of drugs is widespread.

Now, on the eve of the 1980 Winter Games in Lake Placid, N.Y., next month, the International Olympic Committee's medical commission is determined to keep competition "clean" this time around. Says William Shuler, a former Canadian armed forces officer who will be director of medical services at Lake Placid: "Anyone who might be considering using drugs should be warned. He's more than likely to get caught."

Entrusted with the policing effort are Pharmacologist Robert Dugal and Chemist Michel Bertrand of Montreal's National Institute for Scientific Research. The two men, who performed similar duties at the 1976 Montreal Olympics, are armed with millions of dollars worth of sophisticated laboratory equipment, including 16 gas chromatographs, four of them linked to mass spectrometers. The devices are sensitive enough to pick up one trillionth of a gram of amphetamine in a urine sample. They can also detect other stimulants and painkilling narcotics taken 72 to 96 hours before the test and steroids used as long as six or seven weeks in advance of the competition.

The tests will be administered to two athletes selected at random from each team in every game played and to any athlete whose performance seems unusually good. In individual events, the first four finishers will be tested, as will two or three competitors chosen at random. Within an hour after the event, the athlete will be sent to a testing site where at least 50 milliliters (less than 2 oz.) of urine will be collected. The sample will be sent to the laboratory in two bottles: one will be stored in a sealed box in a refrigerator; the other specimen will be analyzed immediately. The urine will be placed in the gas chromatograph, which separates out constituent elements one by one. For example, amphetamines come out in three minutes, narcotics and steroids in about 20 minutes. Their presence is signaled by a "spike" in a pengraph tracing made by the machine. No spike, no drugs.

If the test is positive, though, the drug will be identified by the mass spectrometer. This device, by bombarding the drug molecules with ions (charged particles), produces a pattern, or "fingerprint" of the unknown chemical. Since each drug's fingerprint is unique to it, the chemical can be readily identified. If a forbidden drug is detected, the Olympic medical commission will inform the chief of the athlete's delegation of the incriminating results, and a test on the refrigerated sample is done. If the first results are confirmed, the game is forfeited and the athlete may face losing a medal and being disqualified from the Olympics.

Dugal and Bertrand plan to analyze the urine of 175 athletes every day. And lest any think that they are home free after a clean test, there is the cautionary tale of the East bloc Weight Lifter Valentin Christov. After an early test at the Montreal Games showed that he was clean, he apparently began stoking steroids. A gold medalist, he was automatically selected for a second test. This time the drugs were detected in his urine and he lost his medal and went home in disgrace.

Dugal and Bertrand expect such incidents to be the exception, however, even though they will be using vastly more sensitive equipment than in Montreal. During the 1976 Games, 2,049 tests produced only eleven positives, eight of which were for anabolic steroids. A similarly small tally at Lake Placid would please Dugal. Says he: "We're not there so much to catch people using drugs as to discourage them from doing so. I'd be happy if we didn't get a single positive reading."

Summary

Hormones are chemical messengers produced by endocrine glands, or glands of internal secretion. After hormones have been deposited in the blood, they travel to a target organ, an organ that responds to their presence.

The secretion of hormones is controlled by a negative feedback mechanism. For example, the level of the substances listed in the first column controls the secretion of the hormones in the second column.

Feedback by:	To control
Thyroxin	TSH
Calcium	Parathyroid hormone
Sodium	Aldosterone
Sugar	Insulin

The hypothalamus produces the hormones released by the posterior pituitary and also controls the anterior pituitary by means of hypothalamic releasing factors. The posterior pituitary releases two hormones: ADH (antidiuretic hormone), whose target organ is the kidney, and oxytocin. Diabetes insipidus occurs in persons who do not produce sufficient ADH, resulting in the production of large amounts of dilute urine. Oxytocin causes the uterus to contract and is important during the time of childbirth.

The anterior pituitary secretes two hormones that have no effect on other endocrine glands. These are the lactogenic (LTH, prolactin) and growth hormone (GH). The former is secreted after childbirth to promote the development of the mammary glands (breasts). Growth hormone is especially important during childhood, because it determines the size of the adult. Midgets and giants represent the extremes of too little or too much of this hormone. If this hormone is produced in excess in the adult, the condition called acromegaly develops.

In addition to these hormones, the anterior pituitary secretes hormones that control other endocrine glands: TSH stimulates the thyroid; ACTH stimulates the adrenal cortex; and gonadotropic stimulates the gonads.

The thyroid gland secretes thyroxin, which speeds up metabolism. Iodine is needed by the thyroid gland to make thyroxin; if iodine is missing from the diet, a simple goiter develops. An overactive thyroid results in an exophthalmic goiter with an enlarged neck and protruding eyes. Cretins are individuals who lack sufficient thyroxin from birth; adults with hypothyroidism develop myxedema.

The parathyroids are embedded in the thyroid gland. They control the level of calcium and phosphate in the blood. Calcium level is maintained by promoting the absorption of calcium by the gut, reabsorption by the kidneys, and demineralization of bone. Too little parathyroid hormone results in tetany. These actions are opposed by calcitonin, which is produced by the thyroid.

The adrenal cortex produces three types of hormones: glucocorticoids (e.g., cortisol), mineralocorticoids (e.g., aldosterone), and sex hormones. Glucocorticoids promote the conversion of amino acids into glucose, raising the level of glucose in the blood. They are important in preventing deterioration of the body due to stress. Mineralocorticoids stimulate the kidney tubules to reabsorb sodium and excrete potassium. Reabsorption of sodium is important in maintaining blood volume and blood pressure. Adrenal cortex sex hormones are important if the sex glands fail to secrete their normal amount of hormone. Two very important illnesses may result from adrenal cortex imbalance: Addison's disease occurs when the adrenal cortex fails to secrete its hormones, and Cushing's syndrome occurs when it oversecretes.

The adrenal medulla lies just inside the adrenal cortex, and its hormone, adrenalin, is important in times of stress. Adrenalin increases breathing, heart rate, muscular contraction, and alertness in times of emergencies.

The most common illness due to hormonal imbalance is diabetes mellitus (sugar diabetes). This condition occurs when the islets of Langerhans within the pancreas fail to produce insulin. Insulin promotes the uptake of glucose by the cells and the conversion of glucose to glycogen, thus lowering blood glucose levels. Without the production of insulin, the blood sugar level rises and some of it spills over into the urine. The real problem in diabetes mellitus, however, is acidosis, which may cause the death of the diabetic if therapy is not begun.

Research into the mechanism of action of hormones suggests that there are two mechanisms, depending on whether the hormone in question is a peptide or steroid. Peptide hormones combine with receptor sites in the cell membrane. This leads to the formation of cAMP, which activates an enzyme within the cell. The chemicals prostaglandins have been connected with this mechanism of action because they stimulate the formation of cAMP in most cells. Prostaglandins are now being investigated as a possible remedy in many medical conditions. Steroid hormones combine with receptor molecules in the cytoplasm of the cell and the hormone-receptor complex moves into the nucleus to combine with and activate DNA in an appropriate manner.

Study Questions

1. Define hormone, endocrine gland, and target organ. (p. 347)
2. How does the hypothalamus control the posterior pituitary, the anterior pituitary? (p. 349)
3. Discuss two hormones secreted by the anterior pituitary that have an effect on the body proper rather than on other glands. (p. 350)
4. Why is the anterior pituitary called the master gland? (p. 351)
5. For each of the following endocrine glands name the hormone(s) secreted, the effect of the hormone(s), and the medical illnesses, if any, that result from too much or too little of each hormone: posterior pituitary, thyroid, parathyroids, adrenal cortex, adrenal medulla, pancreas. (p. 348)
6. Give the anatomical location of each of the endocrine glands listed in #5. (p. 347)
7. Hormones fall into what two groups, chemically speaking? Name some hormones of each group. (p. 348)
8. Draw a diagram to describe the action and control of ADH, thyroxin, glucocorticoids (e.g., cortisol), aldosterone, parathyroid hormone. (pp. 349–56)
9. What mechanisms of action have been suggested to explain how hormones work? (pp. 357–58)

Further Readings

Gardiner, L. 1971. Deprivation dwarfism. *Scientific American* 224(1):76.

Gillie, R. B. 1971. Endemic goiter. *Scientific American* 224(6):92.

Guillemin, R., and Burgus, R. 1972. The hormones of the hypothalamus. *Scientific American* 227(5):24.

Levine, S. 1971. Stress and behavior. *Scientific American* 224(1):12.

Notkins, A. L. 1979. The causes of diabetes. *Scientific American* 241(5):62.

O'Malley, B. W., and Schrader, W. T. 1976. The receptors of steroid hormones. *Scientific American* 234(2):32.

Pastan, I. 1972. Cyclic AMP. *Scientific American* 227(2):97.

Pike, J. E. 1971. Prostaglandins. *Scientific American* 225(5):84.

Rassmussen, H., and Pechet, M. M. 1970. Calcitonin. *Scientific American* 223(4):42.

reproduction, development, and inheritance

The anatomy of the human male and female serve to bring the sperm to the egg, resulting in fertilization, followed by the gradual steps of development. Sexual reproduction results in a recombination of genes and therefore produces offspring that are, at the same time, both similar to and different from the parents. Knowing the genes carried by the parents sometimes makes it possible to predict certain features of the offspring. However, this simple relationship can be influenced by the interaction of genes during development and by the prenatal environment.

Biochemical knowledge of the makeup of the hereditary material and how it operates has forged a biological revolution. It is now possible to manipulate the genes, an advance that offers hope as a means of curing genetic diseases and cancer but, nevertheless, is viewed by some with misgivings.

Chapter Concepts

1. The male reproductive system is designed for the continuous production of a large number of sperm within a fluid medium.

2. The female reproductive system is designed for the monthly production of an egg and preparation of the uterus for possible implantation of the fertilized egg.

3. Hormones control the reproductive process and the sex characteristics of the individual.

4. Birth control measures vary in effectiveness from those that are very effective to those that are minimally effective.

5. There are new methods for treating infertility including in vitro fertilization and artificial implantation.

19

human reproductive system

Figure 19.1
Side view of male reproductive system.

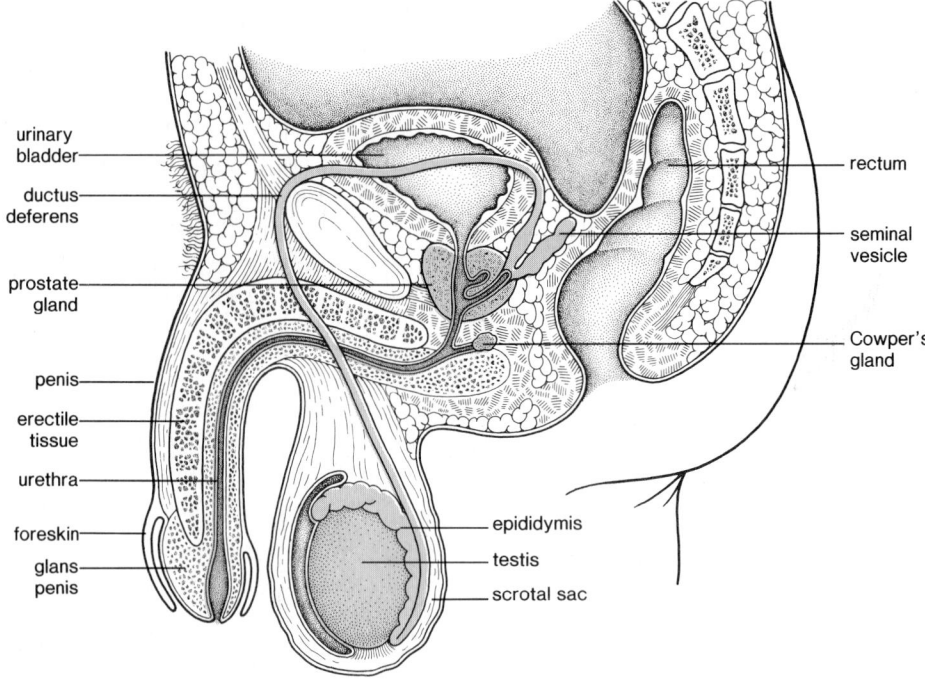

urinary bladder

ductus deferens

prostate gland

penis

erectile tissue

urethra

foreskin

glans penis

rectum

seminal vesicle

Cowper's gland

epididymis

testis

scrotal sac

Chart 19.1 Male Reproductive System

Organ	Function
Testes	Produce sperm and sex hormones
Epididymis	Maturation and some storage of sperm
Ductus deferens	Conducts and stores sperm
Seminal vesicles	Contribute to seminal fluid
Prostate gland	Contributes to seminal fluid
Urethra	Conducts sperm
Cowper's glands	Contribute to seminal fluid
Penis	Organ of copulation

In advanced forms of sexual reproduction the gametes are dissimilar. Both gametes contribute the same number of chromosomes to the new individual (fig. 4.3); the sperm are small and swim to the stationary egg, a much larger cell, which contains food for the developing embryo. It seems reasonable that there should be a large number of sperm to ensure that a few will find the egg. In humans, the male continually produces sperm that are temporarily stored before being released.

Male Reproductive System

Figure 19.1 shows the reproductive system of the male and chart 19.1 lists the anatomical parts of this system.

Testes

The **testes** lie outside the abdominal cavity of the male within the **scrotal sacs.** This can be explained by the fact that the internal temperature of the body is too high to produce viable sperm. The testes begin their development inside the abdominal cavity but descend into the scrotal sacs during the last two months of fetal development. If by chance the testes do not descend and the male is not treated or operated on to place the testes in the scrotum, sterility—the inability to produce offspring—usually follows.

Seminiferous Tubules

Connective tissue forms the wall of each testis and divides it into lobules (fig. 19.2). Each lobule contains one to three tightly coiled **seminiferous tubules,** which have a combined length of approximately 750 feet. A microscopic cross section through a tubule shows that it is packed with cells undergoing spermatogenesis (fig. 4.16), during which time meiosis occurs and the chromosome number is reduced from 46 to 23.

Sperm The mature sperm, or spermatozoan (fig. 19.3), has three distinct parts: a head, a mid-piece, and a tail. The **tail** contains the 9 + 2 pattern of microtubules typical of cilia and flagella (p. 57), and the **mid-piece** contains energy-producing mitochondria. The **head** contains the 23 chromosomes

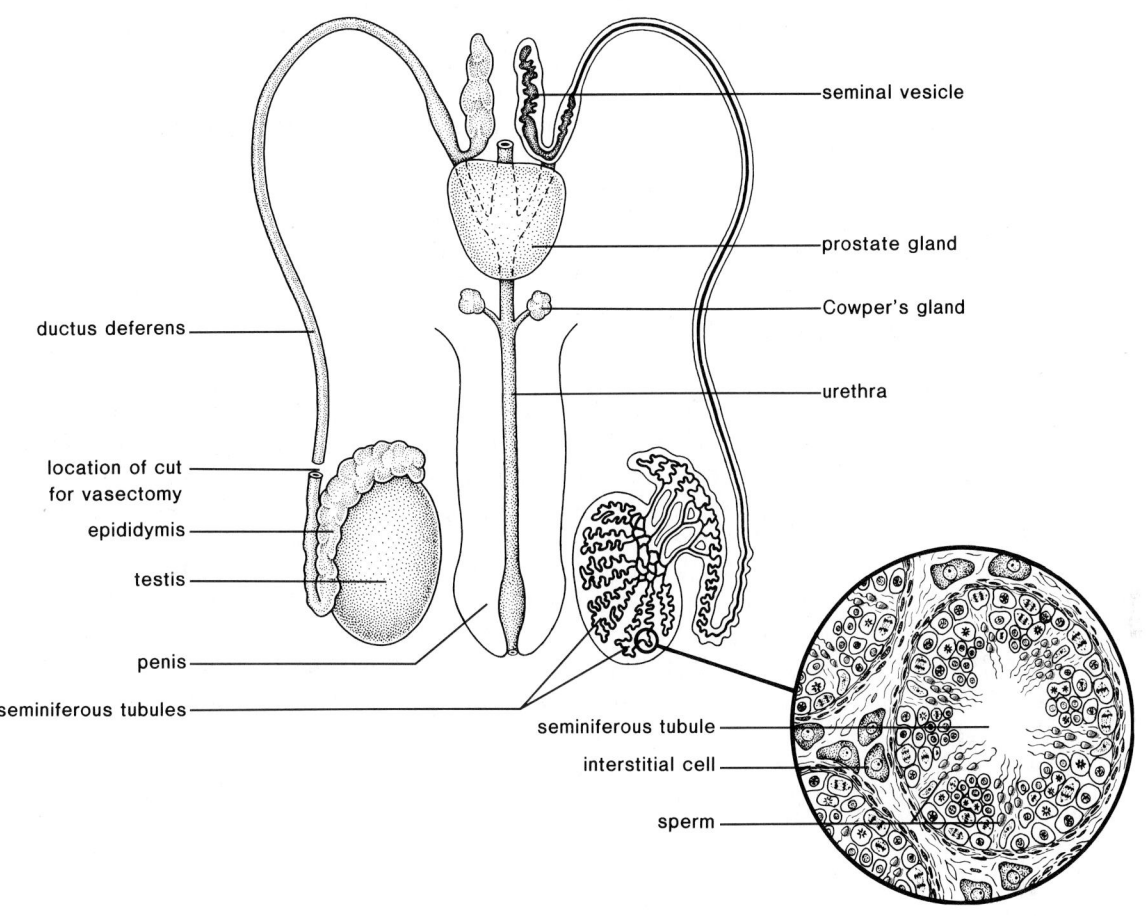

Figure 19.2
Diagram of male reproductive system, front view. Enlargement shows microscopic anatomy of a testis, consisting of seminiferous tubules and interstitial cells.

seminal vesicle

prostate gland

Cowper's gland

urethra

ductus deferens

location of cut for vasectomy

epididymis

testis

penis

seminiferous tubules

seminiferous tubule

interstitial cell

sperm

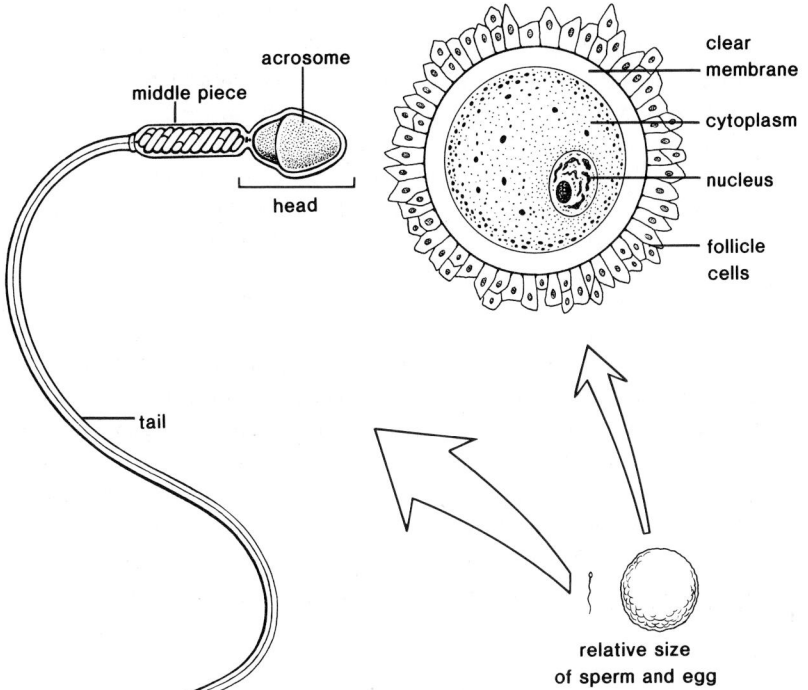

Figure 19.3
Microscopic anatomy of sperm and egg. Note their relative sizes.

acrosome

middle piece

head

tail

clear membrane

cytoplasm

nucleus

follicle cells

relative size of sperm and egg

within a nucleus. The tip of the nucleus is covered by a cap called the **acrosome**, which is believed to contain enzymes needed for fertilization. The human egg is surrounded by several layers of cells and a clear membrane of mucoprotein substance. The acrosome enzymes are believed to aid the sperm in reaching the surface of the egg and allowing a single sperm to penetrate the egg. It is hypothesized that each acrosome contains such a minute amount of enzyme that it requires the action of many sperm to allow just one to actually penetrate the egg. This may explain why so many sperm are required for the process of fertilization. A normal human male usually produces several hundred million sperm per day, an adequate number for fertilization. Sperm are continually produced throughout a male's reproductive life.

Interstitial Cells

The male sex hormones, the androgens, are secreted by cells that lie between the seminiferous tubules and are therefore called **interstitial cells**. The most important of the androgens is testosterone, whose functions are discussed on page 371.

Genital Tract

Sperm are produced in the testes, but they mature in the **epididymis** (fig. 19.1), a tightly coiled tubule about twenty feet in length that lies just outside each testis. During the two-to-four day maturation period, the sperm develop their characteristic swimming ability. Also, it is possible that during this time defective sperm are removed from the epididymis. Each epididymis joins with a **ductus (vas) deferens,** which ascends through a canal called the **inguinal canal** and enters the abdomen where it curves around the bladder and empties into the urethra. Sperm are stored in the ductus deferens. They pass from each ductus into the urethra only when ejaculation (p. 369) is imminent.

Spermatic Cords   The testes are suspended in the scrotum by the **spermatic cords**, each of which consists of connective tissue and muscle fibers that enclose the ductus deferens, blood vessels, and nerves. The region of the inguinal canal, where the spermatic cord passes into the abdomen, remains a weak point in the abdominal wall. As such, it is frequently the site of hernias. A hernia is an opening or separation of some part of the abdominal wall through which a portion of an internal organ, usually the intestine, protrudes.

Seminal Fluid   At the time of ejaculation (p. 369), sperm leave the penis in a fluid called **seminal fluid.** This fluid is produced by three types of glands—the seminal vesicles, the prostate gland, and Cowper's glands. The **seminal vesicles** lie at the base of the bladder, and each has a duct that joins with a ductus deferens. The **prostate gland** is a single doughnut-shaped gland that surrounds the upper portion of the urethra just below the bladder. In older men, the prostate may enlarge and cut off the urethra, making urination painful and difficult. This condition may be treated medically or surgically. **Cowper's glands** are pea-sized organs that lie posterior to the prostate on either side of the urethra.

   Each component of seminal fluid seems to have a particular function. Sperm are more viable in a basic solution; seminal fluid, which is white and milky in appearance, has a slightly basic pH (about 7.5). Because swimming sperm require energy, seminal fluid contains the sugar fructose, which presumably serves as an energy source. Seminal fluid also contains prostaglandins, chemicals that cause the uterus to contract. Some investigators now believe that uterine contraction is necessary to propel the sperm and that the sperm swim only when they are in the vicinity of the egg.

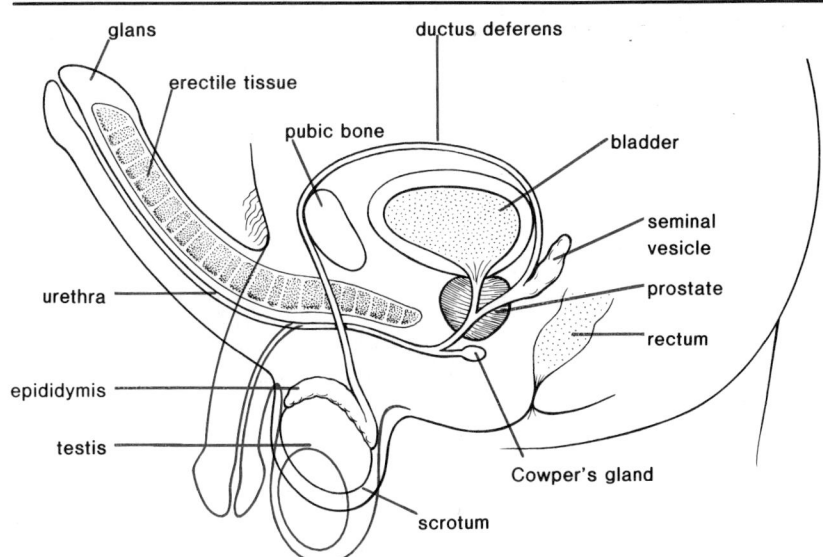

Figure 19.4
Erect penis. Colored lines represent the position of the flaccid penis and relaxed scrotom. Note that penis lacks foreskin, due to circumcision.

Penis

The penis has a long shaft and enlarged tip called the **glans penis.** In uncircumcised males, the glans penis is covered by a loose-fitting hood of skin. In circumcised males, the hood, called the **foreskin**, or prepuce, has been surgically removed. While circumcision is sometimes done for religious reasons, there are also medical reasons. Glands under the foreskin discharge a white, cheesy substance called *smegma.* If smegma accumulates under the foreskin, irritation and infection can result. Daily cleansing of the glans penis can prevent smegma accumulation and eliminate possible problems. However, it has also been suggested, but not proven, that there is less penile cancer in circumcised males and less cervical cancer in their mates. Even so, there are those who do not favor circumcision on the ground that the foreskin may have an important function that has not yet been determined.

The penis is the copulatory organ of males. When the male is sexually aroused, the penis becomes erect and ready for intercourse (fig. 19.4). **Erection** is achieved when blood sinuses within the erectile tissue of the penis become filled with blood. Parasympathetic impulses dilate the arteries of the penis while the veins are passively compressed so that blood flows into the erectile tissue under pressure. If the penis fails to become erect, the condition is called **impotency.** While it was formerly believed that almost all cases of impotency were due to psychological reasons, it has recently been reported that some cases may be due to hormonal imbalances. Treatment consists of finding the precise imbalance and restoring the proper level of testosterone.

Ejaculation   When sexual stimulation becomes intense, sperm enter the urethra from each ductus deferens and the glands secrete seminal fluid. Sperm and seminal fluid together are called **semen**. Once semen is in the urethra, rhythmical muscle contractions cause it to be expelled from the penis in spurts. During ejaculation a sphincter closes off the bladder so that no urine enters the urethra. (Notice that the urethra carries either urine or semen at different times.)

The contractions that expel semen from the penis are a part of male **orgasm**, the physiological and psychological sensations that occur at the climax of sexual stimulation. The psychological sensation of pleasure is centered in the brain, while the physiological reactions involve the genital (reproductive) organs and associated muscles as well as the entire body. Marked muscle tension is followed by contraction and relaxation.

Figure 19.5

a. A large number of sperm make contact with the egg. b. Enlargement of a few.

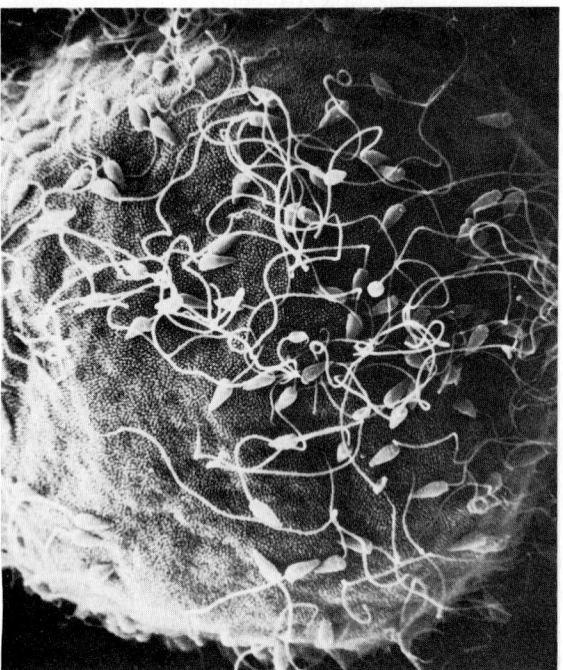

a.

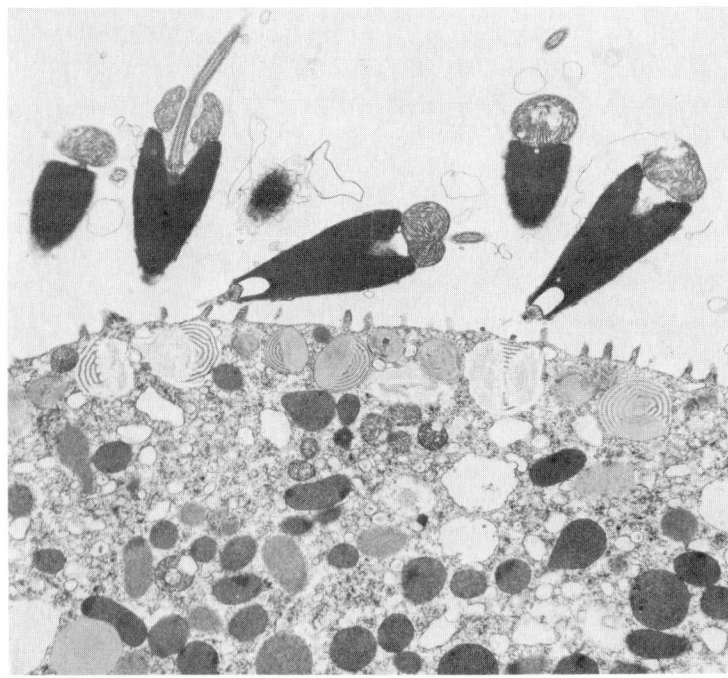

b.

Figure 19.6

Diagram illustrating the hypothalamic-pituitary gonad system as it functions in the male.

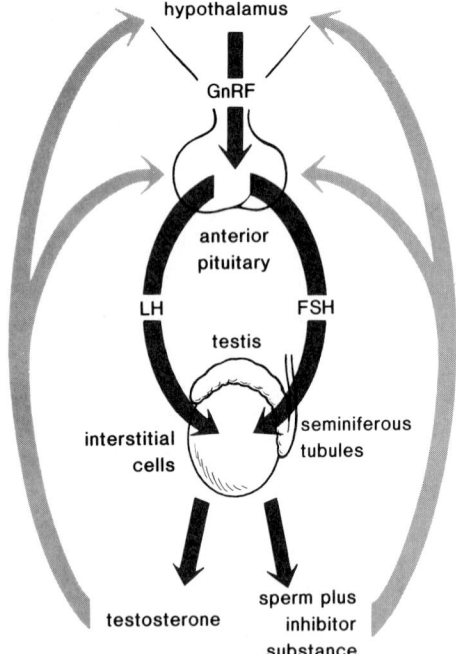

Following ejaculation and/or loss of sexual arousal, the penis returns to its normal flaccid state. After ejaculation, a male typically experiences a period of time, called the refractory period, during which stimulation does not bring about an erection.

There may be in excess of 400 million sperm in 3.5 ml of semen expelled during ejaculation (fig. 19.5). The sperm count can be much lower than this, however, and fertilization will still take place.

Hormonal Regulation in the Male

The hypothalamus has ultimate control of the testes' sexual functions because it secretes a releasing factor that stimulates the anterior pituitary to produce the gonadotropic hormones (chart 18.2). Two gonadotropic hormones, **FSH** and **LH**, are named for their function in females but exist in both sexes, stimulating the appropriate gonads in each. It is believed that FSH promotes spermatogenesis in the seminiferous tubules and that LH promotes the production of testosterone in the interstitial cells. Sometimes LH in males is given the name Interstitial Cell-Stimulating Hormone (ICSH).

The hormones mentioned are involved in a feedback process (fig. 19.6) that maintains the production of testosterone at a fairly constant level. When the amount of testosterone in the blood rises to a certain level, it causes the hypothalamus to decrease its secretion of releasing factor, which causes the anterior pituitary to decrease its secretion of LH. As the level of testosterone begins to fall, the hypothalamus increases secretion of the releasing factor and the anterior pituitary increases its secretion of LH and stimulation of the interstitial cells reoccurs. It should be emphasized that only minor fluctuations of testosterone level occur in the male and that the feedback mechanism in this case acts to maintain testosterone at a normal level. Feedback control of FSH secretion is still being investigated and the possibility exists that the seminiferous tubules release a substance that inhibits FSH secretion.

Figure 19.7
Side view of female reproductive system.

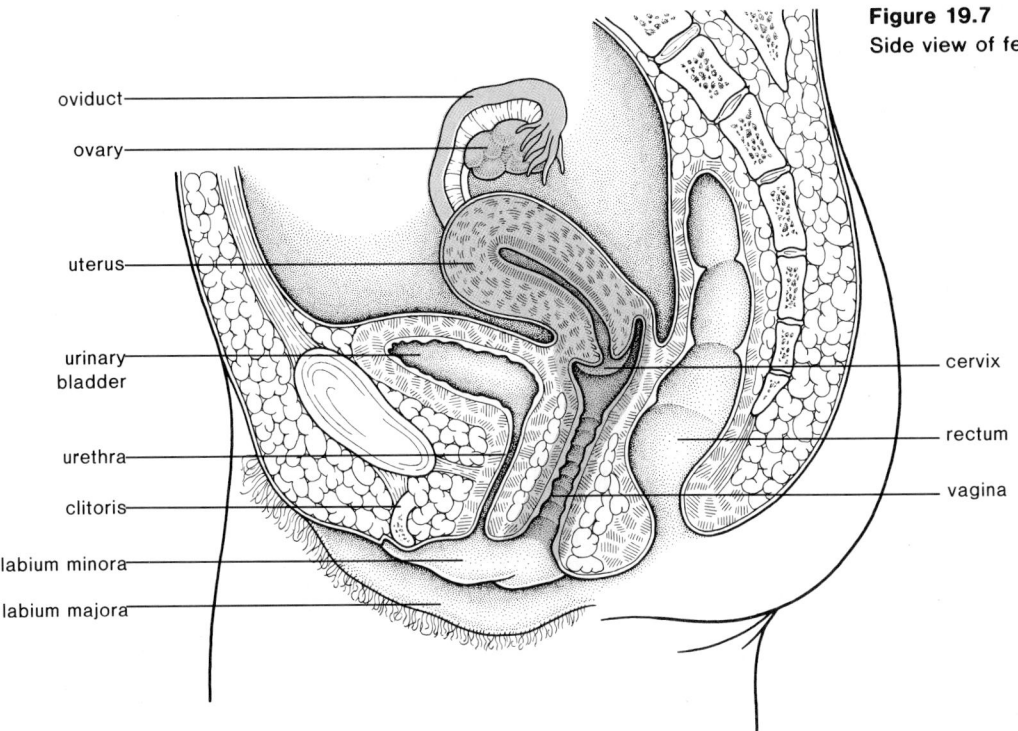

oviduct

ovary

uterus

urinary bladder

urethra

clitoris

labium minora

labium majora

cervix

rectum

vagina

Testosterone   The male sex hormone, testosterone, has many functions. It is essential for the normal development and functioning of the primary sex organs, those structures we have just been discussing. It is also necessary for the maturation of sperm, probably after diffusing from the interstitial cells into the seminiferous tubules.

Greatly increased testosterone secretion at the time of puberty stimulates the growth of the penis and testes. Testosterone also brings about and maintains the secondary sex characteristics in males, which develop at the time of puberty. Testosterone causes growth of a beard, axillary (underarm) hair, and pubic hair. It prompts the larynx and vocal cords to enlarge, causing the voice to change. It is responsible for the greater muscle strength of males and their characteristic broad shoulders and narrow hips. Testosterone also causes oil and sweat glands in the skin to secrete; thus it is largely responsible for acne and body odor. Another side effect of testosterone activity is baldness. Genes for baldness are probably inherited by both sexes but baldness is seen more often in males because of the presence of testosterone.

Testosterone is believed to be largely responsible for the sex drive and may even contribute to the supposed aggressiveness of males.

Female Reproductive System

Figure 19.7 shows the reproductive system of the female and chart 19.2 lists the anatomical parts of this system.

Ovaries

The ovaries (fig. 19.8) lie in shallow depressions, one on each side of the upper pelvic cavity. A longitudinal section through an ovary shows that it is made up of an outer cortex and an inner medulla. The cortex contains ovarian **follicles** at various stages of maturation. A female is born with a large number of follicles (400,000) in both ovaries, each containing a potential egg. In contrast to the male, the female produces no new gametes after she is born.

Chart 19.2 Female Reproductive System

Organ	Function
Ovaries	Produce egg and sex hormones
Fallopian tubes (oviducts)	Conduct egg
Uterus (womb)	Location of developing fetus
Cervix	Contains opening to uterus
Vagina	Organ of copulation and birth canal

Figure 19.8
Reproductive organs of female, front-view.
Enlargement shows maturation of follicle,
release of egg, and resulting corpus luteum.

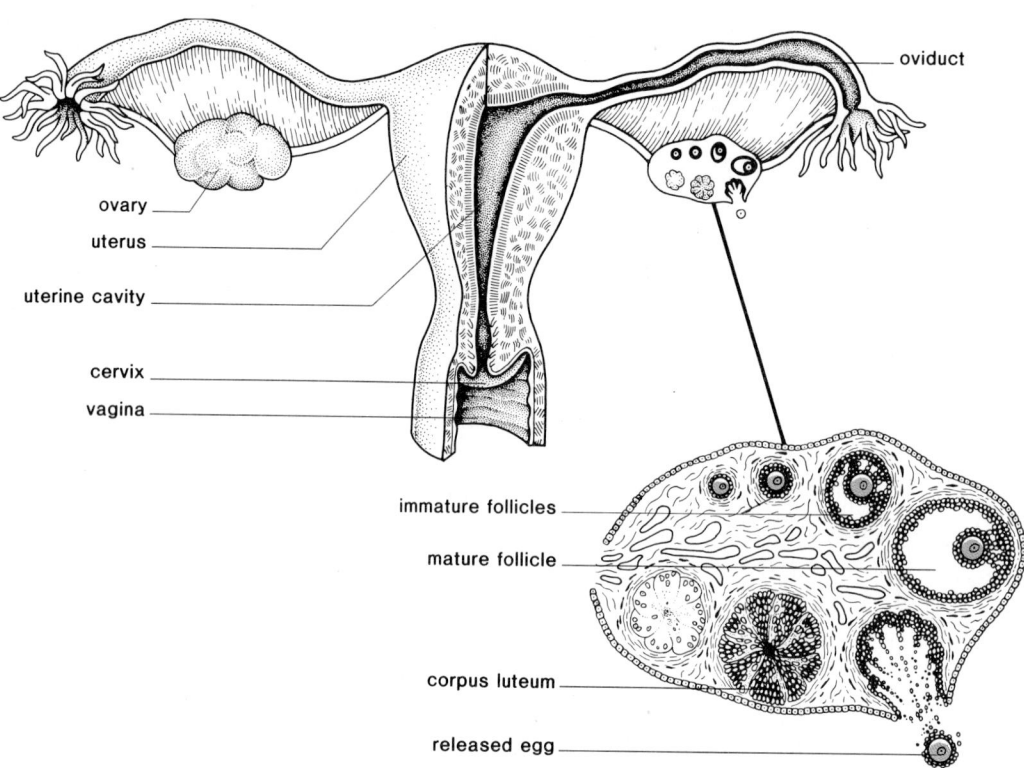

oviduct

ovary

uterus

uterine cavity

cervix

vagina

immature follicles

mature follicle

corpus luteum

released egg

Figure 19.9
Ovulation. Human ovarian wall ruptures as
egg is released.

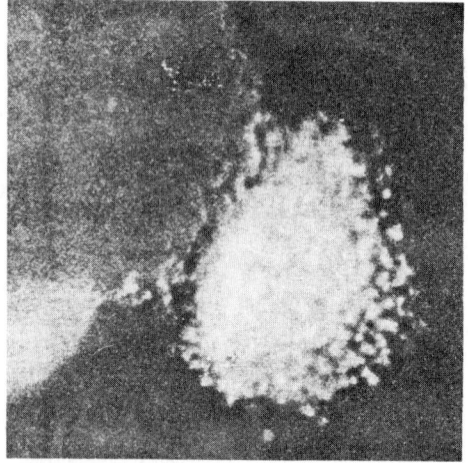

Only a small number of eggs (about 400) ever mature because a female produces only one egg per month during her reproductive years. Since eggs are present at birth, they age as the woman ages. This is one possible reason why older women are more likely to produce children with genetic defects.

Once a month a follicle undergoes complete maturation, developing from a primary to a secondary to a mature, **Graafian follicle.** A fluid-filled cavity within the Graafian follicle contains the developing egg, which upon completion of oogenesis (fig. 4.16) contains only 23 chromosomes. The follicle balloons out on the surface of the ovary and bursts, releasing the egg surrounded by a mucoprotein substance and a few cells (fig. 19.3). (A human egg is smaller than the period at the end of this sentence.) This is referred to as **ovulation.** Once a follicle has lost its egg, it develops into a **corpus luteum,** a glandlike structure. If pregnancy does not occur, the corpus luteum begins to degenerate after about ten days. If pregnancy does occur, the corpus luteum persists for three to six months.

The follicle and corpus luteum secrete the female sex hormones estrogen and progesterone, as discussed on page 374.

Genital Tract
The female genital tract includes the oviducts, uterus, and vagina.

Oviducts
The **oviducts,** also called uterine or fallopian tubes, extend from the uterus to the ovaries. The tubes are not attached to the ovaries but instead have fingerlike projections called **fimbria** that sweep over the ovary at the time of ovulation. When the egg bursts (fig. 19.9) from the ovary during ovulation, it is usually sucked up into an oviduct by the combined action of the fimbria and the beating of cilia that line the tubes.

Since the egg must traverse a small space before entering an oviduct, it is possible for the egg to get lost and instead enter the abdominal cavity. Such eggs usually disintegrate but in some rare cases have been fertilized in the abdominal cavity and implanted in the wall of an abdominal organ. Very rarely, such embryos have come to term, the child being delivered by surgery.

Once in the oviduct, the egg is propelled slowly by cilia movement and tubular muscular contraction toward the uterus. Fertilization usually occurs in an oviduct because the egg only lives approximately 6 to 24 hours. The developing zygote normally arrives at the uterus after several days and then embeds, or implants, itself in the uterine lining, which has been prepared to receive it. Occasionally, the zygote becomes embedded into the wall of an oviduct where it begins to develop. Tubular pregnancies cannot succeed because the tubes are not anatomically capable of allowing full development to occur.

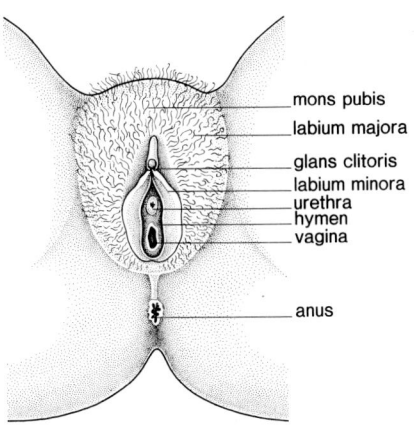

Figure 19.10
External genitalia of female.

mons pubis
labium majora
glans clitoris
labium minora
urethra
hymen
vagina

anus

Uterus

The **uterus** is a thick-walled, muscular organ about the size and shape of an inverted pear and lies tipped over the urinary bladder. The oviducts join the uterus anteriorly, while posteriorly the cervix enters into the vagina nearly at a right angle. A small opening in the cervix leads to the vaginal canal. Development of the embryo takes place in the uterus. This organ, sometimes called the womb, is approximately two inches wide in its usual state but is capable of stretching to over twelve inches to accommodate the growing baby. The lining of the uterus, called the **endometrium,** participates in the formation of the placenta (p. 399), which supplies nutrients needed for embryonic and fetal development. The endometrium has two layers: a basal layer and an inner functional layer. In the nonpregnant female, the functional layer of the endometrium varies in thickness according to a monthly reproductive cycle, called the menstrual cycle.

Cancer of the cervix is a common form of cancer in women. Early detection is possible by means of a Pap test, during which the doctor removes a few cells from the region of the cervix for microscopic examination. If the cells are cancerous, a hysterectomy may be recommended. A hysterectomy is the removal of the uterus. Removal of the ovaries in addition to the uterus, is termed an ovariohysterectomy. Since the vagina remains, the woman may still engage in sexual intercourse.

Vagina

The **vagina** is a tube that makes a 45 degree angle with the small of the back. The mucosal lining of the vagina lies in folds that extend as the fibromuscular wall stretches. This capacity to extend is especially important because the vagina serves as the birth canal and because it may facilitate intercourse when the vagina receives the penis during copulation.

External Genitalia

The external genital organs of the female (fig. 19.10) are known collectively as the **vulva.** The **labia majora,** two large, hair-covered folds of skin that extend backward from the **mons pubis,** a fatty prominence underlying the pubic hair, mark the outer boundaries of the vulva. The **labia minora** are two small folds lying just inside the labia majora that extend forward from the vaginal opening to encircle and form a foreskin for the **clitoris,** an organ that is homologous to the penis. Although quite small, the clitoris has a shaft of erectile tissue and is capped by a pea-shaped glans. The clitoris also has receptors that allow it to function as a sexually sensitive organ.

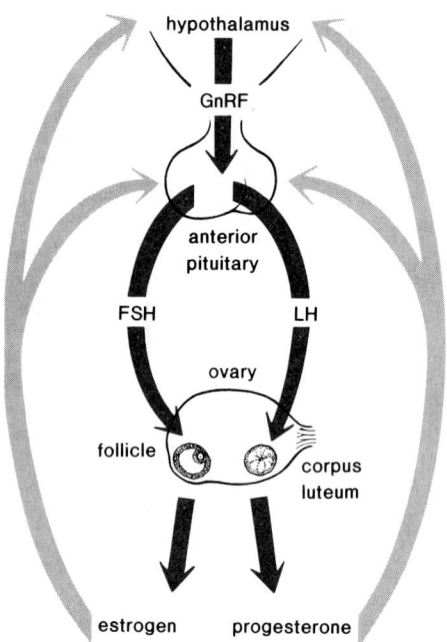

Chart 19.3 Ovarian and Menstrual Cycles (simplified)

Ovarian Cycle Phases	Events	Menstrual Cycle Phases	Events
Follicular Days 1–13	FSH secretion by pituitary	Menstruation Days 1–5	Endometrium breaks down
	Follicle maturation and secretion of estrogen	Proliferation Days 6–13	Endometrium rebuilds
*Ovulation Day 14**			
Luteal Days 15–28	LH secretion by pituitary	Secretory Days 15–28	Endometrium thickens and glands are secretory
	Corpus luteum formation and secretion of progesterone		

*Assuming a 28-day cycle.

From Mader, Sylvia S., *Human Reproductive Biology.* ©1980 Wm. C. Brown Company Publishers, Dubuque, Iowa. Reprinted by permission.

The **vestibule,** a cleft between the labia minora, contains the openings of the urethra and the vagina. (Notice that the urinary system and the reproductive system are separate in the female.) The vagina may be partially closed by a ring of tissue called the hymen. The hymen is ordinarily ruptured by initial sexual intercourse; however, it can also be disrupted by other types of physical activities. If the hymen persists after sexual intercourse, it can be surgically ruptured.

Orgasm

Sexual response in the female may be more subtle than in the male, but there are certain corollaries. The clitoris is believed to be an especially sensitive organ for initiating sexual sensations. It is possible for the clitoris to become ever so slightly erect as its erectile tissues becomes engorged with blood. But vasocongestion is more obvious in the labia minora, which expand and deepen in color. Erectile tissue within the vaginal wall also expands with blood and the added pressure in these blood vessels causes small droplets of fluid to squeeze through the vessel walls and lubricate the vagina.

Release from muscle tension occurs in females especially in the region of the vulva and vagina but also throughout the entire body. Increased uterine motility may assist the transport of sperm toward the oviducts. Since female orgasm is not signaled by ejaculation, there is a wide range in normality regarding sexual response.

Hormonal Regulation in the Female

Hormonal regulation in the female is quite complex, so we will begin with a simplified presentation (fig. 19.11 and chart 19.3) and follow with a more in-depth presentation for those who wish to study the matter in more detail. The following glands and hormones are involved in hormonal regulation:

Hypothalamus: secretes gonadotropic releasing factor

Anterior pituitary: secretes *FSH* (Follicle Stimulating Hormone) and *LH* (Luteinizing Hormone), the gonadotropic hormones

Ovaries: secrete estrogen and progesterone, the female sex hormones

Hormonal Regulation (simplified)

The gonadotropic and sex hormones are not present in constant amounts in the female and instead are secreted at different rates during a monthly ovarian cycle that lasts an average of 28 days. (This average may vary widely among individuals.) For simplicity's sake it is convenient to assume that during the first half of a 28-day cycle (days 1–13) FSH from the anterior pituitary is promoting the development of a follicle in the ovary and that this follicle is secreting estrogen. As the blood estrogen level rises, it exerts feedback control over the anterior pituitary secretion of FSH so that this follicular phase comes to an end. The end of the follicular phase is marked by ovulation on the fourteenth day of the 28-day cycle. It is assumed that during the last half of the ovarian cycle (days 15–28) anterior pituitary production of LH is promoting the development of a corpus luteum, which is secreting progesterone. As the blood progesterone level rises, it exerts feedback control over anterior pituitary secretion of LH so that the corpus luteum begins to degenerate. As the luteal phase comes to an end, menstruation occurs.

Menstrual Cycle

The female sex hormones estrogen and progesterone have numerous functions, one of which is discussed here. The effect these hormones have on the endometrium of the uterus causes the uterus to undergo a cyclical series of events known as the **menstrual cycle.** Assuming that the cycle lasts 28 days, it is divided as follows:

During *days 1–5* there is a low level of female sex hormones in the body, causing the uterine lining to disintegrate and its blood vessels to rupture. A flow of blood, known as the **menses,** passes out of the vagina during a period of **menstruation,** also known as the menstrual period.

During *days 6–13* increased production of estrogen by an ovarian follicle causes the endometrium to thicken and become vascular and glandular. This is called the proliferation phase of the menstrual cycle.

Ovulation usually occurs on the fourteenth day of the 28-day cycle.

During *days 15–28* increased production of progesterone by the corpus luteum causes the endometrium to double in thickness and the uterine glands to become mature, producing a thick, mucoid secretion. This is called the secretory phase of the menstrual cycle.

The endometrium is now prepared to receive the developing zygote, which becomes embedded in the lining several days following fertilization. This process, called **implantation,** causes the female to become **pregnant.** During implantation, an outer layer of cells surrounding the zygote produces a gonadotropic hormone (**HCG,** or human chorionic gonadotropic hormone) that prevents degeneration of the corpus luteum and instead causes it to secrete even larger quantities of progesterone. The corpus luteum may be maintained for as much as six months, even after the placenta is fully developed.

The **placenta** (fig. 20.15) originates from both maternal and fetal tissue and is the region of exchange of molecules between fetal and maternal blood, although there is no mixing of the two types of blood. After its formation, the placenta continues production of HCG and begins production of progesterone and estrogen. The latter hormones have two effects: they shut down the anterior pituitary so that no new follicles mature and they maintain the lining of the uterus so that the corpus luteum is not needed. There is no menstruation during the length of pregnancy.

If pregnancy does not occur, the corpus luteum degenerates and the low level of sex hormones in the female body causes the uterine lining to break down. This is evident due to the menstrual discharge that begins at this time. Even while menstruation is occurring, the anterior pituitary begins to increase its production of FSH and a new follicle begins maturation. Chart 19.3 indicates how the ovarian cycle controls the menstrual cycle.

Figure 19.12
Plasma hormone levels associated with the
ovarian and menstrual cycles.

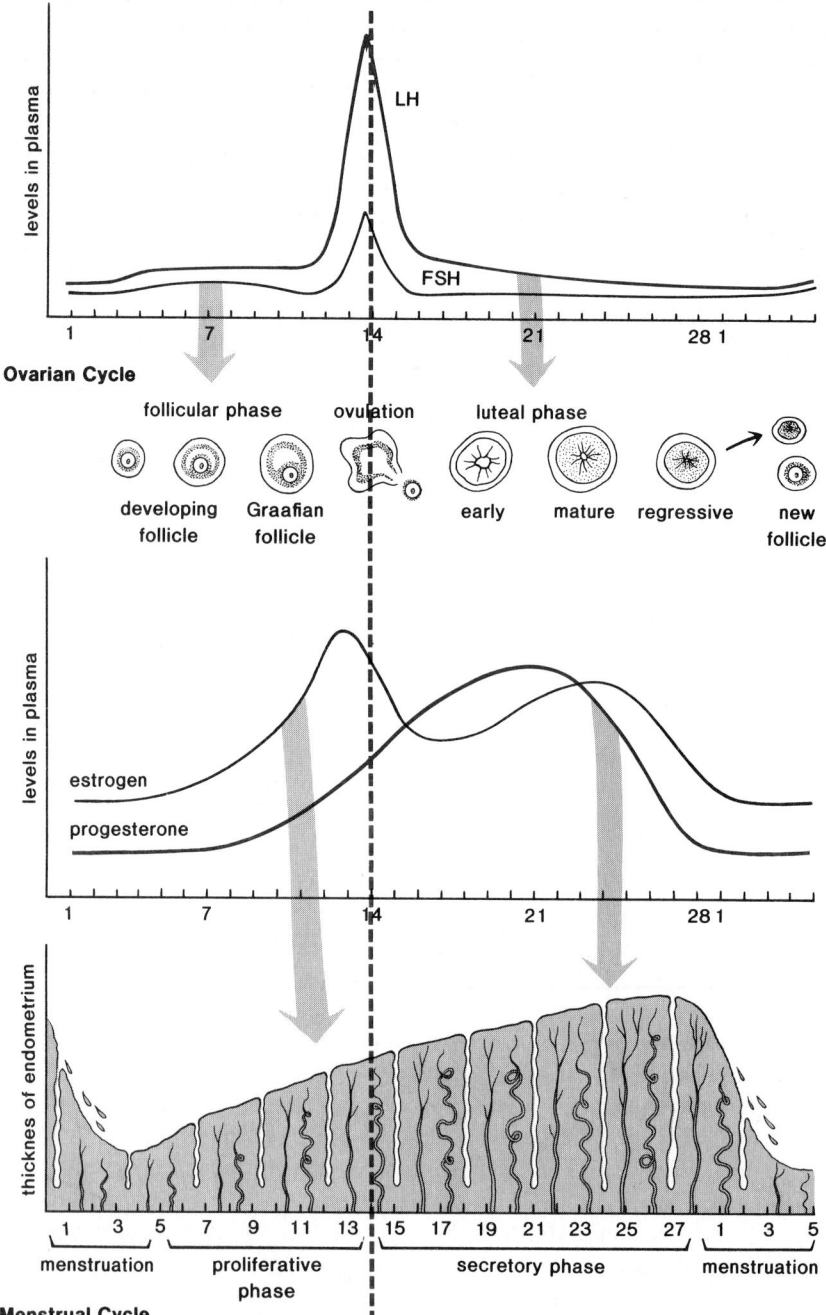

Hormonal Regulation (in detail)

Figure 19.12 shows the changes in blood concentration of all four hormones participating in the ovarian and menstrual cycles. Notice that all four of these hormones (FSH, LH, estrogen, and progesterone) are present during the entire 28 days of the cycle. Thus in actuality both FSH and LH *are* present during the follicular phase and both are needed for follicle development and maturation of the egg. The follicle secretes primarily estrogen and a very minimal amount of progesterone. Similarly, both LH and FSH are present in similar amounts during the luteal phase. LH may be primarily responsible for corpus luteum formation, but the corpus luteum secretes both progesterone and estrogen. The effect that these hormones have on the endometrium has already been stated. Estrogen stimulates growth of the endometrium and readies it for reception of progesterone, after which it thickens and becomes secretory.

Feedback Control It has been frequently mentioned that a hormone can exert feedback inhibition. Therefore, it comes as no surprise to find that as the estrogen level increases during the first part of the follicular phase, FSH secretion begins to decrease. However, toward the end of the follicular phase there is a sharp increase in FSH and LH secretion at the point when the estrogen level is the highest. Thus it is believed that in this instance the high level of estrogen exerts *positive feedback on the hypothalamus*, causing it to secrete gonadotropic releasing factor after which the pituitary momentarily produces an unusually large amount of FSH and LH. It is the surge of LH that is believed to promote ovulation. During the luteal phase, estrogen and progesterone bring about feedback inhibition as expected and the level of both LH and FSH declines steadily. Thus all four hormones eventually reach their lowest levels, causing menstruation to occur. It still is not known what causes the corpus luteum to degenerate if pregnancy does not occur. In some mammals there is evidence to suggest that prostaglandins (p. 357) cause degeneration, but this is not believed to be the case in humans.

Menopause

Menopause, the period in a woman's life during which the menstrual cycle ceases, is likely to occur between the ages of forty-five and fifty-five. The ovaries are no longer responsive to the gonadotropic hormones produced by the anterior pituitary, and the ovaries no longer secrete estrogen or progesterone. At the onset of menopause, the menstrual cycle becomes irregular, but as long as menstruation occurs it is still possible for a woman to conceive and become pregnant. Therefore, a woman is usually not considered to have completed menopause until there has been no menstruation for a year. The hormonal changes during menopause often produce physical symptoms, such as "hot flashes" that are caused by circulatory irregularities, dizziness, headaches, insomnia, sleepiness, and depression. Again, there is great variation among women and any of these symptoms may be absent altogether.

Women sometimes report an increased sex drive following menopause, and it has been suggested that this may be due to androgen production by the adrenal cortex.

Female Sex Hormones

The female sex hormones, estrogen and progesterone, have many other effects on the body in addition to their effect on the uterus. In particular, estrogen secreted at the time of puberty stimulates the growth of the uterus and vagina. Estrogen is necessary for egg maturation and is largely responsible for the secondary sex characteristics in females. It is also responsible for the onset of the menstrual cycle, as well as female body hair and fat distribution. In general, females have a more rounded appearance than males because of a greater accumulation of fat beneath the skin. Also the pelvic girdle enlarges in females so that the pelvic cavity has a larger relative size compared to males. This means that females have wider hips. Both estrogen and progesterone are also required for breast development.

Breasts A female breast contains fifteen to twenty-five lobes (fig. 19.13), each with its own milk duct that begins at the nipple and divides into numerous other ducts that end in blind sacs called **alveoli**. In a nonlactating breast, the ducts far outnumber the alveoli because alveoli are made up of cells that can produce milk.

Milk is not produced during pregnancy. The **lactogenic hormone** (prolactin) is needed for lactation (milk production) to begin, and the production of this hormone is suppressed because of the feedback inhibition estrogen and progesterone have on the pituitary during pregnancy. It takes a couple of days

Figure 19.13
The female breast contains lobules consisting of ducts and alveoli. The alveoli are lined by milk-producing cells in the lactating breast.

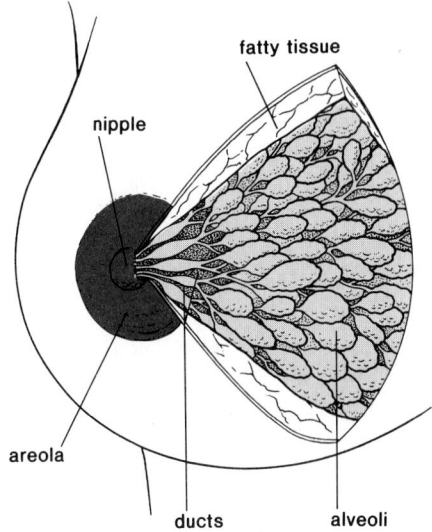

Figure 19.14

Effectiveness of birth control procedures and devices.

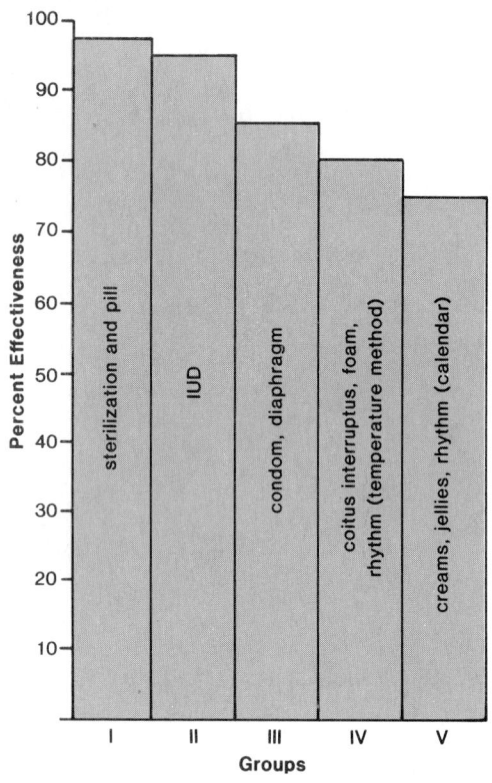

Figure 19.15

Various types of birth control methods:
(a) diaphragm and vaginal jelly; (b) IUD;
(c) oral contraceptive pills; (d) condom; and
(e) vaginal spermicide.

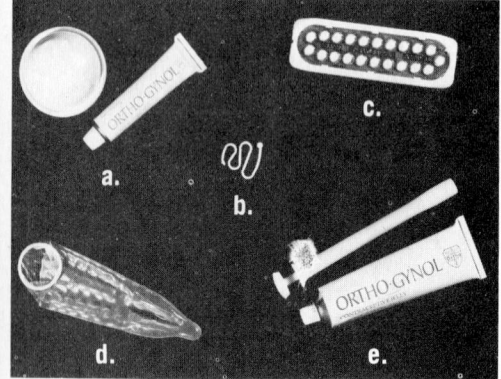

after delivery for milk production to begin and, in the meantime, the breasts produce a watery, yellowish white fluid called **colostrum**, which has the same composition as milk except that it contains more protein and less fat. The continued production of milk requires continued breastfeeding. When a breast is suckled, the nerve endings in the areola are stimulated and nerve impulses travel to the hypothalamus, which produces oxytocin to be released by the posterior pituitary. When this hormone arrives at the breasts, it causes contraction of the lobules so that milk flows into the ducts (called milk letdown).

Birth Control

The effectiveness of various birth control methods is given in figure 19.14. For convenience, birth control methods are divided into five groups.

Group I

Sterilization is a surgical procedure that renders the individual incapable of reproduction. Sterilization operations do not affect the secondary sex characteristics or sexual performance.

In the male, a **vasectomy** consists of cutting and tying the ductus (vas) deferens on each side (fig. 19.2) so that the sperm are unable to reach the seminal fluid that is ejected at the time of orgasm. The sperm are then reabsorbed. Following this operation, which can be done in a doctor's office, the amount of ejaculate remains normal because sperm accounts for about 1 percent of the volume of semen. Also there is no effect on the secondary sex characteristics since testosterone continues to be produced by the testes.

In the female, **tubal ligation** consists of cutting or otherwise sealing the oviducts. Pregnancy does not occur because the passage of the egg through the oviducts has been blocked. Whereas major abdominal surgery was formerly required for a tubal ligation, today there are simpler procedures. Using a method called laparascopy, which requires only two small incisions, the surgeon inserts a small, lighted telescope to view the oviducts and a small surgical blade to sever them. An even newer method called hysteroscopy uses a telescope within the uterus to seal the tubes by means of an electric current.

While recently developed microsurgical methods allow either a ductus deferens or oviduct to be rejoined, it is still wise to view a vasectomy or tubal ligation as permanent. Even following successful resectioning, fertility is usually reduced.

The **birth control pill** (fig. 19.15c) is usually a combination of estrogen and progesterone that is taken for 21 days of a 28-day cycle (beginning at the end of menstruation). The estrogen and progesterone in the pill effectively shut down the pituitary production of both FSH and LH so that no follicle begins to develop in the ovary; and since ovulation does not occur, pregnancy cannot take place. Both beneficial and adverse side effects have been linked to the pill. Women report relief of menstrual discomforts and acne. They also report several minor adverse side effects such as nausea and vomiting. Less common complaints are weight gain, headaches, and chloasma, areas of darkened skin on the face. One serious side effect of the pill is increased incidence of thromboembolism. In most studies, the incidence is five to seven times greater in women who take birth control pills and are 35 to 40 years of age. If these women smoke and also have a health problem such as hypertension, the chance of thromboembolism jumps to seventy-eight times as great for a pill user compared to a nonuser.

Group II

An **intrauterine device (IUD)** (fig. 19.15b) is a small piece of molded plastic that is inserted into the uterus by a physician. They are generally used in women who have given birth to at least one child. Most likely IUDs prevent implantation by the embryo since there is often an inflammatory reaction where the device presses against the endometrium. The minor side effects of the IUD are expulsion, pain, irregular bleeding, or profuse menses. The major side effects of IUDs are rare and include pelvic infection and perforation of the uterus. The infection can usually be treated by antibiotics, but deaths have been known to occur.

Group III

The **diaphragm** (fig. 19.15a) is a soft rubber or plastic cup with a flexible rim that lodges behind the pubic bone and fits over the cervix. Each woman must be properly fitted by a physician and the diaphragm must be inserted into the vagina at most two hours before sexual relations. It must also be used with a spermicidal jelly or cream and should be left in place for at least six hours after relations. If intercourse is repeated during this time, more jelly or cream should be inserted by means of a plastic insertion tube.

The **cervical cap**, a widely used contraceptive devise popular in Europe, is currently being introduced in this country. The cervical cap is thicker and smaller than the diaphragm. The thimble-shaped rubber or plastic cup fits snugly around the cervix. Unlike the diaphragm, the cervical cap is effective even if left in place for several days.

A **condom** (fig. 19.15d) is a thin skin or plastic sheath that fits over the erect penis. The ejaculate is trapped inside the sheath and thus does not enter the vagina. When used in conjunction with a spermicidal foam, cream, or jelly, the protection is better than with the condom alone. A condom should be used only once and a small area should be allowed to remain at the tip for deposit of semen. The condom is the only means of birth control that offers possible protection against venereal disease. Venereal diseases are discussed in the reading on page 380.

Group IV

It is possible for the male to withdraw the penis just before ejaculation so that the semen is deposited away from the vaginal area. This method of birth control, called **coitus interruptus,** has a relatively high failure rate because a few drops of seminal fluid may escape from the penis before ejaculation takes place. Even a small amount of semen can contain numerous sperm.

Spermicidal jellies, creams, and **foams** (fig. 19.15e) contain sperm-killing ingredients and may be inserted into the vagina with an applicator up to thirty minutes before intercourse. Used alone, these are not highly effective means of birth control.

Group V

The **rhythm method** of birth control is based on the fact that a woman ovulates only once a month and that the egg and sperm are viable for a limited number of days. If the woman has a consistent 28-day cycle, then the period of "safe" days can be determined as in figure 19.16. The rhythm method of birth control is not very effective because the day of ovulation can vary from month to month and the viability of the egg and sperm varies perhaps monthly but certainly from person to person.

A more reliable way to practice the rhythm method of birth control is to await the day of ovulation each month and then wait three more days before engaging in intercourse. The day of ovulation can be more accurately determined by noting the body temperature early each morning (body temperature rises at ovulation) or by taking the pH of the vagina each day (near

Venereal Diseases

Venereal diseases (VD) are contagious diseases that are usually sexually transmitted directly from one person to another. The figure indicates that **gonorrhea** is by far the most commonly *reported* infectious disease in the United States.

The diagnosis of gonorrhea in the male is usually not difficult. The patient complains of pain on urination and has a thick, greenish yellow urethral discharge three to five days after contact. In the female, the bacteria are apt to settle within the urethra and about the cervix. They may spread to the oviducts, causing sterility due to scar formation. Unfortunately, the female may be asymptomatic for quite some time and only after some delay may develop severe pains in the abdominal region. Homosexual males develop gonorrhea proctitis, or infection of the anus, for which the symptoms are pain in the anus and blood or pus in the feces. Oral sex can cause infection of the throat and tonsilitis. Gonorrhea may also spread to other parts of the body, causing heart damage or arthritis. To test for gonorrhea, a physician simply takes a sample of the discharge, examines it microscopically for the presence of the gonococcus

bacteria, and/or cultures the discharge and identifies the bacteria biochemically. Gonorrhea can be cured by antibiotic treatment.

If a pregnant woman has gonorrhea bacteria in the vagina, her newborn child will be exposed to them during the process of birth. A resultant bacterial infection of the eyes leading to blindness can occur. Because of this, all newborn infants receive eye drops containing antibacterial agents, such as silver nitrate, tetracycline, or penicillin, as a protective measure.

Syphilis, the second most commonly reported venereal disease in the United States, is caused by the bacteria *Treponema pallidum*. Syphilis has three stages, which may be separated by latent stages in which the bacteria are resting before multiplying again. During the *primary stage*, a hard chancre (ulcerated sore with hard edges) indicates the site of infection. The chancre may go unnoticed, especially since it usually heals spontaneously leaving little scarring. During the *secondary stage*, proof that bacteria have invaded and spread throughout the body is evident when the victim breaks out in a rash. Curiously, the rash does not itch and is seen even on the palms of the hands and soles of the feet.

There may be hair loss and gray patches on the mucous membranes, including the mouth. These symptoms disappear of their own accord. During a *tertiary stage*, which lasts until the patient dies, gummas (large, destructive ulcers) appear on the skin and within the internal organs, especially the small arteries (cardiovascular syphilis) and brain (neurosyphilis). Because syphilis can be cured even if it reaches the tertiary stage, a person should never feel that it is too late for treatment. However, organ damage cannot be reversed.

Congenital syphilis is caused by syphilis bacteria crossing the placenta. The newborn is born blind and/or with numerous anatomical malformations. Penicillin has been used as an effective antibiotic to cure syphilis.

Even though gonorrhea and syphilis are the most frequently reported venereal diseases, there are indications that another venereal disease, **genital herpes**, is rapidly becoming as prevalent as gonorrhea. The condition manifests itself in about two to ten days after infection. The symptoms include tingling and burning sensations in the

Figure 19.16
Calendar showing the "safe" (color) and "unsafe" (white) days in the rhythm method of birth control. (This calendar is appropriate *only* for women with regular 28-day cycles.)

1 menstruation begins	2	3	4	5	6	7
8	9	10 intercourse leaves sperm to fertilize egg	11	12	13 egg may be released	14
15 egg may also be released	16	17 egg may still be present	18	19	20	21
22	23	24	25	26	27	28
1 menstruation begins						

the day of ovulation the vagina becomes more alkaline) or by noting the consistency of the mucus at the cervix (at ovulation the mucus is thicker and heavier). Physicians can instruct women how to do these procedures.

The methods of birth control discussed so far are the only ones recognized as possibly preventing pregnancy. Douching is of little value and position of intercourse will not prevent pregnancy at all. In fact, the proximate location of the penis near the vagina has been known to result in pregnancy.

vagina, cervix, vulva, or urethra in women and in the penis and urethra in men. External and internal blisters appear but soon rupture to produce painful, shallow lesions. These symptoms may be accompanied by fever, pain upon urination, and swollen lymph nodes. Although all symptoms tend to disappear after ten to fourteen days, they can reoccur without further sexual contact. Genital herpes is caused by a herpes simplex virus, of which there are two types. Type 1 usually causes cold sores and fever blisters, while Type 2 causes genital herpes. Several studies have shown a connection between genital herpes and cancer of the cervix and prostate, although it has not been proven that the herpes virus actually causes the cancer. There is no cure as yet for genital herpes (antibiotics are not effective against viruses), but medical assistance should be sought immediately.

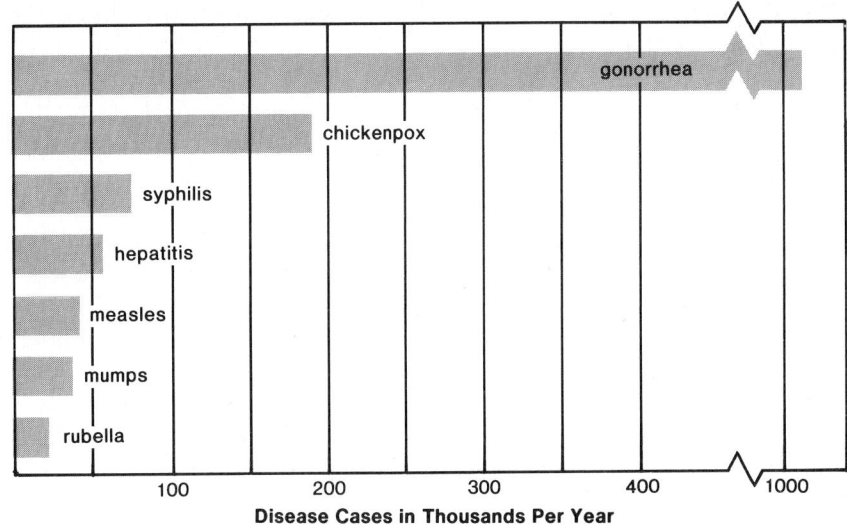

Future Means of Birth Control

Experimentation goes forward on a morning-after pill, but as yet such a pill is not available to the general public. DES, a synthetic estrogen, which affects the uterine lining making implantation difficult, is sometimes given following intercourse. Since large doses are required, causing nausea and vomiting, DES is usually given only for incest or rape. It's possible that prostaglandins which cause contraction of the uterus and disintegration of the corpus luteum could be taken if expected menstruation is late. But since the prostaglandins have many side effects they are only given now under close supervision.

Male Pill

Two possibilities exist for a "male pill." It has been reported that the seminiferous tubules produce a chemical that inhibits FSH production by the pituitary (p. 370). It is hoped that this chemical might someday be produced commercially and made available in pill form for males. Also analogs (chemicals that inhibit the action of a natural substance) of gonadotropic releasing factor have been made. Experiments in both animal and human subjects suggest that one of these might possibly inhibit spermatogenesis in males (and ovulation in females) without affecting the secondary sex characteristics.

Pregnancy Tests

Pregnancy tests, which are readily available in hospitals, clinics, and now even drug and grocery stores, are based on the fact that HCG is present in the blood and urine of a pregnant woman. Pregnancy tests that utilize a blood sample give positive results a few days earlier than the urine test, which is not usually performed until two weeks after a missed menstrual period.

Blood Tests

In a typical test, radioactive HCG and HCG antibodies are added to a sample of a woman's blood serum. The antibodies are removed and tested for radioactivity. If the amount of radioactivity is less than expected, it means that the woman's serum must have contained HCG, which competed with the radioactive HCG. This indicates that the woman is pregnant.

Urine Test

The most common pregnancy test consists of adding HCG antibodies and then HCG-coated particles to a urine specimen. The particles will not clump if the antibodies react with HCG in the specimen. Clumping of the particles indicates that the woman is *not* pregnant.

The physical signs that might prompt a woman to have a pregnancy test are cessation of menstruation, increased frequency of urination, morning sickness, and increase in the size and fullness of the breasts, as well as darkening of the areolae.

Abortion

Whereas a miscarriage is the unexpected loss of an embryo or fetus, an **abortion** is the purposeful removal of an embryo or fetus from the womb. If an abortion is done within the first two months, hospitalization is not needed and recovery requires only a few hours. The most convenient means of removing the embryo from the uterus involves dilation of the cervix and aspiration of the embryo and its membranes. As a suction machine removes the contents of the uterus, the patient experiences only a strange pulling sensation.

Delayed abortion, which is also available from four to six months, is more complicated and hospitalization is required. In the saline procedure several ounces of fluid are removed from the amniotic sac around the fetus by a needle inserted in the abdomen and uterus. When this is replaced by a salt solution, expulsion of a nonliving or short-lived fetus follows. The patient will experience at least some labor pains just as if a normal birth were going to occur.

Infertility

Sometimes couples do not need to prevent pregnancy; conception or fertilization for them does not occur. The American Medical Association estimates that 15 percent of all couples in this country are unable to have any children and are therefore properly termed sterile; another 10 percent have fewer children than they wish and are therefore termed infertile.

Infertility can be due to a number of factors. There may be a congenital malformation of the reproductive tract or the venereal disease gonorrhea (p. 380) may have caused obstruction of the oviduct or ductus deferens. Sometimes these physical defects can be corrected surgically.

A hormonal imbalance, which can cause failure to ovulate in females, and a low sperm count in males, can be treated medically. As a last resort, it is possible to give females HMG, a substance rich in FSH and LH that is extracted from the urine of postmenopausal women. This treatment causes multiple ovulations and sometimes multiple pregnancies, however. If the sperm count in the male is low, it is possible to concentrate the sperm and use this to artificially inseminate the female. However, the emphasis of late has been on the quality of the sperm rather than the total number of sperm since men with very low sperm counts are known to father children naturally.

One area of concern is that radiation, chemical mutagens, and the use of psychedelic drugs can contribute to sterility, possibly by causing chromosomal defects.

In Vitro Fertilization

Assuming that the sperm and egg are normal, the new method of external fertilization followed by implantation of the zygote is a possibility for some couples. After appropriate hormonal treatment of the woman, laparascopy (p. 378) allows the removal of eggs from Graafian follicles that have ballooned out of the ovary. Sperm from the males are placed in a solution that approximates the conditions of the female genital tract. When the eggs are introduced, fertilization occurs. The resultant zygotes begin development and after about two to four days they are inserted into the uterus of the woman, who is now in the secretory phase of her menstrual cycle. If an implantation is successful, the baby will develop normally. Louise Brown, born July 25, 1978 in Oldham, England, is the first baby ever known to be conceived in laboratory glassware.

Summary

In males, spermatogenesis occurs within the seminiferous tubules of the testes, which also produce the androgens (testosterone) within the interstitial cells. Sperm have a head, capped by an acrosome, where 23 chromosomes reside in the nucleus, and a mitochondria-containing mid-piece and a tail with a 9 + 2 pattern of microtubules. Sperm mature in the epididymis and are stored in the ductus deferens before entering the urethra just prior to ejaculation. The inguinal canal, which marks the area where the testes descended into the scrotal sac, is often a region where a hernia may develop.

The accessory glands (seminal vesicles, prostate gland, and Cowper's gland) produce seminal fluid. Semen, which contains sperm and seminal fluid, leaves the penis during ejaculation. The penis, which has a foreskin that may be removed by circumcision, must become erect in order to be placed in the vagina of a female. Erection occurs when blood sinuses within erectile tissue fill with blood. If sexual stimulation is sufficient, ejaculation follows an erection and this is an obvious sign of male orgasm. As many as 400 million sperm may be ejaculated. Although only one sperm fertilizes an egg, the others may assist the process. The acrosome contains enzymes that can digest away the cells and material surrounding the egg.

Hormonal regulation in the male maintains testosterone at a fairly constant level. The hypothalamus produces a gonadotropic hormone that stimulates the anterior pituitary to produce FSH and LH, which are present in both sexes. In males, FSH promotes spermatogenesis and LH promotes androgen production. Via a feedback mechanism testosterone, in particular, inhibits the anterior pituitary production of LH. Evidence suggests that a chemical produced by the seminiferous tubules controls FSH secretion. Testosterone stimulates growth of the male genitals during puberty and is necessary for maturation of sperm and development of the secondary sex characteristics—those features that we associate with the male body aside from the genitals.

In females, oogenesis occurs within the ovaries where one follicle reaches maturity each month. This follicle balloons out of the ovary and bursts to release the egg. The ruptured follicle develops into a corpus luteum. The follicle and corpus luteum produce the female sex hormones estrogen and progesterone.

The egg must cross a small space to enter the oviducts, which conduct it toward the uterus. Fertilization takes place within the oviducts. If fertilization occurs, the zygote embeds itself in the uterine lining and the corpus luteum is maintained. If fertilization does not take place, the corpus luteum degenerates. The vagina, the copulatory organ in females, opens into the vestibule where the urethra also opens. The vestibule is bounded by the labia minora, which come together at the clitoris, a highly sensitive organ. Outside the labia minora are the labia majora. The entire region of the external genitalia is called the vulva. There is no ejaculation in the female and therefore orgasm is harder to detect and includes a wide range of normality.

Hormonal regulation in the female results in an ovarian cycle. For those who do not wish to study hormonal regulation in detail, it is simplest to assume that during the first half of the cycle FSH from the anterior pituitary causes maturation of the follicle, which secretes estrogen. After ovulation, and during the second half of the cycle, LH from the anterior putuitary converts the follicle into the corpus luteum, which produces progesterone. Estrogen and progesterone regulate the menstrual cycle. At first, during the menstrual cycle, a low level of hormones causes the endometrium to break down as menstruation occurs (days 1–5). As estrogen begins to be produced by the follicle, the endometrium begins to rebuild (proliferation phase, days 6–13). Ovulation occurs on the fourteenth day of a 28-day cycle. As progesterone is produced by the corpus luteum, the endometrium thickens and becomes secretory (secretory phase, days 14–28).

Estrogen and, to some extent, progesterone maintain the female genitals, promote development of the egg, and maintain the secondary sex characteristics. The breasts begin to secrete milk after delivery because of the hormone prolactin, and another hormone, oxytocin, is responsible for milk letdown. When menopause occurs, FSH and LH are still produced by the anterior pituitary, but the ovaries are no longer able to respond.

Numerous birth control methods and devices are available for those who wish to prevent pregnancy. The methods that are 85 to 100 percent effective are sterilization, the pill, the IUD, and the diaphragm. A condom used with a spermicidal jelly or foam is also this effective. Methods that are more in the range of 70 to 85 percent effective are spermicidal foam and jelly alone, coitus interruptus, and the rhythm method of birth control. The latter method, which is based on abstinence during the "fertile period," can lead to unexpected pregnancy because ovulation is often irregular.

Some couples are infertile. There may be a blockage in the oviducts that can be corrected surgically in some cases. Either sex may have a hormonal imbalance that can also be corrected. Also available to a few is in vitro fertilization followed by implantation of the developing zygote.

Study Questions

1. Discuss the anatomy and physiology of the testes. (p. 366) Describe the structure of sperm. (p. 366)
2. Give the path of sperm. (pp. 368–69)
3. What glands produce seminal fluid? (p. 368)
4. Discuss the anatomy and physiology of the penis. (p. 369) Describe ejaculation. (p. 369)
5. Discuss hormonal regulation in the male. Name three functions for testosterone. (pp. 370–71)
6. Discuss the anatomy and physiology of the ovaries. (p. 371) Describe ovulation. (p. 372)
7. Give the path of the egg. Where does fertilization and implantation occur? Name two functions for the vagina. (pp. 372–73)
8. Describe the external genitalia in females. (p. 373)
9. Compare male and female orgasm. (pp. 369, 374)
10. Discuss hormonal regulation in the female either simplified and/or in detail. (p. 374) Give the events of the menstrual cycle and relate them to the ovarian cycle. (p. 374) In what way is menstruation prevented if pregnancy occurs? (p. 375)

11. Name four functions of the female sex hormones. (p. 377) Describe the anatomy and physiology of the breast. (p. 377)
12. Discuss the various means of birth control and their relative effectiveness. (p. 378)

Further Readings

Boston Women's Health Book Collective. 1973. *Our bodies, ourselves.* New York: Simon and Schuster.

Demarest, R. J., and Sciarra, J. J. 1969. *Conception, birth and contraception: A visual presentation.* New York: Blakiston.

Epel, D. 1977. The program of fertilization. *Scientific American* 237(5):128.

Goldstein, B. 1976. *Human sexuality.* New York: McGraw-Hill.

Jaffe, F. S. 1973. Public policy on fertility control. *Scientific American* 229(1):17.

Katchadourian, H. 1977. *The biology of adolescence.* San Francisco: W. H. Freeman.

Mader, S. 1980. *Human reproductive biology.* Dubuque, Iowa: Wm. C. Brown.

Masters, W. H., and Johnson, V. E. 1966. *Human sexual response.* Boston: Little, Brown.

Steen, E. B., and Price, J. H. 1977. *Human sex and sexuality.* New York: Wiley.

U.S. Department of Health, Education, and Welfare, Bureau of Disease Prevention and Environmental Control. 1968. *Syphilis: A synopsis.* Public Health Service Publication No. 1660, January. Washington, D.C.: U.S. Government Printing Office.

20

human development

1. The first stages of human development, which lead to the establishment of the embryonic germ layers, are the same as those of other animal embryos.

2. Induction, or the ability of one tissue to influence the development of another, can explain differentiation, or specialization of parts, and can account for the orderliness of development.

3. Human embryos have the same extraembryonic membranes as the embryos of reptiles and birds but their function has been altered to suit internal development.

4. It is possible to outline in a precise manner the steps in human development from the fertilized egg to the birth of a child.

Chapter Concepts

Development encompasses that period of time from **conception** (fertilization) to **birth** (parturition). In humans the **gestation period,** or length of pregnancy, is approximately nine months. It is customary to calculate the time of birth by adding 280 days to the start of the last menstruation because this date is usually known, whereas the day of fertilization is usually unknown. Because the time of birth is influenced by so many variables, only about 5 percent of babies actually arrive on the forecasted date.

Human development is very often divided into **embryonic development** (first two months) and **fetal development** (three through nine months). The embryonic period consists of early development, during which all the major organs form, and fetal development consists of a refinement of these structures. The fetus, not the embryo, is recognizable as a human being.

Much has been learned about human embryonic development by studying the early development of other animals whose eggs are more accessible, easier to see, and may be freely subjected to experimentation. As we discuss human embryonic development, we will have occasion to refer to the development of amphioxus (fig. 20.1), the frog, and chick in addition to humans. All these animals are chordates, animals that at some time in their life history have an elastic supporting rod known as a **notochord.** In vertebrates, this rod is replaced by the vertebral column. All the animals mentioned except amphioxus is a vertebrate.

Developmental Processes

All animal embryos develop by means of the following processes, which are also listed in chart 20.1.

Cleavage   Immediately after fertilization, the zygote begins to divide so that at first there are 2, then 4, 8, 16, and 32 cells, and so forth. Since increase in size does not accompany these divisions, the embryo is at first no larger than the zygote was. Cell division during cleavage is mitotic, and each cell receives a full complement of chromosomes and genes.

Growth   Later cell division is accompanied by an increase in size of the daughter cells, and growth in the true sense of the term takes place.

Morphogenesis   Morphogenesis refers to the shaping of the embryo and is first evident when certain cells are seen to move, or migrate, in relation to other cells. By these movements, the embryo begins to take on various shapes.

Differentiation   When cells take on a specific structure and function, differentiation occurs. The first system to become visibly differentiated is the nervous system.

Early Developmental Stages

All higher embryos go through the same early stages of development, as listed in chart 20.1. Each stage can be identified by the events or the results of that stage.

Chart 20.1 Early Developmental Stages

Stage	Process	Result
Cleavage	Cell division without growth	Many-celled morula
Blastula	Morphogenesis and growth	Hollow ball of cells
Gastrula	Morphogenesis and growth	An embryo with three germ layers
Neurula	Differentiation by induction	Nervous system development

Figure 20.1

Stages in the development of amphioxus, an animal with little yolk. The germ layer, mesoderm, is shown in color.

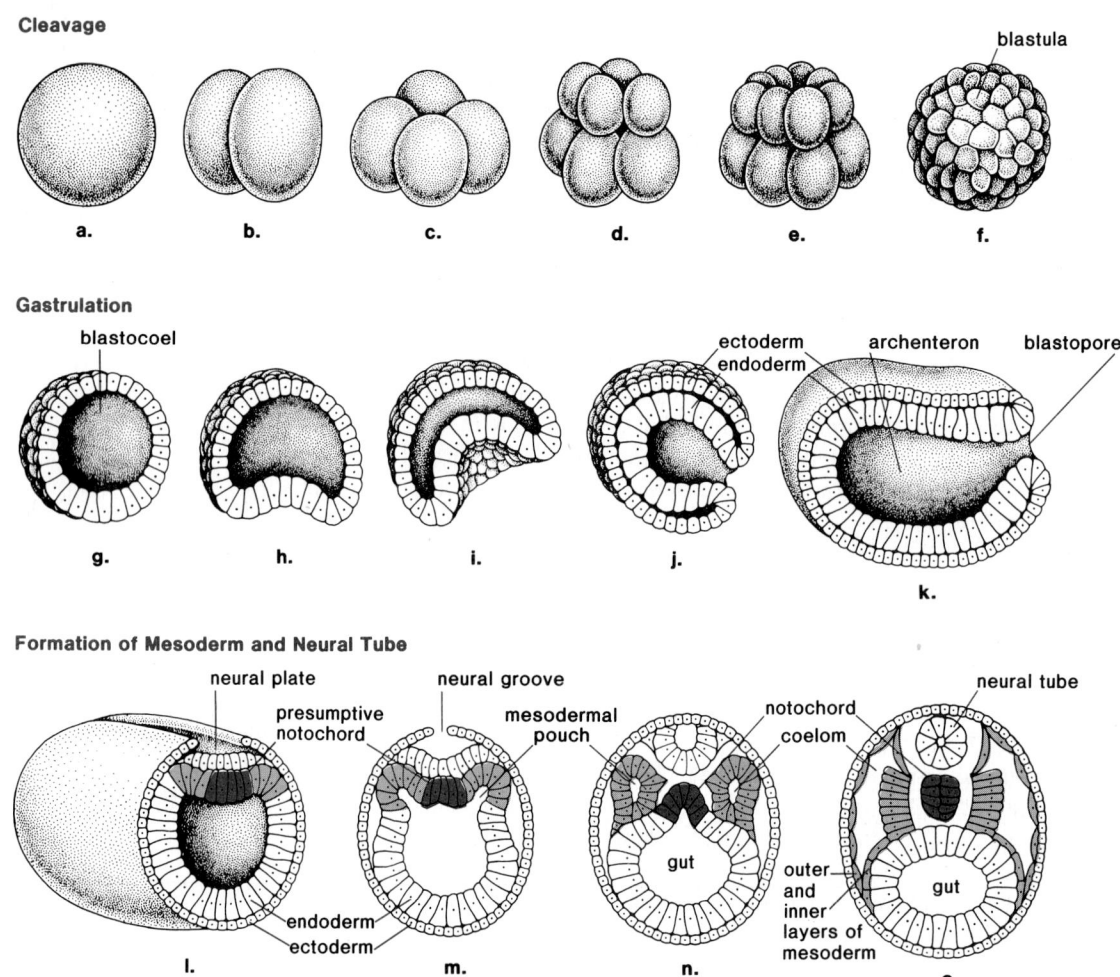

Cleavage

a. b. c. d. e. f.

blastula

Gastrulation

blastocoel

g. h. i. j. k.

ectoderm
endoderm
archenteron
blastopore

Formation of Mesoderm and Neural Tube

neural plate
presumptive notochord
neural groove
mesodermal pouch
notochord
coelom
neural tube

l. m. n. o.

endoderm
ectoderm
gut
gut
outer and inner layers of mesoderm

Cleavage

This first stage is cell division without growth. It is best observed in an embryo such as amphioxus, which has little yolk, a rich nutrient material. (The yellow portion of a chick egg is the yolk). Since amphioxus has little yolk, cell division is about equal and the cells are of a fairly uniform size (fig. 20.1a–f). Cleavage continues until there is a solid ball of cells called the **morula.**

Blastula

The second stage occurs when the cells of the morula more or less position themselves to create a space. In amphioxus a completely hollow ball, the **blastula,** results and the space within the ball is called the **blastocoel.** The human blastula, termed the **blastocyst,** consists of a hollow ball with a mass of cells—the **inner cell mass**—at one end. Figure 20.2 compares the appearance of a human embryo to that of amphioxus during the first stages of development.

Inner Cell Mass   Each cell within the inner cell mass has the genetic capability of becoming a complete individual. Sometimes during human development, the inner cell mass splits and two embryos start developing rather than

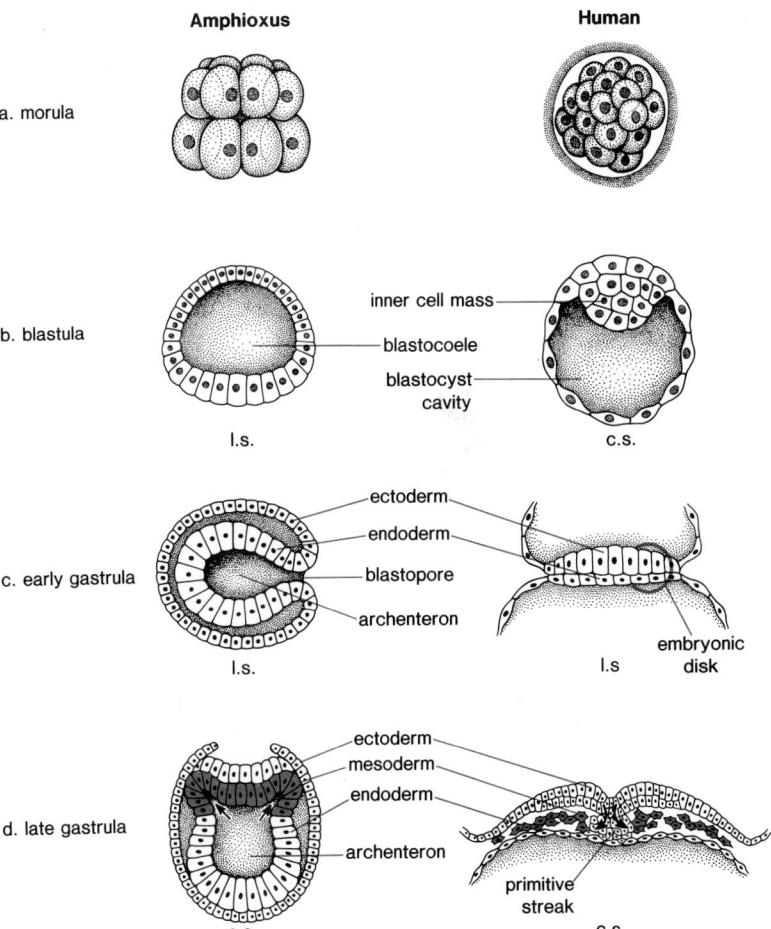

Amphioxus   **Human**

a. morula

b. blastula

inner cell mass

blastocoele

blastocyst cavity

l.s.   c.s.

c. early gastrula

ectoderm

endoderm

blastopore

archenteron

l.s.   l.s   embryonic disk

d. late gastrula

ectoderm

mesoderm

endoderm

archenteron

primitive streak

c.s.   c.s.

Figure 20.2
a. Comparative morula stages for amphioxus and human. b. Comparative blastula stages. c. Comparative gastrula stages. d. Comparative late gastrula stages. (*l.s.* = longitudinal section. *c.s.* = cross section.)

one. These two embryos will be **identical twins** (fig. 20.3) because they have inherited exactly the same chromosomes. **Fraternal twins,** which arise when two different eggs are fertilized by two different sperm, do not have identical chromosomes. It has even been known to happen that these "twins" have different fathers.

Scientists have been able to demonstrate the genetic potential of inner cell mass cells within the laboratory as described in the reading on page 392. Using mice embryos, scientists transplanted nuclei from these cells to newly enucleated eggs of a different animal. The mice that developed had the genetic characteristics of the original embryo. Mice developing from the same inner cell mass are clones because they have exactly the same genes and are propagated by an asexual means. Cloning of human embryos has not as yet been achieved and cloning of an adult human, while frequently imagined, is considered to be very much in the future.

Figure 20.3

Fraternal twins are formed when two eggs
are released and fertilized. Identical twins
develop when a embryo breaks in two
during an early stage of development.

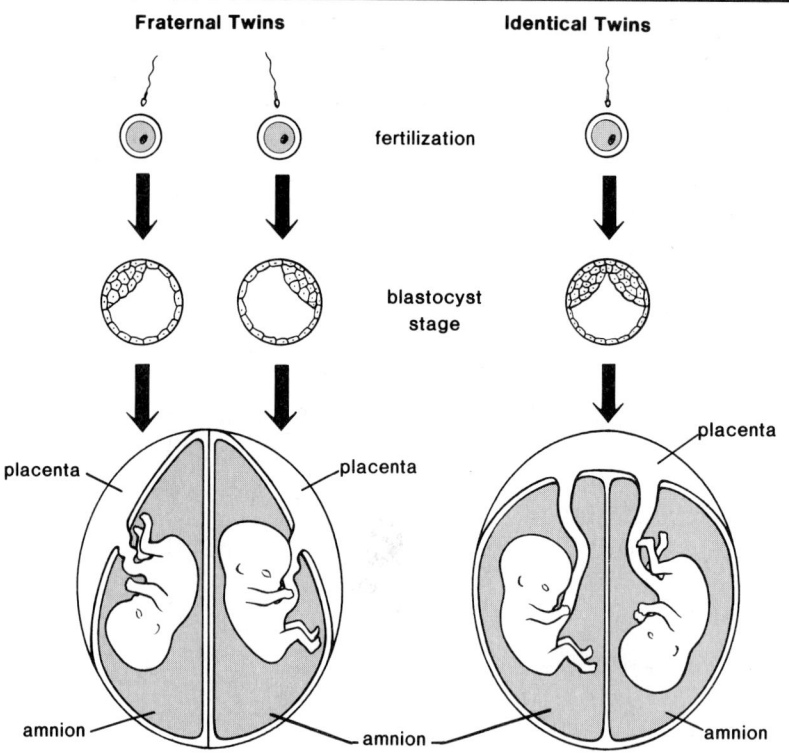

Figure 20.4

A dorsal view of a 16-day-old human
embryo, showing the primitive streak and
the primitive node.

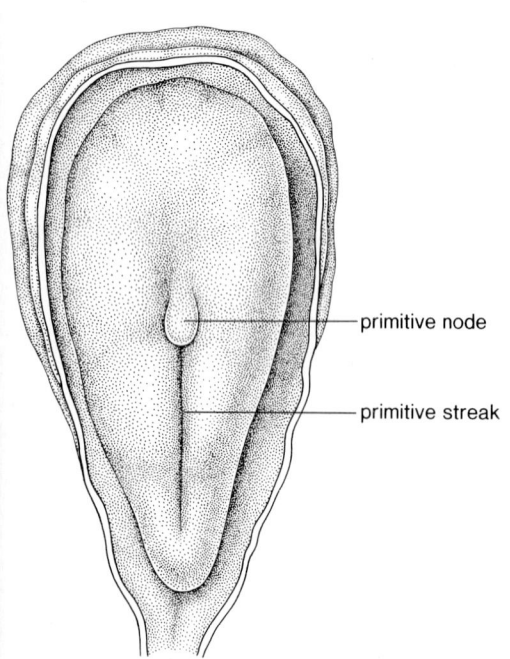

primitive node

primitive streak

Gastrula

Gastrulation is evident in amphioxus when certain cells begin to push, or invaginate, into the blastocoel (fig. 20.1*h–k*). This creates a double layer of cells. The outer layer of cells is now called the **ectoderm** and the inner layer is called the **endoderm.** The space created by invagination will become the gut and is called either the **primitive gut** or the archenteron. The pore or hole created by the invagination is the **blastopore** and in amphioxus, as well as other vertebrates, this pore becomes the anus.

Gastrulation is not complete until a third middle layer of cells, the **mesoderm,** has been formed. In amphioxus this layer begins as outpocketings from the primitive gut; these outpocketings grow in size until they meet and fuse. In effect, then, two layers of mesoderm are formed and the space between them is called the coelom. A **coelom** is defined as a body cavity lined by mesoderm and within which the internal organs form.

Figure 20.2 compares human gastrulation to that of amphioxus. In humans a space called the amniotic cavity appears within the inner cell mass. The portion of the mass below this cavity is the embryonic disc, which elongates to form the primitive streak (fig. 20.4). Some of the upper cells within the primitive streak invaginate and spread out between the lower layer, now called endoderm, and the remaining cells of the upper layer, now called ectoderm. The invaginating cells are the mesoderm layer. Mesoderm later forms blocklike portions called **somites** in the posterior half of the embryo, and these become muscle tissue.

It is interesting to note that human development resembles chick development. In the chick there is a primitive streak rather than a spherical gastrula because the yolk does not participate in the early stages of development. The human egg contains very little yolk, yet early development resembles that of the chick. The evolutionary history of these two animals can provide an answer for this amazing resemblance. Both birds (e.g., chicks) and mammals (e.g., humans) are related to the reptiles, and this evolutionary relationship manifests itself in the manner in which development proceeds.

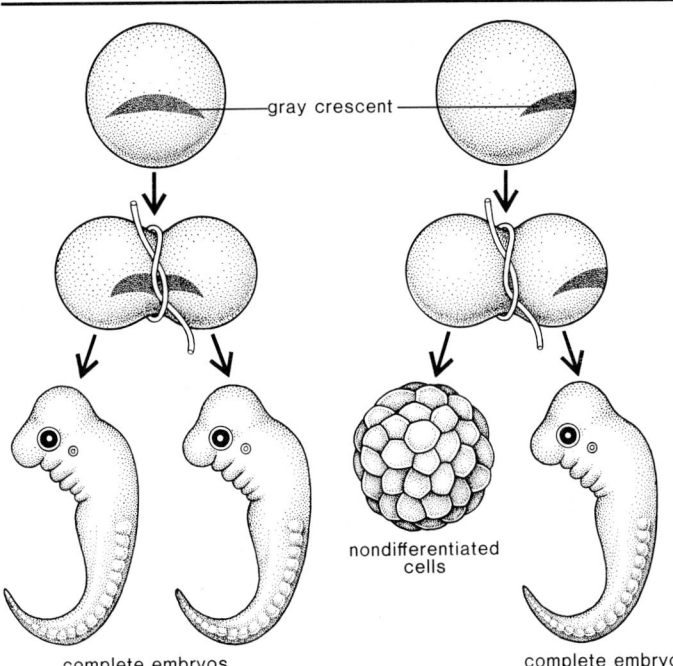

gray crescent

nondifferentiated
cells

complete embryos   complete embryo

Figure 20.5
If a frog's egg is divided so that each half
receives an ample share of gray crescent,
then each half develops into a complete
embryo. On the other hand, if a frog's egg
is divided so that only one-half receives the
gray crescent, only that half develops into a
complete embryo.

Chart 20.2 Organs Developed from the Three Primary Germ Layers

Ectoderm	Mesoderm	Endoderm
Skin epidermis including hair, nails, and sweat glands	All muscles	Lining of digestive tract, trachea, bronchi, lungs, gallbladder, and urethra
Nervous system including brain, spinal cord, ganglia, nerves	Dermis of skin	Liver
	All connective tissue including bone, cartilage, and blood	Pancreas
Retina, lens, and cornea of eye	Blood vessels	Thyroid, parathyroid, and thymus glands
Inner ear	Kidneys	Urinary bladder
Lining of nose, mouth, and anus	Reproductive organs	
Teeth enamel		

Germ Layers   Ectoderm, mesoderm, and endoderm are called the primary
germ layers of the embryo, and no matter how gastrulation takes place the
end result is the same: three germ layers are formed. It is possible to relate
the development of future organs to these germ layers, as is done in chart
20.2.

Neurula

This is the stage of development when **differentiation** or specialization of cells
first becomes apparent. Differentiation cannot be explained by a parceling out
of genes to the various cells since each and every cell of the animal's body
receives a full complement of genes. Rather, genes must be controlled in such
a way that only certain ones are active in certain cells. Recent investigative
studies have suggested that the cytoplasm may contain either inhibitors or
stimulators that combine with the chromosome and inactivate or activate
certain genes. Support for the importance of cytoplasm control of genes comes
from a study of frog development. The frog's egg contains a special section
of cytoplasm called the **gray crescent.** If an experimenter ties the fertilized
egg so that each half has a portion of the gray crescent, both halves develop
successfully into a complete embryo. If the experimenter ties the egg so that
only one-half has the gray crescent, only that half develops successfully. The
other half becomes a mass of nondifferentiated cells (fig. 20.5).

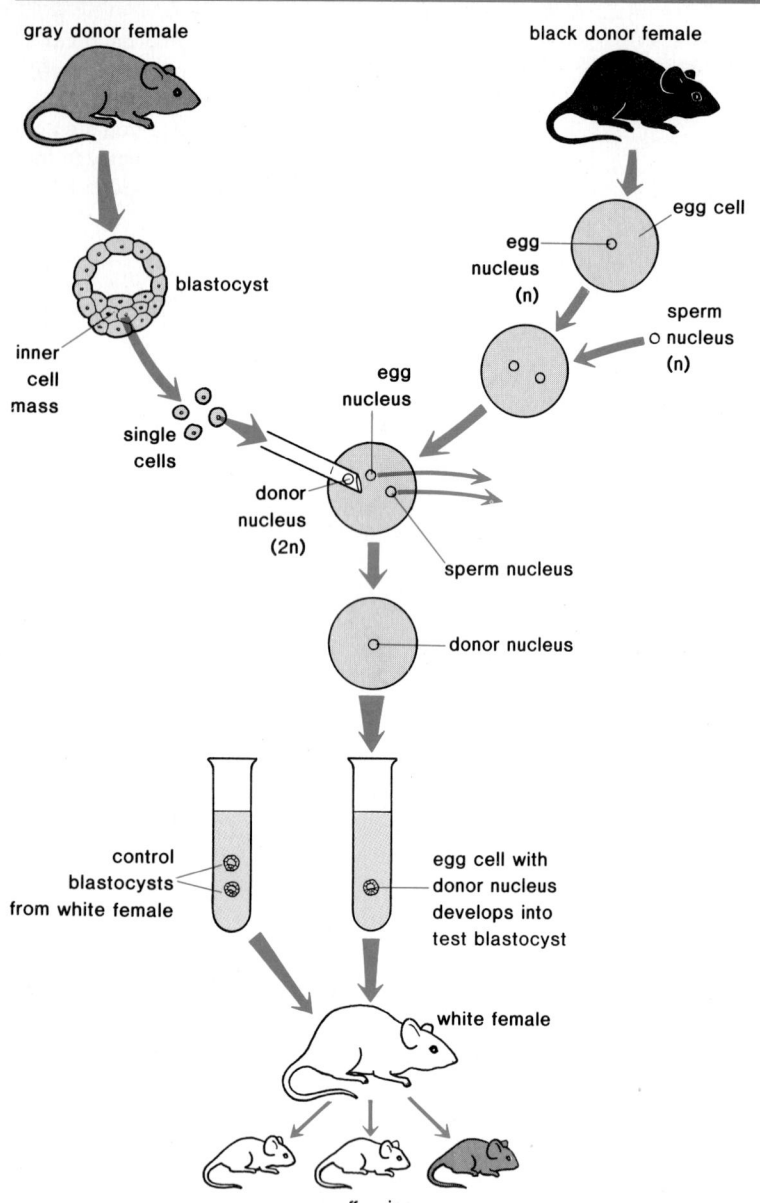

gray donor female

black donor female

blastocyst

inner cell mass

single cells

egg cell

egg nucleus (n)

sperm nucleus (n)

egg nucleus

donor nucleus (2n)

sperm nucleus

donor nucleus

control blastocysts from white female

egg cell with donor nucleus develops into test blastocyst

white female

offspring

Closing In on Cloning

In the book and movie *The Boys from Brazil,* a demented Nazi doctor uses blood and tissue cells from Adolf Hitler to clone dozens of copies of the German dictator in the hope that at least one of them will seize power and conquer the world. Though the cloning of human beings is likely to be confined to fantasy for decades—perhaps forever—other kinds of cloning have long been possible. The Greek word *klon* means twig, and the simplest kind of vegetable cloning consists of cultivating cuttings from a plant. By the mid-1950s scientists had succeeded in cloning amphibians, producing frogs that were genetically identical to each other and carried the inherited characteristics of only a single parent. Most animal cloning has been done by transplanting nuclei into egg cells to produce an entire organism from a single cell. But the cloning of higher forms of life, like mammals, is hard to achieve. Mammal eggs are microscopic, ten to 20 times smaller in diameter than frogs' eggs, and vastly more difficult to manipulate. Consequently, the barriers to cloning laboratory mice had, until now, proved insurmountable. But last week the word was out that biologists had successfully done just that.

The work was carried out in Switzerland by Karl Illmensee of the University of Geneva and Peter Hoppe of the Jackson Laboratory in Bar Harbor, Me., both veteran researchers in cell biology. Their breakthrough was not in conception—since the procedures for cloning are familiar. It lay rather in the surgeon-like skill and persistence with which they used microscopic instruments to transplant nuclei from cell to cell.

Early investigators referred to the gray crescent as the **primary organizer** for the embryo. An organizer is believed to be a group of cells that can influence the development of other cells. The concept of an organizer was further developed when it was found that mesoderm tissue located at the upper lip of the blastopore brings about or induces the formation of the nervous system in animals.

Induction In vertebrate animals a central portion of the mesoderm is the future **notochord,** which will later be replaced by the vertebral column. The nervous system develops from ectoderm located just above the notochord. At

First they scooped a mass of embryonic cells from the womb of a pregnant gray mouse. Using microscopes and a micropipette much finer than a human hair, they sucked out the cells' nuclei and, one by one, transplanted each into a recently fertilized egg extracted from another mouse. That mouse was black and functioned as a kind of genetic control. The researchers drew out the egg and sperm nuclei that were already in the black mouse's egg so that their genetic information could not influence the resulting clone. Next they cultured the cell in a solution of nutrients until it divided and grew into an early embryo, which was then inserted into the womb of a third mouse, this one white. The white mouse gave birth to a gray mouse, genetically identical to the original embryo.

In 363 tries, Illmensee and Hoppe managed to produce three such mice. The high failure rate was due mainly to the delicacy and complexity of the micromanipulative technique involved. In subsequent experiments, however, Illmensee and Hoppe had better luck. They generated several mice from a single embryo, all genetically identical to each other and thus true clones.

Almost every cell in an organism contains all the genetic information needed for reproducing the entire organism. But getting that information to turn on or, as biologists put it, to "express" itself, is the main problem in animal cloning. It has been done now with immature cells. But as cells become differentiated, they seem to lose the ability to release genetic instructions for anything other than what they have become. A red blood cell can become only another red blood cell, for example. For that reason,

Illmensee and Hoppe were only able to clone mice from embryonic cells that had not yet differentiated into cells for skin, bones, brains, eyes and other parts of the body. So far, there have been no undisputed reports of cloning from mature animal cells.

Nonetheless, the Illmensee-Hoppe mice, if they are produceable in large numbers, open many new avenues for research. The mice are, in fact, less important as clones than as vehicles for experiments in embryology, cell differentiation and immunology as well as in the study of birth defects and cancer. They enable medical researchers to introduce variables into otherwise genetically identical subjects, and then observe the results.

Some variation of the Illmensee-Hoppe technique may one day be used to clone prize bulls or even human beings. But other scientists question the ethics, as well as the scientific use, of trying to clone humans from undifferentiated cell masses. Whatever the original genetic imprint, the results would not be predictable, and mistakes would be stamped indelibly not on mice but on men.

Reprinted by permission from TIME, The Weekly Newsmagazine; Copyright Time Inc. 1981.

first, a thickening of cells called the neural plate is seen along the dorsal surface of the embryo. Then neural ridges develop on either side of a neural groove that becomes the **neural tube** when the ridges fuse. Figure 20.6 shows cross sections of frog development, which illustrate the internal development of the nervous system. Figure 20.7 shows an intact human embryo allowing you to see the external appearance of the developing nervous system.

Experiments have been performed with frogs to show that if the presumptive (potential) nervous system, lying just above the notochord, is cut out and transplanted to another region of the embryo, it will not form a neural

Figure 20.6
Development of the coelom and nervous
system in a frog embryo.

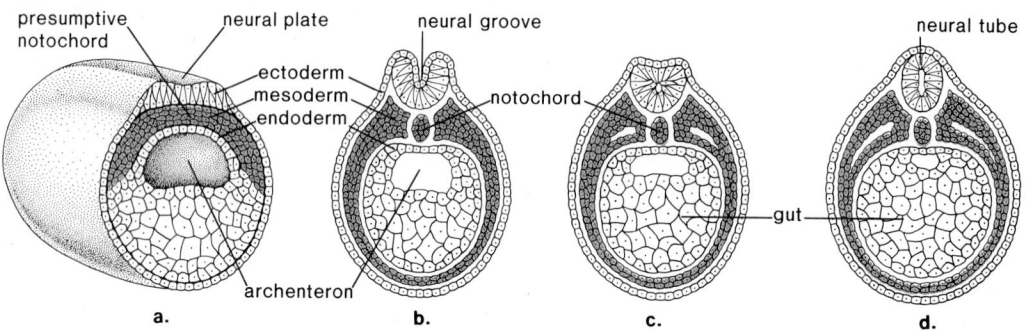

Figure 20.7
A dorsal view of a 21-day-old human
embryo, showing the neural folds, which
have closed anteriorly, the pericardial
(heart) area, and the somites, the
precursors of the muscles.

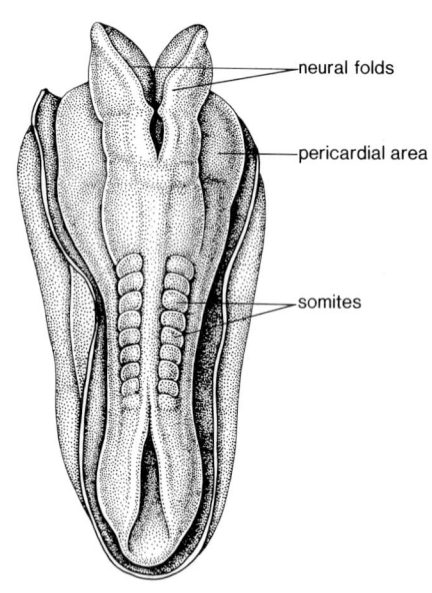

tube. On the other hand, if the presumptive notochord is cut out and transplanted beneath what would be belly ectoderm, this ectoderm now differentiates into neural tissue (fig. 20.8). These experiments indicate that notochord mesoderm brings about the formation of the nervous system, and it is said that the dorsal (back central portion) mesoderm **induces** the formation of the neural tube.

The process of **induction** can explain the orderly development of the embryo. One tissue is induced by another and this, in turn, induces another tissue, and so forth, until development is complete. Thus, induction can account for the stepwise and timewise progression of development.

This theory of orderly development is supported by the fact that once the closure of the neural tube is complete, the presumptive forebrain induces the formation of the lens of the eyes. First, the sides of the forebrain bulge out and widen just beneath overlying ectoderm. This seems to trigger a thickening of these ectoderm cells. Then the bulge dips in to form a cuplike structure that will be the future eyeball, while the overlying thickened ectoderm grows into a ball of cells to form the lens of the eye (fig. 20.9).

Experimentation has suggested that RNA formation and diffusion may be responsible for the process of induction. For example, if ectoderm is placed in a solution that formerly contained notochord mesoderm, the ectoderm differentiates into nervous tissue. This indicates that the mesoderm must have left some chemicals behind in the solution and these chemicals carry out the inductive process. An analysis of such a solution, following mesoderm removal, shows that nucleic acids have been added to the solution by the mesoderm tissue. The nucleic acid most likely to appear is RNA.

Vertebrate Cross Section
With the formation of the nervous system, it is possible to show a generalized diagram (fig. 20.10) of a vertebrate embryo to illustrate placement of parts. Correlation of figure 20.10 with chart 20.2 will help you relate the formation of vertebrate structures and organs to the three embryonic layers of cells: the ectoderm, mesoderm, and endoderm. Thus, the skin and nervous system develop from the ectoderm; muscles, skeleton, kidneys, circulatory system, and gonads develop from the mesoderm; and the digestive tract, lungs, liver, and pancreas develop from the endoderm.

Figure 20.8

In experiment *A*, presumptive nervous system tissue does not complete its development when moved from its location above the notochord. On the other hand, in experiment *B*, presumptive notochord can cause even presumptive belly ectoderm to develop into a nervous system.

Experiment A

Presumptive Nervous System From Donor

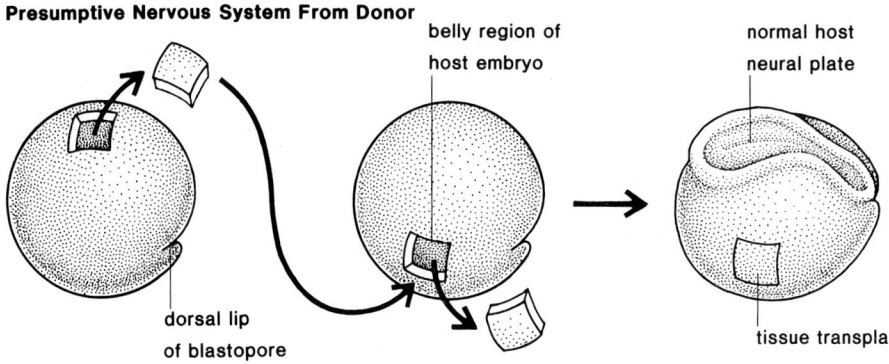

belly region of
host embryo

normal host
neural plate

dorsal lip
of blastopore

tissue transplant

Experiment B

Presumptive Notochord From Donor

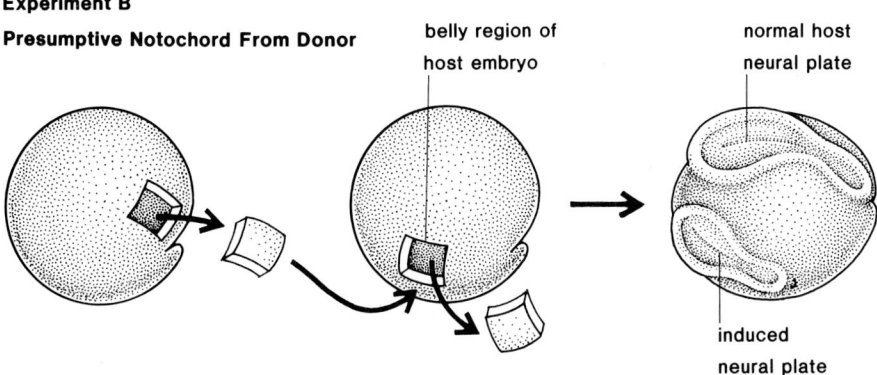

belly region of
host embryo

normal host
neural plate

induced
neural plate

Figure 20.9

During development, the forebrain induces formation of a lens.

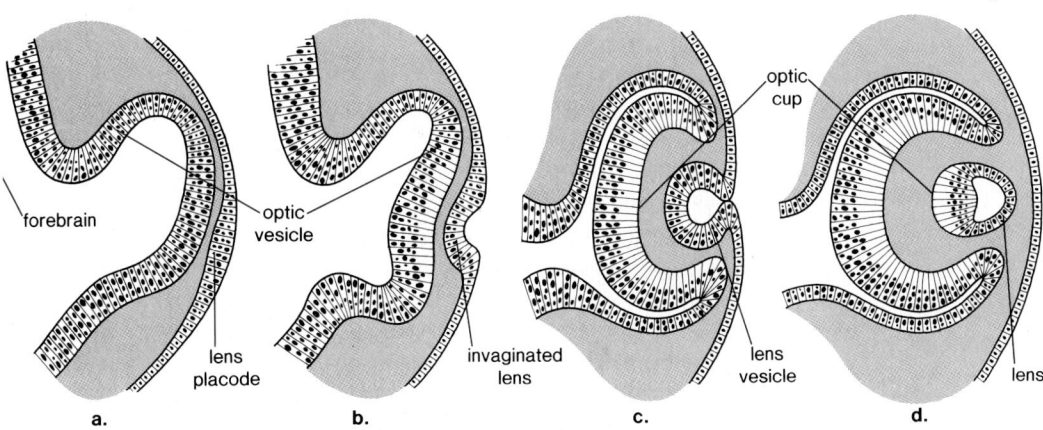

forebrain

optic
vesicle

optic
cup

lens
placode

invaginated
lens

lens
vesicle

lens

a.   b.   c.   d.

Figure 20.10

Cross section of a typical vertebrate embryo showing the relationship of parts.

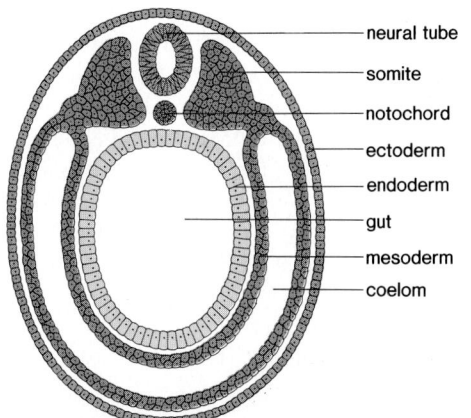

neural tube
somite
notochord
ectoderm
endoderm
gut
mesoderm
coelom

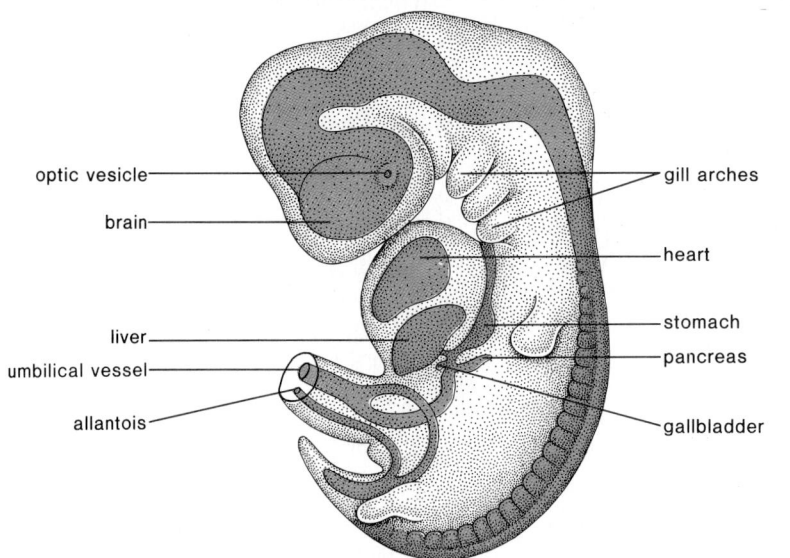

The diagram illustrates that embryonic vertebrates have a notochord and a dorsal hollow nerve cord. Another characteristic is the presence of gill pouches or slits supported by gill arches (fig. 20.11). Obviously, only the lower vertebrates (fishes and amphibian larvae) have actual use for gill slits as functioning structures. The fact that higher forms go through this embryonic stage of the lower forms indicates a relationship between them. The phrase **ontogeny** (development) **recapitulates** (repeats) **phylogeny** (evolutionary history) was coined some years ago as a dramatic way to suggest that all animals share the same embryonic stages. This theory has been modified today since embryos proceed only through those stages that are necessary to their later development. For example, in higher vertebrates actual gill slits never form; instead, the first gill pouch becomes the cavity of the middle ear and eustachian tube. The second pouch becomes the tonsils, while the third and fourth pouches become the thymus and parathyroids, respectively. The fifth pouch disappears. Thus, gill pouches develop because they are necessary to later development.

Extraembryonic Membranes

Before we consider human development chronologically, we must understand the placement of extraembryonic membranes. Extraembryonic membranes are best understood by considering their function in the chick. The formation of these membranes in reptiles first made development on land possible. If an embryo develops in the water, the water supplies oxygen for the embryo and takes away waste products. The surrounding water prevents drying out and provides a protective cushion.

On land, all these functions are performed by the extraembryonic membranes. Figure 20.12 shows the chick within its hard shell surrounded by the membranes. The **chorion** lies next to the shell and carries on gas exchange. The **yolk sac** surrounds the remaining yolk. The **allantois** collects nitrogenous waste and the **amnion** contains the amnionic fluid that bathes the developing embryo.

As figure 20.12 indicates, humans also have these extraembryonic membranes. The chorion develops into the fetal half of the placenta; the yolk sac is present but lacks yolk and is largely nonfunctional; the allantoic blood vessels become the umbilical blood vessels; and the amnion contains fluid to cushion and protect the fetus. Thus, the function of the membranes has been modified to suit internal development, but their very presence indicates our relationship to birds and reptiles. It's interesting to note that all animals develop in water, either directly or within amnionic fluid.

Figure 20.12
Comparison of extraembryonic membranes
between (*a*) bird embryo and (*b*) human
embryo.

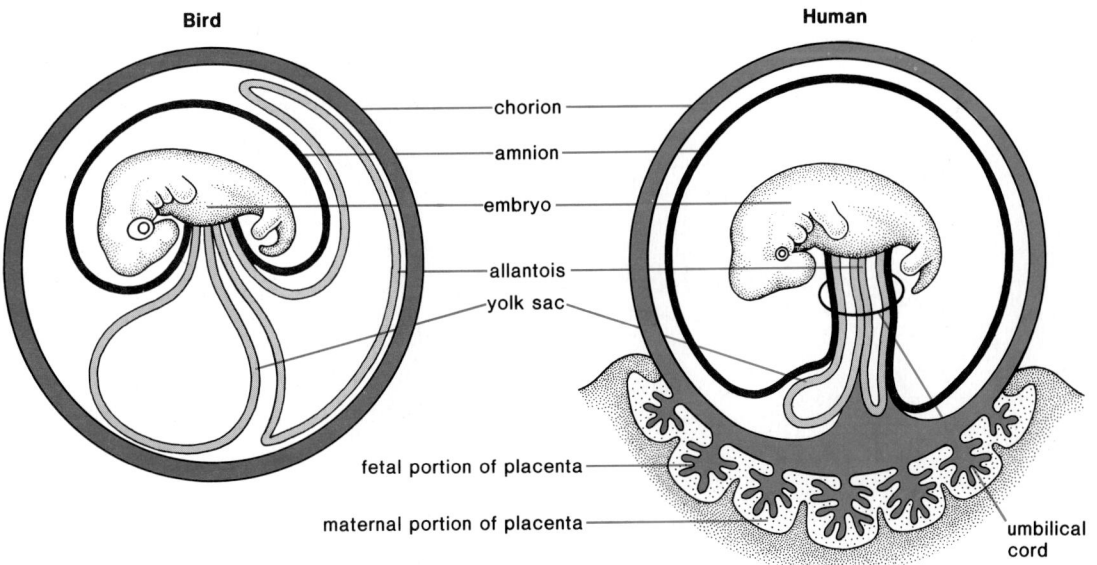

Human Development

We are now prepared to consider development in a stepwise manner. Human embryonic development is complicated by the fact that the extraembryonic membranes develop very early. This may be related to the fact that the human egg has little yolk and the mother supplies the needs of the developing embryo by way of the placenta.

Embryonic Development

First Week

Days 1–4 Immediately after fertilization within the oviduct, the human zygote begins to undergo cleavage as it travels down the oviduct to the uterus (fig. 20.13).

Days 5–6 The morula becomes the blastocyst (fig. 20.14*a*), which is the blastula stage in humans. The blastocyst consists of the inner cell mass and with a single layer of surrounding cells known as the **trophoblast.** The trophoblast signals the formation of the first of the extraembryonic membranes, since it will become the outer layer of cells of the chorion.

Day 7 At the end of the first week, the embryo begins the process of **implanting** itself in the wall of the uterus as the trophoblast secretes enzymes to digest away some of the tissue and blood vessels of the uterine wall (fig. 20.13). The embryo is now about the size of the period at the end of this sentence.

Second Week

Days 8–14 Implantation continues as the embryo undergoes gastrulation. The first stage of gastrulation is the formation of a layer of endodermal cells beneath the ectoderm. Above the embryo, an amnionic cavity is now visible as is a yolk sac cavity below (fig. 20.14*b, c*). Thus, two more extraembryonic

Figure 20.13

a. Diagram illustrating fertilization and movement of the zygote down the oviduct to the uterus where it implants itself. b. Photomicrograph of the embryo undergoing implantation.

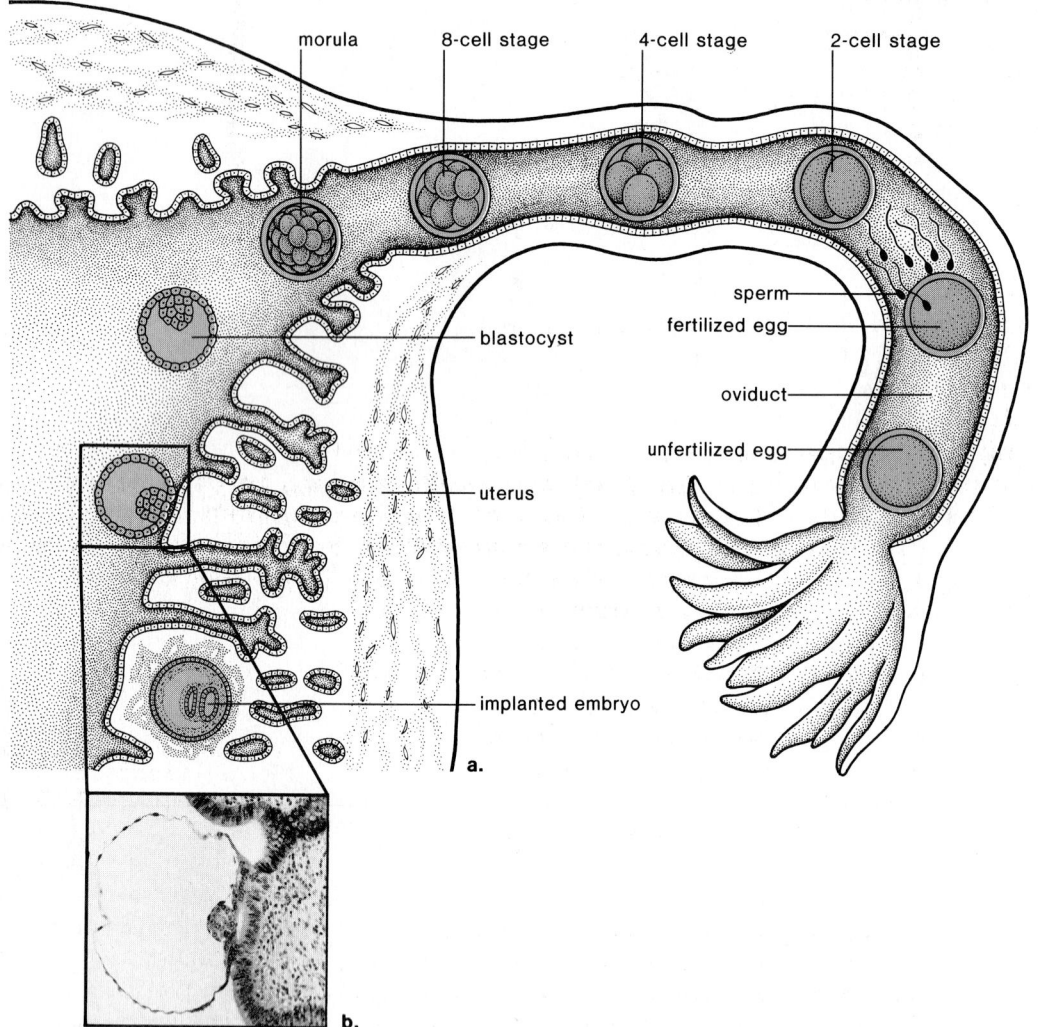

morula
8-cell stage
4-cell stage
2-cell stage

blastocyst

sperm
fertilized egg

oviduct

unfertilized egg

uterus

implanted embryo

a.

b.

membranes have made their appearance. The formation of the chorion is complete when a layer of mesodermal cells is seen lining the trophoblast. An outer mesodermal layer is added to both the amnion and yolk sac. Thus, by the end of the second week, three extraembryonic membranes are present. The embryo itself is referred to as an embryonic disc and there are signs of a primitive streak.

The embryo is completely implanted as the uterine wall closes over it. Treelike extensions of the chorion called chorionic villi project into the maternal tissues and begin formation of the placenta. The placenta (fig. 20.15) has a fetal side (the chorion) and a maternal side that lie in close contact so that wastes and carbon dioxide can move from the fetal to the maternal side of the placenta and nutrients and oxygen can move from the maternal to the fetal side. Notice in figure 20.15 how the chorionic villi are surrounded by maternal blood sinuses, and yet the blood of mother and fetus never mix, and exchange always takes place across cell walls.

Figure 20.14
Stages in the development of human embryo showing the early appearance of the extraembryonic membranes and the formation of the umbilical cord. a. The blastocyst is surrounded by the trophoblast. b. As gastrulation occurs, the amniotic cavity appears. c. The chorion and yolk sac are now apparent. d. With completion of gastrulation, the body stalk is apparent. e.–g. Embryo becomes more differentiated as the umibilical cord forms.

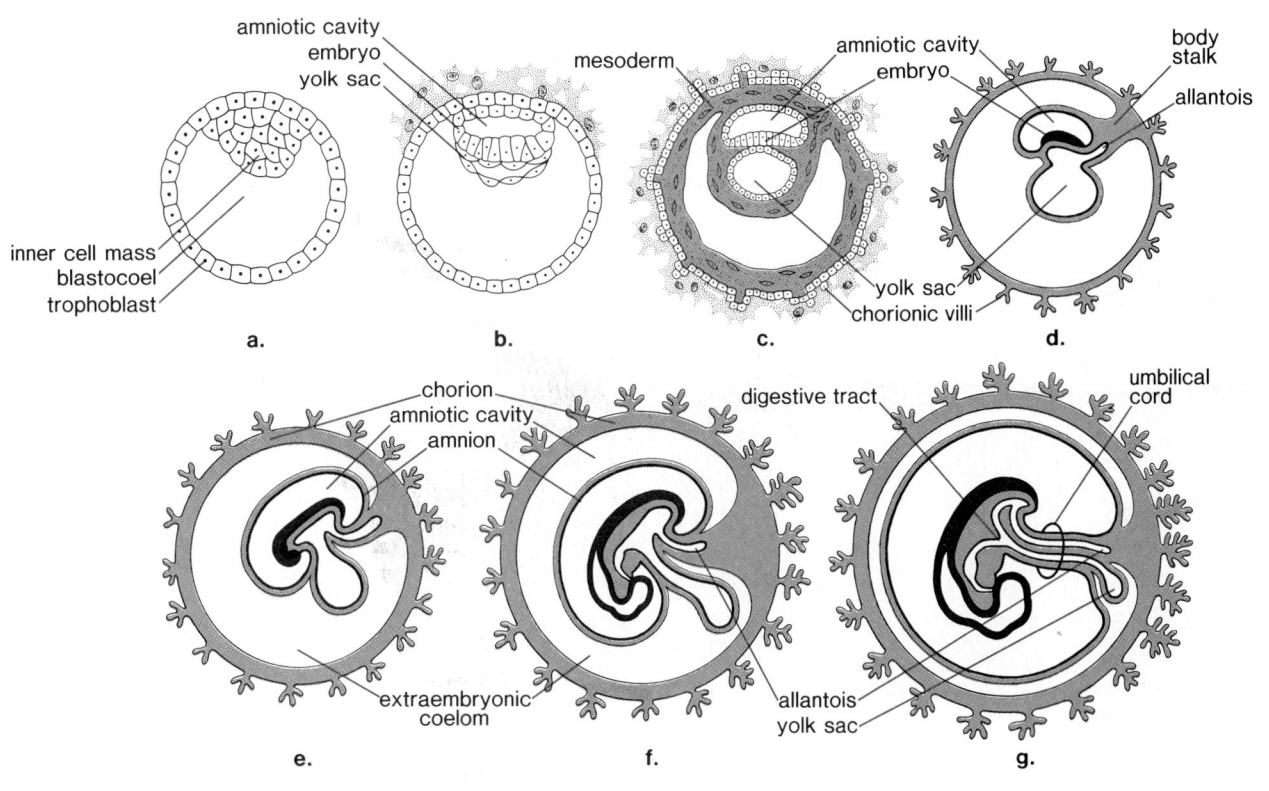

Figure 20.15

The placenta is the region of exchange between the fetus and the mother. Here fetal circulation is separated from maternal circulation by thin membranes only.

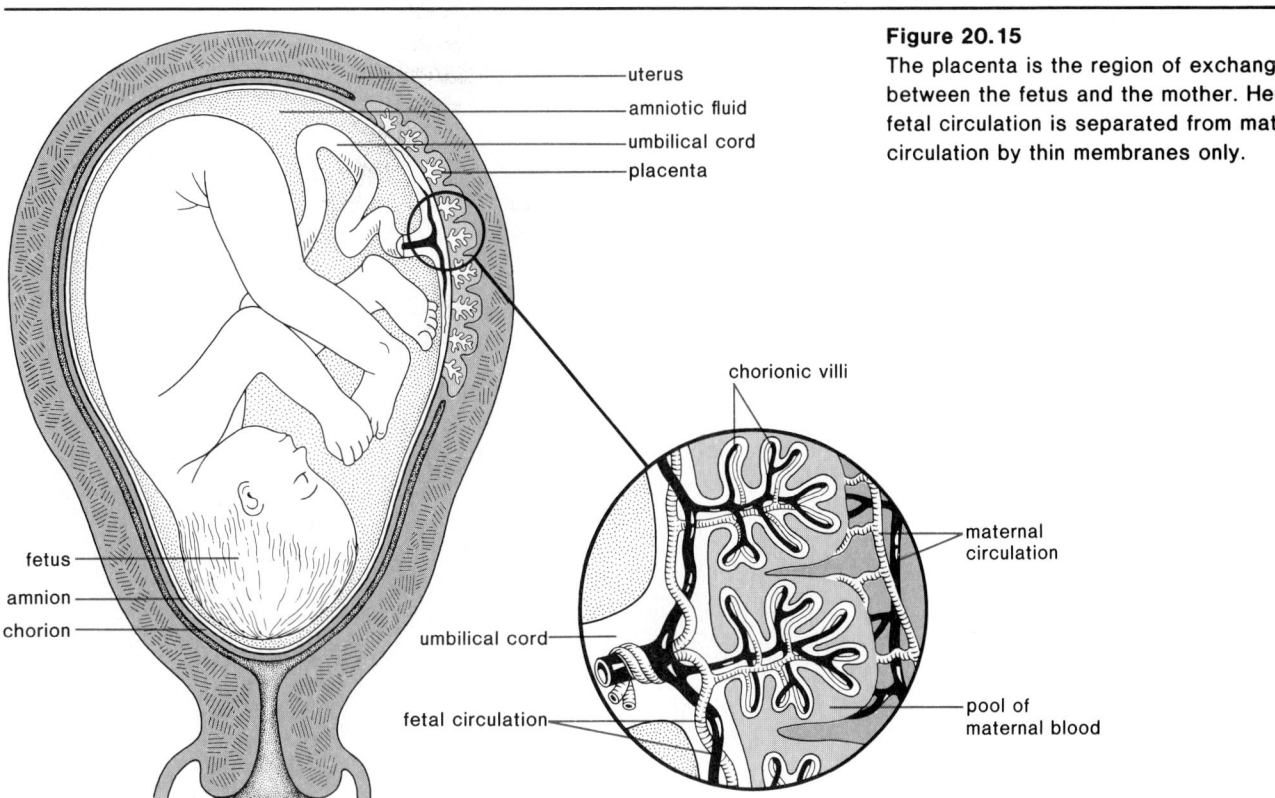

Third Week

(Days 14–21) The second stage of gastrulation is complete as the mesoderm forms by invagination of cells at the primitive streak. A bridge of mesoderm called the body stalk connects the caudal end of the embryo with the chorion (fig. 20.14*d*). The vestigial allantois is contained within this stalk, and its blood vessels become the umbilical blood vessels. The umbilical cord that

Figure 20.16
a. In the four-week-old embryo, the body is flexed and C-shaped. b. At the end of six weeks, the head becomes disproportionately large. c. In the eight-week-old embryo, the nose is flat, the eyes are far apart, and the eyelids are fused. d. Surrounded by the extraembryonic membranes, this twelve-week-old fetus appears to be sucking its thumb. e. At sixteen weeks, the blood vessels are easily visible through the transparent skin.

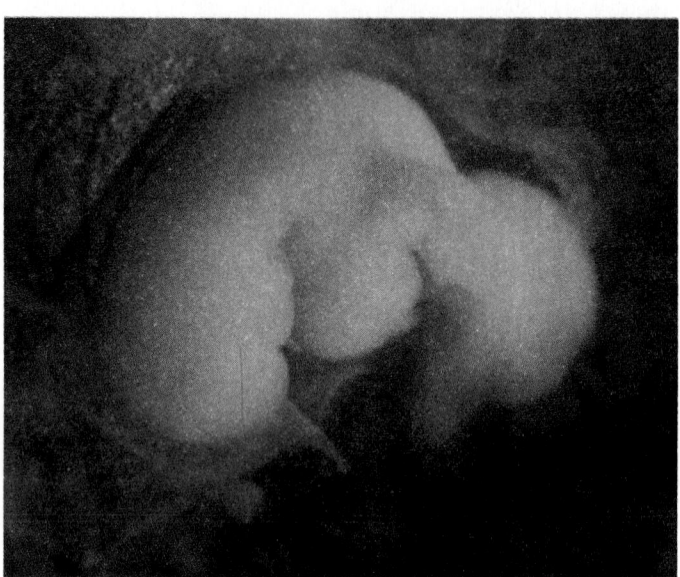

a.

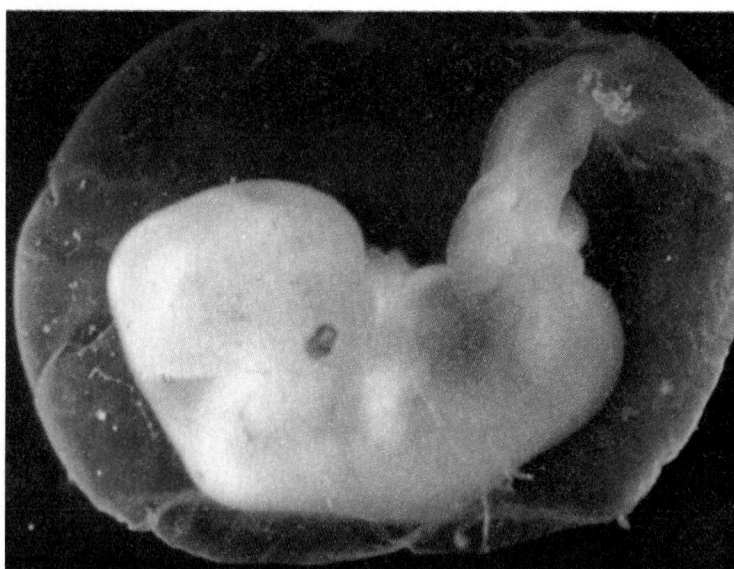

b.

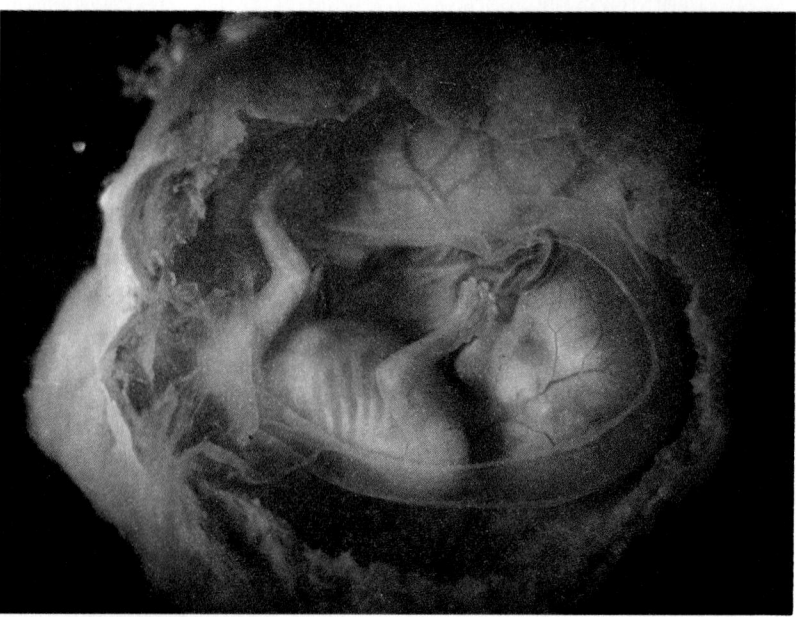

d.

connects the developing embryo (⅛″ in size) to the placenta is fully formed when the head and tail lift up and the body stalk is moved toward the ventral side by a constriction (fig. 20.14*e–g*). The notochord is present and the neural tube is almost closed. The heart becomes conspicuous and a system of paired blood vessels is established. Somites are rapidly increasing in number, with sixteen somites present at this time.

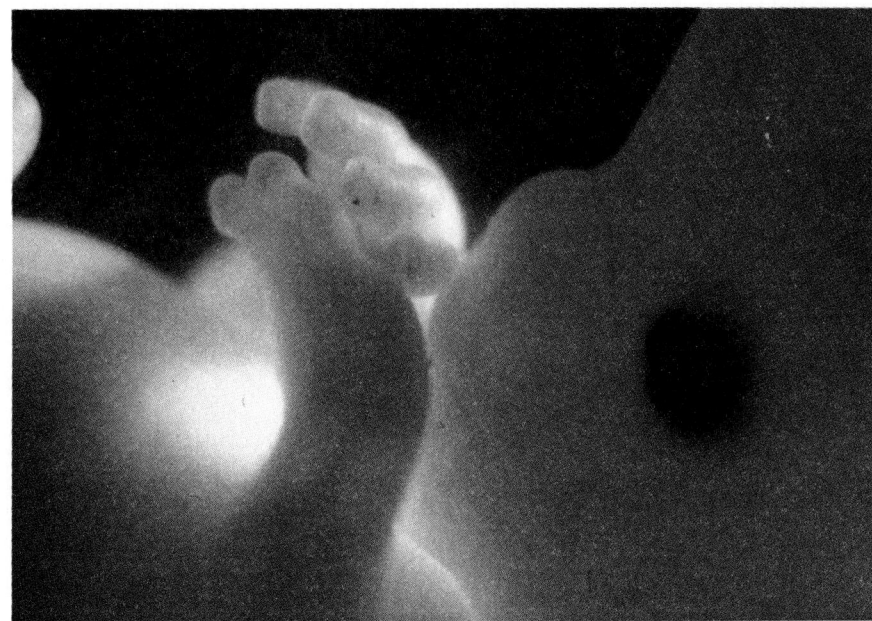

c.

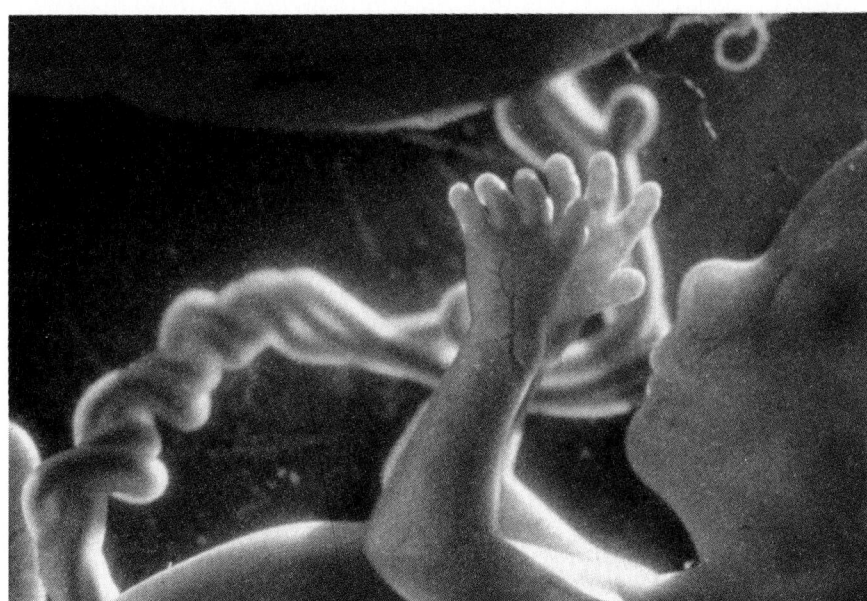

e.

Figure 20.17

Stages in human development. a. Four-to-five month fetus. b. Six-to-seven-month fetus. c. Eight-to-nine-month fetus.

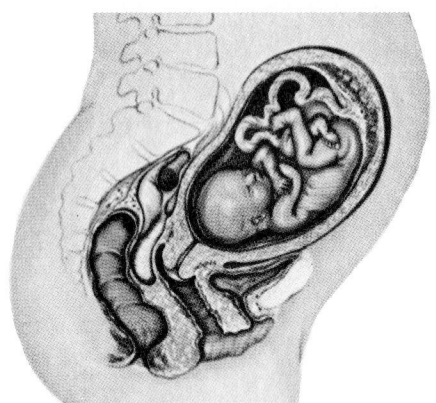

a.

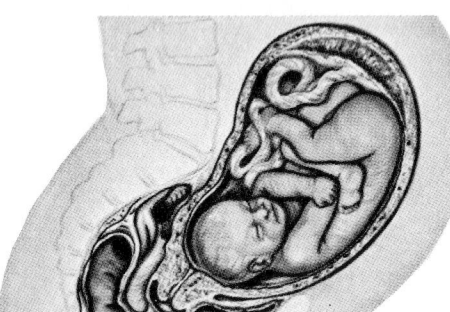

b.

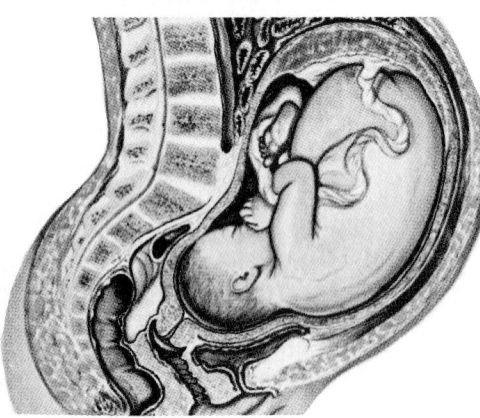

c.

Fourth Week (One Month)
3/16″
Heart pulsating and pumping blood
All somites (40) present
Eyes, ears, and nose forming
Digestive system forming
Limb buds begin to form
Body flexed; C-shaped
Presence of tail gives nonhuman appearance

Sixth Week
9/16″
Head becomes disportionately large
Face and neck forming
Limb buds developing; digits forming
Cartilaginous skeleton forming
Tail regressing

Eighth Week (Two Months)
1⅛″; about 1/30 oz.
Nose flat, eyes far apart, eyelids fused
Limbs beginning to take shape; digits well formed
Ossification beginning
All internal organs have formed
Recognizable as human

Fetal Development

Third Month
3″; 1 oz.
Head prominent
Eyes formed but lids still fused
External ears present; nose gains bridge
Tooth sockets and buds forming in jawbones
Nails forming
Ossification continuing
Heartbeat can be detected with special instruments
Sex can be determined by inspection

Fourth Month
6½–7″; 4 oz.
Eyes, ears, nose, and mouth have typical human appearance; eyebrows appear
Skin bright pink, transparent, and covered with fine, downlike hair
Bony skeleton now visible, body catching up with head size
Active muscles; movement may be felt as baby moves in womb

Fifth Month
10–12″; ½–1 lb.
Eyelids still completely fused; some hair may be present on head
Skin bright red and still covered by fine hair
Internal organs maturing; heartbeat can be heard without special instruments

Sixth Month
11–14″; 1¼–1½ lbs.
Eyelids finally separated and eyelashes formed
Skin quite wrinkled and somewhat red; covered with heavy protective creamy coating
Nails now extend to end of digits

Seventh Month

14–17"; 3 lbs.

Eyes are open

Skin still quite red and covered with wrinkles

Testes have descended into scrotal sacs

Premature baby at this stage has a slight chance for survival in nurseries staffed by skilled physicians and nurses

Eighth Month

16½–18"; 5 lbs.

Subcutaneous fat deposition leads to weight gain

Bones of head soft and flexible

Growth and maturation of baby in last two months extremely valuable for survival

Ninth Month

Average baby weighs about seven pounds if a girl and seven and a half if a boy

Length about 20 inches

Skin white or pink but still coated with creamy coating

Fine downy body hair has largely disappeared

Fingernails may protrude beyond ends of fingers

Size of soft spot between bones of skull varies considerably from one child to another, but generally will close within 12 to 18 months

Fetal Circulation

As figure 20.18 shows, the fetus has four features that are not present in adult circulation:

1. *Oval opening or foramen ovale:* an opening between the two atria. This opening is covered by a flap of tissue that acts as a valve.

2. *Arterial duct or ductus arteriosus:* a connection between the pulmonary artery and the aorta.

3. *Umbilical arteries and vein:* vessels that travel to and from the placenta, leaving waste and receiving nutrients.

4. *Venous duct or ductus venosus:* a connection between the umbilical vein and the vena cava.

All of these features may be related to the fact that the fetus does not use its lungs for gas exchange since it receives oxygen and nutrients from the mother's blood by way of the placenta, a structure formed by fetal tissue and uterine tissue.

If we trace the path of blood in the fetus, we may begin with the right atrium (fig. 20.18). From the right atrium, the blood may pass directly into the left atrium by way of the oval opening or it may pass through the tricuspid valve into the right ventricle. From the right ventricle the blood goes into the pulmonary artery, but because of the arterial duct, most of the blood then passes into the aorta. Thus, by whatever route the blood takes, most of the blood will reach the aorta instead of the lungs.

Blood within the aorta travels to the various branches, including the iliac arteries that connect to the umbilical arteries leading to the placenta, where exchange between mother's blood and fetal blood takes place. It's interesting to note that the blood in the umbilical arteries, which travels to the placenta, is low in oxygen, but the blood in the umbilical vein, which travels from the placenta, is high in oxygen. The umbilical vein enters the venous duct, which passes directly through the liver. The venous duct then joins with the inferior vena cava, which goes to the right atrium again.

Figure 20.18

Fetal circulation. Oxygenated blood becomes mixed with deoxygenated blood when the umbilical vein joins with the inferior vena cava via the venous duct. This mixed blood is routed to the left ventricle by way of the oval opening and then passes to the aorta and brain. Deoxygenated blood from the superior vena cava is routed to the aorta via the arterial duct and therefore blood in the dorsal aorta is mixed blood with less oxygen.

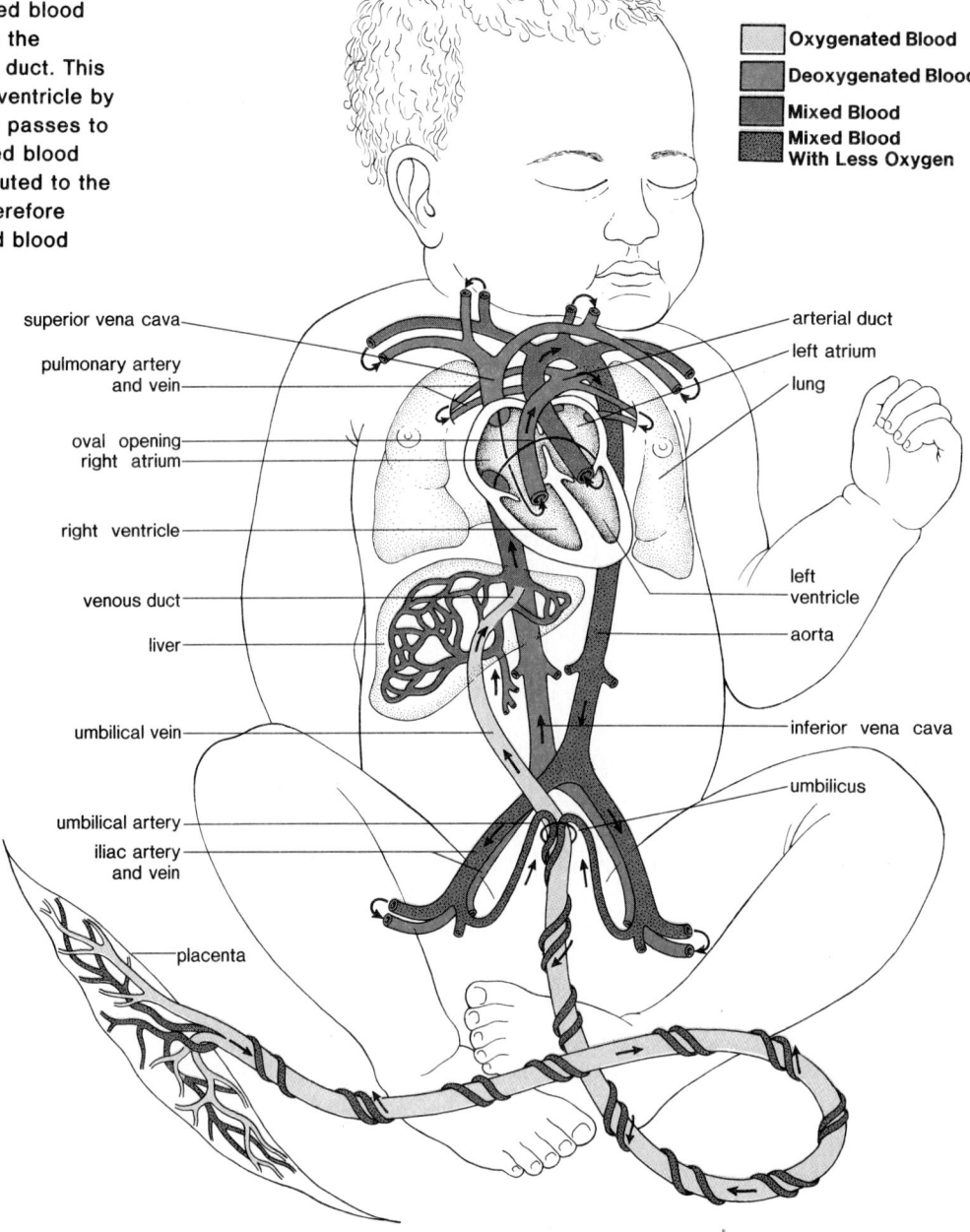

Oxygenated Blood
Deoxygenated Blood
Mixed Blood
Mixed Blood With Less Oxygen

superior vena cava
pulmonary artery and vein
oval opening
right atrium
right ventricle
venous duct
liver
umbilical vein
umbilical artery
iliac artery and vein
placenta

arterial duct
left atrium
lung
left ventricle
aorta
inferior vena cava
umbilicus

At birth, the oval opening usually closes because with the tying of the cord and the expansion of the lungs, blood enters the lungs in quantity. Return of this blood to the left side of the heart usually causes a flap to cover over the opening. The arterial duct closes because endothelial cells divide and block off the duct.

Most common of all cardiac defects in the newborn is a persistence of the oval opening. Incomplete closure occurs in nearly one out of four individuals; but even so, passage of the blood from the right to the left atrium rarely occurs because either the opening is small or it closes when the atria contract. In a small number of cases, the passage of impure blood from the right to the left side of the heart is sufficient to cause a "blue baby." Such a condition may now be corrected by open-heart surgery.

Remains of the arterial duct and parts of the umbilical arteries and vein remain within the body but are transformed into connective tissue.

Figure 20.19
The process of birth takes several stages.
a. Dilation of cervix. b. Amnion bursts. c.
Fetus descends into pelvis. d. Head
appears. e. Rotation f. Delivery of
shoulders. g.–h. Expulsion of afterbirth.

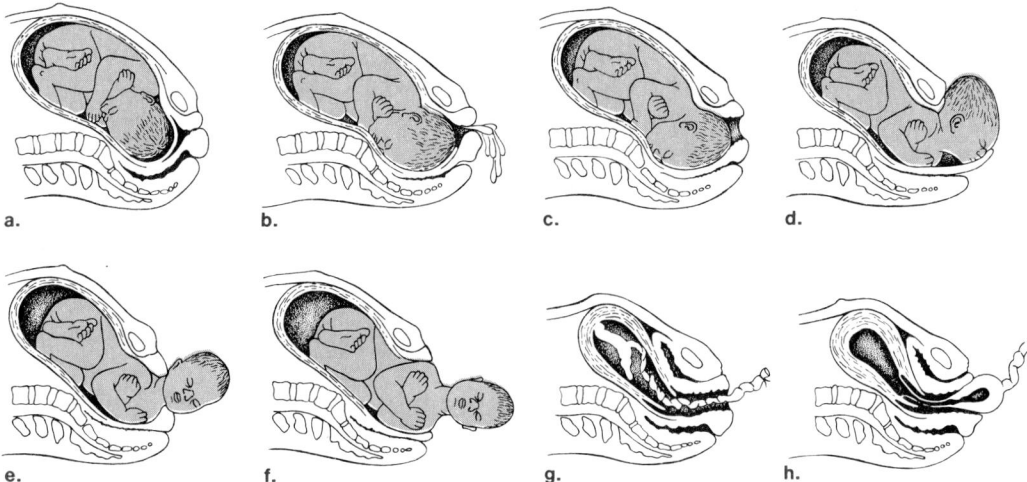

a.   b.   c.   d.

e.   f.   g.   h.

Birth

The uterus characteristically contracts throughout pregnancy. At first, light, often indiscernible contractions last about twenty to thirty seconds and occur every fifteen or twenty minutes, but near the end of pregnancy they become stronger and more frequent so that the woman may falsely think that she is in labor. The onset of true labor is marked by uterine contractions that occur regularly every fifteen to twenty minutes and last for forty seconds or more. **Parturition,** which includes labor and expulsion of the fetus, is usually considered to have three stages. During the *first stage,* the cervix dilates; during the *second,* the baby is born; and during the *third,* the afterbirth is expelled.

The events that cause parturition are still not entirely known but there is now evidence suggesting the involvement of prostaglandins. It is believed that the fetal hypothalamus directs the fetal pituitary to produce ACTH, which, in turn, stimulates the fetal adrenal cortex to secrete cortisone. This hormone brings about the production of prostaglandins in the placenta after which the uterus contracts. It may be too that the prostaglandins cause the release of oxytocin from the maternal posterior pituitary. Both prostaglandins and oxytocin do cause the uterus to contract and either can be given to induce parturition.

Stage 1

Prior to the first stage of parturition or concomitant with it, there may be a "bloody show" caused by the expulsion of a mucus plug from the cervical canal. This plug prevents bacteria and sperm from entering the uterus during pregnancy.

Uterine contractions during the first stage of labor occur in such a way that the cervical canal slowly disappears (fig. 20.19*a–c*)as the lower part of the uterus is pulled upward toward the baby's head. This process is called **effacement,** or "taking up the cervix." With further contractions, the baby's head acts as a wedge to assist cervical dilation. The baby's head usually has a diameter of about 4 inches and therefore the cervix has to dilate to this diameter in order to allow the head to pass through. If it has not occurred already, the amniotic membrane is apt to rupture now, releasing the amniotic fluid, which escapes out the vagina. The first stage of labor ends once the cervix is completely dilated.

Stage 2

During the second stage, the uterine contractions occur every one to two minutes and last about one minute each. They are accompanied by a desire to push or bear down. As the baby's head gradually descends into the vagina, the desire to push becomes greater. When the baby's head reaches the exterior, it turns so that the back of the head is uppermost (fig. 20.19d). Since the vagina may not expand enough to allow passage of the head without tearing, an **episiotomy** is often performed. This incision of the perineum is stitched later and will heal more perfectly than a tear would. As soon as the head is delivered, the baby's shoulders rotate so that the baby faces either to the right or left. The physician may at this time hold the head and guide it downward while one shoulder and then the other emerges (fig. 20.19e-f). The rest of the baby follows easily.

Once the baby is breathing normally, the umbilical cord is cut and tied, severing the child from the placenta. The stump of the cord shrivels and leaves a scar, which is the navel.

Stage 3

The placenta, or **afterbirth,** is delivered during the third stage of labor (fig. 20.19g–h). About fifteen minutes after delivery of the baby, uterine muscular contractions shrink the uterus and dislodge the placenta. The placenta is then expelled into the vagina. As soon as the placenta and its membranes are delivered, the third stage of labor is complete.

Prepared Childbirth

Some doctors and expectant couples feel that nervous system depressants may be harmful not only to the expectant mother but to the baby as well. This sentiment, together with a desire to enjoy and share the process of giving birth, has given impetus to the prepared childbirth movement. Usually couples who wish to practice prepared childbirth use the methods espoused by Dr. Fernand Lamaze and attend several teaching sessions in which they learn about the events of labor and delivery, the phenomenon of conditioned pain, and suggestions for behavior during labor and delivery.

It is believed that the woman may help prevent discomfort during labor by concentrating on mild, shallow breathing at the time of contractions. This breathing method prevents the diaphragm from exerting pressure on the abdominal organs and guarantees an adequate supply of oxygen for uterine contraction. When delivery begins and the woman feels a great need to push, her partner coaches her to use deep inhalation along with a controlled type of pushing at the time of each strong contraction. Advocates of the Lamaze method of prepared childbirth feel that this active participation on the part of the couple will not only help the woman overlook discomfort but will also give the pair the pleasant reward of seeing the baby when it first appears.

Birth Defects

At least one in sixteen newborns has a birth defect, either minor or serious, and the actual percentage may be even higher. It's estimated that only 20 percent of all birth defects are due to heredity. Those that are can sometimes be detected by amniocentesis or fetoscopy (fig. 20.20). In amniocentesis a

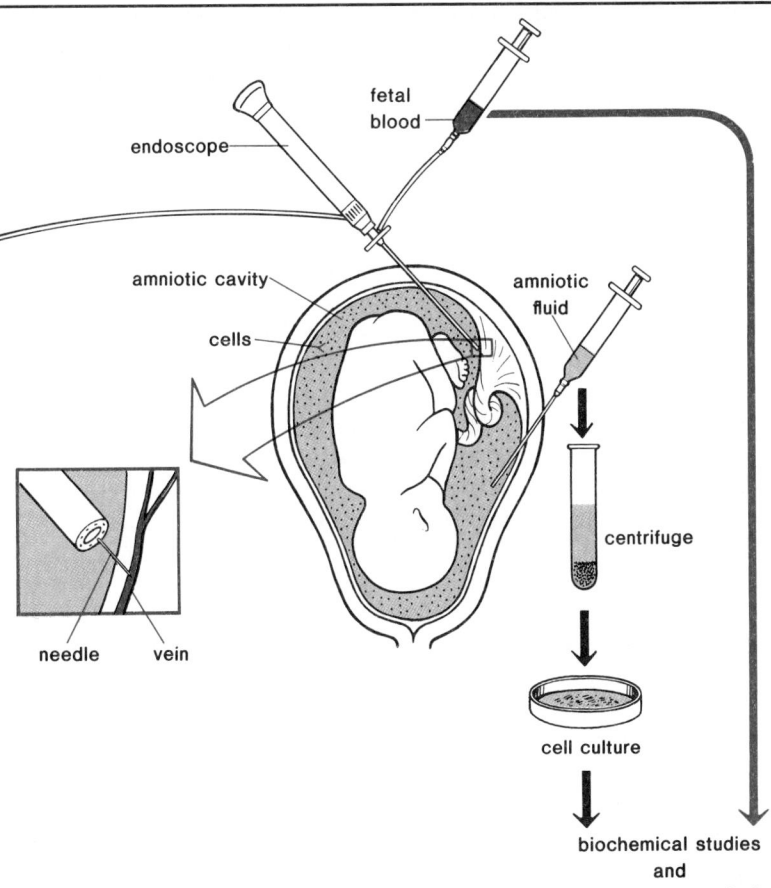

Figure 20.20
Testing the fetus. In amniocentesis, amniotic fluid containing fetal cells is withdrawn. Chromosome analysis and biochemical studies can determine if the offspring has certain types of defects. In fetoscopy, the physician uses an endoscope to view the fetus and can withdraw blood from a fetal vein at the placenta. Blood tests can determine if the offspring has certain other defects.

Diagram labels:
endoscope
fetal blood
amniotic cavity
amniotic fluid
cells
centrifuge
needle   vein
cell culture
biochemical studies
and
chromosome analysis

small amount of amniotic fluid along with fetal cells is withdrawn for examination. In fetoscopy, a pencil-thin tube with a cold light source is inserted through a small incision. This allows the physician to see small portions of the fetus and take skin and blood samples for appropriate testing of possible defects.

Birth defects not due to heredity are called congenital defects and cannot be passed on to the next generation. These are often caused by microbes or substances that have crossed the placenta and altered normal development. The defect that results is dependent on the stage of development. For example, during the time the heart is developing, a foreign agent may cause a heart defect. Since most organs develop during the first two months, most defects occur during this time—when the woman may not yet realize she is pregnant.

It is recommended that all women capable of reproduction and who are sexually active take precautions to protect developing embryos. An Rh negative woman who has a child by an Rh positive man should receive a RhoGam injection to prevent the production of Rh antibodies (p. 229), which can cause birth defects, including nervous system and heart defects during a subsequent pregnancy.

Also, women should be immunized for German measles before the childbearing years. German measle viruses can cause defects, such as deafness. Drugs such as aspirin, caffeine (present in coffee, tea, and cola), and alcohol should be severely limited. Mood-altering drugs (p. 302) most likely should not be taken at all. It is not unusual for babies of drug addicts and alcoholics to display withdrawal symptoms and to be mentally retarded. Most people are also aware of the fact that women taking the tranquilizer thalidomide produced children with deformed arms and legs (fig. 20.21).

Figure 20.21
Shortened, deformed limbs are characteristic of children whose mothers took the sedative thalidomide in the early months of pregnancy.

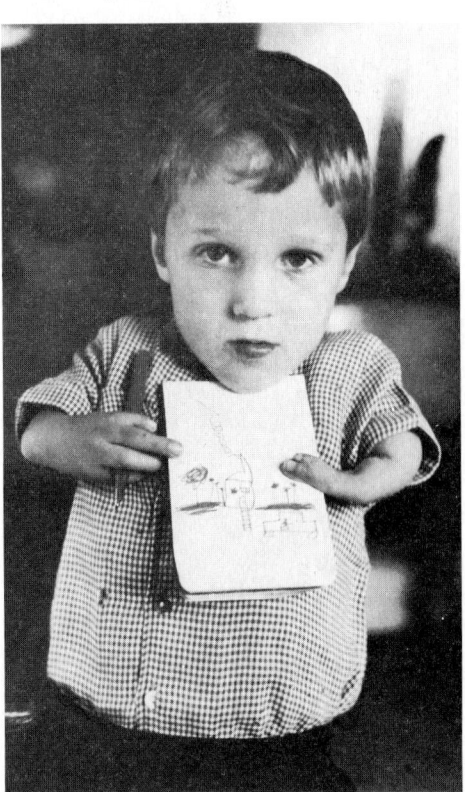

If pregnancy is suspected, all medications and hormones, such as those in the birth control pill, should be discontinued. When the synthetic hormone DES was given to pregnant women to prevent miscarriage, their daughters showed an increased tendency toward cervical cancer. Other sex hormones can possibly cause abnormal fetal development, including abnormalities of the sex organs.

So-called fetotoxic chemicals should also be avoided. These include pesticides and many organic industrial chemicals. Cigarette smoke includes some of these very same chemicals so that babies born to smokers are often underweight and subject to convulsions.

X-ray diagnostic therapy should be avoided during pregnancy because X rays are mutagenic to a developing embryo or fetus (p. 454). Children born to women who have received X-ray treatment are apt to have birth defects and/or develop leukemia later on.

Now that physicians and lay people are aware of the various ways in which birth defects can be prevented, it is hoped that all types of birth defects, both genetic and congenital, will decrease dramatically.

Summary

In this chapter, we have seen that all animals, including human beings, develop similarly. The processes of development are cleavage, growth, morphogenesis, and differentiation. Cleavage results in many cells that become first a morula, then a blastula, and finally a gastrula. The result of gastrulation is the establishment of three germ layers: ectoderm, endoderm, and mesoderm. Later development can be related to these germ layers.

The control of differentiation, whereby tissues take on specific structures and function, may be accounted for by the process of induction. Good examples of this are the induction of the nervous system by the notochord and the induction of the lens by the forebrain.

All vertebrates at some time in their development portray a similar cross section that displays typical vertebrate embryonic characteristics: dorsal hollow nerve cord, notochord, and coelom completely surrounded by mesoderm. Also, at some time in their embryonic history, vertebrates have gill pouches or slits. The fact that this occurs supports the statement that "ontogeny recapitulates phylogeny." This statement is not taken literally today since higher animals only pass through those stages that are later helpful to their development. Thus, in fish and amphibian the gill pouches become gill slits, but in reptiles, birds, and mammals they are modified for other functions.

The presence of extraembryonic membranes in reptiles made development on land possible because these membranes carry out necessary functions for an embryo developing out of water. The chorion serves for gas exchange; the yolk sac provides nourishment; the allantois collects nitrogenous waste; and the amnion surrounds the embryo with fluid for protection. Humans also have these membranes, but their function has been modified for internal development: the chorion becomes the fetal part of the placenta; the yolk sac and allantois are largely nonfunctional; and the amnion again surrounds the embryo with fluid. The human embryo lies within the amniotic cavity and is connected to its lifeline, the placenta, by way of the umbilical cord. During the first two months, all major organs are formed and the embryo takes on a human appearance. After this, we refer to the developing new life as the fetus. Various features of the fetus are refined during the next several months, while the last few months serve largely to increase the size of the soon-to-be newborn. Certain changes must occur in fetal circulation as the baby is born. The oval opening and arterial duct close and most of the umbilical arteries and veins are cut off.

The process of birth requires three stages: dilation, delivery, and afterbirth. During the first stage, the cervix is increasing in size to permit the passage of the baby; during the second, the baby is forced out into the world by strong contractions of the uterus and abdominal wall. After the expulsion of the fetus, the membranes and placenta follow, as the afterbirth.

Birth defects are both genetic and congenital. Genetic defects can sometimes be detected by amniocentesis and fetoscopy. Many congenital defects can be prevented if certain precautions are taken, such as having a RhoGam injection when appropriate and receiving a German measles vaccination prior to pregnancy, and limiting the intake of drugs and refraining from smoking and X-ray diagnostic therapy during pregnancy.

Study Questions

1. List the processes of development for any organism. (p. 387)
2. List the early stages of development and describe what occurs during each stage. (pp. 388–91) Compare the appearance of amphioxus and the human embryo during these stages. (p. 389)
3. Explain why it is believed that the cytoplasm controls the genetic potential of cells. (p. 391) How do experiments with frogs support this belief? (p. 391)
4. What are the three germ layers? What structures are associated with each germ layer? (p. 391)
5. What is induction and what experiments have been done to show that induction takes place? (pp. 392–94)
6. Draw a generalized cross section of a vertebrate embryo and label the parts. (p. 395)
7. What are the extraembryonic membranes for the chick? (p. 396) For the human? (p. 396) And what are their respective functions? (p. 396)
8. Describe in general the happenings during embryonic development of the human; during fetal development of the human. (pp. 397–403)
9. Describe the three stages of parturition. (pp. 405–6)
10. Give several ways in which birth defects can be prevented. (pp. 405–6)

Further Readings

Balinsky, B. J. 1975. *An introduction to embryology.* 4th ed. Philadelphia: W. B. Saunders.

Beaconsfield, et al. 1980. The placenta. *Scientific American* 243 (3): 94.

Fuchs, F. 1980. Genetic amniocentesis. *Scientific American* 242 (6): 47.

Rugh, R. et al. 1970. *From conception to birth: The drama of life's beginnings.* New York: Harper & Row.

Wessells, N. K. and Rutter, W. J. 1969. Phases in cell differentiation. *Scientific American* 220 (3): 14.

Wolpert, L. 1978. Pattern formation in biological development. *Scientific American* 239 (4): 154.

21

human inheritance

1. Genes, which are located on chromosomes, are passed from one generation to the next.

2. The Mendelian Laws of Genetics relate the genotype (inherited genes) to the phenotype (physical appearance).

3. The karyotype (chromosomal inheritance) may also be related to the phenotype. For example, persons receiving two X chromosomes are females and persons receiving an X and a Y chromosome are males.

Chapter Concepts

When a sperm fertilizes an egg, a new individual with the diploid number of chromosomes begins development. These chromosomes determine what the individual will be like; even if the egg is transplanted to a new recipient, it would still have the characteristics of the original parents.

Today we say that the chromosomes located within the nuclei of cells contain the **genes.** By this we mean that it is possible to imagine that the chromosome can be divided up into sections, and that each of these sections affects a particular trait of the individual. We will use the word **trait** to mean some aspect of the individual, such as height. In figure 21.1, the rectangles stand for a chromosome pair, and the letters stand for genes that control a particular trait. Notice that the illustration indicates that genes are in a specific sequence on a chromosome. Certain genes are on certain chromosomes and they exist as pairs, just as chromosomes do. A pair of genes having the same location, or locus, on the chromosomes and affecting the same trait are called **alleles.** Allele is a Greek word meaning "other form," and it is used to refer to the other gene of a pair. For example, in the gene pair *Aa, A* is the allele of *a,* and vice versa. For the gene pair *Ff, F* is the allele of *f,* and vice versa. *F* could never be the allele for *A* or *a* because they are members of different pairs of genes. The allele pair controls some particular trait of the individual, such as color of hair, type of fingers, length of nose.

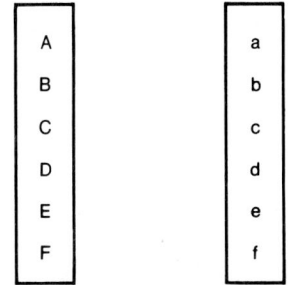

Figure 21.1
Diagrammatic representation of a homologous pair of chromosomes. The letters Aa, Bb, etc., stand for alleles.

Homologous Pair of Chromosomes

Mendel's Laws

The first person to conduct a successful study of genetic or particulate inheritance was Gregor Mendel, a Catholic priest who grew peas in a small garden plot in 1860. Mendel knew nothing about cell structure, but his studies, described in a reading for this chapter (p. 414), led him to conclude that inheritance is governed by **factors** that exist within the individual and are passed on to offspring. Mendel's conclusions may be formulated into laws for easy reference. The first three laws are:

1. **Law of Unit Characters.** Every trait is controlled by two factors, or a pair of factors.

2. **Law of Dominance.** One of the factors controlling the same trait *can* be **dominant** over the other, which is **recessive.** The individual may show the dominant characteristic, for example, tallness,[1] while the recessive factor for shortness, although present, is not expressed.

3. **Law of Segregation.** The factors separate when the gametes are formed, and only one factor of each pair is present in each gamete. In this way, it is possible for a tall individual to pass on a factor for shortness.

Inheritance of a Single Trait

Mendel suggested that letters be used to indicate factors so that **crosses,** (gamete union resulting in offspring) might be more easily described. A capital letter indicates a dominant factor, and a lower case letter indicates a recessive factor. The same procedure is used today, only the letters are now said to represent genes. Also Mendel's procedure and laws are applicable not only to peas, but to all diploid individuals. Therefore, we will take as our example

1. Tallness is dominant in peas, but not in humans.

Figure 21.2

Common inherited characteristics in human beings. Widow's peak (*a*) is dominant over continuous hairline (*b*). Unattached earlobe (*c*) is dominant over attached earlobe (*d*). Freckles (*e*) are dominant over no freckles. Short fingers (*f*) are dominant over long fingers. Ability to roll the tongue (*g*) is dominant over inability to roll the tongue.

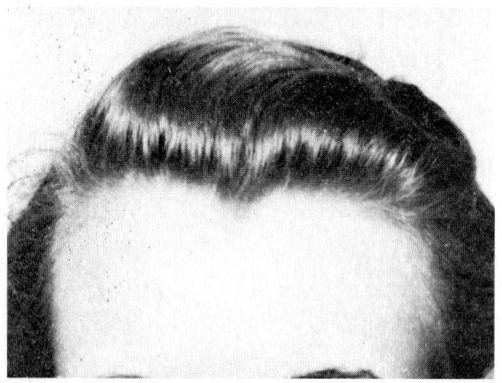

a.

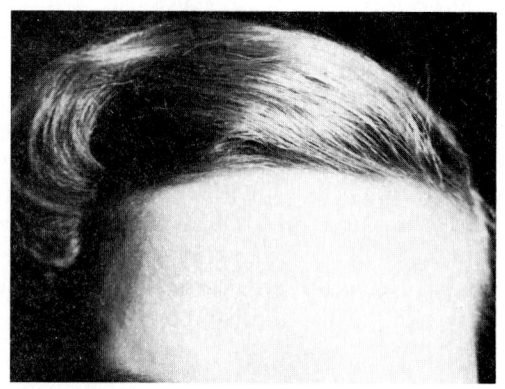

b.

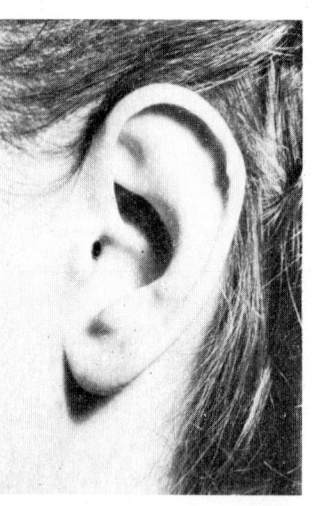

c.

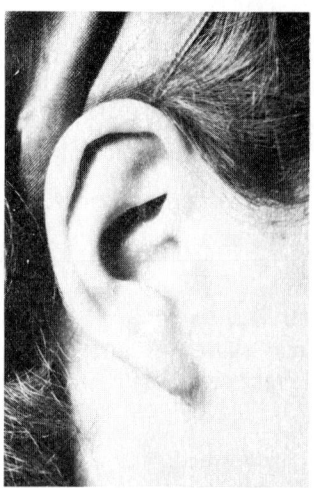

d.

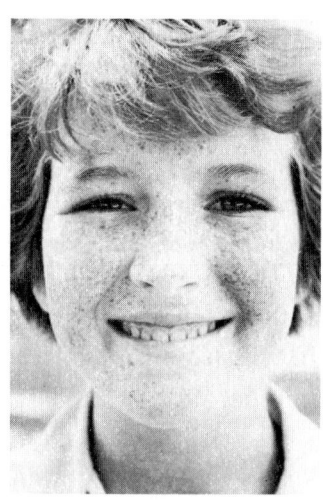

e.

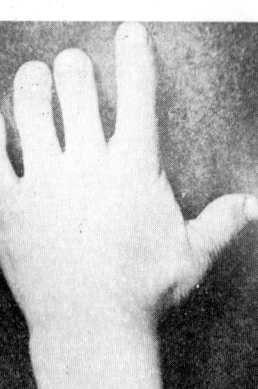

f.

g.

Chart 21.1 Genotype Versus Phenotype

Genotype	Genotype	Phenotype
WW	Homozygous (pure) dominant	Widow's peak
Ww	Heterozygous (hybrid)	Widow's peak
ww	Homozygous (pure) recessive	Continuous hairline

not peas but human beings. Figure 21.2 illustrates some differences between human beings that are known to be dominant or recessive. In doing a problem concerning hairline, the **key** would be represented as:

W = Widow's peak (dominant allele)

w = Continuous hairline (recessive allele)

The key simply tells us what letter of the alphabet to use for the genes in a particular problem and tells us which gene is dominant, a capital letter signifying dominance.

Genotype and Phenotype

When we indicate the genes of a particular individual, two letters must be used for each trait mentioned. This is called the **genotype** of the individual. The genotype may be expressed not only by using letters, but also by a short descriptive phrase as chart 21.1 shows. Thus the word **pure**, or **homozygous**, means that the two genes of the pair (*zygo*) are the same (*homo*); genotype *WW* is called *homozygous dominant* and *ww* is called *homozygous recessive*. The word **heterozygous** means that the genes of the pair are different (*hetero*); only *Ww* is heterozygous. Another term, **hybrid,** is sometimes used in place of heterozygous and means that the genotype is not pure.

As chart 21.1 also indicates, the word **phenotype** refers to the physical characteristics of the individual. What the individual actually looks like is called the phenotype. Notice that both homozygous dominant and heterozygous show the dominant phenotype.

Gamete Formation

Whereas the genotype has two genes for each trait, the gametes have only one gene for each trait. This, of course, may be related to the process of meiosis (p. 83). The alleles are present on a homologous pair of chromosomes and these chromosomes separate during meiosis. Thus the alleles separate during meiosis and there is only one gene for each trait in the gametes. When doing genetic problems it should be kept in mind that no two letters in a gamete may be the same. Thus *Ww* would represent a possible genotype and the gametes for this individual could contain either a *W* or *w*. Thus the possible gametes for this individual are: *W,w*—the comma being used to indicate two possible gametes.

Practice Problems 1

1. For each of the following genotypes, give all possible gametes.
   a. WW
   b. WWSs
   c. Tt
   d. Ttgg
   e. AaBb
2. For each of the following state whether it represents a genotype or a gamete.
   a. D
   b. Ll
   c. Pw
   d. LlGg

Mendel's Results

Mendel's use of pea plants as his experimental material was a good choice because pea plants are easy to cultivate, have a short generation time, and can be self-pollinated or cross-pollinated at will. Mendel selected certain traits for study and before beginning his experiments made sure his parental (P₁ generation) plants bred true. He observed that when these plants self-pollinated, the offspring were like one another and like the parent plant. For example, a parent with yellow seeds always had offspring with yellow seeds; a plant with green seeds always had offspring with green seeds. Following that observation Mendel cross-pollinated the plants by dusting the pollen of plants with yellow seeds on the stigma of plants with green seeds, and vice versa. Either way the offspring (called F₁, or first filial, generation) resembled the parents with yellow seeds. These results caused Mendel to allow the F₁ plants to self-pollinate. Regardless of the particular trait, he always observed an approximate 3:1 ratio (about three plants with yellow seeds for every plant with green seeds) in the F₂ generation (chart A).

Mendel realized that these results were explainable assuming: (a) there are two factors for every trait; (b) one of the factors can be dominant over the other which is recessive; (c) the factors separate when the gametes are formed. He assigned letters to these factors and displayed his results similar to this:

P₁	yellow	×	green
	YY		yy
F₁		all yellow	
F₁ × F₁	yellow	×	yellow
	Yy		Yy
F₂		3 yellow : 1 green	

He believed that each of the three F₂ plants with yellow seeds carried a dominant factor because his results could be related to the binomial equation, $a^2 + 2ab + b^2$, in this manner: $a^2 = YY$; $2ab = 2Yy$, and $b^2 = yy$.

As a test to determine if the F₁ generation was indeed Yy, Mendel back-crossed it with the recessive parent, yy. His results of 1:1 indicated that he had reasoned correctly. Today when a test cross is done, a suspected heterozygote is crossed with the recessive phenotype because this cross gives the best chance of producing the recessive phenotype.

Mendel performed a second series of experiments in which he crossed true-breeding plants that differed in two traits. For example, he crossed plants with yellow, round peas by plants with green, wrinkled peas. The F₁ generation always had both dominant characteristics and therefore he allowed the F₁ plants to self-pollinate. Among the F₂ generation he achieved an almost perfect ratio of 9:3:3:1 (chart A). For example, for every plant that had green, wrinkled seeds he had approximately nine that had yellow, round seeds, etc. Mendel saw that these results were explainable if pairs of factors separate independently from one another when the gametes form, allowing all possible combinations of factors to occur in the gametes. This would mean that the probability of achieving any two factors together in the F₂ offspring was the product of their chances occurring separately. Thus since the chance of yellow peas was 3/4 (in a one-trait cross) and the chance of round peas was 3/4 (in a one-trait cross), the chance of their occurring together was 9/16, etc.

Mendel achieved his success in genetics by studying large numbers of offspring, keeping careful records, and treating his data quantitatively. He showed that the application of mathematics to biology was extremely helpful in producing testable hypotheses.

Crosses

It is now possible for us to consider a particular cross. If a homozygous man with a widow's peak (fig. 21.2a) marries a woman with a continuous hairline (fig. 21.2b), what kind of hairline will their children have?

In solving the problem, we must indicate the genotype of each parent by using letters, determine what the gametes are, and what the genotypes of the children are after reproduction. In the first row following, P₁ stands for the parental generation, and the letters on this row are the genotypes of the parents. The second row shows that each parent has only one type gamete in regard to hairline, and therefore all the children (F₁ = first filial generation) will have a similar genotype, that is, heterozygous. Heterozygotes show the dominant characteristic, and so all the children will have a widow's peak.

P₁	WW	×	ww
	↓		↓
Gametes	W		w
F₁		Ww	

If these children marry someone with the same genotype, what type of hairline will their children have?

P₁	Ww	×	Ww
	↓		↓
Gametes	W,w		W,w

Chart A Mendel's Results

Single-Trait Cross	F₁	F	Actual F Ratio
yellow × green	all yellow	6,022 yellow 2,001 green	3.01:1

Two-Trait Cross	F₁	F₂	Actual F₂ Ratio
yellow, round × green, wrinkled	all round yellow	315 yellow, round 101 yellow, wrinkled 108 green, round 32 green, wrinkled	9.8:2.9:3.11:1.0

standards
(two
petals)

stamen

pistil

ovules

anthers of
stamens

pollen

ovary

wings
(one
petal)

stigma style

keel
(two petals
fused)

seeds

pod

**Anatomy of
Pea Plant**

In this problem, each parent has two possible types of gametes. In calculating F₁, it is assumed that either type of sperm has an equal chance to fertilize either type of egg. One way to assure that we have done this is to use a **Punnett Square** (fig. 21.3) in which all possible sperm are lined up vertically and all possible eggs are lined up horizontally (or vice versa), and every possible fertilization is considered.

When this is done, the results show a 3:1 phenotype ratio; that is, three with widow's peak to one without. Such a ratio will actually be observed only if a large number of matings take place and produce a large number of offspring. Only then will all possible sperm have equal chance to fertilize all possible eggs. It is obvious that hundreds of offspring cannot be studied from the same type cross in humans and so the most useful interpretation of these results is that each child has three chances out of four to have a widow's peak, or one chance out of four to have a continuous hairline. It is important to realize that **chance has no memory;** for example, if two heterozygous parents have already had three children with a widow's peak and are expecting a fourth child, this child still has three chances out of four of having a widow's peak and only one chance out of four of not having one. Each individual child has the same chances.

Figure 21.3
Representation of a cross between two human beings heterozygous for widow's peak.

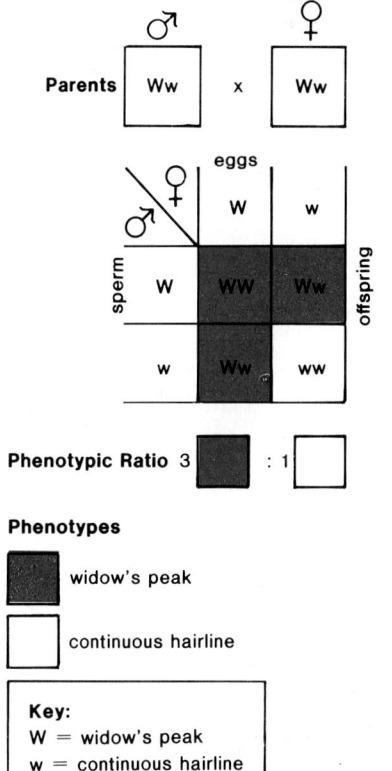

Phenotypic Ratio 3 : 1

Phenotypes

widow's peak

continuous hairline

Key:
W = widow's peak
w = continuous hairline

Human Inheritance 415

Figure 21.4
Representation of a test cross to determine
if the individual showing the dominant trait
is heterozygous or homozygous.

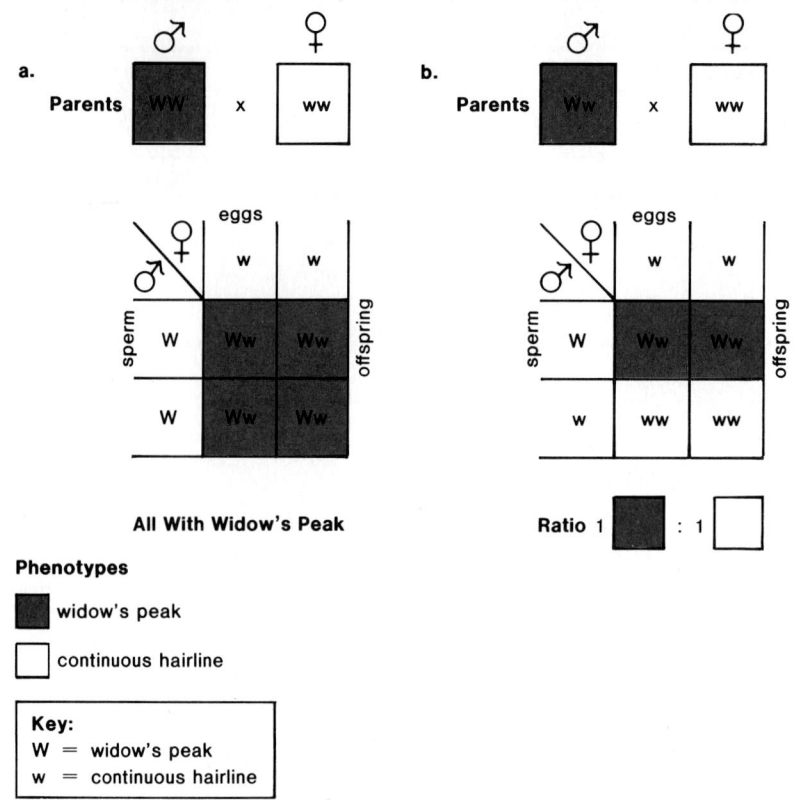

All With Widow's Peak

Ratio 1 ▪ : 1 □

Phenotypes

▪ widow's peak

□ continuous hairline

Key:
W = widow's peak
w = continuous hairline

Probability

Another way to calculate the possible results of a cross is to realize that the chance, *or probability of receiving a particular combination of genes, is simply the product of the individual probabilities.* In the cross just considered:

$$Ww \times Ww$$

the offspring have an equal chance of receiving W or w from each parent. Therefore:

Probability of W = ½
Probability of w = ½

and

Probability of WW = ½ × ½ = ¼
Probability of Ww = ½ × ½ = ¼
Probability of wW = ½ × ½ = ¼
           ¾ = Widow's peak
Probability of ww = ½ × ½ = ¼
           ¼ = Continuous hairline

Test Cross

If a plant, animal, or person has the dominant phenotype, it is not possible to tell by inspection if the organism is homozygous dominant or heterozygous. However, if the plant or animal is crossed with a homozygous recessive, the results may indicate what the original genotype was. For example, figure 21.4 shows the different results if a man with a widow's peak is homozygous dominant, or if he is heterozygous and married to a woman with a continuous hairline. (She must be homozygous recessive or she would not have a continuous hairline.) In the first case, the man would sire children all of whom have widow's peaks, and in the second the chances are 2:2 or 1:1 that the child will or will not have one.

Since the cross of a dominant phenotype with the recessive phenotype gives the best chance of producing the recessive phenotype if the parent is heterozygous, this cross is called the **test cross.**

Practice Problems 2

Using the information provided in figure 21.2, solve the following problems.

1. Both husband and wife are heterozygous for freckles. What are the chances that their children will have freckles?
2. A woman is homozygous dominant for curling the tongue. Will any of her children be unable to curl the tongue?
3. Both you and your sister or brother have attached earlobes, yet your parents have unattached ones. What are the genotypes of your parents?
4. A father has dimples, the mother does not have dimples; all the children have dimples. Dimples are dominant over no dimples. Give the probable genotype of all persons concerned.

Inheritance of Multitraits

Two Traits, Unlinked

While it is possible to consider the inheritance of just one trait, actually each individual passes on to his or her offspring many genes for many traits. In order to arrive at a general understanding of multitrait inheritance, we will consider the inheritance of two traits. The same principles will apply to as many traits as we might wish to consider.

First, we realize that the genotypes of the parents in two-trait crosses require four letters because there are two genes for each trait. Second, the gametes of the parents contain one letter of each kind in every possible combination. The last of Mendel's laws concerns this phenomenon:

4. **Law of Independent Assortment.** Pairs of factors separate independently of one another to form gametes, and therefore all possible combinations of factors occur in the gametes.

Finally, as before, all possible matings are presumed to occur to produce the probable ratio of phenotypes among the offspring.

Crosses

To give an example, let us cross a person homozygous for widow's peak and short fingers with a person who has a continuous hairline and long fingers. The key for such a cross is:

W = Widow's peak S = Short fingers
w = Continuous hairline s = Long fingers

The cross is:

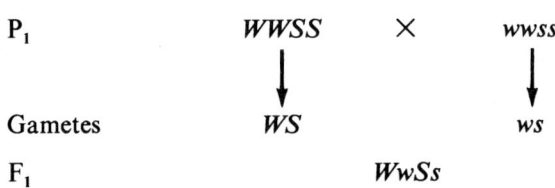

P_1	$WWSS$	$\times$	$wwss$
Gametes	WS		ws
F_1		$WwSs$	

In this particular cross, only one type of gamete is possible for each parent; therefore, all of the F_1 will have the same genotype ($WwSs$) and the same phenotype (widow's peak with short fingers). This genotype is called a **dihybrid** because the individual is heterozygous in two regards: hairline and fingers.

Figure 21.5

Representation of dihybrid cross between two human beings heterozygous for widow's peak and short fingers.

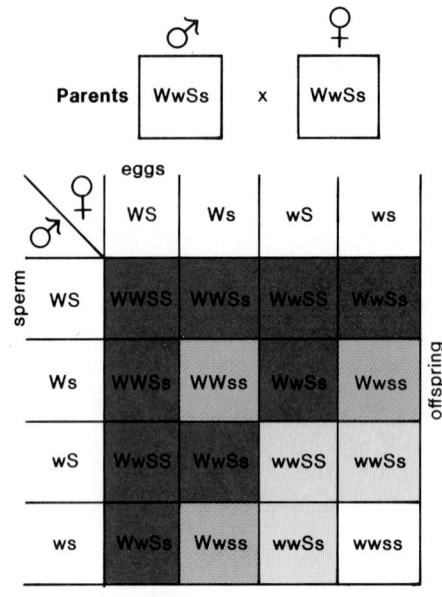

Parents   [WwSs]   x   [WwSs]

eggs

	WS	Ws	wS	ws
WS	WWSS	WWSs	WwSS	WwSs
Ws	WWSs	WWss	WwSs	Wwss
wS	WwSS	WwSs	wwSS	wwSs
ws	WwSs	Wwss	wwSs	wwss

offspring

Phenotypic Ratio   9 ▉ : 3 ▨ : 3 ▤ : 1 □

Phenotypes

▉ widow's peak, short fingers

▨ widow's peak, long fingers

▤ continuous hairline, short fingers

□ continuous hairline, long fingers

Key:
W = widow's peak
w = continuous hairline
S = short fingers
s = long fingers

When a dihybrid reproduces with a dihybrid, each parent has four possible types of gametes:

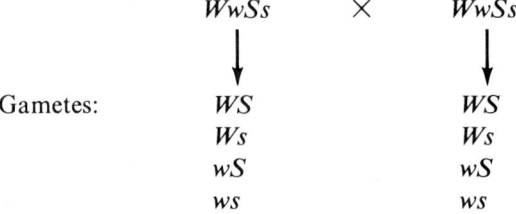

	WwSs	×	WwSs
	↓		↓
Gametes:	WS		WS
	Ws		Ws
	wS		wS
	ws		ws

The Punnett Square (fig. 21.5) for such a cross shows the expected genotypes among sixteen offspring if all possible sperm fertilize all possible eggs. An inspection of the various genotypes in the square shows that among the offspring, *nine* will have a widow's peak and short fingers, *three* will have a widow's peak and long fingers, *three* will have a continuous hairline and short fingers, and *one* will have a continuous hairline and long fingers. This is called a 9:3:3:1 phenotype ratio, and this ratio always results when a dihybrid is mated with a dihybrid and simple dominance is present.

Probability

We can use the above ratio to predict the chances of each child receiving a certain phenotype. For example, the possibility of getting the two dominant phenotypes together is 9 out of 16 (9+3+3+1 = 16), and that of getting the two recessive phenotypes together is 1 out of 16.

We can also calculate the chance, or probability, of these various phenotypes occurring by knowing that the *probability of combinations of events is the product of the probabilities of each of the events.* Thus:

Probability of widow's peak = 3/4

Probability of short fingers = 3/4

Probability of continuous hairline = 1/4

Probability of long fingers = 1/4

Therefore:

Probability of widow's peak and short fingers = 3/4 × 3/4 = 9/16

Probability of widow's peak and long fingers = 3/4 × 1/4 = 3/16

Probability of continuous hairline and short fingers = 1/4 × 3/4 = 3/16

Probability of continuous hairline and long fingers = 1/4 × 1/4 = 1/16

Test Cross

A plant or animal that shows the dominant traits can be tested for the dihybrid genotype by a mating with the recessive in both traits.

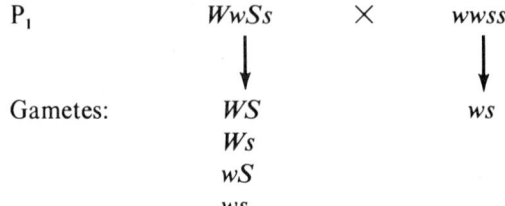

P₁	WwSs	×	wwss
	↓		↓
Gametes:	WS		ws
	Ws		
	wS		
	ws		

Chart 21.2 Phenotypic Ratios of Common Crosses

Monohybrid × monohybrid	3:1 (dominant to recessive)
*Monohybrid × recessive	1:1 (dominant to recessive)
Dihybrid × dihybrid	9:3:3:1 (9 dominant, 3 mixed, 3 mixed, 1 recessive)
*Dihybrid × recessive	1:1:1:1 (all possible combinations in equal number)

*Called a back cross because it is as if the F₁ were mated back to the recessive parent. Also called a test cross because it can be used to test if the individual showing the dominant gene is homozygous or heterozygous. For a definition of all terms, see the glossary.

The Punnett Square (fig. 21.6) shows that the resulting ratio is 1 widow's peak with short fingers : 1 widow's peak with long fingers : 1 continuous hairline with short fingers : 1 continuous hairline with long fingers, or 1:1:1:1.

Summary

Chart 21.2 lists all of the crosses we have studied thus far, which show a frequently observed ratio. When these types of crosses are done, these ratios are observed.

Practice Problems 3

Using the information in figure 21.2, solve these problems.

1. What is the genotype of the offspring if a person homozygous dominant for curling the tongue and homozygous recessive for attached earlobes is married to a person who is homozygous recessive for curling of the tongue and homozygous dominant for unattached earlobes?
2. If the offspring of this cross marries someone of the same genotype, then what are the chances that this couple will have a child that cannot curl the tongue and has attached earlobes?
3. A person who has dimples and freckles marries someone who does not. This couple produces a child that does not have dimples nor freckles. What is the genotype of all persons concerned?

Beyond Mendel's Laws

While the study of Mendel's laws is helpful, we know today that they are an oversimplification. There are many exceptions such as gene interactions to control a trait, incomplete dominance, and gene linkage.

Gene Interactions

Contrary to Mendel's first law, and exemplified below, a trait can be controlled by more than one pair of genes and one pair of genes can affect various traits.

Polygenic Inheritance

Two or more pairs of genes may affect the same trait in an additive fashion. When a black person has children by a white person, the children are mulatto, but two mulattoes can produce children who range in skin color from black to white. This can be explained if we assume that there are two pairs of genes which control skin color, thus:

Black = *AABB*

Dark = *AABb* or *aABB*

Mulatto = *AaBb* or *AAbb* or *aaBB*

Light = *Aabb* or *aabB*

White = *aabb*

Figure 21.6

Representation of a test cross to determine if an individual showing two dominant traits is heterozygous or homozygous for both of them.

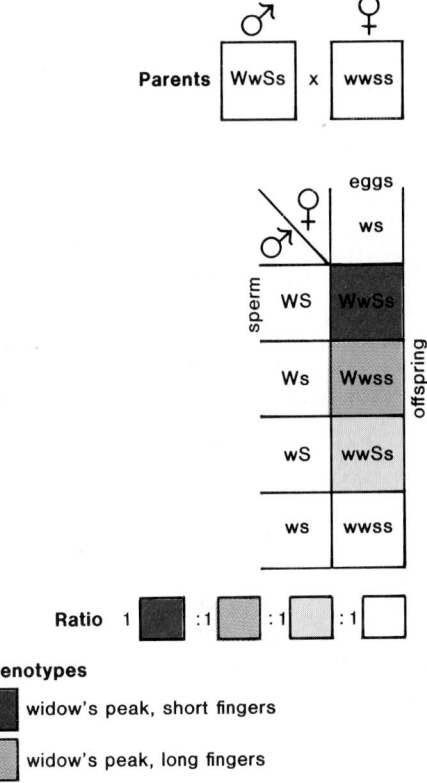

Ratio	1 ■ : 1 ▨ : 1 ▨ : 1 □

Phenotypes

■ widow's peak, short fingers

▨ widow's peak, long fingers

▨ continuous hairline, short fingers

□ continuous hairline, long fingers

Key:
W = widow's peak
w = continuous hairline
S = short fingers
s = long fingers

Figure 21.7

Albinos are unable to produce the pigment melanin and therefore any genes received for coloring cannot be expressed.

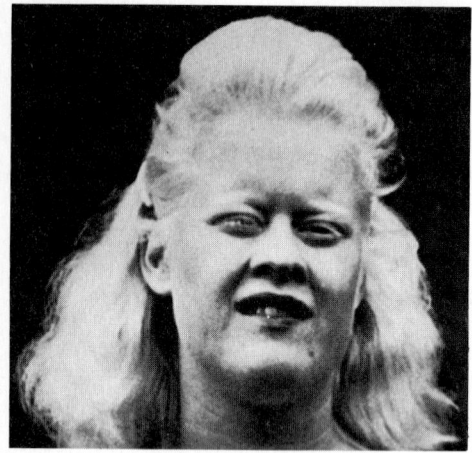

Polygenic inheritance can cause the distribution of human traits according to a bell-shaped curve, with most individuals exhibiting the average phenotype. The more gene pairs that control the trait, the more continuous the distribution will be. Just how many pairs of genes control skin color and height, another possible example of polygenic inheritance, is not known.

Modifier Genes

Human eye color inheritance illustrates that modifying genes may affect the expression of a gene pair. Basically, there may be only two alleles for eye color: B for brown and b for blue eyes. The presence of modifying genes, however, could explain why there are also shades of gray and green in addition to brown and blue eyes. The modifying genes would affect the amount of pigment actually deposited in the iris.

Epistasis

One pair of genes can negatively affect the action of other pairs of genes. An **epistatic gene** is one that masks the phenotypic expression of a non-allelic gene. For example, if a person inherits a gene pair which causes **albinism,** the inability to produce the pigment melanin, it does not matter if genes for a type of eye color and hair color were also inherited. The latter genes cannot be expressed and the person will be an albino, lacking pigment in all parts of the body (fig. 21.7).

Pleiotropy

Pleiotropic genes are ones which have multiple effects. Therefore, the individual exhibits a combination of traits known as a **syndrome**; yet all of these traits can be traced to one dominant gene or two recessive alleles. For example, a second reading for this chapter (p. 424) describes **Marfan's syndrome** which is recognized by skeletal, eye, and cardiovascular defects. All of these are due to the inability to produce normal connective tissue. Abraham Lincoln is believed to have suffered from this disease caused by a dominant gene.

Multiple Alleles

A-B-O blood types in the population are controlled by a total of three possible alleles. This is called inheritance by multiple alleles. Normally, of course, an individual has only two of the three genes governing type A, type B, type AB, or type O blood. These genes determine the presence or absence of antigens on the red blood cells. A person with AB blood has genes which dictate the presence of both types of antigens and a person with O blood has genes which dictate the presence of neither antigen. In order to show that all three genes are alleles, the following key utilizes I to stand for immunogen (antigen) genes:

I^A = type A antigen on red cells

I^B = type B antigen on red cells

i = no antigens on the red cells

Chart 21.3 reviews the possible phenotypes and genotypes for A-B-O blood groups. Notice that the three alleles may be paired in any combination, but only two of them can be present in a single individual. Both I^A and I^B are fully expressed in the presence of the other. On the other hand, both I^A and I^B are dominant to i and only the genotype ii produces a person with type O blood.

Chart 21.3 Blood Groups

Phenotype	Genotypes
A	$I^A I^A$, $I^A i$
B	$I^B I^B$, $I^B i$
AB	$I^A I^B$
O	ii

I = immunogen genes

An examination of possible matings between different blood types sometimes produces surprising results; for example,

P₁ I^Ai ✕ I^Bi

F₁ I^AI^B, ii, I^Ai, I^Bi

Thus from this particular mating every possible phenotype (AB, O, A, B blood type) is possible.

Blood typing can sometimes aid in paternity suits. A blood test of the supposed father can be used to determine whether he *might* be the father but not that he definitely *is* the father. For example, a man with blood type A could be the father of a child with blood type O, in which case the father's genotype must be I^Ai. On the other hand, a man who has blood type AB could not possibly be the father.

It might be noted here that the blood factor called Rh is inherited separately from A, B, AB, or O type blood. In each instance it is possible to be Rh^+ or Rh^-, meaning in the first case that an Rh factor is present on the red cells and in the second that an Rh factor is not present. It may be assumed that Rh is controlled by a single allelic pair in which simple dominance prevails: Rh^+ is dominant over Rh^-. Complications arise when an Rh^- woman marries an Rh^+ man and the child in the womb is Rh^+. With the birth of the first child of this phenotype, the mother may begin to build up antibodies to the factor and in later pregnancies these antibodies may cross the placenta to destroy the baby's blood cells, as was discussed in chapter 11.

Incomplete Dominance

In many alleles, neither gene is completely dominant over the other and both genes influence the phenotype. For example, among white human beings, straight hair by curly hair produces wavy hair. And wavy hair by wavy hair produces all possible phenotypes: straight hair, curly hair, and wavy hair. To signify that the genes involved are alleles and that neither one is dominant, one may be designated as *H* and the other as *H'*, as is done in figure 21.8.

Linkage

As illustrated in figure 21.1, more than one gene is present on a chromosome. Genes on the same chromosome are said to form a **linkage group.** Mendel's Law of Independent Assortment cannot hold for linked genes since they tend to appear together in the same gamete. Thus they also tend to be inherited together.

To take a hypothetical example, let's remember that dimples are dominant over no dimples and blunt fingers are dominant over pointed fingers. If a dihybrid were married to a dihybrid, you would expect four possible phenotypes among the offspring. But as figure 21.9 shows, only two phenotypes would appear if the genes were absolutely linked in the manner illustrated. When doing linkage problems, it is better to use the method suggested in figure 21.9 rather than a Punnett Square so that the genes can be shown as linked together.

When a dihybrid is crossed with a recessive, you normally would expect all possible phenotypes among the offspring. If linkage is present however, the number of possible phenotypes could possibly be reduced to two types. To take an actual example, it has been reported that A-B-O blood type antigen genes and a very unusual dominant condition called nail-patella syndrome (NPS) are on the same chromosome. A person with NPS has finger- and toenails that are reduced or absent and a kneecap (patella) that is small. In one family,

Figure 21.8
Representation of a cross between two individuals with wavy hair. Neither curly nor straight hair is dominant; when these two genes, H and H', are both present, the individual has wavy hair.

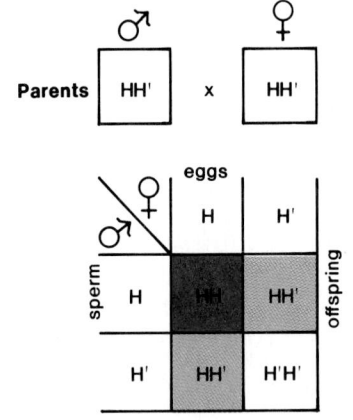

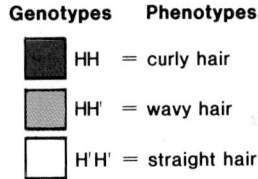

Results: 1 curly: 2 wavy: 1 straight

Genotypes		Phenotypes
⬛	HH	= curly hair
▨	HH'	= wavy hair
⬜	H'H'	= straight hair

Figure 21.9

When genes are linked the possible number of phenotypes is reduced. The figure indicates that D is linked to B and d is linked to b.

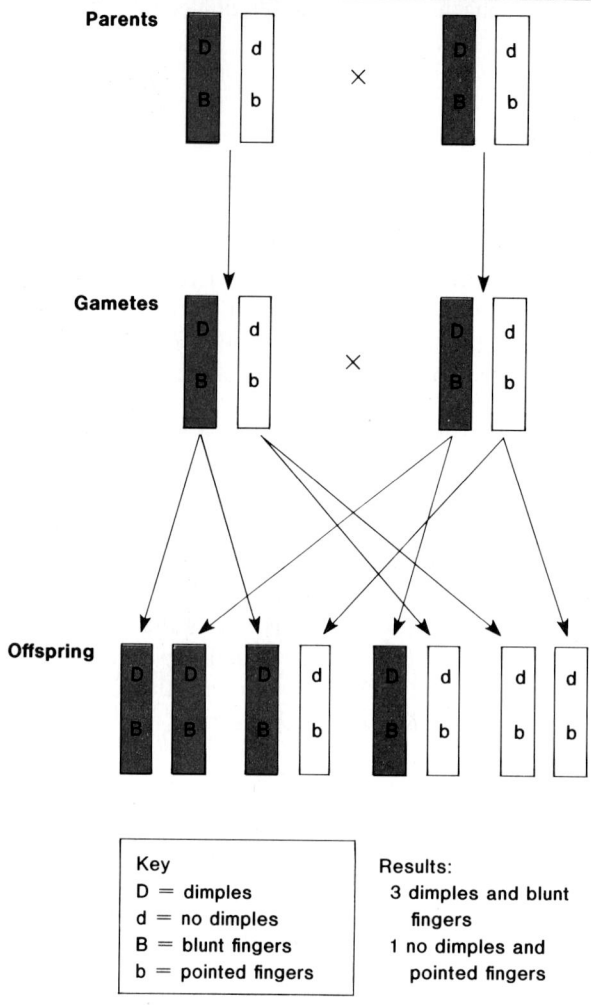

Parents

Gametes

Offspring

Key
D = dimples
d = no dimples
B = blunt fingers
b = pointed fingers

Results:
3 dimples and blunt fingers
1 no dimples and pointed fingers

the female parent had the genotype I^{B}i for blood type and the genotype Nn for NPS; furthermore, it could be established that the gene I^B was on the same chromosome as N and that the gene i was on the same chromosome as n. Notice in figure 21.10a that if linkage holds, this individual would form only two possible gametes.

The male parent in this example had the recessive genotype for both traits and therefore could form only one type gamete carrying the recessive genes, as illustrated in figure 21.10a. Therefore, assuming linkage, the children for this couple should have only two possible phenotypes: blood type B with NPS and blood type O without NPS.

However, at least 10 percent of all offspring show a phenotype in which blood type B is found without NPS and blood type O is found with NPS. This indicates that crossing over occurred (fig. 21.10b).

Crossing Over

When tetrads (p. 83) form during meiosis, the inner chromatids may exchange portions by a process of breaking and then reassociating. The gametes that receive the recombined chromatids are called recombinant gametes. Recombinant gametes indicate that the linkage between the two genes has been broken by crossing over. Figure 21.10 indicates how recombinant gametes produced the unexpected phenotypes in our example.

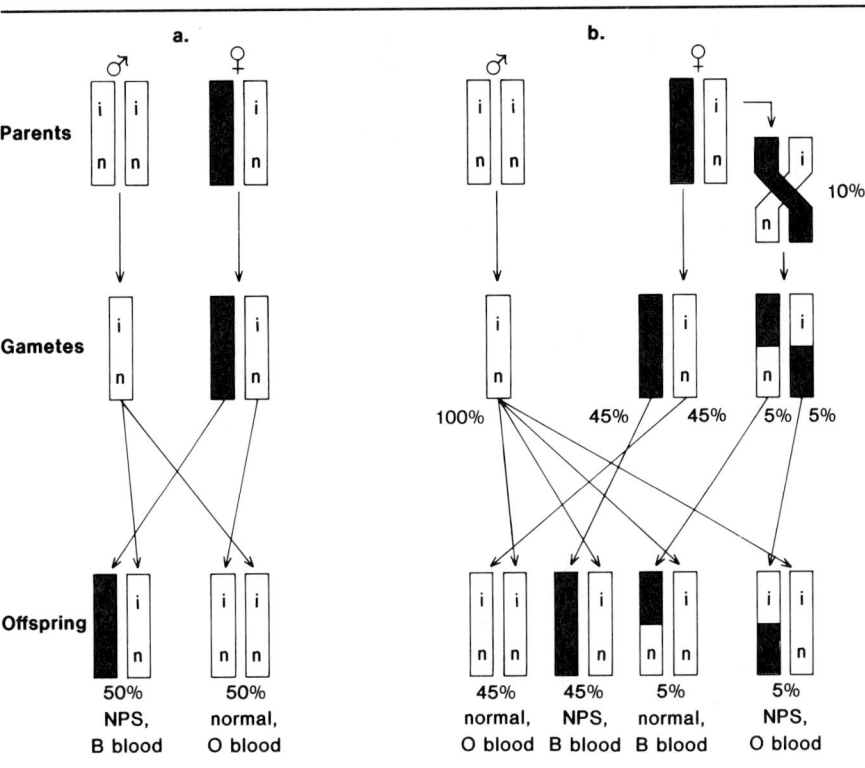

Figure 21.10
a. Expected results when the genes shown are linked. b. Unexpected results occur when crossing over occurs.

Key:
$I^B i$ = type B blood
ii = type O blood
N = nail-patella syndrome (NPS)
n = normal

In lower organisms, it has been possible to map chromosomes by studying the crossover frequency of linked genes. Genes distant from one another are more likely to be separated by crossing over than genes that are close together. Thus, the crossover frequency indicates the distance between two genes on a chromosome. Each percentage of crossing over is taken to mean a distance of one chromosome unit. Using these frequencies, then, it is possible to indicate the order of the genes on the chromosome.

Human disorders, such as the one illustrated in figure 21.10, have helped to map human chromosomes, but laboratory investigations involving the chromosomes themselves have been more helpful. For example, human and mouse cells can be fused together in tissue cultures. As the cells grow and divide, some of the human chromosomes are lost and eventually the daughter cells contain only a few human chromosomes. Analysis of the proteins[2] made by the various man-mouse cells has enabled investigators to determine which genes are to be associated with which human chromosomes. Sometimes a man-mouse hybrid cell has formed in which the human chromosome is shortened and certain genes are missing. In this way, it has even been possible to determine the approximate location of the genes along the chromosomes.

2. Gene control of protein synthesis is discussed in the next chapter.

Abe's Malady

The blurred left foot may be evidence that our sixteenth president suffered from Marfan's syndrome.

To Dr. Harold Schwartz, the signs left little doubt. The seven-year-old boy visiting his Huntington Park, Calif., office in 1959 had Marfan's syndrome, a genetic disorder of the connective tissue that can cause heart and eye problems, affect skeletal growth and occasionally be fatal. A few months later, the boy's grandmother dropped in to inquire about his condition and revealed that her husband had died of Marfan's. The grandmother's married name was Lincoln.

Says Schwartz: "I call that my 'burning bush' moment. I had read Carl Sandburg's biography of Abraham Lincoln, which contains a great deal about Lincoln's physical characteristics." Suddenly everything connected. The Great Emancipator, Schwartz realized, was probably afflicted by Marfan's syndrome.

Since then, Schwartz, now 60, has traced the Lincoln Marfan gene back to 16th century England and now is more certain than ever about his theory. In the *Western Journal of Medicine,* he strongly suggests that had John Wilkes Booth not fired the fatal shot on April 14, 1865, Lincoln would have died within a year from complications of Marfan's syndrome—for which there is still no cure.

Schwartz points to the well-documented fact that Lincoln had disproportionately long arms, legs, hands and feet, even for a man of his height. While watching a regiment of Maine lumbermen during the Civil War, the President himself noted: "I don't believe that there is a man in that regiment with longer arms than mine." In 1907 a sculptor working with Lincoln casts observed that "the first phalanx of the middle finger is nearly half an inch longer than that of an ordinary hand." The President sometimes squinted with his left eye. All of these characteristics, according to Schwartz, are typical of Marfan's syndrome. In fact, Lincoln's "spider-like legs," a phrase used by one of the President's contemporaries, was the very simile used in 1896 by French Physician Bernard-Jean Antonin Marfan when he described the syndrome that was named for him.

Schwartz has also presented an ingenious bit of evidence that Lincoln had a specific cardiovascular problem also associated with Marfan's syndrome: imperfect closure of the valves of the aorta, the large artery that carries blood from the heart. The clue appeared in a picture of the President taken in 1863. Lincoln had his legs crossed, and in an otherwise sharp photo, the left foot—suspended in the air—is blurred. When viewing the print, Lincoln asked why the foot was fuzzy. A friend familiar with physiology suggested that the throbbing arteries in the leg might have caused some movement. Lincoln promptly crossed his legs and watched. "That's it!" he exclaimed. "Now that's very curious, isn't it?" Not to Schwartz. The Marfan-caused defect, he points out, results in "aortic regurgitation," which causes pulses of blood strong enough to shake the lower leg.

Schwartz has also found in the President's own words what he believes to be good evidence that before Lincoln was shot he was "in a state of early congestive heart failure"—brought on by his aortic condition. About seven weeks before Lincoln's assassination, for example, he told his friend Joshua Speed: "My feet and hands of late seem to be always cold, and I ought perhaps to be in bed." Though he was only 56 in 1865, Abe was also easily fatigued toward the end. "There is only one word that can express my condition," he said, "and that is 'flabbiness.'" Once, shortly before his death, he tried to get out of bed but fell back, too weak to rise. Only a day before Lincoln was shot, his wife Mary wrote of the President's "severe headache" and indisposition. Concludes Schwartz: the faulty aortic valves resulted in "a decompensating left ventricle which was the undiagnosed or concealed cause of the President's failing health."

Chart 21.4 Estimated Incidence and Prevalence of Selected Genetic Diseases, U.S.A., 1976

Condition	Newly Affected	Under Age 20 with Condition
Polydactyly (extra fingers and toes)	9,300	184,000
Cystic fibrosis	2,000	20,000
Hemophilia	1,200	12,400
Phenylketonuria	310	3,100
Sickle-cell anemia	1,200	16,000
Tay-Sachs disease	30	100
Thalassemia (Cooley's anemia)	70	1,000

Human Genetic Diseases

Birth defects can be environmentally induced but many are genetic in origin. The incidence of some genetic diseases among newborns is given in chart 21.4. It is well to keep in mind that these diseases are not contagious; they are inherited.

Dominant

We have already had the occasion to mention Marfan's syndrome and nail-patella syndrome, but these are not common disorders. More common genetic diseases due to the inheritance of a dominant gene of a single allelic pair are:

Achondroplasia: a form of dwarfism

Chronic simple glaucoma (some forms): a major cause of blindness if untreated

Huntington's chorea: progressive nervous system degeneration

Hypercholesterolemia: high blood cholesterol levels, propensity to heart disease

Polydactyly: extra fingers or toes[3]

If one parent is heterozygous for the characteristic and the other is recessive, each child has a 50:50 chance of receiving the characteristic or escaping it. Notice that if the characteristic is dominant, one parent must necessarily show it. Genetic counseling, then, is aided by this fact, except that some phenotypes do not appear until a person is grown. For example, **Huntington's chorea** (or Huntington's disease) does not appear until the thirties or early forties. There is a progressive deterioration of the individual's nervous system that eventually leads to constant thrashing and writhing movements until insanity precedes death. Recent studies suggest that Huntington's chorea is due to the inability to make use of the neurotransmitter substance GABA, in which case there is now hope for a cure.

People with Huntington's chorea seem to be more fertile than others. It is an amazing fact that more than a thousand of the cases in the United States in the past century can be traced to one man born in 1831. The late folk singer, Woody Guthrie, was a victim of Huntington's chorea and died in 1967 after years of illness. Each of his five children faces a 50:50 chance of developing the same disease.

3. National Foundation/March of Dimes.

Figure 21.11
a. Normal red cells as viewed by scanning
electron microscope. b. In sickle-cell
anemia, the cells often have a sickled
shape and tend to clump as illustrated here.

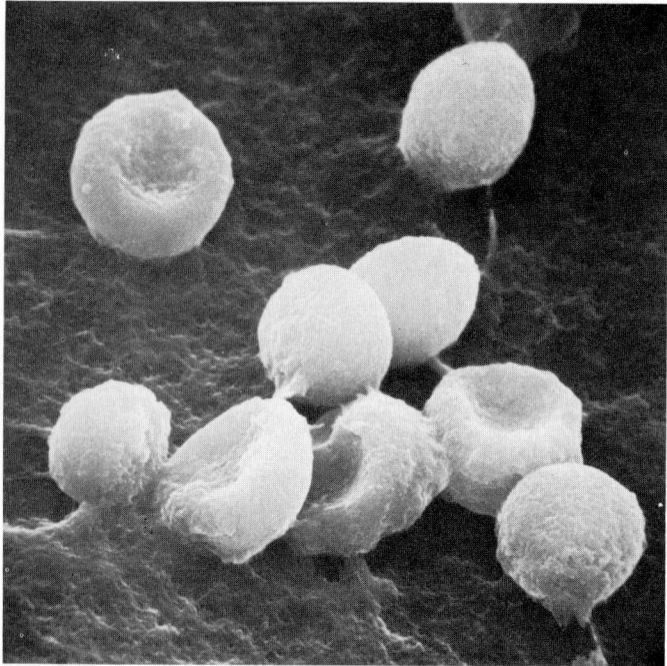

a.

b.

Recessive

We have already had the occasion to mention albinism (fig. 21.7), a recessively inherited disorder, but more common are the following, which are also controlled by one pair of alleles:

Cystic fibrosis: disorder affecting function of mucous and sweat glands

Galactosemia: inability to metabolize milk sugar

Phenylketonuria: essential liver enzyme deficiency

Thalassemia: blood disorder primarily affecting persons of Mediterranean ancestry

Tay-Sachs disease: fatal brain damage primarily affecting infants of East European Jewish ancestry[4]

In these cases both parents may appear to be normal but are **carriers** of the defective gene. A carrier is a person who does not show the trait but who can pass on the gene to an offspring. If both parents carry the gene, each child will run a 25 percent risk of manifesting the disease. Each child has a 25 percent risk of being homozygous normal but a 50:50 chance of receiving a single defective gene and being a carrier. Should these carriers marry other carriers, they run the same risk as the parents of transmitting the disease to the next generation.

4. National Foundation/March of Dimes.

Cystic fibrosis, characterized by abnormal mucus-secreting tissues, is now one of the most important disorders among Caucasian children. At first, the infant may have difficulty regaining the birth weight despite good appetite and vigor. A cough associated with a rapid respiratory rate but no fever indicates lung involvement. Large, frequent, and foul-smelling stools are due to abnormal pancreatic secretions. Whereas children previously died in infancy due to infections, they now often survive because of antibiotic therapy.

Phenylketonuria (PKU) is characterized by severe mental retardation due to an abnormal accumulation of the common amino acid phenylalanine within cells, including neurons. The disorder takes its name from the presence of a breakdown product, phenylketone, in the urine and blood. Newborn babies are routinely tested at the hospital and if necessary are placed on a diet low in phenylalanine.

Tay-Sachs disease is caused by the inability to break down a certain type of fat molecule that accumulates around nerve cells until they are destroyed. Afflicted newborns appear normal and healthy at birth, but they do not develop normally. At first, they may learn to sit up and stand, but later they regress and become mentally retarded, blind, and paralyzed. Death usually occurs between ages three and four.

Incomplete Dominance

Sickle-cell anemia is inherited as a pair of incomplete dominant alleles. This condition derives its name from the fact that blood cells in the affected individual are often sickle-shaped (fig. 21.11) and have a limited ability to transport oxygen. Sickle-cell anemia is caused by an abnormal hemoglobin, Hb^S, that is less soluble than the normal hemoglobin, Hb^A. Individuals with the genotype $Hb^A Hb^A$ are normal; those with the genotype $Hb^S Hb^S$ have sickle-cell anemia; and those with $Hb^A Hb^S$ have sickle-cell trait. Two individuals with sickle-cell trait can produce children with all three phenotypes, as indicated in figure 21.12.

Sickle-cell anemia is prevalent among members of the black race because the shape of the cells seems to give them protection against the malaria parasite, which utilizes red cells during its asexual reproductive phase (p. 513). While infants with sickle-cell anemia often die, those with the trait are protected from malaria, especially during ages two to four. This means that in Africa these children survived and grew up to reproduce and pass on the gene to their offspring. As many as 60 percent of tribes in malaria-infected regions of Africa have the gene. In the United States, about 10 percent of the black population still carry the gene.

The blood cells in persons with sickle-cell anemia cannot easily pass along small blood vessels. The sickle-shaped cells either break down or they clog blood vessels. Thus the individual suffers from poor circulation, anemia, and sometimes internal hemorrhaging. Jaundice, episodic pain of the abdomen and joints, poor resistance to infection, and damage to internal organs are all symptoms of sickle-cell anemia. Few patients live beyond age forty.

Persons with the sickle-cell trait do not usually have any difficulties unless they are exposed to air that is low in oxygen. At such times, the cells become sickle-shaped with accompanying disturbances in circulation.

Figure 21.12
Possible offspring of two sickle-cell carriers.

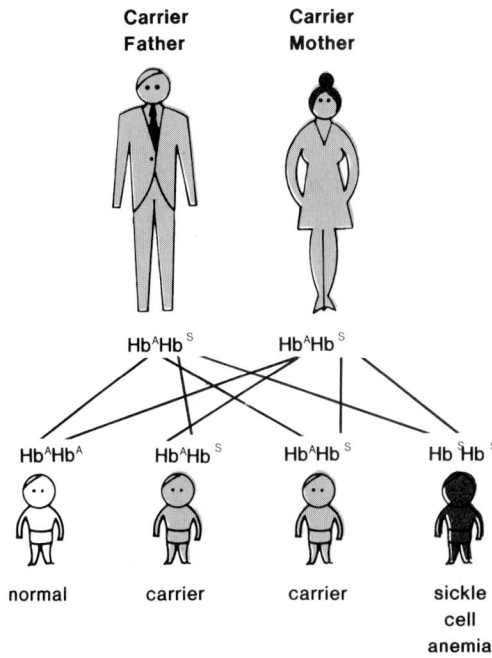

The odds for each child are:

1. a 25% risk of inheriting a double dose of Hb^S genes, which cause sickle cell anemia.

2. a 25% chance of inheriting two Hb^A genes, thus being unaffected.

3. a 50% chance of being a carrier as both parents are.

Practice Problems 4

1. What is the genotype of a person with straight hair? Could this individual ever have a child with curly hair?
2. What is the darkest child that could result from a mating between a light individual and a white individual?
3. What is the lightest child that could result from a mating between two mulatto individuals?
4. From the following blood types, determine which baby belongs to which parents:

Mrs. Doe	Type A
Mr. Doe	Type A
Mrs. Jones	Type A
Mr. Jones	Type AB
Baby 1	Type O
Baby 2	Type B

5. Prove that a child does not have to have the blood type of either parent by indicating what blood types *might* be possible when a person with type A blood reproduces with a person with type B blood.
6. Imagine that ability to curl the tongue (dominant) is linked to a rare form of mental retardation, which is also dominant. The parents are both dihybrids with the two dominant genes on one chromosome and the two recessive genes on the other. What phenotype ratio is possible among the offspring if crossing over does not occur?

Figure 21.13
Amniocentesis involves the withdrawal of a sample of amniotic fluid from an expectant mother's uterus by means of a hypodermic needle. The fluid contains cells shed by the growing fetus that can be cultured in the laboratory and tested for biochemical and chromosomal defects.

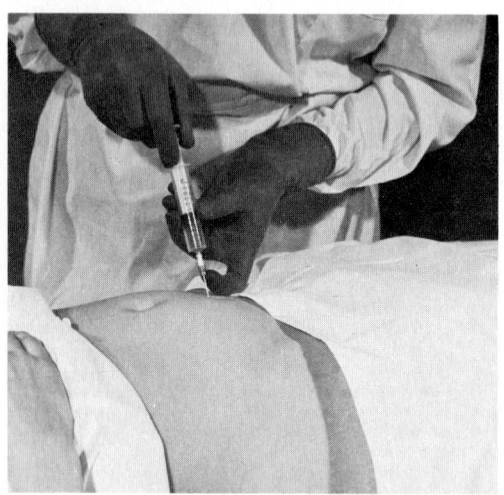

Genetic Counseling

Now that persons are becoming aware that many illnesses are caused by faulty genes, couples may seek genetic counseling.[5] The counselor studies the background of the couple and tries to determine if any immediate ancestor may have had a genetic disease. Then he studies the couple themselves. As much as possible, laboratory tests are performed on all persons involved.

Carrier tests are now available for a large number of potential genetic diseases. Blood tests can identify carriers of thalassemia (Cooley's anemia) and sickle-cell anemia. By measuring enzyme levels in blood or skin cells, carriers of enzyme defects can now be identified for some inborn metabolic errors, such as Tay-Sachs disease, in which a defect of a single enzyme interferes with a vital metabolic process. From this information, the counselor can sometimes predict the chances of the couple having a defective child.

If a woman is already pregnant it is possible for amniocentesis (fig. 21.13) or fetoscopy to be done. Both procedures, which were discussed in the previous chapter (p. 407), allow the testing of fetal cells, including blood cells, and amniotic fluid in order to determine if the developing fetus has a certain genetic disease. Most of the time the baby is normal, but should a defect be discovered the couple has an opportunity to elect to abort the pregnancy.

Pedigree Charts

Pedigree charts (fig. 21.14) are often constructed to show the inheritance of a certain condition within a family. Such charts are a great help in deciding whether a phenotype is controlled by a dominant or recessive gene. For example, if only one parent shows the trait and yet all or several of the children show it, then it must be dominant. Or if two individuals do not show the trait

5. Local chapters of the National Foundation/March of Dimes or the national office at Box 2000, White Plains, New York 10602 can provide families with information about genetic counseling services in their areas.

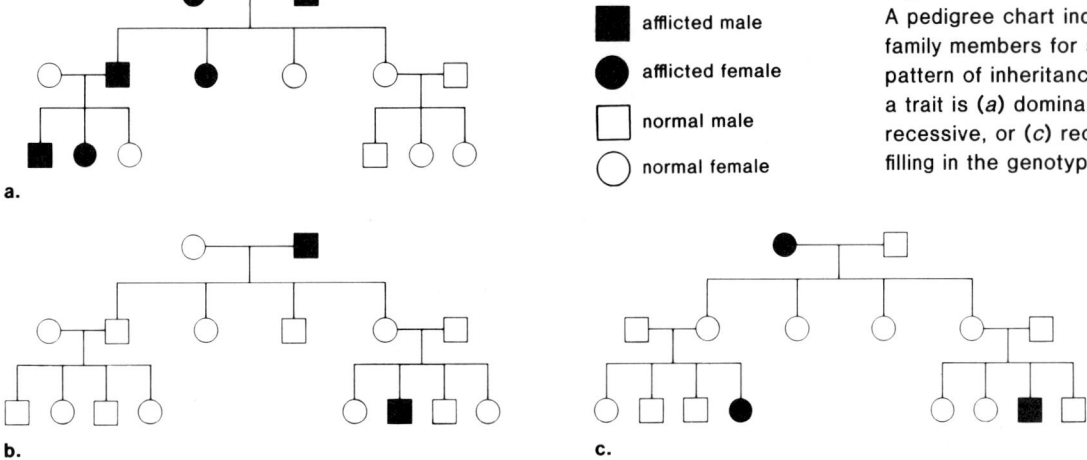

Key
- ■ afflicted male
- ● afflicted female
- □ normal male
- ○ normal female

a.

b.

c.

Figure 21.14
A pedigree chart indicates the phenotype of family members for several generations. The pattern of inheritance often reveals whether a trait is (*a*) dominant, (*b*) sex-linked recessive, or (*c*) recessive. Prove this by filling in the genotypes for each individual.

but their children do, then the trait must be determined by a recessive allele. On the other hand, if the trait appears primarily in males and passes from grandfather to grandson, then it must be a X-linked recessive (fig. 21.21).

Chromosome Inheritance

Normal Inheritance

Occasionally, it is more useful to discuss the inheritance of chromosomes rather than the inheritance of a particular gene on a chromosome. As was discussed and illustrated in chapter 4 (p. 76), a karyotype may be prepared to display an individual's chromosomes. The autosomes are arranged by pairs and are numbered from 1 to 22. The sex chromosomes are the 23rd pair. Males have XY sex chromosomes and females have two X chromosomes in their karyotype.

Note that it is the father who determines the sex of the child (fig. 21.15) because the father forms two types of sperm—those containing X and those containing Y. Since the ratio of these is 50:50, the chance of bearing a male offspring is just as great as that of bearing a female. However, there are those who believe that the pH of the vagina can determine which type of sperm will fertilize the egg. An alkaline vagina at the time of ovulation seems to favor the Y-bearing sperm while the acidic vagina just before ovulation seems to favor the X-bearing sperm.

Abnormal Chromosome Inheritance

Sometimes individuals are born with either too many or too few chromosomes (chart 21.5). It is possible also that even though there is the correct number of chromosomes, one chromosome may be defective in some way. Both autosomal and sex chromosome abnormalities occur.

Figure 21.15
In this Punnett Square, the sperm and eggs are shown as carrying only a sex chromosome. Actually, of course, they also carry 22 autosomes. The offspring are either male or female depending on whether they received an X or Y chromosome from the male parent.

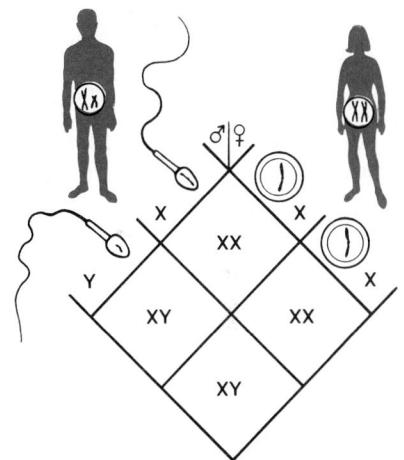

Chart 21.5 Incidence of Selected Chromosomal Abnormalities

Name	Frequency/ Live Births
Down's Syndrome	1/800–1,000
Turner's Syndrome	1/10,000
Superfemale	1/950
Klinefelter's Syndrome	1/1,000
XYY	1/1,000

From: *Antenatal Diagnosis.* HEW, 1979, p. I-48.

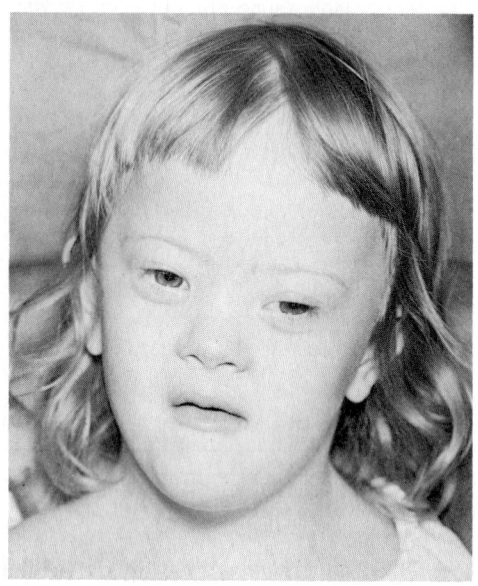

Autosomal

The most common autosomal abnormality is seen in individuals with **Down's syndrome** (fig. 21.16). This syndrome is sometimes called mongolism because the eyes of the person seem to have an orientallike fold, but this term is not considered scientific. Other characteristics are short stature; stubby fingers; a wide gap between the first and second toes; a large, fissured tongue; a round head; a palm crease, the so-called simian line; and, unfortunately, mental retardation that can sometimes be severe.

Persons with Down's syndrome usually have three number 21 chromosomes because the egg had two number 21 chromosomes instead of one. Either the chromosome pair, or the chromatids, failed to separate completely and instead went into the same daughter cell (fig. 21.17). Either of these occurrences is called **nondisjunction.** It would appear that nondisjunction is most apt to occur in the older female since children with Down's syndrome are usually born to women over age forty. If the older woman wishes to know whether or not her unborn child is affected by Down's syndrome, she may elect to undergo amniocentesis. Following this procedure, a karyotype (fig. 21.18) can reveal whether the child has Down's syndrome. If so, the couple may elect to continue or to abort the pregnancy.

Another chromosomal abnormality called **deletion** is responsible for a syndrome known as *Cri du Chat* (cat's cry). Affected individuals meow like a kitten when they cry but more important, perhaps, is the fact that they tend to have a small head with malformations of the face and body, and that mental defectiveness usually causes retarded development. Chromosomal analysis shows that a portion of chromosome number 5 is missing (deleted), while the other number 5 chromosome is normal.

Figure 21.17
Nondisjunction can occur during Meiosis I if the chromosome pairs fail to separate and during Meiosis II if the chromatids fail to separate completely. In either case, the abnormal eggs carry an extra chromosome.

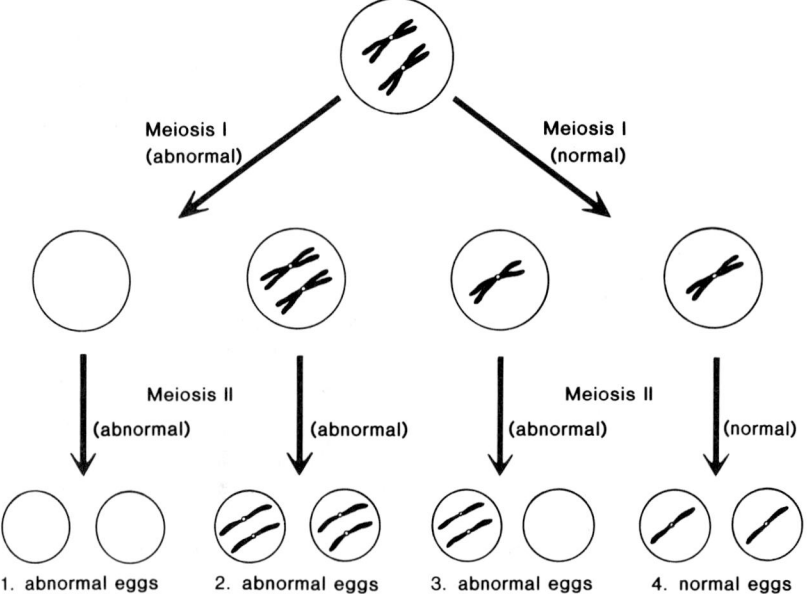

Sexual

Due to nondisjunction of the sex chromosomes during oogenesis, an egg may be produced that has either no X chromosome or two X chromosomes. When the first of these is fertilized by an X-bearing sperm, a female with **Turner's syndrome** may be born. These XO individuals have only one sex chromosome—an X; the O signifies the absence of the second sex chromosome. The ovaries never become functional regressing to ridges of white streaks. Because of this, these females do not undergo puberty or menstruate, and there is a lack of breast development (fig. 21.19b). Generally, these individuals have a stocky build, a webbed neck, and subnormal intelligence.

When an egg having two X chromosomes is fertilized by an X-bearing sperm, a **superfemale** having three X chromosomes results. While it might be supposed that the XXX female with 47 chromosomes would be especially feminine, this is not the case. Although there is a tendency toward mental retardation, most superfemales have no apparent physical abnormalities and many are fertile and have children with a normal chromosome count.

When an egg having two X chromosomes is fertilized by a Y-bearing sperm, a male with **Klinefelter's syndrome** results. This individual is male in general appearance, but the testes are underdeveloped and the breasts may be enlarged (fig. 21.19a). The limbs of these XXY males tend to be longer than average, body hair is sparse, and many are mentally defective.

XYY males also occur possibly due to nondisjunction during spermatogenesis. Afflicted males are usually taller than average, suffer from persistent acne, and tend to have barely normal intelligence. At one time, it was suggested that these men were likely to be criminally aggressive, but it has been shown that the incidence of such behavior is quite low.

Figure 21.18
Karyotype of a male with Down's syndrome. Note that there are three number 21 chromosomes.

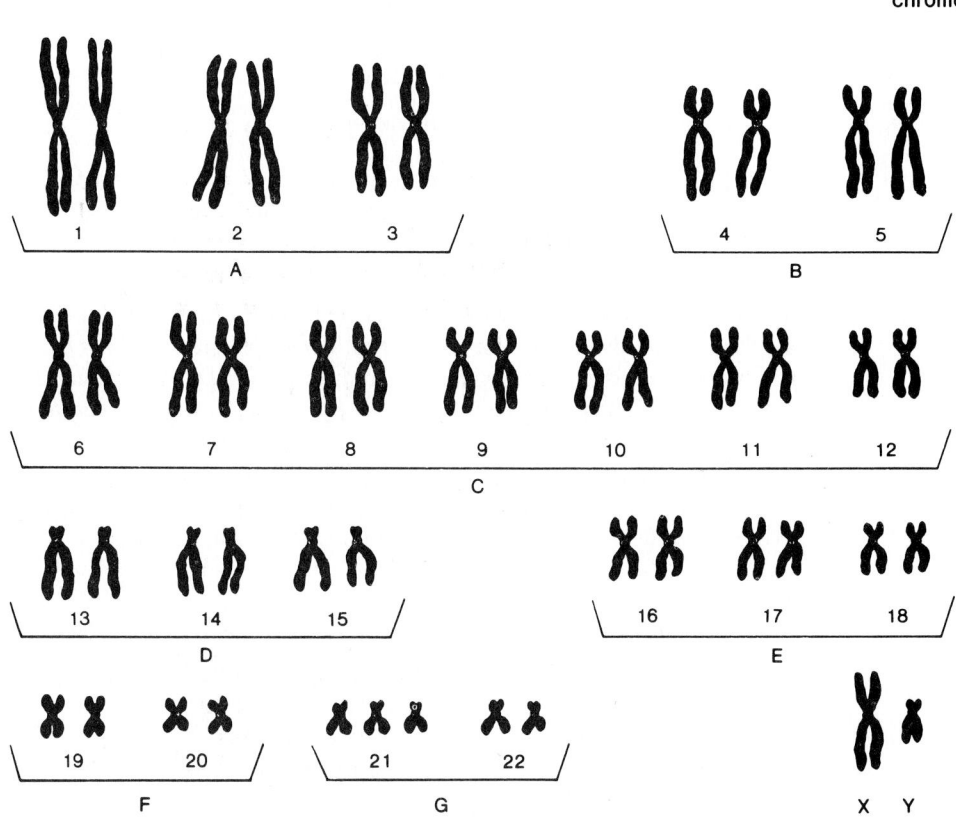

Figure 21.19

a. A male with Klinefelter's syndrome (XXY), which is marked by immature sex organs and development of the breasts. b. A female with Turner's syndrome (XO), which includes a bull neck, short stature, and immature sexual features.

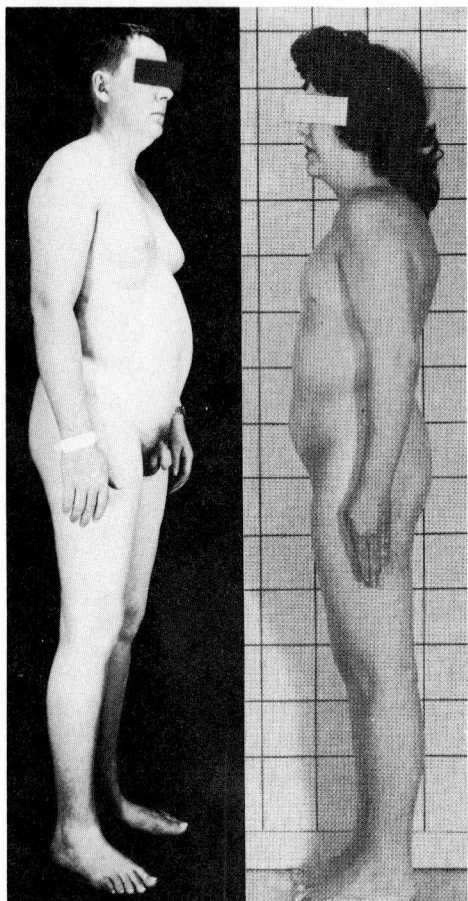

From an examination of these abnormal sex chromosome constituencies, it can be deduced that at least one X chromosome is required for survival. There are no YO males. Also, the presence of a Y signifies a male regardless of the number of X chromosomes.

Sex-linked Inheritance

The genes which determine the development of the sexual organs are on the sex chromosomes. The fetus is unisexual and will automatically develop into a female unless a Y chromosome is present. There is evidence for a gene on the Y chromosome which directs the nondifferentiated gonad to produce testosterone and thereafter the fetus begins to develop into a male. Several other genes are necessary to complete the process of normal male sexual development. Genes are also required to complete normal female maturation.

Some genes on the sex chromosomes have nothing to do with sexual development and are instead concerned with other body traits. These genes are said to be **sex linked** because they are on the sex chromosomes. A few sex-linked genes are on the Y chromosome, but the most important ones discovered so far are on only the X chromosome.

X-linked Genes

X-linked genes are genes on the X chromosome that determine body traits unrelated to sex. Since these genes are absent from the Y chromosome, any recessive gene present on the X chromosome in males will be expressed. In X-linked trait problems the females are indicated by XX and the males by XY. An X-linked gene appears as a letter attached to the X chromosome. For example, in human beings color blindness is an X-linked recessive gene and therefore the key is:

X^C = normal vision

X^c = color blindness

The possible genotypes in both males and females are:

$X^C X^C$ = a female with normal color vision

$X^C X^c$ = a carrier female with normal vision

$X^c X^c$ = a female who is color-blind

$X^C Y$ = a male with normal vision

$X^c Y$ = a male who is color-blind

Sometimes the first of these genotypes is called a completely normal female because she cannot pass on a color-blind gene. The second genotype is a carrier female because although she appears normal, she is capable of passing on a color-blind gene. Color-blind females are rare because they must receive the gene from both parents, but color-blind males are more common since they need only one recessive gene in order to be color-blind. The color-blind gene had to have been inherited from their mother because it is on the X chromosome. Males only inherit the Y chromosome from their father.

Cross

If a heterozygous woman is married to a man with normal vision, what are their chances of having a color-blind daughter? A color-blind son?

Parents: $X^C X^c \times X^C Y$

Inspection indicates that all daughters will have normal vision because they all receive an X^C chromosome from their father. The sons, however, have a 50:50 chance of being color-blind depending on whether they receive the X^C

Figure 21.20

Representation of X-linked inheritance. The male parent is normal, but the female parent is a carrier; the color-blind gene is located on one of her chromosomes. Such a mating can produce a color-blind son (color).

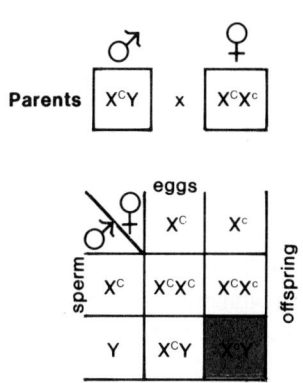

Results: female—all normal
males—1 normal: 1 colorblind

Genotypes	Phenotypes
X^CX^C	female, normal vision
X^CX^c	female, normal vision
X^cX^c	female, colorblind
X^CY	male, normal vision
X^cY	male, colorblind

Key:
X^C = normal vision
X^c = colorblind

Figure 21.21

X-linked recessive traits often skip a generation and pass from grandfather to grandson by way of a carrier female.

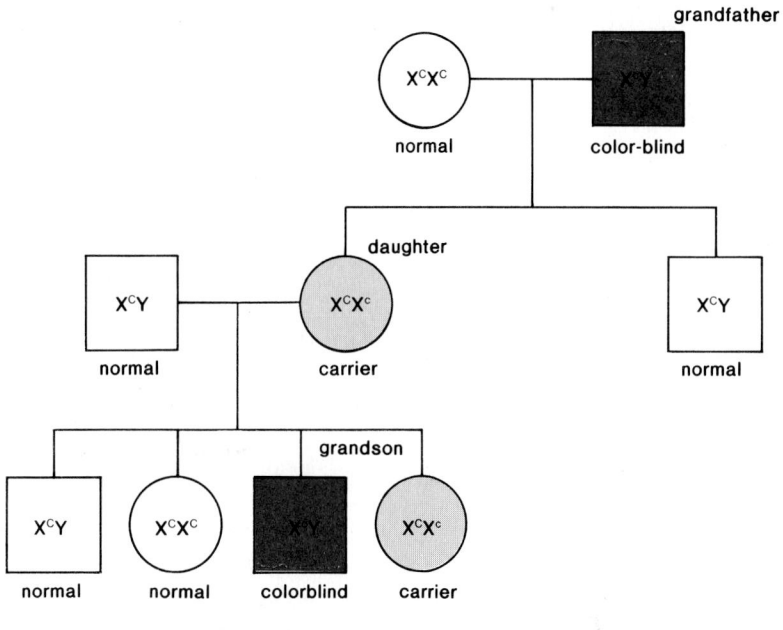

or X^c from their mother. The inheritance of a Y from their father cannot offset this inheritance from their mother. Figure 21.20 illustrates the use of the Punnett Square in doing sex-linked problems.

X-linked Traits

Some of the ways in which it is possible to recognize X-linked traits are:

1. More males than females are afflicted.

2. In order for a female to have the characteristic, her father must also have it. Her mother must have it or be a carrier.

3. The characteristic often skips a generation from the grandfather to the grandson (fig. 21.21).

X-linked Genetic Diseases

Among 150 human disorders transmitted by a gene or genes on the X chromosome are:[6]

Agammaglobulinemia: lack of immunity to infections

Color blindness: inability to distinguish certain colors

Hemophilia: defect in blood clotting mechanisms

Muscular dystrophy (some forms): progressive wasting of muscles

Spinal ataxia (some forms): spinal cord degeneration

The most common type of **hemophilia,** hemophilia A, is due to the absence, or minimal presence, of a particular clotting factor called Factor VIII. Hemophilia is called the bleeder's disease because the afflicted person's blood is unable to clot. While hemophiliacs do bleed externally after an injury, they also suffer from internal bleeding, particularly around joints. Years ago, a hemophiliac received blood plasma to stop the bleeding. Today, concentrated Factor VIII is available and may be self-injected to stop the bleeding.

Muscular dystrophy, as the name implies, is characterized by the wasting away of muscles. The most common form, Duchenne type, is X-linked; other types are not. Symptoms such as waddling gait, toe-walking, frequent falls, and difficulty in rising may appear as soon as the child starts to walk. Muscle weakness intensifies until the individual is confined to a wheelchair. Death usually occurs during the teenage years.

Persons with the genetic disease **agammaglobulinemia** are unable to manufacture antibodies and are therefore susceptible to repeated infections. Some are able to receive bone marrow transplants to effect a cure; others may have to live their lives in a protective sterile bubble or in a protective suit.

Practice Problems 5

1. A woman is color-blind. What are the chances that her sons will be color-blind? If she is married to a man with normal vision, what are the chances that her daughters will be color-blind? Will be carriers?
2. Both parents are right-handed (R = right-handed, r = left-handed) and have normal vision. Their son is left-handed and color-blind. Give the genotype of all persons involved.
3. Both the husband and wife have normal vision. The wife produces a color-blind daughter. What might the husband say to his wife?
4. Determine if the trait possessed by the darkened-in squares (males) and circles (females) following is dominant, recessive, or sex-linked recessive. Assume these traits are controlled by a single allelic pair.

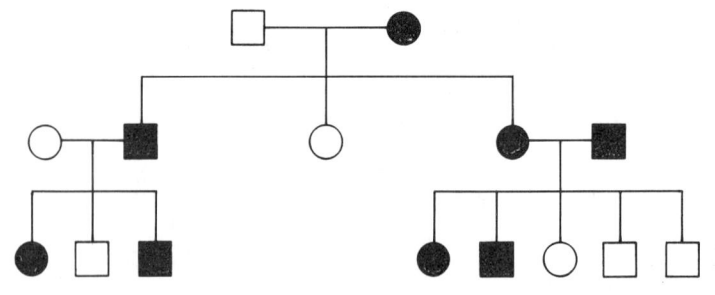

---

6. National Foundation/March of Dimes.

Summary

Two categories of genetics are considered: genic and chromosomal. A consideration of genic inheritance involves a study of how individual genes are inherited. Mendel's laws state that: (1) there are two genes for every trait in all body cells; (2) one gene may be dominant over the other; (3) there is one gene for every trait in the sex cells; and (4) every possible combination of genes occurs in the gametes.

Certain terminology and conventions are used to indicate the genotype and the gametes of the individuals. The same alphabetic letter is used for both the dominant and recessive alleles; a capital letter indicates the dominant and a small letter indicates the recessive. A homozygous dominant individual is indicated by two capital letters, and a homozygous recessive individual is indicated by two lowercase letters. The genotype of a heterozygous individual is indicated by a capital and a lowercase letter. Contrary to the individual, gametes have one letter of each type, either capital or lowercase as appropriate. All possible combinations of letters indicate all possible gametes (except if the genes are linked).

In doing an actual cross, it is assumed that all possible types of sperm fertilize all possible types of eggs. The results may be expressed as a probable phenotype ratio; it is also possible to state the chances of an offspring showing a particular phenotype. The results of some crosses may be determined by simple inspection, but certain others that commonly reoccur are given in chart 21.2.

There are many exceptions to Mendel's laws and these include polygenic inheritance (skin color), epistasis (albinism), presence of modifiers (human eye color), pleiotropy (syndromes), incomplete dominance (sickle-cell anemia) and multiple alleles (blood type).

Genes that appear on the same chromosome are linked to one another, and they tend to go into the same gamete together. Linkage reduces the number of different genotypes and phenotypes among the offspring. However, recombinant gametes do occur by the process of crossing over and the frequency of crossing over can be used to map chromosomes.

Studies of human genetics have led to an understanding that many diseases of humans are genetically inherited and therefore it is wise to be aware that genetic counseling is available to couples who seek it. Among those diseases in the forefront today are Huntington's chorea inherited as a dominant gene of a single allelic pair; Tay-Sachs inherited as a recessive gene of a single allelic pair; and sickle-cell anemia inherited as a single allelic pair in which neither gene is dominant over the other.

A consideration of chromosomal inheritance is especially useful in regard to sex inheritance. A male inherits the chromosomes X and Y, and a female inherits two X chromosomes. Abnormal chromosomal inheritance can markedly affect the phenotype. An extra twenty-first chromosome causes Down's syndrome; and abnormal sex chromosomal inheritance includes the genotypes XO (underdeveloped female), XXX (superfemale), XXY (underdeveloped male), and XYY (male). Some genes are sex-linked, meaning that although they do not determine sex they are carried on the sex chromosomes. Most of these are carried on the X chromosome and the Y is blank for these genes. This means that normally recessive genes on the X chromosome are expressed in the male. It is possible to tell that genes are X-linked when many more males than females have the characteristic and/or it skips a generation, going from grandfather to grandson. For a daughter to show a recessive X-linked characteristic, her father must also show it. Several genetic diseases in humans are X-linked, including color blindness and hemophilia.

Study Questions

1. Explain why there are two genes for every trait. (p. 411)
2. Relate Mendel's laws of inheritance to one-trait and two-trait problems. (pp. 411, 417)
3. What is the difference between genotype and phenotype? (p. 413)
4. What are the expected results from these crosses: heterozygous × heterozygous; heterozygous × recessive; dihybrid × dihybrid; dihybrid × double recessive? (p. 419)
5. What does the phrase "chance has no memory" mean? (p. 415)
6. Give six examples of exceptions to Mendel's laws. (p. 419)
7. How would linkage (assuming dominant genes on one chromosome and recessives on the other) affect the results of the last two crosses mentioned in question 4? (pp. 421–22)
8. Which parent determines the sex of the baby? (p. 429) What are the chances of having a boy or girl? (p. 429)
9. What is nondisjunction and how does it occur? (p. 430) What is the most common autosomal chromosomal abnormality? Name four sex chromosomal abnormalities. (p. 431)
10. What is sex linkage? (p. 432) Give all possible genotypes for an X-linked gene and discuss each. (p. 432)
11. How would a genetic counselor recognize an X-linked gene after studying the family history? (p. 433)

Additional Genetic Problems

1. A woman heterozygous for polydactyly (dominant) is married to a normal man. What are the chances that her children will have six fingers and toes? (p. 416)
2. John cannot curl his tongue (recessive) but both his parents can curl their tongue. Give the genotype of all persons involved. (p. 414)
3. Parents who do not have Tay-Sachs (recessive) produce a child who has Tay-Sachs. What are the chances that each child born to this couple will have Tay-Sachs? (p. 414)
4. A man with widow's peak (dominant) who cannot curl the tongue (recessive) is married to a woman with a continuous hairline who can curl the tongue. They have a child who has a continuous hairline and cannot curl the tongue. Give the genotype of all persons involved. (p. 417)
5. Both Mr. and Mrs. Smith have freckles (dominant) and attached earlobes (recessive). Some of the children do not have freckles. What are the chances that the next child will have freckles and attached earlobes? (p. 417)
6. Mary has wavy hair (incomplete dominance) and marries a man with wavy hair. They have a child with straight hair. Give the genotype of all persons involved. (p. 421)
7. A man has type AB blood. What is his genotype? Could this man be the father of a child with type B blood? If so, what blood types could the child's mother have? (p. 420)
8. A woman with white skin has mulatto parents. If this woman married a light man, what is the darkest skin color possible for their children? the lightest? (p. 419)
9. What is the genotype of a man who is color blind (X-linked recessive) and has a continuous hairline? If this man has children by a woman who is homozygous dominant for vision and widow's peak, what will be the genotype and phenotype of the children. (p. 417, 432)

10. Is the trait represented by the darkened individuals inherited as a dominant, recessive, or X-linked recessive? (p. 429)

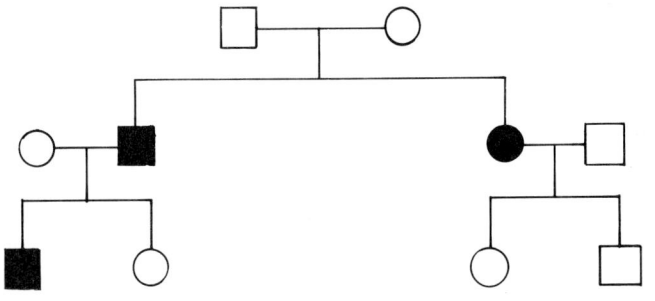

Answers to Practice Problems

Practice Problems 1
1. a. W b. WS, Ws, c. T, t d. Tg, tg
   e. AB, Ab, aB, ab
2. a. gamete b. genotype c. gamete
   d. genotype

Practice Problems 2
1. 75%
2. No
3. Heterozygous
4. DD × dd; Dd

Practice Problems 3
1. Dihybrid
2. 1/16
3. DdFf × ddff; ddff

Practice Problems 4
1. H'H', No
2. Light
3. White
4. Baby 1 = Doe;
   Baby 2 = Jones
5. AB, O, A, B
6. 3:1

Practice Problems 5
1. 100%, None, 100%
2. RrX^CX^c × RrY^CY; rrX^cY
3. Baby is not husband's
4. Dominant

Further Readings

Baer, A. S. 1977. *The genetic perspective.* Philadelphia: W. B. Saunders.

Brady, R. O. 1973. Hereditary fat-metabolism diseases. *Scientific American* 229(2):88.

Cerami, A., and Peterson, C. M. 1975. Cyanate and sickle-cell disease. *Scientific American* 232(4):44.

Mader, S. S. 1980. *Human reproductive biology.* Dubuque, Iowa: Wm. C. Brown.

McKusick, V. A. 1969. *Human genetics.* 2d ed. Englewood Cliffs, N.J.: Prentice-Hall.

Ruddle, F. H., and Kucherlapati, R. S. 1974. Hybrid cells and human genes. *Scientific American* 231(1):36.

Volpe, E. P. 1979. *Man, nature, and society.* 2d ed. Dubuque, Iowa: Wm. C. Brown.

Winchester, A. M. 1975. *Human genetics.* 2d ed. Columbus, Ohio: Charles E. Merrill.

22

molecular basis of inheritance

Chapter Concepts

1. DNA is the genetic material and therefore its structure and function constitute the molecular basis of inheritance.

2. DNA is able to replicate, mutate, and control the phenotype.

3. DNA and RNA work together to control protein synthesis and thereby control the phenotype.

4. The manner in which gene action is regulated is an area of important research today.

5. Genetic engineering, especially recombinant DNA research, is expected to help treat and/or cure genetic diseases and perhaps cancer.

6. Mutations, which account for the origin of genetic diseases and cancer, can be caused by environmental mutagens.

DNA (deoxyribonucleic acid) is the genetic material. This means that genes are made up of DNA and that the chromosomes contain DNA. Not surprisingly, DNA is found principally in the nucleus of a cell (fig. 22.1).

The discovery that DNA is the genetic material required many years of research, especially research with bacteria and viruses. The life cycle of a bacterial virus (fig. 25.3) allowed biochemists to determine that the structure and function of DNA was the molecular basis for inheritance.

DNA and RNA Structure

Both DNA and RNA are nucleic acids composed of many molecules of nucleotides. Every nucleotide is a complex of three united subunits: phosphoric acid (phosphate), a pentose sugar, and a nitrogen base (fig. 1.32). Nucleotides can have either deoxyribose or ribose as the sugar and can have either a purine or pyrimidine as the base. The purines (adenine and guanine) have a double-ring structure, while the pyrimidines (thymine, cytosine, and uracil) have a single ring. These structures are called bases because they have basic characteristics that raise the pH of a solution.

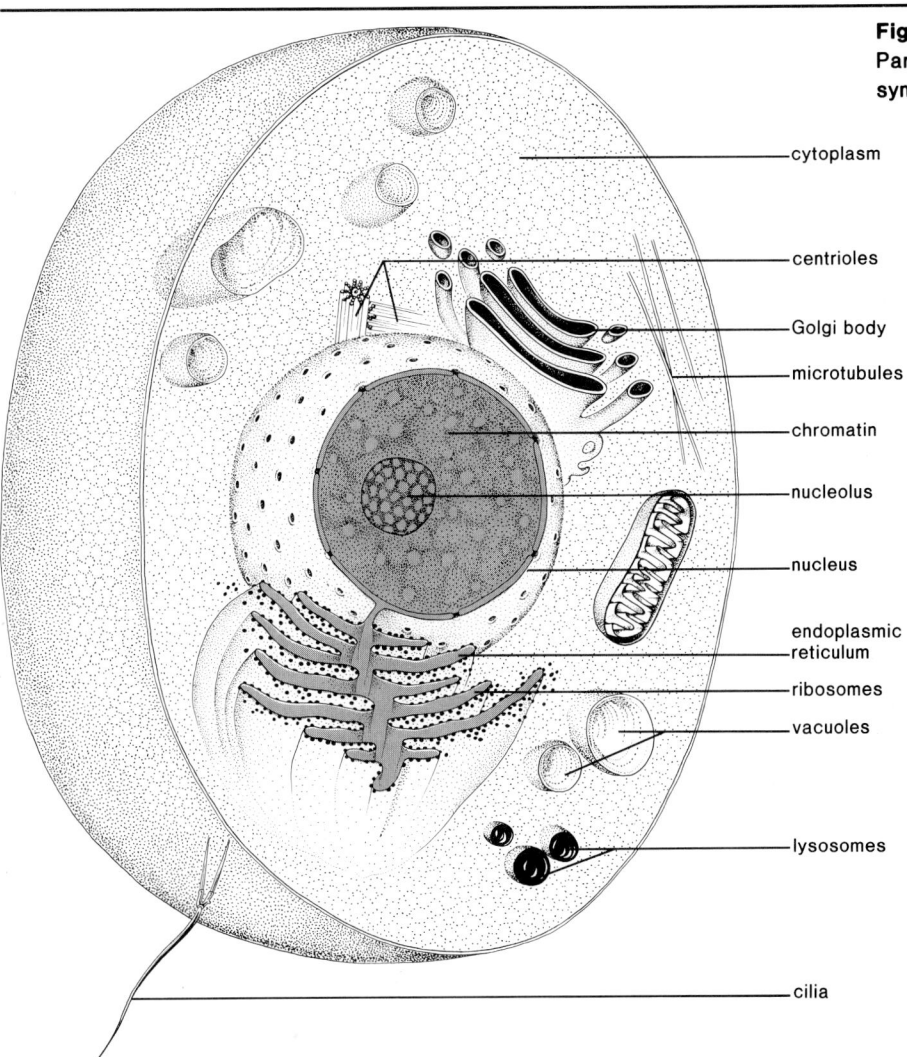

Figure 22.1
Parts of the cell involved in protein synthesis are shown in color.

- cytoplasm
- centrioles
- Golgi body
- microtubules
- chromatin
- nucleolus
- nucleus
- endoplasmic reticulum
- ribosomes
- vacuoles
- lysosomes
- cilia

Figure 22.2

Components of DNA (*a*) and RNA (*b*).

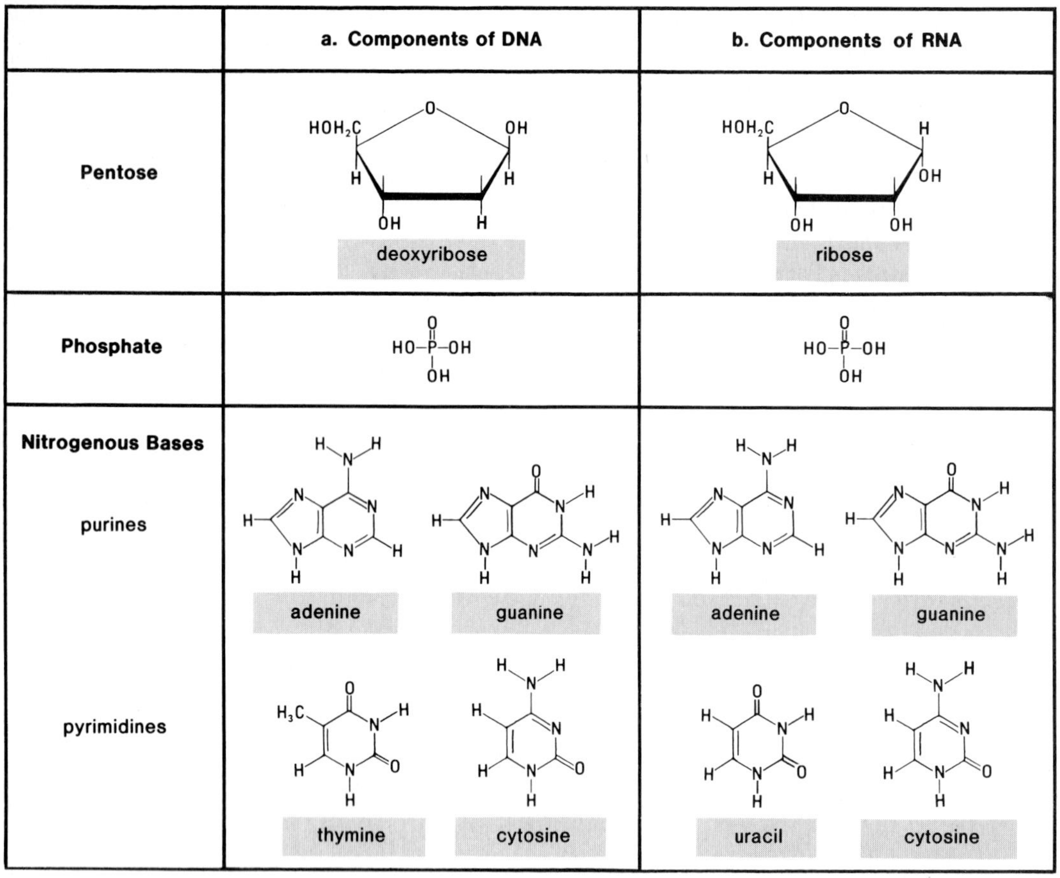

	a. Components of DNA	b. Components of RNA
Pentose	deoxyribose	ribose
Phosphate		
Nitrogenous Bases		
purines	adenine guanine	adenine guanine
pyrimidines	thymine cytosine	uracil cytosine

Figure 22.3

Flow diagram of RNA structure. The backbone consists of sugar-phosphate molecules and the bases project to the side. a. Bases = U, G, C, A; sugar = S; phosphate = P. b. Actual structures for two nucleotides.

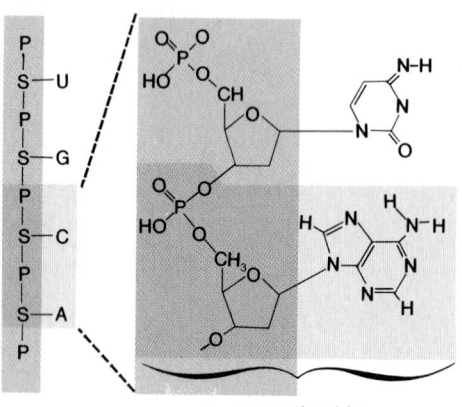

one nucleotide

The nucleotides in DNA and RNA differ in that the sugar deoxyribose is found in DNA while the sugar ribose is in RNA. Also, the pyrimidine thymine is present in DNA while the pyrimidine uracil is present in RNA (fig. 22.2).

Polymerization

When nucleotides are joined together, they form a linear macromolecule in which the backbone is made up of phosphate-sugar-phosphate-sugar with the bases to one side of the backbone. Since RNA is **single stranded,** its structure is represented by a single chain. Figure 22.3 shows RNA structure both in detail and simplified. In the simplified representation, *G* stands for guanine, *C* for cytosine, *A* for adenine, and *U* for uracil. The order of the nucleotides and thus the order of the bases differ for any particular RNA molecule. The proportion of the bases one to the other may also differ. Thus an RNA molecule is like a necklace made up of four different types of beads in whatever sequence is appropriate for that particular molecule.

DNA, unlike RNA, is **double stranded** and must be represented by two chains of nucleotides hydrogen-bonded to one another by way of the bases. It has been found that adenine (*A*) always bonds or "pairs" with thymine (*T*) and guanine (*G*) always bonds or "pairs" with cytosine (*C*). This is called **complementary base pairing.** The order of the bases in DNA may also vary; but no matter what the order or the quantity of each particular base pair, the number of purine bases *always equals* the number of pyrimidine bases.

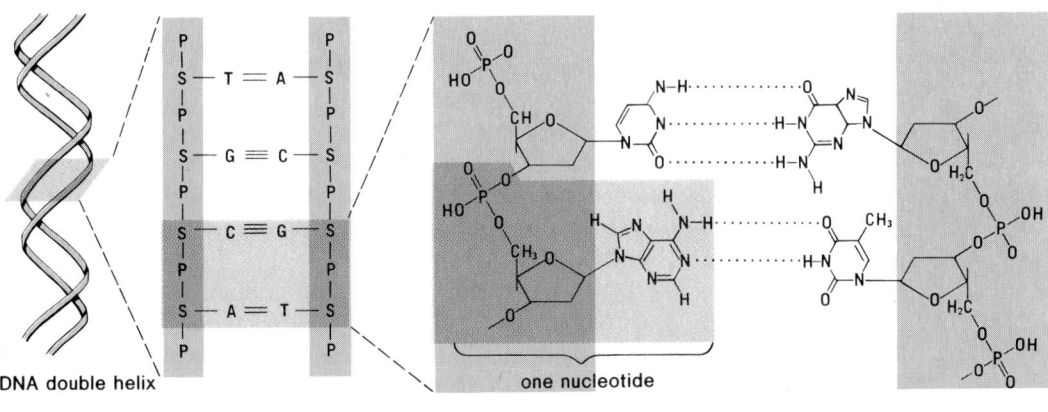

Figure 22.4
Flow diagram of DNA structure.

DNA double helix

a.   b.   one nucleotide   c.

Once the two strands of DNA have paired with one another in a complementary way, the structure of DNA resembles a ladder in which the sugar-phosphate backbone makes up the sides of the ladder, and the hydrogen-bonded bases make up the rungs, or steps, of the ladder. Finally, however, DNA is a **helix,** and it is necessary to envision that the ladder formation twists to take the shape of a helix.

An anlysis of DNA structure is given in figure 22.4. This figure shows the double-stranded helix at the far left of the diagram. After the helix is straightened to better reveal the ladder organization of the molecule, the molecular structure is indicated in detail to show that specific nucleotide pairs make up the double strand.

DNA Functions

The genetic material must be capable of replication so that each daughter cell during mitosis and meiosis receives a copy. It must control the metabolism of the cell, thereby producing the phenotypic characteristics of the individual. It must undergo mutations—permanent genetic changes passed on to the offspring—in order to account for the evolutionary history of life (fig. 23.1).

Replication

The double-stranded structure of DNA lends itself to replication because each strand can serve as a template for the formation of a complementary strand. A **template** is most often a mold, used to produce a shape opposite to itself. In this case, the word template is appropriate because the new strand of DNA has a sequence of bases complementary to the bases of the old strand of DNA.

Replication requires the following steps (fig. 22.5):

1. The two strands that make up DNA become "unzipped" (i.e., the weak hydrogen bonds between the paired bases break).

2. New complementary nucleotides, always present in the nucleus, move into place by the process of complementary base pairing.

3. The complementary nucleotides become joined together.

4. When the process is finished, two complete DNA molecules are present, identical to each other and to the original molecule.

The replication process is described as **semiconservative** because each double strand of DNA contains one old strand and one new strand. A recent finding has shown that replication usually begins somewhere along the length of the DNA molecule and from there it proceeds toward each end.

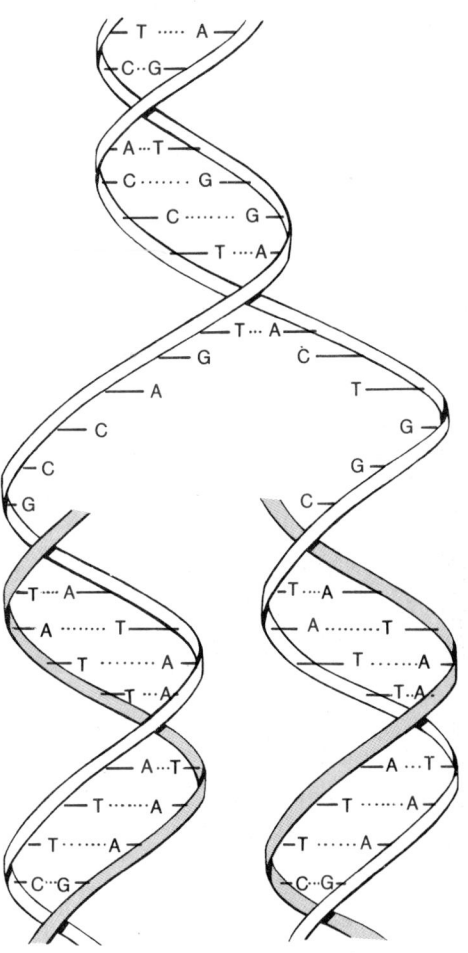

Figure 22.6

Transcription is the formation of a complementary RNA strand from a template DNA strand. Translation is the formation of protein-containing amino acids in the order directed by the mRNA codons and by the DNA code.

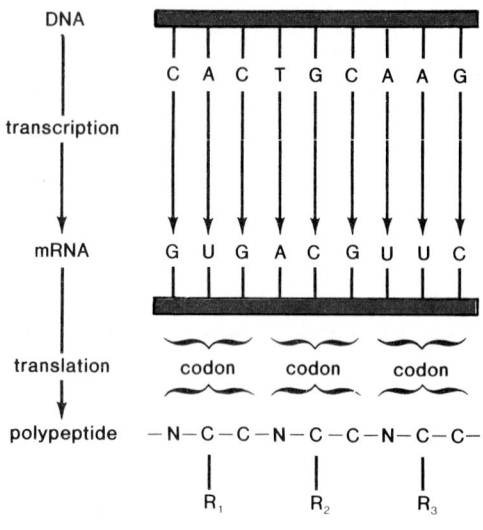

Protein Synthesis

Many novel experiments and years of research have allowed scientists to first deduce and then to explain how DNA controls the production of proteins. Some proteins, such as the globin portion of hemoglobin, contain several different types of polypeptide chains, each one of which is controlled by a different gene. Therefore, it is customary to state that *each gene controls the production of a polypeptide.*

While some proteins are not involved in metabolism, many function as enzymes whose presence determines the end products of metabolism (p. 94). DNA, therefore, indirectly controls metabolism and, in this way, brings about the phenotypic characteristics of the individual.

The fact that DNA controls the production of proteins may at first seem surprising when we consider that genes are located in the nucleus of higher cells, while proteins are synthesized at the ribosomes in the cytoplasm. However, while DNA is found only in the nucleus, RNA exists in both the nucleus and the cytoplasm (fig. 22.1).

Biochemical genetic research indicates that a type of RNA, called **messenger RNA (mRNA)**, serves as a go-between for DNA in the nucleus and the ribosomes in the cytoplasm. This is possible because one strand of DNA can serve as a template for the production of a complementary strand of RNA, as well as a template for another strand of DNA. The mRNA molecule contains a sequence of nucleotides that are complementary to those of a single gene. The mRNA moves from the nucleus to the ribosomes in the cytoplasm where it dictates the sequence of amino acids in a polypeptide. This concept is often called the central dogma of modern genetics and can be diagrammed as follows:

$$DNA \xrightarrow[\text{transcription}]{} mRNA \xrightarrow[\text{translation}]{} protein$$

The diagram indicates that there are two parts to protein synthesis: transcription and translation. During the process of **transcription,** complementary mRNA is formed in the nucleus and during **translation,** its message is used to produce the correct order of amino acids in a polypeptide. Thus the sequence of nucleotides in DNA codes for a particular sequence of amino acids in a protein (fig. 22.6).

Code of Heredity

DNA's code must reside in the bases because the sugar-phosphate backbone never changes. A mathematical consideration allows us to conclude that the code must be a triplet code. There are twenty different amino acids found within proteins, each requiring a particular code. If the code were a duplicate code (any two bases stand for one amino acid), it would not be possible to code for twenty amino acids. Since the code is a triplet code, however, the four bases can supply sixty-four different triplets, far more than is needed to code for the twenty different amino acids (chart 22.1).

To crack the code, artificial RNA was added to a medium containing bacterial ribosomes and a mixture of amino acids. Comparison of the bases in the RNA with the resulting polypeptide allowed investigators to decipher the code. Each three-letter unit of a messenger RNA is called a codon. All sixty-four codons have been determined (chart 22.2). Sixty-one triplets correspond to particular amino acids and the remaining three code for chain termination. The DNA code is **degenerate**—many amino acids are designated by more than one codon. Codons specifying the same amino acid often differ only in the third nucleotide; this sometimes permits DNA to mutate without altering the amino acid sequence of the proteins encoded by the DNA. Therefore, it's possible that degeneracy is a protective device that maintains the constancy of the code.

Chart 22.1 Number of Bases in Code

Number of Bases in Code	Number of Amino Acids Coded for
1	4
2	16
3	64

Chart 22.2 Three-Letter Condons of Messenger RNA, and the Amino Acids Specified by the Codons

AAU AAC	Asparagine	CAU CAC	Histidine	GAU GAC	Aspartic acid	UAU UAC	Tyrosine
AAA AAG	Lysine	CAA CAG	Glutamine	GAA GAG	Glutamic acid	UAA UAG	(Terminator)*
ACU ACC ACA ACG	Threonine	CCU CCC CCA CCG	Proline	GCU GCC GCA GCG	Alanine	UCU UCC UCA UCG	Serine
AGU AGC	Serine	CGU CGC	Arginine	GGU GGC	Glycine	UGU UGC	Cysteine
AGA AGG	Arginine	CGA CGG		GGA GGG		UGA UGG	(Terminator)* Tryptophan
AUU AUC AUA	Isoleucine	CUU CUC CUA	Leucine	GUU GUC GUA	Valine	UUU UUC	Phenylalanine
AUG	Methionine	CUG		GUG		UUA UUG	Leucine

*Terminating codons signal the end of the formation of a polypeptide chain.

From Volpe, E. Peter, *Man, Nature, & Society*, 2d ed., © 1975, 1979 Wm. C. Brown Company Publishers, Dubuque, Iowa. Reprinted by permission.

The Genetic Code is Universal Research indicates that the code is essentially universal. The same codons stand for the same amino acids in all living things, including bacteria, plants, and animals. This illustrates the remarkable biochemical unity of living things and suggests that all living things have a common evolutionary ancestor.

Transcription

Messenger RNA

The transfer of information from DNA to messenger RNA has been called transcription. The process of transcription allows the formation of a mRNA that contains a sequence of bases complementary to DNA. A segment of the DNA helix unravels; complementary RNA nucleotides pair with DNA nucleotides of one of the strands. When these RNA nucleotides are joined together, the resulting mRNA molecule carries a sequence of bases that are triplet codons complementary to the DNA triplet code (fig. 22.7).

The mRNA strand then passes from the cell nucleus into the cytoplasm, carrying the transcribed DNA code.

Translation

During translation, the sequence of codons in mRNA dictates the order of amino acids in a polypeptide. Translation requires the involvement of two other types of RNA: ribosomal RNA (rRNA) and transfer RNA (tRNA).

Ribosomal RNA

Ribosomal RNA is sometimes called structural RNA because it was formerly believed that the ribosomes were like an inert workbench on which the amino acids were assembled. High-energy utilization by ribosomes, however, suggests that the ribosomes probably play an important role in coordinating protein synthesis.

Ribosomes (fig. 2.8c) are composed of two subunits each with characteristic RNA and protein molecules. The rRNA molecules are transcribed from DNA in the region of the nucleolus; the proteins are manufactured in the cytoplasm but then migrate to the nucleolus where the ribosome subunits are assembled before they migrate into the cytoplasm.

Figure 22.7
Transcription. When mRNA forms, the codons are complementary to the triplet code.

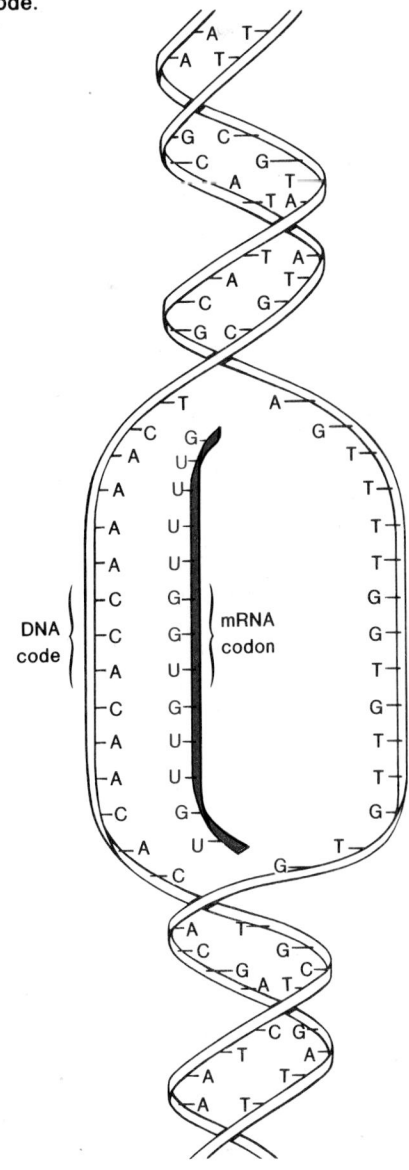

Figure 22.8

Translation. During translation, a polypeptide chain is synthesized, as tRNA molecules bring amino acid molecules to the ribosome. When a ribosome moves (in this case to the right) the chain is passed to a newly arrived tRNA-amino acid complex. Following this, the freed tRNA departs. The enlargement shows that anticodons are complementary to codons.

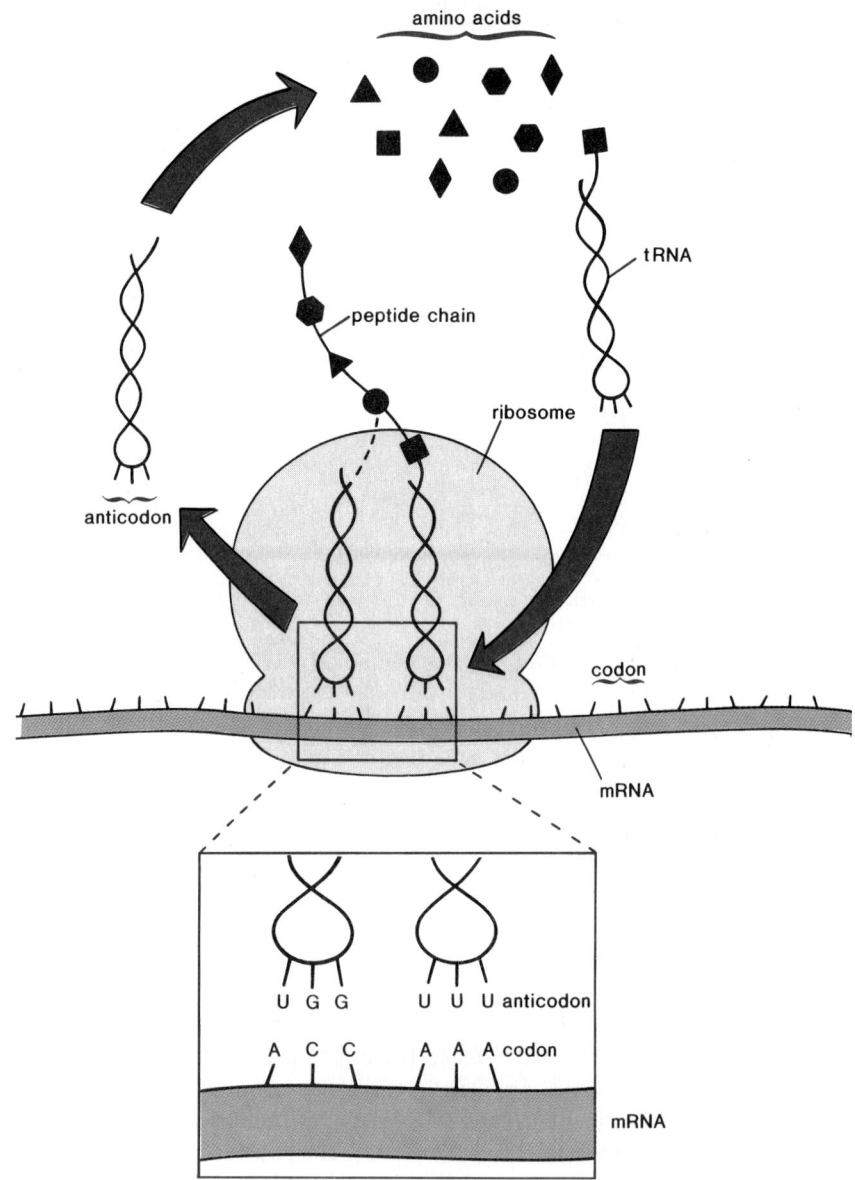

Transfer RNA

Located in the cytoplasm are small molecules of tRNA, each of which transfers a particular amino acid from the cytoplasm to a ribosome. The molecules of tRNA are shaped in such a way that one end bears a specific **anticodon** complementary to an mRNA codon and the other end bears one of the twenty amino acids. (Each tRNA molecule is transcribed from DNA and, then, due to intramolecular binding of complementary bases, the anticodon is exposed.)

Since the DNA code is degenerate, there may be more than one type of tRNA molecules for each amino acid. Only this amino acid must be attached because the order in which the tRNA-amino acid complexes come to the ribosome will determine the sequence of the amino acids in a polypeptide. The making of a protein is accomplished codon by codon.

The Process of Protein Synthesis

Protein synthesis requires three processes: initiation, elongation, and termination. During the **initiation process,** a ribosome becomes attached to a RNA. First, the smaller subunit binds to mRNA and then the larger subunit joins to the smaller subunit, giving a complete ribosomal structure. **Elongation**

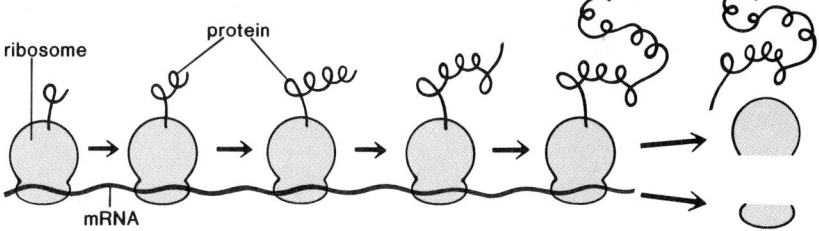

a.

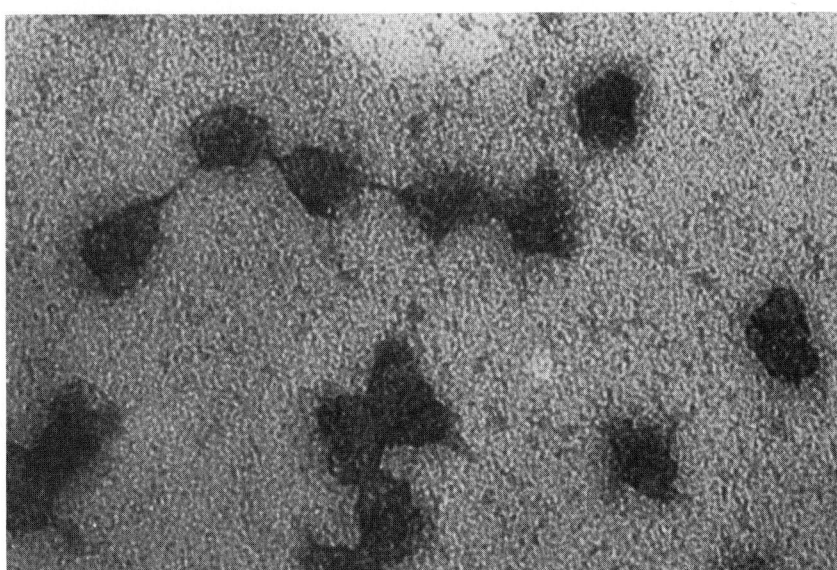

b.

occurs as the polypeptide chain grows in length. Figure 22.8 shows the process of elongation some time after initiation. A ribosome is large enough to accommodate two codons; at one codon, a tRNA is just about to leave and, at the other, a tRNA-amino acid complex has just arrived. The bond holding the chain to the previous tRNA molecule is enzymatically broken and the chain immediately becomes attached by a peptide bond to the newly arrived amino acid. The ribosome then moves laterally so that the next mRNA codon becomes available to receive the next tRNA-amino acid complex. In this manner, the peptide chain grows and the primary structure of a protein comes about. The secondary and tertiary structures occur after termination, as the predetermined sequence of amino acids within the polypeptide chain interact with one another.

Termination of protein synthesis occurs at a specific nucleotide sequence on the RNA where the last tRNA and completed polypeptide are liberated from the ribosomal complex. The ribosome dissociates into its two subunits and falls off the messenger. Several ribosomes, collectively called a **polysome,** may move along one mRNA at a time; therefore, several of the same type proteins may be synthesized at once (fig. 22.9). After the last ribosome has dropped off, mRNA disintegrates.

Chart 22.3 Steps in Protein Synthesis

Name of Molecule	Special Significance	Definition
DNA	Code	Sequence of nitrogen bases in threes
mRNA	Codon	Complementary sequence of nitrogen bases in threes
tRNA	Anticodon	Sequence of three bases complementary to codon
Amino acids	Building blocks	Transported to ribosomes by tRNAs
Protein	Enzyme	Amino acids joined in a predetermined order

Overview of Protein Synthesis

The following list, along with chart 22.3, provides a brief summary of the steps involved in protein synthesis.

1. DNA, which always remains in the nucleus, contains a series of bases that serve as a *triplet code* (every three bases codes for an amino acid).
2. During transcription, one strand of DNA serves as a template for the formation of messenger RNA (mRNA), which contains *triplet codons* (sequences of three bases complementary to DNA code).
3. Messenger RNA goes into the cytoplasm and becomes associated with the *ribosomes*, which are composed of ribosomal RNA (rRNA) and proteins.
4. Transfer RNA (tRNA) molecules, each of which is bonded to a particular amino acid, have *anticodons* that pair complementarily to the codons in mRNA.
5. As the ribosome moves along mRNA, a newly arrived tRNA-amino acid complex receives the growing polypeptide chain from a tRNA molecule, which then leaves to pick up another amino acid. During translation, therefore, the linear sequence of codons determines the order in which the tRNA molecules arrive at the ribosomes and thus determines the *primary structure* of a protein (i.e., the order of its amino acids).

The transcription-translation process is illustrated in figure 22.10.

Control of Gene Transcription

Previously we mentioned that differentiation occurs during development of the embryo and fetus (p. 387). Differentiation is possible because, although each cell receives a full complement of genes, only certain ones are active in each cell type. Research with the bacterium *E. coli* has resulted in two models that explain the regulation of gene transcription and, therefore, protein synthesis. These regulatory models have the following components (fig. 22.11):

1. An **operon** is a group of genes, called structural genes, that code for enzymes active in a particular metabolic pathway, such as enzymes 1, 2, 3 in this pathway:

$$A \xrightarrow{\ 1\ } B \xrightarrow{\ 2\ } C \xrightarrow{\ 3\ } D$$

2. An **operator** is a segment of DNA that acts as an on/off switch for transcription of the operon.

3. A **regulatory gene** is a gene that codes for a protein that either (1) immediately combines with the operator preventing transcription or (2) must first join with a metabolite before it combines with the operator. The two models (fig. 23.11) are dependent on whether (1) or (2) controls transcription of a particular operon.

Figure 22.10
Summary of protein synthesis.

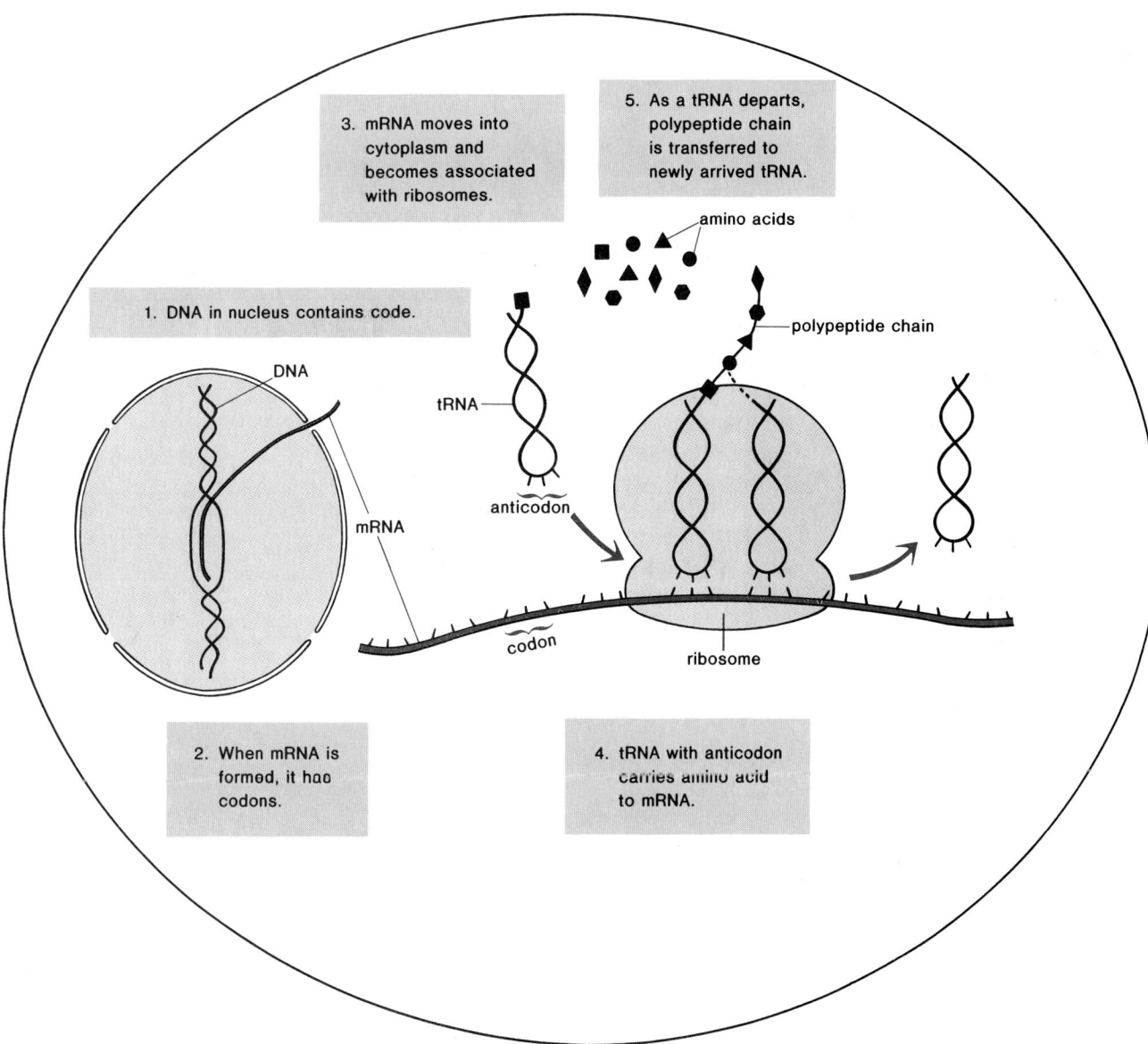

3. mRNA moves into cytoplasm and becomes associated with ribosomes.

5. As a tRNA departs, polypeptide chain is transferred to newly arrived tRNA.

1. DNA in nucleus contains code.

amino acids

DNA

polypeptide chain

tRNA

mRNA

anticodon

codon

ribosome

2. When mRNA is formed, it has codons.

4. tRNA with anticodon carries amino acid to mRNA.

Models of Protein Synthesis Regulation

In figure 22.11*a*, the operon is normally inactive because the regulatory gene codes for a protein, called a **repressor,** that combines with the operator, preventing transcription. The operon becomes active when the repressor joins with an inducer molecule, and the complex is unable to bind with the operator. The **inducer,** named for the fact that it induces protein synthesis, is a metabolite in a metabolic pathway. For example, *A* in the pathway exemplified could be an inducer. In this so-called **inducible operon model,** then, the first metabolite indicates the need for particular enzymes.

In figure 22.11*b,* the operon is normally active because the regulatory gene codes for an inactive repressor that must join with a corepressor before the complex combines with the operator. A **corepressor,** named for the fact that it prevents protein synthesis, is a metabolite in a metabolic pathway. For example, *D* in the pathway exemplified could be a corepressor. In this so-called **repressible operon model,** the end product indicates that particular enzymes are no longer needed.

Figure 22.11

Regulation of protein synthesis models.
a. Inducible model. The regulatory gene
codes for a repressor that either combines
with the operator, preventing transcription
of an operon, or combines with an inducer.
Thus when an inducer is present
transcription occurs. b. Repressible model.
The regulator codes for an inactive
repressor that must join with a corepressor
before it can combine with the operator,
preventing transcription of the operon. Thus,
when the corepressor is not present
transcription occurs.

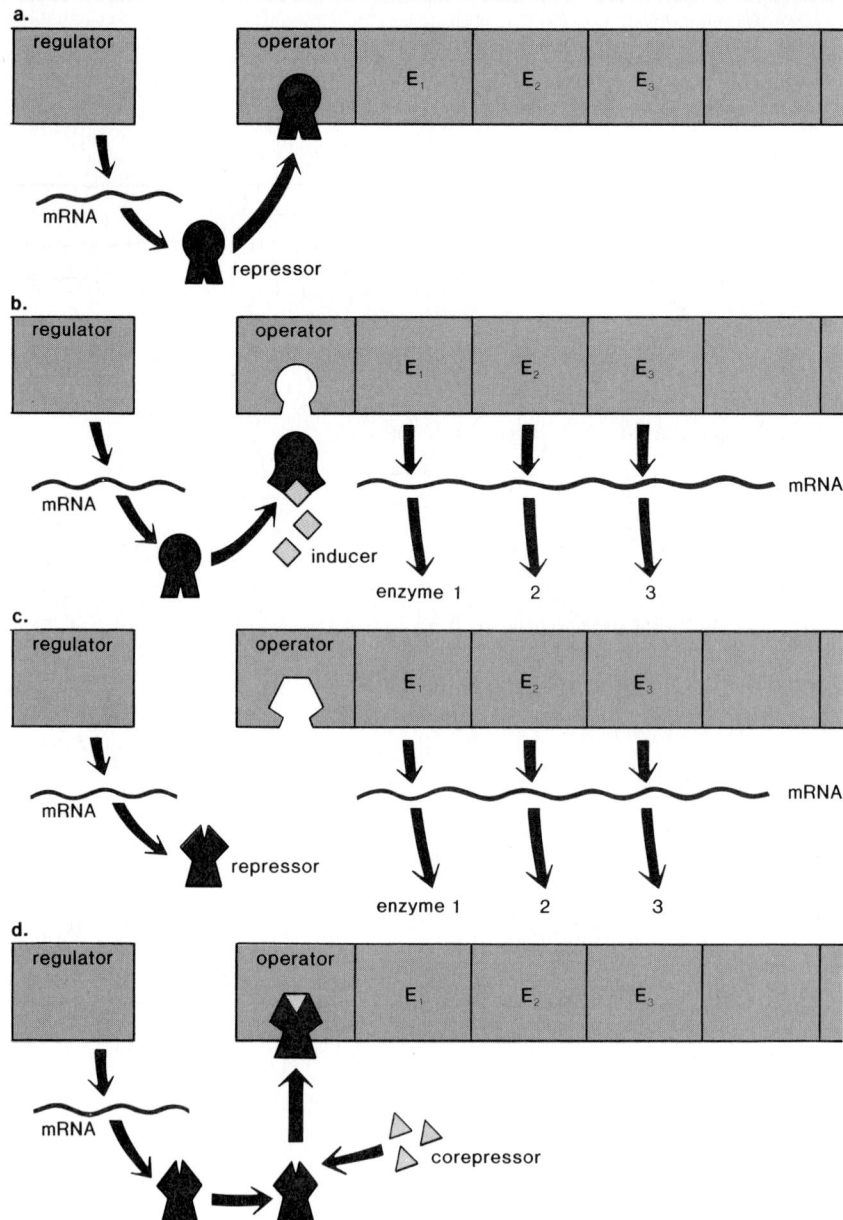

Chart 22.4 Participants in Regulatory Models

Participants	Action
Operon	Genes that code for enzymes in a metabolic pathway
Operator	An on/off switch for transcription of operon
Regulatory gene	A gene that codes for a repressor
Inducer	A metabolite that inactivates a repressor
Corepressor	A metabolite that activates a repressor

Notice that the inducible model accounts for the fact that some structural genes are normally inactive and the repressible model accounts for the fact that some structural genes are normally active. Thus, to regulate protein synthesis, some genes must be turned on while others must be turned off.

Although it is expected that regulation in eucaryotic cells, such as human cells, is not identical to the procaryotic model, which is based on bacterial research, the concept of regulatory genes is extremely important. Mutations of regulatory genes most likely lead to dramatic phenotypic results since many structural genes are affected. It is possible that mutations of regulatory genes can (1) help account for the evolution of new species, (2) cause many human genetic diseases, and (3) be a significant factor in the development of cancer. Consequently, much cell research is being done in the area of control of gene transcription by regulatory genes.

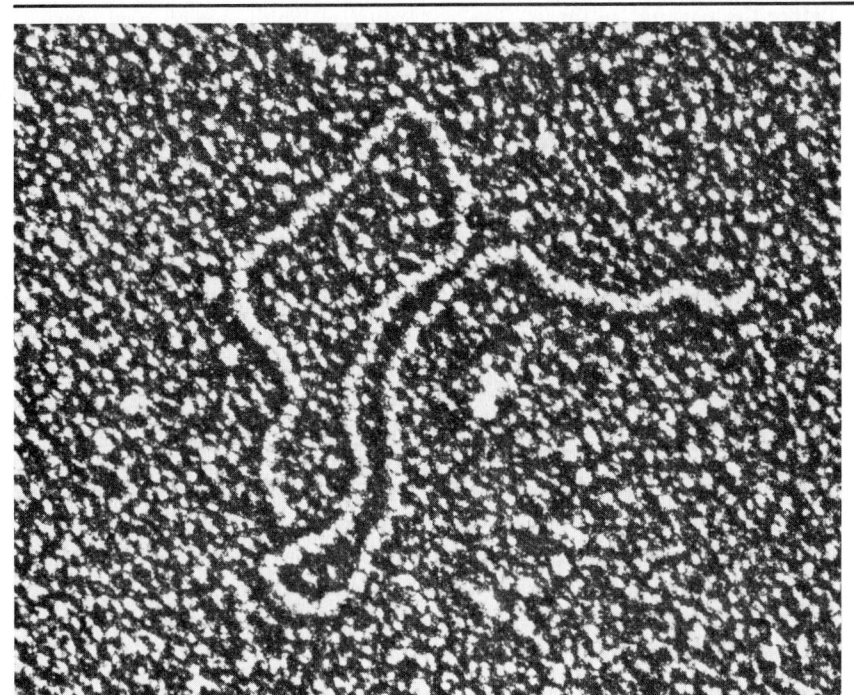

Genetic Engineering

Genetic engineering refers to laboratory procedures and research involving genes, including human genes. Both in vitro and in vivo experiments are commonplace in genetic research. *In vitro* means that cell parts and molecules are studied in a test tube, while *in vivo* means that living organisms participate in the experiments. The following procedures are common in experiments involving both procaryotic DNA and eucaryotic DNA (including human DNA).

1. Isolation of a gene; that is removal of a particular portion of DNA (fig. 22.12) from a cell.

2. Determination of the sequence of nucleotides in a gene.

3. Manufacture of a gene; that is joining nucleotides together in the proper sequence.

4. Placement of an isolated or synthetic gene in another cell where it undergoes replication and directs protein synthesis.

Recently, a new technique called microinjection has even permitted genes to be introduced into mouse egg cells before the cells are transferred to the wombs of mice so that development might proceed. This experiment is discussed in the reading on page 452 which also discusses other procedures of DNA research. To date, genes have most often been placed in the bacterium *E. coli*. These experiments have come to be known as recombinant DNA experiments.

Recombinant DNA Experiments

Certain bacteria, such as **E. coli,** contain extrachromosomal DNA found in rings called **plasmids.** These plasmids can be extracted from the bacteria and then enzymatically sliced into fragments. After this has been done, DNA taken from other cells or synthetic DNA can be attached to these fragments

Figure 22.13
During recombinant DNA experimentation,
(a) plasmid DNA is removed from *E. coli.*
(b) foreign DNA is incorporated into the
plasmid, which is (c) then reintroduced into
the bacteria where it (d) functions and
replicates normally.

a.

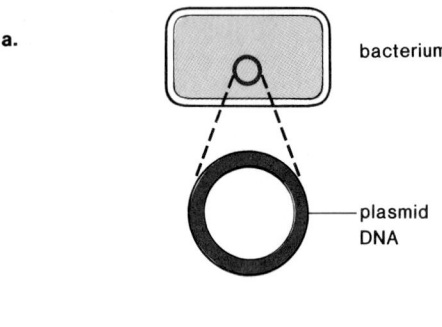

bacterium

plasmid
DNA

b.

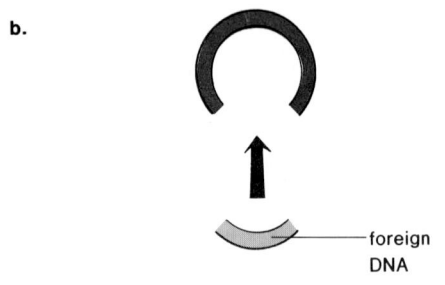

foreign
DNA

c.

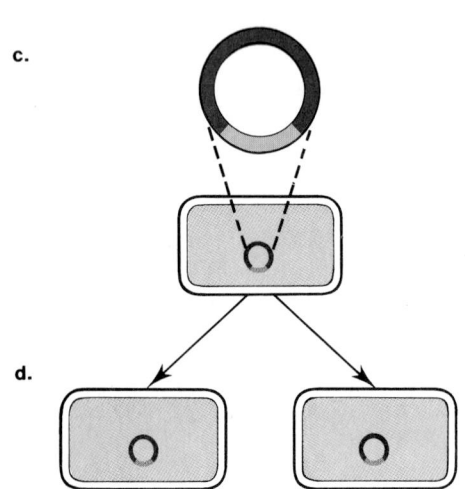

d.

before the plasmid re-forms. The re-formed plasmids, which now carry recombinant DNA, can be taken up by new *E. coli* hosts. In the most successful of these experiments, the foreign genes replicate and function normally within the *E. coli* cells (fig. 22.13).

Recombinant DNA procedures are sometimes referred to as **gene splicing techniques.** The gene that is spliced is said to have been **cloned** because the bacteria make copies of it as they multiply. Numerous proteins have been produced by gene splicing, including the human hormones insulin and growth hormone. Drug companies are hopeful that they will soon be able to make these hormones available to the public for the treatment of diabetes and dwarfism. Because this technique lends itself to mass production, many products are now and many others may also eventually be manufactured in this manner.

A new development has been the introduction of a gene into a bacterium and the transfer of the gene by way of a plasmid to eucaryotic cells, such as those of yeast, plants, and animals. For example, genes from the French bean, a type of green bean, have been introduced into the bacterium *A tumefaciens,* which is used to transfer the gene to sunflower tissue. This new plant tissue called "sunbean" produces the French bean's type of protein. It is hoped that this technique can eventually be used to improve the quality and yield of agricultural plants.

Concerns

Some scientists and lay people have expressed great concern over recombinant DNA experiments, especially those involving *E. coli,* a bacterium that normally lives in the large intestine of humans where it usually causes no harm. Suppose, however, transformed bacteria carrying recombinant DNA were to escape the laboratory and infect an entire populace. Under such circumstances, it is conceivable that a large number of people could become ill or even die. *E. coli* that make insulin might cause nondiabetic individuals to go into insulin shock, for example. For these reasons, scientists have decided that recombinant DNA experiments must be carefully controlled. Scientists, along with officials of the National Institutes of Health, have established guidelines that dictate the conditions under which recombinant DNA experiments may be done.

The emotional furor over plasmid research seems to be due not only to the fact that the research is potentially dangerous but also to the fact that we have now entered an era in which the human genotype can be altered and manipulated by scientists. Some individuals feel that it is unethical to manipulate human genes.

Mutations

Permanent changes in the DNA code are called **mutations.** Mutations usually occur during cell division when DNA is replicated. Mutations may arise spontaneously (due to no known cause) or they may be environmentally induced as discussed in the following. Mutations are of great concern today because they promote genetic diseases and cancer.

Various **chromosomal mutations** are described in chart 22.5. One instance of translocation sometimes causes Down's syndrome. This condition occurs when a tiny piece of chromosome number 21 becomes attached to another chromosome, numbers such as 13, 14, 15, or 22. The inheritance of this chromosome along with two normal number 21 chromosomes means that the person will have Down's syndrome.

Chart 22.5 Chromosomal Mutations

Type	Description	
Normal	Prior to any structural change	
Translocation	Exchange of chromosome pieces between nonhomologous pairs	
Deletion	Loss of a piece of chromosome	
Duplication	More than one copy of the same gene is present	
Inversion	Portion of chromosome breaks loose and rejoins with the ends reversed	

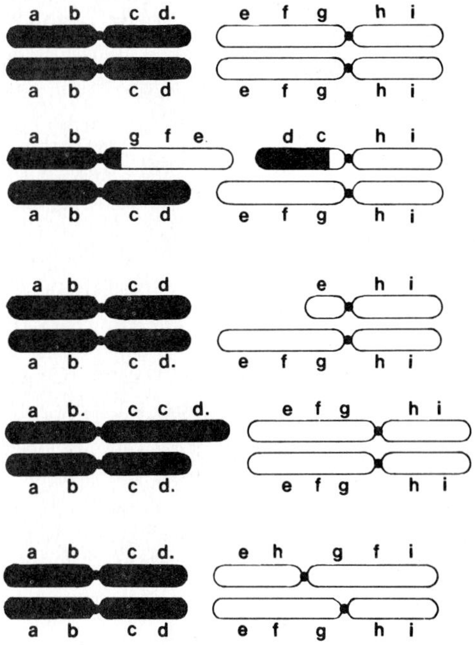

After Tortora, G. J., and Becker, J. S.: *Life Science*. Copyright © 1972 by Macmillian Publishing Co., Inc.

Chart 22.6 Genetic Mutations

Base Change		Result
Normal	TAC'GGC'ATG'TCA	
Deletion	ACG'GCA'TGT'CA	Polypeptide completely altered
Addition	ATA'CGG'CAT'GTC'A	Polypeptide completely altered
Substitution	TAG'GGC'ATG'TCA	Change in only one amino acid

Gene mutations involve one or more nucleotide changes in a single gene. If a single nucleotide base is added or deleted to a segment of DNA, the entire code can be so altered that a nonfunctional polypeptide results. A base substitution usually does not have such dire consequences (chart 22.6). However, it is well known that sickle-cell hemoglobin contains a polypeptide that differs from normal hemoglobin *A* only by the substitution of the amino acid valine for the amino acid glutamic acid (chart 22.2). Recombination is now recognized as another possible source of genetic mutations. Whereas it was formerly believed that recombination occurred only between genes, it is now known to occur within a gene. This type of mutation is believed to be particularly important during antibody production (p. 235).

Environmental Mutagens

An environmental factor that increases the chances of a mutation is a **mutagen.** When a mutagen leads to an increase in the incidence of cancer, it is called a **carcinogen.** There are two broad categories of mutagens: chemical mutagens and radiation.

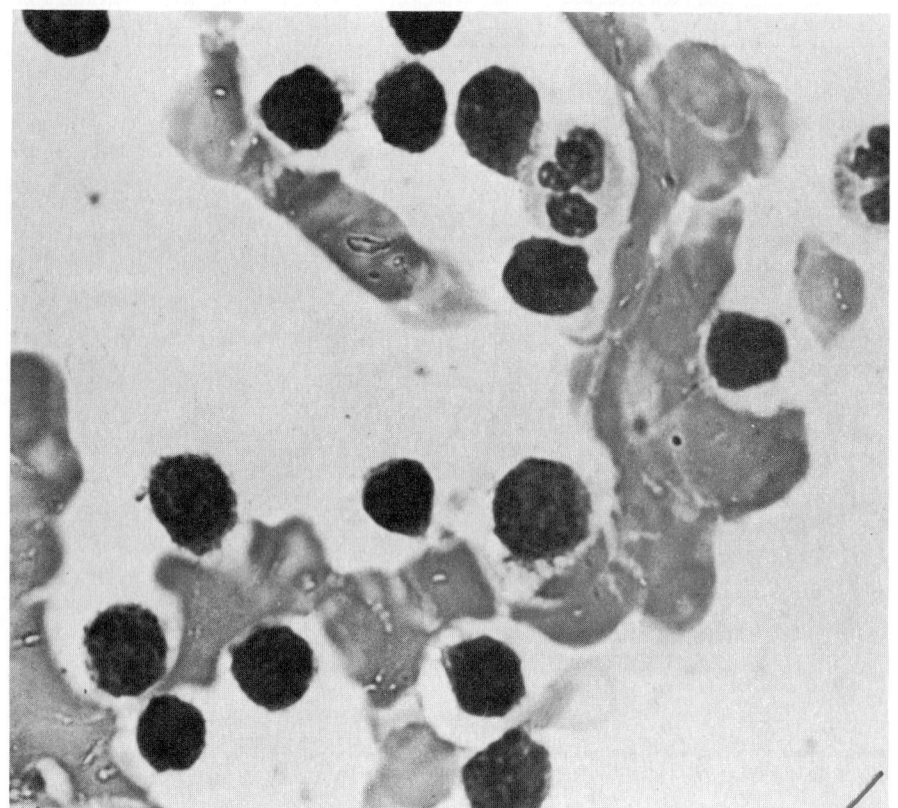

The increased number of leukocytes is evidence of leukemia. Gene manipulation may one day lead to an effective means of combating this disease.

Moving Toward Designer Genes

Since scientists first began manipulating genes, they have been envisioning a brave new world in which diseases from Huntington's chorea to sickle-cell anemia to possibly diabetes could be cured simply by inserting the correct strip of DNA into the body's cells. So far, though, most of the genetic tinkering has been limited to transplanting genes into isolated cells in laboratory dishes or into bacteria.

But the dawn of designer genes is slowly moving closer. Researchers are now extending their experiments to living animals. In April, scientists at the University of California in Los Angeles reported they had inserted into intact adult mice a gene that makes cells resistant to a specific drug. Last week a team of Yale University scientists announced they had altered an animal's hereditary makeup at a more basic level: by injecting foreign genes into a mouse at its earliest stage of development, a fertilized egg.

In the Yale experiment, described by Biologist Francis Ruddle at an international conference on cell biology in West Berlin, he and Colleagues Jon Gordon and George Scangos isolated genes from two viruses and manufactured them in large quantities. Then, guided by a high-powered

Chemicals

Suspected chemical mutagens range from food additives and hallucinogenic drugs to pesticides and manufacturing chemicals. The Food and Drug Administration (FDA) is well known for taking food additives, such as chemical sweeteners, off the market. These additives have been shown to be carcinogenic in laboratory animals, usually mice. In these experiments large quantities of the chemical in question are fed to animals in the hope that this amount is equivalent to minute ingestion by humans over an extended period of time. However, because of the difference in ingestion, the effects may vary for humans and laboratory animals. Also, it may be that results found in experimental animals simply cannot be generalized to include humans. Unfortunately, at this time, no better means of testing for potential carcinogens exists.

The pesticides DDT, dieldrin, and aldrin have been shown to be mutagenic, and their use in the United States is now banned or restricted by the government. However, the number of organic chemicals used in industry is extremely large. Of the 4.3 million chemicals in existence, some 63,000 are thought to be in common use in this country. Some of these are believed to be or have already been found to be carcinogenic. For example, because vinyl chloride (VC), which is used to make plastics, has been found to be carcinogenic, workers are now allowed to be exposed to only 1 ppm (part per million) of vinyl chloride.

microscope and using tubes thinner than hairs, they delicately microinjected 1,000 to 20,000 copies of the genetic material directly into the nuclei of newly fertilized mouse eggs kept alive in laboratory dishes. The eggs were then carefully transferred to the wombs of female mice and eventually the foster mothers gave birth to 150 infants. The newborns were promptly killed, and the DNA was extracted from their tissues for study. Portions of the viral genes were found in two of the mice. Presumably the genes had been present in every cell of those animals.

While the experiment offers the possibility that by changing the genetic material in the human egg, doctors may one day be able to eliminate a host of inherited diseases—including hemophilia, Tay-Sachs disease and phenylketonuria, a metabolic disorder that may result in brain damage—many basic questions must first be answered. For example, will the transplanted genes actually work as they are supposed to or will they be modified or inactivated by the animal's own genetic machinery? Will the foreign genes free-float in the cells or will they latch on to the other genes arranged along the chromosomes? Will genes that normally are switched on only in specific types of cells function in the same way when they have been introduced into other types of cells through genetic engineering? Finally, will transplanted genes be inherited by the animal's descendants?

Last spring's U.C.L.A. development has prompted similar questions, but the medical payoff from it may come a bit sooner. In that experiment, a team of scientists led by Martin Cline and Winston Salser isolated genes that help produce an enzyme resistant to methotrexate, a drug used to treat cancer. The researchers added the genes to cell cultures of mouse bone marrow. The cells that picked up the foreign material, along with cells that had been incubated with genes that do not confer resistance, were then injected into mice whose own bone marrow had been destroyed. To see if the drug-resistance genes were working, the animals were given methotrexate. Tests after two months showed that cells that carried the resistance genes made up most of the bone marrow.

The U.C.L.A. findings may eventually help patients undergoing cancer chemotherapy. Methotrexate, used to treat leukemia and other cancers, is like most antitumor drugs: potent but harsh. It indiscriminately destroys rapidly proliferating cells, malignant and healthy alike. Among the healthy ones are those of bone marrow, which produce blood cells. The damage that methotrexate does to bone marrow effectively limits how much of it can be given to patients. Making the cells resistant to the drug's assault might give patients the ability to withstand more intensive therapy.

Researchers also speculate that doctors might use the technique to correct blood diseases that result from defects in single genes, including sickle-cell anemia and thalassemia. The therapeutic gene could be transferred into bone marrow cells along with a gene for drug resistance. Exposure to the drug would kill off marrow that produces defective blood cells and allow a population of "cured" cells to take over.

As more experiments with living animals get under way, the longstanding debate over genetic engineering's ethical implications and potential dangers is sure to intensify. Some scientists, like Rockefeller University's Norton Zinder, maintain that experimentation with humans is still a long way off and the concern is thus premature: "No one's going to diddle with human embryos in a time frame we can understand. Maybe in a thousand years." Others are not so sure. Notes Harvard's Jonathan Beckwith: "What's happened in this field is a series of advances. When each happens, most people go around saying. 'The idea of genetically engineering embryos is so far off.' And then the next advance occurs. We may be moving faster than we think."

Since 1970 there has been a series of legislative acts designed to set limits for various types of chemicals, including organic chemicals in the air, water, food, and workplace. The recent Resource Conservation and Recovery Act seeks to control land pollution and the groundwater beneath it. Whereas chemical companies previously found it convenient to dispose of waste chemicals by land dumping, this is no longer permissible. So-called "hazardous wastes" are no longer permitted to freely enter the environment. The Toxic Substance Control Act requires a manufacturer to notify the Environmental Protection Agency (EPA) of its intention to market a new chemical. The manufacturer must supply data on any possible hazards. Thereafter, EPA decides if the new chemical may be manufactured. This new law is a further step to prevent dangerous substances from entering the environment rather than coping with them after they have already entered.

Radiation

Humans are exposed to two types of radiation: natural and manufactured (chart 22.7). Radiation occurs in the form of electromagnetic radiation and radioactive elements. Short electromagnetic waves, such as X rays and gamma

Chart 22.7 Approximate Average, Genetically Significant Dose of Ionizing Radiation from Various Sources

Source of Radiation	Average Dose Per Year (mrem)*
Natural	
Cosmic radiation	28
Earth radiation	26
Ingested natural radiation	28
Manufactured	
Medical radiology	24
Radioactive fallout	5
Consumer products	5
Nuclear power industry	1
Occupational and miscellaneous	2
Total	119

*A mreme of radiation is that absorbed dose that produces in a given tissue the same biological effect as one mrad of X rays. A rad is equivalent to 100 ergs of energy absorbed per gram of tissue.

From Table IV-I of the BEIR (Advisory Committee on the Biological Effects of Ionizing Radiations), 1980, p. 103.

rays, and radiation from radioactive elements, such as iodine 131 and plutonium 210, have the ability to penetrate tissues and cause both somatic and germinal mutations. Longer electromagnetic waves, such as ultraviolet waves and microwaves, do not cause germinal mutations, but they can cause skin cancer and/or burns in susceptible individuals.

Natural radiation is radiation that originates from outer space and from radioactive elements in the ground and atmosphere. This so-called "background" radiation does contribute to the incidence of cancer and genetic disease in humans, but "manufactured" radiation is believed to be an even more important contributor to occurrences of cancer and genetic diseases in humans. Although many people express concern about radiation exposure due to the nuclear power industry, medical diagnostic radiation actually accounts for at least 60 percent of human exposure to manufactured radiation (fig. 22.14). The incidence of cancer has been shown to be higher in groups of individuals who have been exposed to certain types of X-ray treatment. For example, children who received X-ray treatment for swollen tonsils and adenoids during the 1930s, 1940s, and 1950s are now showing a high incidence of thyroid cancer, and deaths from leukemia are higher among children who were exposed to radiation while still in the womb. It has even been suggested that the X-ray methods used to detect cancer of the breast could actually be causing cancer to develop.

The current policy of the EPA is to assume that any level of radiation is potentially dangerous and that the danger increases as the radiation dose increases. Small doses of radiation over a long period of time are probably not as dangerous as large doses within a short period. Even so, the radiation exposure of the United States population could be reduced if (1) repetitive X-ray treatments were eliminated, (2) lead aprons were used to shield areas of the body, especially the pelvis, during X-ray examinations, and (3) radiation equipment, techniques, and the training of personnel were improved.

Germinal Mutations

Germinal mutations occur during the maturation of gametes. Germinal mutations are recognized when the offspring exhibits a genetic disease. It is estimated, for example, that the gene mutation that causes Achondroplastic dwarfism, characterized by disproportionate shortening of the arms and legs, occurs 10 to 70 times per one million gametes. A famous instance of a germinal mutation has been traced to Queen Victoria of England (1819–1901). She most likely received a mutant gene for hemophilia from one of her parents.

Figure 22.14
Patient undergoing X-ray diagnosis.

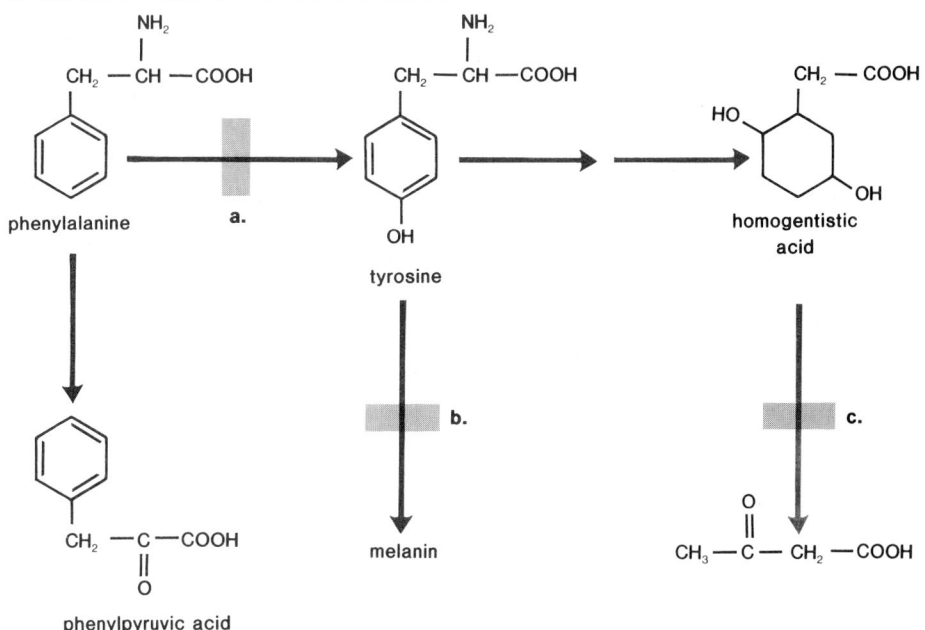

She, in turn, passed the mutant gene along so that one of her sons had hemophilia and two of her daughters were carriers. Through marriage the daughters spread the gene to the royal houses of Europe. Her greatgrandson Alexis, who was the only heir to the Russian throne just prior to the Russian Revolution, had hemophilia.

Germinal mutations often lead to **inborn errors of metabolism** due to the malfunctioning or absence of a particular metabolic enzyme. One metabolic pathway that has been studied in particular is shown in figure 22.15. In this pathway, three genetic diseases are known. In the disease known as *phenylketonuria (PKU)*, phenylpyruvic acid accumulates in the body and spills over into the urine because the enzyme needed to convert phenylalanine to tyrosine is missing. If the condition is not treated, the continued accumulation of phenylpyruvic acid can cause mental retardation. *Albinism* results because tyrosine cannot be converted to melanin, the natural pigment in human skin. The genetic disease alkaptonuria results if the enzyme needed to metabolize homogentistic acid is missing.

Figure 22.16
The five leading causes of death in the U.S. from 1900 to 1976.

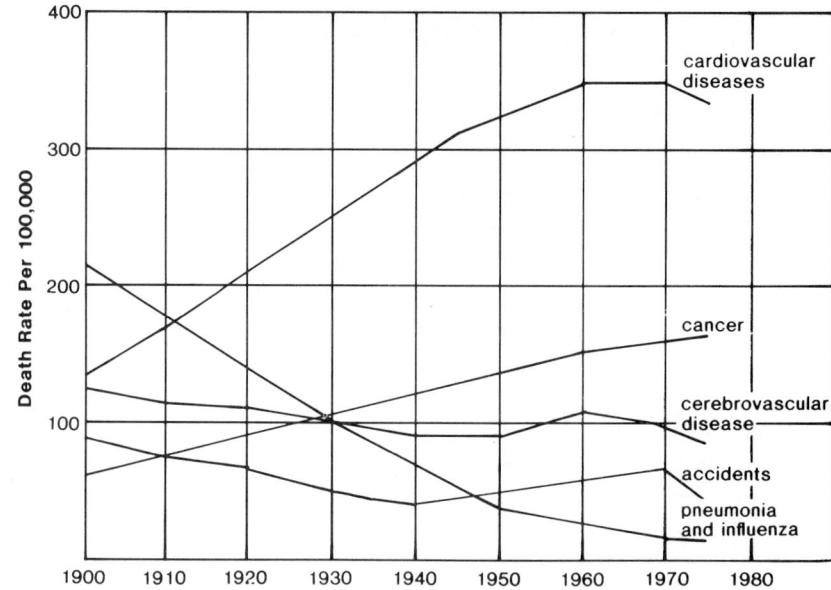

Figure 22.16
The five leading causes of death in the U.S. from 1900 to 1976.

Figure 22.17
a. Normal growth and repair. b. During the development of cancer, abnormal cells proliferate in a manner similar to that shown.

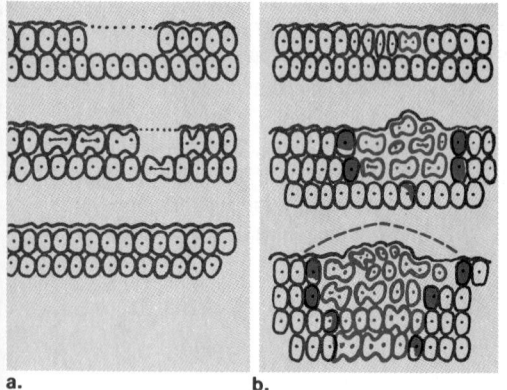

a.   b.

Some defects associated with other metabolic pathways are, *galactosemia*, which is caused by the lack of an enzyme to convert galactose to glucose, and *Tay-Sachs*, which is due to the inability to metabolize lipids properly.

Somatic Mutations

Somatic mutations are mutations that affect the individual's body cells. We are most familiar with the somatic mutations that accompany cancer. Cancer is now second to heart and circulatory disease as a cause of death in the U.S. (fig. 22.16). The increase in percentage of deaths attributed to cancer may be due to the fact that many other diseases, particularly infectious diseases, have been brought under control; and, also, since the chance of developing cancer increases as the individual matures, it may be due to the fact that people live longer today.

Ordinarily, cells grow in an orderly fashion and cease growing when they contact one another. The uncontrolled growth of cancer (fig. 22.17) may be associated with the fact that cancer cells lack the normal glycolipid and glycoprotein constituents of the cell membrane (fig. 3.1).

Cancer usually begins in epithelial cells that line organs because these cells ordinarily divide more frequently than other cells. Figure 22.18 lists the incidence of cancer by site and sex. Cancerous cells do not contribute to the functioning of an organ; instead, they only produce more cancer cells. During the time that cancer remains at the site of origin (**in situ**), it is usually curable; but eventually cancer cells may invade underlying tissues, become detached, and be carried by the lymphatic and circulatory systems to other parts of the body where new cancer growth may begin. The process by which cancer spreads to other parts of the body is called **metastasis,** when this occurs, the cancer may spread throughout the body and is then usually considered incurable by current methods of treatment. This is the rationale for early detection and treatment of cancer.

The American Cancer Society has publicized seven danger signals for cancer; these are listed in chart 22.8. Any person who notices one of these signals should consult a physician promptly.

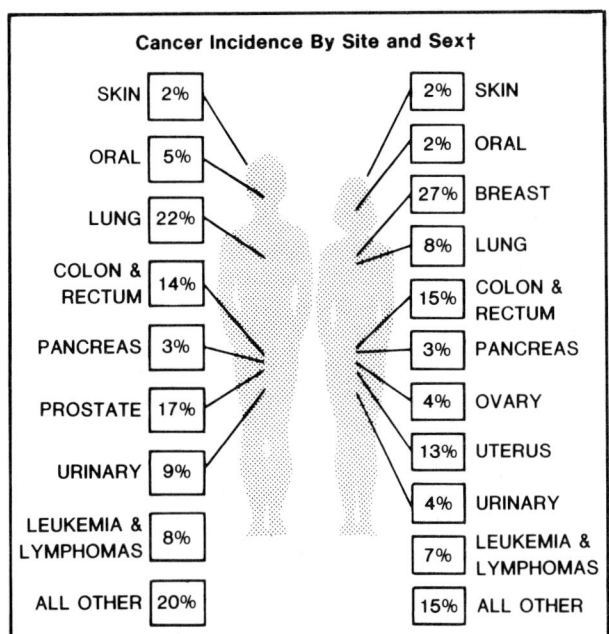

Cancer Incidence By Site and Sex†

	Male		Female	
SKIN	2%	2%	SKIN	
ORAL	5%	2%	ORAL	
		27%	BREAST	
LUNG	22%	8%	LUNG	
COLON & RECTUM	14%	15%	COLON & RECTUM	
PANCREAS	3%	3%	PANCREAS	
PROSTATE	17%	4%	OVARY	
		13%	UTERUS	
URINARY	9%	4%	URINARY	
LEUKEMIA & LYMPHOMAS	8%	7%	LEUKEMIA & LYMPHOMAS	
ALL OTHER	20%	15%	ALL OTHER	

†Excluding non-melanoma skin cancer and carcinoma in situ.

Figure 22.18
Cancer incidence (estimates for 1981).

Causes Not everyone exposed to mutagenic agents develops cancer. Therefore, in addition to these extrinsic factors, there must be certain *intrinsic factors* that influence a person's susceptibility. Laboratory experiments suggest that sometimes viral genomes (DNA) recombine with human DNA, altering the DNA code in such a way that cancer later develops. The presence or absence of hormones may also be a factor; for example, women are more susceptible to breast cancer following menopause. A failure of the immune system must also be considered. T cells usually recognize and destroy abnormal cells, but in the case of some cancer cells they fail to do so.

Treatment There are three basic ways to treat cancer: surgery, irradiation, and chemotherapy. If surgery is performed early enough, the cancerous growth can sometimes be completely removed. If metastasis has begun, X-ray therapy or chemotherapy may be called for. Rapidly dividing cells can be selectively destroyed by X-radiation and certain chemicals. This is the rationale for X-ray therapy and chemotherapy as a form of cancer treatment. Even so, normal cells are often affected and this accounts for the symptoms that often accompany this type of therapy.

Chart 22.8 Danger Signals for Cancer

1. Unusual bleeding or discharge
2. A lump or thickening in the breast or elsewhere
3. A sore that does not heal
4. Change in bowel or bladder habits
5. Persistent hoarseness or cough
6. Persistent indigestion or difficulty in swallowing
7. Change in a wart or mole

Summary

The study of nucleic acid chemistry has made it possible in this century to suggest the manner in which the genetic material (DNA) controls the phenotype. Both DNA and RNA are nucleic acids, but they differ in several respects (chart 22.9).

The genetic material must be capable of replicating in order that each and every cell receive a complete copy of all the genes. In replication, double-stranded DNA is believed to become "unzipped," and a complementary strand forms opposite to each original strand. This is called semiconservative replication. One copy goes to each daughter cell during cell division.

Chart 22.9 Comparison of DNA and RNA

	DNA	RNA
Function	Genes; controls protein synthesis	Helper to DNA; involved in protein synthesis
Sugar	Deoxyribose	Ribose
Bases	Adenine, guanine, thymine, cytosine	Adenine, guanine, uracil, cytosine
Strands	Double-stranded with base pairing	Single-stranded
Helix	Yes	No

DNA controls the phenotype because it controls protein metabolism. (Actually, a gene is defined as that portion of DNA that codes for a polypeptide.) DNA, which always stays within the nucleus, is believed to contain a triplet genetic code: a series of three bases codes for one particular amino acid. Messenger RNA is made complementary to one of the DNA strands. It moves to the cytoplasm and becomes associated with the ribosomes. Here the transfer RNA molecules, attached to their own particular amino acid, travel to the messenger RNA, and through complementary base pairing, the transfer RNAs and thus the amino acids in a polypeptide chain become sequenced in a predetermined order.

Some structural genes are normally inactive and some are normally active. Bacterial research has permitted the development of two models for the control of gene transcription. In one model, a regulatory gene codes for a repressor that binds with an operator gene in such a way that transcription of an operon is normally impossible. When this repressor joins with an inducer, however, the complex cannot bind with the operator and therefore operon transcription begins. In the other model, the regulatory gene codes for a repressor that must join with a corepressor before the complex can bind with the operator. Therefore, in this instance transcription is normally possible.

Recent advances have made it possible to manipulate genes in various ways. They can be isolated from cells or even manufactured in the laboratory. Recombinant DNA techniques allow eucaryotic DNA to be placed in the bacterium *E. coli* where it sometimes replicates and functions normally. A new technique of microinjection also allows DNA to be placed into eucaryotic cells after which it sometimes recombines with the rest of the DNA in the nucleus. There is great hope that genetic engineering will help treat and cure genetic diseases and cancer, but even so some persons consider manipulation of human genes to be dangerous and unethical.

Both chromosomal and genetic mutations occur most often during cell division when DNA replicates. Radiation and certain chemicals are now known to be mutagens and carcinogens. A great effort is being made by concerned citizens and the government to protect the populace from these agents. Germinal mutations sometimes cause genetic diseases such as the ones discussed in chapter 21. Most often they are due to a nonfunctional enzyme. Somatic mutations sometimes cause cancer. Viruses, hormones, and failure of the immune system are also factors that are sometimes involved in the development of cancer.

Study Questions

1. What three molecules make up a nucleotide? How do the nucleotides in DNA differ from those in RNA? (p. 440)
2. Describe three levels of DNA structure. (p. 441)
3. Explain how DNA replicates. (p. 441)
4. List the five steps involved in protein synthesis. (p. 446)
5. If the code is TTA'TGC'TCC'TAA, what are the codons and what is the sequence of amino acids? (p. 443)
6. Define operon, operator, and regulatory gene. Give the two models for control of gene transcription. (pp. 446–48)
7. You are a scientist who has decided to "clone a gene." Tell precisely how you would proceed. (p. 450)
8. Name four types of chromosomal mutations and give examples. (p. 450)
9. Show how a deletion or addition of a nucleotide can affect the code given in number 5 and the resulting polypeptide. (p. 451)
10. What are the two main categories of mutagens? What source of radiation poses the greatest threat to human health? (p. 454)
11. Name two "inborn errors of metabolism" and state the specific defect that causes them. (p. 455)
12. Not everyone exposed to mutagens develops cancer. Give some possible reasons for this. (p. 457)

Further Readings

Brady, R. O. 1973. Hereditary fat-metabolism diseases. *Scientific American* 229(2):88.

Freifelder, D., ed. 1978. *Recombinant DNA: Readings from* Scientific American. San Francisco: W. H. Freeman.

Gilbert, W., and Villa-Komaroff, L. 1980. Useful proteins from recombinant bacteria. *Scientific American* 242(4):74.

Maniatis, R., and Ptashe, M. 1976. A DNA operator-repressor system. *Scientific American* 234(1):64.

Nicolson, G. L. 1979. Cancer metastasis. *Scientific American* 240(3):66.

Rich, A., and Kim, S. H. 1978. The three-dimensional structure of transfer RNA. *Scientific American* 238(1):52.

Stein, G. S., Stein, J. S., and Kleinsmith, L. J. 1975. Chromosomal proteins and gene regulation. *Scientific American* 232(2):46.

Watson, J. D. 1976. *Molecular biology of the gene*. 3rd ed. Menlo Park, Calif.: Benjamin.

5

evolution and diversity

Evolution depends on the retention of genetic changes which have been tested by the environment. This process termed natural selection results in adaptation to both the abiotic and biotic environment. Because the environment is varied, life is varied.

A gradual increase in chemical complexity produced the first cell(s) and this (these) evolved into all the forms of life we see about us. Speciation, the evolution of new species, along with extinction can explain the history of life. Taxonomists try to classify living things according to their evolutionary relationship; therefore, when we study taxonomy we are also studying evolutionary history. This text recognizes four kingdoms: Monera (bacteria and blue-green algae), Protista (fungi, protozoans, and other algae), Plants, and Animals.

Humans are primates, animals adapted to living in trees. They share a common ancestor with apes, some of whom still live in trees. The first manlike ancestor may have left the trees when grasslands replaced trees in Africa. Walking erect could have evolved in association with this change of habitat. Later, tool use and intelligence evolved together, in association with a newly acquired hunting way of life, which had a profound effect on the behavior of humans.

Culture, which began with tool use, soon also included art, science, religion, etc. Unfortunately, twentieth-century culture tends to separate humans from nature and makes them unaware of their natural place in the biosphere.

Chapter Concepts

1. Life evolved from the first cell into all the forms of life now present and extinct.

2. To describe the evolutionary relationship of organisms, they may be placed in various taxonomic categories from kingdom to species, and these groups may be arranged in an evolutionary tree.

3. Evolution, defined as a change in frequency of genes in the gene pool of a population, results in adaptation to the environment as a result of natural selection.

4. Natural selection is brought about by the increased probability of survival and reproduction of the better adapted members of a population, compared with the less well adapted members.

5. New species are believed to arise when portions of a population are at first subjected to geographical isolation that is later followed by reproductive isolation.

6. Species adaptation to a variety of environments explains the diversity of life. Inability of a stabilized gene pool to adapt to a changing environment explains extinction.

23

evolution

Evolution is the process which explains the history and diversity of life. Our knowledge of the history of life, which is depicted in figure 23.1, is based primarily on the fossil record. **Fossils** are the remains or evidence of some organism that lived long ago. Most fossils are formed when an organism is

Figure 23.1
The history of life.

Era	Period	Epoch	Years from Start of Period to Present	
Cenozoic	Quaternary	Recent	10,000	
		Pleistocene (Ice Age)	3 million	
	Tertiary		63 million	
Mesozoic "Age of Reptiles"	Cretaceous		135 million	
	Jurassic		181 million	
	Triassic		230 million	
Paleozoic	Permian		280 million	
	Carboniferous		345 million	
	Devonian		405 million	
	Silurian		425 million	
	Ordovician		500 million	
	Cambrian		600 million	
Proterozoic			1.5 billion	
			2.5 billion	
Archeozoic			4.5 billion	

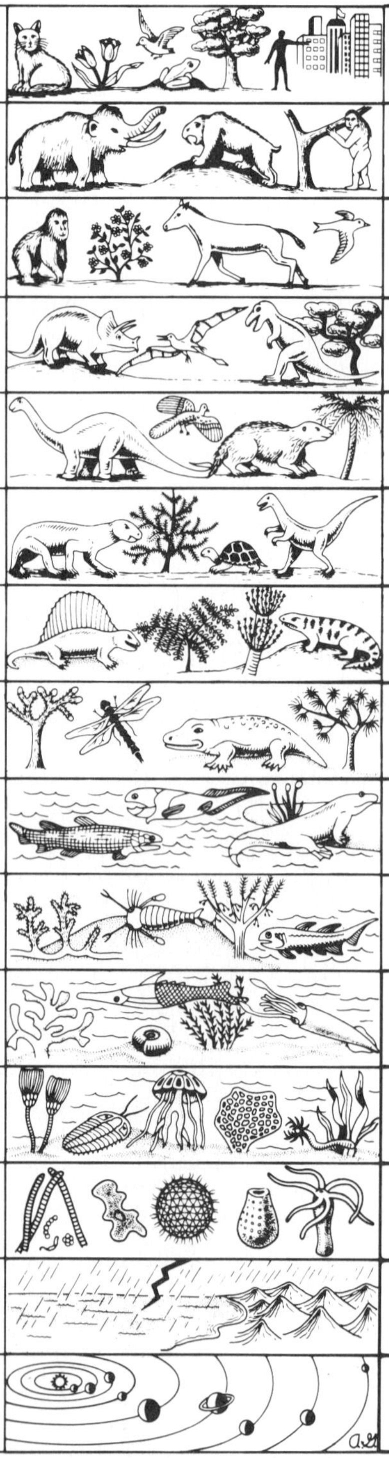

buried in mud or sand before the hard mineralized parts have decayed. A fossil may be the remains of this part, or it may be the impression or mold the part made in the rock developing about it. Sometimes, fossils are formed by a replacement of the original organic material of the organism by a durable mineral, such as silica.

Plant Life	Animal Life
Rise of herbaceous plants	Age of human civilization
Extinction of many species of plants	Great mammals such as wholly mammoth and saber-toothed tiger became extinct First human social life
Dominance of land by angiosperms	Dominance of land by mammals, birds, insects Mammalian radiation First humans
Angiosperms prevalent, gymnosperms decline Trees resembling modern-day maples, oaks, and palms flourish	Dinosaurs reach peak, then become extinct Second great radiation of insects First primates
Gymnosperms such as cycads and conifers still prevalent	Dinosaurs large, specialized, more abundant First mammals appear First birds appear
Dominance of land by gymnosperms and ferns Decline of club mosses and horsetails	First dinosaurs appear Mammallike reptiles evolve
Gymnosperm and angiosperm(?) evolve	Expansion of reptiles Decline of amphibians
Age of great coal forests including club mosses, horsetails, and ferns	"Age of Amphibians" First great radiation of insects First reptiles appear
Expansion of land plants; first forests of club mosses, horsetails, and ferns	"Age of Fishes" First land vertebrates, the amphibians, appear
First vascular plants, modern groups of algae and fungi	First air-breathing land animals, such as land scorpion, appear Rise of fishes
Invasion of land by plants(?)	Diverse marine invertebrates, coral and nautaloid common First vertebrates appear as fish
Marine algae common	Diverse primitive marine invertebrates, trilobrites common Animals with skeletons appear
Multicellular acoelomate and coelomate animals evolve Eucaryotic protists and fungi evolve	
Procaryotes abundant	
Anaerobic and photosynthetic bacteria evolve Formation of earth and rest of solar system	

Chart 23.1 The Classification of Modern Humans

Kingdom	Animalia (animals)
Phylum	Chordata (chordates)
Class	Mammalia (mammals)
Order	Primates (primates)
Suborder	Anthropoidea (anthropoids)
Superfamily	Hominoidea (hominoids)
Family	Hominidae (hominids)
Genus	*Homo* (humans)
Species	*sapiens* (modern humans)

Figure 23.2

The evolutionary tree pattern used in this text. Note that the black areas indicate common ancestors.

Macroevolution

As figure 23.1 shows, there is enough of a fossil record to suggest when the major groups of organisms arose, flourished, and either passed into extinction or evolved into new forms. In many instances, it has been possible to determine the climate of past ages and it is believed that drastic changes in environmental conditions contributed to the extinction and/or further evolution of organisms.

Taxonomy

Biologists believe that all living things evolved from the first cell, and one group of biologists, called taxonomists, specialize in classifying living things according to their evolutionary relationships. The most closely related organisms are placed in the same species. All human races are in the same species. A **species** is a group of organisms with the same structural and functional characteristics, which are capable of interbreeding to produce fertile offspring. Similar species are placed in a **genus**; closely related genera are grouped together into a family; thus, we proceed from **family** to **order** to **class** to **phylum** to **kingdom.** The classification of any particular organism indicates to what kingdom, phylum, class, order, family, genus, and species the organism belongs. (See chart 23.1 for the classification of humans.) According to the **Binomial System** of naming organisms, each organism is given a two-part name, which consists of the genus and species to which it belongs. Thus, for example, a human is *Homo sapiens* and the domesticated cat is *Felis domestica.*

Organisms that are placed in different kingdoms are believed to be the most distantly related to one another. In this book, we will recognize four kingdoms: Monera, Protista, Plants, and Animals.

It is possible to draw an **evolutionary tree** for any category of classification above species. Such a tree tells how various organisms are believed to be related to one another. All evolutionary trees have a branchlike pattern (fig. 23.2), indicating that evolution does not proceed from one organism to another in a steplike manner; rather, evolution proceeds by way of a historical **common ancestor.** No organism, now living, gave rise to another organism, now living. However, it may be that they can both be traced back to a common ancestor. Branching occurs in the tree when an ancestor gives rise to two different types of organisms. For example, reptiles are believed to have produced both birds and mammals.

Data from many sources are used to determine the evolutionary relationship of plants and animals. For example, a study of **comparative anatomy** shows which animals have homologous structures, structures that are descended from the same part of a common ancestor. **Homologous structures** such as a whale front flipper, bat wing, ox and horse front leg, and a human hand and arm (fig. 23.3) show similarities in structure and embryonic development and therefore indicate that the animals in question are closely related through evolution. In contrast to homologous structures, **analogous** ones, such as an insect wing and bird wing, have similar functions but differ in their anatomy and thus evolved independently.

Organisms that have characteristics shared by more than one major group, whether they are alive today or preserved as fossils, are sometimes helpful in deciding taxonomic relationships. Perhaps the most famous example is *Archaeopteryx* (fig. 23.4), an animal whose fossil remains suggest that it was a flying reptile except that it clearly had feathers, and thus it is believed

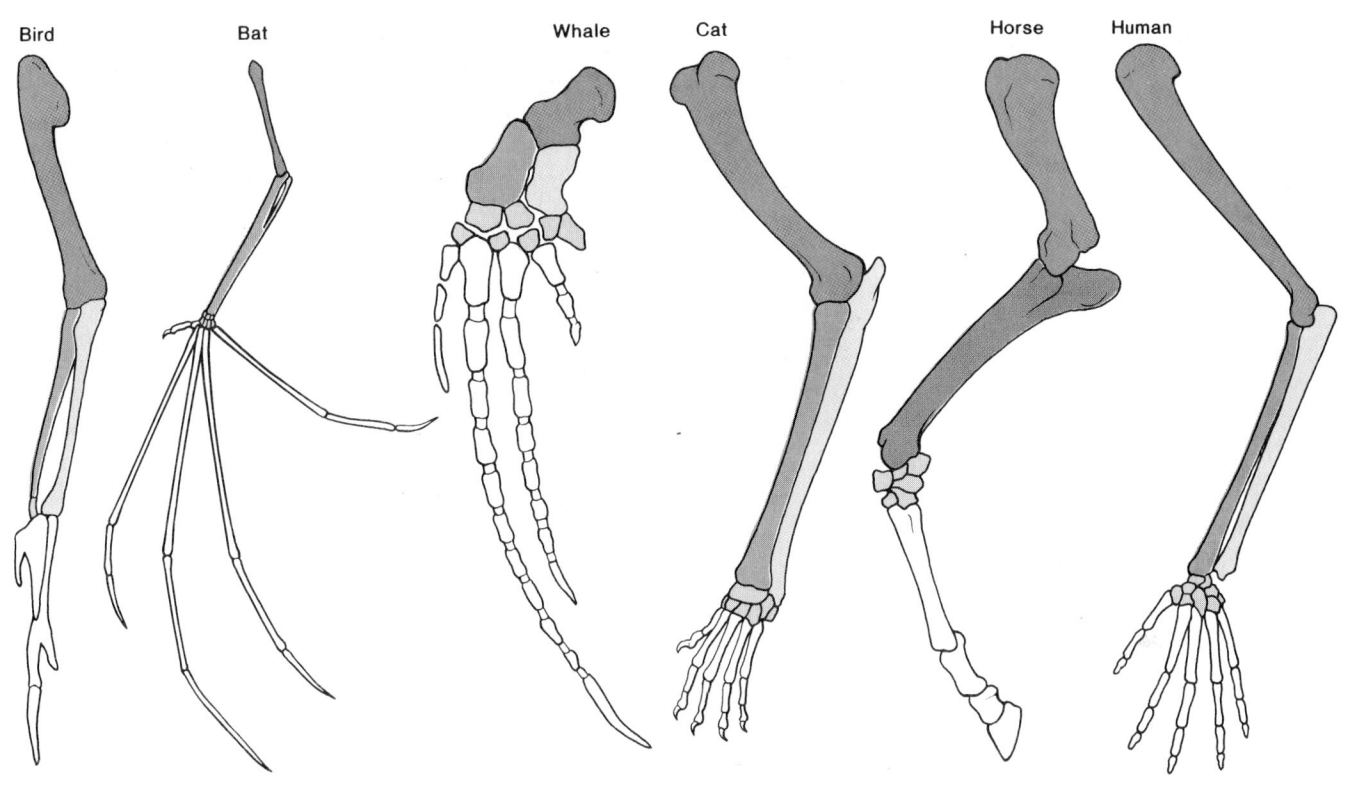

Figure 23.3
Vertebrates share a common ancestor and therefore vertebrate forelimbs are organized similarly. The bones are color coded to indicate homologous structures.

Bird Bat Whale Cat Horse Human

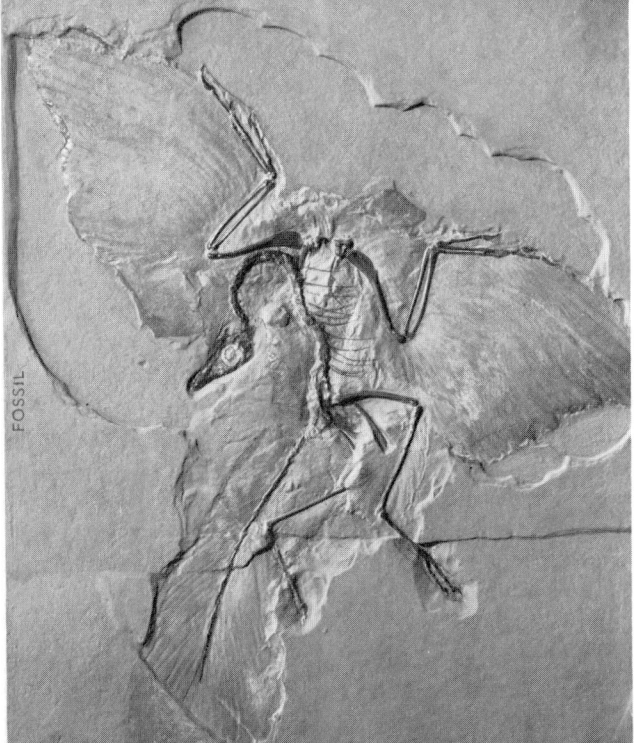

a.

FOSSIL

b.

Figure 23.4
Archaeopteryx had features common to both reptiles and birds. a. Note in the fossil remains the indication of feathers, a birdlike feature, and the long bony tail, a reptilian feature. b. An artist's conception of *Archaeopteryx*.

Figure 23.5
Peripatus has features common to both annelids and the arthropods. It is obviously a segmented animal; its excretory, reproductive, and nervous systems are similar to those of the annelids, while its circulatory and respiratory systems are similar to those of the arthropods.

Figure 23.6
The coelacanth is a living fossil that has evolved minimally from the lobe-finned ancestor of land vertebrates.

to be a link between reptiles and birds. Another example is *Peripatus* (fig. 23.5), a two-inch-long animal that looks like a caterpillar and has characteristics of both the arthropods (insects, crustaceans) and annelids (segmented worms). The ancient fish coelacanth (fig. 23.6), sometimes caught in fishermen's nets off the coast of Malagasy Republic (Madagascar), has features that relate it not only to other fishes but also to amphibians. The first vascular plant may have been a *Psilotum* (fig. 23.7), a living plant that is lacking both leaves and roots and is made up only of stems or branches.

The study of **comparative embryology** contributes to our knowledge of the relationship between organisms because it is a safe assumption that if two organisms develop similarly, they are related even if they look quite different when adults. Embryological evidence (fig. 23.8) suggests that the chordates (the phylum containing the vertebrates) are related to the echinoderms (e.g., starfish).

Comparative behavior can also be used to arrange species into more natural taxonomic groupings. For example, since the innate behavior (p. 629) of fifteen species of gulls is very similar, this strengthens the conclusion that they must have evolved from a common ancestor.

Comparative biochemical evidence is also used to help establish evolutionary relationships. Chlorophyll a and b occur in both the green algae and plants; therefore, the plants are believed to have evolved from this type of algae (p. 524). The actual sequence of amino acids has been worked out for

Figure 23.7
Psilotum is a living fossil that perhaps has evolved minimally from the ancestor that produced the higher plants.

proteins such as hemoglobin and cytochrome C in a number of species. Results show that organisms presumed to be most closely related have quite similar sequences, whereas distantly related ones have many differences. For example, human hemoglobin and cytochrome C are exactly like that of the chimpanzee, but differ slightly from that of the rhesus monkey.

While it is interesting and scientifically rewarding to discover the evolutionary relationships between major groups of organisms, such as will be examined in great detail in chapters 25–28 of this text, the mechanism of evolution is better understood if we turn our attention to the evolution of populations. Since this is evolution in miniature, it is called microevolution.

Microevolution

The study of macroevolution may make it seem as if evolution has produced large changes all at once, but actually **evolution** is believed by many to proceed by way of very small changes in the genetic makeup of a population through a vast period of time.

A **population** is a group of interbreeding individuals living in a particular area. The various alleles and their frequencies constitute the genetic makeup of the population, which is very often referred to as the **gene pool.** If there

Figure 23.8
Similar embryonic stages can be used to show close evolutionary relationships. Note the striking similarity between the larva of the lower chordate (right) and the larva of the starfish (left).

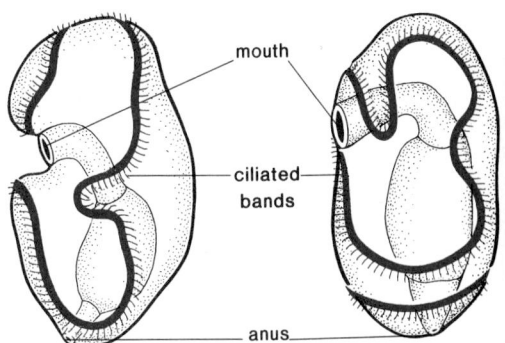

mouth

ciliated bands

anus

Figure 23.9

Normally, (a) the gene pool is constant generation after generation, but (b) if certain gametes are selected for reproduction it does not remain constant.

a. No Selection

First Generation

Genotype	PP	Pp	pp
Frequency	0.64	0.32	0.04

Gametes **without** selection

P=0.8   p=0.2

0.8P 0.2p

	0.8P	0.2p
0.8P	PP 0.64	Pp 0.16
0.2p	pP 0.16	pp 0.04

Second Generation

Genotype	PP	Pp	pp
Frequency	0.64	0.32	0.04

b. Selection

First Generation

Genotype	PP	Pp	pp
Frequency	0.64	0.32	0.04

Gametes **after** selection

p=0.83   p=0.17

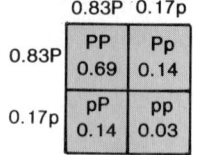

0.83P 0.17p

	0.83P	0.17p
0.83P	PP 0.69	Pp 0.14
0.17p	pP 0.14	pp 0.03

Second Generation

Genotype	PP	Pp	pp
Frequency	0.69	0.28	0.03

were nothing to upset the equilibrium, we would expect the gene pool to remain constant generation after generation. For example, suppose in a human population one-fourth are homozygous dominant for widow's peak, one-half are heterozygous, and one-fourth are homozygous recessive for continuous hairline. What will be the ratio of genotypes in the next generation?

Using the key given in the previous chapter, W = widow's peak and w = continuous hairline, we can describe the population in this manner:

$$\tfrac{1}{4} \, WW + \tfrac{1}{2} \, Ww + \tfrac{1}{4} \, ww$$

Necessarily the homozygous dominant individuals will produce one-fourth of all the gametes of the population, and these gametes will all carry the dominant gene, W; the heterozygotes will produce one-half of all the gametes, but one-fourth will be W and one-fourth will be w; the homozygous recessives will produce one-fourth of all the gametes and they will be w. Therefore, in summary, one-half of the gametes will be W and one-half will be w.

Assuming that all possible gametes have an equal chance to combine with one another, then, as the Punnett Square shows, the next generation will have exactly the same ratio of genotypes as the previous generation:

	$\tfrac{1}{2}\,W$	$\tfrac{1}{2}\,w$
$\tfrac{1}{2}\,W$	$\tfrac{1}{4}\,WW$	$\tfrac{1}{4}\,Ww$
$\tfrac{1}{2}\,w$	$\tfrac{1}{4}\,Ww$	$\tfrac{1}{4}\,ww$

Results:

$$\tfrac{1}{4} \, WW + \tfrac{1}{2} \, Ww + \tfrac{1}{4} \, ww$$

To take another example, let's suppose that 64 percent of the population is homozygous dominant and does not have PKU; 32 percent are heterozygous; and 4 percent are homozygous recessive and have PKU. Figure 23.9a shows that the genetic makeup of the next population will be exactly the same as the parental generation. The same results would be obtained no matter what genes we considered and no matter how many generations were included. This means, of course, that dominant genes do not tend to take the place of recessive genes and that recessive genes do not tend to disappear.

Hardy-Weinberg Law

The gene pool may also be described by means of the quadratic equation:

$$p^2 + 2\,pq + q^2 = 1.00$$

In this case, p and q represent the percentage or frequency of the two genes in the gene pool. Naturally, the percentage of $p + q$ must equal 1.00; p^2 = the percentage of the population that is homozygous dominant and q^2 = the percentage of the population that is homozygous recessive, while 2 pq = the proportion of heterozygous individuals. The real value of this mathematical approach to population genetics is that by observation or inspection it is possible to determine the percentage of individuals who are recessive, and from this it is possible to calculate the other values. For example,

$$
\begin{aligned}
\text{if } q^2 &= .25, & q &= .50 \\
p^2 &= .25, & p &= \underline{.50} \\
2\,pq &= \underline{.50} & & 1.00 \\
& \ \ 1.00
\end{aligned}
$$

Notice that $p + q$ (the percentage for the two genes) must equal 1.00 and also that $p^2 + q^2 + 2\,pq$ (the percentage of the various genotypes) must equal 1.00.

To take still another example, suppose by inspection we determine that 1 percent of the population cannot roll the tongue. What percentage of the population can roll the tongue? Of these, how many are homozygous dominant? How many are heterozygous?

From these data, we know that $q^2 = .01$ and that therefore $q = 0.1$. Since $p + q = 1.0$, then we know that $p = 0.9$ and that therefore p^2 (percentage of population that is homozygous dominant) = .81. To determine the percentage of heterozygotes, we simply realize that thus far we have accounted for only .82 of the population and that therefore .18 = heterozygous. Answer:

Homozygous recessive = 1% } 1% cannot roll the tongue

Homozygous
dominant = 81% } 99% can roll the tongue
Heterozygous = 18%

Theoretically, it would be possible for the gene pool of a population to remain constant generation after generation. In other words, sexual recombination, in and of itself, cannot alter gene frequencies in large populations. But, in fact, the gene pool rarely if ever remains constant and the Hardy-Weinberg law recognizes this when it states: the gene pool stays constant only if (1) the population is large and mating is random, (2) no mutations occur, (3) there is no gene flow, and (4) there is no natural selection. *When the gene pool does not stay constant, then evolution has occurred.*

Evolutionary Process

The evolutionary process depends on individual variations (fig. 23.10). It is readily apparent that the members of a human population vary, but just as humans differ one from the other, so do members of other populations. The daisies on the hill and the earthworms in your backyard are not genotypically or phenotypically the same. Metabolic, structural, and behavioral differences exist between them. The evolutionary process (chart 23.2) requires both the (1) production of genotype and phenotype variations and (2) the reduction of these variations.

Production of Variations

Genetic variations in the gene pool of sexually reproducing diploid organisms have three sources: *mutations, gene flow,* and *recombinations.*

Mutations are the raw material for evolution and the ultimate source of all variations found in natural populations. Many times, observed mutations, such as those that cause human genetic diseases, seem to harm rather than benefit an individual. This may be because members of a population are so adapted (suited) to an environment that only nonbeneficial changes are apparent. Nevertheless recessive nonobserved mutations may be occurring that could be beneficial should the environment change.

In organisms that lack sexual reproduction, such as bacteria, genotype variability is dependent entirely on mutations. This is sufficient because the short generation time of these organisms allows new mutations to be immediately tested by the environment.

Gene flow, which occurs when individuals immigrate and emigrate between populations, brings new genes into the gene pool of each population. The sharing of genes can cause the two populations to become similarly adapted but can also keep each one from becoming very closely adapted to a local environment.

Recombination of genes occurs during meiosis and fertilization. During meiosis, crossing over and independent assortment produces unlike gametes. During fertilization, gamete union also brings about a genotype unlike those of the parents.

Figure 23.10
Individuals of the same species vary from one another.

Chart 23.2 Mechanism of Evolution

Produce Variation	Reduce Variation
Mutations	Genetic Drift
Gene Flow	Natural Selection
Recombination	

Figure 23.11
Diagram illustrating the fact that one gene can affect many characteristics of the individual (pleiotropy) and one characteristic can be controlled by several genes (polygeny).

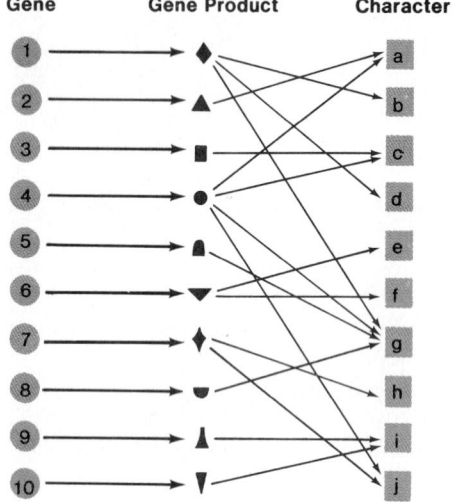

Recombination is an important source of variability in sexually reproducing organisms. It allows different combinations of genes to be tested by the environment. After all, it is the entire genotype, represented by the combination of genes, not an individual gene, that determines whether the individual is suited to the environment. The phrase **unity of the genotype** means that the genotype should be viewed not as a composite of individual genes but as a cohesive whole. Only then is it possible to take into account gene interactions (fig. 23.11), such as pleiotropy (one gene can affect several different characteristics), polygeny (one characteristic can be controlled by several genes) and regulatory genes, which modify the action of other genes.

Reduction in Variations

Genetic drift and *natural selection* both act in such a way that variations in a population is sorted out and reduced. But only natural selection consistently results in adaptation. Adaptations may be structural (land animals breathe by means of lungs), physiological (desert animals make do with metabolic water), or behavioral (some animals forage at night and others forage in the daytime).

Genetic drift, as diagrammed in figure 23.12a, is a reduction in gene pool variation that occurs purely due to chance. It should be visualized as a chance drifting toward certain genes so that others are eliminated. In the diagram, "chance sampling" means that only a few individuals among all the various phenotypes available produce offspring.

Figure 23.12

The genes in the gene pool recombine to give various genotypes, which develop into various phenotypes. a. A chance sampling of these phenotypes can lead to genetic drift. b. Selection of adapted phenotypes can lead to adaptation to the environment. Mutation, gene flow, and recombination are sources of genetic variation with each generation.

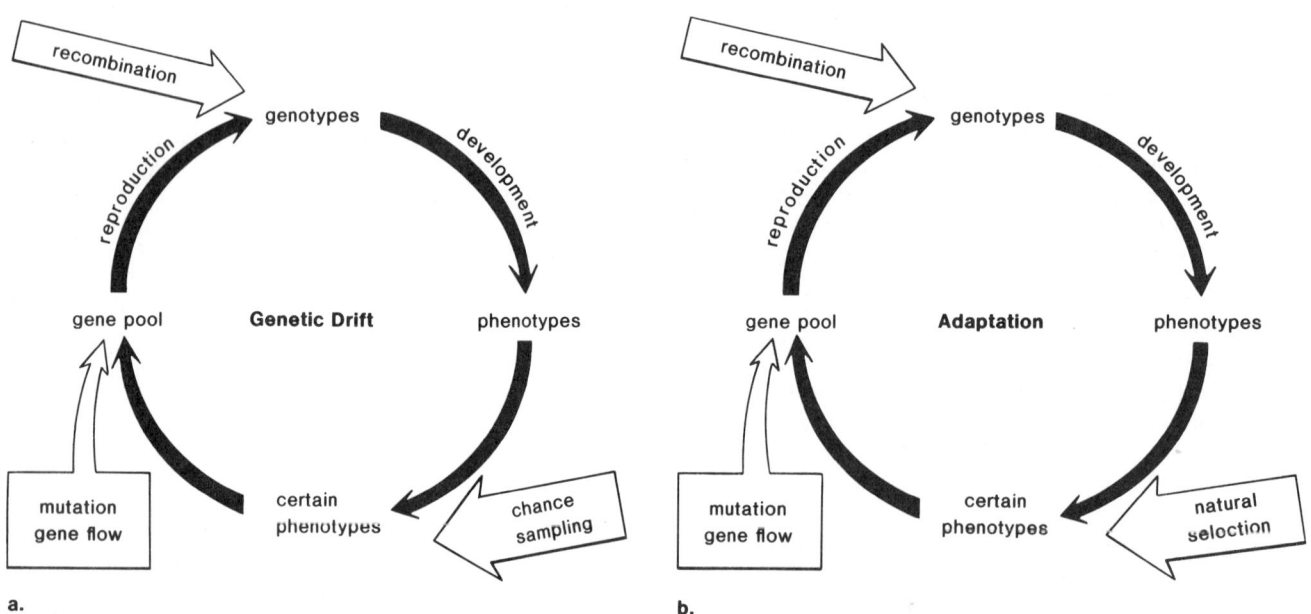

Genetic drift operates in both large and small populations, but it is significant only in small populations. Imagine that by chance a small number of individuals, representing a fraction of the gene pool, found a colony and, then, during gamete formation only certain of their genes are passed on to the next generation. As a result, a severe reduction in genetic variation compared to the original population has taken place and genetic drift has occurred. This combination of circumstances has been historically observed and is called the *Founder Principle.* For example, an investigation of a small religious group, called the Dunkers, showed that the blood type was 60 percent blood group A. Since the frequency of this blood group is 40 percent in the United States and 45 percent in West Germany (the country from which the Dunkers are derived), the high occurrence of blood group A among the Dunkers can only be explained by drift.

Genetic drift is *not* expected to produce adaptation to the environment because phenotypes are not selected for reproduction; rather, chance alone determines who will reproduce. We can imagine that a natural disaster, for example, would severely reduce a large population so that only a few individuals would remain to reproduce. Only those genes that happened to be passed on to the next generation would then be available in the gene pool. As gene pool variation decreases, the possibility of fixation of a few genes and thus genetic drift increases.

Natural selection, as diagrammed in figure 23.12*b*, is the process by which populations become better adapted to their environment. Individuals that are more suited to the environment are the very ones that are more likely to survive and reproduce. In this way adaptation of the species to the environment tends to improve with each generation. Adaptations to various environments explains the diversity of life.

Natural selection operates by means of both biotic and abiotic factors that influence survival and reproduction. Biotic factors involve other organisms in the environment and abiotic factors involve physical conditions. So, for example, an organism that is better able to escape a predator would be selected, that is would be more likely to have offspring. Similarly, an organism better able to withstand the climate would be selected, again more likely to have offspring. "Survival of the fittest," a phrase often used to refer to natural selection, means that a superior (better adapted genotype) has a greater *probability* of producing offspring than an inferior (less adapted) one.

Figure 23.9 illustrates that natural selection brings about a change in frequency of genes in the gene pool. This occurs when better adapted individuals increase their contribution to the gene pool and less well adapted individuals decrease their contribution. As this process continues generation after generation, the gene pool naturally tends toward stabilization.

Figure 23.13 indicates that natural selection has two common effects: (a) to stabilize variations and (b) to direct variations. **Stabilizing selection** tends to eliminate atypical phenotypes and improves adaptation of the population to current environmental circumstances, but **directional selection** selects an extreme phenotype better adapted to a new environmental circumstance. Directional selection occurs during a time when the environment is changing rapidly or when members of a population are adapting to a new environmental situation.

Maintenance of Variations   Even though stabilization of the gene pool is an expected result of the evolutionary process, genetic and phenotypic variation may still be retained for reasons such as those listed in chart 23.3.

Diploidy helps maintain variation because recessive genes may remain hidden in the gene pool, serving as a potential source of future phenotypic variations. Pleiotropic genes may produce variations aside from those that adapt the organism to a current environment. Such phenotypic variations may be neutral or harmful to the organism.

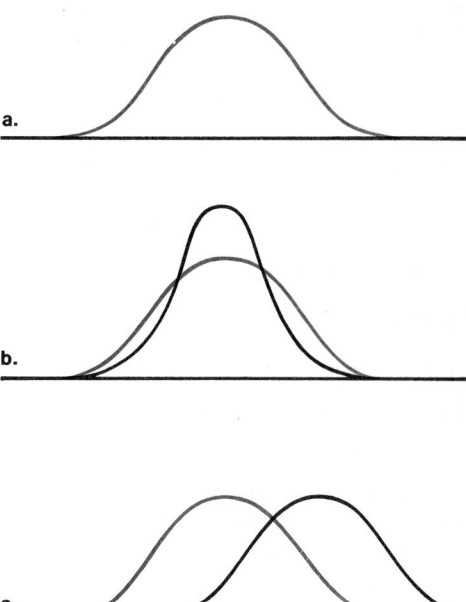

Figure 23.13
Two common effects of natural selection on phenotypic variations in a population.
a. Initial distribution. b. If stabilizing selection occurs, variation is decreased as the extreme phenotypes are eliminated. c. If directional selection occurs, an extreme phenotype is favored over other phenotypes.

Chart 23.3 Maintenance of Variation

Genetic Causes	Ecological Factors
Diploidy	Opposing ecological
Heterozygote	pressures
superiority	Geographic variations
(heterosis)	Changing environment
Pleiotropy	

Figure 23.14
In industrial areas, black colored moths are protected because they are not seen against the trees darkened with pollutants.

Figure 23.15
Of the bacteria that can (a) grow on normal medium, only a few (b) can grow on streptomycin medium. However, since these few can grow abundantly on either (c) normal or (d) streptomycin medium, it is obvious that the adaptive mutation occurred prior to growth on streptomycin.

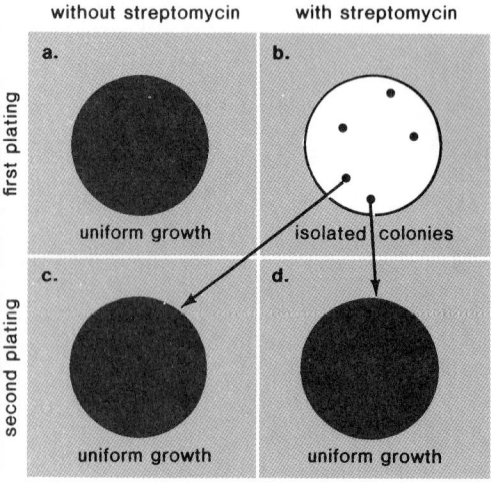

The environment may actually promote the maintenance of two distinctly different phenotypes due to opposing selection pressures. In Africa, persons with normal red blood cells carry oxygen more efficiently but are more susceptible to malaria, while those with sickle-shaped cells escape malaria but die from sickle-cell anemia. Clearly the heterozygote is best adapted, but in order to perpetuate it, both homozygotes must be maintained. Cases such as this are called *balanced polymorphism* (*poly* = many; *morphism* = shape).

The environment itself may vary and therefore may call for different adaptations at different times, such as seasonal changes within certain environments. Members of a population may become generally adapted, never specializing for any particular season, or they may become *polymorphic*, having a different phenotype for each season. Polymorphic adaptation is demonstrated by the arctic hare, which has a white coat in the winter and a brown coat in the summer.

Examples of Directional Selection

While natural selection usually takes many hundreds or even thousands of years to produce a noticeable change in the phenotype, there are a few examples of rapid adaption. Also, humans carry out rapid artificial selection in order to produce a certain phenotype.

Industrial Melanism   Before the industrial revolution in England, collectors of a moth called the peppered moth (fig. 23.14) noted that most moths were light colored, although occasionally a dark-colored moth was captured. Several decades after the industrial revolution, however, the black moths made up 99 percent of the moth population in polluted areas. An explanation for this rapid change can be found in natural selection. The color of the moths, dark or light, is caused by their genetic makeup; black is a mutation that occurs with some regularity. Moths rest on the trunks of trees during the day; if they are seen there by predatory birds, they are eaten. As long as the trees in the environment are light in color, the light-colored moths live to reproduce. But once the trees turn black due to industrial pollutants, natural selection enables the dark moths to avoid being eaten and to survive and reproduce; thus, the black phenotype becomes the more frequent one in the population. This explanation has been supported by experiments in which both dark- and light-colored moths were released into industrial and nonindustrial areas. In the industrial areas, the light moths suffered more attrition; in the nonindustrial areas, the dark moths did not survive. This shows that the phenotype most adapted to the environment is the one that is preserved in nature. Industrial melanism has also been noted in the United States; around major cities the insects have taken on a darker color than in the nonpolluted countryside.

Antibiotic Adaptation   Since the introduction of antibiotics, it has been noted that various strains of bacteria have become resistant to them, thus encouraging continued research to find new and different antibiotics. Experiments have shown that bacterial resistance is also an example of natural selection. In one such experiment, depicted in figure 23.15, bacteria are grown on growth medium with and without the antibiotic streptomycin. Only a few bacteria survive on the streptomycin, but these few can grow abundantly when plated on either normal or streptomycin medium. These results favor this explanation: the few bacteria that can grow on streptomycin possess a gene that mutated before they were exposed to the antibiotic and that enables them to grow in what would otherwise be a hostile environment. These bacteria now give rise to progeny that are adapted to the new environment.

DDT Adaptation   Similar to bacterial resistance to antibiotics, insects have become resistant to DDT. This example, too, can be explained by the fact that the few insects capable of surviving in an environment of DDT pass on this

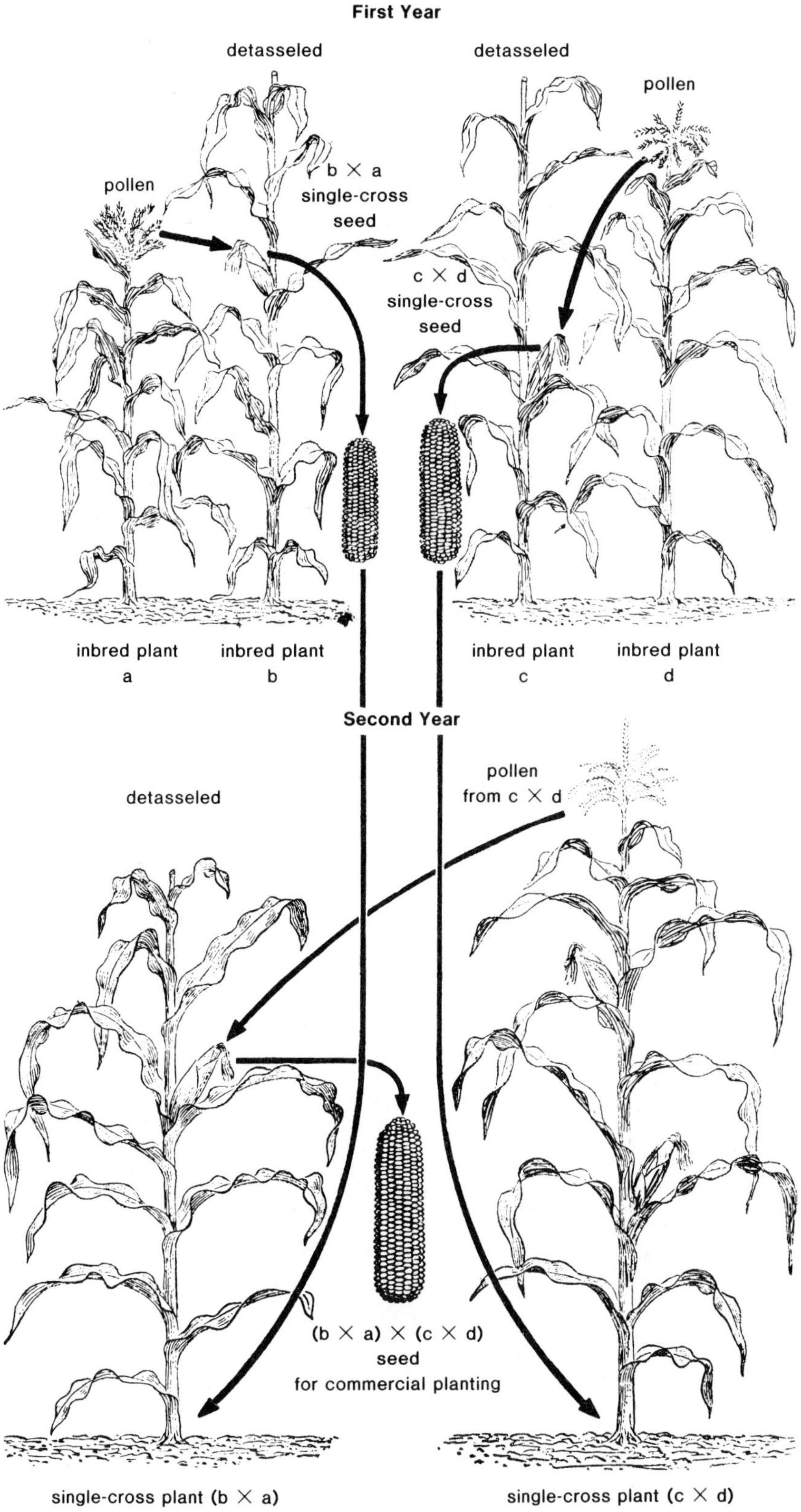

First Year

detasseled

detasseled

pollen

pollen

b × a
single-cross
seed

c × d
single-cross
seed

inbred plant
a

inbred plant
b

inbred plant
c

inbred plant
d

Second Year

detasseled

pollen
from c × d

(b × a) × (c × d)
seed
for commercial planting

single-cross plant (b × a)

single-cross plant (c × d)

Figure 23.16
Method of producing double-cross hybrid seed corn and representative ears of the crop produced from hybrid seed.

resistance to the next generation. Since the parents were resistant, the next generation is completely resistant.

Artificial Selection   Human beings have long acted as a selective force to bring about desired phenotypes in domestic plants and animals. Cattle, poultry, hogs, sheep, and goats have all been bred to have the characteristics that

Figure 23.17

The song sparrow species *Melospiza melodia* shows variation because of its large geographic range.

Kenai

Eastern

Rusty

Desert

Samuel's

Michoacan

man finds most beneficial, as have house pets. High yield crops have also been produced by employing a method that relies on **hybrid vigor.** Two inbred parental strains of little value give a hybrid that has many desirable traits, including high yield, disease resistance, and proper growth habits. To produce corn of this description, the following method is utilized (fig. 23.16). Two different crosses are first carried out: $A \times B$ and $C \times D$; the product of these crosses are then crossed ($AB \times CD$), and this seed is used for planting. Hybrid seeds are also used in the planting of wheat, rice, and rye, and these have been important in the world's effort to feed the growing masses of human beings (fig. 34.15).

Origin of Species

A **species** is a group of interbreeding populations that share similar structural characteristics and a gene pool which is reproductively isolated from other species. The populations that belong to the same species are spread over a certain geographic range. If the geographic range of a species is large, more phenotypic variations between populations are apt to be seen than if the geographic range is small. For example, differences in the song sparrows pictured in figure 23.17 can be accounted for by the fact that this species, *Melospiza melodia,* has a range that extends across the United States from the east to the west coast. Not only do the birds differ anatomically, they also sing a slightly different song. However, as long as there is gene flow, or the movement of genes from one population to another as a consequence of the immigration of individuals from one population to another, it is possible to regard these sparrows as belonging to one species. Sometimes, if interbreeding between population is possible but rarely occurs, taxonomists assign subspecies or race designations to populations by giving them a third name in addition to their normal binomial name.

The populations of the same species exchange genes, but one species does not exchange genes with another. Reproductive isolation of the gene pools of similar species is accomplished by such mechanisms as those listed in chart 23.4. **Premating isolating mechanisms** are those that prevent intercourse from ever taking place and **postmating isolating mechanisms** are those that prevent hybrid offspring from developing or breeding in case intercourse

Chart 23.4 Reproductive Isolating Mechanisms

Isolating Mechanisms	Example
Premating	
Habitat	Species at same locale occupy different habitats
Temporal	Species mate at different seasons or different times of day
Behavioral	In animals, courtship behavior differs or they respond to different songs, calls, pheromones, or other signals
Mechanical	Genitalia unsuitable to one another
Postmating	
Gametic mortality	Sperm cannot reach or fertilize egg
Zygote mortality	Hybrid dies before maturity
Hybrid sterility	Hybrid survives but is sterile and cannot reproduce
F_2 Fitness	Hybrid is fertile but F_2 hybrid has lower fitness

Figure 23.18
Diagram illustrating speciation. a. A hypothetical species has many populations. b. Geographic isolation occurs. c. Divergent evolution takes place. d. Members of the populations will not mate even if the barrier is removed.

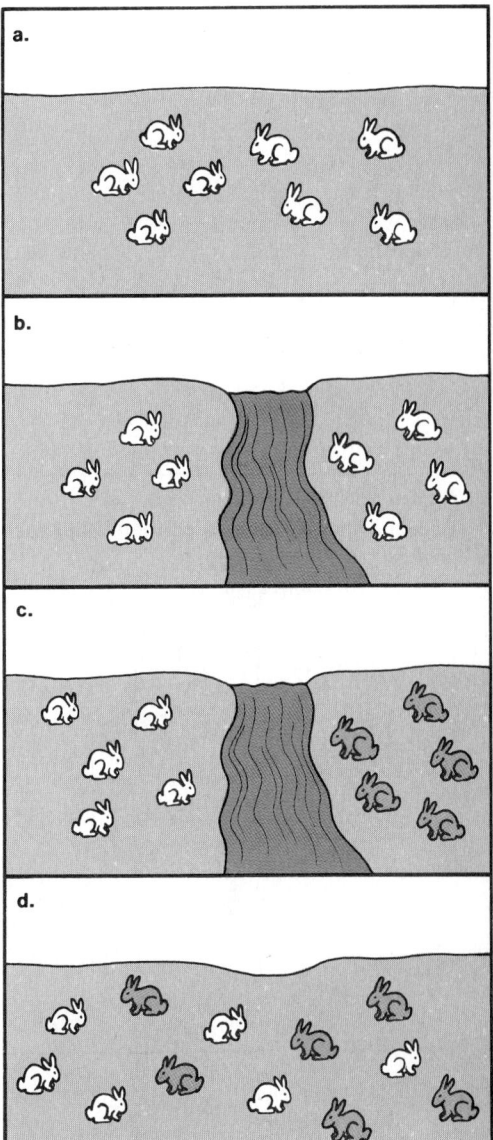

should occur. In evolutionary terms, a hybrid is an offspring of individuals which belong to populations that do not normally mate with one another.

It is important to realize at this point that there are two ways to prevent members of two species from reproducing with one another. The species can be so widely separated in space that the members of the two species do not usually meet and so intercourse does not take place. These two species are geographically isolated from one another. Such species are called *allopatric species* and they are said to be extrinsically isolated from one another. But it is also possible that members of these two species would not successfully reproduce with one another even if they did frequently meet. Then the two species would be reproductively isolated one from the other. Such species are called *sympatric species* and they are said to be intrinsically isolated from one another. Sympatric species do not reproduce with one another for the reasons given in chart 23.4. The isolating mechanisms in the chart are listed in sequence. For example, if the species' habitats don't differ, then perhaps the temporal differences will suffice; but if these don't prevent reproduction, then perhaps the behavioral differences will, and so forth down the list. In other words, the isolating mechanisms represent hurdles that must be overcome if successful mating is to take place.

Speciation

One species can give rise to two different species and when this happens speciation has occurred. There are two criteria by which we can recognize that speciation has occurred. The two criteria are, of course, the presence of structural differences and the failure to reproduce successfully in the same natural setting. It is now generally accepted that in most instances **speciation is a two-step process**: geographic isolation is later followed by reproductive isolation. As depicted in figure 23.18a, we can imagine that the geographic range of a parental species was large enough to accommodate a number of populations but that these populations still experienced gene flow. However, geographic isolation occurred when some new barrier, such as a mountain, river, or barren land, divided the range of the parental species in such a way that gene flow between all populations was prevented (fig. 23.18b).

Once geographic isolation has occurred, the two new population systems will begin to undergo divergent evolution which will eventually result in reproductive isolation. The reasons for this are as follows: (1) First, the population systems, immediately upon geographic isolation, have different gene pools. This is obvious when we consider the fact that the original populations had slight structural differences (fig. 23.18). Since gene flow between certain populations is now prevented, the genes for these structural differences have a greater chance of being passed on to the next generation. (2) Each new gene pool will now separately be subject to the normal increase in variation caused by mutation and recombination of genes during gamete formation. The mutations and recombinations occurring in one gene pool will have no effect on the other, however. This being the case, the future genotypes in each popu-

Figure 23.19
The flower at the left is an ordinary (diploid) Easter lily. The Easter lily on the right is a tetraploid, and therefore is a polyploid. Polyploidy is an effective means of origination of a species.

Figure 23.20
Darwin's finches evolved on the Galapagos Islands.

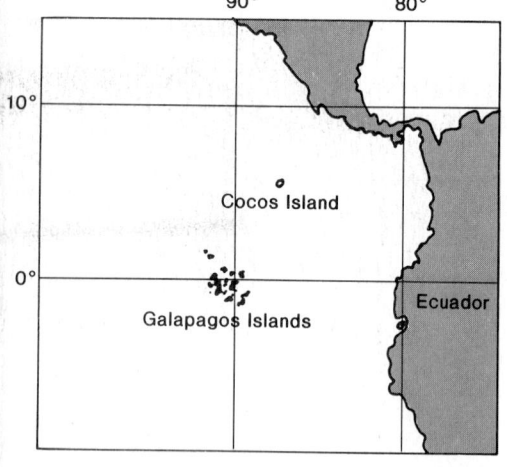

lation system will be different. (3) The two population systems have different environments and therefore are subject to different selective pressures. Consequently, natural selection will cause the two populations to further genetically and phenotypically diverge from one another (fig. 23.18c). Given enough time, this divergence will eventually result in reproductive isolation so that even if the geographic barrier is removed, the two population systems will not mate with one another. Therefore, allopatric isolation has finally resulted in sympatric isolation; what was formerly one species has become two species.

Although speciation usually requires this two-step process, **instantaneous sympatric speciation** does occur in plants by means of polyploidy (fig. 23.19). In these cases, a particular plant has inherited, due to nondisjunction, a multiple of the chromosome number, for example, 3N, 4N, or more. If the offspring from this plant can only interbreed among themselves and can no longer breed with the parental strain, the polyploids are an instantaneously created new species.

Adaptive Radiation

One of the best examples of speciation is provided by the finches on the Galápagos Islands, which are very often referred to as Darwin's finches because Charles Darwin, the famous evolutionist, first realized their significance as an example of how evolution works. The Galápagos Islands (fig. 23.20), located 600 miles west of Ecuador, South America, are volcanic and, for the most part, vegetatively sparse except for forest regions at higher elevations. The thirteen species of finches (fig. 23.21), placed in three genera, are believed to be descended from mainland finches that migrated to the island some years ago. Therefore, Darwin's finches are also an example of *adaptive radiation* or the proliferation of species into different niches. We can imagine that after arriving at the area, these birds became geographically isolated from one another on different islands and, by means of multiple invasions of the islands, the birds then evolved into many different types because there were no competitive birds in the various ecological niches (p. 655) on the islands.

This is apparent because the birds, although physically resembling each other in many respects, have different bills, each of which is adapted to a particular food-gathering method. There are seed-eating ground finches with bills appropriate to cracking small, medium, or large size seeds; insect-eating

Figure 23.21
Each of Darwin's finches is adapted to
gathering and eating a different type of
food; some are tree finches and some are
ground finches.

tree finches also with different size bills; and a warbler-type finch with a bill
adapted to nectar gathering. Among the tree finches there is a woodpecker-
type, which lacks the long tongue of a true woodpecker but who makes up for
this by using a cactus spine or twig to ferret out insects.

Higher Taxonomic Categories

Adaptive radiation is observed not only among species but among higher
taxonomic categories also. Both the reptiles and mammals underwent large-
scale adaptive radiation as they evolved to fill major ecological niches, as
illustrated in figure 23.22. Because the mammals began their radiation after

Figure 23.22

Adaptive radiation of reptiles and mammals was similar because the mammals evolved to fill niches that had been vacated by the reptiles.

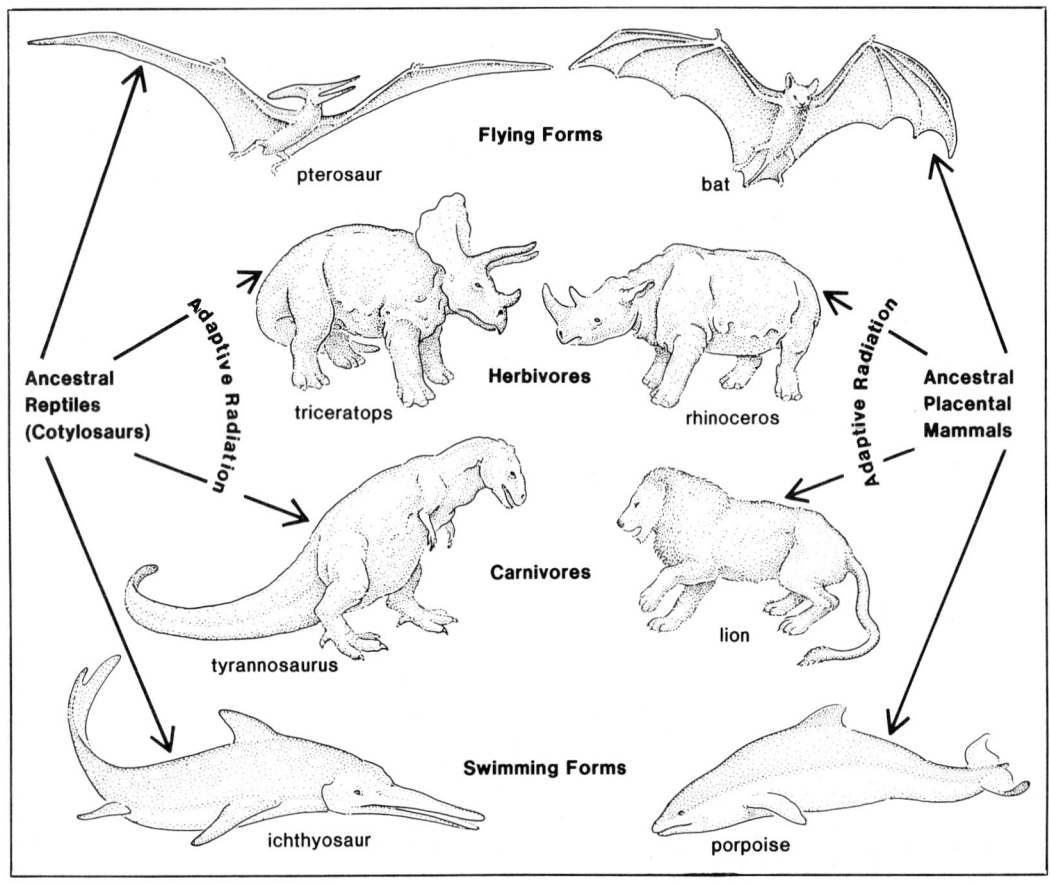

Flying Forms

pterosaur

bat

Ancestral Reptiles (Cotylosaurs)

Adaptive Radiation

Herbivores

triceratops

rhinoceros

Ancestral Placental Mammals

Adaptive Radiation

Carnivores

tyrannosaurus

lion

Swimming Forms

ichthyosaur

porpoise

many reptiles had become extinct (fig. 23.23), they were exposed to the same selection pressures and the resulting adaptations were similar. The similarity acquired by organisms that occupy the same ecological positions in different communities is called *convergent evolution*. Therefore, figure 23.22 displays not only adaptive radiation but also convergent evolution.

Extinction   Extinction can help explain the origin of higher taxonomic categories. As related species become extinct, wider and wider gaps are observed until it becomes obvious that the ones remaining should be placed in entirely different taxonomic categories.

Summary

Evolution explains the history and diversity of life. Our knowledge of the history of life is based largely on the fossil record. We can deduce the relationships between major groups of organisms by studying their comparative anatomy, embryological development, and biochemical similarities; branching evolutionary trees can be constructed for all major groups of organisms. Taxonomists classify organisms according to their evolutionary relationships first into species, then into genera, orders, classes, phylums, and finally kingdoms. Each organism is given a binomial name composed of its genus and species.

Figure 23.23
Diagram illustrating that amphibians began
adaptive radiation before the reptiles and
that reptiles underwent adaptive radiation
before birds and mammals. Width of
geometric shapes indicates abundance of
species and dashed lines indicate unknown
ancestral forms.

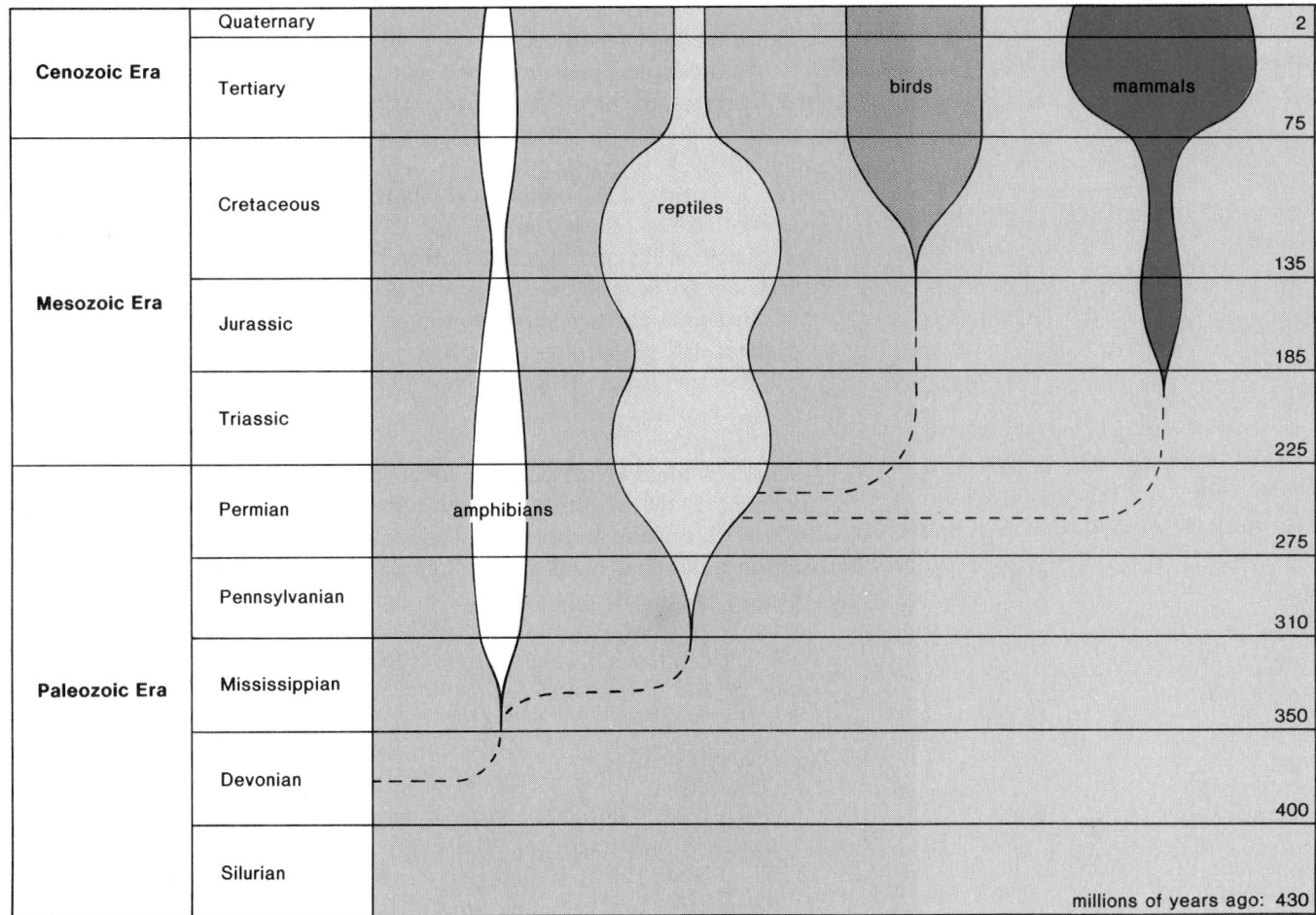

			millions of years ago
Cenozoic Era	Quaternary		2
	Tertiary	birds / mammals	75
Mesozoic Era	Cretaceous	reptiles	135
	Jurassic		185
	Triassic		225
Paleozoic Era	Permian	amphibians	275
	Pennsylvanian		310
	Mississippian		350
	Devonian		400
	Silurian		430

Although evolution can be studied on a grand scale called macroevolution, the process of evolution is better understood by studying microevolution because actually evolution is believed to take place by means of a gradual change in the frequency of genes in the gene pool of a population. Such change continuing for a vast period of time (millions of years) will produce large changes. The Hardy-Weinberg law, which is a fundamental statement of population genetics, says that the frequency of different alleles in a population remains constant if (1) the population is large and mating is random, (2) no mutations occur, (3) there is no gene flow, and (4) there is no natural selection. These conditions are rarely if ever met. The Hardy-Weinberg law shows that dominance of a gene does not lead to its increase and recessiveness of a gene does not lead to its disappearance.

Evolution is a two-step process requiring the production of genotypic variations and a sorting out of these variations. Genetic variation in a population of sexually reproducing diploid organisms has three sources: (a) mutation (both chromosomal and gene), gene flow (emigration or immigration), and recombination (at the time of meiosis or fertilization). Although it is possible and sometimes useful to consider the inheritance of individual genes, it is the entire genotype that produces the phenotype. Sexual recombination can produce variation because new combinations of genes come together by the process of meiosis and random union of gametes.

Genetic drift and natural selection act in such a way that gene pool variations are reduced, but only natural selection consistently results in adaptation. Genetic drift occurs when by chance a few genotypes contribute inordinately to the next generation's gene pool. Genetic drift is particularly effective when a small population breaks away from a large population. This is called the Founder Principle.

Natural selection is brought about by the increased probability of survival and reproduction of the better adapted members of a population. The phrase "survival of the fittest" simply means that better adapted individuals are more likely to produce offspring than poorly adapted individuals. Adaptation to particular environments accounts for the diversity of life. It has been possible to witness the process of natural selection in several recent instances: the adaptation of moths to polluted areas, the adaptation of bacteria to modern drugs, and the adaptation of insects to pesticides.

Evolution has two possible primary effects: (1) to stabilize population variations and (2) to direct population variations. Eventually, stabilization always occurs, except that genetic variations are maintained because of genetic and ecological reasons (chart 23.3).

Speciation is the origin of species and this usually requires geographic isolation followed by reproductive isolation. One frequently cited example of speciation is the evolution of several species of finches on the Galápagos Islands. This is also an example of adaptive radiation into unfilled niches, as was the evolution of many types of reptiles and mammals on a grander scale. The adaptive radiation of the latter two groups is also an example of convergent evolution because each group evolved to fill similar niches.

The extinction of intermediate species can help explain the wide separation we now observe between major groups of animals.

Study Questions

1. What is an evolutionary tree and what kinds of evidence are used to construct such trees? (pp. 466–69)
2. What is the Hardy-Weinberg law? (p. 470) If genotype *gg* is found in 16 percent of a population, what is the frequency of the *g* allele? The *G* allele? What proportion of the next generation will be *gg* if the law holds? (pp. 470–71)
3. Name and describe the sources of gene pool variations in a population made up of diploid sexually reproducing individuals. (p. 471)
4. What factors prevent the Hardy-Weinberg law from operating? (p. 471)
5. Discuss the concept of the "unity of the genotype." (p. 472)
6. Name and contrast two processes that reduce gene pool variations. (pp. 472–73)
7. Give three modern examples of natural selection. (p. 474)
8. Name several reasons for the maintenance of variation in a gene pool. (p. 473)
9. Define a species. How do species originate? (pp. 476–78)
10. When are adaptive radiation and convergent evolution apt to take place? (pp. 478–80)

Further Readings

Cavalli-Sforza, L. L. 1969. "Genetic drift" in an Italian population. *Scientific American* 221(2):30.

——. 1974. The genetics of human populations. *Scientific American* 231(3):80.

Dickerson, R. E. 1972. The structure and history of an ancient protein. *Scientific American* 226(4):58.

Dodson, E. O., and Dodson, P. 1976. *Evolution: Process and product.* 2d ed. New York: D. Van Nostrand.

Ehrlich, P. R. et al. 1974. *The process of evolution.* 2d ed. New York: McGraw-Hill.

Grant, V. 1977. *Organismic evolution.* San Francisco: W. H. Freeman Co.

Laporte, L. F., ed. 1978. *Evolution and the fossil record: Readings from* Scientific American. San Francisco: W. H. Freeman.

Lerner, I. M., and Libby, W. J. 1976. *Heredity, evolution and society.* 2d ed. San Francisco: W. H. Freeman.

Mayr, E. 1970. *Populations, species and evolution.* Cambridge, Mass.: Belknap Press.

Scientific American. 1978. 239(3), Entire issue devoted to evolution.

Stebbins, G. L. 1977. *Processes of organic evolution.* 2d ed. Englewood Cliffs, N.J.: Prentice-Hall.

Volpe, E. P. 1977. *Understanding evolution.* Dubuque, Iowa: Wm. C. Brown.

Wallace, B., and Srb, A. M. 1978. *Adaptation.* Englewood Cliffs, N.J.: Prentice-Hall.

24

origin of life

1. It is now possible to suggest that the first cell or cells arose by a slow process of chemical evolution.

2. It is generally accepted that the first cell was a heterotroph that utilized anaerobic respiration.

3. Autotrophic nutrition made life on land possible by releasing free oxygen into the atmosphere.

4. Although it is believed that at one time life did originate by chemical evolution, this process does not occur today. Today, life comes only from life.

Chapter Concepts

Today we don't believe that life arises spontaneously from nonlife, and we say that "life comes only from life." But if this is so, how did the first form of life come about? First, we could assume that the first form of life was very simple; for example, a single cell. As soon as this cell could grow, reproduce, and mutate, it could be said to be alive. Since it was the very first living thing, it had to come from nonliving chemicals. In fact, it's possible that a slow progression of chemicals from the simple to the complex finally resulted in a live cell. In other words, a **chemical evolution** produced the first form of life. Chart 24.1 lists the steps that could have occurred to produce life. The evidence for these steps is based on our knowledge of the primitive earth and on experiments that have been performed in the laboratory.

Chemical Evolution

When the earth was first formed about five billion years ago, it was a glowing mass of free atoms (fig. 24.1), which sorted themselves out according to weight. The heavy ones, such as iron and nickel, sank toward the center of the earth; the lighter atoms, such as silicon and aluminum, formed the middle shell; and the very lightest atoms, hydrogen, nitrogen, oxygen, and carbon, may have collected on the outside. The temperature was so hot that atoms could not permanently bind together; whenever bonds formed, they were quickly broken.

As the earth cooled, the heavy atoms tended to liquefy and solidify, but the intense heat at the center prevented complete solidification, and even today the earth contains a hot, thickly flowing, molten core. In the middle shell, the lighter atoms congealed and formed the outer surface of the earth, the so-called crust. When the crust cooled, it wrinkled and folded to give rise to mountain ranges. Cooling may also have allowed the first atmosphere to form.

Primitive Atmosphere

There are two current hypotheses about the origin of the primitive atmosphere. One hypothesis suggests that the gases of the primitive atmosphere came about when cooling allowed the lightest of the atoms to react with one another. Since hydrogen was the most abundant of these atoms, it combined with itself and with carbon, oxygen, and nitrogen to form hydrogen gas (H_2), methane gas (CH_4), water vapor (H_2O), and ammonia vapor (NH_3). An abundance of hydrogen atoms would have caused the first atmosphere to be a highly reducing atmosphere (p. 92).

The second hypothesis is also compatible with the steps listed in chart 24.1. This hypothesis suggests that the gases of the primitive atmosphere were released from volcanic eruptions. Further, it is believed that while the atmosphere may have been mildly reducing, it probably also contained carbon dioxide and nitrogen gas.

Both hypotheses support the contention that the first atmosphere contained little or no free oxygen. Therefore, the first atmosphere is believed to have lacked O_2.

Simple Organic Molecules

Water, present at first as vapor in the atmosphere, formed dense, thick clouds, but cooling eventually caused the vapor to condense to liquid, and rain began to fall. This rain was in such quantity that it produced the oceans of the world. The gases, dissolved in the rain, were carried down into the newly forming oceans. The remaining steps shown in chart 24.1 took place in the sea, where life arose.

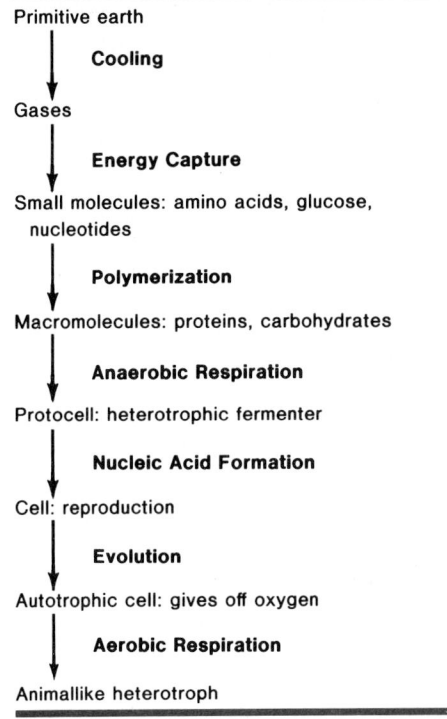

Chart 24.1 Origin of the First Cell

Primitive earth

↓ **Cooling**

Gases

↓ **Energy Capture**

Small molecules: amino acids, glucose, nucleotides

↓ **Polymerization**

Macromolecules: proteins, carbohydrates

↓ **Anaerobic Respiration**

Protocell: heterotrophic fermenter

↓ **Nucleic Acid Formation**

Cell: reproduction

↓ **Evolution**

Autotrophic cell: gives off oxygen

↓ **Aerobic Respiration**

Animallike heterotroph

Figure 24.1

A model for the origin of life. a. When the earth was formed, atoms sorted themselves out according to weight. b. The primitive atmosphere contained the gases hydrogen, methane, ammonia, and water vapor; as the latter cooled, some gases were washed into the ocean. c. The availability of energy represented here by ultra-violet rays and volcanic eruption allowed gases to form simple organic molecules that (*d*) reacted to form macromolecules in the ocean (*e*). After autotrophs arose, aerobic respiration became possible.

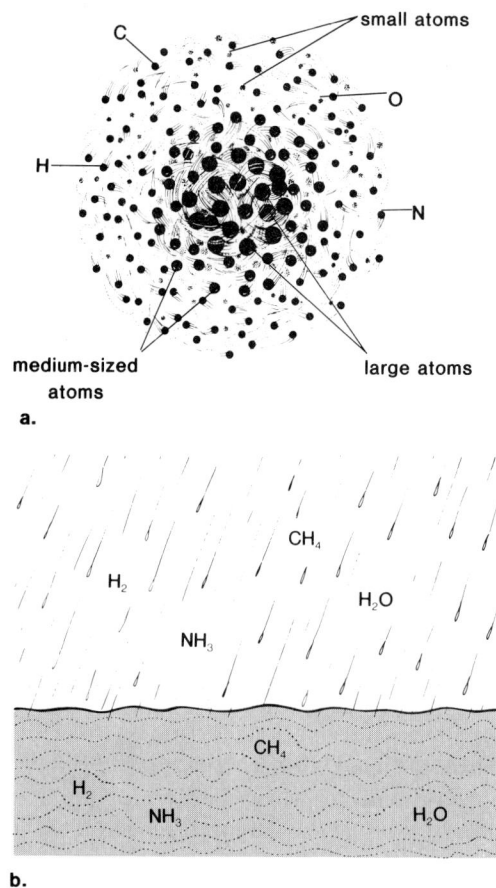

The dissolved gases, although relatively inert, are believed to have reacted together to form simple organic compounds when they were exposed to the strong outside **energy sources** present on the primitive earth. These energy sources included heat from volcanoes and meteorites, radioactivity from the earth's crust, powerful electric discharges in lightning and solar radiation, especially ultraviolet radiation. In a classic experiment (fig. 24.2), Stanley Miller showed that an atmosphere containing methane and ammonia could have produced organic molecules. These gases were dissolved in water and circulated in a closed container past an electric spark. After a week's run, he analyzed the contents of the reaction mixture and found, among other organic compounds, amino acids and nucleotides. Other investigators have achieved the same results by utilizing carbon monoxide and nitrogen gas dissolved in water.

These experiments indicate that the primitive gases not only could have, but probably did, react with one another to produce simple organic compounds that accumulated in the ancient seas. Neither oxidation (there was no free oxygen in the ancient atmosphere) nor decay (there were no bacteria) would have destroyed these molecules, and they would have accumulated in the oceans for hundreds of millions of years. With the accumulation of these simple organic compounds, the oceans became a thick, hot **organic soup,** containing a variety of organic molecules.

Macromolecules

These organic molecules combined to form still larger molecules and macromolecules. Perhaps this came about by a chance combination of molecules in the ocean, or perhaps some of the smaller molecules were washed ashore where dry heat would have encouraged polymerization.

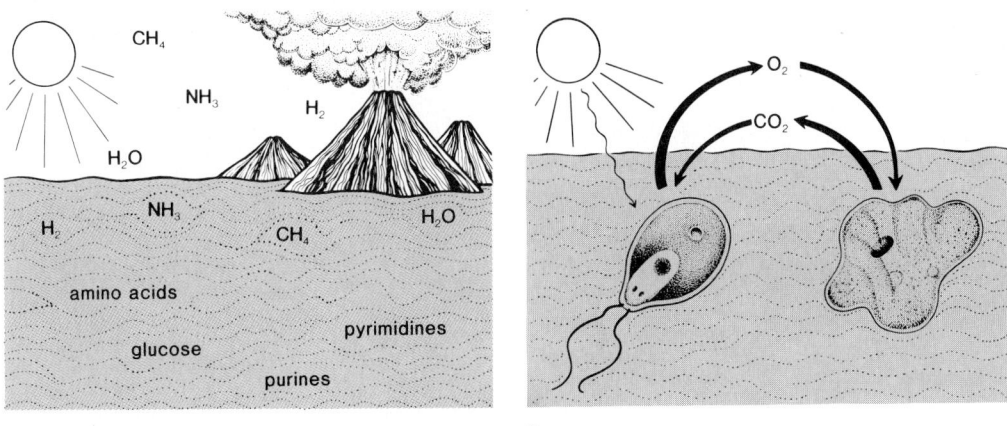

c.

d.

e.

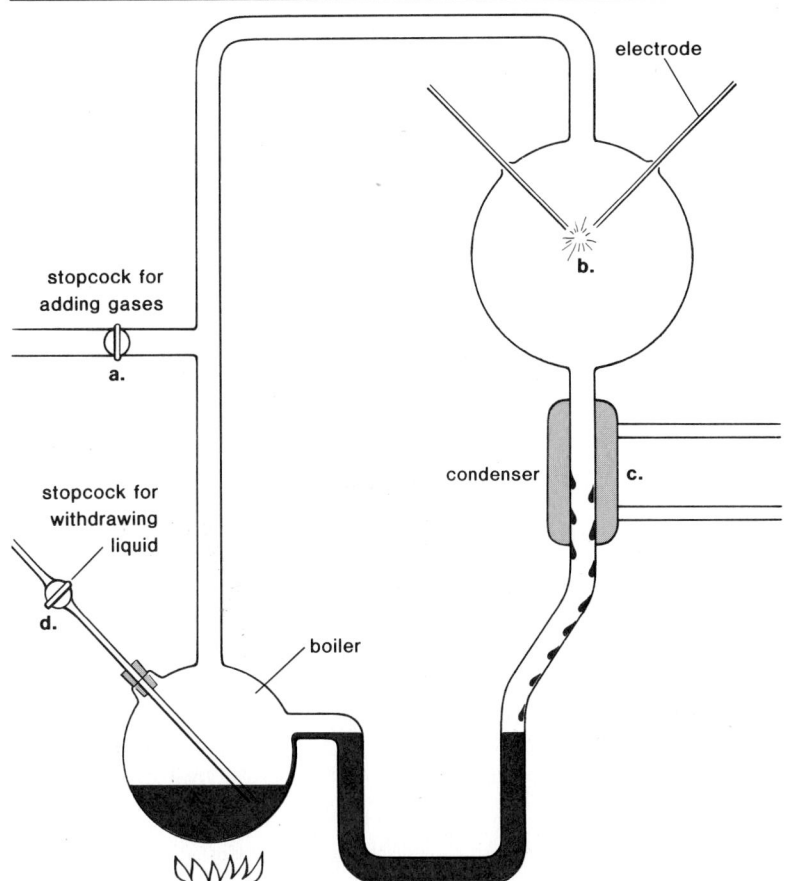

Figure 24.2
In Miller's experiment, gases are admitted to the apparatus (*a*), circulated past an energy source (*b*), and cooled (*c*) to produce a liquid that can be withdrawn for testing (*d*).

electrode

stopcock for
adding gases

a.

stopcock for
withdrawing
liquid

d.

condenser

c.

b.

boiler

heat

Figure 24.3
a. Scanning electron micrograph of the exterior of proteinoid microspheres, which may be similar to the structure of protocells. b. Electronmicrograph of the interior of proteinoid microspheres.

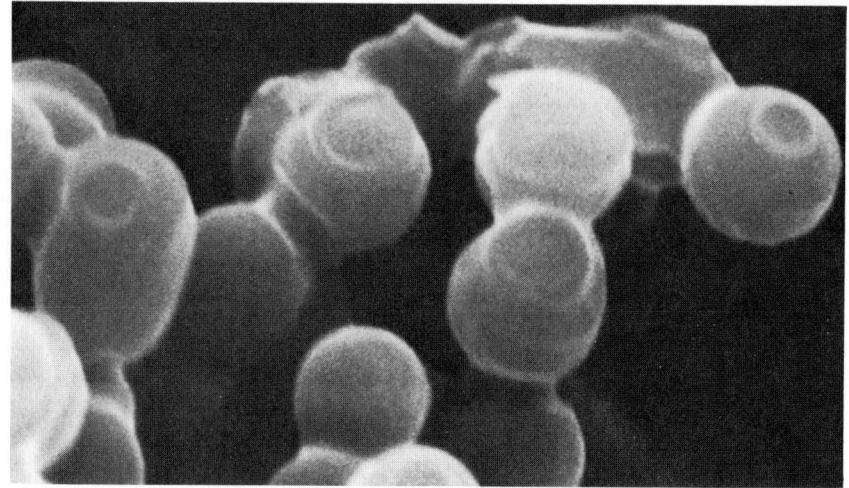

a.

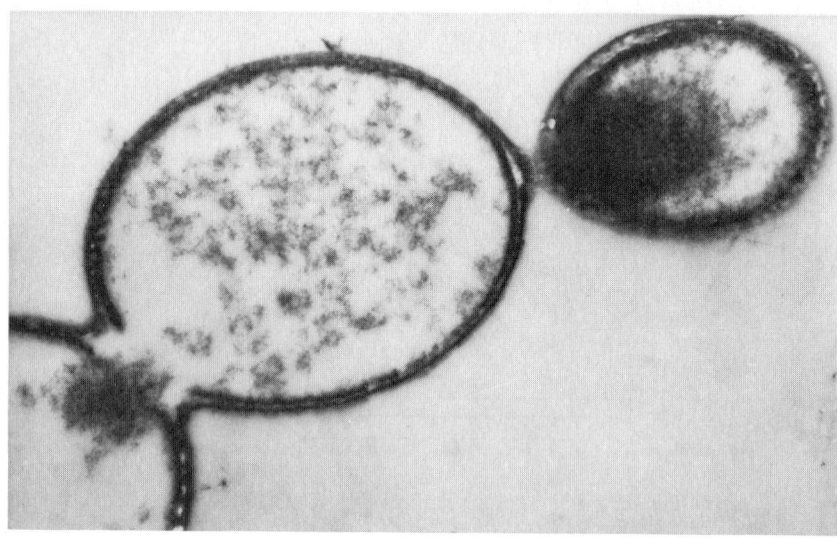

b.

Chart 24.2 Proteinoid Microparticles Possess Many Properties Similar to Contemporary Cells

Stability (to standing, centrifugation, sectioning)
Microscopic size
Variability in shape but uniformity in size
Numerousness
Stainability
Ultrastructure (electron microscope)
Double-layered boundary
Selective passage of molecules through boundary
Catalytic activities
Patterns of association
Propagation by "budding" and fission
Growth by accretion
Motility
Propensity to form junctions and to communicate

From "Chemical Origins of Cells" by Sidney W. Fox; *Chemical & Engineering News,* vol. 49, Dec. 6, 1971, p. 50.

Sidney Fox of the University of Miami supports the idea that amino acid polymers[1] were the first macromolecules to form. In various experiments, he has shown that amino acids will combine in a preferred order when exposed to dry heat. Presumably, amino acids collected in shallow puddles along the shore, and the sun caused polymerization to occur as drying took place.

Other investigators believe that nucleic acids may have formed first in exactly the same manner. These scientists point out that since DNA is the genetic material, it is logical that it formed first.

Biological Evolution

Protocells

Fox has shown that when amino acid polymers are exposed to water they form **proteinoid microspheres** (fig. 24.3), which have many properties similar to today's cells (chart 24.2). Such microspheres may have been cell precursors, called **protocells.** He feels that protocells could have then evolved to contain the macromolecules characteristic of true cells. He calls this a **cell-first hypothesis,** meaning that the protocell came first—before true proteins and nucleic acids.

1. Fox recently suggests that these polymers should not be called proteins because they do not have all the characteristics of true cellular proteins.

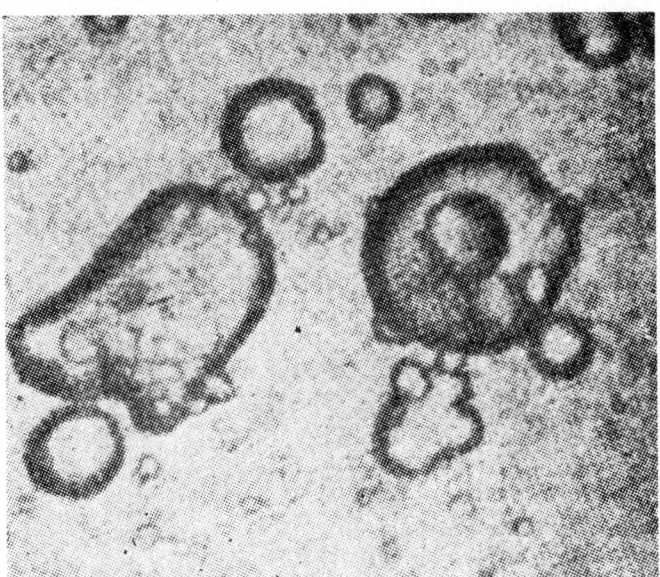

Figure 24.4
Coacervates are polymer-rich colloidal droplets. It is theorized by some that coacervates could have been protocells.

Other investigators believe that protocell formation may have required the presence of various macromolecules aside from amino acid polymers. Some researchers support the theoretical work of Oparin, who wrote a definitive book on the topic in 1938. Oparin pointed out that, under appropriate conditions of temperature, ionic composition, and pH, concentrated mixtures of macromolecules tend to give rise to complex units called coacervate droplets (fig. 24.4). Coacervate droplets have a tendency to adsorb and incorporate various substances from the surrounding solution. Eventually, a semipermeable-type boundary may form about the droplet.

Heterotroph Hypothesis   We might now ask, how did the protocell carry on nutrition and respiration? Nutrition would have been no problem because the protocell lived in the "organic soup," which contained simple organic molecules that would have been its food. Thus, the protocell would have been a **heterotroph,** an organism that takes in preformed food. Notice, too, that heterotrophs are believed to have preceded autotrophs, organisms that make their own food.

In regard to respiration, the protocell must have carried on **anaerobic respiration,** or **fermentation,** which does not require free oxygen:

$$\text{glucose} \longrightarrow \text{alcohol and/or acids} + CO_2 + \text{energy}$$

The protocell would have been capable of growing since it carried on nutrition and respiration; but without genes, it could not have mutated and evolved. However, we can theoretically assume that the protocell may have incorporated nucleotides or nucleic acids that eventually formed genes. With this development the protocell would have become a **cell** capable of passing on genetic traits by means of cell division.

True Cells

The first cells would have been anaerobic heterotrophs just like the protocells. There are anaerobic bacteria living today that may resemble very closely the first true cells. Other evolutionary lines, however, produced the autotrophs.

Autotrophs   The oldest microfossils (microscopic fossils) are believed to be those of autotrophs. They are the remains of giant colonies of bacteria found in a rock dated 3.5 billion years ago. The rock was found during a geological expedition in Western Australia (fig. 24.5).

Figure 24.5
Field researchers examine rocks near North Pole, Australia, for evidence of the earth's earliest forms of life.

When bacteria photosynthesize, they do not give off oxygen. Therefore further evolution was required before there were autotrophs similar to today's algae. These autotrophs would have possessed chlorophyll *a* and would have photosynthesized and made their own food by using carbon dioxide and water:

$$\text{carbon dioxide} + \text{water} \xrightarrow[\text{from the sun}]{\text{energy}} \text{glucose} + \text{oxygen}$$

The evolution of autotrophs was critical because the preformed organic molecules in the ocean no doubt would have been running out. The newly evolved autotrophs would have provided a much needed continual source of food. These autotrophs also made aerobic respiration possible because they put oxygen gas into the atmosphere.

Aerobic Respiration   The presence of oxygen in the atmosphere permitted aerobic respiration:

$$\text{oxygen} + \text{glucose} \longrightarrow \text{carbon dioxide} + \text{water} + \text{energy}$$

It also permitted these plants and animals to invade the land because oxygen in the upper atmosphere forms ozone (O_3), which filters out the ultraviolet rays of the sun. Before the formation of this so-called **ozone shield**, the amount of radiation would have destroyed land-dwelling organisms. There is concern today that the ozone shield may be in danger of breaking down due to air pollutants, particularly nitric oxides and chlorine, that are capable of reacting with ozone. Nitric oxides are given off by jet plants and chlorine is released from an aerosol propellant called freon. Although freon is no longer used in this country, it is still used in other countries around the world. It has been suggested that a 10 percent annual increase in the use of aerosols could reduce the ozone layer by 10 percent in twenty years and by 40 percent by the year 2014.

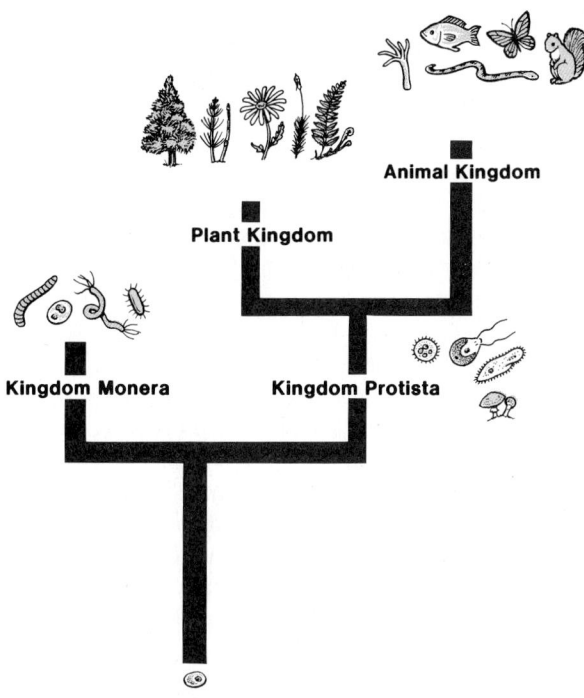

Figure 24.6
Evolutionary tree of kingdoms. All organisms are placed in one of these four kingdoms whose relationship to the first cell is shown here.

Animal Kingdom

Plant Kingdom

Kingdom Monera

Kingdom Protista

First Cell

Living Organisms

All living things evolved from the first cell or cells and have become greatly diversified through the process of adaptation to the environment. Still it is possible to classify organisms into groups according to their supposed evolutionary relationships. This text recognizes four related kingdoms, which are shown in figure 24.6. This figure suggests that monerans are the life forms most similar to the first cell and that from them no other forms of life evolved. On the other hand, it is believed that both plants and animals evolved from protists.

Origin of Life Today

We have shown that life could have come into existence by means of a chemical evolution. However, we do not believe that this same chemical evolution is occurring today for the following reasons:

1. Appropriate energy sources, particularly ultraviolet radiation, are unavailable. The ozone layer now acts as a shield to prevent these rays from reaching the earth in quantity.
2. Whereas the first atmosphere was believed to be a reducing one, which promoted the buildup of organic molecules, todays atmosphere is an oxidizing one, which tends to break down organic molecules.
3. Living organisms, already present, would use any newly formed organic molecules for food.

Summary

Evidence now exists to suggest the manner in which the first form of life, the single cell, arose. The earth began as a mass of hot, glowing individual atoms. The primitive atmosphere may have formed as the lightest of these atoms, upon cooling, joined together to form hydrogen gas, methane, water vapor, and ammonia vapor. Another hypothesis proposes that volcanic eruptions produced a primitive atmosphere much like today's atmosphere, except that it lacked free oxygen. In any case, further cooling caused water vapor to turn to rain, and the quantity of this rain was great enough to produce the oceans in which the gases were dissolved. Here in the ocean, as Miller and more recent investigators have shown, gases could have reacted with one another under the influence of an outside energy source, such as lightning or ultraviolet radiation. Small organic molecules resulting from this process later polymerized to produce large organic macromolecules similar to proteins or nucleic acids. Fox has proposed a cell-first hypothesis, which is dependent on the fact that amino acid polymers can form spheres that resemble cell-like bodies called proteinoids. Proteinoids have many features in common with cells. The first cell-like structure, called the protocells, would have carried on anaerobic respiration and heterotrophic nutrition. Once the protocells acquired genes they became true cells, which allowed other types of cells to evolve. Eventually autotrophs arose that not only supplied food for themselves and other organisms, but also released oxygen into the atmosphere. This oxygen allowed the evolution of eucaryotic plants and animals and formed an ozone shield that permits these organisms to live on the land. The great variety of living things that evolved from the first cell(s) are classified by this text into four kingdoms.

Today life is believed to come only from life because an appropriate source is lacking to cause the formation of organic molecules, and, if they did form, they would be oxidized by oxygen or eaten by preexisting life.

Study Questions

1. What was the primitive earth like when it first formed? (p. 485).
2. What were the lightest atoms that may have been present outside the new planet? (p. 485) What gases may have formed from these atoms? (p. 485)
3. Under what conditions was it possible for gases to react with one another to produce small organic molecules? (p. 486)
4. Describe a type of experiment that shows that organic molecules can form from primitive gases. (p. 486)
5. What is the cell-first hypothesis? (p. 488)
6. What type of respiration and nutrition did the protocell have? (p. 489) The protocell became a true cell when it could do what? (p. 489) How could this have come about? (p. 489)
7. How did the evolution of autotrophs change the primitive atmosphere? (p. 490)
8. What are the four kingdoms recognized in this text? (p. 491) How are these kingdoms believed to be related to the first cell? (p. 491)
9. Why doesn't life arise by chemical evolution today? (p. 491)

Further Readings

Day, W. 1979. *Genesis on planet earth*. East Lansing, Michigan: House of Talos.

Dickerson. R. E. 1978. Chemical evolution and the origin of life. *Scientific American* 239(3):70.

Folsom, C. E. 1979. *The origin of life*. San Francisco: W. H. Freeman.

Oparin. A. I. 1968. *Genesis and evolutionary development of life*. New York: Academic Press.

Schopf, J. W. 1978. The evolution of the earliest cells. *Scientific American* 239(3):110.

Chapter Concepts

1. Viruses are noncellular; whether they should be considered living organisms is questionable.

2. The monerans and protistans are not believed to be closely related because the first group lacks the organelles found in the second.

3. Bacteria and blue-green algae, which are important ecological organisms, are found in the kingdom Monera.

4. Remaining algae, protozoans, and fungi are placed in the kingdom Protista; the first are the plantlike protists and the second are the animallike protists.

5. Fungi are the most advanced organisms with saprophytic nutrition.

6. Asexual reproduction is common to the organisms in both kingdoms, but it is possible to trace the development of sexual reproduction among algae.

25

viruses, kingdoms monera and protista

It is our aim to discuss living organisms from the simple to the complex and from the primitive (earliest evolved) to the most advanced (latest evolved). The designation primitive means only that these organisms have changed less with time (fig. 23.1) than have the advanced organisms. It is also well to remember that no living group of organisms is the direct ancestor of another living group of organisms although it is possible for two living groups to have shared a common ancestor. The great variety of living organisms within any particular group is the result of adaptive radiation from a common ancestor, which may at times be determined from the fossil record.

It is curious that we must begin our discussion with viruses when they are not even included in the classification table found in the Appendix (chart A–3). We begin with viruses only because they are on the borderline between living and nonliving things.

Viruses

Viruses are considered noncellular because they do not have a cellular type of organization. They are tiny particles (5–200 nm) composed of just two parts: *an outer coat of protein and an inner core of nucleic acid*. Although viruses cannot be seen with the light microscope, the electron microscope has permitted a study of their structure. Typically they are either helical, like the tobacco mosaic virus, or polyhedral, like the adenovirus, or a combination of both, like the T viruses (fig. 25.1). Regardless, the coat, which is made up of repeating protein subunits, surrounds the nucleic acid (either DNA or RNA).

Figure 25.1
Viruses may be (*a*) helical, like the tobacco mosaic virus, or (*b*) polyhedral, like the adenovirus, or (*c*) a combination of both, like the "T" viruses.

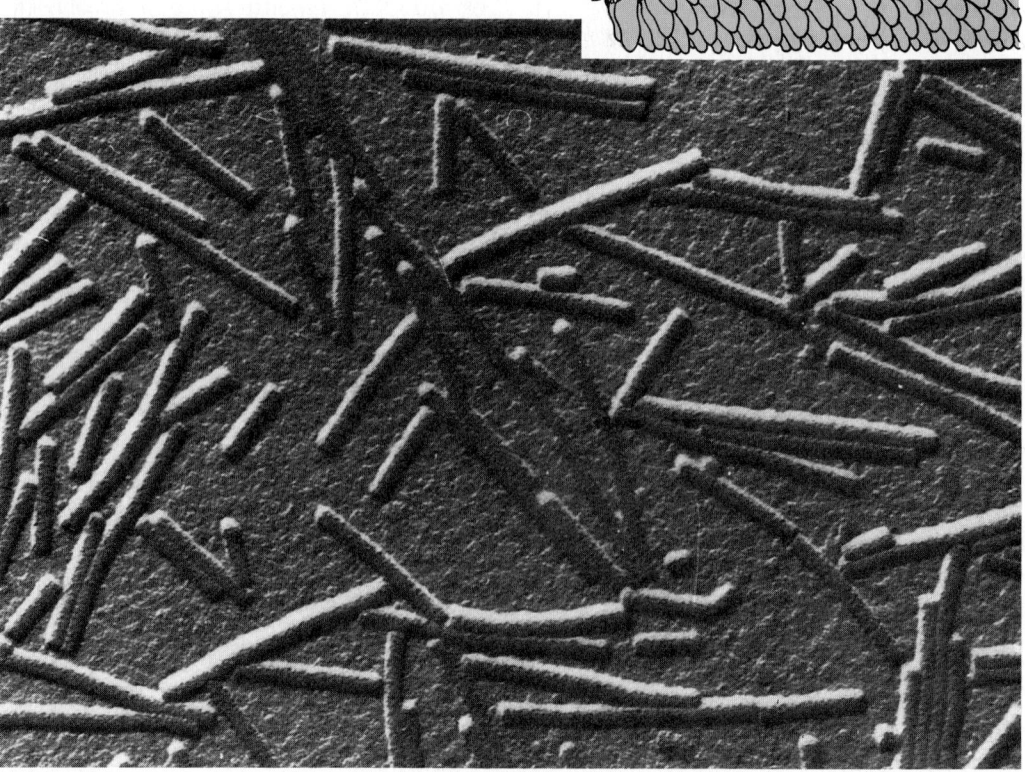

Viruses are capable of reproduction but only within living cells; therefore, they are called **obligate parasites.** In the laboratory, active animal viruses are maintained by injecting them into live chick embryos (fig. 25.2). Outside living cells, viruses are nonliving and can be stored just as chemicals are stored. Therefore, it is proper to ask if viruses should be considered alive.

Most viruses are extremely specific. Certain ones attack only plants; others attack only animals, either birds or mammals; and the viruses called **bacteriophages** attack only bacteria. Thus, viruses are said to have a specific host range. An interesting theory about the origin of viruses suggests that they began as pieces of DNA or RNA from the host they attack. The human disease-causing viruses (chart 12.3) even prefer specific tissue types.

Life Cycle

Sometimes when viral nucleic acid (genetic material) enters a cell, it joins with the DNA of the host cell and becomes **latent** (hidden), replicating only when the host DNA replicates, and not coding for protein until triggered to do so by some environmental cause. Other viruses immediately undergo reproduction in the manner that has been described for the T (for type) viruses, which infect the bacterial cell *E. coli*. This life cycle has been used to illustrate the genetic nature of DNA because only the DNA enters the host cell to bring about the reproduction of a new generation of viruses. The initial step in the life cycle is the *attachment* (fig. 25.3) of the virus to the bacterial cell by means of its protein tail fibers. An enzyme digests away part of the bacterial

Figure 25.2
Inoculation of chick eggs with virus particles. A virus only reproduces inside a live cell.

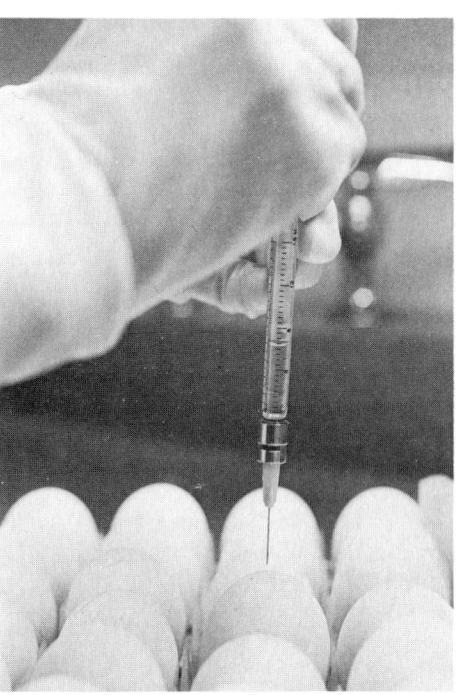

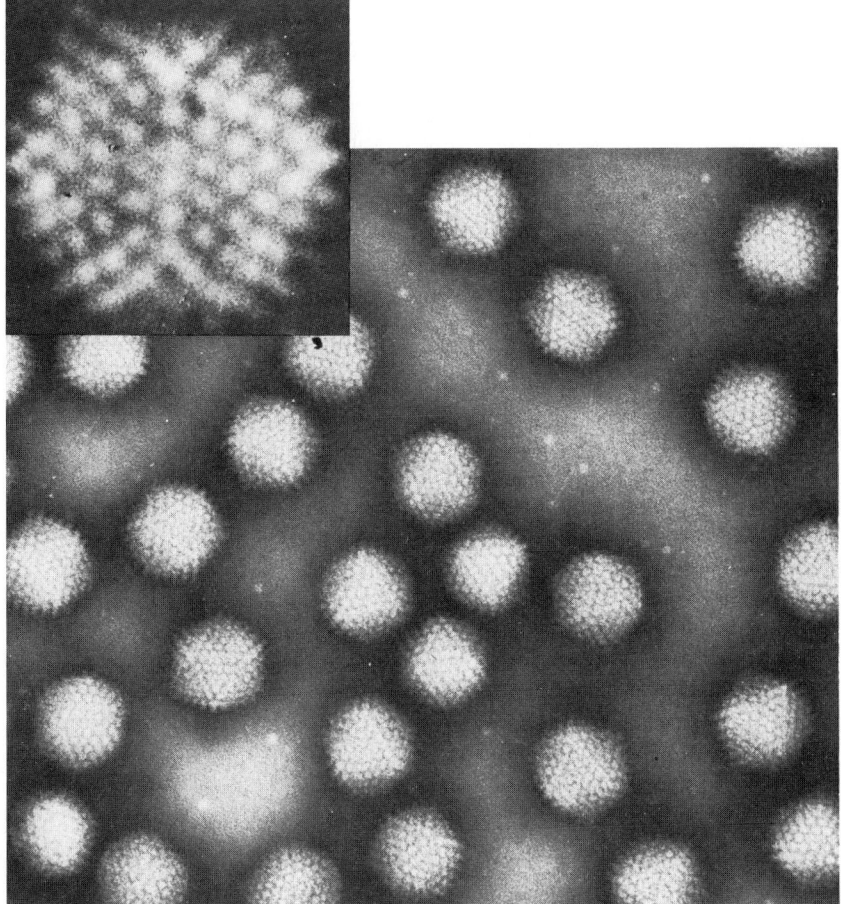

b.

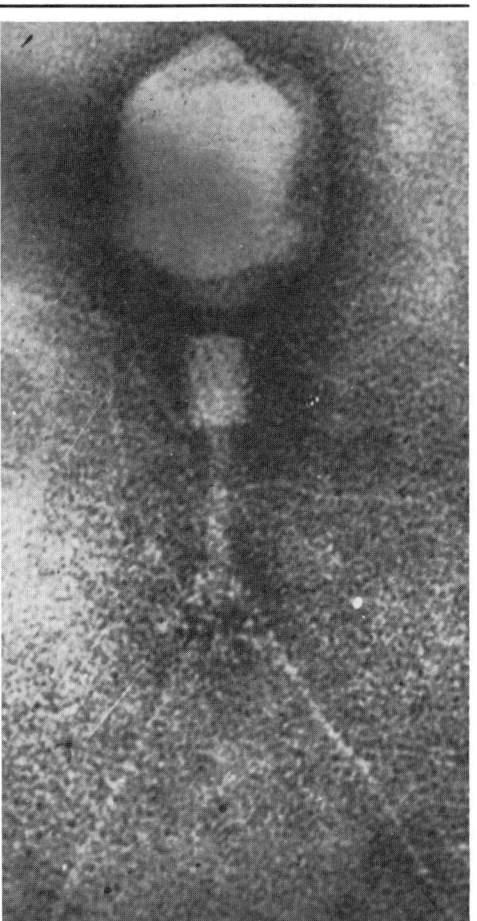

c.

Figure 25.3

Life cycle of "T" virus. a. Enlarged virus. b. Attachment of virus to bacterial cell. c. Viral DNA enters host. d. Host DNA disintegrates. e. Viral DNA replicates. f. Multiple copies of coat protein appear in cell. g. Assemblage of DNA and coat protein. h. Bacterial cell lyses and complete viruses exit from cell.

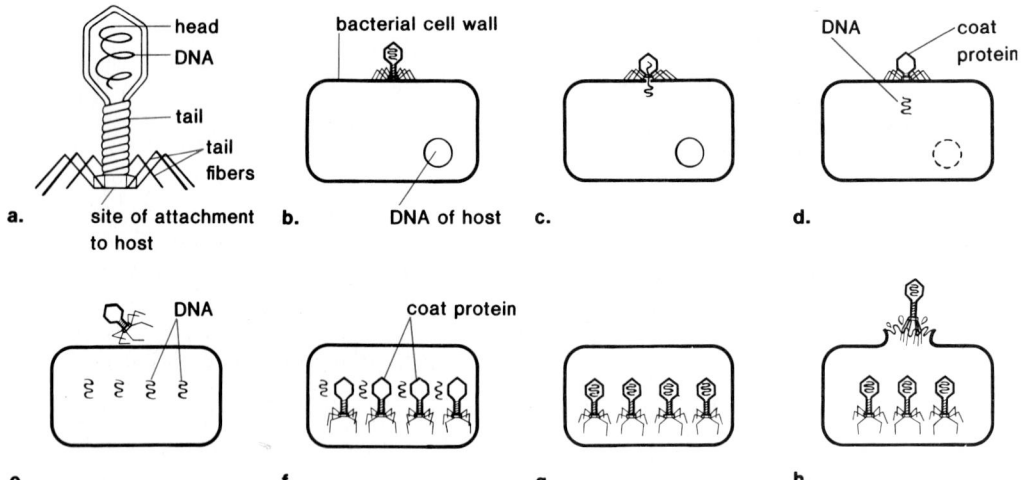

cell wall, and the nucleic acid (DNA) passes into the bacterial cell by way of the tail (fig. 25.3c). Once inside, the viral DNA *takes over the operation* of the cell as described following:

Time 1 minute. The presence of viral DNA brings about the *disintegration of the host DNA*, possibly by the activation of the host nucleases (enzymes that break down nucleic acids) (fig. 25.3d).

Time 5 minutes. Viral DNA *replicates,* utilizing the nucleotides within the host (fig. 25.3e).

Time 8 minutes. *Coat protein is formed,* utilizing the ribosomes of the host (fig. 25.3f).

Time 13 minutes. *Assemblage* of coat proteins and phage DNA (fig. 25.3g).

Time 15 minutes. Production of *lysozyme,* an enzyme that will digest the host's membrane and wall, begins (fig. 25.3g).

Time 30 minutes. Two hundred to one thousand viral *particles are released,* each of which can infect another cell (fig. 25.3h).

Importance

Viruses cause both plant and animal diseases. In plants they can only be controlled by destroying those plants that show symptoms of the disease. In animals, especially humans, they are controlled by administering vaccines (chart 12.3) and only recently by the administration of antiviral drugs, as discussed in the reading on page 502.

Latent viruses are particularly troublesome. In humans it is suspected that latent viruses might be one cause of cancer. It is also possible that the cancerous viral nucleic acid is even inherited and becomes active only when stimulated by some environmental carcinogen (p. 451). As yet, it has not been possible to isolate viruses from a human cancer although viruses are known to cause cancer in other animals. It has been found that herpes simplex, which causes not only cold sores but also the venereal disease genital herpes (p. 380), is sometimes latent and has been linked to cancer of the cervix.

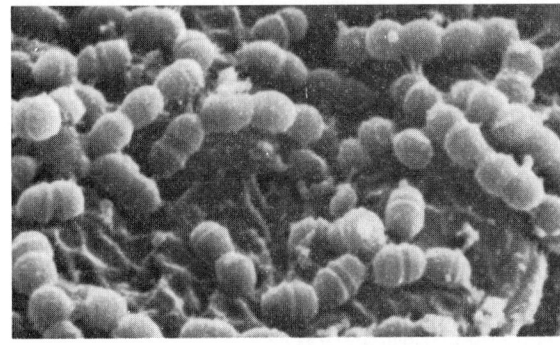

a.

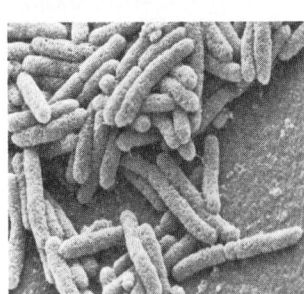

b.

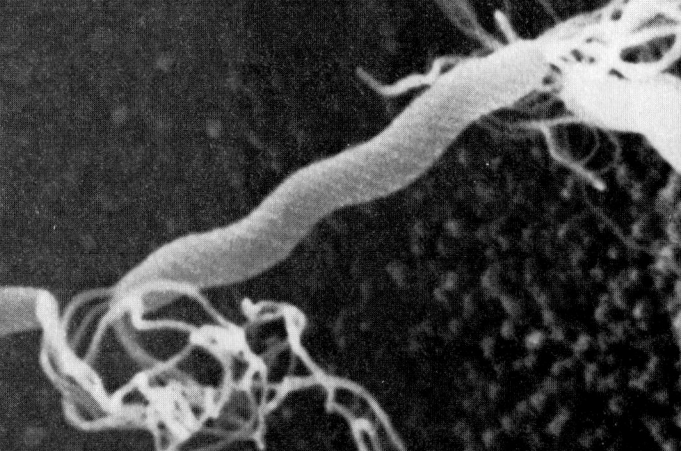

c.

Figure 25.4
Scanning electron micrographs of bacteria. a. Spherical-shaped bacteria. b. Rod-shaped bacteria. c. Spiral-shaped bacteria with flagella used for locomotion. See figure 2.24 for a generalized drawing of a bacillus.

Kingdom Monera

The kingdom Monera contains only bacteria and blue-green algae, both of which are *procaryotes,* meaning that they are procaryotic cells, as discussed on page 58. Due to their close resemblance, it's been suggested that blue-green algae should be considered a type of bacteria.

Procaryotic cells have a cell wall that contains polypeptides in addition to polysaccharides. The unique molecules within their cell walls are not found in other types of organisms. Some bacteria are also surrounded by a polysaccharide or polypeptide capsule that enhances their virulence (ability to cause disease). Blue-green algae have a sheath of gelatinous material outside their cell walls.

Procaryotic cells do not have the cytoplasmic organelles found in eucaryotic cells except ribosomes (chart 2.3). They do have DNA but it is not contained within a nuclear membrane; therefore they are said to lack a nucleus. They have respiratory enzymes but no mitochondria, and if they possess chlorophyll, it is found within thylakoids, but there are no chloroplasts.

Asexual reproduction is the norm for procaryotes. Bacteria are able to exchange portions of DNA but similar occurrences have not been observed in blue-green algae.

Bacteria (Phylum Schizophyta)

Bacterial cells are small but are generally larger than viruses; they range in size from 1 to 10 μm in length and from 0.2 to 1 μm in width. Since they are microscopic, it is not always obvious that they are abundant in the air, water, soil, and on most objects. It has even been suggested that the combined weight of all bacteria would exceed that of any other type of organism on earth.

There are several classes of bacteria, but we will consider only the eubacteria, or true bacteria.

Structure

Eubacteria have three basic shapes (fig. 25.4): **rod** (bacillus), **round,** or spherical (coccus), and **spiral** (a curved shape called a spirillum). Some bacteria can locomote by means of **flagella** (fig. 25.5), which are composed only of a protein called flagellin, and some can adhere to surfaces by means of **pili,** projections also composed of protein.

Figure 25.5
Some bacteria move about by means of
flagella, which are seen here projecting out
from the sides.

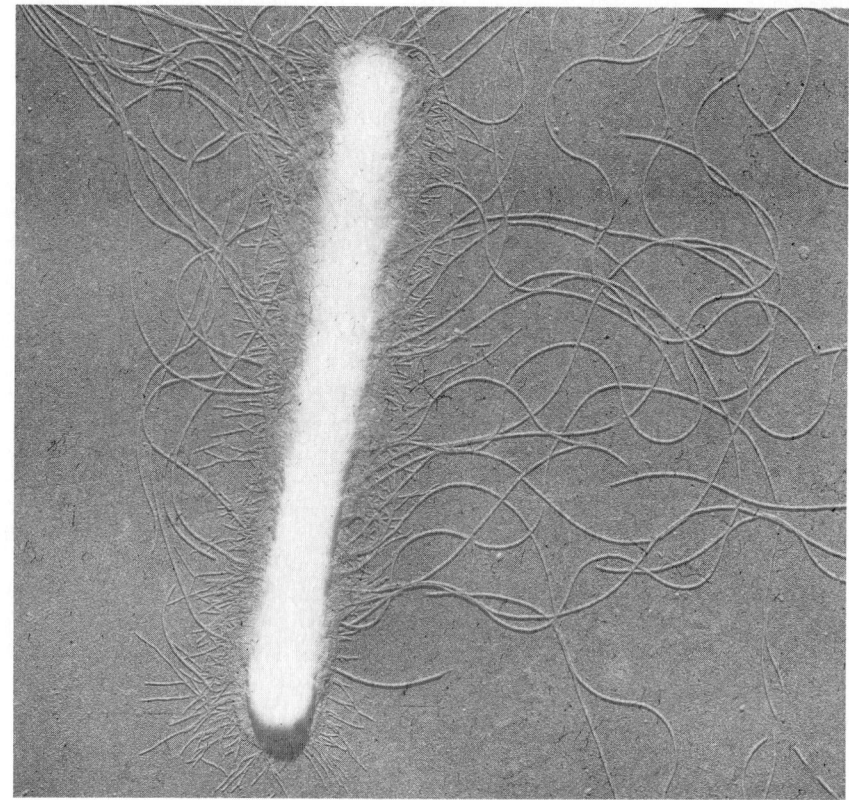

Figure 25.6
In bacteria, the single chromosome is
attached to the cell membrane. This assists
distribution of daughter chromosomes to
each new cell during fission.

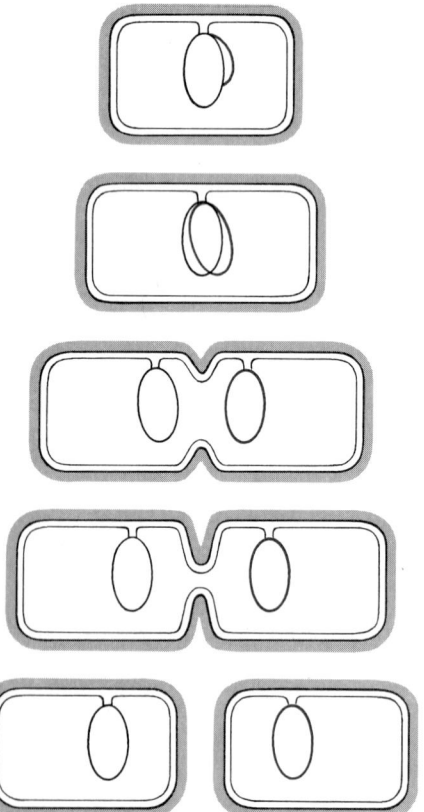

Reproduction

Bacteria reproduce asexually by **binary fission.** First, the single chromosome
duplicates and then the two chromosomes move apart into separate areas;
then the plasma membrane grows inward and partitions the cell into two
daughter cells, each of which now has its own chromosome (fig. 25.6).

Sexual exchange has been observed between two bacteria when the so-
called male passes DNA to the female by way of a pilus called a conjugation
pilus. Recombination of the genetic material occurs within the female, which
then divides. Bacterial cells can also pick up fragments of DNA released into
the medium from dead cells. This is called **transformation** because the cell
receiving the DNA is transformed into a cell with the genotype and phenotype
of the absorbed DNA. Bacteriophages provide a third means by which it is
possible to recombine bacterial DNA. In this process, called **transduction,**
latent viral DNA is stimulated to begin a reproductive cycle (fig. 25.3). By
chance, some bacterial DNA may be included in the resulting viruses and
thereby carried to other bacterial cells.

When faced with unfavorable environmental conditions, some bacteria
can form **endospores.** During spore formation, the cell shrinks, rounds up
within the former cell membrane, and secretes a new, thicker wall inside the
old one (fig. 25.7). Endospores are amazingly resistant to extreme temperatures, drying out, and harsh chemicals, including acids and bases. When
conditions are again suitable for growth, the spore absorbs water, breaks out
of the inner shell, and becomes a typical bacterial cell.

Metabolism

Some living bacteria, like the first cell (p. 489), are obligate anaerobes and
are unable to live in the presence of oxygen. A few serious illnesses, such as
botulism, gas gangrene, and tetanus, are caused by anaerobic bacteria. Some
bacteria, called **facultative anaerobes,** are indifferent to oxygen and can survive

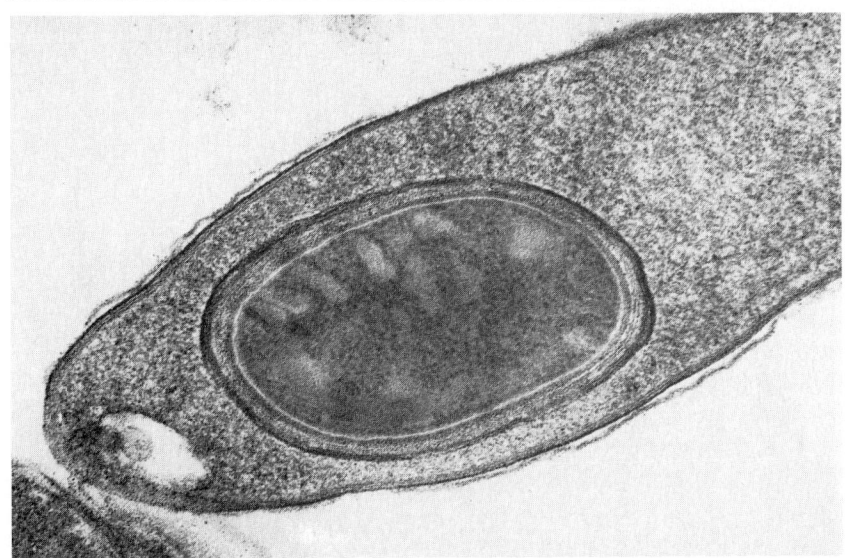

whether or not it is present. Most bacteria, however, are aerobic and, like animals, require a constant supply of oxygen to carry out complete cellular respiration.

Every type of nutrition is found among bacteria except holozoism (eating of whole food). A few bacteria are autotropic, being either chemosynthetic or photosynthetic. The **chemosynthetic bacteria** oxidize inorganic compounds to obtain the necessary energy to produce their own food. Among the inorganic compounds oxidized by specific bacteria are ammonia, nitrite, sulfur, hydrogen, and ferrous iron. **Photosynthetic bacteria** contain chlorophyll and can obtain energy from the sun to produce their own food. The bacterial pigment is not the same as that in higher plants, and bacteria do not release oxygen because instead of using water as a hydrogen source they use either molecular hydrogen, hydrogen sulfide, or organic compounds. None of these gives off oxygen when broken down.

Most bacteria are heterotrophic **saprophytes,** which send out digestive enzymes into the environment to break down large molecules into small molecules that can be absorbed across the cell membrane.

Importance

Within ecosystems, bacteria are decomposers (p. 679) and when they break down dead organic matter, inorganic nutrients are returned to producers. As decomposers, they also play a role in the carbon cycle, preventing the buildup of organic matter and releasing carbon as carbon dioxide. In the nitrogen cycle, nitrogen-fixing bacteria in the soil or in the nodules of legumes (fig. 32.8) provide a usable source of nitrogen for producers. Also, the nitrifying bacteria oxidize ammonia, an excretion product of animals, to nitrate, a nutrient for plants.

Bacteria may be free living or symbiotic, forming mutualistic, commensalistic, and parasitic relationships (p. 667). The nitrogen-fixing bacteria in the nodules of legumes are mutualistic, as are the bacteria, mainly *E. coli,* within our own intestinal tract. We provide the bacteria with a home and they provide us with certain vitamins. Commensalistic bacteria reside on our skin where they usually cause no difficulty. Due to their presence, parasitic bacteria and fungi may have difficulty establishing residence.

The parasitic bacteria cause numerous diseases, such as those listed in chart 12.4. General cleanliness is the first step toward preventing the spread of these diseases. Disinfectants and antiseptics also help reduce the number

Figure 25.8
The sterilizing room in a hospital contains many autoclaves in which steam under pressure kills bacterial cells and endospores.

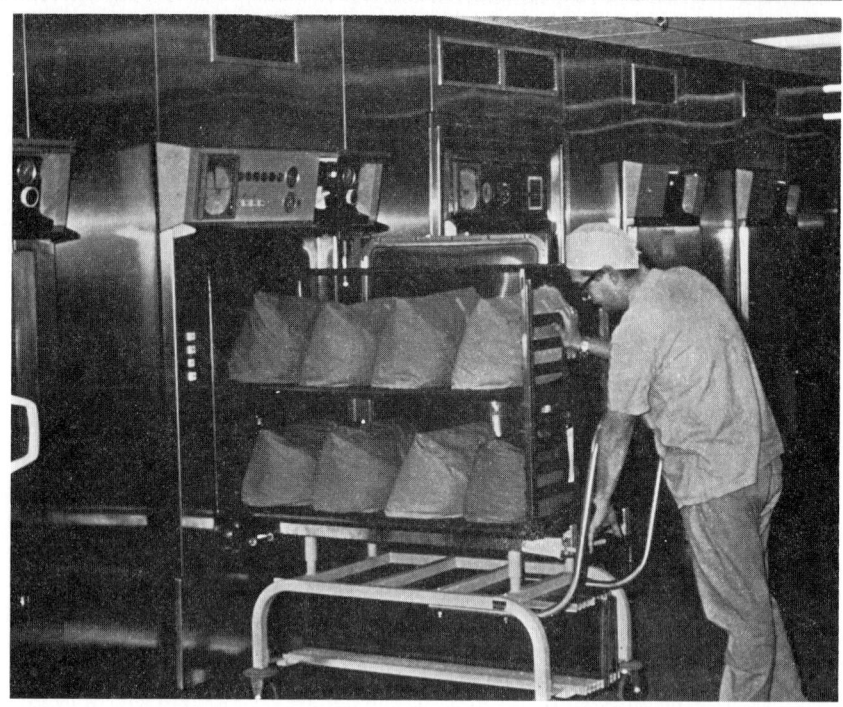

of infectious bacteria. Typhoid is kept in check by adding chlorine to water; diphtheria, typhoid, and tuberculosis are also partially controlled by the pasteurization (heating to 145° F. for thirty minutes) of milk. Sterilization, a process that kills all living things, even endospores, is used whenever all bacteria and viruses must be killed. Sterilization can be achieved by use of an autoclave (fig. 25.8), a container that admits steam under pressure.

Canned foods have been sterilized to kill all bacteria that might be present. Several other methods are also possible to preserve food not only from disease-causing bacteria but from general spoilage. The pH of acidic foods is too low and dried foods lack enough moisture to be subject to bacterial contamination. Food that has a high content of salt and/or sugar are osmotically unfavorable and do not need special treatment. Refrigeration keeps the bacteria count of susceptible foods low and freezing prevents growth of bacteria completely.

Bacteria have long been used by humans to commercially produce various products. Chemicals, such as ehtyl alochol, acetic acid, butyl alcohol, and acetones, are produced by bacteria. Bacterial action is involved in the production of butter, cheese, sauerkraut, rubber, cotton, silk, coffee, and cocoa. By means of gene splicing, bacteria are now used to produce human insulin and interferon, as well as other types of proteins (p. 450). Even antibiotics as discussed in the reading on page 502, are produced by bacteria.

Blue-Green Algae
Blue-green algae (fig. 25.9) are so named because they contain a blue pigment in addition to the green pigment chlorophyll. Actually, however, many of these algae have additional pigments and may appear black, brown, yellow, or red. They are called **algae** because they are small, photosynthesizing aquatic organisms. Blue-green algae are now often regarded as a type of bacteria and as such they are often referred to simply as blue-greens.

Blue-green algae may be **unicellular, filamentous,** or **colonial.** The filaments and colonies are not considered multicellular because each cell is independent of the others. Blue-green algae lack any visible means of locomotion although some oscillate (sway back and forth).

Figure 25.9
Anabaena, a blue-green filamentous alga. a. Photomicrograph. Note heterocyst, the structure where nitrogen fixation occurs. b. Electron micrograph. See figure 2.24 for a generalized drawing of a blue-green algal cell.

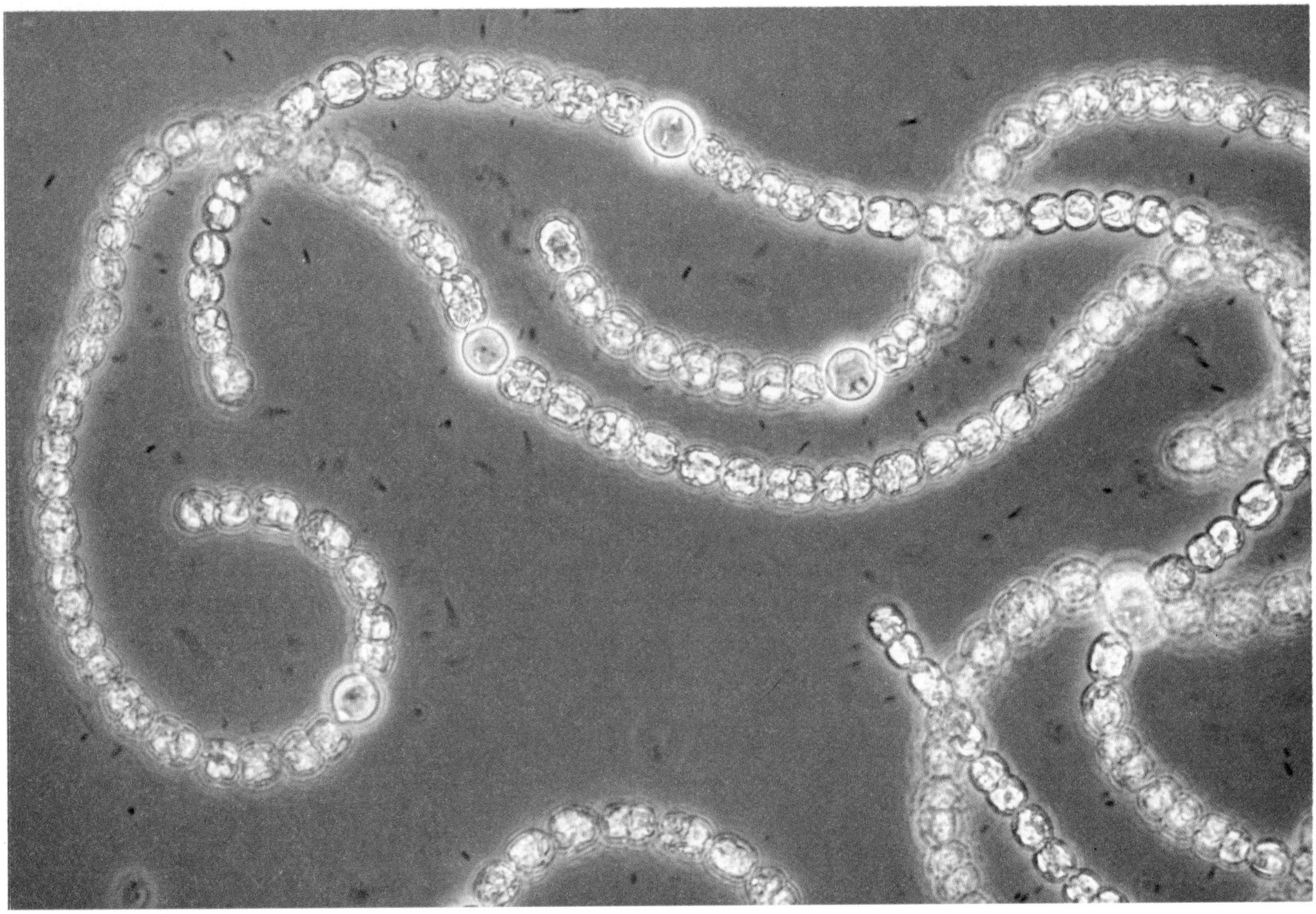

a.

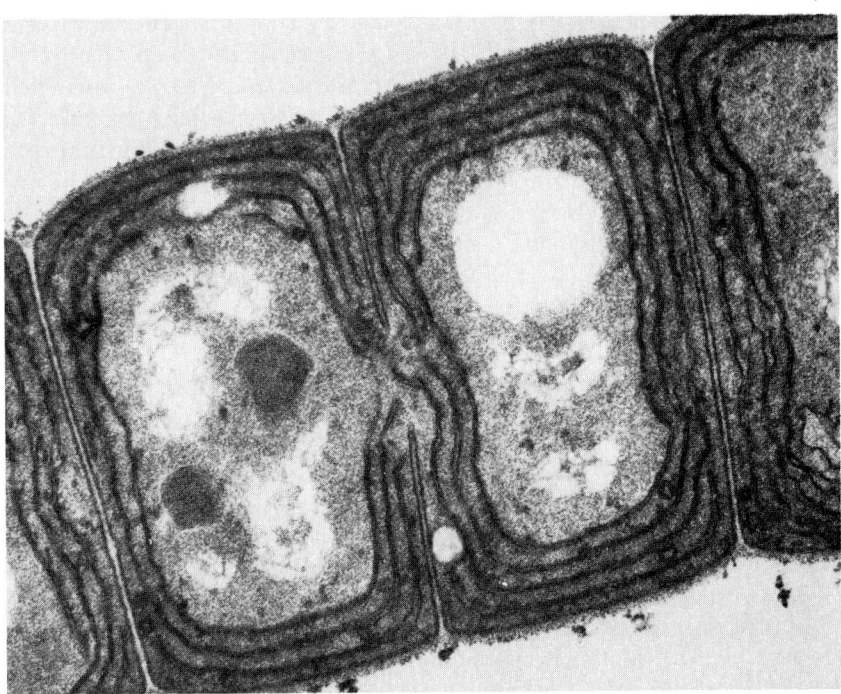

b.

Antibiotics and Antiviral Drugs

An antibiotic is a chemical that selectively kills bacteria when it is taken into the body as a medicine. The dramatic reduction in the number of deaths due to pneumonia, tuberculosis, and other infections since 1900 (fig. 22.16) can in part be attributed to the increasing use of antibiotic therapy.

Most antibiotics are produced naturally by soil microorganisms. Penicillin is made by the fungus *Penicillium;* streptomycin, tetracycline, and erythromycine are all produced by a bacterium, *Streptomyces.* Sulfa, an analog of a bacterial growth factor, can be produced in the laboratory.

Antibiotics are metabolic inhibitors specific for bacterial enzymes. This means that they poison bacterial enzymes without harming host enzymes. Penicillin blocks the synthesis of the bacterial cell wall, streptomycin, tetracycline, and erythromycine block protein synthesis, and sulfa prevents the production of a coenzyme.

There are problems associated with antibiotic therapy. Some patients are allergic to antibiotics and their reaction to them may even be fatal. Antibiotics not only kill off disease-causing bacteria, they also reduce the number of beneficial bacteria in the intestinal tract. The latter may have held in check a pathogen that now is free to multiply and invade the body. The use of antibiotics sometimes prevents natural immunity from occurring, leading to the necessity for recurring antibiotic therapy. Most important, perhaps, is the growing resistance of certain strains of bacteria. While penicillin used to be 100% effective against hospital strains of *Staphylococci aureus,* today it is far less effective. Tetracycline and penicillin long used to cure gonorrhea now have a failure rate of more than 20% against certain strains of *Gonococcus.* Most physicians believe that antibiotics should only be administered when absolutely necessary and some believe that if this is not done then resistant strains of bacteria will completely replace present strains and antibiotic therapy will no longer be effective at all. They are very much opposed to the current practice of adding antibiotics to livestock feed in order to make animals grow fatter because resistant bacteria are easily transferred from animals to humans.

The development of antiviral drugs has lagged far behind the development of antibiotics. Viruses lack most enzymes and instead utilize the metabolic machinery of the host cell. Rarely has it been possible to find a drug that successfully interferes with viral reproduction without also interfering with host metabolism. One such drug, however, called Vidarabine was approved in 1978 for treatment of viral encephalitis, an infection of the nervous system, and another called Acyclovir (ACV) may be helpful in treating genital herpes.

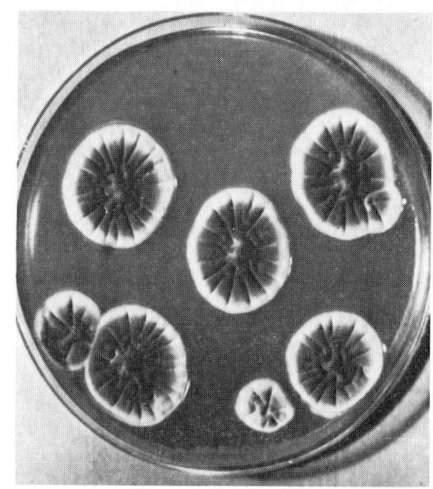

Penicillium chrysogenum

Figure 25.10

Diagrammatic representation of a lichen, which is made up of two types of organisms; algal cells, often blue-green algae, are represented by circles and the fungus is represented by the filaments.

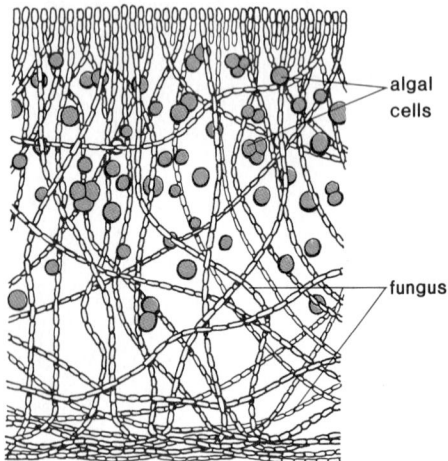

algal cells

fungus

Blue-green algae are common in fresh water, soil, and moist surfaces. They are also found in habitats devoid of other types of life, such as hot springs. With the fungi, they form lichens that can grow on rocks. A **lichen** (figs. 25.10 and 25.14) is a mutualistic relationship in which fungi form a mesh network within which algal cells are enclosed. The fungi retain water while the algae carry on photosynthesis to provide a food supply. Blue-green algae have a special advantage because they can fix aerial nitrogen and therefore their nutrient requirements are minimal. Lichens help transform rocks to soil so that other forms of life may follow.

In fresh water, blue-green algae are sometimes responsible for the algal bloom associated with cultural eutrophication (p. 692). The occasional red color of bodies of fresh water and rivers is due to a species of blue-green algae that contains a red pigment.

Kingdom Protista

Protistan cells, unlike moneran cells, are *eucaryotic* and they have all the organelles with which we are familiar: a nucleus, mitochondria, endoplasmic reticulum, and Golgi apparatus, for example.

Some of the unicellular protists have both plant- and animallike characteristics, and it has been suggested that perhaps early protists gave rise to both the animals and the plants. Indeed, green *Chlamydomonas* and *Euglena* have become colorless, fully saprophytic organisms after appropriate treatment in the laboratory, and so the theory is not without support.

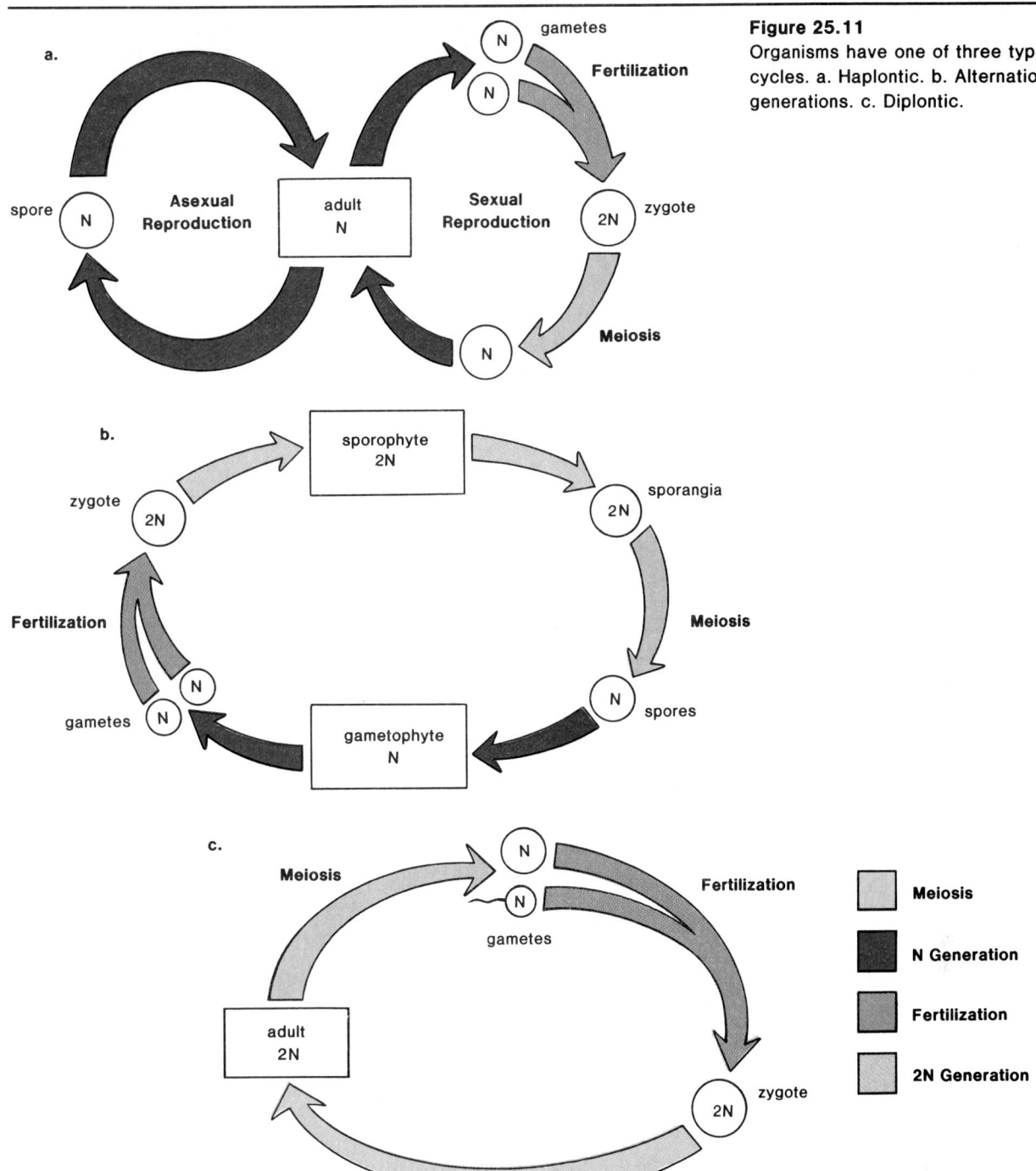

Figure 25.11
Organisms have one of three types of life cycles. a. Haplontic. b. Alternation of generations. c. Diplontic.

Life Cycles

Protists demonstrate the three types of life cycles exhibited by living organisms: in the **haplontic cycle** (most characteristic of protista), the adult is always haploid; in **alternation of generations** (most characteristic of plants), a haploid generation alternates with a diploid generation; in the **diplontic cycle** (most characteristic of animals), the adult is always diploid. These cycles are diagrammed in figure 25.11 and are further contrasted in chart 25.1.

Chart 25.1 Life Cycles

Name	Chromosome Number	Spores
Haplontic	Haploid only	Yes
Alternation of Generations	Haploid ⇌ Diploid	Yes
Diplontic	Diploid only	No

In the first two cycles meiosis produces spores that mature to a haploid generation. In the diplontic cycle, meiosis produces gametes, the only haploid structures found within the cycle. The diplontic cycle is the most advanced of the cycles because (1) the adult is always diploid (this is preferred inasmuch as a diploid adult has a better chance of survival); (2) sexual reproduction, which allows for recombination of genes, is generally utilized; and (3) heterogametes are present. The latter specialization helps ensure the survival of the zygote because the enlarged egg contains stored food.

There are three types of organisms in the kingdom Protista: fungi, protozoans, and algae.

1. The fungi are land-dwelling protistans that carry on saprophytic nutrition. *Saprophytes* break down dead organic matter by sending out digestive enzymes into the environment, and they then absorb the resultant small molecules. Some authorities, notably Whitaker, have suggested that fungi should be placed in a separate kingdom because they are the most advanced organisms with this type of nutrition. Others place them in the plant kingdom.

2. The protozoans are water-dwelling, motile, holozoic organisms that are often considered the animallike protists. Some authorities place the protozoans in the animal kingdom.

3. Algae are water-dwelling, photosynthetic organisms that are often called the plantlike protists. Some authorities often include algae in the plant kingdom, especially since the higher algae, such as the brown and red algae, most definitely resemble plants in their construction and life cycles. Still, none of these algae protect the zygote as do land plants.

Fungi (Phylum Eumycophyta)

Fungi, being saprophytic like bacteria, are also decomposers. The body of all fungi, except unicellular yeast, is made up of filaments called hyphae. A **hypha** consists of an elongated cylinder, containing a mass of cytoplasm and hundreds of haploid nuclei, which may or may not be separated by cross walls. A collection of hyphae is called a **mycelium.** Fungi reproduce in accordance with the haplontic life cycle and most are adapted to life on land in that they produce windblown spores. These spores are produced and mature within *sporangia;* during sexual reproduction meiosis precedes spore formation, whereas meiosis is not required for asexual production of spores.

Classification of fungi is based on the sexual reproductive cycle. Two types of fungi are named for the shape of the sporangia in which meiosis occurs: the sac fungi have a saclike sporangium and the club fungi have a club-shaped sporangia. The algalike fungi most closely resemble the algae.

Algalike Fungi

Some of these fungi are water-dwelling and produce zoospores; but the most common example, the black mold *Rhizopus* (fig. 25.12), is land-dwelling. This mold exists as a whitish or grayish haploid mycelium on bread or fruit. During asexual reproduction some hyphae grow upright and bear a spherical sporangium within which thousands of spores are formed.

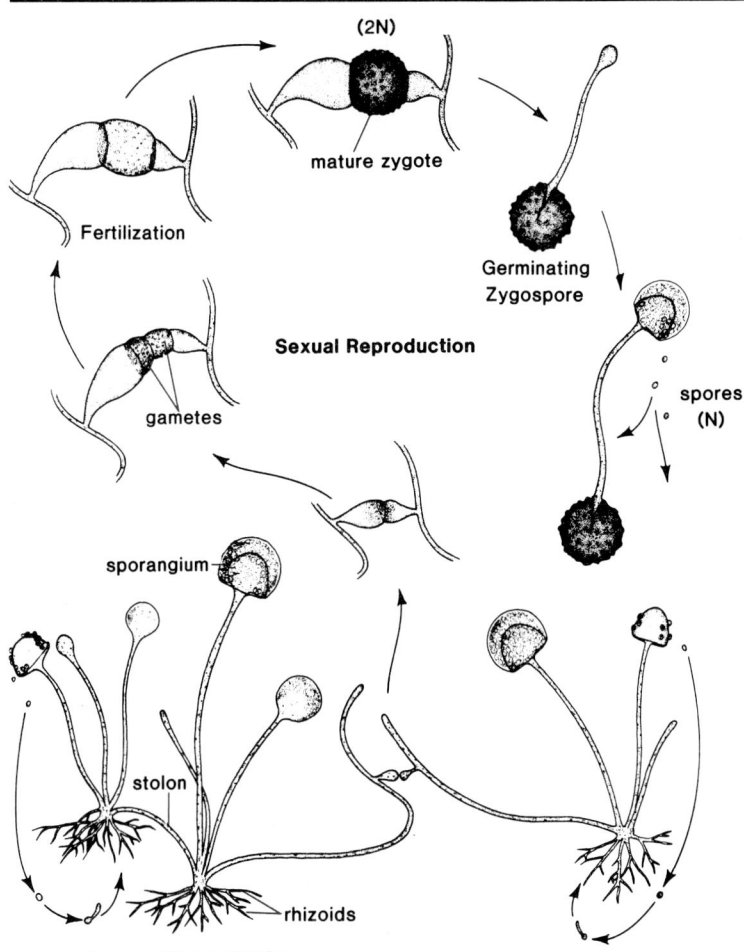

Figure 25.12
Life cycle of the bread mold *Rhizopus*.
Bread mold follows the haplontic cycle and
forms windblown spores during its asexual
and sexual cycles.

(2N)

mature zygote

Fertilization

Germinating
Zygospore

Sexual Reproduction

gametes

spores
(N)

sporangium

stolon

rhizoids

Asexual Reproduction

During sexual reproduction lateral swellings of two opposite hyphae develop into walled-off tips that function as gametes. Fusion of these results in a thick-walled zygote that lies dormant for one to three months. At germination, the nucleus of the zygote undergoes meiosis to produce a short hypha, which immediately forms a sporangium with the subsequent release of windblown spores.

An algalike fungus causes potato blight; a disease of historical interest because it caused the famine of 1845–47 in Ireland, which prompted many Irish to immigrate to this country.

Sac Fungi

There are many different types of sac fungi (fig. 25.13), most of which produce asexual spores, called conidia. During sexual reproduction, they form spores called ascospores within *saclike sporangia* called asci. In most species, the asci are supported by aerial hyphae in structures called fruiting bodies. A **fruiting body** is a collection of hyphae and sporangia. In cup fungi, the largest group of sac fungi, the fruiting body takes the shape of a cup.

Yeasts are sac fungi that do not form fruiting bodies, and, in fact, yeast is different from all the other fungi in that it is unicellular and most often reproduces asexually by budding. Yeast, as you know, carries out fermentation as follows:

glucose $\longrightarrow$ carbon dioxide + alcohol

In the baking industry, the carbon dioxide of this reaction makes bread rise. In the production of wines and beers, it is the alcohol that is desired.

Figure 25.13
Representative sac and club fungi. a. Cup
fungus of the genus *Sarcoseypha.*
b. Bracket fungus of the genus *Larcifomes.*
c. Puffball fungus of the genus *Calvatia.*
d. Mushroom gill of the genus *Mycena.*

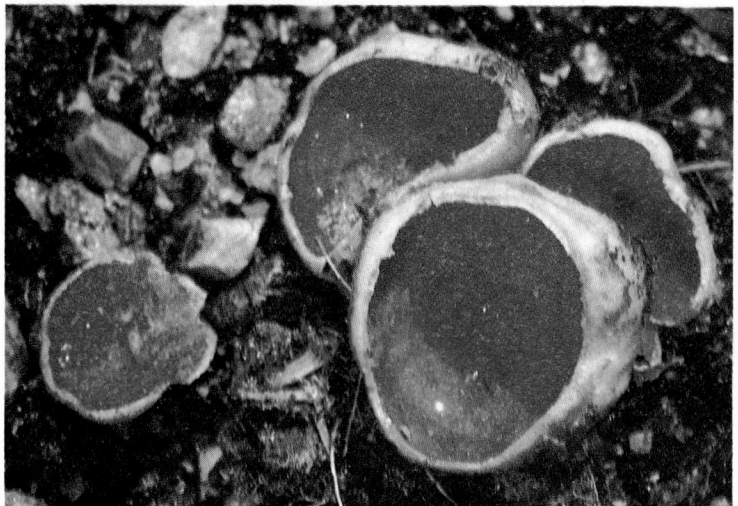

a.

b.

c.

d.

Figure 25.14
Lichens grow on (a) rocks and (b) fallen trees.

b.

a.

Blue-green molds, notably *Penicillium*, are sac fungi. This mold grows on many different organic substances, such as bread, fabrics, leather, and wood. It is purposefully used by humans to provide the characteristic flavor of Camembert and Roquefort cheese; more important, it produces the antibiotic penicillin. Most penicillin today, however, is synthetically produced. Another mold, the red bread mold *Neurospora*, was used in the experiments that helped decipher the function of genes.

Unfortunately, sac fungi also cause many diseases of plants; chestnut tree blight and Dutch elm disease are caused by sac fungi, as are powdery mildews, apple scab, and ergot. Ergot, a disease of cultivated cereals, contains LSD; persons who eat infected grains are likely to experience an LSD trip.

The fungus portion of lichens (figs. 25.10 and 25.14) is usually a sac fungus, while the alga may be green or blue-green. Lichens can live on bare rock or poor soil and are able to survive great extremes of heat, cold, and dryness in all regions of the world. Reindeer moss is a lichen that forms an important food source for arctic animals.

Club Fungi

Among the club fungi (fig. 25.13), asexual reproduction is accomplished by fragmentation or by formation of conidia spores. During sexual reproduction, members of this group form *club-shaped sporangia* called basidia, often within fruiting bodies. The mushroom, puffball, and bracket fungi are club fungi and the visible portions of these are actually the fruiting bodies. On the underside of a mushroom, basidia project as short-ended hyphae from the gills. Within each basidium, a diploid nucleus undergoes meiosis to produce windblown spores.

Figure 25.15
a. Athlete's foot may be caused by
Trichophyton mentagrophytes, which
reproduces by means of spores (shown in
insert). b. Ringworm may be caused by
Microsporum audouini, which also
reproduces by means of spores (insert).

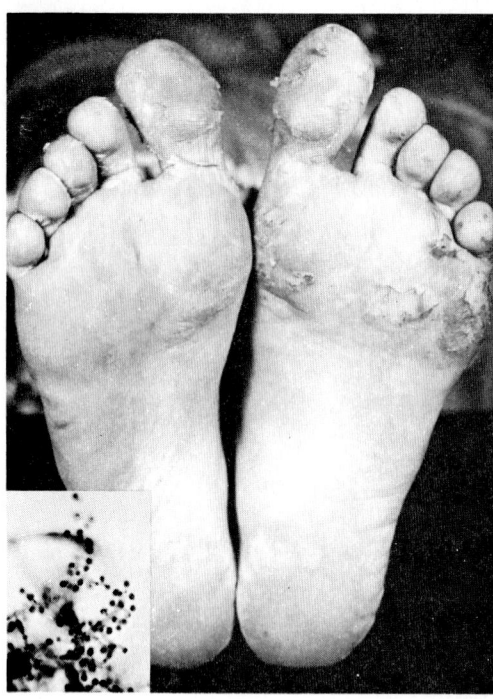

a.

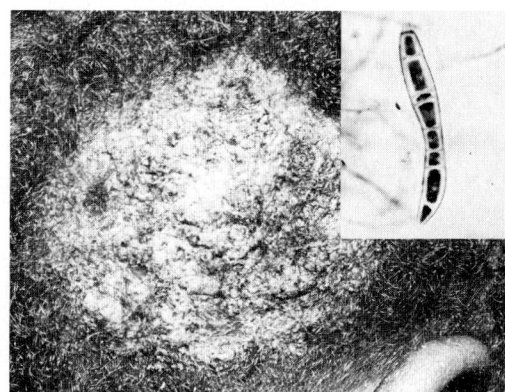

b.

The mycelia of club fungi lie beneath the soil surface where they may form symbiotic relationships with plants, known as "fungus roots," as described in the reading on page 510.

Some mushrooms are poisonous, the most poisonous of which are in the genus *Amanita*. Rusts and smuts are parasitic club fungi that attack grains, resulting in great economic loss and necessitating expensive control measures. They do not have a conspicuous fruiting body and consist of vegetative hyphae, together with spores of various kinds.

Fungi Imperfecti

These fungi cannot be assigned to a definite group because the sexual portion of the life cycle has not been observed. **Ringworm** and **athlete's foot** (fig. 25.15) belong to this group, as does *Candida albicans,* which causes moniliasis, a fairly frequent vaginal infection found in females who take the birth control pill.

Slime Mold

A slime mold (fig. 25.16) has a naked mass of multinucleated protoplasm that moves about on decaying leaves much like a giant amoeba. At certain times, this so-called **plasmodium** constricts and forms fruiting bodies within which spores are produced. When these spores are released they may, depending on the slime mold, germinate to produce either amoeboid cells or flagellated cells. In both cases, the cells act like gametes and join to form a zygote, which develops into the plasmodium again.

The slime molds have characteristics in common with different protists, and it is difficult to assign them to any particular group.

Figure 25.16
Plasmodium of a slime mold.

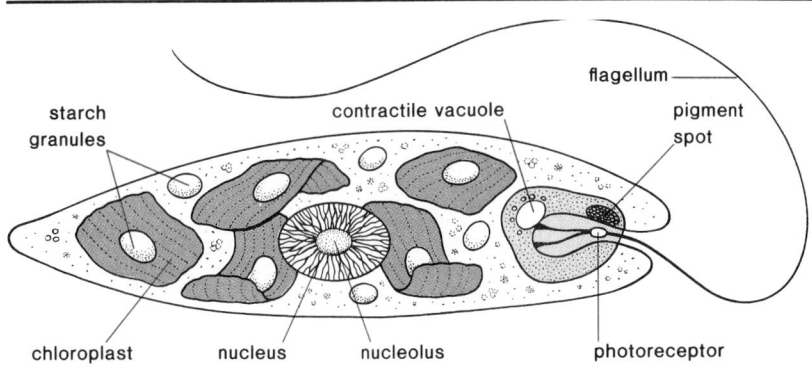

Figure 25.17
Euglena anatomy.

starch granules

contractile vacuole

flagellum

pigment spot

chloroplast   nucleus   nucleolus   photoreceptor

Protozoans (Phylum Protozoa)

Protozoans are small (2 μm to 1,000 μm), usually colorless, unicellular organisms that lack a cell wall. This single cell carries out all the functions associated with higher organisms. While they tend to have special structures for food gathering and locomotion, excretion and respiration are carried out across the cell membrane. Their animallike characteristics include the ability to react to outside stimuli: they generally move toward food and better environmental conditions or away from obstacles and unfavorable environments. Although sexual exchange is sometimes observed, reproduction occurs by cell division. Protozoans are classified according to their type of locomotion (chart 25.2).

Chart 25.2 Types of Protozoans

Protozoans	Locomotion by	Example
Flagellate	Flagella	*Euglena*
Amoeboid	Pseudopodia	*Amoeba*
Ciliate	Cilia	*Paramecium*
Sporozoa	No locomotor organelles, parasitic	*Plasmodium*

Flagellates

The flagellates move by means of flagella, which have the typical 9 + 2 pattern characteristic of eucaryotic cells (p. 57). Many, like *Euglena* (fig. 25.17), have a long flagellum. Although *Euglena* possesses chloroplasts and carries out photosynthesis, we have chosen to classify it as a protozoan flagellate because it lacks a cell wall.

Flagellates as a group are considered to be the most primitive of the protists from which plants and animals may have evolved. *Euglena* is often mentioned as representative of such an ancestral flagellate. The loss of flagella

Fungus Roots (Mycorrhizae)

A symbiotic relationship between fungal hyphae and the roots of plants has been discovered. The relationship is so close that it is hard to distinguish the hyphae from the root proper. The hyphae penetrate the root and apparently help the plant absorb inorganic nutrients from the soil. In exchange, the plant most likely supplies the fungi with organic nutrients.

When the association is present, plants can survive and thrive in poor soils. If the association is absent, the plants require excess nutrients in order to achieve the same productivity. Is it possible that farmers who use pesticides will automatically need to apply more fertilizer because the fungi of the soil have been destroyed?

One-year-old loblolly pine seedlings with the normally low levels of naturally occurring mycorrhizae.

One-year-old loblolly seedlings with abundant *Pisolithus tinctorius* mycorrhizae following artificial inoculation.

and the addition of a cellulose wall would have made the ancestor more plantlike, while loss of the chloroplasts would have made it more animallike. A colorless form of *Euglena* called *Astasia* does exist. Even *Euglena* has saprophytic capabilities, while *Astasia* relies completely on absorption of food molecules for existence.

Protozoans are not always free-living; for example, there are mutualistic and parasitic flagellates. *Trichonympha* lives in the gut of termites and is responsible for their ability to digest wood. The trypanosomes, of the genus *Trypanosoma,* are the cause of sleeping sickness in humans. This disease is particularly troublesome in central Africa, where animals serve as a reservoir for the parasite, which is transmitted to humans by the bite of a tsetse fly. Flulike symptoms, followed by an inability to walk and the increased need to sleep, may lead to coma and death.

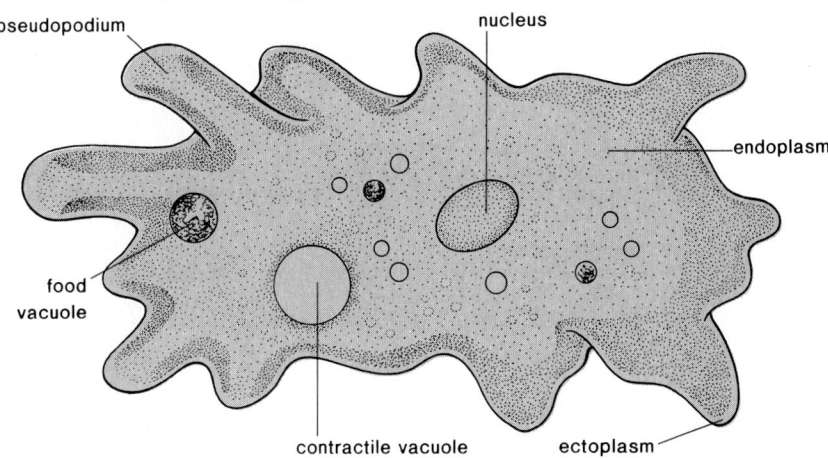

pseudopodium

nucleus

endoplasm

food
vacuole

contractile vacuole

ectoplasm

Figure 25.18
Amoeba anatomy.

Amoeboids

An amoeba, such as *Amoeba proteus* (fig. 25.18), is a small mass of cytoplasm without any definite shape. It moves by means of cytoplasmic streaming that produces **pseudopodia,** or false feet. Gel-sol reversibility is involved in this process: the outer layer of cytoplasm, called the ectoplasm, is usually a gel; but when it liquifies, it becomes a sol and the cytoplasm streams into that area to form a pseudopodium. The streaming stops when the sol state reverts to the gel state again. As mentioned on page 54, cytoplasmic streaming is now believed to be due to contraction of microfilaments.

The organelles within an amoeba include food or digestive vacuoles and contractile vacuoles. *Food vacuoles* are characteristic of holozoic protozoans and are formed within an amoeba when a morsel of food is surrounded by pseudopodia. This is a form of phagocytosis, which produces a vacuole that later becomes a digestive vacuole. *Contractile vacuoles* are pumping devices seen in various protozoans, especially those that reside in fresh water, that rid the body of excess liquid.

Two forms of amoeba have shells. Foraminifera have a chalky, sometimes many-chambered shell; these organisms were so numerous at one time that their remains built the White Cliffs of Dover. Radiolaria secrete a beautiful skeleton of silica that becomes the bottom ooze in deeper parts of the ocean. One form of an amoeba, *Entamoeba histolytica,* causes amoebic dysentery in humans.

Ciliates

Ciliates move by means of numerous cilia, which have the 9+2 pattern typical of eucaryotic cilia (p. 57). The ciliates, such as *Paramecium* (fig. 25.19), are far from primitive since their organelles show great complexity. There are thousands of cilia, which are attached to cytoplasmic basal granules interconnected by coordinating fibers, that project in rows through the outer covering or pellicle. Lying in the ectoplasm just beneath the pellicle are numerous rodlike structures called trichocysts. The trichocysts discharge long threads, used both during defense and feeding. Although some investigators have likened this complexity of organization to the nervous system in animals, the coordination of ciliate functions is due to the cooperation of a series of organelles. Similarly, digestion involves the use of a gullet, mouth, food vacuoles, and anal pore, all specialized parts of this single cell.

Figure 25.19
Paramecium anatomy.

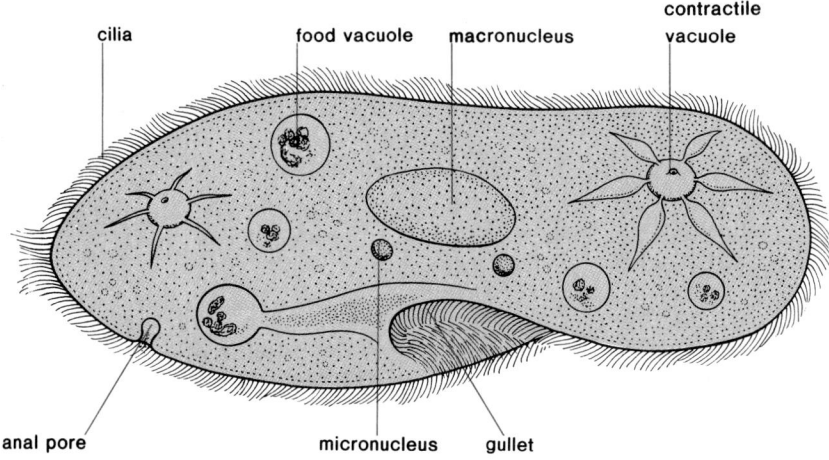

cilia food vacuole macronucleus contractile vacuole

anal pore micronucleus gullet

Figure 25.20
Two paramecia undergoing conjugation during which time they exchange nuclear material.

Ciliates have two types of nuclei: a large macronucleus and one or more small micronuclei. The macronucleus controls the normal metabolism of the cell, while the micronuclei are concerned with reproduction since only the micronuclei divide. Following meiotic division and disintegration of the macronucleus, two *Paramecia* may exchange haploid micronuclei in a sexual process called **conjugation** (fig. 25.20). Thereafter, the macronucleus is reformed.

Sporozoa

The sporozoa are nonmotile parasites with a complicated reproductive cycle. *Plasmodium vivax* (fig. 25.21), one of the causative agents of malaria in humans, undergoes the asexual portion of its life cycle when it is injected into human beings by the bite of an infected female *Anopheles* mosquito. At that time, a very minute, spindle-shaped form of *Plasmodium vivax,* called a sporozoite, passes from the blood into the liver where it produces asexual spores, each of which then infects a red blood cell. Within the red blood cells these spores increase in size and produce more spores. Every forty-eight hours, the red cells burst, and the released spores infect other cells. The periodic chills and fever of malaria are caused by toxins that pour into the bloodstream when the spores are discharged.

After a time, some of the spores become cells capable of developing into gametes if taken up by the mosquito. In the stomach of a female mosquito, the gametes mate and a wormlike zygote works its way through the stomach wall and encysts in the outer layer. Within the cyst many divisions occur to produce sporozoites, which eventually find their way to the salivary glands of the mosquito. Here they are ready to infect another human with the next bite from the mosquito. The eradication of malaria has centered on the destruction of the mosquito, since without this host the disease cannot be transmitted from one human being to another.

Algae

Algae are often named according to the type of pigment they contain; thus there are blue-green, green, golden-brown, brown, and red algae. All algae contain green chlorophyll, but they may also contain other pigments that mask the color of the chlorophyll. Classification is based not only on pigmentation but also on other biochemical differences, such as the chemistry of the cell wall and the chemical compound used to store excess food. The algae are so varied in their structure and chemistry that they are assigned phylum designations and are not believed to be closely related.

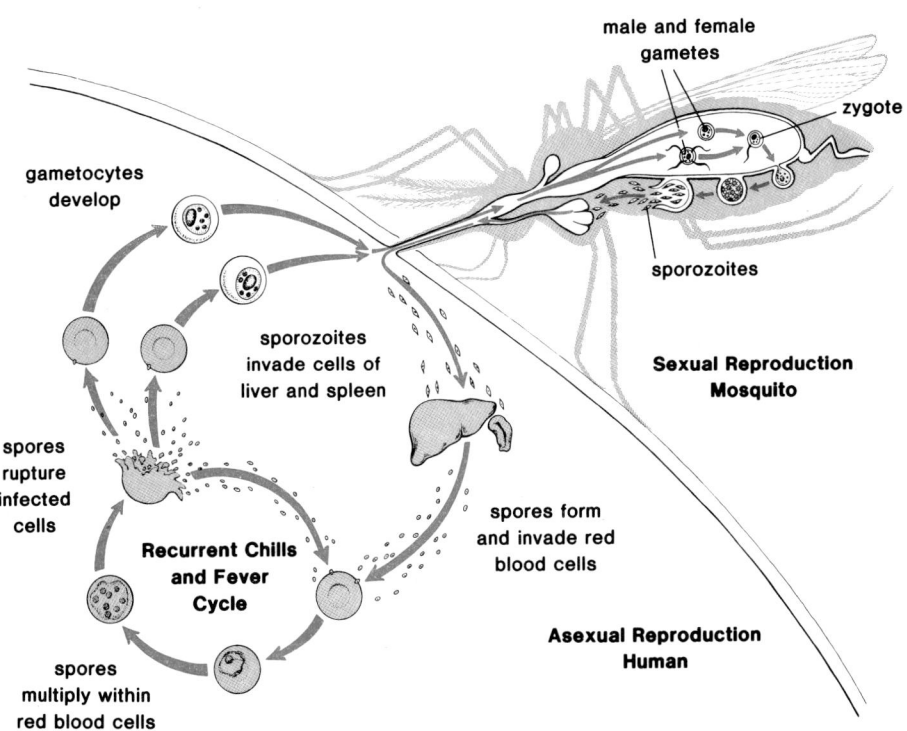

gametocytes
develop

male and female
gametes

zygote

sporozoites
invade cells of
liver and spleen

sporozoites

spores
rupture
infected
cells

**Sexual Reproduction
Mosquito**

**Recurrent Chills
and Fever
Cycle**

spores form
and invade red
blood cells

spores
multiply within
red blood cells

**Asexual Reproduction
Human**

Green Algae (Phylum Chlorophyta)

Chlamydomonas (fig. 25.22) is a *single-celled* green alga, which has been studied in detail by means of the electron microscope. It has a definite cell wall and a single, large, cup-shaped chloroplast that contains a **pyrenoid** to store starch. A red-pigmented eye spot seeks out the light in order that photosynthesis may occur, and the two flagella that project from the anterior end allow the cell to move freely toward the light.*Chlamydomonas* has both animal and plantlike characteristics in that it is motile and yet makes its own food; it is believed that such an organism may be a good example of what the most primitive protist was like.

Chlamydomonas is also a good example of an organism that follows the haplontic life cycle (fig. 25.11a). During asexual reproduction, the interior of the cell divides one or more times to form two to eight zoospores that resemble the parent cell. With the disintegration of the cell wall, the zoospores are released into the water and soon become adult cells like the parent. Sexual reproduction begins when the adult divides repeatedly to produce isogametes (gametes that look alike). When gametes from two different strains come into contact, the contents of the two cells join to form a zygote. A heavy wall forms around the zygote, and it becomes a resistant body able to survive until conditions are favorable, at which time the zygote germinates and produces four zoospores by meiosis. *Chlamydomonas* produces zoospores, or flagellated spores, in both the asexual and sexual life cycles.

Figure 25.22
The structure and life cycle of *Chlamydomonas,* a motile green alga. During asexual reproduction, all structures are haploid; during sexual reproduction, the zygote only is diploid.

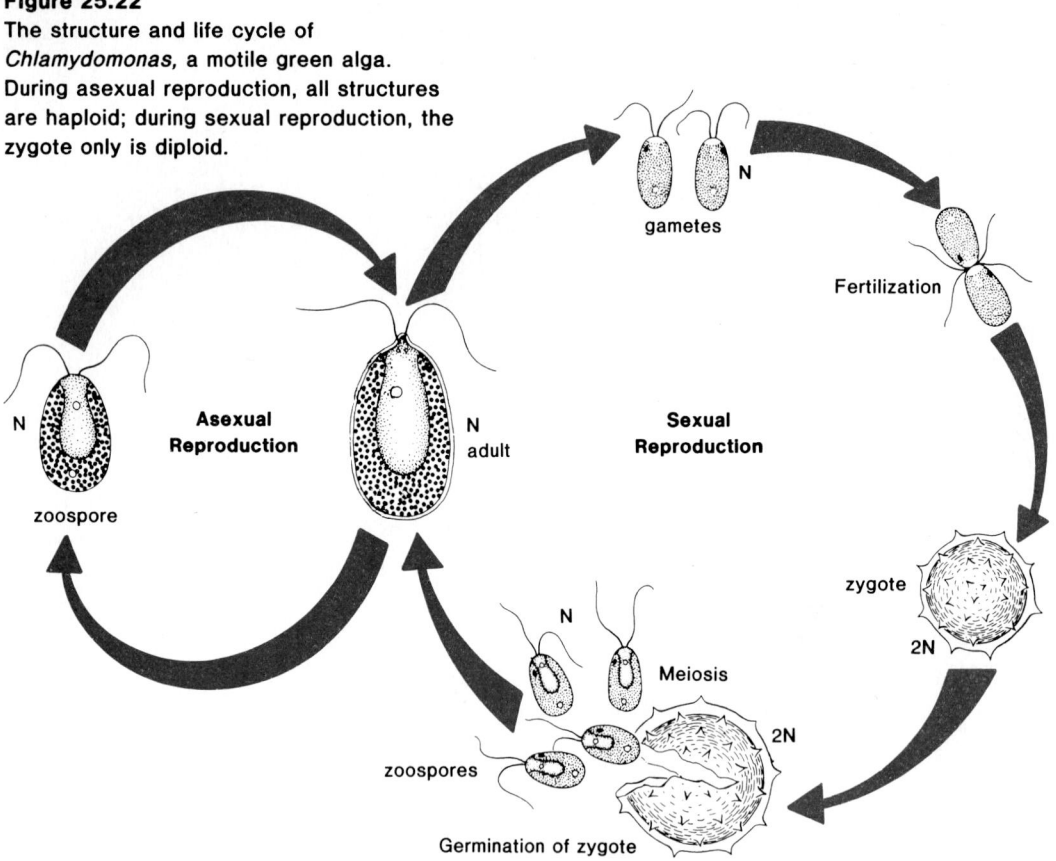

gametes

N

Fertilization

Asexual Reproduction

N

zoospore

N adult

Sexual Reproduction

zygote

2N

N

Meiosis

2N

zoospores

Germination of zygote

Chart 25.3 Asexual versus Sexual Reproduction

	Asexual	Sexual
Number of parents	One	Two
Gametes	None	Gametes
Recombination of Genes	Does not occur	Does occur

The life cycle of *Chlamydomonas* illustrates very nicely the primary differences between asexual and sexual reproduction (chart 25.3). *Sexual reproduction* is simply reproduction that involves the use of gametes. Distinct and separate sexes are not required and heterogametes (unlike gametes such as egg and sperm) are not required. Sexual reproduction is preferred to asexual reproduction because concurrent recombination of genes may produce a better product than either parent. Thus, sexual reproduction aids the process of evolution.

Volvox (fig. 25.23) is a good example of a *colonial alga* since it is composed of thousands of small flagellated cells (like small *Chlamydomonas*) that join to form a hollow ball. Strands of cytoplasm extend between the cells and may account for the coordination of the flagella as the *Volvox* colony moves about.

Volvox has the haplontic life cycle. Asexual reproduction occurs when a few cells break out of the mass of cells and begin to form a **daughter colony** inside the mother colony. Sexual reproduction indicates some specialization of parts because only certain cells form gametes. Eggs develop in cells that round up and increase greatly in size, while sperm are formed in cells that divide repeatedly to produce small flagellated cells. If a sperm of one colony

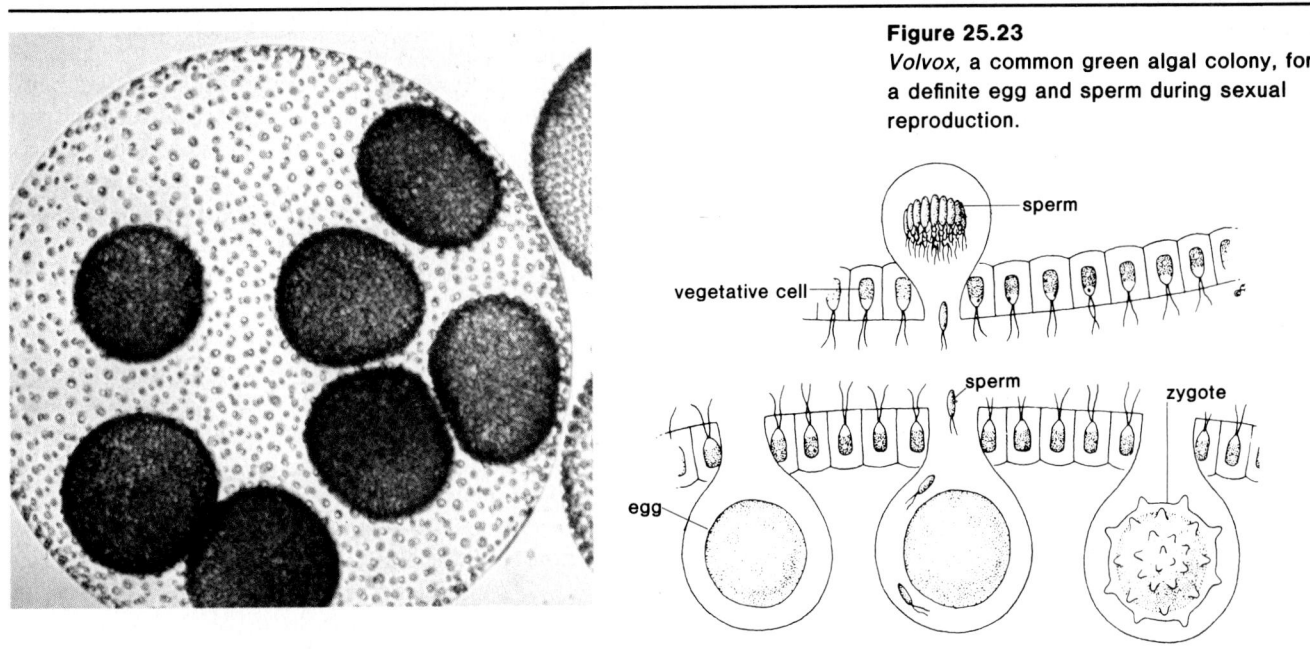

Figure 25.23
Volvox, a common green algal colony, forms a definite egg and sperm during sexual reproduction.

sperm

vegetative cell

sperm

zygote

egg

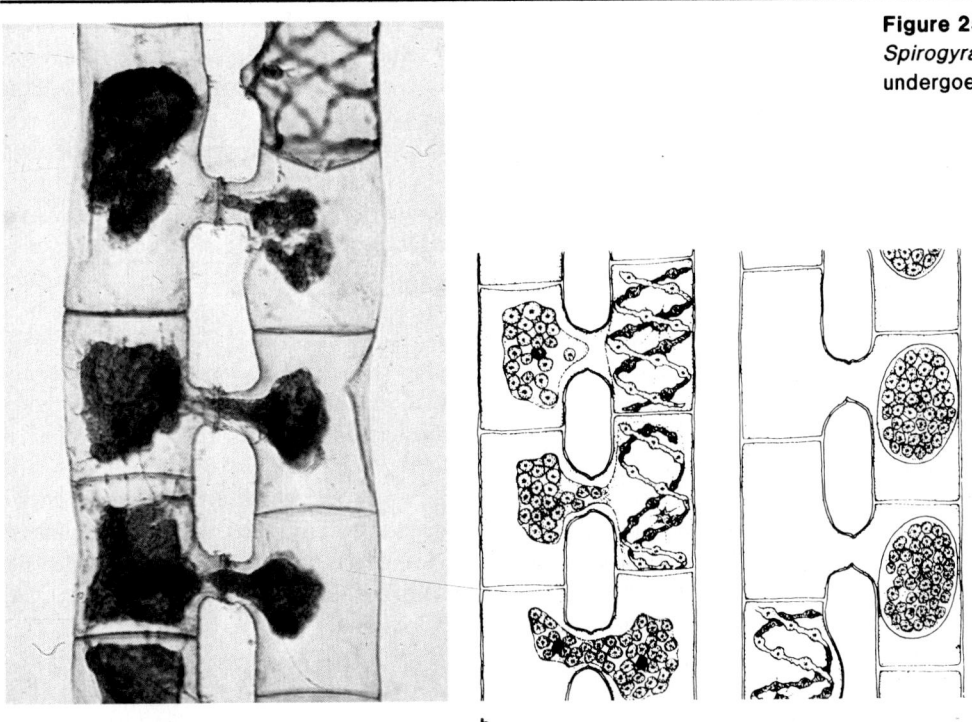

Figure 25.24
Spirogyra (*a*) is a filamentous alga that undergoes conjugation (*b*).

a.

b.

reaches the egg of another colony, fertilization occurs and a zygote is formed. Both the daughter colonies and zygotes stay inside the mother colony until it ruptures and they are released.

Spirogyra (fig. 25.24), which is found in green masses on the surface of ponds and streams, is a common example of a filamentous alga. In *Spirogyra*, the chloroplasts are ribbonlike and spiral within the cell. Asexual reproduction occurs when a filament breaks up and each piece begins to produce new cells. Sexual reproduction occurs when two filaments line up next to one another, and **conjugation tubes** form between their respective cells. The contents of the cells of one filament move into the cells of the other filament, forming 2N zygotes. These zygotes may survive the winter and in the spring undergo meiosis to produce a new haploid filament.

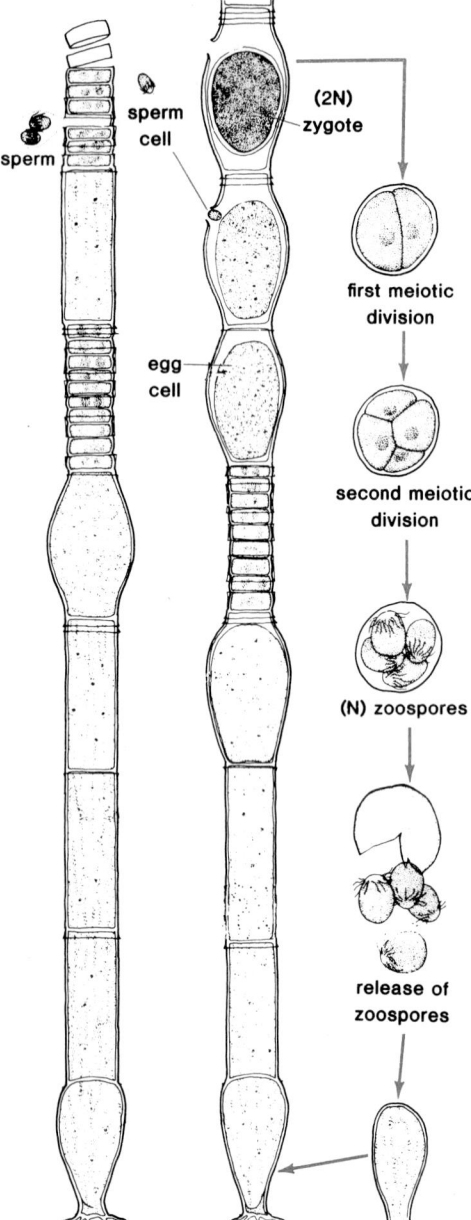

Figure 25.25

Oedogonium, a green algal filament, reproduces both asexually and sexually. During sexual reproduction, the egg awaits the arrival of the sperm.

sperm

sperm cell

(2N) zygote

egg cell

first meiotic division

second meiotic division

(N) zoospores

release of zoospores

Oedogonium (fig. 25.25) is another commonly distributed *algal filament* in which each cell has a cylindrical and netlike chloroplast with numerous pyrenoids. This filament reproduces asexually by fragmentation, but also any vegetative (nonsexual) cell may produce a zoospore that has flagella arranged in a whorl at one end. Sexual reproduction occurs when an enlarged specialized cell produces an egg and other short, disklike cells each produce two sperm. The sperm, which look like small zoospores, escape and swim to an egg, after which the zygote is released and enters a period of dormancy. Upon germination, the zygote produces four zoospores, each of which may grow into a filament.

These green algae appear to have developed sexual reproduction as a means of surviving unfavorable environmental conditions since the zygote is enclosed within a protective coat and only germinates when environmental conditions are favorable. Also, there is a progression from *Chlamydomonas*, the more primitive alga with isogametes, to *Volvox* and *Oedogonium*, which produce a definite egg and sperm by means of specialized cells. Heterogametes represent an advancement because the stationary egg contains stored food that aids survival of the zygote. The sperm is motile and able to seek out and find the stationary egg.

Another representative of the green algae, *Ulva* (fig. 25.26) undergoes the life cycle called alternation of generations. *Ulva*, which is often called sea lettuce because it looks like a leaf of lettuce, is sometimes diploid and sometimes haploid. The diploid form, called the sporophyte, produces haploid zoospores by meiosis. The zoospores mature to the haploid adult called the gametophyte, which produces isogametes. Fusion of these gametes results in a zygote that develops into the sporophyte adult.

It is sometimes suggested that the green algae gave rise to plants because (1) they contain chlorophyll a and b, (2) they store carbohydrates as starch, and (3) many have cellulose cell walls just as plants do. Some authorities are of the opinion that *Ulva*, since it undergoes alternation of generations, may be representative of an ancestor that produced the plants.

Brown Algae (Phylum Phaeophyta)

A good example of brown algae is *Fucus* (fig. 25.27), a *multicellular* seaweed called rockweed, which is especially abundant in the north temperate zone. It ranges from one to three feet in length and may be attached in great masses to rocks exposed at low tide. Air bladders hold the forked branches aloft in the water, and the tips of some of the branches, which are enlarged, contain the sex organs. The life cycle of *Fucus* is so advanced that a gametophyte generation is not seen in some species; these have the diplontic cycle (fig. 25.11c) in which the adult is always diploid. The largest of the brown algae, the kelps, may be as long as one hundred feet.

Red Algae (Phylum Rhodophyta)

Like the brown algae, the red algae are multicellular, but they occur chiefly in warmer seawaters, growing both in shallow waters and as deep as light penetrates. Some forms of red algae are filamentous, but more often they are complexly branched; the branches having a feathery, flat, and expanded or ribbonlike appearance. Notably, red algae is used in the production of agar, the gelatinous solid medium on which bacteria and fungi may be grown.

a.

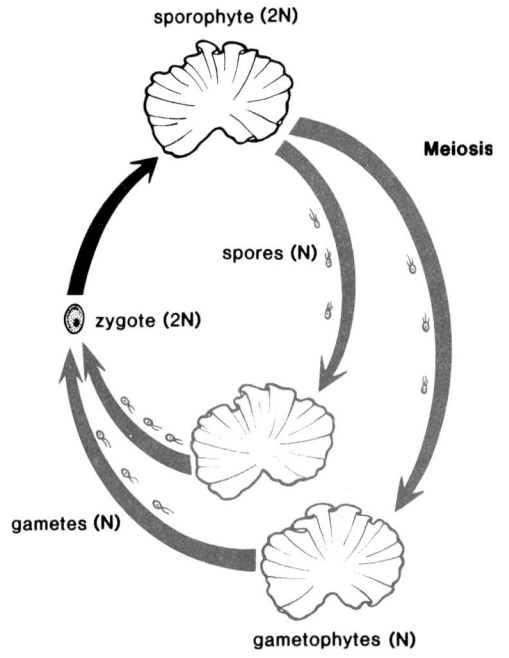

sporophyte (2N)

Meiosis

spores (N)

zygote (2N)

gametes (N)

gametophytes (N)

b.

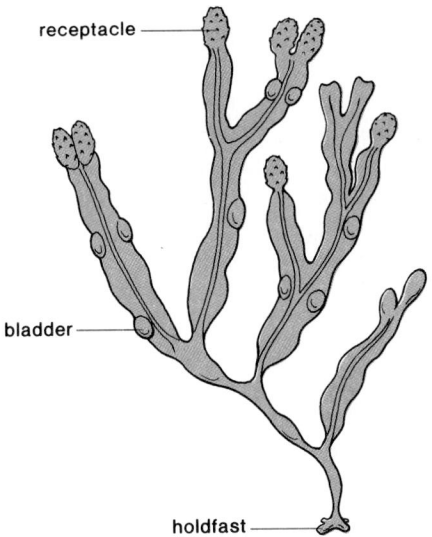

receptacle

bladder

holdfast

a.

Figure 25.27
a. Fucus (rockweed), a brown alga, looks plantlike. b. Enlargement of receptacles (reproductive structures).

b.

517

Figure 25.28
Diatoms are single-celled, golden-brown
algae with beautiful silica-embedded walls.

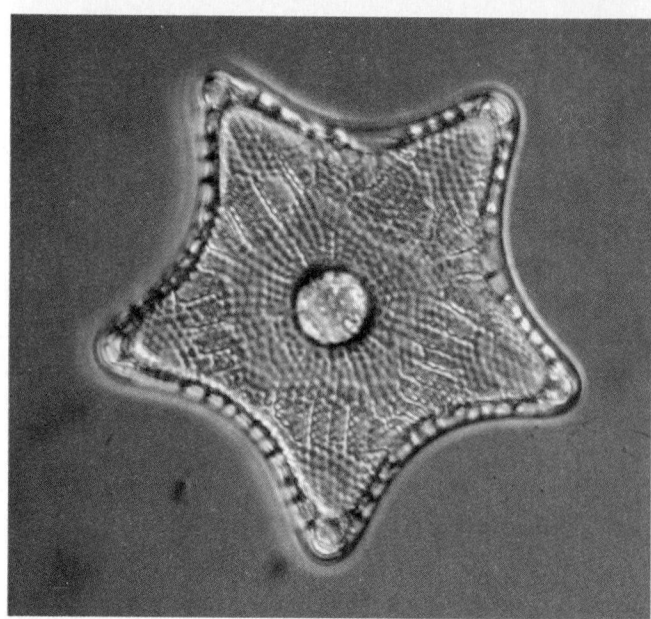

Dinoflagellates (Phylum Pyrrophyta)

Dinoflagellates have two external grooves or furrows, each containing a single flagellum. One furrow is transverse and completely encircles the cell; the other is longitudinal and extends along one side only. The beating of these flagella causes the organism to spin like a top. The cell wall, when present, is frequently divided into polygonal plates of cellulose closely joined together. At times, there are so many of these organisms that they cause a "red tide," periodically seen off the east coast, that prohibits the catching and selling of shellfish because of a toxin released in the water.

Golden-Brown Algae (Phylum Chrysophyta)

These algae have a golden-brown pigment in addition to chlorophyll. The most important are the **diatoms** (fig. 25.28), a unicellular, free-floating form that has a cell wall composed of two halves or valves, one overlapping the other like the top and bottom of a medicine capsule. The cell wall is pectin with an outer layer of silica, a common ingredient of glass. The valves are covered with a great variety of striations and markings that form beautiful patterns when observed under the microscope. Reproduction is by cell division (mitosis). Diatoms, along with the dinoflagellates, are the major components of phytoplankton, or floating photosynthetic organisms in the ocean and fresh water, and are therefore the major producers in aquatic food chains. Because of their abundance, diatoms provide a significant amount of oxygen for use by animals.

When diatoms die, the glassy shells do not decay, and they accumulate at the bottom of the ocean. Occasionally, these deposits have been lifted above sea level by geological forces, and this "diatomaceous earth" has been put to good use. It can be used as a filtering agent, in soundproofing materials, and in scouring powders.

Summary

Viruses are noncellular obligate parasites made up of a coat of protein and a nucleic acid core. The life cycle of the bacteriophage, T virus, shows that only viral DNA need enter a cell in order for reproduction to occur. Following entrance, host DNA disintegrates as viral DNA replicates; then coat protein formation precedes assemblage of complete viruses that are released.

The kingdom Monera includes the bacteria and blue-green algae, which are procaryotic, meaning that their cells lack the organelles found in eucaryotic cells. Bacteria, which commonly have three possible shapes—rod (bacillus), round (coccus), and spiral (spirillum)—display a wide range of metabolic activities. Most bacteria are aerobic, but some are facultative anaerobes, while others are obligate anaerobes. Although most bacteria are saprophytic, all types of nutrition are found except holozoism. Reproduction is by binary fission, but sexual exchange does occasionally take place. Some bacteria, when environmental conditions become unfavorable, form endospores, which can survive the harshest of treatment except sterilization. Bacteria are extremely important in ecological cycles, in genetic research, and as agents of disease.

Blue-green algae, which actually may be different colors, are the only type of algae with procaryotic cells. These algae have the most basic nutritive requirements of all organisms; with a supply of aerial nitrogen, carbon dioxide, water, and minerals, they survive the most extreme circumstances. An overabundant supply of nitrogen causes them to produce an algal bloom of ecological fame. Blue-green algae together with fungi form lichens, important soil formers due to their action on rocks.

The kingdom Protista includes fungi, protozoans, and other algae. The fungi are saprophytic organisms composed of hyphae filaments that form a mycelium. Fungi display the haplontic life cycle and usually produce windblown spores. Classification of fungi is based on the shape of the sporangia during sexual reproduction. The sac and club fungi have fruiting bodies, structures that contain many sporangia.

The protozoans are the animallike protists and are classified according to means of locomotion. Flagellated protozoans are believed to be the most primitive types, and *Euglena* is sometimes mentioned as a possible ancestor to both plants and animals. Photosynthetic flagellates, like *Euglena* and dinoflagellates, are important producers in the ocean. Amoeboid protozoans use pseudopodia not only for locomotion but also to capture food that is retained within a food vacuole. *Paramecium,* an example of a ciliated protozoan, illustrates the complexity of their organelles. Protozoans in the class Sporozoa are parasitic protozoans.

Chart 25.4 Summary of Protists

	Nutrition	Body Shape	Unique Features
Fungi	Saprophytic	Hyphae (mycelium)	Haplontic life cycle with windblown spores. Fruiting bodies
Protozoans	Primarily heterotrophic and holozoic	Unicellular	Means of locomotion: flagella, pseudopodia, and cilia. Food vacuoles and contractile vacuoles
Algae	Photosynthetic	Unicellular, filamentous, colonial, multicellular	Development of sexual reproduction

Algae are photosynthetic organisms that are not only green but also golden brown, brown, or red because of additional pigments that mask green chlorophyll. Green algae, found primarily in fresh water, contain good examples of unicellular, filamentous, colonial, and multicellular forms. *Chlamydomonas,* a unicellular green alga, produces isogametes when undergoing sexual reproduction and zoospores in both the sexual and asexual portions of a haplontic life cycle. Filamentous *Oedogonium* and colonial *Volvox* produce heterogametes and therefore are considered more advanced. Multicellular *Ulva* undergoes alternation of generations, and some scientists believe that *Ulva* may represent an ancestor to green plants because, like other green algae, it also contains both chlorophyll a and b and stores carbohydrates as starch. Brown algae are the sturdy seaweeds and kelps found along rocky coasts, while red algae are, in contrast, light and delicate and grow at deeper depths in warmer ocean waters. Both red and brown algae are advanced multicellular forms that always practice some form of sexual reproduction. Dinoflagellates and diatoms, golden-brown algae, are the largest component of phytoplankton and therefore are the major producers of food in the ocean. They also release large quantities of oxygen into the atmosphere. Chart 25.4 compares the protists.

Study Questions

1. Describe the makeup and life cycle of a bacteriophage. (p. 496)
2. What common characteristics cause taxonomists to place bacteria and blue-green algae in the kingdom Monera? (p. 497)
3. What are the three shapes of bacteria? (p. 497) How do they reproduce? (p. 498) What are endospores? (p. 498)
4. Discuss the ecological importance of bacteria. (p. 499)
5. Contrast the three types of protists and choose a protist as an example of an organism that undergoes each of the three life cycles. (pp. 504, 514, 516)
6. Discuss the classification of both fungi and protozoans, giving appropriate examples. (pp. 504, 509) Describe the life cycle of bread mold and a mushroom. (pp. 505, 507)
7. Trace the development of sexual reproduction among the algae. (pp. 512–16) Which alga demonstrates alternation of generations? (p. 516) Which demonstrates the diplontic cycle? (p. 516)

Further Readings

Ahmadjian, V. 1963. The fungi of lichens. *Scientific American* 208(2):122.

Allen, R. D. 1962. Amoeboid movement. *Scientific American* 206(2):112.

Alvarado, C. A., and Bruce-Schwatt, L. J. 1962. Malaria. *Scientific American* 206(5):34.

Berg, H. C. 1975. How bacteria swim. *Scientific American* 233(2):36.

Bonner, J. T. 1963. How slime molds communicate. *Scientific American* 209(2):14.

Christensen, C. M. 1965. *The molds and man: An introduction to the fungi.* 3d ed. Minneapolis: University of Minnesota Press.

Echlin, P. 1966. The blue-green algae. *Scientific American* 214(6):75.

Litten, W. 1975. The most poisonous mushrooms. *Scientific American* 232(3):90.

Pitelka, D. F. 1963. *Electron-microscopic structure of protozoa.* New York: Pergamon Press.

Stanier, R. M. et al. 1976. *The microbial world.* 4th ed. Englewood Cliffs, N.J.: Prentice-Hall.

Tiffany, L. H. 1968. *Algae, the grass of many waters.* 2d ed. Springfield, Ill.: Charles C Thomas.

Wollman, E. L., and Jacob, F. 1956. Sexuality in bacteria. *Scientific American* 195(1):22.

26

plant kingdom

Chapter Concepts

1. Plants are land-dwelling, autotrophic organisms with specialized tissues.

2. The evolution of plants shows that full adaptation to life on land developed slowly.

3. Full adaptation is seen in the seed plants, which utilize pollen to transport the sperm nucleus to the egg nucleus. The resulting seed disperses the species.

Chart 26.1 Comparison of Water Environment with Land Environment

Water	Land
1. The surrounding water prevents the organism from drying out, that is, prevents desiccation.	1. In order to prevent desiccation, the organism must obtain water, provide it to all body parts, and possess a covering that prevents evaporation.
2. The surrounding water buoys up the organism and keeps it afloat. *Floatation princ.*	2. An internal structure is required for a large body to oppose the pull of gravity.
3. The water prevents desiccation and allows easy transport of reproductive units such as zoospores and swimming sperm.	3. The organism may provide a water environment for swimming reproductive units. Alternately, the reproductive units must be adapted to transport by wind currents or by motile animals.
4. The surrounding water prevents the fertilized egg (zygote) from drying out.	4. The developing zygote must be protected from possible desiccation.
5. The water maintains a relatively constant environment in regard to termperature, pressure, and moisture.	5. The organism must be capable of withstanding extreme external fluctuations in temperature, humidity, and wind. *— fast changes.*

Humans are land-dwelling, and they see about themselves other organisms that are capable of living on land. Plants are those photosynthetic organisms that have become adapted to a land existence through the evolutionary process. In comparison to water, the land is a more difficult environment for organisms as chart 26.1 illustrates. Adaptation to land of animals has been quite different from that of plants; and at the end of this chapter, we will compare the adaptation of humans to that of trees.

How Plants Differ from Algae

Plants are believed to have evolved from green algae because they both have the same two kinds of chlorophyll (a and b), they both store reserve food as starch, and they both have cell walls that contain cellulose. Green algae contain many different types of organisms such as *Chlamydomonas, Volvox, Spirogyra,* and *Ulva.* In many ways, *Ulva* seems to resemble plants; for example, it exhibits alternation of generations, is macroscopic, and has specialized parts. However, in the classification system adopted by this text, all plants in addition to these features also protect the gametes and zygote from drying out. Thus, plants are those organisms that:

1. Contain the green pigment chlorophyll.

2. Lack the power of motion or locomotion by means of contracting fibers.

3. Are multicellular and have cells specialized to form tissues and organs.

4. Have sex organs with an outer layer of nonreproductive cells to prevent desiccation of gametes.

5. Protect the developing zygote from drying out by providing it with water and nutrients within the female reproductive structure.

6. Have a life cycle that is described as alternation of generations.

Alternation of Generations

All plants undergo alternation of generations. This means that a plant exists in two forms: the **gametophyte** or haploid generation that produces gametes, and the **sporophyte** or diploid generation that produces spores by meiosis. **Spores** are haploid structures that develop into or mature to be haploid gametophytes.

Figure 26.1
Evolution of plants.

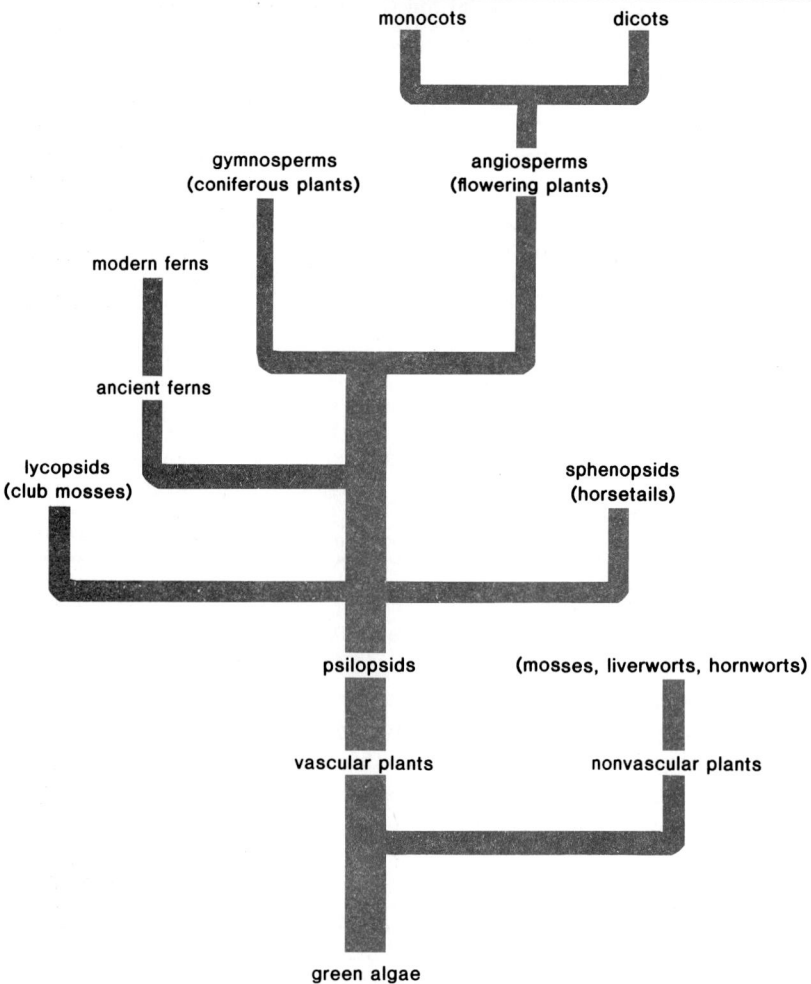

In plants, one generation, either the gametophyte or the sporophyte, is dominant over the other generation. By **dominant** it is meant that this generation lasts longer, is the larger and more conspicuous one, and is actually the one that laymen refer to as the plant because they don't realize that the other generation exists. Alternation of generations is diagrammed in figure 25.11. Notice that in this life cycle:

1. Meiosis produces spores, haploid structures that develop into the gametophyte generation (N generation).

2. The **gametophyte generation produces the gametes,** egg and sperm.

3. A zygote (2N embryo) results when the sperm fertilizes the egg, and this fertilized egg develops into the sporophyte generation.

4. The **sporophyte generation produces spores** in structures called sporangia by meiosis.

Evolution of Plants

Figure 26.1 gives a possible evolutionary tree to describe the evolution of plants. Notice that there are two main groups of plants, the vascular (p. 136) and nonvascular plants, which are believed to have evolved separately from green algae. The nonvascular plants, **Phylum Bryophyta,** evolved early and are a side branch to the evolutionary tree. The vascular plants, **Phylum Tracheophyta,** are in the mainstream of plant evolution. The evolutionary tree indicates that the primitive vascular plants (or Psilopsida) were followed by the ferns (or Filicinae), gymnosperms (e.g., Conifers), and angiosperms (flowering plants), in that order.

Although it is possible to trace the evolution of plants as if this evolution were a straight line, the tree actually indicates that evolution has a complex branching pattern. Each type of plant in existence today is a side branch to the tree and is involved in its own evolutionary development. The common ancestors that gave rise to the plants in existence today are located in the trunk of the tree and no longer exist.

The discussion that follows indicates that the evolution of plants led to a gradual adaptation to the land environment. Thus, the plants at the bottom of the tree are only partially adapted, while those at the top of the tree are fully adapted to the land and are the most successful on land. Success is judged by size, number, variety, and range of habitat.

Nonvascular Plants (Phylum Bryophyta)

The bryophytes include the liverworts and mosses. A liverwort (fig. 26.2) is a flat, leaflike structure with numerous **rhizoids** (rootlike hairs) projecting into the soil. Reproductive structures typically rise above the main body of the plant. Mosses (fig. 26.3), on the other hand, grow in mats consisting of many erect and leafy shoots each with its own rhizoids. A shoot is composed of a stemlike structure and radially arranged leaflike structures. Since bryophytes do not have vascular tissue, they are said to *lack true roots, stems, and leaves*.

The bryophytes are relatively small plants that are restricted to moist places because they lack vascular tissue and also because fertilization requires swimming sperm. Nevertheless, bryophytes do have a waxy cuticle to prevent water loss and they do protect both the gametes and zygote from drying out, as discussed following.

Moss

Gametophyte Is Dominant   Among the bryophytes, the structure referred to as the plant is the gametophyte generation (fig. 26.4). Gametophyte generations begin as **protonema,** structures that resemble filamentous green algae. The adult moss, such as **Polytrichum** or **Mnium,** consists of both male shoots and female shoots which grow from the protonema. At the tip of the male shoot there are **antheridia** in which swimming sperm are produced. After a rain or heavy dew, the sperm swim to the tip of the female shoot where structures called **archegonia** are found and within which eggs are produced. Both antheridia and archegonia are multicellular sex organs with an outer layer of jacket cells that help protect the enclosed gametes from desiccation. After the egg is fertilized, it is retained within the archegonia and begins development as the sporophyte generation.

Sporophyte Generation Is Dependent on the Gametophyte   The sporophyte generation is parasitic on the female gametophyte shoot and consists of a foot that grows down into the gametophyte tissue, a stalk, and an upper capsule, or sporangia, where spores are produced by meiosis. The *spores are windblown* and are released in dry weather.

Adaptation of Moss   The moss plant shows some adaptation to the land environment. Referring to chart 26.1, the moss fulfills number 4 and most of number 1 for adaptation to a land existence. However, it lacks a transport system to conduct water to body parts, and it lacks an internal supporting structure for a large body. Very important is the fact that although the moss

Figure 26.2
Marchantia, a liverwort. a. Enlargement showing gemma cups. b. Enlargement showing archegonia.

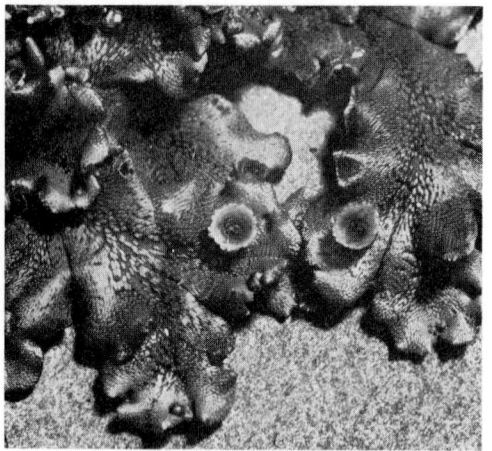

a.

b.

Figure 26.3
Haircup moss with both gametophyte and sporophyte generations.

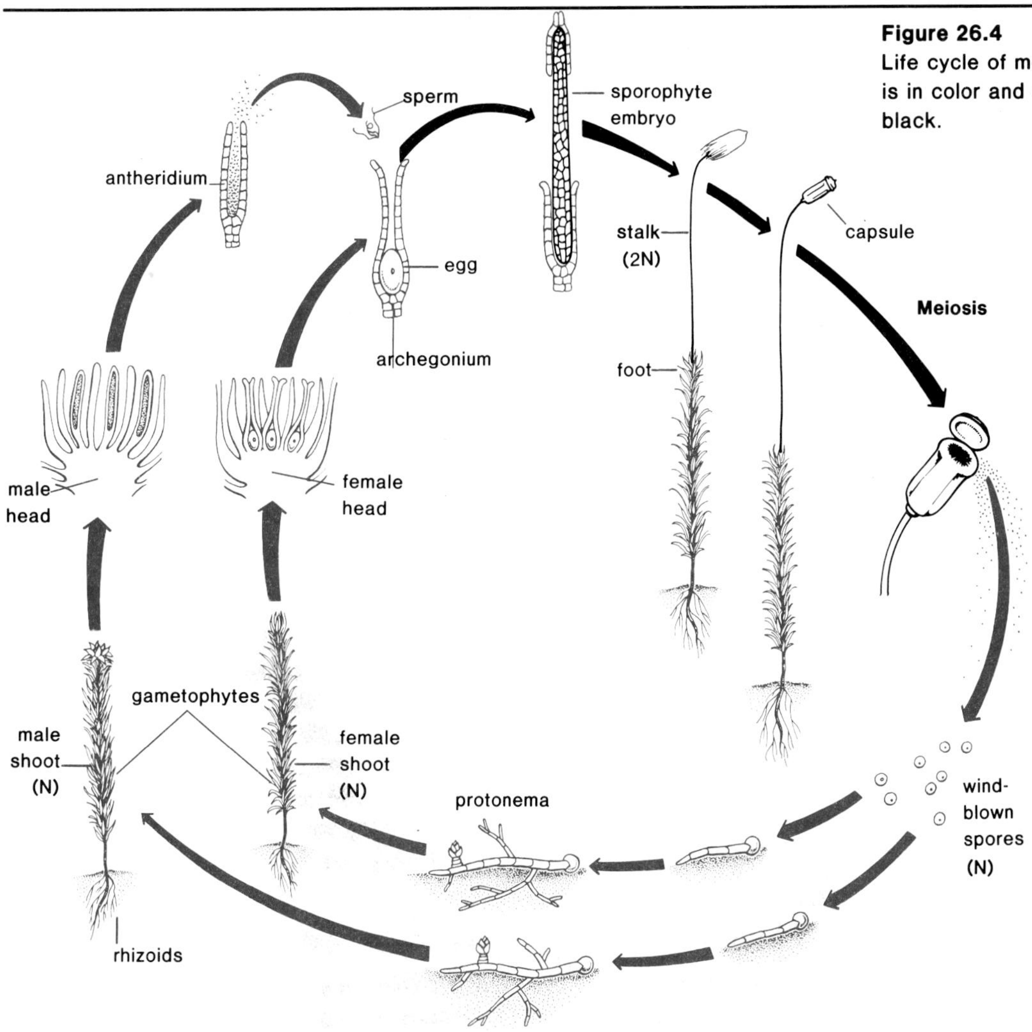

Figure 26.4
Life cycle of moss. Gametophyte generation is in color and sporophyte generation is in black.

sperm

sporophyte embryo

antheridium

egg

stalk (2N)

capsule

archegonium

Meiosis

foot

male head

female head

male shoot (N)

gametophytes

female shoot (N)

protonema

wind-blown spores (N)

rhizoids

plant protects the gametes within the antheridia and archegonia, the sperm must swim in a film of water to the archegonia. This means that the plant unfortunately is dependent on a chance outside supply of water for reproduction, even though the presence of windblown spores shows an adaptation to reproduction on land. It is not surprising that the moss and the other bryophytes, which have a similar life cycle, are most often found in moist places to help maintain a constant external environment. Mosses, like many other plants, may become dormant in an unfavorable external environment.

Importance
Following lichens (p. 507), mosses colonize newly formed soil from rocks (fig. 26.5), making it suitable for the growth of other plants. This is a step in so-called primary succession (p. 715), in which over a period of time a previously rocky area becomes suitable for the growth of trees.

Sphagnum, bog or peat moss, has commercial inportance. This moss has special nonliving cells that can absorb moisture which is why peat moss is often used in gardening to improve the water-holding capacity of the dirt. In some areas, like bogs, where the ground is acid, dead mosses, especially sphagnum, accumulate and do not decay; this accumulation, called peat, can be used as a fuel.

Figure 26.5
The growth of moss on rocks contributes to succession, the process by which rocks are eventually converted to fertile soil.

Vascular Plants (Phylum Tracheophyta)

Among the tracheophytes, the sporophyte or 2N generation is dominant. As we discussed in the last chapter, advanced organisms are diploid, in which state there are two genes for every trait. This is preferred because a faulty gene may not express itself if paired with an active functional gene. In vascular plants, the 2N generation is the generation that has the vascular tissue: xylem conducts water from the roots to the leaves and phloem conducts nutrients from the leaves to the roots. It is extremely interesting that xylem with its strong-walled cells is also used to support the body of the plant against the pull of gravity. Among the tracheophytes are the tallest organisms in the world—the redwood trees of California.

Psilopsida and Relatives

The first three subphyla of the tracheophytes (fig. 26.6) contain plants that are greatly overshadowed by the other plants in this phylum. However, the Psilopsida are of particular interest because they represent the primitive vascular plants from which the other tracheophytes may have evolved. In these

Figure 26.6
Representative lower tracheophytes.
a. *Equisetum* (horsetail). b. *Psilotum*.
c. *Selaginella* (club moss).

a.

b.

c.

living fossils, there is a horizontal stem from which rhizoids (lacking roots) extend on the underside, while green, photosynthetic, upright branches, with tiny scalelike structures, grow upward. This is the sporophyte generation, and sporangia are located on the branches. The gametophyte generation is separate, smaller than the sporophyte, and water-dependent. In fact, the life cycle of the Psilopsida is very close to that of the fern, which is discussed next.

Ferns

Ferns vary in appearance. Most are only a few feet tall but in tropical rain forests some are tall, resembling palm trees. The common temperate zone ferns (e.g., *Pteridium*) have a horizontal stem (rhizome) from which hairlike roots project beneath and large leaves, or **fronds** (fig. 26.7), project above. The fronds are subdivided into a large number of leaflets and all parts of the plant contain xylem composed only of tracheids (p. 136). Therefore a fern has true roots, stems, and leaves.

Figure 26.7
a. The sporophyte generation of a bracken fern. b. The undersurfaces of the large fronds are covered with sori, clusters of tiny sporangia.

a.

b.

Figure 26.8

Life cycle of fern. Gametophyte generation is in color and sporophyte generation is in black.

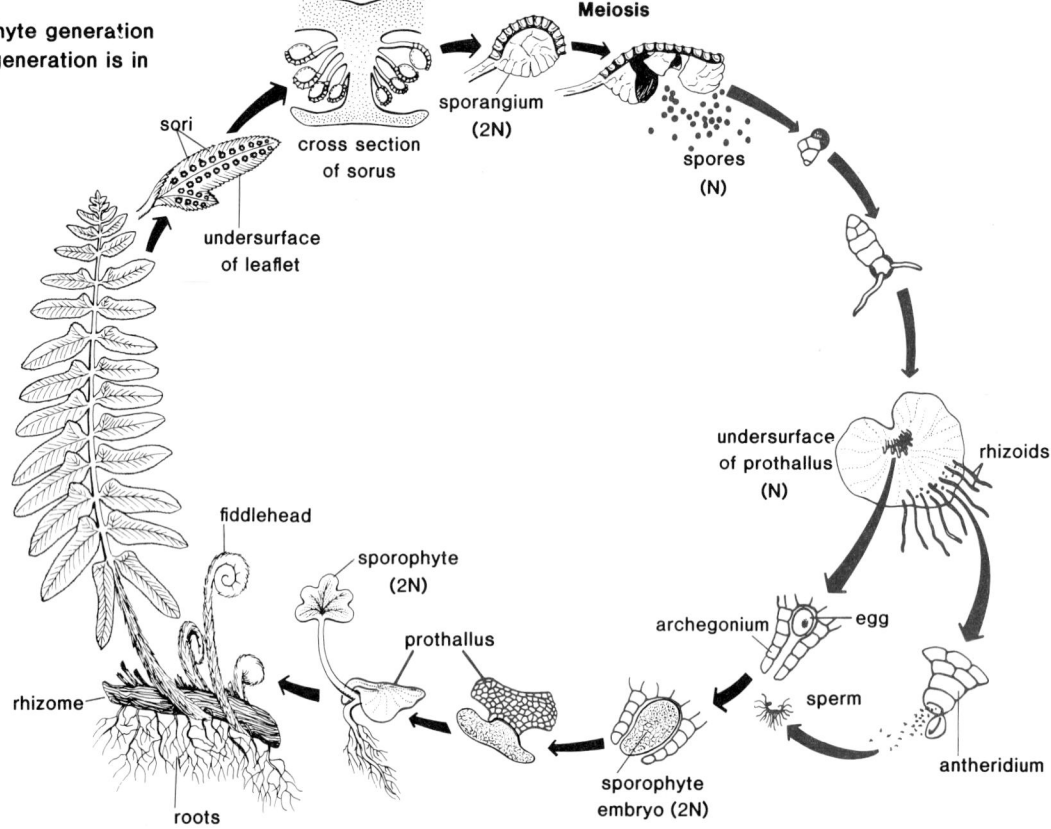

Life Cycle of Fern

Sporophyte Generation is Dominant   The plant referred to as the fern is the sporophyte generation (fig. 26.8). On the underside of some leaflets appear **sori**, or collections of sporangia. Within the sporangia, windblown spores are produced by meiosis.

Gametophyte Generation is Separate and Water-Dependent   The gametophyte generation is a small, heart-shaped structure called a **prothallus.** At the notch of the "heart" appear the archegonia and at the tip are the antheridia. Swimming sperm are released by the antheridia and swim to the eggs in the archegonia. The fertilized egg or zygote is retained within the archegonia and develops into the sporophyte generation.

Adaptation

The fern is incompletely adapted to life on land due to the water-dependent gametophyte generation. This generation lacks vascular tissue and is separate from the sporophyte generation. Swimming sperm require an outside source of water to swim to the egg in the archegonia. Ferns are most often found in tropical rain forests where they may grow quite large, or in other moist environments where water is available for the gametophyte generation.

Importance of Nonseed Tracheophytes

During the Carboniferous period (fig. 26.9) the horsetails, club mosses and ferns were abundant, very large and treelike. For some unknown reason a large quantity of these plants died and did not decompose completely. Instead they were compressed and compacted to form the coal which we still mine and burn today. (Oil was formed similarly but most likely formed in marine sedimentary rocks and included animal remains.)

Figure 26.9
Carboniferous coal swamps are believed to
have contained plants with fernlike foliage
(left), treelike club mosses (left), and
treelike horsetails (right).

Seed Plants

The seed plants are the most successful of all the plants as they have solved
the problems of a dry environment. They possess vascular tissue and do not
require swimming sperm for fertilization. The primary weakness observed in
the plant life cycle thus far has been the water-dependent gametophyte generation, which produces swimming sperm that require outside moisture to
swim to the egg. This difficulty has been overcome by the seed plants. The
solution to the problem is complicated. First, these plants produce **heterospores**, or male and female spores. The male spore develops into the male
gametophyte generation while it is within the male sporangia (microsporangia). It is released as the windblown, or sometimes insect-carried, mature
pollen grain. Within the pollen grain is found the sperm nucleus that will
fertilize the egg nucleus. Thus, the *pollen grain replaces swimming sperm* in
the seed plants.

The female spore is retained within the female megasporangia (ovule),
where it develops into the female gametophyte generation. While still within
the ovule, the female gametophyte generation produces an egg that is fertilized
by the sperm nucleus. The fertilized egg then develops into an embryonic
plant. At this point, the ovule is released as the **seed**. Thus, the *seed contains
the embryonic plant* of the next sporophyte generation plus stored food.

In the nonseed plants, the spores are released and are windblown; thus,
in those plants the spores dispersed the species. In seed plants, the seeds
disperse the species. The phrase, *disperse the species,* refers to the means by
which an organism distributes itself about the world. Motile animals need
only locomote away from their parents to disperse the species, but stationary
plants obviously need some other device.

Figure 26.10

Alternation of generations in seed plants.
See the arrow color key for fig. 25.11.

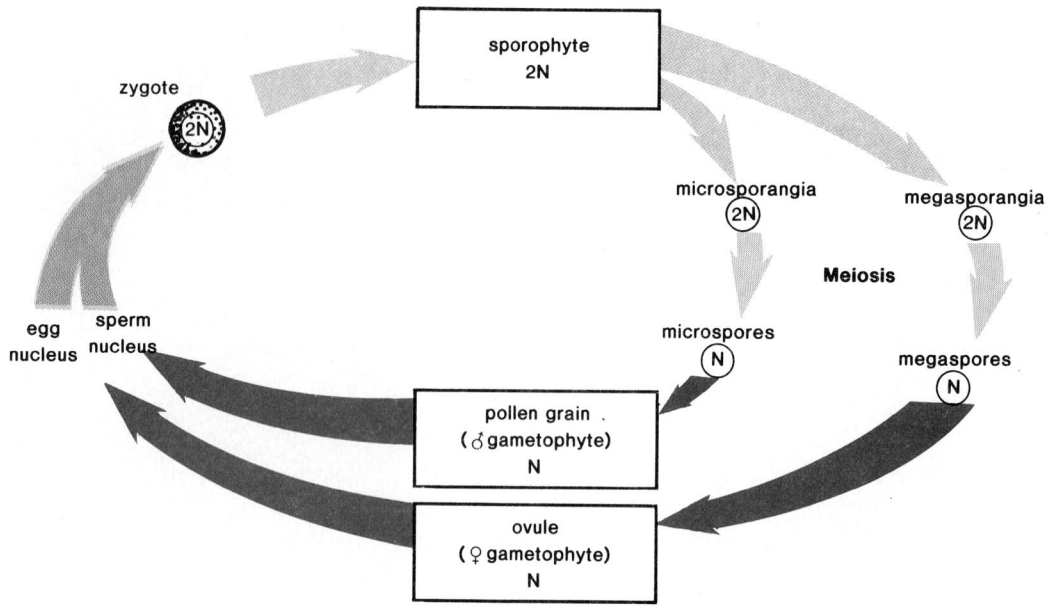

Life Cycle of Seed Plants

Figure 26.10 diagrams the life cycle of seed plants. In this life cycle:

1. The adult is a diploid sporophyte.

2. Meiosis produces male spores within male microsporangia and female spores are produced within female megasporangia (ovules).

3. The male gametophyte generation is the pollen grain and contains the sperm nucleus that fertilizes the egg. The female gametophyte generation is retained within the ovule, and within the ovule it produces an egg.

4. Fertilization results in an embryo that lies inside the original ovule. This ovule becomes the released seed.

5. The seed contains the new sporophyte generation.

Gymnosperms (Naked Seed Plants)

The gymnosperms (fig. 26.11) are woody plants that most often bear cones. Of the living gymnosperms, the conifers—pine, cedar, spruce, fir, and redwood trees—are the most successful. The evergreen, needle-like leaves of these trees are well adapted to withstand not only hot summers but also cold winters and high winds. Their relatively small surface area also reduces water loss.

In gymnosperms, the sporophyte generation is dominant and sporangia are located on the scalelike leaves of the cones. There are two types of cones—male and female. In the pine (e.g., *Pinus*), the male cones are quite small and are located near the bottom of the tree, while the female cones often used as Christmas decorations, are larger and are located near the top of the tree.

Figure 26.11
Representative gymnosperms. a. Douglas fir
(*Pseudostuga taxi folia*). b. California
redwood (*Sequoia sempervirens*).
c. Monterey pine (*Pinus radiata*).

a.

b.

c.

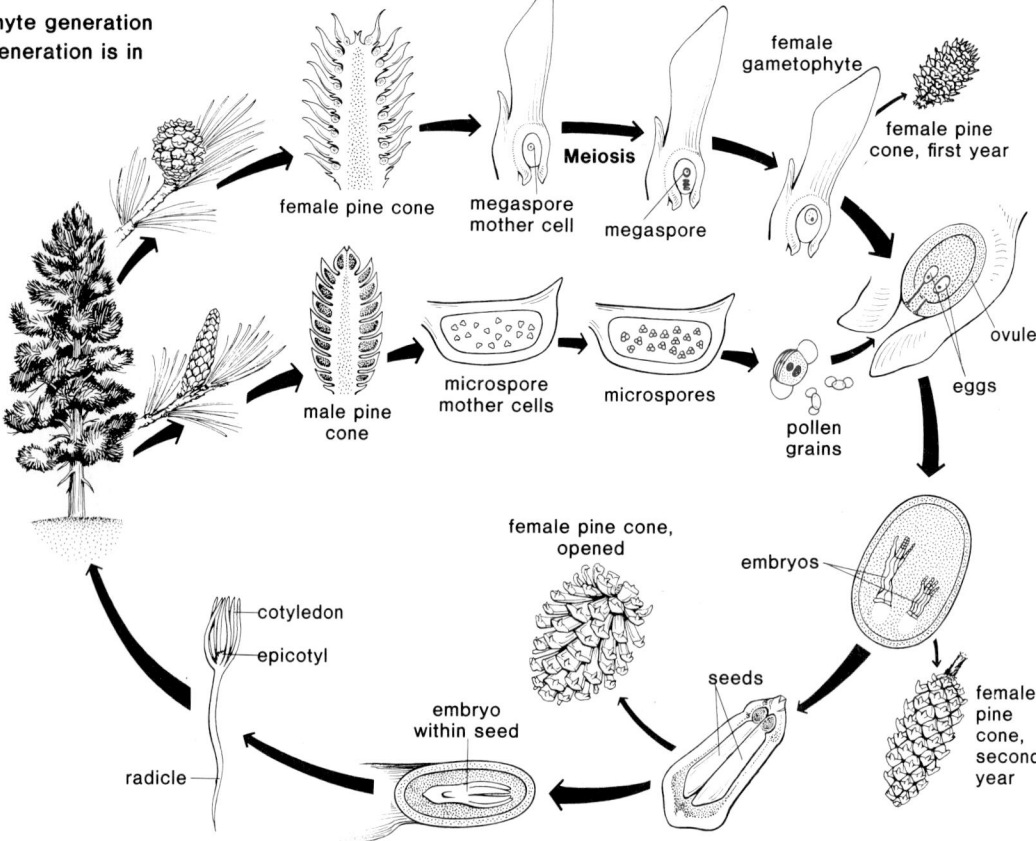

Life Cycle of the Pine

Sporophyte Generation Produces Cones   The dominant generation is the sporophyte generation (fig. 26.12). Specialized leaves make up the pine cones, male and female, and on these leaves are located either the male microsporangia or female megasporangia (ovules).

Male Cone Produces Pollen Grains   Each scale of the male (staminate) cone has two microsporangia on the underside. Within these sporangia, meiosis produces the microspores, which divide into a four-celled, male gametophyte, or pollen grain with wings (fig. 26.12). One of these nuclei will be the sperm nucleus that ferties the egg after the pollen grain is carried to the female cone.

Female Cone Produces Seeds   Each scale of the female (ovulate) cone has two ovules that lie on the upper surface. Within the ovule, meiosis produces four female spores (megaspores). Only one of these spores develops into a female gametophyte that produces two or three eggs, only one of which is fertilized. When a pollen grain arrives at the female cone, it develops a **pollen tube** after a period of time. The sperm nucleus travels down this tube to fertilize an egg. After fertilization, the ovule becomes the seed which is composed of the embryo, the remaining cells of the female gametophyte generation (to be used as food for the embryo), and the original ovule coat. The winged seeds are exposed or naked.

Figure 26.13
Bristlecone pines, the oldest plants in the world.

Importance

The conifers supply much of our lumber for building and wood for the production of paper, turpentine, and other products. The wood of a conifer is considered a *softwood* because the xylem contains only tracheids and has no vessel and accompanying support cells, and does not have the strength of the *hardwood* of a flowering tree. Today there are conifer forests that are managed to give a sustained and continuous yield, and although it is a good idea to have such forests, the questionable techniques of monoculture agriculture (p. 686) are generally used.

As mentioned on page 131, it is possible to examine wood to determine the age of a tree. The oldest living thing on earth is believed to be a bristlecone pine (fig. 26.13) which has been dated at 4,600 years old by the Laboratory of Tree Ring Research, University of Arizona.

Angiosperms (Flowering Plants)

In the angiosperms, the male and female sporangia are located in the flower. The flower has two advantages: (1) it attracts animals (e.g., bees) that aid in pollination, and (2) it produces seeds enclosed by fruit. There are many different types of fruits, some of which are fleshy and some of which are dry. The fleshy fruits are sometimes eaten by animals, who may transport the seeds to a new location and then dispel them during defecation. Fleshy fruits may also provide additional nourishment for the developing embryo. Both fleshy and dry fruits provide protection for the seeds.

Angiosperms are the most successful of all the plants. All hardwood trees including all the deciduous trees of the temperate zone and the broad-leaved evergreen trees of the tropical zone (fig. 26.14) are angiosperms though sometimes the flowers are inconspicuous. All herbaceous (nonwoody) plants common to our everyday experience such as the grasses and flowers (fig. 26.15) are angiosperms. Angiosperms are adapted to every type of habitat, including water (e.g., water lilies and duckweed).

Figure 26.14
Representative angiosperm trees. a. Sweet chestnut (*Castanea sativa*). b. Wych elm (*Ulmus glabra*). c. Red maple (*Acer rubrum*). d. Pear (*Pyrus communis*).

a.

b.

c.

d.

The angiosperms are divided into two groups (fig. 7.8): the monocots (e.g., lily) and the dicots (e.g., buttercup). The monocots are always herbaceous, with flower parts in threes, parallel leaf veins, scattered vascular bundles in the stem, and one cotyledon or seed leaf in the embryo. The dicots may be woody or herbaceous, with flower parts in fours and fives, net veins, concentric vascular bundles in the stems, and two cotyledons or seed leaves in the embryo.

a.

Figure 26.15
Representative angiosperm flowers.
a. Poppy red anemone (*Anemone coronaria*). b. Waterlily (*Nymphaea odorata*). c. Fish hook cactus (*Ferocactus acanthodes*). d. Amaryllis (*Hippeastrum puniceum*).

b.

c.

d.

Figure 26.16
Life cycle of flowering plants. Gametophyte
generation is in color and sporophyte
generation is in black.

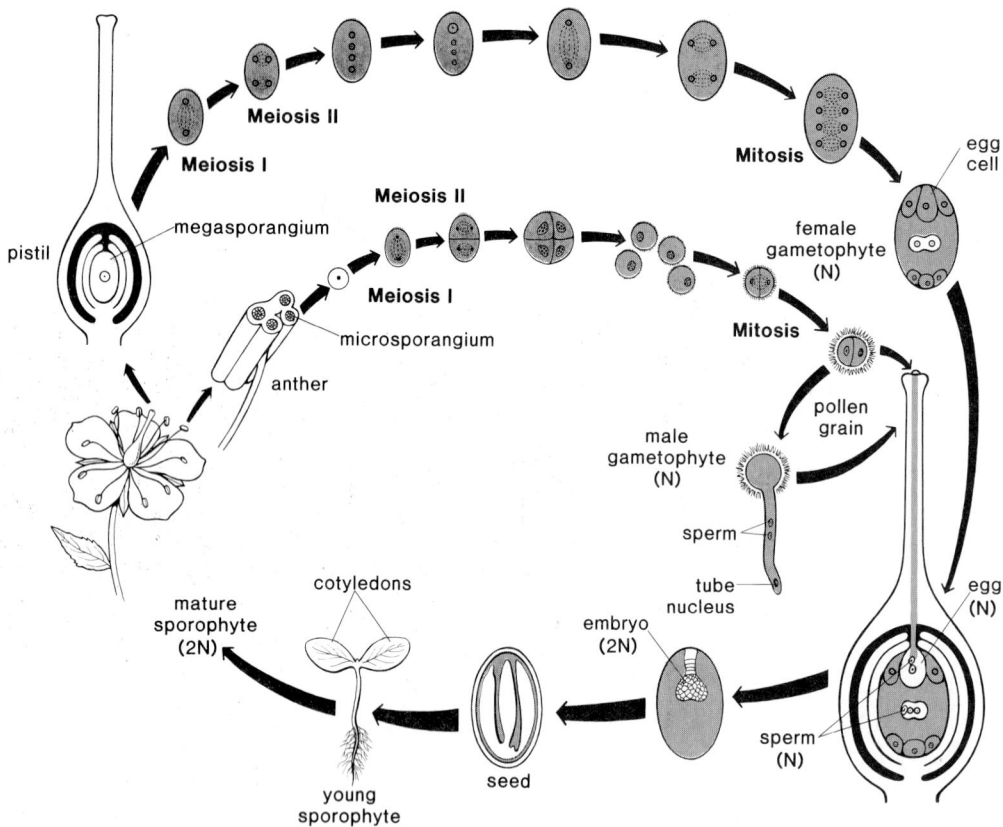

The Flower

The flower contains the male and female sporangia (fig. 26.16) on modified
leaves. The microsporangia (♂) are located in the anther, and the megasporangia (♀) or ovules, are found within the ovary. The names of all flower parts
are given in figure 7.23.

Life Cycle of Flowering Plants

Male Part of the Flower Produces Pollen   The *stamen* consists of a slender
filament with an anther at the tip. Meiosis within the anther produces *microspores*. Each microspore divides to produce a multinucleated pollen grain,
the male gametophyte generation. *Pollen grains* (fig. 7.25) are either windblown or carried by insects, etc. to the female part of the flower. When a
pollen grain falls on the stigma, it forms a pollen tube through which two
sperm nuclei travel to the ovule. When one sperm nucleus fertilizes the egg
nucleus, a zygote results. When the other fertilizes the so-called polar nuclei,
the 3N endosperm results.

Female Part of Flower Produces the Fruit Containing the Seeds   The *pistil*
is made up of a stigma, style, and ovary. The *ovules* are contained within the
ovary. Meiosis within an ovule produces a multinucleated, female gametophyte generation. One of these nuclei, the egg nucleus, is fertilized by a sperm

nucleus and becomes the developing embryo. Two other nuclei (polar nuclei) are fertilized by a sperm nucleus and become the endosperm, food to nourish the embryo. The ovary wall, and sometimes adjacent parts, develops into a *fruit* that surrounds the mature ovules, or *seeds*.

Notice that the botanical term for fruit does not correspond to the layman's term. Nuts (including the shells), peas (the pods), flower seeds (with their outer covering) are all termed fruits. Tomatoes, cucumbers, stringbeans, as well as apples, oranges, and pears are fruits.

Pollination versus Fertilization **Pollination** is the transfer of pollen from the anther to the stigma. Coevolution has occurred between flowers and their pollinators (fig. 7.26) and the relationship is mutualistic. The pollinator, such as a bee, receives food while the flower achieves the transfer of pollen. **Fertilization** is the actual union of a sperm nucleus with an egg nucleus to form a zygote and the union of a sperm nucleus with the polar nuclei to form endosperm.

Germination of the Seed In order to germinate, seeds require warmth, moisture, and oxygen. Within the seed (fig. 7.27) the embryo consists of one or two *cotyledons*, the *epicotyl* and the *hypocotyl*. In some instances the cotyledons absorb and retain the nutrients of the endosperm. Upon germination (fig. 7.29) the hypocotyl produces roots which grow down into the soil and the epicotyl produces the stem and leaves.

Importance of Angiosperms

The angiosperms are the major producers in terrestrial ecosystems. They provide the food (fig. 26.17) which sustains most of the animals on land including humans (chart 7.1). A study of all the plants that have been cultivated has led two authorities, as discussed in the reading on page 541, to suggest that only twelve types of plants stand between humans and starvation.

Angiosperm plants have many other functions for humans. Hardwood lumber is best for making furniture. Grasses, alfalfa, and clover are used as forage, plant food for livestock. Cotton is a source of natural fibers for making cloth but cellulose, from any plant, can be treated to yield fibers for making rayon. Spices are from various parts of plants: peppercorns are small berrylike structures from a vine; cinnamon comes from the bark of a tree; cloves are dried unopened flower buds. Various drugs have been taken from angiosperm plants, including morphine and heroin from the juice of the poppy and marijuana from the leaves of the plant, *Cannabis*.

Comparison of Plants

Adaptation to Life on Land

We have seen that all plants are at least partially adapted to life on land. They all have a protective covering to prevent drying out; nonwoody tissues are covered by a waxy cuticle and woody tissues are covered by bark (p. 132). All plants protect the developing gametes within multicellular sex organs and retain the fertilized egg within the female organ to prevent desiccation.

Figure 26.17
Flowering plants are sources of food for the
biosphere.

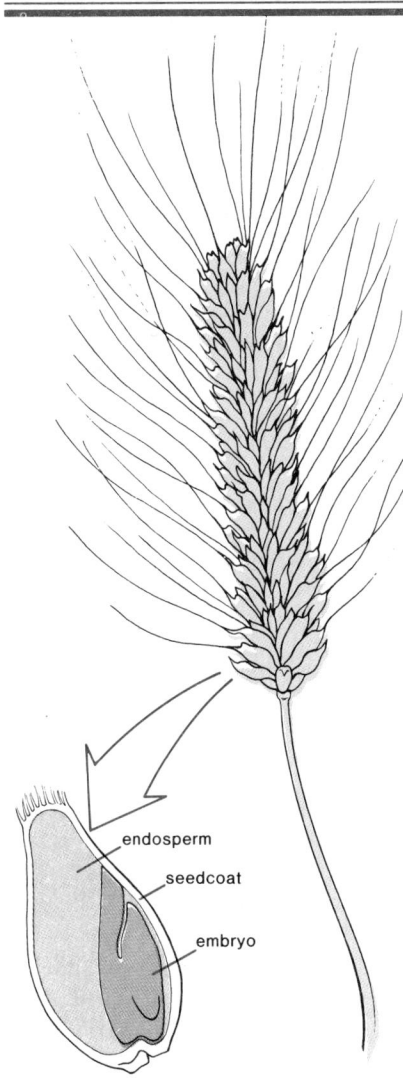

Twelve Plants Standing between Man and Starvation

Since we earlier stressed the point that all our food is ultimately derived from plants, it may come as somewhat of a surprise to learn that relatively few species of plants are involved. Of the 800,000 kinds of plants estimated to be in existence only about 3,000 species have provided food, even in the form of nuts, berries, and other fleshy fruits. Virtually all of these food plants are angiosperms, or flowering plants. This is not surprising when you recall that only the angiosperms have seeds enclosed in a carpel [pistil] and hence only they produce true fruits, many of which are used by man for food.

Of the 3,000 plants noted above, only 150 species have been extensively cultivated and have entered the commerce of the world. And of the 150, only 12 species are really important—indeed it can be said that these 12 plants stand between man and starvation. If all 12 or even if a few of these cultivated plants were eliminated from the earth, millions of people would starve.

Three of these all-important species are cereals—**wheat, corn, and rice;** the last alone supplies the energy required by 50 percent of the people of the world. It is a remarkable fact that each of these cereals, or grains, is associated with a different major culture or civilization—wheat with Europe and the Middle East, corn or maize with the Americas, and rice with the Far East. Three of the 12 food plants are so-called root crops—**white,** or **Irish, potato** (not a root but a **tuber,** an enlarged tip of a rhizome, or horizontal underground stem); **sweet potato;** and **cassava,** or **manioc** or **tapioca,** from which millions of people in the tropics of both hemispheres derive their basic food. Two of the 12 are sugar-producing plants—**sugar cane** and **sugar beet.** Another pair of species are legumes—the **common bean** and **soybean,** both important sources of vegetable protein and hence sometimes referred to as the "poor man's meat." The final two plants of this august company are tropical tree crops—**coconut** and **banana.** . . .

Humanistic Botany by Tippo and Stern. Used by permission of W. W. Norton & Co., Inc.

Wheat plant with enlarged grain.

Chart 26.2 Adaptation Summary

Nonseed Plants: Windblown spores disperse the species.

Bryophytes	1. Both generations lack vascular tissue.
	2. Swimming sperm require a source of outside moisture.
Psilopsida and Ferns	1. The sporophyte generation has vascular tissue, but the gametophyte generation, which lacks vascular tissue, is separate and independent of the sporophyte.
	2. Swimming sperm require a source of outside moisture.

Seed Plants: Seeds disperse the species.

Gymnosperms (naked seeds)	1. Fully adapted to land. The gametophyte generation is retained by and protected from dessication by the sporophyte. Windblown seeds.
	2. Pollen grains replace swimming sperm.
Angiosperms (seeds covered)	1. Fully adapted to land as the gymnosperms.
	2. In addition, the seeds are further protected by fruit.

Not all plants, however, are completely adapted to life on land. Adaptation can be shown to increase as we proceed from the bottom of the evolutionary tree to the top (fig. 26.1). Thus, adaptation has occurred through the process of evolution. Chart 26.2 indicates the advances in and inadequacies of adaptation within each group.

Figure 26.18
Comparative sizes of gametophyte (shaded area) and sporophyte generations. In moss, the gametophyte generation is dominant and larger than the sporophyte; in ferns, the sporophyte generation is dominant and separate; in pine and flower, the sporophyte generation is dominant and the gametophyte generation is dependent on the sporophyte.

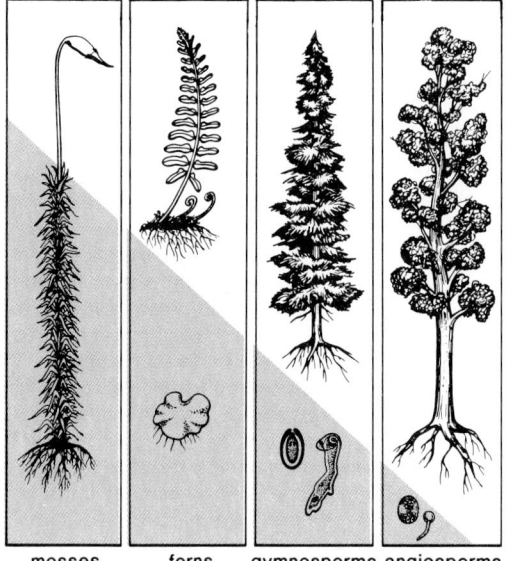

mosses   ferns   gymnosperms angiosperms

Relative Sizes of Two Generations

Figure 26.18 compares the sizes of the gametophyte and sporophyte generations among the plants, and it is readily observed that the gametophyte generation decreases in size, while the sporophyte generation increases in size during the evolutionary process. Thus, in the seed plants the gametophyte generation, which is the haploid, water-dependent stage, becomes completely dependent on the diploid, vascular, sporophyte generation.

Comparison of Animal to Plant

As indicated in the first paragraph of this chapter, animals too, are adapted to life on land. Chart 26.3 compares the adaptations of humans to that of a tree and shows that they both, through evolution, have solved the same problems.

There are two solutions below that are of particular interest. In regard to reproduction, all animals produce swimming sperm. This feature could be retained because sexual intercourse is a convenient means to transfer sperm from male to female and prevents the drying out of sperm. Evolution in plants, on the other hand, has led to the pollen grain to replace swimming sperm. This seems appropriate to plants because the vascular sporophyte generation is stationary.

In regard to maintaining a constant internal environment, only the higher animals have successfully become independent of the external environment. Plants have solved the problem only by being capable of dormancy, or shutting down metabolically under unfavorable environmental circumstances. Angiosperms, which have large leaves, shed them in the winter; but gymnosperms are evergreen and have needlelike leaves that are better adapted to withstand unfavorable environmental circumstances.

Chart 26.3 Comparison of Human to Plant

	Human	Tree
Protective covering	Skin	Bark or waxy cuticle
Obtain water	Drinking	Absorption by roots
Transport water	Blood vessels	Xylem
Internal support	Skeleton	Woody xylem
Reproduction	Seminal fluid and vaginal secretions provide water for sperm during sexual intercourse.	Pollen grain. Pollen tube allows sperm to reach egg.
Protection of embryo	Internal development in female uterus.	Partial internal development in ovule. Seed coat prevents desiccation.
Constancy of internal environment	Maintains a constant internal environment	Dormancy during winter, and other unfavorable conditions.

Summary

Plants are organisms adapted to living on land that contain the green pigment chlorophyll, lack the power of locomotion, have specialized tissues, protect the zygote, and have a life cycle called alternation of generations.

Alternation of generations takes its name from the fact that the life cycle contains two adult stages: the sporophyte (2N) generation, which produces spores, and the gametophyte (n) generation, which produces gametes. In the seed plants, heterospores produce male or female gametophyte generations.

The evolutionary tree of plants shows two main groups: (1) Bryophytes lack vascular tissue and have the gametophyte (N) generation dominant, and (2) Tracheophytes possess vascular tissue and have the sporophyte (2N) generation dominant. The bryophytes, which appear at the bottom of the tree, did not give rise to any other plants; but the tracheophytes are highly successful and include most of the living plants today.

The moss is an example of a bryophyte in which the gametophyte generation is made up of male shoots that produce sperm in structures called antheridia and female shoots that produce eggs in structures called archegonia. The sperm swim to the female shoot in external water, and the fertilized egg develops into a sporophyte generation consisting of a stalk and capsule that are completely dependent on the gametophyte generation. The capsule contains the sporangium, which produces windblown spores.

It is believed that all tracheophytes may have descended from the primitive Psilopsida, which have a life cycle similar to that of ferns. The sporophyte generation of the fern is dominant, and the sporangia are clustered in sori found on the underside of the leaflets that make up the large fern frond. The spores are windblown and produce the gametophyte generation, which is a small, heart-shaped structure called the prothallus. This generation is water-dependent and limits the fern to moist environments.

The moss and fern are examples of nonseed plants that disperse the species by means of windblown spores, while the seed plants, represented by the conifers (pine) and flowering plants, disperse the species by means of seeds. The pine tree produces male cones, on which are located microsporangia where the spores develop into pollen grains (male gametophyte generation), and the female cone on which are located megasporangia (ovules) where a megaspore develops into the egg-producing female gametophyte generation. A pollen grain, windblown to the female cone, develops a pollen tube through which the sperm nucleus travels to fertilize an egg nucleus. The zygote encased within the ovule becomes the windblown seed.

Flowering plants have a life cycle similar to this, but the ovules are located within an ovary, which is at the base of the pistil, or female part of the flower. The stamen (male part of the flower) consists of a filament and anther in which the pollen grains develop. Fertilization produces seeds enclosed within the ovary, which becomes fruit.

A comparison of the plants shows that the sporophyte generation has increased in size while the gametophyte generation has decreased in size and adaptation to land is best carried out in the flowering plants. It is also possible to show that both plants and animals have solved the same problems in land adaptation by comparing the adaptation of a tree to that of man.

Study Questions

1. Define a plant according to this text. (p. 523)
2. Give several reasons why life on land is harder than life in the water. (p. 523)
3. Using figure 29.1 as a visual aid, state the sequence of the evolution of plants. (p. 524)
4. Name the two main groups of plants and give two major differences between them. (pp. 524–25)
5. Draw the diagram of alternation of generations for those plants in which the spore disperses the species. (p. 503)
6. Describe the life cycle of the moss and fern. (pp. 527, 530)
7. Draw the diagram of alternation of generations for those plants in which the seed disperses the species. (p. 532)
8. Describe the life cycle of the pine and flowering plant. (pp. 534, 538)
9. Name the reproductive parts of the flower and state a function for each part. (p. 538)
10. Give examples to support the statement: The moss and fern are not fully adapted to life on land, but the pine and flowering plant are fully adapted. (p. 541)

Further Readings

Jensen, W. A., and Salisbury, F. B. 1972. *Botany: An ecological approach.* Belmont, Calif.: Wadsworth.

Muller, W. H. 1979. *Botany: A functional approach.* 4th ed. New York: Macmillan.

Raven, P. H., Evert, R. F., and Curtis, H. 1976. *Biology of plants.* 2d ed. New York: Worth.

Rayle, D., and Wedberg, L. 1975. *Botany: A human concern.* Boston: Houghton Mifflin.

Tippo, O., and Stern, W. L. 1977. *Humanistic botany.* New York: W. W. Norton.

Chapter Concepts

1. Animals are classified according to certain criteria such as body plan, symmetry, number of germ layers, and level of organization.

2. Animals are related to one another, and the various phyla may be placed in an evolutionary tree that reflects the pattern of these relationships.

3. Animals are adapted to their way of life, and this is demonstrated well when predators are contrasted to parasites.

27

animal kingdom part I

Animals are heterotrophic and must take in food. In contrast to stationary green plants that absorb energy from the sun and make their own food, animals are nongreen and possess some means of locomotion to enable them to acquire food.

A predator that actively seeks out and captures food exemplifies best the animal way of life. Predators have bilateral symmetry, good musculature, and a well-developed nervous system including sense organs. All of these not only aid the animal in seeking its prey, but also help it escape enemies. Good predators also have a means of seizing and digesting their food.

In our study of the animal kingdom, we will see that evolution has produced bilaterally symmetrical animals (only a median longitudinal cut gives two equal halves) of reasonable size, possessing **cephalization** (definite head region with a brain and sense organs) and well-developed organ systems, features that are needed by good predators. All animals must digest their food, carry on gas exchange, excrete their waste, circulate nutrients and waste products to and from all cells, coordinate their movements, protect themselves, and reproduce and disperse the species. The more advanced animals have organ systems to carry out these functions; in lower animals, these functions are sometimes carried out individually by each cell.

Evolution and Classification

Evolution of Animals

The History of Life chart (fig. 23.1) shows that all modern phyla of animals had evolved by the beginning of the Paleozoic era some 600 million years ago. Since that time, the more advanced vertebrates have come into existence. The evolutionary tree of animals (fig. 27.1) indicates that animals are believed to have arisen from flagellated protozoans—perhaps a colonial form whose cells became differentiated into various types of cells.

After animals became moderately complex, there was a split into two main lines. Indeed, the evolutionary tree of animals resembles a tree with two main branches. The animal phyla located on the main trunk of the tree are referred to as the lower invertebrates in this text and are covered in this chapter. The animals of the upper branches are primarily the higher invertebrates[1] and these, along with the vertebrates, are covered in the next chapter. The two lines of higher animals are (1) those (echinoderms and chordates) that have an enterocoelom, discussed following, and (2) those (mollusks, annelids, and arthropods) that have a schizocoelom, also discussed following.

Chart 27.1 lists the scientific names of the major phyla of lower invertebrates, their common names, and common examples. The complete classification of animals is in the appendix.

Chart 27.1 Major Phyla of Lower Invertebrates

Phylum	Common Name	Example
Porifera	Sponges	*Scypha, Sycon*
Cnidaria	Coelenterates	*Hydra*
Platyhelminthes	Flatworms	*Dugesia*
Aschelminthes	Roundworms	*Ascaris*

1. Invertebrate animals lack a dorsal backbone, while vertebrates have a backbone made up of vertebrae. Vertebrates make up the largest group of animals in the phylum Chordata.

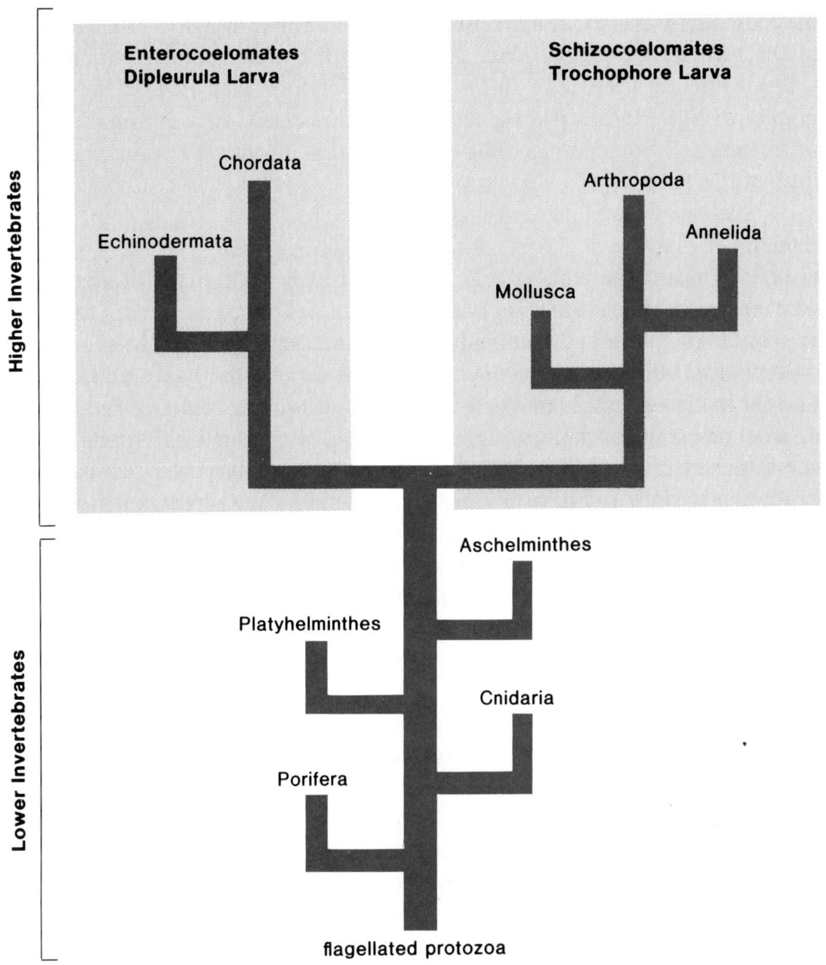

Figure 27.1
Evolution of animals.

Classification of Animals

A study of the evolution of animals indicates that increased complexity of organization can be related to certain anatomical features of animal structure. Classification is based on these features, which are discussed following and listed in chart 27.2; this chart also indicates which features are considered advanced. Our study will show that the animals at the top of the evolutionary tree possess the advanced features, indicating that they evolved later in time.

Chart 27.2 Primitive Versus Advanced

	Most Primitive	Primitive	Advanced	Most Advanced
Body plan	None	Sac plan	Tube within tube	Tube within tube with specialization of parts
Symmetry	None	Radial	Bilateral	Bilateral with cephalization
Germ layers	None	Diploblastic	Triploblastic	Triploblastic
Level of organization	None	Tissues	Organs	Organ systems
Body cavity	Acoelomate	Acoelomate	Pseudocoelom	True coelom
Segmentation	Nonsegmented	Nonsegmented	Segmented	Segmented with specialization of parts

Figure 27.2
Animals have two basic body plans. a. Sac
plan with only one opening. b. Tube within
tube plan with two openings.

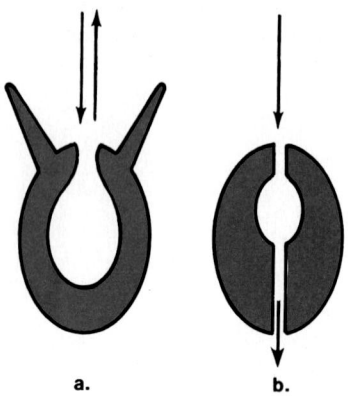

a.   b.

Figure 27.3
Animals have two types of symmetry.
a. Bilateral. b. Radial.

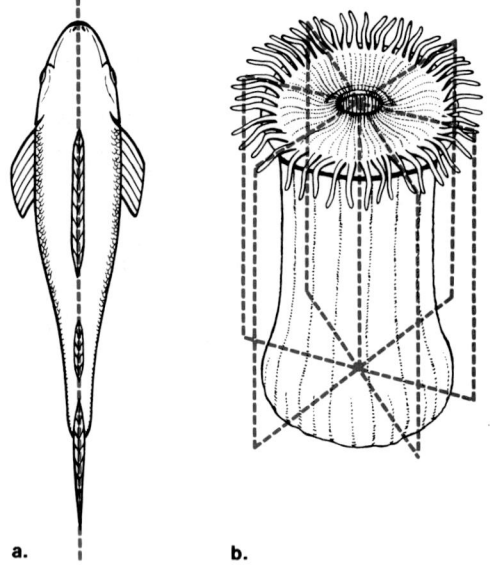

a.   b.

Chart 27.3 Germ Layers and Organs
of Planaria

Germ Layers (Triploblastic)	Organs
Ectoderm	Body covering
	Nervous system
Mesoderm	Excretory
	Reproductive
	Muscles
Endoderm	Digestive

Body Plan

Two body plans (fig. 27.2) are observed in the animal kingdom: the **sac plan** and the **tube within a tube plan.** Animals with the sac plan have only one opening, which is used both as an entrance for food and an exit for waste. Animals with the tube within a tube plan have an entrance for food and an exit for waste. Two openings allow specialization of parts to occur along the length of the tube.

Symmetry

Asymmetry means that the animal has no particular symmetry. **Radial symmetry** means that the animal is circularly organized and, just as with a wheel, it is possible to obtain two identical halves no matter how the animal is sliced longitudinally. **Bilateral symmetry** means that the animal has a definite left and right half so that only one longitudinal cut down the center of the animal will produce two equal halves (fig. 27.3). Radially symmetrical animals tend to be attached to a substrate, or *sessile*. This type of symmetry is useful to these animals since it allows them to reach out in all directions from one center. Bilaterally symmetrical animals tend to be active and to move forward with one anterior end. This end develops a head region (called cephalization) that is acutely aware of the environment and aids the animal in its forward progress. These animals also develop a controlled locomotion in which one side is balanced by the other side, and this aids in steering the anterior end.

Germ Layers

Although a total of three germ layers is seen in most animals during embryonic development (p. 391), some animals, in fact, have only two germ layers. Animals with two germ layers are called **diploblastic** (fig. 27.4a) and develop only an ectoderm and endoderm during development. Such animals have the tissue level of organization. **Triploblastic** (fig. 27.4b) animals possess ectoderm, mesoderm, and endoderm and have an organ level of organization. Chart 27.3 lists these germ layers and the anatomical structures that develop from each of them in vertebrate animals. In general, the outer covering and nervous system may be associated with the ectoderm; the gut may be associated with the endoderm; and blood, muscles, and internal organs may be associated with the mesoderm.

Body Cavity

The body cavity we wish to consider is the space surrounding the digestive system. **Acoelomate** (fig. 27.5a) animals lack such a space. Animals that do have this cavity are either (1) pseudocoelomates, having a pseudocoelom or (2) coelomates, having a true coelom. A **pseudocoelom** (fig. 27.5b) is incompletely lined with mesoderm during development while a **true coelom** (fig. 27.5c) is completely lined by mesoderm. It has also been observed that there are two ways in which coeloms develop. In one line of animals called **schizocollomates** (fig. 27.6a), the mesoderm arises from cells located near the embryonic blastopore, and a splitting occurs that produces the coelom called a **schizocoelom.** In another line of animals called **enterocoelomates** (fig. 27.6b), the mesoderm arises as a pair of pouches from the endodermal wall of the primitive gut. In these animals, the pouches grow larger until they meet and fuse, forming the internal body cavity called an enterocoelom. It is interesting to note that in the enterocoelomates, the embryonic blastopore becomes the anus, while in the schizocoelomates, the embryonic blastopore becomes the mouth (fig. 28.2).

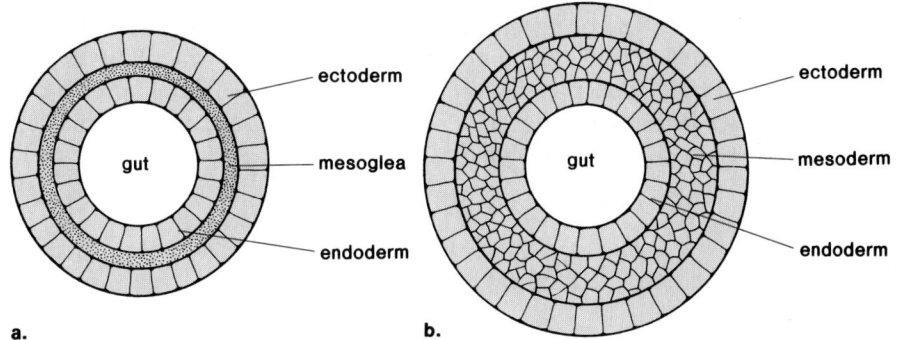

Figure 27.4
Animals have either no germ layers, (*a*) two germ layers, or (*b*) three germ layers. In animals with two germ layers, a packing material called mesoglea is found between the two layers.

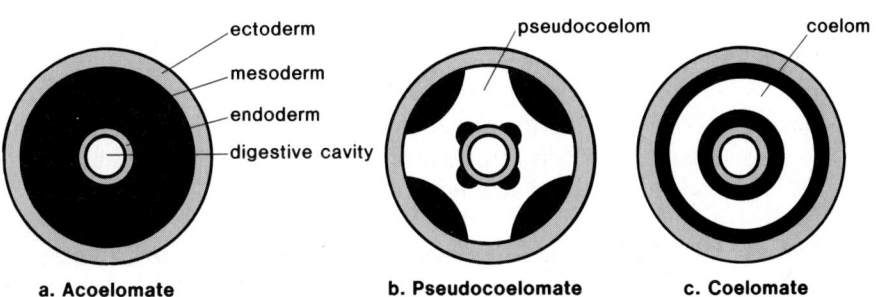

a. Acoelomate
b. Pseudocoelomate
c. Coelomate

Figure 27.5
Animals have either (*a*) no coelom, (*b*) a pseudocoelom, or (*c*) a true coelom.

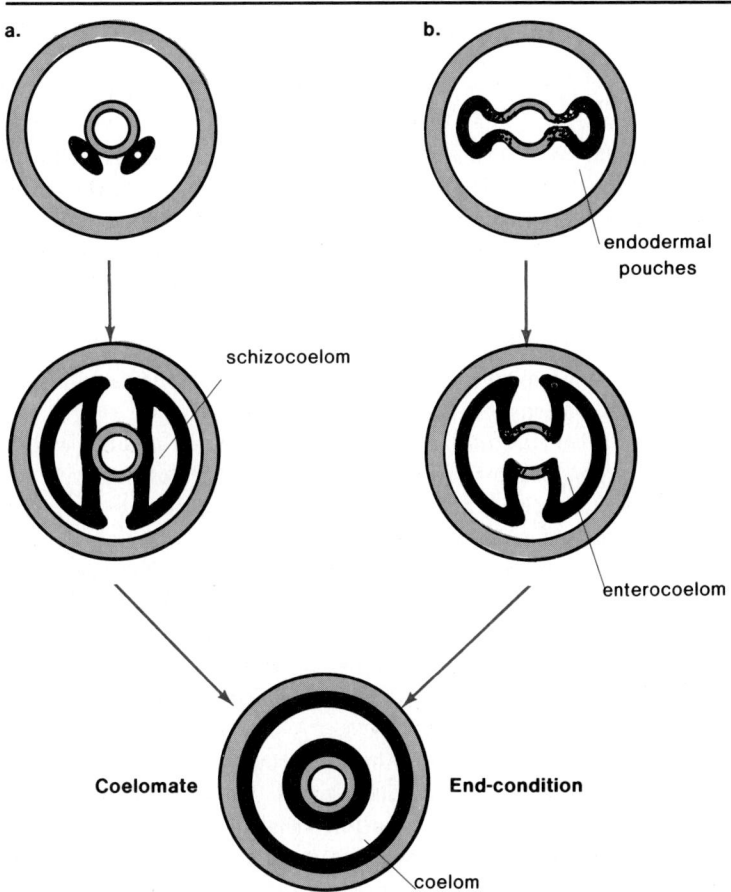

Figure 27.6
Animals with a true coelom may be either (*a*) schizocoelomates, in which case the coelom arises by a splitting of the mesoderm, or (*b*) enterocoelomates, in which case the coelom arises by outpocketings from the primitive gut.

549

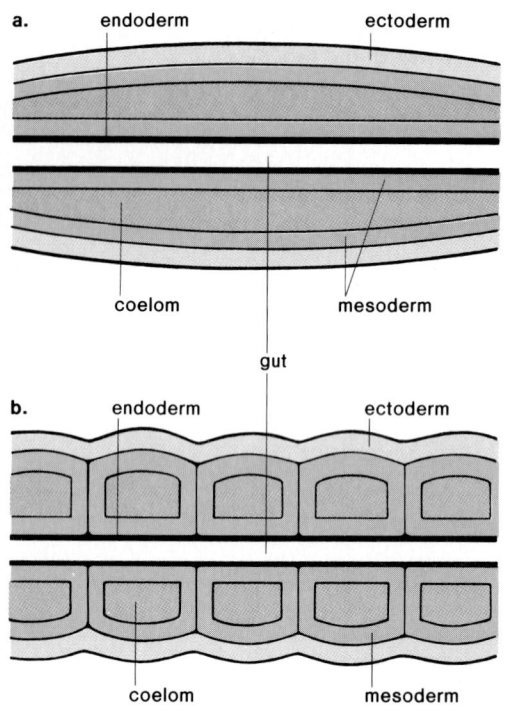

Figure 27.7
A nonsegmented animal (a) has no repeating parts, while a segmented animal (b) has repeating parts.

a.

endoderm · ectoderm · coelom · mesoderm · gut

b.

endoderm · ectoderm · coelom · mesoderm

Segmentation

Some animals are nonsegmented (fig. 27.7a) and some have repeating units called segments (fig. 27.7b). It is easy to tell that an earthworm is segmented because its body appears to be a series of rings. Segmentation in the higher animals has led to specialization of parts in that the various divisions of the body have become differentiated for specific purposes.

Other Features

While not specifically associated with being primitive or advanced, there are some other features that aid in classifying animals.

Larval Stages   A **larva** is an independent immature stage that is capable of acquiring its own food. Water-dwelling animals are most apt to have larval stages and these are, of course, swimming larvae. Animals that share a common larval stage are believed to be closely related, just as any animals that have a common embryonic stage are believed to be closely related.

Locomotion   Animals have different means of exhibiting moving parts; some animals have specialized structures for locomotion, and these can be used to tell which animals are most closely related.

Skeleton   Skeletal features, if present, may be used to indicate if animals are related.

Unique Features   Features found among one group of animals and not among any others are called unique features.

Sponges (Phylum Porifera)

"Sponge" is a familiar term to us because we use commercially produced sponges for household cleaning. Today most of these sponges are synthetically produced; those derived from the ocean have to be treated so that only the flexible skeleton remains. Sponges have internal skeletons composed of **spicules,** little needle-shaped structures with one to six rays. Sponges (fig. 27.8) are classified according to the number of rays present and the chemical composition of the spicules. Chalk sponges have spicules made of calcium carbonate; glass sponges have spicules of silicon; and other sponges have fibrous skeletons composed of a horny substance known as spongin.

Most sponges are marine and are more abundant in warm ocean water, near the coast. Some sponges grow on rocks and are brightly colored, appearing almost lichen-like when seen at a distance. Sponges are often shaped like vases, with either simple flat walls or convoluted walls containing canals, which in the most complex sponges, have numerous cavities. The wall of a sponge such as *Scypha* has three layers of cells. The outer layer is made up of flattened **epidermal cells,** some of which have contractile fibers; the middle layer is gelatinous, with **spicules** and **wandering amoeboid cells**; and the inner layer is composed of flagellated cells called **collar cells** (or **choanocytes**), which look like protozoans (fig. 27.9).

The wall of a sponge is perforated by numerous **pores** surrounded by contractile cells which are capable of regulating their size. The beating of the flagella of the collar cells produces water currents that flow through the pores into the central cavity and out through the upper opening of the body (called the **osculum**). Oxygen and food are supplied to the stationary sponge and waste products are taken away by this constant stream of water. Microscopic food particles brought by the water are engulfed by the collar cells and digested by them in food vacuoles or are passed to the amoeboid cells for digestion.

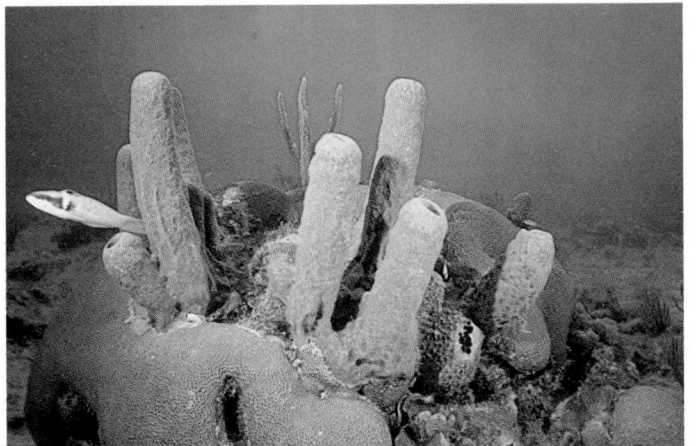

a.

b.

Figure 27.9
Generalized sponge anatomy.

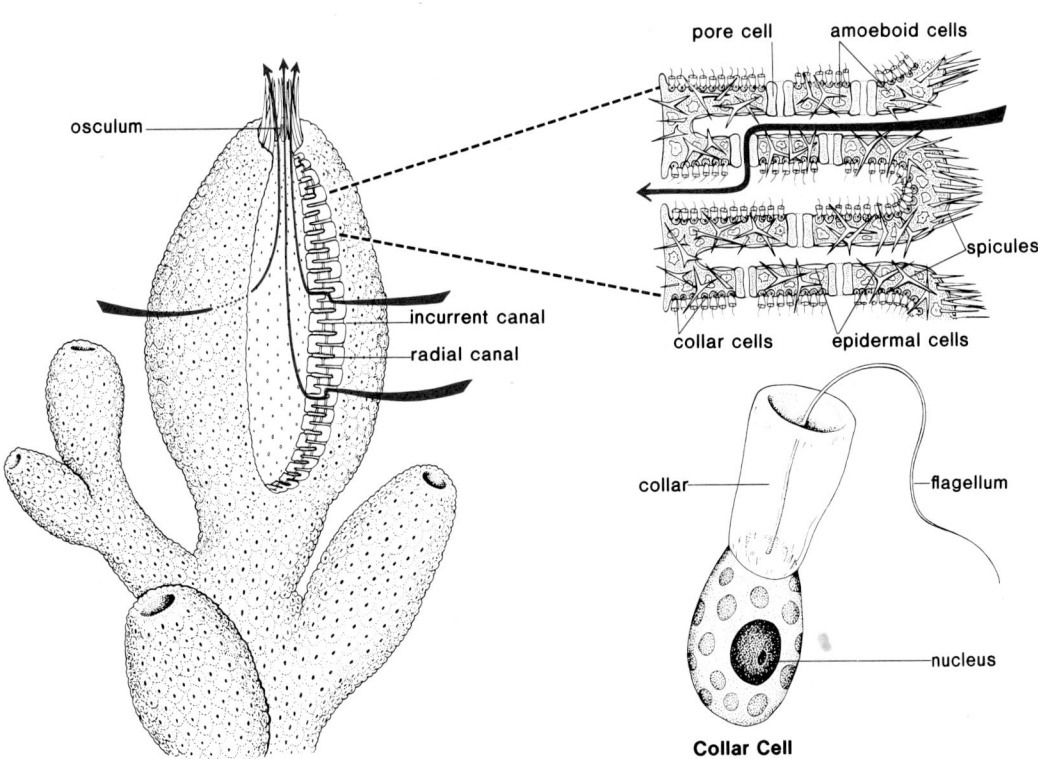

osculum

pore cell   amoeboid cells

spicules

incurrent canal

radial canal

collar cells   epidermal cells

collar

flagellum

nucleus

Collar Cell

The amoeboid cells in the middle layer of the sponge not only act as a circulatory device to transport nutrients from cell to cell, but they also produce the spicules and the sex cells, the egg and the sperm. Cross fertilization within the central cavity where the gametes are released is usually assured by the fact that a sponge at any one time produces only eggs or sperm. Fertilization results in a zygote that develops into a ciliated larva that may swim away to a new location. Such a larva assures dispersal of the species for the sessile (stationary) adult sponges. Sponges also reproduce by budding, and this process produces whole colonies of sponges that may become quite large. Like all less-specialized organisms, sponges are capable of **regeneration,** or growth of a whole from a small part. Thus, if a sponge is removed, chopped up, and returned to the water, each piece may grow to a complete sponge.

If we evaluate sponges according to chart 27.2, we see that they are indeed very primitive because they have all the features listed in the first column, except that sometimes they are said to have radial symmetry. In addition they have the following primitive characteristics:

1. The main opening of a sponge is used only as an exit. (In no other animal is this true.)

2. A very limited amount of movement which is exhibited only by the beating of the flagella, the constriction of the pores, and the swimming of the larval stage.

3. Multicellularity with limited specialization of parts.

It may also be noted that sponges are **sessile filter feeders.** This means that they locate in one place as an adult, and that the food they acquire is filtered from the water as the water enters the pores of the sponge. Sponges have no features that would characterize them as predators.

Sponges did not give rise to more complex forms and, as you see on the evolutionary tree of the animals, they comprise a side branch only.

Coelenterates (Phylum Cnidaria)

Most coelenterates (fig. 27.10) are marine. The jellyfish may be the best-known, but also familiar are the Portuguese man-of-war, sea anemones, and corals. Two coelenterates, *Hydra* and *Obelia*, may not be familiar but are frequently discussed in general biology texts. *Hydra* is one of the few fresh-water coelenterates.

All coelenterates have specialized stinging cells called **cnidoblasts** (fig. 27.12), which give the phylum its name, Cnidaria. Each cnidoblast has a fluid-filled capsule called a **nematocyst,** which contains a long spirally coiled hollow thread. When the trigger of the cnidoblast cell is touched, the discharged thread, which sometimes contains poison, aids in the capture of prey and/or protection against enemies.

The body of a coelenterate is often a diploblastic, two-layered sac. (*Coelenterate* means hollow sac.) The outer layer, ectoderm, is separated from the inner layer, endoderm, by a jellylike material called **mesoglea.** Typically, a ring of tentacles surrounds the mouth region of coelenterates so that they are radially symmetrical. The digestive cavity has only one opening to the outside; such a cavity is termed a **gastrovascular cavity.**

a.

Figure 27.10
Coelenterates. a. Medusae of *Aurelia*.
b. Staghorn coral. c. Sea anemone.
d. Jellyfish.

b.

c.

d.

Figure 27.11
Coelenterates exist as (*a*) polyps with the
oral side up or (*b*) medusae with the oral
side down.

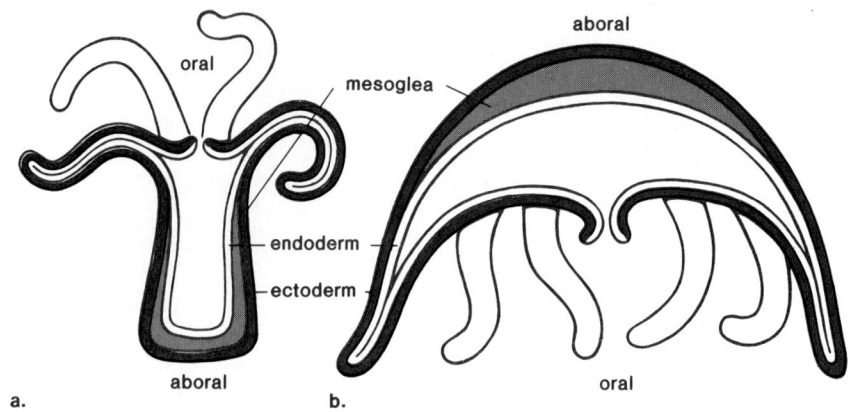

Some coelenterates, referred to as **hydroids** or **polyps** (fig. 27.11), have
a tubular shape with the mouth region directed upward. Others which have
a bell shape with the mouth region directed downward are called **jellyfishes**
or **medusae.** The polyp is adapted to a sessile life while the medusa is adapted
to a floating or free-swimming existence. At one time both body forms may
have been a part of the life cycle of all coelenterates, since today we see an
alternation of generations[2] of these two forms in certain coelenterates such as
Obelia (fig. 27.14). When alternation of generations does exist, the polyp
stage produces medusae and the medusae, which produce egg and sperm,
disperse the species.

Classification in this phylum is based on which generation (polyp or
medusa) is dominant: class Hydrozoa contains, for example, *Hydra* and *Obelia,* in which the polyp form is dominant; class Scyphozoa contains the jellyfishes, for example, *Aurelia,* in which the medusa stage is dominant; and
class Anthozoa contains the sea anemones and corals, in which an advanced
polyp form only is present.

Hydra

Hydra (fig. 27.12) is likely to be found attached to underwater plants or rocks
in most lakes and ponds. The body is a small, tubular polyp about one-quarter
inch in length. The only opening (the mouth) occurs in a slight elevation that
is surrounded by four to six tentacles that contain a large number of nematocysts. The central cavity of the animal is the gastrovascular cavity.

Although *Hydra* usually remains in one location, it may glide along on
its base or even move rapidly by means of somersaulting (fig. 27.13). *Hydras*
can respond to stimuli, and if the tentacles are touched with a needle, all the
tentacles and the body contract, only to extend later. It is apparent, then, that
like other animals capable of locomotion, *Hydra* possesses both muscular and
nerve elements.

Figure 27.12 shows the microscopic anatomy of *Hydra.*The cells of the
outer layer, called the *epidermis,* act in a protective capacity, but they also
contain longitudinal contractile fibers. When these so-called *epitheliomus-
cular* cells contract, the animal shortens. Also present in the epidermis are
cnidoblast cells and sensory cells. The latter have long extensions that make
contact with nerve cells lying in the inner part of the epidermis next to the
mesoglea. These nerve cells form a connecting network throughout the body
known as the **nerve net.** The interstitial, or embryonic cells, seen in this layer
are capable of becoming other types of cells. For example, they can produce
the ovary and testes and probably also account for the animal's great regen-
erative powers. Like the sponges, coelenterates can grow whole from a small
piece.

2. This is not the same as alternation of generations in plants because here both generations
    are diploid.

Figure 27.12
Hydra anatomy.

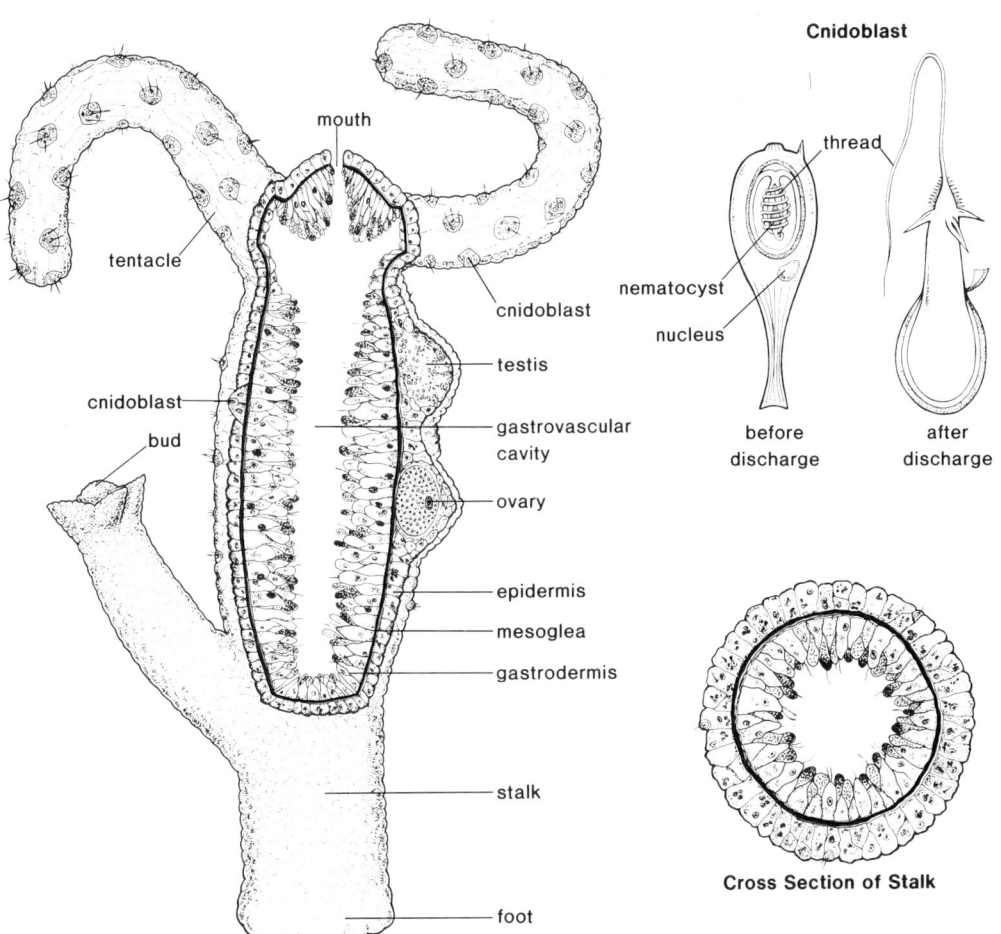

Cnidoblast

mouth

tentacle

cnidoblast

thread

nematocyst

nucleus

before discharge

after discharge

cnidoblast

bud

testis

gastrovascular cavity

ovary

epidermis

mesoglea

gastrodermis

stalk

foot

Cross Section of Stalk

The inner layer of *Hydra* is made up of cells called the **gastrodermis** that secrete digestive juices that pour into the gastrovascular cavity. *Hydra* feeds on small water animals that are captured when they trigger the release of nematocysts that penetrate or entangle them. The tentacles about the mouth of *Hydra* capture and stuff the prey into the gastrovascular cavity, which can distend to an appropriate size. The enzymes released by the gastrodermal cells begin the digestive process, which is completed within food vacuoles when small pieces of the prey are engulfed by the inner layer of cells. Nutrient molecules are passed by diffusion to the rest of the cells of the body. Cells of the gastrodermis also contain contractile fibers that run circularly about the body; when these contract, the animal lengthens. Also, some cells have nerve fibers that connect with the nerve net.

If we evaluate *Hydra* on the basis of chart 27.2, we see that the animal possesses only primitive features. For example, *Hydra* has the sac plan with radial symmetry. It is diploblastic and thus has achieved the **tissue level** of organization; but *Hydra* does not have any internal organs.

As a predator, *Hydra* shows some good characteristics. The stinging cells (cnidoblasts) discharge the nematocysts, which deaden and stun the prey while the tentacles, regulated by their muscular and nerve fibers, aggressively seize the prey. The first type of nerve cell organization, called a nerve net, is seen in *Hydra*.

Figure 27.13
Hydra moves by somersaulting.

Figure 27.14
Life cycle of *Obelia*.

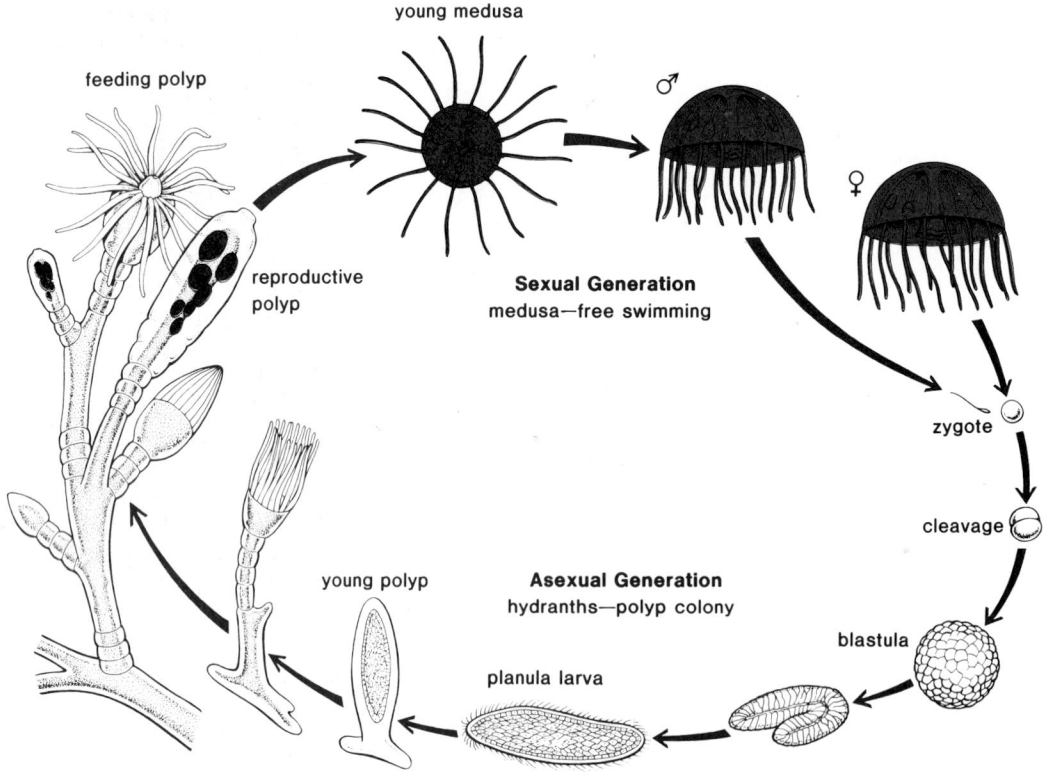

Other Coelenterates

Obelia (fig. 27.14) is a colony of polyps that is enclosed by a hard chitinous case. There are two types of polyps: feeding polyps with a mouth surrounded by a ring of nematocyst-bearing tentacles; and reproductive polyps, which produce medusae within their interior. When mature, the medusae swim away from the parental colony and produce eggs and sperm for the purpose of sexual reproduction. Fertilization results in a zygote that develops into a ciliated larva, called the **planula** larva, which in turn develops into a polyp colony.

The **Portuguese man-of-war,** whose nematocysts may cause serious or even fatal poisoning in man, is a colony of polyps suspended from a large medusoid form that serves as a gas-filled float. Many species of **jellyfish,** such as *Aurelia,* show alternation of generations, but the medusa is the primary stage and the polyp remains quite small and insignificant. **Sea anemones** are solitary polyps larger and heavier than the polyps of hydrozoans. Most sea anemones range from half an inch to several inches in length, with a diameter varying from the size of a dime to that of a half-dollar; some are larger and have even been known to be as wide as one yard at the oral end. They may be brightly colored and look like beautiful flowers (fig. 27.10).

A large part of the sea anemone body is a heavy, thick column, which rests on a pedal disc at one end but has an oral disc that bears a large number of hollow tentacles at the other end. When a sea anemone contracts, the tentacles may be retracted and covered over. Sea anemones feed on various invertebrates and large species can capture fish. A number of species form mutualistic (both organisms benefit) relationships with hermit crabs and live attached to the shell of the crab. The anemone provides protection and camouflage for the crab, and the crab provides locomotion and perhaps some food for the sea anemone.

Figure 27.15
Photomicrograph of planaria.

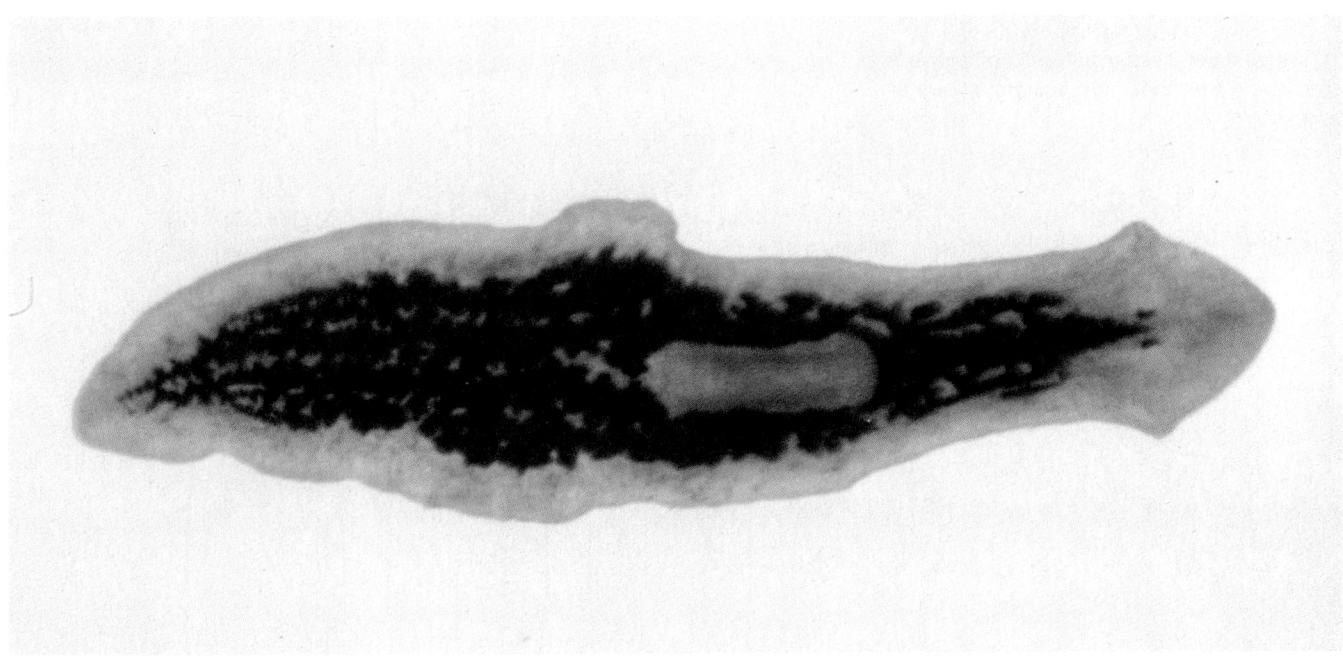

Corals (fig. 27.10) are similar to sea anemones, but they have calcium carbonate skeletons. Some corals are solitary, but most are colonial with either flat, rounded, or upright and branching colonies. Many species need relatively shallow water and do not live at depths below the light level; this is particularly true of reef-building corals. The living part of the reef is supported by a chain of rocks lying near the surface of the water. The slow accumulation of coral skeletons has formed reefs in the South Pacific, including the Great Barrier Reef along the eastern coast of Australia. An ancient coral reef that now lies beneath Texas is the source of petroleum for that state.

A tropical reef is actually an association of several thousand species of different kinds of animals. For example, there is a crab that inhabits a certain type of coral that branches as it grows. A little, immature female comes to a fork of the coral, and water currents created by her cause the coral in the vicinity of the fork to grow over and around her. This creates a chamber from which she never escapes. Small openings allow the entrance of a tiny male as well as plankton.

Flatworms (Phylum Platyhelminthes)

There are three classes of flatworms: one is free-living and two are parasitic. Parasites are degenerate forms of the free-living specimen that, of course, exemplifies best the characteristics of the phylum. Thus, we will begin with the free-living specimen, the planarian.

Planarians

Freshwater planarians (e.g., *Dugesia*; fig. 27.15) are small (several millimeters to several centimeters), literally flat worms. Some tend to be colorless; others have brown or black pigmentation. These planarians live in lakes, ponds, streams, and springs where they feed on small, living or dead organisms such as worms and crustacea.

In the evolution of animals, planaria represents a considerable advance in that it is triploblastic. The presence of the mesoderm not only gives bulk to the animal but also allows for greater complexity of internal structure.

Figure 27.16

Planaria anatomy. a. Excretory system with flame cell shown in detail. b. Nervous system (note the ladder appearance). c. Reproductive system in black; digestive system in color. Extended pharynx shown in worm *upper left*.

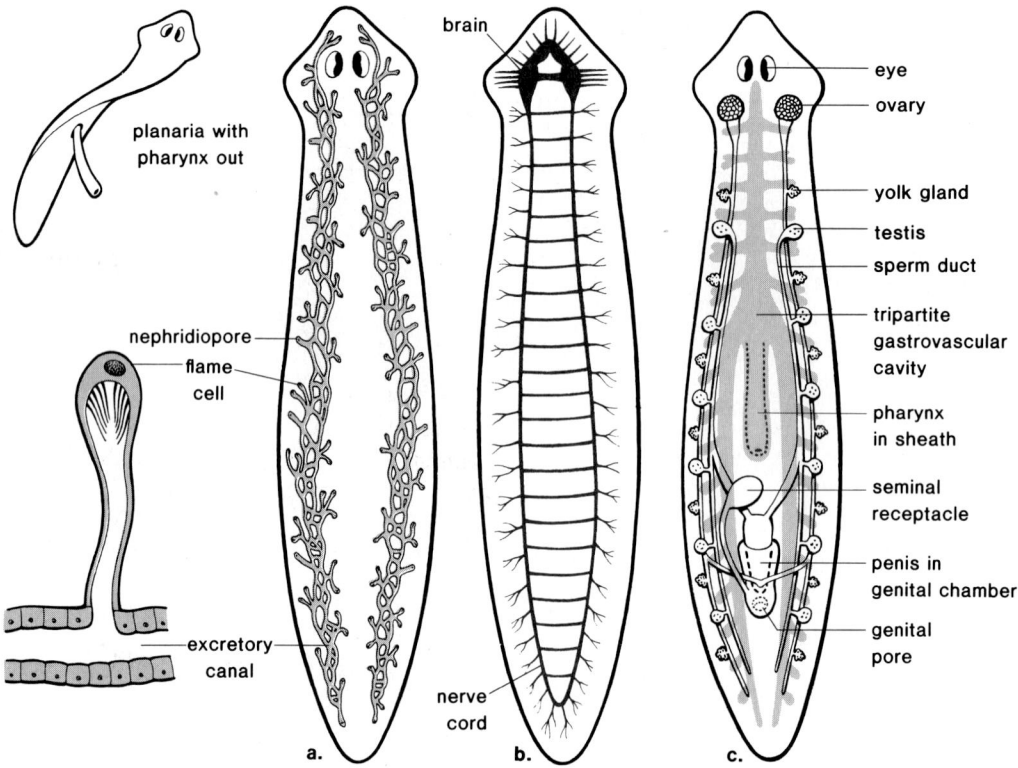

planaria with pharynx out

nephridiopore

flame cell

excretory canal

brain

nerve cord

eye

ovary

yolk gland

testis

sperm duct

tripartite gastrovascular cavity

pharynx in sheath

seminal receptacle

penis in genital chamber

genital pore

a.

b.

c.

Chart 27.3 lists the three germ layers and the organs of planaria that may be associated with each. Thus, planaria has the **organ level** of organization. Even so, it does not have a respiratory organ and also lacks any type of circulatory vessel and is an acoelomate, meaning that it doesn't have a body cavity.

Planaria exhibits bilateral symmetry with cephalization. The head is bluntly arrow-shaped, with lateral extensions called **auricles** that function as feelers during locomotion. There are two light-sensitive eye spots whose pigmentation causes the worm to look cross-eyed. Planaria is a good predator with extensive nervous, muscular, and digestive organs.

The nervous system is said to be of a **ladder type** because the two lateral and ventral nerve cords are joined by cross connectives. There are also paired ganglia that function as a brain; sensory cells are located in the body wall and allow the animal to respond to various stimuli.

Locomotion is accomplished by the movement of cilia on the ventral and lateral surfaces. Numerous gland cells secrete a mucous material upon which the animal moves. There are three kinds of muscle layers: an outer circular layer, an inner longitudinal layer, and a diagonal layer, and these allow the animal movement that is quite varied.

The mouth is located on the midventral surface and opens into a cavity that contains a muscular pharynx. The animal captures food by wrapping itself around the prey, entangling it in slime, and pinning it down. Then the pharynx is extended and by a sucking motion the food is torn up and swallowed. The pharynx leads into a three-branched **ramifying gastrovascular canal** (fig. 27.16) in which digestion is both extracellular and intracellular. Since the digestive system has only one opening, the mouth, planaria has a *sac body plan*.

Planarians have a water-regulating organ and this may be associated with the fact that since they live in fresh water, water tends to enter the body by osmosis. The organ consists of a series of interconnecting canals that run the length of the body on each side. Bulblike structures containing cilia are at ends of the side branches of the canals. The cilia move back and forth bringing into the canals excess water, which then moves out of the canals at pores located in the body wall. The beating of the cilia reminded some early investigator of the flickering of a flame and so the excretory organ of the flatworm is called a **flame-cell system** (fig. 27.16).

Planarians are **hermaphroditic,** which means that they possess both male and female sex organs. The male system consists of testes, sperm ducts, seminal vesicles that store sperm, and a penis that projects into a genital chamber and cannot be seen externally. The female system consists of ovaries, oviducts, yolk glands, seminal receptacles, and a genital pore. The worms practice cross fertilization, when the penis of one is inserted into the genital pore of the other. The fertilized eggs hatch in two to three weeks as tiny worms.

Planarians are often used in biology laboratories for regeneration experiments; if a worm is cut crosswise, it usually grows a new head or tail as is appropriate. Planarians have also been used in so-called memory experiments. In these experiments, planarians were trained to swim mazes and then were cut up and fed to untrained planaria. When the cannibals were subsequently taught the same task, they learned faster than the first set. The exact significance of these experiments is debatable, but they have led to many interesting student speculations as to how best to acquire the knowledge of teachers.

If we evaluate free-living flatworms according to chart 27.2, we see that they have a combination of primitive to advanced features. They are nonsegmented, lack a coelom, and have the sac plan with only one opening. However, they are triploblastic with the organ level of organization. Very important is the fact that they have bilateral symmetry and show good cephalization along with a well-developed nervous system, including sense organs. Other organs include the muscles, excretory, reproductive, and digestive organs. The worm lacks respiratory and circulatory organs but since the body is flattened, diffusion alone is adequate for the passage of oxygen and other substances from cell to cell.

Parasitic Flatworms

There are two types of parasitic flatworms: tapeworms (cestodes) and flukes (trematodes). The structure of both of these worms illustrates the modifications that occur in a parasitic animal (chart 27.4). Concomitant with the loss of predation, there is an absence of cephalization; the anterior end notably carries hooks and/or suckers for attachment to the host. The parasite acquires nutrient molecules from the host and the digestive system is reduced. The

Chart 27.4 Comparison

	Planaria	Fluke	Tapeworm
Body wall	Ciliated epidermis	Glycocalyx covers integument	Glycocalyx covers integument
Cephalization	Yes: eyespots and auricles	No: Oral sucker	No: Scolex with hooks and suckers
Nervous connections	Nerves and brain	Reduced	Reduced
Digestive organ	Ramifies	Reduced	Absent
Reproductive organs	Hermaphroditic	Increased in volume	Greatly increased in volume
Larva	Absent	Present	Present

Figure 27.17
Scanning electron micrograph of tapeworm
(*Taenia*) scolex.

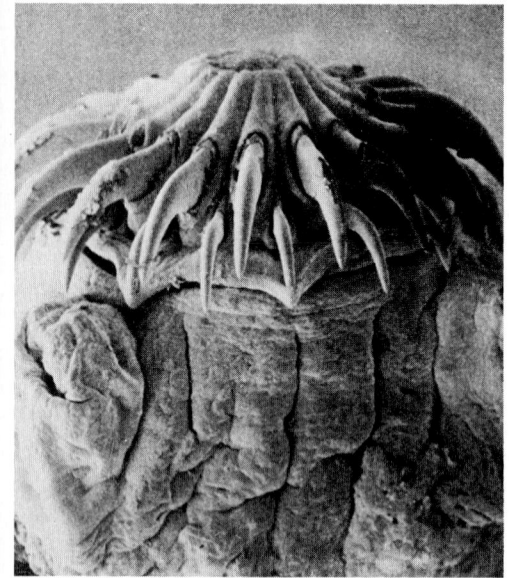

presence of a mucopolysaccharide coating called the **glycocalyx** protects the outer integument against host attack. The extensive development of the reproductive system, with the production of millions of eggs, may be associated with difficulties in dispersing the species. Both worms utilize a secondary host, or intermediate host, to transport the species from main host to main host. The primary host contains the sexually mature adult, the secondary host(s) contain(s) the larval stage or stages.

Tapeworms

The tapeworm has a head region (fig. 27.17), containing hooks and suckers for attachment to the intestinal wall of the host. Behind the head region, called a **scolex,** there is a short neck and then a long series of proglottids. **Proglottids** are segments, each of which contains a full set of both male and female sex organs. Thus, the tapeworm is little more than a reproductive factory. There are excretory canals but no digestive system and only the rudiments of nerves.

After fertilization, the proglottids become nothing but a bag filled with eggs when the organs disintegrate and the maturing eggs take up the entire space. Mature proglottids such as these break off and, as they pass out with the feces, the eggs are released.

If feces-contaminated food is fed to pigs or cattle, larvae escape when the covering of the eggs is digested away. They burrow through the intestinal wall and travel in the bloodstream to finally lodge and encyst in muscle. Here a **cyst** means a small, hard-walled structure that contains a larval worm. When humans eat raw or rare, infected meat, the larvae break out of the cyst, attach themselves to the intestinal wall, and grow to adulthood. Then the cycle begins again (fig. 27.18).

Figure 27.18
Life cycle of tapeworm (*Taenia*), showing mature proglottid (right) and gravid proglottid (left) in detail.

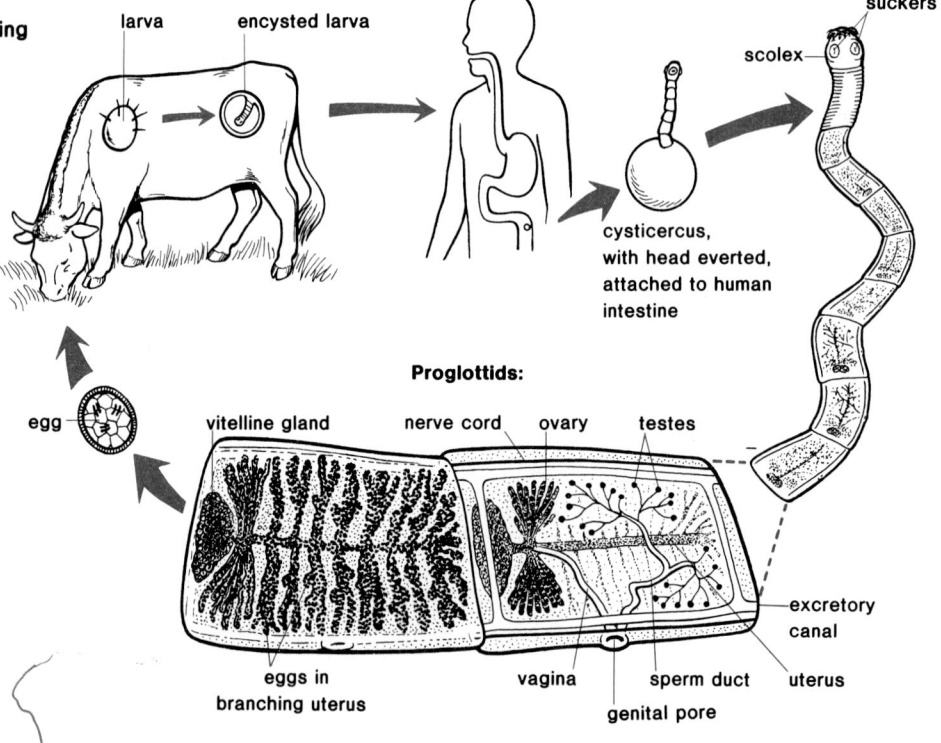

Flukes

There are many different types of flukes (fig. 27.19), usually designated by the type of vertebrate organ they inhabit; for example, there are blood, liver, and lung flukes. While the structure may vary slightly, in general the fluke body tends to be oval to elongate with no definite head except that the oral sucker surrounded by sensory papillae is at the anterior end (fig. 27.20). Usually there is at least one other sucker for attachment to the host. Inside, there is a reduced digestive, nervous and excretory system. There is a well-developed reproductive system, and the adult fluke is usually hermaphroditic although there are exceptions.

A blood fluke causes **schistosomiasis** in Africa and South America. This disease is especially prevalent in areas with irrigation ditches because the secondary host is a freshwater snail. The disease is spread when egg-laden human feces gets into the water and newly hatched larvae enter the snails. Asexual reproduction occurs within the snail and the resulting larvae penetrate human skin to enter blood vessels where they mature.

The Chinese liver fluke requires two hosts: the snail and the fish. Humans contract the disease when they eat uncooked fish. The adults reside in the liver and deposit their eggs in the bile duct, which carries the eggs to the intestine.

Phylum Aschelminthes

The Aschelminthes possess two anatomical features not seen before: a tube within a tube body plan and a body cavity. *Tube within a tube plan* means that these animals have both a mouth and an anus. The body cavity is a *pseudocoelom,* or a cavity incompletely lined with a membrane derived from mesoderm. In other words during development the mesoderm does not form a complete layer next to the body wall nor around the gut. This fluid-filled pseudocoelom provides space for the development of organs, and substitutes for a circulatory system by allowing easy passage of molecules and for a skeleton by providing turgidity. Worms in general do not have an internal nor external skeleton but they do have this so-called hydrostatic skeleton, a fluid-filled interior which supports muscle contraction and enhances flexibility.

Roundworms (Nematodes)

Roundworms, as the name implies, are not flattened. They have a smooth outside wall, indicating that they are nonsegmented. These worms which are generally colorless and less than 5 cm long, occur almost anywhere—in the sea, in fresh water, and in the soil—in such numbers that thousands of them can be found in a small area. Most are free-living but a few are parasitic. *Ascaris,* a large parasitic roundworm is often studied as an example of this phylum.

Ascaris (fig. 27.22) females (20–35 cm) tend to be larger than males, which have an incurved tail. Both sexes move by means of a characteristic whiplike motion because only longitudinal muscles lie next to the body wall.

The internal organs (fig. 27.22), including the tubular reproductive organs, lie within the pseudocoelom. Because mating produces eggs that mature in the soil, the parasite is limited to warmer environments. When these eggs are swallowed, larvae escape and burrow through the intestinal wall. Making their way through the organs of the host, they move from the intestine to the liver, heart, and then the lungs. Within the lungs, molting takes place and after about ten days the larvae migrate up the windpipe to the throat, where they are swallowed to once again reach the intestine. Then the mature worms mate and the female deposits eggs that pass out with the feces. In this life cycle, as with other roundworms, feces must reach the mouth of the next host; therefore, proper sanitation is the best means to prevent infection with *Ascaris* and other parasitic roundworms.

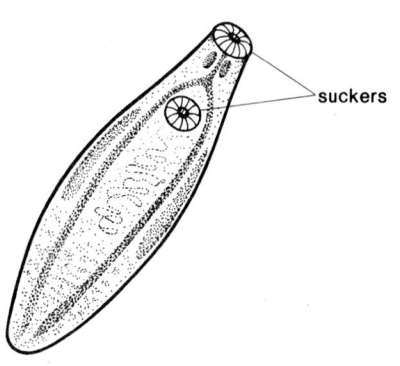

Figure 27.19
Drawing illustrating the general anatomy of a fluke. Note the presence of the suckers for attachment to host.

Figure 27.20
Scanning electron micrograph of fluke (*Gorgoderina Attenuata*) oral sucker. Note upraised structures, which are believed to be sensory in nature.

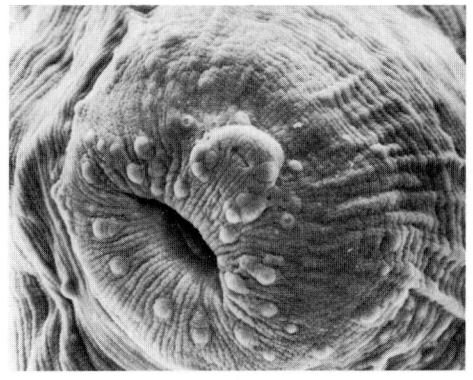

Figure 27.21
A living nematode.

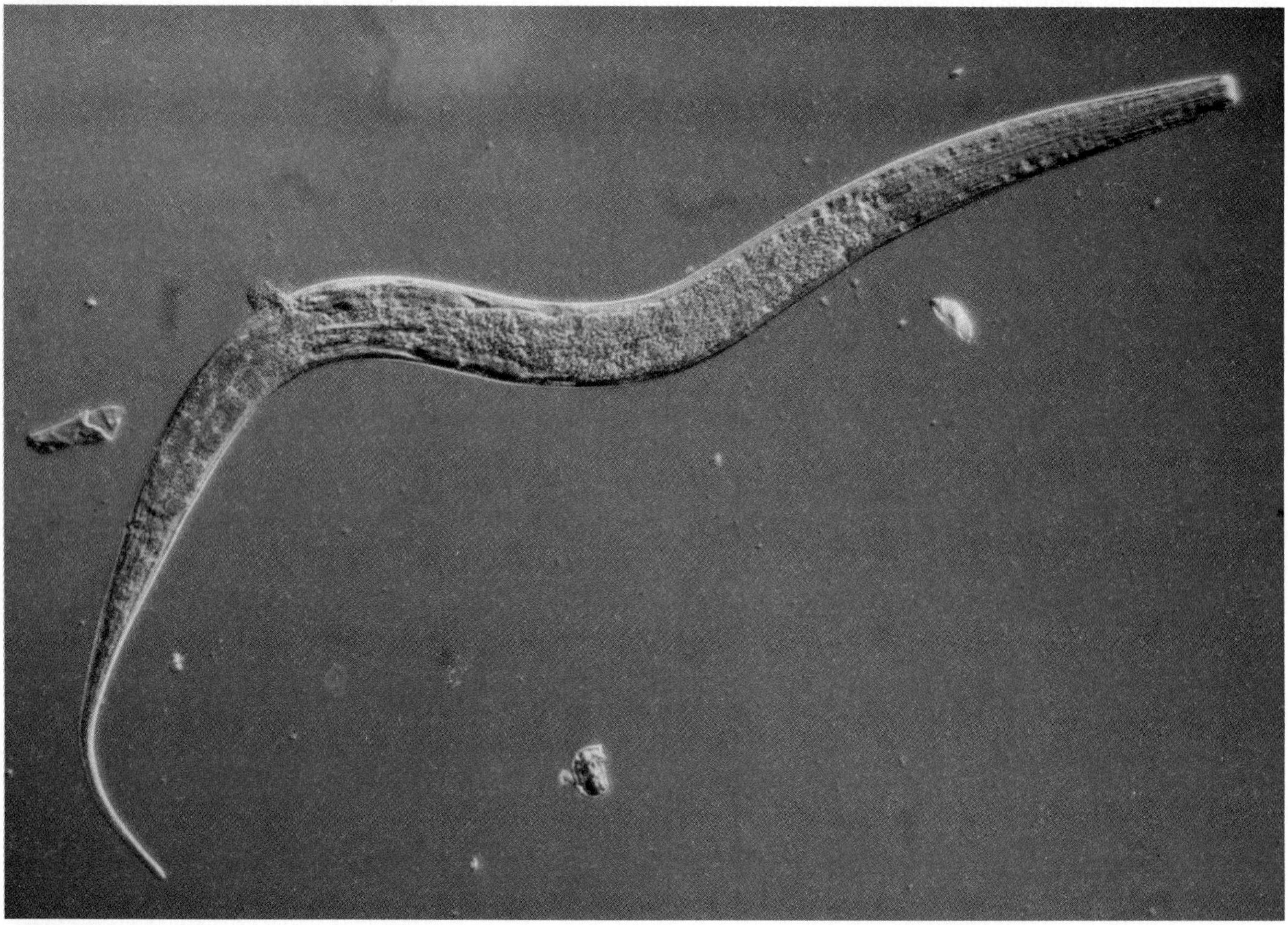

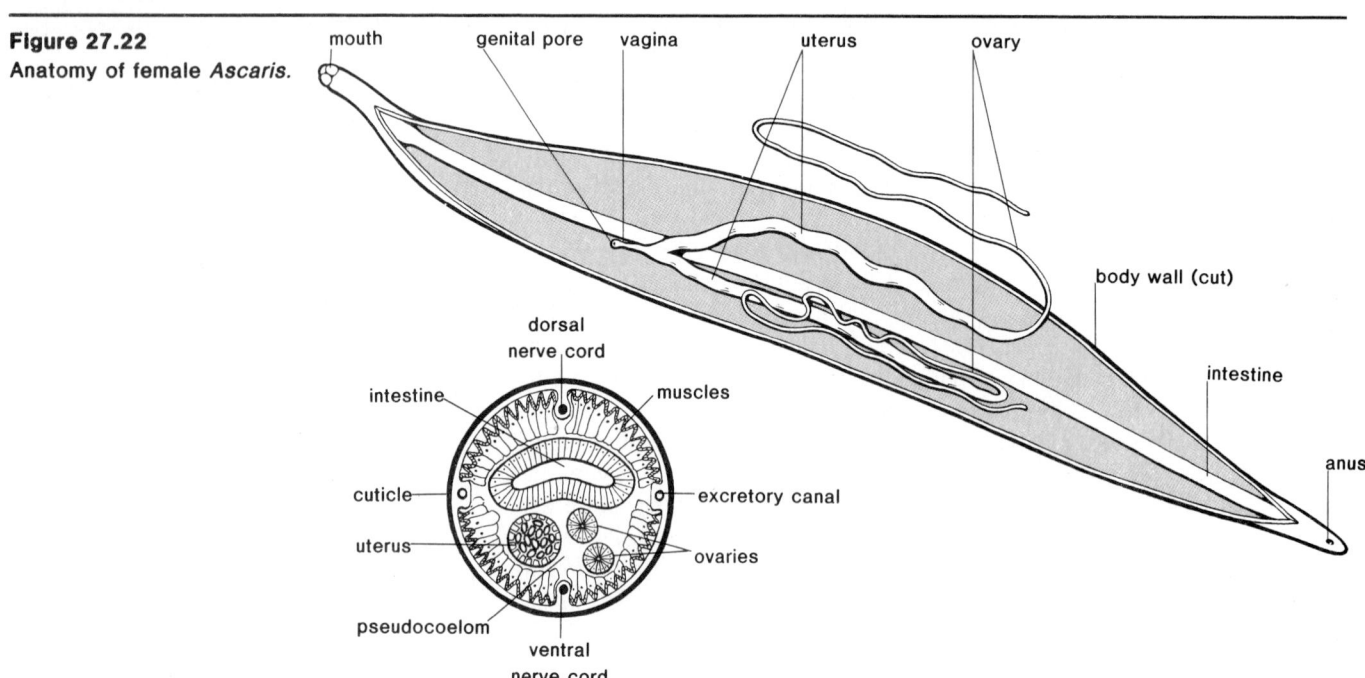

Figure 27.22
Anatomy of female *Ascaris.*

mouth · genital pore · vagina · uterus · ovary

body wall (cut)

intestine

anus

dorsal nerve cord · muscles

intestine

cuticle · excretory canal

uterus · ovaries

pseudocoelom

ventral nerve cord

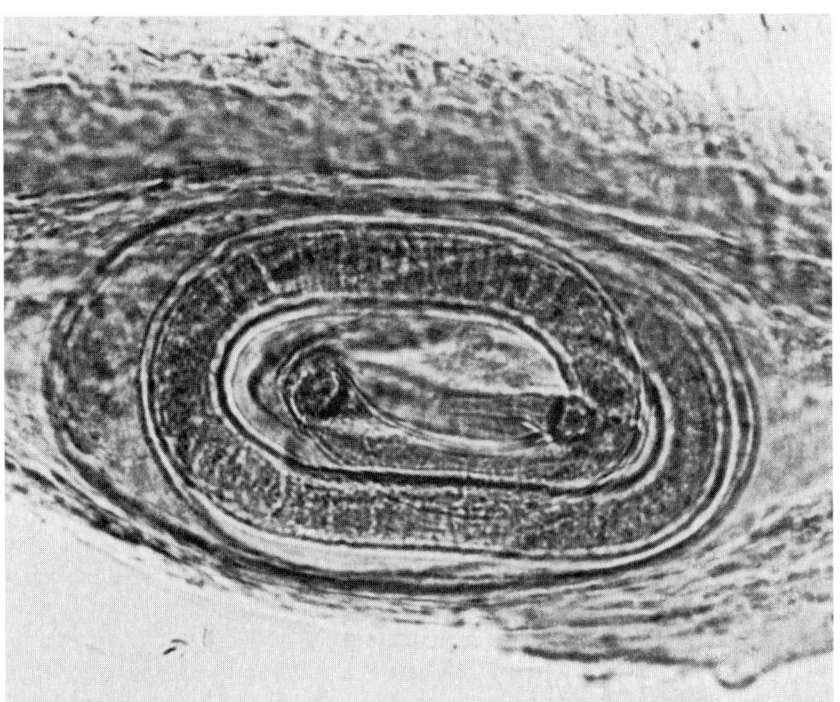

Figure 27.23
Trichinella larva embedded in a muscle.

Trichinosis (fig. 27.23), a serious infection of humans caused by *Trichinella*, seems to be a mistake of nature because infection does not permit dispersal of the species. Humans contract the disease when they eat rare pork containing encysted larvae. After maturation, the female adult burrows into the wall of the small intestine and produces living offspring that are carried by the bloodstream to the skeletal muscles, where they encyst. Since humans are not normally eaten by any other animals, these larvae never reach another host. However, the cycle can be completed if pigs eat infected pig meat or infected rats.

Elephantiasis is caused by a roundworm called the filarial worm, which utilizes the mosquito as a secondary host. Because the adult worms reside in lymph vessels, collection of fluid is impeded and the limbs of an infected human may swell to a monstrous size (fig. 27.24). When a mosquito bites an infected person, it transports larvae to new hosts.

Other roundworm infections are more common in the United States. Children frequently acquire a pinworm infection and hookworm is seen in the southern states. Hookworm, judged by some to be the most important parasitic intestinal worm of humans, is discussed on page 669. An infection by this worm can be very debilitating because the worms feed on blood.

When roundworms are evaluated according to chart 27.2, they reveal features associated with advanced animals, including the tube within a tube plan, bilateral symmetry, three germ layers, and a pseudocoelom with organs. Although the worms are complex and are the first example to have the tube within a tube plan and any type of body cavity, they are nonsegmented. Roundworms are thought to be a side branch to the main evolution of animals and may have arisen from a common ancestor that also produced coelomate animals.

Figure 27.24
An infection with a filarial worm causes elephantiasis, a condition in which the individual experiences extreme swelling in regions where the worms have blocked the lymph vessels.

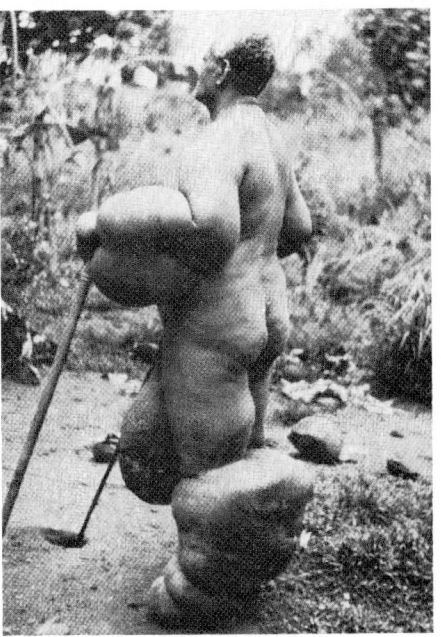

Figure 27.25
Rotifers are microscopic animals.

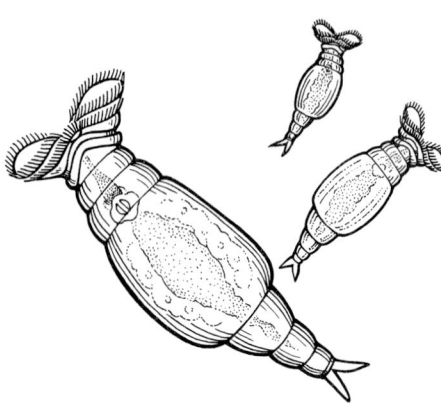

Rotifers

Students examining pond water are apt to see these tiny organisms and think that they are protozoans. Although limited in size, they are multicellular, with a pseudocoelom and internal organs (fig. 27.25). They are named for a crown of cilia that resembles a rotating wheel and serves both as an organ of locomotion and as an aid in bringing food to the mouth.

Summary

In this chapter, we have examined four phyla that comprise the lower invertebrates: the Porifera, or sponges; the Cnidaria, or coelenterates; the Platyhelminthes, or flatworms; and the Aschelminthes as represented by the Nematodes, or roundworms. The evolutionary tree for animals indicates how they might be related to one another by means of common ancestors and shows that they arose in the history of life in the order they are listed. Classification of these animals is, in part, according to those features that are deemed important from an evolutionary standpoint: body plan, symmetry, number of germ layers, presence of coelom, and segmentation. In addition, other features are taken into consideration, such as larval stage, means of locomotion, type of skeleton, and unique features.

Considering the evolution of these animals, there is a steady progression as we move up the evolutionary tree and, as a particular feature is added, the next phylum either retains it or moves to the next level. This is illustrated in chart 27.5. We would expect that the higher invertebrates have the organ system level of organization along with a true coelom and segmentation and this indeed is the case.

Each phylum of animals seems to have features that set it apart from the others, such as the fact that the sponges have an internal skeleton of spicules along with an internal layer of flagellated cells (choanocytes). The coelenterates may be remembered for their stinging structures called nematocysts and the presence of tentacles that aid in seizing food. Flatworms are noted for their cross-eyed, arrow-shaped appearance such as the parasitic fluke and tapeworm. Roundworms occur in great abundance in all parts of the world. All of these lower invertebrate animals carry out respiration and circulation by diffusion. The means by which representative animals carry out other animal functions are listed in chart 27.6.

Chart 27.5 Comparison

	Sponges	Coelenterates	Flatworms	Roundworms
Body plan	———	Sac	Sac	Tube within a tube
Symmetry	Radial or none	Radial	Bilateral	Bilateral
Germ layers	———	2	3	3
Level of organization	———	Tissues	Organs	Organs
Body cavity	———	———	———	Pseudocoelom
Segmentation	———	———	———	———

Chart 27.6 Comparison of Lower Invertebrates

	Sponge	Hydra	Planaria	Ascaris
Nervous Connections	———	Nerve net	Ladder-type	Ring with two nerve cords
Muscles	Fibers	Fibers	Three layers	One layer
Digestion	Intracellular, food vacuoles only	Extracellular and intracellular	Extracellular and intracellular	Extracellular only
Excretion	———	———	Flame cells	———
Reproduction	Asexual by budding Sexual by egg and sperm— motile larva	Asexual by budding Sexual by egg and sperm— motile larva	Asexual by fission Sexual by sex organs	Sexual by sex organs; separate sexes

Study Questions

1. Which features are important in the study of the evolution of animals? (p. 546)
2. What features are used to classify animals? (pp. 547–50)
3. Where do sponges live? (p. 550) Describe the structure of their three-layered wall. (p. 550) By what criteria are sponges classified? (p. 550) How do sponges get their food? (p. 550)
4. What feature gives the phylum Cnidaria its name? (p. 552) Describe alternation of generations in a hypothetical coelenterate. (p. 554)
5. Describe in detail the body wall of *Hydra* including the cells of the epidermis, mesoglea, and gastrodermis. (p. 554) How does *Hydra* get and digest its food? (p. 555)
6. Describe the external appearance of a planaria. (p. 558) What features make planaria a good predator? (p. 558) Describe the nervous, excretory, reproductive, muscular, and digestive systems of planaria. (pp. 558–59)
7. Describe the life cycle and structure of a tapeworm. (p. 560) Compare the anatomy of free-living flatworms with that of the fluke and tapeworm.
8. The extinction of what intermediate host would eliminate schistosomiasis? (p. 561)
9. Describe the anatomy and life cycle of *Ascaris*. (p. 561)
10. Compare the representatives of the four phyla in regard to: body plan, symmetry, germ layers, level of organization, coelom, and segmentation. (p. 564)
11. Compare the representatives of the four phyla in regard to: nervous conduction, musculature, digestion, excretion, and reproduction. (p. 564)

Further Readings

Barnes, R. D. 1974 *Invertebrate zoology.* 3rd ed. Philadelphia: W. B. Saunders.

Bolootian, R. A., and Stiles, K. A. 1976. *College zoology.* 9th ed. New York: Macmillan.

Buchsbaum, R. M. 1975. *Animals without backbones.* Rev. 2d ed. Chicago: University of Chicago Press.

Hickman, C. P. 1973. *Biology of the invertebrates.* St. Louis: C. V. Mosby.

Newell, N. C. 1972. Evolution of reefs. *Scientific American* 226(6):52.

Russell-Hunter, W. D. 1968. *A biology of lower invertebrates.* New York: Macmillan.

Simpson, G. G. 1961. *Principles of animal taxonomy.* New York: Columbia University Press.

28

animal kingdom part II

1. There are two main groups of higher animals: schizocoelomates and enterocoelomates.

2. Animals in both groups demonstrate specialization of parts and have well developed organ systems

3. Many higher animals are adapted to life on land.

4. Mammals are the dominant group of living animals and have advanced characteristics.

Importance of Higher Invertebrates and Vertebrates

These phyla contain the animals with which we are most familiar chiefly because of their importance to our everyday lives. So-called shellfish, such as clams, oysters (mollusks) and shrimp (an arthropod), and bony fishes, particularly herring, cod, flounder and tuna, are important sources of protein in the diet. In many western countries, however, domesticated animals, particularly cattle and pigs, which are mammals, and chickens and turkeys, which are birds, supply most of the dietary protein.

Mammals, too,—cattle, horses, and water buffalo—have been exploited as draft animals and for transport. The dung is used as fertilizer and in some cultures as fuel and building plaster.

Before the advent of synthetic materials, wool from sheep, a mammal, and silk produced by silkworms were more important than today. Silkworms are insects which have a life cycle that includes complete metamorphosis. The larva spins a cocoon having 1,000 feet of thread. In former days, too, humans made more use of feathers from birds, cow hide for leather goods, and reptilian skin to produce various clothing accessories. Synthetic fur is also in use today but even so mammalian minks and rabbits are raised to supply natural fur.

Some animals transmit diseases to humans and we can only mention a few. For example, among insects mosquitos transmit malaria, elephantiasis and yellow fever; fleas carry plague from rats to humans, and the tsetse fly conveys African sleeping sickness. Snails, which are mollusks, are secondary hosts for flukes, and bats, which are mammals, may carry rabies.

In contrast many higher invertebrates and vertebrates have been useful in biological and medical research. Our knowledge of development has been advanced by the study of echinoderms, particularly sea urchin and amphibian embryos, notably frog embryos. Today mammalian rats are especially bred for many physiological experiments. Rats, molluskan octopi, and rhesus monkeys (primates) have contributed much to behavioral studies. It should never be said, "What use is this animal?" because one never knows how a particular animal might someday be useful to humans.* Adult sea urchin skeletons are now used as molds for the production of small artificial blood vessels and armadillos are used in leprosy research.

*These animals are, of course, important in ecosystems as discussed in chapters 32 and 33. Here we mention only their direct relationship to humans.

Our study of the higher animals will concentrate on the examples listed in chart 28.1 and will especially be concerned with two main themes:

1. Comparison of predators with nonpredators to show the characteristics that are appropriate to predation.

2. Comparison of water-dwelling animals with land-dwelling animals to show the adaptation that takes place when an animal moves from water to land.

Classification

Higher animals are divided into two groups, namely, the **schizocoelomates** and the **enterocoelomates,** on the basis of the embryological evidence listed in chart 28.2 and discussed below.

Coelom Formation Higher animals have a **true coelom** (a body cavity lined completely with mesoderm during development in which internal organs lie, fig. 28.5). However, in the mollusks and arthropods, the coelom is more extensive in the embryo and is reduced in the adult.

Chart 28.1 Higher Animals

Schizocoelomates

Mollusks	Clam (*Anodonta**), squid (*Loligo**), snail (*Helix**)
Annelids	Sandworm (*Neanthes**), earthworm (*Lumbricus**)
Arthropods	Crayfish (*Cambarus**), grasshopper (*Romalea**)

Enterocoelomates

Echinoderms	Starfish (*Asterias**)
Chordates	Acorn worm (*Saccoglossus**), Tunicate (*Molgula**), amphioxus (*Branchiostoma**)
	Vertebrates (all classes)

*Genus name.

Chart 28.2 Comparison

	Schizocoelomates	Enterocoelomates
Coelom	Mesoderm splits to form coelom	Mesoderm pouches fuse to form coelom
Larva	Trochophore larva in some	Dipleurula larva in some
Blastopore	Becomes mouth	Becomes anus

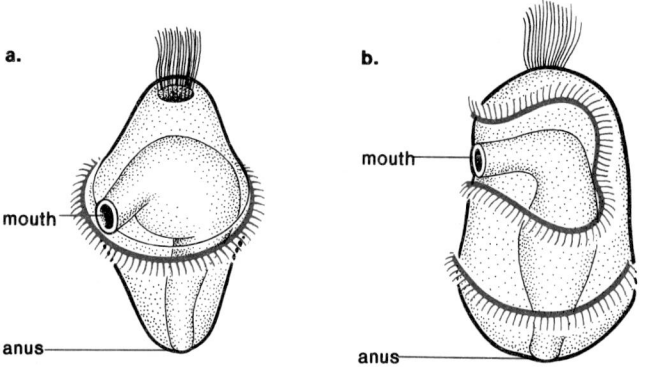

Figure 28.2
In the (a) protostomia, the blastopore becomes the mouth; in the (b) deuterostomia, the blastopore becomes the anus.

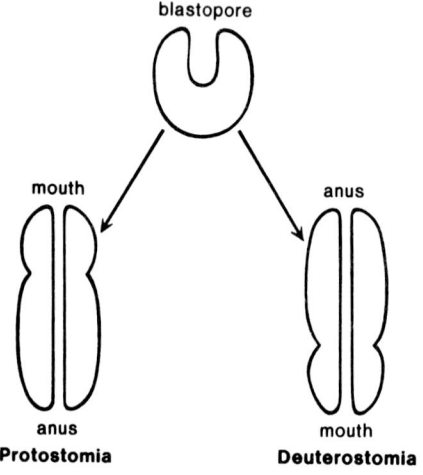

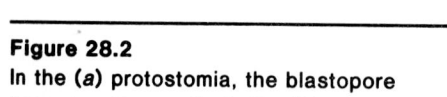

Chart 28.3 Higher Animals

Schizocoelomates		
Mollusks	*Annelids*	*Arthropods*
Nonsegmented	Segmented	Segmented with specialization of parts

Enterocoelomates	
Echinoderms	*Vertebrates*
Nonsegmented	Segmented with specialization of parts

In the schizocoelomates, the mesoderm arises near the blastopore of the embryo and then splits to produce the coelom. In lower enterocoelomates, the mesoderm arises as pouches from the primitive gut, and these pockets grow larger and finally fuse to produce the coelom (fig. 28.6).

Common Larval Forms A larva is an immature stage that is independent and can feed itself. Among the schizocoelomates, the marine mollusks and annelids share the **trochophore larva;** among the enterocoelomates, the echinoderms and certain invertebrate chordates share the **dipleurula larva** (fig. 28.1). It is good evidence that animals of different phyla are related when they have the same larval stage.

Fate of Embryonic Blastopore Among the schizocoelomates, the embryonic blastopore, which is the site of invagination of the endoderm germ layer in the embryo (fig. 28.2), becomes the mouth; in the enterocoelomates, the blastopore becomes the anus. Some authorities refer to the former as the protostomia and the latter as the deuterostomia.

Advanced Characteristics

Both schizocoelomates and enterocoelomates achieve segmentation with concomitant specialization of parts if we include the vertebrates in our discussion (chart 28.3). Other advanced characteristics are specialization of the tube within a tube plan and complex organ systems.

Schizocoelomates

The fact that mollusks are related to annelids is supported not only by embryological evidence but also by an animal called *Neopilina* (fig. 28.3), which is faintly segmented and has molluskan features. Since mollusks are nonsegmented while annelids are segmented, the existence of this animal seems to suggest that these two groups may be related by way of a common ancestor. The existence of another animal, *Peripatus* (fig. 23.5), indicates that arthropods are related to annelids. *Peripatus* is segmented like the annelids but also has certain arthropodal characteristics with respect to respiration, circulation, and appendages.

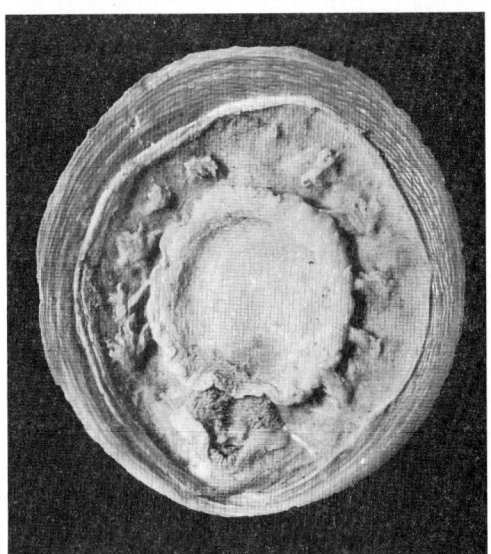

Mollusks (Phylum Mollusca)

The phylum Mollusca is very large and diversified, containing many thousands of living and extinct forms. However, all forms of mollusks have a body composed of at least three distinct parts:

1. **Visceral mass**: the soft-bodied portion that contains internal organs.

2. **Foot**: a strong, muscular portion used for locomotion.

3. **Mantle**: a membranous or sometimes muscular covering that envelops but does not completely enclose the visceral mass. The mantle may secrete a shell.

In addition to these three regions, many mollusks show cephalization and have a head region with eyes and other sense organs. The division of the body into distinct areas seems to have been a useful evolutionary advance, as there are many different types of mollusks, adapted to various environments (fig. 28.4). In our study of mollusks, we will consider the clam, an inactive filter feeder; the squid, an active predator; and the snail, which is adapted to life on land.

Clam (*Anodonta*), Class Pelecypoda

Clams, along with oysters, mussels, and scallops, are called **bivalves** because there are two parts to the shell, which is secreted by the mantle and is composed of calcium carbonate with an inner layer of **mother-of-pearl.** If a foreign body is placed between the mantle and the shell, pearls form when concentric layers of shell are deposited about the particle.

Within the mantle cavity, the gills (fig. 28.5) hang down on either side of the visceral mass, which lies above the foot. **Gills** are vascularized, highly convoluted, thin-walled tissue specialized for gas exchange.

The heart of a clam lies just below the hump of the shell within the pericardial sac, which is the only remains of the coelom. The coelom of the clam is said to be *reduced*. The heart pumps blue blood containing blue hemocyanin instead of red hemoglobin into vessels that lead to the various organs of the body. Within the organs, however, the blood flows through

Figure 28.4
Representative mollusks. a. Tiger cowrie.
b. Scallop. c. Octopus. d. Sea slug.

a.

b.

c.

d.

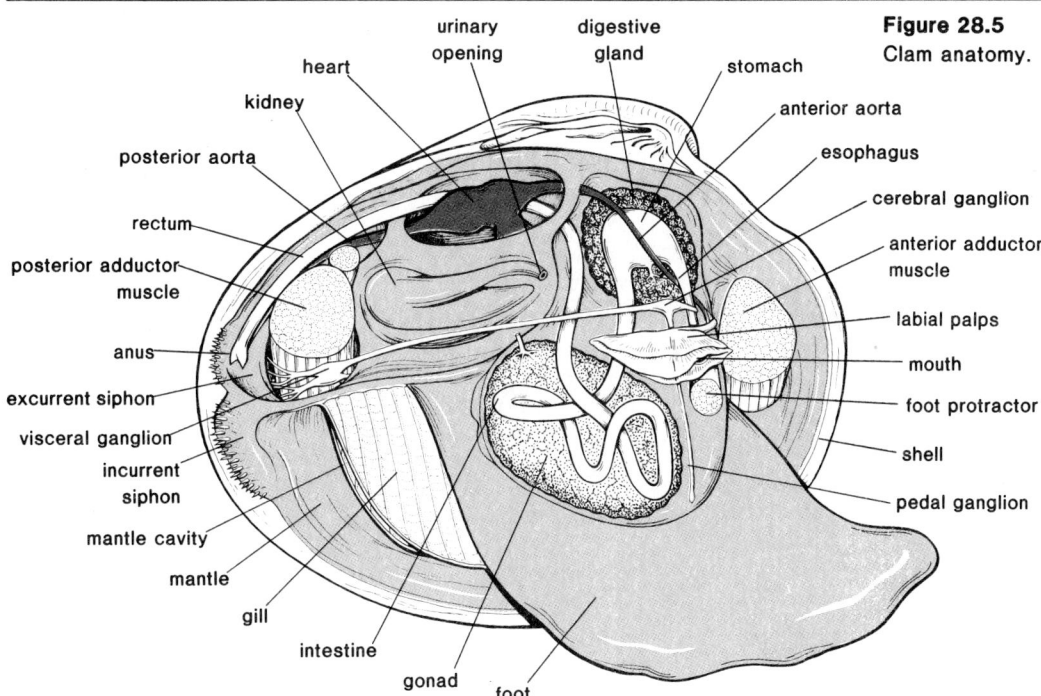

Figure 28.5
Clam anatomy.

Labels (clockwise): urinary opening, digestive gland, stomach, anterior aorta, esophagus, cerebral ganglion, anterior adductor muscle, labial palps, mouth, foot protractor, shell, pedal ganglion, foot, gonad, intestine, gill, mantle, mantle cavity, incurrent siphon, visceral ganglion, excurrent siphon, anus, posterior adductor muscle, rectum, posterior aorta, kidney, heart

spaces, or **sinuses,** rather than vessels. Such a circulatory system is called an **open** circulatory system (fig. 28.6) because the blood is not contained within blood vessels all the time. This type of circulatory system may be associated with an inactive animal because it is an inefficient means of transporting blood throughout the body. An active animal needs to have oxygen and nutrients transported quickly to rapidly working muscles, while an inactive animal is able to survive with a sluggish system for transporting these necessities.

The nervous system (fig. 28.5) is composed of **three pairs of ganglia** (cerebral, pedal, and visceral) which are all connected by nerves. Clams lack cephalization which may be associated with their way of life since they are adapted to slow burrowing in the sand and mud. They have a muscular foot that is compressed and bladelike and is referred to as a **hatchet** foot (class Pelecypoda means "hatchet foot"). The foot projects anteriorly from the shell, and by expanding the tip of the foot and pulling the body after it, the clam moves forward.

The clam is a filter feeder, meaning that it feeds on small particles that have been filtered from the water environment. Particles and water enter the mantle cavity by way of the **incurrent siphon,** a posterior opening between the two valves. Mucus secretions cause smaller particles to adhere to the gills, and cilia action sweeps them toward the mouth. Many inactive animals are filter feeders, since this method of feeding does not require rapid movement.

The digestive system (fig. 28.5) of the clam consists of a mouth, esophagus, stomach, and an intestine, which coils about in the visceral mass and then goes right through the heart before ending in a rectum and anus. The anus empties at an **excurrent siphon,** which lies just above the incurrent siphon. There is also an accessory organ of digestion called a digestive gland. It is readily seen in the clam that the tube within a tube plan does lead to specialization of parts.

Figure 28.6
In a (*a*) closed circulatory system, the blood is always contained within vessels; while in an (*b*) open circulatory system, the blood at times is not contained in vessels.

Closed Circulatory System

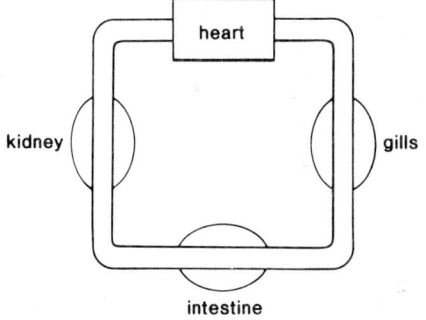

kidney / heart / gills / intestine

Open Circulatory System

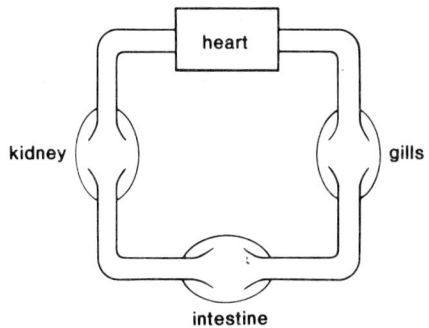

kidney / heart / gills / intestine

Figure 28.7
Squid anatomy.

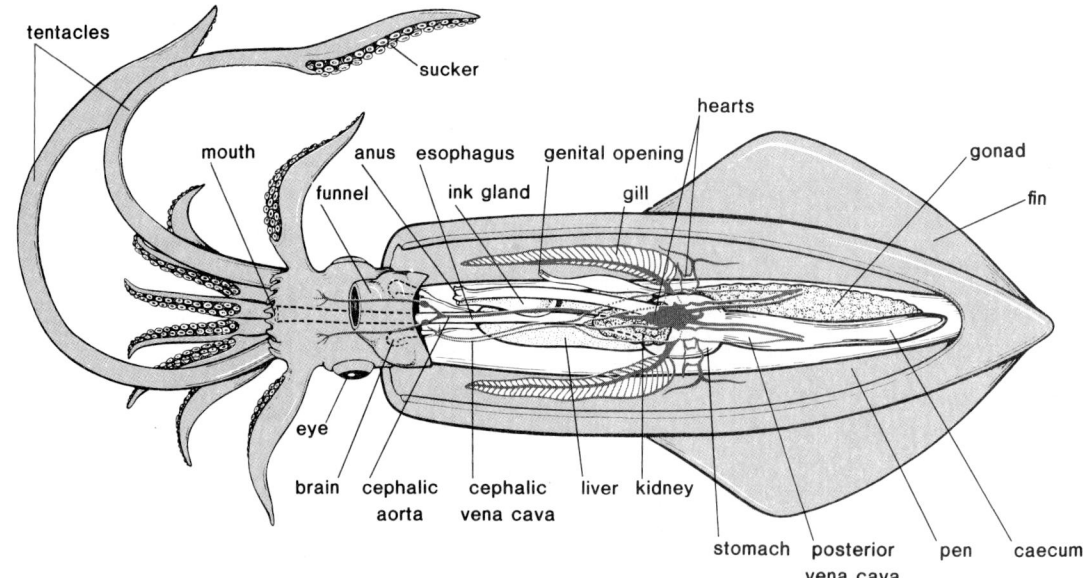

There are two excretory kidneys (fig. 28.5), which lie just below the heart and remove waste from the pericardial sac for excretion into the mantle cavity. The clam excretes ammonia (NH_3), a poisonous substance that requires the concomitant excretion of water. Land-dwelling animals tend to excrete a less toxic substance in a more concentrated form.

The male or female gonad (fig. 28.5) of a clam may be found about the coils of the intestine. While all clams have some type of larval stage, only marine clams have a trochophore larva. The presence of the trochophore larva (fig. 28.1*a*) among some mollusks indicates a relationship to the annelids, some of whose members also have this larval stage.

Comparison of the clam with other animals studied in this chapter (see charts 28.4 and 28.5) shows that the clam is adapted (1) to a water environment and (2) to an inactive life.

Squid (*Loligo*), Class Cephalopoda

Squids live in the ocean and range in size from 1.5 inches to 55 feet. The tentacles about the head are derived from the foot (the class Cephalopoda means "head-footed"). A tough, muscular mantle contains a vestigial skeleton called the pen and surrounds the visceral mass, which is elongated and lies in a horizontal direction (fig. 28.7).

The squid is an active predator, moving quickly by **jet propulsion** of water, which freely enters the mantle cavity by way of a space that circles the head. When the cavity is closed off and constricted tightly against the head, water exits by means of the **funnel,** a ventral tubular organ. This exit of water propels the squid in the opposite direction, but the funnel can be directed anteriorly or posteriorly, resulting in either forward or backward movement.

The squid has an effective means of seizing and eating food. For example, *Loligo* darts backward rapidly into a school of young mackerel, seizes a fish with its tentacles, quickly biting the neck and severing the nerve cord. The mouth has a pair of powerful, beaklike jaws and a **radula,** a beltlike organ containing rows of teeth for grasping food.

Cephalization aids the squid in recognizing its prey and in escaping its enemies. The eyes (fig. 28.7) are superficially similar to those of vertebrates and have a lens and retina with photoreceptors. The brain is formed from a fusion of the three molluskan ganglia. Nerves leave the brain and supply various parts of the body, including an especially large pair that control the rapid contraction of the mantle. Rapid movement and the secretion of a brown or black pigment from an ink gland help the squid escape its enemies.

Chart 28.4 Comparison of Clam and Squid

	Clam	Squid
Food getting	Filter feeder	Active predator
Skeleton	Heavy shell for protection	No external skeleton
Circulation	Open	Closed
Cephalization	None	Marked
Locomotion	Hatchet foot	Jet propulsion
Nervous system	Three separate ganglia	Brain and nerves

Unlike other mollusks and in keeping with its active life, the squid has a closed circulatory system composed of vessels and three hearts, one of which pumps blood to all the internal organs while the other two pump blood to the gills located in the mantle cavity. This efficient closed system effectively circulates oxygen and nutrients to body parts.

The gonad (fig. 28.7) takes up a large part of the visceral mass and the sexes are separate. The sperm are packaged into packets called spermatophores, which the male passes to the female mantle cavity by means of a specialized tentacle. After the eggs are fertilized, they are attached to the substratum in clusters of 10 or 50 in elongated strings, each containing as many as 100 eggs. Large numbers of *Loligo* come together to copulate and spawn at the same time, and a community pile of egg strings may be formed on the bottom. Death follows soon after spawning.

Chart 28.4 compares the squid to the clam to show that the squid is adapted to an active life in comparison to the clam, which is adapted to an inactive life.

If we evaluate the characteristics of the squid, it would seem that adaptation to the active life of a predator does produce those characteristics that make an animal more efficient and aware of its environment. Biological success is always a difficult topic on which to agree, but if we wish to contrast animals with other forms of life, we must admit that animals have evolved those features that make them active and capable of quick response to environmental stimuli. The squid is a good example that this is so.

Snail (*Helix*), Class Gastropoda

Not many invertebrates are adapted to living on the land for there are many environmental problems; among these are the need to breathe air, prevent desiccation, and have a means of locomotion and reproduction that are not dependent on external water. The excretory system may be modified for the excretion of a solid nitrogenous waste to help conserve water.

Snails are small in comparison to the clam and squid (fig. 28.8). They have three obvious divisions of the body: a head with two pairs of **tentacles,** one pair of which bear **eyes** at the tips; a flat, long muscular foot; and a visceral mass surrounded by a shell. The shell not only offers protection but also prevents desiccation or drying out.

The embryo of a snail is at first bilaterally symmetrical with the anus posterior; then the body twists as the gut, nerve cords, and many other structures are swung to the right and forward by nearly 180 degrees so that the anus comes to lie just behind the mouth. The dorsal regions then become spirally coiled to fit the shell.

Snails are adapted to life on land. The mantle cavity does not contain gills—the mantle tissue is adapted for gas exchange with air. As the foot contracts in such a way that waves of contraction run from anterior to posterior, a lubricating mucus is secreted to facilitate movement. The snail is hermaphroditic; when two snails such as *Helix* meet, they shoot calcerous darts deep into each other's visceral mass as a part of premating behavior. Then each inserts a **penis** into the mantle cavity of the other to provide sperm for the future fertilization of eggs that are deposited in the dirt; development proceeds directly without the formation of larvae.

Figure 28.8
Snail anatomy.

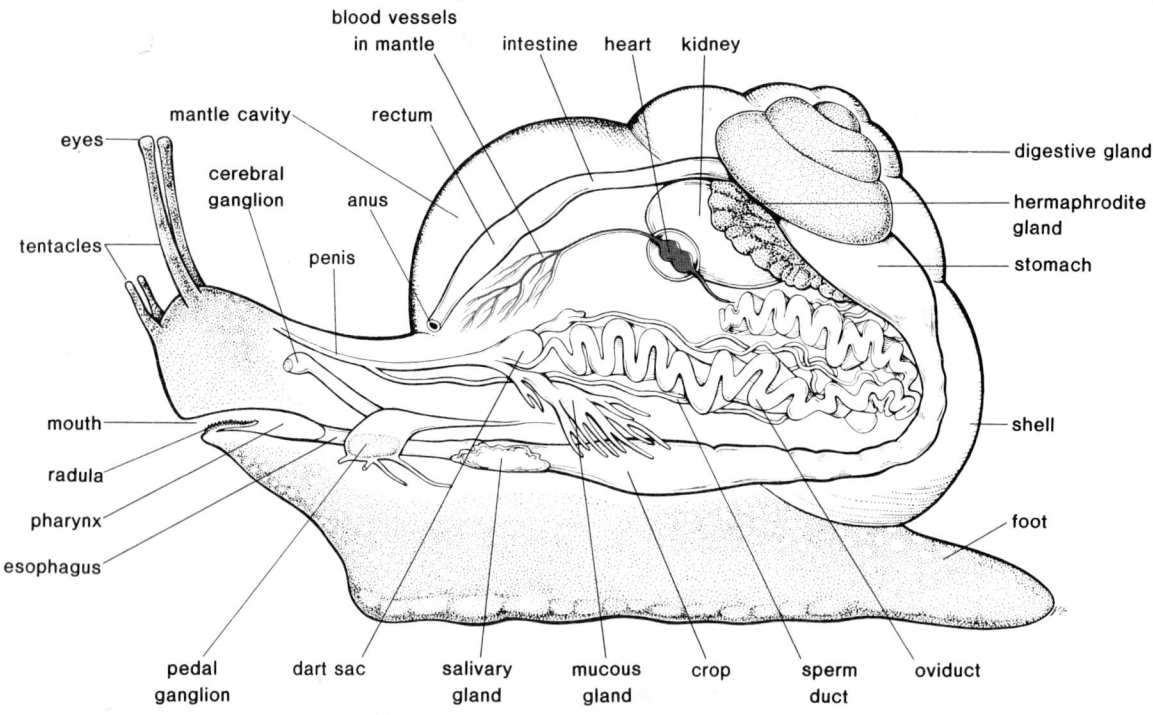

Chart 28.5 Comparison of Clam and Squid to Snail

	Clam and Squid	Snail
Skeleton	Protection in clam	Protection and prevention of desiccation
Locomotion	Suitable to beach (clam), water (squid)	Suitable to dry surface
Respiration	Gills that are kept moist by external water	Mantle serves as lungs
Excretion	Ammonia diluted in water	Uric acid as a solid
Reproduction	No penis, separate sexes, larva stage in clam	Penis, hermaphroditism, no larva stage

The presence of a copulatory organ such as the penis, and even hermaphroditism, are adaptations to life on land. The penis allows easy transfer of sperm from one animal to the other; hermaphroditism assures that any two animals can mate. This is especially useful in slow-moving animals that have limited ranges.

Chart 28.5 compares adaptation to water with adaptation to land among the mollusks studied. This comparison allows us to suggest that both groups of animals are well adapted to their environments.

Annelids (Phylum Annelida)

The primary characteristic of the phylum, in comparison to earlier phyla, is the presence of segmentation (fig. 28.9): obvious rings encircle the body and the well-developed coelom is even partitioned by membranous septa. Both segmentation and an ample coelom prove to be important advances, facilitating the development of specialization of parts in later phyla.

Our study of the annelids will include a look at the earthworm, the sandworm, and the leech. While the earthworm is most often studied and will be discussed in detail below, actually it is the sandworm that shows those characteristics suitable for predation.

Figure 28.9
The earthworm (*a*) and the sandworm
(*b*) are annelids.

a.

b.

Earthworm (*Lumbricus*), Class Oligochaeta

The earthworm (fig. 28.10) is terrestrial, but it is not well adapted to life on land because it is always in danger of drying out. Since the body wall and surrounding cuticle must be kept moist for gas exchange, the worm is protected by burrowing in moist soil and certainly never ventures forth on a dry, hot day without dire consequences.

The earthworm lacks obvious cephalization and feeds on leaves or any other organic matter, living or dead, which can conveniently be taken into its mouth along with dirt. Food drawn into the mouth by the action of the muscular pharynx is stored in a crop and ground up in a thick, muscular gizzard. Digestion and absorption occur in a long intestine whose dorsal surface is expanded by a **typhlosole** that allows additional surface for absorption. Notice that the tube within a tube plan has indeed allowed specialization of the digestive system to occur.

Locomotion in the earthworm is suitable to its way of life, and each segment of the body has four pairs of **setae** or slender bristles. The setae are inserted into the dirt and then the body is pulled forward. Both a circular and longitudinal layer of muscle in the body wall make it possible for the worm to move and change its shape. Muscular contraction is aided by the fluid-filled coelomic compartments which act as a hydrostatic skeleton.

Figure 28.10
Earthworm anatomy.

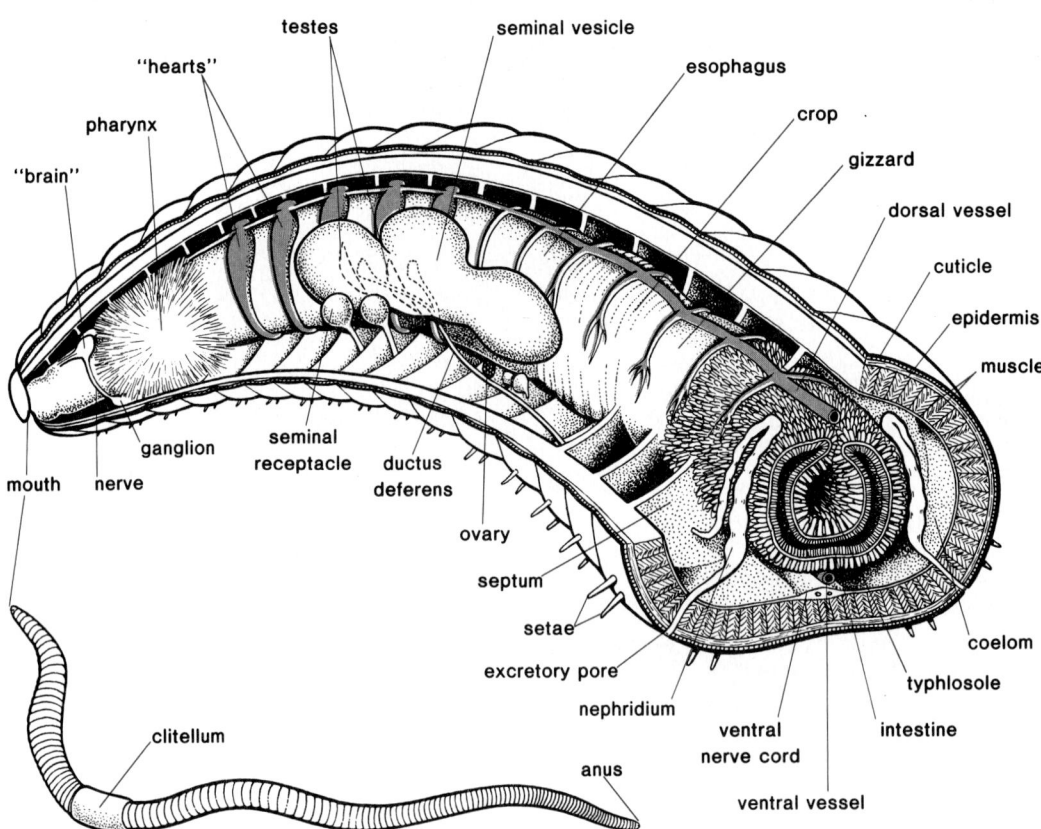

Chart 28.6 Segmentation in the Earthworm

1. Body rings
2. Coelom divided by septa
3. Setae on each segment
4. Ganglia and lateral nerves in each segment
5. Nephridia in each segment
6. Branch blood vessels in each segment

The nervous system (fig. 28.10) consists of an anterior, dorsal, ganglionic mass, or brain, and a long **ventral solid nerve cord** with ganglionic swellings and lateral nerves in each segment. When invertebrates are compared to vertebrates, it is often said that the former have a ventral solid nerve cord, while the latter have a dorsal hollow nerve cord.

The excretory system consists of paired **nephridia** (fig. 28.10), or coiled tubules in each segment. Nephridia have two openings: one is a ciliated funnel that collects coelomic fluid and the other is an exit in the body wall. Between the two openings is a convoluted region where waste material is removed from the blood vessels about the tubule.

The earthworm has an extensive *closed circulatory* system. Red blood moves anteriorly in a dorsal blood vessel and then is pumped by five pairs of hearts into a ventral vessel. As the ventral vessel takes the blood toward the posterior regions of the worm's body, it gives off branches in every segment.

The worms are *hermaphroditic,* with a complete set of organs for both sexes. The male organs of an earthworm are the testes, seminal vesicles, and sperm ducts; the female organs are the ovaries, oviducts, and seminal receptacles. Copulation occurs when two worms come to lie ventral surface to ventral surface, with the heads pointing in opposite directions. The **clitellum,** a smooth girdle about the worm's body, secretes mucus, which holds the worms together and provides moisture in which the sperm swim from one body to the other. Then the mucus becomes a cocoon from which each worm backs out, releasing both eggs and sperm as they leave. Fertilization results in zygotes (fertilized eggs), which develop directly into miniature earthworms. There is no larval stage.

The annelids show the most obvious segmentation of any phylum of animals. Chart 28.6 lists structures that have repeating units illustrating segmentation in earthworms.

Sandworm (*Neanthes*), Class Polychaeta

Sandworms (fig. 28.9) such as *Neanthes* are predators. They prey on crustaceans and other small animals, which are captured by a pair of strong chitinous *jaws* that evert with a part of the pharynx when *Neanthes* is feeding.

Associated with its way of life, *Neanthes* shows cephalization and has a head region with sense organs including eyes and **antennae** (fig. 28.11).

Sandworms are distinguished by the presence of a pair of fleshy lobes, the **parapodia,** on each body segment. These are used not only in swimming but also as respiratory organs where the expanded surface area allows for exchange of gases. Numerous chitinous bristles grow out from the parapodia and hence the name polychaetes or "many-bristled."

Sexual reproduction in *Neanthes* is suitable for the water. Many worms shed a portion of the body that contains either eggs or sperm and these float to the surface where fertilization takes place. The zygote rapidly develops into a *trochophore larva* (fig. 28.1*a*), just as marine clams do. The existence of this larva in both the annelids and mollusks shows that these two groups of animals are related.

It is interesting to compare *Neanthes* to *Lumbricus* because it highlights the manner in which the earthworm is adapted to life on land. The lack of parapodia may be associated with a reduction in surface area to reduce possible loss of water and to facilitate burrowing in the earth. The sandworm makes use of external water while the earthworm provides a mucous secretion for fertilization. Naturally, it is the water form that has the swimming or trochophore larva and not the land form.

Leech (*Hirudo*), Class Hirudinea

Leeches have the same body plan as other annelids, but chief among their modifications are two **suckers,** a small oral one around the mouth and a large posterior one. While some leeches are free-living, the ones most remembered are the blood suckers. Leeches are able to keep blood flowing and prevent clotting by means of a substance in their saliva known as **hirudin,** a powerful anticoagulant.

Arthropods (Phylum Arthropoda)

The arthropods have more species (900,000) than any other group of animals and are often said to be the most successful of all the animals. The phylum includes many common animals: crayfish, lobsters, shrimp, spiders, insects, centipedes, and millipedes (thousand leggers).

The arthropods are believed to be closely related to the annelids as illustrated by *Peripatus*, mentioned earlier, which has both annelid and arthropod characteristics. The arthropods are segmented, which is most obvious in the presence of repeating pairs of appendages. However, even here, modification has occurred and the appendages are adapted to different functions such as walking, swimming, reproduction, and eating.

Arthropods have an external skeleton containing **chitin,** a strong, flexible polysaccharide. The skeleton serves many functions such as protection, attachment for muscles, and prevention of desiccation on land. The appendages are also covered by the skeletal material, but they are jointed. The presence of **jointed appendages** is a great advance in the animal kingdom and aids locomotion on land.

An external skeleton is not without difficulties and, since this particular skeleton does not grow larger, arthropods **molt,** or shed the skeleton periodically.

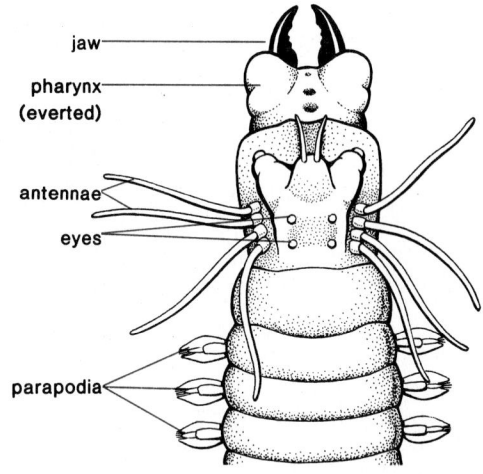

Figure 28.11
Head of *Neanthes*. Notice that this particular annelid shows cephalization.

jaw
pharynx (everted)
antennae
eyes
parapodia

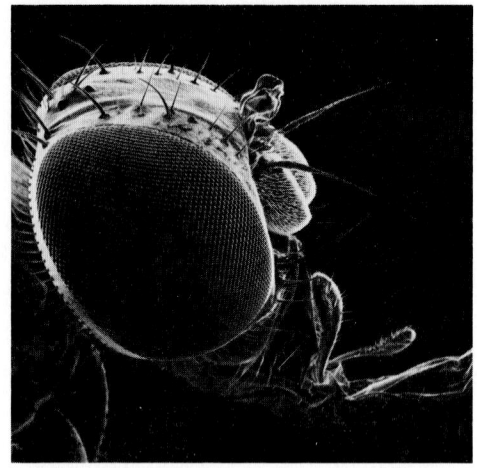

Specialization of parts is readily seen in that the arthropod body is not composed of a series of like segments but rather, due to a fusion of segments, is composed of three parts—head, thorax and abdomen. The head shows good cephalization with sense organs. The sense organs include **antennae** (or feelers) and eyes. The eyes are of two types: **compound** (fig. 28.12) and **simple**. The compound eye is not seen in any other phylum. It is composed of many complete visual units grouped together in a composite structure: each visual unit contains a separate lens and a light-sensitive cell. In the simple eyes, a single lens covers many light-sensitive cells.

The coelom, which is so well developed in the annelids, is **reduced** in the arthropods and composed chiefly of the space about the reproductive system. Instead of a coelomic cavity, there is a **hemocoel**, or blood cavity, consisting of vessels and open spaces where the blood flows about the organs. The dorsal heart keeps the blood moving around in the sinuses. Arthropods, like most mollusks, have an open circulatory system.

The classes of arthropods include those of the horseshoe crab and spiders, crustacea, insects, centipedes, and millipedes (fig. 28.13). Here we will study the crayfish, an example of a water-dwelling animal, and compare it to the grasshopper, an example of a land-dwelling animal.

Figure 28.13
Representative arthropods. a. Scorpion.
b. Giant centipede. c. Spider.
d. Grasshopper.

a.

b.

Crayfish (*Homarus*), Class Crustacea

Crayfish are in the class Crustacea along with lobsters, shrimps, copepods, and crabs. Figure 28.14*a* gives a view of the external anatomy of the crayfish, and it can be seen that the head and thorax are fused into a **cephalothorax,** which is covered on the top and sides by a nonsegmented **carapace.** The abdominal segments, however, are marked off clearly.

On the head are a pair of stalked compound eyes and two pairs of antennae. Chitinous jaws and mouthparts are also present. The appendages in the thorax include accessory mouthparts, **pinching claws,** and four pairs of **walking legs;** the abdominal segments are equipped with **swimmerets,** small paddlelike structures. The first pair of swimmerets in the male are quite strong and are used to pass sperm to the female, reminiscent of the squid, which passes sperm by means of specialized tentacles. The last two segments bear the **uropods** and the **telson,** which make up a fan-shaped tail used for swimming backwards.

Ordinarily, the crayfish lies in wait for prey. It faces out from an enclosed spot with the claws extended and the antennae moving about. If a small animal, dead or alive, happens by, it is quickly seized and carried to the mouth. When a crayfish does move about, it generally crawls slowly but may swim rapidly by using heavy abdominal muscles.

c.

d.

Figure 28.14
Anatomy of the crayfish. a. External.
b. Internal.

a.

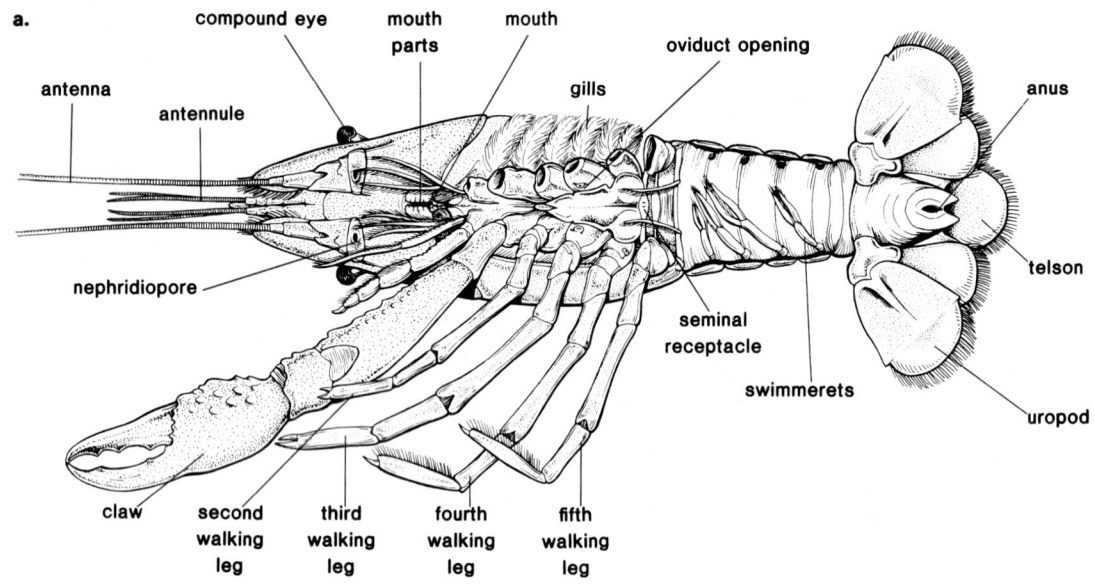

antenna
compound eye
mouth parts
mouth
gills
oviduct opening
antennule
anus
nephridiopore
seminal receptacle
telson
swimmerets
uropod
claw
second walking leg
third walking leg
fourth walking leg
fifth walking leg

b.

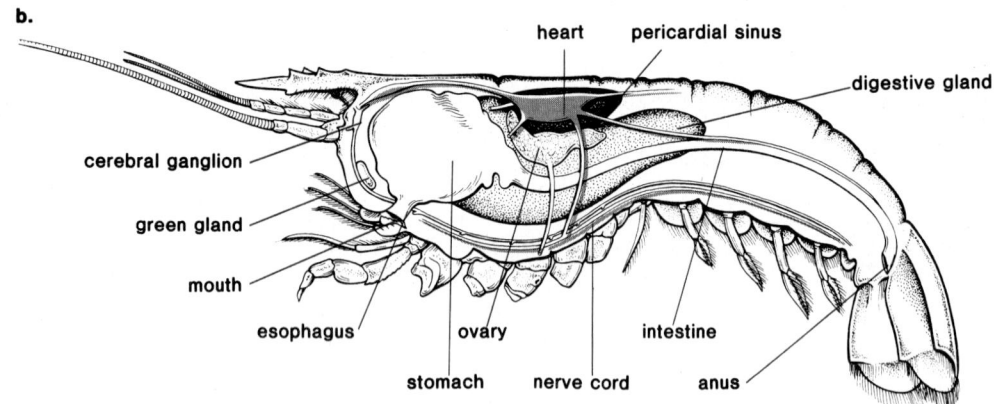

heart
pericardial sinus
digestive gland
cerebral ganglion
green gland
mouth
esophagus
stomach
ovary
nerve cord
intestine
anus

Respiration is by means of **gills** (fig. 28.14*a*), which lie above the walking legs protected by the carapace. Gills, as we have seen, are typical organs of respiration in water-dwelling animals. The crayfish has blue blood containing the pigment hemocyanin, which aids in the transport of oxygen.

Internally, the digestive system (fig. 28.14*b*) includes a stomach, which is divided into two main regions: an anterior portion called the **gastric mill,** equipped with chitinous teeth to grind coarse food, and a posterior region, which acts as a filter to sort out food according to consistency.

The nervous system (fig. 28.14*b*) is quite similar to that of the earthworm. There are anterior ganglia from which a solid **ventral nerve cord** passes posteriorly. Along the length of the nerve cord, periodic ganglia give off lateral nerves.

The excretory system (fig. 28.14*b*) consists of a pair of **green glands** lying in the head region anterior to the esophagus. Each organ possesses a glandular region for waste removal; a bladder and a duct that opens ventrally at the base of the antennae.

Chart 28.7 Comparison of Crayfish and Grasshopper

	Crayfish	**Grasshopper**
Locomotion	Legs and swimmerets	Hopping legs and wings
Respiration	Gills	Tracheae
Excretion	Liquid waste by way of green gland	Solid waste by way of Malpighian tubules
Circulation	Blue blood	Colorless blood
Nervous system	Cephalization	Cephalization with tympanum
Reproduction	Modified swimmerets in male	Penis in male, ovipositor in female

The sexes are separate in the crayfish. The white testes of the male are located just ventral to the pericardial sinus. From each side the coiled ductus deferens passes ventrally and opens to the outside at the base of the fifth walking leg. Sperm transfer is accomplished by the modified first two swimmerets of the abdomen. In the female, the ovaries are located in a position similar to that occupied by the testes and the oviducts pass ventrally, opening near the bases of the third pair of walking legs. There is a cuticular fold between the bases of the fourth and fifth pair that serves as a seminal receptacle.

Chart 28.7 compares the crayfish to the grasshopper to illustrate how one is adapted to the water and the other to the land.

Grasshopper (*Romalea*), Class Insecta

Insects comprise one of the largest animal groups both in number of species and in number of individuals, perhaps because of the presence of **wings**. Wings enhance the insects' ability to survive by providing a new way of escaping enemies, finding food, facilitating mating, and dispersing the species. Figure 28.15 gives representative examples of various groups of insects, of which we will study the grasshopper in detail.

Every system of the grasshopper (fig. 28.16*a*) is adapted to life on land. As a part of the exoskeleton there are **three pairs** of legs, one pair of which is suited to jumping. There are two pairs of wings; the forewings are tough and leathery and when folded back at rest they protect the broad, thin hindwings. The first segment bears on its lateral surface a large **tympanum** for the reception of sound waves. The posterior region of the exoskeleton in the female has two pairs of projections that form an ovipositor.

The digestive system (fig. 28.16*b*) is suitable for a grass diet. Digestion begins in the mouth where the mouthparts grind the food and there are salivary secretions. Food is temporarily stored in the crop before passing into the gizzard, which sends finely ground food to the stomach. Here digestion is completed with the aid of enzymes secreted by the gastric caeca.

Excretion is carried out by means of **Malpighian tubules** (fig. 28.16*b*), which extend out into the hemocoel and empty into the digestive tract. A solid nitrogenous waste is excreted, conserving water.

Respiration occurs when air enters small tubules called **tracheae** (fig. 28.16*b*) by way of openings in the exoskeleton called **spiracles.** The tracheae branch and rebranch, finally ending in moist areas where the actual exchange of gases takes place. The movement of air through this complex of tubules is not a passive process; air is pumped through by a series of several bladderlike structures (air sacs), which are attached to the tracheae near the spiracles. Air enters the anterior four spiracles and exits by the posterior six spiracles. This mechanism of breathing found in insects and arachnids (e.g., spiders and scorpions) is an adaptation to land that requires a drastic modification of the body. It may even account for the small size of insects since the tracheae are so tiny and fragile that they would be crushed by any amount of weight.

Figure 28.15
Representative insects. a. Dragonfly.
b. Walking stick. c. Mayflies on underside of
blade of grass. d. Silkworm moth.

a.

b.

c.

d.

Figure 28.16
Anatomy of the grasshopper. **a.** External.
b. Internal.

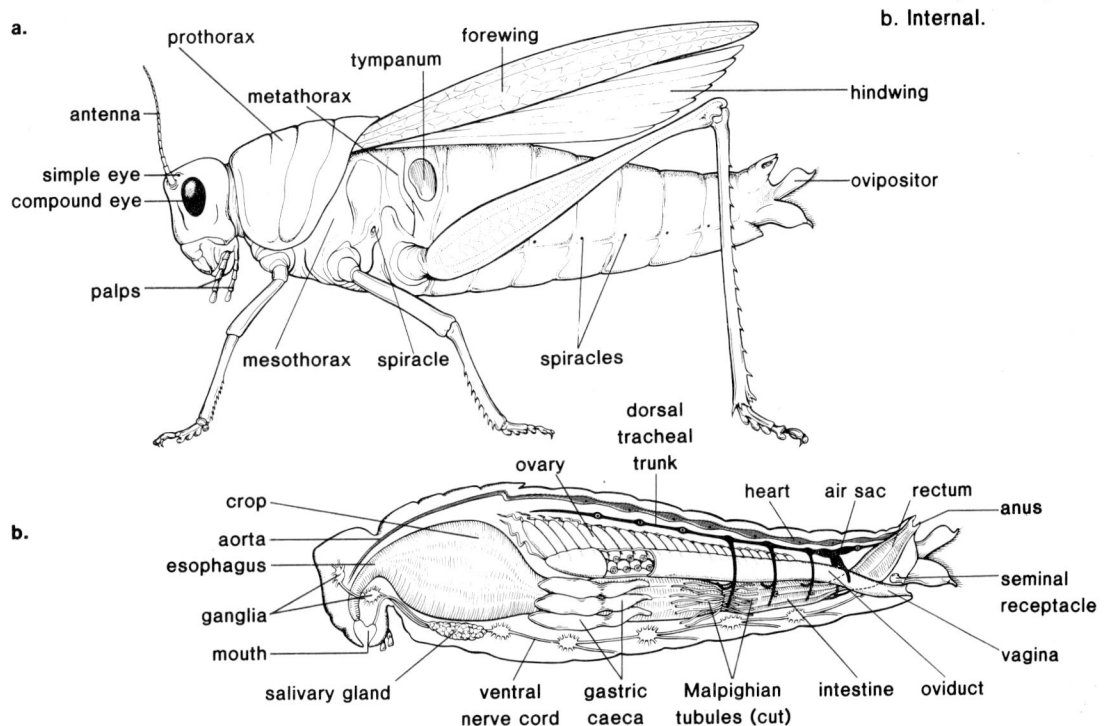

The heart is a slender, tubular organ that lies against the dorsal wall of the abdominal exoskeleton. Blood passes from a dorsal aorta to the hemocoel and circulates through the body spaces, finally returning to the heart again. The blood is colorless and lacks a respiratory pigment since the tracheal system transports gases.

Reproduction is adapted to life on land. The male has two testes and associated ducts that end in the penis. The female has ovaries that occupy the whole dorsal part of the animal, and oviducts that end in the vagina. The sperm received during copulation are stored in the seminal receptacles for future use. Fertilization is internal, usually occurring during late summer or early fall. The female deposits the fertilized eggs in the ground with the aid of her ovipositor.

Insects are land animals that often have larval stages and undergo metamorphosis. **Metamorphosis** means a change, usually a drastic one, in form and shape. Some insects undergo what is called complete metamorphosis, in which case they have three stages of development: **larval stages,** the **pupa stage,** and finally the **adult stage.** Metamorphosis occurs during the pupa stage when the animal is enclosed within a hard covering. The animal that is best known for metamorphosis is the butterfly, whose larval stage is called a caterpillar and whose pupa stage is the cocoon; the adult is the butterfly. Grasshoppers undergo incomplete metamorphosis, which is a gradual change in form rather than a drastic change. The immature stages of the grasshopper are called nymphs rather than larvae and they are recognizable as grasshoppers even though they differ somewhat in shape and form. Metamorphosis is controlled by the same hormones as molting.

Figure 28.17
Representative echinoderms. a. Starfish.
b. Sea cucumber. c. Sea urchins.

a.

b.

c.

Enterocoelomates

The enterocoelomates, a second branch of animal evolution (p. 547), include the echinoderms and chordates. In these animals, the coelom develops as pouches and the lower forms have the dipleurula larva. It seems very curious that the echinoderms are the invertebrates believed to be most closely related to the chordates, whose largest group is the vertebrates. Echinoderms have radial symmetry and show none of the advanced characteristics we have just studied in the arthropods. However, because the echinoderms show similar bilaterally symmetrical larvae and similar embryonic development to primitive chordates, it is believed that these animals are closely related to the chordates.

Echinoderms (Phylum Echinodermata)

The echinoderms (fig. 28.17) include only marine animals—starfish, sea urchin, sea cucumber, feather star, sea lily, and sand dollar. The most familiar of these is the starfish, and we will study this representative. Echinoderms are

Figure 28.18
Starfish anatomy.

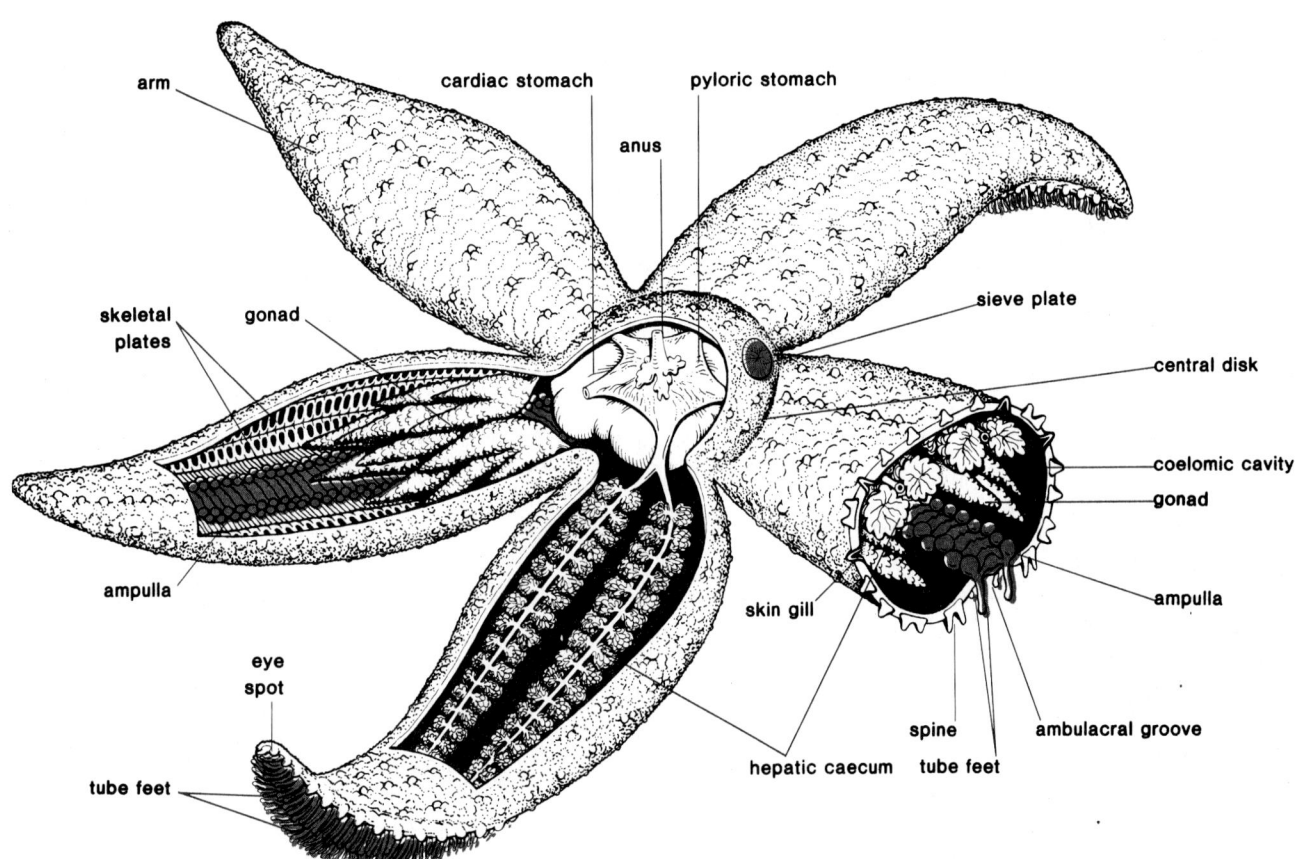

radially symmetrical as adults, with a body plan based on **five parts.** Their other unique feature is the **water vascular system,** which is used as a means of locomotion. They also have a calcareous **endoskeleton,** whose projecting spines give the phylum its name, Echinodermata, meaning "spiny skin."

Starfish (*Asterias*), Class Asteroidea

The starfish, sometimes called the sea star, is commonly found along rocky coasts. It has a five-rayed body plan with an **oral** (mouth) and **aboral** (anus) side (fig. 28.18). The oral side is actually the underside and the aboral side is the upper side. On the aboral side there are various structures which project through the epidermis: (1) spinelike projections of the endoskeletal plates; (2) pincerlike structures called **pedicellarie,** which keep the surface free of small particles; and (3) skin gills, which serve for respiratory exchange. The mouth is located on the oral surface, and has each of the five arms a groove lined by little **tube feet.**

Starfish feed on mollusks. When a starfish attacks a clam, it arches its body over the shell and by the concerted action of the tube feet forces the clam to open. Then it everts a portion of its stomach to digest the contents of the clam.

Chart 28.8 Comparison of Higher Invertebrates

	Clam	Earthworm	Crayfish	Grasshopper	Starfish
Nervous system	Three ganglia joined by nerves	Brain and ventral solid nerve cord	Brain and ventral solid nerve cord	Brain and ventral solid nerve cord	Nerve ring and five cords
Digestion	Filter feeder; intestine goes through heart	Eats dirt; has a crop and gizzard	Predator; has a two-part stomach; anterior portion is a gastric mill	Vegetarian; has a crop and gizzard	Prefers clams; has a two-part stomach, one of which everts to digest clams
Skeleton	Bivalve shell (exoskeleton)	Absent	Chitin exoskeleton	Chitin exoskeleton	Spiny endoskeleton
Excretion	Kidney	Nephridia	Green gland	Malpighian tubules	Utilizes coelom
Circulation	Open, with internal sinuses and blue blood	Closed, with two large vessels and red blood	Open, with hemocoel and blue blood	Open, with colorless blood	Utilizes coelom
Respiration	Gills	Cuticle and body wall	Gills	Tracheae	Skin gills
Reproduction	Sexes separate, marine forms have trochophore larva	Hermaphroditic; clitellum supplies mucus	Sexes separate; male swimmerets (1st pair) are modified	Sexes separate; male has penis; female has ovipositor	Sexes separate; dipleurula larva
Locomotion	Hatchet foot	Setae; hydrostatic "skeleton"	Jointed appendages (walking legs and swimmerets)	Hopping legs and wings	Water vascular system with tube feet

The mouth of a starfish opens into a narrow esophagus, which in turn leads to an expanded stomach. The stomach has two portions: the saclike cardiac which can be everted as described and the narrower pyloric which is connected to a short intestine. The anus opens on the aboral or upper side of the animal.

Each of the five arms contains a well-developed coelom, a pair of large **hepatic caeca** that secrete powerful enzymes into the pyloric portion of the stomach, and gonads, which open on the aboral surface by very small pores; the nervous system consists of a central nerve ring that supplies radial nerves to each arm. At the tip of each arm is a light sensitive eyespot.

Coelomic fluid, circulated by ciliary action, performs many of the normal functions of a circulatory system; the water vascular system is purely for locomotion. Water enters this system through a structure on the aboral side called the madreporite, or **sieve plate.** From there it passes through a short canal, called the *stone canal,* to a *ring canal,* which surrounds the mouth. From the ring canal, five *radial canals* extend into the arms along the ambulacral grooves. From the radial canals many lateral canals extend into the tube feet. One canal goes to each tube foot, where it ends in the **ampulla.** When the ampulla contracts, the water is forced into the tube foot, expanding it and giving it suction. By alternating the expansion and contraction of the tube feet, the starfish moves along slowly.

The adult starfish is anatomically unique, but it is believed that echinoderms and chordates share a common ancestor because of similar embryonic development. The dipleurula larva is seen in both the echinoderms and the hemichordates (see following). Thus the echinoderms are bilaterally symmetrical as in embryos; radial symmetry is found only in the adult.

Chart 28.8 compares the anatomy of the higher invertebrates. Significant features already discussed are listed for the representative animal(s) of each phylum.

Chordates (Phylum Chordata)

The phylum **Chordata** contains humans and the animals most closely related to humans. The invertebrate members of this phylum offer no indication that they would eventually give rise to vertebrates that rival the arthropods in variety and number and exceed the arthropods in advanced characteristics. Since the phylum begins so modestly and ends in an attainment that we egotistically feel is of such value, we might well ask what characteristics place all these animals in the same phylum. All members of the phylum are observed to have three basic characteristics (fig. 28.19) at some time in their life history:

1. A dorsal supporting rod called a **notochord,** which is replaced by the vertebral column in the adult vertebrates.

2. **A dorsal hollow nerve cord** in contrast to invertebrates, which have a ventral solid nerve cord. By hollow, it is meant that the cord contains a canal that is filled with fluid.

3. **Gill pouches** or **slits,** which may be seen only during embryological development in most vertebrate groups but which persist in adult fish. Water passing into the mouth and pharynx goes through the gill slits, which are supported by gill bars.

Protochordates (Primitive Chordates)

Three groups of animals are sometimes called the **protochordates**: the acorn worms, the tunicates, and the lancelets. While the first of these were formerly placed in the phylum Chordata, this is no longer justified because the animals have been shown to lack a notochord. The other two groups are sometimes called the invertebrate chordata because the notochord is never replaced by vertebrae. It is these three groups of animals that link the vertebrates to the rest of the invertebrates and which show how modestly the chordates began.

Acorn Worms (Phylum Hemichordata)

Acorn worms (fig. 28.20a) derive their name from the fact that the posterior region of the body is wormlike, while the anterior portion resembles an acorn in its shell. This anterior portion is actually a proboscis plus a circular collar. As an adult, the animal has numerous gill slits in the trunk region, a small gut diverticulum (stomochord) in the proboscis and a short dorsal hollow nerve cord in the collar. The larval stage of this animal is a dipleurula larva and this fact strengthens the belief that the chordates are related to the echinoderms.

Tunicates (Subphylum Urochordata)

As an adult, the tunicate, or sea squirt (fig. 28.20b), appears to be a thick-walled, squat sac with two openings, an incurrent siphon and an excurrent siphon. Inside the central cavity of the animal and opening into a chamber that opens to the outside are numerous gill slits, the only chordate feature retained by the adult. The larva of the tunicate, however, has a tadpole shape and possesses the three chordate characteristics. It has been suggested that such a larva may have become sexually mature without developing the other adult tunicate characteristics. If so, it may have evolved into fishlike vertebrates.

Amphioxus or Lancelet (Subphylum Cephalochordata)

Amphioxus (fig. 28.20c) is a chordate that shows the *three chordate characteristics as an adult*. In addition, segmentation is present as witnessed by the fact that the muscles are segmentally arranged and the nerve cord gives off periodic branches.

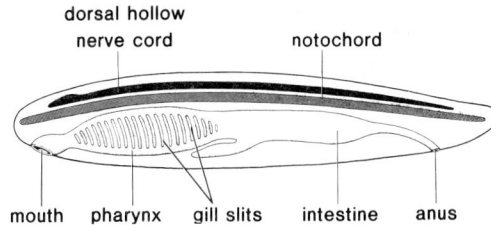

Figure 28.19
Diagram of an idealized chordate showing the three chordate characteristics.

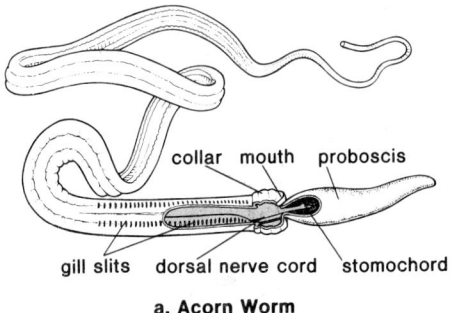

Figure 28.20
The protochordates. a. Acorn worm.
b. Tunicate. c. Amphioxus.

a. Acorn Worm

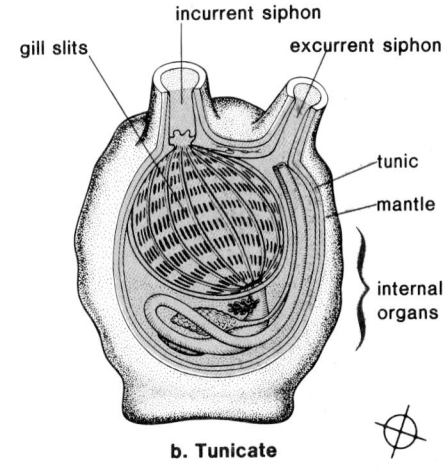

b. Tunicate

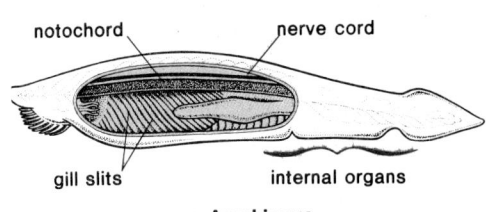

c. Amphioxus

Despite its distinctive chordate features, Amphioxus is now believed to be a specialized side branch only and is not believed to be in the direct line of vertebrate ancestry. The true ancestor to the vertebrates, which perhaps evolved from a tunicate larva, has never been found as a fossil remain.

Vertebrate Chordates (Subphylum Vertebrata)

Vertebrates have all the advanced characteristics listed in chart 27.2. They are segmented chordates in which the notochord is replaced in the adult by a *vertebral column* composed of individual vertebrae. The skeleton is internal and in all the vertebrates there is not only a backbone but also a skull, or cranium, to enclose and protect the brain. In higher vertebrates, other parts of the skeleton serve as attachment for muscles and for protection of internal organs of the chest and abdomen. All vertebrates have a *closed circulatory system* in which red blood is contained entirely within blood vessels. They show good cephalization with sense organs; the eyes develop as outgrowths of the brain; and the ears serve as equilibrium devices in aquatic vertebrates plus sound wave receivers in land vertebrates. The kidneys are important excretory and water-regulating organs which conserve or rid the body of water as appropriate.

Two comparisons are often made between invertebrates and vertebrates: (1) invertebrates have a *ventral solid* nerve cord, while vertebrates have a dorsal hollow nerve cord; and (2) invertebrates have an *external* skeleton, while vertebrates have an *internal* skeleton. There are, however, many exceptions among the invertebrates. Occasionally, the same adaptations are seen in both invertebrates and vertebrates; for example, both insects and birds have wings; both fish and squid have fins. Such structures are called **analogous** rather than **homologous** because, while they serve the same function, the anatomy is completely different indicating that each evolved independently. Only homologous structures, such as vertebrate limbs, support an evolutionary relationship (p. 467).

As a group, the vertebrates are the dominant animals in the world today. They are found in every habitat from the ocean floor to the mountaintop and in the forest and desert. Included in the group are the three classes of fish and one class each of amphibian, reptile, bird, and mammal. Figure 28.21 represents an evolutionary tree of the vertebrates and you can see that it is possible to trace the evolution of the vertebrates from fishes to amphibians, to reptiles, to both birds and mammals. All but the fishes are **tetrapods**, meaning that they have four limbs. With one exception, there are no living representatives of the primitive ancestors that connect the classes. These ancestors are known from the fossil record, and when we see the artist's drawing of them they appear quite strange to us.

Fishes (Superclass Pices)

There are three classes of fishes: the jawless fishes, the cartilaginous fishes, and the bony fishes. Living representatives of the **jawless fishes** (Agnatha) are cylindrical, up to a meter long, with smooth, scaleless skin and no jaws or paired fins. There are two families of jawless fishes: **hagfishes** and **lampreys**. The hagfishes are scavengers, feeding mainly on dead fish, while some lampreys are parasitic. When parasitic, the round mouth of the lamprey serves as a sucker by which it attaches itself to another fish and taps into its circulatory system (fig. 28.22).

This first primitive fishes were nonpredaceous. However, with the development of jaws (which are believed to have evolved from the first pair of gill bars) and paired fins among the next two classes of fish, the possibility for predation exists. Many fishes of the next two groups are predators.

Figure 28.21
Evolution of vertebrates.

modern birds

modern mammals

modern reptiles

birds

mammals

reptiles

modern amphibians

amphibians

ray-finned fishes

lobe-finned fishes

cartilaginous fishes

modern jawless fishes

bony fishes with jaws

jawless fishes

invertebrate chordates

Figure 28.22
Lampreys are jawless fishes. Some attach themselves to other fish and take nourishment from their circulatory systems.

Figure 28.23
Representative cartilaginous fishes.
a. Bull shark. b. Spotted eagle ray.

a.

b.

Cartilaginous fishes (Chondrichthyes; fig. 28.23) are the sharks, rays, and skates, which have skeletons of cartilage instead of bone. The dogfish shark is a small shark often dissected in biology laboratories to show the main features of the vertebrate body. Other sharks are well known to us as vicious predators that attack human swimmers. One of the most dangerous sharks inhabiting both tropical and temperate waters is the hammerhead. The largest of the sharks, the whale sharks, feed on small fish and marine invertebrates and do not attack humans. Skates and rays are rather flat fish that live partly buried in the sand and feed on mussels and clams.

Figure 28.24
Representative bony fishes. a. Butterfly fish.
b. Freckled grouper. c. Barracuda.

a.

b.

c.

Bony fishes (Osteichthyes; fig. 28.24) are by far the most numerous and varied of the fishes. Most of the fish we eat, such as perch, trout, flounder, and haddock, belong to one type of bony fish called **ray-finned fishes.** These fishes have a *swim bladder* that aids them in changing their depth in the water. By secreting gases into the bladder or by absorbing gases from it, a fish can change its density and thus go up or down in the water. "Ray-finned" refers to the fact that the fins are thin and supported by bony rays. Another type of bony fish called the **lobe-finned** fish evolved into the amphibians. These fish not only have fleshy appendages that could be adapted to land locomotion, they also have a lung[1] that is used for respiration. A type of lobe-finned fish called a coelacanth (p. 468), which exists today, is the only "living fossil" among the fishes.

1. Actually, the swim bladder of modern-day bony fishes is believed to be derived from an ancient lung.

Figure 28.25
Representative amphibians. a. Salamander.
b. Fire-bellied toad.

a.

b.

Fishes are adapted to life in the water. Their streamlined shape, fins, and muscle action are all quite suitable to locomotion in the water. Their bodies are covered by *scales*, which protect the body but do not prevent water loss. Fishes breathe by means of *gills*, respiratory organs that are kept continuously moist by the passage of water through the mouth and out the gill slits. As the water passes over the gills, oxygen is absorbed by the blood and carbon dioxide is given off. The heart of a fish is a simple pump, and the blood flows through the chambers, including a nondivided atrium and ventricle, to the gills only (fig. 28.34). Oxygenated blood leaves the gills and goes to the body proper.

Generally speaking, reproduction in the fishes requires external water; sperm and eggs are usually shed into the water where fertilization occurs, and the zygote develops into a swimming larva that can fend for itself until it develops into the adult form.[2]

Amphibians

The living amphibians include **frogs** and **toads** (Order Anura) and **newts** and **salamanders** (Order Urodela) (fig. 28.25). These animals have distinct walking legs, each with five (or fewer) toes. This represents an adaptation to land

2. Some fish, such as sharks, practice internal fertilization and retain their eggs during
   development. Their young are born alive.

locomotion. Respiration is accomplished by the use of small, relatively *inefficient lungs* supplemented by gaseous exchange through the skin. Thus, the skin is smooth, moist, and glandular. This is a distinct disadvantage on land because of the danger of drying out; therefore, frogs spend most of their time in or near the water. All amphibians possess two nostrils that, unlike those of most fish, are connected directly with the mouth cavity. Air enters the mouth by way of the nostrils and when the floor of the mouth is raised, air is forced into the lungs. Associated with the development of lungs there is a change in the circulatory system. The amphibian heart has a divided atrium but a single ventricle (fig. 28.34). The right atrium receives impure blood with little oxygen from the body proper and the left atrium receives purified blood from the lungs that has just been oxygenated, but these two types of blood are partially mixed in the single ventricle. Mixed blood is then sent, in part, to the skin where further oxygenation may occur.

Nearly all the members of this class lead an amphibious life—that is, the larval stage lives in the water and the adult lives on the land. The adults must return to the water, however, for the purpose of reproduction. Just as with the fish, the sperm and eggs are discharged into the water and fertilization results in a zygote that develops into the familiar tadpole. The tadpole undergoes metamorphosis into the adult before taking up life on the land (fig. I.6).

Amphibians are not fully adapted to life on land. The appendages are not sturdy, the moist skin is a constant threat, and external water is required for reproduction.

The extinct amphibian that may have been the link between amphibians and reptiles is *Seymouria* (fig. 28.26), a fish-eating animal resembling the stem reptiles.

Reptiles

The reptiles living today are the **turtles** (Order Chelonia), **alligators** (Order Crocodilia), and **snakes** and **lizards** (Order Squamata) (fig. 28.27). Reptiles with limbs, such as lizards, are able to lift their bodies off the ground and the

Figure 28.27
Representative reptiles. a. Galápagos
snake eating a lizard. b. Iguana.

a.

b.

body is covered with hard, *horny scales* that protect the animal from desiccation and from predators. Both of these features are adaptations to life on land.

Reptiles have well-developed lungs with a *ribcage* to protect them. When the ribcage expands, the lungs expand and air rushes in. The creation of a partial vacuum establishes a negative pressure that causes air to rush into the lungs. The atrium of the heart is always separated into right and left chambers, but division of the ventricle varies. There is always at least one interventricular septum but it is incomplete in all but the crocodiles, thus permitting exchange of oxygenated and deoxygenated blood between the ventricles in all but the latter.

Perhaps the most outstanding adaptation of the reptiles is the fact that they have a means of reproduction suitable to the land. There is usually no need for external water to accomplish fertilization because the penis of the male passes sperm directly to the female. After *internal fertilization* has occurred, the egg is covered by a protective hard shell and laid in an appropriate location.

The *hard-shell egg* made development on land possible and eliminated the need for a swimming larva stage during development. It provides the developing embryo with oxygen, food, and water; removes nitrogen wastes; and protects it from drying out and from mechanical injury. This is accomplished by the presence of *extraembryonic membranes*. These membranes, as we saw in chapter 20, are not a part of the embryo itself and are disposed of after development is complete. There are four membranes: a yolk sac containing nourishing yolk is connected to the digestive tract and provides the embryo with food; the allantois is attached to the rear of the embryo and is a depository for nitrogenous waste; the chorion lies right next to the shell and carries out gas exchange across the porous shell; and the fluid-filled amnion envelops the embryo, preventing it from drying out and protecting it against mechanical injury. It is an interesting fact that all animals actually develop in water—either external water as in the fish and amphibian or in amniotic fluid as in the reptiles, birds, and mammals.

The reptiles are fully adapted to life on land except for one limitation: they cannot regulate their body temperature. Sometimes animals that cannot maintain a constant temperature, that is, fish, amphibians, and reptiles, are called *cold-blooded*. Actually, however, they take on the temperature of the external environment. If it is cold externally, they are cold internally; and if it is hot externally, they are hot internally. Reptiles try to regulate body temperatures by exposing themselves to the sun if they need warmth or by hiding in the shadows if they need cooling off. This works reasonably well in most areas of the world.

The reptiles at one time were an extremely successful group of animals. Who has not heard of the great dinosaurs that ruled the world long ago? One particular group of reptiles, called the *Ruling Reptiles,* invaded many different habitats, and it is among this group that we find both the dinosaurs and the ancestors to the birds. As the reading on page 600 relates, some investigators now believe that the dinosaurs were warm blooded and they even suggest that *Archaeopteryx* (fig. 23.4) was a small dinosaur. According to this controversial theory, modern birds are also dinosaurs. Other investigators continue to maintain that dinosaurs could not regulate their body temperature.

The Ruling Reptiles can be traced back to the *Stem Reptiles,* which also produced a group of animals called therapsids (fig. 28.28). The *therapsids* are the mammalianlike reptiles whose limbs bend in the familiar mammalianlike manner. The skull also has mammalian features, and the teeth are differentiated like a mammal's. These animals looked something like large dogs and were aggressive predators.

Figure 28.28
A lifelike drawing of therapsids, the possible evolutionary link between the reptiles and mammals.

Figure 28.29
Representative birds. a. Chinstrap penguin
feeding chicks. b. Red cardinal.
c. Flamingos.

a.

b.

c.

Birds

Birds (fig. 28.29) are characterized by the presence of feathers, which are actually modified reptilian scales. There are many orders of birds including birds that are flightless (ostrich), web-footed (penguin), divers (loons), fish eaters (pelicans), waders (flamingos), broad-billed (ducks), birds of prey (hawks), vegetarians (fowl), shore birds (sandpipers), nocturnal (owl), small (hummingbirds), and song birds, the most familiar of the birds.

Nearly every anatomical feature of a bird can be related to its *ability to fly.* The anterior pair of appendages (wings) has become adapted for flight; the posterior is variously modified, depending on the type of bird. Some are adapted to swimming, some to running, and some to perching on limbs. The breastbone is enormous and has a ridge to which the flight muscles are attached. Respiration is efficient since the lobular lungs form *air sacs* throughout the body, including the bones. The presence of these sacs means that the air circulates one way through the lungs during both inspiration and expiration so that "used" air is not trapped in the lungs. Another benefit of the air sacs is that the air-filled, hollow bones lighten the body and aid flying. Birds have a four-chambered heart that completely separates oxygenated from deoxygenated blood.

Birds have well-developed brains, but the portion that has enlarged seems to be the area responsible for instinctive behavior. Thus, birds follow very definite patterns of migration and nesting.

Birds are fully adapted to life on land and are *warm-blooded* and, like mammals, are able to maintain a constant internal temperature. This may be associated with their efficient nervous, respiratory, and circulatory systems. Also the feathers provide insulation.

Mammals

The chief characteristics of mammals are the presence of **hair** and **mammary glands** that produce milk to nourish the young. Human mammary glands are called breasts.

Mammals are completely adapted to life on land and have limbs that allow them to move rapidly. In fact, an evaluation of mammalian features leads us to the obvious conclusion that they lead active lives. The brain is well developed; the lungs are expanded not only by the action of the ribcage but also by the contraction of the *diaphragm,* a horizontal muscle that divides the chest cavity from the abdominal cavity; and the heart is *four-chambered.* The internal temperature is constant and hair, when abundant, helps insulate the body.

The mammalian brain is enlarged due to the expansion of the foremost part—the cerebral hemispheres. These have become convoluted and expanded to such a degree that they hide many other parts of the brain from view.

Mammals are classified according to their means of reproduction: there are **egg-laying** mammals, mammals with **pouches** for immature embryos, and **placental** mammals.

Monotremes   These are the egg-laying mammals represented by the duck-billed platypus and spiny anteaters (fig. 28.30). In the same manner as birds, the female incubates the eggs, but after hatching, the young are dependent upon the milk that seeps from glands on the abdomen of the female. Thus monotremes have retained the reptilian mode of reproduction while evolving hair and mammary glands. The young are blind, helpless, and completely dependent on the parent for some months. The mouth is variously modified among the monotremes. The **platypus** has a horny, bill-like structure somewhat resembling that of a duck, while the **anteater** has an elongated, cylindrical snout.

Figure 28.30
Two monotremes, or egg-laying mammals.
a. Duck-billed platypus swimming
underwater. b. Giant anteater attacking an
anthill.

a.

b.

Marsupials Another primitive group of mammals are the **marsupials** (fig. 28.31) found in large numbers in Australia, such as the **kangaroo** and **koala.** In the Americas, they are represented by the **opossum.** The young in all members of this group are born in a very premature state. Once born, they leave the uterus and crawl to the pouch where each attaches itself to a nipple and continues development for a time.

Placental Mammals The vast majority of living mammals are the placental type (fig. 28.32). In these mammals, the extraembryonic membranes have been modified for internal development within the uterus of the female. The chorion contributes to the fetal portion of the placenta, while a portion of the uterine wall contributes the maternal portion. Here nutrients, oxygen and waste are exchanged between fetal and maternal blood. These mammals not only have a long embryonic period, they are also dependent on their parents until the nervous system is fully developed and they have learned to take care of themselves.

a.

b.

Figure 28.31
Two marsupials, mammals in which the young are born immature and complete their development within a pouch. a. Koala bear. b. Sugar glider.

Placental mammals may be classified into twelve orders, eight of which may be considered major (chart 28.9). A study of these reveals that mammals have largely differentiated, or become specialized, according to the mode of locomotion and how they get their food.

Chart 28.9 Some Major Orders of Placental Mammals

Insectivora (moles, shrews)	Primitive; small, sharp-pointed teeth
Chiroptera (bats)	Digits support membranous wings
Carnivora (dogs, bears, cats, sea lions)	Canine teeth long; teeth pointed
Rodentia (mice, rats, squirrels, beavers, porcupines)	Incisor teeth grow continuously
Perissodactyla (horses, zebras, tapirs, rhinoceroses)	Large, long-legged, one or three toes, each with hoof; grinding teeth
Artiodactyla (pigs, cattle, camels, buffalos, giraffes)	Medium to large; two or four toes, each with hoof; many with antlers or horns
Cetacea (whales, porpoises)	Medium to very large; forelimbs paddle-like; hind limbs absent
Primates (lemurs, monkeys, gibbons, chimpanzees, gorillas, men)	Mostly tree-dwelling; head freely movable on neck; five digits, usually with nails; thumbs and/or large toes usually opposable

A Scientific Turnabout on Dinosaurs—They Must Have Done Something Right

A dramatic turnaround in thinking about dinosaurs has happened because of the application of broader, quantitative methods to the science of paleobiology.

According to Professor Robert Bakker, paleobiologist at the Johns Hopkins University department of earth sciences: "People are now testing the evidence in the fossil record more rigorously, generating multiple hypotheses about dinosaurs in place of what long has been assumed to be true."

While he was a student at Yale and Harvard, Dr. Bakker became convinced that the "textbook model" for the arising and ultimate extinction of dinosaurs simply did not work. Some of the strongest evidence is the fact that the dinosaurs and mammals appeared simultaneously 270 million years ago.

"The dinosaurs quickly produced an evolutionary radiation and took over everything," Dr. Bakker says, "and they continued to be dominant through the middle third of the history of land vertebrates. Mammals continued

Figure 28.32
Representative placental mammals. a. Red fox. b. Deer. c. Harbor seals.

a.

b.

through this period of about 100 million years but they remained small, most of them under a pound. Only after the dinosaurs went extinct did mammals begin to get larger.

"If you look at that pattern, the only conclusion you can come to is that the presence of dinosaurs inhibited the evolutionary success of large mammals. So dinosaurs must have been doing something right, because for a very long time they dominated the terrestrial ecosystem."

A good deal of light can be shed on this, he says, by the notion that dinosaurs were not "cold-blooded" (an unfortunate term in Dr. Bakker's view since lizards, basking in the desert sun, can attain blood temperatures as high as 115 degrees F, or about 45 C). Modern birds and mammals are "warm-blooded"—they use energy at a much higher rate than modern reptiles. Birds and mammals are "energy wasters."

"But the fact that mammals now dominate the large vertebrate forms all over the world," he says, "shows that this energy-wasting system works—it's competitively superior because it frees the animal from a lot of environmental inhibitions.

"Now go back 220 million years," he continues. "You had a supposedly superior mammal and a supposedly cold-blooded dinosaur. The dinosaurs got big and did very well, while the mammals remained small and inconspicuous. In view of the advantages of warm-bloodedness, this is a complete reversal of roles. If dinosaurs were ectothermic (cold-blooded) like lizards, as usually assumed, they should have remained small and the mammals should have dominated. What happened makes no sense in terms of what we know about competitive interaction and predator-prey interaction between big mammals and big ectotherms. This is a monumental paradox in the traditional view of dinosaurs."

One approach to this paradox was a study of the heat production in fossil animals and the distribution of animals in paleo-climates. Dinosaur fossils have been found as far north as the Yukon, 500 miles from the Arctic Circle. If dinosaurs had been cold-blooded, they could not have survived at such high latitudes during the four-month Arctic night.

Other lines of evidence include bone structure. Animals with mammal-like metabolisms have bones that are shot through with capillaries and canals where a lot of mineral exchange and biochemical activity take place. Under a microscope, dinosaur bones and human femurs are hard to tell apart. Most reptile bones, however, are almost solid.

Dr. Bakker bolsters his case with two final points. Reptiles throughout history have had a light-sensing organ on the top of their heads, known as the pineal eye or the third eye. No dinosaur had one.

The fourth and most important point stems from work done by Dr. Bakker in developing predator-prey ratios in fossil communities. "The amount of prey consumed per pound of predator is 20 times higher in mammals [than reptiles]. In between those early fossil reptiles and fossil mammals are the dinosaurs, and they all have very low predator-prey ratios.

"Taking all four lines of evidence together," he concludes, "you have a very powerful case that dinosaurs weren't cold-blooded at all, that they were as good as or better than mammals, and that after dinosaurs became extinct, mammals in many ways repeated the evolutionary success story of the dinosaurs."

why etc.

Adapted, with permission, from *The Johns Hopkins Journal*.

c.

Figure 28.33
Breathing mechanisms of vertebrates.

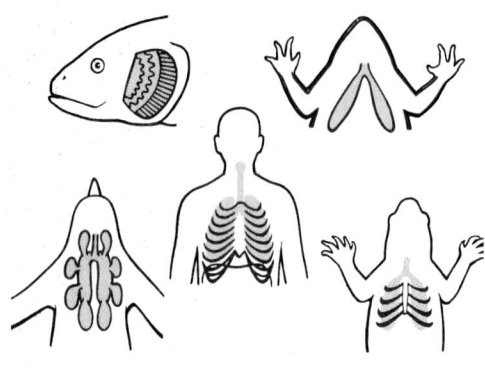

Figure 28.34
Comparison of hearts of vertebrates.

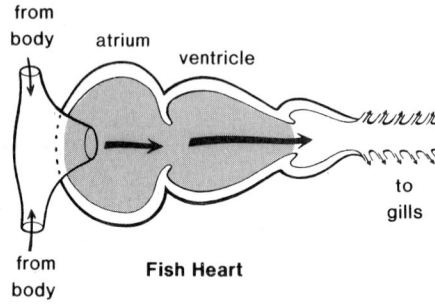

Fish Heart

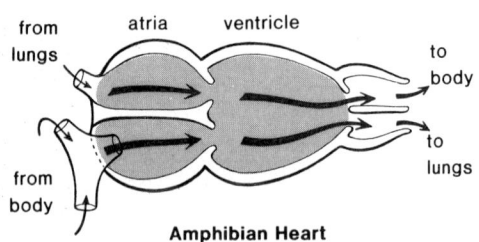

Amphibian Heart

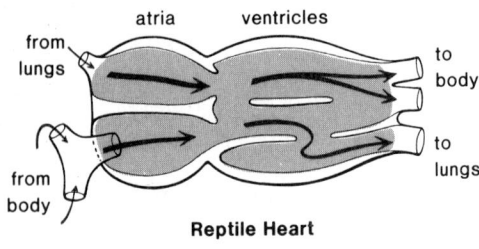

Reptile Heart

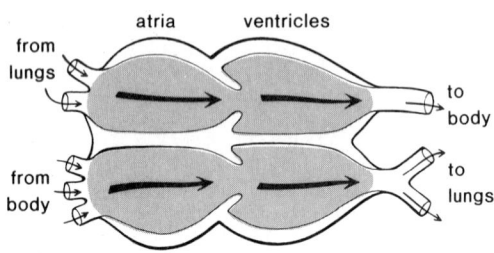

Bird or Mammal Heart

The anatomy and physiology of human beings may be used to exemplify vertebrate, and especially mammalian, anatomy and physiology. Chapters 8 through 19 may therefore be used for detailed information regarding vertebrate and mammalian anatomy and physiology.

Comparisons Between Vertebrates

Vertebrates, like other animals, are adapted to their way of life. Figure 28.33 shows that fish breathe by means of gills, respiratory organs appropriate to life in the water. Amphibians have small, ineffectual lungs that must be supplemented by the skin as a respiratory organ. Reptiles have more efficient lungs with a ribcage, which not only protects the lungs but helps fill them with air. Birds have lungs expanded by air sacs which allow one-way flow of air, and mammals have highly subdivided lungs surrounded by a ribcage and separated from the abdominal cavity by a diaphragm. These anatomical features makes breathing by negative pressure possible in reptiles, birds, and mammals.

Figure 28.34 compares the hearts of the vertebrates. Fishes have a nondivided atrium and ventricle and the heart pumps blood only to the gills. Amphibians have a heart in which there is a right and left atrium but only a single ventricle where oxygenated and deoxygenated blood are partially mixed before being sent, in part, to the skin for further oxygenation. The reptiles have a right and left atrium and a ventricle that has two partial septa. Some mixing of oxygenated and deoxygenated blood is not a serious disadvantage for the cold-blood amphibians and reptiles since their oxygen demands are relatively low. Birds and mammals have a four-chambered heart in which division of the atria and ventricles is complete and there is no opportunity for mixing to occur. The right side of the heart pumps blood to the lungs and the left side pumps blood to the rest of the body.

A comparison of the eggs of vertebrates shows that fish and amphibian eggs are generally small with little yolk; these eggs are deposited into the water where they may develop into swimming larva. Both reptiles and birds lay a hard-shell egg with extraembryonic membranes to take over the functions previously performed by external water. The placental mammals have modified membranes that permit internal development during which time the mother provides for the needs of the developing fetus (chap. 20).

Chart 28.10 summarizes the vertebrate classes by comparing basic features.

Chart 28.10 Comparison of Vertebrates

	Fishes	Amphibians	Reptiles	Birds	Mammals
Habitat	Water	Water/land	Land	Land	Land
Heart	Nondivided artrium and ventricle	Two atria and nondivided ventricle	Two atria and partially divided ventricle	Two atria and two ventricles	Two atria and two ventricles
Respiration	Gills	Gills/lungs/skin	Lungs and ribcage	Lungs, ribcage, and air sacs	Lungs, ribcage, and diaphragm
Fertilization	External	External	Internal	Internal	Internal
Egg	Small, no shell, develops externally	Small, no shell, develops externally	Large, hard shell develops externally	Large, hard shell develops externally	Small, no shell, develops internally

Ancestry of Mammals If we retrace our steps for the moment, it becomes apparent that mammals, the class to which humans belong, are descended from predaceous and carnivorous animals, including a *jawed fish,* a *fish-eating amphibian,* and a *flesh-eating reptile.* This ancestry may account for the highly developed nervous system, including the large brain, so typical of mammals because predaceous animals must be speedy, coordinated, and able to reason well. Primates, the order to which humans belong, are descended from insectivores (p. 607) whose diet today is principally insects and other small arthropods. Then, too, humans were the only primates, as discussed in the next chapter, to leave a life in the trees for one on the ground, which included the hunt and the kill. While this may be associated with the further development of the brain of humans, it may also account for the aggressive tendencies that are often seen and lamented among humans today.

Summary

Higher animals have two main branches: the schizocoelomates and the enterocoelomates. The schizocoelomates include the Mollusca, Annelida, and Arthropoda, while the enterocoelomates include the Echinodermata and the Chordata. It must always be kept in mind that while the largest group of chordates is, of course, the vertebrates, there are some invertebrates among the chordates.

The schizocoelomates are all believed to be related because the coelom develops by a splitting of the mesoderm, and marine forms of the Mollusca and Annelida have the trochophore larva. In the enterocoelomates the coelom develops from endodermal pouches that fuse, and some forms have the dipleurula larva. Both lines of evolution achieve segmentation with specialization of parts and complex organ systems.

Aside from these traditional considerations, the animal phyla were compared on the basis of two themes. First we contrasted predators to nonpredators. Among the invertebrates, the squid is a good example of a predator in that it has a means of active locomotion supported by a well-developed nervous system, including cephalization. The squid also has an efficient circulatory system that assists it in achieving an active life. Nonpredators do not feed on other animals but are adapted to be filter feeders, scavengers, or vegetarians.

In the second of our themes, we compared water-dwelling animals to land-dwelling animals. Water-dwelling animals tend to breathe by means of gills, excrete ammonia, and depend on external water for reproduction. Animals adapted to life on land have a specialized organ for respiration, such as the tracheal system in insects and lungs in amphibians, reptiles, birds, and mammals. Animals well adapted to life on land excrete a more solid nitrogenous waste and have evolved a means of reproduction suitable to life on land. For example, a penis, or male copulatory organ, is found in snails and mammals. A swimming larva stage is found among the water-adapted animals but not among the land-adapted animals.

The mollusks have a body plan composed of three parts: the foot, the mantle, and the visceral mass. All of the mollusks have modified these regions to suit their own way of life and environmental conditions. The mollusks are nonsegmented, however, while the annelids and arthropods are segmented. The annelids show the best segmentation of all the animal phyla, and many body parts occur in each segment, as summarized in chart 28.6. The arthropods are segmented, but specialization of parts has occurred and they have added a very important feature to annelid segmentation: an exoskeleton that includes jointed appendages.

All of the higher invertebrates show complex organ systems that are adapted to their way of life. Chart 28.8 (p. 586) summarizes the descriptions that are used to indicate the type of organs found in the most frequently

Chart 28.11 Comparison of Higher Invertebrates to Vertebrates

Feature	Invertebrates	Vertebrates
Segmentation	Annelids, arthropods	All
Well-developed coelom	Annelids, echinoderms	All
Notochord	None	All
Skeleton	External in mollusks and arthropods, internal in echinoderms	Internal
Jointed appendages	Arthropods	All
Nerve cord	Sometimes ventral solid	Always dorsal hollow
Good cephalization	Arthropods	All
Closed circulatory system	Annelids (some mollusks)	All

discussed representatives of the different phyla. Unique features of these phyla include modification of the foot for different means of locomotion in mollusks; parapodia and bristles among the annelids; compound eyes in the arthropods; radial symmetry and the water vascular system of the echinoderms.

All chordates show the chordate characteristics at some time in their life history: (1) dorsal notochord, (2) dorsal hollow nerve cord, and (3) gill slits. The protochordates are the acorn worms, tunicates, and lancelets. Only the lancelets show all of the chordate characteristics as adults. These animals are quite primitive and are inactive filter feeders.

The vertebrates are chordates in which the notochord is replaced by a vertebral column in the adult. Among the vertebrates there are three classes of fish and one each of amphibian, reptile, bird, and mammal. The evolutionary tree indicates that amphibians evolved from the lobe-finned fishes; reptiles evolved from amphibians; and birds and mammals evolved from reptiles.

Each group of animals shows adaptation to its environment. Fish are very well adapted to life in the water. Adaptation to land life begins poorly in the amphibians, but is almost completed with the reptiles, which demonstrate good adaptation to reproduction on land by the use of a hard-shell egg with extraembryonic membranes. Only birds and mammals are warm-blooded, however, and able to maintain a constant internal temperature; thus, only they are completely adapted to life on land.

The ancestry of humans may be traced from the fishes; when this is done, it is seen that all of their ancestors were predaceous, flesh-eating animals. This is interesting since humans have the most highly developed brain of all the animals; also, we have seen that predators in general have well-developed nervous systems. Humans, too, of all the primates are the only ones to have left the trees to hunt and kill.

Chart 28.11 lists the differences between vertebrates and higher invertebrates.

Study Questions

1. Which phyla include the schizocoelomates? (p. 567) The enterocoelomates? (p. 567) What biological data are used to divide animals into these two groups?(pp. 567–68)
2. What three features are common among mollusks? (p. 569)
3. How is the clam adapted to an inactive life? (p. 573) How is the squid adapted to an active life? (p. 573) How is the snail adapted to land? (p. 574)
4. What characteristics distinguish the annelids from the other phyla? (p. 574)
5. Why is it said that the earthworm is not well adapted to life on the land? (p. 575)

6. What features indicate that the earthworm is segmented? (p. 576) How is the earthworm adapted to an inactive life? (p. 576) How is the sandworm adapted to a more active life? (p. 577)

7. What are the distinguishing features of the arthropods? (p. 577)

8. What features of the crayfish may be associated with predation? (pp. 579–80)

9. List ways to indicate that the grasshopper is adapted to life on the land. (p. 581)

10. Name several unique features of the echinoderms. (p. 585)

11. Compare the clam, earthworm, crayfish, grasshopper, and starfish with respect to nervous, digestive, skeletal, excretory, circulatory, and respiratory systems and means of reproduction and locomotion. (p. 586)

12. What are the three characteristics that all chordates have at some time in their life history? (p. 587) Which of the invertebrate chordates have these features as adults? (p. 587)

13. The larva stage of the acorn worm indicates that chordates are related to what phylum of invertebrates? (p. 587)

14. Define a vertebrate. (p. 588) What advanced characteristics do vertebrates have? (p. 588) What type of skeleton, nervous system, circulatory system, and excretory system do they have? (p. 588)

15. What are the vertebrate classes and how are they related? (p. 588)

16. What are the three classes of fishes? (p. 591) Which class produced the amphibians? (p. 591) Describe the ancestor of the amphibians. (p. 591)

17. How are fish adapted to life in the water? (p. 592)

18. How is an amphibian poorly adapted to life on land? (p. 593) How is a reptile well adapted to life on land? (p. 594) How did the land egg help solve the problems of reproduction on land? (p. 595)

19. What features do birds and mammals have that account for their ability to be active? (p. 597)

20. How is a bird adapted to flying? (p. 597)

21. What are the three types of mammals? (p. 597)

22. What are the different types of placental mammals? (p. 599)

Further Readings

Bakker, R. T. 1975. Dinosaur renaissance. *Scientific American* 232(4):58.

Borror, D. J., and DeLong, D. M. 1976. *Introduction to the study of insects.* 4th ed. New York: Holt, Rinehart & Winston.

Greenberg, B. 1965. Flies and disease. *Scientific American* 213(1):92.

Hickman, C. P. et al. 1978. *Biology of animals.* St. Louis: C. V. Mosby.

Johnson, C. G. 1963. Aerial migration of insects. *Scientific American* 209(6): 132.

Klots, A. B., and Klots, E. B. 1975. *Living insects of the world.* New York: Doubleday.

Peterson, R. T. 1947. *A field guide to the birds.* 2d ed. Boston: Houghton Mifflin.

Romer, A. S. 1971. *The vertebrate story.* Rev. ed. Chicago: University of Chicago Press.

Russell-Hunter, W. D. 1969. *A biology of higher invertebrates.* New York: Macmillan.

Twitty, V. C. 1966. *Of scientists and salamanders.* San Francisco: W. H. Freeman.

Vertebrate structure and function: Readings from *Scientific American,* 1974. San Francisco: W. H. Freeman.

Yange, C. M. 1975. Giant clams. *Scientific American* 232(4): 96.

Young, J. Z. 1962. *The life of vertebrates.* 2d ed. New York: Oxford University Press.

29

human evolution

1. Humans are primates and many of their physical traits are the result of their ancestors' adaptations to living in trees.

2. Humans share a common ancestor with the apes.

3. The first family ancestor of humans was most likely a terrestrial tool-user.

4. Tool use, walking erect, and intelligence all may have evolved together.

5. All human races are classified as *Homo sapiens*.

Chapter Concepts

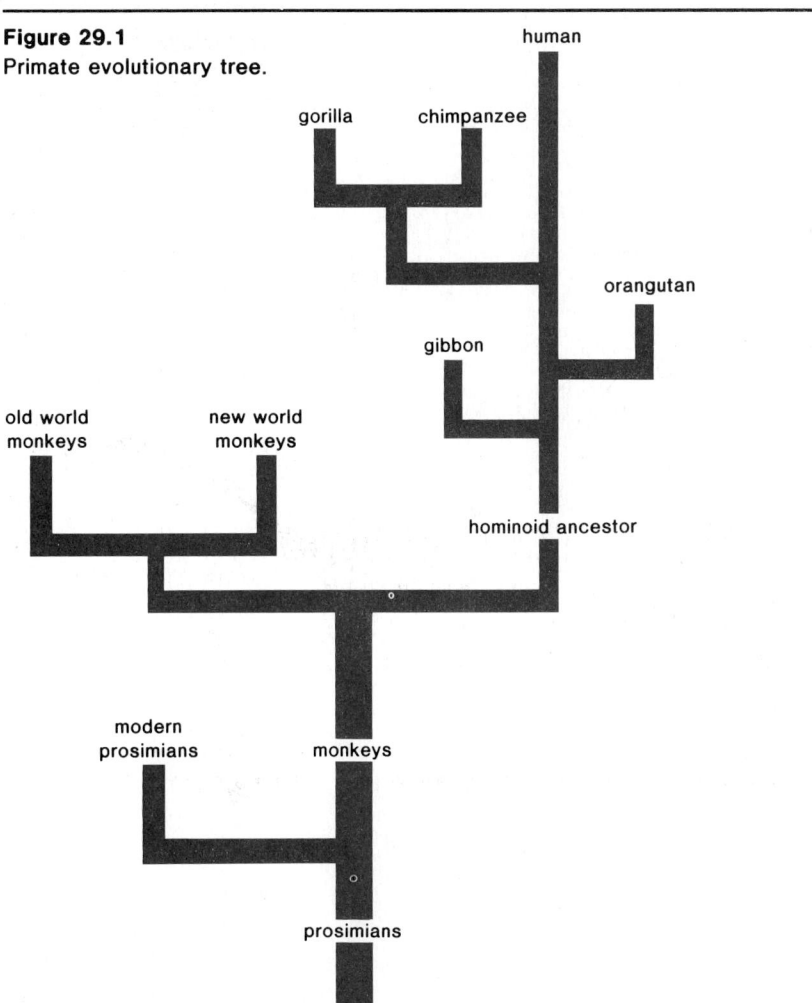

Figure 29.1
Primate evolutionary tree.

Chart 29.1 Classification of Humans and Related Animals

Phylum Chordata Subphylum Vertebrata	
Class Mammalia'	Monotremes
	Marsupials
	Placental
	Insectivores
	Rodents
	Marine
	Carnivores
	Primates
Order Primates	Prosimians
	Lemurs
	Tarsiers
	Anthropoids
	Monkeys
	Apes
	Humans
Superfamily Hominoidea	*Dryopithecus*
	Modern Apes
	Humans
Family Hominidae	*Ramapithecus*
	Australopithecus
	Homo habilis
	Homo erectus
	Homo sapiens
Genus Homo (Humans)	*Homo habilis*
	Homo erectus
	Homo sapiens

Primates

Humans are mammals in the order Primates (chart 29.1). **Primates** were originally adapted to an arboreal life in trees. Long and freely moveable arms, legs, fingers, and toes allowed them to reach out and grasp an adjoining tree limb. The opposable thumb and toe, meaning that the thumb and toe could touch each of the other digits, was also helpful. Nails replaced claws; this meant that the animal could also easily let go of a tree limb.

The brain became well developed, especially the cerebral cortex and frontal lobes, the highest portions of the brain. Also, the centers for vision and muscle coordination were enlarged. The face became flat so that the eyes were directed forward allowing the two fields of vision to overlap. The resulting stereoscopic (three-dimensional) vision enabled the brain to determine depth. Color vision aided the ability to find fruit or prey.

One birth at a time became the norm; it would have been difficult to care for several offspring as large as primates in trees. The period of postnatal maturation was prolonged, giving the immature young an adequate length of time to learn behavior patterns.

Prosimians

As diagrammed in figure 29.1, primates are believed to have evolved from primitive shrewlike **insectivores,** arboreal rat-sized animals with sharp canine teeth. A living tree shrew, which is believed to resemble the primate ancestor,

Figure 29.2
The tree shrew is believed to resemble the ancestor of the primates.

Figure 29.3
Lemurs are prosimians.

Figure 29.4
Tarsiers are prosimians.

Figure 29.5
Of the apes, gibbons are the most
distantly related to humans.

Figure 29.6
The orangutan is a great ape that is still
arboreal.

Figure 29.7
The gorilla is a great ape that is largely
terrestrial.

is shown in figure 29.2. The first primates were the **prosimians,** a term that
means premonkeys. The prosimians are represented today by several types of
animals, among them the **lemurs** (fig. 29.3), which have a squirrellike appearance, and the **tarsiers** (fig. 29.4), curious monkeylike creatures with enormous eyes.

Figure 29.8
Of all the great apes, chimpanzees are
most closely related to humans.

Anthropoids

Monkeys evolved from the prosimians some sixty million years ago. There are
two types of monkeys: the **New World monkey,** which has a long, prehensile
tail capable of grasping, such as the organ grinder's monkey; and the **Old
World monkey,** which does not have a prehensile tail but has a narrow septum
between the nostrils, such as the rhesus monkey. The baboon, whose behavior
is discussed on page 631, is another Old World monkey.

Although the designation **anthropoid** (chart 29.1) includes the monkeys,
humans are more closely related to the apes. There are four types of apes:
gibbon, orangutan, gorilla, and chimpanzee. The **gibbon** (fig. 29.5) is the
smallest of the apes, with a body weight ranging from 12 to 25 pounds.
Gibbons have extremely long arms that are quite specialized for swinging
between tree limbs. The **orangutan** (fig. 29.6) is large (165 lbs.) but nevertheless spends a great deal of time in trees, while the **gorilla** (fig. 29.7), the
largest of the apes (400 lbs.), spends most of its time on the ground. **Chimpanzees,** which are at home both in trees and on the ground, (fig. 29.8) are
the most humanlike of the apes in appearance and are frequently used in
psychological experiments.

Figure 29.9

Dryopithecus has primitive features, the chimpanzee has ape-like features, and humans have features that differ from both of these. See also chart 29.2.

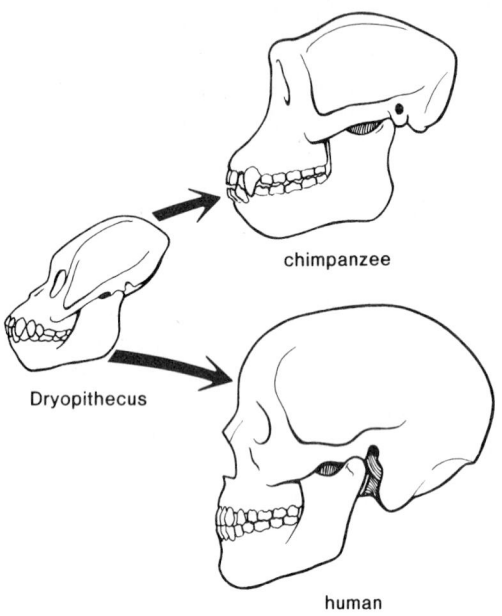

Figure 29.10

The jaw of an ape (*a*) has a U-shape, while the jaw of a human being (*b*) has a V-shape.

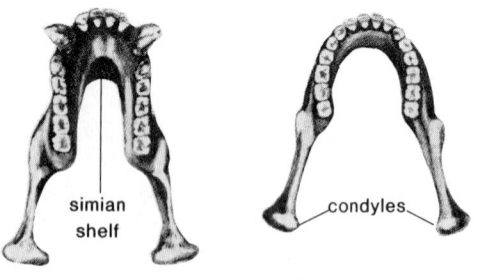

Chart 29.2 Comparison of Apes and Humans

Feature	Primitive Ancestor	Apes	Humans
Brain Size	Small brain and skull	Slightly enlarged	Very much enlarged
Face	Sloping brow, heavy eyebrow ridges, and projection of face	Same as primitive	High brow, reduced eyebrow ridges, face flat
	U-shaped jaw with large molars and long canine teeth	Same as primitive	V-shaped jaw with small molars and shortened canine teeth
Locomotion	Quadrupedal locomotion	Same as primitive	Bipedal locomotion
	Limbs of equal length	Forelimbs elongated	Same as primitive
	Opposable thumb and toe	Same as primitive	Opposable thumb retained

Hominoids

Biochemical evidence (p. 468) indicates that of all the apes, humans are most closely related to the gorilla and chimpanzee. The fossil record suggests that humans and apes may have shared a common ancestor about 25 million years ago. This ancestor, which may have been similar to *Dryopithecus,* is termed the **hominoid ancestor** because both apes and humans are in the superfamily Hominoidea (chart 29.1). Several fossil species from Europe, Africa, and Asia are believed to be *Dryopithecus,* sometimes known as the oak apes, because oak leaves have been found in the fossil deposits. Chart 29.2 lists some of the characteristics of these apes and indicates the manner in which modern day apes and humans have come to differ from the supposed ancestral stock. This common ancestor may appear to be apelike, but these features may simply be primitive features. A small brain enclosed by a small skull with heavy eyebrow ridges and a sloping forehead may be primitive features rather than apelike ones. The brain size and skull size are increased in apes but not to the same degree as they are in humans. Humans have developed a high forehead with only moderate eyebrow ridges (fig. 29.9).

The primitive jaw must have been U-shaped with long canine teeth. Although the apes have retained these features, human teeth are smaller, the jaw is V-shaped (fig. 29.10), and the face does not project forward.

Walking on all four limbs with the limbs at an angle to the spinal cord is a primitive feature; this arrangement of the skeleton parts has been retained by apes, except that the forelimbs are elongated. In humans, dramatic skeletal changes have occurred during the process of developing an erect posture. The head, spinal cord, pelvis, and legs are nearly in a straight line. The back is only slightly swayed (fig. 29.11).

Skeletal changes have also occurred in the fingers and toes. In the primitive condition, the thumb and large toe are both opposable, as seen in apes today. Humans have retained only the opposable thumb (fig. 29.12).

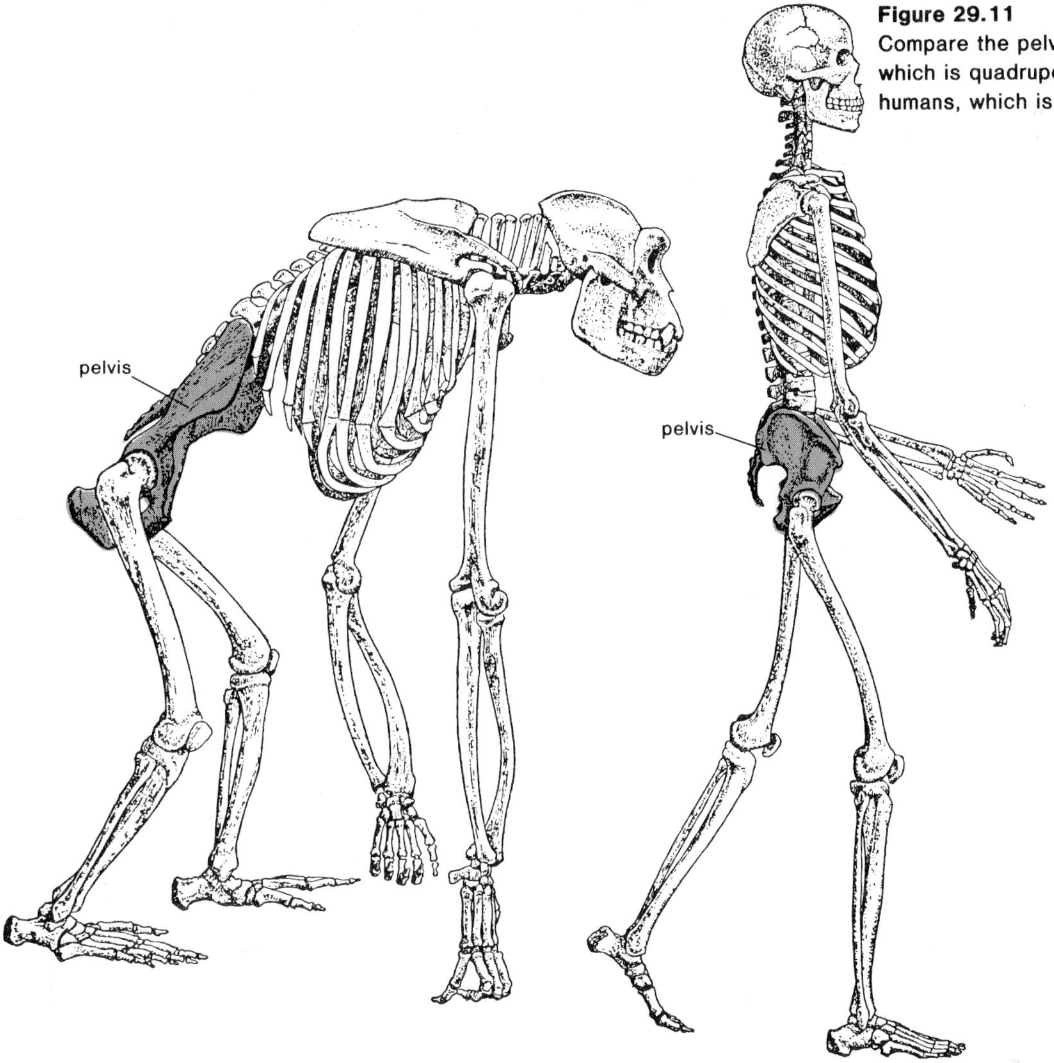

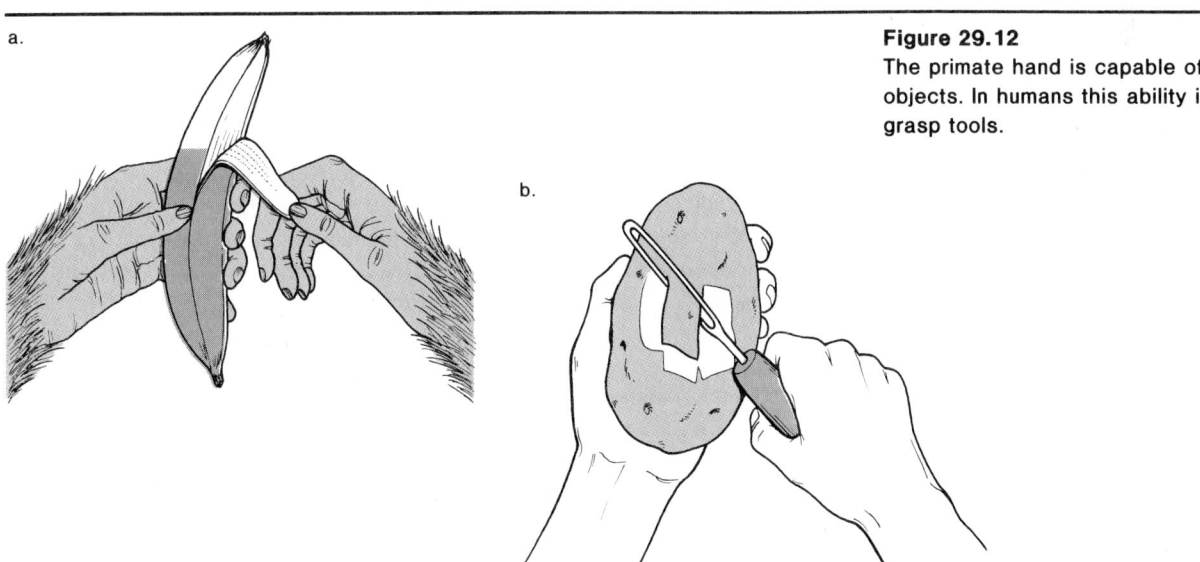

pelvis

pelvis

a.

b.

Figure 29.12
The primate hand is capable of grasping objects. In humans this ability is used to grasp tools.

Figure 29.13
Hominid evolutionary tree.

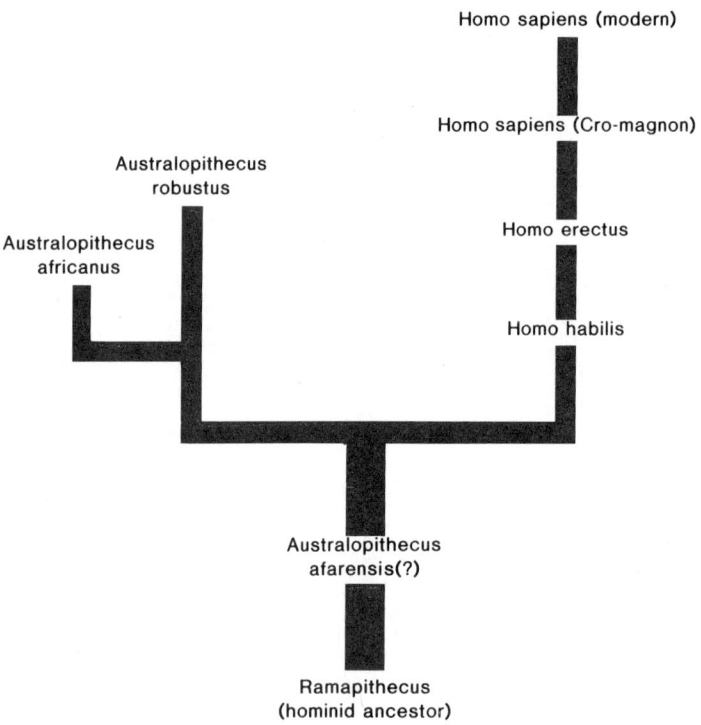

Homo sapiens (modern)

Homo sapiens (Cro-magnon)

Australopithecus
robustus

Homo erectus

Australopithecus
africanus

Homo habilis

Australopithecus
afarensis(?)

Ramapithecus
(hominid ancestor)

Figure 29.14
Knuckle walking as illustrated here may
have allowed the hands to remain
specialized for grasping.

Hominids

New ideas regarding speciation, particularly the concept of adaptive radiation (p. 478), have been used to interpret the hominid fossil record. Whereas formerly scientists attempted to place each hominid fossil in a straight line from the most primitive to the most advanced, it is now reasoned that several hominid species could have existed at the same time. Figure 29.13 indicates a possible evolutionary tree for the known hominids.

Ramapithecines

The fossil remains of *Ramapithecus* may be those of the first **hominid.** These remains are found in India and Pakistan through the Near East and Balkans to Africa and are as old as 14 million years. Only parts of jaws are available, but they are V-shaped with relatively small incisors and low-crowned molars. For this reason, it is believed that Ramapithecines lived on tough morsels of food, such as seeds, grass, stems, and roots. These foods are plentiful on the ground but not in trees. At about this time, the weather was becoming much colder and the tropical and subtropical forests were being replaced by temperate forests and extensive grasslands. Ramapithecines may have begun to live on the ground rather than in trees because trees were no longer plentiful. This change in habitat played an important role in the evolution of humans because it freed the hands for holding tools rather than grabbing tree limbs.

Tool Use and Walking

The hominids were preadapted for tool use because of the opposable thumb (fig. 29.12). When the hands are engaged in tool use, walking upright is encouraged, and vice versa. It can be asked if tool use preceded walking upright or if walking upright preceded tool use. However, such questions are no longer believed to be necessary since most likely the two evolved together. *Ramapithecus* may have been a knuckle walker (fig. 29.14) as the great apes (all but gibbons) are today. An opposable thumb does not interfere with knuckle walking. This is important because with the opposable thumb retained, manipulation of tools and bipedal locomotion could have then evolved together.

Figure 29.15
Australopithecus africanus. Some
authorities believe this hominid is directly
ancestral to humans, while others believe
they share only a common ancestor.

Australopithecines

There was a six- to ten-million-year gap between *Australopithecus,* which
means Southern Apeman, and *Ramapithecus.* The Australopithecines (fig.
29.15) were four to five feet in height, with a brain that ranged in size from
400 to 800 cc. The pelvis definitely indicates that they were capable of bipedal
locomotion; supporting this contention is the nonopposability of the big toe.

Three species of *Australopithecus* have been identified—*afarensis, africanus,* and *robustus.* The exact relationship between the three species is in
dispute. Because of its small brain size it's been suggested that *afarensis* is
the more primitive of the three. Moreover because of certain skeletal limb
features some believe that *afarensis* is also ancestral to humans, as indicated
in figure 29.13 and discussed in the reading on page 614.

The anatomical differences between *robustus* and *africanus* may be due
to diet. The massive skull and face and the large cheek teeth of *robustus*
indicate a vegetarian diet. The gracile facial features of *africanus* indicate a
more varied diet, possibly including meat. It's likely, then, that a hunting way
of life began with the Australopithecines. Eating meat rather than vegetables
allows a reduction in the size of the facial muscles and leads to a reduction
in the size of the teeth and facial bones, including eyebrow ridges.

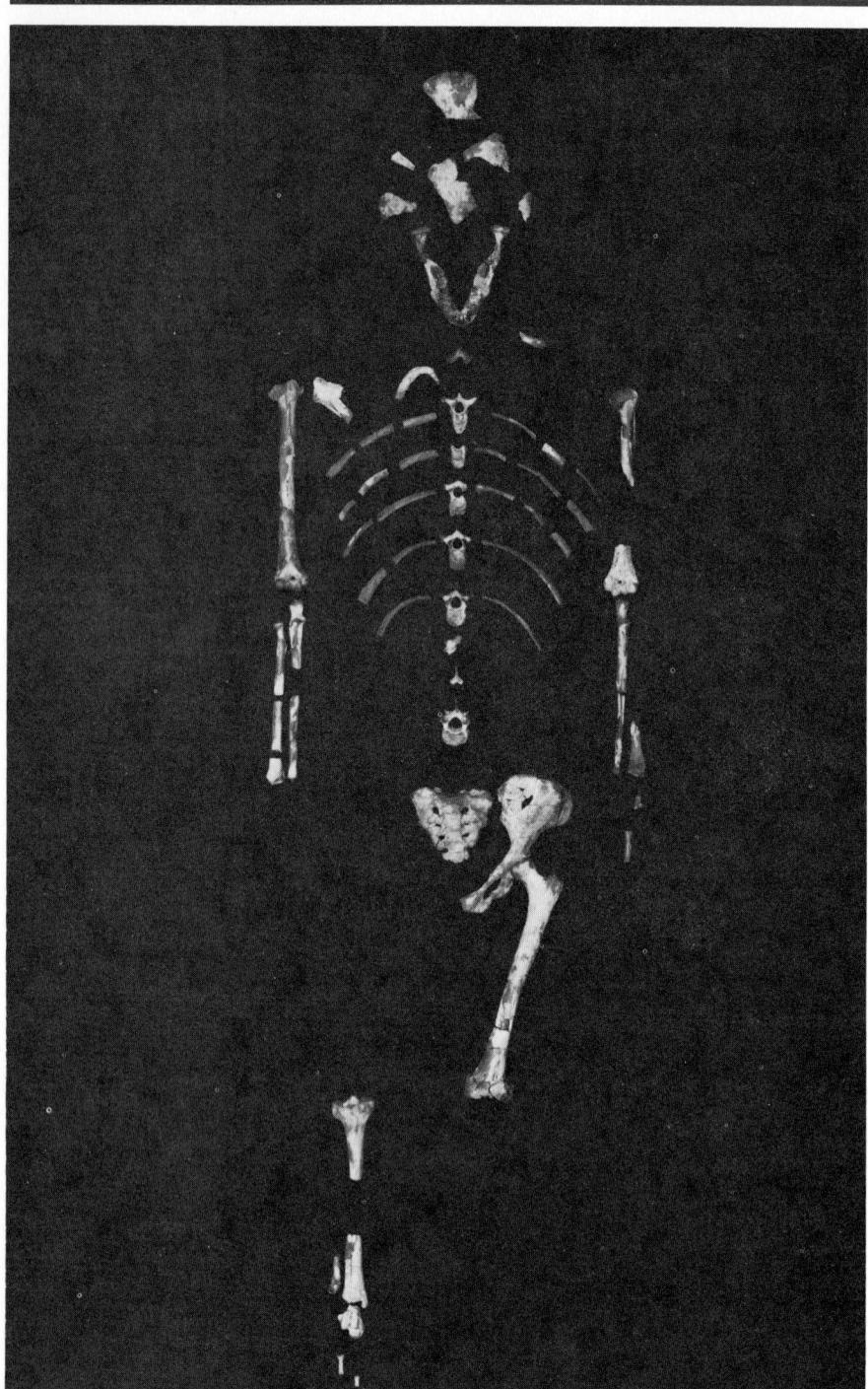

Finding Eve's Cousin

Lucy spent an idyllic life on lush grassland near the edge of a lake. She feasted on crabs' claws and turtle and crocodile eggs. But she suffered from arthritis of the spine and died at the age of about twenty.

Three million years later, Lucy has become a celebrity. In a report issued last week, two anthropologists described the discovery of her fossilized bones in northeastern Ethiopia's Afar region in November 1974 and their painstaking reconstruction of 40 percent of her skeleton [see photo]. Their conclusion: Lucy represents a missing link in human evolution—one of the closest cousins to Eve yet found.*

Lucy's discovery might shake man's family tree to its roots. Donald C. Johanson of the Cleveland Museum of Natural History and Timothy White of the University of California at Berkeley believe that Lucy and her fossilized contemporaries compose a previously unidentified species of aboriginal man, which they name *Australopithecus afarensis*. This new species, they argue in the current issue of Science magazine, stood at a major fork in human evolution: it was the progenitor of both modern man and a line of manlike creatures that died out about a million years ago. As if that idea were not controversial enough, Johanson shocked anthropologists even further. The new evidence, he said, also indicates that ape diverged from man millions of years later than hitherto believed.

Graveyard: The thesis that Lucy represents a unique species appears firmly grounded on evidence from two widely separated sites. A year after they found Lucy, Johanson's team at Hadar in the Afar region discovered what they called a "paleograveyard"— a 3 million-year-old stratum containing the fossilized remains of thirteen of Lucy's contemporaries who presumably died in a natural disaster, such as a flash flood. Anthropologists working at the second site, 1,000 miles to the south at Laetolil in Tanzania, found an equally fruitful trove. In 1974, a unit led by prominent anthropologist Mary Leakey discovered teeth and jaws from twelve individuals at that site, and two years later found five actual footprints. Radioactive dating indicates that the sediment at Laetolil was deposited between 3.6 and 3.8 million years ago, relatively close in time to the site at Hadar.

When the two groups compared their fossils, they decided that they had unearthed near-identical beings. "The similarities between the Hadar and Laetolil samples are overwhelming," said Johanson. The bones revealed both apelike and manlike characteristics. "Their brains were small, their canine teeth large, and their other teeth primitive in many aspects," reported White, who also worked with Leakey. "The shape of the dental arches and the protruding face were more apelike than human." But the bones and footprints revealed one undeniably human quality: unlike apes, the creatures walked on two legs. The anthropologists placed them in the category of manlike individuals known as hominids.

Lucy, who was about 3½ feet tall, most closely resembled *Australopithecus africanus*, a 2 million-year-old native of eastern Africa. Anthropologists believe that africanus was the ancestor of both man and the separate hominid line that eventually became extinct. The existence of Lucy and her contemporaries, however, would spoil the theory. Lucy is older and more primitive in appearance than *Australopithecus africanus*. But her body combines features of africanus and man. Consequently, Johanson and White contend, their *Australopithecus afarensis* is the true common ancestor of man and the extinct hominid branch. They argue that africanus was a descendant of the new species—and the first member of the ill-fated hominid line.

The identification of the new species forces fresh speculations about human evolution. "It tells us that human bipedalism evolved before anything else—that bipedalism is what originally made us human," declares Johanson. Hominids learned to walk upright, he suggests, to free their hands to use tools. "Brain expansion came a million years after the new species," says Johanson.

The theory that an upright gait predated brain expansion as a manifestation of human beings is not new. But the new find provides the strongest evidence to support it. And even Johanson does not dismiss the importance of an increase in brain size as man developed. The brain of the hominid branch that died off barely changed from epoch to epoch; the line that led to modern man exhibited rapid leaps in skull capacity.

Late Split: Johanson's theory about the original split between [hominid] man and ape will cause serious dispute. Most paleontologists place that Darwinian event 15 million to 20 million years in the past. Johanson disagrees. "To have at 3 million years a hominid as primitive in terms of teeth, jaws and skull as afarensis suggests that the split didn't occur as far back as 20 million years," he argued. "If it had, this 3 million-year-old species would look much more human." The Cleveland scientist believes that man and ape diverged no longer than 8 million years and possibly as recently as 5 million years.

The identification of the new species has yet to be confirmed by other anthropologists—and their reactions to last week's announcement were mixed. Mary Leakey's son Richard, who has developed the controversial theory that three or more separate types of hominid coexisted on earth between 2 million and 3 million years ago, was skeptical. "I am perfectly prepared to

accept that Lucy is a new species of Australopithecus," Leakey conceded. "But I believe that the common ancestor has not yet been found." Some anthropologists doubt, too, Johanson's new dating for the divergence of [hominid] man and ape. "He's gone way off the deep end in saying his fossils are apelike because they are similar to modern apes," said Elwyn Simons of Duke University.

But many authorities were enthusiastic about the possible breakthrough. Yale's David Pilbeam said the find clarifies differences between the two hominid lines that apparently evolved from it. "It's what you would expect the common ancestor of Australopithecus and Homo to look like," Pilbeam said. Paleontologists will examine Lucy and her contemporaries for years to come. But they agree that a significant new step in the evolutionary process may well have been identified.

*Lucy received her name from the Beatles song, "Lucy in the Sky with Diamonds," which the anthropologists often listened to on a tape recorder at their campsite.

Figure 29.16
Stone tools used by early hominids, *Homo erectus* and *Homo sapiens*.

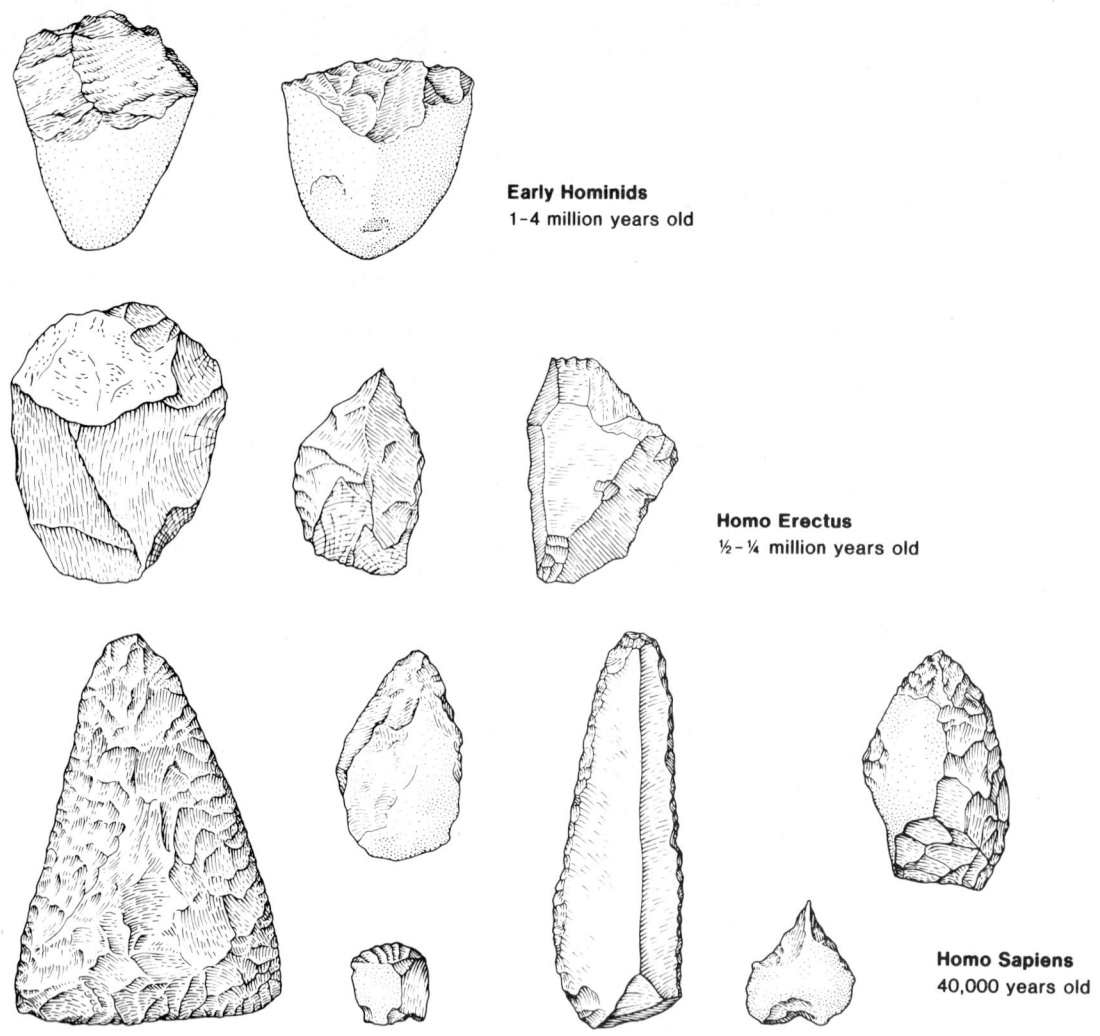

Early Hominids
1–4 million years old

Homo Erectus
½–¼ million years old

Homo Sapiens
40,000 years old

Humans

The rest of the fossils to be mentioned are in the genus *Homo*, which is the genus for all humans, including ourselves.

Homo Habilis

This newly discovered fossil man is dated about 2 million years ago, which may have made him a contemporary of *Australopithecus africanus*. *Homo habilis* is significant for several reasons: (1) Formerly it was believed that humans evolved less than two million years ago in the Pleistocene epoch (fig. 23.1). Current evidence seems to suggest that they must have begun evolving in the Pliocene epoch *more* than two million years ago. (2) Almost certainly, humans evolved in Africa. (3) Formerly only hominid fossils with a brain capacity of 1,000 cc. were designated humans. *Homo habilis* had a maximum brain capacity of 800 cc. and yet he has been placed in the genus *Homo* because he not only used tools, he also made them. *Homo habilis* means handyman; he was given this name because of the quality of the tools (fig. 29.16) found with his bones.

Tool Use and Intelligence

The making and using of tools is associated with the development of culture. Only humans have culture, customs and traditions that are passed on from generation to generation. At one time it was thought that only primitive people with a brain capacity of more than 1,000 cc. could have made tools. Are we now to think that the making of tools preceded the evolution of an enlarged brain? Again, this seems to be an unnecessary question as they most likely evolved together. Increased brain capacity, no matter how slight, would have permitted better tool-making; this combination would have been selected for because tool making would have fostered survival in a grassland habitat.

Homo Erectus

These people (fig. 29.17) were prevalent throughout Eurasia and Africa during the Pleistocene Age, also called the Ice Age because of the recurrent cold weather that produced the glaciers of this epoch. *Homo erectus* has a brain size of 1,000 cc., but the shape of the skull indicates that the areas of the brain necessary for memory, intellect, and language were not well developed.

Even so, the grasp, posture, and locomotion of *Homo erectus* were all similar to those seen in modern humans. Humans have a *striding gait* (fig. 29.18), which means that the legs have alternate phases, the stance phase and the swing phase. When one hindlimb is in the stance phase, the other is in the swing phase. During the swing phase, first the knee is bent and then extended forward. The knee straightens, the heel touches the ground, and, as the foot follows, that limb enters the stance phase.

Homo erectus made core-type tools (fig. 29.16), meaning that the tool was produced by removal of flakes from all sides of a stone. These people were also hunters but, unlike previous humans, they possessed knowledge of fire and would have been able to cook their meat in order to tenderize it.

Figure 29.18
The striding gait of modern humans.

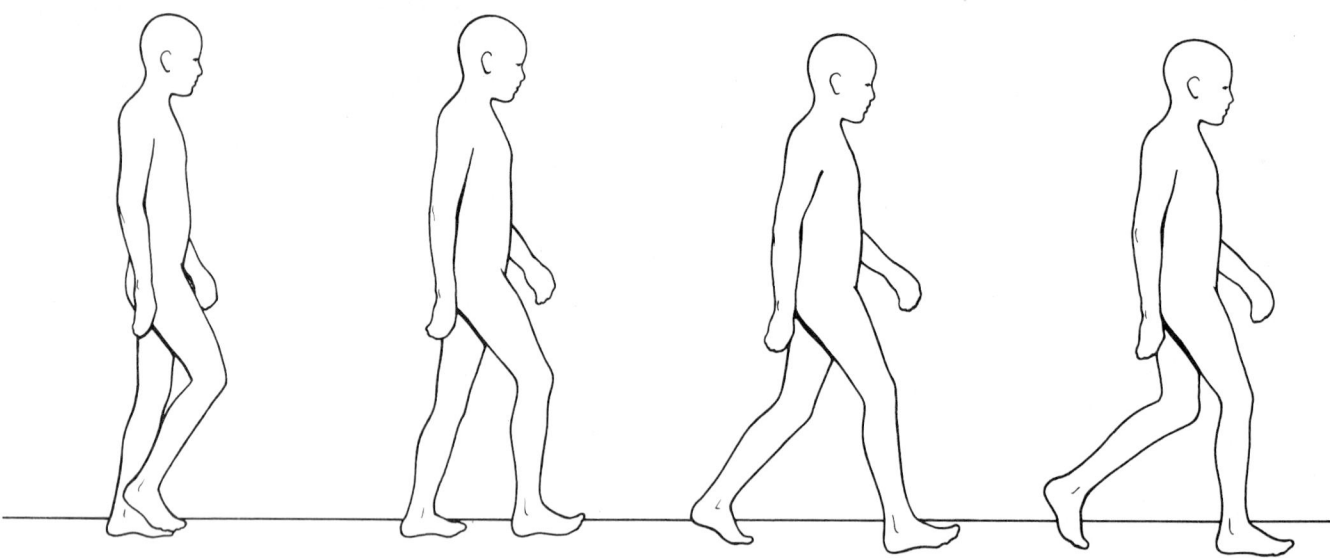

Figure 29.19
Homo sapiens neanderthal. It is now believed that Neanderthals generally had a more modern appearance than this drawing depicts them.

Homo Sapiens

The Neanderthals are considered to be so nearly like modern-day humans, including brain size, that they are classified *Homo sapiens neanderthal.* Only in western European fossils do the Neanderthals (fig. 29.19) exhibit the massive faces and heavy eyebrow ridges for which they used to be known. In other parts of the world their fossils have a modern appearance and they are believed by many to have evolved some 40,000 years ago directly into *Homo sapiens sapiens,* whose first members are sometimes called *Cro-Magnon.* It is sometimes suggested, however, that they may have died off or even that they were killed off by Cro-Magnon.

Figure 29.20
Socialization may have
begun when men organized
for the hunt.

Cro-Magnon

Cro-Magnon was such an accomplished hunter that these people have been held responsible by some for the extinction, during the Upper Pleistocene, of many large mammalian animals, such as the giant sloth, mammoths, saber-toothed tiger, and giant ox. A predatory life-style would have encouraged the evolution of intelligence and the ability to speak. The fact that these people preyed on animals larger than themselves (fig. 29.20) would have required cooperation among the hunters, which would have been faciliated by language. Cooperation, in turn, led to socialization and the advancement of culture. Humans are believed to have lived in small groups, the men going out to hunt by day while the women remained at home with the children. The many ways in which hunting may have influenced our behavior is discussed on page 648.

The making of tools and their use (termed technology) preceded the development of art, which soon followed. *Cro-Magnon* is believed to have painted the beautiful drawings on cave walls in Spain and France (fig. 29.21) and also as discussed in the reading on page 622, to have sculpted many small figurines.

If Cro-Magnon men did cause the extinction of many types of animals, this may account for the transition from a hunting economy to an agricultural economy about 10,000 years ago. Technological progress requiring the use of metals and energy sources led, in an amazingly short time (fig. 29.22), to the Industrial Revolution, after which people typically lived in cities, in large part divorced from nature and endowed with the philosophy of exploitation and control of nature. The social sciences, arts, and religion have also tended to deemphasize our role in the biosphere (p. 679) and have failed to have us appreciate our dependence on, rather than our independence of, nature. The ecology chapters in the next unit will strive to show that the human population, like all the other organisms with whom we share an evolutionary history, should work with rather than against nature.

Figure 29.21
Cro-Magnon people were the first to be designated *Homo sapiens sapiens.*

Figure 29.22
Compared to the total history of the earth, humans have been present a very short period of time.

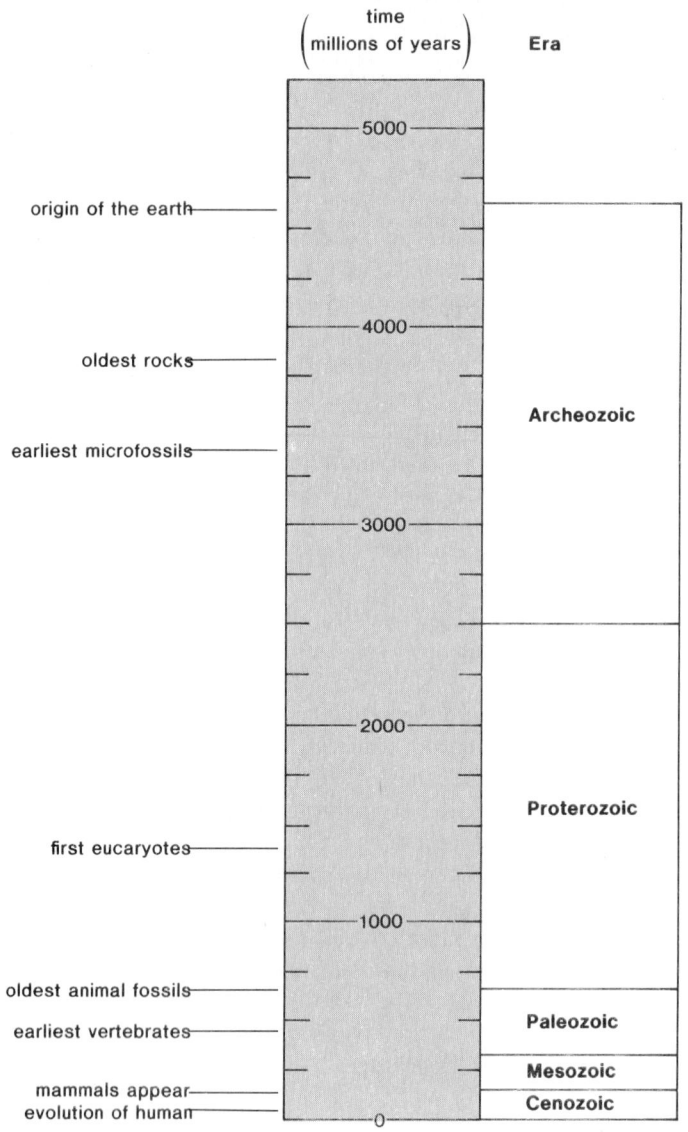

a.

b.

c.

d.

e.

Figure 29.23
All human beings belong to
one species, but there are
several races such as
(a) Negroid, (b) Mongoloid,
(c) Caucasian,
(d) Australoid, and
(e) American Indian.

Human Races

All human races (fig. 29.23) are placed in the genus *Homo* and the species *sapiens*. This is consistent with the definition of species because it is possible for all types of humans to reproduce and bear fertile offspring. The close relationship between the races is supported by biochemical data showing that differences in amino acid sequence between two individuals of the same race are as great as those between two individuals of different races.

It is generally accepted that racial differences developed as adaptations to climate. Although it might seem as if Negroes have dark skin as a protection against the hot rays of the sun, it has been suggested that dark skin is actually a protection against ultraviolet ray absorption. Dark-skin persons living in southern regions and white-skin persons in northern regions absorb the same amount of radiation. (Some absorption is required for Vitamin D production.) Other features that correlate with skin color, such as hair type and eye color, may simply be side effects of pleiotropic genes.

Differences in body shape represent adaptations to temperature. A squat body with shortened limbs and nose retains more heat than an elongated body with longer limbs and nose. Also, the "almond" eyes, flattened nose and forehead and broad cheeks of the Oriental are believed to be adaptations to the extremely cold weather of the last ice age.

While it has always seemed to some that physical differences might warrant assigning human races to different species, this contention is not borne out by the biochemical data mentioned previously.

This stone scuplture from the upper Paleolithic culture stage was found in a cave near Menton, France.

A Treasure from the Ice Age

It was a startlingly different world. Vast areas of the Northern Hemisphere were covered with ice. Across the ice-free parts of Europe and Asia, consisting largely of tundra and great treeless steppes, herds of mammoths, bison, reindeer and horses freely roamed. For long periods, winters were cruelly cold, and even in summertime the average temperature was 12° to 15° C (54° to 59°F.). Still, under these difficult conditions, during a period of 25,000 years before the dawn of civilization, the Ice Age Cro-Magnon people not only thrived, but created a surprisingly sophisticated culture that totally belies the popular image of them as savage, club-swinging brutes.

Nowhere is this cultural richness more apparent than in the artworks that these paleolithic hunters left in caves in France and Spain. When the first of these subterranean galleries was discovered in Spain nearly a century ago, Europe's savants, still reeling from the shock of Darwinian evolution, refused to believe that the find was anything more than a hoax. Since then, nearly a hundred richly decorated prehistoric caves have been found in Spain and France, and the existence of paleolithic painting has been established beyond doubt. The ancient artisans also left behind tiny sculptures of exquisite beauty, meticulous carvings on mammoth bone, and other stunning objects. Like the tableaux on the cave walls, some portray paleolithic man's animal neighbors. . . .

Summary

Primates evolved from shrewlike insectivores and became adapted to living in trees, as exemplified by skeletal features, good vision, and even reproduction. They evolved from shrewlike insectivores. The first primates were prosimians, followed by the monkeys, apes, and humans. The latter three are all anthropoids, the latter two are hominoids, and the last are hominids.

Humans and apes share a common ancestor. This ancestor had the primitive features listed in chart 29.2. Many of these features were retained by the apes but not by humans. The common ancestor may have been similar to *Dryopithecus,* the first known hominoid. The first hominid may have been *Ramapithecus,* whose jaw is V-shaped as is the human jaw. *Ramapithecus* lived at a time when the weather was changing and he most likely began to live on the ground. On the ground, tool use and walking upright would have been selected so that these two attributes probably evolved together. *Australopithecus* evolved from *Ramapithecus* but lived much later. These hominids could walk erect and one form, *Australopithecus africans,* may have been a hunter.

The first human is now believed to be *Homo habilis,* whose fossil remains are dated at least two million years ago. *Homo habilis* may not have been highly intelligent, but he did make tools. Intelligence and the making of tools also probably evolved together. If *Homo habilis* is indeed considered human, then humans evolved much earlier than previously thought.

Homo erectus had a large brain and walked with a striding gait. He also used fire. *Homo sapiens neanderthal* was not as primitive as formerly thought. The Neanderthals probably evolved directly into Cro-Magnon, the first *Homo sapiens sapiens.* Cro-Magnon was an expert hunter. Hunting promoted language and socialization. In a relatively short time, humans developed an advanced culture that has tended to separate them from other organisms in the biosphere. All human races belong to the same species.

The dazzling collection includes, for example, a tiny, 6.4-cm-long (2½ in.) curving sculpture of a horse carved out of a mammoth tusk; it hardly seems possible that this graceful piece, fashioned more than 30,000 years ago, is one of the oldest *objets d'art* ever found. No less remarkable are the voluptuous "Venus" statuettes, some of them coiffed in Stone Age chic, that date back some 27,000 years. Even the wall paintings, some of them on a larger-than-life scale, show a mastery of form and perspective that was not seen again for almost 6,000 years.

These magnificent works reflect far more about Cro-Magnon man than his artistic ability. Indistinguishable from modern man either in brain capacity or physical appearance, he was clearly using his artistic skills to embellish a culture of a richness and complexity that is only beginning to be plumbed by scholars.

What that culture was like remains an enigma. What, for instance, is the significance of the Venus figures, with their exaggerated sexual features? What role did the great cave paintings play in the lives of those ancient people? Whatever the answers, it is clear the art is exceptionally complex, more than simple "hunting magic," as some turn-of-the-century scholars thought. Every indication is that Cro-Magnon man was deeply involved in rituals, ceremonies, myths, perhaps even a kind of religion.

Marshack, a former science writer who has devoted 15 years to paleolithic studies, has suggested even bolder ideas. In his writings, notably *The Roots of Civilization,* he says that what looks like random scribbling on cave walls and even on some artifacts may actually represent many different symbol systems. These could have been used to record the passage of the seasons and astronomical observations and to indicate periods of rituals and ceremonies. If these

controversial yet hardly dismissable ideas are correct, Cro-Magnon man may well have been experimenting with the precursors of writing, arithmetic, calendar making and other "civilized" skills.

Marshack asks the key question: "Did these traditions prepare the way for the artistic and symbolic traditions of the civilizations that began to develop not long after the ice melted, about 10,000 B.C.?" No one can say for sure whether paleolithic man did in fact light that intellectual spark. But it is undeniable, as Marshack notes, that the complex art comes from "persons like us, with our brains and our capacity, and that no visitors from space were required to teach them."

Study Questions

1. Name several primate characteristics still retained by humans. (p. 607)
2. Draw an evolutionary tree that includes all primates. (p. 607)
3. What animals mentioned in this chapter, whether living or extinct, are anthropoids? Hominoids? Hominids? Humans? (pp. 609–16)
4. Name the fossil that may have been the common ancestor for apes and humans? (p. 610) The first hominid? (p. 612)
5. How did adaptations to a grassland habitat influence the evolution of humans? (pp. 612–17)
6. Which came first—tool use, walking erect, or intelligence? (pp. 612, 617)
7. More than one type of hominid existed at the same time. Explain in terms of adaptive radiation. (p. 612)
8. Which humans were tool users? Walked erect? Had a striding gait? Used fire? Drew pictures? (pp. 616–19)
9. All races of humans belong to the same species. Why is this? (p. 621) Name several races of humans. (p. 621)

Further Readings

Eckhardt, R. B. 1972. Population genetics and human origins. *Scientific American* 226(1):94.

Holloway, R. I. 1974. The casts of fossil hominid brains. *Scientific American* 231(1):106.

Katz, S., ed. 1975. *Biology anthropology.* Readings from *Scientific American.* San Francisco: W. H. Freeman.

Simons, E. L. 1977. *Ramapithecus. Scientific American* 236(5):28.

Strauss, L. G. et al. 1980. Ice-age subsistence in northern Spain. *Scientific American* 242(6):142.

Trinkaus, R., and Howells, W. W. 1979. The Neanderthals. *Scientific American* 241(6):118.

Tullar, R. M. 1977. *The human species.* New York: McGraw-Hill.

Washburn, S. L. 1978. The evolution of man. *Scientific American* 239(3):194.

Weiss, M. L., and Mann, A. E. 1978. *Human biology and behavior: An anthropological perspective.* 2d ed. Boston: Little, Brown.

6

behavior and ecology

The behavior of organisms allows them to interact with their own kind and with other species. These interactions are the framework for ecosystems, units of the biosphere in which energy flows and chemicals cycle. Mature natural ecosystems contain populations that remain constant in size and require the same amount of energy and chemicals each year.

Humans have created their own ecosystem, which differs in that the population constantly increases in size and ever greater amounts of energy and raw materials are needed each year. Since energy is used inefficiently and raw materials are not properly cycled, the human ecosystem is dependent on natural ecosystems to absorb pollutants. Because the natural ecosystems are no longer able to support the human ecosystem in this manner, we must find ways to use energy more efficiently and to recycle materials. Furthermore, the preservation of the natural communities, called biomes, is beneficial to all ecosystems. Preserving the biomes helps to assure the continuance of the biosphere.

Since 1850 the human population has expanded at such a rapid rate that it is doubted by some that there will be sufficient energy and food to permit the same degree of growth in the future. Concomitant with indications that humans desire to preserve the biosphere, the growth rate of the human population has begun to decline.

Chapter Concepts

1. Behavior that occurs as an automatic response to a stimulus is inherited and subject to natural selection in the same manner as anatomy and physiology.

2. Behavior patterns may be associated with a continuum that ranges from completely innate at one end to completely learned at the other.

3. The internal state of the animal affects the degree to which the animal performs a certain behavior.

4. The behavior of animals that cooperate with one another in a society can also be explained on the basis of evolutionary theory.

30

behavior within species

Figure 30.1

This diagram indicates that behavior is a response to a stimulus. The central nervous system (CNS) acts as the receiver and integrator of both external and internal stimuli.

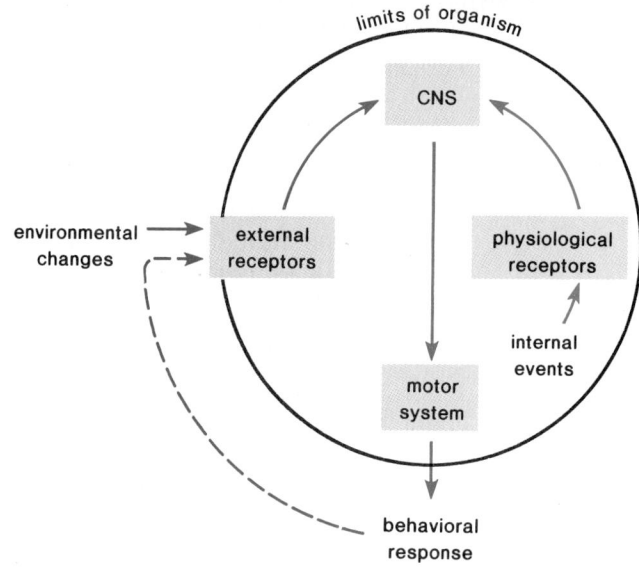

Figure 30.2

Army ants will follow a trail of pheromone even if it causes them to circle about until they die of exhaustion.

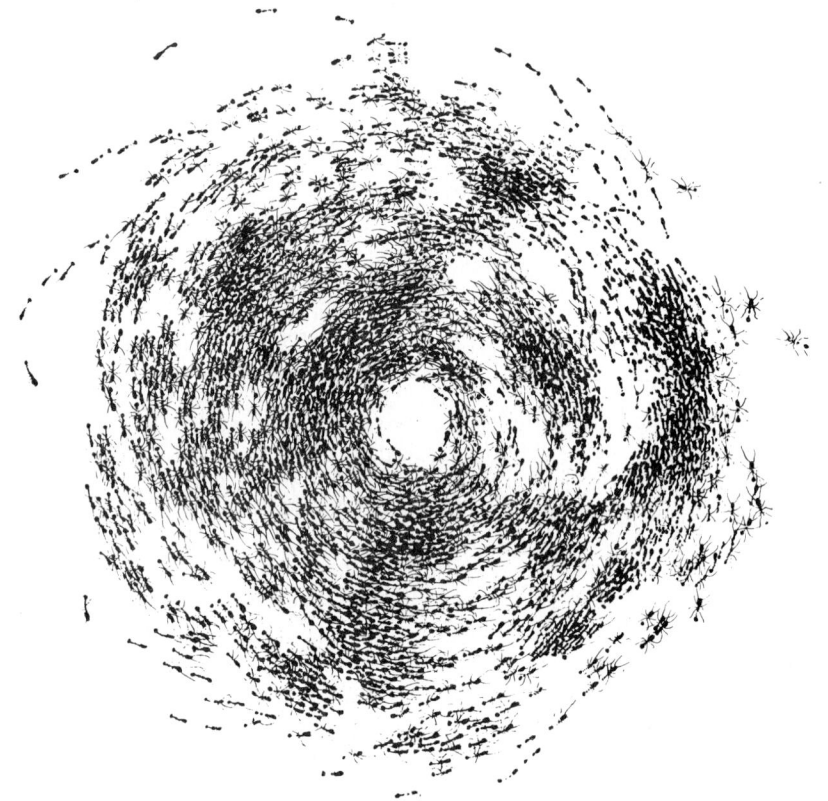

Behavior is exemplified by an organism's routine activity. All organisms, even one-celled bacteria and certainly plants, have behavior; but in this chapter we shall concentrate on animal behavior. The particular behavior of an animal is determined by its anatomy and physiology. In other words, for example, frogs can't play the violin and humans can't flick out their tongues to catch flies. Anatomy and physiology are determined by the genetic makeup of an organism; therefore we must recognize the tenet that behavior or at least the capacity for the behavior is inherited. Since behavior is inherited, it stands to reason that behavior is adaptive. Behavior that enhances the chances of an organism surviving and reproducing will be that which is most likely passed on to the next generation. Behavior most appropriate to the species' environment will be the behavior to come into existence through the evolutionary process, and populations of the same species living in different habitats will have behavioral differences.

Figure 30.1 tells us that behavior is suitable to the limits of the organism and occurs as a response to a stimulus. Therefore, it is dependent on sense receptors, the nervous system, and the musculoskeletal system. But often the organism must be ready or *motivated* to respond, and motivation is most likely dependent on the physiological or internal state of the organism. Thus frogs are more likely to capture passing flies when they are hungry.

The complexity of behavior increases with the complexity of the nervous system. Animals with simple nervous systems tend to automatically respond to stimuli in a programmed way, whereas animals with complex nervous systems are apt to choose behavior that suits the particular circumstance. The first type of behavior, which is inherited, is called **innate** or **instinctive,** while the second type, which requires modification of behavior is said to involve **learning.** All animals have some instinctive behavior, even humans; but as higher animals with complex nervous systems evolved, the capacity to learn behavior patterns developed. In order to exemplify the difference in behavior from primarily innate to primarily learned, compare the brief sketch of army ant behavior to that of gull behavior to that of baboon behavior given on pages 630–31.

Innate Behavior

In innate behavior, the stimulus appears to trigger a fixed response that does not vary according to the circumstances.

Taxis

Orientation of the body toward or away from a stimulus is termed **taxis** in animals. Animals exhibit a number of different types of taxes; **phototaxis** is movement in relation to light and **chemotaxis** is movement in relation to a chemical. Some insects, for example moths and flies, will fly directly toward a light. Often they orientate themselves by shifting the body until the light falls equally on both eyes. If one eye is blind, the animal will move in a spiral, forever trying to find the direction in which the light will be balanced between the two eyes.

Chemotaxes are quite common. Insects are attracted to minute quantities of chemicals, called **pheromones,** given off by members of their species. Army ants are so set on following a pheromone trail that, if by chance it leads them into a circle, they will continue to circle until they die of exhaustion (fig. 30.2). Vertebrates, too, are sometimes highly responsive to chemicals. A few whiffs of a piece of clothing and bloodhounds are capable of tracking down a single individual.

Only a few animals are able to orientate themselves by means of *sonar or echolocation.* Bats send out series of sound pulses and listen for the echoes that come back. The time it takes for an echo to return indicates the location of both inanimate and animate objects and enables a bat to find its way through dark caves and to locate food at night (fig. 30.3). Some moths have evolved the ability to hear the sounds of a bat and they begin evasive tactics when they sense that a bat is near.

Figure 30.3
Bats use echolocation to find their prey (mealworm, top center).

Army Ants

Army ants are found in the southern hemisphere. They have a life cycle typical of most insects, consisting of egg, larval, pupal, and adult stages. The larval stage is an active, wormlike stage requiring much food, while the pupal stage is a quiet, encapsulated stage that produces the adult by metamorphosis. When the adult army ant first emerges, it is light in color and is called a callow.

A colony of army ants is established after a queen ant has been fertilized on her nuptial flight. Thereafter, the queen produces thousands of eggs every five weeks, and these develop into three different sizes of sterile female workers. Thus, the colony is **polymorphic** because it consists of three different types of individuals. The smallest workers (3 mm), called the nurses, take care of the queen and larvae, feeding them and keeping them clean. The intermediate size workers, constituting most of the population, go out on raids to collect food. The largest workers (14 mm), with huge heads and long, powerful jaws, are called soldiers because they run along the sides and rear of raiding parties where they can best attack any intruders.

Army ants do not have a permanent nest; instead they live in so-called bivouacs, or temporary quarters. In the genus *Eciton,* the most common of the western hemisphere, the ants themselves form the bivouacs when they interlock their legs in such a way as to cover and protect the queen and brood (larvae).

The life of the colony has two phases, a nomadic phase and a resting phase. During the **nomadic phase,** the ants pour out of the bivouac and form several columns, which in turn divide into branches or flanks. This flanking procedure is quite useful, inasmuch as it allows the ants to surround their prey, usually insects, snakes, and lizards. As the ants move along, all wildlife is apt to try to move away as quickly as possible; it has even been reported that army ants have killed human beings. Once they do kill an animal, they tear it apart, and some of the ants carry the parts back to the bivouac so that the nurses, queen, and larvae may be fed. The column may extend some 300 feet from the nest in a two-way stream, with some ants advancing and others returning with the catch.

At night, the entire colony emigrates to a new bivouac, probably along one of the trails laid down that day. In the front and sides of the advancing wave of ants are the soldiers, followed by the medium-sized workers, and finally, in the center, the smallest workers transporting the brood and helping the queen. The next day the hunting raids begin again. This daily routine of extensive raiding and nightly emigrations continues for about two weeks.

Then rather abruptly the colony begins a **resting phase,** which lasts for about three weeks. During this phase, few workers go on raids, the colony stops emigrating, and marked activity ceases. Then the raids begin again.

Army ants form an insect society in which the members are apparently born to a particular task that they slavishly carry out. When we seek an answer to this regimented type of behavior, we find that it seems to be chemically controlled. The term **pheromone** is used for a chemical released by one organism that controls the behavior of another organism usually of the same species. In the case of army ants, this chemical is most likely released primarily by the queen and larvae. Ants pass a portion of the contents of their crops from one to the other, and in this way the nurses could pass hormones from the queen and larvae to a few workers, who in turn would pass it to others.

Pheromones passed in this manner are believed to trigger the raiding behavior of army ants. The nomadic phase always begins when the eggs have developed into larvae and new adults (callows) have emerged from pupae. Both of these populations, from two different broods, need food, and they are believed to chemically activate the raiders to begin the process of scouring the countryside. On the other hand, when larvae pupate, the pupae would no longer emit such a hormone, and the signal for food would cease. Pupation, then initiates the resting phase of army ant life.

Gulls

Sea gulls, or simply gulls, are large (8 to 30 inches), long-winged birds that are white, grey, and black in differing proportions. Generally, the gull's body and tail are white; the back and wings are light or dark grey; and the wing tips are usually black with a contrasting white pattern. The bill is stout and slightly hooked, and the front toes are webbed. Gulls begin life as speckled brown chicks that gradually acquire their characteristic colors in three to four years.

During the winter, gulls form mixed flocks and spend their time eating and resting. They are coastal scavengers that eat anything organic, including garbage and sewage. Because of today's pollution, they are generally increasing in number.

Only when resting does a gull seek out company. Then, as part of a group in which some are always alert, a gull tucks its head under a wing, raises one leg, and dozes.

In the spring, thousands of gulls migrate to a breeding colony on small rocky islands, inaccessible cliffs, or in grassy marshes, according to the species. There the males stake out territories of about fifty square yards and build nests of grass, stems, seaweed, feathers, and discarded food. The males defend the territory and seek mates. Gulls are considered **monogamous** inasmuch as they have a single mate per breeding season; very often mates from the previous year find each other.

Male and female gulls, which look alike and are therefore **monomorphic,** share in incubating the three eggs laid by the female; and when the chicks hatch, both parents help feed and protect the young. Just after hatching, the chick is fed by parent regurgitation when it pecks the parent's bill, but within a month the chick is able to feed itself and has learned what is edible and drinkable.

Baboons

Baboons are a type of old-world monkey called dog-headed monkeys because they have an elongated muzzle. In particular, we will describe the behavior of the savanna baboons that live in a grassy area of central Africa.

The face of the baboon is characterized by a long muzzle that leads back to small, beady eyes set deep beneath eyebrow ridges. The muzzle is hairless, while the body is covered with long hair except for the buttocks, which range in color from pink to scarlet.

Baboons walk on all four limbs but sit when resting so that the hands remain free for manipulation. They show extreme dimorphism, with the males being much larger and stronger than the females. An average male weighs about 60 pounds and is about 26 inches high when seated, while the female is about 25 pounds and 18 inches high. One interesting explanation for this extreme difference in size is that it is the most economical way to achieve protection while limiting food consumption.

Savanna baboons may be attacked by jackals, hyenas, lions, cheetahs, and leopards, but these animals rarely succeed in killing a baboon because of the ferocity of the baboon male. The males are formidable not only because of their size but also because of their disposition and their long, sharp canine teeth. When necessary they sink their teeth into an attacker and tear out a hunk of flesh. A troop of baboons is very dependent on the males to fight off would-be predators, and observers report that the males rarely fail in this responsibility.

Baboons are vegetarians that live in communal troops that travel three to six miles each day hunting for food and sleeping in trees at night. As the troop moves along, it generally has a definite organization: the dominant males along with new mothers and infants are in the center surrounded by other females. Less dominant males are on the fringes.

The dominant males decide where and when the troop will move. If the troop is threatened, they immediately leave the center and move toward the danger. They cover the troop as it retreats and attack when necessary.

Dominance is very important to the organization of the troop, and it is established along rigid lines. Each individual has a place in the hierarchy; the males know their station in relation to one another, the females know theirs, and there is even a hierarchy among the juveniles. Dominance is established by psychological contests between individuals in which it is determined who will give way to whom. Dominance is obvious in two aspects of troop life: grooming and presenting.

Grooming occurs when one member of the troop picks through the hair of another and removes dirt, parasites, and bits of debris with fingers or teeth. The dominant males are groomed by other members of the troop and, in general, a less dominant animal grooms another.

Presenting occurs when one baboon takes a position with the head down on the ground and the buttocks raised toward another. Presenting demonstrates submission because it puts the presenting animal in a very vulnerable position. Presenting is used to show respect and to prevent aggressive behavior by another.

The establishment of dominance is useful to the troop because it often prevents actual fighting. When a disturbance occurs within the troop, it is usually quieted by a dominant male. The male will try a series of actions including staring, blinking, raising the eyebrows, and yawning to show the canine teeth before coming over to administer a harmless bite on the neck of the offender. Meanwhile, the disturber of the peace may begin to show fear by moving backward, grimacing, screeching, and finally running and presenting just before the bite occurs. In order to prevent all this ruckus, the offender may quickly make a motion that indicates a willingness to present, and the dominant male, being satisfied, turns away.

All of these actions may or may not occur, as the situation warrants, and so we see an absence of stereotyped behavior. Rather, behavior is modified to suit the occasion.

When females are in estrus and able to conceive, they seek out the company of the dominant males. During this time the female's position in the troop is elevated as the males keep company with her. Following copulation, pregnancy lasts for about six months. The mother takes care of the birth herself and travels with the troop on the day of the birth. The newborn is capable of clinging to the underside of its mother, where it may nurse as convenient. The first day or so, the mother may assist the infant by holding a hand on it. Since this tends to slow her progress, a dominant male may drop back and walk with her, stopping when she stops and generally looking after her.

Males seem to be very interested in the newborn and especially watch over infants and youngsters when the troop is on the move. Should a youngster be stranded when the troop is under attack, a male will quickly snatch it up and return it to its mother.

Many members of the troop want to hold newborn infants, approaching the new mother with lipsmacking and presenting. **Lipsmacking** is used among baboons to indicate friendliness. The mother is very protective of her newborn and generally will not let anyone touch it except a dominant male. She grooms it constantly and holds it to her. The birth elevates the mother's position in the troop, and she is under the protection of the dominant males.

After about three months, the infant begins to play with members of its peer group. Generally, baboons are born in December and thus have a number of playmates of the same age. Peer-group play is probably very important to the proper development of baboons. At five months, the youngster easily rides on the back of its mother, crouching only when afraid. Weaning occurs at one year. During the process of weaning the juvenile shows its distress by screeching and moving from one member of the troop to another. This is the only time the males seem to ignore its distress. After weaning, however, the juveniles spend most of their time with one another and the dominant males see to their safety. Maturity is reached at about four years in females and about seven years in males. The males soon become larger and more adventurous than the females. They may even leave the troop for a time and return when they are bigger and stronger and more able to challenge the position of the dominant males.

Figure 30.4
Birds can use the sun to tell direction.

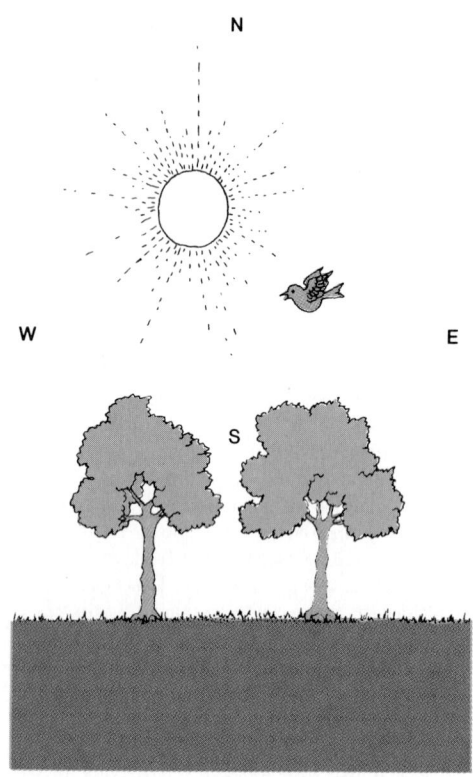

Figure 30.5
Biological clocks have three components:
(*a*) an internal timekeeper, (*b*) a means of
detecting light/dark periods, (*c*) a method
of communication.

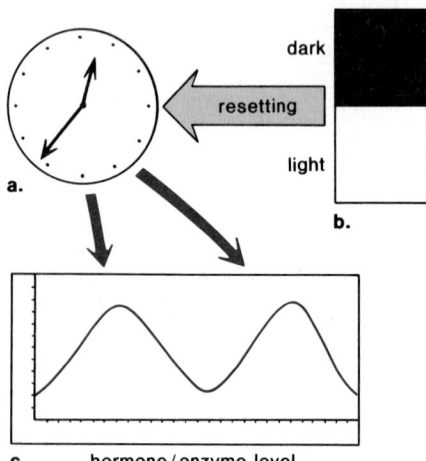

c.   hormone/enzyme level

Migration and Homing

Migration, which often occurs seasonally, and **homing,** the ability to return home after being transported some distance away, have been studied in birds. Evidence indicates that they use the sun in the day (fig. 30.4) and the stars at night as compasses to determine direction (north, south, east, or west). Like bees, they even allow for the east-to-west movement of the sun during the course of a day. Bees offered a food source can return to their hive no matter where the sun is located in the sky. Therefore, it is believed that they have an internal or *biological clock* that tells them the location of the sun according to the time of day.

Although birds use the sun and stars as compasses, they cannot rely on these to tell that home is in a particular direction. In other words, suppose you were blindfolded and then transported away from home. Upon being set free, you are given a compass to tell direction; how would you know which direction to select? Some investigators now believe that birds are sensitive to magnetic lines of force, which are dependent on the earth's magnetic field, and this allows them to determine the direction of home.

Salmon use chemotaxis to find their way home. Salmon are born in a tributary of a river but grow to maturity in the open sea. At spawning time, mature salmon travel back up the river to the same spot at which they were born. Experiments have shown that the fish appear to return to the spawning ground by following the chemical scent of their first home.

Rhythmic or Cyclic Behavior

Certain adaptive behaviors of animals reoccur at regular intervals. Behavior influenced by a **circadian rhythm** occurs on a daily basis. For example, some animals, like humans, are usually active during the day but sleep at night. Others, such as bats, sleep during the day and hunt at night. Behavior controlled by a **circannual rhythm** occurs on a yearly basis, such as when some birds migrate south every fall. Other rhythms are also known; lunar behavior occurs monthly and tidal behavior occurs every 12.4 or 12.8 hours.

Originally, it was assumed that environmental changes, such as day and night, controlled cyclical behavior in animals. But it is now known that such behavior will occur even when the associated stimulus (daylight or darkness) is lacking. For example, fiddler crabs are dark in color during the day but light in color at night even when kept in a constant environment. But if the crabs are kept in the constant environment indefinitely, the timing of the daily change tends to drift and become out of synchronization with the natural cycle. For this reason, it has been suggested that rhythmic behavior is under the control of an innate, internal biological clock that runs on its own but is reset by external stimuli. Aside from keeping time, a biological clock must also be able to bring about the change in behavior. In the fiddler crab, for example, it must be able to stimulate the processes that cause the shell to change color. Thus a biological clock system needs (fig. 30.5):

1. a time-keeping mechanism that *keeps time* independently of external stimuli (i.e., a minute is always a minute).

2. a receptor that is sensitive to light/dark periods and *can reset* the clock for circadian rhythms or indicate a change in the length of the day/night for circannual rhythms.

3. a communication mechanism by which the clock *induces* the appropriate behavior.

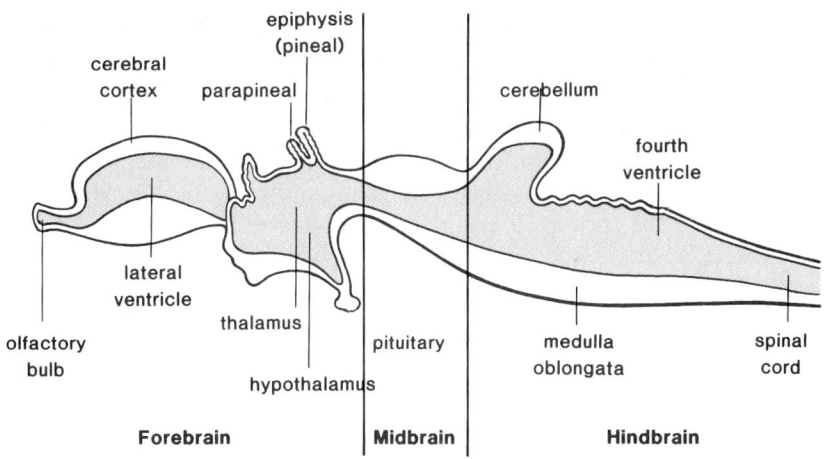

A review of the discussion concerning flowering (p. 139) shows that two of the components of the biological clock system in flowering plants have been tentatively identified: phytochrome is believed to be the receptor that is sensitive to light and dark periods, and plant hormones are believed to be the means by which flowering is induced. The source of the biological clock has not been identified, however.

In animals, experiments with birds suggest that the biological clock resides within the pineal gland (fig. 30.6). The pineal gland produces **melatonin,** a hormone that lowers body temperature and causes birds to roost, both of which are characteristic of nighttime. Also, there is evidence of neural communication between the eyes and the pineal gland, which is closely associated with the "third eye" present in some lizards, amphibians, and fishes.

Reflexes

Reflexes are simple automatic responses to a stimulus over which the individual appears to have little or no control. When a human knee is hit by a mallet, the lower leg jerks in a characteristic manner. Since reflexes are clearly innate, some investigators believe that it might be possible to explain complex behavior of some lower animals, such as army ants, by a series of reflexes each one of which acts as a stimulus for the one following.

Fixed Action Pattern

The term **fixed action pattern** (stereotyped behavior) has been given to complex behavior that occurs automatically as if it were a composite of reflex actions. A stimulus that initiates a fixed action behavior is called a **sign stimulus.** An animal must possess neural mechanisms (called releasing mechanisms) that are sensitive to the sign stimulus in order to respond in the stereotyped manner. As an example, consider the fact that male robins attack a red tuft of feathers in preference to an exact replica of a male robin without the red breast (fig. 30.7). The color red is a sign stimulus that provokes the releasing mechanism, which controls the attacking behavior. This behavior is therefore a fixed action pattern. Animals performing fixed action patterns may seem to be acting in a purposeful manner but, just as the robin in the previous example, experimentation proves that this is not the case. For example, certain solitary digger wasps (genus *Ammophila*) dig a hole, close it with small pebbles, then seek out a caterpillar and paralyze it with a series of stings along the undersurface. The wasp then carries the prey to the nest, removes the closure and pulls the prey in from the inside (fig. 30.8). After laying her egg on the side of the caterpillar, she begins to close the burrow by putting pebbles and earth in it. If at this point the experimenter removes the caterpillar and puts it on the ground nearby, the wasp continues to cover the hole even though the caterpillar is in full view.

Figure 30.7
Male robins attack a red tuft of feathers rather than an exact replica of a robin without a red breast.

Figure 30.8
A digger wasp is about to deposit this caterpillar in a previously dug hole. She will lay an egg on the caterpillar before closing the hole.

Figure 30.9
A gull will retrieve an egg that has rolled out of the nest.

Figure 30.10
Gulls are more apt to remove broken egg shells with a serrated edge, such as *b*.

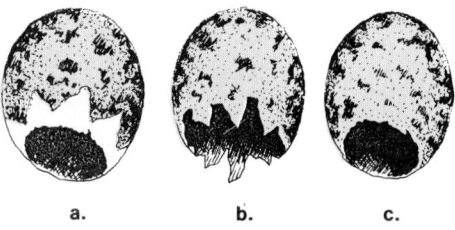

a.   b.   c.

Figure 30.11
A gull tries to brood an abnormally large egg even though the proper size egg lies just to one side.

The same sort of approach is typical of army ants. While it was formerly believed to be correct to describe their behavior as we would that of an army of humans, we now know that this is extremely misleading. For example, the army ant soldiers do not purposefully take their places at the forward and side positions of the column; rather, they are pushed and shoved there because they are in the way. Also, the column does not purposefully use a flanking procedure to capture the prey; rather, some of the ants at the front run forward a short distance and then back, and this motion causes the branching of the column. So it is incorrect to think of their behavior as premeditated.

Gulls, too, have fixed action patterns. When a gull is incubating eggs, it will retrieve any egg that rolls out of the nest. The more speckled the egg, the more strongly is the gull stimulated to roll it into the nest and incubate it (fig. 30.9). But a gull removes egg shells from the nest as soon as the chicks have hatched because empty shells attract predators. Now the stimulus appears to be a white serrated edge; "hollowness" by itself is not effective (fig. 30.10). One curious result of experiments like these has been the discovery of **supernormal stimuli.** For example, parent gulls, if given a choice in size, will prefer to retrieve eggs much larger than normal even if they are then unable to brood them (fig. 30.11).

Fixed action patterns are adaptive and largely inherited. When the cheek of a human baby is touched it will seek the nipple and begin to suck. Gulls automatically retrieve eggs that roll out of the nest and get rid of broken shells. Birds who perform these tasks are more successful parents and therefore have more offspring who also perform these tasks. Thus it is reasoned that behavioral patterns are subject to natural selection as are physical characteristics.

In order to tell if a specific behavior is innate (instinctive), it is customary to determine if it is (a) performed by all members of the species in the same manner, and (b) performed by animals that have been raised in isolation and/or have been prevented from practicing it.

It is not surprising that some forms of fixed action behavior improve in efficiency after an opportunity to practice has been provided. For example, isolation experiments have been performed to see if songbirds will sing their species' song without having had an opportunity to learn it from another bird. Often they sing a song that is less complicated than the natural song, but they will learn the complete song when they are given the opportunity to hear it, even if many other bird songs are played for them at the same time.

Baby chicks peck at the parent's beak in order to induce the parent to feed them (fig. 30.12). Experimentation with various models has shown that the chicks are not very discriminatory at first and choose a model that does not resemble the parent to any extent. With time, however, pecking accuracy and efficiency improves and the chicks become progressively more selective and choose a model that more nearly resembles the parent (fig. 30.13).

In the same manner, young chicks at first hide and crouch whenever a shadow passes overhead; but soon they hide and crouch only when a hawk passes over (fig. 30.14). It has been shown by the use of models that chicks do this because they never lose a fear of short-necked birds, while they do learn that long-necked birds pose no danger.

Our discussion of reflex behavior has shown that some behavior may be primarily innate, in that the behavior is performed automatically with no forethought. It is fair to assume that lower animals with simple nervous systems rely on this form of behavior (fig. 30.15). However, it is not surprising that some behavior is a mixture of both innate and learned behavior, while much of the behavior of higher animals is apt to be learned.

Figure 30.12
Chicks peck at parents' bill in order to be fed.

Figure 30.13
With time, laughing gull baby chicks peck at a more exact replica of parents' bill (first model). White bars represent the pecking frequency of newly hatched chicks; shaded bars represent the pecking frequency of chicks three to five days old.

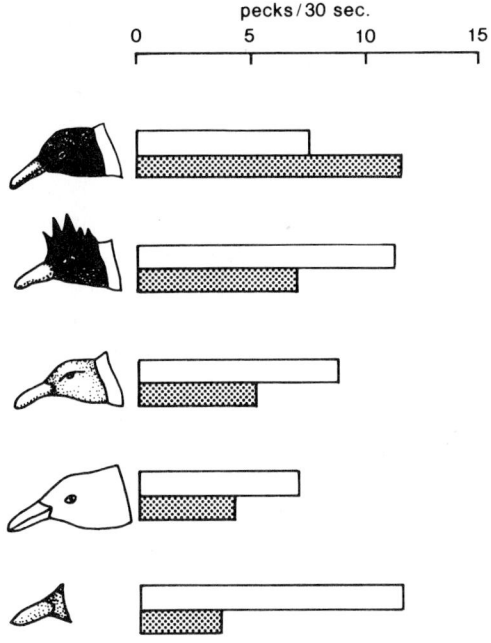

Figure 30.14
Birds display some ability to learn. This model pulled left, appearing to have a short neck, will frighten them; but not if pulled right, appearing to have a long neck.

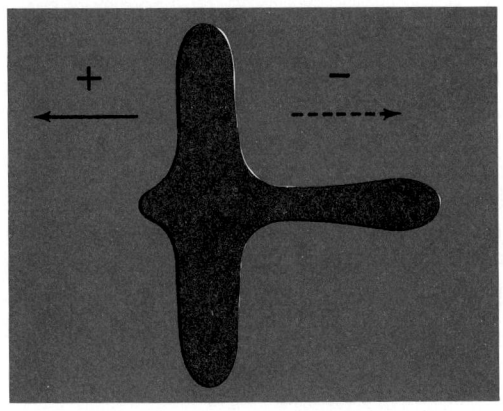

Figure 30.15
A graph showing the importance of different modes of adaptive behavior for the various groups of animals. From left to right there is a shift from the use of innate behavior to primarily learned behavior.

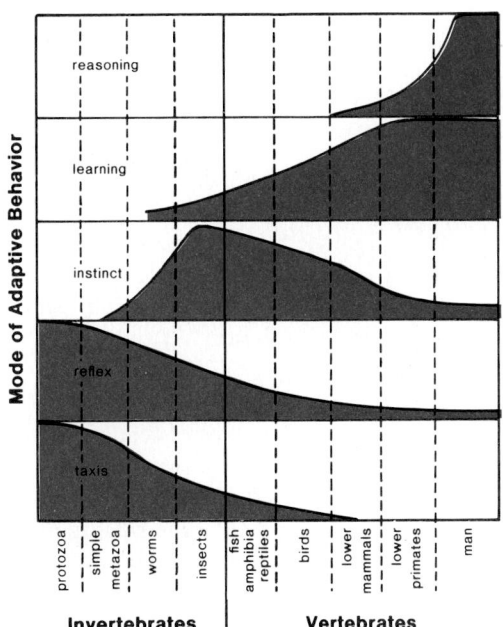

Figure 30.16
A photograph illustrating imprinting. These ducks follow Lorenz because he was the first moving object they saw.

Learned Behavior

Learning is a change in behavior as a result of experience. The capacity to learn is inherited and allows an organism to change its behavior to suit the environment. The organism alters its behavior to respond to specific stimuli in ways that promote its own survival or that of its offspring.

Imprinting

Imprinting refers to the fact that a variety of insects, birds, and mammals become attached to and follow the first moving object they are exposed to. Ordinarily, the object followed is the mother and therefore imprinting serves a very useful purpose because it keeps the offspring with the mother. It is also believed to account for the fact that animals are capable of recognizing their own species, which is absolutely necessary for successful mating and perpetuation of the species. Imprinting is classified as a learned behavior since the newborn learns to identify the object it is imprinted to. Konrad Lorenz, a famous ethnologist, caused chicks to be imprinted to him (fig. 30.16) and then showed that they would choose him over their own mother when given the opportunity.

Habituation

When presented with the same stimuli time and time again, animals will eventually cease to respond. For example, at first baby chicks crouch in fear even when a leaf flutters overhead, but then they learn to disregard these and even long-necked birds. A possible explanation for this is that they have grown accustomed to and habituated to seeing long-necked birds. Habituation is useful because it prevents animals from wasting time on unnecessary responses.

Conditioned Learning

In a type of conditioned learning called **associative learning,** an animal learns to give a response to an irrelevant stimulus. Pavlov's dogs learned to expect food and began to salivate when a bell rang because they had learned to associate the ringing of the bell with food (fig. 30.17). Associative learning can explain behavior that seems out of place. For example, the ringing of a bell in and of itself does not have anything to do with food. Even so, associative learning can be useful; for example, it has been suggested that mothers who fondle their children while reading to them instill in these children a love of learning.

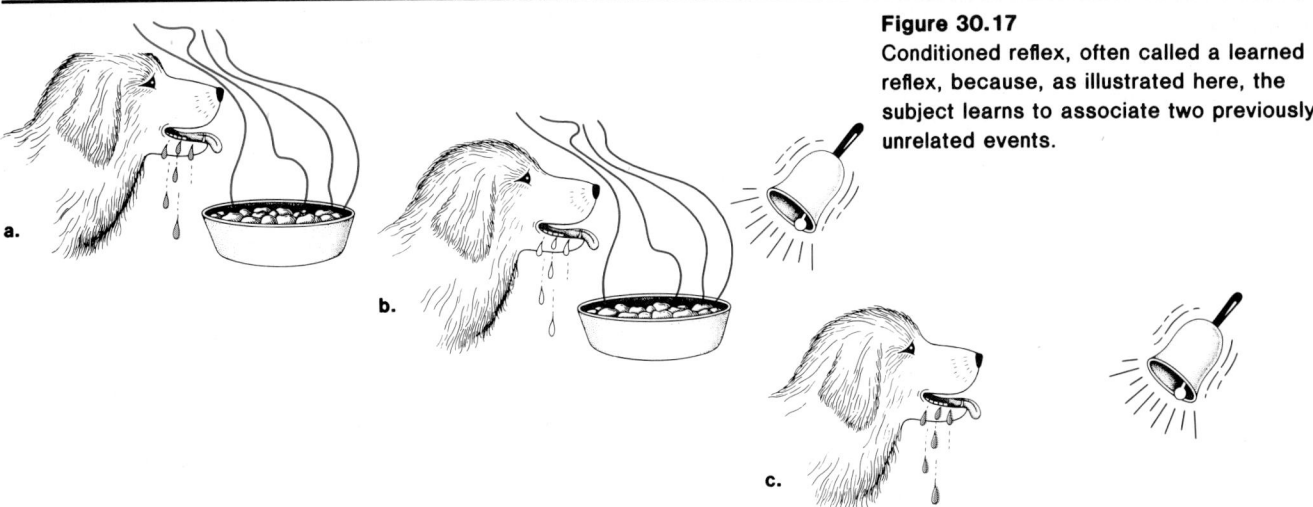

Figure 30.17
Conditioned reflex, often called a learned reflex, because, as illustrated here, the subject learns to associate two previously unrelated events.

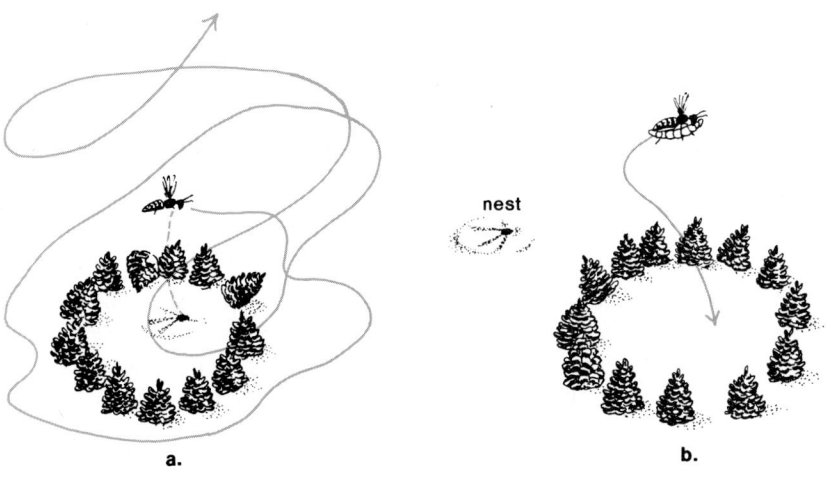

Figure 30.18
a. Cones were arranged about a nest site of a wasp which makes an orientation flight.
b. Wasp returns to this landmark even if it has been moved to an inappropriate location.

nest

a.

b.

Operant conditioning is **trial-and-error learning.** An animal faced with several alternative choices is *rewarded* for making the proper choice and thereafter learns to make this response repeatedly. While it is possible to also punish an animal for making an improper response, B. F. Skinner, the major proponent of operant conditioning, believes that learning should always be based on positive operant conditioning. Rewarding good behavior can experimentally be shown to be far more lasting than punishing bad behavior. Also, rewarding good behavior has no undesirable side effects, whereas punishment results in anxiety.

Latent (or **exploratory behavior**) **learning** takes its name from the fact that this type of learning may not be apparent at the time because it is stored away for possible future use. Many animals explore new surroundings so that they are more likely to be able to find their way about should it become necessary. Insects make "orientation flights" of nest areas so that they can more easily locate the nest area upon their return (fig. 30.18).

Insight Learning
Insight, or **reasoning,** is the ability to solve a problem by using previous experiences to think through to a solution. To the observer, it seems as if the animal needed no practice to successfully reach a goal. For example, apes can devise means to get bananas that are placed out of their arms' reach. They will pile up boxes or use a pole in order to reach food (fig. 30.19).

Figure 30.19
Apes devise means of reaching food.

Figure 30.20
Baboons learn by watching their elders.

Of the three kinds of animals whose behaviors are briefly sketched in this chapter (army ants, gulls, and baboons), baboons show a marked ability to modify their behavior. This is consistent with the fact that isolated baboons are unaware of proper baboon behavior, and we must conclude that learning (fig. 30.20) plays a large role in the normal behavior of baboons. Therefore, it takes several months before young baboons are capable of caring for themselves and in the meantime they are dependent on their mothers and other adults in the troop.

Motivation

As mentioned earlier, certain types of behavior recur periodically in animals. These types of behavior seem to require an internal readiness before the animal shows the behavior. Thus it is said that the animal is **motivated** to perform this behavior. Notice that in figure 30.1 motivation would be included in the diagram as an internal event. Motivated behavior seems to include three stages:

1. An appetitive stage during which the animal searches for the goal.

2. A consummatory stage or a series of responses directed at the goal.

3. A quiescent stage when the animal no longer seeks the goal.

A good example of motivated behavior is the need for food. A hungry animal goes out to look for food; once food is found, it eats the food; and then, being satisfied, it no longer seeks food.

Motivated behavior requires the supposition that the animal is made ready to perform the behavior because of some internal state. A study of reproduction (fig. 30.21) in ringdoves has indeed shown this to be the case. Ringdoves reproduce in the spring but when male and female ringdoves are separated one from the other, neither shows any tendency toward reproductive behavior. In contrast, when a pair are put together in a cage, the male begins courting by repeatedly bowing and cooing. Since castrated males do not do this, it can be reasoned that the hormone testosterone readies the male for this behavior. The sight of the male courting causes the pituitary gland in the female to release FSH and LH; these in turn cause her ovaries to produce eggs and release estrogen into the blood stream. Now both male and female are ready to construct a nest, during which time copulation takes place. The hormone progesterone is believed to cause the birds to incubate the eggs and while they are incubating the eggs, the hormone prolactin causes crop growth so that both parents are capable of feeding their young crop milk.

Reproductive behavior in the ringdove can be explained on the basis of both *external and internal stimuli.* The external stimuli are processed by the central nervous system, which directs the secretion of hormones. Thus the nervous and endocrine systems work together to produce physiological changes that lead to appropriate behavior patterns. Even so, animals with complex nervous systems are more likely to be able to control their behavior due to previous learning regardless of their internal state. For example, human beings can decide whether to engage in sexual behavior even if their testosterone or estrogen blood level is high. This decision is probably based on their previous learning experiences in regard to sexual behavior. Also, human beings do not need a hormonal state to be motivated, as when they voluntarily decide to continue the process of learning.

Societies

A **society** is a group of individuals belonging to the same species that are organized in a cooperative manner. In order to accomplish cooperation, evidence suggests that members of a society have a means of reciprocal communication, a means of overcoming aggression either by territoriality or dominance, and a division of labor.

Communication

Communication by chemical, visual, auditory or tactile (touch) stimuli often includes a social releaser, a sign stimulus used between members of the same species that causes the receiver to respond in a certain way.

Chemical Communication

The term *pheromone* is used to designate chemical signals that are passed between members of the same species. Pheromones can have either releaser effects or primer effects. A pheromone with a **releaser effect** evokes an immediate behavioral response, while a pheromone with a **primer effect** alters the physiology of the recipient, leading to a change in behavior.

Sex attractants are good examples of pheromones with releaser effects. For example, female moths secrete chemicals from special abdominal glands. These chemicals are detected downwind by receptors on male antennae (fig. 30.22). This signaling method is extremely efficient since it has been estimated that only 40 out of 40,000 receptors on the male antennae need to be activated in order for the male to respond.

Figure 30.22
Moth male antennae are capable of detecting female pheromone from miles away.

It is well known that male dogs and cats are attracted to the opposite sex by means of scent. Experimentation with apes and humans has also suggested that some individuals may be attracted by body odors. Following puberty, human males are reported to secrete about twice as much of a chemical called exaltolide in their urine as compared to females. Females are also reported to produce a vaginal chemical called copulin that can possibly attract certain males.

The members of ant colonies are controlled by numerous pheromones, each one inducing a particular response. Some are used as alarm signals, causing the ants to move about rapidly and to attack all foreign objects. Others are used to mark trails to food or new nesting sites. Still others cause the adults to take care of and nurture the larvae.

Ants and honeybees provide an example of a pheromone with a primer effect. The queen produces a substance that is passed from worker to worker by regurgitation. This substance prevents the workers from raising other queens and it also prevents the ovaries of the workers from maturing. Primer effects have also been seen in mice. Male mice produce a substance that can alter the reproductive cycle of females. When a new male and female are placed together, this substance can cause the female to abort her present pregnancy so that she can then be impregnated by her new mate. Similarly, crowding of female mice causes disturbances or even blockage of their estrous cycles. In both instances, removal of the olfactory lobes prevents these occurrences.

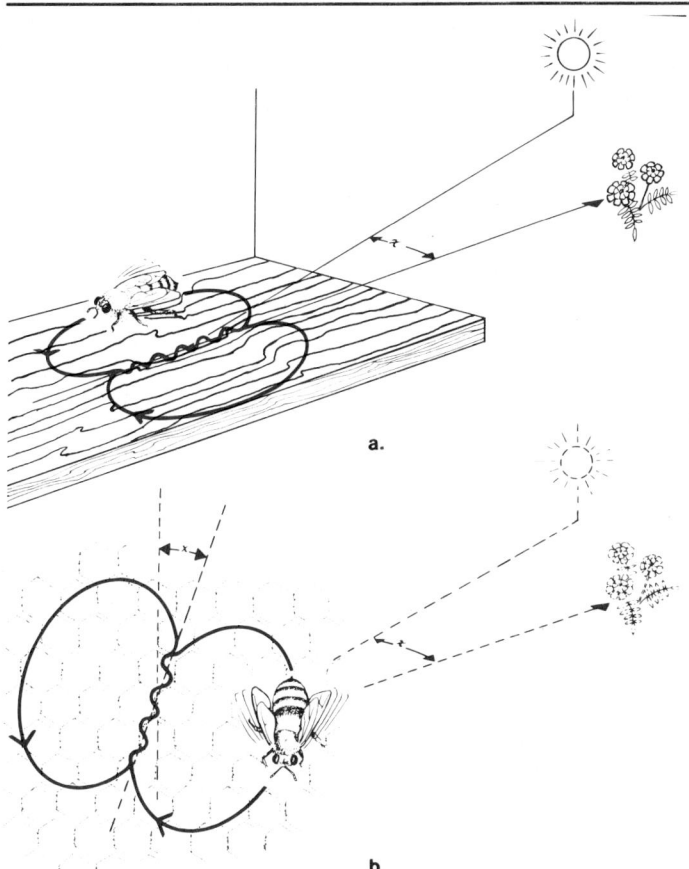

Figure 30.23
Honeybees do a wagging dance to indicate
the direction of food. a. If the dance is done
outside the hive, the straight run of the
dance will point to the food source. b. If the
dance is done inside the hive, the angle of
the straight run to that of the direction of
gravity is the same as the angle of the food
to the sun.

a.

b.

Visual Communication

The communication of honeybees is believed to be remarkable because the so-
called language of the bees uses not only visual stimuli but other stimuli as
well to impart information about the environment and not about the bee itself.
When a foraging bee returns to the hive, it performs a routine known as the
waggle dance (fig. 30.23). The dance, which indicates the distance and direction of a food source, has a figure eight pattern. As the bee moves between
the two loops of the figure eight, it buzzes noisily and shakes its entire body
in so-called waggles. *Distance* to the food source is believed to be indicated
by the number of waggles and/or the amount of time taken to complete the
straight run. The straight run also indicates the *location* of the food; when
the dance is performed outside the hive, the straightaway indicates the exact
direction of the food, but when it is done inside the hive, the angle of the
straightaway to that of the direction of gravity is the same as the angle of the
food to the sun. In other words, a 40° angle to the left of vertical means that
food is 40° to the left of the sun. The bees can use the sun as a compass to
locate food because their biological clocks (p. 632) allow them to compensate
for the movement of the sun in the sky.

Visual communication includes many social releasers. Male birds and
fish sometimes undergo a color change that indicates they are ready to mate.
Female baboons show that they are in estrus by a reddening of the sex flesh
on the buttocks. On the other hand, visual communication also includes defense and courtship patterns (fig. 30.24) that comprise a type of body language. These patterns are **ritualized,** which means that the behavior, which

Figure 30.24

a. The male, response to another bird's approach at the boundary of his territory includes a long call uttered in the oblique posture. The two males may adopt a forward posture, in which they face each other in a threatening manner. Typically, the upright posture passes over to a retreat on the part of the invading male. b. Similar behavior is seen in courtship. The male greets the female with a long call. Both male and female adopt a hostile posture similar to the forward posture between two males in a territorial encounter. The male and female moderate the hostility by each turning its head away. This face-away posture, in which the gulls avert the menacing beak, is an appeasement act.

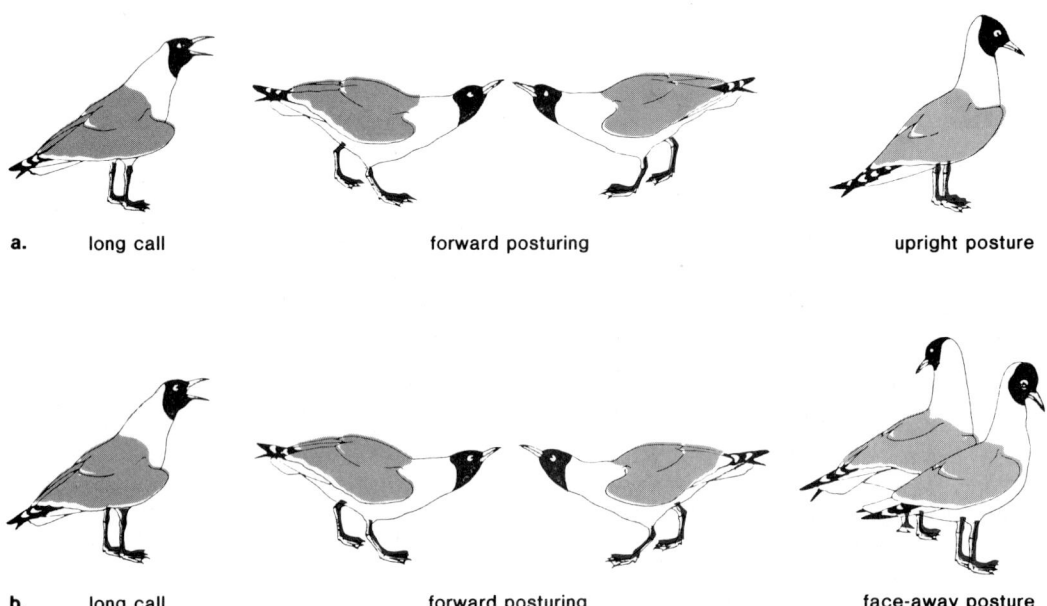

a.　　long call　　　　　　　　　forward posturing　　　　　　　　　upright posture

b.　　long call　　　　　　　　　forward posturing　　　　　　　　　face-away posture

is stereotyped, exaggerated, and rigid, is always performed in the same way so that its social significance is clear. Ritualized behavior is believed to be derived from body movements associated with such activities as locomotion, feeding, and caring for the young. Facial expressions of human beings (fig. 30.25) seem to be universal and it has been suggested that they, too, are ritualizations of movements that were first used for basic biological processes.

Auditory Communication

Because auditory (sound) signals are able to reach a larger audience and can be sent even in the dark, they are sometimes favored even by animals with good vision.

Male crickets have calls and male birds have songs for a number of different occasions. For example, birds may have one song for distress, another for courting, and still another for marking territories. Sound stimuli have been shown to be more important than visual stimuli for birds that live in dense woods where vision is obstructed. In experiments, a male wood thrush attacked models of an unrelated species as long as they were silent. But if the unrelated species' song was played via a loudspeaker, the wood thrush paid the model no heed. Then, too, the wood thrush attacked a model of its own species with vehemency directly proportional to the loudness with which his own species' song was played.

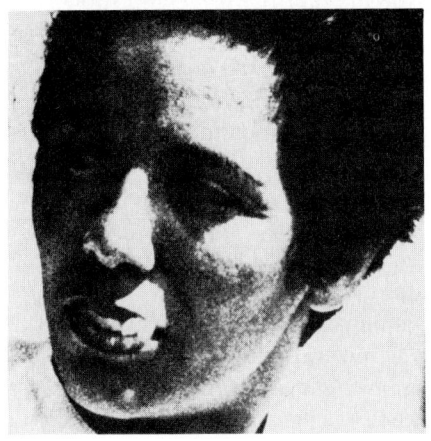

a.

b.

c.

One advantage of auditory communication is that the message can be modified by the sound's intensity, duration, and repetition. In an experiment with rats, an experimenter discovered that an intruder could avoid attack by increasing the frequency with which it made an appeasement sound. Rats isolated from birth could make the sound but had not learned to increase the frequency.

The fact that organisms with good vision often rely on sound communication has been demonstrated in chickens. Hens will react vigorously when they hear a chick peep even if they cannot see the chick. However, they will ignore a chick that is peeping within a soundproof glass container.

Language is the ultimate auditory communication, but only humans have the biological ability to produce a large number of different sounds and to put them together in many different ways. Nonhuman primates have at most only about forty different vocalizations, each one having a definite meaning, such as the one that means "baby on the ground," which is uttered by a baboon when a baby baboon falls out of a tree. Investigators have overcome the biological inability of chimpanzees to articulate many sounds by having them learn a sign language (fig. 30.26). Chimpanzees have learned as many as four hundred signs of an artificial visual language; however, thus far it has not been possible to demonstrate unequivocally that they are capable of putting the signs together to create new sentences and meanings. It still seems as if humans may possess a communication ability unparalleled by other animals.

Tactile Communication

Ants communicate with one another by means of touch, including jostling, tapping, and licking. For example, a food seeker can receive food by regurgitation when it taps the mouthparts of another ant with its forelegs. Similarly, baby gulls peck at the parent's beak in order to induce the parent to feed them (fig. 30.12).

Grooming, a behavior frequently seen in adult primates, occurs when one animal cleans the coat of another. Grooming helps cement social bonds within a group. A series of experiments with rhesus monkeys has shown that the psychological well-being of primates is enhanced by close bodily contact between mother and offspring and between the offsprings themselves. Monkeys raised in isolation with no mother show marked signs of abnormality. They stare fixedly into space, rock back and forth aimlessly, and even gnaw and bite themselves.

Figure 30.26
Do apes have language? Some researchers who work with apes believe that apes can communicate by creating sentences, while others believe that they can only mimic their teachers.

Monkeys raised with a soft terry cloth surrogate mother do better. If given the choice between two surrogate mothers (fig. 30.27), the monkeys cling to the soft terry cloth one in preference to a wire-frame mother that can nurse. But these monkeys are not completely normal, showing signs of fear and aggression when placed with other monkeys, and they usually reject their own young. Monkeys who lack a normal mother can still develop normally, however, if they are allowed to play with peers (fig. 30.28) for as little as fifteen minutes per day. The peer-to-peer affectional system is extremely important to normal development in primates.

Competition

Members of the same population compete with one another for resources including food and mates. **Aggression** is belligerent behavior that helps an animal compete. Thus aggression helps animals establish territories, obtain mates, train and/or defend their young, and maintain status in a group.

Territoriality and Dominance

Territoriality means that a male defends a certain area, preventing other males of the same species from utilizing it. Territoriality spaces animals and thereby reduces aggression. It also avoids overcrowding, ensuring that the young will have enough to eat. Since animals without a territory do not mate, it also has the effect of regulating population density to some extent.

A **dominance hierarchy** exists when animals within a society form a sequence in which a higher ranking animal receives food and a chance to mate before a lower ranking animal. Dominant males lead the group and maintain order; therefore, a dominance hierarchy assures that the stronger males are in this position.

When the male defends his territory or engages another in contest to determine dominance, rarely is any blood shed. Rather, the animals have a repertoire of sign signals that comprise a threat *display* or *ritual*. As in figure 30.29, the display often includes postures that make the body appear larger and color changes that make the animal more conspicuous. Many of the sign signals in the display are derived from the normal activity of the animal, but now they are used to convey a social message.

Figure 30.27
Monkeys prefer a surrogate mother that is covered and warm to a wire mother that nurses when the receptacle contains a bottle.

Figure 30.28
Peer play is very important among young baboons.

Figure 30.29
A male baboon displaying full threat.

Figure 30.30
Presenting shows appeasement among baboons.

Figure 30.32
A red belly on a crude model stimulates females and males more than an exact replica of a fish without a red belly.

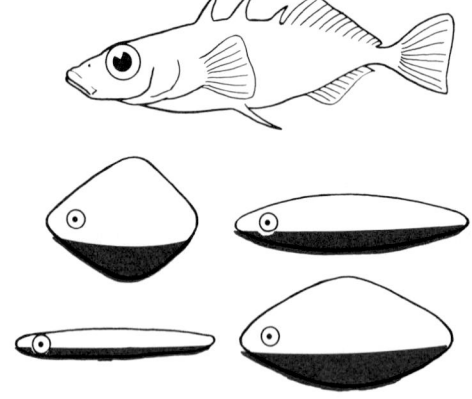

Figure 30.31
Human beings often show a conflict in regard to aggressive behavior, including (*a*) vacillation, (*b*) redirection of aggressiveness, and (*c*) irrelevant activity.

a.   b.   c.

When the animals are facing one another, two opposing responses—*approach response* and *avoidance response*—are simultaneously present in each individual. They are often in *conflict* as to whether to fight or to escape and this conflict causes them to threaten one another rather than to fight outright. Natural selection favors this situation because a contest decided by threat rather than by fighting is more apt to preserve each animal for the purpose of reproducing. The contest result is decided when one animal backs down and flees or submits.

Appeasement, or submission, occurs when an animal actually exposes itself to the attack of another and this gesture prevents further attack. For example, a subordinate baboon of either sex turns away from an aggressor and crouches in the sexual presentation posture (fig. 30.30). Investigators studying gull behavior have found that the birds have a whole range of postures from actual fighting to appeasement. In gulls, food begging behavior in adults is appeasement. Appeasement behavior is believed to cause even greater conflict in the aggressor so that inactivity results.

When an aggressor is in conflict, *redirection* of aggression or *displacement* of aggression may occur. As an example of the first of these, a bird might peck at the ground and a human might bang on a table (fig. 30.31). Displacement of aggression is recognized by the fact that the animal performs an irrelevant activity. A bird might preen its feathers, while a human might pull on his chin.

Courtship is a time during which aggression must be at least temporarily overcome in order for mating to take place. At this time, conflict within the male may cause him to vacillate between aggression and nonaggression. For example, in the spring the male stickleback stakes out a territory and builds a nest; at this time, his body becomes highly colored, including a red belly. Any male attempting to enter the territory is attacked as the owner repeatedly darts toward and nips the intruder. (Experiments have shown that the red belly of the male acts as a sign signal [fig. 30.32].) On the other hand, the owner entices a female to enter the territory by first darting toward her and then away in a so-called zigzag dance (fig. 30.33). Finally, he leads her to the nest, where she deposits her eggs. Investigators have pointed out that the zigzag dance of the male actually contains the same aggressive movements as when the male darts toward and attacks a trespassing male.

Cooperation

Societies have reached their highest and most complex development among insects and primates. In both of these the individual has discrete tasks that it performs for the benefit of the whole, because to do so increases its own fitness. This statement explains the formation of societies on the basis of evolutionary theory.

There is little or no aggression among the members of an insect society because the society is like a superorganism in which each type of insect has a specific task. For example, in army ants, only the queen lays eggs; the small workers, or nurses, care for the queen and larvae; the intermediate-size workers collect food; and the soldiers attack intruders. How does this society increase the fitness of individuals that do not participate in reproduction? The answer lies in the fact that the male parent is haploid and therefore siblings have three-fourths of their genes in common (fig. 30.34). Since offspring have only one-half of their genes in common with their parents, it actually increases the fitness of worker ants to raise siblings rather than offspring.

Among primates, there is a great deal of competition and aggression. At one time, it was believed that humans were more aggressive than other primates but, as discussed in the reading for this chapter on p. 000, this is no longer believed to be the case. In primate societies, aggression is apt to be checked and cooperation is likely fostered whenever (1) the members of the group are relatives who carry at least a portion of the same genes; (2) out and out fighting would cause an early death of the participants; and (3) aggression would waste time and energy that might better be spent in reproduction and the care of the young. Therefore, cooperative societies have evolved among the primates.

Altruism

Sometimes it may even seem as if the members of a society perform altruistic acts, acts that increase the fitness of another at the expense of their own fitness. For example, the dominant male baboons sometimes give up their lives in order to defend the troop. However, we must realize that when they are so protective of females and offspring, they are actually defending their genes because they are most likely the fathers of these same offspring. Even "mother love" can be explained on the basis that the mother is sure that the offspring carries one-half of her genes, an assurance that a father never has in the same way. Whenever animals act to save a group of related animals, called **kin selection,** behaviorists believe that they are actually protecting their fitness, which may include all of their relatives. The survival of the group is a beneficial side effect to this innate tendency.

Human Society

Humans share many behavioral characteristics with other primate societies. A close mother/offspring relationship, childhood dependency, learning by observing and imitating others, communication by vocal and nonvocal means, occupation of a home range, and dominance hierarchies are all common behaviors for primates.

Figure 30.33
The mating behavior of the stickleback fish always has these components: the male entices the female to the nest, where he lies flat on his side; the female swims into the nest and lays her eggs when prodded by the male; finally, the male enters the nest to fertilize the eggs.

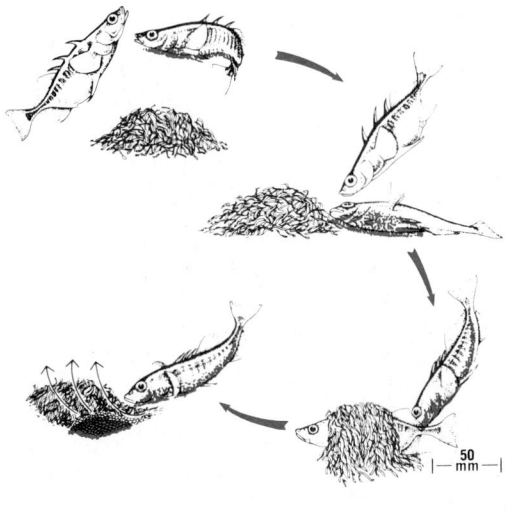

Figure 30.34
It is more genetically advantageous for female ants and bees to assist in caring for siblings rather than their own offspring. Offspring possess ½ of the queen's genes, but since the male parent is haploid, siblings share, on the average, ¾ of their genes.

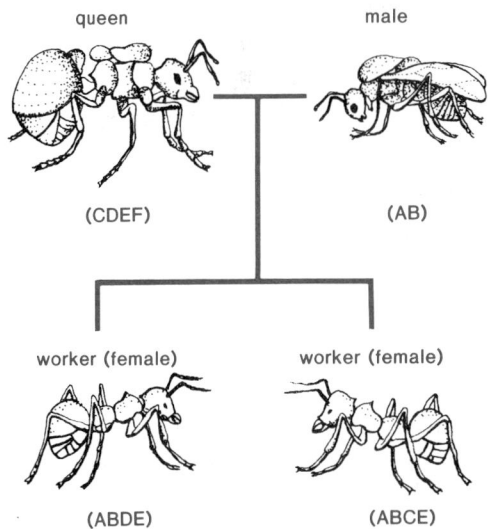

Animals That Kill Their Young

In his classic work *On Aggression*, Nobel Laureate Konrad Lorenz argued that man is the only species that regularly kills its own kind. This concept, which contrasted the order and restraint in the animal world with the chaotic aggressiveness of man, reflected the mood of the time: the shadow-of-the-Bomb pessimism of the '50s and early '60s. But Lorenz was wrong; since 1963, when his book was published, naturalists have identified dozens of species that kill their own, including lions, hippos, bears, wolves, hyenas, herring gulls and more than 15 types of primates other than man.

In the new perspective, animals are not benign machines that live for the group and kill only to eat. Instead, they are programmed for selfish, even murderous acts when survival and propagation are threatened. This radical shift in thinking is shown most dramatically by studies of India's sacred monkey, the hanuman langur. In

Females charge an adult male in attempt to save infant he has seized and bitten.

In-depth study of primate societies has also shown other common traits that were formerly thought to be exclusively human traits. For example, it is now known that chimpanzees occasionally use tools, hunt small prey even though they are primarily vegetarians, and at times kill their own kind. These common behavioral traits support the belief that humans and chimpanzees share a common ancestor.

Humans, however, unlike other primates, began to hunt large game. Adaptations to this way of life can possibly explain why these and other features listed in chart 30.1 are typical of humans. It is believed that cooperative hunting and increased intelligence evolved together. As the brain increased in size and complexity, a longer length of time was needed for development after the child was born. Women tended to take care of the children because they were sure the offspring belonged to them. But the extended dependence of the children meant that the women had a greater need for mates. Pair bonding became feasible when continuous receptivity replaced the estrus in humans. The sexual and behavioral differences between the sexes may have led to a division of labor that did not necessarily involve child rearing. Women stayed home while the men went out to hunt.

The new field of sociobiology supports the tenet that behavior, including social behavior, is subject to natural selection and evolves as an adaptation to the environment. The behavior that increases the likelihood of an individual's genes being passed on to the next generation will eventually be the species' behavior and is thereafter inherited by most individuals. If human behavior is, at least in part, inherited, this might explain any resistance by both sexes to change social habits in regard to behavior concerned with reproduction and child rearing. Nevertheless, we must recognize the fact that a large portion of human behavior is learned behavior. We call this learned behavior *culture* and certainly culture, which is not inherited by way of the genes, can evolve much faster than innate tendencies.

1965, a naturalist wrote that the long-tailed black and gray langurs were "relaxed" and "nonaggressive." Now, a Harvard researcher has shown that the langur society operates more like the House of Borgia, complete with kidnaping, constant sexual harassment, group battles, abandonment of some wounded young by their mothers, and the regular practice of infanticide.

In her new book, *The Langurs of Abu*, Harvard Anthropologist Sarah Blaffer Hrdy, 31, portrays langur life as a "soap opera" that revolves around the struggle between the sexes. As in other species, the strongest males compete for control of each troop. What makes the langurs different is that the winner tries to bite to death the young offspring of his predecessor. The mothers resist the infanticide until the struggle looks hopeless, then pragmatically present themselves to the new ruler for copulation.

Why so brutal a society? Hrdy believes that the answer lies in the theory of sociobiology, which holds that each organism is engaged in a one-against-all struggle to get as many of its genes as possible into the next generation. That explains the sexual aggressiveness of langurs—and males of other species; it usually makes evolutionary sense for males to inseminate the maximum number of females. But why infanticide? Hrdy reasons that the grisly practice evolved among the langurs to solve a problem for the new dominant male. Because of the competition of other males, his reign over a harem or troop is usually short, and his genetic drive dictates that he impregnate the females as quickly as possible. As Hrdy explains: "By eliminating infants in the troop that are unlikely to be his own, a usurping male hastens the mother's return to sexual receptivity and reduces the time that will elapse before she bears his offspring."

Hrdy, who spent 1,500 hrs. observing langur behavior around India's Mount Abu from 1971 to 1975, documented the disappearances of 39 infants around the times of new male takeovers; she estimates that only half of all langurs survive infancy. While males shift constantly among groups, females usually spend a lifetime in one troop and cooperate in warding off danger.

When a new male ascends to power, pregnant females use deceit in an attempt to save their unborn young from his later attack: they demonstrate estrus behavior to the new leader, presumably to trick him into thinking the future offspring are his. But once the new male shows that he is determined to kill the infants, the mothers abandon their young. Though they could gang up on the male or refuse to copulate with him after infanticide, Hrdy notes, it is always in their individual self-interest to break ranks and accept him. Reason: their own male offspring will eventually benefit from the infanticidal trait.

Hrdy's portrait of the langurs is a far cry from the traditional view of animals as social creatures that act to ensure group survival. But as Lorenz's work was, it is in tune with its times. In stressing chaotic individualism at the expense of the group, *The Langurs of Abu* reads like a jungle version of Tom Wolfe's essay on *The Me Decade*.

Reprinted by permission from TIME, The Weekly Newsmagazine, Copyright Time Inc. 1979.

Chart 30.1 Relationship of Hunting-related Behaviors and Early Human Behavioral Traits

Behavioral Adaptations	Novel Selection Pressures
1. Invasion of savannah habitat	
2. Bipedal posture and locomotion	
3. Tool making and use	Selection for locating and
4. Pursuit of prey animals	capturing large prey:
5. Sexual division of labor (above and beyond child care)	1-2-3-4-5-6-7-13-14
6. Cooperation in hunting and food sharing	Selection for skill in coping with
7. Capture of exceptionally large prey	carnivorous competitors,
8. Highly structured social organization (dominance)	including other men: 3-8-9-10-11-12-13-14
9. Group territoriality, under some circumstances	
10. Possible intense aggression toward strangers	Selection for infant care and
11. Killing of competitors, including members of own species	protection: 5-6-12-13-14-15-16
12. High degree of intelligence	
13. Language	
14. Multiple cultural adaptations	
15. Prolonged maternal care of dependent infant	
16. Prolonged pair bond between mates	

From Alcock, J. *Animal behavior: An evolutionary approach* 1975 (First Ed.) Sinauer. Page 468.

Summary

Behavior, or at least the capacity for behavior, is inherited and evolves and is selected for just as are anatomy and physiology. Behavior occurs as a response to a stimulus and therefore must rely on the sensory, nervous, endocrine, and muscular systems of an animal. Behavior is often divided into innate (instinctive) and learned behavior.

Innate behavior includes taxes (orientation toward a stimulus) and reflexes. Rhythmic behavior occurs without the need for an external stimulus and relies on an internal clock. Taxes together with the possession of an internal clock can in some cases offer an explanation for the ability of animals to return to a former location. Fixed action patterns, which may be a series of reflexes, occur as a response to a sign stimulus and are largely inherited, although they often increase in efficiency after practice has been allowed.

Learned behavior includes imprinting, habituation, conditioned learning, latent learning, and insight learning. The motivation of an animal can cause it to respond to a stimulus, unless, as in the case of humans, it can learn not to respond.

Members of a society communicate and compete with one another. However, the members must overcome aggression enough to be cooperative if they are to survive as a group. Territoriality and dominance are two mechanisms by which aggression is controlled. During courtship, aggression is minimized although aggressive actions are still detectable.

Insects and primates, especially, have well developed societies. Insects have a division of labor and cooperate with one another because to do so increases the fitness of all, even those who do not reproduce. The answer lies in the fact that all siblings have three-fourths of their genes in common. The same explanation holds true for primate societies. Even altruistic acts can be explained by the fact that it increases the inclusive fitness of the individual.

There are many similarities between baboon or chimpanzee behavior and human behavior. This is to be expected since they share a common ancestor. The major ways in which human societal behavior differs from that of other primates can probably be explained by the fact that only humans began to cooperatively hunt large game. Although much of our reproductive behavior is inherited, the majority of our behavior is learned behavior. Therefore it should be possible for us as a society to change our behavioral habits.

Study Questions

1. Describe in general the behavior of army ants, sea gulls, and baboons. (pp. 630–31)
2. Draw a diagram that indicates that behavior is a response to a stimulus. Include in your diagram the internal readiness of the animal. (p. 628)
3. Give several examples of taxes in animals. Include an explanation for migration and homing. (pp. 629, 632)
4. What are the three components of a biological clock system? What might these components be in birds? (p. 632)
5. Define a fixed action pattern. Give several examples, and discuss their improvement with practice. (pp. 633–34)
6. Name four types of learning and give an example of each type. (pp. 636–37)
7. Describe the ringdove reproductive experiment and its significance in regard to motivation. (p. 638)

8. Define a society and name three aspects of behavior that are usually found within a society. (p. 639)
9. Name four common means of communication between members of a society. (pp. 639–44)
10. Give both advantages and disadvantages of aggression. How are these two sometimes balanced within a primate society? (pp. 645–47)
11. Support the theory maintained by sociobiologists that much of human reproductive behavior is inherited. (pp. 647–48)

Further Readings

Alcock, J. 1979. *Animal behavior: An evolutionary approach.* 2d ed. Sunderland, Mass.: Sinauer.

Bentley, D., and Hoy, R. 1974. The neurobiology of cricket song. *Scientific American* 231(2):34.

Bertram, B. C. R. 1975. The social system of lions. *Scientific American* 232(5):54.

Eaton, G. G. 1976. The social order of Japanese Macaques. *Scientific American* 235(4):96.

Eberhard, W. G. 1980. Horned beetles. *Scientific American* 242(5):166.

Eisner, T., and Wilson, E. O., eds. 1975. *Animal behavior.* Readings from *Scientific American.* San Francisco: W. H. Freeman.

Gardner, R. 1972. *The baboon.* New York: Macmillan.

Jolly, A. 1972. *The evolution of primate behavior.* New York: Macmillan.

Lore, R., and Flannelly, K. 1977. Rat societies. *Scientific American* 236(5):106.

Manning, A. 1979. *An introduction to animal behavior.* Paper text ed. Reading, Mass.: Addison-Wesley.

Saunders, D. S. 1976. The biological clock of insects. *Scientific American* 234(2):114.

Topoff, H. R. 1972. The social behavior of army ants. *Scientific American* 227(5):70.

Wiley, R. H. 1978. Lek mating system. *Scientific American* 238(5):114.

Williams, T. C., and Williams, J. M. 1978. Oceanic mass migration of land birds. *Scientific American* 239(4):166.

Wilson, E. O. 1972. Animal communication. *Scientific American* 227(3):52.

Wilson, E. O. 1980. *Sociobiology.* Abridged ed. Cambridge, Mass.: Belknap Press of Harvard University.

31

behavior between species

Chapter Concepts

1. Competition, predation, and symbiotic relationships are common modes of behavior between species.

2. Competition leads to diversity of species because no two species occupy the same niche.

3. Predator and prey coevolve and therefore a predator rarely overkills its prey population. Antipredator defenses are extremely varied.

4. Symbiotic relationships usually require a close relationship between two species that also coevolve. Parasitism helps control the size of the host population while mutualism helps each population increase in size. Commensalism benefits one population without affecting the other.

In the previous chapter we discussed behavior typical of members of the same species; in this chapter we will be discussing interactions between species. These interactions are important to the study of ecology, which is discussed in chapter 32.

Competition

Similar types of species with the same needs are most apt to compete with one another for resources, such as water, food, sunlight, and space. The outcome of competition is often the predominance of one species and the virtual elimination of the other.

A classic example of competition concerns two species of barnacles. Barnacles are attached to rocks in the intertidal zone and an investigator noticed that one species (genus *Chthamalus*) occupied the upper part of the intertidal zone along a Scottish coast, while another species (genus *Balanus*) occupied the lower intertidal zone. It was found that if one species was removed, each species could live in at least a portion of the other's zone (fig. 31.1). Since *Balanus* could occupy almost the entire zone occupied by *Chthamalus*, it must be competition that prevents it from doing so. In some manner, *Chthamalus* is better adapted to the upper intertidal zone than is *Balanus*.

A study of desert ground squirrels also illustrates how many organisms deal with competition. Both the antelope ground squirrel and the Mohave ground squirrel (fig. 31.2) possess similar anatomical and physiological adaptations that allow them to cope with high temperatures and lack of water. Even so, their behavior is extremely different. The antelope ground squirrel is active the entire year, but the Mohave ground squirrel emerges from its burrow only during the months of March through August when desert vegetation is at its annual peak. It reproduces and fattens and then returns to its burrow, where it is dormant for the rest of the year. Both squirrels eat seeds as a source of water, but the antelope ground squirrel also eats insects and other animals. This adaptation has not been observed in the Mohave ground squirrel. Perhaps this explains why the Mohave ground squirrel is dormant when the desert is driest. It is clear that the antelope ground squirrel is the better competitor because it is found throughout the southwest, while the Mohave ground squirrel is found only in one corner of the Mohave Desert. It is unclear at this time whether the Mohave ground squirrel will become extinct or not. Perhaps its extended dormancy is an adaptation that permits it to coexist with the antelope ground squirrel.

Human Intervention

The fact that successful competition can cause one species to increase in size at the expense of another has been inadvertently demonstrated by human intervention. The carp is a fish imported from the Orient that is able to tolerate polluted water. Therefore, this fish is now often more prevalent than our own native fishes. An ornamental tree, the melaleuca, was introduced into Florida and has now invaded the Everglades, where it is drying up the cypress swamps and preventing natural vegetation from surviving. The burro (fig. 31.3), which originated in Ethiopia and Somalia and is adapted to a dry environment, is now threatening the existence of deer, pronghorn antelope, and desert bighorn sheep in the Grand Canyon.

Figure 31.1
Competition prevents two species of barnacles from occupying as much of the intertidal zone as possible. The darkly colored area indicates the area of competition between *Chthamalus* and *Balanus*.

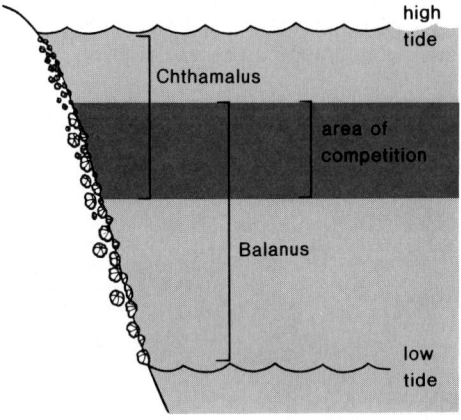

Figure 31.2

a. Activity of the antelope ground squirrel on a typical summer day. The squirrel emerges from its burrow. Then it suns and grooms itself. If the squirrel's body temperature rises too high, it retreats to a special burrow to cool off. b. In the early afternoon, it stays in the shade and feeds on insects, seeds, and dead animals. The squirrel returns to its burrow at night.

Figure 31.3

Burros in the Grand Canyon are protected and with an increase in their numbers, they have begun to cause great devastation.

c. Activity of the Mohave ground squirrel during six months of the year. The squirrel emerges from its burrow in March and the young are born in April. d. From May through July it fattens on desert vegetation. In August it again burrows underground where it remains until the following March.

Chart 31.1 Aspects of Niche

Plants	Animals
Season of year for growth and reproduction	Time of day for feeding and season of year for reproduction
Sunlight, water, soil requirements	Habitat requirements
Contribution to ecosystem	Food requirements
Competition and cooperation with other organisms	Competition and cooperation with other organisms
Effect on abiotic environment	Effect on abiotic environment

Exclusion Principle

The fact that one species can cause another to become extinct has been demonstrated in the laboratory. For example, species X and Y both vie for the same resource when grown together in the same container and eventually one will replace the other entirely. Which population is successful depends on the environmental conditions. In figure 31.4a, the environmental conditions are favorable to X, while in figure 31.4b, the environmental conditions are favorable to Y.

Such experiments have led biologists to formulate and support a **competitive exclusion principle,** which states that no two species can occupy the same niche at the same time. **Niche** is the term that is used to refer to the role a species plays in a community of organisms (this is discussed in the next chapter). To describe a species' niche it is necessary to state all the requirements and activities of the species. Chart 31.1 lists factors to be included when describing the niche of a particular plant or animal species. Some investigators have suggested that it is possible to represent a niche as a many-sided figure occupying three-dimensional space (fig. 31.5).

Figure 31.4
Species X and Y are placed in the same environments and in one experiment represented by graph (*a*), X survives and Y becomes extinct; in another experiment represented by graph (*b*), Y survives and X becomes extinct.

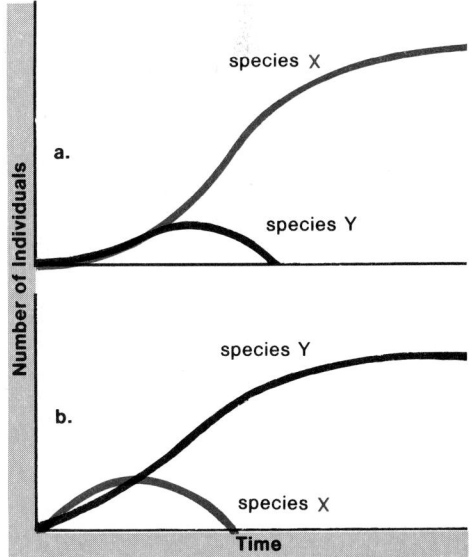

Figure 31.5
As shown here, a niche may be represented by a hypervolume. There is competition if the hypervolumes of two species overlap. The amount of overlap is shown in color.

Sunlight
species 2
species 1
species 1
species 2
Temperature (°C)
Humidity (%)

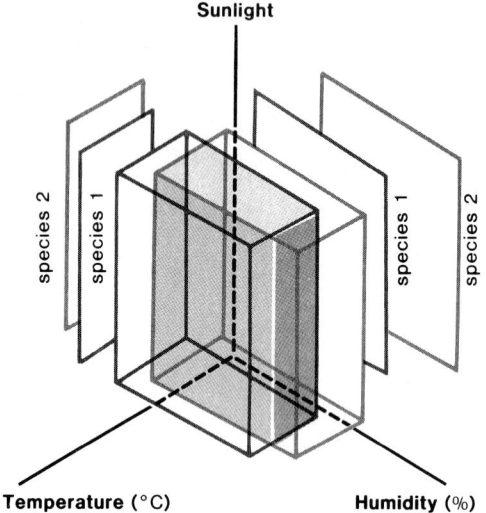

Figure 31.6
All of these monkeys can coexist in a tropical rain forest because they fill different niches. Each prefers to live at a different height above ground and each feeds on slightly different foods.

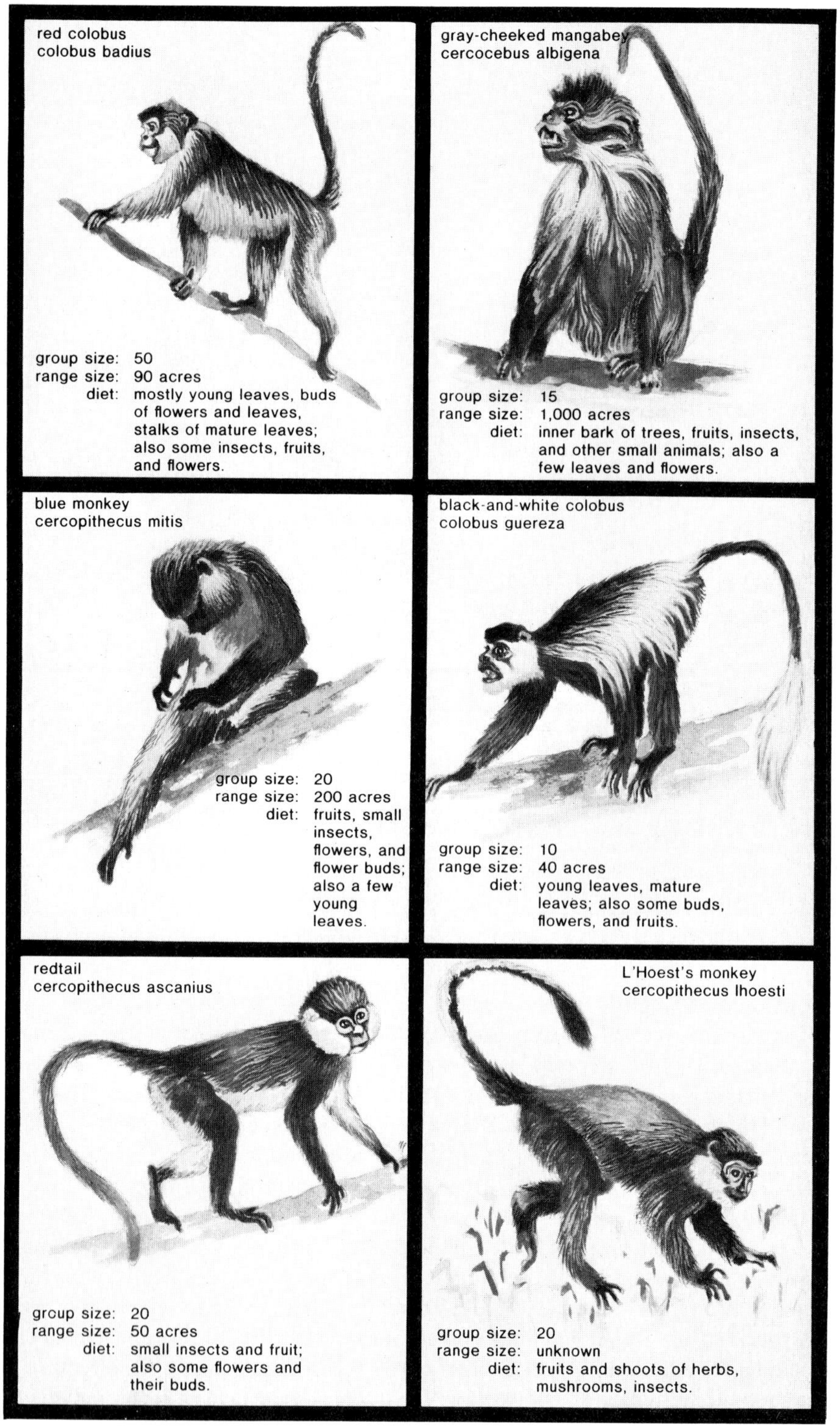

red colobus
colobus badius
group size: 50
range size: 90 acres
diet: mostly young leaves, buds of flowers and leaves, stalks of mature leaves; also some insects, fruits, and flowers.
gray-cheeked mangabey
cercocebus albigena
group size: 15
range size: 1,000 acres
diet: inner bark of trees, fruits, insects, and other small animals; also a few leaves and flowers.
blue monkey
cercopithecus mitis
group size: 20
range size: 200 acres
diet: fruits, small insects, flowers, and flower buds; also a few young leaves.
black-and-white colobus
colobus guereza
group size: 10
range size: 40 acres
diet: young leaves, mature leaves; also some buds, flowers, and fruits.
redtail
cercopithecus ascanius
group size: 20
range size: 50 acres
diet: small insects and fruit; also some flowers and their buds.
L'Hoest's monkey
cercopithecus lhoesti
group size: 20
range size: unknown
diet: fruits and shoots of herbs, mushrooms, insects.

Diversity

Competition leads to diversity of species because similar species will evolve to fill different niches. While it may seem as if several species living in the same area are occupying the same niche, it is usually possible to find slight differences. For example, the six species of monkeys in figure 31.6 have no difficulty living in close proximity because they have different, although sometimes overlapping, habitats and food requirements.

Predation

The ways in which predators are adapted to capturing prey and the ways in which prey are adapted to escaping predators are extremely diverse. Some predators are generalists and attack many different types of prey, while others are specialists, attacking only a few types of prey. Among predatory animals, in particular the specialists, evolution tends to favor those predators most capable of capturing prey. This also holds true for prey that are most successful escaping predators. In this manner, predators and prey **coevolve,** as observed with both herbivores, animals that feed on plants, and carnivores, animals that feed on other animals.

Herbivores

The grassland of all continents support populations of **grazers** that feed on grasses and **browsers** that feed on shrubs and trees. Acacia trees and shrubs occur in tropical and subtropical regions. In Africa and tropical America, where there are browsers, the acacia species are protected by thorns that are often highly developed. Still the browsers (fig. 31.7) are adapted to feed on these plants. In Australia, where there are no natural browsers, most of the species of acacia lack thorns entirely.

The most important terrestrial herbivores are the insects, which have evolved efficient and diverse means of eating plants. In return, plants have evolved mechanisms to discourage predation, such as the sharp spines of the cactus, the pointed leaves of holly, and the tough and leathery leaves of oak trees. Above all, plants produce chemicals called **toxins** that interfere with the normal metabolism of the adult insect (chart 31.2) and hormone analogues

Figure 31.7
A gerenuk feeding on acacia.

Chart 31.2 Some Poisonous Green Plants

Plant	Toxin(s)	Effect(s)
	Alkaloids	
Poison hemlock (*Conium maculatum*)	Atropine*	
Jimson weed (*Datura stramonium*)	Scopolamine*	Hallucinations; paralysis; asphyxiation
Deadly nightshade (*Atropa belladonna*)	Hyoscyamine*	
	Glycosides	
Milkweed (*Asclepias* Curassavica)	Calactin	
Foxglove (*Digitalis purpurea*)	Digitoxin	Convulsions; unconsciousness
Oleander (*Nerium oleander*)	Oleandrin	
Wild cherry (leaves and seeds) (*Prunus*)	Glycoside (that produces	Poisons cell respiration
Manioc or Cassava (*Manihot esculenta*)	hydrocyanic acid (HCN)	
Rhubarb (leaves) (*Rheum rhaponticum*)	Oxalic acid	Vomiting; diarrhea; blocks kidney tubules

*These toxins, in controlled dosages, have important medical uses.

From *Contemporary Biology*, Second Edition, by Mary E. Clark. Copyright © 1979 by W. B. Saunders Company. Copyright © 1973 by W. B. Saunders Company. Reprinted by permission of Holt, Rinehart and Winston.

Figure 31.8
Birds of prey are solitary hunters.

that interfere with the development of insect larvae. Some insects can still inhabit trees that produce toxins because the insects have evolved detoxifying enzymes or a method of holding the toxin within their bodies so that it is not harmful to them.

Carnivores

Some carnivores, such as birds of prey (fig. 31.8), go out alone and seek their prey. While most birds of prey are specialized for hunting, seizing, and killing small terrestrial animals, some, like the osprey, are specialized for fishing. Instead of seeking prey, some solitary predators lie in wait. The octopus hides within a protective shelter until an unsuspecting prey, such as a crab, should happen by. The octopus then quickly catches the prey with its arms and carries it home to be poisoned and eaten. Sperm whales probably lie suspended and hidden within the darkness of the ocean's depth but are ever ready to dart and snap at luminescent shoals of shrimp.

Figure 31.9
Lions are social animals and share their kill with others.

Predators, such as lions and wolves, prey on animals larger than themselves and therefore they often hunt their prey as a group. Lions typically prey on animals that have been separated from their herd. Although only a small number of lions participate in the kill, the food is shared with the rest of the pride (fig. 31.9).

Control of Prey Population Size

A carnivore helps control the size of its prey population (all the members of a species that live in one area). At first, biologists expected an oscillation in size of the predator and prey populations, as illustrated in figure 31.10. Oscillations were expected because it was reasoned that as the number of prey increased, predation would also increase until finally the prey population would suffer a decline. This would be followed by a reduction in the number of predators until the prey population would eventually begin to recover. Then the cycle would begin again. Rarely are such oscillations observed, however. Therefore, it is believed that factors other than predation may cause the oscillations observed in figure 31.10. For example, the prey population may have been reduced because of some nonbiological reason, such as the weather, and this, in turn, may have led to a decline in the predator population.

Figure 31.10

What causes the cycles shown here? As the lynx increased in number (black), did it overkill the hare (color) or were other factors involved? Changes in the abundance of lynx and snowshoe hare were determined from the number of pelts received by the Hudson's Bay Company.

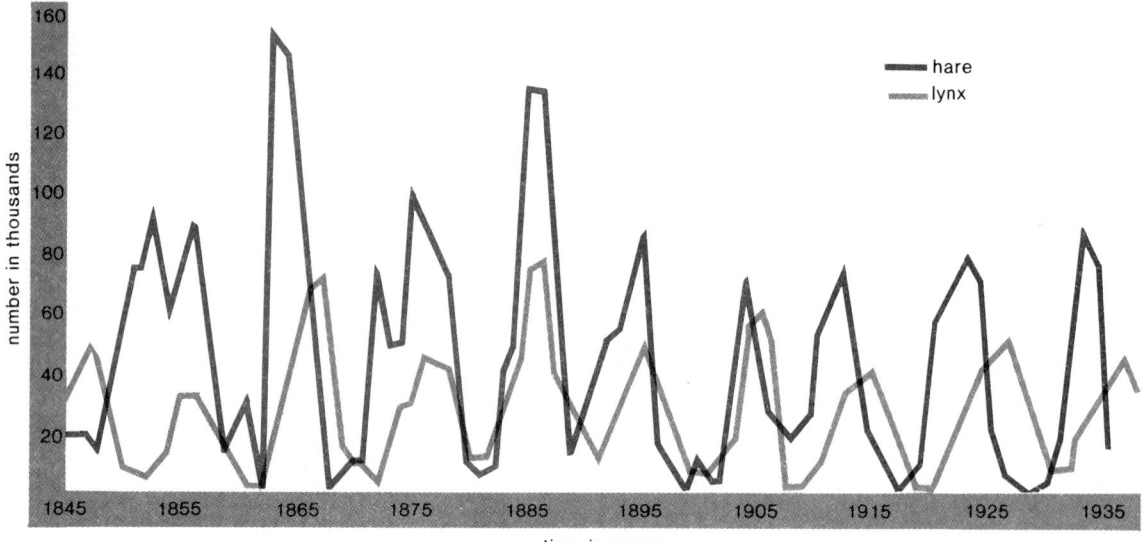

Usually predators do not overkill the prey population. For example, on Isle Royale, an island in Lake Superior, a population of about one thousand moose has coexisted with a population of about twenty four wolves year after year since 1948. Biologists who have studied this phenomenon tell us that the wolves are able to capture only the old, sick, or very young animals. The inability of the wolves to capture more moose keeps the wolf population in check.

Often predators even have a beneficial effect on the prey population. In 1930, before there were wolves in Isle Royale, the moose overpopulated, overate their food sources, and subsequently suffered a sharp decline in population. Once the vegetation recovered, the moose population again grew to the point of overexploitation and suffered another decline in the 1940s. The chance introduction of wolves has kept the moose population stable ever since.

Sometimes humans have neglected to take into consideration that predators help keep prey populations in check. For example, in the past coyotes have been indiscriminately killed off in the west without regard to the fact that they help keep the prairie dog population under control. Similarly, when the dingo, a wild dog in Australia, was killed off because it attacked sheep, the rabbit and wallaby populations greatly increased. In contrast, humans formerly kept the burro population in the Grand Canyon within reasonable limits by killing them for meat. However, since a federal law was passed in 1971 forbidding the killing of burros, their numbers have increased until they are now considered destructive pests.

Whenever predator and prey are coadapted, each population is maintained at proper levels, as can be shown by a laboratory experiment involving two protozoans, *Didinium* and *Paramecium*. Didinia prey on paramecia, and if the paramecia are denied a place to hide, the didinia capture all the paramecia and then they both die out (fig. 31.11). But if debris is provided so that the paramecia can hide, each population remains at a fairly constant level.

Figure 31.11
Scanning electron micrographs of (*a*) *Didinium* (below) stalking *Paramecium* (above) and (*b*) *Didinium* engulfing *Paramecium*. c. In an experimental situation a predatory population of *Didinia* will sometimes kill off all the *Paramecium* prey population and then die off themselves.

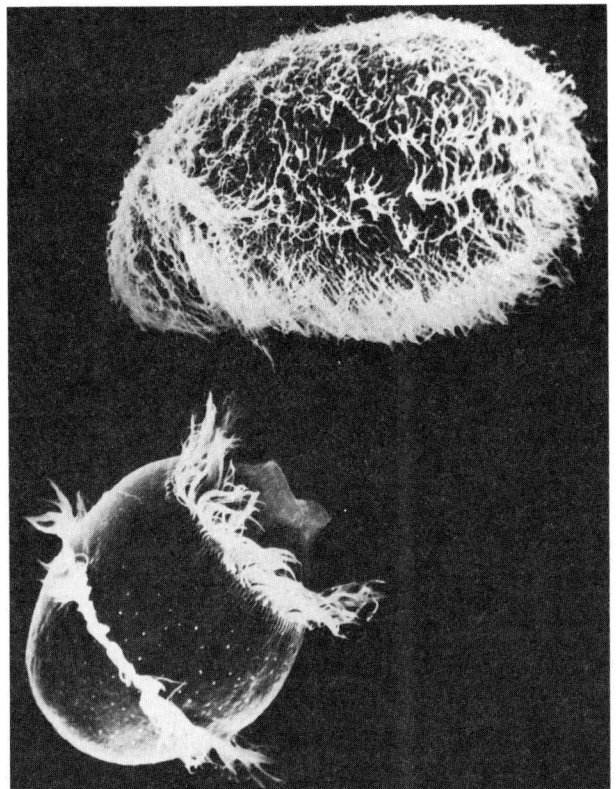

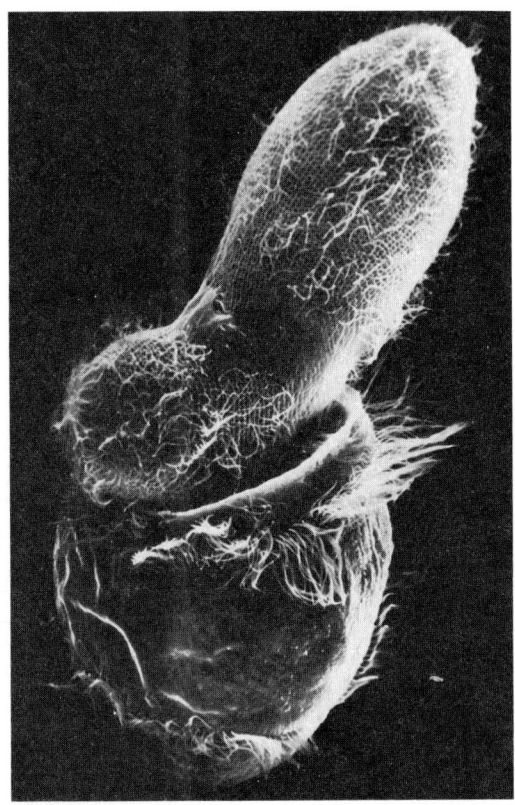

a.

b.

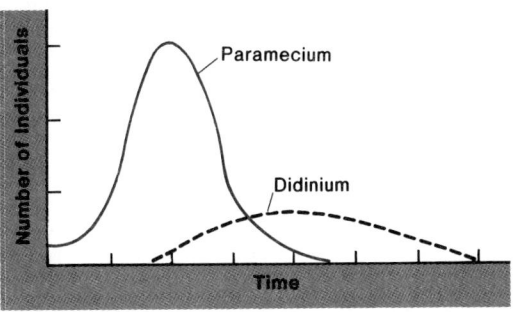

c.

Prey Defenses

Prey defenses are varied (chart 31.3). Some prey hide from predators by resembling an inedible object, such as a twig (fig. 31.12), rock, or the background. Decorator crabs camouflage themselves by gathering pieces of algae, hydroids, and sponges, which they attach to hook-shaped setae on their shells (fig. 31.12*b*).

If discovered, some prey may try to disorientate the predator by a sudden movement. Some moths even flash spots that resemble eyes in order to startle the predator (fig. 31.13*a*). The bombardier beetle sprays its assailant with an irritating chemical (fig. 31.13*b*). Mice have learned, however, to grab the beetle and stick it in the ground head up so that it cannot spray the irritant. Then the beetle is eaten.

Chart 31.3 Antipredator Adaptations

Name	General Behavior	Example
Sensory methods	Cryptic coloration and behavior	Blending in with the background
	Startle display	Sudden unexpected noise or visual effect
	Distraction display	Pretending injury
	Death display	Playing dead
Vigilant method	Detection of predator	Alerting others by alarm calling
Escape behavior	Evasion	Running away
Repellent behavior	Having a chemical or mechanical defense	Injuring predator
	Resembling animals that have a chemical or mechanical defense	Mimicry

Figure 31.12
Some prey use disguises to avoid predators, such as the stick caterpillar (*a*), which looks like a twig and the decorator crab (*b*), which covers itself with debris.

a.

b.

a.

Figure 31.13
The defenses of prey are varied. a. Moths that appear to have eyes on their wings can startle their would-be predators. b. A bombardier beetle responds to an attacking ant by squirting it with an irritating liquid.

b.

Other prey, such as the opossum, play dead. Most likely this behavior removes the social releaser that prompts attack. In contrast, lizards and snakes may offer their tail to the predator because its removal does them no harm. They can regrow a new tail.

Flocks of birds, schools of fish, and herds of mammals stick together as protection against predators. Grazing herbivores are constantly on the alert; if one begins to dart away, they all run. Baboons, who detect predators visually, and antelope, who detect predators by smell, sometimes forage together, providing double protection against stealthy predators. Musk oxen males form a circle to protect the females and offspring within (fig. 31.14). This defense is effective against wolves but has also made it easier for humans to shoot and kill the oxen, which are now almost extinct.

One very unusual possible defense is discussed in the reading on cicadas (p. 666). It's believed that the life cycle of these animals protects them from predators. They emerge only every thirteen to seventeen years and thus far a predator adapted to their life cycle has not evolved.

Mimicry

The fact that one species resembles another species that possesses an overt antipredator defense is called **mimicry.** An animal that is capable of actively repelling predators is often brightly colored or conspicuous in some other way. This is a form of advertisement that tells would-be predators that they had better keep their distance. Predators tend to avoid these animals; therefore, their mimics are protected as if they too possessed the defense.

Figure 31.15
The viceroy butterfly (top) mimics the
monarch butterfly (bottom).

The monarch butterfly (fig. 31.15) is brightly colored and, if eaten by a bird, sometimes causes the bird to vomit a short time later. This occurs because monarch butterflies feed on milkweeds, which contain poisonous, digitalislike compounds (chart 31.2) that make the bird sick. The butterfly larvae are able to collect and store this toxin without enzymatically destroying it. Birds that have had the experience of eating a poisonous monarch butterfly avoid all monarch butterflies in the future.

The viceroy butterfly (fig. 31.15) mimics the monarch butterfly but is not toxic. Birds eagerly eat viceroy butterflies unless they have had previous experience with a poisonous monarch. Then because the butterflies closely resemble each other, birds avoid both types of butterflies. The queen butterfly also mimics the monarch, but it too is poisonous.

A mimic that lacks the defense of the organism it resembles is called a **Batesian mimic;** the viceroy butterfly is a Batesian mimic of the monarch. A mimic that also possesses the same defense is called a **Müllerian mimic;** the queen butterfly is a Müllerian mimic of the monarch butterfly.

Since the monarch, viceroy and queen butterflies look so much alike, it is expected that each would have a complex courting ritual involving precise pheromones, which would allow the butterflies to recognize members of their own species. The courtship behavior of the queen butterfly has been studied and it includes a series of courtship actions plus several different pheromones.

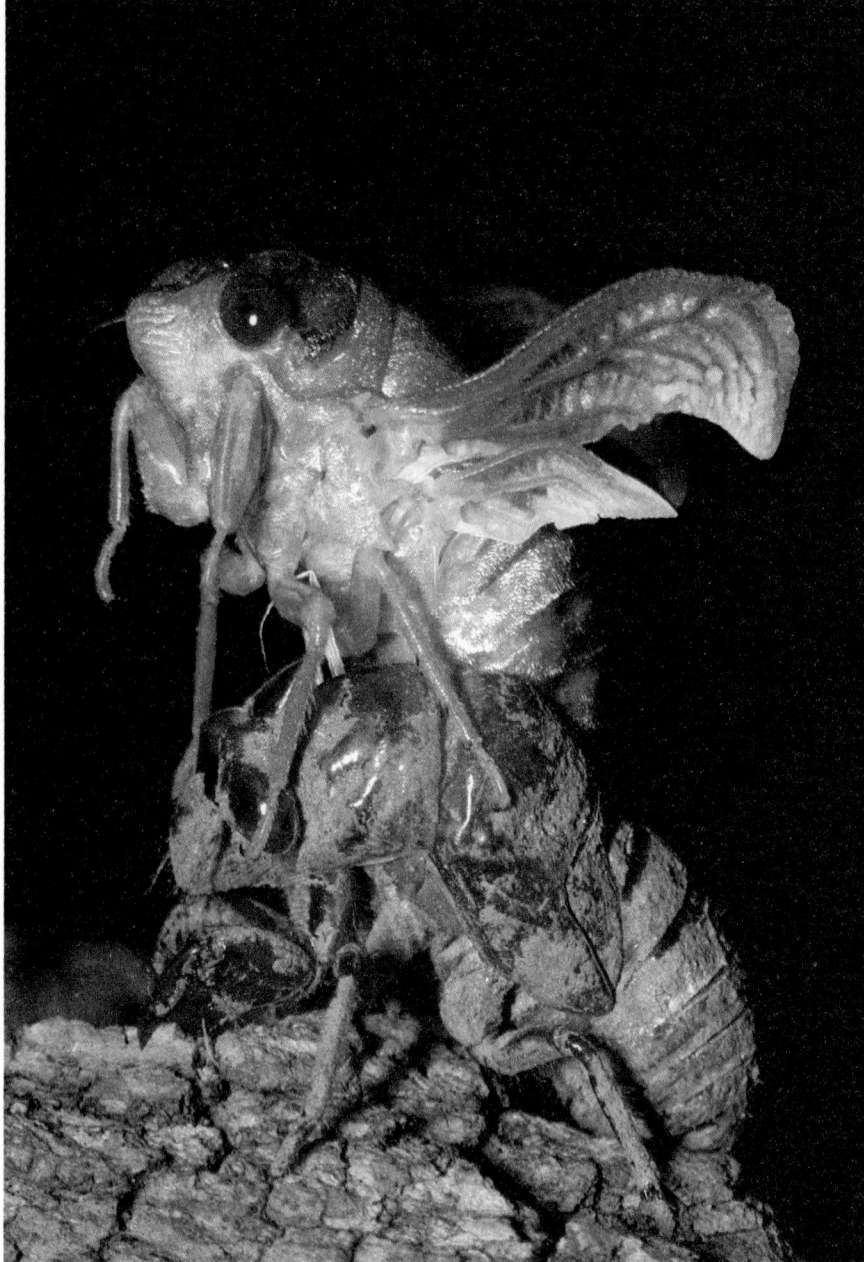

A cicada sheds its skin for the last time.

Wedding Whirs

Already, from the Carolinas to New York, little holes are appearing in lawns and backyards, hillsides and woodlands. Any evening now, out will pop millions of dark little bugs. They will scamper up almost any upright object—trees, poles, buildings—and soon strike up a joyous racket, marking nuptial rites after being buried alive for 17 years.

They are periodical cicadas (pronounced sih-*kay*-duhs), the world's longest-lived insects. Despite a locust-like appearance, they neither bite nor sting nor devastate vegetation. Entomologists currently count 19 separate "broods," which appear at various times in different parts of the country, some once every 13 years. But all follow roughly the same miraculous life cycle. Growing through five skin-shedding molts and sucking nourishing juices from roots, they emerge with uncanny precision, triggered by some still mysterious internal clock.

In the open, they shed their dry, yellowish skins for the last time. Soon the males strike up their cacophony of ticking, buzzing and shrill whirring sounds. It is all music to the females, who slit open tree bark after they have been impregnated and store their fertilized eggs there. A few weeks later, both parents die. But cicada life goes on as the eggs hatch. The newborn nymphs drop to the ground, burrow, and the age-old cycle starts anew.

Baffled scientists are still unsure why the cicadas behave as they do, but suspect that it may all be a defense against predators like birds. As Entomologist Chris Simon of the State University of New York at Stony Brook writes in *Natural History,* when the cicadas finally emerge, it is in the shadows of dusk. They also gain protection from their monstrous numbers—as many as 1.5 million per acre. Finally, since they appear only once every 13 or 17 years, nature may have endowed them with an unlikely mathematical defense. These are prime numbers, divisible only by themselves, and so parasites would have to live at least as long—a half or a quarter would be improbable—to partake in a 17-year feast.

Reprinted by permission from TIME, The Weekly Newsmagazine; Copyright Time Inc. 1979.

Symbiosis

Symbiotic relationships (chart 31.4) are close relationships between two different species. Here, too, coevolution occurs and the species are closely adapted to one another. The first relationship to be discussed, parasitism, benefits the parasite but harms the host. The next two relationships, commensalism (one species benefits, the other is unaffected) and mutualism (both species benefit), are cooperative relationships.

Parasitism

Parasitism is similar to predation in that the **parasite** derives nourishment from the **host**. Usually, however, the host is larger than the parasite and the parasite does not kill the host. While viruses are the only obligate parasites (p. 495), there are also parasites among bacteria, protista, plants, and animals. Parasites are closely adapted to their host and infect only certain closely related species. Some of the viral infections of humans are listed in chart 12.3 and some of the bacterial infections are listed in chart 12.4. Malaria is a well-known protozoan infection (fig. 25.21) and athlete's foot is a well-known fungal infection of humans (fig. 25.15). Tapeworms and flukes illustrate typical life cycles of parasitic worms (p. 560).

Just as predators can dramatically reduce the size of a prey population (fig. 31.11) that lacks a suitable defense, so parasites can reduce the size of a host population that lacks a defense. Many thousands of elm trees have died off in this country due to the inadvertent introduction of Dutch elm disease. Figure 31.16 shows a tree-lined street before and after the elms contracted this disease, which is caused by a parasitic fungus. A new method of treating Dutch elm disease that utilizes competing bacteria is discussed in the reading on page 668. The bacteria compete with the fungi by producing a fungus-killing antibiotic and thereby save the tree from destruction. The reading also discusses the life cycle of the fungal parasite that utilizes the bark beetle for dispersal. Thus one means of controlling the fungal infection of trees is to control the bark beetle population.

Many other parasites also use a secondary host for dispersal. For example, tapeworms utilize cattle or pigs (p. 560) and flukes require snails and sometimes fish (p. 561). When one studies the anatomy and life style of these animals it seems as if they have traded an active predatory life for an inactive secure life. Chart 31.5 contrasts certain features of the animal predator with the animal parasite.

Chart 31.4 Symbiosis

	Species 1	Species 2
Parasitism	+	−
Commensalism	+	0
Mutualism	+	+

Key: + = benefits
 − = harmed
 0 = no effect

Figure 31.16
The devastating effect of Dutch elm disease is depicted by these photos. a. Elm-lined Gillet Avenue in Waukegan, Illinois, as it appeared before attack. b. Gillet Avenue after the elms were destroyed by the parasitic fungus.

a.

b.

Chart 31.5 Predator versus Parasite

Predator	Parasite
Well-developed nervous system	Reduced nervous system
Sense organs, such as eyes	Sense organs, such as touch
Fast moving, with protective devices	Locomotion limited
Well-developed muscles	Minimal muscle fibers
Efficient circulatory system	Reduced circulatory system
Protection of offspring	Complicated life cycle

Scientists are studying bark beetles to determine how to prevent the spread of Dutch elm disease.

Save the Elms

Like the tiny mouse in the fable who saved the mighty lion from a net trap, so a lowly bacterium may come to the rescue of the stately American elm tree. During the past 60 years Dutch elm disease has ravaged the foliage of many U.S. cities, and disease-resistant varieties of elm are being sought to replace the fallen trees. But millions of elm trees still shade our cities, and scientists remain hopeful that we can save many of those beautiful old trees.

A promising discovery in the search for a defense against Dutch elm disease centers on a bacterium normally found on leaves of wheat, barley and oats. This microorganism can defeat the fungus responsible for Dutch elm disease and thereby may both prevent the disease in healthy trees and in those trees already infected.

"We need to find an organism that could be put in a tree and allowed to colonize it and change the microflora of the tree," explains Gary Strobel, a plant pathologist at Montana State University. Although not many organisms can kill fungi, one group of plant-associated bacteria were known to be antagonistic, Strobel says. He

Figure 31.17
Hookworm: (*a*) female, (*b*) male, (*c*) frontal view of head showing cutting plates.

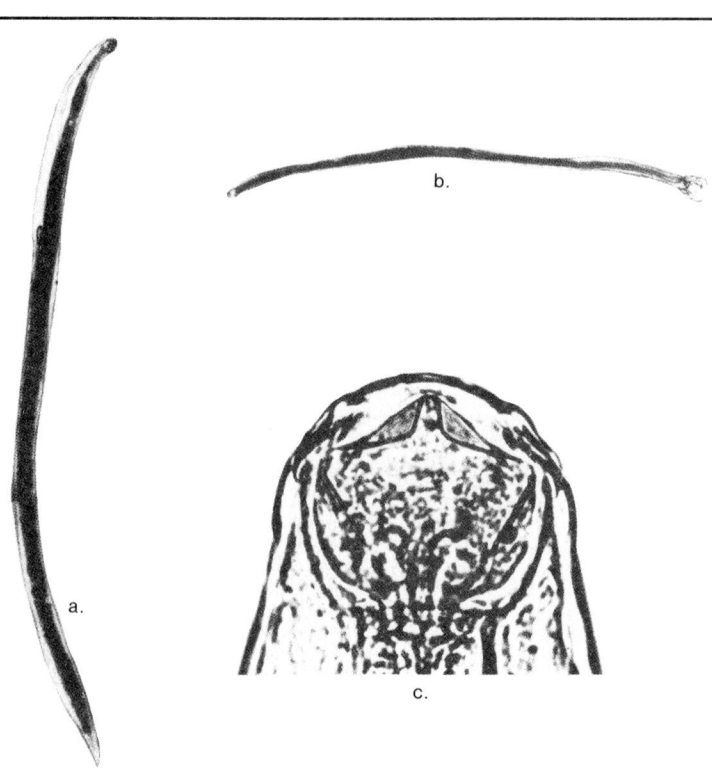

and Don F. Myers screened a large number of those bacteria—called pseudomonads—in the search for a strong opponent to the Dutch elm disease fungus. They found several worthy antagonists, which produce fungus-killing antibiotics when grown on an extract of elm.

Once the biologists found bacteria that oppose the fungus in laboratory dishes, they moved on to greenhouse-grown trees and found that the bacteria, after being injected, take up residence in the trees without doing any damage. The bacteria are still residing in the trees three seasons later.

But many things that work in the greenhouse do not work in free-living trees, Strobel cautions. So the next step was to take the bacteria out to the field—the streets, parks and forests. Across the country a thousand trees—some free of Dutch elm disease and some already infected with the fungus—are being treated experimentally with the bacteria.

Preliminary data on thirty infected trees injected with bacteria last season are encouraging, Strobel says. In 70 percent of the trees treated, the progress of Dutch elm disease was halted. But in each untreated control tree the disease spread unrelentingly.

The fungus (*Ceratocystis ulmi*) does its damage by triggering an elm's antitoxin response, which blocks water movement in the vascular system and eventually kills the tree. The bacteria seem to work therapeutically by halting the spread of fungus and allowing the tree to grow around its wound. "The elm in most cases is given a chance to outgrow the fungus," Strobel says.

Marketing of the bacteria is already being considered by the Ortho garden products company, according to Strobel. Bacteria grown in large vats would be freeze-dried, and the customer would add water before injecting the bacteria into a tree.

An advantage over fungicides now in use would be that one injection might protect indefinitely. Repeated injections which are necessary with the benamyl salt derivatives now used, weaken a tree. In addition, current fungicides can only limit fungus growth; they do not kill the fungus when used at a concentration safe for the tree.

Bark beetles are the target of other elm protection research. The pinhead-size beetles, *Scolytus multistriatus*, carry the fungus from tree to tree. Massive use of DDT to kill the beetles was an early form of protection, but it had adverse effects on the bird populations. A less hazardous

insecticide, methoxychlor, is currently in use but more subtle weapons against the beetles are now being sought, such as use of synthetic sex attractants.

Courtship behavior of the beetles has been recorded extensively by University of California entomologist Pavel Svihra and photographer Jack Kelly Clark, who have observed 200 samples of beetle breeding. In half the cases the male courted a female ensconced in a feeding cavity dug into the crotch of an elm twig. In the other cases the female courted a male who was in the cavity, pushing him out and taking his place before they mate.

Previously scientists believed that bark beetle copulation occurs only in dead elm wood, where females excavate egg galleries. Svihra and Clark, however, now have shown that beetle mating is also associated with feeding in living elm tissue. They say, "These observations may influence further studies to identify the chemical messages used by *S. multistriatus* in feeding, mating and egg-laying and may lead to new control strategies."

The hookworm, which is judged to be the most important parasitic worm, does not require a secondary host. In the New World hookworm (fig. 31.17), the males are from 5 to 9 mm in length and the females are usually about 1 cm long. The head is sharply bent in relation to the rest of the body, accounting for its characteristic hooklike appearance. Adult hookworms attach themselves to the intestinal wall (fig. 31.18), their host and the eggs pass out with the feces. When deposited on moist, sandy soil, the larvae develop and hatch within twenty-four to forty-eight hours. After a period of growth and development, the worms then extend their bodies into the air and remain waving about in this position until they come into contact with the skin of a suitable host, such as a human. Penetration usually occurs through the feet. Once in the blood vessels, the worms are passively carried to the lungs where they invade the alveoli. From the lungs, the larvae migrate up the trachea to be swallowed and passed along to the small intestine where they mature. They attach to the intestinal wall by means of their stout mouth parts and suck blood and tissue juices from the host. Symptoms of hookworm infection include abdominal pains, nausea, diarrhea, and finally iron deficiency anemia.

Social Parasitism

Social parasitism occurs when one species exploits another species. For example, the cuckoo lays eggs in nests of songbirds and the newly hatched cuckoo ejects its nestmates so that the songbird parents attend only to it. Slave-making amazon ants of the species *Polyergus rufescens* raid the ant

Figure 31.18
Longitudinal section through hookworm attached to intestinal wall.

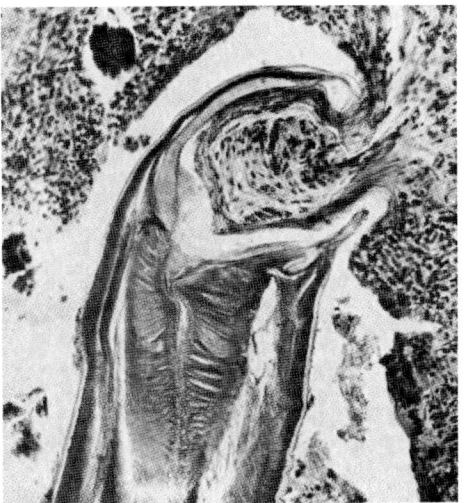

Figure 31.19
Slave-making Amazon ants (light color)
invade the colony of a slave species (dark
color) in order to carry off cocoons. When
ants emerge from the cocoons, they serve
as slaves.

colonies of a slave species *Formica fusca*(fig. 31.19). They destroy any re-
sisting defenders with their mandibles, which are shaped like miniature sabers.
Polyergus ants are so specialized that they can only groom themselves. In
order to eat, they must beg slave workers for food. The slave workers not only
provide food for the slave-making ants but also care for the eggs, larvae, and
pupae of their captors.

Commensalism

In a **commensal** relationship, only one species benefits while the other is neither
benefited nor harmed. Often the host species provides a home and/or transportation for the benefited species. Barnacles, which attach themselves to the
backs of whales and the shells of horseshoe crabs, are provided with both a
home and transportation. Remoras are fish that attach themselves to the
bellies of sharks (fig. 31.20) by means of a modified dorsal fin that acts as a
suction cup. The remoras obtain a free ride and also feed on the remains of
the shark's prey. Epiphytes, such as orchids, grow in the branches of trees
where they can receive light, but they take no nourishment from the trees;
instead, their roots obtain nutrients and water from the air. Clownfish (fig.
31.21) live within the tentacles and gut of a sea anemone and thereby are
protected from predators. Perhaps this relationship is one that borders on
mutualism since the clownfish may attract other fish on which the anemone
can live. The sea anemone's tentacles quickly paralyze and seize other fish as
prey.

Mutualism

Mutualism is a symbiotic relationship in which both members of the association benefit. Mutualistic relationships often help organisms obtain food or
avoid predation.

Bacteria that reside in the human intestinal tract are provided with food,
but they also provide us with vitamins, molecules we are unable to synthesize
for ourselves. Termites would not even be able to digest wood if it were not
for the protozoans that inhabit their intestinal tract. These organisms digest
cellulose, which termites cannot.

Figure 31.20
Shark suckers (*Remora*) do not feed on shark; rather they feed on leftovers from the shark's meal.

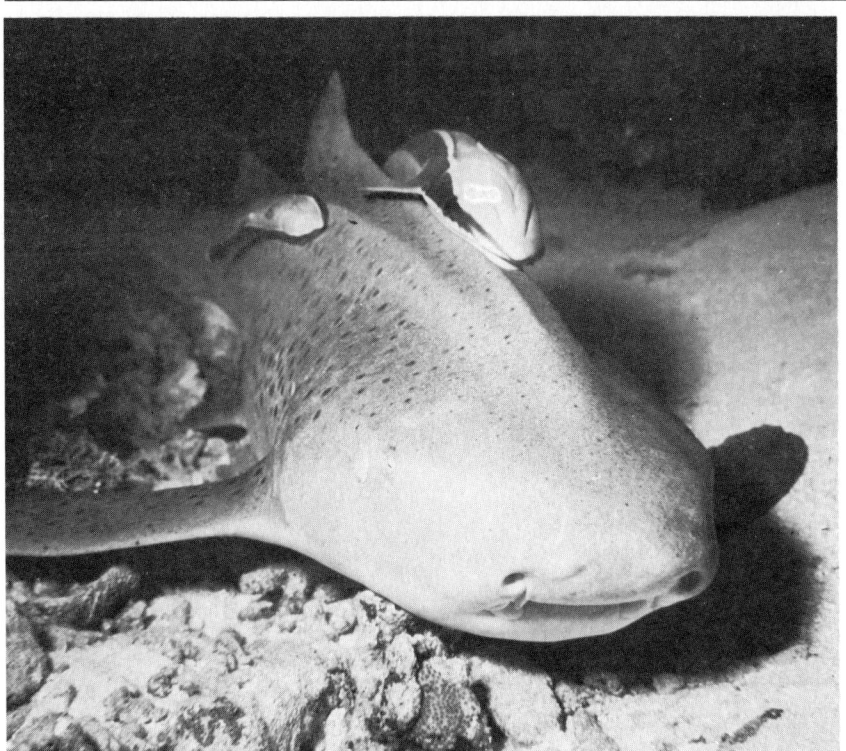

Figure 31.21
Clownfish often live among a sea anemone's tentacles and yet are not seized and eaten as prey.

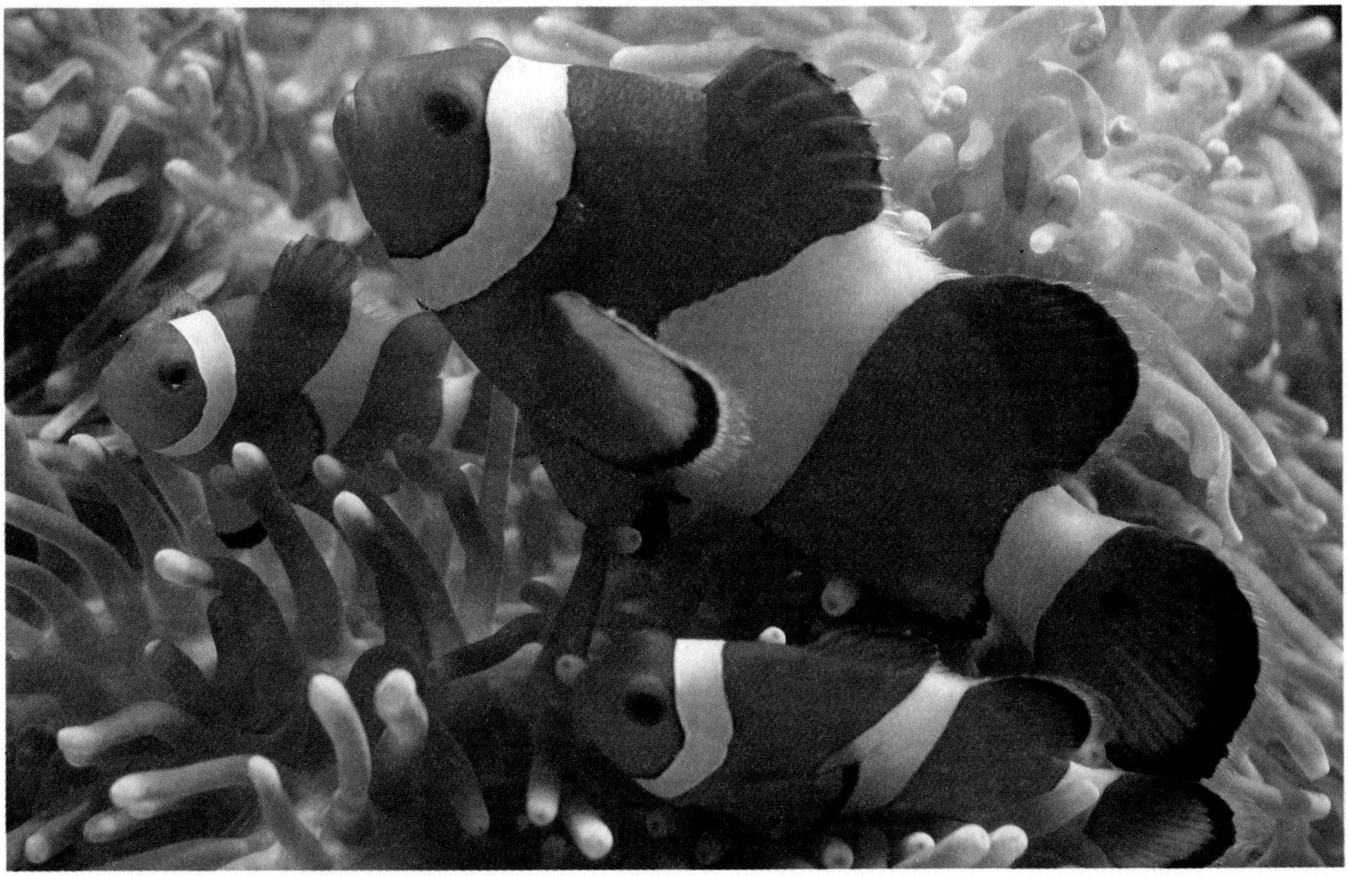

Figure 31.22

a. Diagram of a lichen, which is made up of two types of organisms; algal cells, often blue-green algae, are represented by circles and the fungus is represented by filaments. b. Photograph of a lichen.

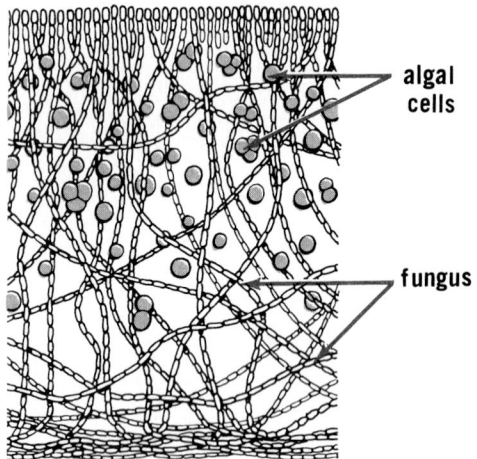

algal cells

fungus

a.

b.

Figure 31.23

Organisms are adapted to their way of life, such as the hummingbird, whose long bill allows it to collect the nectar of flowers.

Algae, usually blue-green, and fungi live together as lichens (fig. 31.22). **Lichens,** but not algae, can grow on rocks most likely because the fungi provide moisture and dissolve minerals from the rock. The algae carry on photosynthesis and return carbohydrates to the fungi. **Mycorrhizae** (p. 510) are symbiotic associations between the roots of plants and fungal hyphae. It is now believed that the roots of most plants form these relationships. Mycorrhizal hyphae, which often penetrate the root but may lie just outside the root, increase the solubility of minerals in the soil, improve the uptake of nutrients for the plant, protect the plant's roots against pathogens, and produce plant growth hormones. In return, the fungus obtains carbohydrates from the plant.

Flowers and their pollinators have coevolved since flowering plants first appeared. For this reason, flowers that attract bees or birds are brightly colored and flowers that attract beetles or bats have strong scents. Sometimes the nectaries, which produce a sugar solution, are located at the base of a tubular

Figure 31.24
A unique mutualistic relationship. a. The orchid resembles a female bee, so that
the male bee attempts to copulate with it. b. Enlargement of orchid and bee.

a.   b.

Figure 31.25
Leaf cutter ants cut up leaves and use the
pieces to feed fungi in their fungal gardens
seen in foreground.

corolla so that they are accessible only to the moth or bird that has evolved
a long sucking tongue, such as the hummingbird (fig. 31.23). Flowers that
attract bees have a landing platform and a structure that requires the bee to
brush up against the anther and stigma as it moves toward the nectaries. One
orchid has evolved a unique adaptation: the flower resembles a female bee and
when the male attempts to copulate with it (fig. 31.24), it receives pollen. The
coevolution of flowers and their pollinators is of mutual benefit because the
pollinator receives food while the flower achieves cross pollination.

Mutualistic relationships are also common between ants and other organisms. **Leaf cutter ants** keep fungal gardens (fig. 31.25). They are called
leaf cutter ants because they gather flowers and leaves, which they cut into

Figure 31.26
The sap that aphids suck from plants passes through their digestive system so that an ant can feed from the rear of an aphid.

pieces and transport to underground nests. After preparing the leaves, they implant them with fungal mycelia, which then grow in profusion. This relationship helps the fungi compete with other fungal species but also provides the ants with a source of food.

Some ants protect aphids from their predators and in return receive food from the aphids. As mentioned previously, aphids remove phloem sap from plants by means of a styletlike mouthpiece. The sap passes through an aphid's body relatively unchanged so that an ant can feed from the rear of an aphid (fig. 31.26).

In Central America, the Bull's-horn *Acacia* is adapted (fig. 31.27) to provide a home for ants of the species *Pseudomyrmex ferruginea.* Unlike other acacias, it has swollen thorns with a soft, pithy interior where ant larvae can grow and develop. In addition to housing the ants, the acacias provide them with food. The ants feed from nectaries at the base of the leaves and eat nodules, called beltian bodies, at the tips of some of the leaves. The ants constantly protect the plant from herbivorous insects because, unlike other ants, they are active twenty-four hours a day. The plants, on the other hand, have leaves throughout the year, while related acacia species lose their leaves during the dry season.

Cleaning symbiosis (fig. 31.28) is a phenomenon that is believed to be quite common among marine organisms. There are species of small fish and shrimp that specialize in removing parasites from larger fish. The large fish line up at the "cleaning station" and wait their turn, while the small fish feel so secure that they even clean the insides of the mouths of the larger fish. Not everyone plays fair, however, since there are small fish that mimic the cleaners in order to take a bite out of the larger fish, and cleaner fish are sometimes found in the stomachs of the fish they clean.

Summary

Certain interactions are typical between species. When two species compete for the same resources, one usually eliminates or restricts the range of the other. For example, two barnacles, *Chthamalus* and *Balanus,* each prevent the other from occupying the entire intertidal zone. The antelope ground squirrel restricts the range and activity of the Mohave ground squirrel. In

a.

Figure 31.27
The Bull's horn *Acacia* is adapted to provide a home for ants of the species *Pseudomyrmex ferruginea*. a. Thorns are hollow and the ants live inside. b. Base of leaves have nectaries (openings) where ants can feed. c. Leaves have bodies at the tips that ants harvest for larvae food.

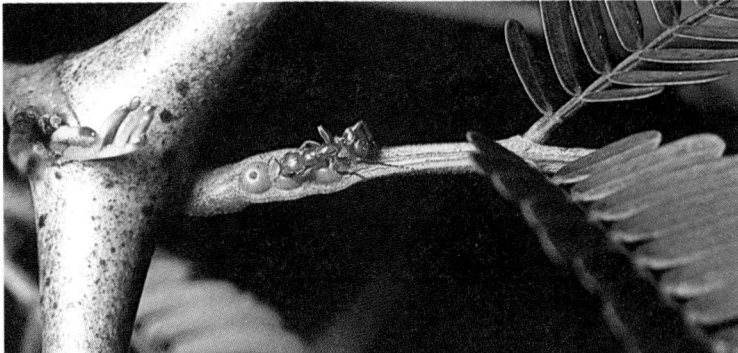

b.

c.

Figure 31.28
Cleaning symbiosis. a. Wrasse cleaning a squirrelfish. b. Neon gobies and a Spanish hogfish cleaning a Nassau grouper.

a.

b.

some instances humans have inadvertently imported successful competitors into this country to the extent that the native species have been threatened.

The fact that a species tends to exclude a competing species is called the competition exclusion principle. It is said that no two species can occupy the same niche. An organism's niche is defined by the parameters listed in chart 31.1.

Predators and prey coevolve. Herbivores prey on plants and carnivores prey on other animals. Plants have physical and chemical attributes that discourage predation. Some carnivores seek out their prey, while others lie in wait. Still others hunt in groups. Although predators control the prey population size, there is usually no oscillation in carnivore and prey population size. Instead, both populations are maintained at constant levels. Humans should realize that when they kill off a carnivore predator population, the prey population will tend to increase in size.

Prey defenses are varied, as listed in chart 31.3. Sometimes an animal with a successful antipredator defense is mimicked by other animals that have the same defense (Müllerian mimic) or that lack the defense (Batesian mimic). The monarch butterfly has both types of mimics.

Symbiotic relationships are of three types. In parasitism, the host species is harmed. Parasites, which help control the size of their host population, may require a secondary host for dispersal. The anatomy and life-style of an animal parasite may be contrasted to that of an active predator. The hookworm is considered an important animal parasite. In social parasitism, one society exploits another.

In commensalism, one species is benefited but the other is unaffected. Often the host simply provides a home and/or transportation. In mutualism, both species benefit. The two species are often closely adapted to one another, such as flowers and their pollinators. There are also examples of mutualistic species that live together in the same locale, such as ants that keep fungal gardens. But in cleaning symbiosis, the relationship is transitory.

Study Questions

1. Give two examples to show that competition between species results in the elimination or restriction of range of the other. (p. 653)
2. Give examples to show that it is sometimes unwise to bring a competitor into a new area. (p. 653)
3. Define the competition exclusion principle and describe four aspects of an organism's niche. (p. 655)
4. Would it be correct to say that the more species variety there is in an area, the more niches there must be? (p. 655)
5. Give examples to show that plants have defenses against herbivores. (p. 657)
6. Give examples to show that predators have a beneficial effect, helping to stabilize population sizes in an area. (p. 660)
7. Give examples of antipredator defenses that prevent predator populations from overkilling prey populations. (p. 661)
8. Define a mimic and give two examples in relation to the monarch butterfly. (pp. 664–65)
9. What are the three types of symbiotic relationships? Give several examples of each. (pp. 667–74)
10. Describe the life cycle of the hookworm. (p. 669)
11. Give two examples of social parasitism. (p. 669)

Further Readings

Alcock, J. 1975. *Animal behavior.* Sunderland, Mass.: Sinauer.

Bekoff, M., and Wells, M. C. 1980. Social ecology of coyotes. *Scientific American* 242(4):130.

Emmel, T. C. 1973. *An introduction to ecology and populations.* New York: W. W. Norton.

MacArthur, R. H., and Connell, J. H. 1969. *Biology of populations.* New York: John Wiley.

Ricklefs, R. E. 1973. *Ecology.* Newton, Mass.: Chiron Press.

Strobel, G. A. 1975. Mechanism of disease resistance in plants. *Scientific American* 232(1):80.

Trager, W. 1970. *Symbiosis.* New York: Van Nostrand Reinhold.

Wallace, B., and Srb, A. M. 1974. *Adaptation.* Englewood Cliffs, N.J.: Prentice-Hall.

Wickler, W. 1968. *Mimicry.* New York: McGraw-Hill.

Wicksten, M. 1980. Decorator crabs. *Scientific American* 242(2):146.

Wilson, E. O. 1975. Slavery in ants. *Scientific American* 232(6):32.

Wilson, E. O., ed., 1974. *Ecology, evolution and population biology.* Readings from *Scientific American.* San Francisco: W. H. Freeman.

32

ecosystems

1. Natural ecosystems, which use solar energy efficiently and chemicals that cycle, produce little pollution and waste.

2. The man-made ecosystem, which comprises both country and city, utilizes fossil fuel energy inefficiently and material resources that do not cycle. Therefore there is much pollution and waste.

3. Humans have begun to address the problem of pollution, which affects the quality of air, water, and land.

Chapter Concepts

All living things reside within the **biosphere,** a narrow sphere or shell that encircles the earth. Although most organisms reside near the surface, others are also found a short distance into the air above and into the waters beneath the surface. The organisms are arranged in **communities,** populations (p. 773) in a particular area that interact with one another. The size of a community to be studied can vary from large communities called **biomes** to very small communities. Populations interact not only among themselves but also with the physical environment. Thus an **ecosystem** contains both a **biotic** (living) and **abiotic** (nonliving) environment. The study of **ecology** is defined as the study of the interactions of organisms among themselves and with the physical environment.

Habitat and Niche

Each organism in an ecosystem has a habitat and niche. The **habitat** of an organism is its place of residence, that is, the location where it may be found, such as "under a fallen log" or "at the bottom of the pond." The **niche** (p. 655) of the organism is its profession or total role in the community and includes a description of its interaction with the physical environment and with the other organisms in the community. One important aspect of the niche is the manner in which the organism acquires energy and chemicals. In fact, the entire ecosystem has two important aspects: energy flow and chemical cycling. These begin when photosynthesizing organisms use the energy of the sun to make their own food. Thereafter, chemicals and energy are passed from one population to another as the populations form food chains.

Food Chains

Essentially, **food chains** are described by telling "who eats whom." Autotrophic green organisms, which are at the start of a food chain, are called the **producers** because they have the ability to change what was formerly inorganic chemicals to organic food. Thus the producers in a food chain produce food. The other two types of populations in the biotic community are the consumers and the decomposers. **Consumers** are heterotrophic organisms that must take in preformed food. **Herbivores** are primary consumers that feed directly on producers; **carnivores** are secondary or tertiary consumers that feed only on other consumers. **Omnivores** are consumers that feed on both producers and other consumers. **Decomposers** are saprophytic organisms of decay, such as bacteria and fungi, that break down nonliving organic matter (**detritus**) to inorganic matter, which can be used again by producers.

Grazing Food Chain

A specific example of an aquatic food chain is described pictorially and diagrammatically in figure 32.1a and b. Notice that the producer (algae) requires a source of inorganic molecules as nutrient molecules. Utilizing energy from the sun, the algae are able to combine water (H_2O) and carbon dioxide (CO_2) to form the organic molecule glucose. The nitrate (NO_3) is used by the producer when glucose is converted to amino acids, and phosphate (PO_4) is used when glucose is converted to nucleotides.

The consumers in the chain (zooplankton, fish, and humans) feed on the preceding population and thus are either directly or indirectly dependent on the producer for their source of organic food. This food chain is a grazing food chain because it contains a herbivore population.

Figure 32.1
a. An aquatic food chain. b. Pictorial
representation of the food chain outlined
in *a*.

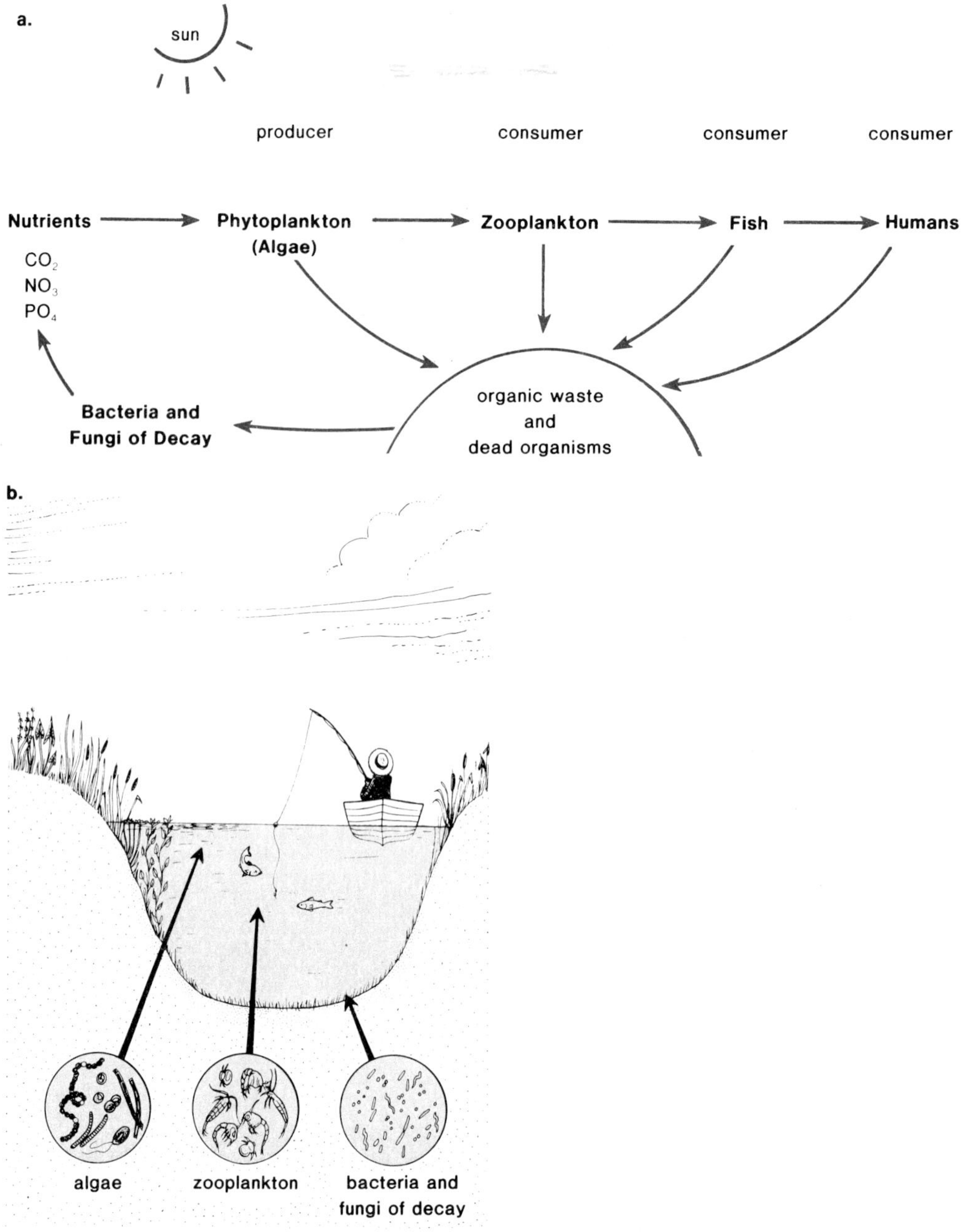

a.

sun

producer   consumer   consumer   consumer

Nutrients ⟶ Phytoplankton ⟶ Zooplankton ⟶ Fish ⟶ Humans
(Algae)

CO_2
NO_3
PO_4

**Bacteria and
Fungi of Decay**

organic waste
and
dead organisms

b.

algae   zooplankton   bacteria and
fungi of decay

Detritus Food Chain

Figure 32.1*a* contains a decomposer population to illustrate that chemicals
cycle but does not really show a detritus food chain. A detritus chain occurs
when detritus and decomposers are eaten by scavenging animals, such as
worms, insect larvae, and snails. Whenever these animals serve as food for
fish, the detritus food chain joins the grazing food chain. While the grazing
food chain is most important in aquatic food chains, the detritus food chain
is most important in terrestrial food chains. It is estimated that only about 10
percent of the annual leaf production is consumed by herbivores; the rest is
either degraded by decomposers or eaten by scavengers, such as soil mites,
earthworms, and millipedes.

Figure 32.2
Food webs, such as the one depicted here,
bring stability because they contain
interlocking food chains.

Food Webs

While we commonly speak of food chains, it is actually **food webs** that exist
in most stable ecosystems. Figure 32.2, which illustrates a food web, shows
that organisms may belong to more than one food chain. Therefore, energy
flow is better described in terms of trophic (feeding) levels; each successive
level is further removed from the producer population—the first level. All
animals acting as primary consumers are part of the second level; all animals
acting as secondary consumers are part of the third level, and so on. Each
succeeding trophic level passes on less energy than was received. Usable energy
is lost at each level because

1. some food cannot be digested and passes out of the body as waste.

2. some food is used for energy only and never contributes directly to
   growth or maintenance.

3. energy transformations always result in a loss of usable energy.

To understand the energy loss due to energy transformation, consider the fact
that the conversion of one molecule of glucose to thirty-eight ATP represents
only 50 percent of the available energy in a glucose molecule and the rest is
lost as heat. Thus, with the death and decay of decomposers, all of the captured
solar energy that was converted to chemical bond energy by algae and plants
eventually returns to the atmosphere as heat (fig. 32.3).

Energy Does Not Cycle

A constant supply of solar energy is required to maintain an ecosystem and
this energy is eventually converted to heat; thus energy flows through an
ecosystem and does not cycle. This process is an example of a fundamental
law of physics[1] and shows that an input of energy (solar energy) to maintain
order (the food chain) also creates disorder (heat). In other words, it is a
simple fact that the use of energy always causes some pollution, a fact that
energy-consuming humans should be cognizant of.

1. The second law of thermodynamics states that one form of useful energy can never be
   completely converted; there is always some loss of useful energy. Useful energy is
   energy that has a high capacity for doing work, such as high-energy phosphate bonds.

Figure 32.3
Flow diagram illustrating the dissipation of
energy in an ecosystem. Producers convert
inorganic matter to organic matter after
capturing a small amount of solar energy.
When organic matter is used as an energy
source by consumers and decomposers, the
energy ultimately becomes heat. Energy,
therefore, does not cycle, and ecosystems
must have a continual supply.

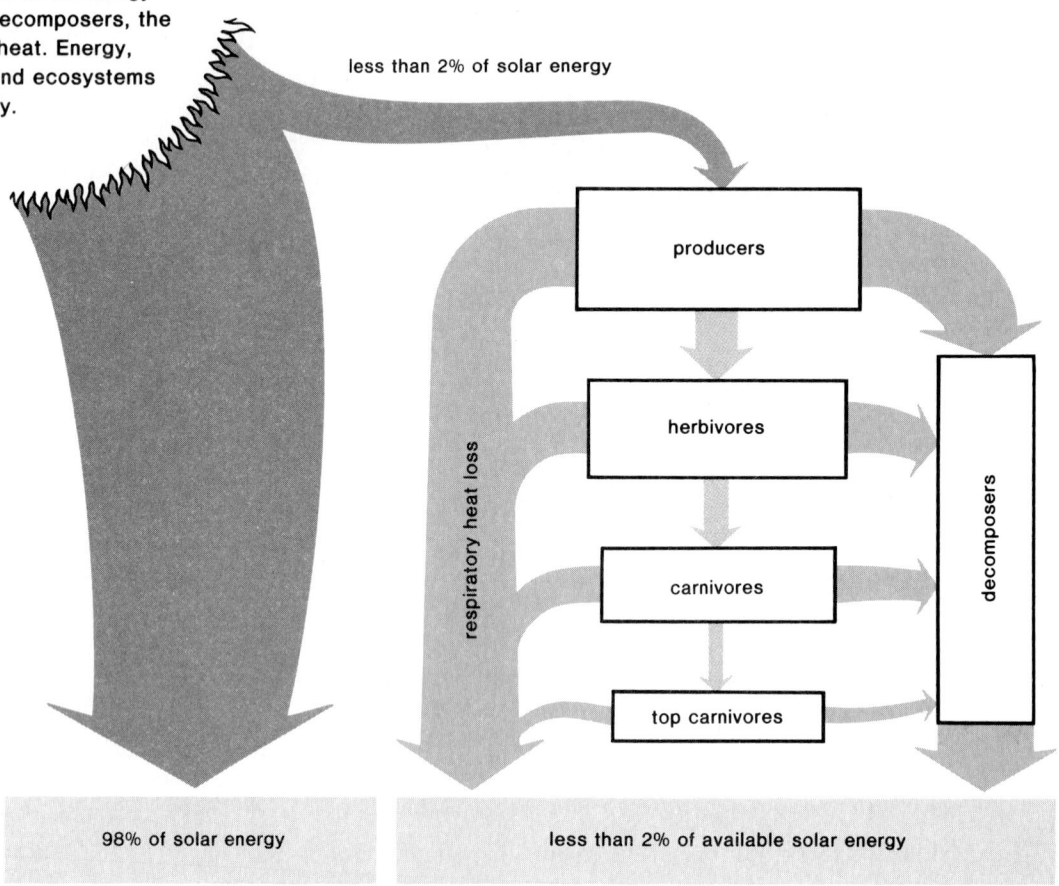

Figure 32.4
A food pyramid, such as the one shown
here, illustrates that the population size
decreases from producer to the last
consumer.

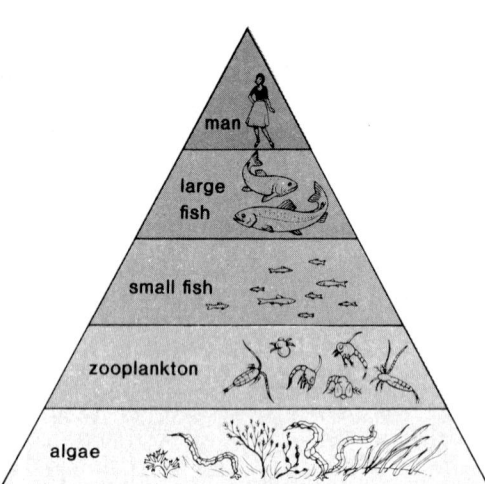

Food Pyramid

Since each successively higher trophic level receives less energy, the relative sizes (biomass) of the populations in a food chain resemble a pyramid (fig. 32.4), often called a food pyramid. Obviously, the producer population must be the largest because it indirectly produces food for all the other populations. As a rule of thumb, it is generally stated that only about 10 percent of the energy absorbed by one trophic level can be transmitted to the next level. About 90 percent is lost for the reason stated on page 681. In practical terms, this means that about ten times the number of people can be sustained on a diet of grain rather than a diet of meat.

Stability

Mature natural ecosystems tend to be diverse and stable. They have a large number of different populations whose sizes remain approximately the same year after year. *First,* the various populations stay at constant sizes for the reasons listed in chart 32.1. Density independent factors are those forces of nature whose magnitude of influence does not depend on the size of the population affected. For example, the severity of a drought or flood has nothing to do with how many plants or animals there are in a particular area. The effect of density dependent factors, several of which were studied in the previous chapter, does depend on the size of the population affected. For example, two large populations compete to a greater degree for the same resource than do two small populations.

Second, diversity assists maintenance of population size. For example, referring again to figure 32.2, you can imagine that if the rabbit population suffered an epidemic and declined in size, the mice population would increase in size due to the decreased competition for food. This increase would mean the producer population would still be held in check, and the hawks that eat rabbits or mice would still eventually have the same amount of food. It may take a little time for the new balance to come about and a few hawks may have to migrate or starve, but essentially there would be little variation in the hawk population. Further, as the rabbits recover, the mice population would decline and eventually there would be exactly the same balance as before the epidemic. In this manner, variation of species at each level of a food chain gives stability to an ecosystem. Actually, we see the same principle at work in business; a company diversifies its products so that as demand fluctuates, profits will remain the same.

Constancy of population sizes means that most of the solar energy utilized by a biotic community supports stability rather than growth. The same amount of solar energy is required each year in order to maintain a highly diversified community that has little material waste due to the cycling of chemicals.

Chemical Cycles

Respiration—Photosynthesis

One cycle found in nature that we should always keep in mind is the relationship between photosynthesis and respiration. Recall that for simplicity's sake this equation in the forward direction represents respiration and in the other direction may be used to represent photosynthesis:

$$C_6H_{12}O_6 + 6\ O_2 \rightleftharpoons 6\ CO_2 + 6\ H_2O$$

The equation tells us that oxygen is the required gas for respiration and that carbon dioxide is needed for photosynthesis. From figure 32.5 it is obvious that animals are dependent on green organisms not only to produce organic food and energy but also to supply the biosphere with oxygen.

Carbon Cycle

In the carbon cycle, carbon dioxide is taken up by photosynthesizing organisms and released by respiring organisms. On the land (fig. 32.6), animals and animallike organisms carry on respiration continuously, but plants and plantlike organisms respire and release CO_2 only when they are not photosynthesizing. After organisms die, decomposition also releases carbon dioxide. In prehistoric times, certain plants and animals by chance did not decompose and instead were preserved in **fossil fuels,** such as coal, oil, and gas. When humans burn fossil fuels, they add carbon dioxide and other combustion products to the air. This contributes greatly to air pollution, which is discussed on page 690.

The carbon cycle also occurs in aquatic communities, but in this case the carbon dioxide released eventually leads to the build-up of calcium carbonate. For this reason, the oceans act as a "sink" for carbon dioxide.

Nitrogen Cycle

That portion of the nitrogen cycle that involves terrestrial organisms is represented by the diagram in figure 32.7. Aerial nitrogen is not usable by most organisms, but there are two types of **nitrogen-fixing bacteria** that make use of it. One of these lives in **nodules** on legume (bean plant) roots (fig. 32.8), which convert aerial nitrogen to a nitrogen source that can be used by themselves and the plants they inhabit. The other type are free-living soil bacteria that convert aerial nitrogen to nitrates.

Chart 32.1 Population Control

Density Independent Effects
Climate and weather
Natural disasters

Density Dependent Effects
Competition
Predation
Parasitism
Emigration

Figure 32.5
Plants are dependent on animals for a supply of carbon dioxide, and animals are dependent on plants for a supply of oxygen.

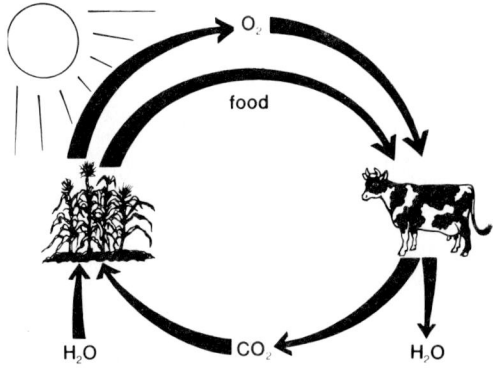

Figure 32.6
Carbon cycle. In upper half of illustration, solid arrow is photosynthesis; dotted arrows are respiration; colored arrow is burning, the contribution of humans to the cycle.

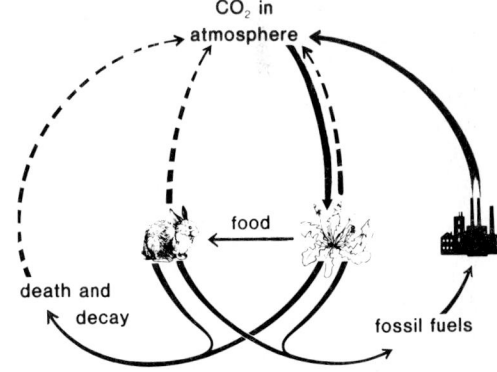

Figure 32.7
Nitrogen cycle. Three types of bacteria are at work: nitrogen-fixing bacteria convert ① aerial nitrogen to a form usable by plants; ② nitrifying bacteria, which include both nitrite and nitrate bacteria, convert ammonia to nitrate; and the denitrifying bacteria convert ③ nitrate back to aerial nitrogen again.

1. Nitrogen-fixing bacteria
2. Nitrifying bacteria
3. Denitrifying bacteria

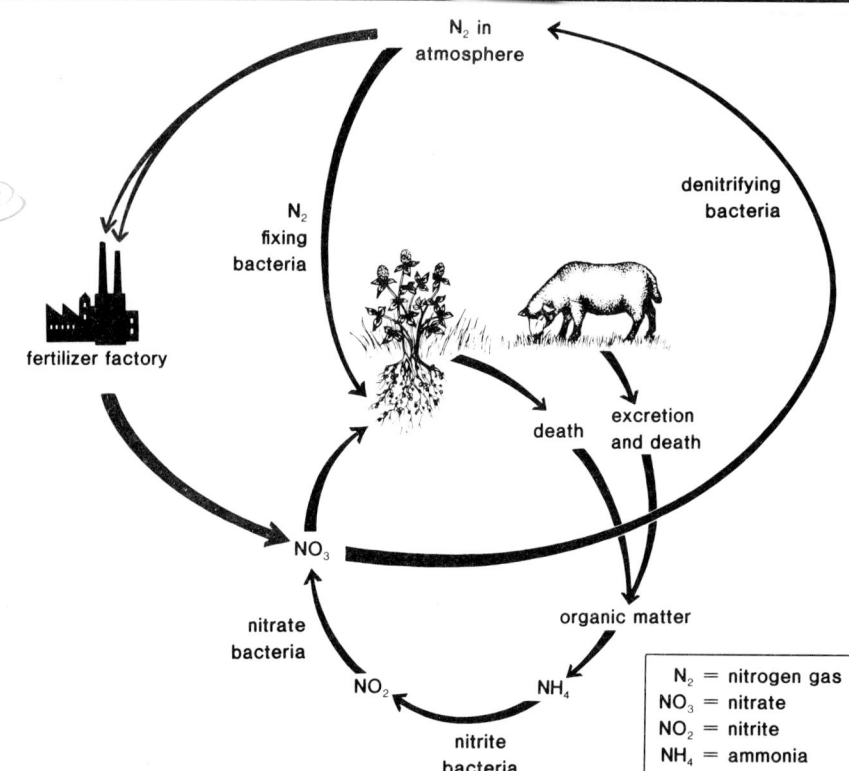

Figure 32.8

Photograph of nodules on the roots of a legume plant. The bacteria that live in these nodules are capable of converting aerial nitrogen to a source the plant can use.

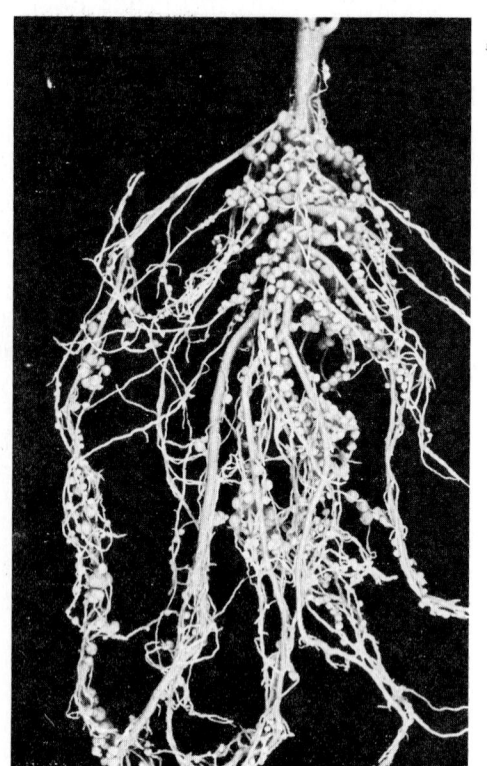

Only nitrates can be taken up by the roots of plants and converted to amino acids. Thereafter, animals acquire this organic nitrogen when they eat plants. Plants and animals die, and decomposition produces ammonia that can be converted to nitrates by **nitrifying** (nitrite and nitrate) **bacteria.** To make the cycle complete, there are some bacteria, the **denitrifying bacteria,** that can convert ammonia and nitrates back to aerial nitrogen again.

The nitrogen cycle also occurs in all aquatic communities, including the oceans, where blue-green algae, in particular, account for nitrogen fixation.

Other Contributions to the Nitrogen Cycle

As figure 32.9 indicates, there are at least two other ways by which nitrogen fixation occurs. Nitrogen is fixed in the atmosphere when cosmic radiation, meteor trails, and lightning provide the high energy needed for nitrogen to react with oxygen. Also, humans make a most significant contribution to the nitrogen cycle when they convert aerial nitrogen to nitrates for use in fertilizers. This industrial process requires an energy input that equals that of the eventual increase in crop yield. The application of fertilizers also contributes to water pollution, as discussed on page 692. Since nitrogen-fixing bacteria do not require fossil fuel energy and do not cause pollution, research is now directed toward finding a way to make all plants capable of forming nodules (fig. 32.8) or, even better, through recombinant DNA research, to possess the biochemical ability to fix nitrogen themselves.

Human Ecosystem

Mature natural ecosystems tend to be stable and to exhibit the characteristics listed in chart 32.2. Each population is of a proper size in relation to other populations; the energy that enters and the amount of matter that cycles is appropriate to support these populations. **Pollution,** defined as any undesirable change in the environment that may be harmful to humans and other life, and waste do not normally occur. The man-made ecosystem that replaces natural ecosystems is quite different, however.

Figure 32.9
This graph estimates the amount of nitrogen being fixed and denitrified per year. The difference represents the rate at which fixed nitrogen is accumulating in the soil and water.

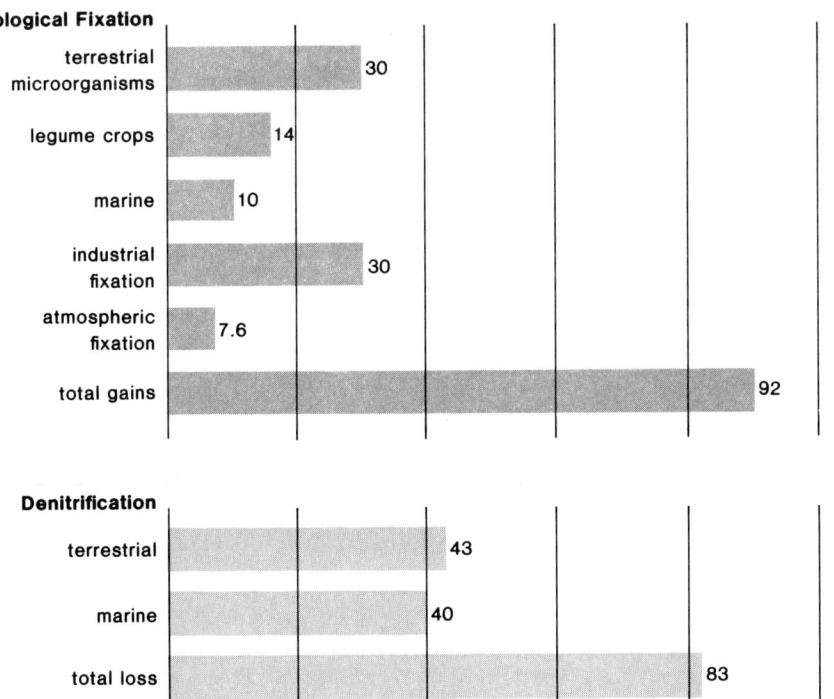

Biological Fixation
terrestrial microorganisms
30
legume crops
14
marine
10
industrial fixation
30
atmospheric fixation
7.6
total gains
92
Denitrification
terrestrial
43
marine
40
total loss
83
0
20
40
60
80
100
Million Metric Tons

Chart 32.2 Ecosystems

Natural	**Human**
Independent	Dependent
Cyclical (except energy)	Noncyclical
Nonpolluting	Polluting
Renewable solar energy	Nonrenewable fossil fuel energy
Conserves resources	Uses up resources

Figure 32.10
The man-made ecosystem is not cyclical at this time, but the colored arrows indicate ways in which it could become cyclical.

Country
City
fuel
beef
humans
sewage and waste
solar energy
crops
goods and services
Pollutants
Pollutants
pesticides, chemical fertilizers
fuel, raw materials
heat, solid waste

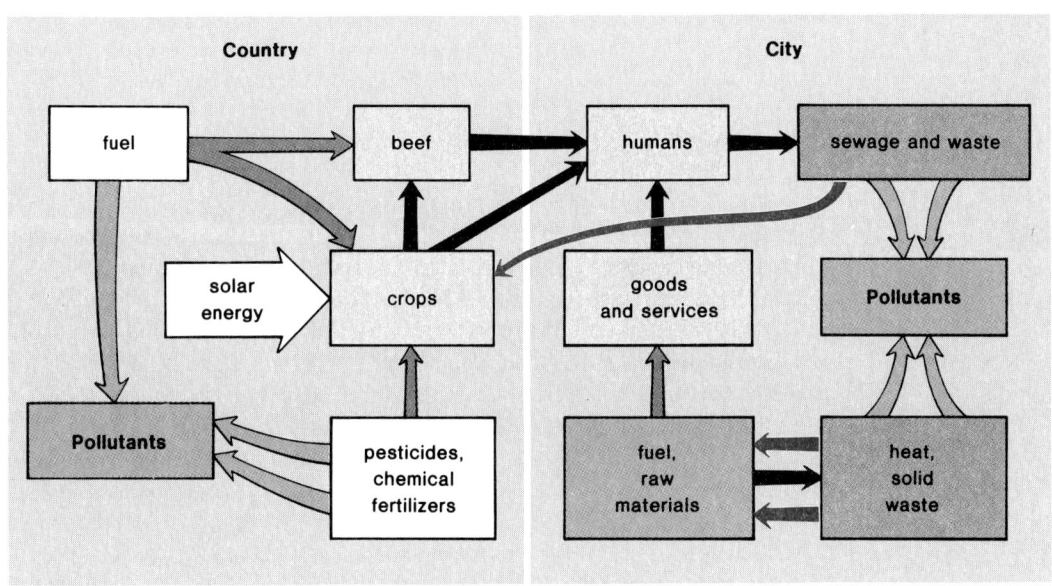

Figure 32.11
Intensive mechanized monoculture farming is usually practiced in the United States today.

Human beings have replaced natural ecosystems with the man-made ecosystem that is depicted in figure 32.10. This ecosystem essentially has two parts: the *country,* where agriculture and animal husbandry are found, and the *city,* where industry is carried on. Most humans in developed countries live in the city (or suburbs) and thus humans are shown on the right side of the diagram in figure 32.10. This representation of the human ecosystem, although simplified, allows us to see that the system requires two major inputs: *fuel energy and raw materials* (e.g., metals, wood, synthetic materials). Further, since fuel energy is inefficiently used and materials are rarely cycled, the system has a large amount of *pollution and waste* as outputs.

At present, both the country and the city contribute to environmental problems.

Country

Modern United States agriculture produces exceptionally high yields per acre, but this bounty is dependent on a combination of four variables:

1. Planting of a few genetic varieties. The majority of farmers specialize in growing one of these. Wheat farmers plant the same type of wheat, and corn farmers plant the same type of corn. This so-called **monoculture agriculture** is subject to attack by a single type of parasite. For example, a single parasite mold reduced the 1970 corn crop by 15 percent and the results could have been much worse because 80 percent of the nation's corn acreage was susceptible.

2. Heavy use of fertilizers, pesticides, and herbicides. *Fertilizer* production requires a large energy input and fertilizer run-off contributes to water pollution (p. 692). *Pesticides* reduce soil fertility because they kill off beneficial soil organisms as well as pests, and some pesticides concentrate in food chains (p. 695), eventually producing toxic effects in predators, possibly even humans. *Herbicides* are also toxic chemicals and at times have been associated with birth defects in humans.

3. Generous irrigation. River waters are sometimes redirected for the purpose of irrigation in which case "used water" returns to the river carrying a heavy concentration of salt. The salt content of the Rio Grande River in the southwest is so high that the government has recently decided to build treatment plants to remove the salt. Water is also sometimes taken from aquifers (underground rivers) whose water content can be so reduced that it becomes too expensive to pump out more water. Therefore, this supply of water does not last indefinitely.

4. Increased fuel consumption due to mechanization. Large corporate farms are powered by heavy farm machines that require much fossil fuel energy (fig. 32.11). Crops are usually planted in rows to facilitate the use of farming machines. The bare uncovered ground between the rows is subject to wind and water erosion. Soil erosion causes the land to lose its natural fertility, necessitating an even higher application of fertilizers.

Figure 32.12
The use of ladybugs to control the cottony-cushion scale insect on citrus trees is an example of biological control.

Figure 32.13
In the United States, most cattle are kept in feedlots and fed grain. This mechanization requires an input of fossil fuel energy.

At this time, it is not known how long this system of agriculture can be sustained. Some farmers have already begun to adopt a more natural system termed **organic farming.** These farmers keep the nitrogen content of the soil sufficient by planting legumes alternately with other crops. Insects are controlled by utilizing natural predators and parasites instead of pesticides (fig. 32.12). Shallow plowing not only helps prevent soil erosion, it also reduces the need for herbicides. Planting of drought-resistant crops eliminates the need for irrigation. Farmers who employ organic farming methods report that crop yield remains at the same level as before, but that there is less work and less expense.

Modern husbandry, which also produces extremely high yields, is also dependent on expensive subsidies. Allowing cattle to graze on a range is the cheapest way to provide them with food and, as long as overgrazing does not occur, the cattle should have few requirements aside from those provided by nature. However, it is estimated that only about 50 percent of cattle are range fed today and many cattle are kept in feedlots and fed grain (fig. 32.13). This method of fattening cattle is not only ecologically unsound, it also produces meat that is high in polysaturated fats and therefore is potentially unhealthy for us.

Figure 32.14
When farmlands are converted to residential housing areas, more food must be grown on less land. Intensive agriculture has become unavoidable.

City

As figure 32.10 shows, the city is dependent on the country. For example, each person in the city requires several acres of land for food production. Overcrowding in cities does not mean that less land is needed; each person still requires a certain amount of land to ensure survival. Unfortunately, however, as the population increases, the suburbs and cities tend to encroach on agricultural and range land (fig. 32.14). An estimated 675,000 acres of agricultural land and 2.2 million acres of range land, pasture, and forest are lost to urban and rural development each year.

The city houses workers for both commercial businesses and industrial plants. Solar and other renewable types of energy are rarely used; cities currently rely mainly on fossil fuel in the form of oil, gas, electricity, and gasoline. The city does not conserve resources. The modern office building, with constantly burning lights and windows that cannot be opened, is an example of energy waste. Another example is people who drive cars long distances instead of taking public transportation and who drive short distances instead of walking or bicycling. Materials are not recycled and products are designed for rapid replacement.

The burning of fossil fuels for transportation, commercial needs, and industrial processes causes air and water pollution (p. 690). This pollution is compounded by the chemical and solid waste pollution that results from the manufacture of many products. Consider that any product used by the average consumer (house, car, washing machine) causes pollution and waste both during its production and when it is disposed of. Humans themselves produce much sewage that is discharged into bodies of water, often after only minimal treatment.

Chart 32.2 lists the characteristics of the human ecosystem as it now exists. Just as the city is not self-sufficient and requires the country to supply it with food, so the whole human ecosystem is dependent on the natural ecosystems to provide resources and absorb waste. Fuel combustion by-products, sewage, fertilizers, pesticides, and solid wastes are all added to natural ecosystems in the hope that these systems will cleanse the biosphere of these pollutants. But we have replaced natural ecosystems with our man-made ecosystem and have exploited natural ecosystems for resources, adding ever more pollutants, to the extent that the remaining natural ecosystems have become overloaded.

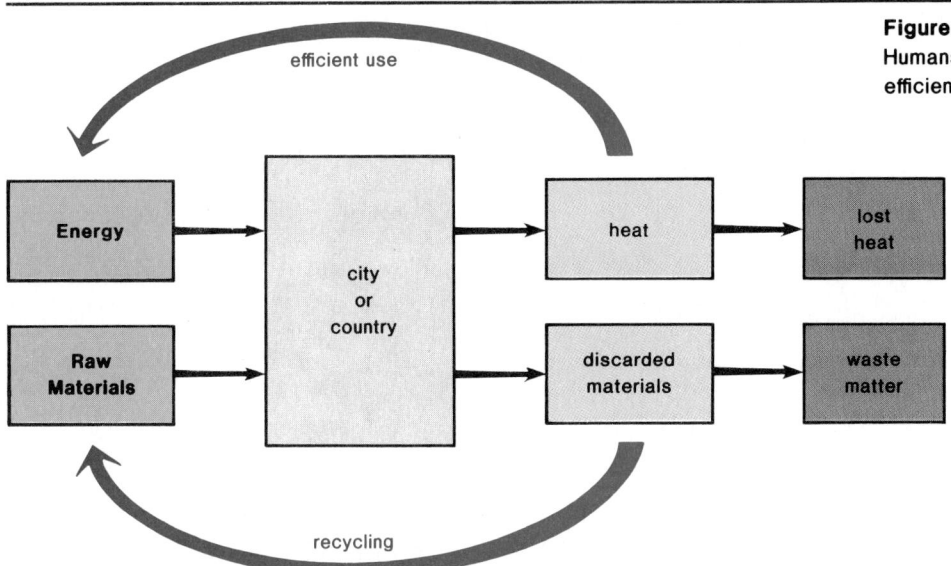

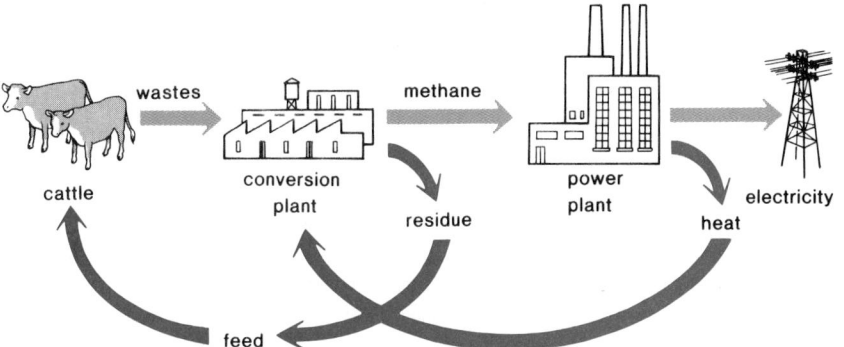

Natural ecosystems have been destroyed and overtaxed because the human ecosystem is noncyclical and because an ever-increasing number of people wish to maintain a standard of living that requires many goods and services. But we could call a halt to this spiraling process if we achieve zero population growth and if we conserve energy and raw materials. Conservation can be achieved in three ways: (1) use wisely only what is actually needed, (2) recycle materials, and (3) use renewable energy resources (p. 747) and find more efficient ways to utilize all forms of energy. Figure 32.15 presents a diagrammatic representation of what is needed to maintain the delicate balances of the man-made and natural ecosystems. As a practical example, consider a plant that is to be built in Lamar, Colorado, which will produce methane from feedlot animals' wastes (fig. 32.16). The methane will be burned in the city's electrical plant and the heat given off will be used to incubate the anaerobic digestion process that produces the methane. In addition, protein feed supplement will be produced from the residue of the digestion process. This system represents a cyclical use of material and efficient use of energy similar to that found in nature.

As long as the human ecosystem remains inefficient and noncyclical, it will continue to cause much pollution.

Figure 32.17
Air pollution contains five major components: CO (carbon monoxide), HC (hydrocarbons), NO$_x$ (nitrogen oxides), particulates (solid matter), SO$_x$ (sulfur oxides). Transportation contributes most to air pollution.

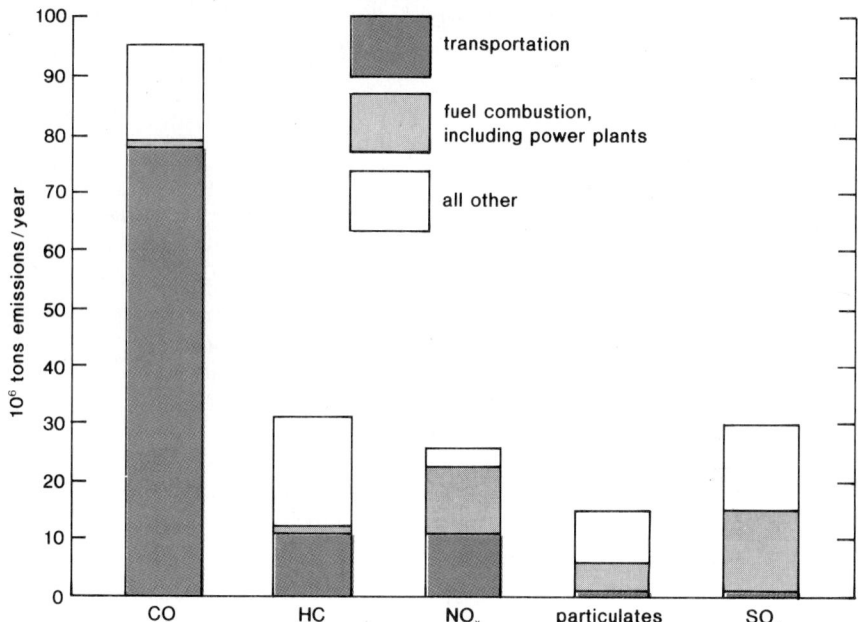

Pollution

Pollution affects all portions of the biosphere: air, water, and land.

Air Pollution

Pollutants enter the atmosphere from various sources, but the burning of fossil fuels contributes greatest to the five categories of primary pollutants: carbon monoxide (CO), hydrocarbons (HC), nitrogen oxides (NO, NO$_2$), particulates, and sulfur oxides (SO$_2$, SO$_3$). The graph in figure 32.17 compares the sources of these pollutants. It is obvious that modes of transportation, especially the automobile, are the main cause of air pollution in the form of carbon monoxide. This chemical combines preferentially with hemoglobin to prevent the circulation of oxygen within the body, causing unconsciousness to occur. In New York City traffic the blood concentration of CO has been shown to reach 5.8 percent, a dangerous level when compared to the 1.5 percent that is considered safe. Hydrocarbons (carbon with hydrogen attached) result from the incomplete combustion of fuels and are carcinogenic. Particulates, referred to as dust or soot, cause damage when inhaled; one particulate, lead, which used to be added to gasoline to prevent engine knocking, interferes with the functioning of many vital organs.

Recent attention has been focused on the oxides, both nitrogen and sulfur oxides. It is feared by some that the nitrogen oxide released by the SST (supersonic transport) and other jet aircraft, along with fluorocarbons from aerosol sprays, may actually reduce the ozone shield (p. 490) that protects the earth from ultraviolet radiation.

Sulfur and nitrogen oxides together are largely responsible for acid rain, which has reduced vegetation and caused lakes and ponds to become sterile, as discussed in the reading on page 694. Nitrogen oxide is also involved in the formation of smog.

Smog

Two types of smog are recognized: London smog and photochemical smog. The former, which contains primarily particulates and sulfur oxides, is characteristic of the East Coast, and this may be associated with the fact that this part of the country is more dependent on the burning of oil and particularly coal as power sources. The latter is characteristic of the West Coast, and this may be associated with the fact that it has an abundance of sunshine and cars. *Photochemical smog* results when two pollutants from automobile exhaust—nitric oxide (NO) and hydrocarbons (HC)—react with one another in the presence of sunlight to produce nitrogen dioxide (NO_2), ozone (O_3), and PAN (peroxylacetyl nitrate.) *Ozone* and *PAN* are commonly referred to as oxidants. Breathing ozone affects the respiratory and nervous systems, resulting in respiratory distress, headache, and exhaustion. These symptoms are particularly apt to appear in youngsters; therefore, in Los Angeles schools, children must remain at rest inside the school building whenever the ozone level reaches 0.35 ppm (parts per million by weight). PAN is known to be especially damaging to plants, resulting in leaf mottling and reduced growth.

Carbon dioxide and smog are also expected to affect the weather conditions of the world, as discussed following.

The Weather

It is predicted that the earth's average temperature could rise as much as 6° C. over the next 200 years because of CO_2 build-up due to increased fossil fuel combustion. CO_2 allows the sun's rays to pass through but absorbs and reradiates heat back toward earth. This may be compared to a greenhouse in that the glass of a greenhouse also allows sunlight to pass through but traps the heat. This phenomenon also occurs when a car sits in the hot summer sun. A 6° rise in temperature due to the **greenhouse effect** (fig. 32.18) could have a disastrous impact on agriculture and eventually on sea levels due to melting of polar ice. Favorable climate for the growth of corn, for example, would move north where the soil is not as favorable for the growth of crops. Even though it is not certain that polar ice would melt, there would be a rise in sea levels simply because water expands when it absorbs heat. If the polar ice caps should melt, it is predicted that most of the world's cities would be flooded and so would some of our richest farmlands. It is estimated that it would take a thousand years for this flooding to occur, however.

On the other hand, there are some who predict that the world's temperature will decrease rather than increase because the particles in soot prevent the sun's rays from penetrating the atmosphere (fig. 32.19). This opinion, however, is supported less and less in favor of the greenhouse effect, discussed previously.

Air Quality Control

Air quality is controlled by the 1970 Clean Air Act with amendments in 1977. The Environmental Protection Agency (EPA) has established standards for the pollutants listed in figure 32.17. In addition, asbestos, beryllium, mercury, vinyl chloride, and lead are more strictly controlled because they are extremely hazardous to health. Industry is required to use special equipment, such as collectors and scrubbers, to cut down on stack emissions. Automobiles have been equipped with special devices, such as the **catalytic converter** that chemically changes HC and CO to carbon dioxide and water. The catalytic converter, which necessitates the use of nonleaded gasoline, also contributes to fuel economy. The result has been generally improved air quality throughout most of the nation.

Figure 32.18
If the greenhouse effect holds, the earth will get warmer because heat from the sun's rays will be trapped beneath a blanket of carbon dioxide, just as heat is trapped by the glass of a greenhouse.

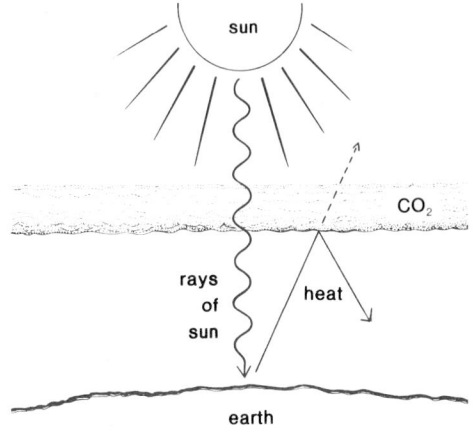

Figure 32.19
If another theoretical position about the weather holds, the earth will get colder because the sun's rays will be unable to penetrate the particles produced by air pollution.

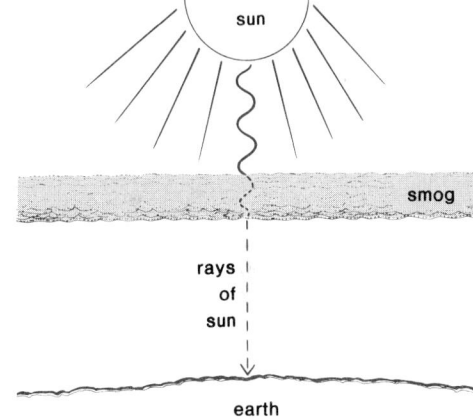

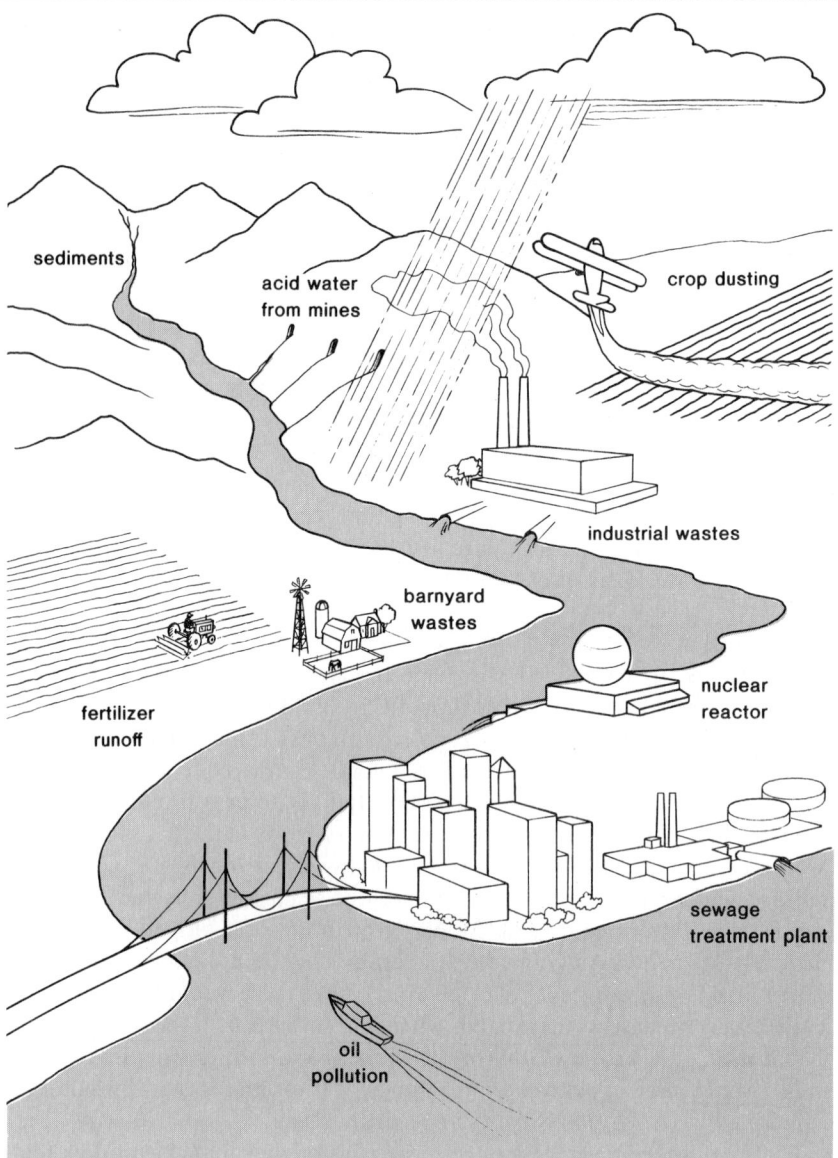

sediments

acid water
from mines

crop dusting

industrial wastes

barnyard
wastes

fertilizer
runoff

nuclear
reactor

sewage
treatment plant

oil
pollution

Water Pollution

Figure 32.20 shows the many ways that humans cause surface water pollution. In addition, groundwater is also subject to pollution. Chemicals drain from hazardous waste dumping sites, and bacteria and viruses drain from septic tanks and cesspools into the ground and may eventually reach either aquifers or surface waters.

Along with the facts that many of the substances added to water cannot be broken down, and can cause human illness and overtax the natural ability of water to cleanse itself, there are other special concerns.

Cultural Eutrophication

Ponds and lakes naturally fill in and disappear with time (p. 721); this process is termed **eutrophication** because it is due to a gradual enrichment of the body of water. Humans speed up this process when they add to the water chemicals that are nutrients for algae. The human component of eutrophication is called **cultural eutrophication.** Fertilizer run-off, sewage, and detergents all add nitrates and phosphates to fresh water. The nutrients cause algae to grow in

a.

b.

Figure 32.21
Eutrophication produces algal bloom (*a*),
which robs the water of oxygen and causes
fish kill (*b*).

abundance, sometimes producing **algal bloom,** apparent when green scum is
seen floating on the water (fig. 32.21*a*) or when there are excessive mats of
filamentous algae. When these algae die, growth of a very large decomposer
population is promoted. The decomposers break down the algae, but in so
doing they use up oxygen. Oxygen may also be consumed by algae during the
night when photosynthesis is impossible. Both of these result in a decrease in
the amount of oxygen available to fish, causing the fish to die (fig. 32.21*b*)
due to a lack of oxygen.

Biological Concentration   Metals, such as mercury compounds; pesticides,
such as DDT; organic chemicals, such as PCB (polychlorinated biphenyls);
and radioactive elements, such as strontium 90, are known to concentrate in
food chains. This is particularly apt to occur in aquatic food chains because
there are more trophic levels in aquatic food chains than in terrestrial food
chains. Biological concentration occurs because the poison is nonbiodegradable

Acid from the Skies

Already it has killed off the fish in about a hundred lakes in New York's Adirondack wilderness. It has pelted the slopes of the Rockies, and has already affected Scandinavia and much of industrialized Western Europe and Japan. It is a newly recognized and increasingly harmful kind of pollution, invisible and insidious: acid rain, a corrosive precipitation that actually consists of weak solutions of sulfuric and nitric acids.

. . . . Acid precipitation is apparently caused largely by sulfur dioxide emissions from coal-burning power plants, smelters and factories. To a lesser extent, nitrogen oxides from car exhausts and industry contribute to the problem. Rising high into the sky and borne hundreds of miles by winds, these chemicals mix and react with water vapor to form sulfuric and nitric acids. The acids then fall to earth in the form of rain or snow that can damage anything from monuments to living organisms. After a number of such rain showers or highly acidic snow melts, a lake's pH can plunge low enough to impair the egg-producing ability of fish. Decomposition of organic matter slows, probably because of a loss of scavenging microorganisms. The number of plankton falls off sharply, depleting a vital link in the food chain. Finally, the water appears blue, clear—and virtually lifeless.

The ill effects spread beyond the lakes. In some areas, humans may also be affected. In the Lac la Croix lake system of Ontario, where the Ojibway Indians fish for their livelihood, catches are showing high levels of mercury. Reason: the toxic metal, ordinarily concentrated in sediment, changes into an organic form, methyl mercury, in acid water and is then easily absorbed by the fish. While the threat to plants is not as well understood, acid rain can eat away at leaves, leach nutrients from the soil, interfere with photosynthesis, and affect the nitrogen-fixing capabilities of such plants as peas and soybeans. Scandinavian scientists claim the rain has caused a 15% reduction in timber growth. It can

and each succeeding trophic level contains smaller populations of larger-size animals. Notice in figure 32.22 that the number of dots representing DDT becomes more concentrated as the chemical is passed along from producer to tertiary consumer. Humans are, of course, a final consumer in numerous food chains. In some areas, mother's milk contains a detectable amount of DDT and PCBs.

Biological concentration came to the public's attention when certain birds of prey seemed incapable of laying normal eggs. DDT interferes with the mobilization of calcium in the oviduct, causing the eggs to have thin shells that tend to crack. Concern over the toxic effects of DDT led to the banning of this pesticide and other similar pesticides.

Thermal Pollution

Both fossil fuel and nuclear fuel power plants sometimes utilize water from nearby bodies of water for cooling. Cold water is withdrawn from a river, lake, or the ocean, is warmed, and subsequently returned to the same body of water. This procedure causes **thermal pollution** because it causes the body of water to heat up. Organisms can adjust to higher temperatures within certain limits; however, they cannot adjust to frequent fluctuations, as is apt to occur with power plants because they do not operate at constant capacity and even periodically shut down completely.

Water Quality Control

The Water Pollution Control Act of 1972 empowers the federal government to set minimum water quality standards for rivers and streams. Both cities and industries must comply with these standards. Industries are not permitted to directly tie in with public sewage and must have their own treatment

also corrode stone statues, limestone buildings and metal rooftops. In the past two decades, Athens' Parthenon and Rome's Colosseum have deteriorated severely; the prime suspect is acid rain. In the U.S. it may cause as much as $2 billion each year in structural damage.

Paradoxically, one tactic in the fight against air pollution has contributed to the increase in acid rain. To keep the air clean in the immediate neighborhoods of factories, industry has been building ever taller smokestacks. These belch gases that are out of sight—and out of mind—for local communities, but not for those downwind. The farther gases go, the more time they have to combine with moisture and form acids. Indeed, scientists estimate that the world's tallest stack, rising 1,250 ft. above a copper-nickel smelter in Sudbury, Ont., accounts for 1% of all sulfur emissions in the world, including those from volcanoes. All told, Canadian industry and the winds send about half a million tons of these emissions south to the U.S. every year.

But Canada gets more than it gives. Some 2 million tons annually blow north across the border from the U.S., mostly from the industrial Ohio River Valley, which is also thought to be the main source of the Northeast's acid-rain problem. In Europe, says Svante Odén, a Swedish soil scientist, acid rain is equivalent to a "chemical war." Scandinavians claim they are being "bombed" by British and German factories, and similar charges have been exchanged by France and West Germany.

Written before any widespread alarm about acid precipitation, the U.S. Clean Air Act of 1970 gives states a liberal hand in controlling their own emissions to meet federal air quality standards. But it does not assign any responsibility for blights one state may inflict on another. The result has been a see-no-evil attitude that may well require more federal intervention. Also, the 1970 act sets standards only for "ambient," or ground-level air quality; acid rain is formed by high-floating emissions.

. . . . Taking aim at the source of the trouble, the EPA is requiring the installation of scrubbers that remove up to 90% of sulfur emissions at all new coal-fired power plants. But older plants are not covered by the new law, and the problem is likely to worsen as the country turns increasingly to its vaunted ace in the energy hole, coal. "Washing" high-sulfur coal can help. This process involves crushing the coal, then separating out pyrite, an iron-sulfur compound. Because ash, dirt and rock are removed at the same time, washing also makes the coal more economical to ship and less damaging to utility boilers. Still, the expense of these measures is staggering. By one estimate, just to cut sulfur dioxide emissions by 50% in the Northeastern U.S. alone would cost up to $7 billion annually.

Yet even at such prices a solution may be a bargain. For as ecologists point out, doing nothing about acid rain now could mean nightmarish environmental costs in the future.

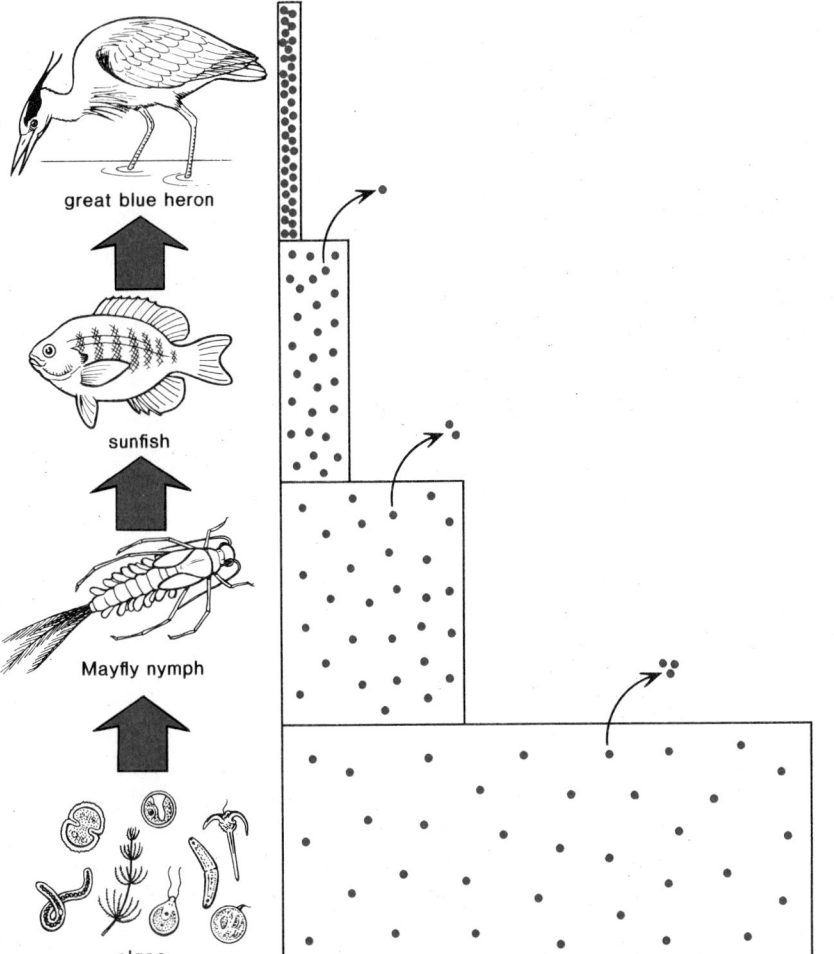

great blue heron

sunfish

Mayfly nymph

algae

Figure 32.22
A poison (dots) that is minimally excreted (arrows) becomes maximally concentrated as it passes along the food chain.

"Lake Erie is a dead lake. Save the rest of the Great Lakes." So went the environmentalists' plaint during the 1960s. Lake Erie was not, in fact, quite dead, but it was suffering from a variety of serious disorders, including a seemingly uncheckable algae growth that, like a fast-spreading cancer, was choking off the other forms of life. Though the remaining four of North America's great chain of lakes—Superior, Michigan, Huron and Ontario—were less diseased, they too showed symptoms of serious, man-made illness.

The Cuyahoga River, emptying into Lake Erie, was so laden with oil and debris that it twice caught fire. Masses of dead alewives washed ashore in Lake Michigan, fouling beaches. Tangles of Cladophora, a smelly freshwater seaweed, clogged other beaches. Commercial fisheries, which had long flourished on the lakes, perhaps a bit too aggressively, began closing for lack of good fish and fear of DDT and mercury contamination. Sports fishermen had largely given up on the lakes, as stocks of walleyed pike, lake trout and other game species disappeared.

facilities. Cities and towns must have adequate sewage treatment plants. In a *primary treatment plant,* solids, grease, and scum are removed before the effluent (discharge) is chlorinated to kill bacteria. In a *secondary treatment plant,* specially provided decomposers break down any remaining organic matter in the effluent before it is chlorinated. In a *tertiary treatment plant,* nutrient molecules are removed to prevent algal bloom. Since tertiary treatment plants cost twice as much as secondary plants, other ways of removing excess nutrients are being explored. For example, it is sometimes possible to pass the water through a swampy area before it drains into a nearby waterway. Or the water can be used to irrigate crops and/or grow algae and aquatic plants in a man-made shallow pond. Since the latter can produce feed for animals, it represents a cyclical use of chemicals.

The success of recent efforts to control water pollution is witnessed by the fact that Lake Erie, one of the Great Lakes, which was at one time feared to be "dying," has now made significant strides toward recovery, as discussed in the reading on this page.

Solid Wastes

The human ecosystem (fig. 32.10) produces much solid wastes. Federal law now requires that all open dumps be closed by 1983. Alternatives are sanitary landfills, incineration, deep-well injection, and ocean dumping. Each of these presents problems. Land that can be filled with trash and covered over is sometimes not available; incinerators must comply with regulations for air quality control; deep-well injection sites must be located beneath the earth in areas where they will not interfere with underground water; ocean dumping must be done beyond the continental shelf (p. 727) to prevent the waste material from washing back to shore.

The hulls of pleasure boats were discolored by discharges from the steel plants of Gary, Ind., the oil refineries of Hamilton, Ont., and the paper mills of Green Bay, Wis. Raw sewage was regularly added to the noxious brew. Said a 1970 joint U.S.-Canadian report: "Approximately one-third of the United States shoreline [on Lake Erie] is either continuously or intermittently fouled with bacterial contamination."

The growing pollution of the Great Lakes was not only an aesthetic and commercial tragedy. More than 29 million Americans and 9 million Canadians (more than a third of Canada's population) live in the Great Lakes basin. The lakes contain 95% of the U.S. supply of fresh water in lakes and reservoirs and 20% of the world's; they supply drinking water for 23.5 million Americans. Clearly, something had to be done.

It was. In the past decade, international commissions have been formed, endless stacks of reports written, legislation passed, bans enforced, and billions of dollars spent on facilities to clean the waste water that was being dumped into the lakes. As a result, even environmentalists are optimistic about the future of the waters. Says G. Keith Rogers, a scientist at the Canada Center for Inland Waters: "Previously people were saying 'How can we stop the lakes from getting worse?' Now we are seriously talking about rehabilitating the lakes to their original state."

Much of the easier, partly cosmetic work has been accomplished. The globs of oil, the multicolored industrial discharges, the flotsam from shoreline cities, the fecal and bacterial wastes are no longer dumped in the lakes in vast quantities. According to the International Joint Commission, the group overseeing the U.S.-Canadian agreements to clean up the waters, more than 600 of the 864 major dischargers into the Great Lakes now meet the tough new water-quality regulations. In the past ten years U.S. and Canadian municipalities have spent more than $5 billion to improve sewage treatment plants. Industries, often prodded by injunctions and fines, have spent billions more.

Toxic substances in the lakes are now the environmentalists' major concern. The levels of such chemicals as mirex (an insecticide), PCBs and mercury are still too high to allow the resumption of commercial fishing, and Canada publishes a guide that warns sports fishermen which fish are unsafe to eat. Says Leila Botts, chairman of the Great Lakes Basin Commission: "As we learn more about the problems of the Great Lakes, we discover that it's not as easy as it first appeared when we assumed that if we'd just get industry and the municipalities to clean up their acts, we'd have clean water. Now we've largely done that, and we discover that there are dangerous toxic substances in the lakes we didn't even know about before."

These problems are not insoluble, but they will require a subtlety of technology and policy quite different from the massive input of dollars that cured many of the lakes' ills during the 1970s. "Basically I'm optimistic," says Robert Boden of the EPA's Great Lakes National Program Office. "We are reaching a state of fine-tuning of the Great Lakes ecosystem." And that's definitely progress.

The obvious solution is to recycle as much material wastes as possible. The government now offers grants for the construction of recycling plants. It is even possible to make coallike bricks and liquid fuel from trash, which can be used in local power plants to generate electricity. As mentioned previously, the more the human ecosystem comes to resemble the natural ecosystem, the less pollution problems there will be.

Summary

Ecosystems are portions of the biosphere that contain a biotic and an abiotic component. The biotic component consists of populations that interact with each other and with the abiotic component, or physical environment. The populations in an ecosystem form food chains in which the producers produce food for the other populations by being able to capture the energy of the sun, the ultimate source of energy for our universe. Chemicals cycle through the food chain and in time the same inorganic molecules are returned to the producer population for conversion to organic food. Energy flows through the ecosystem but does not cycle since there is a loss of useful energy at each trophic level. The food pyramid illustrates that each successive population has a smaller size or biomass because energy does not cycle.

While it is convenient to study food chains, the populations in an ecosystem actually form food webs in which food chains join and overlap with one another. Mature natural ecosystems are stable because population sizes are held in check by density independent and density dependent factors. Further population size is maintained by the diversity of the food web.

Chemical cycles require both the biotic and abiotic portions of the ecosystem. In the carbon cycle, carbon dioxide is removed from the atmosphere by photosynthesis but is returned by respiration. Humans contribute to the cycle by burning fossil fuels. In the nitrogen cycle, nitrogen-fixing organisms (bacteria and blue-green algae) convert aerial nitrogen to nitrates and denitrifying bacteria convert ammonia and nitrates back to aerial nitrogen. Nitrifying bacteria convert ammonia to nitrate. Humans contribute to this cycle because they use aerial nitrogen to manufacture nitrate for use in fertilizers.

In contrast to mature natural ecosystems, the man-made ecosystem, consisting of country and city, is not stable. Nonrenewable fossil fuel energy is used inefficiently, and material resources enter the system and do not cycle. Because of these excessive inputs, the outputs to the system are much pollution and waste. While in the past we could rely on natural ecosystems to process our wastes, such as sewage, this is no longer feasible because the size of the natural systems has been reduced and the amount of pollution has been steadily increasing. However, we could begin to pattern the human ecosystem after a natural system by using a renewable energy source and by recycling material resources and chemicals.

Pollution affects all portions of the biosphere. The greatest single contribution to air pollution is caused by the burning of fossil fuels. Acid rain and smog are caused by air pollutants. The pollutants may also be affecting the weather. Most experts favor the greenhouse theory that suggests the weather is getting warmer.

Water pollution has numerous sources (fig. 32.20). Cultural eutrophication is caused mainly by the addition of plant nutrients to fresh water. Biological concentration, which occurs as poisons pass from one trophic level to another, is especially common in polluted waters. Thermal pollution is caused by electric power plants that draw water from nearby bodies of water.

Various alternatives are available for the disposal of trash but the best alternative is to recycle materials. Federal legislation controls air and water quality and trash disposal. Much progress has been made and there are hopeful signs that the environment will continue to improve.

Study Questions

1. Give an example of an aquatic and a terrestrial food chain. Name the producer, the consumers, and the decomposers in each chain. (pp. 680–81)
2. A food pyramid describes the size of the various populations within a food chain. Discuss the relationship of size and the fact that energy does not cycle. (p. 681–82)
3. Describe the carbon cycle. How do humans contribute to this cycle? (p. 683)
4. Describe the nitrogen cycle. How do humans contribute to this cycle? (p. 684)
5. Draw a diagram to represent the man-made ecosystem and discuss its inputs and outputs. (p. 685) Compare the man-made ecosystem to a natural ecosystem. (p. 685)
6. What causes acid rain and what are its effects? (p. 690)
7. What are the primary components of air pollution? (p. 690) London smog? (p. 691) Photochemical smog? (p. 691)
8. How is air pollution related to the weather? (p. 691)
9. What is cultural eutrophication and how might it be prevented? (p. 692)
10. Why do nonbiodegradable poisons concentrate as they go from trophic level to trophic level? (pp. 693–94)

Further Readings

Bell, R. H. V. 1971. A grazing ecosystem in the Serengeti. *Scientific American* 226(1):86–93.

Brill, W. J. 1977. Biological nitrogen fixation. *Scientific American* 236(3):68–81.

Collier, B. D., et al. 1973. *Dynamic ecology*. Englewood Cliffs, N.J.: Prentice-Hall.

Gosz, J. R., et al. 1978. The flow of energy in a forest ecosystem. *Scientific American* 238(3):93–102.

Moran, J. M., et al. 1980. *Introduction to environmental science*. San Francisco: W. H. Freeman.

Ricklefs, R. E. 1976. *The economy of nature*. Portland, Ore.: Chiron Press.

Scientific American. 1970. 225(3). Entire issue devoted to the biosphere.

Woodwell, G. M. 1978. The carbon dioxide question. *Scientific American* 238(1):34–43.

33

the biosphere

1. All life forms exist in major communities called biomes, which are adapted to climate.

2. Humans have exploited and altered both terrestrial and aquatic biomes to the point that representative examples should be preserved as wilderness areas.

3. Complex biomes, such as forests, come into existence by the process of succession, a series of stages leading to a climax or mature stage.

4. While productivity is highest in the early stages of succession, the climax stage is the most stable. Human need for productivity should not cause the abandonment of stability because only a stable biosphere ensures our continued existence.

5. In order to maintain stability of the biosphere, alteration and pollution of the biomes should be curtailed.

Chapter 32 discussed the concepts biosphere, community, and biome. In this chapter, we will concentrate our study on the major biomes recognized in the biosphere. The locations of the terrestrial biomes recognized in this text are indicated in figure 33.1. The number of biomes could easily be increased by subdividing these. We should also recognize the fact that the various biomes are somewhat artificially imposed upon the biosphere. There are no distinct divisions between biomes; instead, one type of biome gradually becomes another type of biome and it is not surprising to find within any particular biome a region that does not fit the biome's general description.

Physical conditions, particularly climate, determine the biome of an area. Figure 33.2 shows that the various biomes can be related to temperature and rainfall. Deserts are biomes with the least amount of rainfall.

Deserts

Deserts (fig. 33.3) have less than ten inches of rain a year and occur in Africa (the great Sahara Desert), Australia, and North America. They are inhabited by few species because of the unfavorable climate that is constantly dry and hot by day and cold by night. Perennial flowers including the succulent cacti, nonsucculent shrubs, such as sagebrush, and stunted desert trees are common North American desert vegetation. Reptiles, exemplified by lizards and turtles; rodents, such as the kangaroo and pack rat; and birds, like woodpeckers, hawks, prairie falcons, and the roadrunner, are common small animals. The camel is a large herbivorous animal of African deserts that can store fat and water in its hump. Large carnivorous animals of the United States desert are the badger, kit fox, and bobcat.

Plants and animals adapted to the desert have structural and/or behavioral adaptations that allow them to prevent evaporation and withstand heat. Plants, and even some animals, reproduce only when adequate water is available. Like the camel mentioned above, animals often make use of metabolic water produced by cellular respiration. Both plants and animals have protective coverings, but animals also hide beneath rocks or burrow in the earth or venture forth only at night to escape the heat of the sun.

Desertification

Thirty-six percent of the biosphere is expected to be a desert on the basis of annual rainfall. Yet a world survey indicates that 43 percent of the land is actually desertlike. The difference of 7 percent probably represents the extent of desertification caused by human misuse of the land.[1] The true deserts are expanding into the area of semideserts and the semideserts are expanding into the grasslands. Altogether, a collective area the size of Brazil has undergone reduced productivity. In heavily populated countries, such as Africa and India, true deserts are increasing in size because people living in semiarid areas cut down trees for firewood and allow cattle to graze on the shrubs until the entire area lacks ground cover. In the past fifty years, 251,000 square miles of farmland and grazing land have been swallowed up by the Sahara along its southern fringe.

In the midwestern and southwestern regions of this country, overgrazing of grasslands has caused them to become semideserts. Water has been diverted from the countryside to the cities so that irrigation of once fertile farmland is no longer possible. This land has become as a desert. Whereas a biome will naturally maintain itself, restoration of the land requires a great expenditure of energy and materials. In poor countries these resources are most likely lacking; in the United States the government sometimes reclaims the land.

1. E. Eckholm and L. R. Brown, *Spreading deserts—The hand of man,* Worldwatch Paper 13, Worldwatch Institute, August 1977.

Figure 33.1

A map showing the major biomes of the world as they would be distributed if undisturbed by humans.

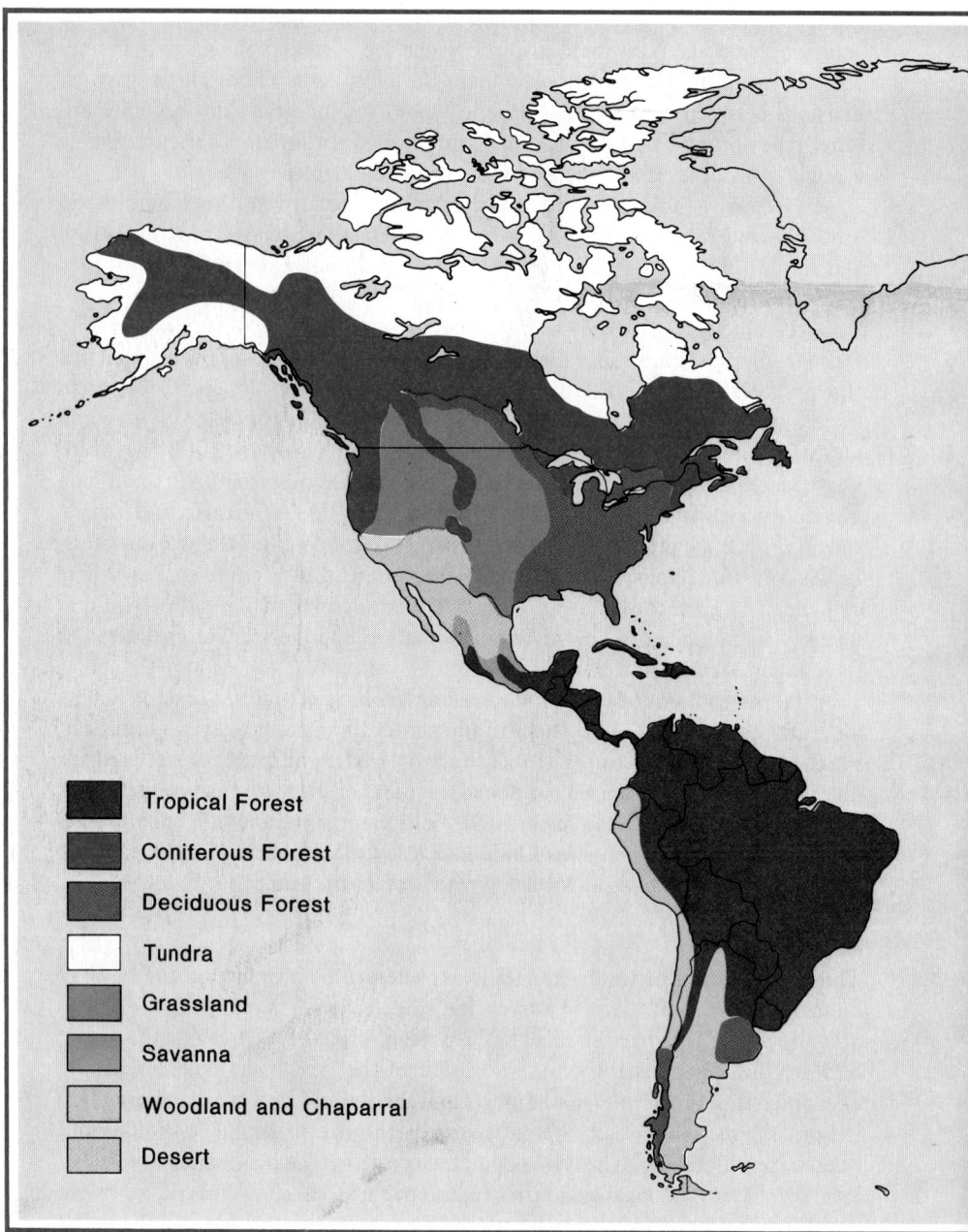

Tropical Forest

Coniferous Forest

Deciduous Forest

Tundra

Grassland

Savanna

Woodland and Chaparral

Desert

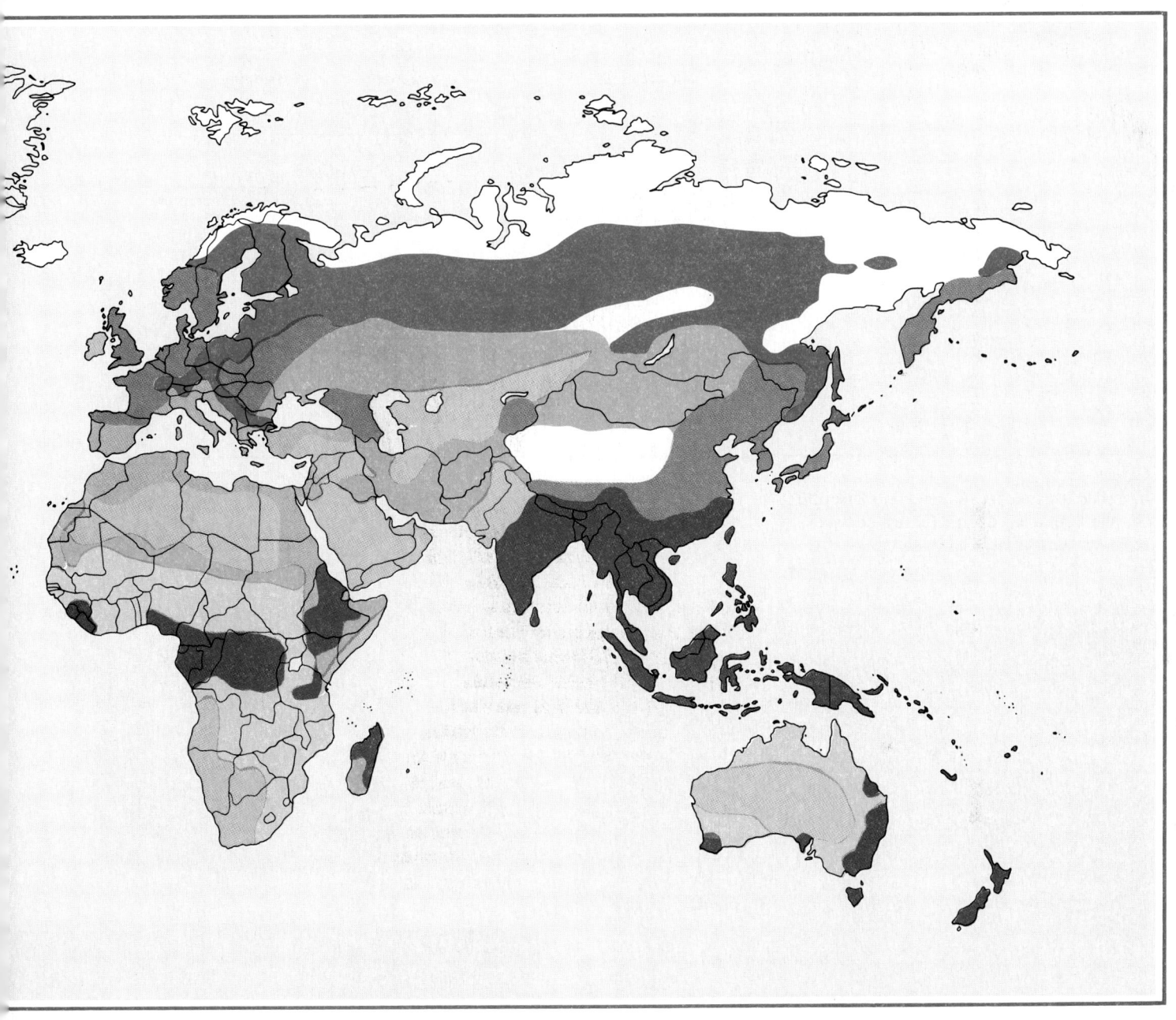

Figure 33.2
Temperature and rainfall determine the biome to a large extent.

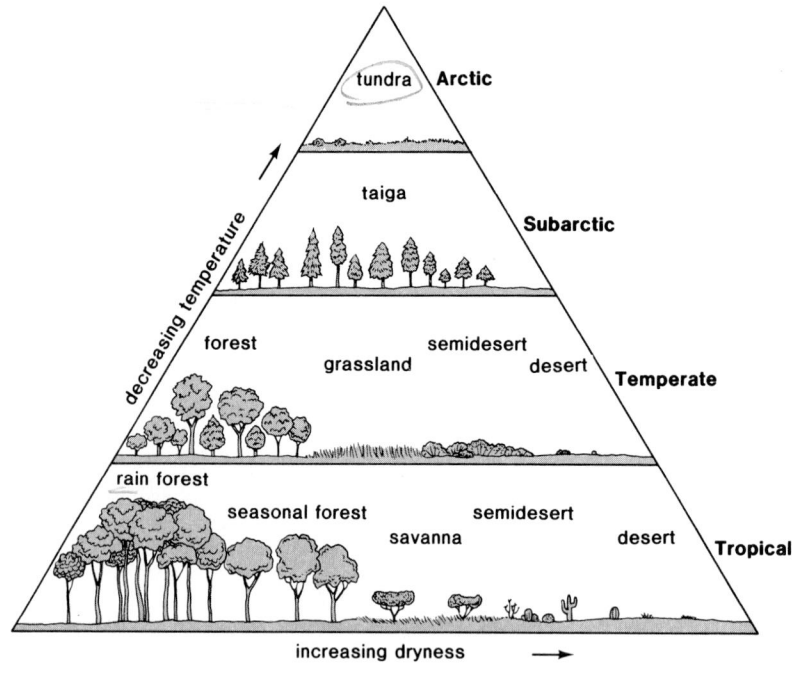

decreasing temperature

tundra — **Arctic**

taiga — **Subarctic**

forest · grassland · semidesert · desert — **Temperate**

rain forest · seasonal forest · savanna · semidesert · desert — **Tropical**

increasing dryness →

Figure 33.3
a. Semidesert biome. An antelope jackrabbit (*b*) and hedgehog cactus (*c*) are common sights in North American deserts.

a.

b.

c.

a.

b.

Figure 33.4
a. Tundra biome. Caribou (*b*) graze on the low-lying vegetation of the tundra, such as beargrass (*c*).

c.

Grasslands

Grasslands occur where rainfall is greater than ten inches but is insufficient to support trees. The extensive shallow root system of grasses allows them to recover quickly from drought, cold, fire, and grazing. Furthermore, these matted roots, which absorb surface water efficiently, prevent invasion by trees.

Grasslands, which occur on all continents (fig. 33.1), are known by various names. We will be discussing the tundra, an arctic grassland; the savanna, a tropical grassland; and the prairie and plain, temperate grasslands in this country.

Arctic Tundra

The northernmost biome (fig. 33.4) is dark most of the year and has a limited growing season with minimum light energy. Precipitation is also slight, coming mostly in the form of snow, but water, frozen in the winter, is plentiful in the summer because little evaporates. Only the topmost layer of the earth thaws and beneath this the permafrost is forever frozen. Trees are not found in the tundra because roots cannot live within the permafrost. Grasses, shrubs, and a ground cover of lichens and mosses are the only common vegetation. A few small animals, for example, the snowshoe hare, the lemming, which resembles a rat, and a bird, the arctic tern, live in the tundra the year round. At one

Figure 33.5
The Alaska pipeline brings oil to the U.S. There is fear that the pipeline
will contribute to the destruction of the tundra and taiga biomes.

time, the musk-ox, before its virtual extermination by human hunters, was a
plentiful year-round resident. Now only the large caribou and reindeer migrate
to the tundra in the summer and the wolves follow to prey upon them. Polar
bears are common near the coast.

To live in the tundra, plants and animals need adaptations to allow them
to survive the extreme cold. Shrubs with shallow roots must be able to grow
and flower within the short summer. The hare, musk-ox, and caribou all have
broad feet adapted to walking on snow and ice. The lemmings burrow in the
winter. The musk-ox and hare have thick coats, and the musk-ox, like the
Eskimo, has a body that is short and squat to conserve heat.

The tundra has been the least altered of all the biomes because of its
unfavorable climate and soil conditions. But its location has caused it to
receive a large amount of radioactive fallout from hydrogen bomb testing.
Lichens, caribou, and Eskimos all contain a high concentration of radioactive
elements. The tundra contains resources, minerals and fossil fuels, which only
now have become profitable and therefore technologically possible to remove.
There is concern, therefore, that the ecology of the tundra will be disturbed
by such factors as the Alaska pipeline (fig. 33.5) and that the area may now
suffer damaging pollution as a result.

Savanna

The African savanna (fig. 33.6) is a tropical grassland that contains both trees
and grasses and therefore supports populations of browsers and grazers. The
temperature is warm and there is adequate yearly rainfall, but a severe dry
season limits the number of different types of plants. Perhaps the best known
of the trees are the flat-topped acacia trees, which shed their leaves during a

Figure 33.6
a. Savanna biome. The savanna is home to a great variety of plants
and animals, such as a cheetah and her cubs (*b*) and cyperus (*c*).

a.

b.

c.

drought and remain small due to the limited water supply during the dry
season.

The large, always warm African savanna supports the greatest number
of different types of large herbivores of all the biomes. Elephants and giraffes
are browsers. Antelopes, zebras, wildebeest, waterbuffalo, and rhinoceros are
grazers. These are preyed upon by cheetas and lions, whose kill is at times
scavenged by hyenas and vultures.

The savanna has been reduced in size due to human encroachment, but
the parts that remain, although often misused, have largely retained their
natural state. "Conservation by utilization," which means that the native
animals are domesticated for dairy and meat products, is favored by farsighted promoters, especially since imported European cattle are susceptible
to tsetse fly infection, a constant threat in many parts of Africa.

Chart 33.1 Forest Biomes

Biome	Plants
Coniferous forest	Cone-bearing evergreen trees, such as pine and spruce No understory
Temperate deciduous forest	Broad-leaved trees, such as oak and maple Understories
Tropical rainforest	Broad-leaved evergreen trees Multilevel canopy No understory
Tropical seasonal forest	Mixed broad-leaved evergreen and deciduous Rich understories produce jungle

Prairie and Plain

As one travels from east to west across the United States, the tallgrass prairie (fig. 33.7) gradually gives way to a shortgrass plain. Although grasses dominate, they are interspersed by other herbaceous plants called **forbs.** Forbs produce colorful flowers, whereas grasses do not.

The limited variety of vegetation places a restriction on the variety of animal life. Insects abound, especially grasshoppers, crickets, leafhoppers, and spiders. Songbirds and prairie chickens sometimes feed off these, but usually they prefer seeds, berries, and fruits.

In contrast to the savanna, the mammalian herbivores are all grazers because there are few trees to support populations of browsers. Small mammals, such as mice, prairie dogs, and rabbits, typically burrow in the ground but usually feed aboveground. Hawks, snakes, badgers, coyotes, and kit foxes capture and feed off these. The largest of the herbivores, the buffalo and pronghorn antelope, had few enemies until humans killed them off. Before then large herds of buffalo, in the hundreds of thousands, roamed the prairies and plains, never overgrazing the bountiful vegetation.

The grazers and their predators are specialized for locomotion in all the grasslands. The same adaptations for leaping, burrowing, and running are seen in North American animals as well as African animals (fig. 33.8). This is an example of covergent evolution—the animals of similar biomes resemble one another because they are suited to the same environment.

Only remnants of the original grasslands remain, and much is now used for farming (fig. 33.9) or for rangeland and pasture. At times, drier areas have undergone desertification, as discussed on page 701.

Forests

The three types of forests discussed here are contrasted in chart 33.1. Generally speaking, the evergreen coniferous trees are well adapted to the cold because both the leaves and bark have thick coverings. Also, the needlelike leaves can withstand the weight of heavy snow. The broad leaves of deciduous trees carry on a maximum amount of photosynthesis during the short growing season of the temperate zone. Loss of these leaves and dormancy during the winter protect the trees from the danger of cold weather and heavy snow. Trees living in the moist, warm environment of the tropics are both broad-leaved and evergreen because continuous growth is possible and there is no need for dormancy.

Coniferous Forest

Coniferous forests are found in three locations: in the **taiga,** which extends around the world in the northern part of North America and Eurasia; near mountain tops; and, surprisingly enough, along the Pacific coast of North America, as far south as Northern California.

The taiga (fig. 33.10) typifies the coniferous forest with its cone-bearing trees, such as pine, fir, and spruce. There is no understory of plants, but the floor is covered by low-lying fungi, mosses, and lichens beneath the pine

Figure 33.7
a. Prairie biome. b. An abundance of black-
eyed Susans decorate the grassland
landscape. c. A sage grouse surveys its
prairie habitat.

a.

b.

c.

needles. Birds harvest the seeds of the conifers, and bears, deer, moose, beaver,
and muskrat live around the ponds and along the streams. Wolves prey on
these larger mammals. In the mountains, the taigalike forests also harbor the
wolverine and mountain lion.

The coniferous forest that runs along the west coast of Canada and the
United States contains some of the largest conifer trees ever in existence,
including the giant redwoods (fig. 33.11). The constant humidity and relatively
warm conditions are believed responsible for the unusual growth and development of these trees.

Figure 33.8
Similar adaptations in animals of different ancestry living under similar
conditions exemplify convergent evolution. This diagram compares North
American animals with African animals that live in the grassland biome.
a. Jackrabbit compared to springhaas. b. Prairie dog and ground squirrel
compared to African ground squirrel. c. Pocket gopher compared to golden
mole. d. Bison and pronghorn compared to zebra and springbok. e. Coyote
compared to lion and cheetah.

North America   **Africa**

a. leaping herbivorous mammals

b. burrowing mammals; feed above ground

c. burrowing mammals; feed underground

d. running herbivorous mammals

e. running carnivorous mammals

Figure 33.9
The rich flat plains of the midwest became the corn and wheat belt of the United States.

Figure 33.10
The northern forests of all continents make up the taiga biome.

Figure 33.11
The redwoods are the largest coniferous trees ever to exist.

Figure 33.12
a. Deciduous forest. Animal and plant life are abundant on the forest floor.
b. Ladyslippers. c. Fox squirrel.

a.

b.

c.

Temperate Deciduous Forest

The temperate deciduous forests (fig. 33.12) of North America, most of Europe, and parts of Japan, Australia, and South America are characterized by a change in seasons. In North America the trees are bare in winter, awake from dormancy and start to grow again in the spring, continue growth in the summer, and lose their leaves and become dormant in the fall. In the summer

Figure 33.13
a. Tropical rain forest. Bloodflowers
(b) provide vibrant contrast while a
chameleon (c) blends subtly into the
tropical background.

b.

a.

c.

the tops of the trees (oak, birch, beech, and maple) form a canopy open enough to allow sunlight to penetrate to the forest floor, thereby allowing several other layers of growth. Beneath the trees are shrubs, grasses, wild flowers, and finally mosses and liverworts.

Animal life is abundant. Myriads of insects are food for insectivorous birds, such as the red-eyed vireo and woodpeckers. Mammals, such as squirrels, rabbits, deermice, and white-tailed deer, make their home in the woods and are preyed upon by foxes and wolves.

Tropical Forests

The largest tropical rain forest (fig. 33.13) is found in the Amazon basin of South America, but such a forest also occurs at the equator in Africa and Australia, where it is always warm and rain is plentiful. Species diversity is intense and there are more kinds of plants and animals here than in any other biome. The trees are broad-leaved evergreens that form a tall canopy composed of several layers with characteristic plants and animals in each layer. Woody

Erosion gouges disfigure a once lush Columbian forest.

Saving the Amazon

. . . . The problem facing tropical nations like Brazil is to discover how to manage and conserve their moist arboreal resources. There have been plenty of incentives to exploit forests. In fact, tropical timber is one of the developing world's fastest-growing exports, with revenues rivaling those from sugar, cotton or copper.

Many early logging ventures were unduly destructive. "Surveys in Southeast Asia reveal that average logging leaves between one-third and two-thirds of residual trees effectively wrecked," notes Myers.* "On top of this, almost one-third of the ground may be left bare, in many instances with soil impacted through heavy machinery." Things are changing for the better, although the short-term economic return necessary to keep small entrepreneurs solvent still favors profit and exploitation over conservation.

More devastating than logging is agriculture. "(F)orest farmers use about a fifth of the entire biome and their activities constitute the largest factor in conversion of tropical moist forest," according to the NRC report. And with 90 percent of the world population growth over the next 20 years expected to occur in the tropics, pressure to exploit lush forests—where population density is as low as that of the Sahara Desert—will only increase.

In fact, the "lush" appearance of moist forest—especially rain forests such as those covering practically all of Amazonia—has deceived many a farmer and rancher. Unlike in the temperate zone, soils are not the major reservoir for nutrients in the tropics. High rainfall levels leach minerals from the soil, while massive root structures—triple the density of those associated with trees in temperate forests—efficiently drink them back in.

But Pedro Sanchez of North Carolina State University, an expert on jungle soils, believes the soil does not present an untoward impediment. In addition to the eight percent of the Amazon that has naturally fertile, farmable soil, another 75 percent is arable. "The well-drained acid soils of the Amazon are the same soils as in the southeastern United States from east Texas to Virginia. With proper care, you can grow crops continuously in this soil," he says. Working in the Peruvian Amazon, Sanchez and others have grown three crops per year, without irrigation, for seven years. Using careful application of fertilizers and lime on selected species of rice, corn, soybeans and peanuts, they've gotten $5.00 worth of crops for every $1.00 in fertilizer—"a good payback," Sanchez says. The yields are comparable to those anywhere else in the world, he says. As for the soil that

vines, called lianas, reach from the forest floor to the top of the canopy and epiphytes, such as orchids, bromeliads, and ferns, cling to the trees but are not parasitic. Although these plants grow on the surface of other plants they take their nutrients and water from the air. The dense layers of the tropical canopy do not allow light to reach the forest floor, and therefore there is no growth here and little litter because decomposition takes place so quickly.

While we usually think of tropical forests as being nonseasonal rain forests, there are tropical forests with wet and dry seasons in India, southeast Asia, West Africa, South and Central America, the West Indies, and northern Australia. Here there are deciduous trees and the canopy does allow light to pass through, helping produce layers of growth beneath the trees. In fact, the tangled mass of growth in tropical seasonal forests is known as jungle.

In both types of tropical forests most animal life is arboreal, living in the trees. There are insects, snakes, lizards, and frogs that spend their whole lives in the treetops and, of interest to us, here we find monkeys and apes. In addition, the tropical seasonal forests have elephants, tigers, and hippopotami.

Exploitation Many factors are now causing increased pressure to exploit tropical forests and among these are conservation of forests in the temperate zone and increased population sizes in the tropical zone. The article on this page discusses the problems involved. When cleared of vegetation, soil tends

turns brick-hard when exposed to air, Sanchez explains: "This layer is beneath the topsoil. The upper layer has to be eroded first for damage to be done," he says, and erosion can be prevented. . . .

But everyone has not been careful. Erosion does occur. Forest cover usually holds erosion to less than one ton of soil per hectare annually. With human made pasturelands, erosion can total 20 to 200 tons per hectare annually. Erosion on crop fields can reach 1,000 tons per hectare annually.

"It is now generally conceded that over most . . . of Amazonia, soils without agricultural inputs will not support continuous annual cropping for much longer than five years . . . never much more than ten," World Bank ecologist Robert Goodland says. By way of example, he points out that rice, the most widely planted crop in Amazonia, can be sustained for only a year or two.

Speaking of the most fragile of the moist zones, Goodland predicts "the increase in human well being or the amount of economic return accruing per unit area transformed will probably be less in . . . rain forests than in any other biome in the world. Calculated by orthodox analysis, no economically feasible type of development has yet been achieved which is compatible with . . . sustainable exploitation for human benefit."

Nonetheless, tropical societies will exploit their forests. With this in mind, Goodland and others have sought to rank potential development options. Plantation forestry is currently getting a tentative nod of approval. Goodland describes it as much less damaging than most alternatives. Capital intensive as the option is, he points out that "plantation forests can be up to 20 times as productive as native forests." . . .

Before tropical nations offer an unconditional green light to any development project, scientists would like to see more research along the lines of Bierregaard's project in Brazil. "Although the conversion of tropical forest often results in immediate economic gains, systems that lead to the sustained productivity of most tropical soils have not been achieved with existing technology," reports the NRC's Committee on Research Priorities in Tropical Biology.

This is largely because little is known about the tropical forest environment or about the millions of yet unidentified species inhabiting it. The committee fears that without more data on tropical forests and how they operate, "it will be impossible to construct ecologically sound systems capable of supporting the numbers of people living in the tropics, to say nothing of improving the condition of those people."

But Brazil still has a chance, and researchers today are more optimistic than they were a decade or so ago. Then it looked as if the Brazilian government was hurtling toward rapid, destructive exploitation. The government's position was understandable. Faced with an enormous population boom on its coasts (50 percent of the population is younger than 50 years of age), a national debt that today has risen to $55 billion, and dependence on foreign countries for fuel and even pulpwood, the government saw the lush, verdant, seemingly endless Amazon as the ultimate resource.

After investors rushed in and stripped the land for cattle pastures and cropland, the soil went dead within three years and many investors went bankrupt. That's when the Brazilian government started taking the idea of conservation seriously. Today developers must leave 50 percent of the jungle standing. And the government is fully cooperating with such studies as the maximum-yield project. . . .

*Norman Myers is a conservation scientist. His quotes in this article are from a report he wrote entitled "Conservation of Tropical Moist Forest," 1980, which was presented to the National Academy of Sciences.

to become hard and bricklike if not properly cared for. When this occurs, the land is completely barren, and it may take as long as a thousand years for it to recover.

Biomes in the Mountains

Temperature decreases with altitude so that there is gradual cooling from the base of a mountain to the top. It is not surprising, then, that there should be a series of biotic zones (fig. 33.14), according to altitude, or height. In the eastern United States (Appalachian Mountains), the deciduous forest gives way to a coniferous forest, which in turn changes to an alpine tundra region at the top of the mountain. In the western United States (Rocky Mountains), grassland is replaced by a coniferous forest that gives way to a tundralike region that disappears into ice and snow.

Succession

During the process of succession (fig. 33.15) a sequence of communities replaces one another in an orderly and predictable way. The complete process is called a **sere** and each stage is a **seral stage.** For example, if a cultivated field in the temperate zone is abandoned, crab grass invades during the first summer, but by the next year the field also contains annual weeds, such as

Figure 33.14

a. Altitudinal zones on the mountains of the eastern United States. b. Altitudinal zones on the mountains of the western United States.

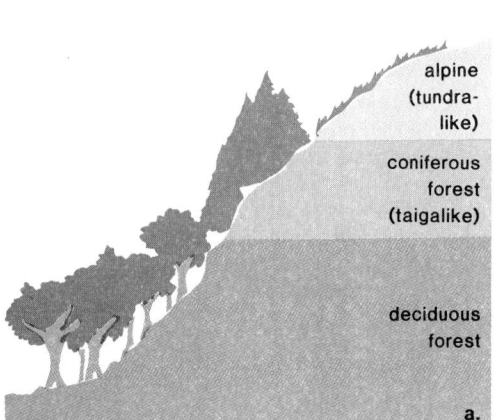
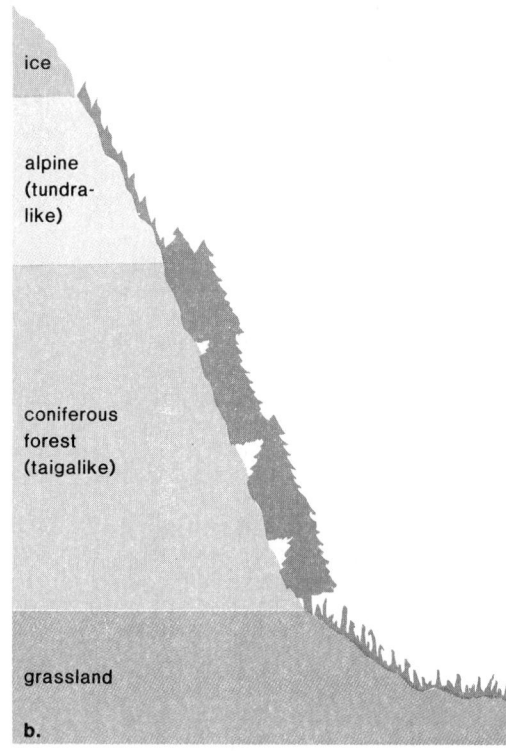

Figure 33.15

By the process of succession, barren land develops into a climax forest. Note the eventual stratification and complexity.

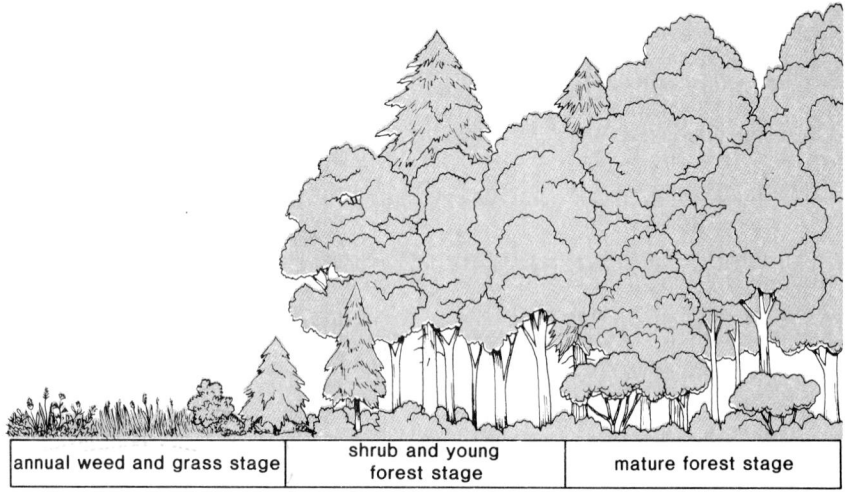

horseweeds. Soon perennials, such as asters and goldenrods, appear. During this so-called **herbaceous,** or **grass, stage,** insects are the principal types of animals in the community. Birds come to seek out the insects and some, such as killdeer and several species of sparrows, nest here.

The grasses and weeds cause the soil to improve so that shrubs begin to invade in the third year. This is the **shrub stage,** which provides sustenance and a habitat not only for birds but also for small mammals, such as mice and chipmunks. While shrubs are the dominant plants, tree seedlings, especially pine, take root.

As the shrub stage continues, the pine trees begin to mature, until they become the dominant plants. During the **pine tree stage,** mosses and ferns begin to grow beneath the trees. Leaf litter from the trees begins to accumulate and soil organisms become prolific. In addition to smaller mammals, larger predators, such as foxes, raccoons, skunks, and weasels, may be seen.

Figure 33.16
Selective cutting
forest.

As the pine trees grow, they provide protection for the germination and growth of hardwood tree saplings. Eventually, a stratified **oak-hickory forest** develops in drier areas and a **beech-hemlock-maple forest** develops in moist regions of the temperate zone. Once these trees have matured, pine seedlings, which require bright sunlight, are no longer able to take root and grow. Thus it is that each succeeding seral stage usually prevents the continuance of the former stage. Only the forest is capable of perpetuating itself so that it is not succeeded by any other stage. Thus, the forest represents the **climax stage** of succession.

Stability Versus Productivity

There is an ecological theory, based on laboratory and field data, that suggests that stability of a biome is related to its complexity. Certainly the climax, or mature, stage of succession is the most stable since it maintains itself with little change. One reason for this might very well be that the last stage is the most complex in terms of species diversity. Thus, if one species or population of a climax community is reduced in size or eliminated, the other populations can compensate for this loss. For example, the deciduous forests in this country did not disappear when both the chestnut and elm trees succumbed to parasitic disease; the other trees simply filled in.

The early stages of succession are obviously unstable, as witnessed by the fact that they are replaced by later stages. However, investigators find that these stages show the most growth and therefore are the most productive.

Knowledge of this relationship between productivity and stability can be utilized by humans when they alter biomes for their own purposes. For example, in forestry the removal of trees places the biome in an earlier successional stage and causes greater productivity (new trees will grow) but also increases instability. Stability can be safeguarded in one of two ways: (a) remove only trees of a certain mature age and leave younger trees standing and (b) remove trees from certain areas, but leave sections in between standing (fig. 33.16). Unfortunately, stability is not always safeguarded and many parts of the world that once had forests have them no more.

of trees helps maintain a

One of the greatest threats to the maintenance of biomes and biotic life is strip-mining. In the United States, at least 60 percent of all coal is now mined in this manner, requiring thousands of acres of land a week. Previously, a terrace was cut into a mountain slope to expose the coal seam, and the trees and dirt along with the topsoil were simply dumped downhill, leaving a naked, loosely packed rim of acidic material that was subject to erosion and landslides (fig. 33.17). Not only was the forest biome destroyed, acid and silt were washed into nearby streams, killing the community of populations within the streams and even killing bacteria that normally work on sewage deposited in the rivers further downstream. But, thankfully, legislation was finally passed requiring strip miners to prove, before operations begin, that they can reclaim the land. In forest areas they are required to store and replace the topsoil over dirt that has been regraded to the original contour. The land must then be seeded so that succession can begin. Land suitable for farming must be regraded to form a root zone of proper compaction and uniform depth and topsoil must be spread evenly.

Aquatic Biomes

Aquatic biomes can be divided into two types: (a) inland or fresh water and (b) ocean or salt water. An **estuary,** however, where a river flows into the ocean, has mixed fresh and salt water, called brackish water. Chart 33.2 lists the aquatic biomes for easy reference. In these biomes, organisms vary according to whether they are adapted to fresh or salt water, warm or cold water, quiet or turbulent water, and the presence or absence of light. In both salt and fresh water, free-drifting microscopic organisms, called **plankton,** are important components of the biome. **Phytoplankton** are photosynthesizing plantlike algae that only become noticeable when they reproduce to the extent that a green scum or red tide appears on the water. **Zooplankton** are animals that feed on the phytoplankton.

Chart 33.2 Aquatic Biomes

Biome	Amount of Life
Inland (fresh water)	
Lakes and ponds	+ +
Rivers and streams	+
Oceans (salt water)	
Oceans	+
Coral reefs	+ + +
Seashores	
Rocky	+ +
Sandy	+
Estuary and salt marshes	+ +

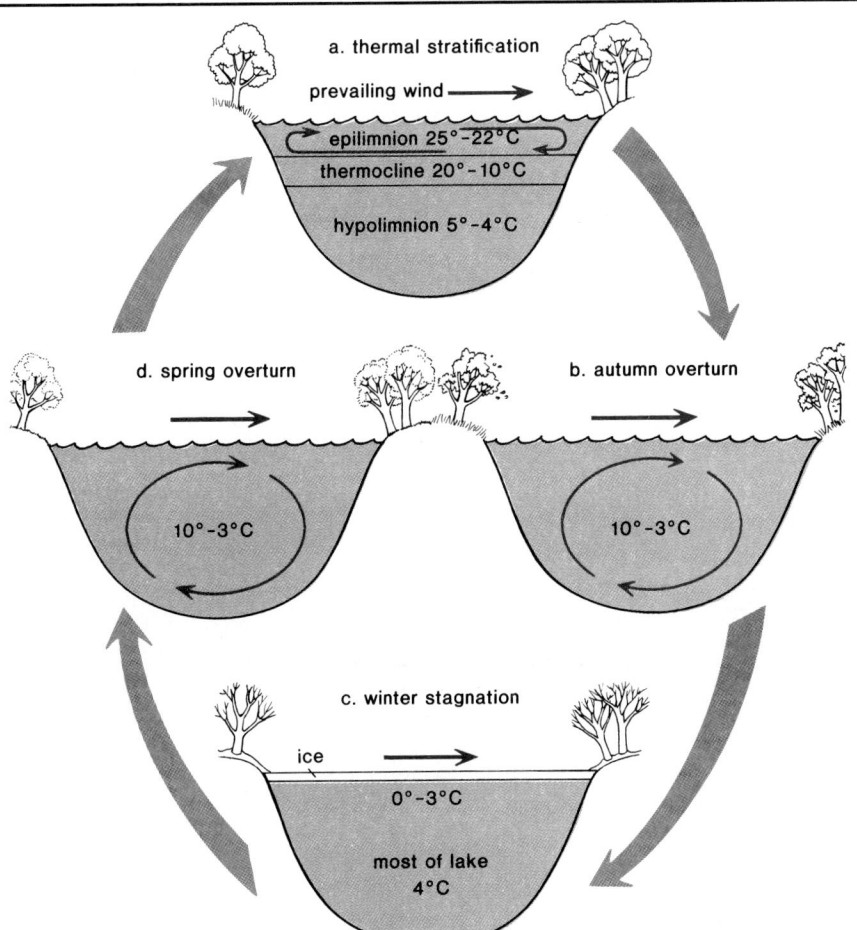

Figure 33.18
Temperature profiles of a large lake in a temperate region vary with the season. During spring and autumn turnover, the deep waters receive oxygen while the shallow waters receive nutrients.

Lakes and Ponds

Lakes, being larger than ponds, have three layers of water that differ as to temperature (fig. 33.18). In summer the upper surface layer, the *epilimnion,* is warm; the middle *thermocline* experiences an abrupt drop in temperature; and the *hypolimnion* is cold. This difference in temperature prevents mixing; and the epilimnion lacks nutrients found in the hypolimnion while the hypolimnion lacks oxygen found in the epilimnion. In the fall, as the epilimnion cools and in the spring as it warms, mixing does occur, causing phytoplankton growth to be most abundant at these times.

Lakes and ponds can be divided into three life zones: The **littoral zone** is closest to the shore, the **limnetic zone** forms the sunlit body of the lake, and the **profundal zone** is below the level of light penetration. Aquatic plants are rooted in the shallow littoral zone of a lake. The rest of the organisms are divided into five groups according to their habitats. The *periphyton* (fig. 33.19) are microscopic or near-microscopic organisms, such as algae or protozoans, that cling to plants, wood, and rocks in the littoral zone. The plankton of the limnetic zone includes both phytoplankton and zooplankton, such as rotifers, copepods, and water fleas. *Neuston,* insects that live at the water-air interface, include the water strider and water scorpion, animals that can literally walk on water, and the whirligig beetle and mosquito larvae that prefer a location just beneath the surface of the water. Other insects, such as diving beetles, water boatmen, and backswimmers, are a part of the *nekton,* a group of free-swimming organisms. Most nekton are fish. Minnows and killifish are fish that prefer the littoral zone; trout, whitefish, and cisco prefer the profundal zone, particularly the hypolimnion; pike, bass, and gar can tolerate warmer water.

Figure 33.19

Life zones of a lake and habitats of organisms within a lake.

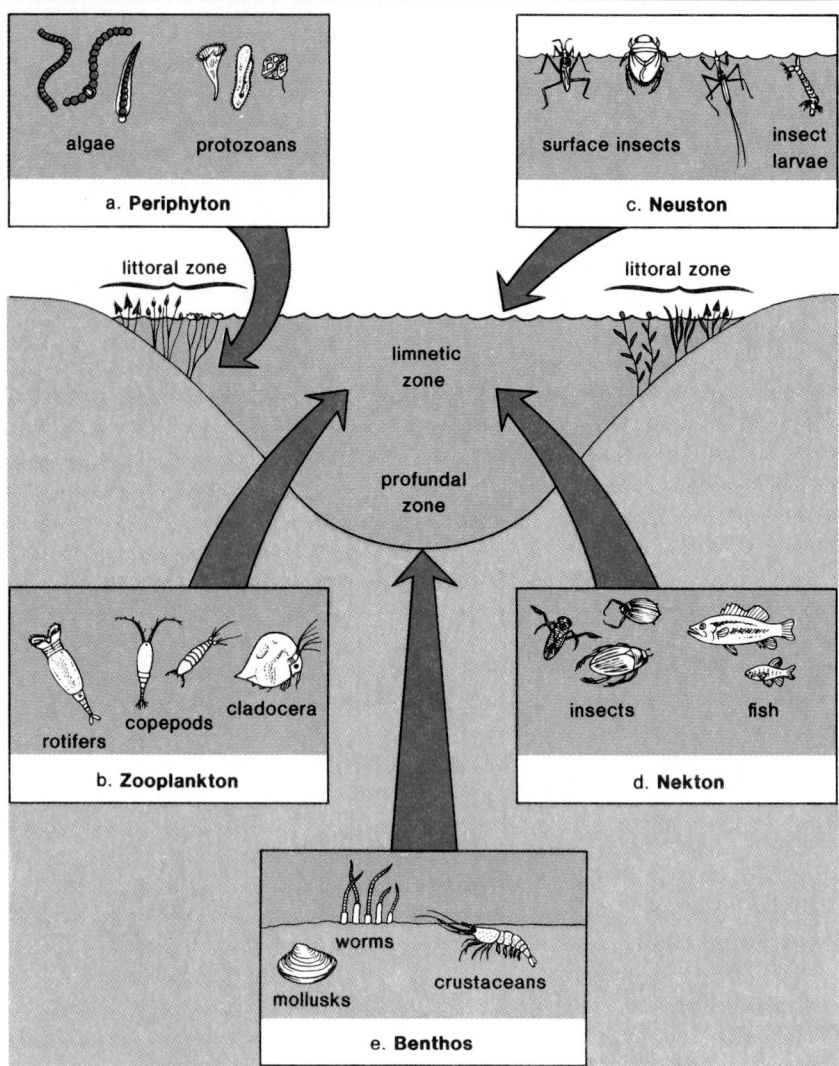

The *benthos* are animals that live on the bottom in the benthic zone. In a lake the benthos include crayfish, snails, clams, various types of worms, and insect larvae. Among the insects that spend a large portion of their life cycle as larvae in the benthic zone are the dragonfly, damselfly, and mayfly. The benthic zone may, however, become so depleted of oxygen at times that only such organisms as sludge worms and midge fly larvae, known as bloodworms, can survive.

Succession

Both lakes and ponds undergo succession and during the process described in figure 33.20, they disappear and become forests, assuming the climate is favorable. At first, sediment collecting on the bottom of a lake or pond allows pondweeds to take root and grow beneath the surface. As these grow and then die, the increased amount of sediment makes the body of water more shallow so that water lilies, whose stems are rooted in the bottom but whose leaves float on the surface, appear. Next, cattails and rushes begin to grow when the water level is reduced to only a few inches. As this swampy ground becomes drier, populations of woody shrubs, willows, and alders become established. In the meantime, trees progressively move toward the region of the pond and in time completely fill in the area.

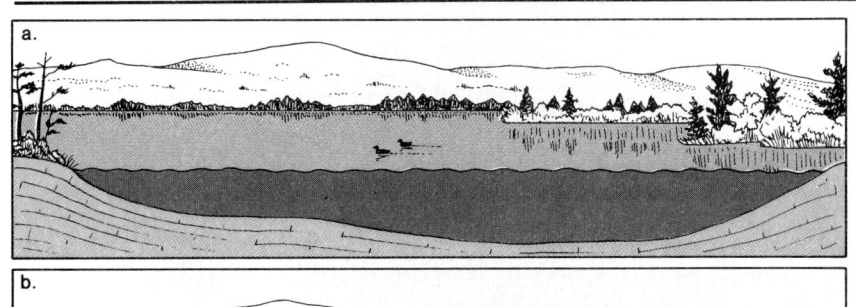

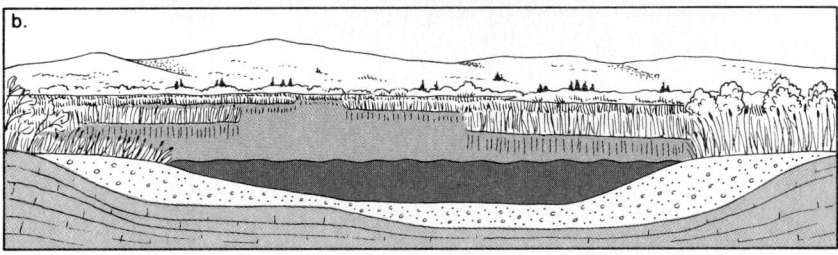

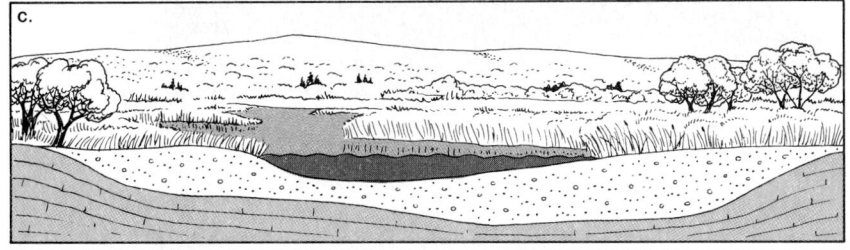

Figure 33.20
Succession of a lake. a. Lake in its original
state. b. Trees, bushes, and grasses begin
to invade the lake, forming a marsh. c. The
marsh become boglike and debris
accumulates. d. The lake is filled in.

When a lake is young and deep it is termed an **oligotrophic lake,** but
when it ages and begins to fill in it is called an **eutrophic lake.** The process by
which lakes change from oligotrophic to eutrophic is called **eutrophication**
(p. 767). The addition of water pollutants, particularly those that are nutrients, can hasten the natural process of eutrophication and is called cultural
eutrophication. At one time it was feared that Lake Erie was "dying" from
cultural eutrophication, but in recent years the process has been reversed, as
discussed in the reading on page 696.

Rivers and Streams

At first, rivers and streams have rapidly flowing water as they move down out
of the mountains. Here insect larvae and water plants are adapted to clinging
to rocks as the water passes by. In intermittent pools, various species of fish,
including trout, which prefer cool oxygenated water, may be found. As the
river nears the ocean, water flow becomes much slower, plankton can now
accumulate, and the community begins to resemble that of a lake or pond.

Water is removed from rivers to grow crops, for use as an industrial
coolant, and for various household purposes. At the same time, sewage and
pollutants are added to the rivers. With an ever-increasing population, more
water is removed and more waste is added to rivers. Since both of these tend
to decrease river flow, there is some question if dependable flow can be assured
by the year 2000 unless projects are immediately carried out to minimize the
use of rivers for these purposes.

Figure 33.21
a. Salt marsh. b. Mangrove swamp.

a.

b.

The Coast

Rivers flow down to the sea to form estuaries, semienclosed, baylike regions. The silt carried by a river forms mudflats, and within the shallow waters, a **salt marsh** (fig. 33.21a) in the temperate zone and a **mangrove swamp** (fig. 33.21b) in the subtropical and tropical zones are likely to develop. Along either side of the estuary community, the seashores reach out along the coast. It is proper to think of sea coasts and estuaries, including mudflats, salt marshes, and mangrove swamps, as belonging to one ecological system.

Estuary

A river brings fresh water into the estuary, and the sea, because of the tides, brings salt water. There is a gradation of salinity, or a gradual increase of salt water, from the river to the sea. Organisms living in an estuary must be able to withstand constant mixing of waters and rapid changes in salinity. Not many organisms are suited to this environment, but for those that are suited

Farsighted programs are needed to eliminate and prevent further pollution of our coastal areas.

Engulfed in a Rising Sea of Troubles

No one can say for sure what the human carrying capacity of America's fragile coastal lands is, but there's no doubt it has already been exceeded many times over. During the past 25 years, development has boomed by 150 percent. A decade from now, more than 75 percent of the entire U.S. population may be living in the coastal belt. On many barrier islands, population density is four times the national average. Right now, counties along the Atlantic and Gulf coasts are growing twice as fast as the rest of the country. More than 40 percent of the wetlands along the Lower 48's seacoast have been destroyed; an additional 300,000 acres are lost every year.

Part of the problem is simply that too many people want to live near the water even though common sense, a steadily rising sea level and meteorological history argue against it. Last fall, Hurricane Frederic visited $2 billion in damages on the southeastern coast, and weather experts fear the day will come when another, even worse storm kills thousands of people in low-lying areas. With so much at stake, the U.S. Army Corps of Engineers has been trying for decades to "stabilize" eroding beaches with an expensive Maginot Line of jetties, sea walls, groins and dikes that usually just make matters worse. And still the pressure grows to cover every remaining square foot of coastline with more homes, pavement, hamburger stands, condominiums, motels and trailers.

The trouble does not end there, for the coastal zone is not limited to flood plains, beaches and tidal pools. It extends far out along the ocean floor and it backs well up into the mainland. Across its entire length and breadth, it is an ecosystem in great peril. Channelization projects and denuded streambanks far inland are increasing the load of silt at river mouths faster than the ocean can carry it away. Oyster beds and other marine life are being smothered. Pollution control efforts have not yet stemmed the flow of pesticide residues and toxic chemicals. Consequently, mercury and other dangerous substances are showing up in seal livers and the fat of fish. Poisonous wastes from offshore dumping are being returned by ocean currents as sludge balls that foul the beaches. Oil slicks from spills and wells pose a constant hazard to fish, birds and public beaches.

These and other disruptions are changing the character of the coast, and in the process they are actually diminishing its value to man.

Used by permission of *National Wildlife Magazine,* 1980.

---

there is an abundance of nutrients. An estuary acts as a nutrient trap because the tides bring nutrients from the sea and at the same time prevent the seaward escape of nutrients brought by the river.

Although only a few small fish permanently reside in an estuary, many develop there so that there is always an abundance of larval and immature fish. It has been estimated that well over half of all marine fishes develop in the protective environment of an estuary, which explains why estuaries are called the *nurseries of the sea.* Even so, many estuaries are becoming victims of pollution because of construction and development along the seacoast, as discussed in the reading on this page.

Seashores

Both rocky and sandy shores are constantly bombarded by the sea as the tides roll in and out. Chart 33.3 lists the terminology frequently used to divide the seashore into zones according to the length of time they are submerged underwater.

Chart 33.3 Seashore Terminology

Zone	Location	Characteristic
Supralittoral	Above high tide	Rarely wet
Littoral	Intertidal	Half wet, half dry
Sublittoral	Below low tide	Rarely dry

Figure 33.22
Rocky shore showing typical forms of life at low tide.

Rocky Shore The rocky shore (fig. 33.22) displays zonation that parallels the tide levels listed in chart 33.3. In the *supralittoral zone,* rough periwinkles feed on darkly colored lichens. In the *intertidal zone,* common periwinkles feed on brown algae known as rockweed. Here, too, barnacles and mussels attach themselves to rocks in rows, awaiting the tide before opening their protective coverings to begin filter feeding. At the point where the littoral zone gives way to the *sublittoral zone,* red Irish moss and large brown kelps provide a home for numerous animals. Mussels, sea squirts, sea urchins, and worms all crowd in under the kelp's sturdy holdfasts. Starfish, crabs, and brittle stars prey on these detritus feeders.

Sandy Shore On a sandy beach the dry grains of sand, which are in perpetual motion, do not provide a suitable substratum for the attachment of organisms. Also absent are crevices and seaweeds to protect animals from the burning sun. Therefore, animals that make their home on sandy beaches (fig. 33.23) either burrow during the day and surface to feed at night or they remain permanently within their burrows or tubes. Ghost crabs and sandhoppers (amphipods) burrow above high tide and feed at night when the tide is out. Sandworms and sand (ghost) shrimp remain within their burrows in the intertidal zone, feeding on detritus whenever possible.

Coral Reefs

Coral reefs (fig. 33.24) are areas of biological abundance found in shallow tropical waters that have a minimum temperature of 70°F. The chief constituents of a coral reef are stony coral animals and calcareous red and green algae. Corals, like sea anemones, have a saclike body with a crown of tentacles about the mouth. The stony corals secrete a calcium carbonate (limestone) exoskeleton; the soft corals secrete only microscopic spicules; and the horny corals secrete only a small amount of limestone but stiffen their bodies with gorgonin, a flexible substance. The horny corals often take the shape of fans and plumes. Corals do not usually occur individually; rather, they form colonies derived from an individual coral that has reproduced by means of budding.

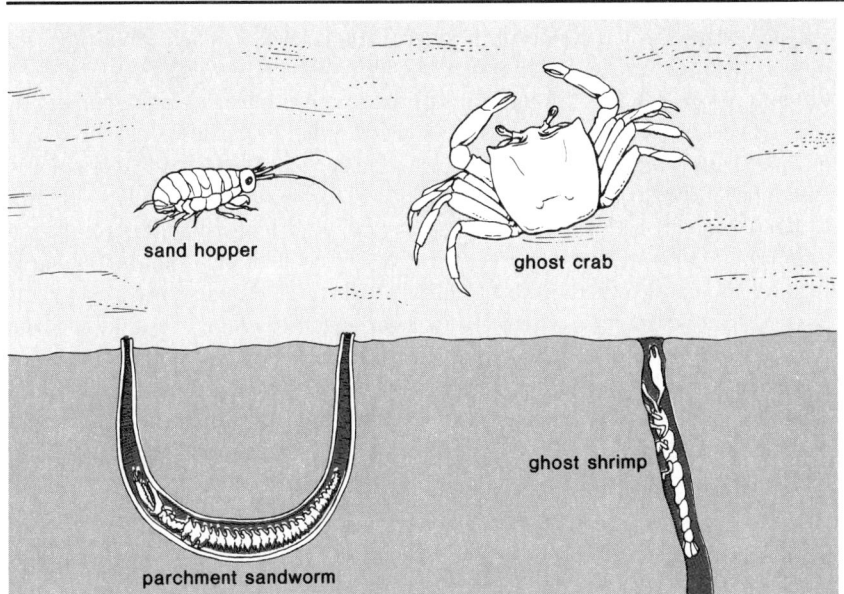

Figure 33.23
Representative animals of a sandy shore.

sand hopper

ghost crab

ghost shrimp

parchment sandworm

Figure 33.24
A coral reef has the richest diversity of life of any biome.

Microscopic algae live inside the coral. The corals, which feed at night, and the algae, which photosynthesize during the day, share materials and nutrients. Only the top layer of a reef contains living corals. They are like a veneer growing a few millimeters a year on top of congregate ancestral corals.

A coral reef is densely populated with animal life. There are many types of small fishes (butterfly, damsel, clown, and surgeon), all beautifully colored. In addition, the large numbers of crevices and caves provide shelter for filter feeders (sponges, sea squirts, and fan worms) and for scavengers (crabs and sea urchins). The barracuda and moray eel prey on these animals. Some fish feed on the coral, but the most deadly predator of Pacific coral reefs is the crown-of-thorns starfish, which grows as large as two feet across and has from nine to twenty-one arms. Along the northeastern coast of Australia, the very existence of the Great Barrier Reef is threatened by a plague of these animals. Some believe that the crown-of-thorns has begun to proliferate because humans have killed off a natural predator of this starfish, the giant triton, for its handsome spiral shell.

Oceans

Approximately three-quarters of our planet is covered by the oceans. Figure 33.25 shows that the depth of the sea is at first shallow and then abruptly deepens as the **continental shelf** gives way to the **continental slope,** which leads to the **abyssal plain.** Water above the continental shelf has an average depth of about 200 m, while that above the abyssal plain averages about 4,000 to 6,000 m, or about two to three miles.

Organisms in the ocean occupy three life zones. *Benthos* are animals that reside in the **benthic zone,** which includes the littoral and sublittoral zones of the continental shelf, the bathyl zone of the continental slope, and the abyssal zone of the abyssal plain. Organisms that are found in the sea above the continental shelf are in the **neritic zone** and those in the sea above the abyssal plain are in the **oceanic,** or **pelagic, zone.**

Coastal Zone

Marine life is most concentrated above and on the continental shelf. Here seaweed, after it is partially decomposed by bacteria, is a source of food for benthic clams, worms, and sea urchins, which are preyed on by starfish, crabs, and brittle stars, all of which are, in turn, eaten by bottom-dwelling fish. More important, the shallow, sunlit neritic waters, which receive nutrients from the sea and estuaries, produce abundant phytoplankton that grow larger than they would in the open sea. Especially in regions of upwelling where surface waters are blown offshore and replaced by cold, nutrient-laden waters from the deep, ample phytoplankton grow and provide food for zooplankton and small fish. These, in turn, are food for the commercial fishes—herring, cod, and flounder.

Open Sea

The *pelagic zone,* which includes all but 10 percent of the sea, is not very productive. In fact, the productivity of the open sea is approximately equal to that of a desert. Whereas horizontal mixing occurs in the surface layer of the ocean due to oceanic currents and seasonal turnovers, a permanent thermocline prevents deep vertical mixing in the pelagic zone. Since nutrient materials tend to fall from the surface to the deep layers of the ocean, the surface becomes nutrient poor. The surface is the only region where photosynthesis takes place because sunlight penetrates the sea only to a level of about 200 to 300 m.

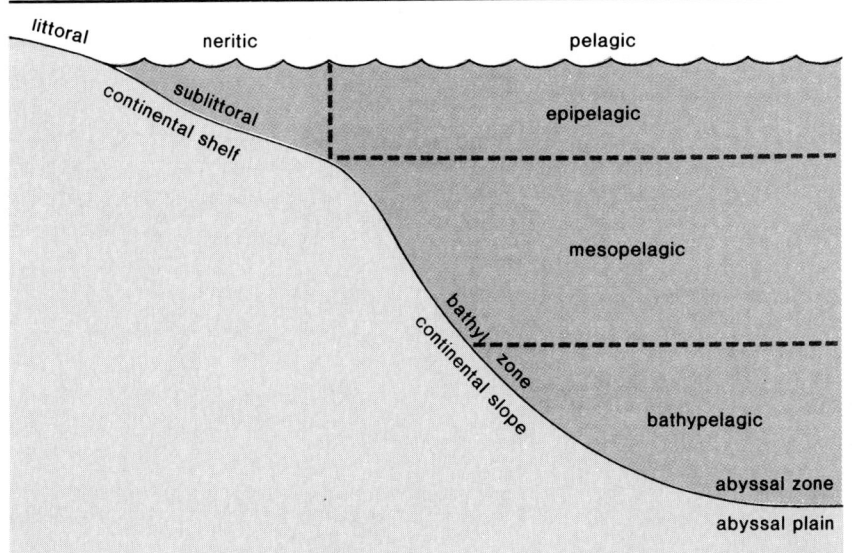

Figure 33.25
The floor of the ocean is divided into the continental shelf, the continental slope, and the abyssal plain. Organisms reside in the life zones: those of the benthos may be found in the littoral and sublittoral zones, the bathyl zone, and the abyssal zone; those of the neritic zone are found above the continental shelf; those in the pelagic zone are in the open sea.

The pelagic zone of the oceans can be divided into the epipelagic, mesopelagic, and bathypelagic zones (fig. 33.25). Only the epipelagic zone is brightly lit, or euphotic; the mesopelagic zone is in semidarkness; and the bathypelagic zone is in complete darkness.

The greatest amount of life occurs in the **epipelagic zone** (fig. 33.26), where the phytoplankton includes mostly diatoms, dinoflagellates, and the smaller coccolithophorids. Among the zooplankton, copepods and krill feed on the phytoplankton. There are also carnivorous zooplankton that feed on other zooplankton, such as jellyfishes, comb jellies, wing-footed snails, sea squirts, and worms. The nekton of the epipelagic zone includes herring and bluefish, which are food for the larger mackerel, tuna, and sharks. Flying fishes, which glide above the surface, are preyed upon by dolphin fishes, not to be confused with mammalian porpoises, which are also present. Whales are other mammals found in this zone. Baleen whales strain krill from the water, and the toothed whales feed on the common squid found in the epipelagic zone. Food chains in the open sea tend to be longer than those of the coastal zone. The small size of the phytoplankton and zooplankton can account for this difference in food chain length, which contributes to the low fish production in the epipelagic zone.

Animals in the **mesopelagic zone**, which are adapted to the absence of light, tend to be translucent, red-colored, or even luminescent. Aside from luminescent jellyfishes, sea squirts, copepods, shrimp, and squid, there are luminescent carnivorous fishes, such as lantern and hatchet fishes. The bathypelagic zone is in complete darkness except for an occasional flash of bioluminescent light. Strange-looking fishes with distensible mouths and abdomens and small, tubular eyes feed on infrequent prey.

The abyssal life zone in the **bathypelagic zone** is inhabited by those animals that live in or just above the cold, dark sea bottom. Because of the cold temperature (averaging 2°C) and the intense pressure (300–500 atmospheres), it was once thought that only a few specialized animals would live in the bathypelagic zone. Yet a diverse assemblage of organisms has been found. Debris from the mesopelagic zone is taken in by filter feeders, such as the sea lilies that rise above the sea floor and the clams and tubeworms that lie burrowed in the mud. Other animals, such as sea cucumbers and sea urchins, crawl around on the abyssal plain, eating detritus and bacteria of decay. They, in turn, are food for predaceous brittle stars and crabs.

Figure 33.26

Free swimming nekton of the pelagic zone.

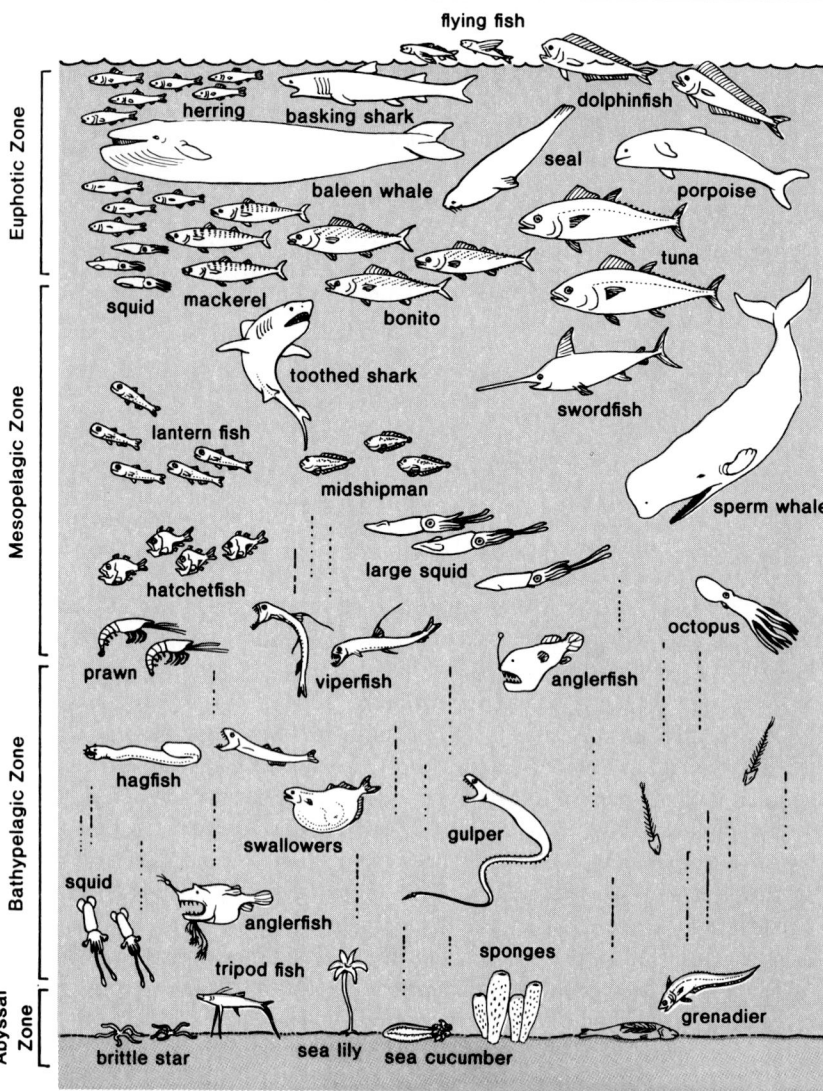

Conservation of the Biomes

Very little is left of the original terrestrial biomes. Humans have converted nearly all accessible land to farm or city or even wasteland. Freshwater and marine pollution is also common. It is no wonder, then, that the number of endangered animal species that might become extinct by the year 2000 is several times larger than the sum of all extinct animals since 1900 (fig. 33.27). Biome alteration and hunting account for the extinction of two-thirds of the projected number.

Some of the animals that are now protected by United States law include all types of whales, the American alligator, the peregrine falcon, the California condor, the polar bear, the Florida panther, and the Houston toad. Further, the 1973 Endangered Species Act forbids construction of any federal project that would destroy the habitat of a species listed as imperiled. All types of habitats should be preserved. Even in cities, parks and wildlife areas can be established. Urban renewal can include plans to restore coastlines that were formerly destroyed, and new cities and suburbs can be planned to provide large areas for wildlife. Botanical gardens, zoos, and aquariums can also serve as centers for the preservation of species.

Figure 33.27
Number of extinct species and subspecies of vertebrate animals by century, with projections for the future.

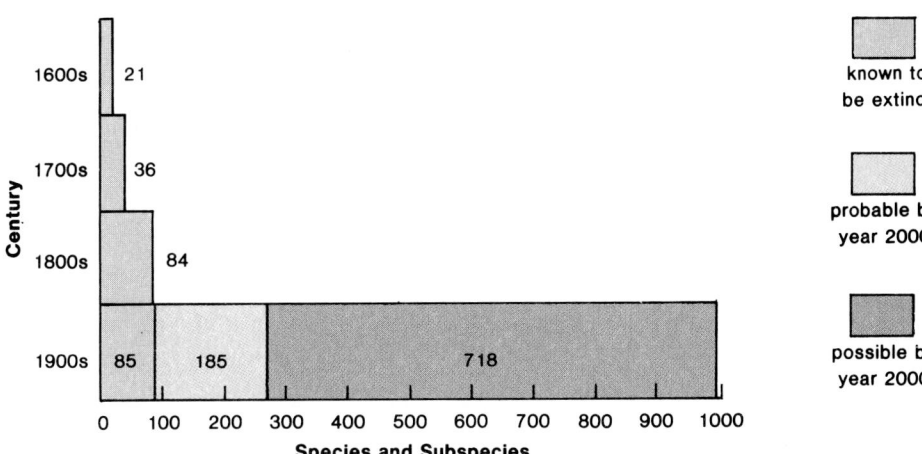

known to
be extinct

probable by
year 2000

possible by
year 2000

It has been suggested that the national park system be expanded and wilderness areas created where plants and animals can live completely undisturbed by humans. A worldwide effort toward the creation of ecological protectorates has been made under the auspices of UNESCO. As of mid-1978, 144 areas in thirty-five countries had been officially recognized by UNESCO as part of its global network of biosphere reserves. The reserves will help protect biological and genetic diversity while providing scientists with opportunities for basic research. In conjunction with such areas, gene banks can help assure the perpetuation of a wide variety of plants and animals.

Only public education and a concerted effort by everyone can ensure the success of these and other attempts to preserve the diversity of life. For example, the reading on page 730 lists the things we can all do to preserve butterflies.

Summary

The biosphere can be divided into biomes adapted to climate, that is, temperature and rainfall. Normally, deserts are high temperature areas with less than ten inches of rain a year. The plants and animals in a desert can perpetuate themselves as long as humans do not overtax them. However, desertification, a worldwide effect of human activity, is reducing semideserts and grasslands to barren wastelands.

Grasslands occur where rainfall is greater than ten inches but insufficient to support trees. The tundra, being the northernmost biome, supports only a limited amount of life. The savanna, a tropical grassland, in contrast supports the greatest number of different types of large herbivores. The United States prairie and plain are known as the wheat and corn belt of this country; some of this biome is also used as rangeland.

Forests require adequate rainfall. The taiga, a coniferous forest, has the least amount of rainfall. The temperate deciduous forest has trees that gain and lose their leaves because of the alternating seasons of summer and winter.

The tropical forests, which include seasonal ones that experience dry and wet seasons, are the most complex of all biomes. Humans are beginning to exploit tropical forests so that many fear that the tropical forests may eventually disappear. Strip mining is an example of a human activity that not only threatens forests but also the complexity and stability of the biosphere.

There are a series of biomes on mountain slopes because the temperature decreases with altitude. In the eastern United States, deciduous forest precedes coniferous forest, which, in turn, precedes a tundralike region. In the western United States, grasslands precede coniferous forest, which precedes a tundralike region that disappears into ice and snow.

The forests are the most complex of all biomes and it is possible to trace their development through a series of stages called succession. At first, the ground is covered by grasses and weeds, then perennial flowers, then shrubs, and finally trees. There is an ecological theory that states that stability is related to complexity, and certainly the last, or mature, stage of succession is the most complex and most stable, as witnessed by the fact that it is not replaced by a later stage. The early stages of succession, however, are the most productive in terms of new growth. When humans alter biomes for their own purposes, they should balance productivity against stability, never neglecting the latter because only a stable biosphere ensures human existence.

Love Them or Lose Them

Butterflies are fading from many of their former haunts. Several species have been wiped out and several dozen others have been pushed to the brink. Even species still listed in the guidebooks as common are now observed much less frequently than they were only a decade ago. Fortunately for those that remain, butterfly restoration is one task, maybe the only task, in which environmentalists can expect almost instant results.

Here are a few suggestions on how to proceed:

1. Speak out against the application of needless—and often harmful—pesticides in your town and state. There are few good reasons, for example, to spray for budworms, gypsy moths and adult mosquitoes. Saving butterflies is one good reason not to.

2. Discourage the spraying and cutting of roadside vegetation. Roadsides provide pockets of prime habitat for butterflies.

3. Let the edges of your lawn grow wild. Perhaps you have a patch—or better yet, a strip—of land that your spouse or your conscience or both have been nagging you to mow. Butterflies are a fine excuse not to.

4. Be tolerant of thistles and nettles, which are among the most valuable food sources for butterflies. You should also think twice before doing away with Joe-Pye weed, ragweed, goldenrod, milkweed, knapweed, dandelions, mallow, marjoram, bugle, wild thyme, clover, meadow sweet, vetch, currant, blueberry and tick trefoil. All are extremely important to butterflies, especially as nectar sources for adults.

5. Provide a variety of habitats. Different butterflies require different conditions. Try to create sunny areas, shaded areas and dappled areas, protection from wind, a shallow pool and an adjacent damp spot for drinking. Naturally, you should avoid using chemical insecticides.

6. Provide the small, bright flowers that butterflies favor. Some of these are: aralia, polyanthus, sweet rocket, honesty, mauve, valerian, pink thrift, catmint, sweet William, the single French marigolds and white alyssum.

7. Cut back shrubs each spring to encourage more blossoms. Also cut back some of the plants used by caterpillars—milkweed, for instance—so that tender new growth will be available for later generations that same season.

Used by permission of *National Wildlife Magazine*, 1979.

Aquatic biomes, divided into fresh water and salt water, nearly always have a population of phytoplankton and zooplankton. Lakes can be divided into layers according to temperature and into life zones according to location of living organisms. Lakes and ponds undergo succession and become forests. Eutrophication is a natural process, but humans tend to accelerate it by the process of cultural eutrophication.

Rivers and streams are characterized by rapidly flowing water that gradually moves more slowly as a river approaches the ocean. At the present time, river flow is threatened because it is used for industrial purposes and for the disposal of waste. Such uses interfere with the existence of the natural aquatic community.

The coastline includes marshes, swamps, estuaries, and rocky and sandy beaches. Although the coast is extremely important to the productivity of the ocean, it is the region that has suffered the most pollution. Coral reefs, areas of biological abundance, are also endangered by human activities.

The open seas of the ocean, termed the pelagic zone, can be divided into the epipelagic, mesopelagic, and bathypelagic zones, each having organisms adapted to different environmental conditions. Only the epipelagic zone receives adequate sunlight to support photosynthesis, which limits the oceans to productivity about equal to that of deserts.

Conservation of all the biomes is an ecologically sound endeavor and one that all persons should try to assist in whatever way possible.

Study Questions

1. Arrange the terrestrial biomes discussed in this text in a diagram according to temperature and rainfall. (p. 704)
2. Describe the location, climate, and populations of (1) deserts (p. 701), (2) grasslands (tundra, savanna, prairie) (p. 705), and (3) forests (coniferous, deciduous, tropical) (p. 708).
3. Describe the stages of succession for abandoned farmland (p. 715); for a lake. (p. 721)
4. Discuss productivity and stability as they relate to succession. (p. 719)
5. Name the terrestrial biomes you would expect to find when going from the base of a mountain to the top in eastern United States; in western United States. (p. 718)
6. Describe the temperature zones and the life zones of a lake. (p. 719)
7. Describe the coastline biome (including coral reefs) and discuss their importance to the productivity of the ocean. (pp. 722–26)
8. Describe the life zones of the ocean and the organisms you would expect to find in each zone. (p. 727)
9. Discuss the need for conservation of all the biomes and what you personally can do to help this effort. (pp. 728–29)

Further Readings

Brokaw, H. P., ed. 1978. *Wildlife and America council on environmental quality.* Washington, D.C.: U.S. Government Printing Office.

Cloudsley-Thompson, J. L. 1975. *Terrestrial environments.* New York: Halsted Press.

Horn, H. S. 1975. Forest succession. *Scientific American*

Isaacs, J. D., and Schwartzlose, R. A. 1975. Active animals of the deep-sea floor. *Scientific American* 233(4):84.

Richards, P. W. 1973. The tropical rainforest. *Scientific American* 119(6):57–68.

Scientific American. 1969. 221(3). Entire issue devoted to the ocean.

Smith, R. L. 1976. *The ecology of man: An ecosystem approach.* 2d ed. New York: Harper & Row.

———. 1977. *Elements of ecology and field biology.* New York: Harper & Row.

Whittaker, R. H. 1975. *Communities and ecosystems.* 2d ed. New York: Macmillan.

Chapter Concepts

1. The human population has been undergoing exponential growth since 1850.

2. The very large human population is straining the capacity of the earth to sustain it.

3. There are two points of view regarding the future supplies of nonrenewable resources. There are those who believe that we must conserve what is left and those who believe that technology will ever be able to exploit new sources.

4. Energy is required in order to exploit the environment. Most likely both coal and solar energy will be important sources of energy in the near future.

5. Thus far, the supply of food has kept up with increased population. It may be necessary to institute new agricultural methods if this is to be achieved in the future.

34

human population concerns

Figure 34.1
The human population is now undergoing rapid exponential growth. Since the growth rate is declining, it is predicted that the population size will level off at 8, 10, or 11 billion, depending upon the speed with which the growth rate declines.

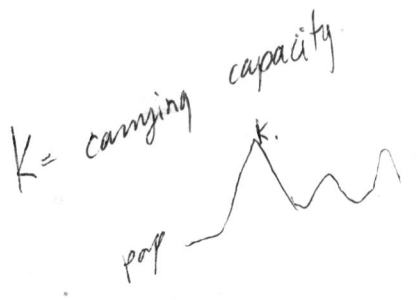

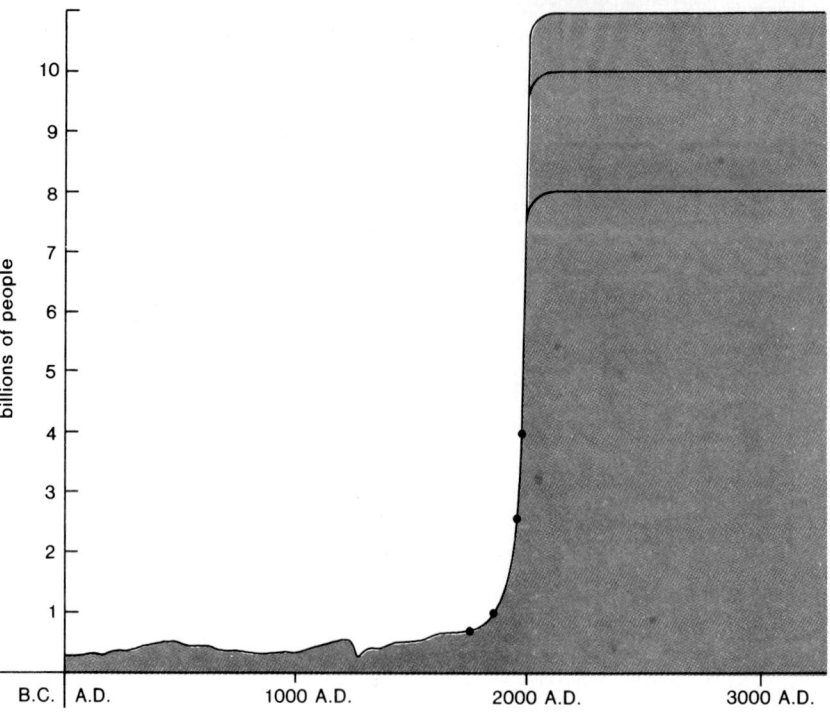

The human growth curve is an **exponential curve** (fig. 34.1). In the beginning, growth of the population was relatively slow, but as a greater number of reproducing individuals were added, growth increased until the curve began to slope steeply upward. It is apparent from the position of 1980 on the growth curve (fig. 34.1) that growth is now quite rapid. The world population increases at least the equivalent of a medium-sized city every day (200,000) and the combined populations of the United Kingdom, Norway, Ireland, Iceland, Finland, and Denmark every year. These startling figures are caused by the fact that a very large world population is undergoing exponential growth.

Exponential Growth

Mathematically speaking, **exponential growth,** or geometric increase, occurs in the same manner as compound interest; that is, the percentage increase is added to the principal before the next increase is calculated. Referring specifically to populations, consider the hypothetical population sizes listed in the first column of chart 34.1. An initial increase of 2 percent added to the original population size followed by a 1.99 percent increase results in the third generation size listed in the last column. Notice that

1. in each instance the second generation has a larger increase than the first generation because the second generation's population was larger than the first.

2. because of exponential growth, the lower percentage increase (i.e., 1.99% compared to 2%) still brings about larger population growth.

3. the larger the population, the larger the increase for each generation.

This chart illustrates the circumstances of world population growth at the moment. The percentage increase has decreased and yet the size of the population continues to increase by a greater amount than before. Also, the increase is dramatic because the world population is very large.

The percentage increase is termed the **growth rate,** which is calculated per year.

Chart 34.1 Exponential Growth of Hypothetical Populations

Population Size	Percentage Increase	Actual Increase in Numbers	Population Size	Percentage Increase	Actual Increase in Numbers	Population Size
500,000,000	2.00	10,000,000	510,000,000	1.99	10,149,000	520,149,000
3,000,000,000	2.00	60,000,000	3,060,000,000	1.99	60,894,000	3,120,894,000
5,000,000,000	2.00	100,000,000	5,100,000,000	1.99	101,490,000	5,201,490,000

Chart 34.2 1981 World Population Data Sheet

Region or Country	People (millions)	Birthrate (per 1,000)	Death Rate (per 1,000)	Growth Rate (per year)	Population (under 15)(%)	Life Expectancy	Urban Population	GPN (per capita)
World	4,492	28	11	1.7	35	62	41	$2,340
Developed	1,144	16	9	0.6	24	72	71	7,260
Developing	3,348	32	12	2.1	39	58	30	560
Africa	486	46	17	2.9	45	49	28	620
Asia	2,608	29	11	1.8	37	60	28	800
North America	254	16	8	0.7	23	74	74	10,710
United States	230	16	9	0.7	22	74	74	10,820
Latin America	366	32	9	2.3	40	64	63	1,580
Europe	486	14	10	0.4	23	72	71	6,820
USSR	268	18	10	0.8	26	69	65	4,110
Oceania	23	21	8	1.3	30	69	71	7,080

Population Reference Bureau, Inc., *1981 World Population Data Sheet*, Washington, D.C.

Chart 34.3 History of World Population Increase

Year	Total Population (in billions)	Annual Mean Growth Rate
1750	0.7	
1800	1.0	0.44
1850	1.2	0.52
1900	1.5	0.8
1950	2.5	1.7
1970	3.5	1.9
1980	4.4	1.7

Growth Rate

The growth rate of a population is determined by considering the difference between the number of persons born (birthrate or natality) and the number of persons who die per year (death rate or mortality). It is customary to record these rates per 1,000 persons. For example, as shown in chart 34.2, Russia (U.S.S.R.) at the present time has a birthrate of 18 per 1,000 per year, while it has a death rate of 10 per 1,000 per year. This would mean that Russia's population growth, or simply its growth rate, would be:

$$\frac{18-10}{1,000} = \frac{8}{1,000} = \frac{0.8}{100} = 0.8\%$$

Notice that while birth and death rates are expressed in terms of 1,000 persons, the growth rate is expressed per 100 persons, or as a percentage.

After 1750 the world population growth rate steadily increased (chart 34.3) until it peaked at 1.9 percent. It has now declined to 1.7 percent. Yet there is an ever larger increase in the world population each year because of exponential growth. The explosive potential of the present world population can be appreciated by considering the doubling time.

Chart 34.4 Relationship Between Growth Rate and the Doubling Time of a Population

Growth Rate %	Doubling Time (years)
0.25	280
0.5	140
1.0	70
2.0	35
3.0	23

Doubling Time

Chart 34.4 shows that the **doubling time** for a population may be calculated by dividing 70 by the growth rate:

$$d = \frac{70}{gr}$$

d = doubling time
gr = growth rate
70 = demographic constant

If the present world growth rate of 1.7 percent should continue, the world population will double in 41 years:

$$d = \frac{70}{1.7} = 41 \text{ years}$$

This would mean that in 41 years the world would need double the amount of food, jobs, water, energy, and so on if the standard of living is to remain the same. Many people doubt that this can be accomplished and therefore they are relieved that the growth rate is now declining and that the doubling time is increasing. A comparison of chart 34.3 and chart 34.4 shows that the doubling time decreased between 1850 and 1970. In 1850, the doubling time was 135 years, but by 1970 it was only 37 years. Now it has lengthened to 41 years. If the growth rate should continue to decline, eventually there would be zero population growth and the doubling time would also be zero. It is speculated that the population may level off at either 8, 10, or 11 billion, depending upon the speed with which the growth rate declines.

Carrying Capacity

Examining the growth curves for nonhuman populations reveals that the populations tend to level off at a certain size. For example, figure 34.2 gives the actual data for the growth of a fruit fly population reared in a culture bottle. At the beginning, the fruit flies were becoming adjusted to their new environment and growth was slow. But then, since food and space were plentiful, they began to multiply rapidly. Notice that the curve begins to rise dramatically just as the human population curve does now. At this time, it may be said that the population is demonstrating its **biotic potential.** Biotic potential is the

Figure 34.2
The number of fruit flies in a colony were counted every other day, and when these numbers were plotted, a sigmoidal growth curve resulted.

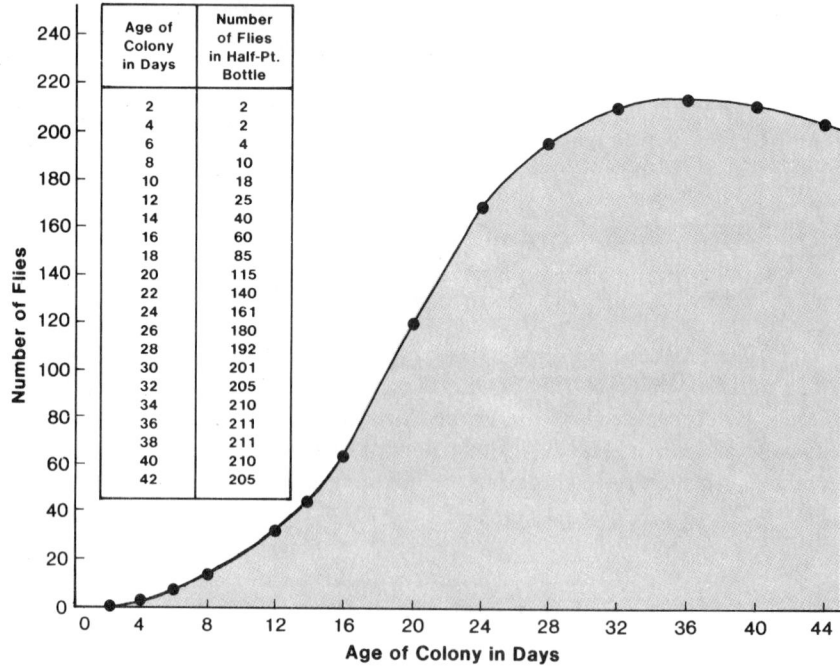

Age of Colony in Days	Number of Flies in Half-Pt. Bottle
2	2
4	2
6	4
8	10
10	18
12	25
14	40
16	60
18	85
20	115
22	140
24	161
26	180
28	192
30	201
32	205
34	210
36	211
38	211
40	210
42	205

maximum growth rate under ideal conditions. Biotic potential is not usually demonstrated for long because of an opposing force called **environmental resistance.** Environmental resistance includes all the factors that cause early death of organisms and thus prevents the population from producing as many offspring as it might otherwise have done. As far as the fruit flies are concerned, we can speculate that environmental resistance included the limiting factors of food and space. Also, the waste given off by the fruit flies may have begun to contribute to keeping the population size down.

The eventual size of any population represents a compromise between the biotic potential and the environmental resistance. This compromise occurs at the **carrying capacity** of the environment. The carrying capacity is the maximum population that the environment can support—for an indefinite period.

Experts differ in their opinions of the carrying capacity of the earth in regard to humans. Some authorities think the earth is potentially capable of supporting 50 to 100 billion people. Others think we already have more humans than the earth can adequately support.

History of the World Population

Figure 34.3 suggests that the human population has undergone three phases of exponential growth. *Tool-making* may have been the first technological advance that allowed the human population to enter a phase of exponential growth. *Cultivation of plants* and *animal husbandry* may have allowed a second phase of growth; and the *industrial revolution,* which occurred about 1850, promoted the third phase.

Figure 34.3
When the size of the human population is plotted on a log-log scale, it can be seen that exponential growth occurred on three occasions: at the time of the cultural, agricultural, and industrial revolutions.

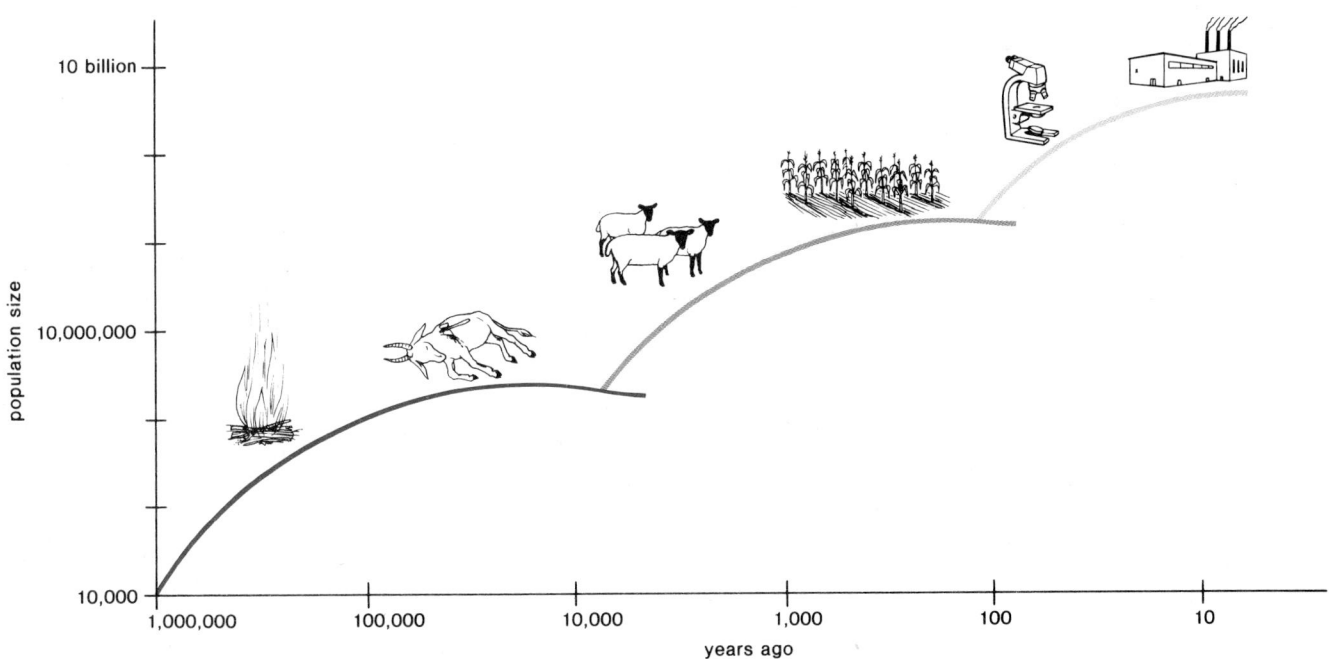

Figure 34.4
World population increase since 1750 is charted for development countries (gray) and developing countries (color). Data for the year 2,000 are based on a United Nations projection that assumes slowly ebbing growth rates.

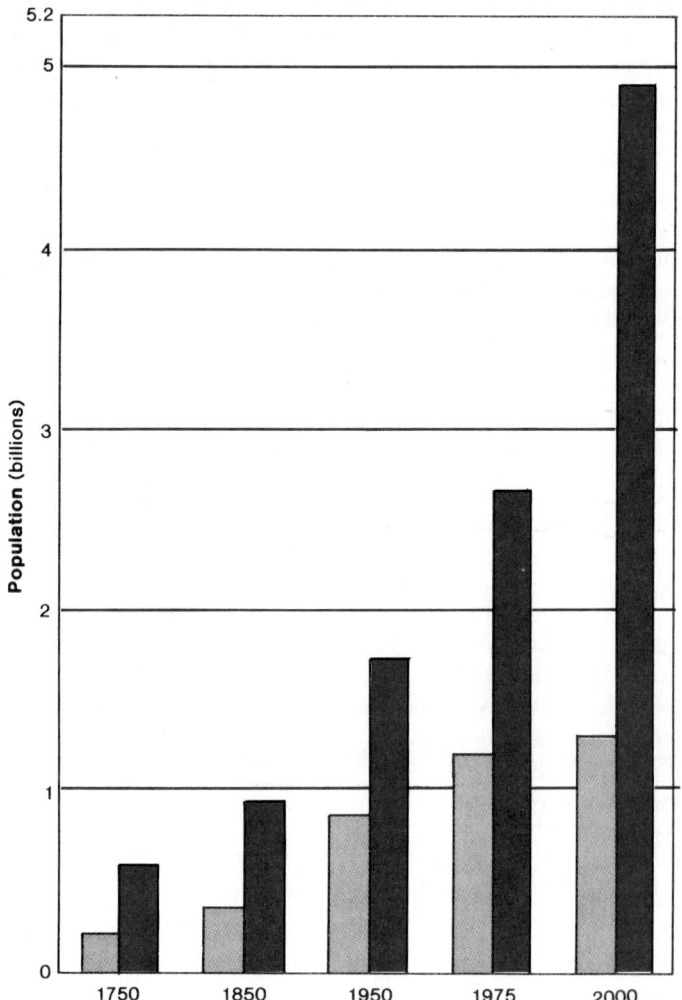

Developed and Developing Countries

The industrial revolution, which was also accompanied by a medical revolution, took place in the Western world. In addition to European and North American countries, Russia and Japan also became industrialized. Collectively, these countries are often referred to as the **developed countries.** The developed countries doubled their size between 1850 and 1950 (fig. 34.4), largely due to a decline in the death rate. This decline is attributed to the influence of modern medicine and improved socioeconomic conditions. Industrialization raised personal incomes, and better housing permitted improved hygiene and sanitation. Numerous infectious diseases, such as cholera, typhus, and diphtheria, were brought under control.

The decline in the death rate in the developed countries was followed shortly by a decline in the birthrate. Between 1950 and 1975, populations in the developed countries showed only modest growth (fig. 34.4) because the growth rate fell from an average of 1.1 percent to 0.8 percent.

Demographic Transition

Overall, the growth rate in developed countries has gone through three phases (chart 34.5 and fig. 34.5). In Phase I, prior to 1850, the growth rate was low because a high death rate canceled out the effects of a high birthrate; in Phase II, the growth rate was high because of a lowered death rate; and in Phase III, the growth rate was again low because the birthrate had declined. These phases are now known as the **demographic transition.** In seeking a reason for

Chart 34.5 Analysis of Annual Growth Rates in Developed Countries

Phase	Birthrate	Death Rate	Annual Rate
I	High	High	Low
II	High	Low	High
III	Low	Low	Low

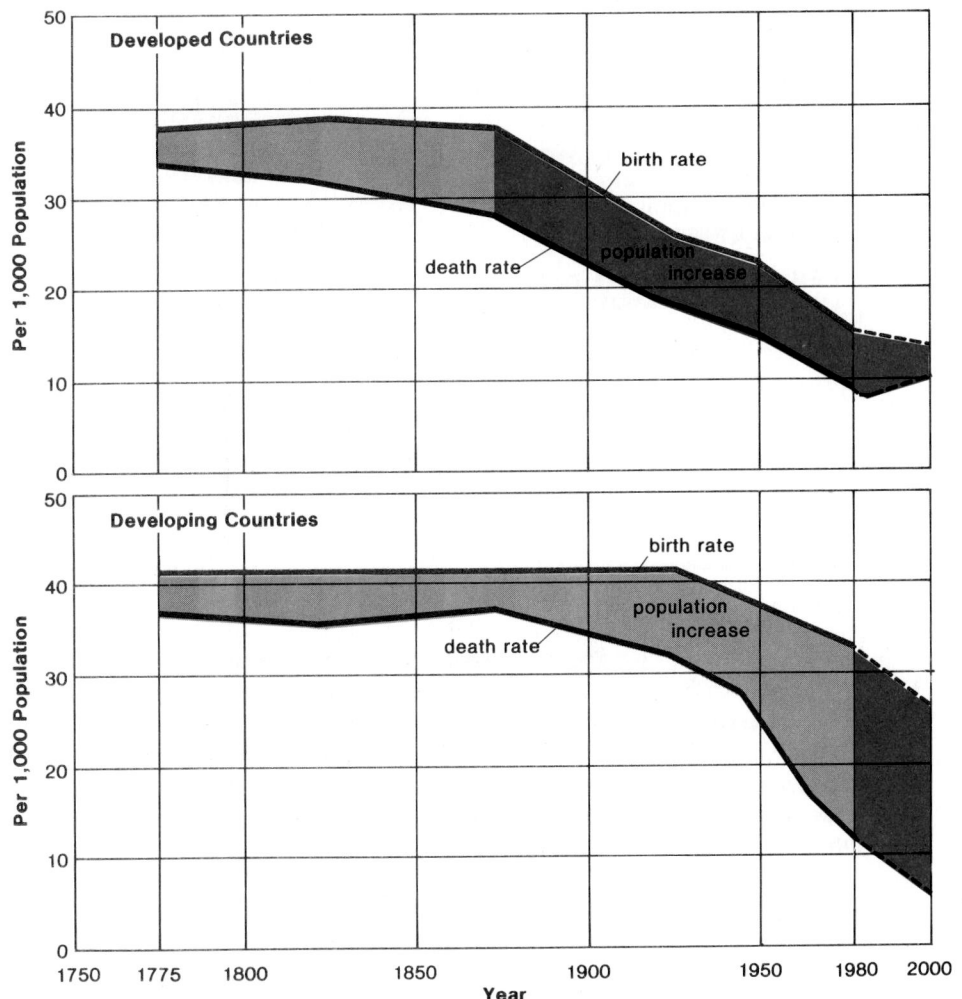

the transition, it has been suggested that as industrialization occurred, the population became concentrated in the cities. Urbanization may have contributed to the decline in the growth rate because, in the city, children were no longer the boon they were in the country. Instead of contributing to the yearly income of the family, they represented a severe drain on its resources. It could also be that urban living made people acutely aware of the problems of crowding and for this reason the birthrate declined. Also, some investigators believe that there was a direct relationship between improvement in socioeconomic conditions and the birthrate. They point out that as the developed nations became wealthier (judged by a rise in the Gross National Product [GNP]), as infant mortality was reduced, and as educational levels increased, the birthrate declined.

Regardless of the reasons for the demographic transition, it caused the rate of growth to decline in the developed countries. The growth rate for the developed countries is now about 0.6 percent and their overall population size is about one-third that of the developing countries (chart 34.2). United States population growth, reviewed in the reading on page 740, exemplifies that of a developed country.

United States Population

The history of the United States population is illustrated by a so-called J-shaped curve (see the accompanying figure). Even though we have undergone demographic transition, we are still experiencing exponential growth because the growth rate is 0.7 percent rather than zero. Since the population is large (220 million), we add, due to natural increase alone, the equivalent of a city the size of Houston every year.

Immigration has added and will most likely continue to add many more persons to the population. We allow at least 270,000 legal immigrants to enter the country each year. Frequently this number is augmented due to political refugees from such countries as Vietnam, Cambodia, Cuba, Haiti, and recently El Salvador. Altogether, in 1980, 800,000 legal newcomers were allowed into the country. Also, it is

estimated that one million Mexicans enter the United States illegally every year. Due to the added effect of immigration, we add the equivalent of at least two cities the size of Houston each year.

The age structure of the United States shows that we are approaching a stable population. However, replacement reproduction will not achieve zero population growth at this time for two reasons:

1. There was a baby boom between 1947 and 1960 that has resulted in an unusually large number of reproductive women at this time.

2. A large number of persons emigrate to the United States legally and illegally.

The second portion of the accompanying figure shows how the U.S. population has grown during this century with three possible projections for our future growth. The current fertility rate is 1.8. The fertility rate

is determined by finding the average number of children each woman bears. If this fertility rate continues and annual immigration is limited to 400,000 persons, we will achieve zero population growth around the year 2025 with 269 million persons. If the fertility rate increases to 2.1 and yearly immigration increases to 800,000, our population will continue to increase indefinitely. However, if the fertility rate decreases to 1.6 and immigration is limited to 150,000 persons per year, zero population growth will be achieved around the year 2007 at 241 million people. At that point, our population will begin to decrease.

Those who support the concept of zero population growth suggest that the fertility rate should rise no higher than the 1.8 level. They point out that this rate actually allows couples a great deal of freedom in deciding the number of children they will have. For example, it means that 50 percent of all couples can have two children; 30 percent can have three children; 10 percent can have one child; 5 percent can have no children; and 5 percent can have four children.

Countries, such as those in Africa, Asia, and Latin America, are collectively known as **developing countries** because they have not as yet become industrialized. Figure 34.4 indicates that mortality began to decline steeply in these countries following World War II. This decline was prompted not by socioeconomic development but by the importation of modern medicine from the developed countries. Various illnesses were brought under control due to the use of immunization, antibiotics, sanitation, and insecticides. Although the death rate declined, the birthrate did not decline to the same extent (fig. 34.5) and therefore the populations of the developing countries began and today are still increasing dramatically (fig. 34.4). The developing countries were unable to cope adequately with such rapid population expansion so that today many people in these countries are underfed, ill housed, unschooled, and living in abject poverty. Many of these poor have fled to the cities where they live in makeshift shanties on the outskirts (fig. 34.6).

The growth rate of the developing countries did finally peak at 2.4 percent during 1960–65. Since that time, the mortality decline has slowed and the birthrate has fallen. The growth rate is expected to decline to 1.8 percent by the end of the century. At that time, about two-thirds of the world population will be in the developing countries.

Investigators are divided as to the cause of the observed growth rate decreases in the developing countries. Previously, it was argued that this would happen only when these countries enjoyed the benefits of an industrialized society. It has now been shown, however, that countries with the greatest decline were those with the best family planning programs. From this it may be argued that such programs can indeed help to bring about a stable population size in the developing countries. Nevertheless, it has been found that certain socioeconomic factors have also contributed to a decline in the developing countries' growth rate. Relatively high Gross National Product (GNP), urbanization, low infant mortality, increased life expectancy, literacy, and education all had a dampening effect on the growth rate.

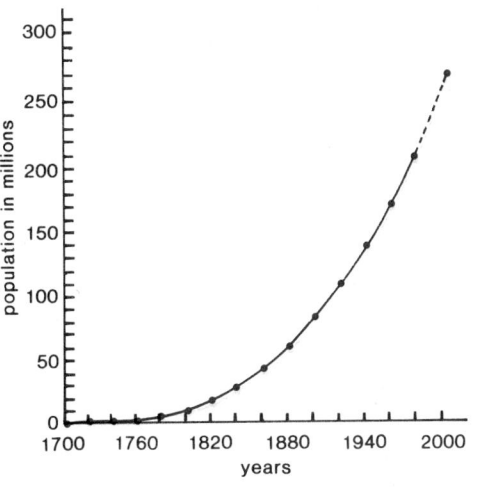

a.

U.S. population growth since 1700.

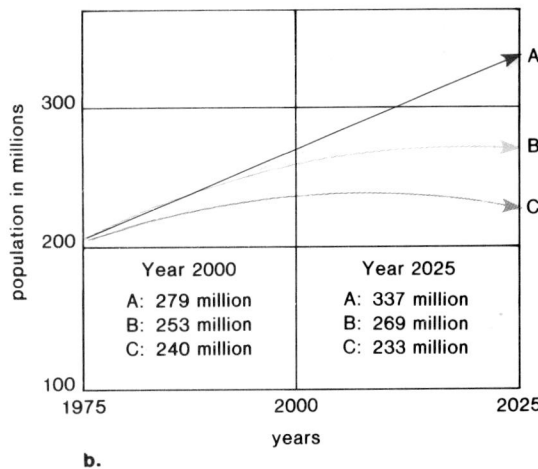

Year 2000	Year 2025
A: 279 million	A: 337 million
B: 253 million	B: 269 million
C: 240 million	C: 233 million

b.

Projected U.S. population growth after 1975.

Figure 34.6
Urbanization has occurred so rapidly in Mexico that many squatters are forced to live in shanties just outside Mexico City.

Figure 34.7
Contrasting age pyramids illustrate that the developed countries are approaching stabilization, while the developing countries will still expand rapidly due to their youthful profile.

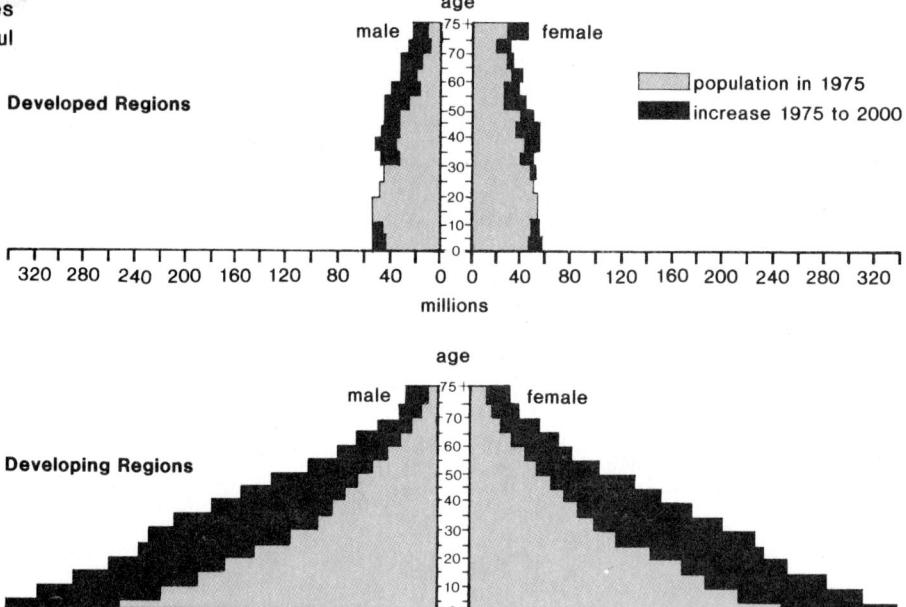

Zero Population Growth

Lay people sometimes have the impression that if each couple had two children, the population size would immediately be stabilized. This so-called **replacement reproduction** would mean zero population growth in only a few of the developed countries. The reason is due to the **age structure** of the developed and developing countries (fig. 34.7). The developing countries have a youthful profile—more than 40 percent of the population is below the age of fifteen. Since there are so many more young women entering the reproductive years than the number of older women leaving these years, the population will still expand greatly even if reproduction replacement is attained. The more quickly reproduction replacement is achieved, however, the sooner the population size of the world will be stabilized.

Reproduction is at or below replacement level in some fourteen developed countries, including the United States. Even so, these countries will grow modestly, due, in part, to the baby boom after World War II. These young women are now in their reproductive years and therefore reproduction replacement will not yet bring about a zero growth rate. It is wise to keep in mind also that even the smallest of growth rates can add large numbers of individuals to most countries since their populations are already large. For example, a growth rate of 0.7 percent for the United States adds 1.5 million people per year and that does not include the number of people added due to immigration (p. 740).

Resource Consumption

Rapid world population growth puts extreme pressure on the earth's resources, physical environment, and social organization. While it might seem as if population increases in the developing countries are of the gravest concern, this is not necessarily the case since each person in a developed country consumes more resources and is therefore responsible for a greater amount of pollution. Environmental impact (EI) is measured not only in terms of the population size but also in terms of the resource used and the pollution caused by each person in the population.

$$EI = \text{population size} \times \frac{\text{resource use per person}}{} \times \frac{\text{pollution per unit of resource used}}{}$$

Therefore, there are two types of overpopulation. The first type is due to rapid increased population and occurs mainly in the developing countries. The second type of overpopulation is due to increased resource consumption with its accompanying pollution; this type is most obvious in the developed countries.

Nonrenewable Resources

Nonrenewable resources are those resources whose supply can be used up or exhausted. Figure 34.8*a* shows a depletion curve for a nonrenewable resource that is consumed at an increasingly rapid rate until a peak of consumption is followed by a decline in consumption as the resource becomes more expensive to find and process. The current demand for nonrenewable resources, such as fossil fuels and minerals, is constantly increasing not only because of population growth but also because of a rise in per capita demand. There are two points of view, called the Malthusian and Cornucopian views,[1] concerning resource availability and consumption. According to the **Malthusian view,** the depletion curve tells us that there are limits to growth and that we are rapidly approaching those limits. Chart 34.6 indicates the year in which the price of selected resources will have to rise in order to bring about conservation of presently known and prospective reserves. If conservation of fossil fuels were practiced, the depletion curve could possibly be altered to resemble curve *b* in figure 34.8. Conservation and recycling of minerals could further change the shape of the depletion curve (fig. 34.8*c*). Those who hold the Malthusian view believe that, because of exponential consumption, finding new reserves cannot sufficiently extend a depletion curve. Nor do they believe that technology will ever be able to overcome inevitable shortages.

According to the **Cornucopian view,** technology will be able to constantly extend the depletion curve, putting off the day when no further exploitation is possible. Proponents of this view believe that improved technology will enable us to (1) find new reserves, (2) exploit the new reserves, and (3) substitute one mineral or energy resource for another. They point out that while we are sometimes aware of the availability of a resource, we must await the development of a technology in order to exploit it. For example, in the same way that we now utilize offshore drilling to acquire oil, we might one day be able to develop the means to mine the ocean floor for minerals. Advanced technology might also make it feasible for us to utilize poorer grades of mineral ores. Consider the fact that previously only ores with a minimum of 3 percent copper were mined, whereas now ores with .3 percent copper are utilized.

In order to exploit previously inaccessible and/or less concentrated resources, a plentiful supply of energy is required. The Malthusians do not believe that increasing amounts of energy will be available since fossil fuel reserves are being rapidly depleted. The Cornucopians had initially hoped that nuclear power would supply the necessary energy, but because of the many problems associated with nuclear energy, many are now looking forward to the development of an alternate energy source. They feel that given time a new and plentiful energy source will be developed.

1. Malthus was an eighteenth century economist who pointed out that since the size of a population increases geometrically and renewable resources increase only arithmetically, shortages must eventually occur. Cornucopia is a Greek word meaning the horn of plenty, a symbol of everlasting abundance.

Figure 34.8
Alternate depletion patterns for nonrenewable resources. a. Rapid depletion as resources are used up quickly: (*1*) exponential consumption of a resource followed by a peak (*2*) and decline (*3*) as the resource becomes difficult to acquire. b. Depletion time can be extended with some recycling and less wasteful use. c. Efficient recycling extends depletion curve indefinitely.

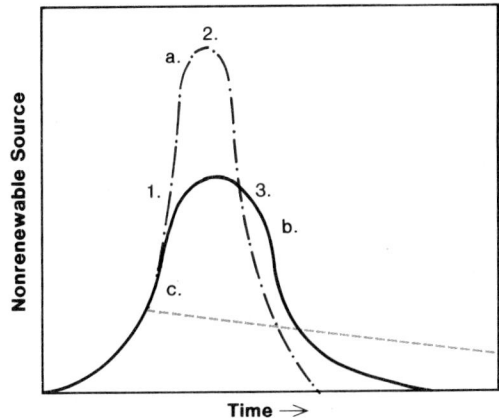

Chart 34.6 Dates When Prices Must Rise to Avoid Exhaustion of Selected Resources

	Based on currently known reserves only (year)	Based on reserves plus prospective reserves (year)
Nonfuel minerals		
Aluminum	2025	2038
Chromium	2048	2095
Cobalt	2004	2016
Copper	2010	2041
Iron	2053	2094
Lead	2000	2016
Manganese	2061	2112
Molybdenum	2014	2480
Nickel	2014	2032
Phosphate rock	2034	2120
Potash	2104	2368
Sulfur	2010	2036
Tin	2003	2030
Titanium	2043	2151
Tungsten	2009	2037
Vanadium	2060	2180
Zinc	1993	2065
Energy		
Coal	2050	3000
Petroleum	1995	2010
Natural gas	2005	2024
Uranium	2005	2030
		2070

Ronald G. Ridker and Elizabeth W. Cecelski, "Resources, Environment, and Population: The Nature of Future Limits," *Population Bulletin*, Vol. 34, No. 3 (Population Reference Bureau, Inc., Washington, D.C., 1979).

Note: These projections are based on the "standard world case" from the above source and assume that recycling rates remain unchanged and that the rate of growth in demand during the 2015–2025 period remains constant thereafter.

Energy

Both nonrenewable and renewable supplies of energy are currently available (chart 34.7). Nonrenewable supplies are those that may someday run out; renewable supplies are those that are constantly being regenerated by natural forces in the biosphere.

Nonrenewable Energy Resources

Petroleum and Natural Gas

The present energy crisis has been brought about by the fact that the depletion curves for the favored fossil fuels (p. 743), petroleum and natural gas, are now in the decline phase and supplies are not expected to last more than thirty years. In the meantime, the United States has become dependent on foreign supply, with concomitant financial and political repercussions. Petroleum became the favored fuel during the present generation because it readily lends itself to gasoline production and is cleaner burning than coal.

Coal and Oil Shale

Coal is in plentiful supply, as is oil shale, a misnomer since the "oil" is actually a waxy substance called kerogen, which must be treated to produce petroleum. In Canada, there are also tar sands that contain asphalt, which may be processed into crude petroleum.

Chart 34.7 Energy Resources

	Advantages	Disadvantages
Nonrenewable	Technology well established	Finite fuel supply
Fossil Fuels		
Coal, oil shale, and tar sands	Plentiful supply Synthetic fuels possible	Surface mining Air and water pollution
Petroleum	Cleaner burning	Limited supply
Natural gas	Cleanest burning	Limited supply
Nuclear Fission		
Light water	Technology available	Thermal pollution Radiation pollution
Renewable	Infinite fuel supply	Technology under development
Nuclear reactors		
Breeder	Technology available	Less radiation pollution Thermal pollution Nuclear weapons proliferation
Fusion	Less radioactive waste	Technology not yet available
Geothermal	Less polluting	Technology not demonstrated Availability limited
Solar and wind	Nonpolluting	Modest scale at best
Ocean	Nonpolluting	Technology not demonstrated Environmental impact unknown
Biomass	Can utilize waste Synthetic fuels possible	Air and water pollution

Chart 34.8 Synthetic Fuels

Synfuels	Nonrenewable Sources	Renewable Sources
Methane (gas)* and methanol (liquid)	Coal and oil shale	Garbage, sewage, plants, woodchips
Oil	Oil shale	Same as above
Ethanol	—	Sugarcane, corn, wheat, etc.

*Called Biogas when produced from renewable resources.

It is believed that the utilization of coal and oil shale can alleviate the present crisis, and it is hoped that technology will rapidly develop to allow the production of synthetic fuels by means of gasification and liquefaction. Gasification produces methane, the main constituent of natural gas, and liquefaction produces methanol, a substance that can undergo treatment to give gasoline. Chart 34.8 lists the **synthetic fuels** and the sources from which they can be produced. The term *synthetic fuel* is a catch-all phrase for petroleum and petroleum substitutes from unconventional sources.

There are environmental drawbacks to using coal and oil shale in place of petroleum. First of all, although it is hoped that synthetic fuels from both sources can eventually be produced underground in situ (fig. 34.9) without the need for mining, as yet this is not a reality. In the meantime, coal and oil shale are mined primarily aboveground. This means that thousands of acres of land are being subjected to strip mining (p. 718). Second, the burning of these fuels causes an appreciable amount of air pollution (p. 690).

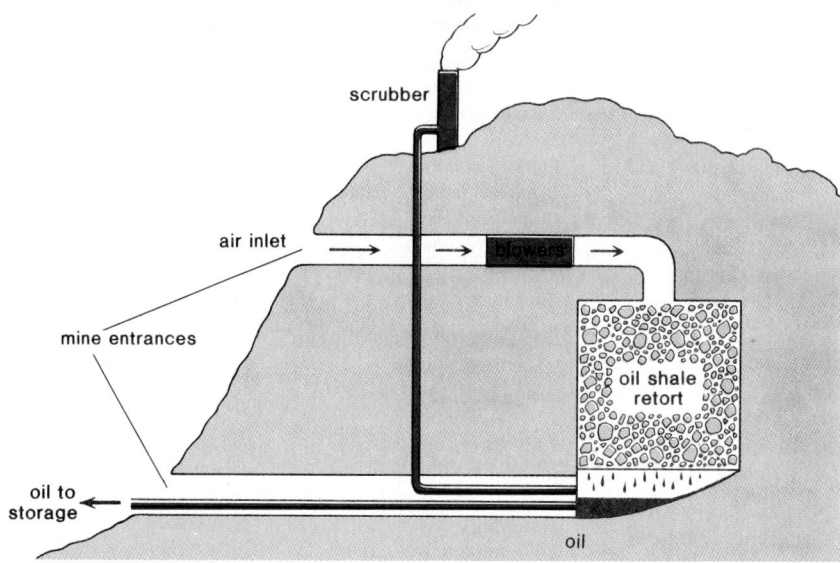

Nuclear Power

There are three types of nuclear energy (chart 34.7). **Nuclear fission** (light water) reactors, which utilize Uranium 235 as their fuel, have a large amount of radioactive waste, which must be stored for thousands of years until the radioactivity has discharged itself. Thus far, net energy production from nuclear fission has been quite low due to the fact that uranium must be mined and enriched, plants must be built, and wastes must be disposed of, all with adequate safety precautions. Uranium 235 is a nonrenewable resource and since it has been estimated that the supply will not last much more than forty years, nuclear fission reactors are probably not feasible long-term energy sources.

Breeder fission reactors are more efficient because they use Plutonium 239 as a fuel and a supply of this may be regenerated from the reactor waste. In other words, there is little need to mine radioactive material or to store waste because the waste can be converted to Plutonium 239 fuel again. Nevertheless, breeder fission based on Plutonium 239 is not favored by many government officials and scientists for at least two reasons. Plutonium is a very toxic element that readily causes lung cancer and it is also the very element used to make nuclear weapons. The fear of nuclear weapons proliferation has restrained rapid development of the breeder reactor in this country.

The public is very much concerned about the rare possibility of an accident during the operation of nuclear power plants. It is now well known that if water should escape from a reactor vessel, the heat generated from the fuel rods can cause a steam explosion and/or cause the fuel rods to melt. This so-called "melt-down" can cause the core (rod container) to penetrate the reactor vessel and enter the earth to a depth of several feet, a possibility popularly referred to as the "China syndrome." Such an occurrence would cause excessive amounts of radiation to enter the atmosphere. At worst, thousands of people could be killed and thousands more could be dangerously exposed to radiation. Although partial melt-downs have occurred, such as the Three Mile Island nuclear plant mishap in Pennsylvania during 1979, the public was not exposed to alarming amounts of radiation. Even so, governmental regulatory agencies strengthened the safety regulations to prevent the recurrence of such accidents.

Figure 34.10
Thermal pollution. Operation of the pumps to move the water through the U-shaped canal away from the back to the plant and spray the water repeatedly into the air for cooling reduces the usable energy output of the plant. It requires the burning of costly oil. This economic penalty caused by circulating water from the adjacent cold, turbulent bay through the condensers must be weighed against the environmental objective of not warming the bay in the immediate vicinity of the plant.

Nuclear fusion requires a tremendous amount of heat in order to cause deuterium to fuse with either deuterium (D-D fusion) or with tritium (D-T fusion). The heat needed is so great that there is no known container for the reaction and scientists are experimenting with the possibility of using laser beam ignition and magnetic containment. There is absolutely no possibility of a runaway reaction with nuclear fusion as there is with nuclear fission. But there is the possibility of tritium escape because tritium is capable of penetrating materials.

Radioactive atoms do leave nuclear power plants by way of their stacks and by way of the cooling water. The amount is not great and in fact is no greater than the amount that results from the burning of coal. However, nuclear power plants do require much more cooling water (due to the more intense heat) than do fossil plants. Thus nuclear plants are located near large water sources and cause thermal pollution (fig. 34.10). Thermal pollution can contribute to eutrophication because metabolic reactions increase at higher temperatures. Also, many desirable fish, such as trout, prefer cooler waters that hold more oxygen than warm waters.

Renewable Energy Sources

Renewable energy sources are those that are not consumed regardless of utilization. For this reason, the breeder reactor and nuclear fusion reactor may be included in this category (chart 34.7).

Solar Energy

Solar energy is diffuse energy and, before utilization is possible, it must be collected and concentrated. The public rather than the government has provided most of the impetus for solar heating of homes and offices (fig. 34.11). Solar collectors placed on roof tops make use of the greenhouse effect. A fluid within the solar collector heats up and is pumped to other parts of the building for space heating, cooling, or for the generation of electricity. Passive systems are also possible: specially constructed glass can be used for the south wall of a building and building materials can be designed to collect the sun's energy during the day and release it at night.

The government has concentrated thus far on the use of solar energy to generate electricity by means of the so-called **power tower.** A single boiler is placed atop a large tower twenty stories high and a large field of mirrors, called heliostats (fig. 34.12), which are capable of tracking the sun, reflect

Figure 34.11
Solar energy can be utilized by various community institutions, such as this health facility near Albuquerque, New Mexico.

Figure 34.12
Solar energy power plants require a large number of heliostats.

the sun's rays onto the tower. The water is heated to 500°C. and the steam is used to produce electricity in a conventional generator. While this unwieldy system does not foster much hope for extensive electricity production, photovoltaic (solar) cells that produce electricity directly have been much improved of late and appear to be a promising source of energy. It has even been suggested that cells might be placed in orbit about the earth where they would collect intense solar energy, generate electricity, and send it back to earth via microwaves.

Solar energy is clean energy. It does not produce air or water pollution. Nor does it add heat to the atmosphere since radiant energy is eventually converted to heat anyway. The problem of storage can be overcome in a number of ways, including the use of solar energy to produce *hydrogen* by means of hydrolysis of water. Hydrogen can be piped in existing pipelines as either a gas or liquid; when it is burned, it forms fog, not smog (fig. 34.13).

Other Sources

Two types of renewable energy sources that have been utilized for quite some time are *falling water,* used to produce electricity (hydroelectric plants), and geothermal energy. *Geothermal energy* refers to trapped heat produced by radioactive material deep beneath the surface of the earth. Water, converted to steam by this heat, may be pumped up and used to heat buildings or to generate electricity.

The ocean's tides, waves, currents, and temperature differential can all be used as energy sources. If enclosed coastal basins are dammed, the *tides* can be used to produce electricity as the water flows through specially constructed gates. Various proposals have been made to harness *wave power.* For example, the rolling motion of the waves can be used to rotate vanes that turn a generator. *OTEC* (Ocean Thermal Energy Conversion) projects are based on the temperature difference between warm surface water and cool, deep water, particularly in tropical seas. As liquid propane is piped from the ocean floor to the surface, it changes to a gas and generates electricity before returning to the floor, where it condenses to a liquid again. Utilization of ocean energy is in the pilot stages; it is hoped that full operation can be realized in the next ten years.

Wind power provides enough force to turn vanes, blades, or propellers attached to a shaft, which, in turn, spins the motor of a generator that produces electricity. The government has allocated a small amount of money for wind research, particularly the promotion of large windmills. Many others believe that it would be best to build numerous small windmills for modest projects. If the latter is done, it is hypothesized by enthusiasts that windmills could supply 75 percent of our energy needs.

Food

Food is a renewable resource in that the supply is constantly replenished. In recent years, the supply of food has been greatly augmented by the use of a large amount of supplemental fossil fuel energy (fig. 34.14). This energy is used to produce the fertilizers, pesticides, and herbicides that are a part of modern-day intensive agriculture (p. 686). Fuel is also needed to run irrigation pumps and farm machinery.

Special plant varieties (fig. 34.15) suitable for warmer climates are available for agriculture in the developing countries. The exportation and cultivation of these plants has been termed the **Green Revolution.** Therefore, it is not *incorrect* to suggest that the conversion of fossil fuel energy into food energy has extended the carrying capacity of the earth, allowing the human population to increase to its present level.

Figure 34.13
When hydrogen is burned, water is the product and water can be hydrolyzed to hydrogen again. This cycle makes hydrogen an attractive fuel.

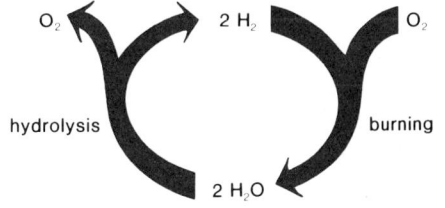

Figure 34.14
Energy subsidies for various food crops. The energy history of the U.S. is shown from 1910 to 1970 by the solid dark line.

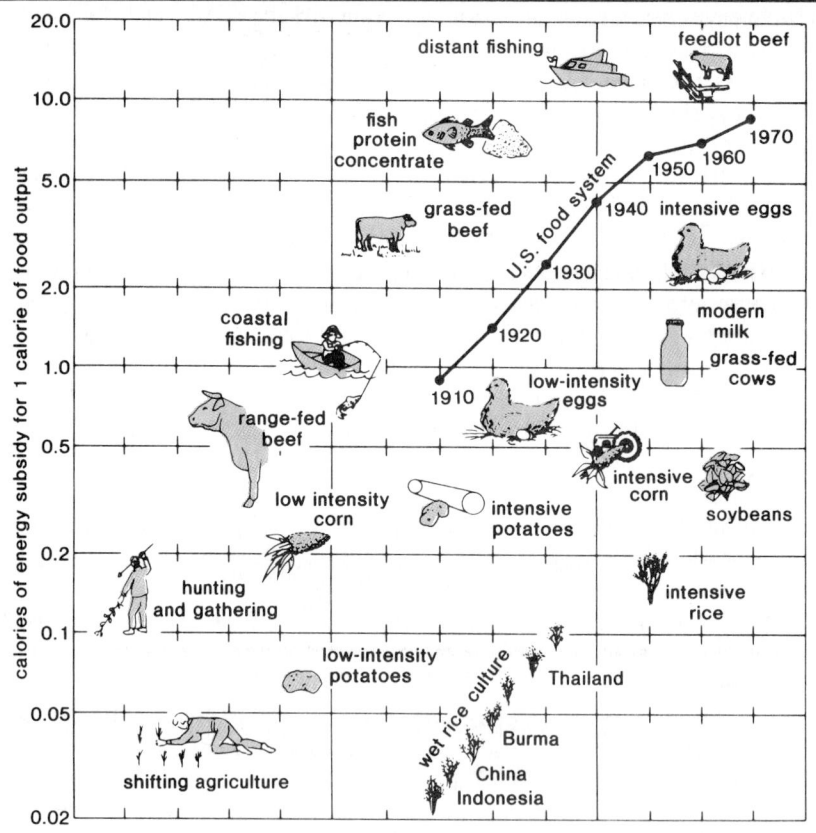

Figure 34.15
Recent hybridization crosses have produced high yield plants such as this rice. It is hoped that the growth of these plants will prevent famine in many parts of the world.

Figure 34.16 shows that intensive monoculture agriculture has resulted in increased food production in both the developed and developing countries. In the developed countries, where the population has expanded only moderately, the per capita food production has also increased. The majority of people in the developed countries can afford the cost of food and are eating better than they had in the past. In the developing countries, where the population has expanded greatly, the per capita share has not increased. While a segment of the population can afford the increased price of food and has created a demand for food, the majority of people cannot afford the cost of an adequate diet. Since the per capita share is calculated by dividing the total production by the total population size, it does not necessarily mean that all persons are eating an equal amount. On the contrary, the U.N. Food and Agricultural Organization (FAO) estimates that as of 1975 around 450 million people are chronically undernourished. The World Bank estimates that the figure may be even as high as one billion. While some undernourished individuals live in the developed countries, the majority live in the developing countries.

Figure 34.17 shows the countries in which the undernourished population exceeded 15 percent in 1975. It also indicates that the United States, Canada, Australia, and Argentina are major exporters of cereals. Most experts agree that it is not feasible for these four countries to attempt to feed the expected increase in world population. *First,* they would not be able to produce enough food for everyone, and *second,* it would be impossible to distribute the food equally to everyone. Therefore, the developing countries will most likely have to produce and distribute enough food for their populace. The problem requires not only biological answers but also social and economic reforms within these countries. Too often in the past, increased food production resulted in better nutrition and increased wealth for only a few, while the majority remained poor and unable to meet their daily nutrient requirements. Even so, we must limit our present discussion to the biological questions of increased food production, rather than considering the social problems of food distribution.

Whereas it was formerly feared that all countries were running out of land for agriculture, it is now estimated by the FAO that 75 percent more land could be cultivated by taking advantage of current technology. Presumably, this would mean large inputs of energy, fertilizers, and water with accompanying environmental problems (discussed earlier on page 686). Some predict, however, that current fuel shortages and potential water shortages may prevent the expansion of intensive monoculture agriculture in the developing countries. Therefore, research efforts are currently shifting from the further development of plants that require external supplements to those with improved internal efficiency. The new focus is on plants with greater photosynthetic efficiency (p. 121), more efficient nutrient and water uptake, improved biological nitrogen fixation, and genetic resistance to pests and environmental stress. Another possibility is that, whereas the temperate zone is capable of producing only one crop per year, the subtropical and tropical zones permit several crops per year. Therefore, multiple cropping may allow the developing countries to increase their yields. There is renewed hope that the developing countries may be able to at least maintain crop production at the current per capita level, so that if the population size levels off as predicted, there will be sufficient food for all.

Food from other sources, including the sea, is not expected to play a major role in feeding the world in the near future. High productivity is restricted to the coastal regions, the areas most subject to pollution. Since fish is an important source of protein, particularly in the developing countries, the expansion of aquaculture, the cultivation of fish, is highly desirable. There are some innovative ideas, such as the one described in figure 34.18, that could make aquaculture an ordinary part of everyone's life, even in the developed countries.

Figure 34.16

Total and per capita food production for developed and developing countries during 1961-65 to 1976.

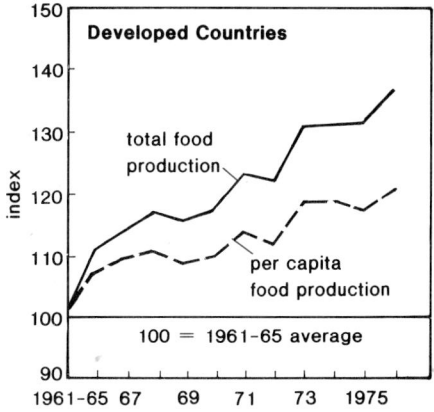

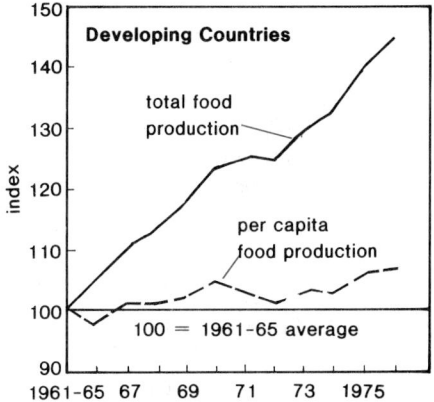

Figure 34.17
World food resources and diet patterns.

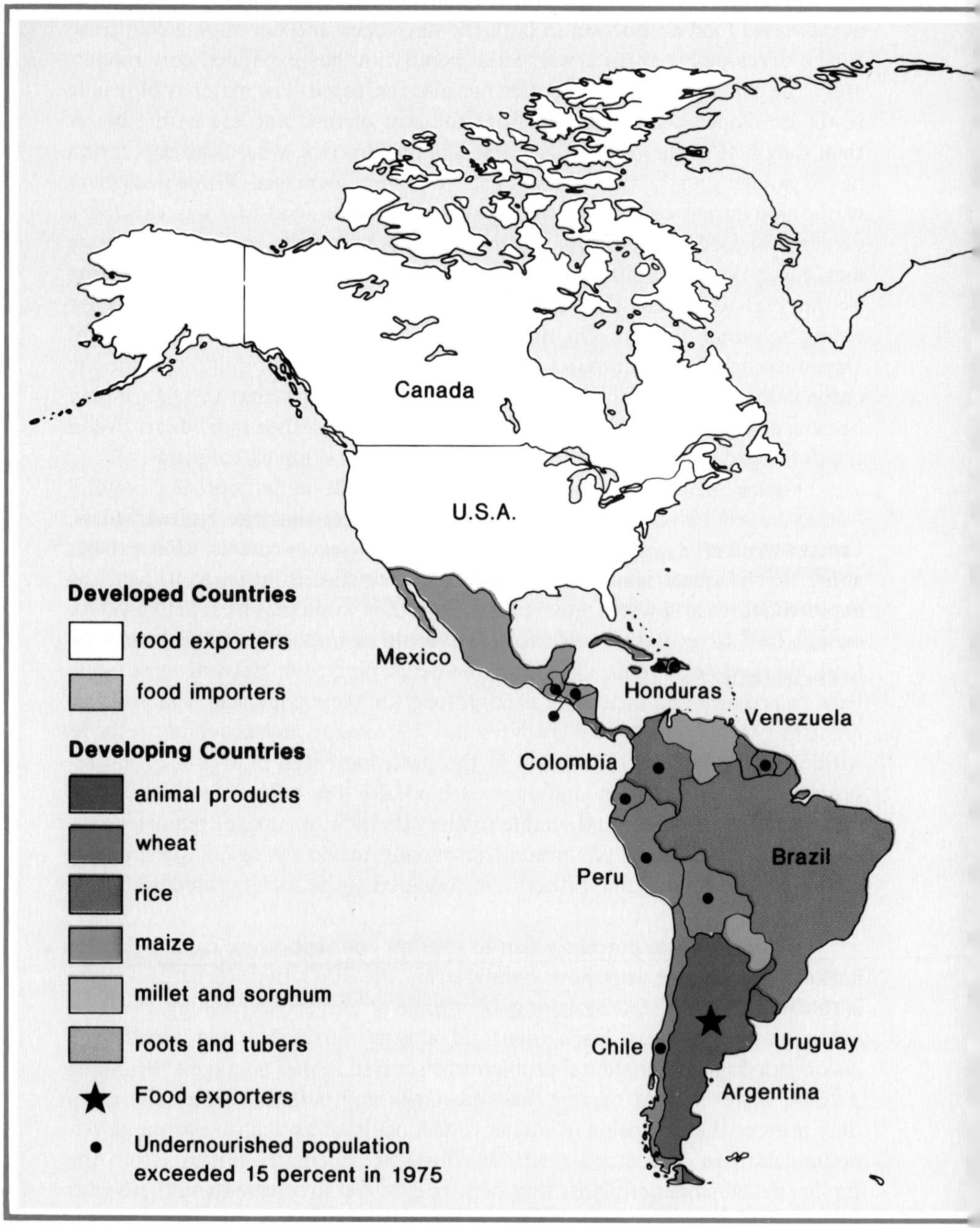

Developed Countries
- food exporters
- food importers

Developing Countries
- animal products
- wheat
- rice
- maize
- millet and sorghum
- roots and tubers

★ Food exporters

● Undernourished population exceeded 15 percent in 1975

Canada

U.S.A.

Mexico

Honduras

Venezuela

Colombia

Peru

Brazil

Chile

Uruguay

Argentina

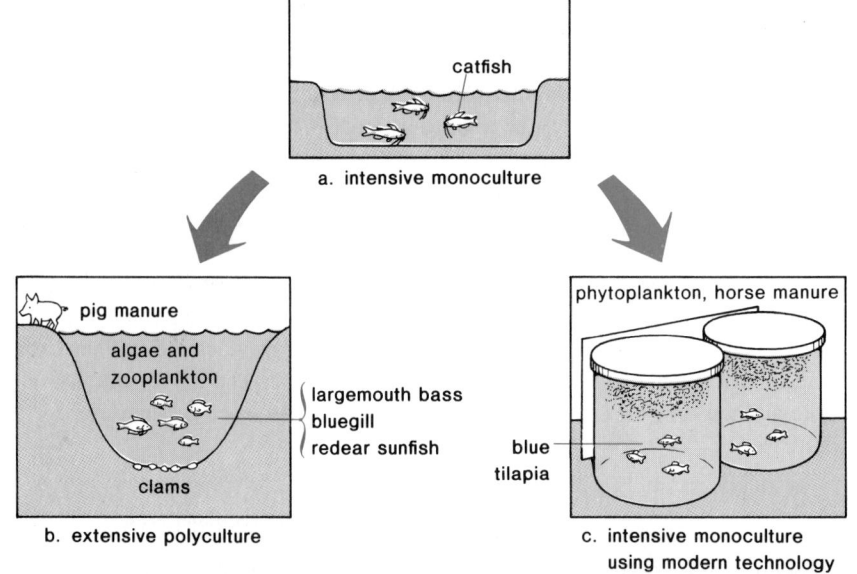

Figure 34.18
Aquaculture methods. a. Catfish are raised in ponds and fed commercial fish pellets. b. A natural detritus food web supported by animal manure. c. Phytoplankton are placed in clear fiberglass cylinders that allow maximum input of solar energy. The phytoplankton that flourish when fertilized with manure serve as food for fish. Methods b and c are more ecologically sound than a.

catfish

a. intensive monoculture

pig manure

algae and zooplankton

largemouth bass
bluegill
redear sunfish

clams

b. extensive polyculture

phytoplankton, horse manure

blue tilapia

c. intensive monoculture using modern technology

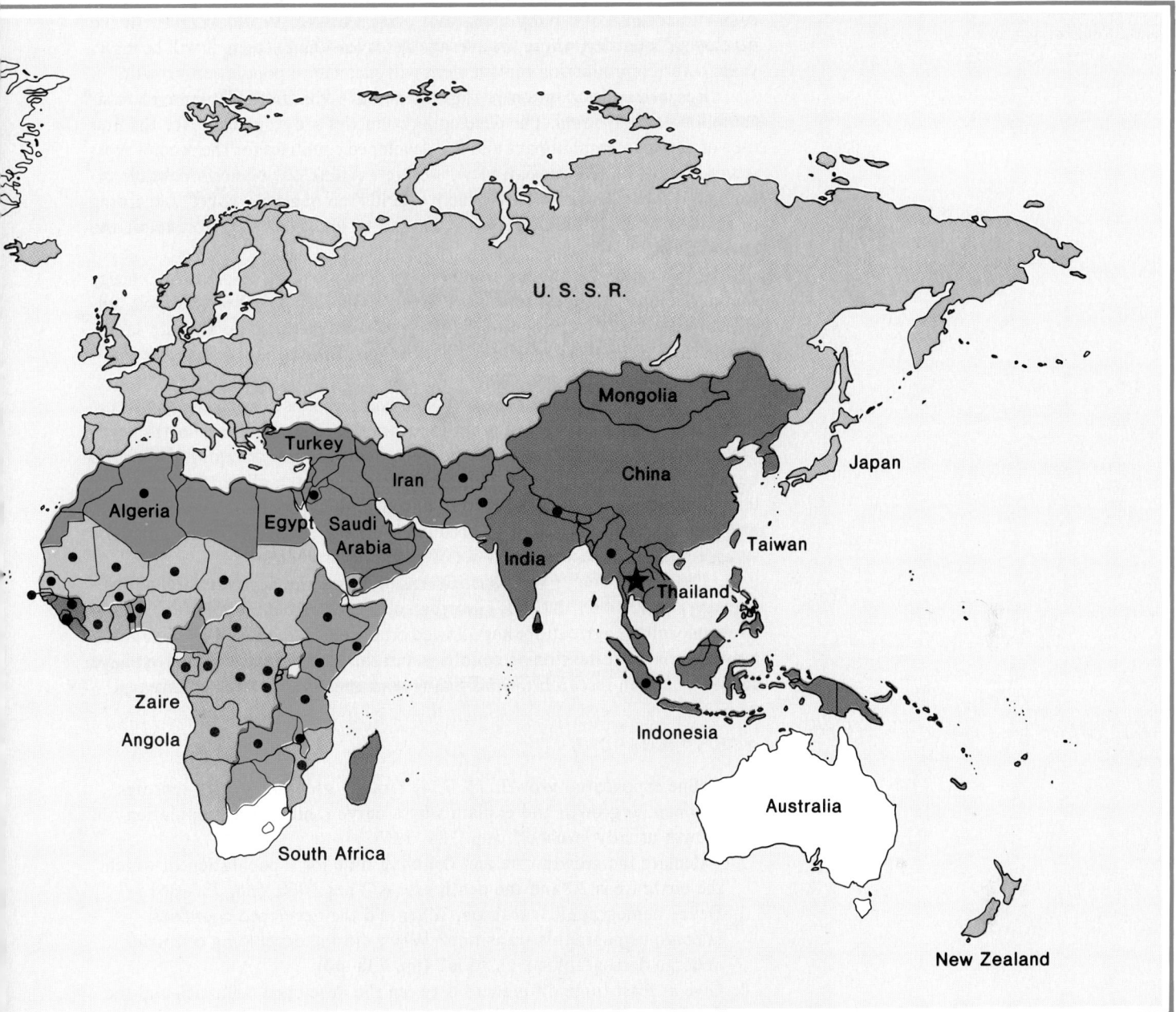

Summary

The human population is expanding exponentially and even though the growth rate has declined, there is a large increase in the population each year. Still, the doubling time has decreased from thirty-five to forty-one years. Since a doubling of the population means a doubling of the goods and services needed to sustain the population and since the carrying capacity of the earth is unknown, a decreasing growth rate is welcomed by many.

The history of the world population shows that the developed countries underwent a demographic transition between 1850 and 1975 so that their growth rate is now only about 0.6 percent. The developing countries are just now undergoing demographic transition and since it was delayed, their growth rate went as high as 2.4 percent. Now it is declining slowly. Reproduction replacement will not bring about zero population growth even in the developed countries because of a baby boom that occurred after World War II. In the developing countries, where the average age is less than fifteen, it will be many years before reproduction replacement will mean zero population growth.

Resource consumption is dependent on population size and on consumption per individual. The developing countries are responsible for the first type of environmental impact and the developed countries for the second type. According to the Malthusian view, we are running out of nonrenewable resources and only conservation can help extend their depletion curve. According to the Cornucopian view, we will continue to find new ways to exploit the environment.

Exploitation of the environment is dependent on a plentiful energy source. Among the nonrenewable sources, only coal is in ready supply, although improved technology may permit the use of oil shale and tar sands. Each of the three types of nuclear power has a drawback that prevents full-scale operation in this country.

All of the renewable resources hold some promise; solar energy is currently drawing a great deal of attention from the general public. Solar energy can be used to hydrolyze water to produce hydrogen gas or liquid, which can be substituted for fossil fuels. Synthetic fuels is a catch-all phrase for petroleum and petroleum substitutes from unconventional sources. Coal, oil shale, and biomass can all be used to produce synthetic fuels. The burning of the synthetic fuels will cause a new set of pollution problems.

The production of food has increasingly become dependent on supplemental energy, a fact that has contributed to environmental pollution. Intensive monoculture agriculture has allowed crop yield to keep up with population growth even in the developing countries, but the many problems involved have caused a shift in research toward plants with improved internal efficiency.

Study Questions

1. Define exponential growth. (p. 734) Draw a growth curve to represent exponential growth and explain why a curve representing population growth usually levels off. (pp. 734, 736)
2. Calculate the growth rate and doubling time for a population in which the birthrate is 20 and the death rate is 2 per 1000. (pp. 735–36)
3. Define demographic transition. When did the developed countries undergo demographic transition? When did the developing countries undergo demographic transition? (pp. 738–40)
4. Give at least three differences between the developed countries and the developing countries. (p. 740)
5. Contrast the Malthusian view and the Cornucopian view toward nonrenewable resources supplies. (p. 743)
6. Draw a typical depletion curve and relate it to the consumption of fossil fuels. (p. 743)
7. Name the three types of nuclear power and give at least one related drawback to each. (pp. 746–47)
8. Name at least four types of renewable energy resources. (p. 745) What types of fuels might be produced from these sources? (p. 745)
9. Give at least three reasons why intensive monoculture is not a feasible solution to the food crises of developing countries. (pp. 749–51)

Further Readings

Bebbington, W. P. 1976. The reprocessing of nuclear fuels. *Scientific American* 235(6):30.

Bethe, H. A. 1976. The necessity of fission power. *Scientific American* 234(1):21.

Cochran, N. P. 1976. Oil and gas from coal. *Scientific American* 234(5):24.

Cohen, B. L. 1977. Disposal of radioactive wastes from fission reactors. *Scientific American* 236(6):21.

Drake, W., and Reid, R. C. 1977. The importation of liquefied natural gas. *Scientific American* 236(4):22.

Ehrlich, et al. 1977. *Ecoscience: Population, resources, environment.* San Francisco: W. H. Freeman.

Flower, A. R. 1978. World oil production. *Scientific American* 238(3):238.

Frejkay, T. 1973. The prospects for a stationary world population. *Scientific American* 228(3):15.

Griffith, E. D., and Clarke, A. W. 1979. World coal production. *Scientific American* 240(1):38.

Hoff, J. E., and Janick, J., eds. *Food: Readings from* Scientific American. 1973. San Francisco: W. H. Freeman.

Keyfitz, N. 1976. World resources and the world middle class. *Scientific American* 235(1):28.

Miller, T. G., Jr. 1975. *Energy and environment: Four energy crises.* Belmont, Calif.: Wadsworth.

Nef, J. W. 1977. An early energy crisis and its consequences. *Scientific American* 236(5):140.

Scientific American. 1976. 235(3). Entire issue devoted to food and agriculture.

Scientific American. 1978. 239(3). Entire issue devoted to human population.

Scientific American. 1980. 243(3). Entire issue devoted to population and economic concerns.

epilogue

We have surveyed the whole of biology, all the while emphasizing the human species. The time has come to ask if humans are not but one species among many and to suggest that you should use your study of human biology as a means to understand all living things. Only by looking beyond human biology is it possible to see that the biosphere is most stable when all species form an integrated whole.

Humans are the product not only of a biological evolution but also of a cultural evolution. It is the cultural evolution that has separated us from natural ecosystems and perhaps made us unaware of our dependence on natural systems. Now that we are aware of this dependence, it is possible to change the human ecosystem to one that works with, rather than against, other ecosystems within the biosphere.

Recently the government published a report, called the *Global 2000 Report*, which forecasts numerous catastrophic future events including resource shortages, famine, and uncontrollable pollution. Undoubtedly, this could have been and still might be our future, but there are indications that the extreme intelligence of the human species can save it from such dire circumstances. If we are willing to look beyond a human orientation, it will be possible for us to preserve ourselves and our home, the biosphere.

Some say that we must turn from hard technology to soft technology. Hard technology is large-scale, highly complicated and energy-intensive technology that is beyond the comprehension of most individuals, such as satellites and missiles. Soft technology is small-scale technology requiring little energy input and easily mastered by most, such as the use of a windmill to power an irrigation pump. Most likely, both forms of technology have a place in our future. It is not hard technology that has brought us to where we are but the uses to which hard technology has been put. Science and technology do not answer moral questions. They show how something might be accomplished and what the end results of this accomplishment might be. With this knowledge in hand, it is up to the lay public to decide what ought to be done. Therefore, we all have a responsibility to understand what the choices are and to decide the future course for humankind. A bright new world can be ours and a legacy for our children if we make the right choices. It is hoped that this text and this course will help you make the right decisions for your life in such a way that the biosphere will endure.

Light Versus Electron Microscope

In a light microscope, a concentrated beam of light passes through the object on the stage in such a way that the emerging rays of light indicate the areas of light and dark in the object. Very often the prepared specimen has been treated with a stain to enhance these contrasts. A magnified image of the object is achieved when these rays of light are focused by the objective lens; the image is further magnified by means of the ocular lens. Since eyes are sensitive to light rays, the image may be viewed directly by the experimenter.

In an electron microscope, a concentrated beam of electrons passes through a vacuum to bombard the object. The vacuum is created when air is pumped out of the tube transmitting the electrons. The electrons are scattered by the object in such a way as to indicate areas of light and dark. The electrons are focused, and a magnified image is formed as the electrons pass the lenses of the electron microscope. The lenses of an electron microscope are not glass; they are coils of wire about which a magnetic field exists because of an electric current that travels within the wire. This field can focus electrons because they carry a negative charge that makes them sensitive to magnetic fields.

Since eyes are not sensitive to electrons, the image cannot be viewed directly; instead, it is projected onto a screen at the foot of the microscope where the electrons excite the chemical coating of the screen producing light rays that can be seen by the viewer. A permanent record can also be made on a photographic plate, and this record is an **electron micrograph.**

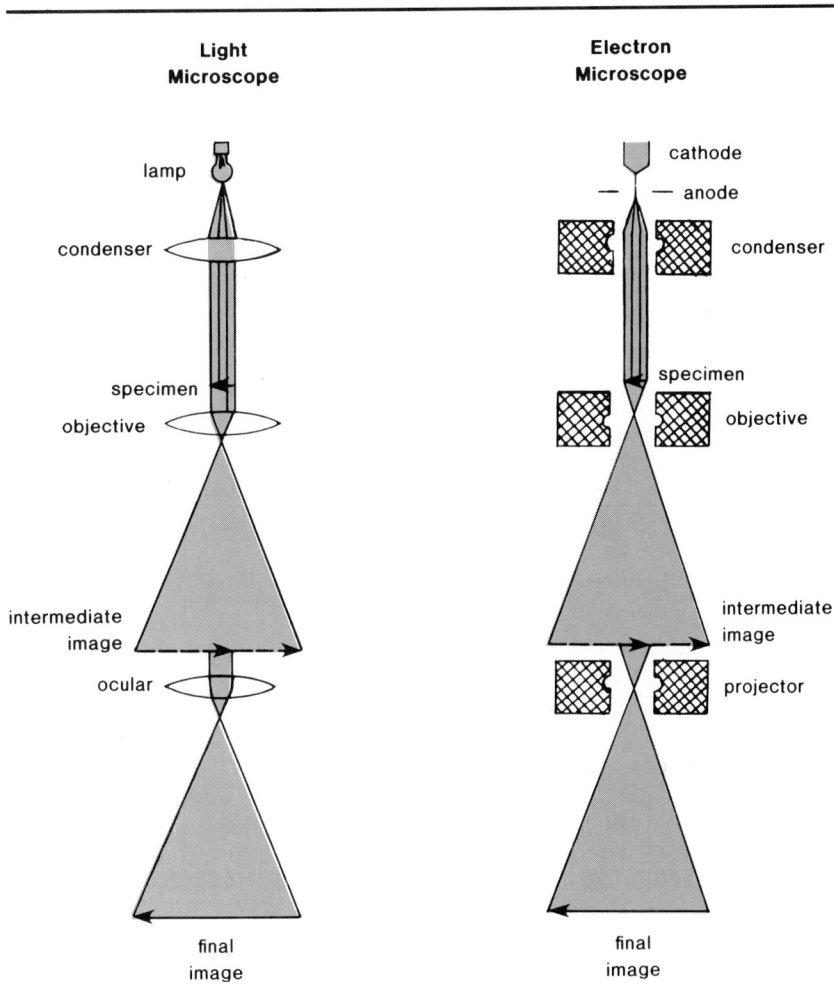

Light
Microscope

lamp
condenser
specimen
objective
intermediate
image
ocular
final
image

Electron
Microscope

cathode
anode
condenser
specimen
objective
intermediate
image
projector
final
image

A comparison of these two microscopes shows that they both illuminate the object, magnify the object, and produce an image that eventually can be viewed by the observer. The most important difference between these two instruments is not the degree to which they magnify but lies instead in their resolving power. This term is used to indicate the amount of detail that can be distinguished by a microscope. The physical laws of optics tell us that resolving power is dependent on the wavelength of the light or electron beam. The theoretical limit of the resolving power of the light microscope is 200 nm, while that of the electron microscope is 0.5 nm. This means that any two structures separated by less than 200 nm in the light microscope and 0.5 nm in the electron microscope will appear as one object. Thus, the electron microscope allows us to see much more.

One drawback to the electron microscope has been that the specimen could be viewed only after drying, because a vacuum is needed to produce the electron beam. We do not know the full extent to which this drying process distorts the true appearance of the specimen. Methods are now being investigated to allow the observation of living materials in their natural state.

Metric System

As mentioned in the text, biologists describe the sizes of objects such as cell organelles in terms of the metric system. The units of measurement most often used are given in chart A.1. The ruler on page A-3 allows you to visualize the relationship of these units.

Ia																	0
1 H 1.008	IIa											IIIa	IVa	Va	VIa	VIIa	2 He 4.00
3 Li 6.94	4 Be 9.01											5 B 10.81	6 C 12.01	7 N 14.00	8 O 15.99	9 F 18.99	10 Ne 20.18
11 Na 22.99	12 Mg 24.31	IIIb	IVb	Vb	VIb	VIIb		VIIIb		IB	IIIB	13 Al 26.98	14 Si 28.09	15 P 30.97	16 S 32.06	17 Cl 35.45	18 Ar 39.95
19 K 39.10	20 Ca 40.08	21 Sc 44.96	22 Ti 47.90	23 V 50.94	24 Cr 51.99	25 Mn 54.94	26 Fe 55.85	27 Co 58.93	28 Ni 58.71	29 Cu 63.54	30 Zn 65.37	31 Ga 69.72	32 Ge 72.59	33 As 74.92	34 Se 78.96	35 Br 79.91	36 Kr 83.80
37 Rb 85.47	38 Sr 87.62	39 Y 88.91	40 Zr 91.22	41 Nb 92.91	42 Mo 95.94	43 Tc (99)	44 Ru 101.97	45 Rh 102.91	46 Pd 106.4	47 Ag 107.87	48 Cd 112.40	49 In 114.82	50 Sn 118.69	51 Sb 121.75	52 Te 127.60	53 I 126.90	54 Xe 131.30
55 Cs 132.91	56 Ba 137.34	see below 57-71	72 Hf 178.49	73 Ta 180.95	74 W 183.85	75 Re 186.2	76 Os 190.2	77 Ir 192.2	78 Pt 195.09	79 Au 196.97	80 Hg 200.59	81 Tl 204.37	82 Pb 207.19	83 Bi 208.98	84 Po (210)	85 At (210)	86 Rn (222)
87 Fr (223)	88 Ra (226)	see below 89-103	104 Rf (261)	105 Ha (260)	106 * 263	*newly produced											

57 La 138.91	58 Ce 140.12	59 Pr 140.91	60 Nd 144.24	61 Pm (147)	62 Sm 150.35	63 Eu 151.96	64 Gd 157.25	65 Tb 158.92	66 Dy 162.50	67 Ho 164.93	68 Er 167.26	69 Tm 168.93	70 Yb 173.04	71 Lu 174.97
89 Ac (227)	90 Th 232.04	91 Pa (231)	92 U 238.03	93 Np (237)	94 Pu (242)	95 Am (243)	96 Cm (247)	97 Bk (247)	98 Cf (251)	99 Es (254)	100 Fm (253)	101 Md (256)	102 No (254)	103 Lw (257)

Chart A.1 Units of Measurement

Unit	Symbol	Seen by
Centimeter	cm = 0.4 inch	Naked eye
Millimeter	mm = 0.1 cm	Naked eye
Micrometer	μm = 0.001 mm	Light microscope
Nanometer	nm = 0.001 μm	Electron microscope
Angstrom	Å = 0.1 nm	Electron microscope

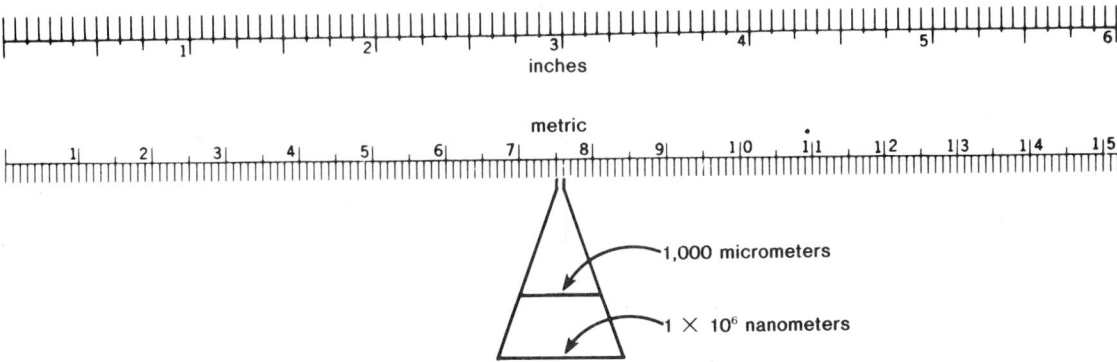

1,000 micrometers

1×10^6 nanometers

Classification of Living Things

In the classification given here, four kingdoms are recognized: Monera, Protista, Plant, and Animal. Classes are listed for many phyla; orders are listed only for mammals; and families are listed only for primates. The purpose of classification is to indicate the degree to which organisms are related. Organisms placed in different kingdoms are believed to be most distantly related.

Kingdom Monera
Phylum Schizophyta (Bacteria)
    Class Eubacteriales: true bacteria
    Class Spirochaetales: spiral bacteria
    Class Myxobacteriales: gliding slime bacteria
Phylum Cyanobacteria (Blue-Green Algae)

Kingdom Protista
Phylum Eumycophyta (Fungi)
    Class Phycomycetes (algal fungi): water molds, downy mildews, blights, bread molds
    Class Ascomycetes (sac fungi): yeast, molds, powdery mildews, truffles, cup fungi
    Class Basidiomycetes (club fungi): rust, smuts, bracket fungi, mushrooms, toadstools, puffballs, stinkhorns
    Class Fungi Imperfecti: athlete's foot, ringworm
Phylum Myxophyta: slime molds
Phylum Protozoa
    Class Flagellata: flagellate protozoa
    Class Sarcodina: amoeboid protozoa
    Class Sporozoa: parasitic protozoa
    Class Ciliata: ciliate protozoa
Phylum Chlorophyta (Green Algae): single cells, filaments, colonies, multicellular
Phylum Chrysophyta (Golden-Brown Algae): diatoms
Phylum Pyrrophyta (Dinoflagellates): single cells
Phylum Phaeophyta (Brown Algae): kelps and seaweed
Phylum Rhodophyta (Red Algae): multicellular

Kingdom (Metaphyta) Plants

Phylum Bryophyta
  Class Bryopsida: mosses
  Class Hepaticopsida: liverworts
  Class Anthoceropsida: hornworts
Phylum Tracheophyta
  Subphylum Psilopsida: *Psilotum*
  Subphylum Lycopsida: club mosses
  Subphylum Sphenopsida: horsetails
  Subphylum Pteropsida
    Class Filicineae: ferns
    Class Gymnospermae: conifers, cycads, ginkgoes
    Class Angiospermale (flowering plants)
      Subclass Dicotyledonae
      Subclass Monocotyledonae

Kingdom (Metazoa) animals

Phylum Porifera (Sponges)
  Class Calcarea: chalk sponges
  Class Hexactinellida: glass sponges
  Class Demospongiae: horny sponges
Phylum Cnidaria (Coelenterates)
  Class Hydrozoa: *Hydra, Obelia*
  Class Scyphozoa: jellyfishes
  Class Anthozoa: sea anemones and corals
Phylum Platyhelminthes (Flatworms)
  Class Turbellaria: free-living planaria
  Class Trematoda: flukes
  Class Cestoidea: tapeworms
Phylum Aschelminthes
  Class Nematoda: roundworms
  Class Rotifera: rotifers

Schizocoelomates

Phylum Mollusca (Mollusks)
  Class Amphinerua: chitons
  Class Monoplacophora: *Neopilina*
  Class Gastropoda: snails
  Class Scaphopoda: tusk shells
  Class Pelecypoda: clams
  Class Cephalopoda: squids, octopuses
Phylum Annelida
  Class Polychaeta: marine worms
  Class Oligochaeta: earthworms
  Class Hirudinea: leeches
Phylum Onychophora: *Peripatus*
Phylum Arthropoda
  Class Xiphosura: horseshoe crabs
  Class Arachnida: spiders, ticks, mites, scorpions, daddy longlegs
  Class Crustacea: crayfish and lobster
  Class Chilopoda: centipedes
  Class Diplopoda: millipedes
  Class Insecta: insects

Enterocoelomates
Phylum Echinodermata
      Class Crinoidea: sea lilies
      Class Asteroidea: starfish
      Class Ophiuroidea: brittle stars, serpent stars
      Class Echinoidea: sea urchins, sand dollars
      Class Holothuroidea: sea cucumbers
Phylum Hemichordata: acorn worms
Phylum Chordata
      Subphylum Urochordata: tunicates
      Subphylum Cephalochordata: lancelets, amphioxus
      Subphylum Vertebrata
            Class Agnatha: jawless fish
            Class Chondrichthyes: cartilaginous fish
            Class Osteichthyes: bony fish
            Class Amphibia: frogs, toads, salamanders
            Class Reptilia: turtles, crocodiles, alligators, snakes, lizards
            Class Aves: birds
            Class Mammalia: mammals
                  Order Monotremata: egg-laying mammals
                  Order Marsupialia: marsupials
                  Order Insectivora: moles, shrews
                  Order Chiroptera: bats
                  Order Edentata: sloths, armadillos
                  Order Lagomorpha: rabbits, hares
                  Order Rodentia: rodents
                  Order Cetacea: whales, dolphins, porpoises
                  Order Carnivora: carnivores (e.g., cats, dogs)
                  Order Tubulidentata: aardvarks
                  Order Proboscidea: elephants
                  Order Perissodactyla: odd-toed ungulates (e.g., horse)
                  Order Artiodactyla: even-toed ungulates (e.g., pig)
                  Order Primates: lemurs, monkeys, apes, humans
                        Suborder Prosimii: lemurs, tree shrews, tarsiers, lorises, pottos
                        Suborder Anthropoidea: monkeys, apes, humans
                            Superfamily Ceboidea: New World monkeys
                            Superfamily Cercopithecoidea: Old World monkeys
                            Superfamily Hominoidea: apes and humans
                                Family Hylobatidae: gibbon
                                Family Pongidae: chimpanzee, gorilla, orangutan
                                Family Hominidae
                                Australopithecus*
                                Homo erectus*
                                Homo sapiens neanderthalis*
                                Homo sapiens sapiens

*extinct

a

a-
without, lacking.

ab-
away from, off.

abiotic
not including living organisms, their effects, or products.

accommodation
lens adjustment in order to see close objects.

acetylcholine
a neurotransmitter substance secreted at the ends of many neurons; responsible for the transmission of a nerve impulse across a synaptic cleft.

acid
a solution in which pH is less than 7; a substance which contributes or liberates hydrogen ions (protons) in a solution.

actin
one of the two major proteins of muscle; makes up thin filaments in myofibrils of muscle cells. *See* myosin.

action potential
the change in potential propagated along the membrane of a neuron; the nerve impulse.

active acetate
an acetyl group attached to coenzyme A; a product of the transition reaction that links glycolysis to the Krebs cycle.

active site
the region on the surface of an enzyme where the substrate binds and where the reaction occurs.

active transport
transfer of a substance into or out of a cell against a concentration gradient by a process which requires a carrier and expenditure of energy.

ad-
next to, at.

adaptation
the fitness of an organism for its environment, including the process by which it becomes fit, in order that it may survive and reproduce; also the adjustment of sense receptors to a stimulus so that the stimulus no longer excites them.

adaptive radiation
the division of a single species into many species, each adapted to a different way of a life.

adenine
a purine (nitrogenous base) that is found in DNA and ATP as well as in other important biological molecules.

adenosine diphosphate (ADP)
similar in structure to ATP except that it contains only two phosphate groups.

adenosine triphosphate (ATP)
a compound containing adenine, ribose, and three phosphates, two of which are high energy phosphates. It is the "common currency" of energy for most cellular processes.

adipose
referring to the tissue in which fat is stored or to the fat itself.

adrenal
endocrine glands of vertebrates located atop the kidneys.

adrenalin
a hormone produced by the adrenal medulla that stimulates "fight or flight" reactions.

aerobic
growing or metabolizing only in the presence of oxygen.

afferent
moving toward; for example, neurons that carry a nerve impulse to the central nervous system.

agglutination
clumping of cells, particularly in reference to red cells involved in an antigen-antibody reaction.

albumin
a protein found in plasma and egg white.

algae
plantlike protista (except blue-green algae, which are monerans) that contain chlorophyll, lack well-defined tissues, and do not protect the zygote; producers in aquatic food chains whose proliferation results in algal bloom.

-algia
ache, pain.

alkaline
a solution in which pH is more than 7; a substance which contributes or liberates hydroxide ions in a solution; basic; opposite of acidic.

all-, allo-
other, different.

allantois
one of the extraembryonic membranes of reptiles, birds, and mammals; a pouch serving as a repository for nitrogenous waste or as a source of blood vessels to and from the chorion or placenta.

allele
an alternative form of a gene that occurs at a given chromosomal site (locus).

allergy
an altered reaction of body tissues to an antigenic substance, which in a nonsensitive person produces no effect.

alternation of generations
a life cycle that involves two distinct adult forms; particularly in plants where one form is haploid and the other is diploid.

amino acid
a unit of protein that takes its name from the fact that it contains an amino group (NH_2) and an acid group (COOH).

amnion
one of the extraembryonic membranes of reptiles, birds, and mammals; a fluid-filled sac around the embryo.

amoeboid
like an amoeba, moving or eating by means of pseudopodia (cytoplasmic outflows).

amphibian
a member of the vertebrate class of Amphibians, such as frog or salamander.

an-
without

anabolism
synthetic chemical reactions in which the product is larger than any reactant.

anaerobic
growing or metabolizing only in the absence of molecular oxygen.

analogous
similar in function but not in structure; particularly in reference to similar adaptations.

androgen
male sex hormone.

angio-, angium
container, receptacle.

angiosperm
flowering plant with seeds enclosed in fruit.

annelid
segmented worm belonging to the phylum Annelida, such as the earthworm, sandworm, or leech.

antagonistic
opposing another as in counteracting muscles.

ante-
before, in front of.

anterior
the head region of an organism.

anther
that portion of a stamen (male part of the flower) in which pollen is formed.

antheridium
male organ in nonseed plants where swimming sperm are produced.

anti, ant-
opposite, against, counter.

antibody
a protein produced in response to the presence of some foreign substance in the blood or tissues.

anticodon
a "triplet" of three nucleotides in transfer RNA that pairs with a complementary triplet (codon) in messenger RNA.

antidiuretic hormone (ADH)
sometimes called vasopressin, a hormone made in the hypothalamus and stored in the posterior pituitary. Controls the rate at which water is reabsorbed by the kidneys.

antigen
a foreign substance, usually a protein, that stimulates the immune system to produce antibodies.

arch-
primitive, original.

archegonium
female organ in nonseed plants where an egg is produced.

archenteron
central cavity or primitive gut in the embryo.

arteriole
a branch from an artery that leads into a capillary.

artery
a vessel that takes blood away from the heart; characteristically possessing thick elastic walls.

arthropod
an invertebrate belonging to the phylum Arthropoda that possesses jointed appendages, such as crayfish, lobster, and grasshopper.

asexual reproduction
a form of reproduction, such as budding or simple fission, that does not involve the use of gametes.

aster
short rays of microtubules that appear at the ends of the spindle apparatus in animal cells during cell division.

atom
smallest unit of matter.

ATP
see adenosine triphosphate.

atrium
a chamber; particularly an upper chamber of the heart that receives the impulse to contract from the S.A. nodes and passes it to the ventricles.

auto-
self.

autonomic nervous system
a part of the peripheral nervous system that controls smooth muscles and glands.

autotroph
an organism that is capable of making its food (organic molecules) from inorganic molecules.

axon
process of a neuron that conducts nerve impulses away from the cell body.

b

bacterium
a microscopic, rod-shaped, round, or spiral procaryote.

base
a solution in which pH is more than 7; a substance which contributes or liberates hydroxide ions in a solution; alkaline; opposite of acidic. Also, in genetics the chemicals adenine, guanine, cytosine, thymine, and uracil that are found in DNA and RNA.

behavior
the way in which an organism acts in response to stimuli.

bi-
two.

bilateral symmetry
the condition of having a right and left half so that only one vertical cut gives two equal halves.

bile
a secretion of the liver that is temporarily stored in the gallbladder before being released into the small intestine where it emulsifies fat.

binary fission
reproduction by simple cell division that does not involve a mitotic spindle.

binomial system
the assignment of two names to each organism, the first of which designates the genus and the second of which designates the species.

bio-
life, living.

biome
a community of large size characterized by its plant life and also by animal life.

biosphere
that part of the earth's surface and atmosphere where living organisms exist.

biotic
pertaining to any aspect of life, especially to characteristics of entire populations or ecosystems.

biotic potential
the maximum population growth rate under ideal conditions.

blast, blasto-
embryo.

blastula
an early stage in animal development; usually a hollow sphere of cells about a central cavity called the blastocoele.

bond energy
the amount of energy stored in a chemical bond.

Bowman's capsule
a double-walled cup that surrounds the glomerulus at the beginning of the kidney tubule.

bronchi
the two major divisions of the trachea leading to the lungs.

bronchiole
the smaller air passages in the lungs of mammals.

Bryophyte
a phylum of plants lacking vascular tissue and having the gametophyte generation dominant.

budding
a form of asexual reproduction in which the new organism simply grows from the body of the parent and eventually detaches itself.

buffer
a substance or compound which prevents large changes in the pH of a solution.

c

Calorie
the amount of heat required to raise one kilogram of water one degree centigrade.

cambium
meristem tissue found in the stems of plants; vascular cambium and cork cambium.

capillaries
microscopic vessels located in the tissues connecting arterioles to venules through whose thin walls molecules either exit or enter the blood.

carbohydrate
organic compounds with the general formula $(CH_2O)_n$ including sugars, starch, and cellulose.

carbonic anhydrase
an enzyme found in red cells that speeds up the transformation of carbon dioxide to carbonate.

carcinogen
a substance or agent capable of inducing cancerous growth.

cardiac
of or pertaining to the heart.

carnivore
an animal that eats flesh.

carrier
a molecule that combines with a substance and actively transports it through the cell membrane; an individual that transmits an infectious or genetic disease.

carrying capacity
the largest number of organisms of a particular species that can be maintained indefinitely in an ecosystem.

cartilage
a flexible connective tissue, usually part of the skeleton, which is composed of cells in a matrix.

catabolism
chemical reactions that break down larger substances into smaller ones with the release of energy.

catalyst
a substance that regulates the speed at which a chemical reaction occurs without affecting the end point of the reaction and without being used up in the reaction. Enzymes are biological catalysts.

cecum
a blind pouch below the site where the small intestine is joined to the large intestine to which is attached the appendix.

cell membrane
a membrane that surrounds the cytoplasm of cells and regulates the passage of molecules into and out of the cell.

cell plate
a structure that forms between two plant cells during telophase and marks the location of the cell membrane and cell wall.

cellular respiration
the catabolic reactions of glycolysis, Krebs cycle, and electron transport system which provide energy and the anabolic reactions which use this energy to produce ATP.

cellulose
a polysaccharide composed of glucose molecules; the chief constituent of a plant's cell wall.

cell wall
a relatively rigid structure composed mostly of polysaccharides which surrounds the cell membrane of plants, fungi, and bacteria.

central dogma
modern genetic hypothesis in which DNA serves as a template for its own replication and the synthesis of RNA, which in turn directs the order of the amino acids in proteins.

central nervous system (CNS)
the brain and spinal cord in vertebrate animals.

centriole
a short, cylindrical organelle in animal cells that contains microtubules in a 9 + 0 pattern and is associated with the formation of the spindle during cell division.

centromere
a region of attachment of a spindle fiber to a chromosome that is generally seen as a constricted area.

cephalization
the presence of a well-developed head region with sense organs and a definite brain.

cerebellum
the part of the vertebrate brain that controls muscular coordination.

cerebral cortex
the external layer of the cerebrum that is gray in color and highly convoluted in humans.

cerebrum
the main portion of the vertebrate brain that is responsible for consciousness.

cervix
the lower and narrower section of the uterus that projects into the vagina.

chlorophyll
the green pigment found in photosynthesizing organisms that is capable of absorbing energy from the sun's rays.

chloroplast
a membrane-bounded organelle in which membranous grana contain chlorophyll and where photosynthesis takes place.

cholinesterase
an enzyme which breaks down acetylcholine, a neurotransmitter substance.

chordate
a member of the animal phylum Chordata possessing, at some time in the life history, a notochord, dorsal nerve cord, and pharyngeal gill slits.

chorion
an extraembryonic membrane that forms an outer covering around the embryo in reptiles, birds, and mammals and contributes to the formation of the placenta in mammals.

chrom-, chrome
colored, pigment.

chromatid pair
two chromatids held together by a centromere.

chromatids
the two identical parts of a duplicated chromosome.

chromatin
threadlike network in the nucleus that is made up of DNA and proteins.

chromosomes
rod-shaped bodies in the nucleus, particularly during cell division, which contain the hereditary units or genes.

cilia
hairlike projections that are used for locomotion by many unicellular organisms and have various purposes in higher organisms.

cirrhosis
disease of the liver characterized by accumulations of hardened fibrous (scar) tissue.

citric acid
a metabolite which is designated as the first molecule in the Krebs cycle (citric acid cycle).

class
in taxonomy, the category below phylum and above order.

cleavage
cell division of the fertilized egg that is unaccompanied by growth so that numerous small cells result.

clitoris
a small, erectile body located at the vaginal vestibule where the labia minora meet.

clone
asexually produced organisms having the same genetic makeup.

co-
with, together.

cochlea
that portion of the inner ear that resembles a snail's shell and contains the organ of Corti, the sense organ for hearing.

codon
a "triplet" of three nucleotides in messenger RNA that directs the placement of a particular amino acid into a polypeptide chain.

coel-
hollow, cavity.

coelenterates
the common name for organisms in the phylum Cnidaria, such as *Hydra,* jellyfish, and coral.

coelom
a body cavity of higher animals that is lined with mesoderm.

coenzyme
a molecule that aids the action of an enzyme, to which it is loosely bound.

coitus
sexual intercourse during which sperm are passed from one animal to another.

coitus interruptus
contraceptive method of withdrawing of the penis from the vagina before ejaculation.

coleoptile
a pointed sheath covering the shoot of grass seedlings.

colloid
a suspension of moderately sized particles.

colon
the large intestine of vertebrates.

com-
together.

commensalism
the relationship of two species in which one lives on or with the other without conferring either benefit or harm.

common ancestor
an ancestor to two or more branches of evolution.

community
populations inhabiting a common environment at a particular locale who are interacting with one another.

competition
interaction between members of the same or different species for a mutually required resource.

competitive inhibition
reduction in rate of an reaction due to the presence of a compound that competes with the enzyme for the reactant(s) so that less of the desired product is produced per unit time.

complementary base pairing
pairing of bases found in DNA and RNA; adenine is always paired with either thymine (DNA) or uracil (RNA) and cytosine is always paired with guanine.

compound
in inorganic chemistry, a combination of atoms in definite ratios, held together by chemical bonds; in organic chemistry, a substance containing only one kind of molecule, each composed of more than one kind of atom.

conditioned reflex
a reflex that has been modified by experience.

cones
bright light receptors in the retina of the eye that detect color and provide visual acuity; specialized structures composed of scale-shaped sporophylls in conifers.

congenital
pertaining to any condition present at birth.

conifer
a cone-bearing plant, mostly trees, such as pines.

conjugation
a sexual union in which the nuclear material of one cell enters another.

connective tissue
a type of tissue characterized by cells separated by a matrix that often contains fibers.

connector neuron
a neuron that is found within the central nervous system and takes nerve impulses from one portion of the system to another.

consumer organism
a population of an ecosystem that eats other populations.

contractile vacuole
in certain one-celled organisms, a vacuole that slowly collects water and then contracts to expel the water through a pore in the cell membrane.

copulation
sexual intercourse in which sperm are passed from one animal to another.

cork
a tissue made up of dead hollow cells forming a protective covering in woody stems.

corpus luteum
a body, yellow in color, which forms in the ovary from a follicle that has discharged its egg.

cortex
in animals, the outer layer of an organ; in plants, the tissue beneath the epidermis.

cotyledon
the seed leaf of the embryo of a plant.

covalent bond
a chemical bond in which the atoms share electrons.

creatine phosphate
a compound unique to muscles that contains a high energy phosphate bond.

creatinine
excretion product from creatine phosphate breakdown.

crossing over
the exchange of corresponding segments of genetic material between chromatids of homologues at meiosis.

crustacean
a member of the arthropod class Crustacea, such as a crab, shrimp, or copepod.

cyclic AMP
a compound that functions as an intracellular mediator of hormonal action.

cyte-, cyto
cell.

cytochrome
a heme-containing protein which carries electrons in electron transport chains in photosynthesis and cellular respiration.

cytoplasm
the ground substance of cells located between the nucleus and the cell membrane.

d

daughter cells
cells formed by division of a parent cell.

deamination
removal of an amino group ($-NH_2$) from an amino acid or other organic compound.

deciduous
plants that shed their leaves at certain seasons.

decomposers
organisms of decay (fungi and bacteria) in an ecosystem.

dehydrogenase
an enzyme which accepts hydrogen atoms, speeding up the process of dehydrogenation.

dehydrogenation
a form of oxidation in which hydrogen atoms are removed from a molecule.

demographic transition
the change from a high birthrate to a low birthrate as seen in developing countries.

denaturation
alternation of the three-dimensional structure of a macromolecule, particularly protein, so that it loses its former physical and chemical properties.

dendrite
process of a neuron, typically branched, which conducts nerve impulses toward the cell body.

denitrify
to convert ammonia to atmospheric nitrogen as in the denitrifying bacteria.

deoxyribonucleic acid
see DNA.

deoxyribose
a five-carbon sugar with one less oxygen than ribose; a constituent of DNA.

depolarization
a loss in polarization as when the nerve impulse or action potential occurs.

derm
skin, covering, tissue layer.

detoxification
a chemical process that alters a compound so that it is no longer toxic.

di-
two.

diaphragm
a sheet of muscle that separates the chest cavity from the abdominal cavity in higher animals. Also a birth control device inserted in front of the cervix in females.

diastole
relaxation of heart muscle.

dicot
a type of angiosperm distinguished particularly by the presence of two cotyledons.

differentiation
the process and developmental stages by which a cell becomes specialized for a particular function.

diffusion
the movement of molecules from an area of greater concentration to an area of lesser concentration.

dihybrid
the offspring of parents who differ in two ways; shows the phenotype governed by the dominant genes but carries the recessive genes.

dimorphism
having two forms, as when the male and female of a species have a different appearance.

dipleurula larva
a larval form unique to the enterocoelomates that indicates that they are related.

diploblastic
an animal that has two germ layers as an embryo.

diploid
the 2N number of chromosomes; the complete or total number; twice the number of chromosomes found in gametes.

disaccharide
a sugar such as maltose that contains two units of a monosaccharide.

dissociation
the breaking of a chemical bond when a compound or molecule is put into water, thereby releasing ions.

DNA
(deoxyribonucleic acid) a nucleic acid, found especially in the nucleus where it contains a triplet genetic code.

dominance hierarchy
a system in which animals arrange themselves in a pecking order; the animal above takes precedence over the one below.

dominant gene
a gene which determines the phenotype regardless of the presence of its allele.

dominant generation
in plants, the most conspicuous and most long-lasting of the two alternating generations.

dorsal
toward the back.

double bond
a bond in which two pairs of electrons are shared between two atoms.

double helix
a double spiral often used to describe the three-dimensional shape of DNA.

Down's syndrome
human congenital disorder associated with an extra 23rd chromosome; also called mongolism.

DPN
see NAD.

ductus deferens
tube connecting epididymis to ejaculatory duct; sperm duct, formerly vas deferens.

duodenum
the first portion of the small intestine in vertebrates into which ducts from the gallbladder and pancreas enter.

e

echinoderm
a member of the phylum Echinodermata, such as a starfish.

ecology
the study of the relationship of organisms between themselves and the physical environment.

ecosystem
a biological community together with the associated abiotic environment.

ecto-
outside, external.

ectoderm
the outer germ layer of the embryonic gastrula; it gives rise to the skin and nervous system.

effector
a structure that allows an organism to respond to environmental stimuli such as the muscles and glands.

efferent
moving away; for example, a neuron or nerve which takes impulses away from the central nervous system.

electromagnetic spectrum
radiation of differing wavelengths.

electron
a subatomic particle that has almost no weight and carries a negative charge; travels in an orbital, called a shell, about the nucleus.

electron transport system
series of metabolic reactions in which electrons are passed along a chain of carrier molecules with the concurrent production of ATP; also called the respiratory chain.

embolus
a moving blood clot that is carried through the bloodstream.

embryo
the developing organism, particularly during the early stages.

emigration
the deliberate departure of an organism from its home range (area).

emulsification
the act of dispersing one liquid in another.

-enchyma
tissue.

end-, endo-
within, inside.

endocrine
secreting internally, particularly hormonal glands whose products are dispersed by the blood.

endoderm
an inner layer of cells that line the primitive gut of the gastrula. It becomes the lining of the digestive tract and associated organs.

endometrium
the lining of the uterus that becomes thickened and vascular during the menstrual cycle.

endoplasmic reticulum
a complex system of tubules, vesicles, and sacs in cells; sometimes having attached ribosomes.

endospore
a resistant body formed by bacteria when environmental conditions worsen.

energy of activation
the amount of energy that a molecule must gain to become sufficiently "excited" to enter into a chemical reaction.

enterocoelom
a body cavity that arises during embryonic development by outpocketing from the primitive gut.

environmental resistance
sum total of factors in the environment that limit the numerical increase of a population in a particular region.

enzyme
a protein catalyst that speeds up a specific reaction or a specific type of reaction.

epi-
upon, outer.

epidermis
the outer layer of cells of an organism.

epididymis
coiled tubules next to the testes where sperm mature and may be stored for a short time.

epiglottis
a structure which covers the glottis during the process of swallowing.

epinephrine
a hormone secreted by the adrenal medulla that acts as a powerful stimulus to the heart; also called adrenalin.

epiphyte
nonparasitic plant that grows on the surface of other plants, usually above the ground, such as arboreal orchids and Spanish moss.

epithelial
a type of tissue that lines cavities and covers the external surface of the body.

equilibrium
a state of balance; a steady state where forces are equalized.

erythrocyte
red blood cell.

esophagus
a tube that transports food from the mouth to the stomach.

estrogen
a female sex hormone produced by the ovaries, which promotes the secondary sex characteristics.

eu-
true.

eucaryotic
possessing the membranous organelles characteristic of complex cells.

eustachian tube
an air tube that connects the pharynx to the middle ear.

eutrophication
enrichment that promotes succession of lakes and ponds to forests. Cultural eutrophication: overenrichment that leads to destruction of the normal inhabitants in bodies of water.

evolution
genetic changes that occur in populations of organisms with the passage of time, resulting in increasing adaptation of organisms to the prevailing environment.

evolutionary tree
a diagram describing the phylogenetic relationship of groups of organisms.

ex-, exo-
out of, outside; producing.

excretion
removal of metabolic wastes.

exocrine
secreting externally; particular glands with ducts whose secretions are deposited into cavities, such as salivary glands.

exponential growth
growth, particularly of a population in which the total number increases in the same manner as compound interest.

extraembryonic membranes
in embryology, membranes that are not a part of the embryo but are necessary to the continued existence and health of the embryo.

f

family
a rank in taxonomic classification above genus and below order.

fat
a lipid molecule whose hydrolysis releases three fatty acids and a glycerol molecule.

feces
indigestible wastes expelled from the digestive tract; excrement.

feedback control
a system of regulation by which the increase in a product leads to a decrease in its production and vice versa.

fermentation
anaerobic breakdown of carbohydrates that results in end products such as alcohol and lactic acid.

fertilization
the union of male and female gametes, often the sperm and egg.

fetus
human development in its later stages following the embryonic stages.

fibrin threads
filaments formed from the protein fibrinogen when the blood clots.

filament
a threadlike structure such as the thick (myosin) and thin (actin) filaments found in myofibrils of muscle fibers.

filter feeder
an animal that obtains its food, usually in small particles, by filtering it from water.

first filial generation
all of the offspring produced by the mating of two individuals (symbol: F_1).

fission
see binary fission.

flagella
slender, whiplike processes used for locomotion by the flagellate protozoans, bacteria, and sperm.

florigen
a hypothetical plant hormone responsible for flowering.

follicle
a structure in the ovary that produces the egg and particularly the female sex hormone, estrogen.

follicle stimulating hormone (FSH)
a gonadotrophic hormone produced by the anterior pituitary that promotes the formation of a follicle and maturation of the egg in the female and seminiferous tubules and maturation of sperm in the male.

follicular phase
the period of the ovarian cycle before ovulation when the follicle is maturing.

food chain
a sequence of organisms, each of which feeds on the previous one to acquire energy and organic building blocks. Includes the producer, various levels of consumers, and the decomposers.

food web
the complete set of food links between populations in a community.

formed element
a cellular constituent of blood.

formula
a written designation using atomic symbols to show the fixed proportion of atoms in a compound and/or molecule.

fossil fuel
the remains of once living organisms that are burned to release energy, such as coal, oil, natural gas.

fossils
any remains of an organism that have been preserved in the earth's crust.

fovea
a depression, particularly in the retina where the concentration of cones accounts for visual acuity.

fruit
a mature ovary enclosing seed(s).

fungus
a type of protist, usually composed of strands called hyphae, which lives chiefly on decaying matter such as mushroom and mold.

g

gamete
a reproductive cell that joins with another in fertilization to form a zygote; most often an egg or sperm.

gametophyte
the haploid generation that produces gametes in the life cycle of a plant.

ganglion
a collection of neuron cell bodies outside the central nervous system.

gastr-, gastro-
stomach, belly.

gastric
of or pertaining to the stomach, such as gastric glands which line the stomach and produce gastric juice which enters the stomach.

gastrovascular cavity
a central cavity with only one opening of a lower animal in which digestion takes place and where nutrients are distributed to the cells lining the cavity.

gastrula
a two-layered, later three-layered, animal embryonic stage; each layer is a germ layer.

gastrulation
a radical reorganization of the embryo in which certain parts of the blastula move into the interior, resulting in the formation of primary germ layers and (in chordates) the notochord.

gel
a colloid in which the solid phase is continuous and the liquid phase is dispersed.

gene
a unit of heredity located on a chromosome and composed of DNA.

gene flow
the movement of genes from one population to another via gametes; increases heterogeneity.

gene pool
the total of all the genes of all the individuals in a population.

genetic drift
evolution by chance processes alone.

genotype
the genetic makeup (the genes) of any individual.

genus
a rank in taxonomic classification above species and below family.

geotropism
growth in response to gravity; roots show positive and stems negative geotropism.

germ layers
primary tissues of an embryo (ectoderm, mesoderm, endoderm) that give rise to the major tissue systems of the adult animal.

gizzard
a very muscular part of a stomach that grinds up food, sometimes with the aid of fragments of stone.

globulin
a class of proteins, found particularly in the blood plasma, that contain antibodies.

glomerulus
a cluster; for example, the cluster of capillaries surrounded by Bowman's capsule in the kidney.

glucocorticoids
hormones (e.g., cortisol) produced by the adrenal cortex, which regulate gluconeogenesis.

gluconeogenesis
the formation of glucose from amino acids and glycerol.

glucose
the most common six-carbon sugar.

glycogen
a polysaccharide that is the principal storage compound for sugar in animals.

glycolysis
the metabolic pathway that converts sugars to simpler compounds.

Golgi body
an organelle that consists of concentrically folded membranes and functions in the packaging and secretion of cellular products.

gonad
an organ that produces sex cells; the ovary, which produces eggs, and the testis, which produces sperm.

gonadotropic
a type of hormone that regulates the activity of the ovaries and testes; principally FSH and LH (ICSH).

growth
increase in the number of cells and/or the size of these cells.

gymnosperm
a class of vascular plants whose seeds are not enclosed in an ovary; notable examples are the conifers.

h

habitat
the natural abode of an animal or plant species.

habituation
the process by which an organism becomes accustomed by repeated exposure to a specific stimulus and ceases to respond to that stimulus.

haploid
the N number of chromosomes; half the diploid number; the number characteristic of gametes that contain only one set of chromosomes.

Hardy-Weinberg Law
in a large, randomly breeding population in the absence of mutation and selection and genetic drift, the frequency of genes does not change from generation to generation.

helix
a spiral shape, such as is found in the double helix of DNA.

hemo-
prefix meaning blood, as in hemocoel, a cavity which contains blood.

hemoglobin
a red iron-containing pigment in blood that combines with and transports oxygen.

hemophilia
a genetic disease in which blood clotting is impaired; bleeder's disease.

hepatic
pertaining to the liver.

herbaceous
nonwoody.

herbivore
an animal that eats plants.

hermaphroditism
the state of having both male and female sex organs.

hetero-
other, different.

heterotroph
an organism that cannot synthesize organic compounds from inorganic substances and therefore must acquire food from external sources.

heterozygous
having two different alleles (as *Aa*) for a given trait.

hist-
tissue.

histology
study of tissues.

homeo-, homo-
like, similar.

homeostasis
the constancy of conditions, particularly the internal environment of birds and mammals: constant temperature, blood pressure, pH, and other body conditions.

hominid
member of the family of upright, bipedal primates (family Hominidae) that includes modern humans.

homologous
similarly constructed; homologous chromosomes have the same shape and contain genes for the same traits; homologous structures in animals share a common ancestry.

homologues
duplicated chromosomes that look alike and have genes affecting the same traits.

homonoid
member of a superfamily containing humans and the great apes.

homozygous
having identical alleles (as *AA* or *aa*) for a given trait; pure breeding.

hormone
a chemical secreted in one part of the body that controls the activity of other parts.

host
an organism on or in which another organism lives.

hybrid
an offspring resulting from the crossing of genetically different strains, populations, or species.

hydro-
water, fluid; hydrogen.

hydrogen bond
a weak attraction between a hydrogen atom carrying a partial positive charge and an atom of another molecule carrying a partial negative charge.

hydrolysis
the splitting of a bond within a larger molecule by the addition of water.

hydroxide ion
OH^- ion.

hyper-
much, too much.

hypertonic solution
one that has a greater concentration of solute, a lesser concentration of water than the cell.

hypha
one filament of a mycelium that constitutes the body of a fungus.

hypo-
under; lower than normal.

hypothalamus
a region of the brain; the floor of the third ventricle that helps maintain homeostasis.

hypothesis
a scientific theory that is capable of explaining present data and that may be used to predict the outcome of future experimentation.

hypotonic solution
one that has a greater concentration of water, a lesser concentration of solute than the cell.

i

ICSH (interstitial cell stimulating hormone)
see luteinizing hormone.

immune system
lymphocytes and the organs and tissues that produce lymphocytes or in which lymphocytes mature; the system responsible for immunity.

immunity
possessing specific antibodies to certain antigens so that illness does not result; active immunity: ability to produce these antibodies; passive immunity: antibodies are received by a serum injection.

implantation
the attachment of the embryo to the lining (endometrium) of the uterus.

imprinting
the tendency of a newborn animal to follow the first moving object it sees.

induction
a process by which one tissue controls the development of another, as when the embryonic notochord induces the formation of the neural tube.

inhibitor
a substance that combines with an enzyme and prevents it from performing its normal function.

instinct
genetically innate complex pattern of behavior that requires no previous experience or conditioning.

insulin
a hormone produced by the pancreas that regulates carbohydrate storage.

inter-
between.

interferon
a protein formed by a cell infected with a virus that can increase the resistance of other cells to the virus.

intra-
within.

inversion
stagnant, nonmoving warm air that covers and traps pollutants beneath it.

invertebrate
an animal that lacks a vertebral column.

ion
an atom or group of atoms carrying a positive or negative charge.

ionic bond
a chemical attraction between a positive and negative ion.

iso-
equal, uniform.

isogametes
gametes whose union produces a zygote, but which have a similar appearance.

isomers
molecules having the same chemical formula but different structural formulas such as glucose and mannose.

isotonic solution
one that contains the same concentration of water per volume as does the cell.

isotopes
atoms with the same number of protons and electrons but differing in the number of neutrons and therefore in weight.

k

kingdom
the largest taxonomic category into which organisms are placed: Monera, Protista, Plants, and Animals.

l

labium
a fleshy border or liplike fold of skin, as in the labia majora and labia minora of the female genitalia.

lacteal
a lymph vessel in a villus of the intestinal wall of mammals.

lactic acid
an end product of fermentation (anaerobic respiration) in animals.

lacuna
a small pit or hollow cavity, as in bone or cartilage where a cell or cells are located.

lamella
a thin leaf- or platelike structure; formed by membrane in cells.

larva
an immature stage in invertebrates, differing significantly from the adult, that is capable of feeding; in aquatic forms it is capable of swimming.

larynx
structure that contains the vocal cords; voice box.

lateral
to the side of.

leukocyte
a white blood cell.

leukoplasts
colorless plastids in plant cells that function in storage.

lichen
fungi and algae coexisting in a mutualistic relationship.

life cycle
the significant stages in the organism's life from the time of fertilization to the time it reproduces.

ligament
a strong connective tissue which joins bone to bone.

lignin
an organic compound in wood that strengthens cell walls.

limbic system
an area of the forebrain implicated in visceral functioning and emotional responses; involves many different centers of the brain.

linkage
genes on the same chromosome are linked in the sense that they tend to move together to the same gamete; crossing over interferes with linkage.

lip-
fat or fatlike.

lipase
an enzyme that digests or breaks down fats.

lipid
a group of organic compounds that are insoluble in water; notably fats, oils, and steroids.

lithium
a metal that may prove to be important in the production of energy by nuclear fusion; also used as a medication for manic depression.

locus
a particular location on a chromosome.

loop of Henle
a U-shaped turn in the renal tubule of the mammalian kidney.

lumen
the cavity inside any tubular structure such as the lumen of the gut.

luteal phase
the period of the ovarian cycle after ovulation when the corpus luteum is active.

luteinizing hormone (LH)
a gonadotropic hormone of the pituitary that promotes the formation of the corpus luteum; in males (called ICSH) it controls the secretion of the interstitial cells.

lymph
fluid having the same composition as tissue fluid and carried in lymph vessels.

lymphocytes
white blood cells of two types: T cells are responsible for cell-mediated immunity and B cells are responsible for humoral immunity.

lymph vessels
vessels that are not a part of the blood circulatory system but nevertheless collect excess tissue fluid (lymph) and return it to systemic veins.

-lysis, lyso-
splitting, breaking open.

lysosome
an organelle in which digestion takes place due to the action of powerful hydrolytic enzymes.

m

macro-
large.

macromolecule
a large molecule composed of many repeating units such as proteins, polysaccharides, and nucleic acids.

macrophage
an enlarged monocyte that ingests foreign material and cellular debris.

Malpighian tubules
organs of excretion notably in insects.

mantle
fleshy fold that envelops the visceral mass of mollusks.

marsupials
mammals in which the immaturely born infant is carried in a pouch.

matrix
the secreted basic material or medium of biological structures such as the matrix of cartilage or bone.

medulla
the inner portion of an organ; for example, the adrenal medulla.

medulla oblongata
the lowest portion of the brain that is concerned with the control of internal organs.

medusa
a bell-shaped free-swimming stage capable of sexual reproduction in the life cycle of some sessile coelenterates. Jellyfishes are examples.

mega-
large, female.

meiosis
type of cell division which occurs during the production of gametes, by means of which the daughter cells receive the haploid number of chromosomes.

melanin
a pigment found in the skin and hair of humans responsible for their coloration.

membrane
a thin, pliable layer that is composed of proteins and phospholipids; structural component of many cellular organelles; an outer boundary for the cell and nucleus.

meninges
protective membranous coverings about the central nervous system.

meristem
an embryonic plant tissue that always remains undifferentiated and capable of dividing to produce new cells.

meso-
middle.

mesoderm
the middle germ layer of an animal embryo which gives rise to the muscles, connective tissue, and circulatory system.

mesoglea
a jellylike packing material between the ectoderm and endoderm of coelenterates.

mesophyll
the middle tissue of a leaf made up of parenchyma cells.

metabolism
all of the chemical reactions within a cell including catabolic and anabolic reactions.

metamorphosis
change in form as when a tadpole becomes an adult frog or as when an insect larva develops into the adult.

micro-
small; male.

micrometer (μm)
one-thousandth part of a millimeter (i.e., 0.001 mm); formerly designated as micron (μ).

microorganisms
organisms so small that it requires a microscope to see them in any detail.

microtubule
an organelle composed of thirteen rows of globular proteins; found in multiple units in several other organelles such as the centriole, cilia, and flagella.

microvilli
tiny projections from the membrane of a cell; sometimes called a brush border.

millimicron
see nanometer.

mitochondrion
an organelle in which aerobic respiration produces the energy molecule, ATP.

mitosis
cell division by means of which two daughter cells receive the exact chromosome and genetic makeup of the mother cell; occurs during growth and repair.

mixed nerves
nerves that contain both the long dendrites of sensory neurons and the long axons of motor neurons.

mold
a type of fungus that produces woolly or cottony growth.

molecule
a chemical unit in which two or more atoms share electrons.

molting
shedding all or part of outer covering; in arthropods, periodic shedding of parts of the exoskeleton to allow increase in size.

monera
organisms lacking organelles; for example, bacteria and blue-green algae.

monocot
a type of angiosperm in which the seed has only one cotyledon, such as corn.

monocyte
a large mononuclear leukocyte.

monosaccharide
a simple sugar; a carbohydrate that cannot be decomposed by hydrolysis.

-morph, morpho-
form, shape, structure.

morphogenesis
the establishment of shape and structure in an organism.

morula
an early stage in development in which the embryo consists of a mass of cells, often spherical.

motor neuron
a neuron that takes nerve impulses from the central nervous system to the effectors.

mucosa
any membrane secreting mucus.

muscle fiber
muscle cell.

mutagen
an agent, such as a chemical, which increases the rate of mutations.

mutation
a genetic change, most often of the nucleotide sequence in DNA, that is inherited either by daughter cells following mitosis or by an organism following reproduction.

mutualism
a relationship between two organisms of different species that benefits both organisms.

mycelium
a mass of hyphae that make up the body of a fungus.

myelin
the fatty cell membranes that cover long neuron fibers and give them a white, glistening appearance.

myo-
muscle.

myofibrils
the contractile portions of muscle fibers.

myosin
the thick filament in myofibrils made of protein and capable of breaking down ATP.

n

NAD
a coenzyme of oxidation; a dehydrogenase that frequently accepts hydrogen from metabolites; also formerly known as DPN.

NADP
a coenzyme of reduction; a hydrogenase which frequently donates hydrogen atoms to metabolites; also formerly known as TPN.

nanometer (nm)
one-thousandth of a micrometer (i.e., 0.001 μm); formerly designated as a millimicron (mμ).

natural selection
the process by which better adapted organisms are favored to reproduce to a greater degree and pass on their genes to the next generation.

nematocyst
a minute stinging capsule that contains a threadlike structure that can be expelled to numb and capture prey.

nematode
a member of the phylum Aschelminthes; a roundworm.

neo-
new.

nephr-
kidney.

nephridia
excretory tubules found in invertebrates; notably the segmented worms.

nephron
the anatomical and functional unit of the vertebrate kidney; kidney tubule.

nerve
a bundle of long nerve fibers which run to and/or from the central nervous system.

nerve cord
that portion of the central nervous system that lies posterior to the brain and functions in taking impulses to and from the brain.

nerve impulse
an electrochemical change due to increased neurolemma permeability that is propagated along a neuron from the dendrite to the axon following excitation.

neuromuscular junction
the point of contact between a nerve cell and a muscle cell.

neuron
nerve cell that characteristically has three parts: dendrite, cell body, axon.

neurotransmitter substance
a chemical made at the ends of axons that is responsible for transmission across a synapse.

neurula
the early embryonic stage during which the primitive nervous system forms.

neutron
a subatomic particle that has a weight on one atomic mass unit, carries no charge, and is found in the nucleus.

neutrophil
the most common type of white cell able to phagocytize foreign material.

niche
the functional role and position of an organism in the ecosystem.

nondisjunction
the failure of homologues *or* homologous chromosomes to separate during the formation of gametes.

notochord
dorsal supporting rod that exists in all chordates sometime in their life history; replaced by the vertebral column in vertebrates.

nuclear power
energy generated by, for example, the splitting of atoms (nuclear fission) or by the joining of atoms (nuclear fusion).

nucleic acid
a large organic molecule made up of nucleotides joined together; for example, DNA and RNA.

nucleolus
an organelle found inside the nucleus; composed largely of RNA for ribosome formation.

nucleotide
a molecule consisting of three subunits: phosphoric acid, a five-carbon sugar, and a nitrogenous base; a building block of a nucleic acid.

nucleus
a large organelle containing the chromosomes and acting as a control center for the cell; center of an atom.

O

o-, oo-
egg.

obligate parasite
an organism, such as viruses and Rickettsia, that always causes disease.

olfactory
pertaining to the sense of smell.

omnivore
an animal that eats both plants and animals.

ontogeny
the developmental history of a single organism.

oogenesis
production of egg in females by the process of meiosis and maturation.

orbital
the path of an electron about the nucleus of an atom; shell.

order
in taxonomy, the category below class and above family.

organelle
specialized structures within cells such as the nucleus, mitochondria, endoplasmic reticulum.

organic
pertaining to any aspect of living matter.

organizer
a group of cells of an embryo that influences or directs the differentiation of another group of cells.

orgasm
physical and emotional climax during sexual intercourse; results in ejaculation in the male.

osmosis
the movement of water from an area of greater concentration of water to an area of lesser concentration of water across a semipermeable membrane.

osmotic pressure
pressure generated by the osmotic flow of water.

ossicles
the tiny bones found in the middle ear: hammer, anvil, and stirrup.

otoliths
granules that stimulate ciliated cells in the utricle and saccule.

ov-, ovi-
egg.

oval opening (foramen ovale)
an opening between the two atria in the fetal heart.

ovary
the sex gland in female animals; the base of the pistil in angiosperms.

oviduct
the tube connecting the ovary to the uterus in higher animals.

ovulation
the discharge of a mature egg from the follicle within the ovary.

ovule
female sporangium in seed plants where meiosis occurs and the female gametophyte is produced.

oxidation
the loss of electrons (inorganic) or the removal of hydrogen atoms (organic).

oxygen debt
the amount of oxygen needed to metabolize lactic acid that accumulates during vigorous exercise.

p

pacemaker (SA node)
a small region of neuromuscular tissue that initiates the heartbeat.

palisade cells
a compact layer of cylindrical cells located in the mesophyll layer near the upper epidermis of a leaf.

pancreas
a vertebrate organ located near the stomach that secretes digestive enzymes into the duodenum and produces hormones, notably insulin.

para-
alongside of.

parasite
an organism that resides externally on or internally within another organism and does harm to this organism.

parasympathetic nervous system
a portion of the autonomic nervous system that usually promotes those activities associated with a normal state.

parathyroids
hormonal glands located within the thyroid that regulate potassium and calcium metabolism.

parenchyma
relatively unspecialized cells that make up the fundamental tissue of plants.

penis
male copulatory organ.

pepsin
a protein-digesting enzyme secreted by gastric glands.

peptide
two to several amino acids joined together by a peptide bond.

peptide bond
the bond that joins two amino acids.

peri-
surrounding.

pericycle
a single layer of tissue next to the endodermis that produces secondary roots.

peripheral nervous system
nerves and ganglia that lie outside the central nervous system.

peristalsis
a rhythmical contraction that serves to move the contents along in tubular organs such as the digestive tract.

PGAL
see phosphoglyceraldehyde.

pH
a measure of the hydrogen ion concentration; any pH below 7 is acid and any pH above 7 is basic.

phagocytosis
the taking in of bacteria and/or debris by engulfing; cell eating.

pharynx
throat.

phenotype
the outward appearance of an organism caused by the genotype and environmental influences.

pheromone
a chemical substance secreted by one organism that influences the behavior of another.

phloem
the vascular tissue in plants that transports nutrients; see xylem.

phosphoglyceraldehyde (PGAL)
a metabolite in both photosynthesis and glycolysis.

phospholipid
lipids containing phosphorus that are particularly important in the formation of cell membranes.

photo-
light.

photon
a packet of electromagnetic energy.

photoperiodism
a response to light and dark; particularly in reference to flowering in plants.

photosynthesis
the process of making carbohydrate from carbon dioxide and water by using the energy of the sun.

phototropism
a growth response to light in plants.

-phyll
leaf.

phylogeny
the evolutionary history of a particular group of organisms.

phylum
a taxonomic category that follows kingdom and lies above class.

-phyte, phyto-
plant.

phytochrome
a plant pigment that is involved in photoperiodism in plants.

pinocytosis
the taking in of small, nonpermeable molecules by engulfing them; cell drinking.

pistil
the female part of the flower that contains a stigma, style, and ovary.

pith
a plant tissue located in the central portion of the stem.

pituitary
a small oval gland that is attached to the hypothalamus of the brain and secretes a number of hormones.

placenta
a region formed from the chorion of the fetus and the uterine lining where nutrients pass from the mother's blood to fetal blood and wastes pass in the opposite direction.

plankton
free-floating microscopic organisms found in most bodies of water.

plant
an organism in the kingdom Plants that carries on photosynthesis, has distinct tissues, protects the zygote, and lacks the power of locomotion; shows adaptation to life on land.

plasm-, plasmo-, -plasm
viscous material.

plasma
the liquid portion of blood.

plasma cell
a B cell-type lymphocyte that is specialized to mass produce antibodies.

plasma membrane
see cell membrane.

plasmolysis
contraction of the cell contents of plant cells due to the loss of water.

plastids
organelles of plantlike protista and plants that are specialized for various functions including photosynthesis.

platelet
a formed element that is necessary to blood clotting.

pleiotropy
the capacity of a gene to affect a number of different characteristics.

polar bodies
nonfunctioning daughter cells that have little cytoplasm and are formed during oogenesis that produces only one functional egg.

polar bond
a covalent bond in which an electron pair is shared unevenly, resulting in a partially positive and partially negative atom.

pollen
the male gametophyte generation in seed plants that transports the sperm nucleus to the egg nucleus.

poly-
many.

polymer
a large molecule made up of many identical subunits.

polymorphism
occurrence in a population of two or more distinct forms or genetic types.

polymorphonuclear
a white cell with a many-lobed nucleus.

polyp
the sedentary stage in the life cycle of coelenterates; a benign growth.

polypeptide
a chain of amino acids that is not quite long enough to be considered a protein.

polyploidy
several sets of chromosomes; poly = many and ploidy = sets of chromosomes.

polysaccharide
a macromolecule composed of many units of sugar.

population
all the organisms of the same species in the ecosystem.

Porifera
the name of the phylum that contains the sponges.

portal system
a vascular system that begins and ends in capillaries.

predation
the killing and eating of one animal by another.

primitive streak
an elongated mass of cells in bird and mammal embryos that corresponds to the morula stage of other animals.

pro-
before.

procaryotic cell
a cell that lacks the organelles found in complex cells; for example, bacteria and blue-green algae.

producer
an organism that produces food and is capable of synthesizing organic compounds from inorganic constituents of the environment; usually the green plants and algae in an ecosystem.

product
the end result of a chemical reaction.

progesterone
a female sex hormone produced by the ovary that helps maintain the secondary sex characteristics and prepares the uterine lining for implantation.

proglottids
the body sections of a tapeworm.

proprioceptor
sensory receptor located at joints which assist the brain in knowing the position of the limbs.

prosimian
primitive primates such as lemurs, tarsiers, and tree shrews.

prostate gland
a gland in males that is located about the urethra at the base of the bladder; produces most of the seminal fluid.

prot-, proto-
first, primary.

proteins
large macromolecules made up of repeating units of amino acids.

prothallus
a small, heart-shaped structure; the gametophyte generation of the fern.

Protista
kingdom of organisms that are largely unicellular and have characteristics of both plants and animals; for example, protozoans, fungi, and most algae.

proton
a subatomic particle found in the nucleus that has a weight of one atomic mass unit and carries a positive charge; a hydrogen ion.

protozoa
animallike protista that are classified according to means of locomotion: amoebas, flagellates, ciliates.

pseudo-
false.

pseudocoelom
a coelom incompletely lined by mesoderm.

pseudopodia
projections of cytoplasm characteristic of amoeboid-type cells that function in locomotion and feeding.

psilopsida
primitive vascular plants that are living fossils and may represent the ancestors of the other tracheophytes (e.g., *Psilotum*).

pulmonary
referring to the lungs.

pupa
a dormant stage in the life cycle of insects during which metamorphosis occurs.

pure
see homozygous.

purines
nitrogenous bases found in DNA and RNA that have two interlocking rings.

pyrimidines
nitrogenous bases found in DNA and RNA that have just one ring.

pyruvate
the end product of glycolysis; pyruvic acid.

r

radial symmetry
regardless of the angle of a cut made at the midline of an organism, two equal halves result.

radioactive atom
an atom that spontaneously emits energetic particles by disintegration of the nucleus.

radula
a structure unique to mollusks that aids the process of grinding up food.

reactant
a chemical that undergoes a change during a chemical reaction.

receptor
a sense organ specialized to receive information from the environment.

recessive genes
hereditary factors that are unable to affect the phenotype unless the dominant gene is lacking.

recombinant
DNA having genes from two different organisms or gametes carrying recombined chromosomes after crossing over.

rectum
the terminal portion of the intestine.

reduction
the gain of electrons (inorganic); the addition of hydrogen atoms (organic).

reflex
an inborn autonomic response to a stimulus that is dependent on the existence of fixed neural pathways.

reflex arc
the passage of nerve impulses from a receptor to an effector by way of sensory, connector, and motor neurons.

regeneration
regrowth of tissue; formation of a complete organism from a small portion.

releaser
in behavior, a sign stimulus that initiates a behavioral pattern.

renal
of or pertaining to the kidney.

replication
the duplication of DNA; occurs when the cell is not dividing.

respiration
the inhalation and exhalation of air plus the exchange of oxygen and carbon dioxide across cell membranes. Cellular respiration: the breakdown of glucose with the concomitant accumulation of ATP.

retina
the innermost layer to the eyeball that contains the rods and cones.

Rh factor
a type of antigen on the red cells.

rhizoids
rootlike structures that absorb water in certain plants such as the moss and the fern prothallus.

rhodopsin
visual purple, a pigment found in the rods of one type of sense receptor in the retina of the eye.

ribonucleic acid (RNA)
a nucleic acid important in the synthesis of proteins that contains the sugar ribose; the bases uracil, adenine, guanine, cytosine; and phosphoric acid.

ribose
a five-carbon sugar with the formula $(CH_2O)_5$.

ribosomes
minute particles, found attached to endoplasmic reticulum or loose in the cyto-plasm, that are the site of protein synthesis.

ribulose diphosphate
the molecule that acts as the acceptor for carbon dioxide during photosynthesis.

RNA
see ribonucleic acid.

rods
dim light receptors in the retina of the eye that detect motion but no color.

root pressure
the push portion of the push-pull theory of water transport in plants; the tendency of water to rise in the xylem of a root.

S

salivary
pertaining to saliva; a secretion from the glands of the mouth.

salts
ionic compounds that are formed by the reaction of an acid with a base (e.g., Na^+Cl^-).

saprophyte
a heterotrophic organism such as bacteria and fungi that externally breaks down dead organic matter before absorbing the products.

sarco-
a term meaning flesh; used in reference to skeletal muscle cells (i.e., sarcolemma, sarcoplasma).

sarcolemma
the membrane that surrounds striated muscle cells.

sarcomere
a unit of a myofibril between two Z lines.

schizocoelom
a body cavity that arises during embryonic development by a splitting of the mesoderm.

sclerenchyma
a support tissue in plants made of hollow cells with thickened walls.

scrotum
the sac that contains the testes.

secretion
a substance made by a cell or organ that upon release is used by or affects different cells or organs.

seed
a mature ovule that contains an embryo with food, enclosed in a protective coat.

segmented
the presence of repeating units, such as segmented animals like the earthworm.

selection
see natural selection.

semen
the sperm-containing secretion of males; seminal fluid plus sperm.

seminiferous tubules
highly coiled ducts within the male testes that produce and transport sperm.

semipermeable
the property of allowing some molecules to pass through but not allowing others to pass through.

sensory neuron
a neuron that takes the nerve impulse to the central nervous system; afferent neuron.

septum
partition or wall such as the septum in the heart, which divides the right half from the left half.

serum
light yellow liquid left after clotting of the blood.

sessile
organisms that lack locomotion and remain stationary in one place such as plants or sponges.

sex-linked genes
genes found on the sex chromosomes that control somatic traits.

shell
an orbital about a nucleus of an atom that contains electrons.

sieve tube cell
the type of cell that joins end to end to make up phloem.

sigmoidal growth curve
S-shaped pattern of growth of a population with time.

sinoatrial node (S.A. node)
see pacemaker.

sinus
a cavity, as the sinuses in the human skull and the blood sinuses of some animals with open circulatory systems.

sol
colloid in which the suspended particles are dispersed and are not continuous.

solute
a substance dissolved in a solvent to form a solution.

solution
the mixing of a solute with a solvent to the degree that the solute is not detected by sight.

solvent
a fluid such as water that dissolves solutes.

-soma, somat-, -some
body, entity.

somatic
pertaining to the body but excluding certain parts; somatic chromosomes exclude the sex chromosomes; somatic nervous system does not include the autonomic nervous system.

somites
paired, blocklike masses of mesoderm that appear on either side of the neural tube in higher embryos; become bone and muscle.

sorus
a cluster of sporangia on the back of fern leaflets (plural: sori).

specialization
the taking on of a particular shape, form, and function.

species
a group of similarly constructed organisms that are capable of interbreeding and producing fertile offspring; organisms that share a common gene pool.

spermatogenesis
production of sperm in males by the process of meiosis and maturation.

sphincter
a muscle that surrounds a tube and closes or opens the tube by contracting and relaxing.

spinal cord
neural tube or nerve cord.

spindle
an apparatus composed of fibers to which the chromosomes are attached during cell division.

spine
the nerve cord protected by vertebrae.

spongy layer
the lower layer of the mesophyll of a leaf that carries out gas exchange.

sporangium
a plant structure that produces spores.

spore
usually a haploid reproductive structure that develops into a haploid generation; in bacteria, a particularly resistant structure.

sporophyte
the diploid generation of a plant; it produces spores.

stamen
the male part of a flower.

starch
the storage polysaccharide found in plants that is composed of glucose molecules joined in a linear-type fashion.

stereotype
always the same, as in stereotyped behavior.

sterile
devoid of living things; particularly following the process of sterilization, which kills even unseen organisms.

steroid
a type of lipid composed of four interlocking rings similar to cholesterol.

stigma
the uppermost part of a pistil.

stimulus
any environmental change detected by a receptor.

stomata
openings in the leaves of plants through which gas exchange takes place.

stratified
layered, as in stratified epithelium, which contains several layers of cells.

striated
having bands; cardiac and skeletal muscle are striated with bands of light.

stroma
the fluid portion of the chloroplast that lies in between the grana.

style
the long slender part of the pistil.

substrate
a reactant in a reaction controlled by an enzyme.

sugar
a carbohydrate containing a limited number of monosaccharide units; the disaccharide sucrose is table sugar.

sym-, syn-
together.

symbiosis
an intimate association of two dissimilar species including commensalism, mutualism, and parasitism.

symmetry
the property of having two halves that are mirror images of each other.

sympathetic nervous system
that part of the autonomic nervous system that generally causes effects associated with emergency situations.

synapse
the region between two nerve cells where the nerve impulse is transmitted from one to the other; usually from axon to dendrite.

synapsis
the attracting and pairing of homologous chromosomes during meiosis.

synaptic vesicle
small vacuoles at the ends of axons that contain a neurohormone.

synthesis
to build up, such as the combining together of two small molecules to form a large molecule.

systemic system
that part of the circulatory system that serves body parts other than the gas-exchanging surfaces in the lungs.

systole
contraction of the heart chambers, particularly the left ventricle.

t

taxonomy
the science of naming and classifying organisms.

tendon
a tissue that connects muscle to bone.

territory
an area or space defended, usually for breeding purposes, by an animal or group of animals against other members of the same species.

testosterone
the most potent androgen.

tetany
severe twitching caused by involuntary contraction of the skeletal muscles due to a lack of calcium.

tetrad
a set of four chromatids resulting from the pairing of homologues during meiosis.

thalamus
the gatekeeper to the cerebrum; the lowest portion of the forebrain.

thorax
chest.

thrombin
the enzyme derived from prothrombin that converts fibrinogen to fibrin threads during blood clotting.

thrombocyte
platelet.

thrombus
a blood clot that remains in the blood vessel where it formed.

thymus
an organ that lies in the neck and chest area and is absolutely necessary to the development of immunity.

thyroid
a hormonal gland located in the neck region.

thyroxin
the hormone produced by the thyroid that speeds up the metabolic rate.

tissue
similar-type cells that work together performing a specific function.

tissue fluid
fluid found about tissue cells containing molecules that enter and leave by way of the capillaries.

tone
the continuous partial contraction of muscle; also the quality of a sound.

toxic
poisonous.

toxin
a poison produced by bacteria.

TPN
see NADP.

trachea
in vertebrates, the windpipe; in insects, the air tubes.

tracheids
a component of xylem made of long, tapered cells.

Tracheophyte
a phylum of plants having vascular tissue and a dominant sporophyte generation.

trans-
across, beyond.

transduction
the alternation of the genotype of a bacterium due to the transfer of DNA from another bacterium by means of a virus.

transformation
the alternation of the genotype of bacteria due to the incorporation of foreign DNA.

transpiration
the evaporation of water from a plant; pulls water from the roots through a stem.

triplet code
sequence of three nucleotides in DNA that serve as a code for some particular amino acid.

triploblastic
an embryo having three germ layers.

trochophore
a larval form unique to the schizocoelomates that indicates they are related.

trophic level
the position of a species in the food chain; a link in the transfer of energy through an ecosystem.

trophoblast
the outer membrane that surrounds the human embryo and, when thickened by a layer of mesoderm, becomes the chorion.

tropic
action brought about by a stimulus, as in phototropic or gonadotropic.

tropism
a growth response in a nonmotile organism such as the plants.

T system
refers to structural arrangement of the sarcolemma to the sarcoplasmic reticulum in muscles where calcium is stored and released, causing muscle contraction.

tubal ligation
cutting of the oviducts in females.

turgor pressure
osmotic pressure in plant cells that adds to the strength of the cell.

tympanic membrane
eardrum.

u

umbilical cord
cord connecting the fetus to the placenta through which blood vessels pass.

unit membrane
membrane with a double layer of phospholipid between an upper and lower layer of protein.

uracil
a nitrogenous base found in RNA.

urea
primary nitrogenous waste of mammals.

ureter
tube between kidney and bladder.

urethra
tube that takes urine from bladder to outside.

uric acid
waste product of nucleotide breakdown.

urine
waste fluid containing urea, which is made by the kidneys, stored in the bladder, and discharged by the urethra.

uterus
the organ in females in which the fetus develops.

v

vaccine
treated antigens that can promote active immunity when administered.

vacuole
a membrane-bounded cavity usually fluid filled.

vagina
copulatory organ in females.

valves
an opening that opens and closes insuring one-way flow only; common to vessels such as the systemic veins and the lymphatic veins and to the heart.

vascular
containing or concerning vessels that conduct fluid, e.g., vascular bundles in plant stems and vascular cylinders in plant roots contain xylem and phloem.

vascular tissue
a transport tissue; circulatory vessels in animals and xylem and phloem in plants.

vas deferens
see ductus deferens.

vasectomy
cutting of the ductus deferens in males.

vaso-
blood vessel.

vasopressin
secreted by the posterior pituitary; promotes reabsorption of water by the kidneys; also called antidiuretic hormone (ADH).

VD
see venereal disease.

vein
a blood vessel that takes blood to the heart.

vena cava
a primary vein in vertebrates.

venereal disease (VD)
an infectious disease that is transmitted through sexual contact; gonorrhea and syphilis are common examples.

ventral
the front side of humans; the underside of most animals.

ventricle
a cavity in an organ such as the ventricles of the heart or the ventricles of the brain.

vessel cell
the type of cell that joins end to end to make up xylem.

vestigial
the remains of a structure that was functional in some ancestor but is no longer functional in the organism in question.

villi
fingerlike projections that line the small intestine and function in absorption.

virus
a minute organism that is composed of a coat of protein and a core of nucleic acid.

viscera
all the thoracic and abdominal organs of animals.

vitamin
usually coenzymes needed in small amounts that the body is no longer capable of synthesizing and therefore must be in the diet.

x

X chromosome
one of the sex chromosomes present in duplicate in normal females.

xylem
transport tissue in plants which conducts water.

y

Y chromosome one of the sex chromosomes that must be present in human males.

yolk
nutrient material in the egg for use by the developing embryo.

yolk sac
one of the extraembryonic membranes within which yolk is found.

z

zoo-
animal; motile.

zoospore
a flagellated spore.

zygote
fertilized egg that is always diploid.

credits

New York; 11.4: R. E. Dickerson and I. Geis, *The Structure and Action of Proteins*, W. A. Benjamin, Inc., Menlo Park, California. Copyright 1969 by Dickerson and Geis; 11.6a: Thomas Eisner, Cornell University; 11.6b: Dr. K. R. Porter; p. 222: Bob Coyle; 11.11: E. Bernstein and E. Kairinen, *Science,* cover, 27 August 1971, Vol. 173. Copyright 1971 by the American Association for the Advancement of Science; 11.13a & b: From: *Tissues and Organs: A Text-Atlas of Scanning Electron Microscopy* by R. G. Kessel and R. Kardon. W. H. Freeman and Company. © 1979; 11.14a: Pfizer, Inc.; 11.14b: From: *Electron Microscopy of Human Blood Cells* by Tanaka and Goodman, Harper & Row; 11.15: Almeida, J. D., Cinader, B., and Howatson, A. F. The Structure of Antigen-Antibody Complexes. A study by electron microscopy. *J. Exptl. Med.,* 118: 327–340, 1963 by copyright of the Rockefeller University Press; 11.16: Carolina Biological Supply Company.

Chapter 12

12.8a & b: Dr. Burton D. Goldberg. From *J. Exptl. Med.,* 109 (1959): 505 and *Scientific American* 229 (1973):54; p. 240: Paul Degruccio/ Uniphoto; 12.9: Dr. Kirk Ziegler; 12.10a & b: From Liepins, A. et al. T-lymphocyte Mediated Lysis of Tumor Cells in the Presence of Alloantiserum. *Cellular Immunology,* 36, (1978): 331–344; p. 242: © David Scharf, 1980/Peter Arnold, Inc.; 12.11a & b: Professor Nicola Fabris, Direttore Centro di Gerontologia Sperimentale, Ancona, Italy.

Chapter 13

13.13: Adapted from illustration from Ward's Natural Science Establishment, Inc.; 13.14: From A. J. Vander et al.: *Human Physiology,* 1970, McGraw-Hill Book Company; 13.5a–c: Bell Telephone Laboratories; 13.6: American Lung Association; 13.7: From: *Tissues and Organs: A Text-Atlas of Scanning Electron Microscopy* by R. G. Kessel and R. Kardon. W. H. Freeman and Company. © 1979; p. 256: Dave Brownell/Tom Stack and Associates; 13.15: Printed with permission of Dr. M. W. Jennison, Syracuse University; 13.16a–c, 13.17a–d: Oscar Auerbach, M.D., Veterans Administration Hospital, East Orange, N.J.; 13.18: American Cancer Society.

Chapter 14

14.14: From *Physiology of the Kidney and Body Fluids,* 3d ed., by Pitts, R. F. Copyright © 1974 by Year Book Medical Publishers, Inc., Chicago. Used by permission. Adapted from Smith, H. W.: *Lectures on the Kidney,* Lawrence: University of Kansas Press, 1943; p. 282: Reprinted by permission of *Time,* The Weekly Newsmagazine; Copyright *Time* Inc. 1978; 14.3a & b: *Functional Human Anatomy,* 2nd ed. James E. Crouch. Lea and Febiger, 1972; 14.9: Dr. R. B. Wilson, Eppiley Institute for Research in Cancer; 14.12: From Bloom, W., and Fawcett, D. W.: *A Textbook of Histology.* Philadelphia: W. B. Saunders Company, 1966. Dr. Ruth Bolger.

Chapter 15

15.2, 15.19: Reprinted with permission of Macmillan Publishing Co., Inc. from *Anatomy and Physiology* by D. C. Kimber, C. Gray, C. Stackpole, and L. Leavell. Copyright © 1961 by Macmillan Publishing Co., Inc.; 15.15: Courtesy of Ward's Natural Science Establishment, Inc.; 15.23: Reprinted with permission from *Chemical and Engineering News,* Nov. 28, 1977. Copyright 1977 American Chemical Society; 15.4: J. D. Robertson; 15.5: Heath Company; 15.10: Dr. John E. Heuser; p. 308: Ron Beyers.

Chapter 16

16.13: Adapted from *Nerve, Muscle and Synapse* by Bernard Katz. Copyright 1966 by McGraw-Hill. Used by permission of McGraw-Hill Book Company; 16.14: Bernard Katz.

Chapter 17

17.6a: After Carolina Biological Supply Company; 17.6b, 17.13: Reprinted with permission of Macmillan Publishing Co., Inc. from *Introduction to Human Physiology* by Mary Griffins. Copyright © 1974 by Mary Griffins; 17.7: *Functional Anatomy* by James E. Crouch, second edition, 1972. Published by Lea & Febiger; 17.12: After Chaffee and Greisheimer, *Basic Physiology and Anatomy,* 3d ed., 1974. Used by permission of J. B. Lippincott; 17.9: Reproduced with permission from Vaughan, D., and Asburt, T.: *General Ophthalmology,* 7th ed., Lange, 1974; p. 334: Dr. Daniel Graupe, Laboratory, Illinois Institute of Technology; 17.14: Frank S. Werblen, University of California, Berkeley; 17.19: Scanning electron micrograph by Robert S. Preston, Courtesy of Professor J. E. Hawkins, Kresge Hearing Research Institute, University of Michigan Medical School.

Chapter 18

18.4: From "The Hormones of the Hypothalamus" by R. Guillemin and R. Burgus. Copyright © 1972 by Scientific American, Inc. All rights reserved; 18.5: UPI; 18.6: From *Clinical Endocrinology and its Physiological Basis* by Arthur Grollman, 1964. Used by permission of J. B. Lippincott Company; 18.8: From: *Tissues and Organs: A Text-Atlas of Scanning Electron Microscopy* by R. G. Kessel and R. Kardon. W. H. Freeman and Company. © 1979; 18.9, 18.10, 18.17: F. A. Davis Company, Philadelphia, and Dr. R. H. Kampmeier; 18.11, 18.16: From *Clinical Endocrinology and its Physiological Basis* by Arthur Grollman, 1964. Used by permission of J. B. Lippincott Company; 18.12: Lester V. Bergman & Associates; 18.13: Dr. Robert M. Brenner, Oregon Regional Primate Research Center; 18.20: Carolina Biological Supply Company; p. 359: UPI.

Chapter 19

19.5a: "Sea Urchin Sperm-Egg Interactions Studied with the Scanning Electron Microscope," Tegner, M. J., and Epel, D., *Science,* vol. 179, pp. 685–688, 16 February 1973; 19.5b: The Johns Hopkins University; 19.9: Landrum B. Shettles; 19.15: Bob Coyle.

Chapter 20

20.17: Courtesy of Carnation Company; 20.13b: Carnegie Institution; 20.16 a–e: Claude Edelman, Petit Format et Guigoz from the book *First Days of Life*/Black Star; 20.21: Leonard McCombe, Life Magazine © Time, Inc.

Chapter 21

p. 415: Reprinted with the permission of BSCS from *Biological Science: An Inquiry into Life* by J. A. Moore, et al., Harcourt Brace and World, New York, 1963; 21.12: Courtesy of National March of Dimes; 21.2 a–g: From: A. M. Winchester in *Genetics,* Houghton Mifflin; 21.7: A. M. Winchester; p. 424: Library of Congress; 21.11a: Dr. Norman Hodgkin; 21.11b: Neal T. Nichols/ TAURUS PHOTOS; 21.13: March of Dimes; 21.16, 21.19a: F. A. Davis Company, Philadelphia, and Dr. R. H. Kampmeier; 21.19b: From M. Bartalos and T. A. Baramki, *Medical Cytogenetics,* Williams & Wilkins, Baltimore, MD, 1967.

Chapter 22

22.16: Reprinted by permission of *American Scientist,* journal of Sigma Xi, The Scientific Research Society; 22.18: Courtesy of American Cancer Society; 22.9b: Alexander Rich; 22.12: HEW; p. 452: © Manfred Kage/Peter Arnold, Inc; 22.14: American College of Radiology.

Chapter 23

23.3: From *Biology,* Fourth Edition, by Willis H. Johnson, Louis E. Delanney, Thomas A. Cole, and Austin E. Brooks. Copyright © 1956 and 1961 by Holt, Rinehart and Winston. Reprinted by permission of Holt, Rinehart and Winston; 23.15: Bruce Wallace and Adrian M. Srb, *Adaptation,* 2d ed., copyright 1964. Reprinted by permission of Prentice-Hall, Englewood Cliffs, N.J.; 23.16: From "Hybrid Corn" by Paul C. Mangelsdorf. Copyright © 1951 by Scientific American, Inc. All rights reserved; 23.17: G. Ledyard Stebbins, *Processes in Organic Evolution,* 3d ed., © 1977, p. 134. Reprinted by permission of Prentice-Hall, Inc., Englewood Cliffs, N.J.; 23.21: Reprinted with permission of BSCS from *Biological Science: Molecules to Man,* Houghton Mifflin, Boston, 1963; 23.22, 23.23: from E. O. Wilson et al., *Life: Cells, Organisms, Populations,* 1977; 23.4a, 23.14: American Museum of Natural History; 23.4b: Carnegie Museum of Natural History; 23.5: Carolina Biological Supply Company; 23.6: Field Museum of Natural History; 23.7: Walter H. Hodge/Peter Arnold, Inc.; 23.10: Bob Coyle; 23.19: USDA.

Chapter 24

24.3a: Steven Brooke; 24.3b, 24.4: Sidney W. Fox, Institute for Molecular and Cellular Evolution; 24.5: Professor J. M. Hayes.

Chapter 25

25.12, 25.23b, 25.24b, 25.25: Courtesy of Kendall/Hunt Publishing Company. © 1975 by Kendall/Hunt Publishing Co., Dubuque, Ia.; 25.1a: Carl Zeiss, Inc.; 25.1b & c, 25.5: Biophoto Associates; 25.2: Parke Davis & Company; 25.4a & c, 25.20: Dr. R. G. Kessel; 25.4b: David Scharf/Peter Arnold, Inc.; 25.7: T. J. Beveridge, University of Guelp/ Biological Photo Service; 25.8: AMSCO, American Sterilizer Company; 25.9a, 25.26a: J. Robert Waaland, University of Washington/ Biological Photo Service; 25.9b: Myron Ledbetter/Biophoto Associates; p. 502: Pfizer Inc; 25.13a: Kitty Kahoot/Root Resources; 25.13b: Bob Coyle; 25.13c: Fred and Marian Nickerson; 25.13d: Harold V. Green/Valan Photos; 25.14a: Pat O'Hara; 25.14b: Philip Zito; 25.15a & b: From: Volk and Wheeler: *Basic Microbiology,* 1973. Used with permission of J. B. Lippincott Company; 25.16: Biophoto Associates; p. 510: Donald H. Marx, Institute for Mycorrhizal Research and Development; 25.23 (left), 25.24a: Carolina Biological Supply Company; 25.27b: John S. Flannery/Bruce Coleman, Inc.; 25.28 (both): Eric Gravé.

Chapter 26

26.18: Adapted from Nason, A., *Textbook of Modern Biology.* New York: John Wiley & Sons, 1965; 26.2a: Verne Rockcastle; 26.2b: J. Robert Waaland/Biological Photo Service; 26.3, 26.6c, 26.7a, 26.11a–c, 26.14b: Biophoto Associates; 26.5: Kingsley Stern; 26.6a & b: Carolina Biological Supply Company; 26.7b: Albert Kuhnigh/ Valan Photos; 26.9: Field Museum of Natural History; 26.13: USDA, Forest Service; 26.14a: Biophoto Associates/NHPA; 26.14c, 26.17 (left): Bob Coyle; 26.14d: Walter H. Hodge/Peter Arnold, Inc.; 26.15a–d: Walter H. Hodge; 26.17 (top): E. S. Ross; 26.17 (right): Leonard Lee Rue III.

Chapter 27

27.12: After Carolina Biological Supply Company; 27.8a: Bud Higdon; 27.8b: Timothy Childs; 27.10a, 27.10c & d: Carolina Biological Supply Company; 27.10b: Paul Janosi/Valan Photos; 27.15: Michael Dispezio; 27.17: Dr. Fred H. Whittaker, Biology Department, University of Louisville; 27.20: Paul Nollev and Matthew Nadakavukaren; 27.21: Thomas Eisner; 27.23: Photographics/ Kreutzig; 27.24: From: Markell, E. K., and Voge, M.: *Medical Parasitology,* 3rd ed. Philadelphia. W. B. Saunders Company, 1971.

Chapter 28

28.5, 28.7, 28.8, 28.14, 28.16, 28.18: After Carolina Biological Supply Company; p. 567: Bob Coyle; 28.3: Dr. Henning Lemache, University of Copenhagen; 28.4a–d, 28.29b, 28.31b, 28.32a: Biophoto Associates/NHPA; 28.9a: Biophoto Associates; 28.9b, 28.17a: Michael Dispezio; 28.12: © David Scharf/Peter Arnold, Inc.; 28.13a & b: Tom McHugh/Photo Researchers, Inc.; 28.13c: Philip Zito; 28.13d, 28.25a & b: Carolina Biological Supply Company; 28.15a, 28.15c, 28.27b, 28.29c, 28.32b: Bob Coyle; 28.15b: Richard Humbert/Biological Photo Service; 28.15d: Kjell B. Sandved/Photo Researchers, Inc.; 28.17b: Bud Higdon; 28.17c: Robert A. Ross; 28.22: Sdeuard C. Bisserot/Bruce Coleman, Inc.; 28.23a & b, 28.24b & c: Douglas Faulkner; 28.24a: Jeff Rotman; 28.26, 28.28: American Museum of Natural History; 28.27a: ANIMALS ANIMALS/M. A. Chappell; 28.29a: P. R. Erlich/Biological Photo Service; 28.30a: Graham Pizzey/Bruce Coleman, Inc.; 28.30b: Francisco Erize/Bruce Coleman, Inc.; 28.31a: © Dallas Heaton/Uniphoto; p. 600: Field Museum of Natural History/Charles R. Knight; 28.32c: E. S. Ross.

Chapter 29

29.10: From FOSSIL MAN by Michael Day, Copyright © 1970 by Grossett & Dunlap, Inc. Copyright © 1969 by the Hamlyn Group. Used by permission of Grossett & Dunlap, Inc.; 29.11: From The Antiquity of Human Walking by John Napier. Copyright © 1967 by Scientific American, Inc. All rights reserved; 29.16: From John Alcock, Animal Behavior: An Evolutionary Approach, Second Edition, 1979. Published by Sinauer Associates, Inc., Sunderland, Mass.; 29.2: New York Zoological Society; 29.3: Sarah Blaffer Hrdy/Anthro Photo; 29.4: Alan Nelson/Root Resources; 29.5: Russell Mittermeier/Anthro Photo; 29.6: Irven DeVore/Anthro Photo; 29.7: A. H. Harcourt/Anthro Photo; 29.8: Wrangham/Anthro Photo; 29.14: New York Zoological Society; 29.15, 29.17, 29.19, 29.21, 29.23a, b, d, & e, p. 622: American Museum of Natural History; p. 614: Cleveland Museum of Natural History; 29.20: British Museum of Natural History; 29.23c: Jim Shaffer.

Chapter 30

30.1: From Fundamental Concepts of Biology by G. E. Nelson et al. Copyright © 1974 by John Wiley & Sons, Inc. Reprinted by permission of John Wiley & Sons, Inc; 30.13: From Behavior Supplement #15 by Dr. J. P. Hailman, published by E. J. Brill, Leiden, Holland; 30.15: From V. G. Deither and E. Stellar, Animal Behavior, 3rd edition 1970. By permission of Prentice-Hall, Inc., Englewood Cliffs, N.J.; 30.24: From Man, Nature, and Society by E. Peter Volpe. Copyright © 1975 by Wm. C. Brown Company Publishers. Used with permission; 30.32: From Curtis, H., Biology, 3rd ed. Worth Publishers, New York, 1979; 30.33: From Curtis, H. and Barnes, N. S., Invitation to Biology, 3rd ed. Worth Publishers, New York, 1981; 30.2, p. 630 (left): American Museum of Natural History; 30.3: Frederic A. Webster; p. 630 (right): Michigan Dept. of Natural Resources; p. 631, 30.28: Copyright © Beth Bergman, 1975; 30.8: Howard E. Evans, Colorado State University; 30.9: Elizabeth Anne Schreiber; 30.11: Thomas McAvoy, Life Magazine © 1955 Time, Inc.; 30.12: William E. Southern; 30.16: Life Nature Library, Animal Behavior photograph by Nina Leen, © 1980 Time Life, Inc.; 30.19: From Biology Today, 2nd ed. Copyright © 1972, 1975 by Random House, Inc. Reprinted with permission of CRM Books, a division of Random House, Inc.; 30.20: Leonard Lee Rue/Photo Researchers, Inc.; 30.22: Michel Bourque/Valan Photos; 30.25: Professor Eibl-Eibesfeldt; 30.26: H. S. Terrace/Anthro Photo; 30.27: Harry F. Harlow, University of Wisconsin, Primate Laboratory; 30.29: Irven DeVore/Anthro Photo; 30.30: Hans Kummer; 30.31a–c: Jim Shaffer; p. 648: Sarah Blaffer Hrdy/Anthro Photo.

Chapter 31

31.2: (a and b) "Activity of antelope ground squirrel" and (c and d) "Activity of Mohave ground squirrel" both in "Desert Ground Squirrels" by George A. Bartholomew and Jack W. Hudson. Copyright © 1961 by Scientific American, Inc. All rights reserved; 31.5: From Biology: Evolution and Adaptation to the Environment by Kelly and McGrath, copyright © 1975 by Houghton Mifflin Co.; 31.6: Adapted from Web of Life. Used with permission of Aldus Books, Ltd.; 31.10: From Fundamentals of Ecology, Third Edition by Eugene P. Odum. Copyright © 1971 by W. B. Saunders Company. Copyright 1953 and 1959 by W. B. Saunders Company. Reprinted by permission of Holt, Rinehart and Winston; 31.19: From "Slavery in Ants" by Edward O. Wilson. Copyright © 1975 by Scientific American, Inc. All rights reserved; 31.3: Bureau of Land Management; 31.7: N. Myers/Bruce Coleman, Inc.; 31.8: Fairchild/Peter Arnold, Inc.; 31.9: Steven Rosendahl/Uniphoto; 31.11a: G. A. Antipa; 31.11b: H. S. Wessenberg and G. A. Antipa; 31.12a, 31.26: Hans Pfletschinger/Peter Arnold, Inc; 31.12b, 31.20, 31.28 a & b: Douglas Faulkner; 31.13a: Biophoto Associates/NHPA; 31.13b: Thomas Eisner; 31.14: Leonard Lee Rue III; 31.15: E. S. Ross; p. 666: L. West/Photo Researchers, Inc.; 31.16a & b: Elm Research Institute; p. 668: Jack Kelly Clark, California Agriculture; 31.17: From: Markell and Voge: Medical Parasitology, 5th ed., W. B. Saunders Company; 31.18: Hunter, G. W., Swartzwelder, J. C. and Clyde, D. F., 1976. Tropical Medicine, 5th ed., W. B. Saunders Company; 31.21: C. B. Frith/Bruce Coleman, Inc.; 31.22b: Pat O'Hara; 31.23: Robert Lee/Photo Researchers, Inc.; 31.24a & b: Dr. Bertil Kullenberg; 31.25: Ross E. Hutchins/Photo Researchers, Inc.; 31.27 a–c: Dr. Daniel Janzen.

Chapter 32

32.8: The Nitragin Company, Inc; 32.11: USDA, Soil Conservation. Service; 32.12: Jane Windsor, Division of Plant Industry, Florida Dept. of Agriculture, Gainsville; 32.13: USDA; 32.14: USDA, Soil Conservation Service; 32.21a: EPA; 32.21b: Fred Ward/Black Star; p. 694: David Strickler; p. 696: Allen Ruid.

Chapter 33

33.15: Fig. 8-10 (p. 188) in Elements of Ecology and Field Biology by Robert Leo Smith. Copyright © 1977 by Robert Leo Smith. Reprinted by permission of Harper & Row, Publishers, Inc.; 33.27: Reprinted from Environment, vol. 16, no. 10, p. 33, published by HELDREF Publications; 33.3a: Pat O'Hara; 33.3b, 33.7c: Alan Nelson/Root Resources; 33.3c, 33.7b, 33.13b: Walter H. Hodge/Peter Arnold, Inc.; 33.4a: © Charlie Ott/Photo Researchers, Inc.; 33.4b & c: S. J. Krasemann/Peter Arnold, Inc.; 33.5: Steve McKutcheon/Alaska Pictorial Service; 33.6a: Fred and Marian Nickerson; 33.6b, 33.13c: Anthony Mercieca/Root Resources; 33.6c: © Jaques Jangoux/Peter Arnold, Inc.; 33.7a: © Frank Miller/Photo Researchers, Inc.; 33.9: Russ Kinne, 1976/Photo Researchers, Inc.; 33.10: Pat O'Hara; 33.11: © Tom Myers, 1971/Photo Researchers, Inc.; 33.12a: © Peter Kaplan, 1973/Photo Researchers, Inc.; 33.12b: John Kohout/Root Resources; 33.12c: Louise Broman/Root Resources; 33.13a: © 1981, Richard D. Estes/Photo Researchers, Inc.; p. 714: Agency for International Development; 33.16: USDA, Soil Conservation Service; 33.17: DOCUAMERICA; 33.21a: © John Bova/Photo Researchers, Inc.; 33.21b: © Robert E. Pelham/Photo Researchers, Inc.; p. 723: © Ray Ellis/Photo Researchers, Inc.; 33.22: E. Simms/Root Resources; 33.24: Douglas Faulkner; p. 730: Carolina Biological Supply Company.

Chapter 34

34.2: Courtesy of Laboratory Studies in Biology: Observations and Their Implications by Chester A. Lawson, Ralph W. Lewis, Mary Alice Burmester, and Garret Hardin, W. H. Freeman and Co., San Francisco, Copyright © 1955; 34.4: From "The Populations of the Underdeveloped Countries" by Paul Demeny. Copyright © 1974 by Scientific American, Inc. All rights reserved; 34.5: Population Reference Bureau, based on United Nations estimates; p. 741: Data from U.S. Bureau of the Census, 1977; 34.8: After Cloud, 1969, from Odum: Fundamentals of Ecology, 3rd editon, copyright © 1971 by the W. B. Saunders Company, Philadelphia, Pa.; 34.9: Reprinted by permission of Chemical and Engineering News, August 27, 1979, p. 23. Copyright © 1979 by the American Chemical Society; 34.14: From Energy, Sources, Use, and Role in Human Affairs by Carol E. Steinhart and John S. Steinhart. © 1974 by Wadsworth Publishing Company, Inc. Reprinted by permission of Wadsworth Publishing Company, Belmont, California 94002; 34.16: From the Food and Agricultural Organization of the United Nations, The Fourth World Food Survey, 1977, Rome, figure 1; 34.6: John Phillips/Photo Researchers, Inc.; 34.10: Pacific Gas and Electric Company; 34.11: © Eric Kroll/TAURUS PHOTOS; 34.12: Claude Gazuit/Photo Researchers, Inc.; 34.15: FAO.

All other line art illustrations rendered by Kathleen Hagleston, Anne Greene, and Lydia Greshlin, Fine Line, Inc.

index

Protochordates (primitive chordates), 587–88
Protonema, 525–27
Protons, 19
Protozoans (phylum Protozoa), 504, 509, 719
  algae, 512
  amoeboids, 511
  ciliates, 511–12
  division of, 81
  flagellates, 509–10
  sporozoa, 512
Proximal convoluted tubule, 271, 273, 276–77
Pseudocoelom, 548, 561
Pseudomonada, 669
Pseudopodia, 54, 511
Pseudostratified tissue, 157
Psilopsida, 525, 528–29
Psilotum, 468
Psoriasis, 243
Psychosurgery, 301
Pteridium, 529
Ptyalin, 171
Puberty, growth of larynx and vocal cords at, 250
Pubic symphysis, 313
Puffball, 507
Pulmonary arteries, 199
Pulmonary artery, 252
Pulmonary edema, 256
Pulmonary embolism, 211
Pulmonary semilunar valve, 199
Pulmonary system, 203
Pulmonary veins, 199
Pulse, 202
Punnett Square, 415, 418, 421, 470
Purine, 439
Purkinje fibers, 201
Pus, 226
Push-pull theory of water transport, 136, 137
P wave, 202
Pyrenoid, 513
Pyrimidines, 439
Pyrimidine thymine, 440
Pyrimidine uracil, 440
Pyruvic acid (PYR), 98, 99–100, 103

q

QRS wave, 202
Quarantine, 240–41

r

Rabbit, 683, 708, 713. *See also* Hare
Rabies, 567
Race(s)
  differences in, 639
  effect of, on hypertension, 209
Radial artery, 202

Radial symmetry, 548
Radiant energy, 113
Radiation
  and mutations, 453–54
  role of, in causing mutagens, 453–54
Radicle, 145
Radioactive atoms, 747
Radioactive fallout, 706
Radioactive isotopes, 19
Radiolaria, 511
Radius, 313
Radula, 572
Ramapithecus, 612, 613
Ramifying gastrovascular canal, 558
Rapid eye movement (REM) sleep, 299
Rats, 567
Ray, 590
Ray-finned fish, 591
Reactions, 21
  covalent, 23
  double bonds, 23–24
  ionic, 21
  oxidation-reduction, 24–25
Receptors, 235, 295
Recombinant gametes, 422
Recruitment, 316
Rectum, 181
Red algae (phylum Rhodophyta), 516, 724
Red blood cells (erythrocytes), 160, 216, 218, 220–21
Red-eyed vireo, 713
Red marrow, 315
Red tide, 518
Redwood tree, 528, 532
Referred pain, 329
Reflex action, 295
  conditioned, 182
  simple nervous, 182
  swallowing as, 173
Reflexes, 633
Regeneration, 552, 559
Regulatory gene, 446
Reindeer, 706
Reindeer moss, 507
Releaser effect, 640–41
REM (rapid eye movement), 299
Remoras, 670
Renal artery, 275
Renal disease, 280
Renal erythropoietic factor (REF), 221
Renal tubules, 271
Renewable sources of energy, 747–49
Renin, 275
Replacement reproduction, 742
Replication, 78, 441
Repressible operon model, 447
Repressor, 447

Reproduction, 10, 160, 164
  asexual, 81, 83
    in plants, 138
  sexual
    abortion, 382
    birth control for females, 378–81
    birth control for males, 378, 379, 381
    hormonal regulation in females, 374–78
    hormonal regulation in males, 370–71
    infertility, 382–83
    menstrual cycle, 375
    in plants, 138–47
    pregnancy, 229, 241, 262, 381–82, 407, 421, 428
    reproductive organs of females, 371–74
    reproductive organs of males, 366–70
    and venereal disease, 379, 380–81, 496
Reptiles, 593–95, 701
Resolving power of microscopes, 41
Resource Conservation and Recovery Act, 453
Resource consumption, 742–43
Respiration, 683. *See also* Cell respiration
  anaerobic, 103, 105
Respiratory chain, 97, 100–101, 321
Respiratory system, 165, 247–62
  and breathing, 248–52
    mechanism of, 253–55
  bronchi, 251
  external respiration, 255, 257
  illnesses of, 258–62
  internal respiration, 258
  larynx, 250
  lungs, 252
  nose, 250
  passage of air, 248–49
  pharynx, 250
  trachea, 250
Resting phase, 630
Resting potential of nerve impulse, 288
Reticular formation, 299
Retina, 333, 334
Retinal, 336
Rhesus monkey, 469, 567
Rheumatic fever, 200
Rheumatoid arthritis, 324
Rh factor, 229, 407, 421
Rhinoceros, 707
Rhizoids, 525
Rhizomes, 138
Rhizopus, 504
Rhodopsin, 56, 336
RhoGam injection, 407
Rhythmic behavior, 632–33
Rhythm method of birth control, 379–80

Riboflavin, 188
Ribonucleic acid. *See* RNA
Ribose, 32, 92
Ribosomal RNA, 443
Ribosomes, 48, 50
Ribs, 313
Ribulose diphosphate (RuDP), 119
Ringdove, 638
Ringworm, 508
Ritualized behavior, 642
Rivers, life in, 721
RNA (ribonucleic acid), 36, 37, 394
  as component of ribosomes, 50
  and control of protein synthesis, 48
  polymerization, 440
Roadrunner, 701
Robin, 633
Rockweed, 516
Rod cells, 336
Rods, 56, 333
Romalea, 581, 583
Root(s)
  cap of, 127
  hairs in, 127
  and hydroponics, 127
  pressure in, 137
  systems, 126, 127–28
  types of, 127
Rotifers, 564, 719
Roughage, 182
Rough endoplasmic reticulum, 48
Round windows, 340
Roundworms (phylum Aschelminthes), 561–63
  rotifers, 564
Rubella, 240, 241, 343
Ruling reptiles, 595
Runners, 138
Rusts, 508

s

S. A. (sinoatrial node), 201
Saccharin, 191
Saccules, 50, 341
Sac fungi, 505, 507
Sac plan, 548
Sacrum, 313, 314
Salamander, 592–93
Salivary amylase, 171
Salivary glands, 169, 171
Salmon, 632
Salt, 192
  as inorganic compound, 28
Salt marsh, 722
Sand dollar, 584
Sandpiper, 597
Sandworm (Neanthes), class Polychaeta, 577
Saprophytes, 499, 504
Sapwood, 133
Sarcolemma, 318, 321
Sarcomere anatomy, 319

Sublittoral zone, 724
Submaxillary glands, 171
Submucosal tissue, 173–74
Substance P, 303, 305
Sucrose, 32
Suicide bag, 51
Sulfa drugs, 95, 502
Summation, 317–18
Sunlight, in photosynthesis, 113–14
Superfemale, 431
Superior vena cava, 199, 204
Supernormal stimuli, 634
Supralittoral zone, 724
Surgeon fish, 726
Survival of the fittest, 473
Swallowing, as reflex action, 173
Sweat glands, 268
Swim bladder, 591
Swimmerets, 579–81
Symbiosis, 46, 499, 667
    cleaning, 674
    commensalism, 670
    mutualism, 670, 672–74
    parasitism, 667, 669
    social parasitism, 669–70
Sympathetic nervous system, 296
Sympathetic system, 201
Sympatric isolation, 478
Sympatric species, 477
Synapse
    integration, 292
    one-way propagation, 292
    summation, 292
    transmission across, 290–91
    transmitter substances, 292
Synapsis, 83
Synaptic cleft, 291
Synaptic vesicles, 321
Syndrome, 420
Synovial fluid, 315
Synovial membrane, 315, 324
Synthetic additives, 192
Synthetic fuels, 745
Syphilis, 380–81
Systemic lupus erythematosus (SLE), 244
Systemic system, 203, 204–5
Systole, 199–200
Systolic pressure, 203

t

Tachistoscope, 309
Tactile communication, 644–45
Taiga, 708, 709
Tapeworm (cestode), 226, 559, 560, 667
Taproot system, 127
Targeted drug therapy, 243
Target organ(s), 347
Tarsals, 314
Tarsier, 609
Taste, sense of, 170–71, 330–31
Taste buds, 330

Taxis, 629
Taxonomy, 466, 468–69
Tay-Sachs disease, 426, 427, 428, 453, 456
T (thymus-dependent) cells, 236, 242, 244
    versus B (bone-dependent) cells, 235
Tear ducts, 250
Technology, hard versus soft, 756
Tectorial membrane, 341
Teeth, 170–71
    parts of, 171
Teleological questions, 13
Telophase, 80
    I, 84
    II, 85
Telson, 579–81
Temperate deciduous forest, 712–13
Template, 441
Temporal lobe, 300, 301
Tendons, 158, 316
Tennis elbow, 323
Tentacles, 573
Teratocarcinoma, 242
Terminal knob, 290, 291
Terminal web (TW), 178
Termite, 510, 672
Terrestrial biomes
    deserts, 701
    grasslands, 705–7, 712–15
Territoriality, 645–47
Tertiary structure, of proteins, 30
Test cross, 416–17, 418–19
Testes, 78, 366
Testosterone, 323, 358, 369, 370, 371
Tetanus, 239, 240, 241, 317–18, 498
Tetany, 356
Tetracycline, 502
Tetrads, 83, 422
Thalamus, 299, 301
Thalassemia, 426, 428, 453
Thalidomide, 407
THC (tetrahydrocannabinol), 303
Theory, development of, in scientific method, 13
Therapsids, 595
Thermal pollution, 694
Thermocline, 719
Thoracic cavity, 164
Thoracic vertebrae, 313
Thorazine, 303
Three Mile Island, 746
Threshold level, 276
Thrombin, 224
Thrombocytes, 216
Thromboembolism, 210, 378
Thromboplastin, 224
Thrombus, 210, 211, 225
Thylakoids, 115
Thymine, 439
Thymus, 245
Thymus gland, 207

Thyroglobulin, 352
Thyroid gland, 190, 352
    activity and disorders of, 352–53
    calcitonin, 353
Thyroid-stimulating hormone (TSH), 351, 358
Thyroid therapy, 352
Thyroxin, 190, 352
Tibia, 314, 315
Tiger, 714
Tight junctions, 71
Tissue(s)
    blood as, 160
    capillary exchange within, 223–24
    connective, 158–60
    epithelial, 156–58
    fluid, 165, 205, 216, 223
    in human body, 155–61
    muscle, 160
    nerve, 161
    rejection, 244
    typing of, 243
Toad, 592–93
Tomogram, 20
Tongue, 330
Tonicity, 68
Tonsils, 206
Tool-making, 737
Toxic Substance Control Act, 453
Toxins, 226, 227, 657
Trace elements, importance of, in good nutrition, 18, 20
Trachea, 173, 248–49, 250, 581
Tracheids, 136, 529
Tracheostomy, 250
Trait, 411
Tranquilizers, 18, 303
Transduction, 498
Transfer RNA, 444
Transformation, 498
Transfusion, 228
Transition reaction, 97, 99
Transpiration, 136
Transport
    of blood, 217–24
    of carbon dioxide, 221, 224
    of gases, 218
    of organic molecules, 218
    of oxygen, 221
Transverse colon, 181
Treponema pallidum, 380
Trial-and-error learning, 637
Trichinella, 226, 563
Trichinosis, 563
Trichonympha, 510
Tricuspid valve, 198
Triplet code, 446
Triplet codons, 446
Triploblastic, 548
Tritium, 747
Triton, 726
Trochophore larva, 568, 572
Trophoblast, 397, 398

Tropical forests, 713–14
    exploitation of, 713–14
Trout, 591, 719, 721
Trypanosoma, 510
Trypsin, 176, 177
Tsetse fly, 510, 567, 707
TSH (thyroid stimulating hormone), 351
T system, 318, 321
Tubal ligation, 378
Tubercle, 260
Tubercle bacillus, 260
Tuberculosis, 226, 259, 260, 500, 502
Tubers, 138
Tube within a tube plan, 548, 561
Tubular excretion, 273, 278
Tubular fluid, 277
Tubular pregnancies, 373
Tubule cells, 276
Tuna, 567, 727
Tunicates (subphylum urochordata), 587
Turgor pressure, 69
Turner's syndrome, 431
Turtle, 701
T viruses, 494–95
T wave, 202
Twins, 389
    2 N number of chromosomes, 76
Tympanic canal, 342
Tympanic membrane, 340
Tympanum, 581
Typhlosole, 575
Typhoid fever, 226, 500

u

Ulcers, 175
    treatment of, 358
Ulna, 313
Ulva, 516, 523
Umbilical cord, 400–401, 406
Unit characters, law of, 411
Unit membrane, 47
Unity of the genotype, 472
Universal blood donor, 229
Universal blood recipient, 229
Unsaturated fatty acids, 34
Upper respiratory infection (URI), 259
Upswing in action potential of nerve impulse, 288
Uracil, 439
Urbanization, 739
Urea, 180, 267
Urea frost, 268
Uremia, 280
Ureters, 269
Urethra, 269–70, 374, 380
Urethral infections, 270
Urethritis, 280
Uric acid, 267, 324
Urinalysis, 280
Urinary bladder, 269